Maud Mannoni



# Der Psychiater, sein Patient und die Psychoanalyse

Walter-Verlag
Olten und Freiburg im Breisgau

Der Originaltitel lautet «Le psychiatre, son ‹fou› et la psychanalyse»,
erschienen bei den Editions du Seuil, Paris

Die Übersetzung aus dem Französischen besorgten

Katharina Bischoff und Hans-Jürgen Grune


Gesamtherstellung in den Werkstätten des Walter-Verlags
Printed in Switzerland

ISBN 3-530-54902-9

für Jacques Lacan

# Inhalt

STATT EINES ANHANGS

# Vorwort

Die gegenwärtige *anti-psychiatrische* Bewegung setzt an unseren tradierten ideologischen Positionen an. Sie kritisiert den gesellschaftlich verfügten Status des Wahnsinns und greift damit auch die konservative Konzeption an, die für den «entfremdenden» Charakter der Institution verantwortlich ist. Damit sind die Fundamente eingerissen, auf denen psychiatrische Praxis und ärztliches Können ruhen.
Die Anti-Psychiatrie entstand aus einer Protestbewegung, die sich gegen die medizinische Behandlung und Einvernahme von nicht-medizinischen Problemen (médicalisation du non-médical) richtete und deren erste und allgemeinste Stoßrichtung gegen den Monopolcharakter des medizinischen Wissens ging. (Der traditionelle Psychiater verfügt über ein nach dem Vorbild medizinischen Denkens verfaßtes Wissen: er weiß, was die «Krankheit» seiner Patienten ist. Der Patient selbst wird als unwissend angesehen.)
In dem Maße, wie der Psychiater seine Funktion unter Ordnungs- und Verwaltungsaspekten sieht, wird er sein Wissensmonopol verteidigen wollen. «Der Kinderpsychiater muß fähig sein... zu entscheiden, was an den tiefverwurzelten Verhaltensweisen der Eltern veränderbar ist... diese wesentliche Aufgabe sollte er nicht an einen Techniker aus einer anderen Disziplin delegieren.» [1]
Ist aber das Medizinstudium – so wie es von der Gesellschaft organisiert ist – überhaupt dazu geeignet, dem normalen Psychiater solch ein Wissen zu vermitteln? Diese Frage ist bisher in den offiziellen Organisationen noch nicht gestellt worden. Nur außerhalb – z.B. in den Forschungen von Psychoanalytikern –wurden solche Fragen aufgeworfen und unter dem Gesichtspunkt von Theorie und Praxis erörtert.
Die psychoanalytische Haltung monopolisiert ihre Erkenntnisse nicht für den einzelnen Analytiker; ganz im Gegenteil spürt der Analytiker

die Wahrheit erst in der Rede des Psychotikers auf. Ein unzeitiger Eingriff aber, der im Namen institutionalisierten Wissens «Behandlungsmaßnahmen» einleitet, wird all das niederschlagen, was sich in der Sprache des Irreseins *aussprechen* möchte und einen Wahn verhärten, indem er das Subjekt noch mehr entfremdet.

Die Anti-Psychiater (vor allem die Engländer, Amerikaner und Italiener) sind zwar psychoanalytisch geschult, aber sie sind keine Psychoanalytiker. Sie sind Reformpsychiater und haben sich zum Ziel gesetzt, die Haltung dessen, der sich Arzt nennt, gegenüber denen, die gemeinhin Geisteskranke genannt werden, radikal zu verändern.

Sie halten den Verzicht auf die wissenschaftlichen Vorurteile für eine Vorbedingung, ehe man in einem anderen Kontext das (für unbrauchbar erachtete) Wissen analysieren könne. Der anti-psychiatrische Umsturz in den für die Irren geschaffenen Institutionen erlaubt es, den Wahnsinn in anderer Weise zu begreifen und ermöglicht es dem (Anti-) Psychiater, seine Beziehung zum Wissen und zur Wahrheit anders zu gestalten.

Auch die Bewegung der jungen französischen Psychiater – die von der Psychoanalyse und aus den institutionellen Untersuchungen gleichermaßen gelernt haben – ist sich darin einig, die Psychiatrie zu «revolutionieren»; abgesehen davon orientiert sich ihre Praxis an herkömmlichen medizinischen Behandlungs- und Fürsorgevorstellungen und an einem gesellschaftlichen Berufsbild, das auf Anpassung ausgerichtet ist.

Die Provokation der Anti-Psychiater löst manchen Skandal aus. Aber es scheint, als komme es dieser Bewegung auf den Skandal an sich an, als perpetuiere sie ihn in der Angst, in das normative System der Fürsorgeausteilanstalten integriert zu werden – wie die Psychoanalyse.

Die Anti-Psychiatrie (Laing) versucht – *übrigens entsprechend dem Vorgehen in der Analyse,* aber ohne es so eindeutig zu formulieren – sich den Zugang zu einem Wissen zu erhalten, das niemals vorgegeben ist, vielmehr sich erst aus der Rede des «Patienten» herausschält, sich entfaltet als eine Art wiederholbares Ereignis in den Augenblicken, in denen die Rede versagt. Sie versucht, Bedingungen zu schaffen, unter denen das Reden des Wahns sich ohne Zwang äußern kann. Erst dann – mit dem Erscheinen des Un-Sinns, der einen Sinn ergibt – werden im Feld des Wunsches und des Lusterlebens beim Subjekt seine Barrieren hervortreten. (Denn das Subjekt wird sich dort behindert vorkommen, wo es auf der Suche nach einem Signifikanten ist, einem Signifikanten, das sich nicht einstellt, wo der Wunsch im Spiel ist.)

Ausländische Erfahrungen mit dem anti-psychiatrischen Konzept – namentlich die von Laing und Copper in England – zeitigten trotz des nicht zu umgehenden Widerstands von Tradition und festgefahrenen Bräuchen praktische Erfolge.

Diese Psychiater haben nicht nur aus der «analytischen Erfahrung» gelernt, die ihre Reserve gegenüber jedem Eingriffsversuch und ihre Geduld beim Anhören der Rede begründet, sondern die psychoanalytische Theorie selbst liefert die Grundlagen für die klinischen Neuerungen, die die Anti-Psychiater eingeführt haben. Jedenfalls können antipsychiatrische Einstellungen und analytische Forschung kooperieren und ein Bündnis schließen – ganz im Gegensatz zu traditionellen psychiatrischen Gewohnheiten, die der analytischen Einstellung widersprechen.

In Frankreich wurde in den letzten Jahren von der Gruppe um Lacan der ernsthafte Versuch unternommen, die Reorganisation der Pflegeinstitutionen in die Wege zu leiten. Einige Wissenschaftler wollten diese Institutionen nicht nur vor der administrativen Verkalkung retten, sondern sie auch aus dem bestehenden, wissenschaftlich nicht begründeten System der Poliklinik, dem medizinisch-pädagogischen Externat oder dem Krankenhaus herausbrechen.

In bisher unveröffentlichten Studien[2] wird analysiert, was alles in dem Verlangen nach einer Konsultation im Spiel sein und in welcher Weise eine Wahrheit verschüttet sein kann; es wird der Sinn eines Verlangens gesucht, das sich durch die unangemessene Antwort, welche vom traditionellen System allenfalls gegeben werden kann, pervertiert äußert.

Die Einrichtung der «Dossiers für die Hand des Arztes» trägt häufig dazu bei, mag sie auch irgendwelchen administrativen Zwecken dienen, das dynamische Verständnis einer Situation zu verfälschen. Der Glaube der Öffentlichkeit an den psychologischen «Text» drängt die Untersuchung in Richtung des Verdikts, während doch das Geheimnis der

Krankheit weniger beim Patienten, als bei seiner Familie zu entschlüsseln ist.

Die Psychiater und Psychoanalytiker in Frankreich dürften also durchaus an einigen Beiträgen der Anti-Psychiatrie interessiert sein. Jedoch fühlt sich die Mehrheit keinesfalls als Anti-Psychiater oder als Anti-Arzt. Wenn es auch eine Opposition gegen einen bestimmten «Ärztedünkel» gibt, so doch nur, insoweit er als Ursache für die Aufrechterhaltung der Segregation durch die Institutionen angesehen wird. Der Arzt, der sich als Personifizierung der *Vernunft* einem Kranken gegenüber begreift, der so offenkundig das *Irresein* verkörpert, daß man ihn aus der Gesellschaft ausweisen muß, benutzt zwar sein Wissen, um seinen Kranken zu helfen, aber gleichzeitig und in viel höherem Maße dient ihm sein Wissen dazu, seine traditionelle Einstellung zu rechtfertigen. Übrigens gehorcht er darin vielleicht – und auf diesen Aspekt legt die neue italienische Schule Wert – gesellschaftlichen und administrativen Notwendigkeiten; was aber wichtiger ist, er befindet sich in Übereinstimmung mit den Ängsten und Vorurteilen der Mehrheit der Bevölkerung.

Hauptsächlich wegen dieser Vorurteile, die gleichermaßen bei der Polizei, den Verwaltungsbehörden und sogar in der Politik herrschen, sind Forschungen und klinische wie theoretische Neuerungen so schwer voranzutreiben. Eine Ermunterung von offiziellen Stellen bleibt natürlich aus, denn diese Neuerungen stellen ja gerade die administrativen Leistungen in Frage. Aus der Sicht der Behörde hängt der Aufbau neuer institutioneller Organismen allein von der Höhe des Budgets ab, und ohne diese Beschränkung würde man unbegrenzt neue Pflegezentren schaffen, aber *stets nach den gleichen konservativen Prinzipien.*

Gleichwohl handelt es sich nicht um ein spezifisch politisches Problem (denn der gleiche Konservativismus beherrscht die Einstellung gegenüber der «Geisteskrankheit» in Kuba oder Peking), das Problem liegt in der *kollektiven Mentalität* gegenüber dem Irresein. Nachdem Zurückgebliebenheit und Psychose als soziale – und politische – Probleme einmal anerkannt waren, entstand auch eine vollständige medizinische und administrative Organisation, der Leistung und guter Wille nicht zu bestreiten ist. Doch liegt das Problem der unabhängigen Forschung woanders. Zwar ist der Konflikt mit der Administration wahrscheinlich unvermeidbar, und so selbstverständlich es auch ist, daß die theoretische Forschung nicht beim geringsten Fortschritt im Verständnis dessen, was Zurückgebliebenheit und Psychose sind, alles umstürzt oder diskreditiert, was bisher geleistet wurde – wir *müssen* an der Forderung festhalten, daß die theoretische Forschung nicht im Zuge der Perfektionierung gesellschaftlicher und administrativer Strukturen beschnitten werden darf. Das Streben nach «Rentabilität» darf nicht die unabhängige Forschung liquidieren.

In meinem Buch «Das zurückgebliebene Kind und seine Mutter»[3] habe ich auf das Ausmaß einer Absonderung hingewiesen, die immer mehr Kinder trifft (entsprechend dem Grad der Industrialisierung des Landes). Je mehr die Berufsanforderungen steigen, desto weniger Platz gibt es in unserer Gesellschaft für den Behinderten, und wird ihm einer angeboten, so ist es eine Stelle in einer Invalidenfabrik: der Lohn bemißt sich nach dem Grad der Invalidität[4].

Die Gesellschaft verläßt sich vertrauensvoll und guten Gewissens auf den Arzt, dem die Aufgabe zufällt, die Subjekte zu kennzeichnen, die mit dem Mittel der Diagnose auszuschließen sind, falls es absolut unmöglich ist, sie in die Normalität zu integrieren; nach der Bedeutung dieses Wahnsinns oder jener Zurückgebliebenheit wird dabei nicht gefragt.

Mein Buch konnte keine Heilmittel offerieren. Jedoch sollte man die Wirkungen einer neuen theoretischen Einstellung nicht zu gering schätzen; sie hinterfragt das überkommene Wissen, stellt die Frage nach der Wahrheit neu und kann mit der Zeit zur Umwälzung in der eingefahrensten Routine beitragen.

Eine bestimmte Art von objektiviertem Wissen hat all das völlig im Dunkeln gelassen, was sich im Psychiater (oder im Pädagogen) abspielt, wenn er mit dem Irresein konfrontiert wird.

Als ich meine Arbeit auf die mentale Zurückgebliebenheit, und zwar auf ihr Erscheinen im Phantasma der Mutter ausrichtete, versuchte ich nicht, die Mutter für die Behinderung verantwortlich zu machen, es ging mir vielmehr darum, gewisse Verdunkelungsmechanismen der Mutter aufzuhellen und deren Auswirkungen beim Kind zu beleuchten. Ich zeigte, wie eine Krankheit, auch wenn sie rein organischer Herkunft ist, beim anderen (Eltern oder Behandelnder) eine Funktion einnehmen und sich einen Status verschaffen kann, und daß hierin die Ursache für eine zusätzliche Entfremdung des «Behinderten» zu sehen ist. Es entsteht eine Situation, in der Eltern, Heilpädagogen und Ärzte nicht einmal versuchen, das Kind als ein Subjekt mit Wünschen zu verstehen, sondern es als Pflegeobjekt unterschiedlichen Rehabilitationssystemen unterziehen und ihm so jede sprachliche Ausdrucksmöglichkeit rauben.

Im vorliegenden Buch behandle ich im wesentlichen die gleiche Frage, aber ich gehe über die Mutter-Kind-Konstellation hinaus. Mein Thema ist die unbewußte Kollektiveinstellung der «Normaldenkenden» gegenüber dem «Anomalen». Ich beschreibe die Folgen, «Lösungen» habe ich nicht vorzuschlagen.

Es genügt nicht, die Defensivhaltung einer Gesellschaft zu kritisieren, mit der leichtfertig «anomale» Kinder und Erwachsene ausgeschlossen werden. Die umgekehrte Haltung, die aus der Verkennung jener Abwehr entsteht, bedarf ebenfalls der Analyse. Für solch eine Einstellung nämlich wird der Zurückgebliebene oder Irre zum Objekt eines ausgesprochen religiösen Kults; er ist in Gefahr, von barmherzigen Institutionen «rehabilitiert», unter einer Vielzahl von Spezialisten aufgeteilt zu werden, die ihn zum Objekt ihrer Wissenschaft und Praxis machen, während seine Zukunft wahrscheinlich endgültig mit einem Invalidenausweis beschlossen wird.

Der Mythos der Norm (Intelligenzgrad usw.) und das Gewicht wissenschaftlicher Vorurteile bewirken die gesellschaftliche Entfremdung nicht nur des Geisteskranken, sondern auch seiner Pfleger und Eltern. Der Begriff der Institution selbst (für Zurückgebliebene und Psychotiker) wäre auf theoretischen Grundlagen zu überdenken, die sich von den allgemein gebräuchlichen zu unterscheiden hätten; und diese Kritik der Institution muß deren historische Entstehung berücksichtigen [5].

Oft dient der Pflegefall als Abschirmung vor dem, was der Behandelnde weder wissen noch verstehen möchte, was wiederum für die untergründigen Motivationen institutionalisierter, hierarchischer Beziehungen und die Funktion einer festgelegten Ordnung bestimmend ist. Das Agieren des Behandelnden ist in jeder Hinsicht defensiver Natur. Wenn man dieses Thema anschneidet, stößt man auf Widerstand beim Pflegepersonal, das in seiner Beziehung zum Pflegling (unbewußt) alles daran setzt, sich jedem möglichen Auftreten der Wahrheit zu entziehen[6]. So haben Reedukation, Beratungen und Pflege aller Art erst einmal die Funktion, die Angst des Personals zu verdecken.

Gewiß wird niemand behaupten wollen, daß wir es uns angesichts des augenblicklichen Niveaus unserer theoretischen Kenntnisse und technischen Mittel leisten könnten, diese Fragen als abgeschlossen und endgültig gelöst zu betrachten.

# I

# WAHNSINN UND PSYCHIATRISCHE INSTITUTION

Mit einem Eingeschlossenen kann man ja alles machen,
man klingelt nach ihm und führt ihn herein!
Ich erzähle Ihnen Geschichten von Verrückten.
Was soll ich denn sonst erzählen?

Laurent *(Anstaltsinsasse)*

# 1. Die Absonderung der Unvernunft durch die Psychiatrie[7]

Der Gang zum Arzt geschieht nicht ohne Not. Der Patient hat ein *Leiden,* das sich im Verlangen, geheilt zu werden, darstellt. Hinter dem Verlangen mag aber auch der *Wunsch* stecken, den Arzt zu täuschen, von ihm die Bescheinigung eines Sonderstatus zu erlangen, z.B. arbeitsunfähig geschrieben zu werden. Es gehört zu den Aufgaben des Arztes, im Anschluß an die Untersuchung des Patienten eine *Diagnose* zu erstellen, daraus eine Prognose und einen Behandlungsplan zu entwickeln. Dazu bedarf es klinischer Erfahrung und aufmerksamen Zuhörens. Es gilt als selbstverständlich, daß der Arzt in der Lage ist, auf das Verlangen seines Patienten eine Antwort geben zu können, d.h. er sollte die Fallstricke und Köder solchen Verlangens erkennen (dies gilt für die Psychiatrie wie für die allgemeine Medizin). Psychosomatische Medizin meint nichts anderes als die Entzifferung dessen, was der Patient mit seinem Symptom zu verstehen gibt. Es ist eine Ausdrucksform, in der ein Blick, eine bestimmte Stimmlage ihre Bedeutung haben, und das Subjekt stellt von eben diesem leidenden Körper her seine Frage an das medizinische *Wissen* und fordert die Aufdeckung der Ursache eines verborgenen, in verkleideter Gestalt auftretenden Übels. Es besteht ein nicht ohne weiteres definierbarer Abstand zwischen der objektivierten Kenntnis eines objektivierbaren, wissenschaftlich eingrenzbaren Übels und dem, was der leidende Körper – in dem das Leiden die Fähigkeit zum Lusterleben einschränkt – dem Arzt mitteilen und dem Subjekt als (sich entziehende) Wahrheit offenbaren kann. Denn jenseits aller gebräuchlichen Ausdrücke für interpersonale Beziehungen stellt sich auf der Ebene des *Schmerzes* eine Form der Begegnung von Arzt und Krankem her, in der etwas der *Struktur* des sprechenden Subjekts Ähnliches freigelegt wird, d.h. des bestimmten, Wünsche habenden Subjekts, dessen Wahrheit sich ganz woanders, als wir es vermuten, zeigen kann. Im Bewußtsein erscheint diese Wahrheit nur zensiert, sie tritt auf im Symptom und in den Verzerrungen der Rede. Und immer ist der Andere in dem einbegriffen, was das Subjekt mit seiner Klage zu formulieren versucht. Denn als Subjekt [8] konstituiert sich das sprechende Wesen vom Ort des Anderen her, sein Sprechen ist zuerst das Sprechen des Anderen [9]. Deswegen versucht der Arzt hinter dem, was ihm gesagt wird, auf der Ebene des leidenden Körpers, die Spur eines verlorengegangenen Sprechens ausfindig zu machen. Ein Beispiel dafür liefert Françoise Dolto in der folgenden kurzen Beobachtung [10]: «Ich habe Kopfschmerzen» beschwerte sich ein dreijähriges Einzelkind. (Es wurde zu mir gebracht, weil man im Kindergarten nicht mit ihm fertigwurde, denn es jammerte ununterbrochen über seinen Kopf; es schien krank zu sein und machte einen passiven und leidenden Eindruck. Außerdem litt es an Schlaflosigkeit, wofür der Hausarzt keine organische Ursache angeben konnte.) Bei mir setzte es sein Selbstgespräch fort. Ich fragte:

«Wer sagt das?»

Und wieder kam im klagenden Tonfall: «Ich habe Kopfschmerzen.»

«Wo? Zeig mir, wo du Kopfschmerzen hast!»

«Da» (zeigt auf ihren Oberschenkel in der Leistengegend).

«Und wessen Kopf ist das da?»

«Mamas!»

Die somatische Beschwerde des Kindes weist uns auf ein anderes Beschwerden hin, nämlich das der Mutter, die mit ihrem Migräneleiden die Wahrheit über die Schwierigkeiten im Verhältnis des Elternpaares preisgibt. Das Kind übernahm, ohne es zu wissen, nur das Symptom der Mutter. Es gelang ihm, so vollständig zum Symptom der Mutter zu werden, daß es mit seinen Schmerzen jenen Satz der Mutter illustrierte: «Sehen Sie doch, was das Leben aus mir gemacht hat.» In diesem Fall also ließ das Behandlungsverlangen für das Kind auf die eigentliche Forderung schließen, nämlich die Mutter zu behandeln. Das Verlangen war von einem unbewußten Wunsch getragen, den Ärzten Schwierigkeiten zu machen, um sich die Lust am Fortbestehen eines unbefriedigten Wunsches uneingeschränkt zu erhalten. Dies Verhaltensmuster (dem Arzt sein Leid zu klagen) begegnet uns in ähnlicher Form in der psychiatrischen Praxis – sieht man davon ab, daß das Verlangen, behandelt zu werden, stets in ethisch-moralische Imperative gehüllt ist (gleichgültig ob der Patient selbst, seine Verwandten oder die Gesellschaft die Behandlung verlangen). Der Begriff der «Geisteskrankheit» basiert auf dem Kriterium sozialer Angepaßtheit, und genesen bedeutet «in die Reihe der richtig Denkenden zurückkehren». Die Gesellschaft fordert, daß ihre Ordnung nicht gestört wird; das psychiatrische Handeln genügt dieser Forderung in dem Augenblick, wo der Arzt ein Attest ausstellt, das einen Menschen als «Gefahr für sich und andere» bezeichnet. Dies Attest zieht die Isolierung des «Geisteskranken» in einer Abstellkammer der Gesellschaft nach sich. Sobald jemand als «verrückt erkannt» ist, weist ihn die Gesellschaft unter Einschaltung des Psychiaters in die Kategorie der «Geisteskranken» ein. Damit ist er erledigt und die Gesellschaft kann sich seiner entledigen. So wurde der Psychiater innerhalb einer bestimmten medizinischen Tradition zu einer *Persönlichkeit* mit moralischer Autorität und polizeilichen Rechten. In seiner Verwaltungstätigkeit übt er Polizeifunktionen aus, er kann von sich aus tätig werden, wie es bei Zwangseinweisungen der Fall ist (Anstaltseinweisungen nach Gerichtsbeschluß). Nach der Verstoßung des «Geisteskranken» durch die Gesellschaft bleibt jenem Menschen gar nichts anderes übrig, als sich in einen neuen Status einzufügen. Die psychiatrische Klinik[11] leistet dazu ihren Beitrag: sie verformt den Eingewiesenen und sorgt dafür, daß er resigniert und in der Anonymität untergeht.

«Ich bin sehr jung ins Asyl gekommen und habe das Leben hier erlernt», erklärt mir ein freiwillig Internierter, «ich habe gelernt, daß man die anderen ertragen und mit ihnen auskommen muß, damit man auch mich toleriert.»

In manchen Fällen begreift der Patient die Einweisung in die Anstalt als verdiente Strafe. Im Asyl identifiziert sich der Erwachsene mit dem Kind oder Heranwachsenden, dem mit der Unterbringung in eine Erziehungsanstalt gedroht worden war. Was in seiner Kindheit nur Drohung war, ist Wirklichkeit geworden: die psychiatrische Klinik wird ihm zum Pensionat hinter Gittern, dessen Bewacher der Psychiater ist.

Mit dem Überhandnehmen der Justizgewalt in der ärztlichen Tätigkeit wurde der wissenschaftliche Zugang zum Problem der «Geisteskrankheit» verstellt. Soweit die medizinische Wissenschaft deskriptive Diagnosen hat erstellen können, sind diese innerhalb der psychiatrischen Praxis eigentlich schon immer repressiv verwendet worden. Der Psychiater schwankt ständig zwischen einem medizinischen Standpunkt, der aber nicht einmal eindeutig zu bestimmen ist (die Bezeichnung «Geisteskranker» für einen psychiatrischen Fall ist nichts als eine Metapher) und einem erzieherischen Anliegen, das aber kaum weniger unbefriedigend sein dürfte. Und so wird denn auch oft eine psychiatrische Maßnahme als erzieherischer Zwang empfunden, der an die dem Kinde auferlegten Strafen erinnert. Die Bitten des Kranken im Asyl ähneln Formeln, wie sie im Gefängnis üblich sind. Die Erlaubnis, die Klinik zu verlassen, gleicht in fataler Weise der Aufhebung einer Strafe (oder einer Haftverschonung), denn das Kriterium des «Wohlverhaltens» hat sich fest im Kopf des Kranken verankert. Die Persönlichkeit des Arztes nimmt zwischen Familienautorität und Polizeigewalt eine Mittelstellung ein und dies prägt natürlich die Haltung, mit der der Patient seine Bitten vorträgt – und es prägt den gesamten Verkehrsstil zwischen medizinischem Personal und Patienten. Die Hospitalisierung erzeugt eine außergewöhnliche Situation; die Folge ist, daß eine stationär behandelte Geisteskrankheit ein ganz anderes Aussehen als außerhalb der Anstalt annimmt. Bereits im 18. Jahrhundert hatte Dupont de Nemours[12] die Aufmerksamkeit auf die Tatsache gelenkt, daß im Krankenhaus keine Krankheit unverändert, sozusagen «rein», bleiben kann: «Es müßte schon ein äußerst geschickter Hospitalarzt sein, dem es gelänge, sich der Gefahr irriger Schlüsse, wie sie sich aus künstlichen Krankheitsformen zu ergeben scheinen, zu entziehen.» Diese Bemerkung aus dem 18. Jahrhundert gilt zwar nicht mehr für die Behandlung somatischer Krankheiten, aber sie hat ihren Wert bis heute für die Behandlung psychiatrischer Krankheiten behalten. Das abgeschlossene Milieu psychiatrischer Kliniken erzeugt, wie man heute weiß, eine «institutionelle» Krankheit, die sich über die ursprüngliche Krankheit stülpt, sie verformt oder in einer von der Norm abweichenden Weise verhärtet. Das Klinikmilieu gleicht den Strukturen eines zwanghaften Familienlebens und fördert die Entwicklung einer neuen Krankheit, die für die Institution spezifisch ist. Das verborgene Element, das die Psychoanalyse in der Arzt–Kranker-Beziehung entdeckt hat (die Übertragung), existiert auch in der Beziehung des Kranken zur Institution. Das Sprachverhalten gegenüber dem Arzt wird von einer anderen Sprache durchwirkt, der Verkehrssprache in der Institution. Der «Kranke» wird von solcher Institutionssprache dirigiert, er spricht von einem Ort her, in dem in unterschiedlichem Maße bedrängende, einem geschlossenen Milieu eigentümliche, Konflikte entstehen – Konflikte zwischen den Behandelnden, zwischen Arzt und Patient und unter den Kranken selbst. Innerhalb der Institution entsteht ein Zusammenspiel der unterschiedlichsten Projektionsidentifizierungen, eine Situation, welche die Individuen nicht in einer persönlichen – also einer nicht institutionalisierten – Sprache erfassen können. Wenn innerhalb der Strukturen der Institution eine dialektische Verarbeitung der Emotionen unmöglich ist, wird das Subjekt sich in stereotypen Abwehrhaltungen unangreifbar und unbeweglich machen. Es zeigt sich nun im klassischen Kostüm des Irreseins, wie es von der Psychiatrie seit jeher angeboten wurde. Da das Subjekt sich nicht auf die Angst, die es bedrängt, hat beziehen können, werden ihm nun die Kriterien der objektivierenden Diagnose zu den Grenzmarken seiner Identität. Und so ist dann seine Zukunft als «Manischer», als «Schizophrener» vorgezeichnet, Beleg und Wahrheit des psychiatrischen Wissens zugleich.

X ist wirklich ein «Manischer», vergewissert sich der Psychiater, und vergißt, daß er mit dieser Feststellung X als sprechendes Subjekt auslöscht und daß X sich, weil man ihm nicht zuhörte, von nun an auf die Grenzlinien der Krankheit festlegen wird, Grenzen, die zugleich die Begrenzungen seiner Identität sein werden. Einer meiner Patienten, Jean, breitete im Verlauf eines Angstausbruchs vor mir eine detaillierte Symptomatologie aus, dann aber unterbrach er seine Geständnisse und stellte mir Fragen: «Sagen Sie mal, ist das, was ich sage, schizophren oder kommt das von der Paranoia?» Darauf stockt er, auf der Suche nach einem neuen Ausdruck und bereit zu weiteren Geständnissen: «Manche behaupten ja, ich rede *wie die Hypochondrie*» (!).

Jean zeigt hier seine Bereitschaft, den Status des sprechenden Subjekts mit dem – wissenschaftlichen – Status des Repräsentanten einer *objektivierten Krankheit* zu vertauschen.

«Wann wird man sich endlich über meine Krankheit einig werden?» schreit Jean auf.
Im Verlauf der Unterhaltung gelang es uns herauszuarbeiten, daß dieser *Wunsch nach Wissen* ihn zugleich in das Drama der Widersprüchlichkeit verstrickte, die zwischen Pfleger und Arzt herrschte. Dieser Zwiespältigkeit ausgeliefert, versuchte Jean nun, einen imaginären Schaden zu beheben und war sogar bereit, sich zum reinen Objekt zu machen, um sich im Wunsch dieser beiden Antagonisten halten zu können. Seine Angst war die Vergegenwärtigung dessen, was er nur zu oft in seiner Kindheit erlebt hatte. Nicht zufrieden damit, im Irresein eine Lösung gefunden zu haben, war er bereit mehr zu tun, um auf keinen Fall zurückgestoßen zu werden.
In der Beziehung Arzt–Kranker (Pfleger–Gepflegter) wird der andere als derjenige angesehen, der vermeintlich weiß, was es mit der Krankheit auf sich hat [13]. Der Verlauf der «Geisteskrankheit» hängt davon ab, ob dem Subjekt die Möglichkeit gegeben ist, seine Verwirrung in Worten auszudrücken – wobei der Arzt mitunter in einem Wort den in der Rede des Patienten fehlenden Signifikant beisteuern muß. Wenn auf seine Angst nichts als das Schweigen des Arztes folgt, der weiß, was der Patient hat und demzufolge nicht mehr darauf angewiesen ist zuzuhören, bleibt dem Patienten nur noch, als redendes Subjekt zu verschwinden und sich in einer nosographischen Klassifikation auszulöschen. In dieser Beziehung Arzt–Patient, Patient–Institution aktualisiert sich im Subjekt, aber auch im Behandelnden, etwas, was noch dunkel ist und in Bezug zum unbewußten Wunsch steht. Häufiger als zugegeben wird, kommt es vor, daß der Arzt unbewußt die beim Patienten einsetzende dialektische Bewegung blockiert. Der Charakter der Fixierungen, welche beim Patienten entstehen, sollte die Forschung auf den Arzt hin orientieren (und die vielfältigen Beziehungen des medizinischen Personals untereinander in der Institution einbeziehen). Die Beziehungen zwischen Psychoanalyse und Medizin sind komplexer Natur. Dem medizinischen Denken ist die Analyse zwar völlig fremd, aber auf der anderen Seite benutzt die Analyse einen nützlichen und wesentlichen Bestandteil der medizinischen Praxis, der von der Psychoanalyse allerdings erst freigelegt und von Verfälschungen gereinigt werden muß.

## DER SOGENANNTE «GEISTESKRANKE»

Die Psychiatrie antwortet auf das Leiden des Kranken mit einer Diagnose – im Gegensatz zur praktischen Medizin aber gibt sie dem Patienten damit keine neue Perspektive. Dies gilt als so selbstverständlich, daß – im allgemeinen – der Psychiater es nicht für nötig hält, den Patienten darüber aufzuklären. Was nützte diesem auch solches Wissen? Die Diagnose ist für *andere* bestimmt. Doch die psychiatrische Diagnose hat Folgen: sie beraubt den Patienten seiner Position als Subjekt, unterwirft ihn einem – ihm undurchschaubaren – System von Regeln und Gesetzen und löst so einen Prozeß aus, der mit Notwendigkeit zu Segregationsmaßnahmen führt. In diesem Augenblick läßt sich dann sagen, daß der Psychiater die Verantwortung für das Leiden des Patienten übernommen hat. Er antwortet: «Ja, Sie haben etwas, worüber Sie sich zu Recht beklagen», und stellt behördlich fest, daß andere darüber nachdenken werden.

Die Beschwerden der Gesellschaft oder der Angehörigen des «Kranken» lösen einen ähnlichen Prozeß aus – aber man sollte ihnen anders begegnen. Sobald erst einmal der Andere jemand als krank meldet, beurteilt der Psychiater in fast allen Fällen die Berechtigung dieser Anzeige nur mit einer Untersuchung der gemeldeten Person. Wir kennen die Problematik bereits aus der Kinderpsychoanalyse: die Eltern melden das Leiden des Kindes – aber häufig genug ist das Kind gar nicht selbst krank, sondern das Symptom dessen, der das Leiden des Kindes anzeigt... Die klassische Psychiatrie verbot sich, auf solche Probleme einzugehen, weil sie eben – *nach medizinischem Vorbild* – den Wahnsinn im Innern des Patienten ansiedelte. Diesen Glauben an ein im Individuum wohnendes Irresein teilen auch die Kranken und ihre Familien. Hier die Äußerung eines Vaters: «In meinen Sohn ist der Wahnsinn eingezogen; er entlädt sich zu sehr mit seinem Masturbieren. Meiner Meinung nach sollte er kastriert werden, das würde die Ursache beseitigen und den Wahnsinn austreiben.»

«Wenn man die Demenz beschreibt», behauptet Jacques, «verliert man seinen Halt. Der Wahnsinn ist nicht mehr draußen, er hat sich in einem niedergelassen und steckt das Denken an: es wird verrückt. Vor der

Demenz gab es noch ein Lebensziel – und dann war – in einer Vergewaltigung der Sinne – Schluß damit. Das Leben ist stehengeblieben. Es wurde leer und schwarz, es blieb in dieser Nacht nur die strahlende Vision des Verrückten. Der Verrückte ist der Schöpfer des Bösen und des Todes, und deswegen kehrt der Tod sich von ihm ab. Die schöpferische Fähigkeit ist eine einzigartige Gabe; sie ist nur im Wahnsinn zu erlangen.»
Jacques hat sich dem Irresein so hingegeben wie man einer Religion beitritt. Er wünscht nicht, daß seine Berufung angezweifelt wird. Bei Georges ist das übrigens ganz ähnlich: «Die einzige Aufgabe der Ärzte ist zu heilen – man sollte ihre Ansichten beachten, selbst wenn die Kranken eine ganz andere Auffassung davon haben.»
Georges billigt weder medikamentöse Behandlungen noch psychotherapeutische Initiativen. Als er sieben Jahre alt war, ist er irre geworden; sein Irresein erschien ihm als Versprechen für ein außergewöhnliches Schicksal. Die Gesellschaft hat mit ihrer Forderung, er solle sich anpassen, d.h. mittelmäßig werden, seine Träume zerstört. In der gleichen Situation wie Georges ist auch Arthur: für die Forderungen der Gesellschaft kann er kein Verständnis aufbringen:
«Meine Unfähigkeit mich anzupassen zeigt sich darin, daß ich ein und dieselbe Arbeit nie länger als einen halben Tag machen kann. Man wirft mir Mangel an Produktivität vor. Das Übel sitzt in mir drin: es ist die Sexualität. Ich habe keine Lust zu der Art von Unterhaltung, wie sie von mir gewünscht wird. Es ist übrigens möglich, daß meine literarische Bildung, die über meine soziale Schicht hinausragt, mich daran hindert, überhaupt mit jemandem zu sprechen.»
«Er hat es bereits von seiner Geburt an», unterbricht ihn seine Mutter, «glauben Sie, es hat überhaupt nichts damit zu tun.»
Jeder Patient – auch noch in seinem Wahn – verweist auf eine Abweichung, die nicht in ihm selbst zu suchen ist. Ein obskurer Wunsch, eine Verfehlung zu sühnen, eine eigene oder die seiner Angehörigen, bewegt ihn dazu, in der Persönlichkeit zu verharren, die er sich aufgebaut hat, wo immer die Umstände es erlauben. Und diese Persönlichkeit wird er dann auch sein. In ihrer Rolle als Irre werden die Kranken für ihre Eltern (die sich über sie beklagen) oder auch für andere Erwachsene, die für sie Verantwortung übernehmen, zum Gesprächsgegenstand. Je

mehr sie sich mißachtet und deswegen belastet und zerstört fühlen, desto größer wird der Stolz sein, mit dem sie sich in ihrem Irresein wappnen. Eher als Mittelmäßigkeit und Dummheit erscheint die «Geisteskrankheit» daher als geeignete Antwort auf eine «nicht ermüdende, leichte Arbeit», die ihnen eine gleitende «Rückkehr in die Gesellschaft» ermöglichen soll. Mit ihrer Weigerung, sich Anpassungsnormen zu unterwerfen, decken die «Irren» zugleich die Absurdität ihrer Situation auf. Wenn die Gesellschaft ihre «Geisteskrankheit» auch nicht erzeugt hat, so hat sie doch dafür gesorgt, daß sie in der psychiatrischen Klinik «konserviert» wird. Wie in einem Theater tritt sie auf die Bühne. Man spielt die Angst, die Furcht, die Verstoßung. Die einen haben die Fäden der Macht in der Hand und sind auch entschlossen sie auszuüben; den Kranken wird nur ihr Irresein gewährt. Und diese Kranken, die anderen, sind nur die Figuren eines Schauspiels; wie die Krankenwärter sagen, gehören sie zum Mobiliar. Sie *sind* das Elend, das Entsetzen, die Erniedrigung: in ihrem Schweigen wie in ihren Schreien.

## DER SOGENANNTE PSYCHIATER

Während seines Studiums erwirbt der Medizinstudent auch Kenntnisse über die «Geisteskrankheit». Aber in den traditionellen Formen, in denen das Wissen übermittelt wird, ist die Realität kaum noch anwesend. Es wird in einer Weise gelehrt, die den Lehrenden wie den Lernenden vor einem etwaigen Aufbrechen des Unbewußten schützt; die ihnen gemeinsame Sprache nennt sich wissenschaftlich, d.h. sie schützt vor dem Unvorhersehbaren. «Zunächst war ich doch von dieser Sprache der Irren, die so offen die Wahrheit sagt, betroffen», sagte mir eine Studentin. «Ich träumte davon. Jetzt bin ich darüber hinaus, es macht mir nichts mehr aus. Wenn ein Irrer redet, gelingt es mir sehr schnell, ihn in die entsprechende nosographische Kategorie einzuordnen. Das Wissen über die Krankheit verleiht einem Schutz.»
Dies (naive) Geständnis, es sich leicht zu machen, war die Antwort auf die Angst, wie sie exemplarisch von einer ihrer Kommilitoninnen formuliert wurde:

«Es ist schwer, es in der Klinik auszuhalten. Ich versetze mich in die Lage derer, die leiden müssen und sehe zugleich, was ihnen fehlt. Ich höre ja zu und antworte auf ihre Herausforderungen, aber ich schaffe es nicht: die Kranken werden mich noch aufreiben. Ich habe keine Zeit mehr, meine Arbeit zu machen, weil das Pflegepersonal auf meine Haltung so reagiert, daß es seine Funktionen nicht mehr wahrnimmt. Also sehe ich mich auf mich allein gestellt und bin völlig überlastet. Ich muß lernen, mich wie meine Kollegen zu benehmen, muß lernen, taub zu sein, wie ein Automat herumgehen, ohne viel zu sehen und zu hören und so um die Geschichten herumkommen.»

«Man wird auf die psychiatrische Klinik nicht vorbereitet», sagte ein Student. «Ich teile Medikamente aus, aber auf Unterhaltungen mit den Kranken lasse ich mich nicht ein. Ich versetze mich zu sehr in ihre Lage und habe dann nur noch das Bedürfnis zu fliehen.»

Zu Beginn seines Studiums ist der Student noch für alle Erfahrungen offen. Erst seine Lehrer schärfen ihm die wissenschaftlichen Vorurteile ein.

«Während meines Praktikums in Perray Vaucluse sprach ich mit schwererziehbaren Mädchen. Man sagte mir, ich vergeudete meine Zeit und hielte die andern in ihrer Tätigkeit für die übrigen Kranken auf und schließlich behindere das den Krankenhausbetrieb.»

«Solange man noch nicht gelernt hat, daß die Psychose wie die Zurückgebliebenheit gleichermaßen als nicht zu behandelnde Krankheiten gelten, macht man noch Unterschiede. Hat man dieses Wissen noch nicht, ist man immer bereit, zu reden, sich zu sagen, daß selbst der Ausschuß noch menschliches Leben ist.»

«Die medizinische Ausbildung», äußerte sich ein anderer Student, «sorgt dafür, daß man sich jede nutzlose Sensibilität abgewöhnen lernt.»

Das Wissen verschanzt sich also hinter einer Bastion, mit der der Zugang zur Wahrheit als dem Motiv wissenschaftlichen Arbeitens verbarrikadiert wird. Probleme wie die Zurückgebliebenheit, die Psychose oder die Problematik des primitiven Menschen oder des Kindes können überhaupt nur angegangen werden, wenn die dem anderen zugelegten Stigmata zunächst als Reflex einer Wahrheit, die in einem selbst liegt, betrachtet werden[14]. Um über die reine Deskription, in der das sprechende Subjekt nicht enthalten ist, hinauszugelangen, muß das Wissen den anderen als sprechendes Subjekt miteinbeziehen. Dies wird aber nur gelingen, wenn man den Punkt bestimmt, an dem die Aufteilung jenes sprechenden Subjekts unter das Wissen und die Wahrheit vonstattengegangen ist. Eine Untersuchung, die von dieser Bruchstelle ausgeht, ermöglicht die Beantwortung bisher ungelöster Fragen und ist verbunden mit dem Herausarbeiten wissenschaftlicher Kriterien[15].

Wie der Ethnograph muß sich der Psychiater mit einer signifikanten Ordnung auseinandersetzen, sei es nun die Ordnung des Vaters, des Todes, des grollenden Himmels oder einer Welt des geheimnisvollen Wunders. Alle Erscheinungen sind gemäß antinomischer Bezüge einander zugeordnet, die ihre Entsprechung in den Gesetzmäßigkeiten der Sprache finden. Es obliegt dem Ethnographen wie dem Psychiater, herauszufinden, was in der logischen Struktur des Mythos (im Individualmythos des Neurotikers oder im Kollektivmythos) wirksam geworden ist. Wir Psychoanalytiker haben die Aufgabe (und das gilt auch für den Psychiater), die Auswirkungen des Verlangens auf ein Subjekt in seiner Beziehung zum Wunsch zu untersuchen. Wir setzen der Konzeption einer emotionalen Reedukation des Patienten (wie sie in gewissen psychoanalytischen Zirkeln en vogue ist) eine Logik des Unbewußten entgegen und erforschen, was sich auf der Ebene des Wunsches vollzieht. Nur in diesem Nachspüren wird das Subjekt zu einer persönlichen Sprache finden, und diese Erkenntnis zwingt den Psychiater umzudenken. Er muß die Identifizierung mit dem Repräsentanten einer moralischen Ordnung aufgeben, das heißt, die von der Gesellschaft ihm zugedachte Rolle zurückweisen. Thomas Szasz beschreibt in «*The myth of mental illness*»[16] die unerträgliche Situation, in der die Psychiatrie ist: «Heute ist nicht mehr die Kirche allein die Wahrerin moralischer Werte; die Psychiatrie hat diese Funktion zum Teil übernommen. Der Arzt sorgt sich um die Aufrechterhaltung der Moral... Deshalb ist der Begriff der «Geisteskrankheit», obwohl er seine Brauchbarkeit längst eingebüßt hat, als eine Art Mythos erhalten geblieben. Dieser ist tatsächlich ein Erbe religiöser Mythen und des Hexenglaubens im besonderen.» Zu einer bestimmten psychiatrischen Tradition gehört eine Komplizenschaft nicht nur mit der Vernunft, sondern vor allem mit der sogenannten «geistig gesunden» Welt. Und aus dieser Gemeinsamkeit heraus kooperiert der Psychiater mit den Kräften, die es darauf anlegen, den Geisteskranken aus unserer so vernünftigen Welt zu entfernen. Diese Kooperation hat zur Folge, daß der Psychiater sich gegen Beschwerden des Patienten taub macht, weil er voll mit denen aus jener Welt beschäftigt ist, die den Kranken so gemacht hat, wie er ist.

## DIE SOGENANNTE GEISTESKRANKHEIT

Das Phänomen des Wahnsinns darf von seiner Sprache nicht getrennt werden, einer Sprache, in der die Wahrheit ihre Spuren hinterlassen hat. In dem, was der Irre uns *sagt,* gibt er uns Erkenntnisse über sich selbst, ohne daß er immer in der Lage wäre, auch für sich zu erklären, was da aus ihm spricht. Möglich ist auch, daß er sich im halluzinatorischen Beeinflussungswahn weigert, seine Aussagen als von ihm stammend anzuerkennen. Diese Verkennung ist auch eine Art, eine der verleugneten Antinomien anzuerkennen. Die Stimmen, die ihn verfolgen, die Gesten, die ihn bedrohen, das Gefühl der Irrealität, das ihn befällt – alle diese Phänomene, von denen er besessen ist und die er zu entziffern sucht, drückt er auch dann noch aus, wenn er uns stumm seine Fragen und seine panische Angst zeigt. Was er durch den eigenen Tod oder den eines anderen zu erlangen sucht, ist sein Selbst. Die Herausforderung des Irreseins besteht darin, daß es uns an jenes andere in uns erinnert, das wir beim Schizophren in der Weise unterzubringen versucht sind, wie wir uns eines tabuierten Objekts entledigen. Das Problem des Wahnsinns ist von der Frage nicht zu trennen, die der Mensch nach seiner Identität stellt. In dem, was er sagt, daß er es sei, in dem, was er als sein Idealbild mit besonderen Rechten ausstattet, stellt er sich vor uns hin, sei er nun irren oder gesunden Geistes.

«Man hat mich immer als Christus angesehen. Ich schwöre, ich bin unschuldig. Suchen Sie nicht nach den Gründen für meine Internierung, suchen Sie nicht danach, wer ich in den Dossiers bin. Hören Sie: ich bin Waise und aus der Gesellschaft verstoßen, ich habe bisher nur

Unglück gehabt, ich habe als Mädchen gelebt und vergessen, daß ich ein Junge war. Als ich sieben Jahre alt war, habe ich jede Lust verloren. Jemand anders, ein junges Mädchen, hat sich der Lustempfindung meines Geschlechts bemächtigt. Glück habe ich nie gekannt, ich bin für das Unglück geboren. Immer bin ich angegriffen und verurteilt worden. Die Ärzte haben von meinem Fall keine Ahnung. Sie bieten mir die Anstalt, während ich doch der Flamencoheld sein möchte. Finden Sie für mich eine Gesellschaft, wo ich singen und Gitarre spielen kann! Ich habe eine außergewöhnliche Begabung, Mittelmäßigkeit kann ich nicht ertragen. Ich weiß genau, daß man mich als verrückt bezeichnet, wenn ich meine, daß ich ein außergewöhnlicher Mensch bin. Aber das ist meine Wahrheit. Sie haben kein Recht, eine andere Wahrheit zu wollen, das wäre so etwas wie ein Verbrechen gegen die Menschlichkeit.»

Georges wurde die Fähigkeit zur Lust und sein Denken genommen. In maßlosen Ausdrücken formuliert er die Bedingungen für seine Entlassung aus der Anstalt.

Offensichtlich will er nicht arbeiten. Einem außergewöhnlichen Schicksal bestimmt, erwartet er, daß sich die Türen der Anstalt, für ihn die Türen eines Gefängnisses, öffnen und daß ihm Genugtuung gegeben werde.

«Die Regierung wird ihren Irrtum einsehen und mir eine Entschädigung bieten, die mich in die Lage versetzen wird, Frankreich zu verlassen und in mein Land zurückzukehren. Dort bei meinen Brüdern werde ich Flamenco tanzen.»

Trotz seines (paranoischen) Wahns verfügt Georges über ein analytisch scharfes Wissen um die ihm zugemutete Situation. Er enthüllt das Lächerliche unserer Anpassungskriterien und die Unwirksamkeit der «Behandlung» in der Anstalt und stützt sich dabei auf seine Erfahrungen:

«Nach zehn Jahren Anstaltserfahrung darf ich Ihnen wohl versichern, daß es in der Anstalt eine spezifische Haltung gibt. Die Anstalt hat ihre Gewohnheiten und ihre eigene Sprache; das ist sehr wichtig, denn ein kluges Köpfchen gilt weniger als ein Rindvieh.»

Georges hat sich eine der psychiatrischen Klinik adäquate Persönlichkeit geschaffen, von der er sich nicht mehr trennen möchte.

«Es ist einfach schrecklich, wenn man geistig gesund ist und mit 18 Jahren in die Anstalt kommt. Man kann überhaupt nicht beschreiben, wie schrecklich das ist. Man kann schließlich die Schreie und das Elend nicht mehr hören und sehen. Manche verlieren ihre Sprache, sie werden wie Mauern. Hier ist jeder dazu verurteilt, die Sprache zu verlieren.»

Psychiater oder Gesellschaft sind zwar nicht die Urheber der Geisteskrankheit, sie sind aber für deren verhärtete Form in der Anstalt verantwortlich. Georges hat das Problem benannt und den bis heute uneingelösten Traum beschrieben: die Schaffung eines idealen Staates. Das war bereits im 18. Jahrhundert ein Traum: «Der Mensch ist nicht für Beruf, nicht für das Hospital und auch nicht für die Irrenanstalt geschaffen worden. Das alles ist abscheulich», formulierte Saint-Just[17].

Heute wie damals schwanken wir zwischen den Alternativen: Unterhalt in der Familie oder Einweisung in die Anstalt. Die Schädlichkeit des Familienmilieus bedarf keines Beweises und die Anstalt ist auch keine Lösung. Was also tun? Die Gesellschaft ändern? Davon träumen, eine andere zu errichten, in der die Irren den Platz fänden, der ihnen gerechter würde? 1786 was das Geburtsjahr zweier Utopien[18]: des Traums von einer nationalisierten, wie der Klerus organisierten Medizin, und des Traums von einer Gesellschaft ohne Krankheit, ohne Gewalt, ohne Konflikt. Die Mission des Arztes sollte politischer Natur sein; seine Aufgabe sei es, den Menschen zu befreien und die schlechten Regierungen zu verurteilen. Das Ziel, das sich die Medizin setzte, war das Glück. Man müsse in die Herzen der Bürger den Frieden zurückbringen, ihnen die Gesundheit des Geistes und des Körpers erhalten. In einem gesunden Staat seien Hospitäler überflüssig. Nun – die Erfahrung hat uns gelehrt, daß das Problem der Abschaffung sozialer Unterdrückung nicht notwendig mit dem Problem der Abschaffung der Forderungen des Über-Ich und ihrer verheerenden Folgen zusammenfällt. Die Veränderung der Gesellschaftsstrukturen kann das Problem der Repression, so wie es sich in der Dynamik des Unbewußten darstellt, nicht aus dem Weg räumen. Es handelt sich hier um zwei Dinge unterschiedlicher Natur, die man nicht unbesehen in einen Zusammenhang bringen darf. «Die Geschichte des Menschen ist die Geschichte seiner Unterdrückung», sagt Freud[19] und erinnert daran, daß im Plan der Schöp-

fung nicht nur das Glück nicht enthalten ist, sondern daß es offenbar dem Menschen sehr viel leichter fällt, das Unglück zu ertragen.
«Von drei Seiten droht das Leiden, vom eigenen Körper her, der, zu Verfall und Auflösung bestimmt, sogar Schmerz und Angst als Warnsignale nicht entbehren kann, von der Außenwelt, die mit übermächtigen, unerbittlichen, zerstörenden Kräften gegen uns wüten kann und endlich aus den Beziehungen zu anderen Menschen. Das Leiden, das aus dieser Quelle stammt, empfinden wir vielleicht schmerzlicher als alles andere.» [20]
Freud beschreibt, auf welche Weise das Lustprinzip uns dazu disponiert, stets genießen zu wollen; gleichwohl verläuft immer noch zwischen Realität und Lusterleben eine Trennungslinie [21], derzufolge das Schicksal des Menschen mit einem gewissen Unglück behaftet ist (einem Unglück, dessen Quelle wahrscheinlich die Verfrühtheit der Geburt des Menschenjungen ist). Dies angeborene Unglück mag noch so radikal verneint werden – in der Revolte und dem Wahn des Irren findet es seinen Ausdruck. Er mag sich dagegen wehren, in einer von ihm abgelehnten Welt Mensch zu werden [22], wir wissen aber, daß er nur sich selbst schlägt und auslöscht, wenn er sich mit der Mißordnung der Welt anlegt.
Frank (acht Jahre alt) verfügt nur über eine unpersönliche Redeweise. Es ist die Sprache der Verbote seiner Eltern, eine Sprache, die auf der Ebene des Tuns, des Redens und des Seins Verbote ausdrückt. Frank selbst hat mir nichts zu sagen, es spricht aus ihm. Im Spiel legt er Zeugnis von seiner tragischen Situation ab. Er ist auf der Suche nach einem winzigen Gegenstand, der als Namen nur seine Farbe hat. Nacheinander greift er zu einem Roten, einem Grünen, dann zu einem Blauen; ihm gibt er die Bezeichnung: «Es ist die schönste Farbe.» Begeistert geht er mit ihm im Zimmer herum. Dann – eine sich stets wiederholende Zeremonie – verliert er den Gegenstand, aber er verliert ihn nur, um *ihn zurückzufordern und ihn nicht wiederzufinden*. Das erste Objekt wird für immer unerreichbar, es ist für immer verloren, und Frank gibt mit seinen Schreien kund, daß er sich nicht darin schicken will. Jedesmal im Laufe solch einer Angstkrise greift er mich und zugleich auch sich selbst an: «*Es ist weg, weg!*» Zwischen zwei Schluchzern preßt er dann heraus:

«Du magst Mme Mannoni nicht.» Von dem Augenblick an, da er nicht mehr vollständig in seiner Identifikation mit jenem *verlorenen Objekt* entfremdet ist, (aber zugeben, daß es verloren ist, kann er auch nicht), wird er überhaupt fähig, diesen Satz zu sagen. Wiederholt sagt er, daß er es nicht glaubt. In seiner ohnmächtigen Wut beklagt er also seine Unfähigkeit, sich einen Halt in einer symbolischen Ordnung zu verschaffen (von dem aus sich überhaupt erst eine Beziehung zum anderen herstellen ließe). Entwickelt Frank Wünsche, so drängt ihn ein inneres Gebot zu einem Todeswunsch. Seine Krisen enthüllen, daß er in einer unerträglichen Situation ist, von der er aber nichts wissen will und deren Sinn sich ihm auch nicht erschließen darf. Er möchte ausbrechen, möchte einen Ort verlassen, der ihm zur Hölle geworden ist. «Dies Kind hätte nicht geboren werden dürfen», meint die Mutter zu mir, «in meiner Familie sterben nämlich alle.»

Frank wurde mit einer Asphyxie geboren und verbrachte seine erste Lebenszeit in Krankenhäusern. Noch heute lebt er in Furcht vor einer möglichen Trennung, die er als körperliche Verstümmelung (ja sogar als Mordabsicht) empfindet. Das Kind ist unfähig, die Abwesenheit der Mutter zu symbolisieren, spielt er, sie zu verlieren, geht er mit ihr verloren. Von seiner Mutter konnte er keine Worte erwarten, die seine Angst beschwichtigt hätten.

«Worte konnte ich keine geben, weil ich keine bekommen hatte. Ich weiß nicht, was Zuneigung ist.»

«Ein Kind ist eine Belastung, es geht ins Geld, es macht nur Ärger», sagt Franks Vater.

Die Frage, die sich den Eltern stellt, lautet: Was ist ein Kind? Und die Mutter antwortet darauf:

«Es ist das, *wovon man sich keine Vorstellung machen kann.*» (!) Für beide Eltern ist Frank das Undenkbare (der Urszene). Von daher gibt es für Frank keine an eine symbolische Ebene knüpfbare Entwicklung. Als imaginäre Frucht einer sündhaften Lust (Ödipuskomplex!) war Frank schon, bevor er zur Welt kam, verurteilt, nicht zu existieren [23]. In seinem Irresein deckt das Kind den Nicht-Sinn auf, dem es ausgeliefert wurde. Das Kind ist die Wahrheit, die seinen Eltern mangelt und von der sie nichts wissen wollen.

Die Ärzte, die mit dem destruktiven Kind in Berührung kamen, zeigten die Tendenz, sich mit den Eltern zu identifizieren und es wegen seines unerträglichen Zustands in die Klinik einzuweisen. Dort wurde Frank unter Drogen gesetzt und geriet in die Isolation. Schließlich wurde er seiner Familie mit dem Verdikt «100% Invalide» zurückgegeben. Die Krankenpfleger meinten: «Er wird uns allen das Fell über die Ohren ziehen.» Kein Arzt hatte sich jemals in den panischen Zustand des Kindes hineinversetzt, niemals war begriffen worden, daß diese Panik aus der Unfähigkeit des Kindes entstand, in seiner Beziehung zum anderen einen dritten Ausdruck zu finden. In der Beziehung zu seiner Mutter ist Frank ein Mund zum Füttern und Kot, der zu beseitigen ist; nur als Partialobjekt kann er in der mütterlichen Dialektik einen Platz einnehmen. Auf dieser Ebene nehmen beide voneinander Besitz, so sehr, daß sie eine Einheit bilden; der Zirkel, der ihr Leben umschließt, ist nur mit Gewalt zu durchbrechen.
Wenn die Diagnose in diesem Fall auf Psychose hinausläuft, so zeigen sich darin zugleich die Grenzen und die Unrichtigkeit des psychiatrischen Wissens. Mit der Diagnose wurde Frank *die Krankheit* schlechthin, genauer, *die Krankheit der Eltern*. Das Kind weiß, es löst beim anderen Panik aus, und zuweilen spielt es mit seiner Macht. Überall wo es hinkommt, erwartet der Erwachsene, *einen Fall* vor sich zu haben; zum Glück ist es der Absonderung entgangen (Frank besucht die Gemeindeschule des Ortes). In der Schule und in der Pfarrei hat sich ein System durchgesetzt, mit dem man *die Geisteskrankheit bei M. und Mme X* hinnimmt. In dieser Falle ist Frank gefangen. Auch wenn Frank nicht auf seine Kosten kommt, so nimmt er doch in seinem Dorf einen Platz ein, der ihm im Rahmen landläufiger Vorstellungen über das Irresein eingeräumt ist. Man weiß, er ist in Paris in Behandlung und erwartet, daß er durch sie geheilt werden wird. Diese Erwartung der Erwachsenen belastet den Arzt oder den Analytiker, der sich des Kindes annimmt. Er soll ein Kind *verändern,* das heißt, er soll es instand setzen, sich einer Welt anzuschließen, die es ja gerade aus Verzweiflung verlassen hatte. Denn diese Kinder sind im Innersten überzeugt, daß sie von einer totalen Zerstörung bedroht sind. Sie schließen sich daher dem unbewußten Wunsch ihrer Eltern an: es wäre besser nicht geboren.

Auf die Frage, was das Irresein sei, antwortete Freud mit dem Hinweis, daß Irresein und Normalität nicht unbedingt als Gegensätze anzusehen seien. Was man im Irresein aufdeckt, ist in gewisser Weise auch Bestandteil des Unbewußten in jedem Menschen. Die Irren erscheinen nur als die Unterlegenen in einem Kampf, der von uns allen unaufhörlich zu führen ist und der auch für alle der gleiche ist. Dies wird durch die Einstellung der Gesellschaft und der Psychiater gegenüber den Irren belegt: denn diese Einstellung ist Teil des fortwährenden Kampfes der ganzen Menschheit gegen das Irresein – mit unsicherem Erfolg. Aber Freuds Antwort läßt die Frage offen: warum scheitern manche Menschen und andere nicht? Es ist bekannt, daß Freud auf die Frage nur mit dem Hinweis auf quantitative Faktoren beziehungsweise auf konstitutionelle Bedingungen antworten konnte – ein Eingeständnis, daß er sie *nicht* beantworten konnte.

Will die Psychiatrie überhaupt Wirkungen erzielen, so muß sie sich einer Wandlung unterziehen, die ihr, zumindest eine Zeitlang, die Bezeichnung *Anti-Psychiatrie* eintragen wird[24]. Ist die Krise des Irreseins ein innerer Kampf, den jeder von uns insgeheim – in welcher Form auch immer – auszutragen hat, so müssen wir lernen, diese, außerhalb unserer Person, auftretende Krise als unsere eigene ebenso wie als die des Kranken zu betrachten. Es ist nicht das Problem, wie wir in aller Eile Maßnahmen zur Erhaltung *unseres* seelischen Gleichgewichts (und des daran gebundenen Gleichgewichts der Gesellschaft) ergreifen können, sondern wir müssen uns fragen, welche Maßnahmen ergriffen und welche vermieden werden müssen, damit das Subjekt der Krise diesen Kampf in irgendeiner Weise gewinnen kann.

Wir müssen uns bewußt machen, daß die Gesellschaft schon immer in verschiedenen Formen *Plätze* für ihre Irren vorgesehen hat. In der Regel hat sie den Irren *Modelle* des Irreseins vor Augen geführt, mit denen sich der Irre identifizieren und der Gesellschaft Genüge tun konnte. Beides gehört zum Charakter der Institutionen, mit denen sich die Gesellschaft gegen ihr eigenes Unbewußtes schützt. Es sind aber andere, weniger grausame und ruinöse, Schutzmethoden vorstellbar. In der Anstaltssituation tritt uns, ähnlich wie in der kolonialen Situation, ein Phänomen entgegen[25], die Sehnsucht nach einem Leben in einer Welt ohne Menschen, als wolle der Mensch so einen verlorenen Traum[26] seiner Kindheit verwirklichen. Unsere Welt heute läßt kaum noch Träumer und unproduktive «Künstler» zu. Sie haben keine andere Wahl als die Irrenanstalt; sie ist der einzige Ort, an dem der Wahnsinn erlaubt ist – erlaubt innerhalb von Strukturen, die ihn verfestigen und zu einem Monument für den Psychiater werden lassen.

Aber was bringt uns Ärzte denn dazu, zu den Irren hinter die Mauern zu gehen? Erst wenn wir diese Frage beantworten können, werden wir auch die Lösung für die andere, von Freud unbeantwortet gelassene, Frage finden: Was ist der Wahnsinn?

## 2. Der Wahnsinn als gesellschaftlich verfügter Status

Seit Jahrhunderten bemühen sich Ärzte und Philosophen, die «Geisteskrankheit» zu erforschen; was sie genau ist, blieb ihnen aber verborgen. Es wurde angenommen, kein Mensch sei gegen das Irresein gefeit, man sprach von einem notwendigen Wahnsinn, ja sogar von der Notwendigkeit, mit der jeder einzelne an dem allgemeinen «Wahn» teilhabe.

Die psychiatrische Theorie hat sich vergebens bemüht, das mit dem Begriff Psychose umrissene Kernproblem zu erfassen. Die Mythen und Meinungen von damals und heute haben die Verkleidungen, die der «Irre» wählt, um uns zu täuschen, noch um das alte Gewand des Irren, seine Anstaltskleidung vermehrt. Die Verkleidung, mit der sich der «Irre» schmückt, ist dem Charakter des «Irreseins» nicht fremd; aber mit dem Kleid, das wir ihm noch zusätzlich umhängen, mit dem Status, den wir ihm auferlegen, schirmen wir ihn ab und versperren uns selbst den Zugang zum verborgenen Wesen des «Irreseins».

Von Kindheit an ist der Mensch mit einer bestimmten Redeweise über den Wahnsinn vertraut. Der Hinweis auf die Drohung, deren Verkörperung der Irre ist, findet sich nicht nur in den gängigen Geschichten, sondern auch in den Artikeln der Tagespresse über die Welt des Kindes. «Der Landstreicher, der die achtjährige Catherine ermordete, kam aus der psychiatrischen Anstalt.» [27]

Solche Zeilen sind Stoff für unsere tägliche Zeitungslektüre. Die Illustrierten propagieren im Gefolge von Gewalt- und Schlägereidarstellungen, Schreien und Tränen ihren Heldentypus und ihre Vorstellungen von Irren, Zurückgebliebenen und Anomalen. Der «Irre» weiß, im Gegensatz zum Klugen, «nicht, was er tut», er beißt und schmäht, «wenn er die Nerven verliert» [28]. Sein Bild vermengt sich mit dem des Teufels (selbst bei denen, die nicht an ihn glauben), von dem sich die

Kinder erzählen, daß er «nirgendwo herkommt, überall auftaucht, zuerst aus sich selbst entsteht»[29].

Wenn es einem Kind nicht gelingt, die Worte zu finden, mit denen es den Anderen erreichen kann, wenn es eine Spannung, die es quält, nicht zu formulieren versteht, appelliert es an den Teufel. Zauberer und Hexen sind Elemente der sozialen Welt, der Teufel aber ist der Repräsentant des *Nicht-Sozialen,* mit ihm eröffnet sich ein gesetzloses Universum. Unter der Last dieses Alptraums spürt das Kind die Gefahr, das Leben selbst zu verlieren. Eine Angst überfällt das Kind und bedroht mit Zerstörung alles, was lebt. Diese Todesgefahr entsteht in einem Augenblick, wo es ihm in einer Allmachtsphantasie möglich scheint (und zugleich ist das eine Antwort auf seine frustrierende Welt), das seit langem ersehnte, ideale, gute Objekt zu «besitzen». Aber sobald es besessen wird, ist das Objekt nicht mehr ideal, und das ist der Grund, warum dann beim psychotischen Kind eine destruktive Angstkrise in besonders scharfer und «reiner» Form auftritt.

Sobald Frank das Verbot seiner Mutter «Tu das nicht» übertrat, um aus Ton oder auf dem Papier ein Meisterwerk zu fabrizieren, das er selbst als das «schönste von allen schönsten» bezeichnete, zerstörte ein (von ihm provozierter) Unfall unausweichlich seine Produktion; brüllend warf er sich dann auf mich oder seine Mutter, biß, schlug um sich und schrie völlig verzweifelt: «Er hat es kaputtgemacht, er hat es kaputtgemacht!» Diesen *er* – der das Ich des von der Mutter «gesprochenen» Kindes ist – zeichnete Frank schließlich. *Er* hatte die Züge eines roten Teufels, einen riesigen Mund und einen Schnurrbart.

Die Zeichnung mußte vernichtet werden, so als müßte jede Spur dessen, der das Kind so behexen, so zerreißen konnte, verwischt werden. Seine Wut brach für Augenblicke in Asthmaanfällen zusammen. Sie war der Ausdruck seiner Niederlage, die sinnliche Darstellung seines Gefangenseins in einer Falle.

Trotz der zwangfreien Situation in der Sitzung, worin Frank sich als Wünschender darstellen konnte, schien es, als wäre er von einer Palisade sich widersprechender Worte gehemmt: «Tu dies; laß das sein», «Das machst du gut; du machst das aber schlecht.» Das *Schlechte* hinterließ seine Spuren in seinem Leib, es behinderte ihn beim Atmen. Und wenn er atmen konnte, so fühlte er sich in seinem ganzen Sein verloren. Er zeigte seinen «Wahn» vor, d.h. ein Äquivalent dessen, was er in seinen Zeichnungen mit dem bösartigen Teufel hatte ausdrücken wollen.

Der Zustand des «Irreseins» alternierte mit dem Wunsch nach Erlösung: «Er ist nicht mehr böse, er ist lieb, er wird niemals mehr schreien, er erstickt... Mama, du wirst mich doch nicht verlassen!» Die stereotyp auftretende «irre» Reaktion des Kindes anläßlich jeder Trennungserfahrung ist dermaßen auffällig, daß sie nicht zu übersehen ist.

Die von Frank gewählte Lösung gab seiner Mutter die Rechtfertigung für ihre «überbesorgte» Haltung. Durch das Symptom ihres Kindes schien sie zu sagen: Sehen Sie doch, ohne mich kommt er nicht zurecht, wenn man ihn wegbringt, stößt ihm ein Unglück zu.

Immer wenn Frank der Wunsch zu fliehen überkam, war die Angst mächtiger, es könne sich der unbewußte Wunsch seiner Mutter (daß er sterben soll) oder sein eigener (sie soll sterben) realisieren. Ohnmächtig, seine Verwirrung in Worte zu kleiden, öffnete sich ihm kein anderer Ausweg aus seiner Hilflosigkeit, als durch sein Symptom die Mutter-Kind-«Symbiose» zu verewigen, eine Symbiose, deren Grundvorstellung im orphischen Bild vom zerstückelten Körper umrissen ist.

Wir haben im ersten Kapitel gesehen, welchen Platz Franks *Krankheit* in seinem Dorf einnimmt und daß seine Krisen genau in das Bild paßten, das der Normale vom Irren hat.

Jedesmal, wenn sich in dem Haus, in dem ich wohne, ein Kind heulend im Treppenhaus herumdrückt, findet sich eine gute Seele, die es zu mir bringt, so als liefere man einen herrenlosen Hund beim Tierschutzverein ab.

Ewig schreiende Kinder oder Erwachsene, die bleich, «bizarr» oder «nervös» aussehen, gelten von vornherein als meine «Klienten». Man erwartet das Schlimmste und dann stellt sich natürlich auch das Schlimmste ein[30]... Oft genügt ein Wort, dessen magische Rolle darin besteht, das Kind auf den Gedanken zu bringen, was es «noch» tun muß, damit es anders wird und sich von den übrigen Kindern unterscheidet.

Das psychotische Kind ist in der Lage, mit seinem Irresein zu spielen und so die Aufmerksamkeit derer, die es liebt oder haßt, auf sich zu lenken.

Sein Verhalten ist eine Replik auf das sprachliche Verhalten seiner Umwelt – einer Umwelt, von der es sich lösen will, der es sich aber durchaus verbunden fühlt. Von seiner Umgebung abgewiesen, verhält sich das Kind nun seinerseits abweisend; es hält die Fäden eines Spiels in seiner Hand, das ihm als «Krankem» die ersten Früchte seiner Macht beschert.

## WAHNSINN ALS PERSÖNLICHES SCHICKSAL

Das Etikett «Irrer» – von dem das Kind weiß, daß es ihm anhängt – löscht die Identität aus und spricht dem Kind gewissermaßen die Verantwortung für sein Sprechen und sein Handeln ab. Es ist für alles entschuldigt, zugleich aber in die vollständigste Einsamkeit *verbannt*. Die psychotische Reaktion ist im Zusammenspiel mit dem anderen entstanden; je williger die Umgebung die Schwere seines «Zustands» bestätigt, desto mehr wird das Kind an der Persönlichkeit «hängen», auf die seine Wahl gefallen ist und in die hinein es sich nun «entfremdet». Die Entwicklung des Kindes begleiten Worte der Erwachsenen, die sich lediglich um den *Fall* des Kindes kümmern, der dann schließlich zum alleinigen Gesprächsgegenstand wird. Dem kranken Kind bleibt nur noch die Wahl, sich als Subjekt völlig auszulöschen und zur Krankheit schlechthin zu werden[31]. Es wird nach medizinischen und moralischen Kriterien beurteilt und so zum Produkt einer Normabweichung werden. Seinen Zustand beurteilt es nach der Meinung des Pflegepersonals und der Eltern: es sind die Worte anderer, die schließlich zur Eigenart seiner Sprache werden.
«Ich muß mich an die Anstalt gewöhnen», sagt Arthur. «Draußen ist es schlimmer. Man muß für niedrige Löhne arbeiten und hinzu kommt noch, daß es zwischen mir und den Arbeitgebern Meinungsverschiedenheiten gibt. Es ginge überhaupt nicht; ich würde doch nur beschimpft werden. Die Anstalt ist besser, obwohl ich gezwungen bin, Anstaltskleidung zu tragen. Die Welt hat sich geändert, der Fortschritt hat mich kaputtgemacht. Die Außenwelt rast mit voller Geschwindigkeit, in gestrecktem Galopp. Hier ist man in Sicherheit, draußen ist es gefährlich.»

«Geheilt werden? Das scheint mir schwierig zu sein bei der Dummheit der Welt. So wie die Gesellschaft heute aussieht, sollte man besser nicht von Heilung sprechen. Solange draußen die Wut umgeht, ist das einfach unmöglich. Nein, ich möchte nicht geheilt werden.»

Dies «ich möchte nicht geheilt werden» ist nicht nur die Entsprechung auf das mütterliche Wort «Schicken Sie ihn mir nicht zurück!» oder «Ich habe schon genug Unglück»; es fügt sich auch in die Meinungen seiner Zimmergenossen ein.

«Geheilt werden?» wiederholt ihn sein Bettnachbar, «das hieße einen Fehler wiedergutmachen. Man stellt mich vor die Wahl, Soldat zu sein und mich erschießen zu lassen oder hier zu bleiben und am Leben zu bleiben. Ich wähle das Leben, obwohl das auch nicht die Lösung ist.»

Für den einen wie den anderen sind Regeln verletzt worden. Ihr persönliches «Mißgeschick» hat sie in diese andere Gesellschaft verstoßen, in der das Erlaubte und das Verbotene von anderen Regeln bestimmt sind. Aber es läßt sich nicht sagen, ob diese Regeln freiheitlicher oder autoritärer als die der «vernünftigen» Gesellschaft sind.

Sehr häufig – aber keineswegs immer befriedigend – besteht die Behandlung der «Irren» darin, sie an diese neue Gesellschaft anzupassen, indem man die draußen geltenden Regeln modifiziert. Es gibt übrigens die Auffassung, daß diese Lösung befriedigend wäre, wenn die (Anstalts-) Gesellschaften präsentabler und die «Irren» in ihnen glücklich wären. So abwegig ist diese Auffassung nicht: manche Patienten finden tatsächlich an diesen Orten so etwas wie Glück und haben keine andere Angst, als eines Tages die Anstalt verlassen zu müssen.

Andere haben sich schließlich für das Krankenhaus «entschieden» und sich, wenn auch widerwillig, den Ansichten ihrer für ihr «Wohl» tätigen Umgebung gebeugt.

«Wenn ein Kranker», so Georges, «grundlos auf barbarische Weise in die Anstalt eingeliefert wurde, fühlt er sich verloren. Die Arbeitstherapie ist eine idiotische Erfindung: wollte ich arbeiten, dann wäre ich draußen. Ich habe mich für ein Invalidenleben entschieden, weil man mich gehindert hat, meiner Berufung zu folgen. Wahrscheinlich werde ich mein Leben hier beenden. Es ist ein Gefängnis, ich fühle mich grausam behandelt.»

Auf diese *Entscheidung* zum Irresein, als Antwort auf einen umfassenden Kontext in Vergangenheit und Gegenwart, kann das Individuum auch noch speziell in Spannungsmomenten zurückgreifen, wenn es sich mit der Sprache kein Gehör verschaffen kann.

Die «Geisteskrankheit» scheint also als *Strategie*[32] benutzt zu werden, wenn es etwas zu erreichen gilt, was sonst verweigert würde, oder wenn es die einzige Möglichkeit ist, das Unerträgliche einer Situation darzustellen.

Der Gedanke, die «irre» Reaktion könne eine Antwort auf ein «beiläufig» geäußertes Wort der Familie oder des Pflegepersonals sein, wurde von John Perceval bereits 1830 formuliert und 1964 von Morag Coate[33] weiter entwickelt.

Beide Autoren beschrieben in ihren Autobiographien, wie es plötzlich zu einem Riß zwischen Innen- und Außenwelt gekommen war, und zeigten, auf welche Weise das Phantastische die Leere ausfüllte, die durch den Realitätsverlust eintrat.

Sie unterwerfen die Situation in den Anstalten einer schonungslos klarsichtigen Analyse und beschreiben die Beziehung Arzt-Kranker als einen Kampf, in dessen Verlauf jeweils einer der beiden Partner immer damit rechnen muß, vernichtet zu werden. Formen von Koexistenz, sagen uns die Autoren, sind kaum möglich. Vom Normalen abweichendes Reden und Handeln wird mit Medikamenten und Wassergüssen bestraft. Indem das Pflegepersonal den Prozeß des Deliriums abzuschneiden versucht, verspielt es die Chancen eines spontanen Nachlassens. Die Autoren verlangen stellvertretend für die «Patienten» Rücksicht auf deren Wahn. Perceval sagt, daß das Scheitern derjenigen, die auf die «Reise» des Irreseins gegangen sind und nicht zurückfinden, erklärt werden muß. Welche unangemessenen Reaktionen begegnen ihnen in der Familie und in der Institution, die ihnen ihre Rettung mittels einer organisierten halluzinatorischen Erfahrung verwehrt?[34]

Das *Erlebnis*, von dem die beiden Schizophrenen in ihren Autobiographien berichten, ist das einer mystischen Erlösungserfahrung und ähnelt einem Initiationsritus. Die Rückkehr zum Leben vollzieht sich in der Form von Tod und Wiedergeburt. Das ist für die Autoren das Endziel der Erkenntnis, von der allerdings alle, die diese Erfahrung nicht gemacht haben, ausgeschlossen sind. Das «schöpferische Moment» am Wahn besteht in einer Art Rekonstruktion. In der Tat gibt es hier wohl etwas, das sich unserer Erfahrung entzieht.

## DER WAHNSINN ALS STATUS

Im Krankheitsverlauf treten sozusagen zwei Phasen auf; die erste ähnelt, oberflächlich betrachtet, neurotischen Mechanismen, dann wird eine Grenze überschritten und in der zweiten Phase tritt man in die Psychose ein. So jedenfalls sehen die Psychiater den Vorgang.

Die Art, in er sich die Behandelnden zu diesem Zeitpunkt in die Welt der Verfolgungsängste oder der Halluzinationen des Patienten einfügen, entscheidet darüber, ob überhaupt später eine Rückkehr zum «Normalen» möglich sein wird. Dem «Irren» wird von anderen ein Status auferlegt, ohne daß genauere Erkenntnisse über das Wesen des Wahnsinns vorliegen. Es ist immer damit zu rechnen, daß das Subjekt völlig hinter seiner Anstaltsuniform verschwindet und auch dem anderen nicht anders als im Kostüm des «Irren» erscheint.

Es ist erschütternd zu sehen, wie die Psychose aus einer Fehlentwicklung im Symbolischen entsteht, deren Opfer der Patient wurde. In sehr vielen Fällen sind die Würfel bereits vor seiner Geburt gefallen. Das Netz, in dem sich das Kind fangen wird, zieht sich oft schon zwei Generationen vorher zusammen und damit ist der Weg in die Psychose vorgeschrieben.

Aus der Analyse wissen wir, daß der «Familienmythos» dem Subjekt fast immer bekannt ist. Dagegen dringt nicht in sein Bewußtsein, daß er sich mit diesem Familienmythos narzistisch identifiziert.

O. Mannoni berichtet einen Fall, der diesen Vorgang deutlich macht. Es handelt sich um die Analyse eines Psychotikers. Die Analyse begann mit dem Thema: «Was für eine Krankheit habe ich?» Der Patient, ein Student der Medizin, wünschte eine Diagnose. Er wollte um jeden Preis, daß ihm ein anderer sagte: «Es stimmt, Sie sind natürlich verrückt.»

Im Verlauf der Behandlung trat ein völliger Umschwung ein, als er berichtete, seine Mutter habe zu ihm gesagt: «Ich werde bald verrückt.» Eines Tages habe er den Wunsch gehabt, an ihrer Stelle und für sie verrückt zu werden.

Bei der ersten Konsultation hatte er sich mit allen Anzeichen schizophrener Dissoziation dargestellt. Es wäre eine mögliche Entscheidung gewesen, den Patienten auf seinen eigenen Wunsch hin in eine Anstalt einzuweisen. Als aber diese gewünschte Antwort ausblieb, konnte hinter der «psychotischen Entscheidung» des Patienten eine gewisse Zwangsläufigkeit sichtbar werden. Dieser Determinismus ist an die Ursachen geknüpft, die zur Entstehung des *Familienkomplexes*[35], jenem familienspezifischen Ensemble von Haltungen und Worten, beigetragen haben.

Der *Komplex* ist eine Haltung, die das Subjekt angesichts bestimmter Situationen einnimmt und wiederholt. Deshalb hat das Individuum nur eine sehr reduzierte Entscheidungsfreiheit, die es ihm ermöglicht (bezüglich einer Situation, in die er gestellt ist), zwischen der neurotischen Frage und der psychotischen, bzw. perversen Antwort zu «optieren».

Mit dem Wort «optieren» will ich andeuten, daß so etwas wie ein Spiel mit dem Irresein möglich ist, vergleichbar der Lust, sich in den Augen anderer als verrückt darzustellen.

Meine Untersuchung (die sich einen Weg offen halten will, und führe er über mich selbst) richtet sich auf all die Phänomene im Umkreis des Irreseins, die aus der Identifikation mit dem Modell des Psychotikers entstehen.

Die Maske des Irren, die ich hier meine, ist – in Wahrheit – unsere Sicht des Irren. Gegenüber sich selbst maskiert sich der Irre nicht. Wir sind es, die ihm seine Verkleidung vorschreiben und er stellt sich dann in den Augen des anderen in jener Verkleidung dar.

Th. Lidz und seine Mitarbeiter[36] haben mit Nachdruck darauf hingewiesen, daß man die Schizophrenie nicht als Prozeß betrachten darf, in dem der Patient seinen Verstand verliert. Es wäre angemessener, sie als *Schicksal* zu begreifen, in das sich der Mensch in seinem Streben nach einem autonomen Leben verstrickt – und in der Tat kann man dieses «autonome» Leben in der Anstalt finden, in Gestalt einer Hoffnung, hier anderen Formen des Zwangs zu entgehen, als Entscheidung für einen *Status* gegen einen anderen.

Der Status des «Irren», für den man «optiert», um einen anderen nicht annehmen zu müssen (den der Ehe manchmal) oder um anderen Schwierigkeiten aus dem Wege zu gehen, wurde von Pirandello[37] sehr genau in seinem Stück «*Il berretto a sonagli*» (Die Narrenkappe) gestaltet. Das Stück spielt in Sizilien. Beatrice ist «verrückt vor Eifersucht», was noch nicht dasselbe ist, wie «irre» sein. Sie klagt ihren Gatten an, ein Verhältnis zu Ciampas Frau zu unterhalten und provoziert dadurch einen Skandal.

Ciampa, das unschuldige Opfer des Skandals, verlangt Erklärungen: seine Situation ist unerträglich geworden.

Er soll die ganze Geschichte vergeben und vergessen.

«Alles ist nur ein Irrtum, eine Verrücktheit», beschwichtigt man ihn.

«Nun gut, eine Verrücktheit. Aber wenn man Beatrice schon für verrückt erklärt, dann soll sie auch drei Monate ins Asyl. Die Verrückte zu spielen ist doch leicht: sie muß nur allen unaufhörlich die Wahrheit ins Gesicht schreien. Sie möchte immer Recht behalten? Ein besseres Zeichen für Verrücktheit gibt es gar nicht...»

Ciampas Vorschlag ist die einzig mögliche Lösung. Beatrice läßt sich ins Asyl bringen und schreit dabei wie eine Verrückte... Die Spannung des Stücks beruht darauf, daß man verfolgen kann, wie die Netze gewoben werden, in denen sich Beatrice fangen soll. Sie wird besiegt, gibt sich als Subjekt auf und nichts bleibt von ihr als das *bloße Etikett des Wahnsinns*. (Diese Situation ist exemplarisch, sie ist Tag für Tag an der Aufnahmeprozedur der psychiatrischen Kliniken zu beobachten.)

In der Psychiatrie wird leicht übersehen, daß Worte in einer bedrängenden Situation einen aktualisierenden, forcierenden Effekt haben, ja sogar Handlungen auslösen können.

*Beatrice*[38]: «Ich – in einem Irrenhaus, hörst du, Mama?»

*Assunta:* «Aber doch nur, damit alles wieder in Ordnung kommt, mein Kind, das verstehst du doch.»

*Spano:* «Damit alles wieder in Ordnung kommt... Es ist, in der Tat, eine ausgezeichnete Lösung. Denken Sie ein wenig an Ihren Gatten, Signora...»

*Beatrice:* «Sie wollen, daß ich in jedermanns Augen als verrückt gelte?»

*Ciampa:* «Getroffen, ebenso wie Sie in jedermanns Augen drei Menschen entehrt haben, den einen als Ehebrecher hingestellt haben, die andere als Dirne und mich als Hahnrei. Es genügt nicht zu sagen: ‹Ich war verrückt›. Man muß es beweisen und öffentlich zeigen, indem man Sie einschließen läßt.»

*Beatrice:* «*Sie* sollte man einschließen.»

*Ciampa:* «Nein, Signora, Sie. Zu Ihrem Besten... Überhaupt, was überlegen Sie noch? Den Verrückten spielen ist doch kinderleicht. Ich bringe es Ihnen bei. Sie müssen nur die Wahrheit herausschreien. Sobald Sie den Leuten die Wahrheit ins Gesicht sagen, wird man annehmen, Sie seien verrückt geworden.»

*Beatrice:* «Ah! Sie, Sie wissen, daß ich Recht habe, daß ich mit Recht so handelte, wie ich es tat?»

*Ciampa:* «Die nächste Lektion, Signora. Niemand ist weniger verrückt als gerade der, der Recht zu haben glaubt. Gönnen Sie sich also das Vergnügen, drei Monate lang verrückt zu sein. Ach, wenn ich es nur könnte, wenn ich es könnte!... Die Narrenkappe über beide Ohren gezogen, durch die Straßen und in alle Häuser rennen und jedem die Wahrheit ins Gesicht schleudern... Sie könnten es, was für ein Glücksfall[39]. Es wird Ihr Leben um Jahre verlängern! Fangen Sie sofort an, los, schreien Sie!»

*Beatrice:* «Womit soll ich anfangen?»

*Ciampa:* «Schreien Sie offen ihrem Bruder die Wahrheit ins Gesicht. Schreien Sie den Kommissar an und mich, mich auch. Ich gestatte ja nur einer Verrückten, mir ins Gesicht zu schreien, ich sei ein Hahnrei.»

*Beatrice:* «Nun gut, Hahnrei... ich schrei es Ihnen ins Gesicht: Hahnrei, Hahnrei...»

*Spano:* «Sie bringen uns noch zu der Überzeugung, daß Sie tatsächlich verrückt sind.»

*Beatrice:* «Natürlich, ich bin es. Und deswegen schreie ich auch Sie an: ‹Hahnrei, Hahnrei›. Die beiden Gehörnten, was für ein Paar!»

– – – – –

*Ciampa:* «Sie ist richtig verrückt. Das ist der Beweis. Es ist bewunderungswürdig. Jetzt muß sie nur noch eingesperrt werden.»

In dieser kurzen Szene zeigt Pirandello, daß man den Irren vollkommen spielen kann, ohne es zu sein (um gleichwohl im Asyl zu landen).

«Wahnsinn» kann die Gestalt einer List oder einer Verstellung sein; es ist faszinierend, wie genau diese Rolle beherrscht wird. Diese Doppeldeutigkeit waltet auch bei der Entscheidung für oder gegen die Geisteskrankheit. So sind denn auch manche Störungen recht unglaubhaft.
Diese Menschen ziehen unser Interesse auf sich wegen ihrer Art, die Wahrheit zu sagen, wegen ihrer Schroffheit, mit der sie die Welt verurteilen und gegenüber jedermann Recht behalten wollen. Wir lassen uns durch ihre Empörung mitreißen und das Vergnügen, mit dem wir ihnen zuhören, ist der Versuch, einen Aspekt unserer selbst in ihnen wiederzufinden.

FRANCINE, 11 Jahre alt, wird von der Polizei in die psychiatrische Klinik einer kleinen Provinzstadt eingeliefert. Sie hat Möbel zum Fenster hinausgeworfen und ihrer Mutter völlig ruhig erklärt: «Ich werde Claudine (ihre Schwester) vergiften und es so anstellen, daß du dafür verurteilt wirst.»
Vorher hatte sie sich gesträubt, schlafen zu gehen, und hatte mit ihrem Geheul die Nachbarn aufgebracht. Ihre «Verladung» in die Klinik war schon vor dem beschriebenen Anlaß eine von den Erwachsenen beschlossene Sache.
In der Klinik wurde sie acht Tage lang unter Beobachtung gehalten und in dieser Zeit erwarb sie sich durch ihre Ruhe, Freundlichkeit und Fröhlichkeit derart die Zuneigung des Personals, daß der leitende Arzt die Mutter zu sich bestellte und ihr (in Gegenwart des Kindes) sagte, sie und nicht Francine sei die «Irre».
Das war es, was Francine gewollt hatte, und der Beweis war ihr geglückt.
Im Konflikt mit ihrer Mutter hatte Francine sich auf die Drohungen ihres Vaters besonnen und sie eingesetzt: «Ich werde mich töten und alle werden glauben, daß du es getan hast.» Diese Drohung hatte der Vater auch wahrgemacht, als Francine drei Jahre alt war. Die Mutter wurde denn auch verhaftet und nur deshalb nicht verurteilt, weil der Selbstmordversuch des Vaters nicht erfolgreich verlaufen war. Als er aus dem Koma aufgewacht war, gestand er das Arrangement und damit den Mordversuch an seiner Frau. (In Frankreich steht auf Mord die Todesstrafe. A.d. Übers.)

Das Kind, das die Tragödie miterlebte, wurde während des Prozesses in der Familie des Vaters untergebracht und war sehr «aufgebracht» gegen seine Mutter.
Das Kind war in der Identifikation mit dem Aggressor, dem (paranoischen) Vater, aufgewachsen und deshalb stellte es sich als gehaßtes Objekt dar und ließ sich auch nur als solches lieben.
In spannungsreichen Situationen (Eifersuchtskrisen) nahm sie das Verhalten ihres Vaters an und löste sich selbst aus einer Situation, in der sie die anderen «verrückt» machte. Sie sah sich als Opfer, dem Gerechtigkeit widerfahren sollte.
Francine spielte also gekonnt mit ihrem «Irresein», aber es kam auch vor, daß sie von halluzinatorischen Gesichten überwältigt wurde, die sie in die Sackgasse einer depressiven Phase trieben. Noch ist nicht abzusehen, ob sie, wie ihr Vater, in der «Geisteskrankheit» enden wird; zunächst einmal fasziniert sie der Wahnsinn und sie spielt mit dieser Alternative, indem sie sich unbewußt mit ihrem Vater identifiziert. Auf jede Bemerkung, daß ihr Verhalten Ähnlichkeit mit dem ihres Vaters habe, antwortet sie: «Damit hat das nichts zu tun.»

Joelle ist 20 Jahre alt, wie sie in einem Anfall von Verwirrtheit und Depression mit halluzinatorischen Erscheinungen einen Selbstmordversuch unternimmt.
In der Privatklinik, in die man sie eingewiesen hat, erwägt man, sie in eine Irrenanstalt zu überweisen.
Ich spreche mit ihrem Arzt und erreiche, daß er sich dafür einsetzt, das Mädchen aufs Land zu schicken. Hier, in einer «anti-psychiatrischen» Klinik, verbringt sie zwei Monate. Sie ist ständig bei den Pferden im klinikeigenen Stall und verdreckt ziemlich. Einen Arzt sucht sie nicht auf, ja sie weigert sich sogar, sich in irgendeiner Weise «behandeln» zu lassen.
In den beiden Monaten ernährt sich Joelle mit Milch und Früchten, sie reitet und schläft im Pferdestall. Dann will sie nach Paris zurück, sie wohnt wieder in ihrem Zimmer und sucht gleich ihren Analytiker auf, der sie aber nur unwillig wieder aufnimmt. Er ruft mich an, um mir zu sagen, daß er keine hohe Meinung von der Land«kur» habe, denn

Joelle sei räumlich und zeitlich völlig desorientiert und zeige überhaupt keine Körpersensationen mehr.
Joelles Körper, der auch nach ihrer Meinung «nicht zu ihr gehört», ist schmutzig. Das Mädchen, mit dem man sich nicht in der Öffentlichkeit sehen lassen kann, ist zudem völlig unfähig, seine Berufstätigkeit wieder aufzunehmen.
In der Tat durchlebt Joelle eine Phase, in er sie ziemlich desorganisiert ist (einschließlich abnormer sexueller Aktivität). Wider Erwarten (auch des Analytikers) wird ihr Verhalten relativ schnell normal und die psychotische Phase wird mit der Aufnahme ihrer beruflichen Tätigkeit als Krankenschwester abgeschlossen.
Hätte sie in einer Irrenanstalt ihre psychotische Phase gleichermaßen überwinden können?
Wäre das Mädchen nicht in einer, leicht etikettierbaren, Geisteskrankheit erstarrt und dann von den Psychiatern verurteilt worden?
Unbestreitbar war der Verzicht auf Behandlungsmaßnahmen die wesentliche Voraussetzung für die Art, mit der sich Joelle aus einer, ihr zugestandenen, Desorganisiertheit in die Gesundheit rettete.
Die psychotische Dekompensation war die Antwort auf den Zusammenbruch ihres Gefühlslebens gewesen; sie zeigte ein Verhalten völliger Realitätsblindheit und versuchte im «Wahnsinn» ihr Leiden auszulöschen. Ihr Verhalten war die unbewußte Reproduktion dessen, was ihrer älteren Schwester zugestoßen war, als sie im gleichen Alter war. Ihre Schwester war schizophren geworden.
Francine wie Joelle kannten ein *Modell* vom «Wahnsinn» und fanden in der Ausdrucksweise des Irreseins einen Ausweg aus einem Lebensmißgeschick. Von einer solchen Ausdrucksweise zur Geisteskrankheit ist es nur ein Schritt, vor allem dann, wenn die Umgebung ihn fördert oder ihn selbst tut.

SIDONIE[40], 17 Jahre alt, anorektisch, wird nach zweijährigem Aufenthalt in einer psychiatrischen Klinik zu mir geschickt.
Mit 9 Jahren hatte das Mädchen an Bulimie (Heißhunger) gelitten und mußte, um abzumagern, ihre erste Isolierungskur durchstehen. Hinter allen ärztlichen Maßnahmen stand die Mutter als treibende Kraft, sie

war der Schrecken der Spezialisten, erreichte aber trotzdem, daß sie das Kind behandelten.

Nach einer ersten Unterhaltung mit Sidonie rief mich die Mutter an; sie könne so nicht mehr weiterleben. Das Kind müsse, damit die «Nerven» der Mutter geschont würden, erneut in eine Klinik gebracht werden.

«Ich bin nicht mehr Sidonie, ich bin ein Fall», erklärt mir Sidonie. «Und meine Mutter erzählt überall und jedem von meinem Fall. Als ich zu dick war, sagte sie zu mir: ‹Essen ist ein Verbrechen, du wirst noch in dein Unglück rennen.› Jetzt habe ich wieder Angst, Lust auf zu viel Essen zu kriegen. Ich habe Angst, daß ich einmal beim Essen sterbe. Als ich klein war, verschloß man die Schränke vor mir und drohte mir: ‹Man wird dich auf dem Jahrmarkt ausstellen!› Immer wieder sagte man mir solche gemeinen Sachen. Verstehen Sie, daß ich jetzt nicht mehr esse, ist meine Rache. Ich will mich an der ganzen Welt rächen und will beweisen, daß ich es durchstehen kann. Ich möchte, daß man mich mit meinem Körper tun läßt, was ich will. Wenn ich deswegen als verrückt gelte, seis drum, es bedeutet für mich Freiheit.»

Wenn man Sidonie nicht die Möglichkeit läßt, mit ihrem Körper das zu tun, was sie will (das heißt wenn man ihr keine Symbolisierungsmöglichkeiten läßt), wird sie sich wahrscheinlich in die «Geisteskrankheit» flüchten und in ihr erstarren.

Emmanuelle, 16 Jahre alt, war bereits, bevor ich zu einer Konsultation hinzugezogen wurde, sechs Monate in einer Luxusklinik in stationärer Behandlung. Als ich sie besuchte, brach sie in Tränen aus und verlangte, entlassen zu werden.

Die Hospitalisierung hatte sie auf die äußere Erscheinung einer Schizophrenen fixiert. Für sie war ich der Spezialist von draußen, der nicht zur Klinik gehörte und mit dem man deshalb sprechen konnte. Die gedämpfte Atmosphäre in der Klinik hatte sie zu einer lebendigen Toten werden lassen, sie war nur mehr ein Schatten ihrer selbst. Es war Emmanuelles Tragödie, daß sie den Platz eines totgeborenen Kindes einnehmen mußte. Die Mutter ließ ihr kaum eine andere Alternative, als zwischen realem oder symbolischem Tod (des Körpers) zu wählen; sie war also von vornherein psychosengefährdet.

Offenbar war es Emmanuelle nicht möglich, eine andere Botschaft als die der Mutter aufzunehmen: «Ich bin am Ende und du, mein Kind, bist wie ich.» Als sie im Laufe einer Periode tiefer Niedergeschlagenheit in die Klinik eingewiesen wurde, sagte sie, die Worte ihrer Mutter auf sich beziehend: «Ich bin am Ende, Mama, ich bin am Ende».
Eine Verlängerung des Klinikaufenthalts hätte dem Mädchen nur nahegelegt, sich in den Lebenslauf einer Anstaltsinsassin zu schicken: sie hätte sich einem unbewußten Wunsch ihrer Mutter angeschlossen, nämlich als Tote geliebt zu werden.

Die Verkleidung, die der Wahnsinn darstellt, steht in engstem Zusammenhang mit dem Status, dem sich der Irre zugeordnet weiß. Diese scheinhafte Selbstdarstellung verhindert einen heute schon möglichen Einblick in den wahren Charakter des Irreseins.
Bald errichten die Psychiater dem Irren ein Denkmal, bald neigen sie dazu, seine Existenz überhaupt zu bezweifeln.
Die Behauptung, daß es die Geisteskrankheit gar nicht gebe (und daß in einer besseren Welt Irrenanstalten und Psychiater überflüssig seien), greift lediglich eine Wunschvorstellung des 18. Jahrhunderts wieder auf.
Diese Wunschvorstellung beruht auf dem Glauben, daß das Glück der Menschen ein Selbstzweck sei (und ein Heilmittel gegen alle Übel).

## WAHNSINN UND «FREIHEIT»

Auch die Psychoanalytiker konnten sich nicht immer von dieser Anschauung freihalten. So sind Abrahams Theorien bezüglich des *idealen Objekts* vielfach im Sinne der Beziehung des Subjekts zu seiner Umgebung ausgeschlachtet worden. Autoren dieser Richtung haben die analytische Erkenntnis auf Konzepte sozialer Anpassung reduziert und die Psychoanalyse zu einem sozialen Arzneimittel degradiert. Gegen diese Betrachtungsweise des Problems der «Geisteskrankheit» oder der Neurose hat die anti-psychiatrische Bewegung verdienstvollerweise Einspruch erhoben.

Man hat – oft mit Gründen – «das Recht auf Irresein» gefordert, ein Recht, das ebenso essentiell sei wie das «Recht auf Gesundheit». Freud wurde vorgeworfen, daß er die Befreiung der ins Unbewußte verbannten Wünsche, also die Bedingungen für die Aufhebung des Verdrängungszwangs, zu wenig in seiner Lehre berücksichtigt hat. «Befreit die Sexualität, beseitigt das Inzesttabu und ihr werdet den Menschen befreien», hieß es. Mittlerweile haben sich die verschiedenen Positionen zu einer Ideologie des Glücks vereinigt, die der Phantasie zur Herrschaft verhelfen will; diese Ideologie ist gegen Mystifikationen aller Art keineswegs gefeit.

Das Problem des Wahnsinns ist nicht mit (großherzigen) Forderungen nach Freiheit und einem Leben ohne Zwang zu lösen. Ebensowenig ist das Problem des Ödipuskomplexes auf die Frage der Toleranz gegenüber dem Inzest reduzierbar. Der bedeutsame Einschnitt, den der Ödipuskomplex im Leben des jungen Menschen darstellt, muß auch unter dem Aspekt gesehen werden, welche Veränderungen sich für das Subjekt selbst (und zwar organisiert durch das Spiel des Signifikanten) mit dem Inzestverbot ergeben, das ja die die Zukunft des Menschen prägende Kastrationskrise einleitet[41]. Akzeptiert man diesen Zusammenhang nicht, begibt man sich der Möglichkeit, die Psychose zu verstehen. Wir werden im folgenden Gelegenheit haben, dies genauer zu entwickeln.

Die Ordnung der Welt, daran erinnern uns die Mythen, beruht auf einem Initialopfer[42]. Im indischen Mythos ist die Wiederholung des Initialopfers die Garantie für die Aufrechterhaltung der universalen Ordnung; in der Bibel gibt Jehovah, als Antwort auf Noahs Opfer, das Versprechen, eine weitere Sintflut zu verhindern und garantiert so den harmonischen Ablauf der kosmischen Bewegung.

Im Ödipuskomplex spielt, ausgehend vom Symbolismus der Kastration, das Einfügen des Wunsches in die menschliche Ordnung die gleiche Rolle. Genauer gesagt, es entsteht eine neue Struktur, die die bisherige duale Situation (eine imaginäre Situation: eine unvermittelte *Ich-Du*-Beziehung) in eine (symbolische) Dreiecksstruktur transformiert, die die Bezugnahme auf einen Dritten in sich hineinnimmt. In dieser Struktur ist die Bezugnahme auf eine Vergangenheit enthalten, mit all dem, was

als Tradition in ihr impliziert ist, vermittelt über den symbolischen Vertrag, über Schuld und Verfehlung.
Hier ist die Exposition für das Drama des Wunsches, mit all den Folgen, die sich auf sprachlicher Ebene zeigen[43]. Die symbolische Struktur erlaubt uns zu wissen, wer wir sind; ein Leitmotiv klingt an, das des Vertrags, des Versprechens, das der Allianz; Prinzipien, auf denen jede Gesellschaftsgründung beruht.
Den Fehlentwicklungen auf symbolischer Ebene entsprechen die Schwierigkeiten des sprechenden Wesens. Es wird hier das Drama eines Wesens erkennbar, das Reden und Handeln nicht mit sich selbst vereinbaren wird können, sei es, weil es als Subjekt völlig im Sprechen des Anderen verloren ist, sei es, weil es auf ein eigenständiges Sprechen verzichtet hat, nachdem sich alle seine Bemühungen, seine Umgebung mit Reden zu verändern, als sinnlos herausgestellt haben.
Die Schwere der psychotischen Störungen des Kindes ist davon abhängig, wie weit es in seiner ersten Lebensphase mit einer den Tod androhenden Sprache in Berührung gekommen ist. Als Reaktion darauf hat das Kind sich gegenüber seiner Umgebung blind und taub gemacht und seine ohnmächtige Wut gegen die Außenwelt gerichtet.
Nichts an der Psychose läßt sich begreifen, wenn man nicht ermittelt, auf welche Weise das Kind (bereits vor seiner Geburt) in ein Bündel elterlicher Worte eingeschnürt wurde. Es sind diese Worte, die ihr Mal auf der Ebene des Körpers einprägen und die manchmal für immer den Zugang zu einem symbolischen Körper versperren.
Ebenso wie das Irresein des Kindes die Wahrheit ausdrückt, die einem Elternteil abgeht, enthüllt auch der Erwachsene in den Verdrehungen der Rede, wodurch er entfremdet worden ist.

## DER ORT DES WAHNSINNS IN DER GESELLSCHAFT

Wenn wir auch das Problem der Psychose auf seiner strukturellen Ebene (also bar jeder bildmächtigen Faszination) untersuchen, so hindert das uns nicht daran, daneben unser Augenmerk auf ein gewisses Spiel mit

dem Irresein zu lenken, in dem sich ja sehr genau die landläufigen Vorstellungen und Bilder vom Wahnsinn spiegeln.
Um die «Geisteskrankheit» herum hat sich ein ganzer Hof populärer Bilder angesiedelt, die von ihr eine, nach Ländern und Epochen unterschiedliche, Vorstellung vermitteln. Zugleich entsteht hier ein *Modell*. (Das Bild des «Irren» ist nicht einheitlich, bald ähnelt es dem manischen, bald dem schizophrenen, bald dem paranoischen Typus. Meine Untersuchung richtet sich vor allem auf die unzureichend definierte Kategorie der sogenannten Schizophrenen[44].)
Die Irren haben das Erbe der Hexen und Zauberer angetreten. Wir werden sehen[45], daß die populären Deutungsversuche des Irreseins immer wieder auf Tabuverletzungen oder sexuelle Ausschweifung zurückgreifen. Vorstellungen von Verfehlung, Strafe und zu leistender Sühne spielen auch heute noch mit hinein.
In der Familie hat der «Irre» eine Funktion, wie sie etwa das Opfer eines einzelnen für das Gemeinwohl haben könnte. In der Literatur und auf der Bühne werden Rollen von Irren[46] präsentiert, die darstellen, in welcher Weise aus der «Krankheit» ein Sekundärgewinn gezogen wird. Das alles bildet den *Kontext*, bezeichnet die Grenzen der Geisteskrankheit und verstellt den Zugang zu ihr, besonders dann, wenn die von ihr «Befallenen» an einem abgesonderten Ort gehalten werden, jener Stätte der Genesung, dem Reich der Wahrheit[47]. Es schält sich also aus dem Irresein eine Art «absolutes Subjekt» heraus, dem vom Psychiater der Status des reinen Objekts zugewiesen wird. Wird ein Mensch erst einmal als irre anerkannt, ist er zugleich als unzurechnungsfähig verurteilt und damit entmündigt.
Das Asyl hat, wie Foucault resümiert, «den Menschen und seine Wahrheit mit dem Irren (...) verkettet. Von jenem Tage an hat der Mensch Zugang zu sich selbst als wahrem Wesen. Aber jenes wahre Wesen ist ihm nur in der Form der Alienation gegeben.»[48]
Von jenem Tag an, wo der Wahnsinn einen Status erhielt, war der Mensch vor die Wahl, vor die Alternative gestellt, er solle sich zwischen dem gefährlichen Leben draußen und dem risikolosen Leben drinnen entscheiden.
Die Faszination, die der Wahnsinn und die Rolle des Irren ausüben, wie

auch die unbewußten Identifikationen, aufgrund derer das Subjekt – jeder Schwierigkeit aus dem Wege gehend – Unterschlupf im Asyl sucht, erzeugen noch keine «Geisteskrankheit». Aber innerhalb eines gegebenen sozialen Kontextes (und einer bestimmten Vorstellung vom Irresein) fällt es den jungen Leuten leichter, die Karriere eines «Geisteskranken» zu akzeptieren, besonders dann, wenn sie einmal in den Zirkel der Hospitalisierung geraten sind.

Hat der Arzt einmal «Psychose» diagnostiziert, dann muß er, unter dem Druck der Familie und der Gesellschaft, praktische Maßnahmen ergreifen, obwohl zuweilen die einzig richtige ärztliche Handlungsweise wäre, den Klagen der Familie entgegenzutreten und den Reden des Patienten Gehör zu schenken. Denn häufig genug ist der Patient bereits so gefährdet, daß er unter dem Mantel des Wahnsinns als Subjekt verschwindet, um für alle Zeit zum Objekt zu werden, über das man spricht und sich belustigt, über das man verfügt.

# 3. Wahnsinn und Psychiatrie

Das Zeitalter der französischen Klassik hat, wie es Foucault[49] beschrieben hat, unter dem Eindruck ein und derselben Angst die Geisteskranken wie die Asozialen und Perversen, die Kriminellen wie die Revolutionäre verfolgt. Diese «große Angst» hat die Entwicklung der Internierungsformen vorangetrieben. Die Unvernünftigen traten das Erbe der Leprösen an, und gleichzeitig hat sich auch ihre gesellschaftliche Stellung gegenüber früheren Zeiten gewandelt.

Foucault zeigt auch, wie sich die wissenschaftliche Welt zum Wahnsinn verhalten hat, nachdem die Unvernunft aus der vernünftigen Gesellschaft ausgestoßen worden war. Die Erfahrungen, die man seither mit dem Irresein machen konnte, haben eher zur Denunziation als zur Erkenntnis seines Wesens geführt. Diese kollektive Krise (die als eine Art *Wiederkehr des Verdrängten* zu analysieren wäre), führte nicht nur zu administrativen Internierungsmaßnahmen, sondern auch zur Erfassung der Geisteskrankheiten in «natürlichen Kategorien». Gegen Ende des 18. Jahrhunderts, noch bevor es die Psychiatrie gab, ließ es sich für die Menschen nur schwer beurteilen, ob das, was sie am Irresein erschreckte, reale Gefahr oder nur die Folge einer Sünde war. Sie fürchteten, von den Ausdünstungen des Wahns und des Lasters angesteckt zu werden, sie hatten das Gefühl, es lauere hinter den Mauern der geschlossenen Asyle eine dunkle, unbekannte Gefahr.

Diese panische Angst, die sich seit etwa der Mitte des 18. Jahrhunderts ausbreitet, war der Grund dafür, daß später Ärzte und Juristen das Aufsichtsrecht in den Asylen erhielten. Auch wenn die Unvernunft aus der Isolierung, in der man sie zu halten suchte, ausbrechen konnte, so blieb sie doch Gefangene eines öffentlichen Status, der sich bis heute in der Internierung der «Geisteskrankheiten» manifestiert.

Immer wenn sich die Sprache des Wahnsinns Gehör verschaffen wollte, stieß sie auf Verdrängung und auf die Anwälte des gesunden Menschenverstands. Bis heute steht jeder Äußerung des Wahnsinns dessen eigene *Institution* entgegen. «Sie haben aber Mut, die Irren zu besuchen», sagt Bernard zu mir, «das ist doch gefährlich. Lesen Sie mein Dossier, ich bin ein interessanter Typ für Ihre Arbeit.»

Dann aber sagt er: «Sie haben sich alle geeinigt, mich in die Anstalt zu bringen. Das war mir aber egal, ich habe mich damit abgefunden. Wenn mich hier ein schwerer Schlag trifft (das heißt das Delirium), ist mir das auch schnuppe. Zu Hause falle ich denen nur zur Last.»

Das Asyl ist der Ort, an dem der Wahnsinn sich noch äußert und besichtigt werden kann. Das konkrete Leben des Irren (von der ärztlichen Fürsorge bis zu den Heilungskriterien) wird von der Vorstellung dirigiert, die man sich vom Entfremdeten gemacht hat. Ihr unterliegen der Arzt und der Patient, der Arzt in seiner Praxis, der Irre in seinem Verhalten.

Die Institutionen legen den Rahmen der ärztlichen Tätigkeit fest, und die Macht des administrativen Apparats verhindert praktisch jegliche Neuerung. In dieser Situation hat der Arzt gar keine andere Wahl, als seine Beobachtungen sofort in sogenannten wissenschaftlichen Bezügen zu objektivieren. Er beurteilt und mißt Abweichungen von der Norm im Verhalten eines seiner Mitmenschen. Und oft genug muß dann die «Geisteskrankheit» dazu herhalten, solches Verhalten auf einen Nenner zu bringen. Gegen ihren Willen ist also die Psychiatrie zu einer Wissenschaft geworden, die dem Geisteskranken seine Bürgerrechte nimmt und ihn der Willkür des medizinischen Stabes ausliefert. Unter den heutigen gesellschaftlichen Verhältnissen wird demjenigen, der das Etikett «geisteskrank» trägt[50], jeder soziale Wert abgesprochen, und zugleich behandelt man ihn nur noch in einer Herrschaftssprache (d.h. in der Sprache der Gewalt). Nirgendwo hat er einen Rückhalt, von dem aus er sich gegen die absolute Macht des Arztes behaupten könnte. Eine Opposition gegen den Behandelnden ist nur im Rückgriff auf anomale Verhaltensweisen möglich.

Nun ist auch der Arzt keineswegs frei: er ist Opfer einer kollektiven Vorstellung von der Gefährlichkeit der Irren. Als Psychiater hat er eine intolerante Familie – manchmal ohne Grund – von einem Verwandten zu befreien, der sie erschreckt, und er muß mit einer Polizei zusammenarbeiten, die die Störung der Ordnung nicht tolerieren kann. Im Dienst der Gesellschaft wird er zum Erfüllungsgehilfen ihrer Abwehrhaltung gegen die Geisteskrankheit und ihres Ausschlußverlangens. Die herrschende Beziehung zur Geisteskrankheit ist die Objektivierung des Irren, eine Objektivierung, in der man ihn aufgegeben hat. Nicht die Krankheit ist also das eigentliche Problem, sondern die Beziehung des Arztes zu ihr und die Verurteilung durch die Gesellschaft. Es geht nicht um die Frage, ob die Geisteskrankheit als solche überhaupt existiert, sondern darum, daß sich ihre Erscheinung durch eine bestimmte Form der Annäherung an sie verändert.

## DAS WISSEN ÜBER DEN WAHNSINN UND SEIN INSTITUTIONELLER RAHMEN

Worte und Taten des Irren sind von einer Spezialdisziplin innerhalb der Medizin registriert worden. In einer bestimmten Lehrtradition erscheinen die Geisteskranken als unausschöpfliches Reservoir für die psychiatrische Wissenschaft. Man verlangt vom Kranken, daß er als Illustration für ein bestimmtes, in den Handbüchern der Psychiatrie gesammeltes Wissen zur Verfügung stehe. So zum wissenschaftlichen Objekt degradiert, hat der Irre das Aussprechen der Wahrheit verlernt. Selbst wenn der Arzt die ihm von der klassischen Psychiatrie nahegelegte Haltung ablegt, wird er sich in der Beziehung zum Psychotiker, soweit der sich in seiner Krankheit eingerichtet hat, in der als falsch erkannten Position wiederfinden; der Kranke selbst wird ihm auf eindringliche Weise die Nutzlosigkeit seiner Prätentionen vor Augen zu führen wissen[51].
Innerhalb des ihm angepaßten Rahmens wird der «Geisteskranke» schließlich sogar die Ansichten eines eigenartigen «psychiatrischen Rassismus» teilen: Nicht nur die Psychiater sind also «Segregationisten».
«Man ist hier in schlechter Gesellschaft», erklärt mir Vincent. «Sehen Sie sich das doch an, was das für ein Volk ist: Greise, Dummköpfe, Typen im Delirium. Ein achtzehnjähriger Bursche hat heute nacht bis um 5 Uhr früh gebrüllt. Wahnsinnige im Delirium sind kein schöner

Anblick. Ein paar kräftige Kerle haben es dem Kleinen heimgezahlt. Danach hat er geschlafen, er hat sich hingelegt und richtig schön gepennt. Man sollte annehmen, daß ihm das zu seinem Glück gefehlt hat... Hier gibt's nur Krüppel, ausgenommen die Alkoholiker...»

Gleichwohl erhebt der Wahnsinn Klage gegen den Ausschluß aus der Gesellschaft und greift das System an, in das er sich fügen muß:

«Die Doktoren haben Mühe, mich zu verstehen. Ich will das Etikett ‹irre› abstreifen, andere halten sich daran fest. Niemand kann mir helfen, nur ich selbst; ich weiß immer noch am besten, was mit mir los ist. Ich müßte mal meine Intelligenz bemühen, um herauszufinden, wo mein Platz ist und in welchem Zirkel ich jetzt bin.»

Im allgemeinen wird im Asyl das Reden des Patienten weniger beachtet als sein Handeln. Häufig dient das Medikament dazu, den Arzt vor möglicher (Todes-)Angst und (sexueller) Aggressionslust[52] des Patienten zu schützen. Die Bandbreite repressiver Maßnahmen ist – und das ist eine ungebrochene Tradition, die ihren Ursprung in der klassischen Epoche hat – durchsetzt mit der Fürsorge für den Kranken. Nun gibt es ja seit Freud eine andere Einstellung, die für das Auftreten der Wahrheit, welcher Art auch immer, offen ist. Aber im Asyl, hier wo das Irresein unterdrückt wird, äußert es sich nicht. Es zeigt sich allenfalls in einer für das Milieu charakteristischen zugedeckten oder eingeschlossenen Gestalt.

«Sage ich, ‹es geht›, wird man sofort ‹es geht mir gut› daraus machen», sagt mir Robert, «und ich dürfte es nicht mehr wagen, durch die Anstalt zu gehen. Ein Kranker paßt eifersüchtig auf den anderen auf und es würde ihm einen Schlag versetzen, wenn es einem besser ginge. Man muß es verbergen, daß es einem besser geht... und was würde denn aus einem, wenn man den Ärzten nicht mehr die Zeit vertreiben kann?»

Die Überzeugung, mit seinem Wahn Material für medizinische Doktorarbeiten liefern zu können, produziert beim Kranken eine dieser Erwartung entsprechende Aussage. Der Mythos der im Arzt verkörperten Macht der Medizin hat sein Gegenstück im Mythos der «außergewöhnlichen» «Geisteskrankheit», die das Interesse des Arztes auf sich zu ziehen vermag. Elemente von Überdeterminiertheit werden auf die Konflikte Einfluß haben, die den Kranken zum Arzt in Widerspruch bringen.

Auch der «Kranke» hat sein Machtmonopol: es ist das Bewußtsein des Subjekts, daß seine «Krankheit» Objekt einer bestimmten Faszination ist.
Die Fremdbestimmung des «Kranken» wird durch die Auswirkungen der Institutionalisierung der «Krankheit» in einem determinierten Rahmen noch verstärkt. Dieser Rahmen läßt einem dynamischen Ausdruck der Konflikte – wie weiter oben gezeigt – nur einen geringen Spielraum. Nur bestimmte Beschwerden (schlechte Verpflegung, unerträgliche Lebensbedingungen) sind überhaupt und nur in ritualisierten Formen zulässig. Selbst das Delirium (mit gängigen Inhalten) wird zum Ritual. Die Angepaßtheit oder Unangepaßtheit des Kranken bestimmt sich nach einem Reglementierungssystem, in das die vorhersehbaren möglichen Folgeerscheinungen der Hospitalisierung eingegangen sind. Das Verhalten des «Kranken», gleichgültig ob er rebellisch oder friedlich ist, wird mit psychiatrischen Begriffen beurteilt und erfährt so gewissermaßen seine Bestätigung im Rahmen der psychiatrischen Behandlungsmaßnahmen. Jeder Anwandlung einer Rebellion wird also unmittelbar ihre Sprengkraft entzogen. Aber selbst «Anpassung» vermittelt dem Patienten keineswegs die Fähigkeit, sich außerhalb der Anstaltsmauern zu behaupten, weil sie fast immer nur Anpassung an den pathologischen Charakter der Anstalt ist. Die an ein Kloster erinnernde Welt der Anstalt macht Streben nach Autonomie sinnlos, zumal dieses Streben auf die Pathologie des Patienten bezogen und psychiatrisch interpretiert wird. Die Isolierung des Hospitals vom sonstigen Leben läßt eine Sphäre entstehen, in der alles nur in Beziehung zum Eintritt in die Anstalt und ihrem Verlassen erlebt wird. Die Zeit zwischen diesen beiden Fixpunkten ist tot und leer und einförmig; und glanzlos ist der Lebensstil der Patienten in der Anstalt.
Von daher wird begreiflich, warum die psychiatrische Konzeption des Wahnsinns unmittelbar vom System der Internierung bestimmt ist. Anders gesagt, die Verlaufsform des Wahns ist eine Funktion des Rahmens, in den er eingepaßt wird und – wir haben es bereits an anderer Stelle gesagt – alle Vorkehrungen gegen den Wahnsinn laufen darauf hinaus, ihn zum Schweigen zu bringen.

Obwohl Tuke und Pinel bewiesen hatten, daß die Rolle des Arztes in der Irrenbehandlung nicht eine medizinische sein darf, (dies erlaubte ihnen, sich von den unwirksamen medizinischen Methoden ihrer Zeit abzusetzen), führten sie über einen Umweg wieder die *Medizinisierung* des «Nicht-Medizinischen» ein. Sie machten aus der Persönlichkeit des Arztes eine mythische Gestalt, in dessen Macht es stand, das Irresein zu meistern. Mit seiner Übernahme der absoluten medizinisch-administrativen Macht in der Anstalt wurde der Psychiater gleichzeitig zum Vollstrecker der Ordnung und Ideologie des Bürgertums. Zwar wird dem Irren in der Außenwelt Unzurechnungsfähigkeit attestiert – innerhalb der Anstaltsmauern wird ihm aber eine Art moralischer Prozeß gemacht. Dies Verfahren gilt heute noch, denn die Ärzte neigen dazu – auch wenn sie es in Abrede stellen – eine Besserung im Zustand des Patienten fast ausschließlich nach normativen Kriterien zu beurteilen. So ist auch der Aufschwung der Arbeitstherapie im Zusammenhang mit dem ausdrücklichen oder unausgesprochenen Wunsch des Arztes zu sehen, sein Patient solle sich «rehabilitieren».

In den Untersuchungen der Psychiatrie über die Institution wird prinzipiell die psychiatrische Klinik als solche nicht angetastet. Solche Untersuchungen haben zum Ziel, die Institution lebensfähig zu machen, d.h. das reibungslose Funktionieren der Anstalt zum Hauptinstrument der Behandlung zu machen[53]. Wenn die Anti-Psychiater den Patienten zum Sprechen ermutigen, dann weil sie hoffen, in den Wirkungen der Institution[54] das Äquivalent zu einem psychoanalytischen Akt zu finden, der voraussetzt, daß sich beim Patienten, ausgehend von imaginären Verkennungen, eine bestimmte Struktur bildet. Deshalb muß man – auf der Ebene der Institution selbst – die Wiederholungen besonders beachten, die eine Rede gliedern, und man muß untersuchen, auf welche Weise das, was in der Rede vorkommt, so etwas wie eine Institutionalisierung bewirkt, sich gewissermaßen zu dem Rahmen zusammenschließt, in den sich die symbolischen Riten einfügen.

Diese Bestrebungen werden aber durch die Struktur der Anstalt zunichte gemacht, denn trotz bester Absicht wird der Psychiater in der

Anstalt zum Komplizen einer segregationistischen Polizeigesellschaft. In seiner Funktion als Arzt muß der Psychiater mit dem Behörden- und Justizapparat zusammenarbeiten. Im besten Falle kann er so etwas wie ein mitfühlender Internierter sein, der sich bemüht, das Klausnerleben für Ärzte und Gepflegte erträglicher zu machen.

Alles was im Rahmen der Anstalt projektiert wird, vergrößert zwar die Überlebenschancen des Asyls, eine Reform ist es aber nicht. Veränderung ist nur denkbar, wenn die traditionellen Strukturen in den psychiatrischen Kliniken beseitigt werden. (Heute fordern die Psychiater 25-Betten-Einheiten, die im normalen gesellschaftlichen Leben verankert sein sollen, während immer noch mehr als hundert Kranke in Kliniken zusammengepfercht werden, die vom normalen Leben vollständig abgesondert sind.) Aber ohne den Kampf gegen die tiefverwurzelten Vorurteile ist auch die Beseitigung der Klinikstrukturen unmöglich.

«Warum braucht man überhaupt Anstalten?», ist man versucht zu fragen. Und warum halten die Ärzte an ihrer Existenz fest?

Der bemerkenswerte theoretische Vorstoß einer fortschrittlichen Gruppe französischer Psychiater hat sich in der praktischen Umsetzung als ohnmächtig erwiesen. In der Tat führen die psychiatrischen Neuerungen[55] nicht zu einem radikalen Bruch mit der Tradition der Internierung. Der Internierte steht unter dem Zwang, sich als «Kranker» zu akzeptieren (oder sich dagegen zu sperren). Deshalb sind die Aktivitäten, das Reden und das Handeln des Patienten in der Sprache der Institution festgelegt. In dieser Redeweise, die sich um den «Kranken» und seine «Krankheit» zentriert, hat der Arzt seinen Platz (dessen wissenschaftliche Rationalisierungen unter Umständen nur sein Bedürfnis, sich in seiner Position zu rechtfertigen, verdecken). Ebenso wie der Psychiater wird sich jener «Kranke» in das Asyl fügen und sich dem Bild seiner «Krankheit» anpassen, deren Form ihm vom anderen angepaßt wurde.

Die Realität der Anstalt ist nicht schlechter als die irgendeiner anderen klösterlichen Welt. Der Versuch, aus solch einer Realität ein therapeutisches Mittel zu machen, ist zwar lobenswert, jedoch sollte man nicht den trügerischen, scheinhaften Charakter der Anstalt herunterspielen. Alle «therapeutischen Maßnahmen» wie Soziotherapie, Arbeitstherapie,

Klubgründungen etc. werden im Rahmen der, einem Gefängnis sehr ähnlichen, Klinikwelt unternommen. Der Doppelcharakter der Behandlung als Pflege und Strafe ist keineswegs aufgehoben (auf ihn werde ich im folgenden zurückkommen). Allerdings unterscheidet sich der moderne Psychiater von dem des 19. Jahrhunderts darin, daß er sich in der Rolle des Wärters, auf die ihn die Gesellschaft festzulegen versucht, nicht mehr wohlfühlt; inzwischen ist der innere Widerspruch seiner Position in sein Bewußtsein gedrungen.

Es ist das Verdienst der Repräsentanten der institutionellen Psychiatrie in Frankreich, auf die Diskrepanz zwischen der Gefängnispraxis und dem Krankenhausideal hingewiesen zu haben. Allerdings gehen sie in ihren Zielvorstellungen nicht über die Forderung nach einem «therapeutischen Kollektiv» innerhalb der Anstalt hinaus: aus dem Zuchthaus soll eine Stätte des Gesprächs werden[56]...

Der Amerikaner Bateson und der Engländer Cooper haben in ihren Arbeiten die Position kritisiert, die eine Trennung von «Behandlung» und herrschender Internierungsform vornimmt. Sie weisen darauf hin, daß sich unter dem Begriff der «Behandlung» die Praxis der Strafe verbirgt. Zwar schließen sie nicht aus, daß eine «Heilung» in der Anstalt überhaupt möglich ist, aber dies ist, wie sie meinen, gar nicht der springende Punkt. Die Probleme könnten nur im Zuge einer umfassenden *Entpsychiatrisierung* gelöst werden, die mit einer Infragestellung des psychiatrischen Wissens beginnen müßte. Sie zeigen, daß das Wissen über die Krankheit einen Aspekt völlig außer acht läßt und sich deswegen von der Wahrheit entfernt, daß es nämlich die Auswirkungen des Irreseins auf den Psychiater ausspart. Die Autoren kommen zu dem Schluß, daß der Prozeß des Auseinanderbrechens der Institutionen zu beschleunigen sei, da sie auf Grund des gesamtgesellschaftlichen Funktionszusammenhangs fast nur die Rolle der Abschirmung spielen und Arzt und Patient in dem bequemen Verhältnis gegenseitiger Verständnisbereitschaft belassen, das heißt, auf ein Verhältnis fixieren, in dem die Partner real getrennt sind durch ein fundamentales Mißverständnis.

Italienische Forscher wie Franco Basaglia sehen ihre Aufgabe nicht in einer Humanisierung der Kliniken, auch nicht darin, die liberalisierte Klinik in eine Mikrogesellschaft umzuformen, die in keiner Weise mit der sozialen Umgebung kommunizieren würde (weil auch die im technischen Sinne «geheilten Kranken» sich mit ihrer Hospitalisierung abgefunden haben und nicht mehr aus ihrer Krankenkarriere aussteigen können). Auch Basaglia geht davon aus, daß die «Geisteskrankheit» mit den gesellschaftlich herrschenden Begriffen und Haltungen verstanden und behandelt wird. Er weist nach, daß jedes psychiatrische Projekt mit ideologischen Kompromissen beginnt, die unmittelbar für die pseudowissenschaftlichen Kriterien verantwortlich zu machen sind, auf die sich die Psychiatrie beruft. Auch heute noch heißt also die eigentliche Antwort auf das Irresein: «*Ich* bin nicht verrückt.»
Obwohl die Psychoanalyse Licht in die Psychiatrie gebracht hat, konnte sie sie doch nicht so weit revolutionieren, wie man es hätte erwarten können. Von einer allgemeinen Selbstkritik der Psychiatrie und der Psychiater sind wir weit entfernt; weitaus häufiger versucht der Psychiater – wie wir gesehen haben – in der Absicht sich selbst zu rechtfertigen, Fakten umzuinterpretieren. Die dem Entfremdeten anhaftenden Strukturen sind die Strukturen der *Behandlung;* er hat keine andere Möglichkeit, als sich in einer fest umrissenen Gestalt zu präsentieren: der Geschichte seiner Leiden. Der Wahn wird «konserviert», selbst wenn man ihn «unterbindet»; er wird in einem konventionellen Bezugssystem kodifiziert. Das System sekundärer Anpassung[57], das während jahrelanger Hospitalisierung entsteht, wirkt sich so aus, daß der Internierte sich passiv mit seiner Situation als Eingeschlossener abfindet, ja sogar aufsteigen kann zu der angesehenen Rolle des «Langjährigen» (im allgemeinen ist es die Rolle des «schweren Falls», geprägt von der Vorstellung des «Milieus».) Die Sprache der Internierten, ihre Gewohnheiten, die Komplizenschaft der Ärzte untereinander, das geheime Einverständnis, das alle Gespräche in der Klinik beherrscht, all das macht das System aus, das nur einem totalitären System vergleichbar ist, in dem die Gemeinsamkeit der Individuen ihre gemeinsame Unterwerfung ist.

Obwohl sich alle Praktiken und Meinungen in der psychiatrischen Klinik medizinisch-theoretisch abzusichern suchen, verschleiert der medizinische Begriff im Grunde nur die Tendenz zur Gewalt. In diesem Kontext hat selbst der Einsatz medikamentöser Mittel eine disziplinierende Funktion, bzw. er erfolgt in disziplinierender Absicht... So hört man ziemlich häufig, daß der «Kranke» die medikamentöse «Behandlung» als Zwangsmaßnahme ansieht. Selbst wenn sich einige Kranke Illusionen machen, der Klinikaufenthalt wäre wegen der dort möglichen Behandlung von Nutzen, so sehen andere sehr klar den trügerischen Charakter solcher Behandlung und vergleichen die «ärztliche Fürsorge» mit der «Behandlung», die die Strafvollzugsordnung vorsieht. Der Doppelcharakter der psychiatrischen Praxis ist – das sollte man nicht vergessen – historisch entstanden. Nach Foucault ist der moderne Status des Wahnsinns nicht das Resultat fortgeschrittener Erkenntnis, sondern das bis in die Moderne reichende Resultat einer Haltung des ausgehenden Mittelalters, aus der heraus man sich bemühte, das Irresein genauer zu erkennen, um sich von ihm distanzieren zu können. Erst mit der Absonderung des Entfremdeten von der Bevölkerung konnte der Irre als Material wissenschaftlicher Studien verwertbar gemacht werden. Daraus entstand dann die Ambiguität von Pflege und Strafe, die für die psychiatrische Klinik seit ihren Anfängen bestimmend war und heute noch ist.
«Wenn man daran denkt, einen Wahnsinnigen zu isolieren,» sagt Casimir Pinel, «so ist das keine Laune, sondern ein Gesetz der Notwendigkeit. Das Unheil liegt im Wahnsinn, nicht in der Maßnahme gegen sie. Heilen, soweit möglich, und gefährlichen Verirrungen entgegentreten ist ein Gebot der Menschlichkeit und des Schutzes der Gesellschaft.»[58]
Das von der Welt abgesonderte Irresein kann sich dem ihm geschaffenen Rahmen nur schweigend anpassen, bzw. es darf sich allenfalls innerhalb konventioneller Riten äußern. Der vermeintlich Kranke ist der Garant der Funktion des Arztes, die raison d'être seines Berufs.
Von daher stößt der Gedanke einer *nicht-segregativen* Beziehung zwischen Arzt und Krankem[59], selbst in den hervorragendsten Privatkliniken, auf den Widerstand der Ärzte. Der Vorschlag, daß ein Kranker sich in das

Küchenpersonal einreihen könnte und (statt innerhalb einer künstlichen Arbeitstherapie) wirklich und nützlich arbeiten könnte, erzeugt ein offensichtliches Unbehagen und wird in mehr oder weniger verschleierter Form abgelehnt – die Ablehnung wird dann mit dem Hinweis auf erzieherische und moralische Prinzipien rationalisiert. Zu guter Letzt fällt noch das entscheidende «medizinische» Argument: «Wir sind ein ärztlich geführtes Haus. Es ist selbstverständlich, daß wir Kranke und Dienstpersonal auseinanderhalten.» In der Tat erscheint die Segregation als Reflex gesellschaftlicher Vorurteile. In der Anstalt sorgen die Riten und Verhaltensweisen der Kranken dafür, daß die Rollentrennung zwischen Arzt und Patient aufrechterhalten bleibt, in der Privatklinik ist es dagegen das Festhalten am Herr-Knecht-Denkschema, das hier eine Art Kasten- oder Klassenschranke errichtet. Wenn man für einen «Kranken» einen anderen Platz in der Privatklinik vorschlägt als den, der ihm zukommt (der Platz eines Gastes in einem Luxushotel), verletzt man eine Spielregel. In einer Anstalt, in der der Kranke schon im Zustand des Unterdrückten lebt, ist zwar die Übernahme einer Dienerfunktion möglich, aber die Arbeit wird keine Wirkung auf den Zustand des Kranken haben (diese Arbeit ist Bestandteil des entfremdenden Systems). Wenn in der Privatklinik dagegen das Ausüben einer untergeordneten Tätigkeit sich günstig auswirken kann, so beruht das auf dem subversiven Charakter, der in solch einem Verlangen stecken mag: nämlich als Anklage gegen eine entfremdende Ordnung. Und es scheint denn auch so, als erschöpfe sich die Funktion solch eines psychiatrischen Sanatoriums darin, die Geistesstörung innerhalb einer *fürsorgerischen Ordnung* «in der Schwebe» zu halten. Die Rückfälle nach Verlassen der Klinik sind deshalb so häufig, weil es dem Arzt nicht gelungen war (oder weil er es nicht wollte), nach der Stellung des Subjekts in dessen Symptom zu fragen und es aus diesem Symptom zu befreien.

Betrachtet man die «Geisteskrankheit» als eine spezifische Entität[60], die sich in ihren Symptomen zu erkennen gebe, so muß man notgedrungen Mythen erfinden, um die «Psychopathologie» erklären zu können. Obwohl Freud gezeigt hatte, daß Geschichte gegenläufig zur Entwicklung gemacht wird, hat man sich fortwährend bald auf die *Botanik* (weshalb man, naturalistischen Postulaten folgend, zu nosographischen Kategorien kam), bald auf die *Evolution* bezogen (der Mensch durchläuft, in dieser Sehweise, Entwicklungsstadien bis zu seiner vollkommenen Ausbildung, die Krankheit erscheint als Rückfall[61]). Die Entwicklung erscheint als ein sich stumm durchsetzender Prozeß, und der Medizin bleibt es vorbehalten, aus ihm Gesetze abzuleiten. Bezieht man sich aber – wie Freud – auf die Geschichte, ist man auf der Spur dessen, was einer Rede Sinn gibt.

## DER PSYCHOANALYTISCHE GESICHTSPUNKT

In seinen fünf großen Analysen demonstriert Freud dieses historische Vorgehen. Weit davon entfernt, die Vergangenheit als eine Rückkehr an einen verlorenen Ort aufzufassen, läßt er sie als eine Art *Rückgriff* erscheinen, durch den eine Wiedereinsetzung des Symbolischen im Spiel imaginärer Substitutionen ermöglicht wird.

Wir erfahren, auf welche Weise Angst und Abwehrverhalten des Subjekts eingebettet sind in der Aktualisierung früher imaginärer Themen. Dieses verbale oder gestische Verhalten wird von Freud auf seinen Wert als Sprache zurückgeführt. Es ist der Ansatzpunkt, an dem die Rede des Unbewußten gelesen und entziffert werden kann. Die Theorie der Regression – in den medizinischen Theorien ist sie oft nur ein Mythos – erweist ihre Berechtigung nur, wenn es gelingt, ihre Effizienz zu beweisen. Das heißt, es muß gezeigt werden, an welches Moment aus einem signifikanten Abschnitt der persönlichen Geschichte die Regression anknüpft, um zu verhindern, daß das Subjekt in der Leere zu Grunde geht. In der Praxis wird der Begriff der Regression nur zu häufig in bestimmter Absicht verwendet: er dient dazu, den Psychotiker dem Kind gleichzusetzen, d.h. es wird ein segregatives Urteil ausgesprochen, das sich entscheidend auf die dem Patienten vermittelte Einsicht in seine Krankheit auswirken wird. Im Sog der Nosographie fällt es dem Psychiater leicht, der «Krankheit» mehr Aufmerksamkeit zu schenken als dem «Kranken». Sobald man ihn ordnungsgemäß klassifiziert hat, entfällt

die Notwendigkeit, auf ihn zu hören. Man sollte auch die Auswirkungen, die eine nosographische Bestimmung der Krankheit auf den Patienten hat, nicht unterschätzen:
«Das Leben hat zwei Seiten», sagt Jean-Marie, «hier die Krankheit, dort die Gesundheit, auf die ich kein Anrecht hatte. Ich wäre glücklich gewesen, wenn mich die Psychiatrie nicht so genau gekannt hätte.»
Und bitter fügt er hinzu:
«Wenn ich rauskomme, bin ich verloren. Ich brauche die Psychiatrie.»
Gewisse Kranke brauchen die Psychiatrie, wie der Süchtige seine Droge braucht. Selbst «geheilte» Kranke versuchen eine «Krankheit» zu konservieren, um nicht von der «Psychiatrie» verlassen zu werden. Diese Menschen sind Gefangene unserer Institution für das Irresein, sie haben ihre Art, ihr Problem zu psychiatrisieren und deswegen bleibt ihre «psychiatrische Krankheit» im Rahmen, den ihr die Internierung schafft, entfremdet.
Wenn man das Irresein in diesem ihm fremden Rahmen untersucht, stürzt man die Psychiatrie in eine Krise, in die jene Wissenschaften, auf die sie sich stützt, ebenso hineingezogen werden wie die Gesellschaft und der Psychiater, der ihr Repräsentant ist (Basaglia). In seiner Studie über die Institution hat Basaglia beschrieben, wie der in der psychiatrischen Klinik hospitalisierte «Kranke» automatisch seine Bürgerrechte verliert und der Willkür der Ärzte und Krankenpfleger ausgeliefert wird, ohne daß er noch irgendeine Beschwerdeinstanz anrufen könnte. In der Dimension der Institution ist jede Wechselbeziehung ausgelöscht, sagt Basaglia, und – diese Tatsache wird nicht einmal verheimlicht. Unverhüllt und ohne Schönfärberei zeigen sich hier die Produkte der psychiatrischen «Behandlung»; offen zutage tritt hier die Tatsache, daß es gar nicht um die «Krankheit» geht, sondern vor allem um die Abschaffung aller vertraglichen Bindungen gegenüber einem Kranken, den man in die einzig mögliche Form von Opposition getrieben hat: er liefert sich einem anomalen Verhalten aus. Diese Probleme wurden in Frankreich von Oury und Tosquelles untersucht im Bestreben, mit der notwendigen Reform an den Wurzeln der traditionellen Strukturen anzusetzen.

## ANTI-PSYCHIATRIE

Aus der Kritik an der Ausweglosigkeit der Psychiatrie entstand im Ausland die anti-psychiatrische Bewegung, wobei die Problematisierung des psychiatrischen Wissens und der Beziehung zum Irren am Anfang stand. Wie wir gesehen haben, gaben es diese Psychiater auf, immer neue psychiatrische Projekte zu entwickeln und begannen stattdessen, die Organisationsform der Institutionen unter ökonomischen, politischen und psychoanalytischen Gesichtspunkten zu analysieren. Die in den vergangenen zehn Jahren veröffentlichten, fortschrittlichen «psychiatrischen» Studien[62] stellen fest, daß die traditionelle Forschung, soweit sie sich an der formalen Begrifflichkeit und den methodologischen Voraussetzungen orientiert, die in der Klinik ihren Abwehrcharakter deutlich zeugen, konservativ und steril ist. Vor allem verdienten die Mechanismen, mit denen wir uns, in der Beziehung zum Psychotiker, der Übertragung zu entziehen versuchen, eine gründliche Untersuchung. Denn die Folgen dieser Abwehrhaltung sind: Abneigung gegen die Wahrheit und Objektivierung der Erkenntnisse. Dies alles zusammen genommen macht uns taub für etwas in uns, worauf wir im Interesse des Psychotikers hören sollten.

## DIE BEZIEHUNG ZUM WAHNSINN

In der Neurose macht sich das Subjekt blind für einen Teil seiner psychischen Realität. In der Psychose dagegen vollzieht das Subjekt einen Bruch mit der äußeren Realität[63]; die Leere, die sich dann vor dem Subjekt auftut, gibt dem Phantastischen Raum; es soll den offenen Abgrund zuschütten. Dies Phantastische fasziniert uns, denn es erinnert uns an Vorgänge, die sich in unseren eigenen Phantasien abspielen. Unser hastiges Eingreifen und unsere unzureichenden und vorschnellen Interpretationen sind Ausdruck unserer Angst, jenes unbehaglichen Gefühls, das die Leere, in der der andere sich bewegt, in uns hervorruft. Das Verhältnis des Irren zum anderen ist von einem Suchen nach erotischer Identifikation mit dem Bild des anderen[64] geprägt, einem

Bild, das im Reflex unendlicher Spiegelungen eingefangen und aufgehoben ist. Daraus entstehen die aggressiven Spannungen in Gestalt leidenschaftlicher Liebe, heftigen Hasses und schließlicher Verstoßung. Es ist abzusehen, welche Folgen das auf den Arzt hat, der ohnehin schon durch den Charakter der Unbeständigkeit, die diese rein imaginäre Beziehung auszeichnet, übersensibilisiert ist.

Eine therapeutische Gemeinschaft, die von den nur imaginären Beziehungen der Beteiligten untereinander beherrscht wird (ohne daß ein Rückgriff auf ein drittes Element möglich wäre), hat die Tendenz, in der institutionellen Realität lediglich jene besondere Form des psychotischen Erlebens zu reflektieren, eines Erlebens, das durch Zusammenstöße, Brüche, Situationschocs gegliedert ist und im delirierenden Zustand sich in einer Sprache ausdrückt, die über die Auflösung von Identitäten und die Verschachtelung der Bilder Auskunft gibt. Nur in der Ordnung des Symbolischen ist (worauf wir wiederholt hingewiesen haben) eine Wiederaufnahme des Imaginären möglich; nun fehlt aber beim Psychotiker das Symbolische und nichts bleibt als eine Leere. Daraufhin setzt dann ein Prozeß ein, der so etwas wie ein «imaginärer Kataklysmus»[65] ist und das Subjekt veranlaßt, einen Wahn zu entwickeln, «den es liebt wie sich selbst»[66]. Aus der psychotischen Rede ist der offene Verweis auf den Tod, die Geschlechtlichkeit, auf die Freiheit herauszuhören, alles Bezüge, die zwar auch in uns existieren, aber verdeckt, erscheinend in Rätseln, die erst gelöst werden müssen.

Wenn wir die Sprache als Verbündeten der Wahrheit[67] ansehen, können wir nicht umhin, uns die Frage zu stellen, was wir denn in uns eliminieren wollen, wenn wir uns gegen die Sprache des Psychotikers sperren. Wir sperren uns gegen *eine Wahrheit, die uns in Verwirrung bringt.* Unsere Verweigerung stößt den Psychotiker in eine Privatwelt, die von der unseren getrennt ist. In unserer Kultur wird es den Menschen zunehmend schwieriger, in ihr Reden die Wahrheit einziehen zu lassen. Wenn sie aber den Versuch machen, über uns und unsere Gesellschaft die Wahrheit zu sagen, treten ihnen Strukturen entgegen, die nur eine Lücke zu haben scheinen: den Weg in das Irresein.

«Die gegenwärtige Welt», sagt Foucault, «macht die Schizophrenie möglich, nicht weil sie durch ihre Ereignisse unmenschlich und abstrakt

wäre, sondern weil unsere Kultur diese Welt auf eine solche Weise liest, daß der Mensch selbst sich nicht mehr in ihr erkennen kann.»[68]
Gleichwohl liegt uns der Gedanke fern, eine unmittelbare Kausalität von gesellschaftlichen Mißständen und «Geisteskrankheit» herzustellen – andererseits dürfen wir nicht vergessen, daß das gesellschaftliche Elend als überdeterminierendes Element auf den Vorgang einwirkt, der den Menschen in die Anstalt bringt und, nach dem Verlassen der Anstalt, auf den Status des «Behinderten» oder Invaliden fixiert. Unter diesen Umständen kann sich die Psychoanalyse nicht mit einer Psychiatrie arrangieren, die sich zunehmend in Richtung einer administrativen Kodifizierung entwickelt. Übereilt werden «Fürsorge» maßnahmen für Irre erarbeitet, die aber, so neu (und im Einzelfall nützlich) sie auch sein mögen, nie an eine Strukturreform der Psychiatrie heranreichen. Denn jede wirkliche Reform muß mit einer gründlichen Problematisierung unserer Beziehung zum Irren einhergehen. Psychoanalytiker und Psychiater sind heute gleichermaßen an einer fürsorgerischen Lüge beteiligt, deren Opfer immer mehr Menschen werden. Therapeuten und Psychologen werden fabrikmäßig produziert, ohne daß jemals die Wahrheit gesagt würde, daß die Psychologie allein der historischen Tatsache der Segregation ihr Leben verdankt[69]. Sobald die Lüge der «Fürsorge» auffliegt, zeigt sich das Irresein in einem anderen Licht[70]: wenn es nicht mehr einzig Objekt der Wissenschaft ist, stellt es sich als Zeuge seines Widerspruchs offen dar. Wenn auch der Psychotiker nicht immer den Sinn dessen, wovon er Zeugnis gibt, wiederherstellen kann, so löst seine Rede in uns doch «die Wirkung der Wahrheit» aus, eine Wirkung, die wir mit der Einführung (sozialer und administrativer) *Maßnahmen* schnell wieder auslöschen oder mit der Erarbeitung eines *Wissens* neutralisieren wollen, in dem all das untergebracht wird, was nur außerhalb der Struktur weiterexistieren darf. Nur eine Umwälzung im medizinischen Lehrbetrieb (und in den ihr angeschlossenen Hilfswissenschaften) kann die Beziehung, auch der Nicht-Mediziner, zum Wahnsinn ändern. Aber wie soll man die Möglichkeit einer solchen Umwälzung erwägen, wenn man weiß, welches Gewicht jahrhundertealte wissenschaftliche Vorurteile haben, und wenn man den Wunsch des Menschen kennt, jedes Wissen um jeden Preis für die Rede transpa-

rent zu machen[71], die alle Risse vernäht, die notwendig wären, um der Erkenntnis zum Durchbruch zu helfen. Nur so wäre das Subjekt des Wissens für die Wahrheit offenzuhalten, für Wirkungen, die die Rede des anderen in ihm erzeugt – offenzuhalten in diesem Falle für die Wahrheit des Psychotikers.

# II
# PSYCHIATRISCHE INSTITUTION UND PSYCHOANALYSE

Die Ärzte sind kurzsichtig,
sie denken über das Heilen nicht hinaus.
Und wenn das dem Betreffenden
gar nicht paßt?

Georges Payote *(Anstaltsinsasse)*

# 4. Die Psychoanalyse als Institution und die Institution der Anstalt

José Bleger[72] schlägt vor, die Totalität aller möglichen zwischen dem Psychoanalytiker und seinem Patienten im Verlauf der analytischen Beziehung auftretenden Phänomene als *psychoanalytische Situation* zu bezeichnen. Er unterscheidet zwischen den Phänomenen, die den *Vorgang*, und denen, die den *Rahmen*[73] konstituieren. Das bedeutet, daß Bleger das Reden und Handeln des Patienten in Beziehung zu Variablen und Konstanten untersucht; der (variable) Vorgang läuft also in einem (konstanten) Rahmen ab. Diesen Rahmen versteht Bleger als *Institution*. Er demonstriert an klinischen Beispielen, wie sich die früheste Institution des Patienten, die Familie – folglich auch die ursprüngliche Undifferenziertheit der frühesten Phasen seiner Persönlichkeitsentwicklung – in den Rahmen der Analyse einfügt. Bleger deckt auf, daß im Wiederholungszwang diese Undifferenziertheit sichtbar wird: im Rahmen als einer *Institution* ist deshalb der psychotische Teil der Persönlichkeit des Subjekts aufbewahrt; der Rahmen ist, nach Bleger, das Feld, auf das der undifferenzierte Teil der frühesten symbiotischen Beziehungen projiziert wird.

Eine in ihrer Thematik ähnliche Arbeit von E. Jaques[74] macht einsichtig, daß der Rahmen vom Subjekt als Abwehr gegen seine Angst eingesetzt wird. Diese Angst entsteht immer dann, wenn es zu einer gegen *Konstantes* gerichteten *Bewegung* kommt. Aus der relativen *Immobilität* oder Beständigkeit des Rahmens löst sich eine Bewegung heraus, die, auf dem Hintergrund einer symbolischen Überdetermination, in engem Zusammenhang mit dem *Körper-Ich* des Patienten steht. In Lacans Worten würden wir sagen, daß der imaginäre Bereich (der dem Ich des Subjekts entspricht) der Ort ist, an dem sich die Symptome in der Weise entwickeln, daß die Imago, die im Unbewußten des Subjekts ihre permanente Existenz hat[75], reaktualisiert wird.

## RAHMEN UND VORGANG IN DER ANALYTISCHEN SITUATION

In der psychoanalytischen Situation zeichnet sich (wie in jeder Institution) so etwas wie eine Struktur ab; zwischen Individuum und Institution findet eine Interaktion statt, deren Ergebnis ist, daß sich das von der Institution geformte Individuum schließlich als Hauptagent ihrer Konservierung[76] entpuppt. Warum? Weil, wie die argentinischen Analytiker immer wieder betonen, das, was in der Institution vorgeht, im Grunde mit dem Körperbild des Subjekts zu tun hat. Jedes Aufbrechen des Rahmens[77] (der psychoanalytischen wie der gesellschaftlichen Institution, in die das Subjekt hineingenommen ist) zerreißt den Schleier vor einer – unter Umständen als Katastrophe empfundenen – Realität. In einem solchen Augenblick wird sichtbar, wie der (psychotische) Patient dem Rahmen der psychoanalytischen oder gesellschaftlichen Institution seinen eigenen Rahmen (und seine Phantomwelt) überstülpt. Zerbricht dann der Rahmen der Institution, so ist der Patient der Welt seiner Phantome ausgeliefert, denn es wird ihm gerade das genommen, worauf er seine Ängste projizieren konnte. Erst wenn er ihm fehlt, geht dem Patienten die Bedeutung auf, die der institutionelle Rahmen für ihn gehabt haben mag.

## DIE PHANTASIE

Blegers Analyse beruht auf einer Theorie, die die Phantasie als *nicht verbal* ansieht. In seiner Perspektive erscheint daher das Verhältnis von Mutter und Kind und dementsprechend das zwischen Psychoanalytiker und Patient als eine Art Symbiose; diese Auffassung läßt ihn Verhaltensformen überbewerten, während für uns das entscheidende Problem das Reden oder seine Umsetzung ins Handeln ist. Die Linguistik bestätigt denn auch, daß das Kleinkind, wenn es auch den Sinn der Wörter zunächst nicht begreift, sehr früh schon für Klangoppositionen offen und sogar für ein ganzes Spiel phonematischer Oppositionen empfänglich ist, das wir Erwachsene gar nicht mehr wahrnehmen – eine Tatsache, die

Freud bereits vor den Linguisten bewußt wurde und deren Bedeutung er schon sehr früh unterstrichen hat. In seinen Briefen an Fließ (61–63) spricht er ausdrücklich von der «unbewußten Zusammenfügung von Erlebnissen und Gehörtem», deren Sinn sich erst nachträglich erschließe. Freud gibt an dieser Stelle auch einen Hinweis auf das unverstandene Lautfragment, das der Phantasie Nahrung gebe. Ich werde an anderer Stelle noch auf die Tragweite dieser Bemerkung zurückkommen.

Den klassischen Arbeiten über die Phantasie, auf die Bleger sich stützt, fehlt die Bezugnahme auf den Begriff des Spiegel-*Ego*. Obwohl die Kategorie des Imaginären implizit in den verschiedenen Analysen Blegers enthalten ist, wird sie nicht formuliert. (Gewisse Autoren greifen deshalb auch auf vage *Atmosphäre*-Begriffe zurück, um eines der konstitutiven Elemente in der Rolle des Analytikers zu bestimmen.)

Die Analyse dessen, was sich zwischen Vorgang und Rahmen abspielt, muß berücksichtigen, daß sich in dieses Verhältnis die Dimension des Imaginären einordnet; auf dem Hintergrund symbolischer Überdetermination ist diese Dimension immer gegenwärtig. Das ausgewogene Nebeneinander von Symbolischem, Imaginärem und Realem beherrscht die Beziehung des Subjekts zu dem ihm Ähnlichen; die Auflösung dieser Koexistenz hat, wie wir in der Behandlung der Psychotiker sehen, die merkwürdigsten Folgen[78].

Bleger nimmt an, daß die psychoanalytische Situation mit einem psychotischen Patienten ihre Prägung dadurch erhält, daß in ihr zwei Rahmen aufeinander treffen: den Rahmen, der vom Patienten bewußt akzeptiert wird, schlägt der Analytiker vor; der andere, der des Patienten, ist die stumme Kulisse seiner Phantomwelt. In seiner reinsten Gestalt zeigt sich der Rahmen des Patienten als perfekter Wiederholungszwang. Nach Rodrigué[79] sind die psychotischen Reaktionen in der psychoanalytischen Sitzung (oder auch in der Institution) nicht nur nicht vorhersehbar, sondern auch nur schwer zu verstehen, weil sie in ihrer Form an ein Phänomen gekoppelt sind, das seiner Natur nach sprachlos ist. Seiner Meinung nach werden wir immer mit einem Gewaltausbruch des psychotischen Patienten zu rechnen haben, wenn irgend etwas, was den Rahmen des Analytikers oder der Institution berührt, verändert vorgefunden wird. Jeder Rahmen *ist*, betonen W. und M. Bar-

anger[80], er verträgt keinerlei Zweideutigkeit. Was Melanie Klein als psychotische Übertragung beschrieben hat (Unlustzustände in der paranoiden, schizoiden Phase, Wiedergutmachungsphantasien aus depressiver Einstellung), bezieht sich also auf den Rahmen, denn, wie die genannten Autoren immer wieder betonen, die Ambiguität der psychoanalytischen Situation gehört zur Ebene des Vorgangs.
Diese These begegnet uns auch in den Arbeiten von Reider[81] (über die Institutionen, speziell über die psychoanalytischen Institutionen). Er zeigt, daß in der psychoanalytischen Situation der Rahmen besetzt wird und daß diese Übertragung auf kindliche Allmachtsvorstellungen verweist, auf die Wunschphantasie, diese verlorengegangene Macht wiederzugewinnen, indem man an den Privilegien einer großen Institution teilhat, was dann eine Art Hypertrophie des Ich zur Folge hat. Diese Ich-Entwicklung ist – nach den zitierten Autoren – innerhalb einer Institution nur unter der Bedingung möglich, daß das *Non-Ego*[82] einigermaßen reglos bleibt. Das *Non-Ego* wird als Repräsentant einer einheitlichen Gestalt beschrieben und in einer Zone des Schweigens angesiedelt. Aus dieser Zone des Schweigens würde sich dann das Ich – bei fortgesetzter Spaltung zwischen dem psychotischen und dem neurotischen Persönlichkeitsteil des Subjekts – aufbauen.
Bleger zitiert den Fall eines Patienten, der am Rahmen der psychoanalytischen Situation bis zu dem Augenblick festgehalten hatte, wo er das Bedürfnis hatte, seinen Omnipotenztraum, also «seinen» Rahmen zurückzugewinnen. Der Vertrag wurde zunächst eingehalten, dann aber versäumte der sonst sehr pünktliche Patient die Sitzungen und zahlte das Honorar nicht mehr. Seine Schulden und die Unmöglichkeit, sie zu begleichen, demütigten ihn. Der Vertragsbruch, d.h. der Bruch des Rahmens, ließ eine *Bresche* in der Welt infantiler Allmacht zum Vorschein kommen. Der Patient hatte vom Analytiker erwartet, daß er ihm diese Welt zurückgeben würde, ebenso wie er von ihm die Erneuerung der frühkindlichen Welt der verlorenen Objekte erwartet hatte. Erst anläßlich des Vertragsbruchs wurde überhaupt verständlich, inwieweit der Rahmen (und die Respektierung des Vertrages) Treuhänder einer magischen Welt kindlicher Abhängigkeit gewesen waren; der Vertragsbruch mußte in Kauf genommen werden, damit *nachträglich* verstanden

werden konnte, worum es überhaupt in der psychotischen Übertragung ging. Jetzt erschien also der «Rahmen» des Patienten, der bisher im Dunkeln versteckt geblieben war; er erschien zusammen mit der Angst des Patienten, verrückt zu werden, wenn ihn die Analyse in die Lage versetzt hätte, von dem zu sprechen, was vorher niemals in scin Reden (in seinen inneren Diskurs) eingehen konnte. So mobilisiert also, wie Bleger sagt, jede Veränderung des starren Rahmens Abwehr oder, anders gesagt, solch eine Bewegung läßt die psychotischen Momente der Persönlichkeit des Patienten hervortreten. In dem zitierten Fall ließ die *Schuld* den aggressiven Wunsch zum Vorschein kommen, den Analytiker als anderen zu unterdrücken; dies war die unerläßliche Voraussetzung, um eine Form kindlicher Allmacht wiederzufinden. Diese Allmacht beruht auf einer Art Spiegel-Rivalität, die nur für den einen der beiden Partner Raum läßt. Worum es aber in den aggressiven Ausbrüchen, wie sie in den analytischen Sitzungen oder in bestimmten Augenblicken im institutionalisierten Leben auftreten, eigentlich geht, wird an keiner Stelle von den hier referierten Autoren ausgeführt. Ihre Studien gehen zwar sehr detailliert auf den Zeitpunkt solcher Ausbrüche ein, aber ihre Erklärungsversuche bleiben unbefriedigend; sie sollen hier genauer untersucht werden. Wenn der aggressive Ausbruch mit dem geringsten Bruch des Rahmens korreliert (also mit dem Bruch des vom Analytiker vorgeschlagenen Vertrags, und dies vornehmlich bei psychoanalytischen Behandlungen in der Anstalt), so läßt dieser explosive Ausbruch andererseits erst die eigentümliche Form sichtbar werden, in der der Psychotiker seine Beziehung zum anderen aufnimmt [83]. Der Analytiker muß zwar immer der Auffänger einer Aggression sein, aber er muß zugleich vermeiden, sich als Objekt einer aggressiven Intention des Patienten darzubieten. Anders gesagt, er muß die symbolische Artikulation fördern und darf sich nicht mit dem Patienten auf dem Feld des Imaginären einschließen lassen. Wenn die Autoren auch mit Recht auf der Notwendigkeit bestehen, die Analyse auf den Rahmen zu beziehen, um die archaischsten und undifferenziertesten Elemente im Körperbild des Patienten zutage zu fördern, so wird doch die Analyse selbst verfälscht und pervertiert, wenn ihre Perspektive nichts als eine *Entsymbiotisierung* des Analytiker-Patient-Verhältnisses sein sollte.

Es ist zwar richtig, daß jede Interpretation der Gesten und körperlichen Haltungen vom Patienten nicht nur als Verfolgung empfunden wird, sondern daß sogar die Gefahr besteht, daß man damit eine Form von *acting out* einleitet[84] – es ist aber fraglich, ob man sagen kann, daß sich solche Entwicklungen einstellen, weil sich die Interpretation «nicht auf das *Ego,* sondern auf das *Meta-Ego*» bezogen habe. Solch eine deskriptive Erklärung läßt die Dynamik derartiger Situationen völlig außer acht, und es wird deutlich, wie unzureichend die klassischen theoretischen Formulierungen hinsichtlich der Phantasie sind, da sie die Phantasie als *nicht verbal* begreifen. Gerade weil die Phantasie eine unbewußte Zusammenfügung von Erlebnissen und Gehörtem ist, darf eine Interpretation sich nur auf das stützen, was der Patient selbst in seinem Reden liefert. Beginnt man aber ohne Rücksicht darauf sofort mit der unmittelbaren Enthüllung der Phantasien, so begibt man sich in die Gefahr, unversehens eine Wahnphase heraufzubeschwören. Gerade weil die Phantasie sich aus unbegriffenen Lautfragmenten speist, dürfen wir nicht schneller vorgehen, als der Patient zu akzeptieren bereit ist. Eine überstürzte, voreilige Interpretation kann nur als Vergewaltigung, als Eindringen empfunden werden und wird im Grunde nur zur Bestätigung der Paranoia oder eines Verfolgungswahns führen.

## DIE DIMENSION DES IMAGINÄREN

Dies alles zu berücksichtigen, fällt allerdings schwer, wenn die Dimension des Imaginären aus der analytischen Theoriebildung herausgelassen wird. Die klassischen Formulierungen umfassen das Feld des Imaginären nicht, auch der Bezug auf das Spiegel-Ego fehlt, abgesehen von einigen allgemeinen Hinweisen auf angstauslösende Zerstückelungen in den frühesten Entwicklungsstadien und auf die Weise, wie sich das Subjekt von Zeit zu Zeit bemüht, seine Integrität (und die der anderen) wiederherzustellen. Wir können die Bemerkungen Blegers und der argentinischen Analytiker über die Bedeutung der Analyse des Patientenrahmens voll unterschreiben (eine Analyse, die innerhalb des Rahmens der Psychoanalyse oder der Institution zu leisten ist, wobei der Rahmen

nicht in Zweifel gezogen, nicht verfälscht und auch nicht verändert werden sollte). Wir können auch bestätigen, daß es wichtig ist, die Aufmerksamkeit auf das zu lenken, was aus einem möglichen Bruch im Rahmen entsteht, denn hier wird etwas offenbar, was mit den primitivsten Formen der Abhängigkeit des Patienten vom anderen in Zusammenhang steht. Nicht akzeptieren können wir jedoch, daß man in der analytischen (oder institutionellen) Situation lediglich das Erleben einer primitiven Verschmelzung mit dem mütterlichen Körper sieht. Die argentinischen Analytiker legen das Hauptgewicht auf die Wiederherstellung jener Ur-Symbiose; sie versuchen in deren nachträglichen Verarbeitung eine Entsymbiotisierung, eine Veränderung einzuleiten.
Die institutionellen Behandlungsmaßnahmen beruhen hier auf dem Mythos von der Unerläßlichkeit der Regression, und zwar zum «Wohle» des Patienten, der – in dieser Perspektive – als *infantiles* Wesen erscheinen muß. Dieser Mythos zieht unweigerlich pädogische Strategien nach sich und entfernt uns vom analytischen Vorgehen.
Was eigentlich in der psychoanalytischen (oder der gesellschaftlichen) Institution vonstatten geht, wird nur schwer zu begreifen sein, wenn wir nicht, im Zusammenhang mit der Phantasie, auf jenes Feld des Imaginären zurückgreifen können, das seinen Ursprung in den primitiven halluzinatorischen Erfahrungen[85] der frühen Kindheit hat. In dieser Phase primitiver Undifferenziertheit sind auch Subjekt und Objekt noch nicht voneinander geschieden und die Suche nach dem verlorenen Objekt erscheint von daher immer als ein Suchen nach dem eigenen Subjekt. Aber in dieser Phase sind Subjekt und Objekt verurteilt, ohnehin verloren zu sein, sie sind von der *Imago*[86] hinweggerafft und indem sie in die Imago eingehen, hinterlassen sie ihr Zeichen und prägen sie. Dieser ursprüngliche Verlust ist das Zentrum, um das sich in der Folge die ersten psychischen Phänomene anordnen, er ist der Ausgangspunkt, aus dem die Linien des menschlichen Schicksals hervorgehen. Das hinter sich lassend, was ihm für alle Zeit unerreichbar ist, begibt sich der Mensch auf die endlose Suche nach Zeichen, in denen sich ankündigt, zugleich aber verschleiert wird, was ihm einst geraubt worden ist. Das «es war einmal» ist das verlorene Paradies nostalgischer Halluzinationen, der *Mangel,* an dem der Wunsch sich unablässig orientieren muß.

Das primitive Imaginäre (vor der Spiegelphase)[87] funktioniert als Spur, und dieser vorgezeichneten Fährte folgend, gelingt es dem Subjekt, sich zu erkennen. Der Übergang von der Phase des Autoerotismus zu der des Narzissmus ist nicht kontinuierlich. Zwischen beiden liegt, wie Lacan es genannt hat, das Spiegelstadium[88]. Es ist der Zeitpunkt, an dem das Menschenjunge die Spannung zwischen organischer Verfrühtheit (der Geburt) und dem Körperbild in seiner ausgebildeten Gestalt erlebt.

## DIE SPIEGELPHASE

Wenn das Subjekt sein Bild in einem Spiegel einfängt – jenes Bild, mit dem es sich identifiziert – wird es zugleich von seinem Sein entrückt und in einem labilen Gleichgewicht zwischen Verwerfung und Liebe gehalten. Dieses Gleichgewicht ist der Ursprung der fundamentalen Entfremdung des imaginären Ichs. In bestimmten Psychoseformen wird uns dieses labile Gleichgewicht wieder begegnen.

Während in der Spiegelphase das Subjekt sich mit seinem imaginären anderen zu identifizieren lernt, wird dies später nur um den Preis einer Strukturveränderung möglich sein, mit der dann auch eine depressive Phase abgeschlossen wird.

Auf der Suche nach dem Objekt begegnet in der Phase des Spiegelbildes das Subjekt nicht mehr dem Bild des Objekts; es hat jetzt mit «Objektschemen» zu tun, die sein eigenes Bild verbergen. Diese Schemen verlegen dem Subjekt den Weg zu seinem Wunsch. Nur aus der Struktur des Imaginären[89] sind jene aggressiven Spannungen zwischen dem Ich und dem anderen zu erklären, wie sie, worauf ich bereits hingewiesen habe, bei einem Bruch im Rahmen der analytischen Situation auftreten. Lacan zeigt, in welcher Weise die Imago des Ähnlichen an die Struktur des eigenen Körpers geknüpft ist, und er macht damit zugleich einsichtig, warum der andere als Bewahrer der Partialobjektvorstellungen eingesetzt wird. In dieser Phase führt der Weg des Wunsches durch den anderen hindurch, und das Subjekt bleibt nur deshalb nicht in einer Faszinationsbeziehung zum anderen (der ihm sein Bild rauben würde) verloren, weil sich gleichzeitig ein drittes Element einschaltet: die signifikanten Prägungen phonematischer Oppositionen, die, von Anfang an in der Beziehung zwischen Mutter und Kind vorhanden, allein dem Kind die «richtige» Spiegelidentifikation ermöglichen. Die jubelnde Mimik des Kindes (wenn es sein Bild im Spiegel sieht) zeigt an, daß das Kind die Gefahr, als Subjekt zu verschwinden (oder unterzugehen), überwunden hat. Der Grund für diesen Jubel ist nicht das, was das Kind im Spiegel sieht (sein Bild), sondern daß es von seiner (als nicht gefährlich empfundenen) Mutter gesehen wird: das Spiegel-*Ego* kann nun entstehen. Zunächst ist das Kind unfähig, das Imaginäre zu beherrschen. Diese Beherrschung *stellt sich ein als Effekt des Signifikanten* (wobei die signifikanten Prägungen von einem anderen stammen, der auch das Klangmaterial bereitstellt). In dieser Phase, die als Primärvorgang bezeichnet wird, sind die Vorstellungen Urbilder, und das Subjekt, das über diese Imagines verfügt, reiht sich in den Kreislauf des Signifikanten ein. Das archaische Material (von dem Bleger und die argentinischen Analytiker sprechen), das gegebenenfalls während der psychoanalytischen Behandlung hochkommt und insbesondere dann hochkommt, wenn der bis dahin starre Rahmen aufgebrochen wird – dieses archaische Material ist die imaginäre Übertragung der Imagines auf den Analytiker, eine Übertragung, die – durch das Dazwischentreten der Verdrängung – diese oder jene Funktion der Kontrolle des Ichs entzogen oder aber ihre Form diesem oder jenem Identifikationstypus gegeben hat[90]. Die Imago bleibt für Lacan (wie der Rahmen bei Bleger) unveränderlich bestehen. Sie wird in der Analyse auf der Ebene symbolischer Überdeterminierung reaktualisiert[91].

## DIE DIMENSION DES SYMBOLISCHEN

Die signifikanten Prägungen treffen auf das Subjekt, insofern es *zerstückelt* ist. Von daher ist erklärlich, daß sich der Schizophrene zuweilen, auf der Suche nach einem Weg zur Gesundung, verzweifelt an Vokabeln klammert, die keinen Sinnzusammenhang ergeben, sondern als Versuch zu werten sind, seine Objektwelt nachträglich mit Lauten zu besetzen. Verkürzt gesagt, handelt es sich hier um den Versuch, durch eine signifikante Prägung hindurch zum verlorenen Objekt vorzustoßen und es so wiederzugewinnen. Beim Schizophrenen fällt die imaginäre Dimension aus, und deshalb ist die Art, mit der der Neurotiker dem verlorenen Objekt nachspürt, fundamental von der des Schizophrenen verschieden. Unfähig, die Herrschaft über sein Spiegelbild zu finden (die ihm gestattet hätte, das Bild des anderen zu besitzen), versucht er, sich auf der Ebene der Bilder von zerstückelten Körpern oder auf der der Laute seiner Stimme wiederzufinden, die als «unäre»[93] signifikante Prägungen elementarster Art erscheinen und bewirken, daß sein Sprechen nicht im eigenen, d.h. im Namen seines Spiegel-Ego, sondern im Namen anderer auftritt. Und die Analyse zeichnet sich dadurch aus, auf welche Art und Weise es dem Patienten gelingt (oder auch nicht), sich (jenseits des Verlangens) in gewissermaßen signifikanter Wiederholung auf dem Feld des Wunsches zu behaupten. Der Preis dafür ist aber, daß er sich als Subjekt auslöscht, er will «der Exponent einer Funktion sein, die ihn, bevor er sie auszuüben vermag, sublimiert»[94].

Wie Freud erkannt hatte, ist das Subjekt in der Analyse zu einer Wiedergeburt aufgerufen; nur in ihr kann es erkennen, was es mit seinem Wunsch auf sich hat. Der Preis für diese Wiedergeburt ist die Kastration, denn diese ist die treibende Kraft des Wunsches. Analytiker, die in der Analyse so etwas wie eine Ich-Orthopädie sehen, werden diese Wahrheit nicht erkennen. Ihr Hauptanliegen ist, den Kranken zu einem ichstarken «Erwachsenen» zu machen – während Freud gerade den Riß als solchen zum Drehpunkt der Analyse erklärt hat.

## RAHMEN UND VORGANG IN DER ANSTALTSSITUATION

Kehren wir aber zunächst zum Thema Institution zurück. Wir haben die Bedeutung der Vorfälle geklärt, die sich dann einstellen, wenn sich ein Bruch im *Rahmen* zeigt. Und wir haben gezeigt, daß diese Zwischenfälle einer Wahrheit den Weg bereiten können.

Die Brüche, die die Stabilität der Institution gefährden, gehen von einem archaischen Material aus, in dem der Ursprung der menschlichen

Aggressivität zu suchen ist und in dem die Beziehung des Menschen zu seinem Ich und dessen Objekten angelegt ist[95]. «Aus dieser erotischen Beziehung, in der das menschliche Individuum sich an ein Bild fixiert, das es von ihm selbst entfremdet, geht die Energie und die Form für jene Organisation der Affekte hervor, die es sein Ich nennen wird».[96] Das Ich ist also von Anfang an durch die aggressive Spannung geprägt (die, nach Lacan, mit der narzistischen Struktur korreliert), es ist «das Zentrum aller Widerstände gegen die Behandlung der Symptome»[97].

Nun ist für die klassischen Analytiker dieses Ich geradezu die Basis, von der aus das Subjekt seiner Gesundung entgegengeführt werden soll. Dieses Konzept bewegt sich auf der Ebene einer utilitaristischen Konzeption vom Menschen, die heute allerdings die herrschende Vorstellung ist. Das Ich wird mit Reizen überladen und so für immer differenziertere Anpassungsziele verwendbar gemacht. Vergessen wird, daß der moderne Mensch für den Riß in seinem Sein mit Kriminalität und Irresein zu bezahlen hat.

Wenn wir von der psychoanalytischen Institution sprechen, so genügt es nicht, nur den *Rahmen* zu betrachten. Innerhalb des Rahmens – und ihm entgegen – verläuft der *Vorgang*, dessen allgemeinste Bestimmung Bewegung ist. Es sind die in der Rede (innerhalb oder außerhalb der Sitzung) wiederholt auftretenden Ereignisse, die zu so etwas wie einer Institutionalisierung beitragen werden.

Der analytische Vorgang (bei Beginn der Behandlung stellt sich auch sofort ein bestimmtes Phantasma ein) entfaltet sich als ein ständiges Hin und Her von Rückgriff auf die Vergangenheit und Projektion in die Zukunft.

«Der Vorgang[98] findet im Rahmen der Sitzung statt und er setzt sich durch in den plötzlich und unvermutet auftretenden Brüchen. Er wird eingeleitet und ist geprägt vom analytischen Vertrag, dem sich beide Teile unterwerfen sollen. Der psychoanalytische Vorgang mit seinem Vertrag, seinem Ziel, seiner Entwicklung und seinem Abschluß erzeugt eine Institution.»

Die Autoren aus der Schule Melanie Kleins betonen immer wieder die Notwendigkeit, sich auf die depressiven Zustände einzulassen und sie ablaufen zu lassen, denn in ihnen manifestiere sich Trauerarbeit, Trauer über die verlorene, magische Allmacht der Kindheit. In mehreren Arbeiten haben sich diese Analytiker, insbesondere Grinberg, mit dem Umstand beschäftigt, daß der Analytiker zuweilen unter dem parasitären Einfluß der Gefühle des Patienten zu leiden hat – und warum er derjenige ist, der, als Antwort auf die parasitäre Situation, die Trauerarbeit zu seinem eigenen Vorteil abblockt.

Es ist das Verdienst von Melanie Klein (und in ihrer Nachfolge von Bion und Melita Schmideberg), herausgearbeitet zu haben, daß die psychoanalytische (und die gesellschaftliche) Institution als Abwehr gegen paranoide und depressive Angstzustände eingesetzt wird. Dieses Verhalten erlaubt, die internalisierten bedrohenden Objekte[99] in das Leben der Institution auszulagern. Wir kennen die sich später einstellenden Zerstückelungsfolgen auf der Ebene der Identifikationen. Jaques, der zur Schule Melanie Kleins gehört, weist darauf hin, daß man aus diesem Vorgang nicht schließen dürfe, die Institutionen seien selbst psychotisch. Gleichwohl dürfen wir erwarten, hier alle manifesten Formen von Irrealität, *splitting*, Verdächtigung und Feindseligkeit zu finden, wie sie für jedes Gruppenleben charakteristisch sind; diese Charakteristika wiederum werden von den Individuen benutzt, um sich gegen die psychotische Angst zu schützen.

Die Struktur einer Institution entläßt aus sich heraus und im Gefolge ihres eigenen Systems von Regeln, Konventionen und Verboten ein System von Rollen und Haltungen. Dieses System wiederum regiert die Beziehungen der Individuen untereinander.

In einer Institution entwickelt sich, wir haben es schon angeschnitten, ein bestimmter Diskurs. Mißverständnisse stehen am Anfang und bewirken, daß sich etwas zur Struktur verfestigen und eine bestimmte Wahrheit sich über den Umweg des Symptoms äußern kann. Daß diese Wahrheit hervortreten kann, ist das Ergebnis einer bedeutsamen Konstellation[100]: es ist das Auftreten symbolischer Riten im analytischen Vorgang. Wie wir bereits gesehen haben, bauen sich die psychoanalytische und die gesellschaftliche Institution nach einem im großen und ganzen gleichen Schema auf. In den Rahmen – und mit Bezug auf ihn – fügt sich ein Diskurs ein, und selbst die Bewegung des analytischen Vorgangs ist an die Starrheit des Rahmens gebunden. Diese Starrheit (oder Paralyse) gehört zu jeder Institution. Und das Subjekt, das von der Institution, in die es einbezogen ist, geformt wird, wirkt auf die Institution in der Weise ein, daß deren Paralyse noch verstärkt wird. Diese Paralyse stärkt das Subjekt, und es wird fähig, auch anderswo zu funktionieren. Sie schützt es vor der Angst, die sonst auf eine Veränderung des Rahmens dringen würde.

## EINE INSTITUTION INNERHALB EINER INSTITUTION

Im folgenden versuche ich die Frage zu klären, ob es möglich ist, die psychoanalytische Institution in die Institution, die die Anstalt darstellt, einzufügen, und welche Wechselwirkungen zwischen der einen und der anderen Institution bestehen. «Wir können davon ausgehen», sagt Ginette Raimbault[101], «daß die Institutionen Organismen sind, die von den normativen Kräften der Gesellschaft geschaffen wurden, um verwerfliche Auswüchse beschneiden zu können – ja, die *Normalität* konnte sogar nur auf deren Kosten abgesichert werden.»
«Sollen wir», fragt sie sich weiter, «Spezialinstitutionen für Schizophrene schaffen, wie ausgearbeitet sie auch in ihren strukturellen und symbolischen Konzeptionen sein mögen, oder müssen wir nicht vielmehr auf die Fragwürdigkeit der gesamtgesellschaftlichen Strukturen immer wieder hinweisen mit dem Ziel, die repressiven und reaktionären Kräfte der *Normalität* auszuschalten, damit überhaupt neue Strukturen entstehen können, in denen sich, weil sie ungleich offener wären, der menschliche Diskurs und seine Artikulierung ungehindert entfalten könnte?»
Diese Frage schloß sich an eine Bemerkung Coopers[102] an, der die psychiatrische Klinik mit dem Konzentrationslager vergleicht und konstatiert: «In der psychiatrischen Klinik wird der Körper mit aller Sorgfalt gepflegt, aber man mordet die Persönlichkeit des Individuums.» Auf diese Bemerkung versuchte J. Oury[103] mit folgender Analyse der Institution und der Rolle des Therapeuten in der Institution zu antworten: «Die Institution ist ein Abwehrsystem und ihr Charakteristikum ist die Lust an der sadistischen Einschüchterung der anderen.

Diese wesentlich metonymischen Wechselwirkungen unterliegen bestimmten Regeln, sie werden aber entsprechend der metaphorischen Dimension des Vertrags eingeschränkt. Hier kommt es zur Artikulation gegenüber dem Anderen, die einerseits einen funktionalen Masochismus in Gang setzt und andererseits die Frage nach der Herkunft der Institution aufwirft.» Und: «Das Kollektiv bildet eine Einheit, durch die die Vorkommnisse überdeterminiert werden, und sie übt Druck auf sie aus. Dieser Druck ist eine Form *sozialer Entfremdung*. Es ist also notwendig, diese *Maschine* (und ihre Strategie) zu analysieren, um sich von der Entfremdung zu befreien. Fehlt es daran, so tendiert die reine Analyse hinsichtlich ihrer Wirksamkeit dazu, eine ähnliche Rolle zu spielen, wie sie Gebete gegen den Krieg haben.» «In einem Kollektiv entstehen vielfache Übertragungen. Es ist anzunehmen, daß zwischen der Struktur des Kollektivs und dem Stil von Verlangen und Trieb eine Dialektik herrscht, die sich auf die Weise auswirkt, wie sich die Subjekte manifestieren und sich gegenüber dem Signifikanten artikulieren.»
Andererseits erklärt Tosquelles in seinen Ausführungen über das Verhältnis von Individualanalyse und Analyse der Institution [104]: «Wir sind gerade erst dabei, die unterschiedlichen Interpretationskonzepte für die Übertragungssituation zu sichten, zumal der Diskurs, von der Gesamtheit der Institution her betrachtet, sich in Worten wie in Handlungen darstellt. Man kann die Entwicklung der institutionellen Übertragungsneurose nicht dadurch leugnen oder verharmlosen, daß man meint, der Wunsch der Erzieher könne einfach auf ein künstlich erhöhtes Niveau gebracht werden.»
«Das Wesen der institutionellen Psychotherapie ist es, Vermittlungen einzuführen», bemerkt Ginette Raimbault [105], «die die Funktion haben, die stereotypen binären Verhältnisse (diesen Ausdruck verwendet Cooper in seinem Buch *Psychiatrie und Anti-Psychiatrie* [106]) in Richtung auf etwas anderes als die imaginäre Spiegelhaftigkeit, d.h. auf die symbolische Dimension hin zu öffnen.»
Das gemeinsame Erkenntnisinteresse all dieser Arbeiten liegt darin, «Pflegestrategien» zu finden (Clubs, Zusammenkünfte usw.). Allen Autoren geht es darum, technische Möglichkeiten zu erarbeiten, damit der Diskurs innerhalb der Institution nicht in einer ausweglosen imagi-

nären Situation gefangen bleibt; und es geht ihnen darum, mit diesen technischen Mitteln signifikante Wirkungen zu erzielen. Die Institution wird von ihnen als verschlüsselte Sprache verstanden, die nach linguistischen Gesetzen zu entziffern wäre. Es gibt also in dieser durch die Institution repräsentierten Kartographie des Unbewußten (das für Kollektiv und Subjekt gemeinsam Signifikante) etwas, das man dazu verwenden lernen muß, eine Welt der Unterdrückung in einen Ort zu verwandeln, an dem gesprochen wird; von diesem Ort aus, wo etwas zur Sprache kommt, wäre es möglich, Pflegeperspektiven zu entwickeln.
Bleibt die Frage, ob solche Analyse angesichts der Gefängnisrealität in den Anstalten überhaupt einen Sinn hat.
Der Arzt, dem sein Platz innerhalb der Struktur der klassischen Anstalt zugewiesen ist, kann sich in seiner Pflegerrolle nicht anders als ohnmächtig fühlen. Wer auch immer sich als Arzt in die Anstalt begibt, er wird vom Patienten als Komplize der gesellschaftlichen Unterdrückungsmächte identifiziert. Der Diskurs ist das unmittelbare Produkt der erlittenen Entfremdung, er gehört einer stereotypisierten Strategie an und gleicht insofern der ebenfalls stereotypisierten Strategie des Arztes, der sich an einem Ort auf die Suche nach dem Signifikanten macht, der durch administrative Maßnahmen zum Kerker gemacht wurde.
Ich habe den Versuch unternommen, als Psychoanalytiker in die Anstalt hineinzugehen (es handelte sich allerdings nur um einen vorübergehenden Aufenthalt). Ich will mich hier nicht zu breit über ein Problem auslassen, das ich an anderer Stelle[107] behandelt habe, nämlich die Schwierigkeit, die Institution Psychoanalyse in eine gesellschaftliche Institution einzufügen. Solche Überlagerung zweier Rahmen kann nur dann zum Erfolg führen, wenn der (extrem starre) Rahmen der psychoanalytischen Institution in ein institutionelles Milieu eingepaßt wird, das flexibel genug ist, die Breschen, die der Patient in den institutionellen Rahmen zu schlagen versucht ist, hinzunehmen. Man kann die Sprache nicht innerhalb der psychoanalytischen Institution befreien wollen, wenn das nicht zu Konsequenzen draußen, d.h. in der gesellschaftlichen Institution, in der ja die psychoanalytische Institution selbst gefangen ist, führen soll.
Der psychotische Patient, der seinen eigenen Rahmen in verschleierter,

maskierter Form in die analytische Situation hineinträgt, wird früher oder später den Versuch unternehmen, den einen Rahmen, den der psychoanalytischen Institution, gegen den anderen, den der gesellschaftlichen Institution, auszuspielen. Damit dieses Spiel ohne Zwischenfälle stattfinden kann, ist es erforderlich, daß der Rahmen der psychoanalytischen und gesellschaftlichen Institution *unverändert* bestehen bleibt: Emotionen und Verfolgungsattacken dürfen auf ihn keinen Einfluß haben.

Diese *Permanenz* des Rahmens ist die Voraussetzung dafür, daß in der Sitzung und in der Institution eine dialektische Bewegung stattfinden und daß sich ein sinnvolles Gespräch nicht nur mit dem Analytiker sondern mit dem gesamten Personal der Institution entwickeln kann. Jeder wird so zu einer Figur in einem großangelegten Schachspiel.

Außerdem ist zu beachten, daß die rigiden Strukturen der Anstalt einen sehr viel starreren Rahmen anbieten als es der Rahmen der Analyse ist. Aggressionen, die innerhalb des analytischen Rahmens entstehen, neigen dazu, sich auf die Anstalt zu verlagern, die dann also zum Ort des *acting out* wird. In einer Situation, in der die einzige Konstante die konstante Bestrafung ist, wird analytische Arbeit schlechthin unmöglich. Von Vertrag kann nicht mehr die Rede sein, jeder Kranke stellt sich dar als Sinnbild seiner Ausweglosigkeit, deren Erklärung woanders zu suchen ist, und das bedeutet eben in der Gesellschaft. Der Analytiker trägt sehr bald Züge eines Angeklagten – und dies deswegen, weil er dem Repräsentanten einer repressiven Gesellschaft gleichgestellt wird und weil er von vornherein zur Ohnmacht verurteilt ist. Er kann nicht mehr oder Besseres zustande bringen als das, was die Psychiater immer schon haben tun können und getan haben. Selbst wenn der Analytiker nicht Psychiater ist, wird der Patient ihn auf diese Rolle festlegen. Denn der Patient selbst wird von den Absonderungsvorstellungen der Welt, aus der er gekommen ist, durch und durch geprägt.

Die Psychoanalyse in der Anstalt zu institutionalisieren bedeutet, sich zweideutig dem Anstaltsrahmen gegenüber zu verhalten. Dies kann nur das Mißtrauen des Paranoikers verschärfen. Chefarzt, Internierte und Krankenpfleger sind integrale Bestandteile eines traditionellen medizinisch-administrativen Systems. Und der Psychoanalytiker, der *von außen kommt,* wird sofort als jemand begriffen, der ein Verhör anstellen will, und dies mit einem Patienten, der, an bekannte Beziehungen gewöhnt, gegenüber dem Fremden (ähnlich wie Strafgefangene) eine Strategie entwickelt hat, in der das *Che vuoi*? (was willst du?) Verdacht und Rätsel zugleich ist. Niemand wird diese Situation des ständigen Mißtrauens – vor allem von Paranoikern – über längere Zeit ertragen.

Ich werde auf die Probe gestellt, wie ich mich zum *institutionellen Rahmen* verhalte, man verlangt von mir, daß ich mich zu ihm definiere. Man muß herausfinden, ob ich (gegen die Ärzte, für eine Entlassung, gegen die Entlassung usw.) einsetzbar bin. Der Patient fragt also bewußt nach der Macht, die ich in der Institution habe, und deswegen ist es am besten, mit überhaupt keiner Macht versehen zu sein, denn sie würde mich zu einer Gefahr machen; habe ich aber keine sichtbare Macht, wird man mir eine *verborgene,* furchtbare Macht andichten. Die phantastische Welt des Patienten ist angesichts der Doppeldeutigkeit meines Status bei mir nicht gut aufgehoben.

Was kann ich anbieten? Die Heilung? Gerade das will der Patient nicht. Ich biete ihm das Gespräch an... füge noch, naiv genug, hinzu, «es würde ihm gut tun» – aber er wird sich natürlich fragen, «was ist denn das Gute, das sie für mich will», und er wird davor erschrecken.

Übrigens: das Reden hat er verlernt.

Gewiß, einige Kranke kommen ganz von selbst, sie erwarten mich zur angesetzten Stunde. In fast allen Fällen haben sie nichts zu sagen; das, was sie sagen, ist nichts anderes als die Reprise einer stereotypen Erzählung, gleichsam die Variation über ein Wahnthema. Sie bieten es mir an, weil sie mich mögen, und weil man mir doch helfen muß, dies Buch fertigzustellen, das ich, wie sie gehört haben, gerade schreibe. Diese Geschichten, wie die Niederschriften, sind darauf zugeschnitten, mir Material zu verschaffen, und unterscheiden sich nicht von den «Dossiers für die Hand des Arztes». In der überwiegenden Zahl der Fälle aber sperren sich die Kranken gegen besondere Unterredungen – denn schließlich spricht es sich überall leichter als gerade im Zimmer des Analytikers.

Von den einen erwartet, zurückgewiesen von den anderen, begreife ich, daß alles, was gesagt wird, von der Anstalt und den Strukturen, die sie wie mich fesseln, präformiert ist. Es gibt keinen Platz für die Wahrheit, und das Unvorhersehbare ziemt sich nicht. Die Regeln müssen respektiert werden, denn sie sind es, die die Beziehung zwischen dem Rahmen des jeweiligen Patienten und dem der Anstaltsinstitution herstellen. Jeder meiner Verstöße gegen die etablierten Gebräuche wird mit Aggressionen geahndet; und diese Aggression hat ihre Ursache darin, daß ich mich so eingeführt habe, als wäre ich ein agent provocateur. (Ein Beispiel für solche Rituale: Man betritt nicht ungestraft den Gemeinschaftsraum eines Hauses um fernzusehen, wenn man dort unbekannt ist). Die Aggressionen stellen sich nicht beliebig und grundlos ein, sondern sie entsprechen immer einem Fehler desjenigen, auf den sich die Aggression richtet.

Die analytische Situation bricht ein in den starren Anstaltsrahmen. Weil dieser Rahmen aber sein Schutz ist, versucht der Patient, noch in der analytischen Situation den rigiden Rahmen (festgelegte Stunden usw.) wiederherzustellen. Und ein Nichts, das diesen Rahmen verändert, führt außerhalb der Sitzung zu gewalttätigen Reaktionen. Der Rahmen, der Sicherheit gibt, ist auch dann noch, wenn er kritisiert wird, der Rahmen der Anstalt. Deshalb wird der Patient, da er das Produkt der Anstaltsinstitution ist, auf jede Veränderung feindselig reagieren; er macht sich zum Bewahrer der Sitten und Gebräuche der Umgebung, in die er nun wohl oder übel eingegliedert ist. Damit liegen die Regeln fest, die einen sind die Henker, die anderen Opfer.

Das Pflegepersonal setzt der Patient schlechthin mit dem System der Anstalt gleich; ich dagegen wurde (vor allem von den Paranoikern) in meiner Funktion als Psychoanalytiker und damit als *Experte* abgestempelt. Das Gespräch konnte sich deswegen nur in sehr engen Bahnen bewegen.

«Wozu sind Sie eigentlich da, wenn Sie weder die Aufgabe haben, zu beurteilen, noch etwas für meine Entlassung tun wollen?» «Das sieht doch ganz danach aus, daß Sie den Auftrag haben, mich auszuspionieren!»

Es war absurd, Freizügigkeit zu spielen, gerade hier, wo alles bis auf die Minute geplant und geregelt ist. Die Zweideutigkeit meiner Position konnte nur Abwehr hervorrufen.

Jeder Einbruch des Pflegepersonals in den Rahmen des Privatlebens der Patienten wird von diesen als Verfolgung empfunden. Die Patienten akzeptieren keine Zusammenkünfte, es sei denn, sie sind Bestandteil eines etablierten Rituals (feste Daten usw.): gefürchtet sind die Zählappelle danach...

Völlig anders ist die Situation, wenn die Patienten in eine Sitzung des Pflegepersonals eindringen. Die Verfolgungsangst ist sehr viel geringer, weil in diesem Fall die Patienten die Provokateure sind. Dulden die Pfleger, angesprochen und gestört zu werden, so kann sich in solchen Gesprächen ein Stück Wahrheit zeigen. Doch diese trügerische Situation scheinhafter Ebenbürtigkeit wird selten lange ertragen; beide Seiten kehren so bald als möglich in ihre eigenen Welten zurück, die Absonderung ist auch hier das Gegengift gegen die Angst.

Psychotische Angstzustände sind demnach immer dann zu erwarten, wenn Bewegung, Veränderung gegen das Konstante einsetzt.

Ist die analytische Situation entschärft – das heißt in Wirklichkeit zu einer Art Pädagogik geworden, die Stabilität verschafft – und damit um die analytische Perspektive verkürzt, so wird sie geduldet, weil sie nun zu einer altbekannten *Strategie* zu rechnen ist. Beharrt man aber auf der analytischen Perspektive, so wird man unmöglich die Psychoanalyse in der Anstalt institutionalisieren können[108]. Das Gefängnis ist nicht der Ort, an dem es erlaubt wäre, ein freies Sprechen zu propagieren.

## *Die Rede des Paranoikers*

### A. PROTOKOLL DER SITZUNGEN

GEORGES PAYOTE, *30 Jahre alt, seit 10 Jahren in der Anstalt.*
*Die Rede des Kranken und seiner Familie.*

*1. Sitzung:*

Ich bin mit acht Jahren nach Frankreich gekommen. Ich bin gefährdet und war es immer. Von der Wiege an war ich Waise, meine Mutter ist bei meiner Geburt gestorben, vor Kummer starb mein Vater ein Jahr darauf. Eine Tante, die mehrere uneheliche Kinder hat, hat mich zu sich genommen. Sie war meine Ziehmutter, sie gehörte zu der tückischen Sorte, meine eigentliche Ziehmutter aber war die Großmutter in Martinique. Madame Loné war die Schwester meiner Mutter, ihre Kinder stammten von einem Monsieur Soutier, der war Landarzt. Sie hat mit mehreren Typen geschlafen. Aber das ist nebensächlich, man kommt von interessanteren und wichtigeren Gegenständen ab. Sie sind für mich eine nette, ruhige Person, das wird eine kitzlige Sache. Bisher haben mich nur Assistenzärzte behandelt. Mit einer Frau hatte ich bisher nicht zu tun.

Meine Tante hatte mich gefragt: «Willst du nach Frankreich kommen?» Ich habe ja gesagt.

Heute kommt mir das schwach vor. Nachdem ich Großmutter verlassen hatte, bat sie mich, wieder zurückzukommen. Mit 80 Jahren ist sie gestorben. Väterlicherseits gibt es die Familie Passabé, die hat nichts für mich getan. Diese Tante hat eine Bäckerei, sie hat mich allerdings immer enttäuscht, bis jetzt habe ich immer nur Pech gehabt. All die kleinen Geschichten, die so vorgekommen sind, haben mich überrascht, aber das grenzt ans Religiöse. Ich werde ganz offen reden: 1957 hat alles begonnen. Ich bin Eingeborener von Martinique. Es gab das algerische Problem – das hat mich desorientiert, die Araber haben in mein Gehirn gesehen und gleich eine politische Schlagzeile daraus gemacht. Sie haben mich benutzt, als wenn ich ihr Gehirn wäre, mir ist Unrecht geschehen.

Mit 7 Jahren habe ich schon Stimmen gehört, eine Stimme zwang mich, etwas Böses zu tun. Ich habe mit einem Mädchen von dort unten sexuell verkehrt, daraufhin habe ich jede Lust verloren. Danach bin ich nach Paris gekommen, ins Waisenhaus von Saint-Gonzague.

*2. Sitzung:*

Beim letzten Mal war alles ziemlich verwickelt. Wenn wir noch weitere Unterredungen haben, kann ich Ihnen die Dinge wissenschaftlicher darstellen.

Ich war immer allein, denn ich war der einzige Sohn. Meine Tante ganz Normales. Mein Onkel war hinter den Frauen her. Als er starb, vierzig Kinder lagen ihm auf der Tasche, war er ruiniert. Nun, wir haben einen Karibenhäuptling. Wenn mein Rhesusfaktor auf eine arabische Herkunft schließen läßt – es ist doch keine Schande, ein Nordafrikaner zu sein.

*5. Sitzung:*
*Unterredung mit der Tante und ihrem Mann*

Bei uns, sagt mir die Tante, gilt die psychiatrische Krankheit als Schande. Georges hat sich nie an Arbeit gewöhnen können. Wenn er früher sang, hatte er gleich danach den Eindruck, daß man ihm das Singen verbieten wolle. Er hat als Industriezeichner ganz gut angefangen, er ist dann mit 19 Jahren krank geworden, das war im dritten Jahr. Die Leute können sich immer noch nicht über seine Krankheit beruhigen. Er war lustig, ein wunderschönes Kind, alle haben ihn gern gehabt. Er hatte einen Anfall von Gelenkrheumatismus und wurde mit Kortison behandelt, seit damals ist er nervös. Es blieb ein Geräusch am Herzen zurück. Eines abends kam er in Schweiß gebadet nach Hause: Nordafrikaner hatten ihn angegriffen. Ein paar Tage darauf wurde ihm bei der Arbeit schlecht. Im Krankenhaus legte man ihn zu den unruhigen Patienten. Damit fing das Unheil an. Er begriff nicht, was mit ihm geschehen war. Wir wollten ihn herausholen, aber man hat uns Angst gemacht und gefragt, ob wir unsere Kinder von ihm erwürgen lassen wollten. Es sei ein pubertärer Schock, meinten die Ärzte; er werde entlassen, wenn dieser Schock überwunden sei. Er wurde auch entlassen, aber er ist komisch geworden, er wollte sexuelle Beziehungen zu mir und meinem Mann aufnehmen. Wir haben ihn also wieder in die Klinik gebracht, und die Ärzte dort haben gesagt, es sei ein Fall von katatonischer Schizophrenie.
Alle Männer aus der Familie sind gestorben, sie waren alle herzkrank. Ich und meine Mutter haben uns um Georges nach seiner Geburt gekümmert. Meine Mutter hätte ihn gerne behalten, aber Georges' Onkel meinte: er muß nach Frankreich und etwas lernen. Er war 7

Jahre alt, als ich mit ihm nach Frankreich ging. Ich habe dann geheiratet, Georges war damals 14. Bis dahin war er bekannt für seine Höflichkeit, er war zuvorkommend wie ein Mädchen, er war wirklich wunderbar. Er ist der beste von allen meinen Kindern. Seine Krankheit hat uns völlig überrascht. Ein Kranker aus seiner Abteilung hat uns gesagt: seine Krankheit ist seine Angst vor der Homosexualität, er fühlte sich zu Männern hingezogen, zugleich aber von ihnen bedroht und verfolgt. Vielleicht hat dieser Kranke recht, er ist sicher eher als ein Arzt in der Lage, die Krankheit zu begreifen.

*6. Sitzung:*

(Georges zürnt mir, weil ich mit seiner Tante gesprochen habe. Er hat Kopfweh, fühlt sich schwindlig und will sich nicht unterhalten.)

*7. Sitzung:*

Das war eine schwere Woche in diesem Irrenhaus. Alle Welt hat Angst. In meiner Abteilung weinen ein paar Leute, sie fühlen sich nicht sicher, und andere wollen heiraten. Mein Problem ist, wie ich hinauskomme. Ich verstehe mich nicht mit dem Assistenzarzt, statt nett zu mir zu sein, schickt er mich an die Luft. Meine Rehabilitation wird schwierig. Wenn ich die Verwandten diskutieren höre, wird mir klar, daß es die Familiengeschichten sind, die mich am Leben hindern. Meine Tante sagt die ganze Zeit nein. Ich werde sie überraschend besuchen, alles kaputtschlagen und dann zurückkommen. Ich werde schikaniert und ich lebe in einer Welt voller Verbitterung. Ich kann mich mit der Rehabilitation nicht anfreunden. Man sollte mir eine Spezialgitarre kaufen, ich bin nämlich Linkshänder. Ich brauche als Impresario eine Frau, die mir eine Mutter sein müßte. Meine Mutter war Musikerin. Ich habe es von ihr geerbt. Ich habe einen Namen, aber kein Geld. Ich bin ein Geisteskranker. *Das ist meine Krankheit, denn es ist die Wahrheit über das, was ich empfinde*. Ich bin ein Epileptiker mit einem Hirntrauma. Die Irren sind die begehrtesten Menschen auf der Welt.

*8. Sitzung:*

Wenn ein Kranker gewaltsam, ohne wirklichen Grund ins Krankenhaus gebracht wird, fühlt er sich verloren. Man bietet mir eine Arbeitstherapie an, das ist unanständig. Wenn ich arbeiten wollte, wäre ich draußen. Ich lebe wie ein Invalide. Weshalb würdest du dein Leben nicht noch einmal leben wollen? Das ist die zweite Wahl. Wenn ich jemanden finden könnte, der mir hilft, würde es gehen. Sie können mich nicht verstehen, denn Sie sind eine Frau. Das technische Zeichnen war ein Fehlschlag. Sänger zu sein, das würde mir Spaß machen. Meine Tante wollte davon nichts wissen.
Im Singen bin ich einzigartig. Vor nicht allzu langer Zeit habe ich den wehmütigen Gesang der Matrosen gehört. Ich mußte weinen. Wenn ein Mann mit 30 Jahren weint, zeigt das, wie nah es ihm geht. Ich bin ein Mensch, der sehr schwer zu verstehen ist.

*9. Sitzung:*

Man hat mich immer für Christus gehalten.
Ich bin unschuldig. Ich bitte Sie, suchen Sie nicht mehr nach den Gründen für meine Internierung. Unschuldig bin ich, ich schwöre es. Warum hat Sie die Sittenpolizei geschickt? Was um alles in der Welt habe ich gemacht, daß ich nun eine Untersuchung am Hals habe? Wenn man den Handlungen eines Menschen nachspürt, wird das Leben des Individuums unterdrückt. Verstehen Sie mich, Madame, verstehen Sie meinen Kummer, meinen Zorn. Ich habe ein Handikap, ich bin verstoßen, ein Waise. Ich wurde wie ein Gott behandelt und dann wie ein Dreck. Ich habe immer wie ein Mädchen gelebt und dabei vergessen, daß ich ein Junge war. Ich habe meine Fähigkeit zur Lust mit 7 Jahren verloren, jemand anders (das junge Mädchen) hat meine Geschlechtslust übernommen. Das Glück ... ich hätte es gerne erfahren. Ich bin immer angegriffen, verurteilt, angezeigt, getreten worden. Lassen wir es dabei bewenden. Madame, ich bin unschuldig, ich schwöre es Ihnen.

*10. Sitzung:*

Haben Sie nicht bemerkt, daß man in der Anstalt eine besondere Haltung einnimmt, wie sie von der Anstalt befohlen wird? Das Asyl hat seine Sprache, seine Regeln. Wenn meine Tante nicht gewesen wäre, hätte jene Geschichte, als ich 7 Jahre alt war, nichts bedeutet. Mit Annette Lictorius war die sexuelle Lust da, meine Tante aber hat sie mir danach weggenommen. Ich habe Angst vor ihr gehabt. Nach der Lust habe ich auch meine Schönheit verloren, ich habe meine Negernase verloren. Ich bin vollkommen verrückt nach Hause gekommen. Auf dem Weg hatte ich Angst, von den Schwarzen gelyncht zu werden. Völlig stumpfsinnig komme ich zu Hause an und treffe auf meine weißen Vettern. Der Gedanke an das verbotene Spiel geht mir durch den Sinn, und um mich zu beruhigen sage ich mir: ich liebe dich nicht, ich liebe dich nicht. Das ist einmal passiert. Danach kannte ich nur noch Leiden und eine Schuld, die ich mein ganzes Leben lang abzuzahlen habe. Mein Gott was sind Sie schön, Madame. Ich trage Ihr Lächeln in meinem Herzen. Sie sind die Unschuld selbst, Sie sind da und haben keine Ahnung von der Gefahr, die Ihnen droht. Ah, Madame! Sie und ich, wie gut könnten wir uns verstehen, wenn wir die gleiche Hautfarbe hätten, wenn wir eins wären! Ah, Madame! Nie will ich Ihr Bild vergessen! Ah! Madame! Ich habe Angst, große Angst, daß man mir Ihr Bild stiehlt! Sie und ich, wir sind Tabus. Sie und ich, wir sind Verlockung und Erfüllung.

*11. Sitzung:*

Ich habe die Sprechstunden satt. Ich bin ein Farbiger, ich sehe nicht, warum ich nicht recht haben sollte. Man macht sich über mein Gesicht lustig. Frankreich müßte Martinique helfen. Die Ärzte sind kurzsichtig, sie denken über das Heilen nicht hinaus. Und wenn das dem Betreffenden gar nicht paßt?

Ich bin weder ein Dieb noch ein Mörder. Ich habe nicht die Umgangsformen einer Frau. Ich werde hier noch mein Leben beenden. Ein

## B. KOMMENTAR

Dieser Text ist Georges' Aussage zu seinem Zustand. Georges verkörpert die Wahrheit eines Schmerzes – aber ihm selbst eröffnet sich der Sinn dieses Leidens nicht; es ist scheinbar im Gespräch mit andern nicht mitteilbar. Ich wollte die Offenheit des Berichts erhalten und die Dynamik einer Situation wiedergeben, die durch bloße Analyse eines aus seinem Kontext gerissenen Diskurses stark reduziert worden wäre.
Die Unterredungen mit Georges fanden zwischen Mai und Oktober 1968 statt. Der «Mai 68», die Revolte der Studenten und Arbeiter, war ein entscheidender Einschnitt, obwohl Georges an den Ereignissen selbst nicht teilgenommen hatte. Er war allenfalls durch einen negativen Aspekt der Situation berührt worden, den Streik des Pflegepersonals, die Repressionen der Regierung gegen Ausländer im Juni. Ich habe ihn zu dieser Zeit im Park herumirrend getroffen; er war, wie er mir sagte, zu sehr mit seiner Tante beschäftigt, um sich für die Revolution zu interessieren. Allerdings beschäftigten ihn auch später noch mögliche Folgen der offiziellen *Apartheidpolitik;* ihn beunruhigte die Vorstellung, Opfer einer rassistischen Politik zu sein, und er befürchtete, daß der Chefarzt seinen Namen der Polizei genannt haben könnte. Unsere Sitzungen begannen also zu einer Zeit, als es zu einer Störung im Rahmen der Institution kam, die bei den Patienten panische Angst hervorrief. Obwohl die Patienten nur indirekt von den Streikbewegungen der Pfleger betroffen waren, wurde durch die «Liberalisierung» beim Pflegepersonal der Abstand zu ihrem Zustand noch größer und die Anstaltsinsassen fühlten sich noch mehr als Häftlinge eines Konzentrationslagers. Dazu die Bemerkung eines Patienten: «Sehr gut, wenn die Pfleger für ihre Befreiung kämpfen, aber warum vergessen sie die Kranken?» Daß die Institution möglicherweise aufbrechen würde, löste bei den Patienten eine Verfolgungsangst aus, Ausdruck der Furcht, verlassen und verstoßen zu werden.
Georges hatte mich sofort als *Experten* eingeordnet, und dieser Umstand wirft ein Licht auf die Art meines Vorgehens, das für ihn offenbar den *Charakter eines Eindringens* hatte; hinzu kommt, daß gerade zu jener Zeit mein Vorgehen seine Befürchtungen bestätigen mußte, in die regierungsamtliche Verfolgung der Ausländer einbezogen werden.

Ich *wünschte,* Georges zu sehen – aber gerade dies mußte in der Logik seines Interpretationswahns bei ihm die Vorstellung auslösen, daß ich ihn als *unerwünscht* deklarieren und abschieben lassen wollte. Mein Verlangen, seine Tante (gegen seinen Willen) zu sehen, fügte nur noch ein weiteres Glied in die Kette der Verfolgungsmaßnahmen, die sich um ihn zusammenzog.

Ich machte mit der Polizeigewalt gemeinsame Sache, und nun verbündete ich mich auch noch mit der Familie. In seinen Augen versuchte ich, das Geheimnis seiner Haft zu ergründen (also die sexuellen Aggressionsdrohungen zu erfahren, die sich auf seinen Onkel und seine Tante gerichtet hatten).

Dieses Paar erschien Georges wie in einem Spiegel als das Elternpaar der Urszene; aus dieser phantasmatischen Situation kam Georges nicht heraus, er war von ihr vollkommen fasziniert und konnte sich allenfalls durch Gewalt aus ihr befreien, die der einzige Ausweg aus einer zerstörerischen Angst vor dem Über-Ich war.

Seine Beziehung zu mir war, genauso wie seine Beziehung zum Elternpaar, durch das Aufsteigen dieser *Urphantasie* geprägt. Diese Phantasie bezeichnete seine Unfähigkeit zur Primäridentifikation (diese Identifikation war deshalb unmöglich, weil von Anfang an das väterliche Signifikante ausgeschlossen war). Die Personen der Ödipustragödie sind zur Stelle, aber in dem Spiel des Rollentauschs bleibt ein Platz leer[109]. Dieser Platz bleibt unbestimmt, rätselhaft, und der Angst, die der Wunsch befördert, immer ausgeliefert. Alles, was auf den Phallus und auf den Vater hinweist, wird verworfen. Diese Leere, verdoppelt durch sexuelle Nichtbefriedigung, nimmt zu Zeiten die Gestalt eines Hilferufs an, eines Appells, der sich selbst wieder in einer (in «seiner») Destruktionsszene zurücknimmt.

Georges kreist suchend um die *Leere des Vaters* und schwankt dabei zwischen narzistischer Identifikation und den Bildern der Urszene. Dies Trauma bringt er in Zusammenhang mit seinem Schicksal als Waise. (Die Leere des Vaters – ein Name, den er «wissenschaftlich bestimmt sehen will» – ist die Basis für die Herstellung einer wahnhaften Beziehung auf imaginärer Ebene. Er sucht nach dem Zugang zu einer symbolischen Wahrheit, aber sie bleibt ihm versperrt.)

In der dritten Sitzung stellt Georges den Rahmen vor, in dem unsere Beziehungen erstarren sollen. Er malt ein idealisches schönes Bild, ein verführerisches Bild, er stürzt sich hinein und verliert sich dabei gleichzeitig als Subjekt; das, was er wirklich ist, wird damit ausgeschlossen, verworfen. In dem aggressiven Spannungsfeld, das sich nun herstellt, bleibt Georges nur noch die Möglichkeit, einen von uns beiden auszuschließen. Zwischen ihm und mir gibt es kein Drittes. Keine Ordnung kann eingeführt werden, es gibt nur das anthropophagische Gesetz der drohenden gegenseitigen Verschlingung, jeder ist für den anderen jener Rest Nahrung, der dazu bestimmt ist, aufgegessen zu werden.
Jedes Mal, wenn Georges versucht, sich als Wünschender zu begreifen, wird er auf eine Form der Identitätsauflösung gestoßen. Er ist ein anderer, an das Bild der Mutter gefesselt, und nur auf diese Weise kann sich seine Männlichkeit behaupten.
Den Rahmen unserer Unterredungen steckte ein Ritual von Telefonanrufen ab. Die anderen Patienten kamen zu den ausgemachten Terminen, Georges aber ließ sich von mir aus seiner Abteilung telefonisch rufen. Mein Verlangen wurde ihm dort von dem Pfleger oder dem Arzt übermittelt, und es hing großenteils von der Höflichkeit ab, mit der ihm die Botschaft überbracht wurde, ob Georges zustimmend reagierte. So konnte sich ein richtiges Telefonspiel entwickeln, in dessen Verlauf Georges meine Bitte in einen *verzweifelten Appell* uminterpretierte; dies erlaubte ihm, seine Aggressivität zu überwinden und zu mir zu eilen, die ich ihn «so nötig brauchte». Die so entstandene Beziehung hatte wesentlich erotische Züge. Alles war verdorben, als ich eines Tages einen anderen Patienten aus seiner Abteilung begutachten sollte. Nun «wählte» Georges Patienten aus, die er mir an seiner Stelle schickte...
All dies gehört kaum zu dem, was im Sprechzimmer des Analytikers gesagt wird, aber es bildet den Hintergrund, vor dem sich die Rede des Patienten entwickelt. Ein weiterer Punkt, der sehr wichtig ist, war meine eigene mütterliche Übertragung auf Georges. Zu leicht nahm ich es hin, wenn er unerträglich (gewalttätig) wurde. Das Anstaltsritual bedingt jedoch, daß der Arzt vor den Drohungen der Kranken Angst hat, denn den Kranken bleibt nichts als der Trumpf, Terror ausüben und damit sich Respekt verschaffen zu können. Kurz gesagt, mein *Appell*

war es, der Georges in Gefahr brachte (und dies war auch früher immer so gewesen, wenn sich der eine oder andere Arzt oder Pfleger für ihn interessiert hatte).

Georges kann auf den *Appell* nicht eingehen; in solchem Augenblick geschieht etwas auf der Ebene des imaginären andern, das Imaginäre quillt gleichsam über, um die Leere auszufüllen, die ihn dann zu umfangen droht; Georges hat sein Leben um einen auf imaginärer Ebene erlittenen Schaden organisiert.

Hier also der für Georges bestimmende Rahmen:

1. ist er eine invalide Waise,
2. ist seine Tante ein hinterhältiger Vormund,
3. spricht Georges nie von seinem *weißen* Onkel, den seine Tante geheiratet hat, nie von den weißen Kindern, die aus dieser Ehe hervorgegangen sind, als Georges 14 Jahre alt war.

Dieses Thema (des erlittenen Schadens) erscheint immer dann im Wahnsystem, wenn Georges eine *Urszenen*situation anspricht; nach dem Geschlechtsverkehr verliert er seine Lust, er verliert seine Negernase; von Farbigen bedroht, trifft er auf seine weißen Vettern und sagt sich «ich liebe dich nicht» (auffällig ist, daß der Onkel nicht erscheint). «Diese Geschichte», fügt er hinzu, «ist einmal passiert (wie die Urszene, aus der er hervorgegangen ist) danach hatte ich für mein ganzes Leben an einer Schuld zu tragen». (Der reale Tod des Vaters ist von Georges nicht auf einer symbolischen Ebene angesiedelt worden, und deswegen kann er das Problem der Schuld nicht auf dieser Ebene erleben.)

4. In der Übertragungssituation stehe ich für die Tante (das verführerisch-phantastische Bild). Das Thema «*ich liebe dich nicht*» (an einen Mann gerichtet) erscheint auch in der Form der Verfolgungsklage (ein Weißer hat mich geschlagen).
5. Georges verlangt, daß sein Name bestimmt werde; dem entspricht – auf einer anderen Ebene – seine Identifikation mit Christus.

Georges Selbstdarstellung ist beispielhaft dafür, daß er – wie zuerst auch der Wolfsmann[110] – an die Kastrationsdrohung nicht glauben wollte und sie deshalb verdrängte. Alles, was mit der Kastration zu tun hat, ist von Georges aus der symbolischen Ordnung ausgeschlossen; im Realen tritt es wieder zutage in der Form des Verlusts seiner Negernase usw.[111]

Was also von ihm abgewehrt wird, erscheint im Realen wieder in halluzinatorischer Form.
Georges' Suche nach der Liebe, nach Vereinigung geht von dieser *Leere im Symbolischen* aus. Er ist auf der Suche nach einem mit ihm selbst identischen Objekt (man muß, wie er sagt, die gleiche Hautfarbe haben). Gleichwohl lehnt er Homosexualität strikt ab und begibt sich dadurch in sexueller Hinsicht in einen grundsätzlichen Widerspruch.
Er findet aus einer imaginären Position, an die ihn die mütterliche Imago fesselt, nicht heraus; von daher bestimmt sich sein Ort in der ödipalen Dreiecksituation, daher auch jener Identifikationsvorgang, in dem es nur, in einer rein imaginären Dialektik, die Zerstörung des einen oder anderen Partners gibt (mit dem zusammen er sich im Spiegel aufgehoben findet).
Die Frage, was es bedeute, Vater zu sein, hat sich für Georges zum ersten Mal mit 14 Jahren (anläßlich der Heirat seiner Tante mit einem Weißen) gestellt. Die Frage blieb ohne Antwort. (Offensichtlich haben die weißen Kinder aus dieser Verbindung für Georges große Bedeutung, während die schwarzen Kinder aus dem vorhergehenden Verhältnis seiner Tante unwichtig sind.)
Anläßlich dieser Ehe treten für ihn der Gedanke der Vaterschaft und der des Zweifels in einen Zusammenhang. (Mit 14 Jahren endet sein mustergültiges Verhalten, beginnen die Vorwürfe, sich gegenüber der Tante schlecht benommen zu haben.)
Offenkundig sind aber weder die Heirat noch die Schwangerschaft der Tante in einen Zusammenhang mit dem späteren Ausbruch der Psychose zu bringen. Aber verstanden werden kann der Eintritt in die Psychose nur, wenn untersucht wird, wie Georges dem Signifikanten als solchem begegnet [112].
Die Beziehung zum Vater muß bei Georges leer bleiben, er setzt für sie den Zeugungsgedanken und seine Identifikation mit Christus ein; aber es bleibt ihm verwehrt, sich in ein Signifikantes (Vater, Phallus) hineinzuversetzen und so seinem Wunsch näher zu kommen. Er setzt deswegen, um mit Lacan zu sprechen, einen «imaginären Kataklysmus» in Gang, dessen Ausdruck seine Ansprüche, seine Gewalttätigkeit und auch sein Versuch sind, sich eine andere Welt zu schaffen.

Unaufgelöst bleibt das Problem der Einflüsse von Medizin und Asyl, also die Frage, welchen Einfluß die Institution auf Georges' Zustand gehabt hat. Denn anfangs war seine «Krankheit» nur eine gewöhnliche Ohnmacht, derentwegen er in ein allgemeines Krankenhaus gebracht wurde. Er tat sehr schlecht daran, sich aufzuregen, denn man brachte ihn deswegen auf die Unruhigenstation, ohne daß es dafür einen anderen Grund gegeben hätte. Dort erst begann die Psychiatrisierung seines Falls. Man gab ihm das Etikett des Katatonikers, jetzt, nach 10 Jahren Anstalt, zeigt sein Diskurs eher paranoische Züge.
Unfähig zur Arbeit? Ja, das sei er, er pflichtet dem unumwunden bei. Aber dies ist auch seine Wahrheit, die Wahrheit dessen, was er empfindet, und dafür haben die Psychiater den Namen «Geisteskrankheit». Georges stellt offen die Frage, ob sein Zustand das lebenslängliche Gefängnis rechtfertigt. Das ist auch unsere Frage!
Die Anstaltswirklichkeit begünstigt an keiner Stelle die Aufnahme «normaler» Beziehungen. So rückte sich auch Georges in dem Augenblick, als er mich als Frau einordnete, blitzartig seine eigene Armut, seine Rechtlosigkeit, sein moralisches und materielles Elend, sein Negertum ins Bewußtsein. Er hatte den Eindruck, daß man ihm auch das noch wegnehmen wollte, was er noch an Verteidigungsmöglichkeiten besaß. Er verlangte Gerechtigkeit für sich.
Georges hatte mir gezeigt, daß ihn meine ungeklärte Rolle in Gefahr brachte, und daß sie seine Verfolgungsangst weckte. Seine Lage als Kolonisierter schloß überhaupt die Möglichkeit eines Vertrages und von daher jede Möglichkeit aus, sich in die psychoanalytische Situation hineinzubegeben. Georges forderte für sich das Recht auf Widerstand, und hier entfährt ihm gleichsam ein Stück seiner Wahrheit [113]. Er stößt uns damit auf ein ethisches Problem und auf den Wirkungszusammenhang von sozialer und psychischer Entfremdung. Nicht von ungefähr stellt sich dieses Problem am Fall eines Schwarzen.

«Die Dame ist nicht daran schuld, aber nein, nein, und außerdem, es gibt keine besseren Aufseher als M. Rudolf.»
Er macht dann noch eine Geste, als wollte er sagen, gehen Sie, Sie werden sich doch darüber nicht streiten wollen – und geht wieder.
M. Rudolf bleibt allein zurück: «Das ist kein Leben, jeden Tag acht Stunden mit Arbeitern zusammen, die nichts tun. Mein bester Arbeiter, der stellt nichts her. Wofür werde ich bezahlt? Es gibt hier keine Leistungen, aber wenn man schon eine Gesellschaft geworden ist, muß auch etwas geleistet werden.»
Ich weise ihn darauf hin, daß die Ärzte von ihm keine Leistung erwarten. Ich erkläre ihm, daß das, was Joe mache, für ihn von «therapeutischem» Interesse sei, und Doudou, mein Gott, der sei auch nicht bösartig, er sei ein Phantast. Er meine niemand persönlich mit alledem...
«Die neue Psychiatrie ist nicht wie die alte», sagt Rudolf, «in der neuen zahlt man mit seiner Person.»
Ihm fehlen die Anhaltspunkte. Er kann seine Funktion in der Arena nicht begreifen, in die ihn der Kranke hineinzieht. Man streitet sich, das Klima ist nicht angenehm. Wozu soll es denn gut sein, nachzudenken? Zu viel Denken bringt nur Scherereien.
«Nehmen Sie Roger, der ist glücklich, ein Stück Brot, Sonne, und er ist zufrieden.»
«Ja, aber Roger ist Internierter, sein Glück ist doch sehr begrenzt.»
«Das stimmt.» Der Aufseher ist meiner Meinung.
Dieses Leben mit den Kranken bringt den erwachsenen Menschen leicht durch mögliche Identifikationen in Gefahr. M. Rudolf möchte nicht wahnsinnig werden, aber, wer weiß, ist dieser glückliche Schizophrene für ihn nicht eine Versuchung? Er ist natürlich Aufseher, aber was will das schon sagen. Zeigt sich nicht in der Art, in der er mich um Verständnis bittet oder seine Klagen an mich richtet, der Versuch, selbst an diesem Privileg des Kranken teilzuhaben (jedenfalls solange er nicht wirklich an dessen Stelle rückt)?
In der Tat – «das gibt es nur für die Kranken», und was wird aus den Aufsehern in dieser ganzen Geschichte? Und direkt an mich gerichtet die Frage: «Wie soll man in diesem System leben, ohne dabei seine Haut zu lassen?»

Mir scheint, genau dies ist das Problem für jeden von uns, sobald man sich dem Risiko aussetzt, sich vom Irresein rühren zu lassen.

Edmond, 29 Jahre alt, ist seit 7 Jahren in Ville-Evrard. Er wurde nach einem schizophrenen Schub eingeliefert, seither hat sich seine «Hebephrenie» «stabilisiert.»

Er ist groß und schlank und erklärt mir mit traurigem Blick, daß man, wenn man erst einmal in ein psychiatrisches Krankenhaus gekommen ist, dort auch bleibt. Die «Entlassenen» sind «Pseudokranke» (Alkoholiker), der Rest sind Unheilbare und Leute, die mit ihrem Gebrechen auf die Welt gekommen sind. Außerdem gibt es die «Impotenten».

Edmond fragt mich, in welche Kategorie er selbst gehöre – aber wozu eigentlich? Das Unglück sei passiert.

Welches Unglück?

Das, sieben Jahre lang in einem Krankenhaus gelebt zu haben. Man könne sich nur schwer davon erholen, daß man der Resignation verfallen sei. Die «Heilung» sei das eine, aber Arbeit, das setze voraus, daß man es *sich* wünsche zu arbeiten. «Arbeiten ohne zu arbeiten, wünschen ohne zu wünschen – das ist mein Problem.» Weiter kann er nicht gehen, vor allem darf er nicht anfangen zu denken, eine Lösung sieht er nicht. Wenn Kopf und Hände tätig würden, könnten die Geschlechtsorgane erlahmen. «Übrigens, wo sind meine Hände und meine Füße?» Er spürt, daß das schlottert und wankt, daß das abzufallen droht. Sein Rückenmark sei aufgeweicht, die Reflexe funktionierten nicht. Was er mir da vorstellt, ist ein dissoziierter Körper, und mir wird klar, daß seine Verwirrung aus dem Erlebnis dieses als geteilt empfundenen Körpers herrührt. Er ist verwirrt, weil dieser Körper sich nicht als Wunsch begreifen kann. Deswegen hat Edmond sich entschieden, außerhalb von Raum und Zeit zu existieren, wo er vor Worten, den eigenen und denen der anderen, in Sicherheit ist. Was ihm zugestoßen ist, hat man ihm schon immer vorausgesagt.

«Du bist stark und dumm, du wirst es nur zum Hilfsarbeiter bringen», hat sein Vater ständig wiederholt.

«Hilfsarbeiter! Nicht einmal das schaffe ich», sagt Edmond zu mir. Mit Hilfe der Krankheit meint er, dem Orakel des Vaters entkommen zu können. Die Anstalt wird zur Zuflucht, zu einem Ort, an den man zu gehen und den man gleichzeitig zu verlassen wünscht.

«Das gibt sich mit der Krankheit, man muß nur lange genug warten.» Er sagt das ohne große Überzeugung, nebenbei. In seinem Kopf kehrt der Reim immer wieder: arbeiten ohne zu arbeiten, wünschen ohne zu wünschen – und plötzlich fängt er an zu laufen, um einer Ordnung zu entkommen. Eine Stimme befiehlt ihm: «Steh gerade, bessere dich, schnell, schneller.» Diese Stimme ist die seines Vaters, dieselben Befehle haben ihn beim Militär zu Stein erstarren lassen.

«Ich wurde dann wegen sexueller Depression als dienstuntauglich entlassen», berichtet Edmond träumerisch.

Resigniert irrt er herum, er ist zum Automaten geworden. Nur aus der Traurigkeit seines Blicks läßt sich ein Appell lesen. Mit Wörtern hat er nichts zu schaffen, Worte stehen ihm nicht zur Verfügung, zumindest nicht diejenigen, mit denen er zum Ausdruck bringen könnte, was er fühlt. Er ist nur noch eine Marionette ohne Artikulation, mechanisch gehorcht er den Anweisungen, die die einzigen Gesetze seines Sprechens geworden sind.

«Gebeutelt und beschimpft» – damit läßt sich seine Erziehung zusammenfassen. Die Familie verstößt ihn; die jüngste Schwester muß vor seinem morbiden Einfluß bewahrt werden. Edmond ist in der Familie «der» Kranke; damit ist festgelegt, daß er ausgeschlossen bleibt.

Edmond hatte schon lange vor seiner Einweisung in die Klinik den Kampf gegen eine als feindlich empfundene Welt schrittweise aufgegeben und sich damit als *Subjekt* seines Sprechens zurückgezogen. Die Wörter, die er benutzt, sind die Wörter der anderen, und da sie die Gedanken der anderen ausdrücken, fühlt er sich keineswegs als ihr Besitzer. In seinen Klagen und in seiner Resignation gibt er sein Irresein zu sehen und zu erkennen, ohne daß er in der Lage wäre, wiederzuerkennen, was da aus ihm spricht.

Eine Wahrheit geht durch ihn hindurch, er selbst bleibt ein Fremder. Edmonds Einsamkeit und Trauer rühren uns, weil es um unsere eigene Einsamkeit und Not geht.

Ist Edmond in seinem Exil nicht der Zeuge unserer Unfähigkeit, uns vernehmbar zu machen? Und ist nicht in jedem Sprechen die Andeutung auf jenes andere Sprechen enthalten, das wir nicht laut werden lassen und das konstitutiv für unsere Isolierung ist?

Martin, 27 Jahre alt («hebephren», bei seiner Einlieferung mit 16 Jahren «katatonisch» geworden) ist die Verkörperung des reinen Krankenbildes. Unermüdlich zeichnet er Frauenköpfe mit riesigen Zähnen. Die Mutter verschlingt ihn mit den Augen.
«Er gehört zu seiner Mutter», meint der Vater.
«Er war nie wie die anderen», fügt seine Mutter hinzu.
«Man hat ihn nie wie die anderen sein lassen», verbessert der Vater.
Mit 14 Jahren begleitete ihn seine Mutter gegen seinen Willen zur Schule, um ihn vor den bösen Jungen zu schützen. Martin kam sich lächerlich vor, er protestierte, aber sie hörte nie auf das, was er sagte.
«Er hatte keine Möglichkeit, etwas zu sagen, weil du die ganze Zeit redest», gibt der Vater zurück.
In ihrem Hochmut und ihrer Indifferenz ist die Mutter ihrem Mann, der nur noch Rückzugsgeplänkel zu führen scheint, offenbar überlegen. Was andere sagen, dringt nicht zu ihr vor, sie folgt ihrem eigenen Gedanken.
«Das war doch normal, ihn mit seinen ganzen 14 Jahren zur Schule zu bringen»; sie beginnt wieder mit ihrem Plädoyer: ihr Martin sagte fast nie etwas, er habe ihren Schutz gebraucht.
Eines Tages jedoch hatte Martin es satt, sich nicht verständlich machen zu können, er zerschlug Geschirr und bedrohte seine Mutter.
Die Polizei wurde gerufen, und Martin saß mit 16 Jahren in der Anstalt. Dort verzichtete er endgültig auf das Sprechen, denn der Versuch, die Umwelt mit Worten zu verändern, hatte sich als hoffnungslos erwiesen. Er zog sich auch von seinem Körper zurück. «Er macht unter sich», murmelt die Mutter. Martin sinkt völlig in sich zusammen; er nimmt fast die Stellung eines Fötus ein – und zeichnet Frauenmünder...
Martin hat sich abgefunden, er negiert jegliche innere Aggressivität und verleugnet alles, was als Erschrecken oder Haß in ihm existieren könnte. Auch die äußere Welt wird zurückgewiesen. Zu Zeiten wirkt Martin wie eine große Puppe mit zu langen schwarzen Fingernägeln und gelben Raucherfingern. Mit spöttischem Blick, völlig indifferent, wartet er, daß

die Zeit vergeht. Sobald die Mutter erscheint, versucht er, seine Beine mit den ihren zu verschränken, er schmiegt sich an sie und bietet ihr seinen Körper als Lustobjekt an. «Ich könnte dich auffressen, so sehr liebe ich dich, mein Kleiner...» Martin wird real aufgefordert, die imaginäre Leere in seiner Mutter aufzufüllen.
In solch einer Situation kann er unmöglich sprechendes Subjekt sein. Schon sehr früh ist Martin in seinem Recht, dazusein als autonomes Subjekt, beeinträchtigt worden. Sein in Stücke («die sich nicht kannten») zerteilter Körper wurde vorzeitig zum Zeugen der Fremdheit gegenüber seinem Wesen.
«Martin ist ein großes Kind» – das sagt man leichthin.
Hüten wir uns, seine Störungen in einem «Regression» genannten Rahmen zu sehen. Hier geht es um etwas ganz anderes. Im Laufe seiner Geschichte hat sich Martin nach und nach eine Welt der Unverwundbarkeit geschaffen [114], was die Mutter tief getroffen hat. Der Gewaltausbruch ihres Sohnes, seine anschließende Internierung, haben die Situation wieder geändert: nun kann die Mutter für immer der Unterwerfung ihres Sohnes sicher sein.
Öffentliche Gewalt und Polizei haben, ohne es zu wissen und wie zu erwarten war, das Spiel der Familie gespielt, und die «Pflegemaßnahmen» wurden sehr wohl (für den Sohn) in repressiver Absicht eingeschaltet, um Martins Aufstand zu bestrafen. Dieser Aufstand bildet den Höhepunkt einer Krise, in deren Verlauf es dem jungen Mann immer weniger möglich schien, sich mit Worten verständlich zu machen. Es blieb die Gewalt. Mußte sie als mörderisch – selbstmörderischer Akt interpretiert werden, oder war es nicht vielmehr ein Versuch, sich selbst als vom Anderen getrennt zu erkennen? Martin blieb nur noch die Wahl zwischen einer totalen Abhängigkeit (die den Verzicht auf jegliche Freiheit bedeutet hätte) und dem Gewaltausbruch, dessen Folge dann die «Verwerfung» durch die Familie und die «Behebung der Verdauungsstörung» durch die Klinik war. Dort hat er sogleich gerade den Platz eingenommen, den er im Augenblick seines Aufstands verlassen hatte [115].
Die Klinik bietet dem Patienten kaum eine andere Wahl, als daß sich dieser in ihrem Rahmen den Panzer des chronisch Kranken zulegt und

so vor der äußeren Welt geschützt existiert – wenn er nicht in das familiäre Nichts, in eine Hölle, zurückkehren will, der zu entfliehen er gerade versucht hatte und deren Opfer er – wie seine Revolte zu verstehen gab – seit seiner frühen Kindheit oder seit seiner Adoleszenz gewesen war.

Die Periode der «Normalität» in manchen Krankengeschichten entspricht einer Periode der Zufriedenheit bei der Rest-Familie: Die Handlungsperspektive des Kranken war die seiner Eltern. In dem Augenblick, da der Kranke den ihm von der Familie zugedachten Objektstatus aufgeben will, beschwert sich diese über Störungen, also über seine Bösartigkeit[116]. Was als «Beginn der Krankheit» bezeichnet wird, charakterisiert in Wirklichkeit den Versuch des Subjekts, zu einer Autonomie zu gelangen, es kennzeichnet seine verzweifelte Suche nach einer eigenen Identität.

Laurent (42 Jahre alt) wurde, «weil er seine Identität verloren hatte» und dies *mitzuteilen* suchte, mit 24 Jahren von der Polizei ins psychiatrische Krankenhaus verfrachtet. Er hatte sich eines Abends daran gemacht, die Möbel zu Hause aufeinanderzustapeln, und folgende Worte auf ein Transparent geschrieben: *Ich suche meine Identität.* Diese Inszenierung ließ zuerst Eltern und Arzt den Kopf verlieren. «Er ist verrückt», wurde der Mutter gesagt, «er wird Sie noch umbringen. Lassen Sie ihn allein zu Hause, morgen früh kommt die Ambulanz ihn abholen.»

Laurent hatte das Bedürfnis, die Unordnung der Inneneinrichtung darzustellen. Als er allein gelassen wurde, räumte er die Möbel auf und ging ins Bett. Trotzdem fand er sich am nächsten Morgen in Sainte-Anne wieder. Seither wird er gegen seine Mutter tätlich, wenn er zu Hause ist. Laurent ist einer der chronisch Kranken der psychiatrischen Kliniken geworden.

Lange Zeit stand man vor der Frage, ob er als schizophren oder als hysterisch zu klassifizieren sei. Die in der Anstalt verbrachten Jahre haben ihn zum «katatonisch Hebephrenen» gemacht. In seinen Wahnepisoden versucht er, auf magische Weise die einzelnen Teile seines Körpers zu kontrollieren; er sagt, daß er mit seinem Assistenten, Dr. X, über die Auswirkung der Transformation seiner Organe wache. Wenn er diese Wirkungen kontrolliere, könne er sich vor dem Verfolger in Sicherheit fühlen. Sobald aber seine Abwehrmechanismen versagten, sei er seinen zerstörerischen Trieben und damit der Vernichtung ausgeliefert. Auf dem Höhepunkt der Krise seines Schuldbewußtseins bezeichnet Laurent jeweils dasjenige innere Organ, das gerade in Gefahr sei, zerstört oder verrückt zu werden. Er ersetzt so durch eine Halluzination, was der Hysteriker mit seinem Körper ausdrückt.

Über Laurents Kindheit hat mir seine Mutter nichts zu erzählen. Alles scheint zur völligen Zufriedenheit gelaufen zu sein, bis Laurent mit 23 Jahren einen Arbeitsunfall erlitt. Laurent selbst sagt, daß dieser Unfall die Störungen verursacht habe. «Ein Kabel ist auf meine Schulter gefallen, und Professor X hat gesagt, daß alles von daher kommt.» Seine persönliche Meinung gibt Laurent nie zu erkennen. Er hat nichts zu sagen, vor allem darf sich auch nichts ändern. Er legt Wert darauf, ein für alle Mal klarzulegen, daß sein «persönlicher Standpunkt» in Ville-Evrard für immer verloren gegangen ist.

Dorthin hat man ihn geschafft, dort bleibt er. «Zwanzig Jahre lang bin ich zu meinem Besten gezwungen, unter dem Dach zu bleiben, das meine Mutter für mich ausgesucht hat.» Auf keinen Fall aber darf man auch nur die geringste Rehabilitationsleistung von ihm verlangen: «Man hat mich mit Körbeflechten wieder anpassen wollen, man muß schon weggetreten sein, um die Fabrik zu lieben, in der man arbeitet; ich liebe meine Ruhe».

Andere Male meint er, sein Gedächtnis verloren zu haben, was sehr genau bezeichnet, daß er gezwungen ist, sein Leben als Objekt weiterzuleben. «Die Ärzte und meine Mutter denken und entscheiden für mich.» Als dem Wunsch verfallenes Subjekt hat Laurent sich ausgelöscht, *er hat seine Wahl getroffen und ist verrückt geworden.*

Laurent hat sich eine persönliche Sprache erhalten – aber er benutzt sie, um zu sagen, daß es sich nicht lohnt. Steht es nicht fest, daß die anderen für ihn entscheiden? Sein langes Klinikleben hat ihn zur Identifikation mit einem Psychotiker gebracht. Den Anhaltspunkt für seine Identität hat er in der Anstalt gefunden.

Bei bestimmten Formen der Psychose ist das Kind in einem frühen Stadium seiner Entwicklung in seiner Existenzberechtigung getroffen worden, seine Sprache ist verarmt oder fehlt ganz. Tritt hingegen ein manifester Verfolgungswahn auf, so war die Aggression der Eltern auf das Reden und Handeln des Kindes gerichtet: sein After wird untersucht, der Körper fortwährend den Ärzten vorgezeigt, dem Kind wird ständig widersprochen oder es wird überhaupt alles, was es sagt, angezweifelt. Der Wahnschub oder die psychotische Zersetzung der Persönlichkeit tritt dann erst später, in der Adoleszenz oder zwischen 18 und 20 Jahren ein. Ein Junge steht normalerweise in der Auseinandersetzung mit seinem gleichgeschlechtlichen Elternteil; eingesetzt werden dabei die Beschwerden der Mutter über den Vater, der ohnehin ein Sonderling und Versager ist, ein Mann, der verspottet wird und der sie enttäuscht hat – denn was auch immer seine Verdienste oder sein gesellschaftlicher Erfolg sein mögen, eine Mutter, die einen unbefriedigten Wunsch verfolgt, kann von ihm nur enttäuscht werden. Der Gewaltausbruch, der den Sohn auf seine Gefährlichkeit für sich und seine Umwelt festnagelt, ist oft nur Ausdruck eines verleugneten Schreckens vor dem gleichgeschlechtlichen Elternteil, der zu einer paranoiden Einstellung oder einem Wahn führt, da ihm zugleich jede heterosexuelle Aktivität untersagt ist. Das Abwehrsystem, hinter dem diese Menschen Schutz suchen, kann überhaupt nur erschüttert werden, wenn es gelingt, die Verfolgungsangst anzugehen, die sie an den pathogenen Elternteil wie auch an die Strenge des Über-Ichs kettet. Ohne Übergang ist aus dem verhätschelten Kind ein aufrührerischer Arbeiter geworden. Gerade als gefährlicher Mann hat Laurent endlich den auserwählten Platz im Wunsch der von allen Männern enttäuschten Mutter eingenommen. Daß ihr Sohn ein Mörder wird, ist doch normal angesichts dessen, was ihr selbst das Schicksal beschert: «Eines Tages werde ich von seiner Hand sterben», sagt sie jedem, der es hören will.

«Man soll mir doch endlich Angst machen», ist der Sinn fast ihres gesamten Verhaltens. In dem so angezettelten Spiel ist die Frage nach der Stunde ihres eigenen Todes aufgehoben. Unablässig und in allen Situationen kommt sie darauf zu sprechen: «Sie dürfen ihm keinesfalls Urlaub geben. Diese Ärzte machen sich keine Vorstellungen! Hier (in der Anstalt) ist er gut aufgehoben, hier soll er bleiben.»

Dieser Satz kann ebensogut lauten: «Ich wünsche, meinen Sohn bei mir aufzunehmen, aber Sie sehen ja, was er mir antun wird.» Der einzige Ausweg für diesen Sohn ist schließlich, daß er sich tot stellt, denn leben würde für ihn töten bedeuten.

Marcel, 19 Jahre alt, ist bereits zum vierten Mal in der Anstalt. Der Beginn seiner Krankheit: er hat in der 2. Klasse in der Schule versagt. Bis zu diesem Zeitpunkt war er der beste Schüler seiner Klasse, er fiel aber in der Aufnahmeprüfung für das Lehrerseminar durch. Damit ist die Prophezeiung seines Vaters erfüllt: «Dieses Alkoholikerkind (seine Mutter ist Trinkerin) wird es nie zu etwas bringen.» Marcel, ein sanftes, eingeschüchtertes Kind, trotzt seinem Vater und verhält sich provokativ – trotzdem fühlt er sich elend und verlangt, wegen «seiner Schüchternheit» zu einem Psychoanalytiker gehen zu dürfen. Das wird ihm verweigert. Zwei Monate später geht Marcel ins Wasser, er kann nur mit knapper Not gerettet werden.
«Das ist alles Theater», sagt der Vater.
Die Eltern kommen immer weniger mit ihrem Sohn zurecht, und er schläft schließlich auf dem Flur – bis er eines Tages mit dem Vater in Streit gerät. Die Mutter hat Angst, daß der Vater seinen Sohn umbringt; nach Sainte Anne wird aber der Sohn geschafft. Er vergräbt sich dort in eine passive Feindseligkeit. «Es ist überhaupt nichts passiert», sagt er, «man hat mich gezwungen, hierher zu gehen.»
Als ich ihn einige Jahre später sah, sollte er gerade wieder einmal entlassen werden. Man meinte, er sei «stabilisiert».
Marcel hat mir nichts zu sagen. Er will sich «wieder einordnen». Alles gehe gut. Nie sei er deprimiert gewesen. Seine Familie sei verständnisvoll. Man solle ihn nur nicht zum Denken anhalten. Während seiner Krankheit habe er komische Gedanken gehabt, aber darüber will er nicht reden. Es sei besser, sich an nichts mehr zu erinnern. Mit einem Lächeln gibt mir Marcel höflich zu verstehen, es sei besser, es damit bewenden zu lassen.
Den Familienhaß, der Marcel umgibt, kann er nicht in sein Reden einbringen. Es gibt keine Worte, mit denen der Schrecken der Hölle, in der er gelebt hat, zu beschreiben wäre: Der Vater ist hart und anklägerisch, die Mutter «setzt» ihr Kind «aus» und sucht im Alkohol Zu-

flucht. Vier Schwangerschaften in weniger als vier Jahren, dazu die nicht überwundene Trauer um ihre Angehörigen (eine Schwester ist in einer Wäscherei umgekommen, ihre Mutter vor Kummer darüber gestorben, später kam noch der Tod des Vaters und des Bruders dazu) – das hat diese Frau geprägt.

«Ich brauche ein bißchen Freundlichkeit», sagt sie.

Aber unter dem Einfluß des Alkohols hält sie irre Reden und droht, ihren Mann zu kastrieren. «Worte, die töten», sagt er. «Oh, immerhin nur Worte», greift seine Frau ein. «Du, du bringst noch wirklich jemand um.» Wer tötet wen, der Vater den Sohn oder umgekehrt? Diese schuldbewußten Menschen geraten zueinander in Haß: «Ein Mann hat neben dir keinen Platz», sagt der Vater.

Und die Mutter: «Es ist mir nicht gerade leicht gemacht worden, Mutter zu sein.»

Marcel hatte Zuflucht gesucht in einer autistischen Abwehr. Die Krise brach auf, als ihm sein Versagen in der Schule jeden bisherigen Bezugspunkt zu dem, was er selbst war, genommen hatte. Das Bild, das er von sich selbst hatte, zerbrach und gleichzeitig brachen die ethischen Werte zusammen, nach denen er sich bisher gerichtet hatte. Indem er seinen Vater bedrohte, schlug er sich selbst.

Als der Vater uns verließ, sagte er noch: «Es geht unserem Sohn besser, er ist resigniert, völlig resigniert. Jedenfalls ist das der richtige Weg, und das ist fabelhaft.»

Ganz sicher können wir als Analytiker gerade diese Art der Resignation, die aus einer Verzweiflung kommt, am wenigsten ertragen. Im Wahn gibt der Kranke etwas von seinem Sein zu erkennen, selbst wenn er sich selbst in dieser Revolte nicht erkennt. Im Zustand der sogenannten «Resignation» (und das heißt auch «Genesung») hat er sich aus der Welt der Lebenden zurückgezogen: «Mein Leben», sagte mir solch ein Patient, «*ist vorbei*. Jetzt ist nichts mehr da. Jetzt bin ich geheilt, aber Leben, das war vorher. Ich brauche keine Zukunft, ich bin gewesen. Jetzt ist Schluß, und das ist sehr gut so.»

Der «resignierte Geheilte» hat keine lebendige Existenz mehr. Er ist zum Leben verurteilt, seine Freiheit hat er ein für alle Mal mit den Grenzen der Anstalt abgesteckt. Er ist ohne Wunsch. Gerade der Zustand des Nicht-Wunsches ist beabsichtigt. Jenseits seiner verflachten, glanzlosen, leeren Rede steht der Tod (unser eigener), den der Psychotiker uns vor Augen führt. Das Irresein verweist uns hinter seiner undurchdringlichen Maske also auf das, was uns selbst entfremdbar ist, aber auch auf den «nicht analysierbaren» Kern in uns; und wenn wir unsere Fragen auf den anderen richten, dann ist es dieser Kern, mit dem wir uns auseinandersetzen müssen.

Also gerade das, was wir in unserem Sein nicht fassen können, wird durch den Wahnsinn zu einer Stellungnahme aufgerufen. Der uns dargebotene Blick ist auch der Reflex dessen, was wir in ihn hineinlegen, das Elend, das wir auffangen, der Blick, der macht, was wir sind – und da ist der andere, der sich entzieht oder auch sich empört über das, was er als Lust empfindet, von der er ausgeschlossen ist. Der ihn umfangende Blick entleert ihn und raubt seine Sprache; er fühlt sich als manipuliertes Objekt. Wir «stehlen» ihm sein Sein, und er denunziert das, was auf ihn lauert, als Vergewaltigung. «Ich habe Ihnen ein Interview gegeben, es hat mir auch Spaß gemacht, aber es ist wie beim Alkohol – zu viel ist ungesund. Noch ein Interview wäre Notzucht an meinem Geschlecht, an meinen Augen, Ohren, meinem Mund. Belästigen Sie mich bitte nicht weiter.» Die Körperöffnungen sind für René der Ort, an dem er sich seiner Wahrheit als Subjekt in diesem Augenblick beraubt fühlt. «Das Drama beim Sprechen ist, daß es einem im Munde stecken bleibt. Wenn man spricht, bleibt es einem drin, es kommt nicht raus.» Mit fünf Jahren hätte René, als er mit seinem Vater die Mutter in einer Anstalt besuchte, sehr gerne gesagt: «Du kannst sie dort nicht lassen, es ist scheußlich dort.» Andere Worte sind aus seinem Mund gekommen, und die Mutter ist dort als Verrückte gestorben. René entwickelt, noch ehe er zwölf Jahre alt wird, nach der Folie des mütterlichen Wahns einen eigenen, mystischen. Später hat er sich seinerseits auf die Anstalt fixiert. «Man muß seine Lust packen, wo man kann», sagt er mir. «In Ville-Evrard muß man sich wenigstens nicht mit der Not des Lebens herumschlagen.»

Im Wahn oder in der Leidenschaft kann René sich als frei erfassen, aber wenn er mit dem anderen zusammentrifft, ist er jedesmal reines Objekt. Sobald ein Dialog stattfindet, ist er es, der immer wieder zwanghaft die

*Ausschließung* thematisiert. Als Kind hat die Internierung der Mutter ihn mehr als ihr Irresein getroffen; mit 7 Jahren bereits hatte er den Schrekken dessen erfahren, was er später die «zerstörerische Seite der pflegenden Güte» nennt.

Auf den Wunsch, zu sein, hat er mittlerweise verzichtet, und damit erledigt sich auch die Gefahr, entfremdbar zu sein: er *ist* entfremdet, «verrückt». Sein Leben ist vorbei. Und er isoliert sich jetzt in einem stückhaften Teil von sich selbst – Auge, Stimme, Exkrement. Von diesem Ort aus macht er sich zum Träger des anderen; als Subjekt von jeder persönlichen Sprache und jedem Wunsch getrennt.

Jacques, 39 Jahre alt, ist seit seinem 18. Lebensjahr in der Anstalt. «Für das Draußen bin ich nicht geschaffen. In der Klinik bin ich am rechten Ort. Ich lebe wie ein kleiner Künstler.» – Seine Krankheit?

«Das ist keine Krankheit, das sind Kinderdummheiten, die ein böses Ende genommen haben. Jetzt ist alles ruhig, und das ist sogar gut so. Es gibt nichts mehr.»

Die Mutter ist mit diesem Zustand einverstanden. In Ville-Evrard sei er gut aufgehoben. Sie gesteht, die Familie habe ihn kaputtgemacht. Ihr Mann sei nämlich krank. Man wisse nicht mehr, ob zuerst der Vater oder der Sohn angefangen habe zu spinnen. Sicher sei, daß der Sohn in der Nachfolge des Vaters den Wahn auf seine Kappe genommen hat. Über ihr Kind redet die Mutter mit mir wie über einen Besitz.

«Meine Mutter hat sich meinen Sohn angeeignet. Sie hätte gern einen Jungen bekommen, ich habe ihn ihr gegeben.»

Jacques wurde mit Brei vollgestopft und verhätschelt; sehr bald verlangte er deshalb nach dem *Nichts*. Über die Befriedigung seiner Bedürfnisse hinaus strebte er dorthin, wo der andere nicht ist. Von dorther hätte der Wunsch emporsteigen können. Aber jeder Wunsch wurde unter dem Einfluß der nur auf das Bedürfnis ausgerichteten Fürsorge erstickt. Als junger Mann war Jacques bemüht, den Ratschlägen eines Lehrers für seine Berufsausbildung zu folgen. Das gefiel der Familie nicht, und anscheinend sind damit die ersten Zornausbrüche des Vaters in Zusammenhang zu bringen. Mit 16 Jahren *ist* Jacques der verrückte Vater, er bleibt zerrissen zwischen dem Wunsch, die Welt zu retten, und dem Wunsch, vergiftet zu werden. Sein Unglück besteht darin, daß er als Verrückter abgestempelt worden ist. Von da an bewegt sich sein Leben zwischen Wahnperioden, die niedergeschlagen werden, und solchen der Besserung.

Die Urgroßmutter mütterlicherseits hatte die Krankheit des Sohnes vorausgesagt, ehe Jacques überhaupt geboren war. Mit seiner Geburt besetzte Jacques also einen ihm reservierten Platz im Familienmythos. Die männliche Linie ist nach Meinung der Frauen verdorben. Es ist gut, daß Jacques keine Nachkommenschaft haben wird. Die Wahnphasen des Vaters fallen oft zusammen mit einer «Besserung» des Sohnes. Es darf ihnen nicht gleichzeitig «gut» gehen.

«Ich habe ungleiche Brüder, die aus kurzgeschlossenen Eizellen der Mutter kommen», erklärt mir der – nicht internierte – Vater.

«Ich war noch sehr jung, als ich mir über den Zustand meines Vaters klar wurde», kommentiert der in der Anstalt lebende Jacques. Die Mutter wiederum wünscht, daß er sich sein Leben lang ausruht. Doch der Zustand des Nicht-Wunsches, in dem er sich eingerichtet hat, wird immer wieder von Revolten aufgebrochen. Und in der Revolte verlangt er nach dem Tod.

«In meinem aufgeregten Zustand braucht man 300 Tropfen Largactyl[117] dreimal am Tag, und um Mitternacht den Schierlingstrank.»

«Er hätte nicht geboren werden dürfen», meint die Mutter, «das Geschlecht ist verdorben.»

Die prägenden Erfahrungen dieser Mutter waren die Kriegsgefangenschaft ihres Vaters, die Einsamkeit ihrer Mutter, der Haß der Großmutter auf die Männer in der Familie. Sie war felsenfest davon überzeugt, daß das Schicksal ihr nur einen kranken Mann zugedacht haben könnte. Kinder hatte sie nicht eingeplant, die Großmutter wollte das nicht. Als sie überraschend schwanger wurde, begriff sie das Kind nicht im Sinne einer Fortsetzung ihrer selbst, sie opferte es vielmehr als Wiedergutmachungs- und Tröstungsobjekt ihren Ahnen, d.h. ihrer Großmutter. Als Jacques geboren wurde, hatte er keine eigene Zukunft mehr; er funktioniert als Sühnekind für die Männer seiner Familie und zugleich ist er der verkörperte Endpunkt dieser Familie – denn es geht darum, all dem ein Ende zu setzen, was Leben erzeugen könnte.

Für die Mutter von CHARLES (31 Jahre alt, interniert mit 20 Jahren) waren bereits vor seiner Geburt die Würfel gefallen. Ein Kind wollte sie nicht – «das war im Programm nicht vorgesehen»; sie hatte einen Mann *genommen*, um ein Geschäft zu *haben*, «einen hundert Jahre alten Idioten, der schon im Mutterbauch gemeckert und genörgelt hat». Als Charles 3 Jahre alt war, erfuhr sie, daß sie von früher syphilitisch war. Sie brach jede sexuelle Beziehung ab und machte Charles zu ihrem ausschließlichen Liebesobjekt. Er war verdammt, also würde sie ihm ihr Leben weihen. (Die Ärzte erklärten ihr vergeblich, daß sie sich täusche; nur sie kennt die Wahrheit.) Der in der Verachtung seines Vaters aufgewachsene Junge wurde phobisch, und mit 20 Jahren begann er seine Karriere als Krankenhausinsasse und psychiatrischer Fall. Schizophrenie oder eine hysterische Neurose? Mit 31 Jahren liefert Charles psychotische Inhalte: Worte, die aus allen Ecken der Anstalt zusammengetragen sind. Die unterschiedlichsten Irren sprechen aus seinem Mund. Er macht den Eindruck, als baue er sich Geschichten zusammen, um sich selbst lustvoll in eine Angstkrise zu versetzen. Dem Blick des anderen bietet er sich schweißgebadet; aufgerissene Augen, vorstehende Backenknochen und ein zahnloser Mund fügen sich zum Schauspiel.

Hinter dieser tragischen Maske läßt Charles mehr von uns als von sich selbst hören und sehen; alle Projektionen sind möglich.

Charles' Magerkeit ist beunruhigend, er ißt wenig und klagt sich selbst an. Er scheint um ein verlorenes Objekt zu trauern und gleichzeitig jede Liebe zu sich selbst verloren zu haben. Für den Blick des anderen macht er sich zum Horror-Objekt, seine Selbstbezichtigungen sind in Wahrheit gegen seinen Vater gerichtete Beschuldigungen. Die Last der Vorwürfe, die tatsächlich die der Mutter sind, kann er nicht auf sich nehmen. Charles' Identifikationsmöglichkeiten waren tatsächlich beschnitten. Die Frage nach dem, was er ist (eine hysterische Frage), hat unglücklicherweise ihre Antwort in den Grenzen der psychiatrischen Klinik gefunden. «Ich bin der Schizophrene in der Klinik», sagt er zu mir. Seine Angst klingt ab, wenn man ihm sagt, daß er sich als der Irre ausgibt, der er gar nicht ist. Trotzdem verfügt er niemals über eine persönliche Rede. Er «klebt» an der Rolle, die er gewählt hat. Er ist bereit, an der dem anderen durch seine Identifikation mit einer endlosen Reihe zerstückelter Körper dargebotenen Lust zu sterben...

Ähnlich ist es bei Laurent (dessen Fall weiter oben dargestellt ist). Auch Laurent hat in der Anstalt eine Antwort auf die Frage nach seiner Identität erhalten. Er bietet einen «psychotischen Inhalt» an. Ich sagte zu ihm: «Das ist doch das, was die anderen reden. Sie spielen mir einen Irren vor, der Sie gar nicht sind!» Er gab mir folgende Antwort: «Aber Sie kommen doch gerade her, um sich an dem zu vergnügen, was man so dahinsagt. Was soll ich Ihnen denn sonst sagen? Von meinem Großvater reden – frage ich Sie denn danach, wie das bei Ihnen ist und wie Sie mit ihrem Mann schlafen?... Mit einem Internierten kann man ja alles machen. Man klingelt nach ihm und führt ihn herein. Ich erzähle Ihnen Geschichten von Verrückten, was soll ich Ihnen denn sonst erzählen? Es gefällt Ihnen wohl nicht, wenn ich sage, daß ich gefährlich bin, daß ich Hitler oder Tarzan bin. Nein, Sie, Sie wollen eine andere Musik hören. Sie wollen was «Intimes» wissen. Aber sagen Sie mir doch mal, mit welchem Recht eigentlich? Ist das vielleicht nicht empörend, was? Zweierlei Maß, das eine für die Kranken, und das andere für die Ärzte? Das schreibt und schreibt und macht sich wichtig. Meine Irrenreden, mit denen hat Madame nichts im Sinn. Sie möchte das Wahre. Nun gut, ich gebe Ihnen einen Rat: Besuchen Sie mich nicht mehr wieder!» Mit 20 Jahren wäre Laurent wahrscheinlich einer Psychoanalyse zugänglich gewesen, mit 42 ist er es sicherlich nicht mehr. Er hat in der psychiatrischen Klinik seine *Menschenwürde gewonnen,* und zwar indem er sich weigerte, ein Unterdrückter zu sein. Die Rücksicht, die er fordert, ist der Respekt vor seinem «Irresein». «Die Gerechten haben den Mythos des Bösen erfunden», sagt Sartre in *Saint Genet,* «so wird der Böse, der seiner Natur nach negativ ist, zum Besessenen, und seine Bestimmung ist es, ein Schädling zu sein, er ist frei, das Böse zu tun; ihm ist das Schlimmste immer gewiß.»

In der Geschichte der Psychiatrie hat man das Irresein nur erkannt, um es desto besser verkennen zu können. Erst mit Freud konnte die Frage gestellt werden, die immer noch offen ist: Wie soll man in einer bestimmten Situation die Entfremdung aufheben? In der Verbindung Kranker–

Arzt stellt sich die Frage nach dem Subjekt der Entfremdung beim Arzt – und in der einmal hergestellten Beziehung lassen sich alle Entfremdungen verknüpfen und auflösen[118]. So wird der Wahn, in der Perspektive Freuds, als wiederherstellender Restitutions- und Genesungsprozeß angesehen. Der Arzt ist nicht so sehr bemüht, die Entwicklung eines Wahns vorzeitig «abzuschneiden», als vielmehr sie abzustützen[119]. Wenn man einen Achtzehnjährigen mit Wahnvorstellungen «psychiatrisch» behandelt, ist dann nicht die Gefahr sehr groß, daß der Kranke auf die Karriere eines «Geisteskranken» festgelegt wird?[120] Der Resignierte und damit Geheilte, der hinter einer Maske von Indifferenz erstarrt ist, scheint in der Tat vom Psychiater Auskunft darüber zu fordern, was die Wissenschaft der Medizin aus ihm gemacht hat. Ist dieser Zustand des Nicht-Wunsches, der eine Form der «Besserung» charakterisiert, in seiner absurdesten Form nicht eine Antwort auf unsere Angst? Wenn wir diesen resignierten Geheilten jeder Konfliktperspektive entziehen – nehmen wir ihm nicht im gleichen Zug jede Möglichkeit, für andere da zu sein? Und sind die Grenzen seines «Glücks» nicht gesteckt durch unsere Ablehnung der Wahrheit?
Der «geheilte» Irre, der eine Anstaltskarriere macht, gleicht einem Häftling, der auf die Flucht verzichtet hat und nun nach Bewachung verlangt, um als reine Negation zu leben und zu sterben.

In seiner Studie über die Beziehungen zwischen Traum und Geisteskrankheit referiert Freud[121] zustimmend die Position von Radestock, der den Wahnsinn als Steigerung eines normalen und periodisch auftretenden Phänomens, nämlich des Traums, beschrieben hat; er fährt dann fort:
«Die Spaltung der Persönlichkeit im Traume, welche z.B. das eigene Wissen auf zwei Personen verteilt, von denen die *fremde* das eigene Ich im Traume korrigiert, ist völlig gleichwertig der bekannten Persönlichkeitsteilung bei halluzinatorischer Paranoia.»[121a]
An anderer Stelle – auch hier zitiert er wieder Radestock – lenkt Freud die Aufmerksamkeit auf die beiden folgenden Tatsachen:
a) «Der vermeintliche Besitz von Gütern und die imaginäre Erfüllung von Wünschen, deren Verweigerung oder Vernichtung eben einen psy-

chischen Grund des Irreseins abgeben, machen häufig den Hauptinhalt des Irreseins aus.» [121b]

b) Es gibt «nächtliche Geisteskrankheit (*noctural insanity*), bei der die Individuen tagsüber anscheinend vollkommen gesund sind, während bei Nacht regelmäßig Halluzinationen, Tobsuchtsanfälle u. dgl. auftreten.» [121c]

In seinem ganzen Werk hat Freud an zwei Hauptthemen festgehalten: an der Untersuchung der Konfliktbeziehung des Menschen zum Wunsch und an der Rolle, die das Lustempfinden in der Organisation der Neurosen und Psychosen spielt. Er führt uns vor Augen, daß in uns selbst eine fundamentale Spaltung existiert, nach der sich unsere Beziehung zur Welt des Wunsches strukturiert [122].

Jenseits des dem Prinzip der Wiederholung unterliegenden Wunsches erscheint das *Ding*, über das wir Kenntnis nur durch das Gesetz haben können. Dieses Ding ist das Klein'sche gute Objekt, das in der Phantasie sehr oft auch als grundsätzlich schlecht erscheinen kann. Und mangels der Fähigkeit, sich zu diesen beiden in Beziehung zu setzen, entwickelt das Subjekt seine Symptome. In der Mutter-Kind-Beziehung [123] ist alles, was von den Begriffen Abhängigkeit und Frustration gedeckt wird, in Wirklichkeit nur die Einsetzung des fundamentalen Bezugs zwischen dem Subjekt und dem Ding, und Freud zeigt uns, daß das, was für das Lustprinzip das unübertrefflich Gute, das Einzige ist – und das ist die Mutter – gleichzeitig auch ein *verbotenes* Gutes ist. Er erinnert daran, daß der *Inzest* (Mutter-Sohn-Inzest) als Verbot des Inzests eine zentrale Rolle in den Neurosen und Psychosen spielt. Das Inzestverbot ist an eine Ordnung gebunden, die die Errichtung der Kultur (und damit der Sprachordnung) erlaubt. Indem Freud auf dem Ödipuskomplex beharrt, legt er dar, daß kein Sprechen über die Sexualität beim Menschen möglich ist, wenn sie nicht selber durch ein Gesetz der Symbolisation geht. Während der Konflikt mit der Ordnung beim Neurotiker Verdrängung und Kompromißbildung nach sich zieht, versucht der Psychotiker den Konflikt mit einer *Verwerfung* zu lösen. Was aus dem Symbolischen verworfen wird, erscheint in der Außenwelt (im Realen) in Form einer Halluzination wieder. Es ergibt sich eine Zerfallkette, die man Wahn nennt.

In «Das Unbehagen in der Kultur» entwickelt Freud den Gedanken, daß derjenige, der sich auf den Weg einer grenzenlosen und ungezügelten Lust begibt, auf Hindernisse trifft – so als wäre an der Basis der gesellschaftlichen Organisation als Prinzip verankert, daß die Lust ein Übel sei [124].

Sade zeigt uns in seinen Romanen, wie sich der Körper des anderen zerstückelt, wenn erst einmal bestimmte Grenzen in der Beziehung zum anderen überschritten sind [125].

«Leihen Sie mir die Partie Ihres Körpers, die mir für einen Augenblick Befriedigung verschaffen kann und vergnügen Sie sich, falls Sie Gefallen daran finden, an dem Teil meines Körpers, der Ihnen genehm ist.»

Dies ist die genaue Artikulation dessen, was wir in der Phantasie unter dem Begriff des Partialobjekts fassen. Sade zeigt, daß ein Opfer alle zugefügten Quälereien überlebt: denn die Bedingung für die Aufrechterhaltung des Bezugs zum anderen ist dessen grundsätzliche Unzerstörbarkeit. Und diese Situation bringt das Arsenal der Abwehrmaßnahmen des Subjekts zum Vorschein, das sich selbst den Zugang zur Lust verwehrt.

Im Bereich des *Eigenen* wird deutlich, daß sich das Eigene nur bestimmen läßt als etwas, das dem anderen geraubt werden kann. Dabei erscheint der Aneignende in einer imaginären Funktion als der imaginäre andere, wie er in der Phase des Spiegelbildes auftritt. «Sein Eigentum verteidigen» [126] heißt, daß wir uns selbst verbieten, es zu genießen. Die Dimension des Eigenen ist demnach das, was sich als Abwehr auf dem Weg des Wunsches auftürmt.

Was aber ist der Wunsch?

Artikulieren kann sich das Verlangen nur durch Signifikantes; von daher ist es stets Verlangen nach etwas anderem, und das, was im Verlangen nicht formuliert aber gleichwohl beabsichtigt ist, wird vom Wunsch getragen.

Die *Realisierung des Wunsches* entspräche etwa dem Jüngsten Gericht [127]. Dies zeigt die Erfahrung der Analyse, da sie dort, wo sich die Problematik des Wunsches stellt, immer an eine Grenze stößt.

Das menschliche Drama – nämlich das Drama des an Gesetz und Kastration gebundenen Wunsches – verschafft sich immer dann, wenn es sich nicht auf symbolischer Ebene entfalten kann, einen Platz im Realen, und zwar in Form von Mord- oder Todesdrohungen und -befehlen. Genau das ist es, was im psychotischen Diskurs *offen* zutage tritt.

Der allgemeine Konflikt, in dem der Mensch mit seinem Wunsch liegt, äußert sich beim Psychotiker in der Weise, daß sich ihm Abscheu und Verbot in den Weg stellen, sobald er das Wagnis eingeht, zu seinem Wunsch zu stehen. Inzest und «sexuelle Ausschweifungen» sind integrierender Bestandteil jener Mythen, die die Patienten vorbringen. Sie sagen, daß sie ein Verbot übertreten haben oder gezwungen wurden, es zu verletzen; sie leben den Abscheu und führen ihn uns in einem Schauspiel vor Augen, das ergreifen soll. Die Angst drückt sich in ihrem Habitus aus, in ihren von jeder Emotion abgelösten Worten, die keinen Bedeutungszusammenhang erkennen lassen. Die Situation des Psychotikers steht mit den Modalitäten, die ihn dazu bestimmen, innerhalb der Familienkonstellation eine bestimmte Rolle zu übernehmen, in einer gewissen Beziehung; und wir haben an anderer Stelle gezeigt, wie diese Übernahme einer Rolle in die Familiendynamik hineinspielt: «Es reicht, wenn einer irre ist» (einer, der sühnt), damit das Gleichgewicht bei Geschwistern und Eltern gewahrt bleibt. Aus den hier untersuchten Fällen wird einsichtig, daß es in der Tat dem untergründigen Willen der Familie entspricht, wenn der Kranke sich in der Negation des Wunsches einrichtet.

Jacques ist in der Anstalt, sein Vater dagegen ist frei, obwohl dieser die Wahnvorstellungen hat; Laurent erobert sich erst im Asyl seine menschliche Freiheit; wie alle anderen hat er eine *Funktion* im Familienmythos. Die Familien (im allgemeinen die Eltern von Katatonikern) kommen in die Anstalt, um ihre «lebenden Toten» zu beweinen und ihren Schmerz zu klagen – oder aber (und das sind meist die Eltern von Paranoikern) drücken mit ihrer Weigerung zu kommen aus, daß sie ihr lebendiges Kind verloren gegeben haben. In allen Fällen ermöglicht die Tatsache, daß sie «*einen in der Anstalt hat*», der übrigen Familie das Leben. Die medizinische Diagnose verleiht dem Subjekt seine Weihe als Geisteskranker (und jeder Patient kennt die erstellte Diagnose), er *ist* das Unreine, das Verbotene. (Ob man ihn nicht kastrieren könne, fragt eine

Mutter; eine andere behauptet, die männliche Linie der Familie sei verdorben.) Man «hat es» oder man «hat es nicht» geerbt. Der Fehler liegt beim Vorfahren – dessen Makel man büßt –, oder beim Subjekt – das seine Laster sühnt. Das Krankenhaus und der medizinische Apparat werden von der Familie in «magischer» Hinsicht eingesetzt; die Krankheit als Schicksal wird in die Anstalt gebannt. Und nur konsequent wird der Patient dort Reinigungszeremonien unterzogen, damit er in Zukunft nicht mehr gewalttätig werde. (Laurent wurde in die Anstalt gebracht, obwohl die Krise bereits im Abklingen war!) Man fabriziert eine Theorie, um ein Familienmitglied (Edmond) oder einen Elternteil vor dem Tod oder der Gefahr der Ansteckung zu bewahren. Freud hat diesen Komplex in «*Totem und Tabu*» behandelt; dort werden die Zusammenhänge zwischen primitivem Zeremoniell und Geisteskrankheit ins Licht gerückt. Rache und Bestrafung werden mittels eines Systems von Riten abgewendet. Freud weist bei diesem Anlaß darauf hin, daß es sich um den gleichen Mechanismus handelt, ob der Wilde seinen König tötet, weil die Natur ihn im Stich gelassen hat, oder ob der Paranoiker seinen Verfolger (der die Rolle eines Vaters bekommt) für die imaginären Mißgeschicke verantwortlich macht, die ihm zustoßen.
Die englischen Psychiater Laing und Cooper nehmen darauf Bezug, wenn sie für Psychotiker ein spezielles «Pflege»-System vorschlagen. Sie wenden sich gegen die klassische Psychiatrie und fordern Stätten, an denen es dem Kranken erlaubt ist, seinen Wahn mit der Hilfe des Arztes, der sein Irresein duldet und «geleitet», zu einem guten Ende zu führen. Das setzt aber voraus, daß der Arzt tabuierte Regungen, die mit Angst und Abscheu belegt sind und die der Wahnsinnige ausdrückt, bejahen und sich selbst in diesen Prozeß stellen können muß. Das aber bedeutet, zu akzeptieren, daß der Wahn des anderen ihn, den Arzt, bedroht, weil der Wahn das enthüllt, was auch der Arzt in sich selbst verabscheut. Während bei primitiven Stämmen der Schamane dem Patienten einen Mythos und damit das Bezugssystem gibt, das er verloren hat, muß sich in der Psychoanalyse der Analysand fortschreitend dieses Bezugssystem erarbeiten. Ob der Patient den Mythos nun übernimmt oder sich selber aufbaut – immer muß er sich mit einer Struktur auseinandersetzen und mit den Auswirkungen, die das Nichtvorhan-

densein des Signifikanten in ihm selbst hat. Der Behandelnde – der Schamane wie der Arzt – ist integrierender Bestandteil dieser Szenerie, er ist in dem Drama, das sich in ihr abspielt, Partei. Angesichts der vom Patienten angebotenen Wahnthematik kann der Arzt sich in den Wahn hineinbegeben (indem er sich bereitwillig zu seinem Träger macht, ermöglicht er eine eventuelle Aufhebung der Entfremdung), oder er kann wie der Schamane einen anderen Mythos anbieten. Damit aber der Mythos heilsam wirken kann, muß der Arzt sich an der psychotischen Welt beteiligen. Im allgemeinen aber entzieht sich der Behandelnde der Übertragung in seiner Beziehung zum Psychotiker – d.h. er zieht sich vor dem zurück, was in dem, was der Patient vorbringt, auf den Tod, die Sexualität oder den Körper hinweisen könnte. An dieser Stelle dient dem Arzt das Medikament als Schutz, es ist seine Antwort auf das Symptom; nur so kann er ignorieren, was im anderen zu sprechen versucht – und was nichts anderes als die *Wiederkehr des Verdrängten* in uns selbst ist.

In der Anstalt trägt jeder Behandelnde, Arzt und Pfleger, ob er will oder nicht zum Funktionieren eines Systems bei, das den *Irren isoliert hat* (wie man im Mittelalter die Lepra oder das Laster zu isolieren suchte); der Geisteskranke, der zur Genesung «unter dem Dach weilt, für das sich seine Familie entschieden hat», reproduziert dort sein Drama, das heißt seine Art, sich hinsichtlich «guter» und «böser» Objekte zu verhalten, seine Art, seine Spaltung, seine Zerstückelung, sein Ausgeschlossensein von den Personen um ihn herum zu leben. Die Gesellschaft bezahlt, um den «Geisteskranken» fern von seiner Verwandtschaft zu halten; als Antwort darauf schafft dieser sich eine Welt des Ausgeschlossenseins, in der er sich – seiner Behauptung nach – wohlfühlt. Er lebt «das kleine Glück des Augenblicks»; ein Glück, das für uns den Geruch des Todes hat.

# 6. Die Institution als Refugium vor der Angst

Kehren wir zu den Problemen zurück, die wir im vierten Kapitel verlassen haben, und betrachten wir noch einmal die phantasmatische Beziehung des «Patienten» zur psychoanalytischen oder gesellschaftlichen Institution. Wir wollen hier untersuchen, welche Rolle die Phantasie dabei spielt, und welche Probleme die innere Struktur der Phantasie selbst aufwirft. Solch eine Untersuchung bleibt freilich nicht unberührt von dialektischen Umschlägen, wie sie im Verlauf einer Behandlung auftreten können: Umschläge sind immer dann zu erwarten, wenn die Behandlung sich weniger auf das (imaginäre) Wunschobjekt richtet, sondern mehr auf den Signifikant des Wunsches (in all seinen Erscheinungsformen).
Daran anschließend berichte ich über die «Kur» eines Falles von mentaler Anorexie, die in mancher Hinsicht anti-psychiatrischen Erfahrungen sehr ähnlich ist.

## a) *Institutionen und psychotische Angstzustände*

Aus Elliot Jaques' [128] Analysen eines umfangreichen klinischen Materials geht hervor, auf welche Weise die Institutionen von all ihren Mitgliedern als Abwehr gegen das Hochkommen paranoider und depressiver Angstzustände (wie sie Melanie Klein beschrieb) eingesetzt werden. Alle Manifestationen von Unwirklichkeit, *splitting,* Feindseligkeit und Argwohn verschieben oder projizieren die einzelnen Individuen auf die verschiedenen Schaltstellen der institutionellen Organisation. Nun macht dies die Institution noch nicht ohne weiteres psychotisch; sie erzeugt aber in sich selbst ein pathologisches Feld, Reflex der Gesamtheit der Persönlichkeiten, aus denen sich die Institution zusammensetzt.

Aber auch umgekehrt sind die Individuen Reflex oder Produkt des entfremdenden Systems, das sie gefangen hält.
Nach Auffassung von José Bleger [129] integriert das Individuum die Institution in sein Unbewußtes wie ein Körperschema, es sucht in der Institution Rückhalt, Absicherung, Zugang zur Gesellschaft und nimmt sie als Bezugspunkt für seine Identität; es findet in ihr die Antwort auf die Frage, was es sei. Je unausgereifter die Persönlichkeit, desto enger ist der Zusammenhalt mit der Institution, die als Teil der Persönlichkeit erlebt wird. Daß die Institution ihr Eigenleben hat, hindert die Individuen nicht daran, vermittelt über den Rahmen ihrer Phantasie auf sie ihre eigene Realität zu projizieren und mit Hilfe von Wiedergutmachungsvorgängen in die Institution Abwehrmechanismen gegen psychotische Ängste einzubauen.
Es ist also nicht so leicht, säuberlich zu unterscheiden zwischen einem System gesellschaftlicher Entfremdung und dem, was das Individuum in dieser Entfremdung an Schutz gegen die Angst sucht. Bleger weist nachdrücklich auf den Umstand hin, daß die entfremdeten Individuen, die den entfremdenden Institutionen ausgesetzt sind, den pathologischen Charakter des institutionellen Bereichs, der sie gefangen hält, noch durch Widerstand gegen Veränderungen verstärken. Die repressive Zwangsinstitution wäre demnach ein Abbild der repressiven Mächte in uns selbst; auf dieser Ebene ließe sich die Institution mit der Primärgruppe vergleichen, die durch direkte Projektionsidentifizierungen gekennzeichnet ist, und ihr Funktionieren entspräche den Mechanismen der Familie.
Es scheint also in der Institution beides angelegt zu sein: die Chance zur persönlichen Bereicherung ebenso wie das Schicksal schlimmster Verarmung.
*Anpassung* ist nach Bleger die Unterwerfung unter eine institutionelle Stereotypie [130]. Diese Stereotypie ist das *Kennzeichen* der meisten Institutionen, sie ist die Voraussetzung für eine extrem hierarchisierte Struktur, innerhalb derer die interpersonellen Verhältnisse bis hinunter zu den unterschiedlichen Formen von Hospitalismus verarmen können. Der deutlichste Hinweis ist der Verlust des persönlichen Sprechens (so wird denn auch aufgrund einer schweigenden Übereinkunft die Sprache als

hierarchisches Privileg begriffen, und der Kranke muß sie – sowie er sich auf das Spiel einläßt – aufgeben). Gibt man die eigene Mobilität an die Organisation einer Institution ab, so werden unter Umständen psychotische Ängste freigesetzt. Bleger illustriert diesen Hinweis, indem er den Widerstand des Patienten gegen Veränderung als den Versuch beschreibt, sich selbst Grenzen aufzuerlegen, um besser unter Kontrolle zu halten, was in ihm selbst infolge der Dynamik und Bewegung einer sich verändernden Welt ins Wanken zu geraten droht.
Hierin also reflektiert die Organisation der Anstalt die Entfremdung ihrer Patienten (die man übrigens, wie die Kriminellen, als Symptome einer gestörten Gesellschaft ansehen könnte). Nach alledem wären die Institutionen in folgendem Doppelcharakter zu fassen: einerseits als Bewahranstalt der Projektionen und psychotischen Ängste ihrer Mitglieder, und andererseits als repressive Instrumente einer Gesellschaft, die auf Absonderung drängt.
Ist der Mensch der Institution hörig, oder gehört die Institution dem Menschen? Für Bleger ist dies die zentrale Frage, wobei er zugleich das Märchen der Psychologen, die Existenzgrundlage der Psychiatrie, zurückweist, in dem der Mensch als – von Geburt an – *isoliertes* Wesen erscheint, das aufgerufen ist, schrittweise die Beziehung zur Außenwelt aufzunehmen. In psychologischer Sicht erscheint die Integration in eine gesellschaftliche Institution als Wandlung des «Wilden» in ein «gesellschaftliches» Wesen. (Diesen Wandel, so die psychologische Auffassung, hat der Irre nicht vollziehen können, und deshalb muß er in eine Institution eingewiesen werden, die an ihm eine «Nacherziehung» vornimmt.)

b) *Das Spiegelstadium* [131]

Mit dem gleichen Fragenkomplex hat sich Lacan seit 1930 auseinandergesetzt. Sein strukturalistisches Vorgehen, das die Beschränktheit der Soziologie überwindet, erfaßt den Eintritt des kleinen Menschen mit seiner Geburt in das symbolische System der Sprache als Eintritt in eine Struktur. Das Kind hat es mit den Wirkungen dieser Sprache zu tun. Am Fall des *Rattenmannes* (Bemerkungen über einen Fall von Zwangsneurose, S. Freud, GW VII, S. 381–463) beschrieb Freud, daß manchmal selbst das, was über das Kind vor seiner Geburt gesagt wird, nicht minder entscheidend für sein späteres Schicksal ist. Es handelt sich also nicht um den Übergang von einer Phase der Individualität in eine Phase der Gesellschaftlichkeit, sondern darum, daß das Subjekt von Anfang an einer symbolischen Ordnung begegnet.

Lacan setzt das erstmalige Inkrafttreten einer Struktur mit dem Spiegelstadium[132] an; sein Beginn markiert im großen und ganzen den Abschluß der von Bleger so genannten ursprünglichen Undifferenziertheit, und es ist der Zeitpunkt, zu dem man die Scheidung von *Imaginärem* und *Symbolischem* feststellen kann.

Lacan zitiert die Beobachtungen Wallons, der das Verhalten von Kindern im Alter von vier bis fünf Monaten vor einem Spiegel beschrieb: Das Kind meint gleichzeitig dort zu sein, wo es sich spürt, und dort, wo es sich im Spiegel sieht; er führt dann aus, daß die Jubelreaktion des Kindes angesichts seines Abbildes mit einer Identifikation einhergeht. Das heißt, diese Jubelreaktion ist das Zeichen für eine «Transformation im Subjekt, die sich im Augenblick der Bildwahrnehmung herstellt». Diese Identifizierung ist insofern *Entfremdung*, als das, was in einem Bild erfaßt wird, keineswegs der realen Situation des Kindes entspricht, das ja noch weiterhin vom Erwachsenen abhängig ist und seine motorischen Funktionen nicht beherrscht.

Für Lacan ist dies der Punkt, an dem sich aus der imaginären Ich-Instanz (*moi*) ein persönliches Ich (*Je*) herauslöst; er untersucht die Beziehungen dieses *Je* zu einem ihm äußerlichen Bild. Zum imaginären Ich (*moi*) gehören die imaginären Identifizierungen. Das persönliche Ich (*Je*) konstituiert sich in Beziehung zu einer Wirklichkeit im Bereich des Symbolischen; Lacan zeigt, daß gerade die Spiegelidentifizierung (die es in der Psychose nicht gibt) nur dann stattfinden kann, wenn das *Wort* dem Subjekt eine Erkenntnis seines Bildes ermöglicht. Fehlt der unerläßliche symbolische Hintergrund, so hinterläßt das Bild von sich selbst in der imaginären Ordnung ein gähnendes Loch. Das Subjekt muß den derart ins Spiel gebrachten anderen (den ähnlichen Dritten) mit sich zugleich erkennen, und die Unmöglichkeit dieser Erkenntnis ist das Merkmal für die Psychose, in der dem Subjekt nur folgende Alterna-

tive bleibt: entweder die Präsenz *oder* das Verschwinden des einen *oder* des anderen; das heißt, *entweder* das Leben *oder* der Tod.
Mit dem Begriff der imaginären Identifikation verbindet sich ein Ich (*moi*), das im Bild von jemand anderem entfremdet ist und als ein vom Subjekt unterschiedener Träger des Partialobjektes ist (mit dem wir es in der Analyse zu tun haben). Die Funktion des Symbolischen schafft die Bedingungen für die Entwicklung des Sprechens und den Zugang des Subjekts zum persönlichen Ich (*Je*) einer Wahrheit.
In der Verwendung dieser Begriffe tritt die Differenz zwischen dem soziologischen Faktum und der strukturalistischen Auffassung des Problems zutage. In der Institution begegnen wir ja gerade strukturalen Fakten; die Individuen werden von imaginären Bindungen gefesselt, die schließlich die gewalttätige oder paralytische Wirkung des pathologischen Feldes bedingen, auf dem sich die Spannungen zeigen.

### c) *Die Bleger'sche ursprüngliche Undifferenziertheit*[133]*, das Imaginäre und das Symbolische*

Aus der Untersuchung des (der psychoanalytischen oder gesellschaftlichen Institution inhärenten) pathologischen Feldes ergab sich für Bleger die Notwendigkeit, den Begriff der *symbiotischen Beziehung* einzuführen, mit dem er die Erscheinungen zu beschreiben sucht, die ihren Ursprung in den frühesten Identifikationsformen haben. Was Bleger mit dem Zustand ursprünglicher Undifferenziertheit meint, und was sich in einem bestimmten Übertragungstypus wieder herstellt, wäre das, was Lacan als auf spezifische Weise zur rein imaginären Dimension gehörig beschreibt.
Tatsächlich bedeutet – nach Lacan – diese Undifferenziertheit für das Subjekt, in der es zusammen mit seinem Objekt eine Einheit bildet, den Versuch, sich selbst, über den Weg der Vorstellung des verlorenen Objektes[134], wiederzugewinnen. Denn es ist ein Bild, das sich an die Stelle des verlorenen Objektes setzt. Sein ganzes Leben lang hat es das Subjekt mit Substituten von Bildern zu tun. Deswegen steht das Subjekt nicht so sehr in Beziehung zu einem Objekt, sondern zu dem Zeichen seines Verlustes, zu der Spur, die es hinterlassen hat. Und es sind diese

*Spuren,* die – Freud hat darauf in seiner *Traumdeutung* hingewiesen – nachträglich besetzt werden. In diese Spuren gräbt sich der Wunsch sein Bett – und prägt ihnen damit sein Zeichen ein.

Die von Bleger beschriebenen, in der sogenannten symbiotischen Übertragung auftretenden Abwehrmechanismen (und Projektionen) stehen in enger Verbindung mit dem Versuch des Subjekts – in der Phase des gespiegelten *Ego* –, seinen Wunsch zu erkennen. In dem Maße aber, wie das Spiegel-*Ego* unscharf ist, sucht das Subjekt in dem ihm Ähnlichen nach einem idealen Ersatzbild und wird, da sich die Beziehung zum anderen in einer nur imaginären Struktur ansiedelt, mit aggressiver Vergeltung reagieren. Hieraus entstehen Abwehrphänomene, die von der Hysterie über Zwangsvorstellungen und Hypochondrie bis zum Autismus reichen. Auf der Ebene des Wunsches kann es daher nie zu irgendeiner Form von Symbolisierung kommen.

Daß in dieser symbiotischen Beziehung der Wunsch vorhanden ist, zeigt sich darin, daß so etwas wie der Primärvorgang im Spiele ist. Charakteristisch für die so entstehende *Ambiguität* ist ein parasitäres Verhältnis, das zwei Menschen derart aneinander bindet, daß sie sich – obwohl sie sich nicht verstehen – nicht trennen können. Wenn sie sich verlassen, sind sie verloren; der eine braucht den anderen und verzeiht es ihm nicht, daß er ihn braucht.

### d) «*Oceanic gratification*» *und das Signifikante*

Das Interesse der Analytiker für das Studium der schweren Psychosen wurde durch die Forschung Melanie Kleins über die Frühphasen kindlicher Entwicklung geweckt. Indessen sind die Probleme, die die ambulatorische und die klinische Behandlung aufwerfen, durchaus unterschiedlicher Art.

Searles [135] weist darauf hin, daß der Therapeut in der Institution derart in die psychotische Welt des Kranken hineingezogen werden kann, daß seine eigene Identität bedroht ist. Er schlägt vor, den «Kranken» in eine Atmosphäre unendlicher Freundlichkeit (oceanic gratification) zu versetzen, also ihm genau das zu verschaffen, was andere Autoren kritisch «das große Ferenczi'sche Bad» [136] genannt haben. Gemeint ist, daß der

Therapeut, sowie die Angst hochkommt, die subjektiv empfundene Einsamkeit des Patienten teilt und sich mit ihm in eine gegenseitige, sogenannte symbiotische Abhängigkeit begibt, von der man annimmt, daß sie sich in einer archaischen Haß-Liebe-Beziehung zu einer als gefährlich empfundenen Mutter nicht habe auflösen können.

Obwohl Searles mit dieser Methode dem Analytiker die Möglichkeit gibt, die klassische psychiatrische Haltung (Gegensatz von «gesundem» Arzt und «krankem» Pflegefall) abzulegen, ist seine theoretische Konzeption in sich widersprüchlich.

Wohl muß sich der Analytiker dem «Irresein» des anderen stellen, es ist aber falsch, diesem «Irresein» die Führung in einer zwanghaft dualen Situation zu lassen, aus der es keinen Weg zu einer symbolischen Artikulation hin gibt. Allein diese vermag den Kranken aus der Sackgasse herauszuführen, in die er sich zusammen mit einem anderen verrannt hat.

Ohne diese Begriffe lassen sich weder eine Individualbehandlung durchführen noch der Aufbau einer institutionellen Organisation betreiben (wo es doch vor allem darum geht, die entfremdenden Ursachen zu beschreiben, und das heißt, den Entfremdungseffekt einer rein imaginären Situation herauszuarbeiten).

Searles versucht, die Institution als Korrektiv einzusetzen, das heißt er versucht, in ihr eine Art «gute» Eltern-Kind-Beziehung herzustellen, ohne die Besonderheit des psychotischen Wunsches zu berücksichtigen, der – in seiner am stärksten zerstückelnden Erscheinungsform – in die Halluzination mündet – ein Vorgang, den Freud als topische Regression beschrieben hat.

Eine an den Kriterien Lacans orientierte, genauere Untersuchung der Phantasie zeigt, daß der Einsatz der Phantasie zwei *Funktionsebenen* des Wunsches bedingt. Es ist unerläßlich, diese Begriffe zu entwickeln, denn sie bestimmen die Art und Weise, in der man auf das Verlangen hört, das der Patient formuliert.

Reagiert man ganz naiv auf das *Verlangen* des Patienten, verkennt man wahrscheinlich gerade das, was sich aus dem Bereich des Wunsches zu erkennen geben will. Und man reproduziert damit den Typ von mütterlicher Antwort, der für das verantwortlich zu machen ist, was dem Subjekt den Zugang zu seinem Wunsch verbaut. Es bleibt nicht ohne negative Folgen, wenn man die *Signifikanten* des Verlangens mit dem Objekt verwechselt, auf das sich das Verlangen zu richten scheint. Denn dieses Objekt nimmt in der Phantasie einen Platz ein, der, wie wir sehen werden, auf der Ebene des Sekundärwunsches als verlockender Schein funktioniert. Die Analyse hat die Aufgabe, eine in der Phantasie enthaltene Frage zutage zu fördern; doch wenn sich diese herauslösen soll, muß eine gewisse Offenheit gewahrt bleiben. Eine vorschnelle Antwort auf das Verlangen verschüttet gerade das, was in ihm Bestandteil des Wunsches ist.

e) *Das Verlangen, der Wunsch und das Objekt in der Phantasie*

Dadurch, daß der Phantasie ihr Platz zugewiesen wird, ergeben sich zwei Funktionsebenen des Wunsches: In der ersten Phase, in der Phase des *Appells,* verschwindet das Objekt hinter der Vorstellung des Objektes. Hier treten, verbunden mit den Verletzungen des primären Narzismus, die ersten Äußerungen des Verlangens auf. Aber auch hier schon ist das Subjekt auf dem Weg, den erste Spuren ihm vorzeichnen und sucht verzweifelt nach einem Objekt, das es niemals wird erreichen können, denn bei dieser Suche geht es um das ursprüngliche Moment schlechthin, in dem Wesen und Ding zu einer Einheit verschmolzen sind.

Das Objekt wird infolge der *Urverdrängung* des Wunsches in eine Phantasie fixiert: das Subjekt sieht sich zu diesem Zeitpunkt einem Ersatzobjekt gegenüber, das im Signifikanten der ersten Äußerungen des Verlangens eingeschlossen ist. Jetzt treten die Sekundärwünsche auf: während das Subjekt glaubt, seinen Wunsch zu realisieren, ist es gefangen in einem Trugbild, denn in der Suche nach dem verlorenen Objekt hat eine bedeutsame Umwandlung stattgefunden. Dies ist der Grund, warum der Neurotiker fortwährend die *Signifikanten* des Verlangens mit dem Objekt, auf das sich dieses Verlangen zu richten *scheint,* verwechselt.

Im Funktionszusammenhang des Imaginären zeigt nun das Ersatzobjekt in Wirklichkeit einen Mangel an: den primären Mangel des primären Wunsches. Und insofern erscheint das Objekt als doppelt gewünscht.

Auf der Ebene des Sekundärwunsches spielt das Objekt in der Phantasie die Rolle des *Scheins*. Der Wunsch muß sich daher fortwährend aufspalten; wenn das Verlangen nach dem Objekt befriedigt ist, wird der das Subjekt tragende Antrieb unterbrochen; und in dem Augenblick, wo der Wunsch nicht mehr da ist, um das Subjekt auf den Weg des Wunsches nach dem Ersatzobjekt zu treiben, entsteht die Phantasie.

Das *vom Signifikanten geprägte* Subjekt ist zugleich getrennt von und verkettet mit dem Objekt der Phantasie; in seiner von Täuschungen begleiteten Suche wird das Subjekt schließlich *beim andern* das Objekt der Phantasie ansiedeln; der andere wird ihm zum Träger und zur Bestätigung eines fundamentalen Mangels. Und wenn das Subjekt in der Analyse dieses «was willst du von mir?» artikuliert, das sich in ein «was will ich?» verwandelt, so geschieht dies vom Ort des Anderen her. Diese Fragen des Unbewußten decken sich mit den ersten Signifikanten des Wunsches. Dies muß eine Analyse schließlich zutage fördern, aber sie kann es nur auf dem langen Marsch durch einen unsinnigen Diskurs.

f) *Strukturale Anhaltspunkte bei der Behandlung von Psychosen*

Das Problem des Psychotikers ist seine Unfähigkeit, zum Wunsch vorzudringen. Die Antwort des Anderen hat ihn darauf verwiesen, sich nur auf der Ebene des Verlangens bestätigen zu können. Von Anfang an wird dies Problem die Analyse mit aller Deutlichkeit bestimmen. Der Analytiker hat die Möglichkeit, sich als «gute Mutter» darzustellen und mit normativen oder barmherzigen Kriterien all das zuzudecken, was beim anderen in einer Sackgasse festliegt (weil er nie lernen konnte zu unterscheiden, was in seinem Appell dem Verlangen, dem Bedürfnis oder dem Wunsch entstammt).

Die andere Möglichkeit besteht darin, sich der imaginären Faszination, die der Wahnsinn des anderen beim Analytiker auslöst, zu entziehen, sich an einer bestimmten Stelle des symptomatischen Diskurses festzumachen und mit dem Mittel des gesprochenen Wortes dahin zu gelangen, daß Sinnstiftungen als signifikante Markierungen zu einer Neubestimmung der Lage des Subjekts führen können.

Indes kommt es im *Rahmen der* (psychoanalytischen oder gesellschaftlichen) *Institution* zu einem echten Wiederholungszwang[137], in dem sichtbar wird, was Bleger die ursprüngliche Undifferenziertheit in den frühesten Phasen der Organisation der Persönlichkeit nennt. Der Rahmen, in dem die Phantomwelt des Patienten aufbewahrt ist, muß also immer zum Gegenstand der Analyse gemacht werden. Denn nur diese Analyse wird die «psychotischen» Bindungen auflösen können, die der Patient mit der psychoanalytischen oder gesellschaftlichen Institution geknüpft hat. Mit der Analyse des Rahmens tritt auch zutage, was im Körperbild des Patienten zerstückelt ist. Ein solches Vorgehen löst Angst aus, und es ist deshalb nur möglich in einer Situation, in der der Rahmen der jeweiligen Institution nicht angezweifelt wird, seine weitere Existenz garantiert ist. Die Unbeweglichkeit des institutionellen Rahmens bietet also Schutz gegen die Angst.

## *Geschichte einer mentalen Anorexie*

### A. FALLBERICHT

Ich möchte hier eine Episode aus der analytischen Behandlung eines siebzehnjährigen Mädchens darstellen, das seit seinem fünfzehnten Lebensjahr an schwerer Anorexie litt und trotz fünf aufeinanderfolgender Klinikaufenthalte gegen alle psychiatrischen Maßnahmen resistent blieb.

Bei jedem Klinikaufenthalt wird Sidonie isoliert und hochgepäppelt und jedesmal in guter körperlicher Verfassung ihren Eltern übergeben. Aber sie bleibt widerspenstig und trotzig. Sobald sie wieder im Schoße der Familie ist, nimmt sie wieder ihren Hungerstreik auf oder versucht, sich physischen Schaden zuzufügen, indem sie Unmengen von Essig, Aspirin oder Zitronen zu sich nimmt. Mit Nierenversagen wird sie in ein allgemeines Krankenhaus eingeliefert, das sie in eine psychiatrische Klinik überweist – und wieder beginnt der Teufelskreis. «Alles hat man versucht» : Güte, Überredung, Strenge.

Sie wird mal als hysterisch, mal als psychotisch bezeichnet, und es ist ihr schließlich gelungen, dic Geduld der Erwachsenen (und der Ärzte) zu erschöpfen. Ihr Platz in der Klinik wird schon für sie freigehalten; an eine Heilung glaubt ohnehin keiner mehr. Sidonie ist als chronisch krank eingestuft; der Ausgang ist ja bekannt: das Delirium.
«Da ist nichts mehr drin», bekommt die Familie zu hören, «Sie können es ja noch bei einem Psychoanalytiker versuchen.»

## 1. Die erste Unterredung

Die Eltern sind noch ziemlich jung; die Mutter ist verängstigt, der Vater interessiert, besonders an der medizinischen Forschung; seine Tochter stellt sich ihm als Fall dar, an dem sich die Grenzen der Medizin zeigen; das genügt ihm offensichtlich. Die kleine, zerbrechliche Sidonie sieht aus wie ein Meißner Porzellanpüppchen, die langen blonden Haare fallen ihr bis auf die Taille, aber ihr abgezehrter Körper erinnert an den einer sehr alten Frau. Nur ihre Augen sind lebendig. Sidonie geht nach vorne geneigt, und sie scheint jeden Augenblick zusammenzubrechen; sie führt uns die Leidensgestalt einer dem Tode Entronnenen vor. Einem Gespenst gleich, schwankt das Mädchen zwischen seinen Eltern, die nur darauf warten, sie beim geringsten Schwächeanfall zu stützen.
«Sie wird sicher ohnmächtig», sagt die Mutter.
«Fast hätten wir sie nicht zu Ihnen bringen können», ergänzt der Vater.
«Und, wie fühlst du dich?» frage ich Sidonie.
Ein Seufzen illustriert die Worte der Eltern.
«Das ist, wie deine Eltern dich fühlen. Du kannst aber doch selbst denken. Dein Körper gehört dir, und nur du weißt, ob du dich wohlfühlst oder nicht.»
«Ich? Mir geht es sehr gut, den Zirkus machen doch sie.»
«Also was willst du von mir?»
«Ich möchte Sie gerne besuchen.»
«Und was willst du bei mir tun?»
«Sprechen.»
Die *Mutter:* «Sie werden uns sicher sagen, was wir tun müssen.»

## 2. Die ambulante Behandlung

Diese sechs Wochen Behandlung fallen mit den Ferien der Eltern zusammen. Sidonie steht gegen 14 Uhr auf, nimmt pro Tag einen Liter Milch zu sich, bereitet das Abendessen für den Verwandten. Pünktlich zur vereinbarten Zeit kommt sie dreimal in der Woche zu mir.

Am Anfang ist Sidonie ganz bei der Sache. Amüsiert berichtet sie mir, wie die Ärzte an ihr gescheitert sind. («Sie wußten nicht, was sie tun sollten, ich war die Stärkere.») Mit den gleichen Ausdrücken gesteht sie mir später:

«In der Familie hat Mama die Fäden in der Hand, sie beherrscht Papa.»

An ihre Klinikaufenthalte erinnert sich Sidonie als an Kämpfe, die sie mit dem Pflegepersonal ausgefochten hat. Sie berichtet über das dort herrschende Ritual, und wie sie permanent dagegen protestieren mußte.

Sidonie stellt sich als Opfer dar, als Opfer

– ihrer Mutter, die ihr, als sie eine Zeitlang das Essen heißhungrig verschlang, drohte: «Du wirst dein ganzes Leben unglücklich sein. Es wird dir ein Unglück zustoßen.»

– des Schulsystems, in dem sie sich zu Tode langweilt;

– der Ärzte, die im Dienst ihrer Mutter stehen. «Der Arzt hat mir gesagt: ‹In sechs Wochen sehen wir uns wieder. Dein Bett in der Nervenklinik ist reserviert.›»

«Wenn Papa allein da wäre, wäre alles in Ordnung. Er versteht mich. Er tut mir leid, weil er eine böse Frau hat, er läßt es sich gefallen, um so schlimmer für ihn.»

Der Einzug des Verwandten vollzieht sich mit einer gewissen Zeremonie. Sidonie besteht darauf, ihm leckere kleine Gerichte vorzusetzen und ihm Gesellschaft zu leisten. Sie achtet streng auf die Einhaltung der Essenszeit und ist verstimmt, wenn der Vetter ein Essen verschmäht.

«Wie ihre Mutter», berichtet mir die Haushaltshilfe ganz gerührt. Sidonie hat sie zu mir gebracht, damit sie mir von ihr erzählt. «Sie gibt Anweisungen, als hätte sie ihr ganzes Leben nichts anderes gemacht. Und erst die Haushaltsausgaben! Sie schreibt alles auf, ist überhaupt nicht verschwenderisch; sie schaut den Kaufleuten auf die Finger, kurz, eine richtige Hausfrau.»

Was denken die anderen von ihr? Diese Frage bestimmt unterschwellig die Sitzung.

Anfangs stellt mir Sidonie souverän dar, *was die anderen von ihr sagen:* «Der Vetter versucht, nicht gegen mich eingestellt zu sein, er ist gespannt, wie es ausgehen wird. Onkel X würde alles tun, um mich gesund zu machen. Der Vetter spricht über mich im Büro, mit Freunden. Beim Abendessen erzählt er mir: ‹Wir haben über deinen Fall gesprochen.› Er hat keine gute Meinung von der Psychoanalyse und findet, daß Sie einen Knacks haben, wenn Sie mir so viel Freiheit lassen. Immer hat man alles für mich entschieden. Den ganzen langen Tag spricht man mit allen möglichen Leuten über mich, überall, wohin ich komme, folgt mir die Krankheit nach. Dr. X hat zu meinen Eltern gesagt: ‹Sie wird nie geheilt werden können, ihr Leben wird sie zwischen Klinik und Familie verbringen. Für sie ist lebenslänglich ein Bett reserviert.› Der Dr. X hat mich nicht verstanden, hat mir nicht zugehört. Er hatte von meiner Krankheit eine feste Meinung. Ich war ein Fall. Ich betrachte mich aber nicht als krank. Ich habe klare Gedanken. Mit dem Vetter geht es immer weniger gut. Er möchte mich so nicht mehr sehen. Am Telephon hat er über mich gesprochen; er hat gesagt, daß ich nicht zu retten sei. Ich werde als anomal bezeichnet. Mit diesem Etikett ist mir ganz wohl – aber andererseits bin ich doch nicht ruhig – das schwankt hin und her, und ich sitze mittendrin.»

Je näher das Ende der Ferien und die Heimkehr der Eltern rücken, desto mehr verliert Sidonie ihre Fröhlichkeit; sie setzt wieder die Maske der gealterten Frau auf.

Zu Hause macht sie dem Vetter und der Zugehfrau das Leben zur Hölle. Nun *ist* sie die dämonische Mutter, die die einen quält und die anderen anklagt. Sie wird geizig und weigert sich, für den Vetter das Essen zuzubereiten.

«Ich werde wie meine Mutter, ich kann nichts mehr einkaufen. Es ist natürlich richtig, daß ich ihm Brot kaufe. Aber das, was ich will, darf ich nie. Man verbietet mir jedes Vergnügen.»

Sidonie nimmt keine Nahrung mehr zu sich und schläft nicht mehr. Sie versucht, Schlafmittel zu stehlen. Sobald die Eltern zurück sind, soll sie nach Ansicht des Psychiaters termingemäß wieder in die Klinik kommen.

Wie ich mit ihr über diesen Zusammenhang sprechen will, stoße ich auf eine höfliche Gleichgültigkeit: «Das hat nichts miteinander zu tun.»
Sidonie fügt sich zunehmend ihrem Schicksal. Was geschehen muß, geschieht, daran kann niemand etwas ändern. Die Freiheit, die man ihr zugestanden hatte, löste ein Schuldgefühl aus; nun verlangt sie danach, in die Klinik zu kommen. Und ich stimme einem Klinikaufenthalt zu – um ihr wenigstens die *psychiatrische* Klinik zu ersparen.
Auf dem Umweg über den Kinderarzt, zu dem Sidonie wieder gegangen ist, lege ich den Eltern eine Privatklinik nahe, in der ich die Analyse in einem ent-psychiatrisierten Rahmen, der für meine Arbeit unabdingbar ist, fortsetzen kann. Ich habe die Absicht, in der Klinik durchzusetzen, daß auf der Ebene des Symptoms nicht eingegriffen wird: Sidonie soll die Freiheit haben, auf das Essen zu verzichten. Ich will dieses junge Mädchen den Urteilssprüchen entreißen, die es dazu bringen, in regelmäßigen Abständen familienbestimmt in die psychiatrische Klinik zu wandern.
Ich unterrichte Sidonie über die Bedingungen, unter denen sie in der Klinik weilen wird.
«Dein Körper muß sich nun selbst in Obhut nehmen. Mit allen Mitteln bringst du es zuwege, daß man dich hineinschafft, und dann klagst du, der ist der Böse und der ist der Widerling. Immer sind die anderen im Unrecht. Und du, du kannst überhaupt nichts zu dem, was mit dir passiert. Du verhältst dich wie im Kino: Sehen Sie doch, meine Damen und Herren, was man aus mir Armen gemacht hat.»
Sidonie gibt mir zur Antwort: «Ich brauche nicht zu wissen, was Essen ist, ich bekomme davon ein schlechtes Gewissen. Eine Macht, eine Stimme sagt mir: ‹Du darst nicht essen, es wird dir ein Unglück zustoßen.› Dick zu sein ist ein Verbrechen, *an dem ich sterben werde*. Meine Mutter sagte: ‹Du darfst nicht essen, wenn du etwas anrührst, wirst du dein ganzes Leben lang unglücklich sein. Man wird dich auf dem Jahrmarkt zur Schau stellen!› In mir wohnen Stimmen, ich möchte der Welt beweisen, daß ich bis an die äußerste Grenze des Todes standhalten kann. Man muß mich so weit gehen lassen und mich tun lassen, was ich will. Nie hat man mich diese Erfahrung machen lassen, und jedes Mal muß ich von vorn anfangen. Ich muß mit meinen Stimmen zurechtkom-

men. Dies ist das erste Mal, daß ich zu jemandem von meinem Geheimnis spreche.»

So endet der erste Abschnitt der Behandlung.

In der Freiheit, die ich Sidonie gelassen hatte, zog sie also selbst das Netz ihrer Gefangenschaft zu. Nach der anfänglichen Euphorie stellte sich bald ein Zustand ein, in dem sie sich einem unbarmherzigen, unentrinnbaren Schicksal ausgeliefert fühlte. Ich hatte versucht, Sidonie vor der psychiatrischen Anstalt zu bewahren, aber sie legte alles darauf an, die Vorhersagen des Psychiaters zu erfüllen. Beeindruckend war ihre Wandlung zu einer Anstaltsinsassin innerhalb von vier Tagen.

Damit, daß sie sich auf einen bestimmten Krankheitstypus festlegte, verlangte Sidonie selbst nach einem strengen erzieherischen Vorgehen. Andererseits aber griff sie den Rahmen der analytischen Situation an (sie vergaß das Geld, bat um eine Umlegung der Termine, was ich ihr abschlug).

Hinzu kommt das Geständnis eines Wahns: sie steht unter der Todesdrohung. Sie will in ihrem Körper sterben, damit ihr Sein dem Tod entkommen kann.

Sidonie fällt auf, daß ich die Verurteilung durch Eltern und Ärzte nicht mitmache, doch sie fürchtet, daß ich mich nicht durchsetzen kann – und stellt mich nun dauernd auf die Probe. (Auf die Probe gestellt wird die magische Allmacht, meine und ihre, auf einer sehr primitiven Stufe. Nichts aus dem Bereich der Kastration läßt sich symbolisch artikulieren. Die Kastration kann nur auf der Ebene des Realen erlebt werden, als Tod.)

## 3. Die Hospitalisierung

### a) *Eine hypomanische Periode*

Seit der Rückkehr ihrer Eltern produzierte Sidonie also alle Elemente eines «Krankendossiers», und zwang den Arzt damit, sie ins Krankenhaus einzuweisen. Sidonie selbst bringt das Zusammenspiel von Arzt und Familie in Gang. Da ich von den Eltern und dem Kinderarzt freie Hand bekommen hatte – die Wahl der Klinik und in dieser Klinik die Entscheidung über Sidonies Lebensweise lagen bei mir –, trug ich die

Ich sage ihr:
«Ich akzeptiere dich, ob du nun tot bist oder lebst.»
Auch diesen Worten mißt, wie wir später sehen werden, Sidonie eine Bestimmung bei. Jetzt aber hopst sie wie der Teufel aus seiner Schachtel aufs Bett: «Ich will nicht sterben.»
In der darauffolgenden Nacht hat sie einen Traum: Ihre Eltern lassen sich scheiden, und sie lebt allein mit ihrem Vater zusammen.
Am nächsten Tag schlüpft Sidonie in ihre Starrolle: sie verhöhnt oder narrt das Personal. So bestellt sie im Speisesaal eine Mahlzeit, um sie sogleich an jemand, den sie eingeladen hat, weiterzuschenken. Nach zwei Wochen kommt sich das Personal an der Nase herumgeführt vor. Sidonie springt mit den Leuten um, wie es ihr in den Sinn kommt. Eines Tages greift die Leiterin ein und *verbietet* ihr, jemand anderen an ihrer Stelle essen zu lassen. *Damit ist das Spiel zerstört,* an dem Sidonie so gehangen hat. Da sie ihr Symptom nicht mehr in einem erotischen Spiel einsetzen kann, zieht sie sich nun zurück und verschließt sich jeder Austauschmöglichkeit.
Dafür versucht sie nun auf andere Weise, ihre Störungen zu erotisieren.

b) *Die depressive Phase*

Seitdem die Institution ihre Regeln durchgesetzt und Sidonie die Grenzen ihrer Freizügigkeit gesetzt hat, sinnt sie auf Flucht (aus der Klinik, vor der Analyse) und zieht ihre Eltern als Verbündete heran (hatte der Vater nicht gesagt, daß es zuviel koste?), *um wieder in die psychiatrische Anstalt zu kommen!* Die zuerst *idealisierte* Klinik (und dies in dem Maße, daß der Vater mir sagen zu müssen glaubte: «Sie braucht doch nicht zu meinen, sie sei in den Ferien!») wird zum *Verfolger,* vor dem Sidonie sich retten muß.
Das ganze Spiel mit dem Essen (der Vater muß das Essen, was sie anderen schenkt, teuer bezahlen) beruhte auf einer Projektion von Destruktionstrieben, die durch das Verbot unterbunden wurde. Nun richtet sie das Zerstörungswerk *gegen sich selbst.*
Sie muß nun gefüttert und künstlich ernährt werden, Stimmen sagen ihr: «Man bringt dich um», andere: «Du wirst es noch bereuen!»

Sidonie ist erschöpft, sie fühlt sich verloren und will gequält werden; sie will in eine Klinik, in der man hart mit ihr umspringt. Sie fordert eine «psychiatrische Behandlung».

Das Essen flößt ihr Angst ein, sie will sich davor retten, aber im Grunde will sie nur aus der Klinik heraus.

Ihre Reden gegen die Klinik führt sie im *Einverständnis mit ihrem Vater*. Von Anfang an hat sie seinen Widerstand gespürt – «weil das zuviel kostet». Für die Lust, die sie dabei empfunden hat, ihn bezahlen zu lassen, versucht sie jetzt mit der Rückkehr in die psychiatrische Klinik Vergebung zu erlangen.

«Jede Lust bezahlt man mit dem Tod», sagt sie zu mir. Sidonie befindet sich im Vorhof des Irreseins. «Es ist ein abgekartetes Spiel», meint sie, «*ein Mord an der Seele*». (Dies sagt sie, die von Schreber nie gehört hat!) Was ist geschehen?

Zunächst war Sidonie mit der Institution zu einer Einheit geworden. Sie fühlte sich auf magische Weise allmächtig wie ihre Analytikerin und stärker als ihre Eltern. Den Rahmen der Institution hatte sie dabei ignoriert, für sie kam nur ihr eigener in Betracht. Die Bemerkung der Leiterin hatte ihren eigenen Rahmen aufgebrochen, nun konnte sie nicht mehr in ihm ihre Phantomwelt aufbewahren.

Nur ihre eigenen Spielregeln will sie anerkennen. Sich der Ordnung der Institution zu unterwerfen, hieße, ihre (und meine) magische Allmacht zu ersticken. «Sie lassen mich fallen», sagt sie in diesem Augenblick zu mir.

Sidonie ist auf der Suche nach Anhaltspunkten; sie weiß nicht mehr, wer sie ist; sie ist den Drohungen der Mutter ausgesetzt.

Die Institution, die sie auf alle möglichen Arten angegriffen hat, wird nun plötzlich als Gefahr empfunden (im gleichen Sinne wie das Essen); Sidonie will fliehen – in die psychiatrische Klinik, wo nach Absprache mit der Familie ein Bett für sie bereitsteht.

Sidonie hätte weniger Schuldgefühle, wenn die Institution sie zum Arbeiten anhalten würde. Da der institutionelle Rahmen nicht genügend repressiv ist, muß Sidonie gegen sich selbst repressiv werden.

Dafür bietet sich eine Gelegenheit, und zwar der Tod eines entfernten Verwandten. Sidonie möchte an der Beerdigung teilnehmen, und der

Vater benützt diese Gelegenheit, sie aus der Klinik zu holen und den Arzt vor vollendete Tatsachen zu stellen.
Die Beerdigung ist eine Familienfeier, Sidonie steht in ihrem Mittelpunkt. Acht Tage später bringen die Eltern das Mädchen wieder zu mir, sie haben beschlossen, daß die Analyse außerhalb der Klinik weitergeführt werden soll. Dahinter steht die Absicht, Sidonie auf jeden Fall wieder in die psychiatrische Anstalt einliefern zu lassen.
Vor mir sitzt das Ehepaar, es ist verschlossen, das Mädchen ist sichtlich am Ende. Die drei Personen sind aufeinander abgestimmt. Wer den Ton angegeben hat, ist nicht klar. Aber auf alle Fälle steht der Familie die Entscheidung über die Art der Behandlung zu. Sie stellt dem Analytiker Bedingungen. Es besteht keine Hoffnung, daß er sich Gehör verschaffen kann. Vor mir sitzt die dreifache Entfremdung.
Ich halte folgende Tatsachen fest:
1. daß sich die Familie des Vertragsbruchs schuldig gemacht hat und daß Sidonie umgehend in die Klinik zurückgebracht werden muß. Nur dort und nirgendwo sonst würde ich Sidonie weiterbehandeln.
2. daß sie sich alle drei von dem Verdikt der Unheilbarkeit leiten lassen und daß ich mich weigere, zum Komplizen dieses Verdikts zu werden.
Ich mache es kurz und setze sie dann alle vor die Tür.
Am nächsten Morgen hat sich der Vater entschieden, seine Tochter wieder in die Privatklinik zurückzubringen. 48 Stunden lang schwebt Sidonie zwischen Leben und Tod.

### c) *Tod und Wiedergeburt*

Sidonie selbst hat die Rückkehr in die Klinik später als Niederlage charakterisiert. Zum ersten Mal hat die Familie nach anderen als den eigenen Geboten gehandelt. Sie hätte auch einen anderen Arzt konsultieren können – aber sie hat es nicht getan.
Es war nun klar, daß Sidonies Vater nie seine Funktion als Vater hatte wahrnehmen können, weil er sich mit seiner Tochter identifizierte. Das Spiel fand zwischen Mutter und Tochter statt, wobei die letztere ihre Mutter auf dem Umweg über ihre Symptome beherrschte. Wessen

Gesetz würde sich durchsetzen? Für ein Drittes gab es in diesem Kampf keinen Raum.

In der Klinik wird Sidonie sofort künstlich ernährt.

Einen Monat lang besuche ich sie jeden Tag.

Sie spürt ihren Körper nicht und überläßt ihn dem Arzt[140].

Von der Beerdigung spricht sie mit Wehmut: «Es war so schön, es war, als ob es meine eigene Feier gewesen wäre. Ich wollte, daß man mich bis in den Tod gehen ließe, ohne daß ich sterben müßte.»

*Ich:* «Genau das ist geschehen. Dr. Z. meint, daß man nicht weiter gehen kann – sonst wärst du wirklich gestorben. Deswegen wirst du jetzt künstlich ernährt. Deswegen verlangt er, daß du etwas zu dir nimmst.»

*Sidonie:* «Wie konnte er wissen, daß ich sterben würde?»

*Ich:* «Und wie ist es bei dir? Wie kommt es, daß du nicht spürst, was dein Körper verlangt?»

*Sidonie:* «Ich habe geglaubt, daß ich den Tod rechtzeitig hätte aufhalten können. Was man will und was der Körper will... das ist nicht dasselbe.»

*Ich:* «Was willst du eigentlich?»

*Sidonie:* «Ich will sterben, um zu wissen, wer ich bin.»

Damit ist ein Mythos gefunden, der sie mehr als einen Monat lang beschäftigt und der nicht eine Rückkehr ist, sondern ein *Rückgriff*, mit dem sie die Grenzen ihrer Identität finden will.

Der Mythos ist eine Reise in den Tod. Die falsche-Sidonie-in-ihrem-furchteinflößenden-Greisinnenkörper steigt in die Hölle hinunter. Im gleichen Zug wird etwas geboren, es ist noch nichts Lebendiges, wird es aber; es ist der Körper eines kleinen Kindes, es wird der eines Mädchens und der Körper einer Frau. Zwischen der Hexe und dem Neugeborenen entspinnt sich ein kompliziertes Spiel: ein Urteil vor seiner Geburt hat dem Kind das Lebensrecht genommen.

Wer bin ich? wo bin ich?

Fragen tauchen auf, während Stimmen Sidonie mit dem Tod bedrohen, weil sie ißt.

In der Tat, Sidonie läßt sich von den Krankenschwestern zu essen geben. Die fünf Mahlzeiten (Babysüppchen) sind Bestandteil eines Sühnerituals (Gebete, Kniefälle, Beschwörungsgesänge, um die Todesdro-

hungen zu bannen, die um so deutlicher werden, je mehr Wünsche Sidonie hat).
Unter allem, was Sidonie an Ansprüchen bewußt formuliert, liegt paradoxerweise – auf der Ebene des Unbewußten – ein Todesverlangen; ihr Körper soll verschwinden, damit der Wunsch als solcher bestehen kann. Manchmal treten auch Annullierungsmechanismen auf, in denen nicht das Verlangen, sondern die *Signifikanten des Verlangens* annulliert werden; die Befehle, die sie zugrunde richten, bleiben erhalten.
Sidonie ist einem Schwanken ohne Ende ausgesetzt; sie ist hin- und hergerissen zwischen dem Wunsch, den Anderen zu zerstören und dem, ihn zu erhalten. Als Begleiterscheinung tritt ein intensives Schuldgefühl auf, das sie dazu zwingt, sich selbst zu zerstören, um den Wunsch bestehen zu lassen.
Da ich zu Beginn ihres Aufenthaltes in der Klinik ihren Destruktionswunsch an ihrem Körper mit den Worten «ich akzeptiere dich tot oder lebendig» anerkannt hatte, räumte ich der Aufrechterhaltung des Wunsches eine bevorzugte Stellung ein; dieser Wunsch war von einem archaischen mütterlichen Über-Ich verboten worden. Die Faszination des Spiels mit dem Tod, die Sidonie empfand, ließ ich unberührt; für Sidonie kam es darauf an zu sehen, welche Wirkungen dieser Tod auf die anderen hatte, um daran zu ermessen, ob es der Wunsch der anderen war, sie lebendig zu sehen.
«Was gehört zum Lebendigsein?»
Sidonie stellt diese Frage, als ihr die Gefahr ihres eigenen Todes ganz deutlich wird. Ihr Körper schwindet, und gleichzeitig phantasiert sie den Beginn eines anderen Lebens, in dem es keinen Körper gibt.
«Das ist mein Problem», sagt sie zu mir, «ich will weder dicker noch dünner werden, ich möchte weder Junge noch Mädchen sein, ich will die Periode nicht mehr haben.»
«Was werden meine Eltern sagen, wenn ich nun einen Mädchenkörper habe», lautet die spätere Frage.
Sidonie bemerkt sehr wohl, daß sie aus dem Tod, der an ihr vorübergegangen ist, nur als wünschendes Mädchen neugeboren hervorgehen kann; aber jetzt wird sie durch etwas behindert, was sich in der Mutter nicht als Geschlechtswesen akzeptieren kann, und was in ihrem Vater

nicht zugeben will, daß sie für einen anderen ein Geschlechtswesen wird. Die simple Frage «Was gehört zum Lebendigsein?» ist die Frage nach dem Wunsch als solchem, in einem Bereich, der nichts mit Worten zu tun hat. Sidonie fühlt sich darin (und hier findet die wesentlichste Verdrängung statt) nicht als Subjekt, sondern als Signifikant (wobei es gerade die Signifikanten sind, die sie annullieren muß). Ihre Verwirrung hat tragische Ausmaße; das Mißverständnis in der Beziehung zum anderen ist fundamental.

«Alle sind zufrieden, weil ich geheilt bin», sagt sie mir eines Tages unter Tränen. «Sie machen sich nicht klar, daß das überhaupt nicht wichtig ist. Sie verstehen nicht, daß nur das wichtig ist, wozu ich Lust habe. Und die Stimmen töten meine Lust. Sie verfolgen sie, um sie zu töten. Wozu lebe ich überhaupt, wenn ich dazu verurteilt bin, daß meine Lüste sterben. Meine Krankheit ist nicht das Essensproblem, sondern daß ich auf dem besten Weg bin, verrückt zu werden.»

Könnte man besser das völlige Mißverständnis in der Beziehung dieses anorektischen Kindes zu seiner Mutter beschreiben? Die Mutter gibt dem Kind nicht, was es wünscht, und stopft es dafür voll mit dem, was es braucht. Das Ergebnis ist, daß das Kind nun, da die Verweigerung des Essens das einzige Mittel ist, sich selbst als wünschendes Subjekt zu retten, seinen Wunsch verändert.

In dieser Vorgeschichte ist die Anorexie keine Krankheit, sondern bedeutet für das Individuum die einzige Möglichkeit, sich außerhalb des Wunsches der Mutter als Subjekt mit eigenen Wünschen durchzusetzen. Unter dem «ich will nicht essen» drängt das «ich will» des Wunsches hervor.

Einige Tage lang kann ich wegen eines Unfalls nicht zu Sidonie kommen. Sie weiß das, empfindet aber meine Abwesenheit als Verstoßung. Wieder greift sie auf ihr Symptom zurück und will nicht essen. Der Arzt, dem noch die nahe Todesgefahr vor Augen steht, verordnet künstliche Ernährung (die aber nur ein einziges Mal verabreicht wird). Er ist sich übrigens bewußt, daß er sich von dem Mädchen hat «kriegen» lassen [141]. Sidonie ist es gelungen, unter ihrer Regie ein Schauspiel aufzuführen, in dem natürlich sie die Rollen des Henkers und des Opfers verteilt.

Das (fragwürdige) Zwischenspiel der künstlichen Ernährung muß im

Zusammenhang damit gesehen werden, daß Sidonie den Arzt positiv besetzt hatte, denn er war es ja gewesen, der sie lebendig wünschte (indem er zur rechten Zeit feststellte, daß sie in unmittelbarer Todesgefahr schwebte). Sidonie hatte wohl so etwas wie eine Provokation geplant; erkennbar ist ein Wiederholungszwang unter dem Vorzeichen des Lustprinzips. (Die orale Aggression verstärkte die Erinnerung an eine angebliche Vergewaltigung, die Sidonie im Alter von sieben Jahren erlebt haben will.) Sie hatte die Aggression des Arztes gewollt und den Schmerz erotisiert.

Da ich meine magische Allmacht mit dem Unfall in Sidonies Augen eingebüßt hatte, siedelte sie sie beim Arzt an.

Mir erzählte sie nie von diesem Eingriff, außer indirekt in wahnhafter Übersetzung:

«Während Ihrer Abwesenheit hat man mich mit Schocks behandelt – das hat mich in eine andere Haut versetzt. Die elektrischen Wellen laufen immer noch über meinen ganzen Körper.»

Man sieht, daß Sidonie sich für die Behandlung «entschieden» hat, die der Arzt anderen Patienten ihrer Etage verschrieb (Elektroschocks). Seitdem schwankt sie zwischen zwei Identifizierungen: mit den Kranken ihres Flurs, für die sie sich interessiert (um sie zu vernichten), und mit den Krankenschwestern (sie bittet darum, ihnen helfen zu dürfen). In allen ihren Verrichtungen ist sie entweder die Verrückteste oder aber die Klügste (jedenfalls muß sie sich gegenüber den anderen als Ausnahme im einen oder im anderen Sinne abgrenzen).

Es tritt so ein *Wahninhalt* zutage, an den ich vor allem deswegen niemals rühre, weil ich alles fördern will, was aus dem Bereich des Wunsches deutlicher hervorzutreten sucht.

Wir schlagen Sidonie zwei Möglichkeiten vor, sich zu betätigen:

a) die obligatorische Arbeit in der Werkstatt, zu festgelegten Zeiten,

b) die «freie» (und in der Tat außergewöhnliche) Arbeit als Hilfspflegerin.

Das Problem des anorektischen Konfliktes wird vollständig auf die obligatorische Arbeit übertragen. Sidonie richtet ihre Forderungen und Klagen an den Arzt. Auf seine Anregung hin richtet sie ein Beschwerdebuch ein, wie sie es vorher (nach dem Vorbild ihrer Mutter) für ihre

somatischen Symptome angelegt hatte. Während der «freien» Arbeit gibt sie sich arbeitswillig und verantwortungsbewußt.
«Ich weiß nicht, was es mir einträgt, wenn ich meine Krankheit verliere», gesteht mir Sidonie. «Ich bin in einer Sackgasse, weil ich nicht weiß, was auf mich wartet. Meiner Meinung nach muß ich *eine* Krankheit behalten, eine, die nicht zu viel Unannehmlichkeiten bereitet.»
Einige Tage darauf (es sind jetzt fünf Wochen vergangen, seit ihr Vater sie in die Klinik eingeliefert hat) erklärt sie mir: «Ich habe mich daran erinnert, was Sie mir vor zwei Monaten gesagt haben: daß ich diese Deppenklinik verlassen könnte und an einen Ort gehen könnte, wo es Pferde gibt, sobald ich allein zurechtkomme. Seit acht Tagen ist es soweit. Ich möchte Weihnachten nicht hier verbringen.»
Es war ein Weihnachtstag, an dem Sidonie sich entschlossen hatte, ihren Körper zu opfern. Es war ein Ostertag, an dem sie sich von Gott losgesagt hatte.
Ich fühlte mich nicht berechtigt, ihr diese Abreise, die von allen anderen als verfrüht angesehen wurde, zu versagen. 14 Tage vorher hatte man von Sidonie noch den Eindruck einer Wahnsinnigen (was aber vom jeweiligen Gesprächspartner abhing). Zudem nahm sie nur Suppen zu sich.
An dem Tag, an dem Sidonie ihre Abreise beschließt, legt sie ihre Symptome ab. Sie mischt sich unter die jungen Leute in der Klinik und nimmt ihre Mahlzeiten im gemeinsamen Speisesaal ein. Sidonie klagt nicht mehr; sie ist «normal», oder sagen wir: sie tut so, als ob sie's wäre[142].
Vom Standpunkt der Analyse aus liegt die Arbeit noch vor uns. Aber Sidonie hat die Fortführung der Analyse in ihrem Ausbruchsplan berücksichtigt, sie besucht mich weiterhin. Hinter der vordergründigen Hysterie zeigt Sidonie Züge, die einmal von der versteckten Form des Zwangscharakters, dann wieder mehr von den manifesten Formen der Psychose[143] bestimmt scheinen.
Der «Mord an der Seele», über den sie klagt, steckt den Vorhof zum Irresein ab, in den sie zuweilen gerät. Ein erbarmungsloses Verdikt hat ihr die Grenzen gezogen, in denen ihr Leben verlaufen darf – ein Bett in der psychiatrischen Klinik, ein Leben zwischen der Familie und der

Klinik, wie es die Ärzte prophezeit haben; ein Todesurteil für jedes Verlangen, gemäß dem Willen der Mutter.
Wenn Sidonie ihre Frage auf den Wunsch des Anderen bezieht, erhält sie eine Antwort, die sie sich selbst fremd macht. Wenn sie sich in dem Bild zu fassen sucht, das der Blick des Anderen ihr vorhält, kann sie entweder nur auf der Ebene des objekthaften Bildes oder nur auf der seiner signifikanten Vorstellung bestehen (dies ist der Grund für die eigentümliche Beziehung zu einem Körper, der ihr völlig fremd bleibt.)

## B. KOMMENTAR

Sidonies Geschichte ist das Drama ihrer Begegnung mit dem Wunsch; sie ist dem Wunsch des *Vaters* ausgeliefert, der sie dem Sexualwunsch eines anderen Mannes entzogen sehen will (um den Preis der «Zurückgebliebenheit» der Tochter), und sie hat es mit dem Wunsch der *Mutter* zu tun, die es nicht ertragen kann, sie (als Subjekt mit eigenem Willen) zu verlieren und sich Sidonie nur erhalten kann als Pflegeobjekt. Immer wenn Sidonie sich vom Ort des Anderen her die Frage stellt, was sie eigentlich will, erhält sie von dort eine Antwort, die ihr Grenzen auferlegt und sie dem Wunsch entzieht. Daher ist die *Verweigerung* die einzig ihr mögliche Form, am Wunsch festzuhalten, und dies führt die Begegnung mit dem Tod herbei (dem eigenen oder dem, den sie der geliebt-gehaßten Mutter wünscht). Und deswegen dreht sich die ganze Behandlung um das Problem des Todes, den ein anderer einem zufügen könnte.
In Sidonies Begegnung mit dem ihr Ähnlichen beschränkt sie sich auf den Tod, der hinter ihm steht. Mit diesem fatalen Signifikanten stellt sich etwas einer Identifikation Ähnliches her. Von dem Tag an, an dem dies Spiel mit dem Tod unmöglich gemacht wird, versucht Sidonie sich in der Maske des Irreseins zu präsentieren.
In der ersten Unterredung schon stellt Sidonie sich als Zeuge zur Verfügung: sie sagt die Wahrheit über ihre Eltern. Ihr einziges Bezugssystem ist die magische Allmacht der Mutter: dieses aber schließt sie aus von jeder symbolischen Ordnung. In der sexuellen Verbindung, aus der

Sidonie hervorgegangen ist, galt der Vater nicht als Geschlechtswesen; die Tochter ihrerseits konnte sich von daher nicht als Geschlechtswesen einordnen. «Die Männer zählen bei uns nicht, außerdem sind sie nie da.» Sobald Sidonie sich geltend zu machen versucht, läßt sie aus dem ihr zur Verfügung stehenden Register des Imaginären den Todeswunsch emporsteigen; und wenn sie sich zu benennen sucht, löscht sie sich als Subjekt aus. In der narzißtischen Beziehung zu einem aufgegebenen Körper, in der Trauer über etwas in ihr Verlorenes, sucht sich das wiederherzustellen, was ihr den Status der Wünschenden geben kann. Nur dieser Status wird sie fähig machen, für ihr Leben als Subjekt zu kämpfen.

Dem Todesmythos liegt etwas der Urszene Ähnliches zugrunde; hier stellt sich für Sidonie die Beziehung her zwischen dem, was sie will, und dem Tod (dem des anderen und ihrem eigenen). Aber der Tod des anderen (nämlich ihrer Mutter) wird außer im Traum immer geleugnet. Und Sidonies Haltung gegenüber dem Signifikanten Phallus ist identisch mit der gegenüber dem Signifikanten Tod; es wird hier also etwas verworfen oder geleugnet. Sidonie versucht sich als asexuelles Wesen zu begreifen, um dem Wunsch des Vaters und dem Entsetzen zu entgehen, das die Erkenntnis der kastrierten Mutter bei ihr auslösen würde (denn diese Mutter ist ja von ihr mit einer magischen Allmacht ausgestattet).

Das Symptom, die Anorexie, wird folglich als *stummer Befehl* erlebt. Sidonie *weiß nicht,* daß Stimmen ihr befehlen, nicht zu essen. Die Aufdeckung dieses Nicht-Gewußten geschieht im Verlauf der analytischen Beziehung. Nun tritt das in den sprachlichen Bereich, was bisher vom Subjekt abgewehrt und jeder symbolischen Artikulation entzogen war. «Eine Macht sagt mir, du darfst nicht essen, es wird dir ein Unglück zustoßen. Es ist ein Verbrechen, dick zu sein.» Außerdem sagen ihr eindringliche Stimmen: «Du wirst ermordet, du wirst es bereuen.»

Hier zeigt sich also auf zwei Ebenen, was sich im Verlangen des Subjekts zu erkennen geben wollte.

Auf der einen Seite finden wir das, was Lacan als «Vorhof des Irreseins» [144] bezeichnet hat, d.h. jenes Aufblühen des Imaginären, das im Moment des Bruchs mit der äußeren Realität zu beobachten ist: hierzu

# III
# PSYCHOANALYSE UND ANTI-PSYCHIATRIE

Man muß das Spiel ändern,
nicht die Figuren.
*La Clé des champs*

André Breton

# 7. Anti-Psychiatrie und Psychoanalyse

Ich befasse mich in diesem Kapitel mit den Problemen, auf die die Anti-Psychiatrie eine Antwort zu geben versucht, und zugleich mit den Methoden, die der Psychoanalytiker auf die gleichen Probleme anwendet.

## 1. *Theoretische Auseinandersetzung*

### SCHREBER

Am 14. Juli 1902[149] legte Dr. jur. Daniel Paul Schreber, Senatspräsident a. D. beim obersten Gerichtshof des Königreichs Sachsen, Einspruch gegen das Urteil ein, das ihn, als Geisteskranken, unter Vormundschaft gestellt hatte.
Der Richter hatte unter dem Einfluß des Gutachters Dr. Weber die Meinung vertreten, daß der Patient wegen seiner Geisteskrankheit zur Wahrnehmung seiner Angelegenheiten nicht in der Lage sei. Der Gerichtshof hatte sich dieser Auffassung angeschlossen: ein Wahnsinniger, der unter dem Einfluß von Halluzinationen stände, das heißt dem «Einfluß nicht kontrollierbarer äußerer Kräfte» unterliege, sei nicht imstande, die Verwaltung seiner Güter zu leiten.
Mit Hilfe seines Anwalts bestritt Daniel Paul Schreber die Evidenz dieser Argumente; er sah nicht, warum ihn eine von den Psychiatern diagnostizierte Paranoia an der ordnungsgemäßen Führung seiner Geschäfte hindern sollte. Der Wahn sei als medizinisches Problem nicht mit dem juristischen Problem der bürgerlichen Rechtsfähigkeit zu verquikken.

Auf dieser Grundlage wurde die Vormundschaftsverfügung angefochten; die von Schreber für den Prozeß zusammengestellten Dokumente erschienen später unter dem Titel «*Denkwürdigkeiten eines Nervenkranken*». Der Kläger legte nicht nur Widerspruch gegen die hinsichtlich seiner Person getroffenen behördlichen Entscheidungen ein, sondern bezweifelte auch die Schlußfolgerungen des medizinischen Gutachters.

1. Daniel Paul Schreber wies die Unterstellung ab, geisteskrank zu sein oder es gewesen zu sein, allenfalls könne er zugestehen, daß sein Nervensystem angegriffen gewesen sei; aber dieser Zustand habe ihm die Erkenntnis Gottes ermöglicht, eben jenes Gottes, der sich ihm tagtäglich durch seine Wunder und seine Worte kundtue.

2. Selbst wenn man ihn vom psychiatrischen Standpunkt her als krank bezeichne, wäre erst noch der juristische Beweis zu erbringen, daß diese Krankheit unvereinbar sei mit der Ausübung seiner bürgerlichen Rechte und Pflichten.

Sein Plädoyer zielte darauf ab, zu beweisen, daß seine intellektuellen Fähigkeiten völlig intakt seien und daß sein Verhalten trotz mancher Exzentritäten vernünftig sei. Schreber machte die Einlassung, daß seine Vorliebe für weiblichen Schmuck niemals ruinöse Formen angenommen habe. Es handele sich um einen Verhaltenszug, der allenfalls als «bizarr» angesehen werden könne. Selbst die Absicht, seine Memoiren zu veröffentlichen, bedeute allenfalls ein begrenztes finanzielles Risiko; niemand würde in seinen Schriften beleidigt.

Das Appellationsgericht würdigte die vorgebrachten Argumente. Es stellte fest, daß der Kläger verrückt sei..., daß dies aber kein hinreichender Grund sei, ihn unter Vormundschaft zu stellen.

Die Urteilsbegründung ist ein historisches Dokument ersten Ranges. Auf fast hundert Seiten werden die juristischen Grundlagen für das Verhältnis von Geisteskrankheit und gesellschaftlichem Status ausgebreitet. Die «Geisteskrankheit» wird als Zustand gewertet, der nicht ohne weiteres eine Internierungsmaßnahme oder eine Entmündigung rechtfertige. «Die gegen den Willen des Patienten auftretenden Tobsuchtsanfälle sind kein hinreichender Grund für die Entmündigung des Patienten. Das Eingreifen der Polizei kann erforderlich sein, falls die Ruhe der Nachbarn gestört wird; es liegt aber kein Grund für die

## DIE KRITIK AN DER PSYCHIATRISCHEN INSTITUTION

Wie wird das Funktionieren der Institution, abgesehen vom politischen Problem, von der Anti-Psychiatrie beschrieben? Cooper wirft der Sozialstruktur der psychiatrischen Kliniken insbesondere vor, daß sich in ihr dieselbe Struktur wie in der Familie des Psychotikers reproduziere. Daß die als psychotisch eingestuften Patienten auf engstem Raum miteinander leben müssen, führt zur Ausbildung erotischer und narzißtischer Beziehungen, welche die Grundlage für alle auftretenden aggressiven Spannungen sind.

Einige Wissenschaftler haben sich bemüht, die «Einvernahme» des interpersonellen Verhältnisses in die Gemeinschafts«maschine» zu untersuchen und dabei die Strategie [154], d.h. die den Pflegern und Gepflegten gleichermaßen unbewußten Elemente von Überdeterminierung zu bestimmen. J. Oury konstatiert ein geschlossenes System, ähnlich einer Sprache, das noch entziffert werden muß. Von dieser Dechiffrierung hängt – seiner Meinung nach – die Möglichkeit der Aufhebung der Entfremdung ab. Vor der Individualbehandlung müsse das Kollektiv «behandelt» werden.

«Das Funktionieren der Institution ist nur erfaßbar auf dem Hintergrund einer unendlichen Komplexität von Systemen, die in die Gesamtheit des Kollektivs eingeschrieben sind... Die Textur der Institutionen wird nicht von einem einfachen Netz gegenseitiger Verstrickungen gebildet, sondern von einer Gesamtheit strukturierter Mechanismen, die auf die Gesetze einer sie bewegenden *Gestalt* antworten.»

«Der Mensch, der dorthin kommt, trifft auf Konfigurationen, die sich für ihn dialektisch aufbauen, ohne daß er ein klares Bewußtsein davon hätte. Es handelt sich nicht um Wunder, auch nicht um die Illusion einer absoluten Kreativität, sondern um bestimmte Gesetzmäßigkeiten, die, in ähnlicher Weise, den Bereich der Kybernetik beherrschen... Man versteht also, daß unter diesen Bedingungen alles, was geschieht, in einer institutionellen Praxis zwangsläufig so erscheinen muß, als habe es einen psychotherapeutischen Effekt.»

Die Wortführer der *institutionellen Psychotherapie* haben denn auch diese mögliche psychotherapeutische Rolle der Institution in den Mittelpunkt ihrer Überlegungen gestellt.

*Für* den Psychotiker – aber auch für den Behandelnden – versuchen sie eine Art Prothesengesellschaft zu erarbeiten, eine Gesellschaft, die, obwohl sie von der umgebenden Welt durch deren Absonderungstendenzen ausgeschlossen ist, in die sogenannte normale Welt einbezogen bleibt. Die Aufhebung der Trennung zwischen Behandeltem und Behandelndem (so wie sie in La Borde [155] praktiziert wird) löst zwar das Einfügungsproblem der sogenannten Psychotiker, vermittelt jedoch nicht wirklich die Erfordernisse der Außenwelt. Es entsteht eine Freiraumgesellschaft, in der es sich gut leben läßt und in die man – bei der geringsten Schwierigkeit mit der Außenwelt – zurückkehren möchte.

Ähnlich verhält es sich bei den englischen Gemeinschaften, die von der *Philadelphia association* [156] in London gegründet wurden: wenn auch das Leben in Gemeinschaft in diesen Organisationen für den Patienten erträglich ist, vergrößert sich doch der Graben, der ihn von der Welt trennt, die ihn ablehnt. Die «Gemeinschaft» macht aus dem «Kranken» eher einen permanent Widersetzlichen, als daß sie ihn «anpaßt». Ist das nun die Lösung und die Antwort auf das Problem der Entfremdung? Die Anti-Psychiatrie wirft den heutigen Psychiatern ihr Bestreben vor, auf den Patienten permanent «einwirken» zu wollen, sei es durch eine zweifelhafte, aber oft intensive Chemotherapie, sei es durch unausgesetzte gruppendynamische Prozesse. In diesem Kontext der obligatorischen Behandlung habe das «Können» des Psychiaters und des Analytikers Teil an der Unterdrückung. Die Anti-Psychiatrie zweifelt an der «revolutionären Sprengkraft» selbst der kühnsten Neuerungen auf dem Gebiete der Psychiatrie. Diese Innovationen wachsen auf dem Boden einer medizinischen Philosophie – so die Anti-Psychiatrie – in der der *Irre* auch weiterhin durch Abgrenzung zum *Nicht-Irren* definiert wird.

Deswegen wird der Gedanke einer institutionellen Reform von der Anti-Psychiatrie abgelehnt: sie fordert eine radikale Kritik der ökonomischen und politischen Strukturen, aus denen die entfremdenden Institutionen hervorgegangen sind.

Jede Erforschung des Wahnsinns hat für den Anti-Psychiater an dem Problem anzusetzen, warum die Menschen in ihm eine so ungeheuerliche *Provokation* sehen.

Mir scheint, daß sich die Haltung des Dresdener Gerichtshofes gegenüber dem Problem der Geisteskrankheit des Daniel Paul Schreber sehr wohl mit der der heutigen Anti-Psychiatrie vergleichen läßt. Denn bis heute steht zur Entscheidung: «Heilung» oder «erlaubtes Irresein».

Es gibt in Frankreich eine psychiatrische Bewegung (wir haben sie schon oben erwähnt[157]), die das Irresein, ohne es zu Wort kommen zu lassen, mit «modernen» technischen Mitteln in eine «institutionelle Sektoreneinheit» zu integrieren sucht.

Unter dem Begriff der «Gemeindenahen Psychiatrie» wollen Spezialisten (Psychiater mit analytischer Ausbildung) ein Team bilden, das in einem Stadtbezirk arbeitet und in dem der Psychiater zum «aktiven Mittler zwischen der Gesellschaft und dem kranken Individuum»[158] werden soll. Der Psychiater hätte sowohl auf familiärer Ebene wie auf der Ebene der sozio-kulturellen Strukturen tätig zu werden.

Das Projekt beabsichtigt also, die Sorge für die *psychische Gesundheit* eines ganzen Bevölkerungsteils einem sozial-medizinisch tätigen Arbeitsteam zu übertragen. Einige Psychiater vertreten die Auffassung, daß eine systematische psychologisch-soziologische Enquête die Geistesgestörten und darunter auch die Anomalen, Alkoholiker und Irren, die für eine Behandlung in Frage kommen, erfassen sollte. Man sieht, es geht hier um nichts weniger als um die Aufstellung einer *Anpassungspolizei*. In einem weiteren, ähnlichen Projekt wird die «Psychiatrisierung» einer ganzen Reihe von Problemen der frühkindlichen Entwicklung gefordert und die Schaffung eines autonomen psychiatrischen Sektors verlangt.

Die Untersuchungen der Forschungsgruppe von Mme Aubry im Hôpital des Enfants malades haben dagegen erwiesen, daß bestimmte psychiatrisch-analytische Kuren nur durch eine Form von Ent-Psychiatrisierung vermieden werden können[159].

Jede «Medizinisierung» einer Lebenskrise kann, wie wir bereits dargelegt haben, unter Umständen neue psychiatrische Störungen zur Folge haben, statt sie zu beseitigen. Und so steckt auch in der «Reihenuntersuchung» auf dem Gebiet der Geisteskrankheit bereits ein pathogener Kern.

Der Psychoanalytiker (wie der Anti-Psychiater) ist sich normalerweise bewußt, wie problematisch jede Psychiatrisierung ist; aber sobald er in einem öffentlichen Bereich tätig wird, legt er den Analytikerstandpunkt ab und wird, wenn er dort Karriere macht, zum Superpsychiater, der seine Analytikerqualitäten auf die Privatpraxis beschränkt. Zum Teil ist dieser Typ des Psychiaters für die Absicherung der bestehenden medizinisch-administrativen Strukturen verantwortlich zu machen. Die revolutionären Entdeckungen Freuds werden heute in eine Politik psychiatrischer Fürsorge auf der Grundlage im wesentlichen pädagogischer Konzeptionen «vereinnahmt», während es gerade wichtig wäre, mit ihrer Hilfe die Reformversuche theoretisch zu durchleuchten.

Die Frage ist am Platze, ob nicht der Grund für das fundamentale Mißverständnis der heutigen Psychiatrie ihr Bestreben ist, die «Nervenkrankheiten»[160] zu *heilen*. Die Psychiatrie heute ist vor allem dadurch gekennzeichnet, daß sie versucht, den für den Schutz der *physischen Gesundheit* geltenden Merkmalskatalog auch auf die psychische Gesundheit auszudehnen.

Man versucht der Anomalität in ähnlicher Weise auf die Spur zu kommen, wie man vor nicht allzu langer Zeit noch der Tuberkulose und der Geschlechtskrankheit beigekommen ist.

Der Behandelnde hat sich von den Mächten der Verdrängung anwerben lassen; dies führt zur Überbetonung des medizinischen Ansatzes. Mit der «Gesellschaftsbezogenheit» der verschiedenen Strömungen der modernen Psychiatrie wird diese Tatsache nur verschleiert.

Die *Gemeindenahe Psychiatrie* befaßt sich nicht mit der Problematik der an der klassischen Medizin orientierten «Behandlung». Wie bei einem organischen Leiden versucht man diese oder jene Therapie: der «Kranke» und seine Familie müssen sich häufig einer Unzahl von Untersuchungen und Therapien unterwerfen, die von der Chemotherapie über die Soziotherapie, Gruppendynamik und so weiter bis zur Psychoanalyse reichen. Was sich im Wahnsinn aussprechen wollte, wird mit einer Flut technokratischen Wissens über die «Geisteskrankheit» überschwemmt[161].

Die *institutionelle Psychiatrie* erhofft sich ganz einfach die Gesundung der Institutionen selbst; sie träumt von einer idealen Stadt, in der das (medizinisch betreute) Irresein seinen Platz haben könnte.

Der *Anti-Psychiatrie* gilt die Heilung als normaler Vorgang, der ohne therapeutisches Einwirken vonstatten geht. Es genügt, diesem Prozeß die Freiheit zu seiner Entfaltung zu geben. Die eigentliche Grenze verläuft also zwischen Psychiatrie und Anti-Psychiatrie.

Die Anti-Psychiatrie lehnt den Begriff der «Geisteskrankheit» ab. Wir lassen an dieser Stelle den puren Aktivismus, von dem diese Strömung nicht immer frei war, und der aus den Psychiatern eine Art Super-Sozialhelfer machen wollte, außer Betracht: dieser Aktivismus ist für uns ohne jedes theoretische Interesse, weil sich ihm die Frage nach der Natur des Wahnsinns gar nicht stellt.

## WAHNSINN UND GESELLSCHAFT

Welche Antworten geben nun die genannten Strömungen auf diese Frage?

Die *Institutionalisten* sehen einen Rahmen (die Institutionen, das heißt die Sprache, das Recht, die interpersonalen Beziehungen, die Familienstruktur) als unerläßlich für die Konstitution der Persönlichkeit an. Deshalb muß man auf den Rahmen, in dem der Patient «gefangen» ist, einwirken; verständlich wird so die Bedeutung, die man einem Netzwerk von Begegnungen innerhalb der Klinik beilegt (hier sollen Clubbildungen, Vereine und ähnliches helfen). Wichtig ist von daher auch die Auswahl des Pflegepersonals, das den Patienten zur Seite stehen soll, und die unbedingte Einhaltung präziser Aufnahmebedingungen.

Die *Anti-Psychiatrie* verhält sich völlig entgegengesetzt. Sie befreit den Patienten von jedem Rahmen und verschafft ihm so die Möglichkeit, sich in einem spontan in seinem Inneren ablaufenden Vorgang wiederzufinden (es gibt natürlich ebenfalls Gruppen, die aber nicht den Charakter eines Rahmens haben).

Auf die Frage nach dem Verhältnis von *Wahnsinn und Gesellschaft* fallen die Antworten sehr unterschiedlich aus:
für die *Gemeindenahe Psychiatrie* ist das Irresein antisozial;
die *institutionelle Psychiatrie* legt der Schaffung einer Mikrogesellschaft therapeutischen Wert bei;
für die *Anti-Psychiatrie* ist der Wahnsinn ein echter, aber fehlgelaufener Protest gegen die Gesellschaft.
Die revolutionäre Zielrichtung der Anti-Psychiatrie trägt nun gleichwohl utopische Züge. Der Glaube an das Verschwinden des Irreseins in einer befreiten Gesellschaft ist falsch[162]. Es zeugt von einer gewissen Naivität anzunehmen, die geglückte Revolution könne ebenso die Anstalten öffnen, wie sie die Gefangenen befreit.
Die Formen des Wahnsinns sind nicht unmittelbar an etwa entsprechende Strukturen der Gesellschaft gekoppelt. Das Problem ist zwar gesellschaftlicher Art, aber politisch nicht in dem Sinne zu lösen, daß der Ruf nach der Revolution (und sie selbst) alle Fragen, die das Irresein aufwirft[163], beseitigen würde. Die sozialistischen Länder legen häufig hinsichtlich der «Geisteskrankheit» eine Haltung an den Tag, die man zumindest als konservativ einschätzen muß, da die absondernden Tendenzen beibehalten werden: Es scheint so, als brauchten die Menschen ihre Hexen und Irren, um sich selbst vor dieser Gefahr zu schützen.
Das Problem der Zurückgebliebenheit und des Irreseins ist in Frankreich mit den Problemen einer Industriegesellschaft verbunden, die sich gegen die Assimilation derer wehrt, die nicht ihren Leistungskriterien[164] genügen. Die Gesellschaft müßte *ent-perfektioniert* werden, das heißt zu archaischen Formen finden, in denen früher der Zurückgebliebene und der Irre ihren Platz in der Dorfgemeinschaft finden konnten.
Zum gleichen Problemkreis gehören die moderne Familie und die spezifischen Formen der Verunsicherung, wie sie sich im Zusammenhang mit der Einengung der Familie[165] auf die Institution der Ehe eingestellt haben.

## DER WAHNSINN UND DAS FELD DER SPRACHE (PALO ALTO, LACAN)

Nach dem bisher Gesagten bleiben die Fragen nach der Natur des Irreseins noch offen. Geht man vom Problem der Psychosen beim Kind aus, so versucht man, den Einfluß der Familie auf das Kind zu bestimmen. Man wird aber feststellen, daß die Probleme der Kinderpsychose nicht dadurch zu verstehen noch zu lösen sind, daß man die Eltern gegen die Extravaganzen eines Kindes verteidigt (Lebovici), daß man die Familienverhältnisse normalisiert, damit sie sich günstig auf das Kind auswirken (Oury), und auch nicht dadurch, daß man jeden erzieherischen Einfluß der Familie auszuschalten sucht (Laing).

Das Problem, das das Kind zu bewältigen hat und an dem der Psychotiker gescheitert ist, sieht Lacan in der Beziehung des Kindes zum *gesprochenen Wort* (parole) seiner Eltern.

Im Mittelpunkt der Untersuchungen Lacans stehen die Beziehungen des Subjekts zur Sprache(langage). Die Sprache existiert vor dem Erscheinen des Subjekts, ja, sie bringt es, wie man sagen könnte, hervor. Das Kind hat zum Beispiel bereits vor seiner Geburt seinen Platz im Reden der Eltern, es hat schon einen Namen, es «wird gesprochen» in dem Maße, wie es das Objekt elterlicher Fürsorge sein wird. Das Ausbleiben dieser Fürsorge, dem man allgemein so viel Bedeutung beimißt (die Frustrationen), hat längst nicht so viele Auswirkungen, wie es die Art und die Begleiterscheinungen der Reden haben, die das kleine Kind umgeben, in denen es sozusagen badet. Das eigentlich menschliche Milieu ist nicht biologisch, es ist nicht sozial – es ist linguistisch.

Die wichtigsten amerikanischen Forschungsarbeiten haben ihre Aufmerksamkeit auf die *Elternsprache* gerichtet; ihre Bedeutung wird durch mangelnde linguistische Kompetenz gemindert, sie sind aber verwertbar aufgrund ihrer empirischen Angaben.

Hier waren es besonders die Arbeiten der Gruppe von Palo Alto[166], die einen prägenden Einfluß auf eine neue Generation amerikanischer Psychiater, Psychologen und Soziologen hatten, denen die biologisch oder medizinisch orientierte analytische Literatur nichts mehr sagen konnte.

Die klassische Psychoanalyse war in ihrer zunehmenden Beschränkung auf die Theorie der innerpsychischen Vorgänge gewissermaßen verkalkt. Den Blick starr auf die «Krankheit» «im» Individuum gerichtet, ließ man die im Reden oder außerhalb des Redens eines Patienten auftretende Dynamik einer Situation außer acht.
Die Gruppe von Palo Alto sieht den Patienten – darin stimmt sie mit Lacan überein – nicht als isoliertes Wesen, sondern als *Ort* von Beziehungen; sie nimmt die Begriffe auf, die bis dahin zur Bestimmung der *environmental factors* (Umweltbedingungen) gebräuchlich waren. Die Forscher ersetzten die traditionellen psycho-soziologischen durch logische Kriterien, aber sie behielten die psycho-soziologischen Untersuchungsmethoden für ihre Erhebungen bei. Sie verwendeten aus der Elektronik abgeleitete Modelle, die ihnen dazu dienten, die Probleme der Kommunikation in räumliche Vorstellungen zu übertragen.
Der Begriff des *feed back* (Reafferenzprinzip im Regelkreis), die Untersuchung des Subjekts als Ort für *input* und *output* (der die Vorstellung der *black box* zugrunde liegt) und die Sprachtheorie Carnaps gaben einer Forschungsrichtung Aufschwung, durch die sich die Psychiater vor die Notwendigkeit gestellt sahen, die Theorien, die bis dahin ihre praktische klinische Tätigkeit abgesichert hatten, in Frage zu stellen.
Anthony Wilden[167] meinte in dieser angelsächsischen Richtung Momente zu sehen, die mit den Positionen Lacans Gemeinsamkeiten hätten. Die Kommunikationstheoretiker, sagt er, sollten bereit sein, die Dinge in der Lacan'schen Perspektive mit den Kategorien des Signifikanten, des Symbolischen, des Imaginären und des Realen zu interpretieren.
In der Tat sind diese Kategorien der entscheidende Unterschied zwischen den amerikanischen und den französischen Forschungen. Denn durch die Verwendung der genannten mathematisch-logischen Kategorien (bei Frege, Boole, Godel, Russel und anderen) bedingt, entwickelten sich die französische und die amerikanische Forschung in unterschiedliche Richtungen, die hier etwas genauer dargestellt werden sollen.
Die angelsächsischen Forscher untersuchen die Logik allein auf der Ebene des gesprochenen Wortes; die Sprache – reduziert auf die Kom-

munikation – erscheint ihnen als Verhaltensvarietät; diese Anschauung rückt die Gruppe in die Nähe des Behaviorismus. Sie postuliert die Existenz eines informellen Codes, aufgrund dessen bei Beachtung der Regeln eine Kommunikation zustande kommt. Werden die Regeln mißachtet, so ist die Kommunikation gestört.

Daraus folgert man, daß das Bewußtsein des Menschen die gleichen Strukturmerkmale wie die Logik aufweise und daß durch diese Struktur die Lernfähigkeit determiniert sei. Neurose und Psychose erscheinen in dieser Anschauung als Folgen einer Widersprüchlichkeit in der Logik des Diskurses, von dem das Subjekt umgeben ist. Die «verrückte» Antwort wird als Reaktion auf einen unerträglichen «kommunikativen» *Kontext* verstanden. Unter der Analyse einer Situation versteht man in erster Linie die Analyse eines *Systems* von Paradoxen. Die strategisch geplante Therapie zielt darauf ab, neue Paradoxa zu schaffen, z. B. «das Symptom zu verordnen».

Die Schwäche dieser gewiß interessanten Theorie liegt in der von den Autoren vertretenen Sprachkonzeption.

Da ihnen die Sprache nur eine, wenn auch spezifische, Unterform des Verhaltens ist, gerät bei dieser Konzeption all das, was im Diskurs mitschwingt, also sozusagen auf dem Spiel steht, außer Betracht. Richtet sich die Forschung vorzüglich auf die *Regeln* der Kommunikation (Fußstoß und Trompetenstoß gehören dann in ein Register), so wird die jedem Diskurs inhärente symbolische Funktion nicht berücksichtigt.

Das von der Palo-Alto-Gruppe untersuchte logische System bezieht sich nur auf die Ebene der Wahrnehmungsrealität (die gesprochene Sprache) und hat keinen Bezug zum Unausgesprochenen; der Diskurs im Unbewußten bleibt unbefragt. Da die experimentelle Methode auf eine Simplifizierung (Reduktion) in den theoretischen Folgerungen hinausläuft, ist ihre praktische Verwendbarkeit wiederum in Frage gestellt.

Liegt das Hauptaugenmerk auf dem allein auf der Ebene des Bewußtseins aufzusuchenden Paradox, so verstellt man sich selbst den Blick auf den Bruch zwischen dem bewußten und dem unbewußten Diskurs.

Im Unterschied zu diesen Auffassungen untersucht Lacan die Sprache als Phänomen, das in der Beziehung des Subjekts zum Signifikanten angesiedelt ist. Er entwickelt eine Logik des Signifikanten, die er in der Theorie des Wunsches formuliert: Bei der Untersuchung des unbewußten Diskurses, der dem bewußten unterlegt ist, betont er die dem Wechselspiel von Absenz und Präsenz in der Welt des Kindes zukommende Rolle. Das Objekt, das das Kind entdecken muß, ist ein Objekt, das fehlt, ein abwesendes Objekt.

Der Diskurs kann nur zur Artikulation kommen, weil es Breschen gibt, die auszufüllen sind. Er ist also an den Mangel gebunden.

Die angelsächsische Theorie, die sich fast ausschließlich an den Daten einer experimentellen Realität orientiert, schwankt zwischen der Beziehung auf logische Kriterien und dem Rückgriff auf psycho-soziologische Untersuchungsmethoden. Sie bezieht sich vor allem auf den Bereich, den wir als imaginäre Ordnung bezeichnen und nimmt die Realität der symbolischen Ordnung nicht wahr.

Der Einfluß der Arbeiten der Palo-Alto-Gruppe auf die wichtigsten angelsächsischen Psychiaterteams ist unverkennbar:

Die Gruppe um Gregory Bateson[168] (ihr widmete die Palo-Alto-Gruppe ihr Werk) wurde berühmt durch die *double bind*-Theorie. In ihr fand die Entdeckung ihren Ausdruck, daß der «spätere Schizophrene» sich widersprüchlichen Befehlen ausgesetzt sieht und sich – durch Übertretung des Gebots – in einer fortwährenden Konfliktsituation befindet.

Der Begriff des *double bind* trifft für eine scheinbar freiheitliche Erziehungssituation zu, in der die Freiheit mystifiziert ist und nur dazu dient, die Verfehlung des Subjekts in aller Schärfe hervortreten zu lassen, so als sei es der unbewußte Wunsch eines Elternteils, daß das Kind die Gebote, die man ihm auferlegt, übertritt, damit der Erwachsene um so leichter den Fehler des Kindes enthüllen kann.

Aber trotz dieses Ansatzes wird die Problematik des elterlichen Unbewußten kaum vertieft. Man beschränkt sich auf das Material, das durch psycho-soziologische Untersuchungen bereits vorliegt. Dieses Material gibt aber nur einen beschränkten Einblick in die lebendige Wirklichkeit dessen, was in der Familie des Schizophrenen gespielt wird[169].

Laing und Esterson[170] haben die Theorie Batesons aufgegriffen. Die Vorstellung von einer Familienpathologie als einer begrifflichen Entität verwarfen sie zugunsten des Begriffs *Familiennexus*, mit dem die Struktur gemeint ist, in der sich das Individuum begreifen muß. Aus dem doppelten Diskurs der Eltern und des Kindes entwickelt sich eine Art dialektisches Spiel, das die Position des Subjekts in Frage stellt.

Zwei weitere Thesen über die Natur des Irreseins bestimmen die angelsächsische Forschung; die eine wurde von Theodore Lidz [171] entwickelt, die andere stammt von Lymann Wynne.

Der Kreis um Lidz bezieht sich auf die Arbeiten Talcott Parsons und verwendet für alle Phänomene, die sich in der familiären Struktur ansiedeln, psychoanalytische Begriffe; allerdings wird alles, was mit dem Ödipuskomplex und der Kastration in Beziehung steht, in den Arbeiten ignoriert. Sehr genau dagegen wird der Mord- und Inzestwunsch der Eltern und was sich davon ableiten läßt analysiert. Nach den Autoren gibt es zwei Typen von schizogenen Familien, die folgendermaßen beschrieben werden:

a) die Familie mit dominanter pathologischer Zentralgestalt (Vater oder Mutter),

b) die Familie, in der der Vater oder die Mutter ein Kind gegen den Ehepartner ausspielt.

In den Studien wird evident, auf welche Weise das später schizophrene Kind zum Träger all dessen wird, was bei den Eltern im Nicht-Symbolisierbaren geblieben ist.

Fedida [172] hat darauf hingewiesen, daß es diesen Arbeiten, die im wesentlichen auf einem vereinfachten Schema psycho-soziologischer Art beruhen, an der historischen Dimension fehlt.

Die Gruppe um Wynne untersucht «die Familie als ein System und die Entwicklung der Schizophrenie als notwendige Resultante einer dynamischen Organisationsform der Familienkonstellation.» Die Autoren zeigen, daß das Kind demnach keine Wahl hat, als sich dem Familiensystem konform zu unterwerfen, weil ihm jede Öffnung nach außen von den Eltern verboten wird. Hierzu schreibt Wynne: «Die Familien, in denen ein Kind schizophren wird (in der Adoleszenz oder mit Abschluß der Reife), fühlen sich im allgemeinen – individuell wie kollektiv – durch gewisse menschliche Erfahrungen bedroht, die ein destruktives Moment an sich haben, wie Trennung, Einsamkeit, Sexualbegierde, Wut, Zärtlichkeit. *Pseudoaltruismus* und *Pseudofeindseligkeit* sind die Verhaltensformen, in denen all das realisiert wird, was Abwehr und andere Ich-Funktionen gegenüber einer oder mehreren einbezogenen Personen niemals leisten konnten. Diese Verhaltensformen schützen gegen Bewußtwerdung und Selbsterkenntnis.» [173]

Diese beiden Formen *Pseudoaltruismus* und *Pseudofeindseligkeit* werden als Reaktionsweisen beschrieben, mit denen sich der Mensch gegenüber einer geliebt-gehaßten Person innerhalb der Familie verhalten und weiter mit ihr leben kann. Zusammen mit dem Rückhalt der Familie verliert das Subjekt seine Verteidigungsmöglichkeiten und sieht sich der Gefahr einer rapide verlaufenden «Dekompensation» ausgesetzt.

Diesen Arbeiten ist vorzuwerfen, daß sie deskriptiv bleiben und daß nicht immer sichtbar wird, wie die so freigelegten Elemente in der Dynamik einer Behandlung verwendbar wären. Das Interesse eines Großteils dieser Forscher richtet sich allerdings nicht auf die analytische Behandlung (die ihrer Meinung nach nur die Weichen zur Anpassung stellt), sondern auf eine Prophylaxe psychischer Krankheiten oder auf die soziale Revolution [174].

Der Akzent liegt auf den in der Realität angenommenen Rollen und weniger auf der Stellung des Subjekts in und zu der Sprache. Die Eltern-Kind-Beziehung wird in der Mehrzahl der psycho-soziologischen Forschungen als Funktion eines Sprechens begriffen, während das Unausgesprochene unberücksichtigt bleibt; das Sprechen wird also in keiner Beziehung zur unbewußten Struktur der Eltern gesehen.

Hier führt kein Weg zur Erforschung der unbewußten Organisation der Psychose; man erhält nur eine dialektische Anschauung dessen, was in einer Schizophrenenfamilie geschieht (vor allem bei Jules Henry) [175]. Diese sehr aufschlußreichen Beiträge bleiben aber weit entfernt von dem, was die Freudsche Entdeckung als strukturales Faktum an den Tag gebracht hat.

Aber es bleibt ihr Verdienst, die Psychiatrie von den «botanischen» Kategorien befreit zu haben.

Es geht weniger um das Verhalten des Psychotikers (und Neurotikers) als um seine Sprache. Lacan hat daran erinnert, daß in der *Traumdeutung* das Unbewußte wie eine Sprache entziffert wird. Freud hat, um eine Theorie des Unbewußten zu entwickeln, einen Vorgriff auf die

Linguistik de Saussures unternommen – zu einer Zeit, als in den Geisteswissenschaften die Philologie die beherrschende Stellung innehatte.
Das Unbewußte wurde eine Zeitlang als Reservoir der Triebe und Instinkte begriffen. Man wollte damit ein einheitliches, Biologie und Psychologie zusammenfassendes Konzept gewinnen. In Wirklichkeit ist das Unbewußte das *Subjekt* des Sprechens. Beim normalen und beim neurotischen Menschen wird dies durch die Intervention der *Ich*-Kontrolle verschleiert, aber beim Psychotiker zeigt es sich unverhüllt. – Das Ich hat, wie wir wissen und am deutlichsten während des Spiegelstadiums beobachten können, seinen Ursprung im Imaginären.
Auf diesen theoretischen Grundlagen – die hier nicht weiter zu explizieren sind – gelang uns der Nachweis, daß es unzulässig ist, das Symptom des kranken Kindes von seinem eigenen Diskurs und dem, der ihn konstituiert hat (also im wesentlichen dem der Eltern), zu trennen. Das Symptom des Kindes deckt innerhalb des Familiendiskurses die Leere zu, die die nicht geäußerte Wahrheit schafft. Das Symptom ist also für diejenigen notwendig, die sich gegen die Erkenntnis einer Wahrheit schützen müssen. Wenn man also das Symptom behandelt, verstößt man in Wirklichkeit das Kind.
Diese Erkenntnisse aus der Kinderanalyse gelten in gleicher Weise für die Erwachsenenanalyse und besonders für das Vorgehen bei der Psychose (aber gerade hier werden sie systematisch ignoriert).
In der Beziehung zum Psychotiker vergißt man sehr leicht einen wesentlichen Punkt: Angesichts eines Appells, auf den das Subjekt nicht mehr antworten kann[176], entsteht bei ihm ein «Aufquellen» von Seinsweisen[177], das wieder eine bestimmte Sprache mit sich bringt. Das, was sich im Wahn artikuliert, ist nichts anderes als der Eros des Psychotisierten. Je mehr das Sprechen real zurückgeht, desto enger klammert er sich an die Form der Sprache, an das Spiel mit den Worten. Dieses «Aufquellen» des Imaginären im «Vorhof des Irreseins» muß genau beachtet werden: Unter ihm liegt das, was sich beim Subjekt in symbolischer Artikulation verzweifelt zu erkennen geben will.
Durchkreuzt man den Wahn, wird er unabänderlich fixiert. Anders gesagt: Man schneidet dann dem Subjekt einen Heilungsweg ab, einen sich im Wahn vollziehenden Restitutionsvorgang, der nur unter der

Bedingung des absoluten Nicht-Eingreifens ablaufen kann. Nur so bleibt die Möglichkeit erhalten, daß das Subjekt in seiner symbolischen Authentizität anerkannt wird.
Wir sind deswegen an Einrichtungen interessiert, in denen sich der Wahn ohne medikamentöse Einwirkung entfalten kann; auch von daher sind die klinischen Experimente von Laing von höchstem Interesse. «Sobald einer durchdreht, kriegt der Arzt Angst; dabei ist die beste Behandlung, es ablaufen zu lassen», meint wortwörtlich ein Insasse von Ville-Evrard.
Intellektuell akzeptieren wir diese Einstellung, in der Praxis wird sie mit chemotherapeutischen Mitteln bekämpft. In den englischen *homes* dagegen wurde die Probe auf Freuds Behauptung gemacht, daß der Wahn ein wiederherstellender Genesungsvorgang sei[178].
Wenn auch diese Versuche ihre Grenzen haben, wenn auch die theoretischen Positionen angreifbar sind – der Ansatz bleibt bemerkenswert genug. Die klinische Forschung hat die Frage nach der Beziehung des Menschen zum Wahnsinn auf die Tagesordnung gesetzt. Im folgenden Kapitel wollen wir uns eingehender mit dieser klinischen Praxis befassen.

## II. *Zur klinischen Praxis der Anti-Psychiatrie*

### DIE GEMEINSCHAFTEN DER ENGLISCHEN ANTI-PSYCHIATRIE

Wir haben schon daraufhingewiesen, daß R. D. Laing sich vor allem um die Erforschung der Psychosen und um ihre spezielle Erscheinungsform, die man Schizophrenie nennt, bemüht hat.
Laing ist Gründungsmitglied der *Philadelphia Association*, einer Organisation, von der – mit ausgesprochen anti-psychiatrischer Zielsetzung – in London drei «*homes*» für «Geisteskranke» eingerichtet wurden. Jedes

dieser Häuser nimmt 12 Patienten im Alter von 17–35 Jahren auf. Eine ärztliche Aufsicht gibt es in diesen Häusern nicht.
Die *homes* wollen *Aufnahmestätten für den Wahnsinn* sein. Der «Kranke» kommt hierher, um eine «Krise» ablaufen zu lassen, die in keinem anderen Milieu toleriert würde. Auf der Suche nach einem Begriff für dieses Durchgangsstadium[179] hat Laing den der *Metanoia* gewählt, im Sinne eines Umschlags, einer Verwandlung.
Den Wahn (das Delirium) und alle anderen Manifestationen der akuten Schizophrenie betrachtet Laing als *Reise*; die psychotische Krise erscheint ihm mit psychodelischen Effekten vergleichbar. Die Reise kann sich gut oder schlecht entwickeln; das hängt vom Rahmen ab, in dem sie stattfinden wird. Sieht man dagegen diesen Vorgang als pathologisch an (und hält eine «Behandlung» für erforderlich), so wird er aller Wahrscheinlichkeit nach definitiv in der Psychose enden, und in psychiatrischem Milieu wird das Delirium dann zu einer chronischen Erscheinung. Nach der Erfahrung von Laing ist es äußerst wichtig, in den Verlauf einer akuten schizophrenen Phase nicht einzugreifen, sondern ihn nach Möglichkeit nachzuvollziehen und ihn sogar zu unterstützen.
Nichts, sagt Laing, ist in unserer Gesellschaft stärker tabuiert, als gewisse regressive Regungen. Ganz allgemein wird jede Veränderung in der Persönlichkeit eines Menschen verboten. Wenn sich die Person verändert, verändert sich natürlich auch die Art und Weise der Beziehungen zu anderen Personen. Und dies ist der Grund, warum auf solche Vorgänge mit einer Absonderungsstrategie reagiert wird, die dem Risiko einer Veränderung zuvorkommen soll.
Die *Aufnahme* in die englischen Gemeinschaften vollzieht sich (soweit ich dies auf Grund eines viel zu kurzen Aufenthalts beurteilen kann) in einer Situation, die mich an Formen des Psychodramas erinnert hat.
Es ist der *Mythos der Regression*, dem der Patient hier begegnet (der Patient kennt diesen Laing'schen Mythos, denn er kommt her, um zu regredieren). Er setzt ihn in der Inszenierung «seiner» Szene, in der die Äußerungen seines Verlangens auftreten, als *Rückkehr* ein (und seine Wutanfälle lassen nach).
Der Patient braucht ein Publikum als Zeugen und Beistand seines Wahns, seiner Halluzinationen, seiner Symptome. Merkwürdige Spiele

und Riten entwickeln sich zuweilen in diesem Milieu, das dem Besucher offen und geschlossen zugleich vorkommt. Wollte man eines der «Wahrheitsspiele» charakterisieren, die hier improvisiert werden, so müßte man es benennen: Gib mir deine Angst. Es sind Spiele, die den Teilhaber in diesem Spiel vor Zeugen «irre machen» sollen. Jeder Zuschauer unterwirft sich selbst der Erfahrung, die darin besteht, dem anderen das Unerträgliche der Angst aufzulasten und es ihm so fühlbar zu machen. Man erwartet gewissermaßen den Schrei des anderen.
Jeder individuellen Lösung[180] antwortet in jedem Augenblick der Chor des Publikums. Die Botschaft, die sich hier Gehör zu verschaffen sucht, kommt von einem Subjekt in seinem Verhältnis zur Wahrheit. Der Blick des anderen konstituiert die Welt eines jeden einzelnen. Es wird hier eine außergewöhnliche Erfahrung gemacht, eine Erfahrung, die die Kastration, das Wunschobjekt und das Wunder des Wunsches berührt. In einem Bereich, wo Tod und Leben eng miteinander verbunden sind, wird die Kastrationsangst in Szene gesetzt; die Drohungen, die mit all dem zusammenhängen, was im Verbotenen gefangen gehalten blieb, gewinnen langsam Gestalt.
Soll ein neuer «Patient» in Kingsley Hall aufgenommen werden, so bedarf das der Zustimmung der (Patienten-)Gruppe.

## BESESSENHEITSKULT UND METANOIA

Mit dieser Zustimmung geben die Gruppenmitglieder zu erkennen, daß sie den Eindringling in ihr Spiel tolerieren werden. Ein Patient, der hierher kommt, erwirbt sich in der Meisterung der aufeinanderfolgenden Krisen, denen schließlich eine «Konversion» oder «Erlösung» folgt, nicht nur ein bestimmtes Wissen über den Wahnsinn, sondern auch Menschenkenntnis.
Bei bestimmten Besessenheitsriten afrikanischer Stämme läßt sich Ähnliches beobachten. Die Veränderung, die nach einem gewissen Sühneritual einsetzt, erlaubt es dem «Kranken», in den Status des «Therapeuten» überzuwechseln.
In seiner Untersuchung über die Besessenheit bei den Wolof und Le-

bou[181] berichtet Andràs Zempleni über die Konversion einer Kranken zur Therapeutin. Von Anfang an geht es in der Geschichte – sie wird von der Patientin (Khady), der späteren Heilkundigen, selbst berichtet – um einen *Mythos*, der den ganzen Verlauf beherrscht[182].

Der Inhalt des Mythos ist die Entwicklung eines unerträglichen, gegen ihren Vater widersetzlichen Mädchens, das erst als Heilkundige, indem es sich dem Geschlecht der Väter einreiht, diesen Zustand überwindet.

Bei diesem Fall, wie bei der Geschichte Marys, über die ich später berichten werde, scheint mir der Einschnitt interessant zu sein, der zwischen der Lust an der Krankheit und der schließlich erworbenen Überwindung dieser Krankheit liegt.

Die Geschichte der «Konversion» der Patientin Khady wird uns als eine Entwicklung berichtet, die der Biographie folgt und die der Erfüllung eines *Schicksals*, einer Bestimmung gleichkommt; der Mythos ist von vornherein in den «Rahmen» der gesellschaftlichen Strukturen eingeschrieben.

Laings Patientin Mary zeigt im Verlauf ihrer Erfahrung des Irreseins nicht nur, was sie «wiederzufinden» hofft, sondern sie zeigt auch das, was die Voraussetzungen des Wahnsinns ausmacht. Auch hier orientiert sich die Geschichte um einen Mythos; er ist aber in die Institution verlagert.

Laing erzählt die Geschichte[183] dieser strengen, lebhaften und ganz ihrer Arbeit hingegebenen Oberschwester und berichtet, sie habe das Gefühl gehabt, sich in einem bestimmten Lebensabschnitt eines Tages *verloren* zu haben. Es schien ihr notwendig, dorthin zurückzukehren, *wo sie sich verloren hatte*, um sich wiederfinden zu können und dann ein Leben führen zu können, das nicht verfehlt wäre. Einige Tage nach ihrem Eintritt in Kingsley-Hall begann sie nachts zu «regredieren» (inkontinent und enkopretisch), während sie tagsüber ihre Arbeit versah. Sie bat schließlich um Krankheitsurlaub, der ihr auch bewilligt wurde. Von diesem Tage an regredierte sie vollends, sie begann sich mit Suppen zu ernähren, magerte ab, beschmierte sich mit ihrem eigenen Kot und hörte auf zu sprechen. Bald war es ihr kaum noch möglich, sich auf den Beinen zu halten. Sie wurde sehr schwach, bekam Uterusblutungen und mußte schließlich deshalb in ein Krankenhaus eingeliefert werden. Wie sie selbst später sagte, regredierte sie in eine Phase vor ihrer Geburt: sie wollte sogar noch hinter den Augenblick ihrer eigenen Zeugung zurückgehen. Sie überließ ihren Körper, der an der Grenze zum Tod angelangt war, dem Arzt (Dr. Berke).

Khadys Geschichte berichtet die Störungen in chronologischer Reihenfolge. Wir erfahren, wie ihr Vater in ihrer frühen Kindheit beschäftigt ist, mit Gaben an die Götter die Schäden, die seine Tochter den Nachbarn zugefügt hat, «wiedergutzumachen» und sie von einer ganzen Reihe von Leiden zu heilen. Der Vater tauft sogar seine Tochter um, gibt ihr den Namen der geschädigten Nachbarin, um deren «rab» zu besänftigen. Alle Rituale verfolgen die Absicht, ein Bündnis mit den Geistern der Vorfahren zu schließen. Khady heiratet mit 16 Jahren, die somatischen Beschwerden verstärken sich, und der Vater kann nichts dagegen tun. Das Symptom der Tochter ist das Opfer, das die Götter (die Geister der Vorfahren) fordern (Lähmung, Stummheit, Anorexie). Khadys Mutter gibt den Geistern sogar ihr Leben, damit ihre Tochter nicht stirbt... aber auch dies befriedigt die Geister nicht; sie wollen es mit Khady selbst zu tun haben: d.h. mit dem, was in ihr zum Problem ihrer eigenen Kastration gehört. Im Alter von 25 Jahren erreichen die Störungen und der Wahn ihren Höhepunkt; es ist zugleich das Jahr ihrer *Initiation* als Heilkundige.

Auch bei Laings Patientin zeichnet sich auf dem Höhepunkt ihrer Störung eine Möglichkeit ab, in einen anderen Status einzutreten. Sie wird Malerin und zeigt eine hohe Begabung. Nach einem langen Weg ins Sinnlose findet sie endlich den «Grund» eines Wunsches.

Sie war über Anorexie, Enkopresis und Inkontinenz ins Irresein getreten; Mary mußte als ein Stück Fleisch von ihrem eigenen Körper von der Maschine (des Signifikanten) erfaßt werden. Erst an der Grenze zum physischen Tod gab sie zu erkennen, daß ihr Wunsch der Wunsch nach dem Körper des anderen war. Zwischen ihr und dem Arzt entspann sich ein heftiges psychodramatisches Spiel: was für sie erforderlich war, löste beim anderen die Angst aus.

Ausschlaggebend waren anscheinend zwei Eingriffe: der erste war das Verbot, sich willkürlich überall zu entleeren; es wurde ihr (im Interesse der anderen Patienten) ein abgedichteter Raum zugeteilt, wo sie nach

Herzenslust mit ihren Exkrementen spielen und sie an den Wänden verschmieren konnte.
Der andere Eingriff (der auf ihre Berufung als Malerin einen nicht geringen Einfluß hatte) bestand aus einer einfachen Bemerkung Laings. Vor den mit Exkrementen bekleisterten Wänden sagte er zu ihr: «Sehr schön, aber es fehlt an Farben.» Von diesem Zeitpunkt wandte sich die junge Frau der Malerei zu und fertigte Wandfresken von großer Schönheit. Mit jener eingreifenden Bemerkung wurde im Subjekt ein Wunsch zu malen geweckt.
Man kann ohne Übertreibung sagen, daß auf unterster Ebene das Exkrement als solches die Rolle des Wunschgrundes[184] spielte und dies zu einem Zeitpunkt, als es für das Subjekt darauf ankam, sich im Signifikanten konstituieren zu können.
Das Exkrement hatte bei der Patientin im Sinne eines Subjektivierungsprozesses gewirkt. Zu Anfang war es Ausdruck eines sehr frühen Verlangens: man solle die Exkremente aus ihr mit den Händen hervorholen (das Verlangen nach dem anderen und das Verlangen des anderen waren dabei sehr eng miteinander verbunden), und nach der Verweigerung (erster Eingriff), die man ihr – allerdings *woanders,* als es der zweite Eingriff (der von Laing) tat – entgegensetzte, kam es im Malen zu schöpferischer Darstellung und zum Ausdruck dessen, was sich aus dem Bereich der unmöglichen Wünsche im Reden äußern wollte. Unleugbar besteht zwischen dem verlorenen (Exkrementen-)Objekt und der künstlerischen Produktion der Patientin eine enge Verbindung.
Die junge Frau hatte mit dem Verlust des (Exkrementen-)Objekts ihre Identität verloren. Aber dieser Verlust war die Voraussetzung dafür, daß der Wunsch geboren wurde, der den unerläßlichen Zusammenhalt für die Konstituierung des Subjekts verschaffen konnte. Als die Krankenschwester nach Kingsley Hall kam, war ihr die Schizophrenie ihres jüngeren Bruders bekannt. Man konnte annehmen, daß sie sich als «Kranke» mit der «Krankheit» vertraut machen wollte, um daraus eine Möglichkeit für die Rettung ihres Bruders zu gewinnen.
Die «Heilungs»phasen der Patientin, gegliedert durch ein Ritual zugestandenen regressiven Verlangens und durch verschiedene Wahnphasen, wurden von der ganzen Gruppe mitvollzogen. Der Wahn der

jungen Frau wurde von allen derart gehätschelt, als sei er ihr höchstes Gut, und so konnte aus dieser Reise ins Sinnlose ein kreativer Akt entstehen.

Wo bei Laings Patientin der physische Tod als eine Grenze erreicht wurde, ist dieser bei Khady stets gegenwärtig: er raubt ihr die Mutter und die Kinder. Auf dem Höhepunkt ihrer Wahnkrise sehen wir Khady zwischen Ablehnung und Gehorsam gegenüber den Befehlen der Ahnengeister.

Die Anstrengung, der Magie zu entkommen, bringt ihr den Status der Heilkundigen ein. Sie erreicht dies, indem sie sich einer Reihe von Opferriten unterwirft, in denen sie für das Recht auf das väterliche Erbe bezahlt (jenseits imaginärer Kämpfe kommt es hier zu einer Realisierung einer signifikanten Identifikation).

Zu einer Zeit, als ihr Verhältnis zum Vater noch ganz ambivalent war, hatte ihr ein Medizinmann gesagt: «Frauen dürfen kein Wissen haben.» Und Khady hatte geantwortet: «Ich habe dieses Wissen von meinen Vorfahren geerbt.»

Diese Aussage wurde ihr zur Parole ihres Engagements: mit ihr verwandelt sie den Status der Kranken in den der Heilkundigen. Sie erhält als Teil des väterlichen Erbes – nun, da sie ihrer Funktion zukommen – einen Stein, einen Geierkopf und Kultgegenstände. Doch bevor sie die volle Meisterschaft erreicht, muß sie noch einen Kampf bestehen und das «Horn von Sajinne» erringen.

Die Gäste von Kingsley Hall überwinden den Wahnsinn im Verlauf eines Spiels mit dem Tod und der Angst. Aber auch hier kommt es zu Sühneopfern: Patienten, die sich selbst aus dem «home» ausschließen – ein Vorgang, der die Wiederholung des Ausschlusses aus der Familie ist. Derjenige aber, der das Glück hat, aus der Hölle emporzusteigen, tut dies in kreativer Weise. In psychiatrischen Kliniken gibt es kaum je solche Resultate.

Was mich während meines kurzen Aufenthalts besonders beeindruckt hatte, war, wie kompetent die «Kranken» aufgrund ihrer eigenen Erfahrungen für die Rolle des Therapeuten wurden. Es bestehen ganz gewiß Ähnlichkeiten mit den Besessenheitsriten. Hier wie dort wird durch die Beherrschung des Bösen der Weg zur Erkenntnis freigelegt.

Die Geschichte von Khady demonstriert, daß das Opfer des Bösen in einer Reihe von Umschlägen die *Herrschaft über das Böse* erwirbt. Die «Initiationen» in die Welt der «tuur» und «rab»[185] sind mit Sanktionen und mit Reparationen an die Geister der Vorfahren verbunden. Sie fallen mit Umstellungen im Gefüge der Familien – und Stammesstrukturen (und in diesem speziellen Land auch der religiösen Strukturen) zusammen.
Das Zentrum eines Lebensabschnittes war bei Khady die Suche nach einer Identität, die Suche nach einem Platz in der Stammesfolge; diese Suche wurde begleitet von einem unausgesetzten Schwanken zwischen Abwehr der Familientradition und Unterwerfung unter die Geister der Vorfahren. Nach einer langen Zeit des Widerstands gegen die väterliche Instanz gelang es ihr schließlich, das Erbe als Heilkundige anzutreten. Die hysterische Symptomatologie läßt sichtbar werden, auf welche Weise ein zuweilen als wahnhaft zu bezeichnendes Denken unter dem Einfluß des den Wahn begünstigenden Milieus steht und dessen Vorurteilen ausgesetzt ist. Das Denken der Kranken hat seinen Rückhalt in den Mythen der Gruppe; dabei ist bemerkenswert, daß – im Gegensatz zur abendländischen Tradition – man den Geist niemals als den Grund des Übels *auszutreiben* versucht, sondern sich bemüht, in einem Ritual, an dem die ganze Gruppe beteiligt ist, mit ihm ein Bündnis zu schließen. In der Kranken treffen also individueller Wahn und kollektiver Mythos zusammen. Wir begegnen hier etwas, was einer überwundenen Zwangsneurose ähnlich ist: eine Genesung von der Hysterie über einen von anderen zugestandenen Wahn, der in unseren Breiten zur Einweisung in die Anstalt Anlaß gegeben hätte.
Wichtiger als die hypothetische Heilung Khadys ist an ihrer Geschichte, daß sie sehend und wissend geworden ist. Die Erkenntnis, die vorher in den Fesseln der Phantasie lag, konnte hochkommen, als sie durch den Wunsch eine Funktion erhielt.
Die Wurzel dieser Erkenntnis fand sich in dem leidenden Körper; er mußte sich in einer signifikanten Dialektik engagieren, (er trennt sich von totgeborenen Kindern, teilt sich in seine unterschiedlichen Partien auf), bevor er sich auf dem Felde des Wunsches bestimmen konnte. Die Begriffe Opfer und Verstümmelung galten als Versicherung, daß im

Netz des Wunsches der andere anwesend war [186]. (Ähnliche Mechanismen treten bei der Patientin Laings auf, die sich ebenfalls zunächst in ihrem Körper zerstören muß.)
Mit der Erfahrung, ihren Wunsch realisiert zu sehen, kann Khady zugleich ihre Funktion als Heilkundige übernehmen. Je mehr sie sich darin engagieren kann, desto leichter fällt es ihr, den Wunsch seinem Grund wieder einzugliedern.
Die Reise in die «Krankheit», die ihre Unterstützung im Mythos der Gruppe hat, scheint mir dem zu entsprechen, was eines der wesentlichsten Elemente der Bewegung von Kingsley Hall ist. Hier gewinnt der Patient nach einer Reihe von Prüfungen nicht seine Gesundheit, sondern ein Wissen, das es ihm erlaubt, nun seinerseits denen anleitend zur Seite zu stehen, die dem «Zorn der Geister» ausgesetzt sind.
Nun wird deutlich: der Wahnsinn ist nicht das Böse, das es auszutreiben gilt, sondern man muß mit den «Geistern ein Bündnis» schließen, man muß sie, ohne die Angst zu wecken, in die Falle des Wunsches locken.
Es liegt mir fern, in der Psychose nichts als eine irgendwie metaphysisch geartete Reise zu sehen. Ich wollte mit diesen Berichten nur die Originalität einer Forschung demonstrieren, die dem Wahnsinn zu sprechen erlaubt.

## DIE PSYCHOSE HINNEHMEN

Was in der Psychose spricht, ist nicht der Patient selbst, sondern ein Sprechen, das sich als solches dem Subjekt offenbart. Der Patient sucht sich im Verhältnis zum anderen als Objekt, und das Ergebnis ist, daß er sich als Subjekt verliert [187]. Das Wort, das sich da ausspricht, ist nicht das seine, es ist das *du* (das in einer Situation, in der der andere als solcher vom Patienten nicht mehr erkannt wird, spricht) [188].
Unter solchen Bedingungen reduziert sich die Situation auf eine rein imaginäre Beziehung. In der affektiven, der einzig möglichen Beziehung wird der andere zu einem reinen Wunschwesen, aber auch zu einem Destruktionswesen: Hier hat die Aggressivität ihren Grund und Platz auf dem Feld, auf dem sich das Irresein ausbreitet.

Lacan sieht den Augenblick des Eintritts in die Psychose darin, daß der vom Feld des anderen ausgehende Appell eines wesentlichen Signifikants nicht mehr aufgenommen werden kann [189]. Worte steigen aus dem Imaginären und drängen sich dem Subjekt auf; diese Worte, an die es sich klammert, binden es an eine «Vermenschlichung», die es im Begriffe ist zu verlieren.
Hierzu gehören all jene «Erlösungs»versuche, von denen Laing in seinen Fallgeschichten berichtet. Aber sie helfen dem Subjekt höchstens, seinen bedrohten Narzißmus zu schützen.
Die schreckenerregenden, den Patienten ganz in Anspruch nehmenden Bilder, die nun auftreten, sind nur aus der Beziehung des Subjekts zum Signifikanten zu begreifen. Immer dann, wenn das Verhältnis zum imaginären anderen ein tödliches Verhältnis geworden ist, baut das Subjekt das ganze signifikante System als solches wieder auf, aber es ist von dem gemeinten Verhältnis völlig losgelöst (hinzu kommt eine Dekomposition des inneren Diskurses). Erneut versucht das Subjekt das zu konstitutieren, was seit dem Zusammenstoß mit dem Signifikanten nicht mehr assimiliert werden konnte. Es kann nicht oft genug wiederholt werden: In dem Augenblick, in dem der Psychotiker aufgerufen ist, sich mit dem Signifikanten einverstanden zu erklären, macht er eine Anstrengung, die in die Entwicklung einer Psychose führt [190].
Diese Psychose darf nicht «behandelt» (also unterbrochen) werden, sie muß hingenommen werden. Was der Patient sucht, ist ein Zeuge, ein Träger für jenes fremdartige Sprechen, das sich ihm aufzwingt.

# 8. Die Lehranalyse und die Psychoanalyse als Institution[191]

Es bleibt noch zu untersuchen, auf welche Weise das Problem der Institution über den Umweg der Lehranalyse zur Problematik der Analyse selbst wird.

## 1. *Zur Geschichte*

### DIE URANALYSE

O. Mannoni[192] erinnert daran, daß die eigentliche Uranalyse die «Analyse Freuds bei Fließ in den letzten Jahren des ausgehenden 19. Jahrhunderts» war. Wollte man sie beschreiben, so müßte man zwei Arten von Wissen unterscheiden: das, welches Freud bei seinen Lehrern (Charcot und Breuer) erworben hat und das auf klinischer Beobachtung beruhte, und dann jene andere, schwieriger kommunizierbare Form des Wissens, die weniger von dem bewußten Wunsch nach Wissen als von den Abkömmlingen des unbewußten Wunsches getragen wird. O. Mannoni sieht hierin den doppelten Ursprung sowohl der analytischen Technik wie der Initiationsriten der Psychoanalyse.

Die beiden Arten des Wissens bedingen einander, sie ergänzen sich; aber sie können zuweilen auch in offenen Widerspruch zueinander treten. Das erworbene Wissen unterliegt einer Modifikation durch die Art und Weise, wie es als Objekt in das Feld des Wunsches eingebettet ist.

«Irgend etwas aus den tiefsten Tiefen meiner eigenen Neurose hat sich einem Fortschritt im Verständnis der Neurosen entgegengestellt und Du warst irgendwie mit hineingezogen. Denn die Schreibhemmung scheint mir bestellt, um unseren Verkehr zu hemmen... Ob nicht etwas Ähnliches bei Dir der Fall war?»[193]

Freuds Freundschaft mit Fließ wird von den meisten Analytikern übergangen, oder wenn sie davon sprechen, dann tun sie es mit einer gewissen Zurückhaltung. Seine «Übertragung» auf Fließ wird von ihnen auf eine rein imaginäre Dimension beschränkt.

Daß Freud seinen von der Autokratie zermürbten Patienten gegenüber nicht die Rolle des autokratischen Vaters herausgekehrt hat, verdankt er (wie behauptet wird[194]) dem Umstand, daß er bei Fließ die Universalität des Vaterprinzips entdeckt habe. Wir wissen auch aus einem an Fließ berichteten Traum, daß Freud sich durchaus seines irrationalen Wunsches bewußt war, die Väter für die Neurosen ihrer Kinder zur Verantwortung zu ziehen.

Das ist aber nicht das Entscheidende. Wichtig ist auch nicht so sehr, daß Fließ für Freud die Rolle des Vaters, der Mutter, des nächsten Vertrauten hat spielen können, sondern daß er in einem als analytisch zu bezeichnenden Verhältnis für Freud zum Träger seiner Zweifel und seines Wissens wurde, zum Angelpunkt seiner entscheidendsten Entdeckungen, wie sie seit 1894 in der symptomatologischen Korrespondenz mit Fließ niedergelegt wurden.

Freud nannte Fließ sein anderes Ich; ihm vertraute er an, was noch nicht reif zur Mitteilung an andere war. Und so zeigen sich auch in jeder neuen schöpferischen Entdeckung die Spuren jener irrationalen Beziehung zu Fließ.

«Für wen schreibe ich noch? Wenn Du also in dem Moment, da eine Deutung von mir Dir Unbehagen macht, bereit bist zuzustimmen, daß der ‹Gedankenleser› nichts am anderen errät, sondern nur seine eigenen Gedanken projeziert, bist Du wirklich mein Publikum nicht mehr, mußt Du die ganze Arbeitsweise für ebenso wertlos halten wie die anderen.»[195]

Freud unterhielt zwar gegenüber Fließ ein imaginäres Verhältnis, aber von Anfang an war in Ansätzen ein Motiv zu einer Botschaft über Fließ hinaus da. So konnte von dem Feld aus, wo Freud eine symbolische Artikulation ermöglicht wurde (was Lacan als den Ort des Anderen [*lieu de l'Autre*] bezeichnet), über den imaginären anderen hinaus dieser Botschaft ein Sinn vermittelt werden.

Die verschiedenen Entdeckungen Freuds werden stets begleitet von Momenten, in denen zwischen Freud und Fließ diese Wahrheit durchbricht. Freud entdeckt das Gewicht der elterlichen Imagines, die Rolle des Ödipuskomplexes, die Bedeutung der kindlichen Sexualität und erkennt, daß der Eintritt in die symbolische Ordnung mit dem Thema des Vatertodes verknüpft ist; und wir wissen, daß Freud die Freundschaft mit Fließ abbrechen konnte, als er seine Traumdeutung abgeschlossen hatte: er war nun in der Lage, Angst und Einsamkeit zu ertragen.

Von dem, was in dieser Beziehung den Durchbruch zur Erkenntnis erbrachte (um den Preis unendlich vieler Plagen, schwerer Kämpfe und somatischer Leiden) wissen wir nicht viel – nur das, was Freud selbst (von Jones[196] übermittelt) einmal gesagt hat: «Ich habe dort Erfolg gehabt, wo der Paranoiker scheitert.» Tatsächlich scheint ein Zusammenhang zu bestehen zwischen der paranoischen Form der Erkenntnis, dem auf den unbewußten Wunsch gegründeten Wissen einerseits und der Erschaffung des (psychoanalytischen) Objekts andrerseits, die zugleich volles Bewußtsein dessen bedeutet, daß das Objekt verloren ist. Immer wenn die Forschung als zielgerichtete Suche scheitert, kommt es zu einer zufälligen Entdeckung. Wie stellt sich nun eine analytische Beziehung her?

Während Freud Breuer um Unterweisung gebeten hatte, verlangte er von Fließ (worauf O. Mannoni hinweist) ein Wissen, über das dieser gar nicht verfügt. Freud bringt das Objekt seiner suchenden Forschung (die Psychoanalyse) in eine phantasmatische Beziehung zum Wunsch des Anderen, und in dieser Form erlangte er im Unbewußten mit dem Willen, anerkannt zu werden, so etwas wie Erkenntnis.

Von diesem Wunsch aus (der die Leidenschaft einer suchenden Forschung ist) artikuliert Freud, was später zur analytischen Erfahrung wird. Der Wunsch ist für Freud Prüfstein und Schlüssel für das Wissen und die Wahrheit.

Diese Art, an die Analyse heranzugehen, zeigt sich bereits in der Beziehung Freuds zu Fließ; sie ist weit entfernt von jener Einschränkung auf eine Oberflächenrealität, die in der Psychoanalyse die Trennung von Arzt und Krankem eingeführt hat, wie sie für die klassische Krankheitslehre charakteristisch ist. Mit solchen Anschauungen ist der Analysand der Beurteilung durch den psychiatrischen Analytiker unterworfen und ihr Verhältnis zueinander ist von der Norm bestimmt. Freud dagegen hielt immer daran fest, daß die Feststellung dessen, was moralisch sei, nicht allein durch die Anerkennung der Instanz des Über-Ich erfolgen kann, sondern aus jenem Imperativ abzuleiten sei, der am *Anfang* der Analyse steht: «Wo es war, soll ich werden.» Dies Ich, das aus der Analyse hervorkommen soll, ist ein Ich, das sich fragt, was es will.

Fasziniert von der Organisationstechnik der Institutionen haben die Analytiker die Bedingungen und den Ursprung der Freudschen Erkenntnis aus dem Blickfeld verloren. Freud hat seine Erfahrungen von der Position des «Kranken» her gemacht. Er führte mit Fließ ein symptomatologisches Gespräch, in dem Fließ die Stellung eines idealisierten Arztes einnahm. Aus dieser Beziehung und den Beschwerlichkeiten der Übertragungssituation entspann sich für Freud sein Wissen über die Psychoanalyse. Die Position des «Kranken» hatte Freud nicht nur gegenüber Fließ eingenommen; bevor er ihn kennenlernte, hatte er sich mit den hysterischen Kranken Charcots identifiziert (die Spuren dieser Identifikation finden sich in den Briefen an Martha).

Gerade durch diese Fähigkeit, sich ohne große Schwierigkeiten in die Rolle des «Kranken» zu versetzen, erwarb sich Freud seine Kenntnisse über die Neurose. Er war der Unwissende, der vom anderen ein bestimmtes Wissen erhoffte, und man kann sogar sagen, daß sich seine eigene Analyse mit der seiner Patienten verwoben hat: «Dabei geht es dem Kerl unverschämt gut (einem Patienten Freuds, A.d. Übers.). Er hat mir die Realität meiner Lehre am eigenen Leibe gezeigt, indem er mir mit einer überraschenden Wendung die von mir übersehene Lösung meiner einstigen Eisenbahnphobie gegeben»[196a].

Dank Fließ, aber auch vermittelt über seine Patienten, konnte sich Freud «wie einen anderen» selbst analysieren, und sein Wissen erfuhr durch die Wirkungen der Übertragungssituation fortwährende Modifikationen. Er begriff dies erst später, nachdem das Jahr (1907) verstrichen war, in dem er nach Fließ' Vorhersage hätte sterben müssen, und er mußte erst mit der Analyse des Rattenmannes zum Schluß kommen, ehe sich die beiden Arten des Wissens in ihm verbinden sollten: das Wissen, das ihm die Konzeptionen Breuers und Charcots vermittelt hatten und das, das ihm aus der Übertragungserfahrung mit Fließ zugekommen war.

Wir müssen noch einmal darauf zurückkommen, daß es die Begegnung mit Fließ war, die zu einer Wende im theoretischen Wissen Freuds geführt hat, und daß der Bruch mit Fließ im Jahre 1907 ihm ermöglichte, für einen anderen die Situation wiederherzustellen, die er zuerst selbst erlebt hatte.

Und genau dieser Zusammenhang ist den Analytikern aus dem Gesichtskreis geraten. Die analytische Ausbildung wurde weniger auf die Identifizierung des Kandidaten mit dem «Patienten»[197] ausgerichtet als vielmehr auf die Leistungen, die er erbringen mußte, um seinem Phantasieziel, «Psychoanalytiker zu werden,» näherzukommen. Vergessen wurde, inwieweit der Analysand seine Analyse selbst *macht*; statt dessen erlag man dem Irrtum, daß der Analytiker den Analytiker «macht». Diese Auffassung steht in einer durch und durch klerikalen Tradition. Der Analytiker ist, so gesehen, nicht mehr das «Subjekt, von dem anzunehmen ist, daß es weiß»; er ist derjenige, der weiß, was für seinen Patienten «gut» ist – für einen Patienten, der hier den Status eines Schülers hat.

## DIE PSYCHOANALYTISCHE BEWEGUNG UND DIE LEHRANALYSE

«Ich habe Dir eigentlich nichts zu schreiben, es geschieht nur so in einer Stunde, in der man Zwiegespräch und Aufmunterung brauchen könnte...»[198] Diese Notwendigkeit, irgendwo einen Gesprächspartner anzunehmen, dem er die intimsten Dinge anvertrauen kann, wird Freud fast fünfzehn Jahre lang empfinden. Fließ ist der Adressat eines bestimmten Diskurses, er ist der Ort, von dem aus eine Antwort ihren Grund findet; Freud hinterlegt dort seine Frage und erhält als Antwort die Sinnstiftung seiner eigenen Botschaft; es ist für ihn das Zeichen, das ihn veranlaßt, schöpferisch tätig zu werden.

Die ersten fünf Jahre nach seinem Bruch mit Fließ bemüht sich Freud um die Analyse dieses Lebensabschnitts; aber er verspürt kaum noch das Bedürfnis, sich darüber mitzuteilen. Außer einer vertraulichen Mitteilung an Ferenczi [199], wissen wir nichts über die *zweite Phase* seiner Selbstanalyse.

In dieser Zeit (nach dem Verlust Fließ') befaßt sich Freud mit dem Problem der Sublimierung und wendet seine Aufmerksamkeit den Vorgängen zu, die in der paranoischen Psychose ablaufen. (Erinnern wir uns an die Bemerkung, ebenfalls gegenüber Ferenczi: «Ich habe dort Erfolg gehabt, wo der Paranoiker scheitert».) Freuds Lehre und seine Forschung sind also immer aufs engste mit seiner eigenen Analyse verbunden.

Aber von nun an drückt sich Freud nur noch in seinem Werk aus und treibt darin seine Selbstanalyse voran.

Ab 1902 schart Freud eine Gruppe von Schülern um sich, die an seinen Entdeckungen teilhaben wollen. Psychiater – mit den Mißerfolgen anderer Behandlungsmethoden für Geisteskrankheiten vor Augen – wenden sich ihm zu und sehen in ihm ihren Lehrmeister. Die Feindseligkeit, mit der die Öffentlichkeit und die Ärzteschaft auf seine Gedanken reagieren, verstärkt nur die Solidarität der Schüler mit ihrem unbestrittenen Meister, der von außen ständig Spott und Angriffen ausgesetzt ist. Die «Einführung in die Psychoanalyse» findet in der Form eines «lehrhaften» Gedankenaustausches statt: bei einem Essen, während eines Spazierganges mit Gästen, die auf der Durchreise sind, in regelmäßigen Zusammenkünften für die Ärzte und Studenten aus Wien.

Von Anfang an betont Freud die Schwierigkeiten einer gemeinsamen Arbeit, die Wahrscheinlichkeit von Spannungen und Konkurrenzkämpfen. Er hält die ganze Atmosphäre für ungünstig und sieht sich veranlaßt, Distanz zu seinem Schülerkreis zu halten [200].

Freud ist zwar der Meinung, die beste Vorbereitung auf den Beruf des Analytikers sei, sich selbst in die Analyse zu begeben, aber er erhebt diese Maxime nicht zum Dogma; er selbst hat jahrelang Ärzte in die Analyse eingeführt, die nicht die klassische analytische Ausbildung hatten. Es scheint, daß die Initiationsriten von den zwei Erkenntniswegen Freuds geprägt worden sind: dem bei Charcot am gemeinsamen Objekt «Kranker» erworbenen Wissen und dem Wissen, das er sich auf dem

Feld der Übertragung erarbeitet hat. Seine größte Sorge bleibt, die Lehre vor unkorrekter Auslegung und Ausbeutung zu schützen – weniger, die Psychoanalyse zu institutionalisieren.
Er hätte nach dem Vorbild bestehender Mathematikergruppen eine *Forschungsgruppe* gründen können, aber er zog es vor, mit seinen Schülern (und nach mehreren Abspaltungen) eine psychoanalytische *Gesellschaft* zu gründen (1910). Seit dieser Zeit ist die Psychoanalyse institutionalisiert: es entstand so eine (soziale) Institution der Psychoanalytiker, die die Analysiertheit zur Aufnahmebedingung erhob. Die einzelnen Phasen in der Analyse des Kandidaten wurden bald kodifiziert, seine «Fortschritte» bezeichneten sein Vorankommen in der sozialen Institution. Freud erhoffte sich übrigens nicht viel von der Lehranalyse; er betrachtete sie als Selektions- und Unterrichtungsmethode[201]. Für ihn war die Analyse ein nie abzuschließender Vorgang. Freuds 1914[202] geäußerte Auffassung, daß die bei der Vermittlung der Psychoanalyse auftretenden Schwierigkeiten für die Unstimmigkeiten und Abspaltungen in seinem Schülerkreis verantwortlich zu machen seien, gilt auch noch für die heutige Situation. Tatsächlich kristallisieren sich seit 1910 alle Spannungen und die wichtigsten Auseinandersetzungen um die Frage der Ausbildung der Analytiker. Die erste Institution der Psychoanalyse war eine Verlegenheitslösung für das Problem der Ausbildung. Über die Ausbildung stritten sich die auf dem Amsterdamer Kongress 1956 zusammengekommenen Analytiker und mußten ihr Scheitern eingestehen; die Institution der Psychoanalyse (als soziale Korporation) wurde nicht einen Augenblick in Frage gestellt. Aber es fehlte auch nicht an Kritikern dieses Systems. Bernfeld schrieb 1962[203]:
«Die psychoanalytischen Schulen gründen sich auf das folgende Prinzip: die Existenz von relativ einfachen und objektiven Meßinstrumenten, die ihnen zu beurteilen erlauben, ob der Kandidat die gestellten Bedingungen erfüllt. Wo diese objektiven Kriterien fehlen, werden Zulassung, Beförderung und Ernennung durch irrationale Faktoren beeinflußt. Die Lehrenden werden dann zu wichtigen Personen; die meisten Studierenden werden versucht sein, sich in die Gunst dieser Personen zu setzen; diese wiederum werden dadurch in ihrer Autorität und Macht bestärkt. Die analytische Ausbildung dauert so lange, daß sie den

Studierenden zumindest zeitweise infantile und puerile Züge einprägen muß.»

In der Tat zeichnet es die psychoanalytischen Schulen aus, daß sie sich mehr und mehr dem Modell der medizinischen oder allgemeiner der universitären Ausbildung angepaßt haben. Ihre Mitglieder streben ehrgeizig nach den Privilegien, die innerhalb des Eingeweihtenzirkels zu gewinnen sind. Es kommt sogar vor, daß das Ansehen, das man außerhalb der Gruppe genießt, zum Hemmnis für eine Karriere im Schoße solcher Analytikerclubs wird. Diese Profilkämpfe sind in den Ländern, in denen die Psychoanalytische Gesellschaft keine Außenwirkung hat, in denen sie keine klinischen Realisierungsmöglichkeiten hat, um so erbitterter. Ideologische Streitigkeiten und theoretische Meinungsverschiedenheiten bilden oft nur den Vorwand für ausgeklügelte Intrigenspiele und persönliche Abrechnungen.

In dieses Netz aus Spannungen und Rivalitäten gerät nun der Kandidat. Seine Analyse ist von den Streitereien in der Bruderschaft gezeichnet, vor allem dann, wenn sein Lehranalytiker keine Kritik an dem institutionellen Rahmen, in den er selbst gehört, zuläßt. Werden die Auswirkungen dieser Spannungen nicht zum Gegenstand der Analyse erhoben, bleibt dem Kandidaten nur noch die Möglichkeit, sich gegen sie unempfindlich zu machen und auf den Tag zu warten, der ihm den offiziellen Eintritt in die Gemeinschaft bringen wird. Das Interesse an der Karriere hat dann die Analyse in bestimmten Punkten abgebogen – ob einer überhaupt Karriere macht, hängt ohnehin weniger von der Eignung des Kandidaten als von der Willkür der etablierten Analytiker ab.

Für Freud war absolute Redlichkeit die Basis seiner Beziehung zur Psychoanalyse und zur Wissenschaft; aber die Suche nach Wahrheit und Authentizität ist schon in seiner Umgebung und auch bei seinen Nachfolgern nicht durchweg das bestimmende Motiv. Das institutionelle «System» treibt den Kandidaten zu theoretischen Leistungen, die oft schon kaum mehr durch die klinische Praxis abgesichert sind, und die klinischen Erfahrungen werden durch den Charakter der Ausbildungsbedingungen selbst wiederum verfälscht.

Das New Yorker psychoanalytische Institut belegt zum Beispiel den

Kandidaten mit Strafpunkten, wenn ihn sein Patient «hat abfahren» lassen. Der Mythos der Norm belastet die Auswahlkriterien und dies hat wiederum zur Folge, daß Lügen, Hinterhältigkeit und Mißtrauen in die Ausbildung einziehen. Der Student lernt ein bestimmtes Behandlungsschema, eine Hohlform, in die dann die späteren Fälle eingegossen werden. Originalität ist suspekt, «geeignet» ist, wer sich der institutionellen Stereotypie unterwerfen kann. Der Kandidat wird ins Halseisen des Formalismus gelegt. Bertram Lewin und Helen Ross[204] haben nachgewiesen, daß die Lehranalyse aufgrund der bürokratischen Vorstellungen der psychoanalytischen Institute in Amerika kompromittiert und bis zur völligen Sinnlosigkeit abgewirtschaftet ist. Auch Anna Freud[205] mußte ihren Bericht über die Analytikerausbildung mit der Feststellung schließen, daß kein Kandidat mehr seinem Analytiker trauen könne. Liest man die analytische Literatur zum Problem der Lehranalyse, wird man feststellen, daß diese allenfalls noch ein Vorwand ist. Sie existiert überhaupt nur noch zum Nutzen der *Wissenschaft*, das heißt, sie ist dem Profitstreben der Lehranalytiker geopfert. Das Ziel der Ausbildung ist nicht mehr die Suche nach der Wahrheit, die sich aus dem mit dem Analytiker geführten symptomatologischen Diskurs herausschälen könnte – für den Kandidaten ist das oberste Ziel, in die Gemeinschaft der Analytiker aufgenommen zu werden. Erst nach dieser Aufnahme genehmigen sich manche Kandidaten eine «Teil»-Analyse bei einem anderen Analytiker, in der sie sich gehen lassen und die Rolle des «Kranken» übernehmen können. In der Lehranalyse kommt es dagegen darauf an, die Rolle des *Schülers* zu spielen, eines Schülers, der sich oft genug vom Bild des Analytiker-«Bosses» faszinieren läßt, in dessen Funktion er eines Tages einzutreten berufen ist.

Gitelson[206] stellt die Interferenz des «Systems» der psychoanalytischen Institute in die Analyse des Kandidaten fest und konstatiert, daß sich die Kandidaten mit «normalen» Zügen in der Analyse eine Maske zulegen, denn als Neurotiker darf man nicht auftreten. Die institutionellen Strukturen pönalisieren die «Anomalität», die der Karriere des Kandidaten im Wege steht.

Der Analytiker examiniert gleichzeitig die einzelnen Ausbildungsetappen des Kandidaten; diese Situation ist, um es vorsichtig auszudrücken,

der Aufrichtigkeit in der Analyse nicht gerade förderlich. Die Konkurrenz ist zum beherrschenden Prinzip erhoben.
Seit fünfzig Jahren grübeln die Analytiker über die Nützlichkeit der «Lehranalyse»[207]. Sollte man nicht zur «persönlichen» Analyse zurückkehren? Einige Institute beginnen sie einzuführen, andere schaffen sie wieder ab! Die Verwirrung der Autoren, die sich mit dieser Frage beschäftigt haben, ist allgemein. Dabei verschwindet die Psychoanalyse selbst zusehends aus der Ausbildung der Kandidaten, falls sie dort überhaupt je einen gültigen Platz im repressiven Erziehungssystem der psychoanalytischen Institutionen und Schulen haben konnte. Die Analyse geht unter, aber die Elite der Didaktiker hat es verstanden, ihre Privilegien zu erhalten. Die Existenz dieses Lehrkörpers ist das größte Hindernis für eine Strukturveränderung in den Institutionen, und Abspaltungen haben noch nie Neues auf der Ebene des institutionellen Systems hervorgebracht. Jedes neu gebildete Grüppchen strukturiert sich nach dem Modell der Gesellschaft, von der es sich getrennt hat.

## II. *Der Vorgang der Analyse*

### ZU EINIGEN SCHLÜSSELBEGRIFFEN IN DER AMERIKANISCHEN PSYCHOANALYSE UND IN DER SCHULE JACQUES LACANS

In seinem Aufsatz «Zur Einleitung der Behandlung» (1913)[208] vergleicht Freud die analytische Situation mit einem Schachspiel; in einem Rahmen (den Spielregeln) entwickelt sich auf dem Spielfeld ein *Vorgang,* d.h. die (freie) Bewegung innerhalb des Terrains.
Die freie Bewegung des Analysanden ist freilich eine Illusion, denn er wird, worauf Freud hinweist, von Anfang an mit seinen Symptomen, Handlungen und Widerständen nur die Gesetzmäßigkeiten seiner Neurose liefern.

Damit das, was sich im pathologischen Feld aufdeckt (welches das Feld der Analyse ist), zu einem Fortgang in der Kur führen kann, müssen bestimmte Bedingungen hergestellt werden.
Was der Patient aus seinem Gedächtnis gestrichen hat, wird er in seinem Agieren reproduzieren; diese Art von *Wiederholungszwang* ist nach Freud für jede analytische Situation konstitutiv.
Aber der Leitfaden einer Kur ist Freuds Satz: «Wo *es* war, soll *ich* werden.» Was sich zu Beginn der Analyse darstellt, soll sich bei ihrem Abschluß in einem *Ich* wiederfinden. Das Subjekt wird von der einzigen Frage getragen: «Was will das von mir?» (von meinem Es). Dort, wo in einem lügnerischen Diskurs Es war, soll das Ich einer Wahrheit zur Sprache kommen.
Freud führt mit seinem Schachspiel-Vergleich aus, daß man aus Büchern zwar die Eröffnungs- und Schlußkonstellationen lernen könne, daß es aber für das Mittelstück, das eigentliche Spiel, keine brauchbaren Instruktionen gebe. Und er gibt zu verstehen, daß die Führung in diesem Mittelstück wahrscheinlich mehr die Sache des Analysanden als des Analytikers ist.
In seinen weiteren Ausführungen gibt Freud Hinweise auf eine Art *Strategie*, dies aber nicht im Sinne eines Kampfes zwischen dem Arzt und dem Behandelten, sondern im Sinne einer Struktur des Unbewußten (der beiden Beteiligten). Die Gesetze, auf die sich Freud bezieht, sind die Gesetze der Sprache, in der das Subjekt schon vor seinem Eintritt in die Welt gefangen ist (und die sein Schicksal bestimmen). Es sind Gesetze, die das Subjekt, ihm selbst nicht bewußt, tragen und die sich in den Gesetzmäßigkeiten seiner Neurose wiederfinden.
Freud ist also auf der Spur eines Redens. Aber er konstatiert, daß der Patient von seiner Phobie oder einem zwanghaften Trieb genesen kann, ohne die *Wörter* gefunden zu haben, die auf der Ebene des Körpers ihr Mal hinterlassen haben. Nachdem das Symptom verschwunden ist, muß die Analyse auf die Suche nach den (signifikanten) Wörtern gehen, welche seine Neurose beherrscht haben.
Diese Suche wählt den Weg des Widerstands; in dieser zweiten Phase lernt das Subjekt erkennen, was da – auf der Ebene des Symptoms – aus ihm gesprochen hat; erst diese Sekundäroperation verdient den Namen

einer Psychoanalyse und sie erst geht über die klassischen Suggestionsmethoden hinaus.

Das andere Zentralproblem ist für Freud der *Bezug auf die Realität.* Er berichtet, wie eine Patientin, die ihm «durchgegangen» war, in diesem Verhalten ihr Symptom mit dem Analytiker reproduziert hatte, ehe er Zeit zur Deutung gefunden. Das (in beharrlicher Wiederholung) auftretende Symptom war die Realität der Patientin, und diese Realität war dem Lust- und nicht dem Realitätsprinzip unterworfen. Was heißt das?

In der analytischen Literatur wird die Frage des Bezugs zur Realität als etwas ganz Einfaches abgetan, so als lohne es nicht, mehr als eine Zeile daran zu verschwenden. Freud dagegen hält daran fest, daß jeder Bezug auf die Realität vor dem Hintergrund einer Halluzination geschieht und auf die Vorstellung eines wiederzufindenden Objekts (dem Lustprinzip folgend) zielt. Nur indem man sich der Signifikanten bedient, wird der Sekundärvorgang (der dem Realitätsprinzip folgt) eingeleitet werden können. Im Laufe einer Analyse enthüllt sich in beharrlicher Wiederholung, daß die Realität das ist, was in der menschlichen Erfahrung immer wieder an dieselbe Stelle zurückkehrt (Lacan). Die Rolle der Realität nehmen zum Beispiel die Sterne im Wahnsystem Schrebers ein. Die logische Artikulation dieser Realität ist auf der Ebene des Unbewußten aufspürbar. Wir halten fest, daß die Realität etwas ist, zu dem der Mensch nur einen ganz ungesicherten Zugang hat, und sie wird überhaupt nur in gefilterter Form erfahren. *Die Phantasie aber ist der Rahmen der Realität des Menschen.*

Vermöge des Lustprinzips ist der Mensch auf der Suche nach Zeichen, und aus der Organisation der Suche nach dem verlorenen Objekt, dem Urobjekt, bildet sich die Entscheidung für die Neurose[209] heraus.

Eine Psychoanalyse bedeutet nach Lacan die Einordnung einer Phantasie – und dies vom Beginn der Behandlung an.

Wir haben diese Prinzipien ins Gedächtnis gerufen, um bestimmte Bezugspunkte festzulegen, an denen sich unsere analytische Aufmerksamkeit orientiert. Bevor ich nun untersuche, was in einer Analyse vor sich geht, werde ich noch kurz auf die Prinzipien der amerikanischen Psychoanalyse eingehen[210]. Es wird uns hinterher leichter fallen, die

Systematik der jeweiligen Auffassung von Psychoanalyse zu begreifen. Das, was Freud mit aus dem Sekundärvorgang gewonnenen Begriffen als Realitätprinzip beschrieben hatte, erscheint bei den amerikanischen Analytikern seit 1937 als Begriff der *Anpassung*. Zu seiner Absicherung erarbeiteten sie eine Theorie der *Ich-Autonomie*.

1. Für Hartmann, Kris und Loewenstein entwickelt sich das *Ich* nicht aus dem Es, sondern aus einer (postnatalen) undifferenzierten Phase.
2. Dieses autonome *Ich*, das bereits in der undifferenzierten Phase existieren soll, wird, bevor es zu irgendwelchen Konflikten kommt, auf Anpassung ausgerichtet.
3. Kris führt den Begriff der Regression im Dienste des *Ich* ein.
4. Hartmann, Kris und Loewenstein versuchen, in ihre Theorie der Anpassung auch die Rolle der sozialen Verhältnisse einzuschließen. Die psycho-soziologische Forschung hat hier ihre Geburtsstunde.

Die Anhänger der *ego psychology* haben das Lustprinzip, das heißt den Primärvorgang, auf ein Zusammenspiel von quasi biologischen Instinkten reduziert; aus dem Realitätsprinzip wurde das Prinzip der Anpassung an die Realität gemacht – während aus einer genauen Freudlektüre hervorgeht, daß mit dem Lustprinzip die Unfähigkeit verbunden ist, sich von einer verwöhnenden Realität zu lösen, und daß das Realitätsprinzip die Fähigkeit umschreibt, die reale Frustration zu ertragen. Diese Fähigkeit wird durch Symbolisierung erworben, wie Freud in «Jenseits des Lustprinzips» dargelegt hat. An die Stelle des Freudschen Realitätsprinzips ist bei den amerikanischen Psychologen die Anpassung im Sinne einer *Zielrichtung* getreten; als Organ oder Agent dieser Anpassung erscheint bei ihnen das *autonome Ich*, ein Begriff, der sich zwar bei Freud findet, doch figuriert für ihn auch das Ich in der Ordnung des Imaginären, beispielsweise als Objekt des Narzißmus. Und dies wird bei den Amerikanern unterschlagen.

Das Aufkommen der *ego psychology* trifft zusammen mit einer neuen Generation von Analytikerkandidaten, die im wesentlichen von der Medizin her kommen («normale» Kandidaten mit Charakterneurose, die als «nicht analysierbar» gelten). Das Freudsche «Wo es war, soll ich werden» gilt längst nicht mehr als Maxime. Es ist nicht mehr das sprachfähige *Ich (Je)*, welches man fördern will, sondern man verschafft sich ein unangekränkeltes *autonomes Ich (moi)*. Wo die *Neurose* eines «kranken» Subjekts, das die Analyse mit einem Leiden beginnt, nicht mehr akzeptiert wird, kann es nur noch darum gehen, sich der *Angepaßtheit* des späteren Professors der Psychoanalyse zu versichern.

Was soll dann noch die Lehranalyse leisten? Soll sie die Geschichte der familiären Biographie, den Rechenschaftsbericht über die Phasen einer Krankheit oder gar die Daten für das Dossier-für-die-Hand-des-Arztes (oder für das psychoanalytische Institut) liefern? Und werde ich, wenn ich meine Geschichte anbringe, mit meinem *gesunden Ich* die neurotischen Unfälle in ihr einordnen können? Werde ich dann in meiner eigenen Psychoanalyse mein eigener Psychiater, bis ich die «Milieuphase» erreicht habe, um dann schließlich an den Seminaren des Instituts und endlich auch an der klinischen Arbeit teilnehmen zu können? Besteht denn das Ziel einer Lehranalyse in der «objektiven» Erkenntnis dessen, was Übertragung ist? Und ist denn die Lehranalyse nichts als die Anwendung eines Handbuchs der Psychoanalyse an praktischen Beispielen?

Als Freud die Analyse mit einem Schachspiel verglich, dessen Züge zu Beginn und am Ende einer gewissen Regelmäßigkeit unterliegen, sprach er auch von der unendlichen Variabilität, die den Mittelteil beherrsche und die sich jeder Beschreibbarkeit und Instruierbarkeit entziehe. Das Feld, auf dem sich das Spiel entfaltet, war für ihn die Phantasie, während es für die *ego psychology* die *Realität*, eine naive Realität ist (denn die «richtige» Realität findet sich außerhalb des Feldes). Diese Art von Psychoanalyse versucht gar nicht erst, das Subjekt dorthin zu locken, wo es zum Aussprechen einer Wahrheit kommen könnte, sondern sie begnügt sich damit, es dort auszumachen, wo es sich offen darstellt, nämlich im Bereich des Imaginären. Verschanzt hinter den Abwehrmechanismen seiner «*Ich-Stärke*» lernt das Subjekt, sich noch etwas mehr zu verkennen. Der Preis für diese bequeme Lösung ist die Zunahme der Ignoranz gegenüber sich selbst.

Für uns orientiert sich die Behandlung nicht am autonomen Ich (also gerade nicht an den Verlockungen des Imaginären), sondern am Status eines geteilten Subjekts. Lacan hat uns gelehrt, in der Analyse des Diskurses darauf zu achten, wie sich das Subjekt der *Aussageweise* und das

Subjekt der *Aussage* überlagern. An seiner Basis ist das Subjekt nicht faßbar; aber weil es der Träger eines signifikanten Systems ist, bricht etwas über den Weg der Rede hervor und kann sich im Bewußtsein zu erkennen geben; und dies über einen Wiederholungsvorgang vermöge der Tatsache, daß in der Erfahrung des Menschen die Realität als das erscheint, was immer wieder zur selben Stelle zurückkehrt[211].

Zwischen dem Phänomen der Wiederholung und der Struktur des Wunsches besteht ein enger Zusammenhang. Spürt man diesem Zusammenhang nach und vermag man die Bedingungen des Wiederholungszwangs aufzudecken, so kommt man über die Annullierungsmechanismen zur Form des Wunsches beim Zwangscharakter, über die imaginären Identifizierungen zur Form des Wunsches beim Hysteriker und über die Befehle, die ihm als Gesetze seines Sprechens erscheinen, zur Form des Wunsches beim Psychotiker.

Diese wenigen Hinweise erlauben eine klare Trennung zwischen einer adaptiven Psychoanalyse, die auf einer *Ideologie* beruht, und einer sich als *wissenschaftlich* verstehenden Psychoanalyse, die sich der Rede des Unbewußten zuwendet.

## WAS KENNZEICHNET DEN ANALYTISCHEN VORGANG UND WAS SIND SEINE SCHRITTE?

1. Das Subjekt beginnt die Analyse mit einem *Verlangen* (geheilt zu werden, oder behandelt zu werden, um selbst «Analytiker zu werden»; später werden wir sehen, daß diese beiden Haltungen zusammenfallen), und dieses Verlangen artikuliert sich in einer *Klage*. In ihr ist der Ausdruck von Bedürfnissen enthalten, es läßt aber auch schon erkennen, wo das Subjekt des Sprechens darin gefangen ist.

Die *ego psychology* hält nicht auseinander, was zum Bedürfnis und was zum Wunsch gehört, und da ihr die Kriterien des Imaginären und des Symbolischen fehlen, täuscht sie sich auch über die Realität, welche als *verdinglichte* erscheint.

2. Die Form seines Verlangens[212] entnimmt der Analysand der Sprache; er muß durch den Code des Anderen hindurch, um dem, was er zu sagen

hat, einen Sinn zu geben. Aber womit er es sagt, wenn er als Subjekt des Unbewußten spricht, begreift der Analysand nicht. Wie Freud lehrt, spricht es in ihm und durch ihn, ohne daß er das Ich eines Sprechens oder eines Wollens wäre. Erst nach und nach gelangt er über die Frage nach dem, was er sei, zu einem Begriff von dem, was es von ihm will. Und das «Ich will» muß er im Laufe des analytischen Prozesses erwerben, dem nachspürend, was lange Zeit verloren und in den täuschenden Fallen des Bedürfnisses untergegangen war.

Das «Ich will» (*Je*), das sich als Wirkung des Signifikanten einstellt, steht im Gegensatz zum «mich will» (moi veut), das dem *es will* einer imaginären Identifikation nahesteht.

3. Im Intervall zwischen suchender und artikulierter Sprache ist der Wunsch angesiedelt.

Der Wunsch kann definiert werden als Rückkehr des Subjekts zu sich selbst in einem Punkt, wo es sich gegenüber der Phantasie fixiert. Dabei sucht es nach einem Objekt als Zentrum. Dennoch handelt es sich nicht um eine Objektbeziehung, auch nicht um ein Bedürfnis, sondern um etwas, was dem Subjekt als solchem innerhalb der Objektbeziehung einen Platz geben wird zwischen der reinen Bedeutung und dem, was zur Ordnung des Signifikanten gehört[213]. Das Subjekt erscheint dann als umgrenztes (von der Kastration geprägtes) Wesen; der Analysand muß den Wunsch an einem bestimmten Punkt des Diskurses des Anderen einbauen. Erst in einem langsamen Annäherungsprozeß, in dem er sich aus der Falle der nur imaginären Beziehung zum anderen befreit, gelingt es dem Analysanden, sich als sprechendes Subjekt zu konstituieren. Weil die amerikanische Psychoanalyse die beiden Ebenen im Diskurs des Subjekts außer Acht läßt, kommt es in der Analyse zu einer extrem dualen Situation, die zwangsläufig pädagogisierende Tendenzen erzeugt; daher auch der Irrglaube, der Erfolg einer Analyse sei damit erreicht, daß der Analysand sein Ich mit dem des Analytikers vertauscht; dies aber ist eine Art Entfremdung.

4. Eine der letzten Antworten des Analysanden gegen Ende seiner Analyse wird bei der Frau im Zusammenhang mit dem *Penisneid*, beim Mann mit der Kastration artikuliert werden; beides steht nun im Bezug zur Realität; es zeichnet sich die Grenze des menschlichen Seins ab und

die Not, die den Analysanden am Scheideweg der Analyse erwartet, wenn er in der Übertragung all sein Verlangen erschöpft und die Nichtigkeit seiner Begabungen erkannt hat. Diese Not am Ende der Analyse gleicht der Einsamkeit des Menschen angesichts des Todes; sie hat die Angst hinter sich gelassen, denn die Angst ist ein Zeichen für Abwehr und Schutz, sie hält unter *Verschluß*, was sich auf unbewußter Ebene einer Wahrheit und einem Wissen um das Wahre (dem gegenüber die Neurose in jedem Fall als Verdunklungsmechanismus auftritt) eröffnen wollte. Unter Verzicht auf alles, woran es bisher festgehalten hat, erringt das Subjekt in der Übertragung, bei aller vorhergehenden Ambivalenz, die Erkenntnis von Schuld und Verbot. Seine Abwehrsymptome erschöpfen sich (es sind die Klein'schen guten und bösen Objekte), und deswegen kann das Subjekt im Vorgange der Sublimierung zu kreativem Handeln vorstoßen (dieser Sublimierungsvorgang wird von Lacan als die imaginäre Lösung eines symbolischen Wiedergutmachungsbedürfnisses hinsichtlich des mütterlichen Körpers definiert).

Das Ende der Analyse zeichnet sich, nach Freud, dadurch aus, daß es zu einer zweiten «Verwandlung» kommt, in der der Analysand noch einmal aufnimmt, was er schon in die Analyse eingebracht hat. Manchmal ist es ein einziges Schlüsselwort, mit dem sich das Schicksalsdrama zusammenfassen läßt, das in der Übertragung noch einmal erlebt wird (es wird hier freigesetzt, was auf unbewußter Ebene in einem Todesurteil, einer Ausschließungsprophetie oder in der Vorhersage einer tödlichen Krankheit gefangen war). Das durch die Sprache verwandelte Subjekt lernt erkennen und benennen, worin es verloren war.

## DAS PATHOLOGISCHE FELD UND DIE ÜBERTRAGUNG

Die Verfechter der *ego psychology* sehen in der Analyse eine duale Situation und beschreiben sie als interpersonale Beziehungen.

Für uns gibt es von Anfang an in der Analyse ein gegenwärtig-abwesendes Drittes, nämlich die Wahrheit, die sich zwischen Analytiker und

Analysand herstellt und die der Errichtung einer Struktur entspricht: die ödipale Dreiecksituation.

Wir haben schon darauf hingewiesen, daß das Feld der Analyse ein pathologisches Feld ist, das nur dann nicht paralysierend wirkt, wenn vermieden werden kann, daß die Abwehrmechanismen des Patienten sich an den Widerständen des Analytikers festmachen und so eine Bastion aufrichten, in der sich beide geschützt fühlen. Diese Bastion gibt es in all den Analysen, «die nicht vorankommen».

Die Komplizenschaft von Analytiker und Patient im Widerstand und in der Antwort auf den Widerstand ist von den argentinischen Analytikern, namentlich von Pichon Rivière, genauer untersucht worden. Rivière sieht den Patienten in solchen Fällen als Parasiten des Analytikers – eine Situation, in der der Analytiker zur Ohnmacht verdammt ist.

Der Analysand dehnt das Spiel auf andere Personen aus (die Umgebung des Analytikers, Familie, Freunde, Ärzte)... und erreicht damit nur, daß ein dritter eine Internierung verlangt. Der Analytiker würde dieses Verlangen umgehen können, wenn er vorerst seine eigene Rolle in diesem Entfremdungsprozeß verstanden hätte. Es kommt auch vor, daß der Patient das Gefühl hat, der Analytiker verhalte sich ihm gegenüber parasitär[214]. In diesem Fall verliert der Analytiker seine ambivalente Rolle und wird entweder zum Verfolger oder idealisierten Vorbild[215]. In solchen, von den argentinischen Forschern als symbiotisch bezeichneten Situationen muß die Analyse an den Bastionen scheitern, die hier von der einen oder anderen Seite oder auch von beiden gemeinsam errichtet wurden.

Die Analyse greift über sich selbst hinaus und drängt sich sozusagen einem ganzen Lebensabschnitt des Analysanden auf; in einer Liebes- oder Bedrohungssituation handelt der Patient in dieser Zeit, als wäre er manipuliert. So kann es auch vorkommen, daß er in einem quasi halluzinatorischen Zustand außerhalb der Sitzung auslebt, was in der Behandlung nicht zur Sprache kommen konnte (man muß mit einer ganzen Folge von ausagierendem Verhalten rechnen, wenn es nicht zur Artikulierung dessen kommt, was den Patienten von der Urphantasie her bestimmt hat). Die Analyse wird für den Analytiker eine äußerst unangenehme Aufgabe, wenn sie einen derartigen Verlauf nimmt. Denn der

Analytiker entwickelt in solchem Fall natürlich Schuldgefühle – und in deren Gefolge Abwehrmechanismen.

Die pathogene Situation wird nur überwindbar, wenn es, wie die Schüler Melanie Kleins formulieren, zur Beherrschung eines *splittings* jenseits der depressiven Einstellung kommt.

Es setzt dann ein Wiedergutmachungsvorgang ein und über ihn kann sich erneut eine dialektische Bewegung herstellen, mit einer entsprechenden sukzessiven Umkehrung der Elemente des Vorgangs.

Das Subjekt, das sich zunächst einer zerstückelnden aggressiven Identifikation hingegeben hat, wird nun einem anderen (Wunsch-)Objekt zugeführt, und mit ihrer Meisterung, die sich als *Wirkung eines Signifikanten* einstellt, entrinnt es der Zwangsläufigkeit der Alternative, in der es gefangen war. Dies ist der Augenblick, an dem es blitzartig zum Wunsch nach Erkenntnis kommen kann.

Das Ende einer Analyse bedeutet für den Patienten eine Grenze, die ihm zunächst unüberwindbar scheint; denn hier stellt sich ihm die volle Problematik des Wunsches. Viele Analytiker sehen in der Glücksfähigkeit ihres Patienten den Endpunkt der Analyse. Wir dagegen behaupten, daß es vielmehr darum geht, daß der Patient, nachdem er die Erfahrung einer absoluten Verwirrung gemacht hat, sein Schicksal annimmt, indem er sich selbst als Ort eines Mangels begreifen lernt. Erst dann, und auf keiner anderen Basis, wird er zur Erfahrung seines eigenen Wunsches vorstoßen.

Beide Hauptströmungen in der Psychoanalyse (die *ego psychology* von Hartmann und die Freudsche Psychoanalyse, welche auf den Wirkungen des Signifikanten in der Strukturierung des Wunsches beruht) haben ein bestimmtes Ethos. Der amerikanischen Strömung gilt als das wichtigste Ziel der Lehranalyse die Beziehung des Analysanden auf eine moralische Norm, und praktisch ist es jeweils die Norm des Lehranalytikers, die ihm auferlegt wird. In der Freudschen Psychoanalyse geht es um die Beziehung des Subjektes zu seiner Wahrheit, auf dem Spiel steht eine Umgestaltung seines Seins. Wie wir gesehen haben, ist diese Wahrheit unmittelbar gekoppelt an die Herausbildung eines *Ichs* in einer gewissen symbolischen Artikulation, die etwas ganz anderes ist als die reine, einfache Unterwerfung unter ein Über-Ich.

Welche Konzeption man von der Analyse hat, hängt von den theoretischen Grundentscheidungen ab. Die Auswahlkriterien wie das Ziel der Analyse sind Funktionen dessen, was dem *Wunsch des Analytikers* als Vorzug erscheint. Alles weitere hängt davon ab, was der Analysand aus diesem Wunsch machen will.

## III. *Psychoanalyse, Lehranalyse und Institution*

Am Ende einer Analyse sieht sich das Subjekt gehalten, die Elemente der ursprünglichen Motivation zur Analyse wieder aufzugreifen. Aber inzwischen hat sich seine Einstellung zu ihnen wesentlich geändert.
Was bin ich durch all das geworden?
Wo ist das *Ich* geblieben, das sich am Anfang beklagt hat? Wer war krank?
Solche Fragen verweisen uns immer auf einen anderen, auf das Subjekt eines Diskurses, zu dessen echohaftem Widerpart sich der Patient in seiner Klage gemacht hat.
Im Laufe einer Analyse erst ergibt sich die Rollenverteilung der einzelnen Akteure des Dramas, und die Elemente eines Diskurses, der sich dem Subjekt entzogen hatte, erhalten ihren Platz. Die anfängliche Frage bleibt nur dann als Frage auch am Ende der Analyse gestellt, wenn der Analytiker es aushalten konnte, der Träger einer unerlässlichen Eröffnung zu sein (allerdings ist nicht ausgeschlossen, daß der Analysand *trotz* des Analytikers die Analyse bis zu diesem Endpunkt führt).
Antwortet man auf den symptomatischen Diskurs mit dem Versprechen, die Symptome zu beseitigen, wird sich an seiner Stelle nur ein anderer ergeben. Was geschieht nun, wenn der Analysand statt eines Symptoms als einzige Motivation seinen Wunsch nach einer Lehranalyse anbringt, und was kann der Analytiker darauf antworten? Es bleibt immer noch die Chance, daß sich trotz dieser einzigen Motivation doch noch ein symptomatischer Diskurs einstellt und der Analysand dann seine Analyse als leidender Patient führen wird.

Das System der Institution kann dem Kandidaten, der ihm unterworfen ist, Mißtrauen einflößen und ihm (aus Karriereerwägungen) jede Lust rauben, sich einem Neurotiker gleichzustellen. Er wird sich also von Anfang an mit dem Bild des Chefs, der er eines Tages sein wird, identifizieren. Diese analysefeindliche Situation kann nur aufrecht erhalten werden, wenn der Lehranalytiker selbst, seinen Allmachtsträumen hingegeben, stillschweigend damit einverstanden ist. Wie die Mutter, die ihren Sohn zum Pfarrer macht, «macht» er den Schüler zum Analytiker.

Die analytische Literatur hat sich zu diesem Thema so ausführlich geäußert, daß wir es hier nicht weiter zu erörtern brauchen.

Wir haben schon weiter oben dargestellt, wie es zu einer Situation kommen konnte, in der es «Lehranalyse» und Lehranalytiker gibt, während die Psychoanalyse selbst längst untergegangen ist. Man sollte einmal eine Untersuchung über die Kandidaten machen, die von den psychoanalytischen Instituten abgelehnt werden. Aus persönlicher Erfahrung (die durch ausländische Erfahrungen gedeckt wird) weiß ich, daß dies häufig begabte, ernsthafte Leute sind, die ihre Neurose mit der Institution (der sozialen Körperschaft) durchlebt haben, ohne daß der Analytiker etwas davon mitbekommen hätte. Den Formalismen eines Systems unterworfen, bedauerte der Analytiker das Scheitern eines Schülers, wo es seine Aufgabe gewesen wäre, den Analysanden den Weg der Analyse bis zu seinem Ende gehen zu lassen, und das heißt eben, den Wunsch des Analysanden, Analytiker zu werden, in der Analyse zu thematisieren. Manche Kandidaten halten trotzdem an diesem Wunsch fest, aber nicht um jeden Preis. Sie lehnen die Unterwerfung unter das System einer psychoanalytischen Gesellschaft ab, das sie – zu Recht oder nicht – als absurd ansehen, und beginnen außerhalb der traditionellen Aufstiegsmöglichkeiten eine Analytikerkarriere, die um so bedeutsamer ist, als sie öffentlich und nicht den Intrigen einer geschlossenen Gesellschaft ausgesetzt ist – denn das sind die heutigen psychoanalytischen Gesellschaften zweifellos.

Als es wieder einmal zu einer Spaltung einer psychoanalytischen Gesellschaft in Paris kam, kommentierte ich dies einem Kollegen gegenüber mit der folgenden Bemerkung:

«Meinen Sie nicht, daß wir daran denken sollten, wie sich diese Streitigkeiten auf unsere Kandidaten auswirken? Manche sind davon tief betroffen.»
«Um meine Schüler handelt es sich dabei sicher nicht», war die Antwort meines ehrenwerten Kollegen, «meine Schüler sind Psychiater, gesetzte Leute, die sich nicht aus der Ruhe bringen lassen.»
So hatte ich mich ins Unrecht gesetzt und fälschlicherweise einen ehrenwerten Kollegen verdächtigt, er habe mehr oder weniger neurotische Kandidaten. Nein, seine waren normal – und erst noch Psychiater...
Wir müssen die Ehrlichkeit aufbringen, das Problem der Lehranalyse genau in dieser Weise zu sehen. Wenn die Lehranalyse nichts als die Inszenierung der Träume von Macht und Ansehen des Analytikers ist, gibt es keinen Platz mehr für die authentische Analyse.

## IV. *Auswahl und Ausbildung der Kandidaten für die Psychoanalyse*

In gewisser Weise war das Thema des Amsterdamer Kongresses (1965) das eingestandene Scheitern in der Frage der Ausbildung. 1967 bemühte man sich dann auf einem Kongress in Kopenhagen, die Anforderungen zu formulieren, die an einen Analytiker zu stellen seien, und zwar nicht nur auf der Ebene der Auswahl (Idealkriterien für den «guten» Analytiker), sondern auch auf der Ebene der Analyse selbst, die wissenschaftlichen Ansprüchen genügen sollte.
Was soll nun eine Analyse leisten?
Paula Heimann[216] (London) entwickelt in etwa folgende Grundsätze:
1. Der Analytikerkandidat müsse Einfühlungsvermögen haben. Diese Fähigkeit bestehe darin, sich als Subjekt an die Stelle des Objekts zu setzen. Er müsse also «fähig sein, seine Füße in die Schuhe des anderen zu stecken», um sich die bestmögliche Kenntnis der inneren Vorgänge des Objektes zu verschaffen. Dies setze die Fähigkeit zur Projektionsidentifizierung voraus.

2. Der Lehranalytiker dagegen müsse fähig sein, in der analytischen Sitzung «*die Arbeit einer außergewöhnlichen Persönlichkeit*» zu leisten. Um dies zu bewerkstelligen, müsse er über ein *work ego* verfügen.

3. Sich auf Gitelson berufend, stellt Paula Heimann fest, daß heutzutage die Psychoanalytiker in der ganzen Welt eine Identitätskrise durchmachen (sie seien mitten in einer Adoleszenzkrise, wobei sie natürlich der Gefahr der Wiederkehr des Verdrängten ausgesetzt seien). Die Psychoanalytiker hätten ihren Heldenkult, rituelle Beschwörungsformeln, sie bildeten Cliquen und zerstritten sich.

4. Die Autorin bezieht sich auf die Arbeiten Freuds über den Narzißmus und konstatiert einen *tertiären Narzißmus*, den des reifen Alters nämlich; dieser Narzißmus sei für die kreative Tätigkeit sehr nützlich und müsse gefördert werden. Er habe nicht die Nachteile des Sekundärnarzißmus mit seinen unerwarteten Aggressionen und auch nicht die des primären Narzißmus (des Säuglings).

5. Mit einem Zitat Solms' beendet die Autorin ihren Bericht: «Von einem Kandidaten sollte man erwarten, daß er gutwillig ist.» Zwei Ziele sollte der Analytiker haben:

a) sich psychisch zu entwickeln (psychologisches Wachstum des Subjektes)

b) neue *egos* zu erwerben, um auf der Höhe der Freudschen Entdeckungen zu bleiben.

Diese Zusammenfassung trifft, auch wenn sie als Karikatur wirken mag, den Kern einer umfassenden Arbeit, deren Bibliographie immerhin dreiundvierzig Titel zur Lehranalyse aufzählt. Natürlich liegt dem Ganzen die Frage zugrunde: Ist die Psychoanalyse eine Wissenschaft? Mit ernster Miene verweist man uns an Begriffe wie «Einfühlung» und «guten Willen» oder erzählt Anekdoten über die Streitereien der Analytiker (die über die Adoleszenzkrise nicht hinauskommen) und gelangt dann zwingend zu den unmittelbar «anstehenden» Notwendigkeiten:

1. den Narzißmus wieder aufzuwerten (allerdings nur den tertiären)

2. an die Norm anzuknüpfen: der Analytiker muß erwachsen sein und auf der Suche nach neuen *egos*.

Das *Ich* des Analytikers wird zur Norm für eine Realität, die der Analysand erlangen muß. (Der Analytiker sieht sich als außergewöhnliche

Persönlichkeit, selbst wenn er sich nachträglich sagen muß, daß das gar nicht zutrifft und er wie jedermann ist.)

Eine Dimension bleibt in solchen Überlegungen außer acht: die des Analysanden. Als hätte der Analysand keine Entwicklung durchzumachen! Der Analysand ist das fabrizierte Objekt mit einem gewissen *Vermögen,* das ihm erlaubt, «autonom» zu funktionieren.

Bei der Lektüre dieses Textes fühlt man sich in die moralisierende Welt der Dressur und des Verhaltenstrainings versetzt, und man ist dann auch nicht weiter erstaunt, wenn in der gleichen Zeitschrift einige Seiten darauf zu erfahren ist, daß heutzutage die Analytiker die *Psychotechnik* bei der Auswahl der Kandidaten einsetzen: die einen betreiben Psychotechnikforschung an der Columbia University, die anderen werden mit Psychotechnik am Topeka Institute ausgewählt.

So weit sind wir also: in der Epoche des «Aufschwungs» der Psychoanalyse haben die Psychoanalytiker abgedankt. Die Internationale der Psychoanalyse mit ihrem riesigen bürokratischen Apparat hat die Psychoanalyse derart «verbeamtet» daß sie farb- und geruchlos geworden ist! Alle Autoren fordern eine wissenschaftliche Psychoanalyse, aber tatsächlich sind sie die ersten, jede wissenschaftliche Anstrengung als suspekt abzublocken.

Der ausgezeichnete Bericht Brian Birds[217] (Cleveland) legt die Wurzeln des augenblicklichen Elends der Psychoanalyse frei. Dies Elend ist im wesentlichen ein amerikanisches, und die erdrückende numerische Übermacht der Amerikaner im internationalen Apparat ist eine der Ursachen für die fortschreitende Zersetzung der Psychoanalyse.

Die wissenschaftlichen Kriterien der Internationale sind, wie bekannt, die Kriterien von Chicago – andere gibt es nicht. Das ist der Preis, der für ein «Gütezeichen» bezahlt werden muß. Und diesen Standard wollen manche Kreise auch in Frankreich durchsetzen: man träumt von einer von der Sozialversicherung regierten Welt, in der das «Recht des Bürgers auf die Psychoanalyse» verankert und die Kosten erstattet werden... und zwar garantiert durch *Institute für Psychoanalyse, die sich an dem Chicagoer Standard orientieren* (die französischen wissenschaftlichen Kriterien genießen offensichtlich kein Bürgerrecht in dieser Domäne).

Die Polemik ist am Platze: Es gilt klarzumachen (und in der Arbeit von Brian Bird wird dies detailliert nachgewiesen), daß im Augenblick an die Stelle der wissenschaftlichen Kriterien persönliche Verwicklungen und Intrigen getreten sind.

Die Psychoanalyse erhebt den Anspruch, Wissenschaft zu sein, aber in Wirklichkeit gibt es in ihr für die Wissenschaft keinen Platz. In der Organisation der Institutionen und der Ausbildung, in den Kriterien zur Selektion und Schulung setzen sich rein politische Absichten durch. Bestimmte Normen, wie die Bedingung eines abgeschlossenen Medizinstudiums am New Yorker Institut, haben mit analytischen Erfordernissen nichts zu tun: sie erklären sich vielmehr aus gewissen lokalen Interessen (damit zum Beispiel wurden die Privilegien der medizinisch ausgebildeten amerikanischen Analytiker gegen die einwandernden europäischen jüdischen Analytiker in der Nazizeit abgesichert).

Brian Bird unterscheidet zwei Phasen in der psychoanalytischen Bewegung:

1. Die Periode vor 1940 (im besonderen die Zeit von 1920–1930), in der sich das Selektionsproblem noch nicht stellte (ausser dadurch, daß die Analyse selbst erbrachte, was es mit dem Wunsch, Analytiker zu werden, auf sich hatte).

Nach Birds Auffassung hat diese Periode die besten Theoretiker hervorgebracht, es waren aber auch die am stärksten neurotischen, die «enfants terribles» der Psychoanalytischen Gesellschaften. Die Analytiker waren in diesen Jahren vor allem in Amerika ziemlich isoliert; ihr Hauptinteresse galt der Forschung und der Entwicklung der Psychoanalyse als Wissenschaft.

2. Dann kam der Krieg: Die amerikanischen Analytiker entdeckten die Welt, denn die Armee brauchte Analytiker für ihre vom Krieg traumatisierten Soldaten. Angetan von dieser Betätigung, waren die Analytiker nach ihrer Rückkehr nur noch sehr selten bereit, ihre Praxis auf das Privatkabinett zu beschränken. Die Mode der Tätigkeit als Teilzeitanalytiker breitete sich aus, und in der übrigen Zeit wollte man alles mögliche machen, nur keine Analyse. Nun hat das Leben eines Analytikers wirklich nichts Aufregendes, und wenn man sich eine Zeitlang in Aktivitäten gestürzt hat, gewinnt man auch wieder Geschmack an der Analyse.

Merkwürdigerweise hat sich der Typus der Kandidaten in dieser Zeit völlig gewandelt (und das hängt offensichtlich mit der Bedingung einer medizinischen Ausbildung zusammen).

Auf die versponnenen Kandidaten der zwanziger Jahre folgten die «normalen» Kandidaten mit Charakterneurose; obwohl dieses epidemische Auftreten der Normalität bedauert wurde, tat und tut man nichts, um es einzudämmen – im Gegenteil. (Mittlerweile sei bekannt, merkt Bird an, daß dieser Kandidaten-Typ *nicht zu analysieren* ist.) Aus der wissenschaftlichen Psychoanalyse wurde die Behandlungsanalyse, und das Ziel des Kandidaten ist, nach abgelegter Analyse in seinem Arztberuf befördert zu werden. Ist er analysiert, wird er zum Superpsychiater, der klinische Verantwortung übernimmt – und eine Dozentur an der medizinischen Fakultät.

Sehr treffend sieht Bird, daß der Aufschwung der *ego psychology* mit dieser neuen, medizinisch ausgebildeten Generation von normalen Kandidaten einhergeht. Und er weist darauf hin, daß die «Normalität» den Kandidaten zwar für eine blendende akademische Karriere, keineswegs aber dazu prädestiniert, ein besserer Analytiker zu werden (meistens sind es schlechtere). Diese Kandidaten sind von vornherein für eine unparteiische Forschung verloren.

Die Analytiker, die an einer sogenannten wissenschaftlichen Psychoanalyse interessiert sind, werden immer seltener. Und es gibt auch keine Brücke zwischen den damaligen reinen Psychoanalytikern und den Männern der Tat von heute, die von ihrer medizinischen Praxis so in Anspruch genommen werden, daß sie für die analytische Forschung nichts mehr übrig haben. Zumindest ist dies die Situation in den Vereinigten Staaten.

Bird steht der so eng an die ärztliche Karriere gebundenen Selektion sehr skeptisch gegenüber. Er tendiert zu der Meinung, daß man, was man auch tut, am eigentlichen Problem immer vorbeigeht. Es existiert kein ernstzunehmendes Kriterium, nach dem die Analytiker eine Auswahl vornehmen könnten; so, wie diese Auswahl im Augenblick gehandhabt wird – klassisch-psychiatrische Examen (bei denen der Analytiker hinter dem Psychiater zurücktritt), Tests, Einzel- oder Gruppeninterviews, Empfehlungsschreiben – herrscht die reine Willkür.

Brian Bird läßt sich nie von dem «wissenschaftlichen» Charakter der von seinen Kollegen erstellten Kriterien täuschen. Er unterstreicht, daß die augenblicklich so hochgespielte *Einfühlung* in Wirklichkeit ein «*like me criterium*», also höchst zweifelhaft ist.

Dahin ist es in der Tat mit den Analytikern gekommen: im Kandidaten das zu schätzen, was er von ihnen als den Analytikern reflektiert.

Ist der Bruch zwischen Psychiatrie und Psychoanalyse unvermeidlich? Diese Frage steht hinter Birds Text. Seine nüchterne Darstellung zeigt, welche negativen Folgen Medizin und soziale Wohltätigkeit auf die Entwicklung des analytischen Denkens gehabt haben.

In dieser Situation steht die Psychoanalyse als Wissenschaft vor ihrem Untergang. Sie wird nur überleben, wenn sie sich der Integration in den Staatsapparat widersetzt. Nur wenn sie auf öffentliches Ansehen verzichtet und das Risiko eingeht, in Verruf zu geraten, kann sie zu der Frische des Freudschen Beginns zurückkehren (und sich der Menopause entziehen, in die man sie heute gebracht hat).

Wir haben erkannt, daß das Problem der Ausbildung in der Psychoanalyse (und das ihrer Vermittlung) seit Freuds Zeiten die Ursache von Brüchen und Spaltungen gewesen ist. Es geht in diesem Problem um die Existenz der Psychoanalyse selbst. Soll sie nur die Erziehung des *ego* sein oder soll sie wieder zu der Wissenschaft werden, wie sie es durch die Untersuchung ihrer Beziehung zur Sprache werden könnte? Daß die theoretischen Divergenzen oft zu nichts anderem dienten, als Prestigesucht und Ehrgeiz zu maskieren, bedeutet nicht, daß es einen anderen Ausweg aus der Sackgasse gäbe als den der *theoretischen* Forschung.

Die Strukturen der psychoanalytischen Gesellschaften schließlich können nicht kritisiert werden, ohne daß man hinter ihnen das sie bestimmende politische System erkennt. Die Untersuchung geht also weiter: Sie fragt danach, warum sich die Psychoanalyse von der Administration verwerten und verwandeln lassen konnte, warum sie also den Part einer herrschenden Ideologie spielt, die an der Aufrechterhaltung eines akademischen Diskurses als Garant der etablierten Ordnung interessiert ist[218].

Ich habe der amerikanischen Praxis soviel Raum gewährt, weil die Psychoanalyse in Frankreich sich anschickt, dem amerikanischen Modell zu folgen und sich damit zu degradieren.

# Zusammenfassung

Ich habe in diesem Buch zwei Untersuchungsstränge zu verbinden versucht: die Untersuchung der «Krankheit» aus ihr selbst heraus und die Frage, welche Beziehung die Gesellschaft zu dieser «Krankheit» hat. Und in diese letztere Beziehung gerät der «Kranke» mit seiner «Krankheit» ebenso wie der Arzt (und durch ihn die Gesellschaft), der die «Krankheit» beurteilt und definiert. Die Gefahr der Objektivierung[219] (d.h. die Gefahr für den Patienten, als Objekt behandelt zu werden) hängt nicht mit der objektiven *Bedingung* des «Krankseins» zusammen; die Objektivierung kann man als einen *Vorgang* ansehen, der sich innerhalb der Beziehung zwischen dem «Kranken» und dem Therapeuten und – da dieser von der Gesellschaft den Auftrag zur Behandlung und Vormundschaft erhält – innerhalb der Beziehung zwischen dem «Kranken» und der Gesellschaft entwickelt.

Kritisiert man den Objektivierungsvorgang, dem der «Kranke» unterliegt, so kann man vor der Psychiatrie, vor den Wissenschaften, auf die sie sich bezieht, und vor der Gesellschaft in Gestalt ihres Repräsentanten, also des Psychiaters, nicht haltmachen.

Daß es den Wahnsinn tatsächlich gibt, leugne ich nicht; ich kritisiere aber, daß man ihn einer Krankheit gleichsetzt. Diese Gleichsetzung verführt den Psychiater dazu, eine Unregelmäßigkeit *in* der Person zu lokalisieren, die zweifellos *woanders* aufzusuchen ist: nämlich auf der Ebene symbolischer Vorfälle, wie sie den familiären Diskurs geprägt haben, aus dem das Subjekt hervorgegangen ist.

Die Konsequenzen und Manifestationen der «Unregelmäßigkeit», von der das Irresein Zeugnis ablegt, sind nicht so sehr aus der direkten Entwicklung einer «Krankheit» zu erklären, sondern vielmehr als Auswirkung der Beziehung, welche der Psychiater (und die Gesellschaft) mit dem Irren aufnehmen.

Wird das Irresein richtig vor seinem eigenen Kontext gesehen, kann es eine positive Erfahrung darstellen; aber in einer von jeher medizinischen Tradition kann es diesen positiven Charakter überhaupt nicht annehmen. In dieser Tradition hat das Individuum, sobald es die ungeschriebenen Regeln des Familienmilieus verletzt hat, nur noch zweierlei zu erwarten: Strafe oder psychiatrische Behandlung. Die Absicht dieser Behandlung ist die Rückkehr des Subjekts in den Zustand vor der Verletzung des Regelkatalogs seiner Familie. Die «Pflege» deckt also die durchaus positive Erfahrung, die die Regelverletzung als solche (und die in ihrer Folge auftretende psychotische Dekompensation) darstellen kann, wieder zu. Insbesondere fördert jede «Beschwichtigung» in einer Krise die Gefahr der Objektivierung des «Kranken» (dessen Tragödie es ja gerade ist, stets nur als Objekt behandelt worden zu sein).

Es ging mir in diesem Buch nicht so sehr um das Wesen des Wahnsinns und seine Ursachen, sondern mehr um die Art und Weise, wie er im heutigen gesellschaftlichen Kontext erfaßt wird. Mal sind es die Kollektivvorstellungen vom angeblich gefährlichen Irren, die kritisiert werden, mal sind es die Strukturen von Familie und Gesellschaft (und dann handelt es sich um einen Prozeß, den die Psychiatrie der Gesellschaft macht).

Der Psychoanalytiker trifft in der Beziehung zum Irren auf ähnliche Probleme[220], wie sie in der Psychiatrie auftreten, und mittlerweile sind diese Probleme sogar am universitären Horizont aufgetaucht.

Wenn ich in diesem Buch auf die Probleme der Analytikerausbildung zu sprechen gekommen bin, so deshalb, weil es falsch wäre, die Krise in der Psychoanalyse von dem zu trennen, was für das Elend der Universitäten verantwortlich zu machen ist. Die gleiche Sorge, daß etwas die Sicherheit des Konformismus bedrohen könnte, beherrscht die Universitäten wie die psychoanalytischen Gesellschaften. Die Riten, in denen sich die Vermittlung des Wissens vollzieht, scheinen im einen wie im anderen Fall von der Angst bestimmt zu sein, die überkommenen Vorurteile könnten umgeworfen werden. Und in der Psychiatrie sind es genau diese Vorurteile, die unsere Beziehung zum Irresein bestimmen.

Wenn Freud die Psychoanalyse als einen Ausweg aus der Situation der Psychiatrie entwickelt hatte, so ist es sicher kein Fortschritt für die

Psychoanalyse, wenn sie sich (und das ist in der öffentlichen Gesundheitsfürsorge der Fall) in genau die gleiche Situation, die es für Freud zu lösen galt, gebracht hat.

Es ist ein Paradox unserer Zeit, daß die Psychoanalyse in dem Augenblick, wo sie die Radikalität ihres Ursprungs, der sie ihre Wirkung verdankt, zu verlieren im Begriffe ist, in den Dienst der Allgemeinheit tritt. Die heutige Psychoanalyse unterliegt einer technokratischen Wandlung, die sie an die Macht bindet, von der sie eingesetzt wird. Die «Pflege»-Zentren bilden nach dem Vorbild der Fabriken ihr eigenes Personal an Analytikern aus, mit «beschränkter Qualifikation» nur für den «Einsatz in den öffentlichen Zentren». Von Analyse kann man bei der Ausbildung solcher beschränkt qualifizierter Psychiater nicht mehr sprechen, eher von einer Ausbildung im Sinne einer normativen Pädagogik[221].

Der Bekehrungseifer, mit dem heute Reihenuntersuchungen für sogenannte psychologische Störungen gefordert werden, scheint mir bei all diesen Entwicklungen die Hauptgefahr zu sein: in einigen Schulen werden diese Reihenuntersuchungen bereits durchgeführt, und zwar vom Kindergarten aufwärts. Was dabei herauskommt, sind Ratschläge für eine Nacherziehung gerade für die Fälle, in denen bezeichnenderweise die Erziehung selbst durch Abwesenheit geglänzt hat.

Unser ganzes medizinisch-administratives System beruht auf der Verkennung wissenschaftlicher Kriterien; diese Mißachtung ist so groß, daß die Psychoanalyse im öffentlichen Gesundheitsdienst wahrscheinlich nur noch in der heruntergekommenen Gestalt einer Psychotechnik weiterexistieren wird. Welche Gefahr solche Monopolisierung der «Behandlung» für ein Kind bedeutet, dessen «Fall» derart früh «psychiatrisiert» wird, übersieht man dabei geflissentlich.

Diese Fragen wurden im Mai 1968 von den Medizin- und Psychologiestudenten (des 1. und 2. Ausbildungsjahres, die von der akademischen Ausbildung noch nicht korrumpiert waren) spontan angegangen. Die Frage der Erneuerung der Psychiatrie stellte sich ihnen im Zusammenhang mit der Kritik am Regierungssytem.

Die Politisierung der Studentenbewegung hatte eine Wahrheit freigelegt, die geeignet war, zu einem wissenschaftlichen Fortschritt zu führen.

Um der Kritik den Boden zu entziehen und die Politisierung aufzuhalten, wurden zwei Wochen nach Beginn des Aufstandes *Reformen* versprochen. Die Kritik hatte den Mythos des Arztes und seiner Macht zu zerstören gedroht. Und die Entpolitisierungsstrategie setzte nun auf alle, die nicht bereit waren, auf ihre Privilegien zu verzichten. Die Aufrechterhaltung dieser Privilegien unterstützt den mythischen Glauben des Arztes an seine «Mission» und sein Anrecht auf einen verehrungswürdigen Beruf. Sein gesellschaftlicher Auftrag läßt Raum für eine «Führungs-Persönlichkeit». Von der Geltung dieses Berufsbilds (und sei es nur auf imaginärer Ebene) hängt der Charakter der therapeutischen Beziehung zum «Kranken» ab – und besonders natürlich in der Psychoanalyse. Schon vor Beginn seines Studiums ist der zukünftige Arzt der Gefahr ausgesetzt, sich in der Faszination zu entfremden, die die Stellung des «Chefs» auf ihn ausübt (gleiches gilt für die Psychoanalyse) und dies kann ihm seine Beziehung zur Arbeit völlig verderben.
Von Freud wissen wir, daß die einzig taugliche Ausbildung auf der Fähigkeit des Kandidaten aufbauen muß, sich mit dem «Kranken» zu identifizieren, und dies allein ist auch die Voraussetzung für eine nicht absondernde Beziehung zwischen Arzt und Krankem. Das Medizinstudium aber ist so konzipiert, daß es den Studenten vor solcher Identifikation schützt. Daß all diese Kardinalprobleme von den Studenten während der Mairevolte aufs Tapet gebracht wurden, zeigt, daß sie sich von diesen Fragen persönlich betroffen fühlten.
In den dialektischen Vorgang der Auseinandersetzung hineingezogen, fand sich das Subjekt (wie in einer Analyse) in bezug auf sein Selbstbewußtsein an einem anderen Platz vor. Nun, in einer anderen Struktur, konnte sich sein Sprechen von einem anderen Ort aus befreien. Die Studenten hatten denn auch in ihrer Kritik an der Psychiatrie die gleichen Probleme thematisiert, die im Oktober 1967 von Laing, Cooper und dem Forschungsteam der *Philadelphia Association* in Paris[222] zur Diskussion gestellt wurden: damals war das ein Skandal; die Öffentlichkeit, also die akademischen Autoritäten, hatte alles getan, eine *unerträgliche Wahrheit* schnell wieder zuzudecken[223].
Zwar war die soziologische, «humanitäre» Tendenz gewisser amerikanischer Anti-Psychiater höchst anfechtbar. Aber darum ging es gar

nicht. Die französischen Psychiater und Psychoanalytiker verschanzten sich hinter an sich richtigen theoretischen Einwänden, um möglichst nichts von einem klinischen Material wahrnehmen zu müssen, das man nicht alle Tage zu Gesicht bekommt. (Die amerikanischen Anti-Psychiater hatten nachgewiesen, daß die Kategorie der Lust in der Beziehung zum «Geisteskranken» durchaus eine Rolle spielt.)

Niemand (außer Lacan mit seinem Schlußwort) hielt sich dabei auf, festzustellen, welch wichtiger Beitrag solch freies Zeugnis ist, das vom Apparat der Konventionen, unserem Schutz gegenüber dem Wahnsinn, nicht eingeschränkt wird.

Hier liegt ein wichtiges Problem, das an die aktuellsten und brennendsten Fragen der Wissensvermittlung rührt und den Umstand mit einschließt, daß in unserem System das Wissen nicht die Macht hat, reale Veränderungen zu bewirken – was sicher nicht ohne Einfluß auf die akademische Ausrichtung ist, die der Forschung insgesamt anhaftet.

In ihrem Interesse, die medizinische Lehre, auf die sich die Psychiatrie bezieht, zu verändern, richteten die Studenten des Mai 1968 und die Anti-Psychiater ihre Fragen nicht so sehr auf den «Kranken», als vielmehr auf den Diskurs, der ihn verstümmelt hat. Die Frage lief also auf die Rechte des Individuums hinaus. Darf man immer noch die Gesellschaft vor dem Wahnsinn schützen, oder muß man nicht die Freiheit des Irren gegen die Gesellschaft, die ihn nicht toleriert, verteidigen?

In der Geschichte der Psychiatrie haben sich zwei unterschiedliche politische Auffassungen über die Freiheit des Irren herauskristallisiert, zwischen denen wir uns auch heute noch entscheiden müssen.

1. Das Urteil des Dresdener Gerichtshofs legte exakt die Beziehungen zwischen Gesellschaft und Wahnsinn fest. Das Gericht verteidigte die *Bürger*rechte einer Person (nämlich eines eminent wichtigen Senatspräsidenten). Der Kläger war nicht verschwenderisch und brachte das Familienerbe keineswegs in Gefahr, was die Aufgabe des Gerichts sehr erleichterte.

Bemerkenswert an dieser vom Gericht vertretenen Auffassung ist, daß sie aus einer letztlich anti-gesellschaftlichen Einstellung heraus entstand. Das Gericht entschied, daß der Kläger zwar wahnsinnig, daß aber seine Freiheit als Irrer nicht anzutasten sei. Das Geschrei des

Klägers fiel, sollte es die Nachbarn belästigen, unter den Tatbestand der nächtlichen Ruhestörung, es konnte aber nicht den Grund für eine Internierung abgeben. Das Dresdener Urteil (und Schrebers Plädoyer) sind ein Modell für «anarchische» Forderungen – und in diesem Sinne versteht sich auch die Anti-Psychiatrie (solange sie nicht zuläßt, daß sie durch eine Ideologie der Barmherzigkeit ersetzt wird).

2. Der andere Freiheitsanspruch ist *revolutionär*, aber kann nicht ohne gesellschaftliche Interessen revolutionär sein: nämlich *die Gesellschaft zu verändern* und nicht das Individuum zu verteidigen. In diesem Sinne hat sich die französische psychiatrische Forschung engagiert.

Das Problem ist nicht einfach: Sollen wir dem Wahnsinn Redefreiheit lassen (und damit die Gesellschaft einer Gefahr aussetzen) oder sollen wir eine weniger entfremdende Gesellschaft schaffen (und dabei im Individuum das zuschütten, was sich mit dem Sagen der Wahrheit auszudrücken sucht)?

Diese Alternative steckt immer *in uns selbst*. Wir sind versucht, unser eigenes Irresein zu verwerfen, aber dies in uns Verdrängte wird angesprochen, wenn der Wahnsinn des anderen redet. Dies ist der Grund, warum sich in so brutaler Weise der Zensur- (und Ausschließungs-) mechanismus durchsetzt.

All diese fundamentalen Fragen sind im Mai 1968 (wie in allen früheren Revolutionen) auf die Tagesordnung gesetzt worden; heute sind sie wieder von ihr verschwunden. Die eingeleiteten Reformen betreffen die Studienreglementierung und die Organisierung eines Netzes von Pflegeinstitutionen, aber eine wirkliche Veränderung insbesondere des Charakters der Psychiatrie haben sie nicht bewirkt und auch nicht bewirken wollen.

Das wichtigste wäre eine Untersuchung über die Einstellung der Gesellschaft gegenüber der «Geisteskrankheit» gewesen. Stattdessen stehen verwaltungstechnische Entscheidungen für die Reform, Entscheidungen, die das Behandlungsmonopol unangreifbar machen sollen, und die Folge ist, daß die Kindheitsprobleme viel stärker als früher psychiatrisiert werden. Es beginnt das Zeitalter der «obligatorischen psychiatrischen Fürsorge» und es wäre erstaunlich, wenn sich bei dem Mißbrauch der mentalhygienischen Erfassung und Beratung dem anfänglichen Le-

bensmißgeschick eines Patienten nicht sehr schnell eine «psychiatrische Krankheit» überstülpen würde.
In bestimmten Fällen kann Unangepaßtheit ein Gesundheitsfaktor sein. Daß sich das Sagen der Wahrheit in unserem Gesellschaftssystem nicht anders als in Irresein und Kriminalität ausdrücken kann, wirft nur ein Licht auf das, was in unserem Gesellschaftssystem falsch ist.

Besonders die Ausbildung der «Kinderanalytiker», die sich mehr und mehr vom Vorgehen bei der Erwachsenenanalyse entfernt hat, richtet sich zusehends auf das Symptom «Kind» aus, ohne daß noch berücksichtigt wird, welchen Platz das Kind in den Problemen seiner Eltern hat. Psychoanalyse und Reedukation perpetuieren also nur eine Abweichung, die ja nicht auf der Ebene des Kindes selbst aufzuspüren ist. *Befaßt man sich ausschließlich mit dem Kind, so verstößt man es als Subjekt.*
«Mein Kind», sagte mir eine Mutter (sie meint ihren 25 Jahre alten, straffällig gewordenen Sohn), «hat mich ein Vermögen gekostet. Materiell haben wir alles für ihn getan. Mit vier Jahren kam er in die Psychoanalyse; Nacherziehung, Sonderschulen – nichts hat ihm geholfen. Hätte man ihn bei einem gutmütigen, ungebildeten Bauern untergebracht, wäre sicher nichts Schlechteres aus ihm geworden. Wer weiß, vielleicht wäre er nicht der Droge verfallen und in schlechte *Umgebung* geraten.»
«Dieses Scheitern habe allein ich zu verantworten», fährt die Mutter fort, «ich habe mir mit der Psychoanalyse ein gutes Gewissen verschafft. Ich habe mich selbst belogen und habe das Kind in die Behandlung geschickt, obwohl ich wußte, daß es tausend Gründe hatte, sich gegen die Hölle, die ich ihm bereitet hatte, aufzulehnen... Mein Mann war ein gutherziger Mensch. Nach außen hin waren wir ein glückliches Ehepaar. Niemand hat je geahnt, daß es eine Hölle war und daß ich dafür verantwortlich bin.»
«Wollen Sie damit sagen, daß die Psychoanalyse gescheitert ist?»
«Nein, es war das System. Wir haben uns alle gegenüber diesem Kind wie Komplizen der Polizei verhalten...»
Dies sollte uns Anlaß genug sein, systematisch die Gründe für das

Scheitern von psychoanalytischen Behandlungen zu untersuchen. Wir würden erst danach beurteilen können, welche allgemeinen Verkennungen und Fehler im analytischen Prozeß auftreten.

Hier in diesem konkreten Fall traf die Verantwortung nicht nur die Familie, sondern auch die Gesellschaft. Ihr Fürsorgenetz trug dazu bei, aus dem Jungen einen Kriminellen zu machen; es war die Wirklichkeit einer nie in Frage gestellten kafkaesken Welt, die ihn dazu machte.

Die psychoanalytische Tätigkeit in der Klinik ist heute Bestandteil eines medizinisch-administrativen Systems, das Ausdruck und Instrument gesellschaftlicher Entfremdung zugleich ist. Reihenweise werden Kinder «psychotherapiert», die noch nicht einmal wissen, warum sie in die Klinik gebracht werden. Ihre Väter werden in fast allen Fällen aus dem Spiel gehalten, denn die Analytiker (meist sind es Frauen) haben die unbewußte Tendenz, das Kind dem «schlechten» Elternteil zu «entziehen» und setzen sich dann selbst in dessen Rolle ein (meistens wird angenommen, daß der Vater zu schwach, zu stark, zu oft weg oder sonst etwas ist; er stört einfach). Bei jeder Indikation einer Psychotherapie im öffentlichen Gesundheitsdienst wäre demnach zu beachten, daß sie nicht von gesellschaftlichen Forderungen bestimmt wird, in die in jedem Fall das Verlangen nach einer Konsultation eingebettet und dadurch pervertiert ist.

Der Rahmen, in dem die Psychoanalyse sich entfalten muß, gefährdet fast immer ihre eigenen, unerläßlichen Existenzbedingungen. Dies wird im Bereich der Kindheitspsychosen noch deutlicher. Denn hier ist das Kind Objekt eines «Fürsorge»monopols, das ein psychoanalytisches Vorgehen verhindert. Denn die Psychoanalyse wird nur soweit toleriert, wie sie sich dem System, das auch die Analyse entfremdet, unterwirft. Sobald eine Gesellschaft an die Organisierung der «Pflege» herangeht, wählt sie als Grundlage ein Schutzsystem, das in erster Linie der Verstoßung des Irreseins gilt.

So widersprüchlich es klingen mag: das «Fürsorgesystem» fördert im Namen der Anpassung die «Gewalt» in den psychiatrischen Verhältnissen.

# STATT EINES ANHANGS

## I. *Brief einer Krankenschwester*

«Ich weiß, was nützt das Klagen über die Strukturen in der Klinik, wenn ich mich doch entschlossen habe, diese Dummheit mitzumachen. Auf meiner Station gibt es einen Kranken, der früher sehr viel gemalt hat, und diese Zeichnungen waren für ihn, weil er sehr verschlossen ist, die einzige Kontaktmöglichkeit. Und eines Tages hat er mich dann gebeten, ich solle seinen Vorschlag, ein Maleratelier einzurichten, unterstützen und das notwendige Material beschaffen.
Ich habe das in der Ärztebesprechung am nächsten Tag vorgebracht und bekam zur Antwort, daß dies Verlangen nicht richtig gesehen sei, daß es sich um ein «duales Verhältnis» handele... Seither kommt der Patient jeden Abend besoffen in die Klinik zurück. Der Assistenzarzt hat es nicht einmal für nötig befunden, mit ihm zu sprechen.
Es gibt einen Jungen, der ist debil und psychotisch und kann nur unartikulierte Laute von sich geben... ein kleines verschrecktes Tier. Sonst lauter Alkoholiker und was sonst noch...
Manches Mal frage ich mich, für wen arbeite ich eigentlich in der Psychiatrie – für sie oder für mich? Ich glaube, am Anfang für die Kranken. Aber wie das so läuft, habe ich den Eindruck, daß man eigentlich vor allem sich selbst gegenübersteht; man tut ja so wenig für sie. Hat das dann alles noch einen Sinn? So tun, als ob es sie nicht gäbe? Soll ich in ein allgemeines Krankenhaus gehen? Dort wäre es nicht diese Komödie, aber in anderer Hinsicht wäre es noch schlimmer; ich wäre unfähig, mich wieder daran zu gewöhnen, wie ein Automat Leistungen zu erbringen, und vor der Hierarchie dort habe ich einen Horror.
Warum habe ich mich also für diesen Krankenschwesterberuf überhaupt entschieden? Es war eine sehr egoistische Wahl: ich wollte etwas für andere tun, um selbst weniger in den Mauern meines Schweigens eingeschlossen zu sein. Und dann dieser Traum: ich sehe einen Geisteskranken, der Wörter für andere Wörter gebraucht. Ich sehe, wie er das Blut und den Eiter einem Verwundeten ableckt, der auf einer Bahre liegt: Ich kann nur die Begriffe Wiedergutmachung, Opfer und Sündenbock zusammenkriegen – und diese Opfergeschichte, die Masche mit

dem Prügelknaben, das kommt aus der religiösen Kindererziehung. Hier wird einem die ganze Gesellschaft fragwürdig... und ich möchte einfach nicht mehr Krankenschwester sein. Auf einmal fühle ich mich verloren, ich weiß nicht mehr, wie ich die Dinge sehen soll, ich drehe mich im Kreis, es ist alles absurd. Marie-France.»

## II. *Die Versuchsschule in Bonneuil-sur-Marne*[224]

Am 12. September 1969[225] konnten wir mit Unterstützung von Freunden ein Zentrum für psychoanalytische und pädagogische Studien und Forschung eröffnen, das sich als Hauptaufgabe stellte, eine nicht-segregative Versuchsschule aufzubauen. Die Schule soll einem bestimmten Typ von Kindern mit Schwierigkeiten offenstehen und nicht mehr als 15 Kinder für ein gemeinschaftliches Leben aufnehmen.
Finanziert wurden das Haus und seine Einrichtung von M. und Mme Guérin, die auch die Schule leiten. Der Verwaltungsrat wird von der Familie Guérin und dem Vater eines der in der Schule eingeschriebenen Kinder gebildet. Dr. Lefort und ich haben die Aufgabe der technischen Beratung. Wir wurden von Anfang an unterstützt von Dr. J. Ayme und M. Pierre Fedida. Dr. Françoise Dolto hat sich uns angeschlossen und uns ihre reiche Erfahrung zur Verfügung gestellt.
Die Gruppe, die in Bonneuil arbeitet, setzt sich zusammen aus drei Personen (zwei davon mit festem Gehalt), die dort ständig arbeiten, und dreizehn Volontären (die meisten sind Psychologen von der Sorbonne)[226]. Die Freiwilligen werden nur aufgenommen, wenn sie bereit sind, ihre Normvorstellungen aufzugeben und sich einem bestimmten Lebensstil auszusetzen. Sie lösen sich gegenseitig als Assistenten ab oder arbeiten selbständig bei bestimmten von ihnen betreuten Aktivitäten mit: Modellieren, Malen, Theater- und Marionettenspiel, Ausdruckstanz, Pantomime, Märchenerzählen, Liedersingen, Musikmachen[227]. An jedem Sonnabend kommt die Gruppe zusammen, um die auf institutioneller Ebene verrichtete Arbeit zu analysieren. Denn die institutionelle Organisation soll als therapeutisches Mittel eingesetzt werden.

## ZUR ENTSTEHUNGSGESCHICHTE DER INSTITUTION

Es ist einiges bekannt geworden über die Arbeit, die einige von uns im medizinisch-pädagogischen Externat von Thiais geleistet haben. Es kam an zwei genau zu bestimmenden Punkten zum Bruch des Teams von Analytikern, Ärzten und Erziehern mit der Verwaltung:

1. Das Problem der institutionellen Umorganisation stellte sich mit aller Schärfe, als uns bewußt wurde, daß es völlig sinnlos ist, zur individuellen Psychotherapie zu greifen, wenn es aufgrund des repressiven Systems, das Erwachsene und Kinder zusammenzwingt, bei den Erziehern zu Depressionen und bei den Kindern zu aggressivem Ausagieren kommt. Die Hierarchie innerhalb des Personals, die Zersplitterung der Aktivitäten, die mangelnde Einfügung der Kinder in einen realitätsnahen Tagesablauf – all dies erzeugte eine Blockierung im Austausch. Aus den Arbeiten von C. Lévi-Strauss läßt sich lernen, daß bei solcher Blockierung die Gruppe degeneriert und daß die Individuen innerhalb der Gruppe buchstäblich daran sterben, daß sie sich nicht mehr in der Lage sehen, schöpferisch tätig zu werden.

Die Verwaltung rief die «Sauvegarde de l'enfance», also den Jugendschutz zu Hilfe, um eine eventuelle subversive Tätigkeit in ihrem Institut von vornherein zu verhindern. Unsere Gruppe trat geschlossen aus. Man versuchte natürlich, mit allen Mitteln den Skandal der Kollektivkündigung zu vertuschen. Mittlerweile hat sich das medizinisch-pädagogische Externat erweitert, neue Räumlichkeiten sind dazugekommen... aber Psychotiker werden nicht mehr aufgenommen. Und genau darum geht es heute: entweder man steckt die Psychotiker in die Anstalt, wo sie «Denkmäler für die Psychiater» werden, oder man versucht, ihnen wirklich aus ihren Schwierigkeiten zu helfen; das bedeutet aber, daß man sich auf ein langwieriges Unternehmen einläßt, das nur gelingen wird, *wenn man die Institutionen immer wieder radikal in Frage stellt.*

2. Der andere Punkt, an dem es zum Bruch kam, war unsere Haltung zur Berufsberatung. Wir waren zur Überzeugung gekommen, daß für einen großen Teil der Kinder eine Lehre richtiger sei als die Aufnahme in einem spezialisierten Internat, was ihnen nach Vollendung des 14. Lebensjahres

als einzige Möglichkeit angeboten wurde. Die Tatsachen gaben uns recht. Aber die Verwaltung lehnte eine Beratung in unserem Sinne ab.
Dieses Beispiel verdient nur deshalb erwähnt zu werden, weil solche Konflikte hundert- und tausendfach vorkommen. Wir haben uns um das Zustandekommen von Bonneuil bemüht, wir wollten dort eine Stätte sogenannter Anti-Psychiatrie schaffen, wo Kinder wieder leben lernen sollten, bevor es zu spät war und sie an einer Anpassungsnorm zerbrachen, die häufig nichts anderes als die Angleichung an eine institutionelle Stereotypie ist.
Obwohl wir uns zu einer anti-psychiatrischen Haltung entschlossen haben, machen wir uns doch nicht die ihr zugrundeliegende Theorie zu eigen. Unsere Theorie bezieht sich auf Strukturen. Wir meinen, daß sich die Ordnung des Menschen, und diese ist eine *symbolische Ordnung,* um bestimmte *Gesetze* (Verbot, als Parasit zu leben, Inzestverbot) anordnet und daß das Kind in dieser Signifikanzmaschine eine persönliche Sprache findet und sich von seinem Wunsch und dem Wunsch des Anderen unterscheiden lernt. Dies werden wir an einigen Erfahrungen belegen, die wir in der Institution in Bonneuil gemacht haben.

## DIE FUNKTIONSWEISE DER INSTITUTION

Die Einrichtung einer Institution[228] hieß für uns: die Entstehung eines Dings (einer Arbeit), das von den Kindern selbst instituiert wird. Zusammen mit den Erwachsenen wachen sie selbst über die Einhaltung von *Regeln,* die das Leben in der Gemeinschaft erst ermöglichen.
*Das institutierte Ding* ist der Rat der Kooperative, der von den Kindern gewählt wird. Sie lernen so, ein Budget (für das Essen) zu verwalten, stellen ein Programm für den Tagesablauf zusammen und wählen die Verantwortlichen für die unterschiedlichen Aktivitäten (hier sind Freinet und Makarenko unsere Vorbilder).
Das Leben in Bonneuil spielt sich für die sogenannten psychotischen, aber auch debilen und anorektischen Kindern zwischen zwei Polen ab: *Küchendienst und Kursbesuch* (Aufstellung eines Budgets und Buchführung) einerseits und die *Korrespondenz mit einem Auswärtigen* andererseits (Kon-

takt mit anderen Kindern und anderen Schulen) mit Zeichnungen, mit einer selbstgedruckten Zeitung und mit Bandaufnahmen (damit nicht diejenigen, die schreiben können, zu Privilegierten werden).

Neben diesen Grundtätigkeiten gibt es eine Reihe von zusätzlichen Aktivitäten:

1. Die morgendlichen Gespräche, in denen sich die Kinder darüber unterhalten, was in ihren Häusern los ist, was sie vorhaben, und welche Schwierigkeiten aufgetreten sind.

2. Die Ratssitzungen, die zweimal wöchentlich stattfinden (der Vorsitzende und sein Stellvertreter sind Kinder). Hier wird alles wieder aufgenommen, was gesagt wurde, was geschehen ist, was in den Werkstätten getan wurde, was draußen passiert ist, als die Polizei gerufen wurde[229]. Es wird diskutiert, was dem Ruf von Bonneuil schaden könne, welche Übertretungen der Regeln es gegeben hat. Es geht in diesen Versammlungen darum, all das, was an Beschwerden und Forderungen in der imaginären Ordnung verfestigt war, in eine symbolische Artikulation zu bringen. Hier wird alles analysiert, *was Pflicht ist*[230] (dem Nächsten sein Lebensrecht zu lassen, im Kreislauf des Austauschs zu geben und zu nehmen). Man gerät mit dem Unbewußten der Gruppe in Konflikt, man stößt sich am individuellen Unbewußten, das zuweilen durch den Druck eines bedrohlichen, zerstörerischen Über-Ichs zutage gefördert wird. Was wir anregen und schließlich instituieren, wird von dem unbewußten Gesetz der Gruppe strukturiert.

Ebenso wie das Kind in der Mutter das Wort des Vaters anerkennen und erkennen muß, ebenso muß all das öffentlich gemacht werden, was sich in den dualen Gesprächen Bahn bricht[231] (dies sind Unterhaltungen, die damit enden, daß der eine oder der andere ausgeschlossen wird). Alles was mit dem Existenzrecht der Gruppe zu tun hat, muß zutage gefördert werden. Die Versammlungen dienen dazu, all das darzustellen, was sich als formuliertes Verlangen in der Gruppe frei gemacht hat. Wenn die Institution über dem Austausch von Informationen wacht (die sich auf Bauprojekte wie auf die Ausbrecher beziehen), so kämpft sie gegen den Tod. Deswegen bezieht sie sich auch fortwährend auf das, was draußen geschieht: das System der Brieffreundschaften und der Austausch von Geschenken sind wesentliche Elemente des Gruppenlebens.

3. Die anderen Aktivitäten betreffen vor allem den körperlichen Ausdruck, sie bringen ins Spiel, was bei diesem oder jenem Kind verklemmt ist, wenn es einen Körperteil als fremdes Objekt betrachtet. Sie helfen dort, wo sich etwas im Rhythmus ausdrücken oder in Ton modellieren läßt, was sich einer Formulierung in Worten entzieht. Manches schafft man allein, manches nur im Kollektiv. Und man schafft es um so lieber, als man es freiwillig tut; denn das Recht auf Verweigerung ist zugestanden. Was sich in Ton nicht mitteilen läßt, können einige Kinder im Malen darstellen. Wir wollen deshalb dem Kind einen möglichst breiten Fächer künstlerischer Gestaltungsweisen eröffnen.
Mit dem Leben in den Werkstätten stellt sich auch ein Feld der Sprache her[232]. Aus dem Feld der Sprache kann eine Rede entstehen, nicht aber aus einer Kakophonie. In jeder Gruppe ist einer für die instituierten Regeln verantwortlich. Individuelles Ausweichen ist erlaubt unter der Bedingung, daß die kollektive Arbeit fortgeführt werden kann. Verboten ist nur, den Nachbarn am Arbeiten oder «Leben» zu hindern. Ausbrecher kommen selbst wieder oder werden von der Polizei zurückgebracht. Das Symptom des Ausbrechens verschwindet wie die anderen Symptome sehr schnell, denn das Kind entdeckt, daß das Ausbrechen in der Institution keinen Kurswert hat.
Jedes Kind, das hier zum Hand-Werker wird, ist ein Kind, das durch Perioden gebilligter Verweigerung und Flucht hindurchgegangen ist. Und all diese Krisen werden im Rat aufgegriffen und von den Kindern, die bald Richter, bald Pfleger sind, kommentiert:
«Tja, wenn du deinen Zorn in Worten sagen könntest», sagte Rémy zu Charles, «würdest du mir weniger auf die Nerven gehen und dir selber auch.»
Was die Kinder in den Werkstätten sagen und tun, wird so im Rat immer wieder aufgenommen, damit das Haus aus den Beiträgen eines jeden leben kann.
Einerseits haben wir *Objekte,* die im Verhältnis der Individuen untereinander als Vermittlung eintreten – und andererseits das *Subjekt,* das nach der Lehre Lacans ein leeres Subjekt ist und nur als Ort von Beziehungen definiert ist. Wir wissen nicht, wer das Subjekt ist, ebensowenig wie wir wissen, was ein Elektron ist, aber wir wissen, wie es sich in bestimmten

Relationen verhält. Damit wir überhaupt begreifen können, was geschieht, müssen wir ein bestimmtes Feld abgrenzen und in diesem Feld ein *Neinsagen* mit seinen überschaubaren Wirkungen ablaufen lassen.
Es kommt vor, daß ein Kind zu einem Erwachsenen sagt:
«Du sorgst nicht dafür, daß das Gesetz respektiert wird, dessen Wächter du bist.»
Es sagt eine Wahrheit, weil danach häufig kein Widerspruch mehr möglich ist.
Wenn das Kind auf die Einhaltung eines Regelgebäudes achtet, dann deshalb, weil diese Regeln das Minimum darstellen, ohne das es keine Beziehung zwischen Menschen gäbe.
An diesem Punkt müssen wir von dem sprechen, was die Kinder in der Institution sagen. Wir werden dann verstehen, wie sich aus der Erfahrung eine Art Ethik herausentwickelt.

## DAS ERLEBNIS DER INSTITUTION

Als wir anfingen, fragten uns die Kinder:
«Sind wir eine Deppenschule?»
Nach zwei Monaten konnte ihnen diese Frage in folgender Form zurückgegeben werden:
«Wer braucht hier einen Deppen, um sich wohl zu fühlen?»
Wir konnten feststellen, daß jeder Skandal (Einbruch bei den Nachbarn, Konflikte auf dem Markt, Exhibition vor Passanten) darauf zurückzuführen war, daß ein Kind ein anderes mit seinen Reden manipulierte und es als Irren funktionieren ließ. Dieser Zusammenhang wurde im Rat mehrere Male diskutiert.
Wir hatten vorübergehend ein schwer geschädigtes Kind zu Gast, das von seinen Kameraden als das «menschliche Tier» bezeichnet wurde. Wir mußten uns sehr schnell, um es zu retten, von diesem Kind trennen. Es hatte in der Gruppe die Funktion des Ausgeschlossenen, eines Paria, auf dem man alles abladen konnte. Diese Funktion ließ die anderen Kinder spektakuläre Fortschritte machen, vor allem in sprachlicher Hinsicht. Ein fröhliches und munteres kleines Mädchen wurde plötzlich

depressiv, als es merkte, daß es seinen «Irren» verloren hatte. Die Kleine hatte den Jungen wie eine Zirkusdompteuse darauf dressiert, ihre eigenen Phantasien in Szene zu setzen. Als ihr Schützling sie verließ, um der Schüler eines älteren Jungen zu werden, setzte bei ihr ein Trauermechanismus ein, den sie aggressiv auslebte. Die Kleine versuchte, alles zu verleugnen, was in einen Bezug zu dem ihr wesentlichsten Mangel gebracht werden konnte. Sie unternahm den verzweifelten Versuch, sich als die Phallischste der Gruppe darzustellen, indem sie sich nackt zur Schau stellte. Als sie ihren Kameraden verlor, verlor sie gleichzeitig die Verdunklungsfunktion, die er bei ihr wahrgenommen hatte. Das «Irresein» des kleinen Jungen diente ihr dazu, die Angst vor ihrem Mädchenkörper zu verstecken. Indem sie den kleinen Jungen beherrschte, versicherte sie sich des Besitzes ihrer Jungenhaftigkeit und bestätigte sich so, daß sie unverletzbar und von der Kastration nicht gezeichnet sei.
Die in aggressiven Krisen ausgelebte Depression ermöglichte dem Mädchen, während der Arbeit (in der Druckerei) stabil zu sein.
Ein anderes Kind – nennen wir es Jacques – stellte an die Gruppe zwei Arten von Fragen:
«Ich will später einmal keine Kinder haben, denn es ist zu ekelhaft, aus so etwas geboren zu werden. Ich will nicht den Namen meines Vaters haben.» (Er signiert seine Werkarbeiten mit einem russisch klingenden Namen, der dem seines Großvaters mütterlicherseits gleicht.)
Dieses Kind hat außerhalb der Schule einen Freund, der nicht den Namen seines Vaters trägt; dieser Freund sagt: «Wie kann man mit solchen Eltern leben?»
Jacques antwortet darauf mit der Erfindung eines Gottes, den er bei den Vorfahren der Mutter seines Freundes ansiedelt. Und er errichtet den Geistern der Vorfahren einen Altar. In Bonneuil entsteht also eine neue Religion; manchmal wird unter freiem Himmel eine Messe zelebriert. Jeder Besucher muß sich diesem Augenblicksritual unterwerfen.
Das bedeutet nun nicht, daß wir dieses Kind das Gesetz bestimmen ließen. Die Grenzen sind unverrückt: Inzest und Kannibalismus bleiben tabuiert. Wir glauben, daß in einer Institution das Verbot sexueller Betätigung zwischen Jungen und Mädchen aufrechterhalten bleiben sollte. Den Jungen sagen wir:

«Ihr könnt mit allen Mädchen aus Paris und Bonneuil anbändeln, aber die Mädchen hier sind wie eure Schwestern.»

Und es wird ihnen nahegebracht, daß der Mann von einem anderen Mann eine Frau erhält unter der Bedingung, daß er seine Tochter aus dieser Ehe wieder einem anderen Mann gibt. Dieser Frauentausch ermöglicht der Gesellschaft Kontinuität über die Generationen hinweg und hat seine Bedingung im Inzestverbot.

«Zuhause gehört die Mutter dem Vater. Du mußt dich woanders umsehen. Du mußt sie verlieren können, erst dann kannst du ein Mädchen gewinnen.»

«Ich bleibe hier und bändle mit unseren Mädchen an», sagt Jacques, «im übrigen ist das ein schlechtes Gesetz».

Dann verschwindet er, um sich im Garten bei seinem Gott auszuklagen, der, weil er außerhalb des Gesetzes steht, auch die perversesten Wünsche befriedigen kann.

«Es ist für uns ein großer Verlust, wenn du uns verläßt, weil wir sehr an dir hängen – aber das geht nicht so weit, daß wir deinetwegen nicht mehr die menschlichen Gesetze anerkennen.»

Jacques hat auf die Mädchen verzichtet. Dann kommt ein Junge nach Bonneuil, den wir Pierre nennen wollen. Das als gefährlich bezeichnete Kind wird in Wirklichkeit von der Angst gehetzt. In dem Augenblick, wo ihm die Freiheit geboten wird, gerät er, der bisher nur in einer Zuchthauswelt gelebt hat, in Panik. Pierre braucht Zuneigung; er ist glücklich, wenn man keine Angst vor ihm hat. Nichts erfüllt ihn mit mehr Schrecken, als Mordabsichten, die man ihm unterschiebt. Er flieht dann einfach, haut ab und sucht Schutz und Wärme, verkriecht sich unter die Treppe eines in der Nähe gelegenen Mietshauses.

Jacques hat einen Haß auf Pierre, er haßt an ihm die Zuneigung, die jener zum Leben braucht.

«Ein Depp schließt sich immer ab, mit Deppen muß man kein Mitleid haben. Also: er oder ich.»

Wieder stellt uns Jacques vor die Alternative: entweder Leben oder Tod des einen oder des anderen.

«Das geht nicht», sagt man ihm, «sein Leben mit dem Tod des anderen erkaufen. Dein Handel gilt nicht bei den Menschen.»

Jacques wird daran erinnert, daß in diesem Hause M. Guérin der Hüter des Gesetzes ist; wir sind einverstanden, daß er M. Guérins Assistent wird, aber nicht, daß er an dessen Stelle die Gesetze erläßt.
Nach und nach übernehmen die Kinder Pierres Verteidigung. «Die Psychiater sind Dummköpfe», bemerkt René, «sie verpassen Etiketts und hopp, bist du im Gefängniswagen.» Von dieser Kritik will Jacques nichts hören, er äußerst sich in dem Sinne, daß alle Anomalen ausgerottet werden müßten.
Wir erklären ihm, daß Bonneuil für Pierre die letzte Chance sei, daß wir ihm die psychiatrische Klinik ersparen wollten. Und wir reden mit ihm wieder über den Schmerz, den wir empfänden, wenn wir uns von ihm trennen müßten. Den Tränen nahe antwortet er:
«Aber ihr schickt mich doch fort, ich würde lieber hier bleiben.»
Wieder wird ein Vertrag geschlossen; in jedem Vertrag übernehmen die Worte die Vermittlung.
Wir wollten hier das Funktionieren einer Institution darstellen, die sich vorgenommen hat, der Verdoppelung der Entfremdung zu entgehen.
Der Mythos der Norm und das Gewicht wissenschaftlicher Vorurteile sind nur eine andere Form gesellschaftlicher Entfremdung, die nicht nur den sogenannten «Kranken», sondern auch seine Eltern und Pfleger trifft. Es ist unsere Aufgabe, zu analysieren, warum wir in der Regel gegenüber der Botschaft des anderen taub bleiben und uns der Wahrheit dieser Botschaft entledigen, indem wir das Subjekt ausschließen.
Das Problem der Absonderung ist nicht nur politischer Natur. In uns allen steckt etwas, das den Wahnsinn – also das bei uns selbst Verdrängte – verwirft.
Kinder können sich sehr rassistisch gebärden. Erst die Einführung einer symbolischen Ordnung verhindert die Errichtung einer Gemeinschaft von Gerichtsherren, die einen der Ihrigen als Sündenbock in die Wüste des Asyls schicken.

5. Dezember 1969
(Aus einem Bericht für die Eltern der Kinder von Bonneuil)

# ANMERKUNGEN

[1] *L'Exercice de la psychiatrie infantile et la Formation des psychiatres d'enfants*, in Presse médicale, supplément 1969, Heft 5, Januar 1969.

[2] Bestimmte Forschungsvorhaben wurden von den Behörden (aus politischen Gründen) unterbrochen, indem man einigen Analytikern kündigte, deren klinische Fähigkeiten übrigens einhellig anerkannt sind. Auf Kosten der Kinder mußten ganze Spezialistenteams ihre Arbeit beenden, wie es, um nur zwei Beispiele zu nennen, im medizinisch-pädagogischen Externat von Thiais und im *Hôpital des Enfants malades* der Fall war, wo der Austritt des Teams ein kollektives Forschungsvorhaben unterbrach; an anderen Orten ging man gegen einzelne renommierte Analytiker vor. Man beruft sich bei all diesen Maßnahmen auf behördliche Verordnungen und verschleiert so die repressiven Willkürakte. Eine bestimmte Forschungsrichtung bezüglich der mentalen Zurückgebliebenheit und der Psychose wird so immer stärker von der Zensur bedroht.

[3] Maud Mannoni: *Das zurückgebliebene Kind und seine Mutter.*

[4] Wie unlängst noch das Problem der Schizophrenie, so wird in der Öffentlichkeit (namentlich von der Ärzteschaft und der Presse) die Problematik der Zurückgebliebenheit in einer Weise vernachlässigt, die darauf schließen läßt, daß die Kritik am Begriff der echten Debilität zu einer Krise im herkömmlichen medizinisch-administrativen Apparat führen wird.

[5] Ich verweise hier auf die Arbeiten von *J. Ayme, H. Chaigneau, J. Oury* und *F. Tosquelles.* Man findet diese Gedanken entwickelt in Einzel- oder Kollektivbeiträgen in *Enfance aliénée*, September 1967, und *Enfance aliénée II*, Dezember 1968, beides Sonderhefte der Zeitschrift *Recherches*. Siehe dazu auch: Bronislaw Malinowski: *Une théorie scientifique de la culture*, S. 19.

[6] Die medizinisch-pädagogischen Externate setzen im Grunde nur die Psychotikerfamilie fort, sie organisieren die *Verkennung* der institutionellen Probleme und werfen zudem dem Analytiker vor, er passe die Kinder nicht an ihre Unangepaßtheit an (!).

[7] Dieses Kapitel erscheint demnächst in einer Aufsatzsammlung bei Pantheon Books, New York.

[8] J. Lacan: «Jedes Sprechen (*parole*) ist, insoweit in ihm das Subjekt impliziert ist, Diskurs des Anderen, Teil des Anderen.» *Le Désir et son Interprétation*, in *Bulletin de psychologie.*

[9] J. Lacan: «Durch Dechiffrierung dieses Sprechens (*parole*) hat Freud die ursprüngliche Sprache (*langue*) der Symbole wiederentdeckt, die noch lebendig ist in den Leiden der Zivilisierten (*Das Unbehagen in der Kultur*). Hieroglyphen der Hysterie, Heraldik der Phobie (...) etc.» *Fonction et champ de la parole et du langage en psychanalyse*, in *Ecrits*, S. 281.

[10] Im Vorwort von Françoise Dolto zu Maud Mannoni: *Le premier Rendez-vous avec le psychanalyste.*

[11] «Psychiatrische Klinik» ist nur die neue Bezeichnung für das «Asyl». Ein Internierter (Paranoiker) sagte zu mir: «Man hat ein besseres Gewissen, es hört sich besser an, aber für uns ändert sich nichts, unsere *reale* Lage hat sich nicht verändert.»

[12] Dupont de Nemours: *Idées sur les secours à donner à Paris en 1786.* Von Michel Foucault zitiert in *Naissance de la clinique.*

[13] J. Lacan: «In der Beziehung zu dem vermeintlich wissenden Subjekt offenbart sich, was wir die ‹Übertragung› nennen. Je mehr die Wissenschaft – und das ist heute der Fall – das Wort hat, je stärker der Mythos vom vermeintlich wissenden Subjekt ist, desto deutlicher wird uns das Phänomen der Übertragung werden und uns auf die tiefsten Urgründe des Wunsches nach Wissen verweisen.» In *Table ronde psychanalyse et médecine.*

[14] Lacan bemerkt, daß das Wissen in der Wissenschaft ein Kommunikationsobjekt ist. Wie man weiß, gilt dies nicht für die Psychoanalyse.

[15] J. Lacan: «Das Subjekt der Psychoanalyse ist das gleiche wie das Subjekt der Wissenschaft.» *La Science et la Vérité*, in *Ecrits.*

[16] Thomas Szasz: *The myth of mental illness*, in *The American psychologist.* 15. Jg. H. 2, Februar 1960. Das Buch von Thomas Szasz mit dem gleichen Titel ist 1972 in deutscher Sprache beim Walter-Verlag erschienen: *Geisteskrankheit – ein moderner Mythos?.*

[17] Saint-Just: *Histoire parlementaire*, S. 296. Von Michel Foucault zitiert in *Naissance de la clinique.*

[18] Von Michel Foucault entwickelt in *Naissance de la clinique.*

[19] S. Freud: *Das Unbehagen in der Kultur.*

[20] Ibd., S. 434.

[21] J. Lacan: Seminar vom März 1960 (unveröffentlicht).

[22] J. Lacan: «Die Grundstruktur des Irreseins ist in der Natur des Menschen angelegt, sie rührt aus dem Urkonflikt zwischen dem Ich und dem Sein her, der vom Menschen fordert, sich zum Menschsein zu entscheiden.» *Psychogénèse des névroses et psychoses.*

[23] J. Lacan: «Der Ödipusmythos sagt es ja: Die Lust ist verderbt. Wie voll die Lust des Königs von Theben auch gewesen sein mag, sie hat keinen Nachfolger hervorgebracht. Die Lust deckt im Grunde nur die Fäulnis noch zu, die dann später in der Pest ausbricht. Ja, König Ödipus hat den Geschlechtsakt vollzogen... Am Ende ist dies nur eine unter den vielen Sagen der griechischen Mythologie. Aber dem steht entgegen, daß jeder Geschlechtsakt – in welcher Konstellation auch immer – der höllischen Verdammnis verfallen ist. Darin ist impliziert, daß eine Art Wissen erworben wird, die der Wahrheit unerträglich ist. Als Ödipus das Rätsel (der Sphinx) löste, stürzte sich die Wahrheit in den Abgrund. Man kann also sagen, daß die Lust eine im Namen der Wahrheit gestellte Frage ist, die – wie jede Frage – vom Ort des Anderen gestellt wird, d. h. also nicht von jenem Unkörperlichen her, von dem die Stoiker annahmen, daß dort die Wahrheit aufzuspüren sei, sondern vom Körper selbst, dem eigentlichen Ort des Anderen.» Ecole normale supérieure, in *Lettres de l'Ecole freudienne*, Februar 1967.

[24] David Cooper: *Psychiatrie und Anti-Psychiatrie.*

[25] O. Mannoni: *Prospero and Caliban.*

[26] Daniel Defoe: «Ich hörte von einem Mann, der sich plötzlich entschloß, nicht mehr zu sprechen, da ihn ein ungewöhnlicher Ekel vor den unerträglichen Gesprächen mit seinen Angehörigen ergriff, deren Gesellschaft er nicht meiden konnte. Mehrere Jahre lang hielt er hartnäckig an seinem Entschluß fest; keine Tränen, keine Vorhaltung seiner Freunde, nicht einmal seine Frau und seine Kinder konnten ihn bewegen, sein Schweigen zu brechen. Der Hauptanlaß war wohl ihr schlechtes Verhalten ihm gegenüber, denn sie führten ihm gegenüber provokatorische Reden, die bei ihm unangemessene Regungen hervorriefen und ihn zu unhöflichen Widerreden zwangen. So griff er zu diesem harten Mittel, sich selbst dafür zu bestrafen, daß er sich provozieren ließ, und sie dafür zu bestrafen, daß sie ihn provozierten. Aber diese Härte war verantwortungslos; sie zerrüttete seine Familie und zerstörte sein Heim. Seine Frau konnte den Zustand nicht mehr ertragen, und nachdem sie alle Mittel eingesetzt hatte, sein Schweigen zu brechen, verließ sie ihn, sie verlor ihren Verstand und wurde melancholisch und fahrig. Die Kinder dieses Mannes zogen aus seinem Haus; schließlich blieb ihm nur noch eine Tochter, die ihn über alles liebte. Sie versorgte ihn, verständigte sich mit ihm über Zeichen und lebte mit ihm fast 29 Jahre lang in völliger Sprachlosigkeit. Da wurde er von einer schweren Krankheit mit heftigem Fieber heimgesucht, und plötzlich, ohne daß man genau hätte sagen können wann, ob im Fiebertraum oder nur noch halb bei Sinnen, brach er sein Schweigen und sprach – unzusammenhängend noch am Anfang. Er sprach nun ziemlich häufig, wenig mit seiner Tochter, aber noch seltener mit irgendwelchen anderen Leuten. In dieser ganzen langen, sprachlosen Zeit war indes das Innenleben dieses Mannes keineswegs schweigsam. Er las unaufhörlich und schrieb viele hervorragende Sachen, die das Interesse eines breiten Publikums wohl verdient hätten; auch hörte man ihn, wenn er allein war, deutlich zu Gott beten.» Aus diesem «Irrsinn» oder diesem Traum entstand *Robinson.* (Übersetzung des französischen Zitats)

[27] Schlagzeile aus *France-Soir* vom 7. Mai 1968.

[28] Aus *Asterix.* Ehapa-Verlag, Stuttgart.

[29] F. Dolto: *Le Diable chez l'enfant.*

[30] Das «Schlimmste» als tatkräftige Umsetzung dessen, was die Erwachsenen sagen, also Vorgänge wie: sich unters Auto werfen, auf die Treppe kacken, auf den Teppich urinieren (natürlich unter den Augen des Erwachsenen)...

[31] Siehe auch das 1. Kapitel dieses Buches.

[32] Thomas Scheff: *Being mentally ill.*

[33] Gregory Bateson: *Perceval's narrative* (1830). Morag Coate: *Beyond all reason.*

[34] Gregory Bateson: *Perceval's narrative.*

[35] J. Lacan: *Complexes familiaux dans la formation de l'individu.*

[36] Th. Lidz u. a.: *Schizophrenia and the family.*

[37] Pirandello: *Il berretto a sonagli* (1917).

[38] A. d. Ü.: die Szene wurde aus dem Französischen übersetzt.

[39] A.d.Ü.: M.Mannoni führt an dieser Stelle die wortgetreue Übersetzung an. Sie lautet: «Könnte ich dies tun, das würde mir Spaß machen! All diese Bissigkeiten, versteckten Beleidigungen, Infamien, die Vergewaltigungen, die wir hinnehmen müssen und die sich uns auf den Magen legen, weil man sie nicht loswerden kann und weil man nicht wie ein Irrer den Dampf ablassen darf.»

[40] Ich verweise auf das 6. Kapitel dieses Buches.

[41] Das Problem der *Kastration* gehört (wie Lacan gezeigt hat) in die Kategorie der symbolischen Schuld. Das Kastrationsobjekt ist ein imaginäres Objekt. Es ist wichtig, die Kastration von der Versagung (Objekt ist real) und der Entbehrung (Objekt ist symbolisch) zu unterscheiden.

Der Psychotiker verwirft die Kastration im Symbolischen, sie tritt daher (wie es im 5. Kapitel dargestellt wird) im Realen wieder auf in der Form der Halluzination.

Wenn immer wieder eine Erziehung gefordert wird, die die Konflikte des Ödipuskomplexes umgehen soll, so ist das nichts als ein schöner Wunsch, der die strukturellen Bedingungen, denen das Individuum ausgesetzt ist, unberücksichtigt läßt.

[42] E. Ortigues: *Le Discours et le Symbole.*

[43] Beim Schizophrenen werden die Worte vom Primärvorgang beherrscht. Das Imaginäre ist vorhanden.

Der Paranoiker besitzt ein Imaginäres, aber er hat keinen Ort, wo er es aufnehmen könnte. In der halluzinatorischen Phase übersetzen sich die imaginären Wirkungen der Sprache nicht in eine Vorstellung, sondern in die Halluzination.

[44] Die Konzentrierung auf die Schizophrenie bedeutet auch eine *Beschränkung* dieser Arbeit auf wenige Aspekte des Irreseins (im 4. Kapitel, in dem ich einen Fall von Paranoia untersuche, wird dies deutlich werden).

[45] Ich verweise auf das 5. Kapitel dieses Buches.

[46] O. Mannoni: *Le Théâtre et la Folie.*

[47] Michel Foucault: *Wahnsinn und Gesellschaft.*

[48] Ibd., S. 550.

[49] Ibd.

[50] Franco Basaglia (Hrsg.): *Die negierte Institution.*

[51] O. Mannoni: *Schreber als Schreiber*, in *Clefs pour l'Imaginaire.*

[52] Sol Rabinovitch: *Un écrit quotidien à l'hôpital psychiatrique.*

[53] H. Chaigneau, J. Oury, F. Tosquelles u. a.

[54] Auswirkungen auf den Patienten durch die Hausordnung der Institution, die Beziehungen mit dem Pflegepersonal und anderen Kranken, etc.

[55] Dies sind Clubs und ähnliches, also technische Möglichkeiten zur Symbolisierung innerhalb der Anstalt. Das Problem wird ausführlich behandelt in *Enfance aliénée II*, einem Sonderband von *Recherches*, erschienen im Dezember 1968.

[56] Das psychiatrische Projekt der *Sektorisierung* beabsichtigt, an die Stelle des traditionellen Internierungssystems ein Bündel von psycho-sozialen Maßnahmen treten zu lassen. Solche Projekte können in der Praxis ganz unterschiedlich aussehen.

Wenn man an die Geisteskrankheit herangeht, indem man das Milieu des Kranken, seine Familie, seine Umgebung, seine Arbeitsverhältnisse in Rechnung stellt, dann wird man dem Wesen der jeweiligen Störung sehr viel näherkommen und in manchen Fällen sogar außerhalb der Klinik eine pathogene Situation auflösen können.
Bleibt es aber bei der traditionellen psychiatrischen Fragestellung und begibt man sich mit den entsprechenden Untersuchungsmethoden in ein Milieu, in dem die durchaus vorhandenen Störungen kompensiert, gedämpft oder ganz einfach toleriert werden, dann werden solche Vorsorge- und Reihenuntersuchungsvorhaben geradezu negative Effekte zeitigen, indem sie selbst *pathogen* wirken und den bestehenden Zustand verschlimmern. Die Pensionäre der psychiatrischen Kliniken können fast in allen Fällen nicht in das System der Sektorisierung einbezogen werden. So wie die Psychiatrie heute ist, vermag sie gar nicht die überaus sinnvolle Aufgabe wahrzunehmen, die darin besteht, daß die Vorurteile und die Ignoranz im gesellschaftlichen Milieu abgebaut und Toleranz und Kompensierungsmöglichkeiten wiederentdeckt werden.

[57] E. Goffman: *Asyle.*

[58] Casimir Pinel: *De l'isolement des aliénés*, in *Journal de médecine mentale*, Bd. 1, 1861, S. 181. Zitiert von Robert Castel im Vorwort zur französischen Ausgabe von Goffman: *Asyle.*

[59] Nur an einem einzigen Ort wurde – nach meiner Kenntnis – mit der Aufhebung der Trennung von Kranken und Pflegern Ernst gemacht: in der Klinik von La Borde in Cour Cheverny.

[60] Michel Foucault: *Psychologie und Geisteskrankheit.*

[61] Ibd., S. 44: «Am Horizont all dieser Analysen stehen zweifellos Themen zur Erklärung bereit, die sich aber von selbst an die Grenzen des Mythus verweisen: allen voran der Mythus von einer gewissen psychischen Substanz (Libido bei Freud, psychische Kraft bei Janet), die so etwas wie das Rohmaterial der Entwicklung wäre und die bei fortschreitender individueller und sozialer Entwicklung plötzlich eine Art Rückfall erlitte und durch das Faktum der Krankheit in einen früheren Zustand zurückfiele; dann auch der Mythus von einer Identität des Kranken mit dem Kind und dem Primitiven, ein Mythus, durch welchen das von der Geisteskrankheit empörte Bewußtsein sich beruhigt und das in seinen kulturellen Vorurteilen befangene Bewußtsein sich stärkt.»

[62] Ich verweise auf das Sammelreferat von Pierre Fedida in *Critique*, Oktober 1968.

[63] S. Freud.

[64] J. Lacan: «In dieser Beziehung zum anderen wird es für das Subjekt immer jene Zweideutigkeit geben, die es gewissermaßen zu einer «er oder ich»-Entscheidung zwingt. In jedem Verhältnis, auch im erotischen, schwingt das Ausschließungsverhältnis nach, das sich im Vorgang der Subjektwerdung des Menschenwesens herstellt. Im Bereich des Imgainären ist das Subjekt derart konstituiert, daß der andere stets sehr leicht den Platz der Herrschaft über das Subjekt einnehmen kann. Das Ich in ihm ist zum Teil immer etwas, das ihm gewissermaßen fremd ist. Dieses fremde Ich herrscht in

ihm über die Gesamtheit seiner Strebungen, seines Verhaltens und seiner Triebe... Nie ist das Ich Synthese; viel eher sollte man es eine Beherrschungsfunktion nennen. Und wo ist dieser Beherrscher? Ist er im Inneren oder draußen? Er ist drinnen und draußen zugleich, und deswegen haftet jedem bloß imaginären Ausgleich mit dem anderen eine Art fundamentaler Instabilität an.» Seminar vom 18. Januar 1956 (unveröffentlicht).

65 J. Lacan: «Aus alldem, was sich in der Psychose abspielt, läßt sich eins herausgreifen und näher bestimmen: es handelt sich um die spezifische Art des Zugangs des Subjekts zu einem Signifikanten als solchem, um einen Vorgang, der sich in Beziehung zu diesem Signifikanten strukturiert, was ja auch normalerweise die Verhältnisse des Subjekts bezüglich des Signifikanten konstituiert; dieser nun einsetzende Vorgang umfaßt auch die erste Stufe, die wir *imaginären Kataklysmus* genannt haben, daß nämlich nichts mehr aus jener Todesbeziehung weg gegeben werden kann, die – in sich selbst – die Beziehung zum anderen, zum imaginären anderen beim Subjekt selbst ist. Darauf folgt der Aufmarsch einer Macht, die von der bedeuteten Beziehung, die das Zusammenspiel des ganzen signifikanten Apparats setzt, getrennt ist; d.h., es treten all die Dissoziations- und Zerstückelungsphänome auf, der Signifikant wird zum bloßen Wort, zum bedeutungslosen oder allzu bedeutenden Wort, zum an Bedeutungslosigkeit schweren, ungekannten Wort... es tritt also jene Dekomposition des inneren Diskurses auf, die die ganze Struktur der Psychose prägt.» Seminar vom 4. Juli 1956 (unveröffentlicht).

66 S. Freud.

67 J. Lacan: Seminar vom 22. Februar 1957 (unveröffentlicht).

68 Michel Foucault: *Psychologie und Geisteskrankheit,* S. 129.

69 Michel Foucault.

70 R. D. Laing: *Metanoïa.*

71 Yves Bertherat: *Freud avec Lacan.*

72 José Bleger: *Psycho-analysis of the psycho-analytical frame.*

73 Der Rahmen wird begründet durch die *Regeln* des analytischen Vertrags (Termine, Bezahlung usw.). Er gewährleistet *Beständigkeit* und schützt vor Unvorhergesehenem.

74 Elliot Jaques: *Social systems as a defence against persecutory and depressive anxiety.*

75 J. Lacan: *L'Agressivité en psychanalyse,* in *Ecrits,* S. 108.

76 O. Fenichel: *The psychoanalytic Theory of Neurosis.*

77 Zum Bruch kann es anläßlich der Ferien oder einer Krankheit des Analytikers kommen.

78 Das *Symbolische* repräsentiert für Lacan «jenen inneren Bereich, von dem aus sich jedes Verstehen herstellt und der auf alle Formen menschlicher Beziehungen einen so offenkundig umwälzenden Einfluß hat». (Dieser Einfluß ist insofern umwälzend, als beim Fehlen des Symbolischen Dissoziationsphänomene auftreten.)
Lacan zeigt, auf welche Weise diese symbolische Ordnung das *Imaginäre* wiederbelebt. (Die Präsenz des Symbolischen erzeugt diese Ordnung.)

Das Symbolische öffnet uns, wie er sagt, geradezu den Zugang zu der spezifischen Beziehung des Menschen zu seinem Körper, die für den Teilbereich charakteristisch ist, den man beim Menschen das Imaginäre nennt. Diese Funktion des Imaginären zeigt sich in der analytischen Erfahrung immer dann, wenn etwas nicht mehr symbolisierbar ist. Seminar vom 16. November 1955 (unveröffentlicht).

[79] E. Rodrigué, G. T. Rodrigué: *El contexto del proceso analítico.*

[80] W. Baranger und M. Baranger: *La situación analítica como campo dinámico.* In *Rev. Urug. Psicoanal,* 4, 1961/1962; *El insight en la situación analítica,* ibd., 6.

[81] N. Reider: *A type of transference at institutions.*

[82] Bleger entwickelt den Begriff des «kranken» *non-ego* in Opposition zum «gesunden» *Ich.* Den *Rahmen* definiert er als undifferenzierte räumliche Körperumgrenzung. Der Rahmen steckt die Grenzen für das von Bleger so genannte Meta-Verhalten ab – ein Äquivalent des *non-ego.* Zuweilen verwendet er sogar den obskuren Begriff des *meta-ego.* Diese Formalisierung leitet sich einerseits von einer Theorie her, die die Sprache als Teil des Verhaltens einschätzt, andererseits von der Theorie Melanie Kleins über die Phantasie. Die Autoren dieser Richtung vermengen das Problem der Erotisierung des Objekts mit dem des ersten Auftretens des Objekts als imaginäres Objekt.

Alles, was mit dem Begriff des *Objektmangels* in Zusammenhang steht, sparen die Autoren aus. Dabei ist gerade dieser von Lacan entwickelte Begriff, der in der Theorie der Objektbeziehung als einer Logik des Signifikanten seinen Platz hat, unabdingbar für ein methodisches Vorgehen.

Nach Lacan tritt das Neugeborene in eine Welt, die es als von sich selbst nicht unterschieden erfährt. Erst mit der Entdeckung des Mangels ändert sich dies Verhältnis. Dieser entscheidende Einschnitt ermöglicht die Identifizierung, welche an die Differenz, die zugleich Absenz ist, geknüpft ist. Die Untersuchung der Beziehung zwischen Phantasie, Signifikant und Absenz veranlaßt Lacan, von einem leeren Sprechen (*parole vide*) im Gegensatz zum vollen Sprechen (parole pleine) zu reden und damit den Unterschied zwischen dem Diskurs des Imaginären und dem symbolisch Artikulierten zu kennzeichnen.

Wir haben hier Blegers Begriffe (*non-ego, meta-ego,* Meta-Verhalten und Meta-Sprache) nicht diskutiert, um sie zurückzuweisen. Es ging mir darum, ob nicht Elemente seiner Theorie für die Aufgliederung des Signifikanten nützlich wären, also alles, was in den Begriffen imaginär, symbolisch, real ausdrückbar ist.

[83] Lacan erinnert daran, daß jede erotische Identifizierung von einem narzißtischen Verhältnis ausgeht. In einer erotischen Bemächtigungsbeziehung wird man vom Bild des anderen in Beschlag genommen. Jede aggressive Spannung muß auf dieses Phänomen zurückgeführt werden. Nie ist das Ich Synthese, sagt Lacan, jedem bloß imaginären Ausgleich mit dem anderen haftet eine Art fundamentaler Instabilität an (Seminar vom 18. Januar 1956).

[84] Acting out = in einer Phantasie agieren.

[85] Die ersten Erfahrungen des Kleinkindes entstehen aus dem unbefriedigten Bedürf-

nis; der Bereich des Imaginären beginnt hier. Das Imaginäre, das dem Subjekt als Rückhalt dienen wird, ist eng an das Lustprinzip gekoppelt. Auf dieser Stufe stellt sich der Wunsch nur zerstückelt dar.
Bei den frühen Halluzinationen ist nur der Primärvorgang im Spiel. Soll aber das Bedürfnis befriedigt werden, muß sich der Sekundärvorgang einschalten, der dem Realitätsprinzip unterworfen ist. Freud hat dies immer wieder betont und festgehalten, daß sich die Realität für den Menschen auf dem Hintergrund der Halluzination herstellt.

86 J. Lacan: *L'Agressivité en psychanalyse*, in *Ecrits*, S. 104.

87 Das Imaginäre vor dem Spiegelstadium ist an das Lustprinzip gekoppelt. In der *Traumdeutung* hat Freud dargelegt, daß die frühen Wünsche in der Erinnerungsbesetzung früher Wahrnehmungsspuren enthalten und wirksam sind.
Die Halluzination ist eine Rückkehr zu diesen ersten Wahrnehmungen. Stellt sich auch nur einmal ein Spiegel-Ego her, wird die erotische Besetzung möglich, und die Besetzungen der vorhergehenden Stufe werden abgeschwächt (die Identifizierungsbestrebungen während des Spiegelstadiums muß man dem sekundären Narzißmus zuordnen).

88 Nirgends in der Tierwelt trifft man auf eine derartige Jubelreaktion, wie sie das Kind vor dem Spiegel zeigt. Nach Lacan bedeutet das Spiegelbild für das Kind, daß es das Bild von seiner Körpertotalität wiedergewonnen hat. Beim Subjekt zeigt sich in diesem Augenblick eine Tendenz, sich auf sich selbst einzuschränken, so daß nun andere in seinen Horizont eintreten können.

89 J. Lacan: *Complexes familiaux dans la formation de l'individu.*

90 J. Lacan: *Ecrits*, S. 107.

91 J. Lacan: Ibd., S. 108. Lacan berichtet den Fall eines Mädchens, das weder gehen noch stehen konnte. Die Imago war in diesem Fall jene des Vaters, und es genügte, daß der Analytiker sagte, dem Mädchen habe der Rückhalt gefehlt, daß das Symptom verschwand, ohne daß die in der Übertragung auftretende krankhafte Liebe zum Vater davon berührt worden wäre.

93 Der Schrei des Kindes nach Nahrung wird von der Mutter in doppelter Weise registriert. Sie antwortet mit einem Befriedigungsobjekt und mit lautlicher Skandierung. Mit seinen ersten Ausrufen antwortet das Kind echoähnlich auf die phonematischen Oppositionen, die es als Antwort an den anderen versteht. Diesen Vorgang bezeichnet Lacan als unäre Signifikanzidentifikation. In metaphorischer Form arbeitet sich hier (aus der Skandierung von Verlust und Wiederfinden) *ein Signifikant* heraus, wobei die Spur des Objekts im Signifikanten verlorengegangen ist. Nur noch über die Bedeutung kann das Objekt in metonymischer Weise wiedergefunden werden.
Mit dieser ersten signifikanten Markierung gewinnt das Subjekt zum erstenmal die Beherrschung des Bildes, die zugleich die Urverdrängung einleitet.
Die Signifikanzidentifikationen entsprechen in etwa den sukzessiven Umschriften, von denen Freud im 52. Brief an Fließ spricht. Er spricht von einer «ersten Niederschrift

der Wahrnehmungen, des Bewußtseins ganz unfähig», von einer zweiten, darauf folgenden Umschrift, die dem Unbewußten zugeordnet sei, und von einer dritten, die sich im Vorbewußtsein vollziehe.

Lacan spricht von drei aufeinanderfolgenden Stufen:

– unäre Identifikation
– Ersatzvorstellungen
– Semantem, durch allgemeine Übereinkunft durchgesetzt.

Freud benutzt die Begriffe «Übersetzung» und «Umschrift»: «Ich will hervorheben, daß die aufeinanderfolgenden Niederschriften die psychische Leistung von sukzessiven Lebensepochen darstellen. An der Grenze von zwei solchen Epochen muß die Übersetzung des psychischen Materials erfolgen. Die Eigentümlichkeiten der Psychoneurosen erkläre ich mir dadurch, daß die Übersetzung für gewisse Materien nicht erfolgt ist», also keine neue Niederschrift erfolgt. Kann das psychische Material nicht in eine der folgenden psychischen Stufe angemessenen Niederschrift übersetzt werden, kommt es zur *Verdrängung*, die sich unter dem Einfluß einer Unlustentbindung vollzieht.

Diesen Verdrängungsbegriff als Folge mangelnder Übersetzung, wie er von Freud 1896 entwickelt wurde, formulierte er später zum Begriff der Verwerfung (in der Psychose) um.

[94] J. Lacan: *Remarques sur le rapport de Daniel Lagache*. In *Ecrits*, S. 683.

[95] Ibd., S. 113.

[96] Ders.: Séminaire 1955–1965 (unveröffentlicht).

[97] Ders.: *Ecrits*, S. 118.

[98] Leon Grinberg, Marie Langer, David Liberman, Emilio und Geneviève T. Rodrigué: *The psychoanalytical process.*

[99] Elliot Jaques: *Social systems as a defence against persecutory and depressive anxiety.*

[100] Nassif auf dem *Congrès de l'Ecole freudienne* in Straßburg, Oktober 1968.

[101] Ginette Raimbault auf dem *Congrès sur les psychoses* im Oktober 1967. Veröffentlicht unter dem Titel *Le Psychanalyste et l'Institution.*

[102] David Cooper auf dem *Congrès sur les psychoses*, Paris, Oktober 1967.

[103] J. Oury, ibd. Veröffentlicht unter dem Titel *Quelques problèmes théoriques de psychothérapie institutionnelle.*

[104] Tosquelles auf dem *Congrès sur les psychoses*, Paris, Oktober 1967.

[105] G. Raimbault, l. c.

[106] David Cooper: *Psychiatrie und Anti-Psychiatrie.*

[107] Maud Mannoni: *L'Enfant, sa «maladie» et les autres.*

[108] Man sollte die Auswirkungen solcher Gruppenzusammenkünfte genauer analysieren: Nicht selten wird nach den Sitzungen ein Abzählritual abgehalten, und dies wirft allerdings ein Licht auf den Rahmen, in dem sich nun ein «freies» Gespräch entfalten soll.

[109] Es existiert kein Zentrum, um das herum die Signifikanten sich anordnen können.

Sobald sich eine Symbolisierung abzeichnet, entsteht Angst. An die Stelle der Bedeutung treten bedeutsame Wörter, und aus der Leere, in der sich das Subjekt ertappt sieht, entsteht der Interpretationswahn, an den es sich klammern kann.

110 S. Freud: *Aus der Geschichte einer infantilen Neurose* (Wolfsmann). GW Bd. XII.

111 Ibd.

112 J. Lacan: «Der Eintritt in die Psychose erfolgt als ein Zusammentreffen besonderer Art mit dem Signifikanten als solchem», Seminar vom 4. Juli 1956 (unveröffentlicht).

113 Solcherart die überkommenen Ansichten beiseite wischend, wird die Wahrheit, die der Psychotiker ausspricht, zum Problem für uns alle. Diese Wahrheit macht uns ebensoviel Angst wie die Gefahr, die das Irresein für uns selbst darstellt und die wir immer zu maskieren versucht haben.

114 B. Bettelheim: *La forteresse vide.* D. W. Winnicott auf dem *Congrès sur les psychoses*, Paris, Oktober 1976, veröffentlicht in *Enfance aliénée II*, Dezember 1968 (Sonderheft *Recherches*).

115 D. Cooper: «Wir können dies im Sinne der von Claude Lévi-Strauss in *Traurige Tropen* aufgestellten Kategorie näher präzisieren. Es gibt Gesellschaften, die die Menschen ‹schlucken›, nämlich anthropophage Gesellschaften, und Gesellschaften, die die Menschen ‹ausspeien› – anthropoemische Gesellschaften. Wir erkennen jetzt einen Übergang vom mittelalterlichen ‹Schlucken› der Kind-Person durch die Gemeinde einerseits – einer Art assimilierender Akzeptierung, die dem ritualistischen Kannibalismus ‹primitiver› Gesellschaften verwandt ist, in denen das Ritual die Menschen befähigte, das Unannehmbare anzunehmen, insbesondere den Tod – zur anthropoemischen modernen Gesellschaft andererseits, die alles ausstößt, was sie nicht dazu bringen kann, ihre kunstvoll erdachten Spielregeln zu akzeptieren. Auf dieser Basis scheidet sie Fakten, Theorien, Einstellungen und Menschen aus: Menschen der falschen Klasse, der falschen Rasse, der falschen Schule, der falschen Familie, der falschen Sexualität, der falschen Mentalität. Im herkömmlichen psychiatrischen Krankenhaus erhält die Gesellschaft trotz ihrer Fortschrittsproklamationen das jeweils Beste beider Welten – der Mensch, den seine Familie, seine Gesellschaft ‹ausgespien› hat, wird vom Krankenhaus ‹geschluckt›, dann ‹verdaut› und dem ‹Stoffwechsel› überantwortet, bis er als Person unkenntlich geworden ist. Das, so meine ich, muß als Gewalt betrachtet werden.» In *Psychiatrie und Anti-Psychiatrie*, S. 45 f.

116 Siehe Laing und Esterson: *Sanity, madness and the family.*

117 Das Präparat ist ein Ganglienblocker (A. d. Ü.)

118 Michel Foucault: *Wahnsinn und Gesellschaft.*

119 Dieses Problem ausführlich bei R. D. Laing und D. Cooper: *Vernunft und Gewalt.*

120 Ich verweise auf die Veröffentlichungen der *Philadelphia Association*, London.

121 S. Freud: *Die Traumdeutung*. GW Bd. II/III.

121a Ibd., S. 96

121b Ibd., S. 95

121c Ibd., S. 93

[122] Lacan nimmt dies wieder auf, wenn er «das *Objekt*, insofern es durch die narzißtische Beziehung strukturiert ist, und das *Ding*, insofern es vom Netz der Triebe eingesponnen ist», untersucht. Das *Ding* ist das *verlorene Objekt*. Lacan betont die Tragweite der Theorie Melanie Kleins «nach der die Sublimation eine imaginäre Lösung eines symbolischen Wiedergutmachungsbedürfnisses hinsichtlich des mütterlichen Körpers ist» (nach dieser Auffassung tritt der mystische Körper der Mutter an die Stelle des Dings). Seminar 1959–1960 (unveröffentlicht).

[123] J. Lacan, ibd.

[124] «Das Lusterleben ist etwas Böses, und es ist dies, weil in ihm das Böse des Nächsten enthalten ist. Das echte Problem meiner Liebe ist die Präsenz jener tiefen Bösartigkeit in diesem Nächsten – aber auch in mir selbst. Was ist mir denn näher als das Herz in mir, dieses Herz meiner Lust, an die ich mich nicht heranwage? Denn sobald ich mich ihr nähere, bricht jene bodenlose Aggressivität durch, vor der ich zurückschrecke, Aggressivität, die ich gegen mich selbst wende und deren Mächtigkeit, gegen die Gesetze ohnmächtig erscheinen, mich daran hindert, eine gewisse Grenze zum Ding hin zu überschreiten.» J. Lacan, ibd.

[125] Diese Themen wurden von Lacan in dessen Seminar (1959–1960, unveröffentlicht) zum Problem der Ethik in der Psychoanalyse erörtert.

[126] J. Lacan, ibd.

[127] Ibd.

[128] Elliot Jaques: *Social systems as a defence against persecutory and depressive anxiety.*

[129] José Bleger: *Psicohigiene y psicología institucional.*

[130] Bleger unterscheidet zwischen der von ihm so genannten *Primärgruppe* (gekennzeichnet durch Zweideutigkeit der Rollen und Regeln) und der stereotypisierten Gruppe (in der es durch Reaktionsbildung zu einem Formalismus kommt, der schließlich zu völliger Kommunikationslosigkeit führt).
Alle Institutionen haben nach Bleger die Tendenz, ihre Angehörigen in Richtung einer Art Kontaktstereotypie zu formen, was den Reichtum der zwischenmenschlichen Beziehungen verkümmern läßt.

[131] J. Lacan: *Le stade du miroir comme formateur du Je*. In *Ecrits*.

[132] Lacan beschreibt, wie es auf der Stufe des Spiegelstadiums zu einer Begegnung zwischen dem Körper des Kindes und dem Körper des Anderen (der Mutter, die das Kind ansieht) kommt. Das Bild des Anderen garantiert dem Kind die Realität und Integrität und die Unabhängigkeit seines eigenen Körpers. Was dem Kind die Erkenntnis seines von dem des Anderen unterschiedenen, eigenen Körpers erlaubt, «ist die bekannte Bewegung, mit der sich das Kind an den wendet, der es trägt, um seinen Beifall zu erheischen» (Seminar vom 28. November 1962). Das Kind erkennt also in seinem (von der mütterlichen Libido besetzten) Spiegel-Ego sein ideales Ich (das Objekt des primären Narzißmus).
Beim Psychotiker ist das ganz anders: «Der Spiegel zeigt ihm sein Bild immer nur als «Ort der Kastration», und vor diesem Bild kann er immer nur fliehen. Was sich hier

dem Psychotiker als Spiegel-Ego (der Andere erscheint als Agent der Kastration) zeigt, verschließt ihm für alle Zeit die Möglichkeit, sich zu identifizieren... Jede imaginäre Beziehung zum Anderen wird, da sie sich ja auf das Spiegel-Ego stützt, unmöglich.» Piera Aulagnier in *La Psychanalyse,* Nr. 8.

133 J. Bleger: *Symbiosis y ambiguedad.* 1967.

134 Siehe auch das 4. Kapitel dieses Buches.

135 Harold F. Searles: *The nonhuman environment.* Ders.: *Collected papers on schizophrenia and related subjects.*

136 Edith Jacobson: *Psychotic conflicts and reality.*

137 José Bleger: *Psychoanalysis of the psychoanalytical frame.*

138 *Anmerkung Dr. J.-P. Bouhour:* Ihren Wunsch, Gewißheit zu haben, ob Sie tatsächlich über magische Allmacht verfügen, also, ob Sie an die Stelle ihrer Mutter treten würden und die Kastration überhaupt verleugnen könnten – diesen Wunsch zeigte Sidonie uns gerade an einem Tage, als Sie nicht kommen konnten. Sie legte uns eine dringende Entscheidung vor, die – nach ihrer Ansicht – Ihr Eingreifen erforderte. Sie mahnte uns unaufhörlich, Sie zu Rate zu ziehen. Schließlich sollten wir die Entscheidung selber treffen, aber dies sollte geschehen, damit sie sehen konnte, welchen Phantasiestatus wir einnähmen. Daß wir selbst entschieden, erwies sich als richtig und zeigte positive Auswirkungen.

139 *Anmerkung Dr. J.-P. Bouhour:* Seit Sidonie ihre Herrschaft angetreten hat, lebt sie von Sprudelwasser, das sie mit Leitungswasser versetzt, «weil es leichter ist», von etwa einem Dutzend Zitronen und aus Essig und Senf produzierten Mixgetränken. Daß sie die Freiheit hatte, mit solch einer Diät zu leben, zeigt, daß von seiten der Klinik (die unbewußten Reaktionen des leitenden Teams eingeschlossen) der Versuch gemacht wurde, sie ihren Zirkus spielen zu lassen. Jedermann war also nur Zeuge. Man sah zwar alles, was sie machte, ließ sich aber nicht provozieren und in den Kreis der Akteure hineinziehen, wie es bei ihrer Familie der Fall gewesen war. Sidonie erzählte mir von ihren Taten, sie meinte, alles ginge jetzt besser, sie wolle arbeiten und würde die Klinik bald verlassen; sie fühlte sich in Hochform. All dies waren Provokationen, die mich veranlassen sollten, aufgrund des Mißverhältnisses zwischen ihrem erbärmlichen körperlichen Zustand und ihren Behauptungen ihr Irresein zu diagnostizieren. Ich glaube, sie wollte sich auf diese Weise als Ort für die Entstehung von Verfolgerrollen erproben, die wir nach ihrer Ansicht zu spielen hatten. Wir erlaubten ihr aber, das Irresein zu spielen, damit sie erkennen sollte, daß es sich um Theater handelte. Sie haben diese Phase als «hypomanisch» bezeichnet. Diese in der Tat euphorische Phase ließe sich durch eine Art Leerlauf der Projektionsmechanismen charakterisieren, denn es gab keine Verfolgung mehr, die sie hätte abwehren müssen. So konnte sie nun einige ihrer «Wahngelüste» ausprobieren: «Ich lebe, ohne zu essen, ich arbeite, und alles ist in Ordnung.» Dies stellte sie als hinreichende Bedingung ihrer Gesundheit dar. Sie vergaß dabei nur die Existenz ihres buchstäblich sterbenden Körpers und sah nicht, daß ihre Wünsche entfremdet waren.

[140] *Anmerkung Dr. J.-P. Bouhour:* Sie kam völlig abgezehrt und mit einem Kollaps in die Klinik zurück. Sie schwebte in akuter Lebensgefahr; deswegen war es schon biologisch nicht möglich, sie ihren alten Zirkus wieder aufnehmen zu lassen. Wiederbelebung war geboten, aber diesmal fand sie unter völlig veränderten psychologischen Vorzeichen statt: der erste Akt war zu Ende. Jetzt waren die Rollen verteilt: der Arzt und die Institution waren zu aktiven Partnern im Spiel mit der Analytikerin geworden. Ich meine, hier war eine psychodramatische Situation entstanden, in der das Vorgehen der Patientin und des ärztlichen Teams zusammen zum Gegenstand der Analyse werden mußten. Sidonie war an den Rand des Todes gegangen, und dort waren ihre Wiedergeburtsphantasien entstanden.
Wir hatten also mit ihr diese Phantasie während ihres Aufenthalts in der Klinik durchzuspielen, während Sie Ihre neutrale Rolle als Analytikerin wieder einnehmen konnten. Wir sprachen mit ihr über ihren Körper, so wie wir ihn tatsächlich sahen, zwischen Tod und neuem Leben also, und richteten darauf unser Sprechen und Pflegen aus: «Dein Körper muß sich, um zu leben, wie ein Baby ernähren. Du wirst also täglich 5 Mahlzeiten zu dir nehmen, Brei und kleine Appetithäppchen.» Sidonie war sehr schwach und nur halb bei Bewußtsein, als sie mit der Frage reagierte, was mit ihren Windeln geschehe. All dies wäre eine groteske Komödie gewesen, hätten wir geglaubt, daß sie tatsächlich jemand Neugeborenes sei. Aber in all diesen Todesphantasien, den Wort- und Verhaltenskonkretisierungen jener psychodramatischen Metapher stellte sich Material dar, das Sie als Analytikerin entziffern konnten. So bewährt sich schon die Zusammenarbeit von Analytiker und Institution, denn jeder kann die eigene Rolle nur fruchtbar machen, wenn der andere die seine wahrnimmt.
[141] *Anmerkung Dr. J.-P. Bouhour:* Die Episode der künstlichen, mit der Sonde vorgenommenen Ernährung ist mir immer noch nicht klar. Ich habe den Eindruck, von ihr manipuliert worden zu sein, denn ich wollte sie, selbst wenn sie es verlangt hätte, auf keinen Fall quälen. Ich habe mich nur von dem Lebensgebot, sie zu ernähren, leiten lassen und von unbestimmten Eindrücken, darunter das Gefühl, daß ich nicht wie beim ersten Mal ihren Körper, so als sei das nicht weiter wichtig, ignorieren konnte, wenn ich schon die Verbindungen zwischen ihrem Körper und ihrer phantastischen Ernährungsweise aufdecken wollte. Ich habe mich schließlich statt für die Infusion, die Sidonie wollte, für die Sondenernährung entschieden, weil man normalerweise auch nicht mit der Haut, sondern mit dem Mund ißt. Ich versuchte, auf jeden Fall in der Dimension des Psychodramas zu bleiben. Ich weiß, daß Sie dieses Vorgehen nicht gutheißen, und ich muß auch gestehen, daß es mir angesichts des Entscheidungszwangs sehr schwerfiel, in allen Einzelheiten die Bedeutung meines Handelns zu überdenken. Ich habe unter dem Zwang des Augenblicks gehandelt. Die Sonde wurde in größter Ruhe von einer Krankenschwester eingeführt, ohne daß von Sidonies Seite Widerstand gekommen wäre. Wir haben also keine Gewalt angewendet. Kurz nach der Einführung begann Sidonie laut- und haltlos zu weinen, hörte schließlich abrupt auf und erklärte, man könne die Sonde entfernen, sie würde essen. Was sie auch wirklich tat.

Aber dieses Essen erforderte ein kompliziertes Zwangszeremoniell, welches das Essen wieder ungeschehen machen sollte. Die Krankenschwestern mußten die Mahlzeit fünf Minuten vorher ankündigen, das Zimmer mußte abgedunkelt sein. Dann legte sich Sidonie einer Toten ähnlich zu Bett. Kam dann die Krankenschwester, stand sie auf, um zu urinieren, und abermals verstrichen fünf Minuten. Wieder legte sie sich hin, schloß die Augen und ließ sich füttern, das Essen mußte durcheinandergemengt sein, seine Bestandteile durften nicht erkennbar sein. Nach und nach wurde die Nahrungsaufnahme weniger von Sidonie besetzt; Sidonie entwickelte Beziehungen, die in zwei Hauptrichtungen gingen: Zunächst nahm sie Beziehungen zu den Krankenschwestern auf, mit denen sie sich zu identifizieren suchte (sie zeigte den Wunsch, sich mit den Kranken zu beschäftigen, nahm an der Hausarbeit teil und zeigte ganz allgemein eine Wertschätzung dieses Berufs). Das leitende Team förderte diese Identifikation und wies Sidonie einige Aufgaben zu. Die zweite Richtung ihrer Beziehungsaufnahme ging auf mich, sie förderte einen Widerstand gegen mich (als die Inkarnation der autoritären Persönlichkeit in der Institution) zutage. Ich nahm diese Rolle willig an; in ihr versammelte sich alles, was Sidonie ablehnte: genaue Zeiteinteilung, Arbeit in der Werkstatt, Besuchsbeschränkungen. Sie reagierte auf diese Einschränkungen ihrer Freiheit voller zurückgehaltener Aggressivität, sie präsentierte mir ein ganzes Heft voller Beschwerden und Eingaben, das ich Punkt für Punkt mit ihr durchging. Es gab für sie schließlich keine andere Wahl, als sich meinem Gesetz zu fügen, aber dies sollte durch einen Einsicht vermittelnden Dialog geschehen. Ich glaube, daß sie in dieser Zeit bereit wurde, mich als Chef der Klinik und Sie als Analytikerin zu akzeptieren, und daß sie feststellte, zwischen uns beiden bestünde keine Form der Abhängigkeit oder Unterordnung.

142 *Anmerkung Dr. J.-P. Bouhour:* Meines Erachtens leitete sich eine dritte Phase dadurch ein, daß sich Sidonie Ihres Versprechens erinnerte, die Klinik verlassen zu dürfen, wenn sie allein zurechtkäme. Ich erinnere mich, daß Sie *hinterher* dies Versprechen bedauerten. Sidonie aber war von nun an völlig verwandelt, kaum daß ich sie wiedererkannte; sie war liebenswürdig, und ich war völlig hingerissen. Wenn ich jetzt daran zurückdenke, habe ich das Gefühl, einer Täuschung aufgesessen zu sein. Ihr Versprechen gab ihr die Möglichkeit, das Steuer wieder umzuwerfen, sich also selbst vorzumachen, Sie wären das eigentliche Gesetz (wie ihre Mutter). Mit mir liebenswürdig zu sein, war durchaus nicht gewagt, denn ich stellte für sie ja keine Gefahr mehr dar. Das Symptom bricht wieder im Bereich des Essens durch – aber im anderen Sinne, denn nach einigen Tagen verschwindet die Eßstörung, und Sidonie will sich selbst ernähren. Noch vor wenigen Tagen schien dieses Ziel weit entfernt. Jetzt war das Essen also ein Mittel geworden, mit dem sie sich ihrer eigenen Macht versichern konnte. Bevor das Gesetz der Klinik für Sidonie existierte, hatte sie ein Wort erhalten, aufgrund dessen sie uns jetzt zu dem von ihr festgesetzten Zeitpunkt verlassen konnte. Ich erinnere mich noch genau an das unbestimmte Gefühl, sie sei mir entwischt, und genau darin sehe ich den negativen Aspekt ihrer Abreise. Übrigens konnten Sie ihr

Wort ja nicht brechen, und es war doch ermutigend, daß sie nach C. ging. Aber Sidonie mußte dieser letzte Aufenthalt in der Klinik als eine Idylle (ebenso wie die Zeit mit ihrem Verwandten nach ihrer ersten Entlassung) erscheinen.

[143] J. Lacan: Seminar 1967–1968 (veröffentlicht im *Bulletin de psychologie*. P.U.F.)

[144] J. Lacan: Seminar vom 16. November 1955 (unveröffentlicht).

[145] O. Mannoni: *Le mythe familial. Cartel de l'Ecole freudienne*. Dezember 1964.

[146] J. Lacan: «Der Psychotiker ist ein offener Zeuge; er ist es in dem Sinne, daß er in einer Position fixiert zu sein scheint, die ihn außerstande setzt, den Sinn, wovon er Zeuge ist, wiederherzustellen und auf irgendeine Weise an dem teilzuhaben, wovon er mit dem Diskurs der anderen Zeugnis ablegt.» Seminar vom 8. Februar 1956 (unveröffentlicht).

[147] Piera Aulagnier: *Remarques sur la structure psychotique*.

[148] Regression, die keine *zum Früheren gerichtete Rückkehr* ist, sondern ein *Rückgriff*, damit die Signifikanten des Verlangens, die niedergeschrieben sind, zum Vorschein kommen.

[149] Daniel Paul Schreber: *Denkwürdigkeiten eines Nervenkranken* (1903).

[150] Zitiert bei H. Beaudouin und J.-L. Beaudouin: *Le malade mental dans la cité*. 1967.

[151] Pierre Fedida: «Ist die Anti-Psychiatrie nicht der Ort, von dem aus die überkommenen Denk- und Verstehensmodelle für die ‹Geisteskrankheit› überprüfbar sind, Modelle, die dem Objektivitätsanspruch der Naturwissenschaften, den ‹vernünftigen› Subjektivitätsauffassungen von Descartes bis Hegel und schließlich einer bourgeoisen Ideologie von den anderen und der Realität verhaftet sind?» In *Critique*, Oktober 1968.

[152] D. Cooper: *Psychiatrie und Anti-Psychiatrie*. S. 27.

[153] Pierre Fedida: l. c.

[154] J. Oury: *Quelques problèmes théoriques de psychothérapie institutionnelle*. H. Chaigneau: *Prise en charge institutionnelle des sujets réputés schizophrènes*.

[155] Das Château de La Borde in Cour Cheverny (Loir et Cher) ist eine psychiatrische Klinik, die nach der Konzeption der institutionellen Psychiatrie organisiert ist. Gründer und Leiter ist J. Oury. Diese Klinik ist ein Erfolg, dessen sich die (neue) französische Psychiatrie rühmen kann. Sie ist neben der praktischen Arbeit eine Stätte der Begegnung zwischen Studenten, Krankenpflegern und Psychiatern, die hier die Möglichkeit finden, Praktika von drei Tagen bis zu mehreren Monaten Dauer durchzuführen.

La Borde ist das Zentrum aller Bemühungen, die französische Psychiatrie zu erneuern oder zu revolutionieren. Aus dieser Arbeit gehen Publikationen hervor wie *Recherches* und *La revue de psychothérapie institutionnelle*.

[156] Die *Philadelphia Association* wurde 1965 in London (20 Fitzroy Square, London W. 1.) gegründet. In ihr sind Psychiater, Hochschullehrer und Sozialarbeiter vereinigt.

Die Gesellschaft hat versucht, die Forschung über die Geisteskrankheit (speziell die

Schizophrenie) sowohl in klinischer (Schaffung von anti-psychiatrischen Aufnahmestätten) als auch in theoretischer Hinsicht (Seminare und Kurse) voranzutreiben. Ihr Ziel ist, unter Mitarbeit ausländischer Forscher eine weltweite anti-psychiatrische Bewegung (mit der Schaffung von «homes») in Europa und den Vereinigten Staaten zu initiieren.

157 Siehe Anm. 56.

158 D. J. Geahchan: *Psychanalyse, psychothérapie, psychiatrie.* Siehe dazu auch P. C. Racamier: *Le psychanalyste sans divan.* Acht Psychiater legen darin ihre verwaltungsmäßigen Konzeptionen eines Systems der «geistigen Gesundheit» dar.

159 Es muß etwas an der Einstellung der Eltern zu der «Krankheit» ihres Kindes verändert werden, denn sonst verfestigt sich das Symptom des Kindes und verdeckt sich endgültig die offene Frage bei den Eltern (die sich darauf bezieht, was in ihrer eigenen ödipalen Problematik im Nicht-Symbolisierbaren geblieben ist).

160 Octave Mannoni: «Der Umstand, daß die Psychoanalyse ihre Entstehung der Behandlung bestimmter ‹Nerven›-Krankheiten verdankt, überschattet immer noch, was aus ihr dann geworden ist. Die ‹geistige Gesundheit› (eine fatale Wortverbindung) wurde mit der physischen Gesundheit zusammengelegt, sie mußte einen inneren Entstehungsgrund haben, und der Analytiker mußte demnach die Aufgabe haben, das, was durch einen Unfall auseinandergeraten war, wieder zusammenzufügen. Bei solcher Anschauung konnte der Analytiker nur in die Liste der Mächte der Verdrängung eingereiht werden. ... der Mensch ist der Gefahr, sich zu entfremden, ebenso in den Schutzwällen der ‹Gesundheit› ausgesetzt wie in den Irrfahrten des ‹Irreseins›.» In *Freud.*

161 «Die Illusion eines gewissen psychiatrischen zeitgenössischen Humanismus besteht darin, man könne unter dem Vorwand eines erneuerten ‹wissenschaftlichen› Positivismus das historische und politische Bewußtsein vom Irresein und den Formen seiner Unterdrückung durch ein ideologisches und technokratisches Wissensgebäude von der Geisteskrankheit, der Gesellschaft und der Kultur ersetzen.» Pierre Fedida, in *Critique,* Oktober 1968.

162 Eine Utopie, die schon von Saint-Just formuliert wurde.

163 Die Politisierung der psychiatrischen und psychoanalytischen Bewegung ist insofern sinnvoll und notwendig, als sie die Fragen, die *die bürgerliche Ideologie unter Verschluß gehalten und verworfen hat,* wieder zum Zuge kommen läßt. Die politische Arbeit, die Psychiater und Psychoanalytiker zu leisten hätten, ist die theoretische Reflexion (auf der Basis klinischer Erfahrungen) dessen, was in den bürgerlichen Vorurteilen und konservativen Haltungen für die Aufrechterhaltung eines *status quo* ohne Ausweg verantwortlich zu machen ist.

164 Die Zahl der Handwerksbetriebe geht zurück; deshalb wird es auch immer schwieriger, ein handwerklich geschicktes, aber im schulischen Sinne ungebildetes Kind bei einem Meister unterzubringen. Statt diese behinderten Kinder nach dem Schulabschluß mit 14 Jahren in ein normales Milieu zu entlassen, beharren die Behörden

darauf, sie in einem abgesonderten Milieu zu halten, wo sie häufig genug im Sinne einer reinen Erlernung automatischer Handgriffe zu Fabrikautomaten ausgebildet werden.

165 Die Anthropologen halten es für verfehlt, die heutige Familie (die Ehegemeinschaft) als eine Rückkehr zur biologischen «Familie» anzusehen. Sie ist im Gegenteil eine Reduktion der komplizierteren Familie in der Antike und bei den «primitiven» Völkern. Wie Lacan in der *Encyclopédie française sur la vie mentale* (Bd. 7) betont, versteht man ihre wahre Natur eher, wenn man sie zu den alten Institutionen in Bezug setzt als durch «die Hypothese einer Elementarfamilie, die nirgendwo real existiert».

166 Paul Watzlawick, Janet Helmick Beavin, Don D. Jackson: *Pragmatics of human communication*. Die Untersuchungen der Gruppe von Palo Alto haben einige bedeutsame Arbeiten zur *Spieltheorie* angeregt. In ihnen werden die zwischenmenschlichen und gesellschaftlichen Auswirkungen unbewußter Haltungen, die ihren Ursprung in der Kindheit haben, analysiert. Ich verweise hier nur auf das Buch von Eric Berne: *Spiele der Erwachsenen*.

167 Anthony Wilden: *The language of the self*.
Dieses Buch, das im englischen Sprachraum ohnegleichen ist, untersucht die Stellung des Lacan'schen Werks im modernen Denken.
In *Qu'est-ce que le structuralisme* stellen Mustapha Safouan und François Wahl zwei wesentliche Aspekte der Lacan'schen Theorie dar.
Bei A. Wilden wird der Leser eher eine detaillierte Textexegese finden.

168 G. Bateson, D. Jackson, J. Haley, J. Weakland: *Toward a theory of schizophrenia*.

169 Pierre Fedida: *Psychose et Parenté*. Wir haben uns dieser sehr ausführlichen Studie oft bedient; sie ist die erste französische Untersuchung, die der Anti-Psychiatrie gewidmet ist.

170 Laing und Esterson: *Sanity, madness and the family*.

171 T. Lidz, S. Fleck, A. R. Cornelison: *Schizophrenia and the family*.

172 Pierre Fedida: l. c.

173 L. Wynne, Margaret Singer: *Thinking disorders and family transactions* (zitiert bei Fedida).

174 Nach Coopers Auffassung ist die Revolution in der Psychiatrie ohne die Weltrevolution zum Scheitern verurteilt.

175 Jules Henry: *Culture against man*.

176 Dieses Thema behandelte Lacan in seinem Seminar vom 16. November 1955.

177 Ibd.

178 Das eigentliche Problem, das die Paranoia aufwirft, wurde allerdings in den antipsychiatrischen Arbeiten kaum berührt. Diese Lücke ist insofern bedeutsam, als sich hier die Grenzen der englischen Forschungsrichtung zeigen.

179 *Enfance aliénée II*. Sonderheft *Recherches*, Dezember 1968. R. D. Laing: *Metanoia, some experiences at Kingsley Hall*. Jacques Schotte: *Présentation des travaux du Congrès*.

180 Der «Erlösungs»-Mechanismus während des Aufenthalts in der Gemeinschaft

steht meist in gewissem Zusammenhang mit einer Idealidentifikation mit dem durch göttliche Rache eintretenden Objektverlust.

181 Andràs Zempleni: *Colloque C.N.R.S.* (*Centre national de la Recherche scientifique*) *sur les cultes des possessions*. Oktober 1968 (unveröffentlicht). Ich danke dem Autor für die Überlassung seiner unveröffentlichten Studie. Die Geschichte der Khady stammt aus dieser Untersuchung.

182 Es handelt sich um einen Schwangerschaftsmythos, der für die *rab*-Religion charakteristisch ist. (Siehe auch Anmerkung 185.)

183 R.D. Laing: *Metanoia,* in *Enfance aliénée II*. Sonderheft *Recherches,* Dezember 1968.

184 J. Lacan: «Das Exkrement spielt in dem, was wir als Analwunsch bezeichnen, nicht die Rolle der Wirkung; es ist seine Ursache.» Seminar vom 19. Juni 1963.

185 «*Tuur* und *rab* sind Geister der Vorfahren. Im primitiven Verständnis ist der tuur ein Wasser- und Erdgeist, der mit dem Urvater eines Geschlechts ein Bündnis schließt, das auf die nachfolgenden Generationen übertragen wird. Das Geschlecht, mit dem das Bündnis geschlossen wird, ist in aller Regel die weibliche Linie. Die Abkömmlinge des tuur bilden eine unsichtbare Parallellinie zu der weiblichen Linie eines Geschlechts. Obwohl der tuur seit langem von den Anhängern des Kults mit dem Geist eines Vorfahren identifiziert wird, trägt er außer den Gesichtszügen des Vorfahren noch Merkmale, die eher der Vorstellungswelt der Geistergestalten entlehnt sind. Sein Name ist aus dem Wort «maam» hervorgegangen, das Großvater oder Vorfahr bedeutet. Seine Eigenschaften sind dem gesellschaftlichen Bereich, dem er angehört (Geschlecht, Viertel oder Dorf) bekannt.

Die Grenze zwischen tuur und rab (rab = Tier) ist fließend. Die tuur sind rab, und die Ehrfurcht, die man dem rab zollt, zeigt zugleich die Ranghöhe des tuur an. Der Unterschied zwischen beiden besteht in dem Alter ihres Bündnisses mit den Menschen. Aber der rab ist nicht nur ein dem tuur ähnlicher Geist eines Vorfahren. Er ist darüber hinaus konstituierender Teil der Persönlichkeit, das Double (Zwilling, Kompagnon) des Sichtbaren. Mal aktualisiert er sich, mal bleibt er eine Virtualität der Persönlichkeit. Wenn er sich aktualisiert (in der Krankheit), wird er durch Benennung (die in einem *ndöp* und *samp* genannten Ritual erfolgt) in die Welt der durch das Kollektiv anerkannten Geister integriert. Diese Welt ist das Double der realen Gesellschaft. Die rab und tuur tragen daher auch Namen, sie haben ein Geschlecht, gehören einem Volk und einer Religion an, sie sind Persönlichkeiten mit einem Beruf...» Zempleni, l.c.

186 A. Zempleni hat mich darauf hingewiesen, daß der *Einschnitt,* von dem dies Kapitel handelt (Tod – Krankheit und Wiedergeburt – Zugang zur Heilkunde) sich in der Biographie aller Typen von Heilkundigen findet. Bei den Marabut (Senegal) taucht dieses Element in der Form des Rückzugs in die Askese auf, genannt «xalwa», die der Laufbahn des Heilkundigen die nötige Weihe verleiht (die Askese ist nicht – wie im rab-Kult die Krankheit – die Voraussetzung des Heilkundigenstatus).

Nach Zempleni treten in allen animistischen Kuren solche dialektischen Umschläge

— Zur Einleitung der Behandlung. G. W. Bd. VIII.
— Zur Geschichte der psychoanalytischen Bewegung. G. W. Bd. X.
— Erinnern, Wiederholen und Durcharbeiten. G. W. Bd. X.
— Aus der Geschichte einer infantilen Neurose. G. W. Bd. XII.
— Das Unbehagen in der Kultur. G. W. Bd. XIV.
— Aus den Anfängen der Psychoanalyse. Imago, London 1950.
*Geahchan, D. J.*, Psychanalyse, Psychothérapie, Psychiatrie. In: L'Inconscient, Nr. 7, Juli 1968, P. U. F.
*Gitelson, M.*, Therapeutic problems in the analysis of the «normal» candidate. In: International Journal of Psychoanalysis, Jg. 35, 1954.
*Goffman, E.*, Asyle. Suhrkamp, Frankfurt a. M. 1972. – Frz. Ausg.: Asiles. Editions de Minuit, Paris 1968 (mit einem Vorwort von Robert Castel).
*Greenacre, Ph.*, Problems of training analysis. In: Psychoanalytic Quarterly, Nr. 4, Jg. 35, 1966.
*Grinberg, L., Langer, M., Liberman, D., und Rodrigué, E. und G.*, The psychoanalytic process. In: International Journal of Psychoanalysis, Jg. 48, 1967.
*Heimann, P.*, The evaluation of applicants for psychoanalytic training. In: International Journal of Psychoanalysis, Jg. 49, 1948.
*Henry, J.*, Culture against man. Tavistock, London 1966.
*Jacobson, E.*, Psychotic conflicts and reality. International University Press, New York 1967.
*Jaques, E.*, Social systems as a defence against persecutory and depressive anxiety. In: New directions in psychoanalysis. Tavistock, London 1955.
*Jones, E.*, Leben und Werk von Sigmund Freud. 3 Bde., Huber, Bern 1960–62.
*Lacan, J.*, Les Complexes familiaux dans la formation de l'individu. In: Encyclopédie française sur la vie mentale, Bd. 8.
— Propos sur la causalité psychique. In: Evolution psychiatrique, Januar 1947.
— Psychogénèse des névroses et des psychoses. Desclée de Brouwer, Paris 1950.
— Table ronde psychanalyse et médecine. In: Cahiers du Collège de Médecine, Nr. 12, Jg. 7, Expansion scientifique.
— Ecrits. Le Seuil, Paris 1966. Deutsche Ausgabe in Vorbereitung beim Walter-Verlag.
— Séminaire 1955–1956 sur Daniel Schreber (unveröffentlicht).
— Séminaire 1956–1957: «La Relation d'objet et les Structures freudiennes». In: Bulletin de psychologie, P. U. F.
— Séminaire 1957–1958: «Les Formations de l'inconscient». In: Bulletin de psychologie, P. U. F.
— Séminaire 1958–1959: «Le Désir et son interprétation» (unveröffentlicht).
— Séminaire 1959–1960: «Ethique de la psychanalyse» (unveröffentlicht).
— Séminaire 1962–1963: «L'Angoisse» (unveröffentlicht).
— Séminaire du 16 novembre 1966. In: Lettres freudiennes.

— Séminaire à l'école normale supérieure, 1967–1968. In: Lettres freudiennes.
*Laing, R.D.,* Metanoïa. In: Enfance aliénée II. Recherches, Dezember 1968.
*Laing, R.D., und Cooper, D.,* Vernunft und Gewalt. Suhrkamp, Frankfurt a.M. 1972.
*Laing, R.D., und Esterson, A.,* Sanity, madness and the family. Tavistock, London 1964.
*Lefort, R. und R.,* Contribution à l'étude de la psychose infantile avec une référence à l'Œdipe. In: Enfance aliénée. Recherches, September 1967.
*Lévi-Strauss, C.,* Traurige Tropen. Kiepenheuer und Witsch, Köln 1970.
*Lewin, B., und Ross, H.,* Psychoanalytic education. In: The United States. Norton, New York 1960.
*Lidz, Th. u.a.,* Schizophrenia and the family. International University Press, New York 1966.
*Macalpine, I.,* Daniel Paul Schreber. Memoirs of my nervous illness. Dawson & Sons, London 1955.
*Malinowski, B.,* Une théorie scientifique de la culture. Coll. Points, Le Seuil, Paris 1970.
*Mannoni, M.,* Le Théâtre et la Folie. In: Médecine de France, Nr. 149, 1964.
— Le Premier Rendez-vous avec le psychanalyste. Gonthier, Paris 1965.
— L'Enfant, sa «Maladie» et les Autres. Le Seuil, Paris 1967.
— Das zurückgebliebene Kind und seine Mutter. Walter-Verlag, Olten und Freiburg i. Br. 1972.
*Mannoni, O.,* Prospero and Caliban. Praeger, New York 1956.
— Freud. Coll. Ecrivains de toujours. Le Seuil, Paris 1968.
— Clefs pour l'Imaginaire. Le Seuil, Paris 1969.
*Martin, P.,* Approche analytique de la raison de la folie. In: Enfance aliénée. Recherches, September 1967.
*Mathis, P.,* De la pulsion de mort dans son rapport au désir de la mère. In: Enfance aliénée. Recherches, September 1967.
*Michaud, G.,* Poème anti-pédagogique ... ou à propos d'une expérience de groupe chez des enfants débiles et psychotiques. In: Enfance aliénée. Recherches, September 1967.
— Transfert et échange en thérapeutique institutionnelle. In: Revue de psychothérapie institutionnelle.
*Mondzain, M.-L.,* A propos de la paranoïa. In: Enfance aliénée. Recherches, September 1967.
*Ortigues, E.,* Le Discours et le Symbole, Aubier, Paris 1962.
— Note sur l'appareil psychique. In: Enfance aliénée. Recherches, September 1967.
*Oury, F.,* Gabriel, l'archange. In: Enfance aliénée II. Recherches, Dezember 1968.
*Oury, J.,* Quelques problèmes théoriques de psychothérapie institutionnelle. In: Enfance aliénée. Recherches, September 1967.
*Oury, J., Dolto, F., und Tosquelles, F.,* L'Enfant, la Psychose et l'Institution. In: Enfance aliénée II. Recherches, Dezember 1968.

*Pinel, C.,* De l'isolement des aliénés. In: Journal de médecine mentale, Bd. 1, 1861.
*Pirandello, L.,* Il berretto a sonagli. In: Maschere nude Bd. III. Treves, Milano 1920.
*Rabinovitch, S.,* Un écrit quotidien à l'hôpital psychiatrique. Medizinische Dissertation, Paris 1968.
*Racamier, P.C.,* Le Psychanalyste sans divan. Payot, Paris 1970.
*Raimbault, G.,* Le Psychanalyste et l'Institution. In: Enfance aliénée II. Recherches, Dezember 1968.
*Rappaport, D.,* A historical survey of psychoanalytic ego psychology. In: Psychological Issues, Jg. 1, 1959, International University Press.
*Reider, N.,* A type of transference at institutions. Bull. Menning clinic, 17, 1953.
*Rodrigué, E. und G.T.,* El contexto del proceso analitico. Paidos, Buenos Aires 1966.
*Rufenacht, Ph.,* Bilan d'une expérience en I.M.P. Medizinische Dissertation, Paris 1969.
*Sabourin, D.,* Réflexions sur deux mois d'observation en milieu psychiatrique. Medizinische Dissertation, Paris 1968.
*Safouan, M., und Mannoni, M.,* Psychanalyse et Pédagogie. In: Enfance aliénée. Recherches, September 1967.
*Safouan, M., und Wahl, F.,* Qu'est-ce que le structuralisme. Le Seuil, Paris 1968.
*Saint-Just, A. de,* Histoire parlementaire. In: Buchez et Roux, Bd. 35.
*Sartre, J.-P.,* St Genêt, comédien et martyr. Gallimard, Paris 1952.
*Scheff, Th.,* Being mentally ill. Weidenfeld & Nicolson, London 1966.
*Schoenfeld, G.,* Guideposts for the good society. In: Psychoanalytic Review, 1968.
*Schotte, J.,* Présentation des travaux au Congrès des psychoses. In: Enfance aliénée II. Recherches, Dezember 1968.
*Schreber, D.P.,* Denkwürdigkeiten eines Nervenkranken. Leipzig 1903 (Neuauflagen in Vorbereitung bei Ullstein, Berlin, und Focus, Wiesbaden).
*Searles, H.F.,* The Nonhuman Environment. International University Press, New York 1960.
— Collected papers on schizophrenia and related subjects. International University Press, New York 1965.
*Sichel, J.-P.,* Délire, paranoïa et suicide chez l'enfant. In: Enfance aliénée. Recherches, September 1967.
*Stern, A.-L.,* Enfant «pas comme les autres» et déni de la castration. In: Enfance aliénée. Recherches, September 1967.
*Strean, H.S.,* Some psychological aspects of psychoanalytical training. In: The Psychanalyst Review, Nr. 4, Jg. 52, 1965–1966.
*Szasz, Th.,* The myth of mental illness. In: The American Psychologist, Bd. 15, Nr. 2, Februar 1960.
— Psychiatry in public schools. Teachers College Record, Bd. 66, Nr. 1, Oktober 1964.
— Geisteskrankheit – ein moderner Mythos? Grundzüge einer Theorie des persönlichen Verhaltens. Walter-Verlag, Olten und Freiburg i. Br. 1972.

*Tosquelles, F.,* Esquisse d'une problématique analytique dans les soins à donner aux enfants psychopathes en institution. In: Enfance aliénée. Recherches, September 1967.
— Introduction au problème du transfert en psychothérapie institutionnelle. In: Revue de psychothérapie institutionnelle, Nr. 1.
— Pédagogie et Psychothérapie institutionnelles. In: Revue de psychothérapie institutionnelle, Nr. 2, 3.
— Structure et Rééducation thérapeutique. Editions universitaires, Paris 1967.
— Notes sur le traitement des psychoses infantiles. In: Confrontations psychiatriques, Nr. 3, 1969.
*Tostain, R.,* Problèmes théoriques et cliniques posés par la cure des psychoses. In: Enfance aliénée II. Recherches, Dezember 1968.
*Vasquez, A., und Oury, F.,* Vers une pédagogie institutionnelle. Maspero, Paris 1967.
*Watzlawick, P., Beavin, J.H., und Jackson, D.D.,* Menschliche Kommunikation. Formen, Störungen, Paradoxien. Huber, Bern 1969.
*Wilden, A.,* The language of the self. The function of language in psychoanalysis by Jacques Lacan. John Hopkins Press, Baltimore 1968.
*Winnicott, D. W.,* La Schizophrénie infantile en termes d'échec d'adaptation. In: Enfance Aliénée II. Recherches, Dezember 1968.
*Wynne, L., und Singer, M.,* Thinking disorders and family transactions. In: American psychiatric association, Mai 1964.
*Zempleni, A.,* La Dimension thérapeutique du culte des rab, Ndop, Tuuru et Samp, rites de possession chez les Lebou et les Wolof. Psychopathologie africaine, III, 1966.
— Colloque C.N.R.S. sur les cultes de possession. Oktober 1968 (unveröffentlicht).

# INDEX

INHALT

Seite

Seite

DISKUSSIONSBEITRÄGE:

Joachim Matthes

Vorwort

Der 19. Deutsche Soziologentag fand vom 17. bis 20. April 1979 im Internationalen Congress Centrum (ICC) in Berlin statt. Er wurde am Nachmittag des 17. April 1979 nach Begrüßungen durch den Vorsitzenden der Deutschen Gesellschaft für Soziologie, den Vizepräsidenten der Freien Universität Berlin und den Präsidenten der Technischen Universität Berlin sowie nach einer Ansprache des Senators für Wissenschaft und Forschung des Landes Berlin durch einen Vortrag von Reinhard Bendix zum Rahmenthema des Kongresses eröffnet. An den folgenden Tagen wurde das Rahmenthema des Kongresses in sechs Themenbereichen abgehandelt, deren Hauptreferate - in verantwortlicher Auswahl und Zusammenstellung durch die jeweiligen Themenbereichsleiter - in diesem Band vorgelegt werden. Zugleich tagten die verschiedenen Sektionen der Deutschen Gesellschaft für Soziologie sowie eine größere Anzahl von ad-hoc-Gruppen, deren Beiträge in einem gesondert bei der Bibliothek der Technischen Universität Berlin herauszugebenden Band veröffentlicht werden. Dieser 19. Deutsche Soziologentag 1979 war mit seinen mehr als 3000 Teilnehmern und der hohen Zahl der vorgetragenen Referate und vorgelegten Papiere der wohl größte in der bisherigen Abfolge deutscher Soziologentage. Mit ihm ist das bislang verfolgte Prinzip der Vollständigkeit und Übersichtlichkeit der Dokumentation von Soziologentagen an seine Grenze gestoßen. Setzt sich diese Entwicklung fort, wird für künftige Soziologentage eine neue Form der Veröffentlichung ihrer Erträge gefunden werden müssen.

Der 19. Deutsche Soziologentag in Berlin 1979 fiel in das 70. Jahr des Bestehens der Deutschen Gesellschaft für Soziologie. Auch anläßlich des 50-jährigen Bestehens der DGS fand ein Soziologentag in Berlin statt: der 14. im Mai 1979. Doch dieser Zusammenhang darf nicht überinterpretiert werden; Vorstand und Konzil der DGS haben ihre Entscheidung, den 19. Soziologentag in Berlin 1979 abzuhalten, ganz unabhängig von diesem Zusammenhang getroffen. Die Stadt Berlin war 1979 zum vierten Male "Austragungsort" eines Soziologentages und hält damit die Spitze vor Frankfurt. Schon der 2. Deutsche Soziologentag fand 1912 in Berlin statt; es folgten der 7. im Jahre 1930 und der 14. im Jahre 1959. Die Themen, mit denen sich die bisherigen drei Berliner Soziologentage befaßt hatten, waren jeweils auf der Höhe ihrer Zeit und entsprechend kontrovers und brisant. 1912, auf dem Höhepunkt deutscher Nationalstaatlichkeit, beschäftigte man sich mit der Nationalität in ihrer soziologischen Bedeutung; 1930, in einer Zeit politischer und ideologischer Radikalisierung, mit öffentlicher Meinung und Presse. 1959, nachdem soziologische Lehre und Forschung nach 15-jähriger gewaltsamer Unterbrechung gerade wieder in Gang gekommen waren, befaßte man sich mit der Stellung der Soziologie in der modernen Gesellschaft. Das Rahmenthema des 4. Berliner Soziologentages stand diesen seinen Vorgängern an Gewicht kaum nach. Seine Leitfrage lautete: Wie stellt sich in den theoretischen und methodischen Perspektiven, über die wir in der Soziologie verfügen, und in interdisziplinärer Zusammenarbeit jener gesellschaftliche Wandel im westlichen Europa dar, dessen Bedingungen wir in unserem alltäglichen Handeln mit setzen, - dessen Folgen wir alle tagtäglich zu spüren bekommen, - und dessen Lenkung unter übergreifenden politischen Zielvorstellungen ebenso notwendig wie problematisch ist? Das Echo, das der 19. Deutsche Soziologentag in Berlin 1979 in Presse, Rundfunk und Fernsehen gefunden hat, bestätigt die Entscheidung für dieses Rahmenthema ebenso wie die Fähigkeit der Soziologie, einen wesentlichen Beitrag zur Abklärung und Analyse drängender politischer und gesellschaftlicher Probleme unserer Zeit zu leisten.

Dem gastgebenden Land Berlin, seinen Hochschulen und allen, die an der Vorbereitung, Durchführung und Auswertung dieses Kongresses mitgearbeitet haben, sei für ihren Beitrag zum Gelingen dieses Soziologentages gedankt.

Reinhard Bendix +)

## Westeuropa als Gegenstand und Quelle sozialwissenschaftlicher Forschung

Meine sehr geehrten Damen und Herren,

für die ehrenvolle Einladung, diese Berliner Tagung der Deutschen Gesellschaft für Soziologie mit einem Vortrag zu eröffnen, möchte ich mich besonders bedanken. Ich bin nämlich in Berlin geboren und habe hier die ersten zweiundzwanzig Jahre meines Lebens verbracht. Als ich die Stadt vor nunmehr 41 Jahren verlassen mußte, schenkte mir eine Freundin zum Abschied Max Webers "Wirtschaft und Gesellschaft". Damals konnte ich nicht ahnen, daß meine Laufbahn in Amerika davon nachhaltig beeinflußt werden würde! Die Umstände meiner Auswanderung im Mai 1938 hatten kaum ein Durchblättern dieses großen Werkes zugelassen. Für eine richtige Lektüre war ich auch völlig unvorbereitet. So kam es zu dem Paradox, daß ich, ein gebürtiger Deutscher, Max Weber erst im Laufe meiner Studienzeit in Amerika "entdeckte", und damit hängt meine Rezeption Webers zusammen, wie auch das Thema dieses Vortrages.

Vor nun schon fünfzehn Jahren hat Jürgen Habermas auf die unterschiedliche Rezeption Webers in Deutschland und Amerika hingewiesen. Geistige Perspektiven sind lebensbezogen; Karl Mannheim hätte "seinsverbunden" gesagt. Mir persönlich haben Webers Schriften bei meiner Orientierung in Amerika wesentlich geholfen, denn sein Werk eröffnete mir Perspektiven, die nicht nur über Deutschland sondern auch über Europa hinausführten. 1)

Zwischen dieser universalhistorischen Perspektive und Webers Akzent auf Westeuropa liegt nur ein scheinbarer Widerspruch. Bekanntlich war für Weber die Eigenart des Okzidents und insbesondere Westeuropas ein zentrales Anliegen. Ich erinnere an die Einleitungsworte zu den Aufsätzen über Religionssoziologie. Ich zitiere:

> Universalgeschichtliche Probleme wird der Sohn der modernen europäischen Kulturwelt unvermeidlicher- und berechtigterweise unter der Fragestellung behandeln: welche Verkettung von Umständen hat dazu geführt, daß gerade auf dem Boden des Okzidents, und nur hier, Kulturerscheinungen auftraten, welche doch - wie wenigstens wir uns gerne vorstellen - in einer Entwicklungsrichtung von universeller Bedeutung und Gültigkeit lagen? 2)

Die Beschäftigung mit der Eigenart okzidentaler Kultur durchzieht Webers sämtliche Werke und blieb nicht beschränkt auf das Gebiet der Religion. Und doch klingt in diesem Einleitungssatz etwas von der Weber'schen amor fati mit an; eine letzte Ambivalenz bleibt bestehen. Er identifiziert sich zwar mit der Besonderheit und universellen Bedeutung okzidentaler Kulturerscheinungen, aber gleichzeitig betont er die prinzipielle Einseitigkeit, ja sogar die ethnozentrische Ausrichtung dieser Wertbezogenheit. Im Klartext heißt das: die okzidentale Entwicklungsrichtung hat zwar universelle Bedeutung - etwa in dem Sinne, daß sie die Menschheit durch eine Wendung auf neue, blei-

+) Dept. of Political Science
University of California
BERKELEY, CA. 9472o USA

bende Kulturwerte ausrichtete - aber zugleich ist das eine Vorstellung, die uns schmeichelt und allzu leicht dazu führt, unser Verständnis anderer Werte und Entwicklungsreihen zu mindern.

Wir können und wollen uns dieser Orientierung nicht entziehen, aber gleichzeitig müssen wir erkennen, daß wissenschaftlich bedeutsame Wertgesichtspunkte vielfältig und wandelbar sind. Dementsprechend heißt es am Ende des Objektivitätsaufsatzes, ich zitiere:

> Irgendwann wechselt die Farbe: die Bedeutung der unreflektiert verwerteten Gesichtspunkte wird unsicher, der Weg verliert sich in die Dämmerung. Das Licht der großen Kulturprobleme ist weiter gezogen. Dann rüstet sich auch die Wissenschaft, ihren Standpunkt und ihren Begriffsapparat zu wechseln. 3)

Ich will an diesen Satz zwei Fragen anknüpfen. Erstens, kann Webers Einstellung zu der Eigenart westeuropäischer Kultur auch noch die unsere sein? Und zweitens, wie verhält es sich mit der besonders an Westeuropa orientierten Begriffsbildung, wenn die sozialwissenschaftliche Forschung ihren Standpunkt verändert? Zur Beantwortung dieser Fragen spreche ich zunächst kurz über Westeuropa als Gegenstand sozialwissenschaftlicher Forschung. Anschliessend, und etwas weiter ausführend, will ich dann Westeuropas Geschichte als Quelle sozialwissenschaftlicher Begriffsbildung behandeln und an einigen Beispielen erläutern.

## A. Westeuropa als Gegenstand sozialwissenschaftlicher Forschung

Denken wir einmal zurück an die Zeit vor dem ersten Weltkrieg. Vor 1914 lebten führende Europäer noch im Hochgefühl einer erfolgreichen, kulturtragenden Tradition. So konnte Heinrich Luebbe vor kurzem von den "philosophischen Ideen vor 1914", von einem "ideologischen Nationalismus" schreiben, als einem gesamteuropäischen Phänomen, das allerdings auch besondere deutsche Züge aufwies. Webers Frage nach den Ursprüngen der okzidentalen Entwicklung liegt sicher auf anderer geistiger Ebene. Im Gegensatz zu der Zeiterscheinung eines philosophierenden Chauvinismus hat sie dauernde, universalgeschichtliche Bedeutung, selbst wenn man Webers eigenen Nationalismus in Anrechnung stellt. Allerdings steckt auch in Webers universalgeschichtlicher Perspektive ein Element kulturellen Hochgefühls, das meines Erachtens unserer heutigen Generation kaum noch selbstverständlich ist. Dieser Wandel braucht uns nicht wunderzunehmen nach zwei Weltkriegen, totalitären Herrschaften jeglicher Art, der Epoche der Dekolonisierung und inmitten der Gefahren des nuklearen Zeitalters. Bedenken Sie den Schrecken, der in den folgenden Worten von Claude Levi-Strauss zum Ausdruck kommt:

> Wie gründlich ist die Idee des Reisens durch die Idee der Macht korrumpiert worden! Das Reisen kann seine Schätze nicht mehr intakt aufweisen: die Südseeinseln, zum Beispiel, sind zu stationären Flugzeugträgern geworden; ganz Asien ist erkrankt; Barackensiedlungen verunzieren Afrika; Verkehrs- und Militärflugzeuge brausen neben den zwar noch unberührten, aber nicht mehr unverdorbenen Urwäldern von Süd-

> amerika und Melanesien. Unter diesen Umständen kann uns das Reisen nur die unglücklichsten Aspekte unseres historischen Daseins entgegenhalten. Die große Zivilisation des Westens hat viele Wunder erzeugt, aber unter welchen Opfern! Wie es im Falle ihrer berühmtesten Erfindung geschehen ist, der Atomkraftanlage, in welcher Strukturen von bisher unfaßbarer Verwicklung gebaut wurden: die Ordnung und Harmonie des Westens hängen nunmehr von der Entfernung einer ungeheuren Menge schädlicher Nebenprodukte ab, die jetzt die Erde verschmutzen. Was das Reisen uns jetzt zu zeigen hat, ist der Dreck, unser Dreck, den wir der Menschheit ins Gesicht warfen. 4)

Wir wissen, es gibt unzählige Versionen dieser Einstellung, die sich aus anti-modernen, romantischen, kulturpessimistischen und anderen Elementen zusammensetzt.Diese Ideen haben die ganze Entwicklung der modernen Industriegesellschaft begleitet.

Aber soviel man diese Haltung auch kritisieren mag, die Tatsache bleibt bestehen, daß der heute heranwachsenden Generation das kulturelle Hochgefühl der Weberschen Generation abhanden gekommen ist. Bei der Frage, welches die großen Kulturprobleme unserer Zeit sind, haben wir und vor allem unsere Kinder Schwierigkeiten, die heute relevanten Ansätze in eine geistige Beziehung zu den Kulturproblemen der vorangegangenen Generation zu setzen. Gerade in diesem Bruch der Kontinuität liegt, so scheint es, der Grund für die wahrscheinlich nicht geringere Bedeutung des Atomzeitalters. Der Krieg bezeichnete das Ende der Vasco-da-Gama-Epoche, die mit der geographisch-kolonialen Expansion um 1500 von Europa aus begann und nunmehr endgültig zu Ende ist. Und mit der Bändigung der atomaren Kraft begann eine wissenschaftliche und technische Entwicklung, die die 350 Jahre alte Gleichsetzung von Wissen und Fortschritt in dem Bewußtsein vieler Menschen zum ersten Mal in Frage stellt.

Untersuchungen über den Ursprung des Durchbruchs im Zeitalter der Reformation, der Entdeckungen und Eroberungen in außereuropäischen Gebieten werden uns sicherlich weiterhin beschäftigen. Aber kann uns diese Beschäftigung noch in der früheren Weise befriedigen, selbst wenn sie zu beachtlichen Ergebnissen führt?
Ich glaube, man muß diese Frage verneinen. Jedenfalls suchen viele nach einem Standpunkt, der dem westlichen Kulturbewußtsein von heute eher entspricht als die Fragestellung Webers nach den Ursprüngen der westeuropäischen Sonderentwicklung.

Ich will versuchen, einen solchen Standpunkt durch zweierlei Hinweise zu umreißen, obwohl ein solcher Versuch natürlich problematisch bleibt.

Nach außen gesehen glauben wir heute zu wissen, daß der westeuropäische Durchbruch des 16. Jahrhunderts eine einmalige Entwicklung ermöglichte. Sie löste eine bis dahin unvorstellbare Expansion der Produktivkräfte aus; sie verbreitete sich nach den USA und anderen europäischen Überseesiedlungen, nach Japan und in die UdSSR; sie brachte neue Organisationsformen und die Institutionen des Wohlfahrtsstaates hervor. Aber zugleich bedeutete diese Entwicklung auch den imperialistischen Vorstoß sowohl der europäischen Welt wie des zaristischen und sowjetischen Rußlands. Heute mag dieser Vorstoß im Abklingen sein, er hat aber einen weltweiten Gegensatz zwischen armen und reichen Ländern hinterlassen. Gleich wie man diesen Gegensatz erklären mag, unser Kulturbewußtsein ist durch ihn weit mehr beeinflußt als durch den westeuropäischen Durchbruch von vor 400 Jahren.

Entwicklungshilfe, technische Beratung, Anleihen und Investitionspolitik sowie die Rivalität der großen Mächte in der sogenannten Dritten Welt: all das sind Anzeichen für einen Bewußtseinswandel, der weniger den Ursprung als die Konsequenzen der westeuropäischen Entwicklung in Rechnung stellen will. Dazu kommen heute Zweifel, ob die Entwicklungsrichtungen der europäischen Kulturwelt (in all ihrer Divergenz) wirklich von universeller Bedeutung sind.

Jedenfalls ging die erfolgreiche Industrialisierung Rußlands und Japans jeweils andere Wege als die von Westeuropa vorgezeichneten - zum Teil wohl gerade weil diese Wege vorgezeichnet waren.
Gewiß: die europäische Entwicklung wird ihre dauernde Bedeutung bewahren in dem wichtigen Sinn, daß die sozialen und politischen Institutionen sowohl Westeuropas wie auch der Sowjetunion exemplarisch bleiben werden. Das heißt, die einmal gemachte Erfahrung kann nicht wiederholt werden; als Modell wird sie ihren Wert und Unwert behalten. Aber - ob es sich nun um Industrialisierung, Demokratisierung oder Sozialisierung in der Dritten Welt handelt - diese Länder haben ihre Unabhängigkeit zumeist erst im 20. Jahrhundert erreicht und werden die gesamteuropäische Entwicklung nicht wiederholen. Sie können sich zwar europäische Errungenschaften aneignen, sind aber gezwungen, ihre eigene Entwicklung unter den Bedingungen dieses Jahrhunderts zu vollziehen. 5)

Also sollten wir uns fragen, inwieweit die sozialen und politischen Institutionen insbesondere Westeuropas mit ihren geschichtlichen Voraussetzungen so eng verbunden sind, daß sie sich nicht nachvollziehen lassen. Oder aber ob zum Beispiel auf dem Gebiet des Föderalismus oder eines europäischen Parlaments nachahmbare Modelle in der Entstehung begriffen sind. Sicher sind technisch-ökonomische Errungenschaften und insbesondere die Mittel des Erziehungs- und Gesundheitswesens leichter transferierbar, aber ob die Konsequenzen des Transfer kontrollierbar oder wünschenswert sind, kann ich hier nicht erörtern.

Nach innen gesehen wissen wir heute, daß unsere Epoche die Grenzen des Nationalstaates überschritten hat, und damit auch die Grenzen einer zentralisierten Steuerung aller regionalen und lokalen Interessen. In dieser Beziehung können wir das Denken des beginnenden 20. Jahrhunderts nicht mehr als für uns gültig anerkennen, und zwar unabhängig davon, ob wir es nun mit Weber oder mit Marx halten.

Denken Sie zum Beispiel an den Luftverkehr! Seine Regelung kann ebenso wenig an den nationalen Grenzen haltmachen wie die Bekämpfung des Terrorismus. Ein Grund für die Fragwürdigkeit des Nationalstaates ist also der technisch fundierte Internationalismus. Ohne Zusammenarbeit regionaler, nationaler und internationaler Instanzen gibt es für niemanden einen wirksamen Umweltschutz.

Ein zweiter Grund liegt in den relativ großen Verdienstmöglichkeiten außerhalb des eigenen Landes. Ich denke dabei nicht nur an multinationale Unternehmen, sondern auch an das "zweite Proletariat", also die Gastarbeiter in allen Industrieländern des Westens. Drittens, schließlich, ist der moderne Nationalstaat fragwürdig geworden, weil die zentralisierte Steuerung aller Interessen nicht durchführbar ist. Offenbar gibt es Grenzen der Bürokratie. Dabei denke ich ganz einfach daran, daß öffentliche Verwaltungen, wie auch Verwaltungen privater Unternehmen, immer wieder auf Dezentralisierung drängen, d.h. auf quasi-autonome Ausführung zentral gefaßter Entscheidungen. Mit Recht erhofft man sich zur Erreichung jeweiliger Ziele mehr von lokaler Autonomie als von zentraler Kontrolle, solange der Lokalverwaltung gewisse Richtlinien zugrunde liegen. Bei der Lösung solcher Probleme wird man viel Geduld haben müssen. Ich bin aber überzeugt: Alternativen zu nationalstaatlichen und zentralistischen Lösungen werden auf dem Forschungsprogramm der kommenden Jahrzehnte stehen. Für diejenigen Länder, die in voraussehbarer Zukunft ein funktionierendes Staatswesen aufbauen müssen, könnten solche Lösungen von großer Bedeutung sein.

Bei den Neuorientierungen in der sozialwissenschaftlichen Forschung sollte man also eine weniger Europa-betonte Ausrichtung erwarten können. Auf begrifflicher Ebene ist es aber für uns unmöglich, den europäischen Blickpunkt zu verlassen. Das ganze Vokabular sozialwissenschaftlicher Forschung entstammt der europäischen Erfahrung, und unsere Begriffe bleiben an der westlichen Welt orientiert. Das trifft zu, selbst nachdem das "Licht der großen Kulturprobleme weiter gezogen" ist,und unsere Reihen nunmehr eine größere Anzahl von Experten über andere Länder und andere Spezialfächer als früher aufweisen, sei es nun Afghanistan oder Zaire, politische Anthropologie oder vergleichende Verwaltungswissenschaft. Damit sind wir also unversehens angekommen bei der Frage nach Westeuropa als Quelle sozialwissenschaftlicher Begriffsbildung.

## B. Westeuropa als Quelle sozialwissenschaftlicher Begriffsbildung

Geschichtliche Erfahrung ist in vieler Hinsicht eine Quelle unserer Begriffsbildung, und das gilt besonders für die Prozesse der Modernisierung - Prozesse, die seit der Reformation von Westeuropa ausgegangen sind. Bekanntlich stand die deutsche Soziologie zunächst im Bann des Begriffspaares Gemeinschaft und Gesellschaft.

Ferdinand Tönnies wollte damit u. a. den Wandel vom europäischen Mittelalter zur Neuzeit begrifflich erfassen. Darüber hinaus gibt es eine große Anzahl sozialwissenschaftlicher Begriffe, deren gegenwärtige Bedeutungen auf das Engste mit der gesellschaftlichen Entwicklung Westeuropas zusammenhängen. Lassen Sie mich in zwangloser Reihenfolge ein paar Beispiele nennen:

Proletariat, Kapitalismus und Imperialismus sind solche Begriffe und ebenso Staat, bürgerliche Gesellschaft, Nationalökonomie und Soziologie, aber auch Begriffe wie Verfassung, Partei, Industrialisierung und Urbanisierung. Die meisten dieser Begriffe sind sprachliche Wendungen europäischer Denker, die damit den eigenen Erfahrungen gerecht werden wollten. Es fragt sich nun, ob und wie der heutige Sozialwissenschaftler solche Begriffe europäischer

Herkunft überhaupt nutzen kann. Denn wenn unsere Disziplin Anspruch auf Allgemeingültigkeit erheben will, dann müssen ihre Begriffe allgemein anwendbar sein. Bei den genannten Begriffen ist aber eine allgemeine Anwendbarkeit durchaus fragwürdig. Diese bekannte Schwierigkeit möchte ich hier an zwei kurz gefaßten Beispielen skizzieren:

Max Weber hat an einer Stelle bemerkt, daß der Staatsbegriff "in seiner Vollentwicklung durchaus modern" sei. 6) Diese Bemerkung impliziert nicht nur eine Grenzziehung zwischen vor-modernen und modernen politischen Gebilden sondern auch eine Untersuchung der Vorformen des Staates in der spätmittelalterlichen Welt. Wenn der Staat nur die vollentwickelte moderne Form - sagen wir, einer Territorialherrschaft - wäre, dann müßten wir ihm anders entwickelte Formen entgegensetzen. Wir können nicht sicher sein, ob andere Formen von Territorialherrschaft sich ihrerseits zu modernen Staaten entwickeln werden, daher müssen wir sie als politische Gebilde mit eigener Situationslogik betrachten, nicht als unvollkommende Staaten. Demnach ist es zum mindesten wahrscheinlich, daß die Geschichte der heutigen europäischen Staaten bessere Modelle für nicht-staatliche Territorialherrschaften abgeben kann als der moderne Staat selbst.

Der Begriff der sozialen Klassen mag als zweites Beispiel dienen. Im letzten, unvollendeten Kapitel des dritten Bandes von "Das Kapital" hat Karl Marx bekanntlich eine Diskussion der Klassen begonnen. Unter anderem wies er auf die Arbeitsteilung hin, die sowohl in der Arbeiter- wie in der Unternehmerklasse zu einer Fragmentierung der Interessen- und Ranguntershiede führt. Nun zielt aber das ganze Werk von Marx auf eine Analyse der Zwangsläufigkeiten des Kapitalismus und des Klassenkampfes - Zwangsläufigkeiten, die schließlich zur Entwicklung eines proletarischen Klassenbewußtseins und zur Klassensolidarität führen würden. Interessenkonflikt und Rangunterschiede innerhalb der Arbeiterklassen waren für Marx letztlich nicht ausschlaggebend. Sie würden im Lauf der politisch bewußt werdenden Arbeiterbewegung ihre Bedeutung verlieren.

Aber wenn man die Marx'sche Vorhersage nicht annimmt, dann wird man es auch nicht für ausgemacht halten, daß sich der Klassenkampf verschärft und zur Klassensolidarität führt. Folglich wird man Interessenkonflikte innerhalb der Klassen höher bewerten und sie den solidarischen Klasseninteressen mehr oder weniger gleichwertig zur Seite stellen. Damit öffnet sich der Weg zu vergleichenden Untersuchungen der Klassensolidarität, die ja jeweils von der Überwindung der internen Interessenkonflikte abhängt.

Hier ist nicht der Ort, Begriffe wie Staat und soziale Klasse im einzelnen zu erörtern, sie sind der Gegenstand einer großen Literatur. Aber den genannten Beispielen kann man entnehmen, daß die unreflektierte Verallgemeinerung von Begriffen europäischer Derivation Schwierigkeiten mit sich bringt. Diese Schwierigkeiten haben ihre politische und ihre geistige Seite, und wir müssen versuchen, beide Seiten im Auge zu behalten. Politisch gesehen ist die Anwendung deseuropäischen Begriffsapparates auf außereuropäische Sozialstrukturen eine - vermutlich unbewußte und ungewollte - Fortsetzung der Hegemonie Europas, wenn auch mit geistigen **Mitteln**.

Das läßt sich nicht vermeiden. Ebenso unvermeidbar ist es, daß selbst die Entkolonisierung der Welt uns nicht befreit hat von den Konsequenzen der vierhundertjährigen Vorherrschaft Europas. Aber wir selbst, die Nachkommen der europäischen Tradition, können das Unvermeidbare in Anrechnung stellen, wir können es geistig verarbeiten, indem wir unseren Begriffsapparat universalhistorisch umbilden. Das, so scheint mir, ist der Nutzen, den wir aus Webers Wendung zur Ausarbeitung eines universalhistorischen Begriffsapparates ziehen können, wie er ihn im ersten Teil von Wirtschaft und Gesellschaft entworfen hat.

Webers Absicht war nunmehr nicht nur, die Eigenart der okzidentalen Kultur in Begriffe zu fassen, sondern er wollte die wechselseitigen Zusammenhänge zwischen wirtschaftlichem Handeln und außer-ökonomischen Kausalreihen untersuchen . 7) Zu diesem Zweck brauchte er einen Begriffsapparat, der weit genug gespannt war, um eine universalhistorische Anwendung zu ermöglichen. Dementsprechend heißt es in den einleitenden Sätzen von Wirtschaft und Gesellschaft:

> Die Methode dieser einleitenden ..... Begriffsdefinition beansprucht in keiner Art, neu zu sein. Im Gegenteil wünscht sie nur in - wie gehofft wird - zweckmäßigerer und etwas korrekterer (eben deshalb freilich vielleicht pedantisch wirkender) Ausdrucksweise zu formulieren, was jede empirische Soziologie tatsächlich meint, wenn sie von den gleichen Dingen spricht. 8)

Die Frage ist nun: Wie läßt sich dieser Anspruch auf Allgemeingültigkeit vereinbaren mit Webers eigener Feststellung, daß bei wandelnden Kulturproblemen die Wissenschaft nicht nur ihren Standort, sondern auch ihren Begriffsapparat wechsele? Wie kann man von allgemeingültigen Begriffen sprechen, wenn sie von historisch begrenzter Anwendbarkeit sind?

Weber beantwortete diese Fragen mit dem Hinweis auf den Idealtypus, den ich hier als bekannt voraussetzen kann. Ich will nur anmerken, daß ein Weber'scher Idealtypus gewöhnlich nicht als isoliert bestehend gedacht war, sondern als verbunden mit einem Gegentyp oder mit mehreren Gegentypen. Zugleich hat Weber die unvermeidliche Distanz zwischen Begriff und Empirie durch zusätzliche Eigenschaftswörter zu überbrücken versucht. Ich erinnere z. B. an den Doppelbegriff "patrimoniale Bürokratie"; dieser Doppelbegriff will der Konvergenz begrifflich unterschiedener Handlungen und Institutionen gerecht werden.

Ich will zunächst versuchen, die Dialektik der Weber'schen Begriffe als Grundlage ihres Anspruchs auf allgemeine Anwendbarkeit auszuweisen. Dann will ich an ein paar Beispielen erläutern, wie die Bindung sozialwissenschaftlicher Begriffe an Westeuropas historische Erfahrung auch für außereuropäische Erfahrungen nutzbar gemacht werden kann.

Webers bekannte Typen der Herrschaft sind besonders geeignet, die von mir hervorgehobene Dialektik sichtbar werden zu lassen. Aber bitte behalten sie immer im Auge: unser zentrales Anliegen hier ist die Anwendung eines Begriffes auf die Empirie! Beginnen wir mit der charismatischen Herrschaft. Wir wissen, sie ist durch die außeralltägliche Qualität einer Persönlichkeit ausgezeichnet, aber die Existenz dieser Qualität, und damit das Phänomen Charisma überhaupt, beruht auf dem Glauben, den der Träger des Charisma mit seinen Gefolgsleuten teilt. Aus dieser Begriffsbestimmung ergibt sich eine eigentümliche Unsicherheit: für die charismatische Persönlichkeit beruht ihre Außerordentlichkeit auf objektiver Erfahrung, wie etwa im Fall des Propheten, der sprechen muß, weil ihn eine höhere Gewalt zwingt. Aber nur der Prophet empfindet die höhere Gewalt als objektive Erfahrung. Allen anderen erscheint sie zunächst als subjektive Aussage oder Behauptung, bis diese anderen sich schließlich von der Außerordentlichkeit der prophetischen Erfahrung überzeugen lassen.

Die Übereinstimmung der Bewußtseinslage eines Propheten und einer Menge ist ein seltenes Ereignis. Viel häufiger geschieht es, daß nur der Prophet von der höheren Gewalt und seiner Mission überzeugt ist, aber nur wenige Anhänger und Gläubige findet. Noch häufiger, vermutlich, kommt es vor, daß eine notleidende Menge Ausschau hält nach einer charmismatischen Persönlichkeit, die ihre Nöte lindern könnte; aber entweder findet sich überhaupt keine, oder nur eine scheinbare, was dann entweder eine Illusion von Notlinderung oder tiefte Enttäuschung zur Folge hat. Sie sehen also: der Typ der charismatischen Herrschaft stellt im Grunde großangelegte Forschungsaufgaben dar und sollte nicht einfach als Etikett vulgarisiert werden. Die Anwendbarkeit des Begriffes, eben als Forschungsaufgabe, sollte wirklich eine allgemeine sein können.

Die Parallelen bei den anderen Herrschaftstypen ergeben sich leicht. Von der traditionellen Herrschaft wissen wir: sie stützt sich auf die Heiligkeit von Herrengewalt und altüberkommenen Ordnungen, die auch die freie Willkür des Herrn mit einschließen. Nun heißt es zwar, daß der Willkür des Herrn durch die Tradition Grenzen gesetzt sind, aber da alles auf Herkommen und mündlichem Einverständnis beruht, werden die Grenzen legitimer Willkür nur in der Praxis erprobt, und daher können sie wissenschaftlich nur von Fall zu Fall untersucht werden.

Die Problematik des traditionellen Herrschaftstyp besteht also in Folgendem: die im Prinzip als berechtigt anerkannte Willkür des Herrn gerät mit dem althergebrachtem Recht nur allzu leicht in Konflikt. Dann muß sich zeigen, ob die Gefolgsleute der unbedingten Gehorsamspflicht treu bleiben, indem sie willkürliche Überschreitungen traditioneller Regeln dulden, oder wann sie schließlich, unter Berufung auf das alte Recht, den Gehorsam verweigern.

Ähnlich liegen die Dinge bei dem Begriff der legalen Herrschaft, mit dem Weber ja die Unterscheidung formaler und materieller Rationalität verbindet.

In diesen Begriffsbestimmungen liegt also eine fundamentale Unsicherheit oder Unbestimmtheit, die erst durch die Interaktion des Herrschers mit den Beherrschten von Fall zu Fall aufgehoben werden kann. In dieser Offenheit bezüglich der mit dem Typus vereinbarten Entwicklungsmöglichkeiten sehe ich den Allgemeinheitsanspruch der Weber'schen Begriffsbildung.

Wie gesagt, diese Offenheit läßt eigentlich jeden Idealtypus zu einem Forschungsprogramm werden. Das ist auch der Grund, warum die eigentliche Formulierung eines Begriffs wie Staat oder Klasse am Ende der Untersuchung stehen muß und nicht am Anfang, wie Weber das zu Beginn seines Kapitels über Religionssoziologie betont hat. In diesem Sinne ist ein sozialwissenschaftlicher Idealtypus zunächst nur eine Annäherung oder Umschreibung; seine präzisere Bedeutung kann erst durch entsprechende Untersuchungen bestimmt werden.

In dieser Diskussion bin ich zunächst von Begriffen wie Staat und Klasse ausgegangen, die inhaltlich eng an die historische Entwicklung Westeuropas anknüpfen, weil beide Begriffe eine Trennung des Amts oder der Gruppensolidarität von der Familie voraussetzen. Deshalb sind diese Begriffe am ehesten dort anwendbar, wo sich eine solche Trennung ausgeprägt hat, und das ist ursprünglich besonders in Europa der Fall gewesen. Andererseits hat Max Weber in seinen Typen der Herrschaft bewußt von dieser Beschränkung abstrahiert. Die von mir hervorgehobene Offenheit seiner Formulierung läßt sich aber auf viele Begriffe - darunter auch Staat und soziale Klasse - anwenden, obgleich sie ursprünglich der westeuropäischen Erfahrung entstammen. (Übrigens, gewisse Begriffe, wie zum Beispiel bürgerliche Gesellschaft, sollten als nur auf Westeuropa zutreffend angesehen werden).

Ich möchte nun den Begriff der Bürokratie dazu benutzen, um sowohl historische Beschränkung als auch allgemeinere Anwendbarkeit eines sozialen Begriffes etwas näher zu umschreiben. Natürlich kann man bei verschiedenen Forschungsabsichten, je nachdem, die eine oder andere Seite eines Begriffs betonen.

Weber weist ausdrücklich darauf hin, daß er zunächst die spezifisch moderne Form der Verwaltung im Auge hat; daraus ergibt sich die Begrenzung auf Westeuropa, ja sogar auf Preußen, zumal diese Bürokratie nur als Ausführungsorgan einer legalen Herrschaft gedacht wird. Zweck dieses historisch begrenzten Begriffs ist die nachträgliche Kontrastierung mit anderen Formen von Verwaltung, wie sie Weber besonders in seiner Analyse der chinesischen Bürokratie geliefert hat. Doch erscheint Webers Begriffsbestimmung der modernen Bürokratie in einer kategorischen Formulierung, die eine allgemeine Anwendbarkeit zu beanspruchen scheint. Wie ist dieser Anspruch mit der historischen Begrenzung des Begriffs vereinbar? Ich meine, daß der Weber'sche Begriff der Bürokratie ein dialektisches Element enthält.

Die bekannte Definition läßt die Bürokratie als ein "eisernes Gehäuse" erscheinen. Der einzelne Verwaltungsposten darin ist genau gekennzeichnet durch sachliche Amtspflichten, eine hierarchische Stellung, vertraglich festgelegtes Gehalt, hauptberufliche Amtsführung und anderes mehr. Alle Funktionen bürokratischer Arbeit scheinen festgelegt zu sein, und doch läßt Weber selbst in dieses Gebäude ein Element der Unbestimmtheit ein. Dieses Element ist die Fachqualifikation des Beamten. Technische und bürokratische Fachqualifikation heißt aber nichts anderes - selbst wenn noch so viel geprüft und kontrolliert wird - als daß man sich auf Erfahrung und Urteil des qualifizierten Beamten verlassen will, verlassen muß.

Genauso wird es bei Fachleuten in jedem anderen Zusammenhang getan. Der Sinn fachlicher Qualifikation liegt gerade in der Expertise, die der Laie nur durch Konsultation oder Anstellung eines beglaubigten Fachmanns für sich nutzbar machen kann. Weber hat die Diskrepanz zwischen Beamtenexperten und politischen Laien zur Genüge betont. Er hat auch darauf hingewiesen, daß technisch qualifizierte Beamte aus ihrer Sachkenntnis ein Geheimnis machen können, um sich unangenehmer oder auch unsachgemäßer Kontrolle zu entziehen. Sachkenntnis heißt hier nicht nur technisches Können, sondern ebenso die dem Beamten besonders zugängliche Kenntnis der Formulare, des Instanzenzuges, der Präzedenzfälle und so weiter - alles Dinge, die, wie wir wissen, leicht zu einer besonderen "Technik" des Bürokratieunwesens degenerieren können. Im Zentrum des Weber'schen Bürokratiebegriffs liegt also ein Unsicherheitsfaktor, der wiederum zur Einzeluntersuchung einlädt, weil wir nur dadurch die verschiedenen Bedeutungen dieses einen Begriffs, selbst innerhalb der europäischen Kulturwelt, in den Griff bekommen können.

Allerdings kann man meines Erachtens bei dieser Beschäftigung mit europäischen Erfahrungen heute nicht mehr stehen bleiben. Denn die Kriterien des europäischen Bürokratiephänomens setzen europäische Entwicklungen voraus, die sich so weder in den östlichen und südlichen Randgebieten Europas, noch in den Ländern Asiens, Afrikas oder Lateinamerikas wiederfinden.

In seiner vergleichenden Betrachtung "The Development of Public Services in Western Europa, 1660 - 1930" unterscheidet Ernest Barker eine vorbürokratische und eine bürokratische Entwicklung. In der vorbürokratischen Phase war der Staat mit der Familie, dem Eigentum und der Gesellschaft so weitgehend identifiziert, daß jedes öffentliche Amt eine Familienangelegenheit darstellte und als Privateigentum behandelt wurde. Staat und Gesellschaft waren also nicht zu unterscheiden. 9)

Barker datiert die bürokratische Phase von ca. 1660 an. Damit will er sagen, daß die Anstellung von Beamten und ihre öffentliche Geschäftsführung sich seither allmählich von Familieninteressen und Privateigentum losgelöst haben, obwohl diese Faktoren bis heute kaum gänzlich ausgeschaltet worden sind. Wie bei allen historischen Unterscheidungen handelt es sich auch hier um einen Idealtypus, dessen unvermeidliche Vereinfachungen die wesentlichen Unterscheidungen nicht widerlegen.

Dabei ist es aber gut, zwei Tatsachen im Auge zu behalten. Bedenken wir zunächst folgendes: In England gingen gewisse proto-bürokratische Entwicklungen der Restauration der englischen Monarchie im Jahre 1660 um Jahrhunderte voraus, wie etwa die Aussonderung einzelner Regierungsfunktionen aus dem könglichen Haushalt, die Professionalisierung und der Laizismus der Beamten selbst, die Systematisierung der Geschäftsführung und anderes mehr. 10)

Analoge, proto-bürokratische Entwicklungen in Preußen oder Frankreich vor 1660 wichen von der englischen ganz erheblich ab, weil in Preußen Beamtentum und Militär enger zusammenhingen als in England, während in Frankreich die Ämterkäuflichkeit wieder eine andere Voraussetzung für die spätere Bürokratisierung schuf. Meines Wissens steht eine vergleichende Studie dieser frühneuzeitlichen Entwicklungen noch aus.

Die zweite Tatsache, die wir bedenken müssen, ist - trotz der eben genannten Verschiedenheiten - das Gemeinsame in der europäischen Entwicklung. Man macht das am besten auf vergleichende Weise anschaulich. Europa hatte, zu Beginn seiner bürokratischen Phase, eine lange Vorgeschichte der Verwaltung sowie wachsenden Reichtum (trotz des Dreißigjährigen Krieges). In Ermangelung einer solchen Vorgeschichte in den Ländern der "Dritten Welt" läßt sich dort eine analoge proto-bürokratische Entwicklung kaum erwarten. Die Menschen werden erst dann aufhören, Regierungsstellen als private Einkommensquellen zu betrachten, wenn ihnen wirkliche Alternativen offenstehen. Bedenken Sie nur, daß im heutigen Nigerien (1975) fünfundsechzig Prozent aller Lohn- und Gehaltsempfänger Regierungsbeamte sind; in Ghana (1964) belief sich dieser Anteil sogar auf siebzig Prozent. 11)

Vor dem Auftreten von Alternativen stellen die Beamtenstellungen und das öffentliche Einkommen die wichtigste "Industrie" eines Landes dar und werden entsprechend ausgenutzt. Unter diesen Umständen besteht die Tendenz, Parlament und Regierung als Zusammenkünfte von Botschaftern verschiedener "Völker" anzusehen - Völker, die zwar in dem gleichen Territorium leben, deren Vertreter aber im Auftrag sich befehdender Stammes- und Familieninteressen, religiöser und sprachlicher Gemeinschaften agieren.

Mit dieser Überlegung ist auch der letzte Punkt angesprochen, mit dem ich diese Übersicht meines Themas zum Abschluß bringen will. Ich beziehe mich dabei auf die großen Aufsätze Otto Hintzes, der die institutionellen Eigentümlichkeiten der westeuropäischen Entwicklung herausgearbeitet hat. Seine Gedanken wurden dann von Otto Brunner, Dietrich Gerhard, Antonio Marongiu und anderen weitergeführt.

Otto Hintze geht von der These aus, daß ständisch-repräsentative Verfassungen - trotz ihrer vielen Varianten innerhalb Europas - eine dem christlichen Abendland eigentümliche Erscheinung sind. Er führt diese Tatsache auf Kirche und Feudalsystem zurück, die in dieser speziellen Ausprägung auch nur im christlichen Abendland vorkamen. Am stärksten trifft das auf die westeuropäischen Länder zu, während Kirche und Feudalherrschaft in den osteuropäischen Randgebieten ein viel geringeres Maß von politischer Unabhängigkeit erreichten. Vom Gesichtspunkt der Staatenbildung muß man, nach Hintze, die hierokratische wie die feudale Machtkonstellation als Hauptgründe ansehen für den "beständigen Wettbewerb um erhöhte Machtgeltung zwischen den einzelnen Staatsgebilden" (1944); einerseits verhinderte dies ihre Vereinigung in einem Universalreich, andererseits führte es zu Intensivierung und Rationalisierung der staatlichen Verwaltung. 12)

Diese Ausbalancierung zentrifugaler und zentripetaler Tendenzen hängt wesentlich mit der unterschiedlichen Entwicklung des Repräsentativsystems in den einzelnen Ländern Europas zusammen, aber auch mit der jeweils besonderen Form der Kommunalverwaltung. Man kann hier zum Beispiel die relative Kontinuität des englischen Parlaments von der scharfen Zäsur der französischen Parlamentsentwicklung unterscheiden. Wieder anders war die Entwicklung in Preußen; dort stand die Wirkungskraft der Ständeversammlungen vor dem Dreißigjährigen Krieg in scharfem Gegensatz zu der Entmachtung der Landtage, die dem Krieg folgte. Die kulturellen Auswirkungen dieser Verschiedenheiten können bis auf den heutigen Tag verfolgt werden.

Solche Unterschiede in der Parlamentsentwicklung der einzelnen Länder sind für uns jedoch weniger bedeutungsvoll als die gemeinsame Problematik heutiger Repräsentationssysteme. Gerade in Ländern mit ausgebildetem parlamentarischen System stellt sich die Frage, wie die unabhängige Entschlußfähigkeit der repräsentativen Körperschaften gegenüber der Vertretung und dem Druck der "organisierten Interessen" aufrecht erhalten werden kann. Sowohl das Repräsentativsystem wie die Organisation privater Interessen gehören zu dem Grundbestand der Demokratie. Schon vor zweihundert Jahren hat Edmund Burke auf den Konflikt zwischen diesen beiden Institutionen hingewiesen. In einer Ansprache an die Wähler von Bristol sagte er, daß das Parlament eine nationale Instanz sei, nicht eine Versammlung von Botschaftern verschiedener Interessengruppen. Es handelt sich also um das Verhältnis zwischen lokalen bzw. regionalen oder marktbezogenen Interessenkonstellationen einerseits und dem Forum einer übergeordneten politischen Willensbildung andererseits.

Meine Betrachtung Westeuropas als Gegenstand und Quelle sozialwissenschaftlicher Forschung möchte ich mit dieser Fragestellung abschließen. Die gegenwartsbezogenen Diskussionen ihrer Tagung werden ihre eigenen Wege gehen. Ich habe hier versucht, für Ihre zu besprechenden Probleme einen geschichtlichen und begriffsstrategischen Hintergrund zu skizzieren.

Anmerkungen

1) Die Unterschiede zwischen deutschen und amerikanischen Perspektiven sollen nicht übertrieben werden, denn die Offenheit des Weber'schen Werkes ist auch in Deutschland betont worden, insbesondere von Karl Loewith. "Auch die ungeheure Kausuistik seiner begrifflichen Definition in 'Wirtschaft und Gesellschaft' hat nicht nur den Sinn: die Wirklichkeit definitorisch einzufangen und festzuhalten, sondern zugleich und vor allem den Gegensinn eines offenen Systems von 'Möglichkeiten' ". Siehe Karl Loewith, "Max Weber und Karl Marx", in Gesammelte Abhandlungen (Stuttgart: W. Kohlhammer Verlag, 196o), S. 66.

2) Max Weber, die Proestantische Ethik und der Geist des Kapitalismus (München: Siebenstern Taschenbuch Verlag, 1969), S. 9.

3) Max Weber, "Die 'Objektivität' sozialwissenschaftlicher und sozialpolitischer Erkenntnis", in Gesammelte Aufsätze zur Wissenschaftslehre (3.Aufl.) Tübingen: J.C.B. Mohr (Paul Siebeck, 1968), S. 214.

4) Claude Lévi-Strauß, Tristes Tropiques (New York: Atheneum, 1967), S. 39.

5) Vgl. meine Diskussion dieses Phänomens in "Modernisierung und soziale Ungleichheit", in Wolfram Fischer, ed., Wirtschafts- und Sozialgeschichtliche Probleme der Frühen Industrialisierung (Berlin: Colloquium Verlag, 1968), S. 179 - 246. Die Anwendung dieser Analyse der "Spätentwicklung" auch auf die Länder Westeuropas ist das Thema des zweiten Teils meines Buches Kings or People, Power and the Mandate to Rule (Berkeley: University of California Press, 1978).

6) Max Weber, Wirtschaft und Gesellschaft (Studienausgabe; Köln: Kiepenheuer und Witsch, 1964), I, S. 40.

7) Die Unterschiede zwischen Webers religionssoziologischen Studien und der universalhistorischen Absicht seiner Kategorienlehre in Wirtschaft und Gesellschaft sind von Wolfgang Mommsen, Friedrich Tenbruck, u.a. hervorgehoben worden. Meiner Auffassung nach sollten beide Forschungsziele als gleichrangig betrachtet werden.

8) Weber, WuG., S. 3. Meine Hervorhebung.

9) Ernest Barker, The Development of Public Services in Western Europe, 1660 - 193o (London: Oxford University Press, 1944), S. 4 - 5.

10) Vergleiche hierzu das großartige Werk von T. F. Tout, Chapters in the Administrative History of England, 5. Bd.

11) Ich verdanke diese Zahlen einer unveröffentlichten Schrift von Professor Gaston Rimlinger.

12) Otto Hintze, "Weltgeschichtliche Bedingungen der Repräsentativverfassung", in Staat und Verfassung, Gesammelte Abhandlungen zur Allgemeinen Verfassungsgeschichte (Göttingen: Vandenhoeck & Ruprecht, 1962), S. 143 - 144 und passim.

THEMENBEREICH 1: REGIERUNG, VERWALTUNG UND POLITISCHE STEUERUNG

Leiter:

Wolfgang S c h l u c h t e r (Heidelberg)

Referenten:

Richard R o s e (Strathclyde/UK):
Pervasive Problems of Governing: An Analytic Framework

Renate M a y n t z (Köln):
Regulative Politik in der Krise?

Peter F l o r a (Köln):
Krisenbewältigung oder Krisenerzeugung?
Der Wohlfahrtsstaat in historischer Perspektive.

Birgitta N e d e l m a n n (Mannheim):
Darstellungszwänge und Blockierungseffekte in politischen Auseinandersetzungen.
Zur Analyse von Konflikttransformationsprozessen.

Wolfgang Schluchter

## Einleitung

Eines der prominentesten Themen, mit denen sich die politische Soziologie im letzten Jahrzehnt auseinandersetzte, ist das der Handlungsspielräume der Politik in Gesellschaften, die repräsentativ-demokratisch verfaßt und durch eine modifizierte kapitalistische Wirtschaft gekennzeichnet sind. Dieses Thema wurde zunächst vor allem von Sozialwissenschaflern behandelt, die an der Marxschen Gesellschaftstheorie orientiert waren. Doch hat es schnell breiteres wissenschaftliches Interesse geweckt. Nicht zuletzt durch die Diskussion um die Grenzen des Wachstums, vor allem aber durch die Ölkrise, ist es zudem 'popularisiert' worden. Es stellt heute ein prominentes Thema nicht nur der wissenschaftlichen, sondern auch der politischen Öffentlichkeit dar. Dieses breite Interesse hat neben den aktuellen auch tiefer liegende Gründe. Denn die Frage nach den Handlungsspielräumen der Politik ist durch 'epochale' Erfahrungen angeregt. Man wurde aufmerksam auf die wachsenden Diskrepanzen zwischen den 'Kosten' der Politik und der Wirtschaftsentwicklung, zwischen der Komplexität der Staats- und Verwaltungsaufgaben und dem Bürokratismus der Regierungs- und Verwaltungsorganisationen. Diese Erfahrungen scheinen allgemein auf Steuerungsdefizite der Politik hinzuweisen, auf eine mangelnde Effektivität und Effizienz des Regierungs- und Verwaltungshandelns, das damit letztlich destabilisierend und desintegrierend auf den gesellschaftlichen Handlungszusammenhang wirken muß. Gerade die Expansion des Wohlfahrtsstaats, die erstaunliche Steigerung der Sozialausgaben sowie der Ausgaben für das Gesundheits- und Bildungswesen in den öffentlichen Haushalten seit dem Ende des 2. Weltkriegs, gilt dafür häufig als Beispiel: Statt wie einst Krisen zu bewältigen, trägt der Wohlfahrtsstaat, so scheint es, in der Gegenwart selbst zu krisenhaften Entwicklungen bei. Die Verpflichtungen, die die Politik etwa durch wohlfahrtsstaatliche Maßnahmen einging und eingeht, scheinen kumulative Effekte zu haben. Sie schreiben sich nicht nur gleichsam selber fort, sondern sie werden auch auf immer weitere Bevölkerungsgruppen ausgedehnt. Vorgänge dieser Art haben die Steuerlastquote der meisten westlichen Industriegesellschaften in den letzten Jahrzehnten hochschnellen lassen. Ein Ende ihrer Steigerungsfähigkeit scheint in Sicht. Dies signalisiert nicht nur eine andauernde Finanzkrise des Staates, sondern auch wachsende Konflikte zwischen Politikfeldern: Die westlichen Industriegesellschaften scheinen 'unregierbar' zu werden. Diese Tendenz wird unter Umständen durch die falsche Organisation der Regierungs- und Verwaltungsapparate sowie durch falsche Programmwahlen bei der Verwirklichung politischer Ziele noch begünstigt. Damit aber wäre eine Konstellation gegeben, die zunächst zu einer Rationalitätskrise, dann zu einer Legitimitätskrise der Politik führen könnte.

'Unregierbarkeit' ist freilich ein Begriff von zweifelhaftem wissenschaftlichen Wert. Darauf weist insbesondere Richard Rose in seinem Beitrag hin. Dennoch bleibt es natürlich eine Aufgabe einer politischen Soziologie, die sich verändernden Handlungsspielräume der Politik in den westeuropäischen Industriegesellschaften zu diagnostizieren. Dies kann vor allem im Hinblick auf die politischen Ziele, die politischen Instrumente bzw. Programme und die Politikfelder geschehen. Damit lassen sich unter anderem drei Fragen verbinden. 1. Welche politischen Ziele können die überkommenen Regierungen und Verwaltungen bei Aufgabenüberlastung, wachsenden Verpflichtungen und nicht weiter steigerungsfähigen Mitteln überhaupt noch erfolgreich verfolgen? 2. Welche politischen Programme eignen sich für die Lösung welcher politischen Ziele, und welcher Programmtyp herrscht aus welchen Gründen vor? 3. Wie haben sich die Politikfelder in historischer Perspektive verschoben, insbesondere im Zusammenhang mit der Ausbildung des Wohlfahrtsstaats? Diesen drei Fragen gehen die folgenden Referate nach: der ersten vor allem der Beitrag von Richard Rose, der zweiten vor allem der Beitrag von Renate Mayntz und der dritten vor allem der Beitrag von Peter Flora.

Damit ist nicht behauptet, die drei Referate würden sich einfach ergänzen. Dies ist keineswegs der Fall. Vielmehr dokumentieren sie verschiedene Forschungsschwerpunkte und theoretische Perspektiven. Richard Rose führt letztlich die seit Seymour Martin Lipsets Studien 'klassisch' gewordene Fragestellung der anglo-amerikanischen politischen Soziologie weiter, Renate Mayntz gibt einen Einblick in die Erkenntnischancen einer Implementierungsforschung, die zugleich um eine Neufassung des Kontingenzbegriffs bemüht ist. Peter Flora resümiert die Ergebnisse einer erst in den letzten Jahren in Deutschland entstandenen Forschung um den Wohfahrtsstaat in historischer Perspektive und schließt seine vorsichtigen Verallgemeinerungen an die makrosoziologischen Ansätze von Max Weber und Emile Durkheim an. Damit behandeln diese Beiträge nicht nur Aspekte desselben Themas, sie verweisen auch auf alternative Möglichkeiten politisch-soziologischer Analyse. Sie sind damit bezeichnend für ein Forschungsgebiet, das sich gerade in der jüngsten Vergangenheit zunehmend empirisch-historischen Fragestellungen zugewandt und das sich dabei zugleich verschiedenen theoretischen Perspektiven geöffnet hat.

Dies wird durch den Beitrag von Brigitta Nedelmann noch unterstrichen. Auch er ist auf das Problem der Handlungsspielräume bezogen, wenn auch in einem anderen Sinne, als dies für die übrigen Beiträge gilt. Hier geht es um die Frage, unter welchen Bedingungen sich Akteure, die an einem Konflikt beteiligt sind, ihre Handlungsspielräume selbst begrenzen, und zwar unter Umständen so sehr, daß es zu einer Art Selbstblockierung des Handelns kommt. Im Vordergrund stehen nicht die Ursachen, sondern der Ablauf von Konflikten, das Konfliktmanagement in seiner Dialektik von Transformationserfordernis und Darstellungszwang. Die Grundlage der Analyse bildet eine historisch-empirische Fallstudie, die zur Entfaltung der begrifflichen Mittel und der Perspektiven einer dynamischen politischen Soziologie genutzt wird. Sie deutet zugleich einen Diskussionszusammenhang an, der in der klassischen Soziologie bereits existierte, aber von der neueren politischen Soziologie nur zögernd aufgenommen worden ist. Seine Ausarbeitung verspricht neue Einsichten in den politischen Prozeß als einem Management von Konflikten, sowie für die anderen Forschungsschwerpunkte und theoretischen Perspektiven einen Erkenntnisgewinn.+)

+) Während des Berliner Kongresses hat Urs Jaeggi ferner ein Referat über die Alternativen zur offiziellen Politik vorgetragen, das in erweiterter Form in Jürgen Habermas (Hrsg.), Annotationen zur geistigen Situation der Zeit, Frankfurt 1979, erscheinen wird und deshalb in diesen Kongreß-Bericht, auch auf Wunsch des Autors, nicht aufgenommen ist.

Richard Rose

## Pervasive Problems of Governing: An Analytic Framework .

By definition, governing is a matter of confronting and coping with a very wide range of problems. Analytically, the idea of ungovernability is a nonsense. The question is not whether we shall be governed but how. A modern Western society can no more do without the authority of government than it could do without money as a medium of exchange. Ungovernability can be only a temporary phase of anarchy in the career of a political system, followed by the establishment of a new regime or the re-establishment of the regime under challenge.

Just as optimism was the mood of the 1960s, so pessimism about government has become widespread in the 1970s. In a calm, deliberate analysis of the putative waning of the welfare state, Fritz Scharpf foresees "social change of an order of magnitude which is comparable to the transition from laissez faire capitalism to the welfare state half a century ago".[1] Samuel P.Huntington argues that in this new era, "postindustrial politics could be the darker side of post industrial society", and chastises social scientists for averting their gaze from this prospect simply because it is "unpleasant".[2] Citizens as well as scholars express nervousness about the future. A survey in nine nations of the European Community in autumn 1977 found people were almost twice as likely to fear social tensions leading to civil disorder in the next decade as to fear the outbreak of a third world war. The median Briton reckoned there was an almost 50-50 chance of civil disorder in the years ahead, and the median German the same.[3]

Notwithstanding prognoses of imminent doom, no Western regime has collapsed in the 1970s or been replaced by a coup, as was the Fourth French Republic in 1958.[4] But the survival of a regime is not proof that its contemporary authority is the same as twenty or fifty years ago. Regimes can change significantly in character--for better or worse--without a complete constitutional breakdown. To believe that governing in the 1980s will be easy and congenial is to presuppose that there is a 'hidden hand' mechanism automatically maintaining political authority in a desirable equilibrium.

The object of this article is to identify in clear analytic terms pervasive problems that could threaten the political authority of Western governments today. The first section defines the concept of political authority and distinguishes those problems that are central to authority. The next two sections consider whether in contemporary circumstances perennial problems of allocating resources and government organisation raise new challenges to political authority. Questions of political consent are considered in sections that deal with value conflict, and with civic indifference. The concluding section speculates about the chief meta-problem of political authority today: whether challenges to the effectiveness of government undermine political consent as well?

## IV POLITICAL AUTHORITY IN THE POLICY PROCESS

Logically, the first stage in analysis is the definition of terms. Political authority concerns persisting and pervasive relationships between governors and governed.[4] It has two elements, effectiveness and consent. An organisation that cannot effectively influence the society around it is not a government. A government that acts without the consent of the governed is not government as we like to think of it in the Western world today. Those who write about ungovernability address both these concerns; some emphasise a putative decline of effectiveness, others are worried about the possible loss of consent, and a third group sees political authority threatened on both counts.

Effectiveness is the first concern of governors. Government is not only about good intentions; it is also about getting things done. To be effective in society, a government must be able to raise and allocate resources to meet its commitments of public policy. In addition, a government must be able to organise the complex maze of institutions that constitute the modern state. A government is more or less effective, depending upon the resources and organisation it commands. Whereas technocracy was once thought capable of indefinite extension in the service of the post-industrial state, today there is a crisis of confidence in technique. In Scharpf's diagnosis, government's effectiveness has declined because of the "cumulation and inter-relatedness of problems and the interdependence of solutions... Avoiding the crisis of ungovernability means, above all, avoiding the disappointment, frustration and disaffection resulting from visible policy failures".[5]

Consent is the most important political concern of citizens in contemporary Western nations. In contemporary Western societies, individuals cannot be conditioned automatically to do whatever government commands. A given distribution of values in society affects consent, for the existence among social groups of politically salient non-bargainable value conflicts will deprive government of full normative support. The consent of citizens is also registered in behaviour: citizens may comply with basic political laws: as in Northern Ireland, consciously defy them, or register indifference toward the lawful manifestation of political authority. Civic indifference can be as debilitating to governmental effectiveness (and far less risky on the part of individuals) than resort to organised or unorganised protest.

Consent and effectiveness are inter-related, for the success of any public policy requires the co-operation of affected citizens. If this co-operation is given voluntarily or if citizens respond positively to appropriate programme incentives, then policies are more likely to be effective and efficient. The participation of citizens is contingent, not certain. It is far easier to encourage participation in programmes dispensing cash benefits, such as pensions, than in programmes that impose costs upon those involved, such as a wage freeze.

The ideal government is a fully legitimate authority, enjoying both the consent of citizens and effectiveness in action. Fear of losing political legitimacy is the most important underlying theme of writings about 'ungovernability'. A repudiated regime, without effectiveness or consent, can be consigned to the ranks of historical has beens. A regime under challenge may adapt policies and institutions to maintain both consent and effectiveness, or it may give first priority to one at the cost of the other. A regime that sacrifices effectiveness for consent may survive, but it can hardly carry out the programmes of a contemporary mixed economy welfare state. A regime that loses popular consent but still retains effectiveness could use the threat of coercion to carry out its policies; this is the customary form of government in Eastern Europe today, as well as in Western Europe in days past.

Because political legitimacy is usually taken for granted, at least in the Anglo-American world, there is no institution concentrating upon the defence of political authority. In Continental countries, where authority has not been taken for granted, there is an old tradition of placing internal security first, and consciously policing to maintain order. Today chief executives appear to worry more about international than internal threats to the authority of their regime.

Problems of effectiveness are immediate, whereas those of consent are typically latent. Every senior politician or bureaucrat has an in-tray full of problems arising from resource constraints or organisational limits upon the effectiveness of government. In fortunate times and places when consent can be taken for granted, it poses no problem for attention. But a question of consent may surface if, for example, a protest group challenges a law, or if government itself contemplates legislation that may be against the interests of strategically placed groups, e.g. legislation regulating strikes.

The effectiveness of government is immediately at issue in two stages of the policy process. At a given point in time, a government must relate its policy commitments (both those of its own volition, and the cumulative sum of its predecessors' choices) to national resources (e.g. gross national product, population, mineral and energy supplies, etc.). Resources should not be judged by some absolute standard, but in relation to policy commitments. In addition, a government must direct, control and guide its institutions to convert resources into programmes producing outputs intended to realise manifold policy commitments. Giving overall direction is not easy, for government is not a single institution, but a congeries of organisations with more or less functionally specific programme responsibilities and resources.

This paper is not concerned with effectiveness for its own sake, as is the literature of public administration. Effectiveness is of particular concern here insofar as it threatens to spill over to undermine consent as well. The consent of citizens affects the policy process in two ways. If groups of citizens make demands based upon conflicting non-bargainable values, the resulting conflict threatens the rejection of government's claim to be the final authority to resolve social differences. Northern Ireland is an extreme example of a society without an effective political authority, because of a non-bargainable value conflict within its population. But citizen demands and responses do not need to feed back into the political system in a conflictual or consensual manner; they may also <u>feed out</u>, that is, citizens may become indifferent to government, looking to other institutions of society to secure their wants.

Time is the fundamental axis of the policy profess, for programmes of government, whatever their origins, tend to persist. Without invoking all that is implied in the term catastrophe theory, current concern with political authority emphasises that the future cannot be assumed simply to reflect the persistence of the past. The persistence of past behaviour may lead to a reversal of fortunes; for example, continuous growth in energy consumption can intensify future problems of energy supplies.

Within the policy process, there are four points at which it is specially relevant to look for trends that could alter political authority. The first concerns the relationship between commitments and resources; if the latter are not adequate to meet the claims of the former, then effectiveness will diminish efficiency and effectiveness. Thirdly, if the outputs of governments are in conflict with values of a significant fraction of a society, consent will diminish. If the outputs of government stimulate indifference rather than compliance, consent will also diminish.

II THE BALANCE OF RESOURCES: Fiscal Dividend or Overload?

In the era of undoubted affluence, national resources were meant to be the solution rather than the cause of political difficulties. An ever growing national product, itself reflecting an ever more sophisticated level of societal organisation, was meant to provide both quick technological fixes for immediate difficulties, and ever increasing abundance for all.

Statute books enshrine past spending commitments. The inertia commitments of government are the chief determinant of a government's need for money. The decisions that a government makes during its term of office have far less effect upon total public expenditure than the cumulative and virtually uncontrollable decisions of its predecessors. Many laws cannot be repealed without violating an implicit contract with citizens, e.g. old age pensions. Others, such as education, cannot be repealed without creating hostility among those providing a public service as well as it- recipients. The permanence of government organisations not only entrenches the commitments of government, but also is a force promoting increasing expenditure.[6]

In the contemporary mixed economy welfare state, the causes of increasing costs of public policy are of three main types.[7] Consumers of welfare benefits can push up public spending by a growth in the numbers receiving a given programme, or by demanding more and better public services. Producers of public goods and services, ranging from social workers to the military, are strategically placed spending libbies within government. A growth in the supply of tax revenue, whether caused by real economic growth or inflation, can also lead to greater public spending.

In the 1950s and 1960s economic growth everywhere

produced a fiscal dividend, supplying greater tax revenues to government without any increase in tax rates. Governments expanded welfare programmes providing major benefits to most citizens in childhood, ill health and retirement. Simultaneously, individual take-home pay rose. Daniel Bell has argued that economic growth has been "a political solvent", providing the means of "financing social welfare expenditures and defence without reallocating income (always a politically difficult matter) or burdening the poor (which has become an equally difficult affair)".[8]

Past success threatens future effectiveness, for the costs of public policy have been growing at a faster rate than the economy as a whole. From 1951 through 1977, the costs of public policy have been growing at an average of 7.1 per cent in six major Western nations--Britain, France, Germany, Italy Sweden and the United States. Concurrently, the national economies have grown at an average annual rate of 4.2 per cent. In decades past, the costs of public policy could grow faster, because the total cost was a limited fraction of the national product. For example, when government claimed only one-quarter of the national product, the average annual growth of 7.1 per cent in total government spending anticipated a 1.8 per cent growth in the economy as a whole. But when the costs of governing are equivalent to 50 per cent of the national product, this anticipates an annual growth in the economy of more than 3.5 per cent. In the 1970s, Western economies have grown more slowly than before, (an annual average of 2.4 per cent) while the costs of public policy have continued to rise as before. Every major Western government now faces the risk that the growing costs of public policy may consume all the fiscal dividend of economic growth, and then some.

Overloading the political economy immediately threatens a loss of effectiveness and efficiency. A loss of effectiveness follows if a government makes commitments in excess of resources; it must meet this real deficit by causing a few programmes to abort or fail through gross underfunding, or alternatively by undernourishing many programmes, cutting spending on capital maintenance and staffing. Government is losing efficiency, as it finds it increasingly costly to reduce unemployment by one percentage point, or to reduce inflation by a similar amount. Government loses effectiveness too, when orthodox Keynesian economic measures fail to reduce either inflation or unemployment. Given that the shortfall between commitments and resources is only a small proportion of its total national product, the loss is likely to be marginal, that is, 'only' a few billions of pounds, or tens of billions of dollars or Deutsche Marks.

The introduction of wage and price controls in response to the problems of an overloaded economy could stimulate value dissent in place of consent in countries such as Britain, where government is not normally regarded as a legitimate arbiter of wages and prices. To prevent the loss of consent, governments often build in provisions for <u>in</u>effectiveness, with such safety valves as wages drift through shop-floor productivity bargaining, price increases in response to rising import costs, and an emphasis upon the temporary nature of controls.[9] These safety valves reduce government's effectiveness, but help preserve consent to authority, for the market pathologies of controls are not sustained long enough to stimulate a severe economic reaction, and interest groups are not asked to comply indefinitely with policies in fundamental conflict with their immediate market interests.

Citizen indifference is the other possible consequence of government overloading the political economy. If the costs of public policy grow more than the national product, government's lawful claim to tax the first fruits of economic growth will cause a cut in real take-home pay, that is, post-tax pre-transfer income. The past quarter-century has shown that citizens are ready to accept a smaller share of the national product as take-home pay, when it is increasing in absolute real terms. Just as workers resist more strongly an employer who tries to cut real wages than an employer who refuses a real increase, so citizens can be expected to react more strongly against a government that cuts instead of protects their take-home pay. From 1970 through 1977, the world recession and increasing public spending have caused take-home pay to fall in at least one year in every major Western nation, in three years in Britain and Italy, and in four years out of seven in Sweden. Projections from the past 25 years indicate that there is a real risk of take-home pay undergoing a secular decline in Italy, Britain and Sweden, unless governments alter past trends in economic growth and/or in the growth of public spending. The risk is less immediate in America, Germany and France, though much depends in the German case upon assuming another period of rapid economic growth to offset the relative economic stagnation of the 1970s, and the continued steady growth in the costs of public policy.[10]

Civic indifference is a cheap, easy and readily available substitute for the rebellion implicit in value conflict. Indifferent citizens do not need to make an active show of defiance of authority. Instead, they need only ignore it, withdrawing from the field in which government is dominant. Citizens can register their indifference by tax avoidance and tax evasion, immediate and direct remedies for the problem of falling take-home pay, albeit remedies that externalise costs onto government.

## III THE ORGANISATION OF GOVERNMENT: Productive or Counter-Productive?

By definition, the government of a modern state is a complex organisation capable of undertaking a wide variety of different and difficult activities. A high level of institutionalisation is essential for maintaining order in any society, especially contemporary societies. In any long-term historical perspective, the productive capacity of contemporary government--that is, its ability to get things done that were unthinkable a century or more ago--is undeniable. But there is no necessary reason to believe that the effectiveness of government increases in a linear manner. Whereas the organisational capacity of government was once seen as a means to the end of resolving society's problems, today its institutions are often attacked as part of the problem.[11]

Since organisation affects political authority in a limited number of respects, many of the complaints currently being voiced about 'big' government are not relevant here. The debate about market versus governmental allocation of society's resources concerns the efficiency not the legitimacy of government. Political controversies about the growth of government organisations are normally concerned with familiar and persisting conflicts of interest, and not questions of political authority *per se*. Complaints about the costs of government are not relevant to political authority, for the crucial question about resources is relative; what is the ratio between growing costs and growth in the national product?

Many of the problems of contemporary government organisation concern efficiency, not effectiveness. The former can undermine the latter only in extreme cases, when efficiency has declined so much that an increasing commitment of resources lowers productivity in absolute and not just relative terms. The growth in government, cannot be condemned as inefficient by invoking *a priori* assumptions about the economies or diseconomies of scale. Systematic surveys of evidence show that neither assumption is necessarily true.[12]

The growth of public expenditure has not made government less efficient, for a disproportionate share of this growth is accounted for by an expansion of cash transfer payments, especially old age pensions. The ease with which eligibility criteria are established for pensions means that all government need do is write cheques, and government is a relatively efficient cheque-writing machine. Spending more money on education or health is not *ipso facto* likely to lead to increased inefficiency, for both services are highly decentralized, and the bulk of money goes to those directly providing services to clients: teachers, doctors and hospital staff.

The growth in the number of public sector employees in every Western nation does not necessarily make government less efficient. The growth in personnel has tended to occur among the more educated and presumptively skilled (e.g., teachers, doctors and hospital staff.

The growth in the number of public sector employees in every Western nation does not necessarily make government less efficient. The growth in personnel has tended to occur among the more educated and presumptively skilled (e.g., teachers, health service employees, social workers, etc.) or by the transfer of industrial production workers from private to public payrolls. In many countries there has been a decline in the proportion of the labour force in the military, a service difficult to evaluate for effectiveness in the absence of war, and often criticised for lack of efficiency.

The growth of government can be expected to reduce efficiency, at least marginally, because of the need to co-ordinate a larger and more heterogeneous number of organisations undertaking programme objectives. The twentieth century growth of government has not been just a simple expansion in the scale of existing hierarchical integrated organisations. It has also involved an explosion in the structure of government, at central, regional and local levels and outside normal departmental structures as well. President Carter's re-organisation team required 45 pages to produce a one-line-per-agency description of the executive branch. Having done this, the compilers caution:

> It is important to emphasise that this categorisation of organisational elements does not constitute an exhaustive accounting of the whole federal government. Rather, its purpose is to establish a definition of the executive branch for the re-organisation process. We anticipate changes as the re-organisation study groups learn more about the executive branch.[13]

As the size of a given bureau or department increases, there is a disproportionate increase in the number of layers through which communications must pass and the number of clearances required to undertake any action of consequence. Moreover, as a given bureau or department combines more specialists and specialist tasks, there is an increase in the number of clearances among interdependent groups concerned with a given programme. One study of the flow of work within the federal executive branch in Washington found that in more than two-thirds of the cases examined, one bureau's action was simply an input to another agency within the government.[14]

The 'ageing' of government programmes and organisations can further inhibit effectiveness, for they survive by a kind of mortmain.[15] The creation of new government programmes and bureaux without the termination of older commitments and units makes contemporary government an amalgam of activities created in response to past conditions that may no longer obtain; of activities with continuing contemporary relevance; and of new activities meant to be implemented in an environment that is already densely populated by previously established programmes. The prior claims to jurisdiction of established organisations must be accepted as part of the price of introducing a new programme. 'Ageing' can lead to 'overinstitutionalisation', in which pluralistic stagnation results.

The growth in the number of government programmes threatens to reduce government's effectiveness, insofar as it increases the probability that the actions of one bureau will contradict those of another. Contradictions among social preferences are not new. What is new is that government is increasingly expected to internalise these contradictions. In the words of a French student of public administration, "l'administration est ainsi conduite à intérioriser l'ensemble des conflicts sociaux de la société. Reproduisant ces conflicts en son sein, elle les transforme en conflicts bureaucratiques".[16]

The effectiveness of government will decline, insofar as new programmes tend to seek objectives beyond the means of government (or any formal organisation) to achieve unilaterally by its own actions. At one time governments concentrated primarily upon activities for which there were known organisational technologies, such as building roads, training soldiers or teaching the essentials of reading, writing and arithmetic. The growth of government's activities in the post-war era has involved it in trying to influence complex processes of interaction that it cannot control. Governments have increasingly adopted programmes intended to reduce or remove social pathology, e.g., crime, poverty or mental illness, but social scientists cannot provide clear cause-and-effect models of social change, or, insofar as causes can be identified (e.g., the family) they are not readily amenable to control by acts of public policy.

The growth of government has involved more people as clients, recognised interest groups, or as grass-roots participants. Institutionalised participation is intended to increase the responsiveness of government to diverse interests within society. At a minimum, this increases the time it takes government to act. Insofar as participants become veto groups, not only objecting to proposals of government but also to proposals put forward by other participants in consultations, increased participation can also limit the effectiveness of government.

While the loss of governmental efficiency is costly, these costs may be acceptable as part of the 'overhead' of government. In an imperfect world, no government can operate without some inefficiency. For example, the American Office of Management and Budget estimates that paperwork for federal reporting requires up to 785 million hours annually, the equivalent in effort of approximately 470,000 fulltime employees.[17] In societal terms, the labour requirement is less than one half of one per cent of America's total labour force. It is up to politicians in Congress, not efficiency experts, to determine whether this cost is too much or worthwhile in relation to whatever benefits are produced by regulation.

Organisational inefficiency and ineffectiveness might indirectly threaten political authority, if the aggregate costs of organisational inadequacies forced governmental spending upward at a rate that is greater than the growth of the national product itself. In a country such as Italy, where government organisation makes control of public expenditure very difficult, this could conceivably happen. But Italy is an extreme or deviant example of the state. Moreover, the overcommitment of resources is so widespread, threatening Sweden and Britain as well as Italy, that it cannot be explained away as a consequence of inefficiency.

Organisational ineffectiveness can induce civic indifference. If citizens find that government organisations do not produce what is intended, this is likely to encourage people to stop relying upon government to provide for their needs, turning instead to the private sector (e.g., the shift from public transport to private motoring) or from one public sector agency (e.g., labour intensive post office) to another (e.g., the highly mechanised telephone service). Once politicians conclude that they are relatively powerless to give effective direction to government, they too may become indifferent to its policies, substituting concern with their own personal status for organisational power.[18]

Value conflict does not arise from organisational growth *per se*, but only from government adopting programmatic goals that an organisation cannot resolve by consent. In certain circumstances, increasing organisational complexity may reduce rather than stimulate value conflict. A government may adopt an ineffective policy to avoid the value conflict likely to arise if it acted effectively against those who refused consent to a given policy. For example, the *liberum veto* institutions of the European Community, are not designed to secure efficiency, or to maximise effectiveness. Instead, they are designed to maximise consent, for the Community is organised to promote "mutual accommodation and problem-solving in a political rather than a technocratic manner".[19]

## IV VALUES: Harmony or Conflict?

While the effectiveness of government is a perennial concern, political consent is so taken for granted that it is only of concern to elites or masses when challenged. In contemporary Western political systems, political institutions are intended to see that what government does will receive the voluntary consent of citizens. Citizens give consent to government without giving 100 per cent endorsement to every action that it takes. A government can maintain full consent as long as popular support for the regime is stronger than differences of opinion about particular issues of the day. Specific policies of a government only occasionally give politive expression to consensual values of society. More often, policies are simply 'not inconsistent' with fundamental political values. As long as policies do not violate cultural norms or directly affect values divisive within society, there is no need for a large and complex government to suffer any challenges to its political authority.

Value conflicts arise only as and when government seeks to act against a group that is so strongly committed to a given goal that its members are not prepared to settle differences by political bargaining within the rules of the regime. Non-bargainable issues have three distinct properties.[20] The first is that they are zero-sum so that the realisation of one group's goal, for example, racial segregation, would mean defeat for others favouring racial integration. Secondly, when value conflicts concern collective goods, all must share in the decisions made; in such circumstances, "he who says collective goods says public evils".[21] A third characteristic of non-bargainable conflict is that protagonists state their views as absolute ends: they are not means to other ends, such as winning votes or gaining office, nor can they be traded off for other benefits. Absolute values are advanced without regard for their consequences to authority structures: <u>fiat justitia, ruant coeli</u>.

The causes of historic value conflicts can be found in non-bargainable differences about religion, language and national identity, and race. Faith in religion as an absolute and dominant value of society has declined within Churches as as well as within society at large, as is demonstrated by clergymen who denounce sectarian conflict in Northern Ireland as 'unchristian', forgetting the very ground of their being. The movement of armies across the landmass of europe in the two great wars of this century and the collapse of polyglot Empires has done much to homogenise languages within nations, if not between them. Quebec and Brussels are today the chief points at which disagreement about language could readily give rise to non-bargainable value conflicts. While a variety of groups in Western countries today claim distinctive national identities, most do not challenge authority and those that do can be ignored politically on the principle of de minimis.[22]

While economic differences are perennial, they are not ipso facto a basis for value conflict. Economic differences are typically expressed in money terms. It is easy to bargain about the division of money rewards, because money, unlike language or national identity, is infinitely divisible. Moreover, when there is a fiscal dividend from economic growth, differences can be resolved by outcomes in which all participants gain, both in take-home pay and in public policies. Economic differences threaten political authority as and when they may be translated into disputes about the power of the regime, for example, about whether all citizens ought to accept government regulation of wages or redistribution of income. In times of pressure upon resources, imprudent government policies could create a value conflict; for that reason, governments are unlikely to adopt such policies wittingly.

European election returns indicate little support for political parties representing values that cannot be reconciled with the status quo. The Italian Communist Party and the French Communists have proclaimed their acceptance of the regime in which they live, leaving only very small revolutionary parties of the left to proclaim old goals of combat. Nationalists have been overall weak. By definition, a territorially based secessionist party has a limited appeal nationwide; it may even, like Plaid Cymru in Wales, divide members of its nation, constituting a minority within it.

Public opinion surveys show little popular support for a revolutionary assault upon authority in furtherance of absolute values. Surveys carried out in the member-nations of the European Community consistently find small proportions--in autumn, 1977 only six per cent--endorsing unconstitutional (that is, revolutionary) change.[23] The majority (55 per cent in 1977) consistently favour changing society by gradualist means. While there are armed terrorist groups rejecting the regimes of various Continental countries, they do not divide their societies, but rather, as in Italy, unite virtually all citizens in defence of public order.

The emergence of a basic value conflict reduces citizen indifference, mobilising a population by polarising it into groups in opposition to each other. This is most immediately the case when value conflicts arise about quasi-ascriptive social characteristics, for everyone is assigned to a linguistic, racial or religious group, and implicated in the political conflict. Political consciousness is heightened if apolitical individuals suddenly find that they are treated as members of a given group, and are driven to support a cause with which they share a common primordial identification. Only by a conscious act of counter-identification, itself requiring a high level of involvement, can an individual maintain civic indifference in a society so divided politically.

If value conflicts become intense, a government can try to avoid jeopardising consent by abandoning a given policy, thus diminishing the scope of its effectiveness. Alternatively, it may try to maintain effectiveness by adopting coercion to secure compliance. Governments of Eastern Europe demonstrate that it is possible to govern by coercing those with dissident values--but coercive authority is hardly acceptable to governors or governed in the Western world today.

## V CIVIC BEHAVIOUR: Compliance, Conflict or Indifference?

A conflict-oriented approach to political authority allows only two alternatives: citizens comply with basic laws, whether voluntarily or by coercion, or else they openly defy authority. There is, however, an important third alternative: citizens can be indifferent to what government commands. Citizen indifference is a sign of a lack of loyalty that is not manifested in voice.

When value conflicts arise, indifferent citizens withdraw from the fray, turning their backs upon authority and shrugging their shoulders in surprise that some people take politics so seriously. They disinvest in their role as citizens, turning instead to other roles--parent,spouse, friend or economic man.

Indifference cripples political authority without causing it to collapse. Apathetic citizens may positively support authority and their low level of political involvement can even make government work more efficiently.[24] But this is true only as long as government requires passive co-operation. Many programmes of government today require the active collaboration of citizens. Indifferent citizens may be ready to collaborate in the consumption of welfare benefits, but not in paying for them through taxes. When apathy has a negative effect upon compliance with laws, the exercise of political authority becomes qualitatively more difficult.

Italy is the Western nation where civic indifference is most important as a constraint upon political authority. The Republic has survived for more than three decades against both leftwing and rightwing challenges, but in an important sense, it is a case of "survival without governing".[25] The exercise of authority is in part inhibited by a mixture of civic distrust and doubt that government can or will make conditions better. For example, in a 1977 DOXA survey, the median respondent thought every possible combination of parties in government would be somewhat harmful, except for a 'black' centre-right coalition, which was judged to lead to "unbearable damage".[26] At the elite level, indifference has been symbolised since 1976 by the retention in office of a Christian Democratic government sustained by Communist Party policy of _non sfiducia_ (literally, 'not no confidence').

One long-term and indirect cause of citizen indifference is almost certainly the decline in compliance with the authority of social institutions generally, including the family, the church, and education, by comparison with the static, hierarchical and agrarian _standestaat_. The disjunction of social and political authority is illustrated by the abandonment of legislation attempting to control public morality, once regarded as a prime responsibility of government. The permissive society demonstrates how indifferent citizens can be to moral decrees laid down by established authorities.

The decline in the ethos of organic solidarity may also have reduced positive commitment to political authority, for individuals are no longer encouraged to identify their individual wellbeing with the nation's wellbeing. The growth of the welfare state reflects a calculating individual desire for collective insurance to meet individual needs as much as it expresses a sense of collective community care. The translation of organic ties into the cash nexus is most evident in the growth of public sector unions, with strike action threatened or taken by teachers, nurses or doctors, people whose professional values as well as _beamte_ status would formerly have prevented such action.

Where government accepts responsibility for the management of the national economy, inflation is also an indicator of civic indifference. Inflation reflects a determination by organised workers and business firms to raise money earnings by their own actions, indifferent to government exhortations to restrain wage and price increases. Economic groups will not voluntarily comply with the exhortations of political managers of the economy when they have no confidence that their exhortations will be effective. Scheuch notes that citizen indifference is found in Eastern Europe too: "The danger to the Communist system is less that workers start throwing stones at tanks but that they go to sleep at their machines".[27]

The increasing volatility of voters in the past decade is another sign of growing civic indifference to established political institutions. Voters have shown a readiness to abandon what were once thought to be stable and strong party identifications without shifting support to anti-regime parties. Among major Western nations, in the past decade only Germany and Sweden have had electoral swings confined within the normal parameters of a stable party system. In France and Italy, moreover, any shift from government to opposition could be a weakening of support for the regime, because neither regime has yet demonstrated that it can survive unscathed a transfer of power to the left.

Ironically, growing civic indifference may reduce the risk of value conflicts, for citizens who have become indifferent to the wishes of one group of political leaders will be less disposed to put their trust in another. Insofar as indifference makes government less effective, citizens will have less immediate stimulus to repudiate a regime. Indifference is a cheap and easy alternative to rebellion. An indifferent citizen does not need to take up arms against a regime; he simply closes his eyes and ears to what it commands. The apathetic masses may sit out power struggles within government, and turn the victor's position into a hollow triumph by shutting out a new government behind a wall of indifference.

If citizen indifference to government increases, this will reduce government's effectiveness in managing economic resources. Western governments depend upon the voluntary consent of individuals and organisations rather than upon the coercive direction of labour and capital, as in a command economy of Eastern Europe. Indifferent citizens will not have any incentive to co-operate with a government that fails to achieve its major economic objectives.

Increasing indifference can lead citizens to reduce resources available to government by tax avoidance and tax evasion. Tax avoidance uses legal loopholes to reduce liabilities on cash income, or even to demonetize labour. For example, individuals can substitute their own untaxed do-it-yourself efforts around the house for work by skilled craftsmen who must be paid pre-tax gross wages from the post-tax income of the householder. Tax evasion is a second means by which individuals' indifference to laws reduces government's effectiveness. There is a cash incentive to do so, for a pound of untaxed income is worth half again as much as a pound of taxed income. Indifferent citizens may not only indulge in solitary fiddles, but also show readiness to co-operate with others in tax evasion. If tax evasion becomes increasingly acceptable in society, notwithstanding formal illegality, effectiveness can be eroded at an accelerating rate, as the risks of non-compliance decline with the increasing inadequacy of sanctions against tax evasion.[28]

## VI POLITICAL AUTHORITY AS A META-PROBLEM

Political authority is by definition a meta-concept, involving both regime effectiveness and popular consent. The important question of the day is whether contemporary difficulties of Western governments only concern effectiveness, or threaten consent as well. If only effectiveness is in jeopardy, we may see a decline in the organisational competence and resources of government, but this would not of itself put political authority at risk.

Most of the literature of ungovernability (like the complementary literature about revolution and revolutionaries) <u>over</u>estimates the probability of value conflicts leading to an overt and explicit challenge to the authority of Western government. Such writings also tend to <u>under</u>estimate the prospect of a regime surviving by coercion, supported by groups sufficiently committed to the established values of the regime to sanction all means necessary to prevent its overthrow. A noteworthy feature of the rise of protest and terrorist activities in the past decade has been the widespread popular support for harsh anti-subversive and anti-terrorist measures, even in a society such as England, relatively untouched by political violence.[29]

To assert that revolution or anarchy will not happen here does not mean that nothing will happen to political authority. The possibility of citizen consent turning to civil indifference tends to be underestimated. The more that government tries to organise citizens, the more it risks demobilising them. The decline of hierarchical social authority is a reminder that manmade institutions are not immutable. Paradoxically, the growth of civic indifference may itself insulate government from overt value conflicts, as it reduces individual dependence upon and interest in what government does. Concurrently, the insulation of individual and group activities from government will reduce political effectiveness at a time when politicians wish to increase it.

In a very general sense, any problem of political authority contains the seeds of its own resolution. If effectiveness and consent drastically decline, then a regime is repudiated; retrospectively, its failure appears inevitable. If a regime survives, from a sufficiently abstract level of system analysis it can be said to persist. It may persist by trading off governmental effectiveness for consent, as in Anglophone responses to the challenge of the Parti Quebecois in Canada. It may persist by relying upon intermittently effective coercion, as in Reginald Maudling's objective of securing an 'acceptable' level of violence in Northern Ireland. A regime may also persist by positively increasing resources through a spurt of economic growth, or increasing the efficiency of its own institutions.

Whatever the character of its political authority, government goes on--but it may not go on in future as before. The literature of ungovernability, for all its analytic inadequacies and ideological biases, does address a fundamental and often overlooked question of political science. We are ready enough to analyse the rise and fall of regimes with the hindsight of history, or to commend philosophers for insights about political authority in centuries when it was neither absolute nor democratic. If political scientists are to remain open to what is contingent in the present, there must be a vocabulary and grammar of analysis that can go beyond concern with particular political institutions, behaviour, or issues of policy in order to comprehend the character and variability of political authority.

FOOTNOTES

*This article has evolved from a series of studies of overloaded government financed by a grant from the Volkswagen Foundation to a work group of the European Consortium for Political Research headed by the author.

1. Fritz W. Scharpf, 'Public Organization and the Waning of the Welfare State: a Research Perspective', European Journal of Political Research 5 (1977), p.344.

2. See Samuel P. Huntington, 'Postindustrial Politics: How Benign Will it be?', Comparative Politics 6 (1974), p.166.

3. See Euro-Barometre (Brussels, Commission of the European Communities, No.8, 1978) pp.30-31.

4. For a full discussion of the concept of authority as it is employed here, see Richard Rose, 'Dynamic Tendencies in the Authority of Regimes', World Politics, 21 (1969), pp.612-28.

5. Scharpf, 'Public Organization and the Waning of the Welfare State, pp.343, 345.

6. For full details of the argument in this section, and citations to sources, see Richard Rose and Guy Peters, Can Government Go Bankrupt?, (New York: Basic Books, 1978); Cf. OECD Studies in Resource Allocation, Public Expenditure Trends (Paris, OECD, 1978) and Richard Rose, "Public spending trends--too good to be true?", The Times, (London) 8 August 1978.

7. This three-fold classification of causes is taken from Daniel Tarschys' wide-ranging review of the subject, 'The Growth of Public Expenditure: Nine Modes of Explanation', Scandinavian Political Studies Yearbook, 10 (1975).

8. Daniel Bell, 'The Public Household: On Fiscal Sociology and the Liberal Society', The Public Interest (1974).

9. The significance of loopholes in a seemingly successful Norwegian policy--provision for wages drift and financing wage increases by foreign borrowing against oil revenue--are outlined in Don S. Schwerin, 'The Limits of Organization as a Response to Wage-Price Problems', in Richard Rose (ed.), The Challenge to Governance (London, Sage Publications, forthcoming).

10. See Rose and Peters, Can Government Go Bankrupt?, Ch.7.

11. See Jack Hayward, 'Institutional Inertia and Political Impetus in France and Britain', European Journal of Political Research, 4 (1976) pp.341-59.

12. Kenneth Newton, Is Small Really So Beautiful? Is Big Really So Ugly? (Glasgow, University of Strathclyde, Studies in Public Policy No.18, 1978).

13. See President's Reorganization Project, Current Inventory of Organizational Units with the Executive Branch (Washington, D.C.: Executive Office of the President, 1977, duplicated) p.2.

14. Richard Rose, Managing Presidential Objectives (London, Macmillan Press, 1977), p.92.

15. For the growth of government comparatively, see Richard Rose, "On the Priorities of Government: a Developmental Analysis of Public Policies', European Journal of Political Research 4 (1976), 247-89. Note also Herbert Kaufman, Are Government Organizations Immortal? (Washington, D.C., The Brookings Institution, 1976).

16. J.P. Worms, 'La Découverte du politique', quoted in Daniel Tarschys, 'The Soviet Political System: Three Models', European Journal of Political Research, 5 (1977), at p.310.

17. Office of Management and Budget, Paperwork and Red Tape: New Perspectives, New Directions (Washington, D.C., Government Printing Office, 1978).

18. Cf. Richard Nathan, The Plot that Failed: Nixon and the Administrative Presidency (New York, John Wiley & Sons, 1975), and the three volumes of Diaries of R.H.S. Crossman, (London, Hamish Hamilton, 1975-77).

19. William Wallace, 'Walking Backwards toward Unity', in Helen Wallace, William Wallace and Carole Webb (eds.), Policy-Making in the European Communities (New York, John Wiley & Sons, 1977), p.302.

20. See Richard Rose, Governing without Consensus: an Irish Perspective (London, Faber and Faber, 1971), Ch.14.

21. Albert O. Hirschman, Exit, Voice and Loyalty: Responses to Decline in Firms, Organizations and States (Cambridge, Mass., Harvard University Press, 1970), p.101.

22. See Richard Rose and Derek W. Urwin, Regional Differentiation Political Unity in Western Nations (London, Sage Professional Papers in Contemporary Political Sociology 06-007, 1975), Table 3.

23. Euro-Barometre No.8, p.20.

24. See e.g., W.H. Morris-Jones, 'In Defence of Apathy; Some Doubts on the Duty to Vote', Political Studies 2 (1954), and Robert A. Dahl, Who Governs? (New Haven: Yale University Press, 1961), Ch.19.

25. The title of a book by Guiseppe de Palma (Berkeley: University of California Press, 1977).

26. DOXA, Sondaggio di Opinione (Rome: Fondazione Agnelli Study, 1977).

27. Erwin K. Scheuch, "The Relationship of Government and Business to the Individual in Democratic and Totalitarian Systems" (Cologne: Institute for Applied Social Research, duplicated, 1977), p.2.

28. See Joachim Vogel, 'Taxation and Public Opinion in Sweden', National Tax Journal 28 (1974), and more generally, Burkhard Strumpel, "The Contribution of Survey Research to Public Finance", in A.T. Peacock, (ed.), Quantitative Analysis in Public Finance (New York) Praeger, (1969), p.26.

29. Alan Marsh, Protest and Political Consciousness (London: Sage Publications, 1977) pp.45, 62, found only two per cent endorsing the use of violence in political protest, whereas he classified 18 per cent as prepared to go "all the way" to repress protest. In a 1977 European Community survey, the anti-subversives outnumbered those favouring revolution by five to one; see Euro-Barometre, No.8, p.20.

Renate Mayntz

## Regulative Politik in der Krise?

Wenn es zutrifft, daß der Fortbestand komplexer moderner Gesellschaften von der Steuerungsfähigkeit ihres politisch-administrativen Systems abhängt, dann wäre es eine ernste Sache, feststellen zu müssen, daß die Steuerung mittels regulativer Politik, dem Königsweg staatlicher Intervention, heute an die Grenze ihrer Wirksamkeit stößt. Genau diesen Tatbestand einer unzureichenden Steuerungsfähigkeit regulativer Politik unterstellt die etwas reißerisch formulierte Titelfrage als möglich.

Das Problem politischer Steuerung ist bis vor kurzem primär unter dem Aspekt der Bestimmung von Politik<u>inhalten</u> diskutiert worden, d.h. es ging um die Frage, was der Staat <u>wollen</u> kann, genauer: ob er fähig ist, die für den Systembestand langfristig notwendigen Entscheidungen etwa über Umverteilung, Strukturreform oder technische Entwicklung auch tatsächlich zu treffen. In der ideologisch angeheizten Diskussion zwischen polit-ökonomisch orientierten und am entscheidungstheoretischen Ansatz orientierten Forschern rückt dabei die Frage nach dem Handlungsspielraum bzw. den Restriktionen bei der Formulierung politischer Handlungsziele in den Vordergrund.[1] Der Vollzug, die Durchführung der einmal entwickelten Programme wurde dabei kaum thematisiert, sondern eher als problemlos unterstellt. Inzwischen ist das anders geworden. Der Durchsetzungsaspekt politischer Steuerung zieht neuerdings die Aufmerksamkeit auf sich. Er wird einmal unter dem Stichwort "Regierbarkeit" diskutiert, wobei es zentral um Legitimität und Folgebereitschaft geht, zum anderen aber im Rahmen von Implementations- und Wirkungsforschung.[2] Im Kontext der Implementations- und Wirkungsforschung rückten auch - im Gegensatz zur bisher dominanten Betonung von Politik<u>inhalten</u> - die <u>Instrumente</u> politischer Steuerung ins Zentrum des Interesses.

Es gibt inzwischen schon eine Vielzahl von Versuchen, die Instrumente staatlicher Intervention zu klassifizieren bzw. Programmtypen zu entwickeln.[3] Zu den wichtigsten Typen gehören (1) die regulative Politik, die Handlungsanforderungen verbindlich festlegt und dabei mit dem Instrumentarium von Geboten, Verboten, Genehmigungspflichten und Strafandrohung arbeitet; (2) Anreizprogramme (positive oder negative finanzielle Anreize) sowie (3) Leistungsprogramme (unmittelbare staatliche Erstellung von Gütern, persönlichen oder technischen Dienstleistungen). Zu nennen sind weiter: finanzielle Transfers ohne manifeste Anreizfunktion (z.B. Kindergeld), Mobilisierungs- und Überzeugungsprogramme (z.B. Bildungswerbung), prozedurale Regelungen (z.B. Mitbestimmungsgesetz) und die Schaffung künstlicher Märkte (z.B. durch "Bildungsgutscheine"). Die analytische Unterscheidung wird auf der Ebene der Instrumente vollzogen. Mit Programmen sind hier Bündel von Instrumenten gemeint, die zusammen einem Programmziel zugeordnet sind. Das dem Gewässerschutz dienende Programm in der Bundesrepublik enthält z.B. sowohl regulative Normen wie finanzielle Anreize. Programme lassen sich einerseits durch formale Merkmale wie Operationalität des Ziels, Spannweite und Offenheit oder Bestimmtheit der Maßnahmen beschreiben, andererseits inhaltlich aufgrund des vorherrschend benutzten Instruments kennzeichnen.

Die oben gegebene Kennzeichnung regulativer Politik paßt bei näherem Zusehen auf mehr Normierungen, als man zuerst mit diesem Begriff assoziiert. Wenn von regulativer Politik die Rede ist, meint man gewöhnlich Gebiete wie Bauordnung und Gewerbeaufsicht, Arbeitsschutz, Umweltschutz und Gesundheitsschutz, Lebensmittel- und Arzneimittelkontrolle. Die Definition paßt aber auch auf große Teile des Privatrechts, vor allem natürlich auf Strafrechtsnormen, und auf gesetzlich verankerte allgemeine Pflichten wie Schulpflicht, Wehrpflicht und Steuerpflicht. Für private Rechtsnormen, die auf den Schutz individueller Rechte oder die Regelung von Beziehungen zwischen als gleichrangig gedachten privaten Rechtssubjekten abstellen, ist im allgemeinen kennzeichnend, daß als Vollzugsinstanz lediglich die Gerichte fungieren, vor denen

Klage wegen Normverletzung zu erheben ist. Anders ist es beim (materiellen) Verwaltungsrecht, das ein rechtliches Abhängigkeitsverhältnis zwischen privaten Rechtssubjekten als Normadressaten und staatlichen Verwaltungsbehörden als Vollzugsinstanzen konstituiert. Die Vollzugsinstanzen sind mit der Durchsetzung der regulativen Normen beauftragt, indem sie Genehmigungen erteilen oder ablehnen, Auflagen definieren, die Einhaltung von Standards überwachen und bei Normverletzung Sanktionen einleiten. Grob gesprochen und Überschneidungen vernachlässigend kann man die erste Kategorie regulativer Normen als historisch früher als die zweite bezeichnen; regulative Gesetze des zweiten Typs treten erst in diesem Jahrhundert gehäuft auf und stellen heute den Hauptteil regulativer Gesetzgebungsakte dar.[4)]

Die formale Zugehörigkeit zu einem bestimmten Rechtstypus (Zivil-, Straf-, Verwaltungsrecht) sollte als Unterscheidungsmerkmal nicht überbetont werden. Es ist z.B. plausibel, daß man mit dem Ausbau des zentralen Verwaltungsstaats dazu neigte, vorher u.U. privatrechtlich geregelte Materien als Verwaltungsrecht zu formulieren und dem Staatsapparat zur Durchsetzung zu übertragen. Die Regelungsziele selbst brauchen dabei keine sprunghafte, qualitative Änderung erfahren zu haben. Trotzdem ist erkennbar, daß hinter der regulativen Politik der letzten hundert Jahre in zunehmendem Maße weniger Ordnungs- als Gestaltungsziele stehen. Verwaltungsrechtlich gefaßte regulative Politik setzt überdies vorzugsweise dort an, wo es um den Schutz von Interessen geht, die entweder kollektiver Natur oder nicht klar genug individuellen Rechtssubjekten zuordnenbar sind, wie etwa beim Interesse an sauberem Wasser. Die Verschiebung von privat- auf verwaltungsrechtliche Regulierungen ist natürlich in Ländern mit zentralstaatlich-absolutistischer Tradition weniger deutlich ausgeprägt als in einem Land wie den USA, wo die moderne Entwicklung regulativer Politik nicht nur mit der Einrichtung besonderer <u>regulative agencies</u> einherging, sondern auch besonders deutlich mit der Notwendigkeit der Regelung privatwirtschaftlicher Tätigkeit zugunsten schutzwürdiger individueller und kollektiver Interessen zusammenhing.[5] Auf jeden Fall ist es dieser neuere, staatliche Behörden als Vollzugsinstanzen einschaltende Typ regulativer Politik, der im Hinblick auf unsere Themenstellung interessiert.

Auch die so abgegrenzte Kategorie von Programmen zeigt noch eine hohe interne Varianz, die hier nur kurz erwähnt werden soll. Unter Steuerungsaspekten sind dabei vor allem die Klarheit und Operationalität der Programmziele, ihr konkreter Bezug (z.B. inputs, Prozesse oder outputs)und die Bestimmtheit der Normen wichtig. So können regulative Programme entweder Generalklauseln oder konkretere Richtwerte enthalten, die der einzelfallbezogenen Umsetzung durch die Vollzugsbehörde bedürfen; sie können aber auch konkrete Standards (Grenzwerte, Mindestleistungen, Höchstgeschwindigkeiten) allgemeinverbindlich formulieren, so daß die Behörde nur noch die Einhaltung überwachen muß. Für die Praxis sind das höchst wichtige Unterschiede, auch wenn hier darauf nicht weiter eingegangen wird.

Wenn der kurze Hinweis auf die Geschichte regulativer Politik dazu gedient hat, die faktische Bedeutung gerade dieser Form politischer Steuerung für moderne Gesellschaften zu unterstreichen, dann wird damit zugleich die Wichtigkeit der Frage nach etwaigen Wirkungsschwächen betont. Zweifel in dieser Hinsicht sind zum einen von der Implementations- und Wirkungsforschung ausgelöst worden, die auf Vollzugsdefizite und Wirkungsmängel hinwies.[6] Die mangelhafte Einhaltung und unzulängliche Durchsetzung regulativer Normen wurde u.a. für den Gewässerschutz und die Luftreinhaltung, die Abfallbeseitigung (wilde Kippen!), die Verwendung von Hormonen bei der Tierzucht und die Beigabe von Lebensmittelzusätzen auch in der Öffentlichkeit breit diskutiert. In den USA ist in einer breit geführten kritischen Diskussion vor allem die ökonomische Effizienz regulativer Politik in Frage gestellt worden. Ökonomen wollen dort etwa berechnet haben, daß eine bestimmte Luft- oder Wasserqualität mit sehr viel geringeren volkswirtschaftlichen Kosten erreichbar ist, wenn man regulative Normen (Emissions- und Einleitungsgrenzwerte) durch "marktkonforme" Instrumente wie die Abwasserabgabe, Subventionen für die Installation von Reinigungsanlagen oder gar den Verkauf von "Emissionsrechten" nach dem Muster von Aktien ersetzen würde.[7)] Ähnlich wurde argumentiert, daß die Regulierung neuer Arzneimittel in den USA die Amerikaner jährlich etwa 350 Mio. Dollar gekostet habe, u.a. indem die Entwicklung neuer nützlicher Pharmazeutika verhindert wurde, ohne daß dies durch einen entsprechenden Nutzen aufgewogen worden wäre.[8)] Im Bereich des gewerblichen Frachttransportwesens, das ebenfalls regulativen Normen unterworfen ist, wurde der jährliche Effizienzverlust auf 4 bis 8 Mrd. Dollar geschätzt.[9)] Die Zahl der Beispiele könnte vermehrt werden. Zur Abhilfe empfehlen die Kritiker, wenn sie nicht jede Form staatlicher Intervention zugunsten der Regelung über Marktmechanismen ablehnen, die Wahl eher marktkonformer Instrumente wie insbesondere finanzieller Transfers und negativer wie positiver Anreize anstelle regulativer Normen. Daß es sich hier nicht nur um Kritik von ökonomischen Außenseitern im Feld der Politikforschung handelt, belegt das umfangreiche Regulatory Reform Project an der Kennedy School of Government in Harvard, in dem versucht wird, systematisch Alternativen zur regulativen Politik zu entwickeln.[10)]

Die Behauptung bzw. der Nachweis, daß regulative Politik ihre Programmziele nur unzulänglich erreicht und dabei außerdem volkswirtschaftliche Ressourcen vergeudet, ist - vor allem aus der Perspektive politischer Praxis - wichtig genug; man müßte allerdings untersuchen, wieweit diese Mängel zwangsläufig mit dem Instrument regulativer Politik verbunden sind oder vielmehr durch prinzipiell vermeidbare Fehler bei der konkreten Ausgestaltung und Anwendung hervorgerufen werden.[11)] Mängel der Wirksamkeit und der ökonomischen Effizienz berechtigen jedoch noch nicht, von einer "Krise" regulativer Politik im Sinne eines - nicht notwendig vorherzusehenden - Erreichens von Wirkungsgrenzen zu sprechen. Was das heißen und woran es liegen kann, erschließt sich allerdings erst, wenn man über die pragmatische Kritik an regulativer Politik hinausgeht und die Frage auf dem Hintergrund einer Theorie der Gesellschaftssteuerung reflektiert.

Den Einstieg hierzu bietet die Feststellung, daß die Auswahl eines Instruments oder Programmtyps für die Lösung eines anstehenden Problems in einem doppelten Sinne kontingent ist - einmal im Sinne des Kontingenzbegriffs von Luhmann und zum anderen in dem Sinne, in dem dieser Begriff in der Kontingenztheorie der Organisation benutzt wird.[12] Programmwahlen sind zunächst im Sinne Luhmanns kontingente Selektionen aus einer Reihe von Alternativen; es wären jeweils auch andere Instrumente wählbar gewesen. Darüber hinaus ist ihre Zweckmäßigkeit nur eine bedingte, von gegebenen Rahmenbedingungen abhängige, ganz ähnlich wie auch Strukturmodelle von Organisationen nur eine bedingte, d.h. von bestimmten Kontextbedingungen abhängige Zweckmäßigkeit beanspruchen können. Beide Kontingenzen können miteinander verknüpft sein: Programmwahlen können - müssen aber nicht - durch die antizipierte Zweckmäßigkeit eines bestimmten Instruments unter gegebenen Bedingungen begründet sein.

Die Kontingenz von Programmwahlen ist im übrigen keineswegs so selbstverständlich, wie sich die eben benutzte Formulierung lesen mag. Denkbar ist, daß das jeweilige Instrument staatlicher Intervention in konkreten Situationen durch die Struktur des vorliegenden Problems und die vorhandenen Rahmenbedingungen faktisch bestimmt wird. Im großen historischen Überblick mag das tatsächlich so scheinen. Was sich historisch als Veränderung im relativen Gewicht verschiedener Programmtypen darstellt, hinge dann primär mit der Eigenart und Abfolge neuer staatlicher Interventionsgebiete (Politikfelder) zusammen. Zu Zeiten dominanter Ordnungspolitik, wo Beziehungen zwischen Privaten zu regeln und

Vorkehrung für die Lösung von Konflikten zwischen gleichberechtigten Rechtssubjekten zu treffen war, wählte man das regulative Instrumentarium von Normsetzungen, die heute überwiegend ins Privatrecht (Zivil- und Strafrecht) fallen. Als es später in zunehmendem Maße um Aufgaben der sozialen Sicherung und Daseinsvorsorge für die Bevölkerung ging, boten sich öffentliche Leistungsprogramme ganz selbstverständlich an. In Bereichen schließlich, in denen der Programmerfolg von der Bereitschaft privater Akteure zur aktiven Mitwirkung abhängt und/oder wo staatliche Regulierung an die Grenze von Verfassungsnormen stößt (z.B. Eigentumsrecht, Recht der freien Berufswahl, Recht der Wohnortwahl), greift man zu Anreizprogrammen. Allerdings schließt die Existenz dieser unbestrittenen Zusammenhänge zwischen Politikfeld und Programmtyp nicht aus, daß es im Einzelfall in der Regel doch eine - wenngleich begrenzte - Zahl wählbarer Programmalternativen gibt. Auf dieser Voraussetzung basiert nicht nur die ganze amerikanische Diskussion um ökonomisch effizientere Steuerungsalternativen zur regulativen Politik; alternative Programmwahlen zur Lösung eines Problems kommen auch empirisch vor, sei es nebeneinander, in zeitlicher Abfolge oder im Ländervergleich. Dies läßt sich am Beispiel der Umweltpolitik gut demonstrieren, bei der mit den folgenden höchst unterschiedlichen Instrumenten gearbeitet wird:[13)]

- Regulierung durch staatlich festgelegte Grenzwerte für die Emission bzw. Einleitung von Schadstoffen in Luft bzw. Wasser
- öffentliche Übernahme der Reinigungsaufgabe, etwa durch öffentliche Anlagen zur Abwasserklärung oder zur Wasserverbesserung von Flüssen (z.B. durch Sauerstoffanreicherung)
- negative Anreize wie die Abwasserabgabe
- positive Anreize wie Subventionen für die Installation von modernen Staubfiltern oder Steuervorteile bei Verwendung umweltfreundlicher Rohstoffe.

Außerdem gibt es erhebliche Unterschiede im Bestimmtheitsgrad der regulativen Umweltschutznormen. Während man sich etwa in Großbritannien in erheblichem Umfang auf Generalklauseln stützt, die den zuständigen Behörden in Einzelfallentscheidungen mit breitem Ermessensspielraum konkretisiert werden müssen,[14] hat man sich in der Bundesrepublik in viel stärkerem Ausmaß für konkrete Richtwerte oder präzise definierte Grenzwerte entschieden. Ähnliche Alternativenbündel wie im Umweltschutz gibt es bei näherem Zusehen auch in anderen Politikfeldern. Das heißt, man muß sich im Einzelfall ausdrücklich für das regulative Instrument <u>entscheiden</u>.

Die antizipierte Zweckmäßigkeit mag, wie gesagt, ein Grund für eine solche Entscheidung sein. Dabei bemißt sich die Zweckmässigkeit von Programmwahlen immer an mehreren Kriterien, zu denen auf jeden Fall die Effektivität (Wirksamkeit) und die ökonomische Effizienz gehören. Vergleicht man verschiedene Programmtypen hinsichtlich ihrer Fähigkeit, gewünschte Ergebnisse direkt zu erzielen, dann wird man - ceteris paribus - der regulativen Politik und der unmittelbaren öffentlichen Leistungserstellung in dieser Hinsicht mehr Effektivität zuschreiben als etwa Anreizprogrammen, die wegen ihrer indirekten Wirkungsweise weniger zielsicher sind. Wenn der Staat ein Straßennetz oder eine Brücke mit angegebenen Spezifikationen haben will, baut er sie am besten selbst. Wenn man ein bestimmtes Verhalten erreichen oder noch besser verhindern will, definiert man am einfachsten entsprechende Normen. Anders ist es hinsichtlich eines zweiten wichtigen Aspekts der Wirksamkeit politischer Programme, ihrer Flexibilität in der Anpassung an die Besonderheit von Einzelfällen und an zeitliche Veränderungen der Anwendungsbedingungen (z.B. Problemdruck, Motivationslage der Adressaten usw.). Regulativen Programmen wird gewöhnlich eine in beiden Hinsichten besonders geringe Flexibilität zugeschrieben; die Begründung ist z.T. in der bekannten organisationssoziologischen These von der Rigidität bürokratischer Regelbindung enthalten.

Beim Kriterium ökonomischer Effizienz schneiden regulative Programme im Hinblick auf die volkswirtschaftlichen Kosten, vielfach geäußerter Kritik zufolge, tendenziell schlecht ab. Allerdings ist diese Kritik nicht unwidersprochen geblieben. Das Bild ändert sich, wenn man allein die der öffentlichen Hand entstehenden Kosten der Programmdurchführung betrachtet, was häufig ein politisch relevanteres Entscheidungskriterium sein mag als die volkswirtschaftlichen Kosten. Regulative Politik dürfte für den Staat oft billiger sein als personalintensive öffentliche Dienstleistungen, kapitalintensive öffentliche Gütererstellung oder teure Subventionsprogramme.

Die Kriterien zweckmäßiger Programmwahl sind damit nicht erschöpft. Zu den Rahmenbedingungen in der ceteris-paribus-Klausel müssen z.B. offensichtlich einige gehören, von denen es abhängt, ob die durch die Direktheit des steuernden Zugriffs mögliche Effektivität regulativer Politik auch realisiert oder durch ein hohes Vollzugsdefizit konterkariert wird. Es wird sich zeigen, daß die Grenzen der Wirksamkeit regulativer Politik gerade im Bereich solcher Rahmenbedingungen zu suchen sind.

Zunächst aber kann die Ausgangsfrage auf dem Hintergrund der gemachten Unterscheidung zwischen kontingenter Wahl und bedingter Zweckmäßigkeit der Instrumente politischer Steuerung präzisiert werden. Eine "Krise" regulativer Politik könnte danach in zweifacher Weise entstehen: einmal infolge einer Neigung der Policy-Maker, auch dann das Instrumentarium regulativer Politik zu wählen, wenn dies unter den gegebenen Umständen nicht zweckmässig ist; zum anderen aber als Folge der Erosion bisher bestehender Voraussetzungen für ihre erfolgreiche Anwendung. Die zweite, theoretisch interessantere Möglichkeit impliziert, daß die Bedingungen der Zweckmäßigkeit für einen bestimmten Programmtyp nicht konstant, gegen historische Veränderungen immunisiert sind. Zu einer analogen Schlußfolgerung ist man in der Organisationssoziologie bereits gekommen mit dem Hinweis auf historisch variable Voraussetzungen für die erfolgreiche Verwendung bürokratischer Organisationsformen, deren Zweckmäßigkeit man mit Veränderungen in der gesellschaftlichen Bildungs- und Qualifikationsstruktur, in der Produktionstechnologie, den Marktbedingungen und kulturellen Werthaltungen zur Gegenwart hin geringer werden sieht. Wir wenden uns im Folgenden den beiden eben aufgeworfenen Fragen zu.

Fragen wir zunächst kurz, warum der Gesetzgeber eine mit Gründen der Effektivität und Effizienz nicht zu rechtfertigende Vorliebe für die Instrumente regulativer Politik haben könnte. Dabei ist vorab vor einer rationalistischen Fehleinschätzung politischer Programmwahlen zu warnen. Neben rationalen Kalkülen verschiedener Art spielen hierbei schlichte Gewohnheit, Phantasielosigkeit, die Verführung durch das Vorbild anderer Länder oder auch Trägheit, etwa in nationalen Krisenzeiten als notwendig begründbare Regulierungen später wieder aufzuheben, eine Rolle. Der Verzicht auf bewußte Programmwahl mag dabei durch die verlockende intellektuelle Einfachheit des regulativen Ansatzes begünstigt werden; wenn man will, daß die Leute X tun oder Y unterlassen, scheint es am einfachsten, es ihnen zu befehlen.

Sieht man von solchen Gründen einmal ab, dann kommt man als nächstes auf ein normatives Kriterium, nämlich die durch regulative Normen gegebene Rechtssicherheit. Wo Standards allgemeinverbindlich festgelegt sind, besitzt der Normadressat Erwartungssicherheit, Behördenwillkür wird ausgeschaltet und Gleichbehandlung gewährleistet. Außerdem ermöglichen explizite Normen die gerichtliche Überprüfung von Verwaltungsentscheidungen.[15] Diese bekannten Vorteile der Rechtsstaatlichkeit, an denen vor allem dem politisch schwachen, aufstrebenden Bürgertum der großen europäischen Kontinentalstaaten gelegen war, können ein legalistisches Präjudiz bei der Programmwahl begründen, demgegenüber Effektivitätsüberlegungen in den Hintergrund treten. Die Spannung zwischen den Kriterien der Legalität und der Effektivität/Effizienz ist hinlänglich bekannt und wird z.B. in der aktuellen Diskussion um die Leistungsorientierung im öffentlichen Dienst und um die Re-Privatisierung öffentlich erfüllter Aufgaben oft genug angesprochen, so daß hier der kurze Hinweis genügt.[16] Dasselbe gilt für die in die gleiche Richtung wirkende Orientierung einer überwiegend juristisch ausgebildeten Ministerialbürokratie, die ja bei der Programmentwicklung eine zentrale Rolle spielt. Symptomatisch ist hier, daß etwa im Bereich des Umweltschutzes typischerweise (auch in der Bundesrepublik!) ökonomisch ausgebildete Berater der Regierung für "ökonomisch" wirkende Instrumente wie Abgaben, Anreize usw. plädieren,[17] während die gesetzesvorbereitenden Ministerialbürokraten zur Festlegung von Emissions- und Einleitungsgrenzwerten neigen.

Weniger leicht greifbar, aber sicher auch von Bedeutung ist eine der Entwicklung von Regeln wohl allgemein immanente Perfektionierungstendenz, deren Mechanismus Parkinson's Gesetz des behördlichen Aufgabenwachstums analog ist. Hat man in einem Bereich erst einmal mit der Formulierung regulativer Normen begonnen, so verlangen die bei der Anwendung gemachten Erfahrungen mit Sonderfällen, Widerständen, Umgehungsmöglichkeiten und unerwünschten Nebenfolgen anscheinend eine immer weiter fortschreitende Differenzierung des Regelwerks. Und weiter: ist man überhaupt auf zielsichere Verhaltenssteuerung aus, dann wird man dazu neigen, autonome Handlungsspielräume der Gesellschaftsmitglieder durch immer detailliertere, in immer mehr Bereiche ausufernde Normierung einzuengen. Betrachtet man die jüngste Gesetzgebungspraxis unserer eigenen Parlamente, dann kann man sich des Eindrucks kaum erwehren, daß auch (oder vielleicht sogar gerade?) demokratisch gewählte Volksvertreter ihren nach den politischen Spielregeln ja fraglos legitimen Willen möglichst genau und im Detail realisiert sehen wollen. Hier manifestiert sich eine besondere Interventionsphilosophie, die van Gunsteren in seiner schönen Philippika gegen Planung und regulative Politik näher auf ihren Ursprung untersucht und die man als eine Art Steuerungsmanie beschreiben könnte;[18] aus einem merkwürdigen Mißtrauen gegen spontane Abläufe, naturwüchsige Entwicklungen und die Autonomie von Handlungssubjekten heraus läßt sie die politisch Herrschenden glauben, alles, was in der Gesellschaft geschieht, nach Art eines Marionettenspielers durch eigene Bewegungsimpulse lenken zu müssen. Dabei ist diese Neigung zur Über-Regelung nicht zu verwechseln mit der Einsicht in die Bestandsnotwendigkeit politischer Steuerung, die ja über den Ansatz (global, strategisch, flächendeckend) und über die Instrumente noch nichts sagt. Die skizzierte Interventionsphilosophie dürfte dagegen als Präjudiz zugunsten regulativer Normsetzung wirken. Insgesamt dürfte damit eine gewisse systematische Voreingenommenheit für regulative Politik bei der Programmwahl wahrscheinlich sein.

Soweit politische Steuerung verlangt, daß gesetzte Ziele erreicht, gewünschtes Verhalten bewirkt und Entwicklungen in Gang gesetzt werden können, wird die Effektivität der Programme von zentraler Bedeutung. Wir fragen also nunmehr, ob sich etwa die Voraussetzungen für die erfolgreiche Anwendung regulativer Politik so verändert haben, daß dem sie begünstigenden Präjudiz der Policy-Maker umso dringlicher entgegengewirkt werden müßte. Im Vordergrund der Betrachtung soll dabei die Effektivität und nicht die ökonomische Effizienz stehen - ohne deshalb deren Bedeutung auch unter Steuerungsgesichtspunkten (man denke an die These von der Krise des Steuerstaats) zu leugnen. Dabei ist die bloße Existenz von Vollzugsdefiziten und Wirkungsmängeln noch kein Beweis für eine "Krise"; in Grenzen gehören sie zum regulativen Instrumentarium wie die Abweichung zur sozialen Norm. Die Frage ist vielmehr, ob die Wirkungsmängel zunehmen bzw. die Wirkungsvoraussetzungen problematischer werden. Dabei mag es für die folgende Erörterung von relevanten Veränderungen über Zeit nützlich sein, sich vorab das Grundschema des (zeitunabhängigen) Wirkungszusammenhangs bei regulativer Politik zu vergegenwärtigen. Die folgende Skizze zeigt ihn:

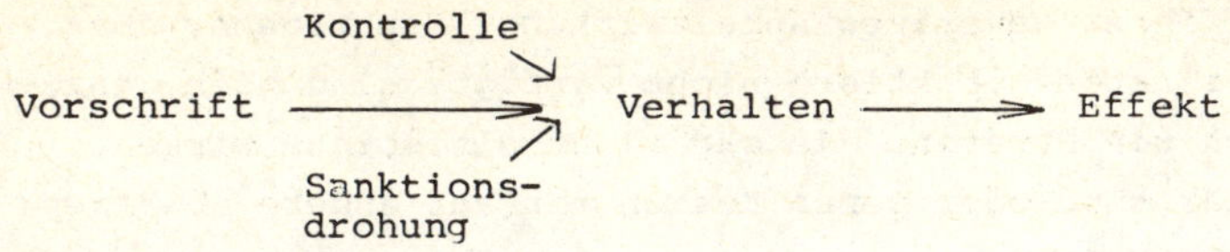


Wirkungsmängel entstehen, wenn entweder das gewünschte Verhalten nicht eintritt oder aber der gewünschte Effekt trotzdem nicht erzielt wird, weil die unterstellte Kausalbeziehung zwischen individuellem Verhalten und aggregativem Effekt falsch ist. Wieweit regulative Programme aggregative Effekte als Zielvariable überhaupt klar ausweisen, ist unterschiedlich, doch wurde oben argumentiert, daß moderne gestaltende Politik tendenziell in diesem Sinne zielorientiert ist. Inhaltlich kann es sich bei Wirkungsmängeln darum handeln, daß das gewünschte Verhalten/der angestrebte Effekt gar nicht oder in unzureichendem Ausmaß eintritt, daß die erzielte Wirkung eine ganz andere ist als die gedachte, oder daß unerwünschte Nebenwirkungen auftreten. Die Wirksamkeit hängt prinzipiell davon ab, ob Vorschriften, Kontrollen und Sanktionsdrohungen im Hinblick auf die Interessen, Ressourcen und Verhaltensneigungen der Adressaten so gewählt wurden, daß sie im Kontext der individuellen Handlungssituationen das gewünschte Verhalten tatsächlich auszulösen vermögen. Dabei tauchen bei allen drei Faktoren jeweils typische Probleme auf, die bei der Programmentwicklung zu lösen sind. Bei der Formulierung der Vorschriften tauchen Probleme der Kategorisierung, d.h. der operationalen Definition von Adressaten, Voraussetzungen (z.B. für Erlangung einer Lizenz oder Geltung einer Verpflichtung) und dem gewünschten Verhalten selbst auf.[19] Bei der Kontrolle geht es um das Erfassungsproblem; die Zollschranke, die nächtliche Verkehrskontrolle der Polizei, die Gepäckkontrolle am Flughafen, die Meßanordnung im Umweltschutz und die Praxis der Steuerprüfung bieten Beispiele für unterschiedliche Erfassungsstrategien. Bei den Sanktionsnormen, die regulative Programme typischerweise als Sekundärnormen enthalten, geht es schließlich um die Abschreckungswirkung und damit vor allem um die Glaubwürdigkeit der Drohung und das Gewicht ihrer negativen Anreizwirkung. Sanktionen, über die die Vollzugsinstanz praktisch nicht verfügt, sind hier genauso problematisch wie Strafen, die gar nicht als solche wirken, die nicht fühlbar sind oder deren Kosten man auf andere abwälzen kann.

Auf dem Hintergrund des skizzierten Schemas läßt sich erkennen, daß Wirkungsmängel mit dem Programm selbst (unterstellte Kausalbeziehungen, Motivationskraft der Sanktionen usw.), mit der Reaktion der Normadressaten und als "vermittelndem" Faktor mit dem Verhalten der Vollzugsbehörden (Kontrollfähigkeit, korrekte Normanwendung, Durchsetzungsfähigkeit) zusammenhängen können. Auf die zuletzt genannte Ursache möglicher Wirkungsmängel kommt man dabei aus der Perspektive herkömmlicher Bürokratietheorie als erstes; dabei wird die "Richtigkeit" des zu implementierenden Programms zunächst einmal unterstellt. Einerseits wird man hier an die negativen Folgen von Koordinationsmängeln in der Horizontale - Verzögerungen, wenn mehrere Behörden zusammenwirken müssen, Zuständigkeitskonflikte, mangelnde Abstimmung zwischen den Weisungen verschiedener Behörden - denken; Hood spricht in diesem Zusammenhang von <u>multi-organizational</u> <u>suboptimization</u>.[20] Andererseits denkt man an allfällige Steuerungsdefizite in der Vertikale der Ämterstruktur, von der Ministerialinstanz bis herunter zur untersten Vollzugsbehörde. Prozesse der Zielverschiebung bei der Umsetzung zentral getroffener Entscheidungen in konkretes Handeln auf nachgeordneten Ebenen sind in der Organisationssoziologie vielfach dokumentiert worden und gehören zur Alltagserfahrung des Verwaltungsmannes. Daß auch regulative Programme Ermessensbereiche für die Vollzugsinstanzen enthalten, die je nach der Orientierung der Bediensteten unterschiedlich ausgefüllt werden; daß Verwaltungsbehörden wie alle Organisationen an eigenen Systemzielen wie Bestandserhaltung, Ressourcensicherung und Konfliktvermeidung interessiert sind und ihre Aufgabenerfüllung auf diese Ziele hin instrumentalisieren; daß vorgesetzte

Behörden das Handeln von nachgeordneten nicht systematisch steuern und kontrollieren; und daß dadurch Einbruchstellen für die Einwirkung von Normadressaten erweitert werden, die für sich günstige Entscheidungen erreichen wollen - all dieses ist einigermassen offensichtlich und braucht hier nicht besonders ausgeführt zu werden.[21)] Zu fragen ist nur, ob sich diese Tendenzen vielleicht auf kritische Weise verstärkt haben, etwa infolge des Grössenwachstums und der stärkeren internen Differenzierung des Makro-Systems der öffentlichen Verwaltung, oder auch infolge der zunehmenden horizontalen Aufgabenverflechtung, die zwangsläufig die Koordination in der Vertikale erschwert. So leicht es inzwischen fällt, Ursachen für Vollzugsmängel herzusagen, so schwer ist die Frage über Veränderungen in der Zeit zu beantworten, es sei denn, man geht über mehr als 100 Jahre zurück. Zu bedenken ist auch, daß die technische Entwicklung der Kommunikationsmedien, der Informationsübertragung und -verarbeitung in gegenläufiger Richtung zur wachsenden Differenzierung wirken, so daß die gestellte Frage nicht vorschnell bejaht werden sollte. Im übrigen gilt das Gesagte nicht nur für regulative Politik, sondern für alle Programme, die von Instanzen der öffentlichen Verwaltung implementiert werden. In diesem Bereich sind also entgegen der ersten Vermutung besondere Ursachen einer "Krise" regulativer Politik kaum zu finden. Wie groß die Vollzugsdefizite auch immer sind, die zu Lasten der Verwaltung gehen - es ist nicht klar, daß sie aus Gründen, die im Behördenbereich liegen, derzeit auf kritische Weise <u>zunehmen</u>.

Stellt das Verhalten des Vollzugsstabes keine neue oder verschärfte Grenze für die Wirksamkeit regulativer Politik dar, dann findet man solche Grenzen andererseits sowohl in den Eigenheiten der Regelungsfelder (Problemstrukturen) wie im Bereich des Verhaltens der Normadressaten - wobei diese beiden Faktorenbündel im übrigen nicht ganz unabhängig voneinander sind. Wir wenden uns zunächst den Eigenheiten der heute zur politischen Regelung anstehenden Problemfelder zu; die These ist, daß diese Eigenheiten es erschweren, "richtige" regulative Programme zu entwickeln. Zunächst sei noch einmal in Erinnerung gerufen, daß die regulativen Normen aus der Zeit, als das Privatrecht kodifiziert wurde, sich auf relativ direkt greifbare Tatbestände wie die Verletzung individueller Rechte durch andere Personen und die Normierung sozialer Beziehungen zwischen meist zwei "Parteien" bezogen. Die heute zur politischen Regelung anstehenden Materien unterscheiden sich davon in mehr als einer Hinsicht. Daß es heute (etwa im Umweltschutz) oft um Rechte geht, die von Individuen schwer einklagbar sind, daß überhaupt "Schuld" und "Schaden" oft nicht genau zurechenbar sind, ist dabei nur ein Epiphänomen, das besonders dem Juristen auffallen mag. Entscheidend ist vielmehr, daß die Regelungsfelder heute eine wesentlich komplexere Struktur haben, die außerdem in räumlicher und zeitlicher Hinsicht sehr variabel sein kann; daß ferner die Bezugspunkte der Regelung öfter als früher nicht Individuen und ihre Rechte sondern Systemmerkmale auf einer aggregierten Ebene sind und daß, um sie zu erreichen, häufiger eine positive Motivierung zu erwünschtem Verhalten nötig ist.

Der letzte dieser Punkte ist vielleicht am einfachsten einsehbar: mit regulativen Normen läßt sich sehr viel besser unerwünschtes Verhalten vermeiden als erwünschtes erzeugen, z.B. Menschen dazu bringen, zu investieren, den Wohnort zu wechseln, eine besondere Qualifikation zu erwerben oder sich der Krebsvorsorgeuntersuchung zu unterziehen. In einigen Fällen stieße es an Verfassungsgrenzen, hier mit Geboten zu arbeiten; in anderen Fällen ist fraglich, ob man nicht durch Anreize und Überzeugung besser als durch Gebote und Strafandrohungen das fragliche Verhalten hervorbringen kann. Wenn es heute - auch im Interesse der Erzielung bestimmter Systemzustände (z.B. im Bereich Siedlungsstrukturentwicklung oder regionale Wirtschaftsförderung) - häufiger darauf ankommt, Handeln positiv zu motivieren, dann liegt hier eine erste, wenn auch im Einzelfall nicht immer leicht bestimmbare Grenze für den wirksamen Einsatz regulativer Politik.

Die Komplexität des Regelungsfeldes ist sowohl im Hinblick auf seine Struktur (Organisationsgesellschaft!) wie seine funktionelle Interdependenz über die Jahrhunderte stark gewachsen. Hinzu kommt, daß der Gegenstand politischer Steuerung zunehmend als sozio-technisches System beschrieben werden muß, es also auf die Steuerung miteinander verschränkter sozialer, ökonomischer und technischer Entwicklungen und die Kontrolle über ihre Effekte ankommt. Wenn in diesem komplexen Feld schließlich Systemziele angestrebt werden, dann sind damit die kognitiven Voraussetzungen zielsicherer Intervention so enorm gestiegen, daß auch der Wissenszuwachs der letzten 100 Jahre nicht ausreicht. Das mangelhafte Kausalwissen über die interne Dynamik des Problemfeldes beeinträchtigt dann auch die Suche nach entscheidungsrelevanten Informationen, z.B. als Indikator für kritische Systemvariable. Dies alles ließe sich am Beispiel der wissenschaftlichen Diskussion über die genauen Zusammenhänge zwischen technischer Entwicklung und Arbeitslosigkeit oder zwischen Luftverschmutzung und Gesundheitszustand der Bevölkerung genauer ausführen.[22] Für unser Thema ist außerdem wichtig, daß die kognitiven Voraussetzungen regulativer Politik, die im Detail, quasi deterministisch steuern will, noch wesentlich höher sind, als wenn man sich mit Globalsteuerung nach dem Prinzip von black box und trial and error zufrieden gibt. Ein unter diesen Umständen leicht mögliches Theorieversagen und Fehlinformation führen dann gemeinsam zu folgenschweren Fehlgriffen bei der Intervention.

Zu den Erfolgsvoraussetzungen regulativer Politik gehört auch die relative Stabilität der Problemsituation und die geringe Notwendigkeit lokaler und zeitlicher Variation. Es läßt sich argumentieren, daß strukturelle Differenziertheit, funktionelle Interdependenz und hohe Wandlungsgeschwindigkeit in modernen Gegenwartsgesellschaften diese Voraussetzungen zunehmend unwahrscheinlich machen. Das bedeutet, daß das vorher erwähnte Effektivitätskriterium der Flexibilität unter heutigen Bedingungen wichtiger wird; genau diese Eigenschaft wurde jedoch der regulativen Politik abgesprochen. Die höhere Anforderung an die Flexibilität des Interventionsinstrumentariums ist damit ein weiteres Merkmal heutiger Regelungsfelder, das die Wirksamkeit regulativer Instrumente begrenzt. Genau in diesem Sinne argumentiert z.B. auch Marc Roberts, wenn er zeigt, wie das Fehlen der genannten Voraussetzungen im Umweltschutz, der mit heftigen und schnellen Veränderungen des Problemdrucks und lokal und branchenmässig stark unterschiedlichen Ausgangsbedingungen rechnen muß, dort gegen regulative Normen (Grenzwerte) und für die flexiblere Abgabenlösung spricht.[23)] Natürlich scheint es nicht prinzipiell unmöglich, auch in regulative Programme ein hohes Maß an Flexibilität einzubauen. Das würde aber z.B. verlangen, an verschiedene Kategorien von Normadressaten je nach den besonderen Situationsbedingungen unterschiedliche Anforderungen zu stellen. Derartig diskriminatorische Standards sind aber politisch tendenziell schwerer durchzusetzen als "Gleichbehandlung".[24)] Außerdem erreicht ein immer stärker differenzierendes System regulativer Normen schnell den Punkt, wo es administrativ kaum noch anwendbar ist und wegen der sich zwangsläufig vervielfältigenden "Grenzfälle" die Widersprüche von Adressaten multipliziert, d.h. auch im Vollzug die Konfliktintensität erhöht.

Grenzen für den wirksamen Einsatz regulativer Steuerungsinstrumente liegen nicht nur bei den Problemstrukturen, sondern auch in Verhaltenstendenzen der Normadressaten. Die zentrale Erfolgsvoraussetzung regulativer Politik in diesem Bereich kann man kurz als Folgebereitschaft bezeichnen. Es lassen sich mehrere Gründe finden, warum diese Folgebereitschaft heute zunehmend prekär wird.

Ein erster wichtiger Grund läßt sich in der systemtheoretischen Sprache Luhmanns als die wachsende Unwahrscheinlichkeit der Selektionen beschreiben, die regulative Normen heute selbst darstellen bzw. bewirken wollen. Frühere regulative Normsetzungen konnten nicht nur eher auf einen vorgängigen sozialen Konsens aufbauen, sie stellten überhaupt oft nichts weiter als die rechtliche Kodifizierung sozialer Normen dar. Dieser Tatbestand wird auch in der Rechtstheorie gesehen, wo er im Zusammenhang mit Überlegungen zur "Effektivität des Rechts" steht. So konstatiert z.B. Heinrich Schröder einen "Wandel in der Funktion der Gesetze: Während früher die Rechtsnormen in weiten Bereichen soziale Normen kodifizierten oder doch von ihnen gestützt wurden, wie z.B. im Strafrecht, soll heute die gesellschaftliche Wirklichkeit vielfach durch Gesetze gestaltet werden. Diese Gestaltung kann nur selten auf bestehende soziale Normen aufbauen ...".[25] Es ist plausibel, daß dadurch die Durchsetzung der betreffenden Normen erschwert wird; zumindest bedarf es einer stärkeren Betonung der Sanktionsdrohung, was wiederum größere Anforderungen an die Kontroll- und Sanktionstätigkeit der Vollzugsinstanzen stellt und damit auch die Durchsetzungskosten erhöht.

Die hier berührten Zusammenhänge verweisen nachdrücklich auf eine in der Mikrosoziologie schon geläufige Einsicht, daß nämlich explizite Regeln generell nur begrenzt zur Verhaltenssteuerung dienen. Auf dieser Einsicht basiert die Kritik an der Rollentheorie als Ansatz zur Erklärung sozialen Handelns, die vor allem vonseiten des symbolischen Interaktionismus vorgetragen wurde. Ganz in derselben Richtung liegt auch die von Bourdieu entwickelte These, daß Regeln eher nachträgliche Formulierungen einer eingespielten Praxis als umgekehrt die Determinanten dieser Praxis sind.[26] Schließlich kann man auch die Handlungstheorie von Crozier und Friedberg in demselben Zusammenhang sehen, die die prinzipielle Autonomie des menschlichen Aktors gegen die sie ihrer Meinung nach negierende Systemtheorie ins Feld führen und das Handeln eher von Strategien und "Spielen" gelenkt sehen als durch Normen bestimmt.[27] Nicht, daß hier Existenz und Bedeutung von expliziten Normen geleugnet würde, nur sieht man sie weniger als eine Art verhaltensprägender Stempel als vielmehr als Elemente aktorbezogen definierter Handlungssituationen, in denen Menschen ihre eigenen Ziele verfolgen. Entsprechend können staatliche Interventionen zwar für den Gesetzgeber als Steuerungsinstrumente gemeint sein, für die Adressaten sind sie allemal Bestandteile ihrer individuellen Handlungssituationen, die man im eigenen Interesse aktiv zu manipulieren sucht.

Es ist verständlich, wenn die Implementationsforschung mit ihrer vorherrschenden Gesetzgeberperspektive erst nach und nach dazu kommt, solche grundsätzlichen Einsichten zu integrieren. Sie wird dazu durch Beobachtungen über das Verhalten von Normadressaten geführt, das zwar auch prinzipiell mit der betonten individuellen Handlungsautonomie zu tun hat, sich aber darin nicht erschöpft. Wir wollen es hier als "Reaktivität des Feldes" bezeichnen. Diese Reaktivität wird in besonders krasser Form manifest, wo das Handeln einer Vollzugsinstanz unmittelbar antagonistische Reaktionen der Adressaten auslöst - nach dem Muster, daß die bloße Existenz eines Verbots schon zur Übertretung reizt. So beflügelt die Existenz von Einfuhrbeschränkungen die Phantasie von Touristen, Schmuggelverstecke zu erdenken; Zäune, die etwas von der Sicht verbergen sollen, reizen die Neugier umso mehr, und die bloße Gegenwart von Polizei hat schon manchen Demonstranten zu Steinwürfen motiviert.[28)] Geht es bei diesen Beispielen um spontane Reaktionen aufgrund von im Prinzip durchaus ex ante erkennbaren, generellen Verhaltensneigungen, dann gibt es daneben auch Fälle, in denen die Adressaten auf die Interventionen des Staates ganz rational reagieren, um Schaden von sich abzuwenden oder ihre Interessen zu wahren. Sie "lernen" gleichsam, erfolgreich mit regulativen Normen umzugehen, sie für eigene Zwecke zu nutzen ("umzufunktionieren") oder sich ihnen zu entziehen - worauf der Gesetzgeber dann übrigens seinerseits mit einem Lernprozess reagieren muß, der sich als Gesetzesnovellierung oder Veränderung von Richtlinien niederschlagen mag.[29]

Nun sind diese Phänomene natürlich nicht neu; im Zusammenhang mit unserem Thema fragt sich nur, ob man hier lediglich einer immer in gleicher Weise wirksamen Grenze regulativer Steuerung bewußt geworden ist, oder ob die Reaktivität des Adressatenfeldes tatsächlich wächst. Für das Letztere sprechen mindestens drei Gründe, die sich, da Reaktivitätsveränderungen über Zeit kaum direkt und auf sinnvolle Weise gemessen werden können, allesamt auf mögliche Ursachen wachsender Reaktivität beziehen. An erster Stelle ist der Effekt einer insgesamt gewachsenen Regelungsdichte zu nennen, die kumulative Einschränkung privater Handlungsspielräume, die jenseits eines Schwellenwertes das Gefühl der Gängelung und in Reaktion darauf eine besondere Widerstandsneigung erzeugt. Hierauf wird heute z.T. im Zusammenhang der Diskussion um eine zunehmende "Staatsverdrossenheit" verwiesen. Es ist einsichtig, daß insbesondere regulative Normen diesen Effekt erzeugen dürften.

Als zweiten Grund für eine zunehmende Reaktivität des Feldes ist auf das Phänomen der "neuen Mündigkeit" des Staatsbürgers zu verweisen, das inzwischen zum Selbstwert gewordene Streben nach Partizipation. Nicht zufällig werden heute in vielen gesellschaftlichen Teilbereichen erweiterte Mitbestimmungsrechte eingeführt und - etwa als Recht auf Anhörung und Einspruch - auch in regulative Programme eingebaut. Hier wird bereits vom Gesetzgeber auf die Tatsache reagiert, daß Folgebereitschaft zunehmend von Mitsprachemöglichkeiten abhängt und insofern weniger leicht als vorher zu haben ist.

Ein dritter Grund könnte schließlich mit dem Wandel in der Struktur des Adressatenfeldes zusammenhängen. Die moderne regulative Politik richtet sich, anders als ihr klassischer Vorgänger, oft nicht an einzelne Individuen, sondern an Organisationen, vorzugsweise an Wirtschaftsunternehmen. Diese sind als Normadressaten nicht nur mächtiger, verfügen also über ein größeres Widerstandspotential; es mag auch sein, daß Organisationen tendenziell zweckorientierter reagieren und besser "lernen" als der Durchschnittsbürger, wie sie mit der restriktiven staatlichen Normierung fertig werden. Macht und Lernfähigkeit von Organisationen können dabei noch dadurch verstärkt werden, daß sie oft in weitgreifende interorganisatorische Beziehungsnetze eingebettet sind (oder z.B. auch einer Dachorganisation angehören), wodurch ihnen Information und andere Unterstützung in der Auseinandersetzung mit den Vollzugsinstanzen zuteil werden kann. Die Größe und das Machtpotential von Organisationen macht sie schließlich auch für die Vollzugsverwaltung wichtiger, da sie, anders als (zudem meist mobilere!) individuelle Normadressaten nicht nur überwiegend punktuelle Kontakte mit den Behörden haben, sondern für sie meist längerfristige Interaktionspartner in oft mehrfachen Aufgabenbezügen sind. Deshalb kommt es z.B. einem Gewerbeaufsichtsamt auch sehr darauf an, sich die Kooperationsbereitschaft der größeren Betriebe im Amtsbezirk zu erhalten - was natürlich mit einem strikten Pochen auf hoheitliche Gewalt nicht vereinbar ist.[30] Auch dieser Grund spricht also dafür, daß regulative Politik heute schwerer durchzusetzen ist.

So grob skizziert und manchmal auch spekulativ diese Überlegungen über Wirkungsgrenzen regulativer Politik auch sein mögen, sie machen insgesamt doch plausibel, daß die Titelfrage in dem später präzisierten Sinne bejaht werden kann: die Grenzen für die erfolgreiche Anwendung des regulativen Instrumentariums sind heute enger gezogen, wobei die Gründe vor allem in Eigenheiten der zur Regelung anstehenden Probleme, in Merkmalen moderner Gesellschaftsstruktur und -dynamik und in damit wieder in Zusammenhang stehenden Reaktionstendenzen der Normadressaten bei regulativer Politik liegen. Das alles ergibt keine "Krise" im strikten Wortsinne; regulative Politik ist nach wie vor möglich, auch wenn ihre Erfolgsvoraussetzungen vor allem in neuen, heute zum Problem gewordenen Politikfeldern zunehmend prekär werden. Das macht es umso wichtiger, daß bei der Programmwahl die verschiedenen aufgewiesenen Restriktionen für den wirksamen Einsatz des regulativen Instrumentariums sorgsam bedacht werden und nicht aus einem Präjudiz heraus die weniger zweckmäßige Interventionsform gewählt wird. Natürlich haben auch die verfügbaren alternativen Programmtypen jeweils ihre spezielle Problematik: auf sie ist hier nicht einzugehen. Verwiesen sei zum Abschluß lediglich auf die Möglichkeit, sich zum Zwecke einer politischen Globalsteuerung auch der systematischen Verstärkung oder gar dem Aufbau selbstregulierender Teilsysteme zu bedienen. Der Planungsbegriff einiger soziologischer Systemtheoretiker weist bereits in diese Richtung.[31)]

1) Siehe hierzu Volker Ronge, Günter Schmieg, Restriktionen politischer Planung, Frankfurt 1973; Peter Grottian und Axel Murswieck (Hg.), Handlungsspielräume der Staatsadministration, Hamburg 1974; aber auch Renate Mayntz und Fritz W. Scharpf, Kriterien, Voraussetzungen und Einschränkungen aktiver Politik, in dem von dens. herausgegebenen Band Planungsorganisation, München 1973, pp. 115-145.

2) Aus der inzwischen stark angeschwollenen Literatur zu diesen Themen sei genannt Wilhelm Hennis, Peter Graf Kielmannsegg, Ulrich Matz, Regierbarkeit, Bd. 1, Stuttgart 1977; Renate Mayntz, Die Implementation politischer Programme, in: Die Verwaltung 10 (1977), pp. 51-66; F.X. Kaufmann, Zur Problematik der Effektivität und ihrer Erfassung im Bereich der sozialen Sicherung, in: Külp, Haas (Hg.), Soziale Probleme der modernen Industriegesellschaft, Schriften des Vereins für Sozialpolitik NF, Band 92,II, S. 489-518, Berlin 1977;G.M. Hellstern, H. Wollmann, Wirkungsanalysen - Eine neue Variante wissenschaftlicher Politikberatung, transfer 4, Planung in öffentlicher Hand, S. 157-168, Opladen 1977.

3) Typologische Ansätze und weitere Literaturhinweise hierzu finden sich u.a. bei Renate Mayntz, op. cit., sowie in den Texten, die in den Fußnoten 5, 7, 10 und 13 zitiert werden.

4) Es ist schwer, den historischen Entwicklungsprozess exakt nachzuzeichnen. Einige brauchbare Hinweise allgemeiner Art finden sich in der Rechtssoziologie und hier vor allem bei Max Weber. Als quantitative Indikatoren könnten öffentliche Ausgaben dienen, sofern sie nach inhaltlichen Kategorien geordnet sind, die in einem erkennbaren Zusammenhang zu Programmtypen stehen; oder - unter den gleichen Voraussetzungen - Angaben über die Entwicklung des Personals im öffentlichen Dienst. Die genannten Voraussetzungen sind in den verfügbaren Quellen jedoch nicht erfüllt; vgl. in diesem Zusammenhang auch Peter Flora, Quantitative Historical Sociology, Current Sociology XXIII Nr. 2, Paris 1975, p. 98 ff., 231 ff. Im übrigen müßte man, da es eine zusammenfassende Gesetzgebungsgeschichte unter diesem Aspekt offenbar nicht gibt, den Prozess aus sektorspezifischen Analysen politischer Regelung und ihrer Entwicklung rekonstruieren.

5) Vgl. hierzu Jürgen Feick, Zur Analyse regulativer Politik in den Vereinigten Staaten, Manuskript, Köln 1978.

6) Einen Überblick über die Entwicklung gibt Hellmut Wollmann, Implementationsforschung - Eine Chance für kritische Verwaltungsforschung?, Leviathan Sonderband 1979 (im Erscheinen).

7) Allen V. Kneese, Charles L. Schultze, Pollution, Prices and Public Policy, Washington D.C., 1975.

8) Sam Peltzman, An Evaluation of Consumer Protection Legislation: The 1962 Drug Amendments, in: Journal of Political Economy, 81 (1973), pp. 1049-91 (zitiert bei J. Feick, op. cit.).

9) Thomas K. McCraw, Regulation in America: A Review Article, in: Business History Review 49 (1975), S. 172 (zitiert bei Feick, op. cit.).

10) Dieses Vorhaben wurde 1976 durch Mitglieder mehrerer Fakultäten der Harvard Universität begründet und hatte 1977 16 Teilnehmer. Eine erste Zusammenfassung der Diskussion gibt Christopher F. Edley, Jr., Toward a Framework for Analyses of Regulatory Reform: A Primer on Intervention Alternatives, Manuskript Dezember 1977.

11) Auf eher grundsätzliche Probleme regulativer Politik gehen ein Jeffrey L. Jowell, Law and Bureaucracy: Administrative Discretion and the Limits of Legal Action, Port Washington, N.Y., 1975 und vor allem Christopher C. Hood, The Limits of Administration, London und New York 1976, sowie Herman R. van Gunsteren, The Quest for Control - A Critique of the Rational-Central-Rule Approach in Public Affairs, ebenfalls London und New York 1976; allerdings wird in allen drei Fällen nicht systematisch zwischen regulativer Politik und anderen Interventionsformen getrennt.

12) Der Kontingenzbegriff ist für die Systemtheorie Niklas Luhmanns zentral; vgl. die beiden Bände Soziologische Aufklärung 1 und Soziologische Aufklärung 2, Köln und Opladen 1970 und 1975. Zur Kontingenztheorie der Organisation vgl. die Skizze des Ansatzes und Literatur bei Renate Mayntz, Struktur und Leistung von Beratungsgremien - Ein Beitrag zur Kontingenztheorie der Organisation, in: Soziale Welt, Heft 1/2 1977.

13) Siehe die Zusammenstellung und vergleichende Diskussion verschiedener Instrumente bei Marc J. Roberts, Environmental Protection: The Complexity of Real Policy Choice, in: Fox, J.K., und N. Swainson (Hg.), Water Quality Management: The Design of Institutions, University of British Columbia Press, 1975.

14) Siehe Department of the Environment, Environmental Standards - A Description of United Kingdom Practice, London, Her Majesty's Stationery Office, 1977.

15) Auf beides verweist u.a. Jowell, op. cit., besonders nachdrücklich.

16) Siehe den von Eberhard Laux herausgegebenen Band, Das Dilemma des öffentlichen Dienstes, Bd. 4 der Schriften der Deutschen Sektion d. Internationalen Instituts für Verwaltungswissenschaften, Bonn 1978; das Problem wurde auch sehr deutlich

in den Diskussionen der Studienkommission für die Reform des öffentlichen Dienstrechts und schlägt sich in ihrem Abschlußbericht nieder, vgl. Bericht der Kommission, Baden-Baden 1973, pp. 94-117 und passim im Besonderen Teil; vgl. aber auch die Diskussion in dem Band Regierbarkeit? Dezentralisation? Entstaatlichung, hrsg. von Frido Wagener, Schriften der Deutschen Sektion des Internationalen Instituts für Verwaltungswissenschaften, Bd. 3, Bonn 1976.

17) Vgl. nochmal Kneese und Schultze, op. cit.; in der Bundesrepublik die Diskussion um die Abwasserabgabe, für die sich z.B. der Finanzwissenschaftler K.-H. Hansmeyer im Rat der Sachverständigen für Umweltschutz besonders eingesetzt hat.

18) van Gunsteren, op. cit., Kap. 5.

19) Hierauf geht Hood ausführlich ein; op. cit., pp. 53-73.

20) op. cit. p. 17.

21) Hierzu ausführlicher, verschiedene Beiträge in der Literatur zusammenfassend, Renate Mayntz, Soziologie der öffentlichen Verwaltung, Heidelberg-Karlsruhe 1978, pp. 84-98, 211-226. Van Gunsteren diskutiert dasselbe Thema unter dem Stichwort mangelnder vertikaler Rechtssicherheit; op. cit. Kap. 3.

22) Zum ersten Punkt siehe etwa die zweibändige Literaturauswertung der Friedrich Ebert Stiftung, Technischer Fortschritt und Beschäftigung, hektogr. Manuskript, Bonn-Bad Godesberg 1977; zum zweiten Punkt die Diskussion in den Kapiteln 1 - 3 des Umweltgutachtens 1974, erstellt vom Rat von Sachverständigen für Umweltfragen, Stuttgart und Mainz 1974.

23) Marc J. Roberts, op. cit.

24) Dies wird ausführlich begründet von Fritz W. Scharpf in dem von ihm mit Bernd Reissert und Fritz Schnabel verfaßten Buch Politikverflechtung - Theorie und Empirie des kooperativen Föderalismus in der Bundesrepublik, Kronberg Ts. 1976, S. 39-65.

25) Heinrich J. Schröder, Zur Erfolgskontrolle der Gesetzgebung, in: M. Rehbinder, H. Schelsky (Hg.), Zur Effektivität des Rechts, Jahrbuch für Rechtssoziologie und Rechtstheorie, Bd. 3, Düsseldorf 1972, S. 273.

26) Pierre Bourdieu, Entwurf einer Theorie der Praxis, Frankfurt 1976, vor allem Teil 2, Kap. 1-3.

27) Michel Crozier, Erhard Friedberg, L'acteur et le système, Paris 1977.

28) Vgl. hierzu auch Hood, op. cit. S. 22.

29) Hood, a.a.O. spricht hier S. 79 von "reciprocal learning".

30) Die hier angesprochenen Zusammenhänge werden ausführlich dargestellt in dem Forschungsbericht über eine empirische Untersuchung der Implementation von Gesetzen im Bereich der Luftreinhaltung und des Gewässerschutzes: R. Mayntz, H.-U. Derlien, E. Bohne, B. Hesse, J. Hucke, A. Müller, Vollzugsprobleme der Umweltpolitik, Wiesbaden 1978.

31) So bei Niklas Luhmann, Politische Plannung, Opladen 1971; vergleiche vor allem den Aufsatz gleichnamigen Titels in diesem Band; siehe auch Stefan Jensen, Bildungsplanung als Systemtheorie - Beiträge zum Problem gesellschaftlicher Planung im Rahmen der Theorie sozialer Systeme, Bielefeld 1970.

Peter Flora

## Krisenbewältigung oder Krisenerzeugung? Der Wohlfahrtsstaat in historischer Perspektive[1)]

Die Entwicklung des modernen Wohlfahrtsstaates hat vor einem runden Jahrhundert in Europa ihren Anfang genommen. In dem tiefgreifenden Umbruch, dem die europäischen Gesellschaften seither unterworfen waren und den sie auch in Zukunft zu bewältigen haben werden, stellt der Wohlfahrtsstaat ein zentrales Element dar. Sein grundlegendes Ziel lag in einer "defensiven Integrations- und Stabilisierungspolitik". Defensiv im Sinne der Verteidigung bestehender Strukturen ist diese Politik lange geblieben, und zu einem großen Teil ist sie es auch heute noch. Aber die Antworten auf die Frage, wer integriert und was stabilisiert werden soll, haben sich verändert. Zu Anfang war allein die Arbeiterschaft Ziel dieser Integrationspolitik. Ihre systemfeindliche Mobilisierung sollte eingedämmt und kanalisiert werden; stabilisiert werden sollte die kapitalistische Wirtschaftsordnung und die jeweilige politische Ordnung. Heute ist der Wohlfahrtsstaat schon lange über die Arbeiterschaft hinausgewachsen und hat seinen rein defensiven Charakter verloren; Integration und Stabilisierung sind aber noch immer zentrale Funktionen.

Der Wohlfahrtsstaat war in seiner bisherigen Geschichte selten eine wirklich begeisternde Idee; seine Mobilisierungserfolge lassen sich kaum mit denen des Nationalismus oder Sozialismus vergleichen. Nur einmal, im bedrängten England des Zweiten Weltkrieges, wurde er durch die Feder von Beveridge zu einem beflügelnden Konzept, das in der angelsächsisch beeinflußten Welt großen Widerhall fand. Von Anfang an hatte der Wohlfahrtsstaat natürlich Gegner, und es gab nicht wenige Skeptiker. Den einen gab er zu wenig, den anderen war dies schon zu viel; die einen sahen in ihm den Anfang revolutionärer Umgestaltung, die anderen dagegen fürchteten gerade eine Lähmung des revolutionären Schwunges. Weder die Marxisten noch die Durkheimianer konnten im Wohlfahrtsstaat eine adäquate Lösung der von ihnen so unterschiedlich diagnostizierten Krise der europäischen Gesellschaften sehen. Auch gab es schon immer Befürchtungen, der Wohlfahrtsstaat könnte die Arbeitsmoral untergraben, die Produktivität und Innovationsfähigkeit der Wirtschaft beeinträchtigen und den Staatshaushalt überlasten. Die Frage nach seinen Grenzen hat den Wohlfahrtsstaat seit seinen bescheidenen Anfängen begleitet.

Dennoch: im allgemeinen, d.h. jenseits akuter Verteilungskonflikte und ideologischer Kontroversen, überwog eine eher positive Einschätzung seiner Stabilisierungsaufgaben und Integrationserfolge. Die Notwendigkeit wohlfahrtsstaatlicher Einrichtungen wurde nur selten wirklich grundsätzlich bestritten; umstritten waren meistens nur ihr Umfang und ihre Form. Dem entsprechend waren fast alle politischen Kräfte in Europa am Aufbau des Wohlfahrtsstaates beteiligt. Der autoritäre Konservative Bismarck legte einen der wichtigsten Grundsteine; die Liberalen Lloyd George und Beveridge revolutionierten den britischen Wohlfahrtsstaat; die skandinavischen Wohlfahrtsstaaten wurden weitgehend von Sozialdemokraten geschaffen; und auf dem Kontinent leisteten christlich-konservative Kräfte einen beachtlichen Beitrag.

Als das Werk vieler stellt der Wohlfahrtsstaat einen relativ breiten gemeinsamen Nenner dar, ist er ein wichtiges Element des politischen Konsensus. Dafür fehlen ihm aber klarere Konturen, und das ist einer stärker ideologisch motivierten politischen Integration abträglich. Dennoch dürfte sein generell nicht zu leugnender Integrationserfolg nicht nur in seinen materiellen Leistungen begründet sein, so wichtig diese auch sind; er dürfte auch seiner - oft schwachen und diffusen - Orientierung an Grundwerten entspringen, die unsere Gesellschaften nicht nur an Feiertagen hochhalten: soziale Sicherheit; eine relative Chancengleichheit; die Vorstellung, daß alle einen Anspruch auf ein Mindestmaß garantierter Lebenschancen haben und bestimmte Formen der Ungleichheit illegitim sind.

In den letzten Jahren - und schon vor der sogenannten Ölkrise - sind nun aber die skeptischen oder sogar pessimistischen Stimmen lauter geworden. Und das nach der größten Expansionsphase des Wohlfahrtsstaates in seiner Geschichte!? Darin mag ein Element der Ironie stecken, aber auch ein kausaler Zusammenhang. Man wird unwillkürlich an Schumpeters Prophezeiung erinnert, der Kapitalismus werde am ehesten an seinen Erfolgen zugrunde gehen. Die Zunahme der kritischen und ängstlichen Stimmen hat allerdings keineswegs zu einer auch nur annähernden Übereinstimmung in der Diagnose einer "Krise des Wohlfahrtsstaates" geführt; selbst die Existenz einer solchen Krise bleibt umstritten. Nur eines scheint sicher: sollte es wirklich so etwas wie eine tieferliegende "Krise des Wohlfahrtsstaates" geben, so wäre das eine ernste Sache, denn das System der sozialen Sicherheit, das Bildungs- und Gesundheitswesen sind inzwischen zu zentralen Knotenpunkten im institutionellen Gerüst unserer Gesellschaften geworden.

Ich möchte hier daher der etwas rhetorischen Frage nachgehen, ob der Wohlfahrtsstaat von einem "Krisenbewältiger" zu einem "Krisenerzeuger" geworden ist. Dazu werde ich zuerst mein Verständnis von "Krise" erläutern. Dann werde ich die historische Makro-Konstellation skizzieren, in der der moderne Wohlfahrtsstaat als ein "Krisenbewältiger" entstanden ist. Es folgt im dritten Teil eine kurze Darstellung und Analyse der Expansion des Wohlfahrtsstaates. Im vierten und längsten Teil werde ich schließlich die Frage untersuchen, ob der Wohlfahrtsstaat heute in einer neuen Makro-Konstellation zu einem "Krisenproduzierer" zu werden droht.

## I. Elemente des Krisenbegriffs

Drei Grundelemente dienen hier zur Bestimmung des Krisenbegriffs; sie betonen unterschiedliche Aspekte: "Krisensymptome" (empirische Beobachtbarkeit), "Makro-Konstellation" (strukturelle Verankerung), "institutioneller Wandel" (politische Gestaltbarkeit). Die Bestimmung beobachtbarer Krisensymptome steht an erster Stelle; sie soll eine leichtfertige Erfindung von Krisen vermeiden helfen. Auf zwei Ebenen der Analyse (s. die Übersicht auf der folgenden Seite) werden je zwei Kategorien von Krisensymptomen unterschieden: auf einer "staatlich-politischen" Ebene Ungleichgewichtszustände des öffentlichen Haushalts und Instabilitätserscheinungen der politischen Institutionen; auf einer "sozialstrukturellen" Ebene eine Zunahme sozialer Konflikte und eine Häufung sozialer

Desintegrationserscheinungen. An zweiter Stelle steht der Versuch einer "strukturellen Verankerung" der Krisensymptome; er soll der heutigen Unsitte vorbeugen, jedes vergleichsweise kleine Problem zu einer "Krise" zu stilisieren. Dabei ist zu fragen, inwieweit die verschiedenen Krisensymptome zusammenhängen, ob sie auf vorübergehende Probleme deuten oder als Symptome von "Strukturproblemen" verstanden werden müssen. Für diese viel schwierigere Frage möchte ich den Begriff "Historische Makro-Konstellation" verwenden. Das dritte Element ist schließlich das spekulativste. Es ist die Vorstellung, daß eine derart empirisch beobachtbare und strukturell zu verankernde "Krise" nur durch institutionellen Wandel zu "lösen" ist. Damit wird gleichzeitig die Verknüpfung der Problematik und eventuell auch Produktivität einer "Krise" mit den politischen Gestaltungsaufgaben und Realisierungsmöglichkeiten angesprochen.

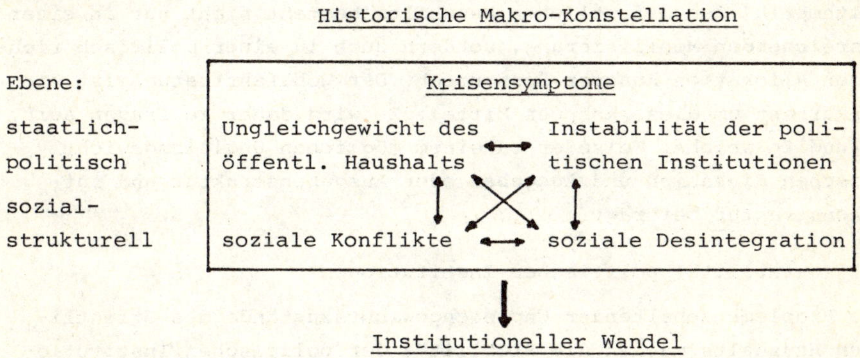


(1) Krisensymptome auf der staatlich - politischen Ebene

(a) Ungleichgewicht des öffentlichen Haushalts

In seinem Buch "Politics and the Stages of Growth" hat Walt W. Rostow ein am öffentlichen Haushalt festgemachtes Gleichgewichtskonzept entwickelt. Danach befinden sich Gesellschaften in einem politischen Gleichgewicht, wenn die mobilisierten Ressourcen ungefähr den Ausgaben entsprechen und wenn Größe und Verteilung der Ausgaben die im politischen Prozeß aufgeworfenen Probleme insoweit lösen, als die stets vorhandene Unzufriedenheit im Rahmen der gegebenen institutionellen Ordnung bleibt. Er unterscheidet dabei drei zentrale Probleme, die im Prinzip universelle Aufgaben jeder Regierung oder politischen Führung darstellen:

(a) "Sicherheit" (Wahrung der territorialen Integrität und der nationalen Interessen);

(b) "Wohlfahrt und Wachstum" (Sorge für das allgemeine Wohl und, soweit relevant, Förderung des Wachstums);

(c) "konstitutionelle Ordnung" (Wahrung der politischen Verfassung, Konfliktregelung durch Rechtssprechung, Aufrechterhaltung der öffentlichen Ordnung).[2)]

In Anlehnung an diese Unterscheidung gehe ich im folgenden mit einer geringfügigen Veränderung von vier Ausgaben-/Aufgabenkategorien aus: ÄUSSERE SICHERHEIT - INNERE ORDNUNG-WACHSTUM-WOHLFAHRT. Zwischen wie innerhalb dieser Kategorien lassen sich vielfältige Widersprüche vorstellen, und das Grundproblem der "politischen Arithmetik" des öffentlichen Haushalts besteht nicht nur in einer ausreichenden Mobilisierung, sondern auch in einer politisch richtigen Allokation knapper Ressourcen. Der Wohlfahrtsstaat ist ein Konkurrent um diese knappen Mittel. Es wird daher zu fragen sein, ob und in welcher Weise er zu einem möglichen Ungleichgewicht zwischen Einnahmen und Ausgaben oder Ausgabenstruktur und Aufgabenstruktur beiträgt.

(b) Instabilität politischer Institutionen

Die Probleme anhaltender Ungleichgewichtszustände des öffentlichen Haushalts machen die Stabilität der politischen Institutionen zu einer wichtigen Frage. In unseren Massendemokratien zielt diese Frage vor allem auf den Grad der politischen Kompromiß- und Entscheidungsfähigkeit in seiner Abhängigkeit von Parteienstrukturen, Parlamentsmehrheiten und Regierungsformen. Aber Stabilität ist natürlich nicht mit Starrheit zu verwechseln. Sie muß auch Flexibilität bedeuten, d.h. die auftretenden Probleme müssen in einer Weise behandelt und entschieden werden, daß nicht größere Bevölkerungsteile nach anderen Wegen und Mittel zur Erreichung ihrer Ziele suchen oder sich ganz aus dem politischen Prozeß zurückziehen. Damit wird ein ganzes Spektrum von Krisensymptomen angedeutet, das von "illegitimen" politischen Verhaltensweisen oder Nichtbeteiligung über Veränderungen der Parteienstrukturen zu instabilen Parlamentsmehrheiten und Regierungen reicht. Solche Erscheinungen politischer Instabilität können natürlich vielfältige Ursachen haben. Ist möglicherweise auch der Wohlfahrtsstaat eine dieser Ursachen? Das ist zumindest auf den ersten Blick keine einfach zu beantwortende Frage.

(2) <u>Krisensymptome auf der sozialstrukturellen Ebene</u>

(a) Verteilungskonflikte

Mit Ungleichgewichtszuständen des öffentlichen Haushalts und einer Instabilität der politischen Institutionen können sich sehr verschiedene Konflikte verbinden, als Folge wie als Ursache. Im Vordergrund stehen hier Verteilungskonflikte. Der Wohlfahrtsstaat läßt sich als ein Versuch verstehen, solche Konflikte direkt (staatliche Umverteilung) oder indirekt (Schutz bei Einkommensverlust, Gestaltung des Arbeitsverhältnisses) zu beeinflussen; andererseits könnte er aber auch selbst zum Ursprung neuer Verteilungskonflikte (z.B. Erwerbsbevölkerung versus Rentner) werden.

Für eine historische Makro-Analyse von Verteilungskonflikten werden in der neueren politischen Soziologie zwei Begriffe angeboten: "Distributionskrise" und "Spaltungsstruktur". In den Princeton "Studies in Political Development" wurde versucht, die politische Entwicklung eines Landes als Abfolge und Überschneidung von verschiedenen Krisen der "Identität", "Legitimität", "Partizipation", "Penetration" und "Distribution" zu analysieren.[3] Die Entwicklung der europäischen Wohlfahrtsstaaten stellte danach eine "Lösung" der "Distributionskrise" in diesen Ländern dar. Die Vorstellung von relativ eindeutig identifizierbaren "Krisen" und "Lösungen" hat sich allerdings viel weniger bewährt als der Begriff der "Spaltungsstruktur". Er wird von Stein Rokkan in seinem Modell der europäischen Parteienentwicklung verwendet, in dem er fünf zentrale Spaltungen in der europäischen Geschichte unterscheidet (Zentrum/Peripherie, Kirche/Staat, Grundbesitz/Industrie, Arbeiter/Besitzende, Kommunismus/Sozialismus).[4] Es wäre zu fragen, ob der Wohlfahrtsstaat diese Spaltungsstrukturen entscheidend verändert hat (Ende der Klassenpolitik?) und ob er vielleicht neue Spaltungen hervorbringt ("welfare-backlash" der Mittelschichten?).

(b) Soziale Desintegration

Soziale Konflikte sind sicher ein Gradmesser für die Integration oder Desintegration einer Gesellschaft. Davon möchte ich jedoch Krisensymptome einer sozialen Desintegration im engeren Sinne unterscheiden, nämlich Anzeichen für eine wachsende Instabilität kleiner sozialer Gruppen und eine Zunahme "abweichenden" und selbstdestruktiven Verhaltens. Im Durkheimschen Sinne wären sie als Resultat einer Schwächung der "moralischen Integration" mit ihren "disziplinierenden" wie "motivierenden" Elementen zu verstehen.[5)] Damit ist vor allem die Integrationskraft von Familie und Schule angesprochen, obwohl fast alle Institutionen solche Funktionen haben. In den letzten Jahren sind verschiedene Fragen aufgetaucht, die den Zusammenhang von Wohlfahrtsstaat und sozialer Desintegration betreffen. Beispielsweise: Fördert der Wohlfahrtsstaat eine Anspruchsinflation und erzeugt er dadurch Unzufriedenheit und Anomie? Hat er zu einem Ungleichgewicht zwischen individuellen Rechten und Verpflichtungen gegenüber der Allgemeinheit beigetragen? Hat er durch die Verbindung bürokratischer Regelungen mit einer Individualisierung der Leistungen die intermediären Strukturen weiter geschwächt, allen voran die Familie?

(3) Historische Makro-Konstellation

Hat sich der Wohlfahrtsstaat von einem "Krisenbewältiger" zu einem "Krisenproduzierer" gewandelt? Will man diese Frage untersuchen, so genügt es noch nicht, beobachtbare Krisensymptome zu unterscheiden und Vermutungen über mögliche und empirisch zu untersuchende Beziehungen mit dem Wohlfahrtsstaat anzustellen. Es ist vielmehr notwendig, diese Symptome und möglichen Beziehungen in einen größeren historischen und strukturellen Zusammenhang zu stellen, in dem sich die Entstehung und Entwicklung, die Struktur und Funktion der europäischen Wohlfahrtsstaaten als Teil eines umfassenderen Entwicklungs- und Transformationsprozesses verstehen lassen. Für diesen Zweck wäre es naheliegend, zuerst nach makrosoziologischen Entwicklungstheorien zu greifen, die mit Vorstellungen von Entwicklungs*stadien* arbeiten und diese vielleicht noch durch die Unterscheidung von Gesellschafts*typen* verfeinern. Ich ziehe es vor, hier von Makro-*Konstellationen* zu sprechen, die sich zwar mit Vorstellungen von Entwicklungsphasen und Gesellschaftstypen verbinden, sich aber nicht auf sie reduzieren lassen. Ein herausragendes Beispiel für die Analyse einer "Makro-Konstellation" bietet Max Webers Schrift "Die sozialen Gründe des Untergangs der antiken Kultur", deren methodischer Ansatz auch für die hier untersuchte Frage vielversprechend erscheint.[6)]

Der Begriff der Makro-Konstellation richtet sich gegen übertriebene Vorstellungen von einer internen "Systemhaftigkeit" von Gesellschaftstypen und einer regelhaften Abfolge von Entwicklungsstadien wie auch gegen eine Vernachlässigung externer Einflüsse. Ihm liegt die Annahme zugrunde, daß wir verschiedene zentrale, aber historisch begrenzte Strukturelemente unterscheiden können, die einen relativ hohen Grad an Autonomie und damit eigenständiger Entwicklungen aufweisen. Diese Entwicklungen, Wachstums- und Schrumpfungsprozesse, verbinden sich zu unterschiedlichen Konstellationen mit einem historisch relativ einmaligen Charakter.

Lassen sich nun klare Anzeichen für andauernde Ungleichgewichtszustände des öffentlichen Haushalts und eine nachhaltige Instabilität der politischen Institutionen, eine deutliche Zunahme sozialer Konflikte und Erscheinungen sozialer Desintegration mit einer solchen historischen Makro-Konstellation verbinden, so will ich von einer Krise sprechen. Da die Makro-Konstellation selbst - quasi definitorisch und zumindest tendenziell - kaum politisch gestaltbar ist, liegt die "Lösung" einer solchen Krise in einer Anpassung und Erneuerung von gesellschaftlichen Institutionen, die eher beeinflußbar erscheinen.

(4) Institutionenreform und Institutionenneubildung

Stabilitätsbedingungen, Integrationsgrad und Konfliktpotential einer Gesellschaft werden entscheidend von ihren institutionellen Ordnungen beeinflußt. Gesellschaftliche Entwicklung ist ganz wesentlich als ein Prozeß der Institutionenbildung, institutioneller Differenzierung und Fusionierung zu verstehen. In diesem Prozeß entstehen neue Handlungseinheiten mit eigenen Interessenlagen, Handlungsorientierungen und Rationalitätskriterien. M. Rainer

Lepsius hat vier Aspekte der Institutionenreform und -neubildung unterschieden: eine Kompetenzallokation, die die Handlungsfreiheiten und -verpflichtungen der neuen Handlungseinheiten regelt; eine Ressourcenallokation, die ihre Verfügungsgewalt über die Mittel zur Durchsetzung der Kompetenzen festlegt; eine Legitimationsallokation, die die Rechtfertigungskriterien für die Kompetenzausübung bestimmt; und schließlich eine Kontrollallokation, die die inter-institutionelle Konflikaustragung regelt.[7)]

In diesem Sinne ließe sich die Entstehung des modernen europäischen Wohlfahrtsstaates als eine Institutionenneubildung verstehen, die auf eine Veränderung der Stabilitätsbedingungen, des Integrationsgrades und Konfliktpotentials gerichtet war. Sie ließe sich als eine Herausdifferenzierung neuer Handlungseinheiten (z.B. Gewerkschaften, Sozialversicherungsträger, Dienstleistungsbürokratien) mit neuen Interessenlagen, Handlungsorientierungen und Rationalitätskriterien (z.B. Prinzip der sozialen Sicherheit versus Prinzip der Rentabilität) analysieren. Sollte der Wohlfahrtsstaat sich von einem "Krisenbewältiger" zu einem "Krisenerzeuger" gewandelt haben, so wären ebenfalls die Möglichkeiten institutioneller Lösungen in Form einer Neugestaltung der Kompetenz-, Ressourcen-, Legitimitäts- und Kontrollallokation zwischen alten oder neuen Handlungseinheiten zu analysieren.

## II. Die Makro-Konstellation in der Entstehungsphase der europäischen Wohlfahrtsstaaten

Zuerst will ich jedoch versuchen - in aller Kürze und damit sträflichen Vereinfachung - jene historische Makro-Konstellation gegen Ende des vorigen Jahrhunderts zu skizzieren, in der der moderne Wohlfahrtsstaat als institutionelle Antwort auf die Krise der damaligen Zeit seinen Anfang nahm. Ich will dabei von Max Webers Grundperspektive ausgehen, von seinem Verständnis der Dynamik der europäischen Gesellschaften aus spezifischen Differenzierungsprozessen heraus.

Die hier grundlegende Differenzierung betrifft die Herausbildung eines kapitalistischen "Welt"-Wirtschaftssystems einerseits und eines Systems moderner Staaten andererseits. Zentrales Merkmal dieser Konstellation ist, daß kein Einzelstaat in der Lage ist, das Wirtschaftssystem in seiner Entwicklung zu kontrollieren, umgekehrt aber auch die Entwicklung der Staaten und des Staatensystems durch eine große Eigendynamik gekennzeichnet ist. Den zwei Elementen dieser Konstellation entsprechen zwei Gleichgewichtspunkte: ein Gleichgewicht der Mächte und ein Gleichgewicht zwischen der Nachfrage nach grundlegenden Rohstoffen, Energiequellen und Nahrungsmitteln und ihrem Angebot. Zur ungefähren zeitlichen Einordnung läßt sich sagen, daß diese Konstellation im 16. Jahrhundert entstand und sich in der zweiten Hälfte des 17. Jahrhunderts stabilisierte.[8)]

Die ersten öffentlichen Wohlfahrtseinrichtungen stammen aus dieser Zeit. Ihre Entstehung, ihre Funktion und ihr stark repressiver Charakter sind in engem Zusammenhang mit den beiden ersten Elementen der Konstellation zu sehen. Zum Teil waren sie eine Reaktion auf die durch die Monetarisierung der Landwirtschaft und einen expandierenden und neuartigen Arbeitsmarkt geschaffenen Probleme; zum Teil waren sie einfach eine Folge der Verstaatlichung von Kirchengütern. Ihre wichtigste Funktion bestand zum einen in der Aufrechterhaltung der öffentlichen Ordnung, zum anderen aber in einer Unterstützung des kapitalistischen Arbeitsmarktes.[9)] Aber auch ein drittes Konstellationselement wurde damals schon sichtbar: die Bevölkerungsentwicklung, die den Nahrungsmittelspielraum einengte und die ländliche Arbeitslosigkeit verschärfte.

Bis in das 19. Jahrhundert hinein ist zwar durchaus eine Weiterentwicklung der alten Wohlfahrtsinstitutionen zu beobachten, aber keine wirklich einschneidende Veränderung. Diese wurde erst mit dem Auftauchen von zwei neuen Konstellationselementen möglich und notwendig: der Industrialisierung und der Entwicklung von Massendemokratien. Wir haben uns daran gewöhnt, im Zusammenhang mit der absolutistischen Staatenbildungsperiode von "Penetration" zu reden, aber in Wirklichkeit ging die nicht sehr weit. Und das gleiche gilt wohl auch für die "Penetration" des Kapitalismus in die lokalen Selbstversorgungseinheiten. Staat und Markt waren zu einem gewissen Grade "Oberflächenphänomene". Das änderte sich grundlegend mit der Industrialisierung, durch die erst der Kapitalismus zur dominanten Wirtschaftsform wurde. Die Expansion des weltweiten Gütertausches engte die Möglichkeiten der Selbstversorgung immer mehr ein und schuf neue unkontrollierbare Abhängigkeiten. Es änderte sich auch grundlegend mit der Entwicklung von Massendemokratien, die dem Staat nicht nur neue Aufgaben zutrugen, sondern auch die ungeheuere Ausdehnung seiner Ressourcen legitimierten, die durch die Industrialisierung geschaffen und mobilisierbar wurden.

Damit sind fünf Konstellationselemente gegeben: kapitalistische Wirtschaft und industrielle Gesellschaft, Nationalstaat und Massendemokratie und Bevölkerungsentwicklung. Das letzte Element möchte ich allerdings nicht als ein rein "demographisches", auf Bevölkerungswachstum und Altersstruktur beschränktes Element verstanden wissen. Dazu gehört auch ganz wesentlich der Struktur- und Funktionswandel der Familie: die Weise, in der sich die Geschlechter die soziale Arbeit teilen; die Art der Aufgaben, die die Familie für die scheidenden und nachwachsenden Generationen übernimmt; das Ausmaß an materieller Sicherheit, psychischem Schutz und moralischer Integration, das sie zu bieten fähig ist.

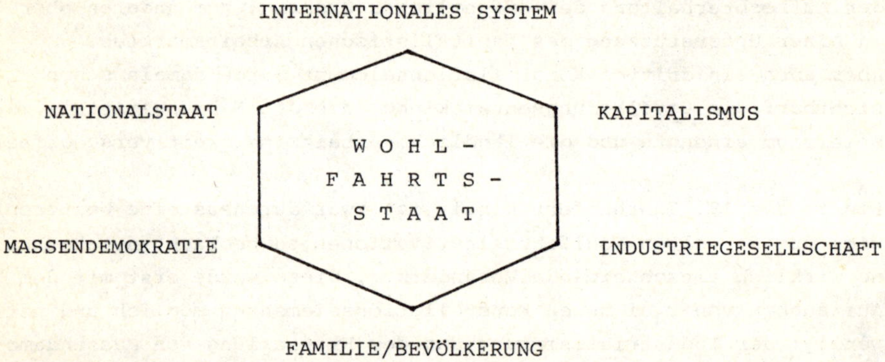


Noch ein sechstes Element ist zur Bestimmung der Konstellation notwendig: die Entwicklung des internationalen Systems. Dabei möchte ich zwei Aspekte unterscheiden: zum einen die Ausdehnung und dann den Verlust der Kontrolle Europas über die Welt in ihren Konsequenzen für die Verteilung der Weltreichtümer und der Weltproduktion; zum anderen den Grad internationaler Spannungen, die Häufigkeit und Heftigkeit von Kriegen unter dem Gesichtspunkt der Zerstörung der Reichtümer und der Verschwendung der Produktion, die dadurch anderen Zwecken entzogen werden.

Wie sah nun die Makro-Konstellation in der Entstehungsperiode des modernen Wohlfahrtsstaates aus? Es ist die Periode von ungefähr 187o bis zum Ersten Weltkrieg. Anfangs der 7oer Jahre war die politische Neuordnung Mitteleuropas abgeschlossen, die Industrialisierung begann sich zu beschleunigen, und die Entwicklung der Massendemokratien hatte bereits einen ersten Schub erfahren.

Diese Periode sieht den Höhepunkt der europäischen Nationalstaaten und der Herrschaft Europas über die Welt, auch wenn es schon Anzeichen für eine Wende gibt. Mit der italienischen und deutschen Einigung triumphiert das Prinzip nationaler Grenzziehung, dem nur noch das alte Habsburgerreich immer schwächeren Widerstand leistet. Das wechselseitige Verhältnis von innerer Einheit und nationaler Stärke spielt eine zentrale Rolle und mag eine der Erklärungen dafür sein, daß gerade das neu gegründete Deutsche Reich als Emporkömmling unter den europäischen Großmächten zum Pionier in der Entwicklung des modernen Wohlfahrtsstaates wird.

Diese Periode sieht den allgemeinen Durchbruch der Industriegesellschaften. In Rostows Terminologie hat Großbritannien schon lange seinen "take-off" hinter sich, aber auch schon Frankreich, Belgien und Deutschland, und bis 19oo folgen die skandinavischen Länder, Italien und Österreich-Ungarn.[1o)] In einigen Ländern vervierfacht sich das Sozialprodukt zwischen 187o und 1913, in den meisten verdreifacht es sich zumindest.[11)] Das bedeutet allerdings nicht, daß die europäischen Gesellschaften damit schon das Rostowsche Stadium des "allgemeinen Massenkonsums" erreichen. Dazu ist das Ausgangsniveau zu niedrig, der Investitionsbedarf zu groß und die Verteilung der Einkommen zu ungleich. Dazu wächst aber auch die Bevölkerung zu rasch, rascher als je zuvor oder danach. Es ist der Höhepunkt im "demographischen Übergang" der europäischen Bevölkerungen. Im Durchschnitt liegt die Rate des natürlichen Bevölkerungswachstums deutlich über 1 Prozent.[12)]

Bevölkerungswachstum und Industrialisierung führen zu einer gewaltigen Umschichtung der Bevölkerung vom Land in die Städte, die so schnell wachsen wie nie zuvor oder jemals danach. Lebt um 187o nur jeder sechste Europäer (ohne Osteuropa) in einer Stadt mit 2o.ooo und mehr Einwohnern, so ist es um 191o schon jeder dritte; die Bevölkerung in den Städten mit 1oo.ooo und mehr Einwohnern steigt von 16 Millionen um 187o auf 48 Millionen um 191o, ihr relativer Anteil von 1o auf 2o Prozent.[12] Eine Industrialisierung und Verstädterung in diesem Ausmaß und mit dieser Geschwindigkeit muß zwangsläufig große soziale Probleme schaffen. Diese werden durch die kapitalistische Wirtschaftsstruktur in spezifischer Weise geformt und verschärft und zum Teil durch sie überhaupt erst erzeugt. Zwar sind die Konjunkturzyklen eine schon viel ältere Erscheinung, und nach Rostow nahm auch die relative Amplitude in der Bewegung der Beschäftigung in jener Zeit nicht zu, aber dafür war ein immer größerer Bevölkerungsteil von diesen Schwankungen betroffen.[13]

So ist es leicht verständlich, daß dies auch eine Periode der Intensivierung der Klassenkämpfe und Verteilungskonflikte, die entscheidende Phase in der Mobilisierung der Arbeiterklassen und der Organisation der Arbeiterbewegung mit ihren beiden Pfeilern, Gewerkschaften und Arbeiterparteien, ist. Die Entwicklung der Gewerkschaften wird dadurch erleichtert, daß die Mehrheit der europäischen Länder schon vor 187o die Koalitionsfreiheit rechtlich verankert. Deutschland und England gehen 1868 in der Gründung gewerkschaftlicher Zentralverbände voraus und bis zur Jahrhundertwende folgen alle anderen Länder nach. Die Gewerkschaften lernen die Waffe des Streiks zu gebrauchen. In manchen Ländern verzehnfacht sich in diesem Zeitraum die relative Zahl der Streiks und die relative Zahl der daran beteiligten Arbeiter wächst um das Zwanzigfache (vgl. die Tabellen 4-6 im Anhang).[14] Die Arbeiterparteien, der andere Pfeiler der Arbeiterbewegung, werden zu Prototypen der modernen Massenparteien. Auch sie entstehen zu dieser Zeit in allen europäischen Ländern, angefangen in Deutschland schon vor 187o bis zur Labour Party als Schlußlicht kurz nach 19oo. Bis zur Jahrhundertwende sind ihre Vertreter in praktisch allen europäischen Parlamenten zu finden.

Damit ist schon angedeutet: dies ist auch die entscheidende Periode in der Entwicklung der Massendemokratien. Das Wahlrecht ist zwar keine Erfindung dieser Zeit, und die Entwicklung von Massendemokratien mit allgemeinem Wahlrecht und parlamentarischer Regierungsverantwortung findet auch erst nach dem Ersten Weltkrieg ihren Abschluß. Dennoch vollzieht sich in dieser Periode die größte Ausdehnung des Wahlrechts, und die Wahlbeteiligung erreicht schon vor dem Ersten Weltkrieg ein sehr hohes Niveau; und es gibt praktisch keine Einschränkungen des Wahlrechts oder gar seine Abschaffung! Auch der Parlamentarismus setzt sich mit Ausnahme von Deutschland und Österreich in dieser Zeit überall durch.

Die Entwicklung zu Massendemokratien bringt für die Staaten notwendig neue Aufgaben mit sich, stärkt aber auch die Legitimität ihrer Ressourcenforderungen. Durch das wirtschaftliche Wachstum bedingt, steigen die absoluten Einnahmen der europäischen Staaten stark an, und langsam nehmen sie sich auch einen größeren Anteil am Sozialprodukt. Ein relativ großer Teil davon wird für den Ausbau der wirtschaftlichen Infrastruktur ausgegeben. Dafür sind die Ausgaben für die äußere Sicherheit trotz Spannungen aus imperialistischer Konkurrenz relativ gering, da es für Europa eine Zeit des relativen Friedens und der kleinen Kriege ist. Damit bleibt in Rostows Terminologie ein Spielraum für andere Ausgaben: für die innere Ordnung und für Wohlfahrt. Und angesichts der gesellschaftlichen Erschütterungen dieser Zeit scheinen erhöhte Ausgaben in beiden Kategorien dringend geboten.

Ich fasse kurz zusammen: Strukturelle Probleme der entstehenden kapitalistisch verfaßten Industriegesellschaften produzieren neben anderen Krisensymptomen eine sprunghafte Zunahme sozialer Konflikte und systemfeindliche Mobilisierungsanstrengungen, die jedoch durch die Entwicklung parlamentarischer Institutionen mit der wachsenden und durch keine größeren Kriege oder Kriegsvorbereitungen gefährdeten Ressourcenbasis der Staaten vermittelt werden. In dieser Konstellation hat der moderne europäische Wohlfahrtsstaat seinen "take-off" und entfaltet nach seinem Durchbruch eine erstaunliche expansive Dynamik.

## III. Grundmerkmale und Expansion des Wohlfahrtsstaates

Die Zielsetzungen und institutionellen Schwerpunkte des entstehenden Wohlfahrtsstaates sind in vielfältiger Weise mit dem Charakter der damaligen Krise und den Merkmalen der Konstellation und ihrer Elemente verbunden. So ist es nicht verwunderlich, daß er zuerst fast ausschließlich auf die Arbeiterschaft gerichtet war und sie durch etwas größere Sicherheit und etwas mehr Gleichheit für die kapitalistische Wirtschaftsordnung und die jeweilige politische Ordnung zu gewinnen trachtete. Aber auch in einer viel allgemeineren Weise finden sich Merkmale der Konstellation und ihrer Elemente in den Institutionen des Wohlfahrtsstaates wieder. Hans Achinger hat schon vor langer Zeit in kritischer Absicht auf die drei allgemeinen Merkmale der Monetarisierung, Bürokratisierung und Verrechtlichung hingewiesen[15], die in einem engen Zusammenhang mit den Elementen "Kapitalismus", "Nationalstaat" und "Massendemokratie" stehen.

Darüber hinaus ergibt sich aber noch ein viertes allgemeines Merkmal des Wohlfahrtsstaates aus seiner Verbindung mit dem Strukturelement "Industriegesellschaft". Er stützt und verstärkt nämlich die unzähligen Differenzierungsprozesse, die für Industriegesellschaften so typisch sind; und zum Teil schafft er sie selbst. Er hat damit zum Verschwinden vieler Zwischenformen, Teillösungen und Funktionsüberschneidungen beigetragen, die den vorindustriellen Gesellschaften eine spezifische Flexibilität gaben. Und er hat sich überdies auf Kosten der intermediären Strukturen ausgedehnt.

Sucht man nach einer konkreten Bestimmung des Begriffs "Wohlfahrtsstaat", so findet man kaum Einverständnis, und manche möchten auf das Wort ganz verzichten.[16] Ich glaube jedoch, daß wir den Begriff brauchen, ohne ihn genau festlegen zu müssen. Geht man davon aus, daß wir es mit einem relativ eng zusammenhängenden Komplex staatlicher Maßnahmen und Institutionen zu tun haben, so kommt es weniger auf genaue Grenzziehungen an; viel wichtiger erscheint eine Bestimmung der institutionellen Schwerpunkte, die sich historisch langsamer verschieben als die Grenzen.

Strukturphänomene wie der Wohlfahrtsstaat haben selten eindeutige Geburtsstunden. Dennoch wird der Beginn des modernen Wohlfahrtsstaates häufig mit der Bismarckschen Sozialgesetzgebung, d.h. den Arbeiterversicherungen für Unfall, Krankheit und Alter angesetzt. Damit wurde eine neue Institution der Einkommenssicherung geschaffen, die sich in vielfältiger Weise von der alten Armenfürsorge unterschied; zum Beispiel durch eine größere funktionale Spezialisierung und bürokratische Standardisierung und durch die Förderung eines Rechtsanspruchs als Folge von Beitragserhebungen u.a.m.

Der in meinen Augen wichtigste Unterschied liegt jedoch in der inhärenten Dynamik der Sozialversicherung. Der Armenfürsorge waren bezüglich ihrer Leistungen wie des erfaßten Bevölkerungskreises prinzipiell enge Grenzen gesetzt. Die Sozialversicherung ist dagegen eine Institution, die ihrer Intention nach auf die gesamte Bevölkerung zielt und deren Ausdehnung sich vielleicht mit den Wahlrechtserweiterungen vergleichen läßt. Während allerdings das Stimmrecht von den privilegierten auf schlechter gestellte Schichten ausgedehnt wurde, expandierte die Sozialversicherung durch die Sozialstruktur "nach oben". Mit dieser Expansion verlagert sich jedoch ihr Ziel von der Sicherung des elementaren Einkommens einer relativ homogenen Bevölkerungsschicht zur Sicherung des relativen Einkommens differenzierter Schichten. Darin liegt ein zweites Expansionselement, durch das die Sozialversicherung überdies in Verteilungs- und Statuskämpfe hineingezogen wird, für die wiederum Wachstum die einfachste Lösung darstellt.

Eine Hervorhebung der Sozialversicherung als institutioneller Innovation erscheint daher historisch gerechtfertigt. Dennoch stellt sie nur eine Kerninstitution neben anderen dar, die ihr zum Teil vorausgingen (z.B. Schutzgesetzgebung) und sich von ihr differenzierten (Sozialhilfe), relativ gleichzeitig einsetzten (z.B. Steuerreformen) oder erst später nachfolgten (z.B. nationale Wohnungs- und Arbeitsmarktpolitik). Vor allem sind aber die Entwicklungen im öffentlichen Bildungs- und Gesundheitsbereich zu berücksichtigen, die heute neben der Sozialversicherung institutionelle Schwerpunkte des Wohlfahrtsstaates mit einer vergleichbaren expansiven Dynamik darstellen.

Ich muß hier auf den Versuch verzichten, die Ausdehnung des Aufgabenbereiches des Wohlfahrtsstaates im einzelnen nachzuzeichnen und sie mit der Veränderung der Makro-Konstellation in der Zwischenkriegszeit und den beiden Nachkriegsjahrzehnten zu verknüpfen. Bevor ich jedoch zur Frage komme, ob heute eine neue Makro-Konstellation im Entstehen begriffen ist und welche Konsequenzen sie für den expandierten Wohlfahrtsstaat haben könnte, möchte ich seine allgemeine Entwicklung durch drei Schlagworte charakterisieren: bescheidene Anfänge, kontinuierliche Expansion, Beschleunigung in jüngster Zeit.

Wie bescheiden die Anfänge waren, zumindest aus heutiger Sicht, läßt sich anhand der Ausdehnung der sozialen Sicherungssysteme für Unfall, Krankheit, Alter und Arbeitslosigkeit verfolgen. Wie die Grafik auf der folgenden Seite zeigt, hatten diese vier Systeme zusammen im europäischen Durchschnitt bis 191o gerade ein Zehntel des heutigen Umfangs erreicht.[17)] Dabei waren aber die Unterschiede zwischen den Ländern erheblich. Deutschland als der "Spitzenreiter" mit der ausgedehntesten Sozialversicherung und einem hochentwickelten öffentlichen Bildungs- und Gesundheitswesen gab 1913 insgesamt 2.6% des Bruttosozialprodukts für Sozialversicherung und Armenfürsorge, 2.7% für Bildung und o.7% für Gesundheit aus. Insgesamt betrug die "Sozialleistungsquote" ungefähr 6.1%.[18)] Im Vergleich zu diesem "Spitzenwert" vor dem Ersten Weltkrieg variierte der Anteil der Sozialausgaben am Bruttosozialprodukt in Europa um 1975 von knapp 2o bis über 28 Prozent.[19)]

Anhand der Ausdehnung der sozialen Sicherheitssysteme läßt sich auch zeigen, wie kontinuierlich die Expansion im europäischen Durchschnitt verlief. Nicht einmal in der Zeit zwischen der Weltwirtschaftskrise und dem Ende des Zweiten Weltkriegs gab es eine allgemeine Stagnation oder gar Einschränkung. Das gilt natürlich nur für Europa insgesamt und stimmt auch nicht unbedingt für die erbrachten Leistungen. Jens Alber hat überdies gezeigt, daß sich hinter der allgemeinen Expansion sehr unterschiedliche Muster verbergen. Bis 19oo wurde die Expansion weitgehend von den autoritären Staaten in Europa vorangetrieben; zwischen 19oo und 1914

Grafik: Die Ausdehnung der Sozialversicherung in Westeuropa

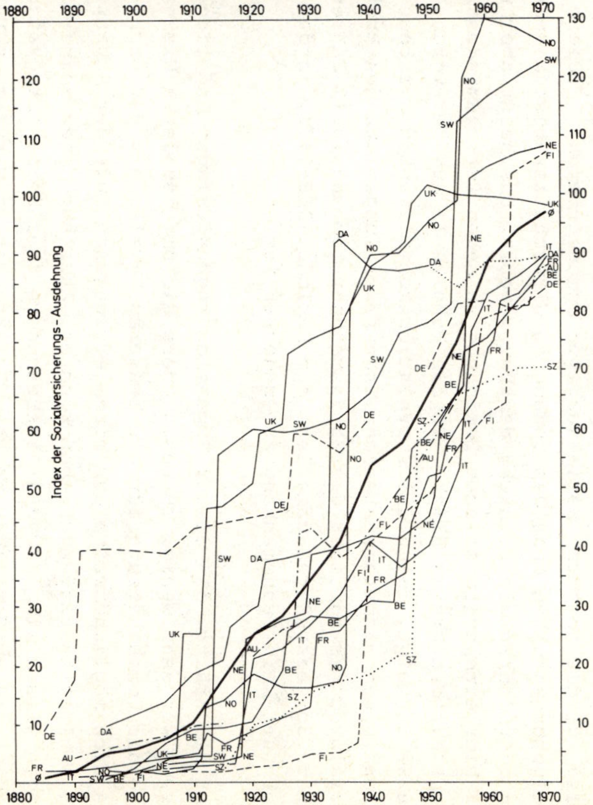


Erklärung zur Grafik:

Der Index soll einen Vergleich der Länder bezüglich der Ausdehnung ihrer sozialen Sicherheitssysteme ermöglichen. Er besteht aus einem gewichteten Durchschnitt der erfaßten Bevölkerung (als prozentualer Anteil an der Erwerbsbevölkerung) in allen vier Systemen. Den vier Prozentsätzen wurden folgende Gewichte gegeben: Altersversicherung 1.5, Kranken- und Arbeitslosenversicherung 1.0 und Unfallversicherung 0.5. Bei freiwilligen Versicherungen mit staatlicher Subventionierung wurden die entsprechenden Anteile halbiert. Die stärker gezogene Linie stellt einen "europäischen Durchschnitt" dar, d.h. einen Durchschnitt der Indexwerte aller europäischen Länder.

Erklärung zu Tabelle 1a:

Die erste Spalte enthält die Korrelationskoeffizienten zwischen den Wachstumsraten des Bruttosozialprodukts und der Transferzahlungen (zu laufenden Preisen) für im Durchschnitt 11 europäische Länder im jeweiligen Jahr. Die zweite Spalte enthält die Lag-Korrelationskoeffizienten zwischen den Wachstumsraten der Transferzahlungen im entsprechenden Jahr und den Wachstumsraten des Bruttosozialprodukts im Vorjahr.

Tabelle 1a:

Wirtschaftswachstum und Transferzahlungen

| | | |
|---|---|---|
| 1951 | .66 | |
| 1952 | .65 | .25 |
| 1953 | -.22 | .29 |
| 1954 | .67 | -.71 |
| 1955 | .16 | .28 |
| 1956 | .47 | .52 |
| 1957 | .28 | .19 |
| 1958 | .12 | .32 |
| 1959 | -.22 | -.03 |
| 1960 | .36 | -.05 |
| 1961 | .70 | -.10 |
| 1962 | .56 | .50 |
| 1963 | .62 | .21 |
| 1964 | .13 | .13 |
| 1965 | .16 | .11 |
| 1966 | .39 | .58 |
| 1967 | .38 | .62 |
| 1968 | .31 | .73 |
| 1969 | .08 | .21 |
| 1970 | -.17 | .19 |
| 1971 | -.27 | .22 |
| 1972 | .14 | .02 |
| 1973 | -.17 | .27 |
| 1974 | .51 | .31 |
| 1975 | .50 | .33 |

waren es dann vorwiegend die parlamentarischen Demokratien mit liberalen Regierungen. In der Zwischenkriegszeit scheint die Ausdehnung vor allem mit sozialistischen Stimmengewinnen und sozialistischer Regierungsbeteiligung zusammenzuhängen. Nach 1945 schließlich verwischen sich diese Unterschiede und es kommt zu einer Konvergenz durch allgemeine Expansion.[2o)]

Dic jüngste Beschleunigung dieser Expansion läßt sich besser an der Ausgabenentwicklung zeigen, da die Ausdehnung der sozialen Sicherheitssysteme inzwischen an ihre "natürlichen" Grenzen gestoßen ist. Die Entwicklung der Transferzahlungen läßt sich in der Tabelle 1 im Anhang verfolgen. Sie zeigt, daß in 22 der 25 Jahre von 1951 bis 1975 die Tansferzahlungen im europäischen Durchschnitt schneller wuchsen als das Bruttosozialprodukt; und seit 1961 durchgehend in jedem Jahr. In der ersten Hälfte der Periode stieg der durchschnittliche Anteil der Transferzahlungen am Bruttosozialprodukt um 2.5 Prozentpunkte von 7.2 auf 9.7% und in der zweiten Hälfte um 6.4 Prozentpunkte auf 16.1%. Die Beschleunigung des Wachstums ergibt sich auch dann, wenn man die Rezessionsjahre 1974 und 1975 nicht berücksichtigt, und sie ließe sich in gleicher Weise für die gesamten Sozialausgaben demonstrieren.[19)] Diese Steigerungen wären ohne das ungeheure Wirtschaftswachstum seit den 5oer Jahren sicher nicht denkbar gewesen. Das heißt aber nicht, daß hier eine systematische Beziehung zu sehen ist; zumindest nicht auf den ersten Blick. Wie die Tabelle 1a auf der vorangehenden Seite zeigt, lagen die Korrelationskoeffizienten zwischen den europäischen Wachstumsraten der Transferzahlungen und des Bruttosozialprodukts nur in 8 der 25 Jahre über .5o und in 12 Jahren unter .3o; besonders auffallend die Periode 1969-1973, in der überhaupt kein Zusammenhang zu entdecken ist.

Über die Kräfte, die dieser Expansion zugrunde lagen und liegen, wissen wir sehr wenig; zu wenig, denn ein umfassenderes Wissen wäre die Voraussetzung für ein besseres Verständnis der Probleme, die sich möglicherweise aus einem erzwungenen Ende der Expansion des Wohlfahrtsstaates ergeben könnten. Aber auch über seine Wirkungen wissen wir zuwenig, insbesondere über seine Integrationserfolge und -mißerfolge. Welchen Beitrag hat er wirklich zur Stabilisierung der Demokratie geleistet, durch eine Schwächung des politischen Radikalismus? Welchen Einfluß hat er auf die Entwicklung der europäischen Arbeiterbewegungen gehabt, und warum hat er den Faschismus nicht verhindert? In welchem Maße hat er zu einer Entschärfung sozialer Konflikte beigetragen und welche Auswirkungen hat er auf die allgemeine Integrationskraft der europäischen Gesellschaften gehabt, aber auch auf ihre Innovationsfähigkeit? Sind andererseits die desintegrativen, entstabilisierenden, konflikterzeugenden Wirkungen des Wohlfahrtsstaates im letzten Jahrzehnt größer geworden oder ist das in Zukunft zu erwarten? Eine Beantwortung der letzten Frage setzte ein besseres Verständnis seiner bisherigen Expansionskräfte und Integrationswirkungen voraus, ein größeres theoretisches wie empirisches Wissen. Dabei mangelt es jedoch eher an systematischer empirischer Forschung als an allgemeineren Diagnosen einer "Krise des Wohlfahrtsstaates".

Die grundlegenden Argumente sind hierbei meistens schon relativ alt und lassen sich tendenziell drei Traditionen zuordnen: der marxistischen Schule, dem Durkheimschen Denkansatz und der Tradition der liberal-konservativen politischen Soziologie. Für die Marxisten wie die Durkheimianer ist die Sache relativ klar. Für die einen kann der Wohlfahrtsstaat keine adäquate Lösung sein, da er die Institution des Privateigentums nicht antastet. Mit dieser Institution verbinden sich aber spezifische Instabilitäten, Verteilungskonflikte und Entwicklungsprobleme, denen der Wohlfahrtsstaat relativ hilflos gegenübersteht. Für die anderen kann der Wohlfahrtsstaat keine adäquate Lösung sein, weil er die notwendige moralische und soziale Integration nicht gewährleistet. Im Gegenteil: er schwächt die intermediären Strukturen mit ihren Integrationsaufgaben; er fördert über eine Anspruchsinflation die "anomischen" und durch die Individualisierung seiner Leistungen die "egoistischen" Strömungen in unseren Gesellschaften.[21)] In der dritten Tradition geht es schließlich im wesentlichen um das Verhältnis von Bürger und Wohlfahrtsstaat. Bedrohung individueller Freiheit durch bürokratische Machtausdehnung - indirekt aber auch durch mangelnde Selbstbeschränkung - ist der eine Argumentationspol, für den Tocqueville immer noch höchst aktuell erscheint. Leistungsfähigkeit des Staates versus Bürgerforderungen mit dem aktuellen Stichwort von "government overload" ist der andere Argumentationspol, der ebenfalls einen ehrwürdigen Ahnherrn hat. Schon 1918 wies Schumpeter in seinem Buch "Krise des Steuerstaates" auf eine mögliche prinzipielle Überwindung des Steuerstaates durch seine sozialpolitischen Auslagen hin.[22)]

Damit sind die grundlegenden Perspektiven angedeutet, die sich in den gegenwärtigen Krisendiagnosen wiederfinden. Einige der darin aufgeworfenen Fragen und verwendeten Argumente möchte ich im folgenden Teil aufnehmen und dabei versuchen, sie etwas stärker mit beobachtbaren Entwicklungen und Krisensymptomen zu verbinden.

## IV. Eine Krise des Wohlfahrtsstaates in einer neuen Makro-Konstellation?

Ist eine neue Makro-Konstellation entstanden oder im Entstehen begriffen, in der sich ein andauerndes Ungleichgewicht des Staatshaushalts und eine Instabilität der politischen Institutionen mit einer Zunahme sozialer Konflikte und einer Häufung sozialer Desintegrationserscheinungen zu einer "Krise" verbinden? Und hat sich der Wohlfahrtsstaat in diesem Zusammenhang tendenziell von einem "Krisenbewältiger" zu einem "Krisenproduzierer" gewandelt? Sollten unsere Gesellschaften in den nächsten zehn bis zwanzig Jahren tatsächlich größeren Belastungen ausgesetzt sein, im Inneren wie Äußeren, wie müßten dann die wohlfahrtsstaatlichen und auch andere Institutionen aussehen, um den Freiheitsgrad und die Konsensusfähigkeit dieser Gesellschaften zu sichern und gleichzeitig ihre Wandlungsbereitschaft und Innovationsfähigkeit zu unterstützen - und damit letztlich die Rolle und Unabhängigkeit Europas in der sich wandelnden Welt zu wahren? Das sind natürlich äußerst spekulative Fragen, die sich in dieser Form gar nicht beantworten lassen. Aber um Antworten kann es hier auch gar nicht gehen. Ich will vielmehr lediglich versuchen, eine Forschungsperspektive zu skizzieren, indem ich die Fragen etwas präzisiere und einige Vermutungen über mögliche und vielleicht nicht ganz unplausible Entwicklungen und Probleme anstelle.

## 1. Eine neue Makro-Konstellation?

Viele sehen in der sogenannten Ölkrise von 1973 einen Wendepunkt in der Entwicklung der europäischen Gesellschaften und generell der westlichen Industrieländer. Ohne Zweifel war dies ein einschneidendes Ereignis, bedenkt man nicht nur die wirtschaftlichen Konsequenzen der damit verbundenen Preisrevolution, sondern auch die aus der Plötzlichkeit der Veränderung resultierende Zukunftsverunsicherung. Dieses Ereignis schafft zwar noch keine neue Makro-Konstellation, ist aber vielleicht ein Symptom für eine Entwicklung, die sich mit anderen und von ihr weitgehend unabhängigen Entwicklungstendenzen zu einer neuen Konstellation verbinden könnte (vgl. im folgenden die Übersicht auf der nächsten Seite).

Die Möglichkeiten krisenerzeugender Entwicklungstendenzen in den sechs grundlegenden Konstellationselementen sollen hier zuerst nur kurz angedeutet werden. Auf der internationalen Ebene könnte sich die inhärente politische Instabilität des Weltsystems durch eine weiterhin divergierende Entwicklung von Lebenschancen und Informationsfluß verstärken; und die Instabilität der Weltwirtschaft, das Ungleichgewicht zwischen der weltweiten Nachfrage nach Rohstoffen, Energiequellen und Nahrungsmitteln und ihrem Angebot könnte aufgrund des zu erwartenden Bevölkerungswachstums und der wahrscheinlichen weiteren Industrialisierung zumindest andauern. Eine Verschärfung der internationalen Konflikte wäre damit nicht unwahrscheinlich. Zusammen mit einer wenn auch relativen Verschiebung der militärischen Machtverteilung und vor dem Hintergrund der Rohstoffabhängigkeit Europas könnte dies den internationalen Umverteilungsforderungen größeres Gewicht verleihen.

Auf der einzelstaatlichen Ebene könnte einer weiterhin wachsenden wirtschaftspolitischen Rolle und Verantwortung der Regierung unter erschwerten Bedingungen niedrigerer Wachstumsraten, höherer Arbeitslosigkeit und Inflation und andauernder Zahlungsbilanzprobleme eine Schwächung der integrativen Kraft des Nationalstaates und der parlamentarischen Institutionen gegenüberstehen. Eine Schwächung des Nationalstaates könnte den wachsenden internationalen Interdependenzen und Integrationsbestrebungen entspringen,

Mögliche Veränderungen der Makro-Konstellation

Veränderte wirtschaftliche und militärische Lage Europas (des Westens) und Zunahme internationaler Spannungen?

Schwächung der integrativen Kraft des Nationalstaates durch wachsende internationale Interdependenzen und Integrationsbestrebungen?

Schwächung des Parlamentarismus durch Machtzuwachs der Interessengruppen, Inflexibilität der Parteiensysteme und Forderungen nach direkter Partizipation?

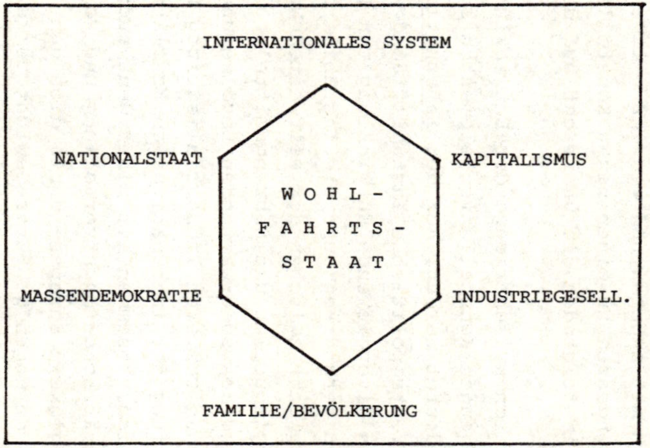


Wachsende wirtschaftspolitische Verantwortung des Staates in der "mixed economy" - bei erschwerten wirtschaftlichen Bedingungen und bei einem Machtzuwachs der Interessengruppen?

Übergang zur "postindustriellen Gesellschaft" durch Bildungsrevolution, Veränderung der Berufsstruktur und Wertewandel?

Fortgang des "demographischen Übergangs", Neuverteilung der Arbeit zwischen den Geschlechtern, Schwächung von Ehe und Familie?

eine Schwächung der parlamentarischen Institutionen aus dem langfristigen Machtzuwachs der Interessenverbände und der Inflexibilität der Parteienstrukturen resultieren.

Auf der sozialstrukturellen Ebene würde durch solche Entwicklungen die Lösung sich möglicherweise verschärfender Verteilungskonflikte erschwert; auch könnten dadurch neue Konflikte um politische Grenzziehungen, institutionelle Regelungen und nationale Zielsetzungen verstärkt oder gar erst produziert werden. Eine länger andauernde Schwächung der sozialen Integration ist ebenfalls denkbar, insbesondere als Konsequenz der Bildungsrevolution und einer sich anbahnenden Neuverteilung der sozialen Arbeit zwischen den Geschlechtern. Das könnte eine größere Instabilität von Ehe und Familie bedeuten und würde ein Andauern des langfristigen Geburtenrückgangs und der Alterung der Bevölkerung wahrscheinlich machen. Alle diese Entwicklungen sind natürlich nur Möglichkeiten, deren Wahrscheinlichkeit sich nicht genau bestimmen läßt. Sie sollen aber im Zusammenhang mit den beobachtbaren Krisensymptomen auf der "staatlich-politischen" und der "sozialstrukturellen" Ebene zumindest etwas eingehender diskutiert werden.

## 2. Krisensymptome auf der staatlich-politischen Ebene

Entsprechend den Überlegungen in Teil I werden hier zunächst Probleme des öffentlichen Haushalts und dann Instabilitätserscheinungen der politischen Institutionen untersucht. Am Anfang steht daher die Frage nach einem möglichen "strukturellen" Ungleichgewicht von Einnahmen und Ausgaben.

### (a) Neue Steuerrevolten?

In den letzten hundert Jahren hat es in Europa zweimal einen ungewöhnlich starken Anstieg der Steuerlast gegeben: im Ersten Weltkrieg und seit Mitte der 60er Jahre. Vor dem Ersten Weltkrieg lag die Steuerlastquote in kaum einem Land über 10 Prozent.[23] Im Ersten Weltkrieg stiegen dann die Einnahmen sprunghaft an, ohne nach Kriegsende wieder auf ihr ursprüngliches Niveau zurückzukehren, der vielzitierte 'displacement effect'.[24] Von der Mitte der 20er Jahre bis Mitte der 30er Jahre stieg die Quote im europäischen Durchschnitt nur geringfügig von ungefähr 15.5 auf knapp über 17 Prozent. Der Zweite Weltkrieg hatte einen weiteren, allerdings kleineren 'displacement effect', und seit den 50er Jahren stieg die durchschnittliche Steuerlastquote folgendermaßen: 1955 22.9%, 1960 23.4%, 1965 25.4%, 1970 29.6% und 1975 31.3%. Damit zeigt sich im Wachstum der relativen Steuerlast eine deutliche Beschleunigung. Diese Entwicklung ist noch bemerkenswerter, betrachtet man nicht den Anteil der Gesamtsteuern am Sozialprodukt, sondern den entsprechenden Anteil der Einkommenssteuern und zusätzlich der Zwangsbeiträge zur Sozialversicherung. Die Prozentsätze dieser beiden Zahlungen waren: 1955 13.7%, 1960 15.2%, 1965 18.0%, 1970 21.1% und 1975 27.4% (s. dazu Tabelle 2). Damit verdoppelten sie sich in zwanzig Jahren, wobei fast die Hälfte des Anstiegs in den letzten fünf Jahren erfolgte.

Hier deuten sich Grenzen einer weiteren relativen Steigerung der Staatseinnahmen an, auch ohne die Erwartung eines nachlassenden Wirtschaftswachstums. Diese Grenzen sind zwar empirisch kaum zu bestimmen, im Prinzip aber einfach zu definieren. Sie liegen dort, wo der Steuerstaat sich langfristig seine wirtschaftliche Grundlage untergräbt und die parlamentarische Demokratie ihre politische Unterstützung verliert. Harold L. Wilensky hat schon vor einiger Zeit auf deutliche Anzeichen eines Steuerprotestes oder sogar eines "tax-welfare backlash" hingewiesen.[25)] Mit Ausnahme von Dänemark (und den USA) sind diese Proteste in meinen Augen als keineswegs dramatisch zu werten; aber doch als symptomatisch, denn man muß sie vor dem Hintergrund der Geschichte der Steuerrevolten sehen. Folgt man dem französischen Finanzsoziologen und -historiker Gabriel Ardant, so sind Steuerrevolten als eine häufige Erscheinung der absolutistischen Staatenbildungsperiode seit der ersten Hälfte des 19. Jahrhunderts praktisch verschwunden und sind es mit ganz wenigen Ausnahmen bis heute geblieben.[26)]

Die Steuerrevolten verschwanden aufgrund von zwei Entwicklungen: die Industrialisierung vergrößerte das Ressourcenpotential und erleichterte seine Mobilisierung; die Ausdehnung des Wahlrechts und die Parlamentarisierung erhöhten die Legitimität von Einnahmesteigerungen. Das Problem der "Penetration" wurde so zum Teil durch die Institutionalisierung von "Partizipation" gelöst. Angesichts einer nicht unrealistischen Erwartung geringerer Wachstumsraten (zumindest der Realeinkommen) und der Möglichkeit steigender Ausgabenanforderungen könnten die bisher eher kuriosen Steuerproteste durchaus ernstere Formen annehmen. Sieht man in der Entwicklung seit dem Zweiten Weltkrieg eine zweite historische Phase der "Penetration", dann wäre zur strategischen Sicherung der notwendigen staatlichen Einnahmen nach neuen und erweiterten Formen der "Partizipation" zu suchen. Dagegen würden Versuche, die "sichtbaren Steuern" durch eine relative Erhöhung der indirekten Steuern zu "verstecken" und von der Progression betroffene mittlere Einkommensschichten stärker zu entlasten, den möglichen Steuerprotest im Prinzip nur auf andere Schichten verlagern. Und durch eine relativ höhere Verschuldung würde das Problem lediglich auf kommende Generationen abgeschoben. Man kehrte wieder zu den Haushalten des 19. Jahrhunderts zurück, in denen die Schuldentilgung einen viel größeren Anteil der Ausgaben verschlang; nur daß es sich damals um die Tilgung von Kriegsschulden handelte.

Geht man davon aus, daß politische Grenzen weiterer relativer Einnahmesteigerungen absehbar oder zumindest vorstellbar sind, so kommt der Ausgabenseite und möglicherweise wachsenden Ausgabenanforderungen eine zentrale Rolle zu. Solche Möglichkeiten habe ich in der Übersicht auf der folgenden Seite zusammengestellt.

(b) Äußere Sicherheit, innere Ordnung, wirtschaftliches Wachstum

Begünstigt durch den relativen Frieden und das historisch einmalige Wirtschaftswachstum sind die Ausgaben der europäischen Länder für ihre äußere Sicherheit seit dem Koreakrieg überall relativ, d.h. als Anteil am Sozialprodukt, gesunken (s. dazu Tabelle 3 im Anhang). Das hat größere Konflikte um einen "trade-off" zwischen Verteidigungs- und Sozialausgaben verhindert.[27] Andererseits bedeutet das aber auch, daß von Kürzungen der Verteidigungsausgaben, die ohnehin nur in einem langwierigen Prozeß zu erreichen wären, keine entscheidende interne Ausgabenentlastung zu erwarten ist. Umgekehrt ist durchaus ein Ansteigen der Ausgabenanforderungen vorstellbar. Ein relativer Anstieg könnte schon aus

## Möglichkeiten wachsender Ausgabenanforderungen

### ÄUSSERE SICHERHEIT

(1) relativ sicher: relativer Machtzuwachs der Entwicklungsländer verleiht Umverteilungsforderungen größeres Gewicht - höhere internationale Transferzahlungen oder/und höhere Verteidigungsausgaben

(2) möglich: Zunahme internationaler Spannungen durch eine Konkurrenz um knappe Rohstoff- und Energiequellen sowie Zahlungsbilanzprobleme

(3) wahrscheinlich: durch relativen Bedeutungszuwachs Europas in der NATO Umverteilung der Verteidigungskosten zuungunsten Europas

(4) möglich: bei anhaltend relativ niedrigen Wirtschaftswachstumsraten könnten die Verteidigungslasten auch unter sonst gleichbleibenden Bedingungen relativ steigen

### INNERE ORDNUNG

(1) möglich: durch Schwächung der integrativen Kraft des Nationalstaates und der parlamentarischen Institutionen wachsende Kosten für die Aufrechterhaltung der öffentlichen Ordnung

(2) möglich: durch Schwächung der sozialen Integration wachsende Kosten der Kontrolle "abweichenden" Verhaltens

### WACHSTUM

(1) relativ sicher: durch Rohstoff- und Energieknappheit und sich verschlechternde terms of trade werden höhere Ausgaben für Forschung, technologische Innovationen und die Anpassung des Kapitalstocks notwendig

(2) möglich: bei anhaltend relativ niedrigen Wachstumsraten wird aus fiskalischen wie arbeitsmarktpolitischen Gründen eine allgemeine Investitionsförderung wie eine gezielte Unterstützung der Arbeitsplatzbeschaffung notwendig

(3) wahrscheinlich: höhere Ausgaben für den Umweltschutz

### WOHLFAHRT

(1) möglich: bei anhaltend relativ höherer Arbeitslosigkeit höhere Kosten der Arbeitslosenversicherung und -fürsorge und einer sozialen Arbeitsplatzsicherung

(2) möglich: bei anhaltend relativ höherer Inflation wachsende Kosten des sozialen Wohnungsbaus und der Subventionierung anderer Güter

(3) sicher: durch Veränderung der Altersstruktur höhere Kosten der Altersversorgung

(4) möglich: höhere Transferzahlungen an Familien und andere Kosten zur Erhöhung der Geburtenziffern und zur Stärkung der Integrationskraft der Familien

(5) möglich: wachsende Kosten selbstdestruktiven Verhaltens durch soziale Desintegration

(6) wahrscheinlich: große Probleme, den Ausgabenanstieg im Gesundheits- und Bildungswesen zu bremsen (a) wegen spezifischer Probleme der Produktivitätssteigerung und (b) weil Statusgruppen in den Verteilungsprozeß involviert sind; durch Veränderung der Altersstruktur mögliche Entlastung des Bildungswesens und Belastung des Gesundheitswesens

einem anhaltend niedrigen Wirtschaftswachstum resultieren oder durch eine mittelfristig zu erwartende Umverteilung der Verteidigungslasten innerhalb der NATO erzwungen werden. Die entscheidende Frage aber betrifft natürlich die Entwicklung der Weltwirtschaft und des politischen Weltsystems.

Karl W. Deutsch hat vor kurzem die politische Instabilität des Weltsystems analysiert und als langfristige Lösungsmöglichkeit die Entwicklung eines "internationalen Wohlfahrtsstaates" vorgeschlagen.[28)] Diese Instabilität entspringt zum einen der fortgesetzten Spannung zwischen kapitalistischen und kommunistischen Allianzsystemen. Viel grundlegender ist für ihn aber die Diskrepanz zwischen der absoluten Armut der Mehrheit der Weltbevölkerung und der extremen Ungleichheit in der internationalen Verteilung der Lebenschancen auf der einen Seite und der sprunghaften Kommunikationsverdichtung und der bestehenden oder zu erwartenden Proliferation nuklearer Zerstörungswaffen auf der anderen Seite. Eine mögliche Zunahme internationaler Spannungen müßte zu steigenden Verteidigungsausgaben oder/und internationalen Transferzahlungen führen. Eine reale, wenn auch sehr schwierige Möglichkeit, die politische Instabilität des Weltsystems langfristig zu verringern, liegt für Deutsch in der teilweisen Umwandlung von Verteidigungsausgaben in Transferzahlungen. Dadurch könnte die Entwicklung eines "internationalen Wohlfahrtsstaates" in Gang gebracht werden, dessen Ziele denen des nationalen Wohlfahrtsstaates gleichen würden: Vergrößerung der Sicherheit und Verringerung der Ungleichheit durch eine Stabilisierung der Einnahmen der ärmeren Länder und durch eine übernationale Sicherung eines weltweiten Minimums an Ernährung, Gesundheitsfürsorge und Bildungschancen.

Faßt man somit Verteidigungsausgaben und internationale Transferzahlungen zusammen, so sind Ausgabensteigerungen für die äußere Sicherheit in Zukunft nicht unwahrscheinlich. Im Bereich der inneren Ordnung bewegen wir uns dagegen auf viel unsichererem Boden. Anzeichen für eine Schwächung der öffentlichen Ordnung in Europa seit den 60er Jahren sind zwar offenkundig, aber für eine Beurteilung der längerfristigen Trends reicht die empirische Grundlage bisher nicht aus. Steigende Ausgabenanforderungen für die Aufrechterhaltung der inneren Ordnung, für die Kontrolle "illegitimer" Konfliktformen und "abweichenden" Verhaltens sind aber denkbar. Eine Zunahme solcher Konfliktformen könnte nicht nur Resultat eines geringeren Wirtschaftswachstums und notwendiger Strukturanpassungen sein, sondern auch Produkt einer langfristigen Schwächung der integrativen Kraft des Nationalstaates und der parlamentarischen Institutionen. Eine Zunahme "abweichenden" Verhaltens wäre als Folge einer Schwächung der integrierenden Kraft von Familie und Bildungsinstitutionen ebenfalls vorstellbar.

Liegt über der zukünftigen Entwicklung der Ausgaben für die innere Ordnung wie für die äußere Sicherheit ein großer Schatten der Ungewißheit, so erscheinen Aussagen im Bereich der Wachstumsförderung eher möglich. In seinem neuen großen Werk "The World Economy. History and Prospects" interpretiert Rostow die Preisrevolution von 1972-76 als das Resultat eines seit den 60er Jahren zunehmenden weltwirtschaftlichen Ungleichgewichts (weltweite Industrialisierung/Zunahme leicht verfügbarer Energieressourcen; Wachstum der Weltbevölkerung/Zunahme der Weltnahrungsmittelproduktion), dessen Folgen durch die inhärente Inflation der Nachkriegszeit und die Schwächung des Weltwährungssystems noch verschärft wurden. In seiner vergleichsweise optimistischen Zukunftsvorstellung sieht er in den Ressourcenproblemen primär Preisprobleme, deren Lösung allerdings eine richtige Investitions- und Technologiepolitik der Industriegesellschaften und eine Kanalisierung der Konkurrenz um knappe Rohstoffmärkte durch internationale Vereinbarungen voraussetzt.

Sollte das gelingen, so erwartet jedoch auch er, daß im Gegensatz zur Periode 1951 bis 1972 hohe Preise für Energie und viele Rohstoffe - und für Luft und Wasser - vergleichbare Wohlstandssteigerungen wie in der Vergangenheit unwahrscheinlich machen. Er erwartet überdies eine anhaltend relativ höhere Arbeitslosigkeit, da das vergangene hohe Beschäftigungsniveau vor allem durch die Expansion energieintensiver Sektoren und staatlicher Dienstleistungsbereiche getragen war, deren weitere Expansion, zumindest in vergleichbarem Umfange, unwahrscheinlich ist. Neue Beschäftigungsbereiche müssen erst erschlossen werden. Aus der Art solcher möglichen Sektoren (Forschung, alternative Energien, Energiesparmaßnahmen im Hausbau und Massentransport, Umweltschutz und Stadterneuerung) sowie aus der Verantwortung des Staates für die Vollbeschäftigung und der außenpolitischen Notwendigkeit, wirtschaftliche Abhängigkeiten zu verringern, ergibt sich für Rostow die Notwendigkeit einer weiteren Ausdehnung der staatlichen Intervention und Penetration. Zunehmende Ausgaben für eine allgemeine Investitionsförderung aus arbeitsmarktpolitischen wie fiskalischen Gründen sowie gezielte Ausgaben für die wissenschaftliche Forschung, technologische Innovationen und die Anpassung des Kapitalstocks sind für ihn sehr wahrscheinlich.

Angesichts eines sich wahrscheinlich politisch verengenden Spielraumes für weitere relative Einnahmesteigerungen und möglicherweise wachsender Ausgabenanforderungen für die äußere Sicherheit, die innere Ordnung und das wirtschaftliche Wachstum ist natürlich zu fragen: Wie steht es mit dem Wohlfahrtsstaat? Gibt es auch hier weitere Expansionstendenzen? Und welche Konsequenzen hätte eine härtere Beschränkung für seine integrativen Funktionen?

(c) Ausgaben für "Wohlfahrt"

Untersucht man den relativen Anstieg der öffentlichen Ausgaben in Europa zwischen 1950 und 1975, so zeigt sich, daß er zum größten Teil auf eine Steigerung der Sozialausgaben zurückzuführen ist, deren Anteil am Sozialprodukt 1975 von knapp unter 20 bis über 28 Prozent variierte.[19)] In der ersten Hälfte der 70er Jahre gab es eine deutliche Beschleunigung dieser Entwicklung. Es ist noch nicht abzusehen, ob es gelungen ist, diese Beschleunigung zu "bremsen". Andererseits sind jedoch Entwicklungen denkbar, die eine weitere relative Steigerung der Ausgabenanforderungen wahrscheinlich machen.

Eine erste Möglichkeit liegt in einer anhaltend relativ höheren Arbeitslosigkeit und Inflation. In einer Studie über die "Krise des britischen Wohlfahrtsstaates" hat Rudolf Klein auf Ausgabenkategorien aufmerksam gemacht, die üblicherweise nicht zu den Sozialausgaben gezählt werden, ihrer Funktion nach aber zu ihnen gehören: Ausgaben für eine sozialpolitisch motivierte Arbeitsplatzsicherung und die Subventionierung wichtiger Verbrauchsgüter. Sie wiesen in Großbritannien in den 70er Jahren mit die größten Steigerungen auf. Bei einem anhaltend niedrigen Wirtschaftswachstum könnte es sich hierbei durchaus um eine allgemeinere und längerfristige Entwicklung handeln.[29)]

Stellt diese jedoch nur eine Möglichkeit dar, so ist eine andere als relativ sicher anzusehen: eine Steigerung der Ausgaben für die Altersversorgung aufgrund wahrscheinlich anhaltender niedriger Geburtenziffern. Ohne institutionelle Reformen wären Beitragserhöhungen die notwendige Konsequenz einer Verschiebung des Verhältnisses von Beitragszahlern zu Rentenempfängern. Daraus könnte sich eine Tendenz ergeben, die Entwicklung langfristig durch familienpolitische Maßnahmen aufzufangen. Größere familienpolitisch bedingte Sozialausgaben könnten jedoch auch aus dem Versuch entstehen, eine Ausbreitung selbstdestruktiver Verhaltensweisen und einen Anstieg der damit verbundenen sozialen Kosten durch eine Stärkung der integrativen Kraft der Familien aufzufangen.

In den Bereichen des öffentlichen Gesundheits- und Bildungswesens schließlich dürfte es sehr schwierig sein, einen weiteren Ausgabenanstieg aufzuhalten. Dazu trägt nicht nur die spezifische Problematik von Produktivitätssteigerungen in diesen peronalintensiven Bereichen bei. Viel wichtiger dürfte die Tatsache sein, daß in beiden Bereichen Statusgruppen die Institutionen nach innen weitgehend selbst kontrollieren und nach außen über erhebliche Einflußmöglichkeiten verfügen. Langfristig gesehen ist auch eine weitere Bildungsexpansion wahrscheinlich, aber die Veränderung der Altersstruktur dürfte hier eine Entlastung bringen; für das Gesundheitswesen dürfte sie dagegen eine zusätzliche Belastung darstellen.

Versucht man eine Bilanz der verschiedenen Möglichkeiten, Wahrscheinlichkeiten und Unwägbarkeiten zukünftiger Einnahmen- und Ausgabenentwicklungen zu ziehen, so scheint die Erwartung zunehmender Haushaltungsgleichgewichte zumindest nicht unplausibel. Glaubt man nun, daß parlamentarische Regierungen im allgemeinen dazu tendieren, den Weg des geringsten Widerstandes zu gehen,

## 4. Mögliche Richtungen institutionellen Wandels

Vielleicht lassen sich aus dem Bisherigen für die Bestimmung einer Forschungsperspektive folgende Schlüsse ziehen:

- Es gibt tatsächlich verschiedene Symptome, die auf eine zunehmende Instabilität der europäischen Gesellschaften deuten; es erscheint allerdings dringend nötig, sich dieser Tendenzen empirisch besser zu vergewissern, das Spektrum der Indikatoren zu erweitern und zu differenzieren, systematisch nach Ursachen und Querverbindungen zu suchen; hier liegt eine erste Forschungsaufgabe.
- Es ist zumindest nicht unwahrscheinlich, daß diese Symptome auf "Strukturprobleme" deuten, d.h. sich mit einer veränderten Makro-Konstellation verbinden lassen; eine zweite Forschungsaufgabe besteht daher darin, die theoretische Analyse der Konstellationselemente zu vertiefen und die empirische Analyse ihrer "krisenerzeugenden" Veränderungen voranzutreiben.
- Vermutungen, daß der Wohlfahrtsstaat durch seine Expansion zu einem "krisenerzeugenden" Strukturelement geworden ist, erscheinen nicht unplausibel; dabei dürfen allerdings seine stabilisierenden Wirkungen nicht übersehen werden, und er ist auch nicht mit allen Krisensymptomen direkt zu verbinden; eine dritte Forschungsaufgabe besteht daher in einer systematischen Analyse seiner Expansionstendenzen und Des-Integrationswirkungen.
- Unter "Krise" sollten wir weniger ein punktuelles Ereignis am Ende einer kontinuierlichen Zunahme von Instabilität, Desintegration und Konflikten verstehen sondern eher eine ganze Periode, in der sich solche Erscheinungen zwar insgesamt häufen, zeitlich aber durchaus variieren können. Es läßt sich zwar nicht entscheiden, ob wir heute in einer solchen Periode leben; es läßt sich aber sagen, daß unsere Interpretationsversuche nicht bei der sogenannten Ölkrise und der Weltrezession von 1974/75 ansetzen sollten. Die "Nachkriegszeit" ist schon früher zu Ende gegangen und die verschiedenen Tendenzen unterscheiden sich nicht nur in ihren Ursachen, sondern auch in ihren zeitlichen Anfängen.

Über institutionelle Lösungsmöglichkeiten nachzudenken, schon bevor man die Probleme und ihre Ursachen genauer kennt, erscheint wenig sinnvoll. Wohl aber lassen sich Fragen nach möglichen Richtungen eines institutionellen Wandels stellen, die natürlich einen höchst spekulativen Charakter haben. Im Vordergrund stehen die Beziehungen des Wohlfahrtsstaates zu den Elementen der Makro-Konstellation. Dabei stellen sich die Beziehungen zu den Elementen "Internationales System" und "Familie/Bevölkerung" vor allem als Probleme einer institutionellen Anpassung an Veränderungen der Weltwirtschaft und der Bevölkerungsstruktur dar.

Die Beziehungen zu den Elementen "Massendemokratie" und "Kapitalismus" gehen dagegen über solche Probleme weit hinaus. Sie sind für den westlichen Typus des Wohlfahrtsstaates konstitutiv, der ihr Produkt wie ein Versuch ihrer Stabilisierung ist. Zugleich basiert er jedoch auch auf demokratischer Zustimmung und kapitalistischer Produktivität und kann diese durch Bürokratisierung gefährden. Eine zunehmende Schwächung der liberal-demokratischen und marktwirtschaftlichen Verankerung des westlichen Wohlfahrtsstaates würde sicher seinen Grundcharakter ändern. Andererseits dürfte dieser Charakter langfristig nur durch institutionellen Wandel zu erhalten sein: eine Stärkung der politischen Beteiligung durch Dezentralisierung und eine Verknüpfung der - oft widersprüchlichen - Formen parlamentarischer, korporatistischer und direkter Demokratie; eine "Demokratisierung" der Wirtschaft durch dezentralisierte Vermögensbildung und Mitbestimmung. Solche Veränderungen würden aber auch die Institutionen des Wohlfahrtsstaates nicht unberührt lassen und seine Grenzen gegenüber "Wirtschaft" und "Gesellschaft" versetzen.

Die Beziehungen zu den Elementen "Nationalstaat" und "Industriegesellschaft" machen schließlich den Wohlfahrtsstaat zu einem zentralen Strukturphänomen aller moderner Gesellschaften und ein möglicherweise grundlegender Wandel des Wohlfahrtsstaates wäre daher vor allem im Zusammenhang mit ihren Veränderungen zu analysieren. Die Schaffung einer relativ größeren Sicherheit und Gleichheit der Bürger durch den Staat bedeutet notwendig Bürokratisierung und Individualisierung. Dieser Doppelcharakter nationalstaatlicher Wohlfahrtspolitik könnte sich tendenziell dadurch verändern, daß im Prozeß einer verstärkten internationalen Umverteilung und Integration die Sicherheit und Gleichheit von Staaten und Regionen relativ wichtiger wird. Darüber hinaus könnte eine

Schwächung der nationalstaatlichen Integration eine stärkere Verlagerung von Kompetenzen und Ressourcen auf subnationale Kollektive (besonders Unternehmen und Familien) ermöglichen, da damit verbundene Ungleichheiten eher in Kauf genommen würden. Es könnte sich dadurch ein "entdifferenziertes" Konzept der sozialen Sicherheit entwickeln, in dem Rechtsansprüche gegenüber Staat und Unternehmen mit einer Sicherheit durch breitere Streuung von Besitz und Bildung und einer gestärkten Familiensolidarität verschmelzen.

Eine solche Entwicklung könnte sich mit Veränderungen der Industriegesellschaft verbinden, mit der der Wohlfahrtsstaat eine Symbiose eingegangen ist, indem er ihre Differenzierungsprozesse stützt und verstärkt. Hinter dem aseptischen Begriff der Differenzierung verbirgt sich dabei eine Zerstückelung unseres Lebensablaufes in eine "Ausbildungsphase", ein "Arbeitsleben" und einen "Lebensabend"; eine Abschottung von Familien- und Arbeitsleben; eine Parzellierung von Arbeit und Freizeit; eine säuberliche Trennung von "Gesundheit" und "Krankheit" u.a. Eine teilweise Entdifferenzierung durch die Entwicklung von Zwischenformen der Arbeit könnte nicht nur die Familie stärken, indem sie eine Neuverteilung der Arbeit zwischen den Geschlechtern erleichterte; sie könnte auch die Entstehung mancher Probleme verhindern (z.B. Ungleichgewichte zwischen Bildungswesen und Arbeitsmarkt) und die Institutionen des Wohlfahrtsstaates entlasten (z.B. durch eine Lösung der altersstrukturbedingten Rentenproblematik). Ein solcher Entdifferenzierungsprozeß könnte durch die Bildungsexpansion und technologischen Fortschritt ermöglicht und durch einen Wertewandel gestützt werden. Mit einer Auflockerung der rigiden Arbeitsorganisation würde sich nicht nur die Industriegesellschaft, sondern auch der Wohlfahrtsstaat grundlegend ändern.

In Webers Perspektive könnte Entdifferenzierung nachlassende Dynamik bedeuten. Und vielleicht brauchen wir heute gerade das. Damit geht jedoch das Spekulieren schon viel zu weit. Nicht Spekulation, sondern die empirische Beobachtung und Analyse von "Krisensymptomen" ist der erste und wichtigste Schritt.

Anmerkungen:

1) Diese Arbeit ist im Rahmen des HIWED-Projektes entstanden, das mit großzügiger Unterstützung der STiftung Volkswagenwerk am Forschungsinstitut für Soziologie der Universität zu Köln durchgeführt wird. Ich möchte mich hier bei allen Mitarbeitern für ihre Unterstützung herzlich bedanken: bei Jens Alber, Richard Eichenberg, Joachim Heinlein, Karl-Heinz Korn, Franz Kraus, Winfried Pfenning und Kurt Seebohm.

2) Walt W. Rostow, Politics and the Stages of Growth. Cambridge: At the University Press, 1971.

3) Siehe dazu insbesondere die beiden folgenden Bücher: Leonard Binder u.a., Crises and Sequences in Political Development. Princeton: Princeton University Press, 1971. Raymond Grew (Hrsg.), Crises of Political Development in Europe and the United States. Princeton: Princeton University Press, 1978.

4) Stein Rokkan, Citizens, Elections, Parties. Oslo: Universitetsforlaget, 197o.

5) Vgl. bes.: Emile Durkheim, Le Suicide. Paris: Presses Universitaires, 196o, und: ders., L'Education Morale. Paris: Presses Universitaires, 1974.

6) Es ist die Analyse einer Makro-Konstellation von zentralen Strukturelementen (der Institution der Sklaverei im Schnittpunkt von Wirtschafts-, Verwaltungs- und Militärordnung) sowie Wachstums- und Schrumpfungsprozessen (der Schwergewichtsverlagerung von den Küsten ins Binnenland und der damit verbundenen Schwächung der Verkehrswirtschaft; dem Ende der Reichsexpansion und dem damit verbundenen Versiegen der Sklavenzufuhr). S.: Max Weber, "Die sozialen Gründe des Untergangs der antiken Kultur". In: Max Weber, Soziologie - Weltgeschichtliche Analysen - Politik. Stuttgart: Kröner, 1964.

7) Rainer M. Lepsius, "Modernisierung als Institutionenbildung. Kriterien institutioneller Differenzierung". In: Probleme der Modernisierungspolitik, hrsg. von Wolfgang Zapf. Mannheim 1976.

8) Vgl. Immanuel Wallerstein, The Modern World System. New York: Academic Press, 1974.

9) Vgl. Frances F. Piven und Richard A. Cloward, Regulierung der Armut. Die Politik der öffentlichen Wohlfahrt. Frankfurt: Suhrkamp, 1977.

1o) Vgl. Walt W. Rostow, The World Economy. History and Prospects. London: Macmillan, 1978.

11) Vgl. Angus Maddison, Economic Growth in the West. New York: Twentieth Century Fund, 1964.

12) Vgl. Peter Flora, Quantitative Historical Sociology, Current Sociology XXIII (1975), Nr. 2.

13) Vgl. Rostow, a.a.O.

14) Die Daten stammen von Winfried Pfenning, der im HIWED-Projekt an einer vergleichenden Studie über die Entwicklung der Gewerkschaften und Streiks in Westeuropa arbeitet.

15) Hans Achinger, Sozialpolitik als Gesellschaftspolitik. Hamburg: Rowohlt, 1958.

16) Für eine Diskussion des Begriffs "Wohlfahrtsstaat" vgl. das erste Kapitel in: Peter Flora und Arnold J. Heidenheimer (Hrsg.), The Development of Welfare States in Europe and North America. New Brunswick, N.J.: Transaction, 1979.

17) Für eine ausführlichere Analyse des Index s.: Peter Flora, Jens Alber und Jürgen Kohl, "Zur Entwicklung der westeuropäischen Wohlfahrtsstaaten". Politische Vierteljahresschrift 18 (1977), Heft 4.

18) Vgl. S. Andic und J. Veverka, "The growth of government expenditure in Germany since the unification". Finanzarchiv N.R. 23, 1963/64, S. 169-278.

19) S. dazu: Jürgen Kohl, "Trends and problems in post-war public expenditure development in Western Europe and North America". In: Flora/Heidenheimer, a.a.O.
Vgl. auch: Jürgen Kohl, Staatsausgaben in Westeuropa. Ansätze zur empirischen Analyse der langfristigen Entwicklung der öffentlichen Ausgaben seit Ende des 19. Jahrhunderts. Vervielf. Manuskript. Dissertation, Mannheim 1979.

20) Jens Alber, Modernisierung und die Entwicklung der Sozialversicherung in Westeuropa. Vervielf.Manuskript. Dissertation, Mannheim 1979.

21) Beide Traditionen sind in den letzten Jahren gerade in Amerika in exemplarischer Weise aufgegriffen worden. Ich möchte hier nur O'Connor auf der einen Seite und Daniel Bell oder Morris Janowitz auf der anderen Seite nennen.
James O'Connor, Die Finanzkrise des Steuerstaates. Frankfurt: Suhrkamp, 1974.
Morris Janowitz, The Social Control of the Welfare State. New York 1976.
Daniel Bell, Die Zukunft der westlichen Welt. Frankfurt: Fischer, 1976.

22) Joseph Schumpeter, "Die Krise des Steuerstaates". In: Rudolf Goldscheid/Joseph Schumpeter, Die Finanzkrise des Steuerstaates. Beiträge zur politischen Ökonomie der Staatsfinanzen, hrsg. von Rudolf Hickel. Frankfurt: Suhrkamp, 1976.

23) Die Daten stammen von Kurt Seebohm, der im Rahmen des HIWED-Projektes an einer vergleichenden Analyse der Entwicklung der westeuropäischen Steuersysteme arbeitet. Sie geben die durchschnittliche Steuerlastquote von ungefähr zehn Ländern wieder. Die Steuerlastquote ist definiert als Anteil der Gesamtsteuern am Netto-Sozialprodukt zu Marktpreisen.

24) Dieser Begriff wurde zuerst entwickelt von: Alan T. Peacock und Jack Wiseman, The Growth of Public Expenditure in the United Kingdom. Princeton: Princeton University Press, 1961.

25) Harold L. Wilensky, The 'New Corporatism', Centralization and the Welfare State. Sage Publications 1976.

26) Gabriel Ardant, Histoire de l'Impôt. 2 Bde. Paris: Fayard, 1971 und 1972.

27) Ich möchte mich hier bei Richard Eichenberg bedanken, der mir

einen Überblick über den Diskussionsstand in der Fachliteratur gegeben hat. Er arbeitet im Rahmen des HIWED-Projektes an einer vergleichenden Analyse der Entwicklung von Sozial- und Verteidigungsausgaben in der Zeit nach dem Zweiten Weltkrieg mit dem Titel: "Defense/Welfare Tradeoffs in the Expenditure Patterns of Advanced Industrial States.

Für eine Analyse Frankreichs als Ausnahme von der Verallgemeinerung vgl.: Edward L. Morse, Foreign Policy and Interdependence in Gaullist France. Princeton: Princeton University Press, 1973, bes. Kapitel 4.

28) Karl Deutsch, "From the national to the international welfare state". Manuskript für eine vom Deutschen Historischen Institut in London und dem Wissenschaftszentrum Berlin im Dezember 1978 organisierte Tagung mit dem Titel "Die Entstehung des Wohlfahrtsstaates in Großbritannien und Deutschland 1850-1950".

29) Vgl. Rudolf Klein, University of Bath, "The international crisis of the welfare state: the case of Britain". Vervielf. Manuskript, 1976.

30) Janowitz, a.a.O., S. 86.

31) Bei der Zusammenstellung dieser Tabelle wurden folgende Quellen verwendet: Klaus v. Beyme, Die Parlamentarischen Regierungssysteme in Europa. München: Piper, 1973 und Thomas T. Mackie und Richard Rose, The International Almanac of Electoral Statistics. London: Macmillan, 1974. Für die Zeit nach 1972 wurde das Keesing Archiv der Gegenwart verwendet. Bei der Berechnung der europäischen Durchschnitte wurde im Prinzip immer die erste Zahl herangezogen, wenn die Regierung länger als 1 Monat im Amte blieb. Beim Arbeiten mit den beiden ersten Quellen stellten sich einige Ungenauigkeiten heraus. Da wir die Überprüfung aller Daten noch nicht abgeschlossen haben, könnten in der Tabelle 8 noch Fehler enthalten sein.

32) Harold L. Wilensky, The Welfare State and Equality. Structural and Ideological Roots of Public Expenditures. Berkeley: University of California Press, 1975.

33) Franz Urban Pappi, "Einstellungen zum Wohlfahrtsstaat". In: Zapf, a.a.O., S. 213-218.

34) Janowitz, a.a.O., S. 105.

Tabelle 1

Das Wachstum des Sozialprodukts und der Transferzahlungen im europäischen Durchschnitt

| | Jährliche Wachstumsraten der Transferzahlungen zu laufenden Preisen | | Jährliche Wachstumsraten des Brutto-Sozialprodukts zu laufenden Preisen | | Differenz der Wachstumsraten | Transferzahlungen in Prozent des Brutto-Sozialprodukts | | |
|---|---|---|---|---|---|---|---|---|
| | Durchschnitt | Standardabweichung | Durchschnitt | Standardabweichung | | Durchschnitt | Standardabweichung | |
| 1975 | 23.7 | 5.0 | 12.5 | 7.1 | 11.2 | 16.1 | 5.1 | 1975 |
| 1974 | 20.9 | 6.2 | 14.1 | 5.3 | 6.8 | 14.4 | 4.4 | 1974 |
| 1973 | 17.0 | 10.1 | 14.7 | 3.5 | 2.3 | 13.7 | 4.1 | 1973 |
| 1972 | 16.0 | 3.3 | 12.3 | 2.8 | 3.7 | 13.5 | 4.2 | 1972 |
| 1971 | 15.1 | 3.9 | 11.0 | 2.0 | 4.1 | 13.0 | 4.0 | 1971 |
| 1970 | 12.0 | 4.8 | 11.5 | 2.0 | 0.5 | 12.5 | 3.8 | 1970 |
| 1969 | 13.8 | 6.8 | 11.2 | 2.8 | 2.6 | 12.0 | 3.5 | 1969 |
| 1968 | 13.2 | 4.8 | 8.7 | 2.3 | 4.5 | 11.8 | 3.7 | 1968 |
| 1967 | 13.2 | 3.7 | 7.6 | 2.5 | 5.6 | 11.3 | 3.3 | 1967 |
| 1966 | 11.9 | 3.1 | 7.9 | 1.2 | 4.0 | 10.8 | 3.3 | 1966 |
| 1965 | 17.4 | 7.5 | 9.4 | 1.8 | 8.0 | 10.4 | 3.3 | 1965 |
| 1964 | 12.7 | 7.2 | 11.7 | 2.6 | 1.0 | 9.7 | 3.1 | 1964 |
| 1963 | 13.7 | 5.3 | 8.6 | 2.4 | 5.1 | 9.7 | 3.2 | 1963 |
| 1962 | 13.5 | 3.8 | 8.6 | 2.5 | 4.9 | 9.3 | 3.0 | 1962 |
| 1961 | 11.1 | 4.5 | 9.1 | 2.0 | 2.0 | 8.8 | 2.8 | 1961 |
| 1960 | 7.1 | 11.6 | 12.4 | 5.8 | -5.3 | 8.7 | 2.8 | 1960 |
| 1959 | 8.5 | 5.6 | 6.7 | 2.2 | 1.8 | 9.3 | 2.6 | 1959 |
| 1958 | 11.1 | 5.4 | 4.4 | 4.1 | 6.7 | 9.2 | 2.7 | 1958 |
| 1957 | 14.6 | 8.5 | 7.3 | 2.4 | 7.3 | 8.9 | 2.6 | 1957 |
| 1956 | 10.2 | 3.9 | 8.2 | 2.7 | 2.0 | 8.4 | 2.5 | 1956 |
| 1955 | 10.5 | 6.3 | 8.6 | 3.7 | 1.9 | 8.3 | 2.5 | 1955 |
| 1954 | 5.7 | 4.6 | 6.7 | 3.2 | -1.0 | 8.1 | 2.7 | 1954 |
| 1953 | 9.9 | 3.4 | 5.8 | 3.0 | 4.1 | 8.1 | 2.7 | 1953 |
| 1952 | 19.0 | 9.7 | 10.7 | 4.4 | 8.3 | 7.7 | 2.7 | 1952 |
| 1951 | 17.3 | 12.7 | 17.9 | 8.5 | -0.6 | 7.2 | 2.7 | 1951 |

Quelle der Länderdaten: OECD

Tabelle 2 Einkommenssteuern und Sozialversicherungsbeiträge in Prozent des Netto-Sozialprodukts zu Marktpreisen

| | AU | | BE | | DA | | FI | | FR | | DE | | IT | | NE | | NO | | SW | | SZ | | UK | | |
|---|---|---|---|---|---|---|---|---|---|---|---|---|---|---|---|---|---|---|---|---|---|---|---|---|---|
| | ES | SV | ES | SV | ES | SV | ES | SV | ES | SV | ES | SV | ES | SV | ES | SV | ES | SV | ES | SV | ES | SV | ES | SV | |
| 1975 | 6.7 | 10.3 | 14.5 | 13.7 | 24.5 | 0.8 | 17.3 | 6.6 | 4.4 | 17.2 | 11.7 | 15.6 | 9.7 | 25.3 | 14.0 | 20.5 | 16.2 | 15.9 | 26.1 | 9.0 | 15.1 | 9.0 | 17.1 | 7.4 | 1975 |
| 1974 | 7.2 | 9.6 | 12.4 | 12.5 | 27.1 | 0.9 | 18.4 | 5.7 | 4.6 | 15.7 | 12.2 | 14.8 | 6.9 | 19.4 | 13.5 | 19.5 | 16.6 | 15.6 | 22.9 | 8.6 | 13.6 | 8.2 | 12.4 | 6.7 | 1974 |
| 1973 | 6.8 | 9.6 | 11.3 | 12.4 | 23.2 | 1.2 | 17.8 | 5.8 | 3.9 | 14.8 | 11.6 | 14.3 | 4.6 | 15.9 | 13.1 | 18.3 | 15.7 | 16.1 | 21.8 | 8.5 | 12.9 | 7.8 | 11.0 | 5.9 | 1973 |
| 1972 | 6.2 | 9.3 | 10.7 | 12.1 | 24.4 | 2.3 | 17.1 | 5.3 | 4.2 | 14.6 | 10.1 | 13.5 | 4.3 | 13.9 | 13.1 | 17.0 | | 14.9 | 21.5 | 8.7 | 11.9 | 6.1 | 11.6 | 5.8 | 1972 |
| 1971 | 5.9 | 9.3 | 10.0 | 11.8 | 24.9 | 2.1 | 16.3 | 5.3 | 3.8 | 14.5 | 10.5 | 12.8 | 3.7 | 13.1 | 12.5 | 16.8 | 14.5 | 13.7 | 21.7 | 8.3 | 11.5 | 6.2 | 12.4 | 5.4 | 1971 |
| 1970 | 5.7 | 9.0 | 9.5 | 11.3 | 23.2 | 2.0 | 15.8 | 4.9 | 4.0 | 14.3 | 9.4 | 12.4 | 3.3 | 11.7 | 11.8 | 15.9 | 13.3 | 11.4 | 21.0 | 7.6 | 11.6 | 6.1 | 12.7 | 5.7 | 1970 |
| 1969 | 5.5 | 9.1 | 9.0 | 10.5 | 17.2 | 2.0 | 15.1 | 4.6 | 4.3 | | 8.9 | 11.9 | 3.4 | | 11.7 | 15.4 | 16.8 | 11.3 | 21.5 | 7.8 | 11.4 | 6.1 | 12.1 | 5.3 | 1969 |
| 1968 | 5.5 | 9.0 | 8.8 | 10.5 | 18.4 | 2.1 | 13.7 | 4.7 | 4.0 | 16.3 | 8.7 | 11.5 | 3.2 | | 11.4 | 14.9 | 16.4 | 10.9 | 20.2 | 7.6 | 11.0 | 5.4 | 11.4 | 5.4 | 1968 |
| 1967 | 6.0 | 8.9 | 8.3 | 10.4 | 16.5 | 2.1 | 13.4 | 4.8 | 4.9 | 15.7 | 8.8 | 11.3 | 3.1 | | 12.2 | 13.9 | 15.7 | 10.0 | 19.5 | 6.6 | 10.3 | 5.3 | 11.0 | 5.2 | 1967 |
| 1966 | 6.0 | 8.6 | 7.8 | 10.4 | 16.1 | 2.1 | 12.5 | 4.1 | 5.0 | 15.5 | 8.8 | 11.2 | 3.0 | | 11.7 | 13.3 | 14.7 | 8.4 | 19.3 | 5.7 | 10.3 | 5.2 | 9.9 | 5.1 | 1966 |
| 1965 | 5.5 | 8.4 | 7.2 | 10.1 | 14.5 | 2.1 | 11.7 | 4.0 | 5.1 | 15.4 | 8.4 | 10.7 | 3.0 | | 10.7 | 12.4 | 15.2 | 7.8 | 18.4 | 5.4 | 9.5 | 5.1 | 11.2 | 5.1 | 1965 |
| 1964 | 5.3 | 7.8 | | 8.8 | 13.4 | 1.9 | 11.6 | 3.6 | | 15.0 | 8.8 | 10.5 | 2.7 | 8.7 | 10.9 | 11.2 | 15.2 | 7.6 | 17.7 | 5.3 | 9.8 | 5.3 | 10.8 | 4.7 | 1964 |
| 1963 | 5.1 | 7.6 | | 8.1 | 13.3 | 1.5 | 10.3 | 3.2 | 4.8 | 14.7 | 8.8 | 10.8 | 2.6 | 7.8 | 10.4 | 10.9 | 15.0 | 7.6 | 17.0 | 5.1 | 9.2 | 5.[illegible] | 12.0 | 4.6 | 1963 |
| 1962 | 4.9 | 7.6 | 6.9 | 7.6 | 12.9 | 1.5 | 8.5 | 3.1 | 4.6 | 14.0 | 8.5 | 10.6 | 2.3 | 6.5 | 10.7 | 9.2 | 15.2 | 7.5 | 17.6 | 4.3 | 9.7 | 5.0 | 12.4 | 4.5 | 1962 |
| 1961 | 4.6 | 7.1 | 6.1 | 7.2 | 11.7 | 1.6 | 9.2 | 2.8 | 4.7 | 13.5 | 8.0 | 10.4 | 2.1 | 5.7 | 10.5 | 9.2 | 14.9 | 6.7 | 17.3 | 3.6 | 8.3 | 5.0 | 11.4 | 4.3 | 1961 |
| 1960 | 4.1 | 6.7 | 6.1 | 7.0 | 11.4 | 1.6 | 9.8 | 2.9 | 4.4 | 12.5 | 7.1 | 10.3 | 2.0 | 5.6 | 9.9 | 9.0 | | 6.4 | 17.9 | 3.5 | 8.7 | 5.0 | 11.3 | 3.9 | 1960 |
| 1959 | 4.2 | 6.9 | 5.9 | 6.7 | 11.7 | 1.6 | 13.2 | 0.0 | 5.0 | 12.7 | 7.2 | 10.3 | 1.9 | 5.3 | 9.7 | 8.8 | 14.7 | 6.2 | 16.6 | 2.9 | 8.1 | 4.6 | 14.5 | 4.7 | 1959 |
| 1958 | 4.3 | 7.1 | 5.8 | 7.0 | 11.9 | 1.6 | 12.8 | 0.0 | 4.6 | 12.0 | 6.7 | 10.5 | 1.9 | 5.0 | 9.9 | 8.9 | 17.0 | 4.1 | 17.0 | 2.3 | 8.6 | 4.5 | 14.6 | 4.8 | 1958 |
| 1957 | 4.5 | 6.6 | 5.9 | 6.5 | 11.8 | 1.6 | 11.6 | 0.0 | 4.3 | 11.9 | 6.9 | 9.9 | 1.8 | 4.7 | 9.2 | 8.7 | 16.9 | 3.7 | 18.1 | 2.4 | 7.5 | 4.5 | 14.3 | 3.8 | 1957 |
| 1956 | 4.0 | 6.7 | | 6.1 | 11.6 | 1.4 | 10.7 | 0.0 | 4.2 | 12.0 | 7.7 | 8.9 | 1.8 | 4.6 | 9.2 | 5.2 | 9.7 | 3.2 | 16.7 | 2.1 | 8.3 | 4.5 | 14.0 | 3.9 | 1956 |
| 1955 | 4.0 | 6.4 | | 6.0 | 10.5 | 1.5 | 9.5 | 0.0 | 3.9 | 11.9 | 7.5 | 8.8 | 1.6 | 4.0 | 8.9 | 5.0 | 16.1 | 3.1 | 17.0 | 2.0 | 7.6 | 4.5 | 14.8 | 3.9 | 1955 |
| 1954 | | 6.0 | 5.3 | 5.8 | 9.9 | 1.5 | 9.1 | 0.0 | 4.1 | 11.7 | 8.2 | 8.7 | 1.5 | 3.9 | 8.6 | 5.1 | 15.4 | 3.0 | 16.9 | 1.1 | 8.7 | 4.5 | 14.9 | 3.7 | 1954 |
| 1953 | | 6.1 | 5.5 | 5.6 | 9.9 | 1.5 | 10.5 | 0.0 | 4.3 | 11.5 | 8.5 | 8.6 | 1.4 | 3.4 | 9.3 | 5.2 | 16.0 | 2.9 | 16.6 | 0.8 | 7.8 | 4.7 | 16.1 | 3.9 | 1953 |
| 1952 | | 6.0 | | | 9.7 | 1.5 | 9.5 | 0.0 | 3.5 | 11.2 | 8.3 | 8.3 | 1.2 | 3.0 | 10.6 | 5.0 | 16.6 | 2.5 | 14.3 | [illegible].8 | 8.5 | 4.5 | 17.1 | 3.8 | 1952 |
| 1951 | | 6.1 | | | 9.3 | 1.5 | 9.2 | 0.0 | | | 7.1 | 7.9 | 3.3 | 5.8 | 10.9 | 4.6 | 14.6 | 2.2 | 15.0 | 0.8 | 7.7 | 4.5 | 15.6 | 3.9 | 1951 |
| 1950 | | 6.6 | | | | 1.5 | 12.1 | 0.0 | | | 4.5 | 8.2 | | | 9.5 | 4.7 | 16.6 | | 13.5 | 0.8 | | | 17.8 | 4.2 | 1950 |

ES = Prozentualer Anteil der Einkommenssteuern am Netto-Sozialprodukt zu Marktpreisen

SV = Prozentualer Anteil der Sozialversicherungsbeiträge am Netto-Sozialprodukt zu Marktpreisen

Quelle: OECD

Tabelle 3

## Verteidigungsausgaben in Prozent des Sozialprodukts

| | AU | FI | SW | SZ | BE | DA | FR | DE | IT | NE | NO | UK | US | |
|---|---|---|---|---|---|---|---|---|---|---|---|---|---|---|
| 1976 | 1.1 | 1.4 | 3.3 | 2.1 | - | 2.4 | (3.9) | (3.4) | (2.6) | 3.4 | 3.1 | 5.1 | (5.4) | 1976 |
| 1975 | 1.2 | 1.5 | 3.4 | 2.0 | 3.1 | 2.6 | 3.9 | 3.6 | 2.8 | 3.5 | 3.2 | 5.0 | 6.0 | 1975 |
| 1974 | 1.0 | 1.4 | 3.5 | 2.0 | 2.8 | 2.4 | 3.7 | 3.6 | 2.9 | 3.3 | 3.1 | 5.1 | 6.1 | 1974 |
| 1973 | 1.0 | 1.4 | 3.6 | 2.0 | 2.8 | 2.1 | 3.8 | 3.4 | 2.9 | 3.3 | 3.1 | 4.9 | 6.0 | 1973 |
| 1972 | 1.0 | 1.5 | 3.7 | 2.1 | 2.8 | 2.3 | 3.9 | 3.4 | 3.1 | 3.4 | 3.3 | 5.2 | 6.6 | 1972 |
| 1971 | 1.0 | 1.5 | 3.7 | 2.2 | 2.8 | 2.5 | 4.0 | 3.3 | 2.9 | 3.4 | 3.4 | 5.0 | 7.1 | 1971 |
| 1970 | 1.1 | 1.4 | 3.6 | 2.2 | 2.9 | 2.4 | 4.2 | 3.3 | 2.7 | 3.5 | 3.5 | 4.8 | 7.9 | 1970 |
| 1969 | 1.2 | 1.4 | 3.6 | 2.3 | 2.9 | 2.5 | 4.2 | 3.6 | 2.7 | 3.6 | 3.6 | 5.0 | 8.7 | 1969 |
| 1968 | 1.2 | 1.7 | 3.7 | 2.4 | 3.1 | 2.8 | 4.8 | 3.6 | 3.0 | 3.7 | 3.6 | 5.4 | 9.3 | 1968 |
| 1967 | 1.3 | 1.6 | 3.8 | 2.6 | 3.1 | 2.7 | 5.0 | 4.3 | 3.1 | 3.9 | 3.5 | 5.7 | 9.4 | 1967 |
| 1966 | 1.3 | 1.6 | 4.1 | 2.7 | 3.1 | 2.7 | 5.0 | 4.1 | 3.4 | 3.7 | 3.5 | 5.7 | 8.4 | 1966 |
| 1965 | 1.2 | 1.7 | 4.1 | 2.7 | 3.2 | 2.8 | 5.2 | 4.3 | 3.3 | 3.9 | 3.7 | 5.9 | 7.5 | 1965 |
| 1964 | 1.5 | 1.8 | 4.1 | 2.8 | 3.4 | 2.8 | 5.3 | 4.6 | 3.3 | 4.3 | 3.4 | 6.0 | 8.0 | 1964 |
| 1963 | 1.3 | 1.9 | 4.2 | 2.7 | 3.4 | 3.0 | 5.6 | 5.2 | 3.3 | 4.4 | 3.5 | 6.2 | 8.7 | 1963 |
| 1962 | 1.1 | 2.4 | 4.1 | 2.8 | 3.5 | 3.0 | 6.0 | 4.8 | 3.2 | 4.5 | 3.6 | 6.4 | 9.2 | 1962 |
| 1961 | 1.0 | 1.8 | 4.0 | 2.7 | 3.4 | 2.6 | 6.2 | 4.0 | 3.1 | 4.5 | 3.3 | 6.3 | 9.0 | 1961 |
| 1960 | 1.2 | 1.7 | 4.0 | 2.5 | 3.6 | 2.7 | 6.4 | 4.0 | 3.3 | 4.1 | 3.2 | 6.5 | 8.9 | 1960 |
| 1959 | 1.4 | 1.7 | 4.6 | 2.9 | 3.7 | 2.6 | 6.6 | 4.4 | 3.3 | 4.0 | 3.6 | 6.7 | 9.4 | 1959 |
| 1958 | 1.5 | 1.6 | 4.7 | 3.2 | 3.7 | 2.9 | 6.8 | 3.0 | 3.4 | 4.7 | 3.5 | 7.0 | 10.0 | 1958 |
| 1957 | 1.3 | 1.5 | 4.6 | 3.0 | 3.8 | 3.1 | 7.3 | 4.1 | 3.5 | 5.2 | 3.6 | 7.2 | 9.9 | 1957 |
| 1956 | 0.9 | 1.6 | 4.1 | 2.3 | 3.5 | 3.0 | 7.8 | 3.6 | 3.6 | 5.7 | 3.6 | 7.7 | | 1956 |
| 1955 | 0.2 | 1.6 | 4.3 | 2.8 | 3.7 | 3.2 | 6.5 | 4.1 | 3.7 | 5.6 | 4.0 | 8.1 | | 1955 |
| 1954 | 0.1 | 1.4 | 4.3 | 2.7 | 4.6 | 3.2 | 7.4 | 4.0 | 4.0 | 5.9 | 5.1 | 8.7 | | 1954 |
| 1953 | 0.5 | 1.5 | 4.2 | 3.2 | 4.8 | 3.4 | 9.2 | 4.2 | 3.7 | 5.5 | 5.1 | 9.6 | | 1953 |
| 1952 | 0.6 | 1.4 | 4.0 | 3.8 | - | 2.8 | 8.7 | 5.8 | 4.5 | 5.5 | 4.0 | 9.8 | | 1952 |
| 1951 | 0.9 | 2.0 | 3.5 | 3.0 | - | 2.1 | 7.2 | 5.9 | 4.3 | 4.9 | 3.1 | 7.8 | | 1951 |
| 1950 | 0.7 | 1.3 | 3.4 | 2.5 | - | 1.7 | 5.6 | 3.6 | 4.0 | 4.8 | 2.4 | 6.4 | | 1950 |

1950–1956: Brutto-Sozialprodukt; 1957–1976: Brutto-Inlandsprodukt

| | AU | FI | SW | SZ | BE | DA | FR | DE | IT | NE | NO | UK | US | |
|---|---|---|---|---|---|---|---|---|---|---|---|---|---|---|
| 1976–63 | 1.2 | 1.6 | 3.7 | 2.3 | 3.0 | 2.6 | 4.5 | 3.8 | 3.0 | 3.7 | 3.4 | 5.3 | 7.5 | 1963–76 |
| 1962–53 | 0.9 | 1.7 | 4.1 | 2.8 | 3.8 | 3.0 | 7.0 | 4.0 | 3.5 | 4.9 | 3.9 | 7.4 | (9.4) | 1953–62 |

Quellen: SIPRI und OECD

Tabelle 4

## Relative Zahl der Streikenden*

| Jahre | IT | FR | UK | IR | FI | BE | AU | DA | DE | SW | NO | NE | SZ | Jahre |
|---|---|---|---|---|---|---|---|---|---|---|---|---|---|---|
| 1971-75 | 29 572 | 10 559 | 5 405 | 3 022 | 5 422 | 1 996 | 643 | 4 410 | 766 | 614 | 3 368 | 487 | 59 | 1971-75 |
| 1966-70 | 20 886 | 10 753• | 5 872 | 3 609 | 3 835 | 1 061 | 235 | 1 232 | 353 | 388 | 87 | 347 | 3 | 1966-70 |
| 1961-65 | 14 848 | 10 613 | 6 245 | 1 996 | 1 855 | 691 | 2 718 | 1 784 | 563 | 53 | 500 | 358 | 11 | 1961-65 |
| 1956-60 | 8 320 | 7 085 | 3 263 | 611 | 5 590 | 3 591 | 1 006 | 982 | 252 | 37 | 1 061 | 612 | 12 | 1956-60 |
| 1951-55 | 11 617 | 6 829 | 2 855 | 746• | 977 | 3 969 | 1 243 | 208 | 875 | 355 | 408 | 342 | 68 | 1951-55 |
| 1946-50 | | 14 977 | 2 107 | | 3 290 | 6 147 | 419 | 688 | | 445 | 465 | 940 | 263 | 1946-50 |
| 1941-45 | | | 2 492 | 404• | | | | 257 | | 1 006 | | | 75 | 1941-45 |
| 1936-40 | | 6 699• | 1 851 | 965 | 203 | 1 421 | | 1 127 | | 474 | 1 658 | 171 | 113 | 1936-40 |
| 1931-35 | | 404 | 1 449 | 564 | 106 | 1 854 | 144 | 262 | | 1 054 | 1 380 | 575 | 165 | 1931-35 |
| 1926-30 | | 1 393 | 2 176 | 243 | 612 | 1 823 | 850 | 147 | 1 111 | 1 185 | 1 609 | 470 | 221 | 1926-30 |
| 1921-25 | 2 263• | 1 511 | 3 894 | | 382 | 3 272 | 6 056 | 2 974 | 5 098 | 2 951 | 4 737 | 1 471 | 333 | 1921-25 |
| 1916-20 | 4 832 | 2 743 | 7 097 | | 4 323 | 8 104• | | 1 383 | 3 438 | 2 733 | 2 629 | 1 687 | 1 149 | 1916-20 |
| 1911-15 | 1 842 | 851 | 4 297 | | 537 | 1 412• | | 767 | 930 | 519 | 1 734 | 1 123 | 218 | 1911-15 |
| 1906-10 | 2 127 | 1 175 | 1 647 | | 848 | 1 317 | | 406 | 965 | 3 557 | 707 | 599 | | 1006-10 |
| 1901-05 | 1 558 | 882 | 879 | | | 1 322 | | 275 | 760 | 808 | 228• | 706 | | 1901-05 |
| 1896-00 | 462 | 611 | 1 317 | | | | | | | 455 | | | | 1896-00 |
| 1891-95 | 211 | 497 | 2 703• | | | | | | | 99 | | | | 1891-95 |
| 1886-90 | 172 | 404 | | | | | | | | 107 | | | | 1386-90 |
| 1881-85 | 116 | 278 | | | | | | | | 107 | | | | 1881-85 |
| 1876-80 | | 288 | | | | | | | | | | | | 1876-80 |
| 1871-75 | | 83 | | | | | | | | | | | | 1871-75 |

* Zahl der Streikenden pro 100.000 Personen der Erwerbsbevölkerung; 5-Jahres-Durchschnitte der jährlichen Raten.

☐ 2.000 und mehr Streikende pro 100.000 Personen der Erwerbsbevölkerung.

Tabelle 5

## Relative Zahl der Streiks*

| Jahre | IT | FR | UK | IR | FI | BE | AU | DA | DE | SW | NO | NE | SZ | Jahre |
|---|---|---|---|---|---|---|---|---|---|---|---|---|---|---|
| 1971-75 | 23.5 | 17.1 | 10.4 | 15.4 | 17.0 | 4.8 | | 4.5 | | 1.6 | 0.8 | 2.6 | 0.2 | 1971-75 |
| 1966-70 | 16.9 | 11.7 | 11.0 | 10.4 | 6.3 | 2.5 | | 1.6 | 1.0 | 1.3 | 0.5 | 0.7 | 0.1 | 1966-70 |
| 1961-65 | 18.3 | 10.3 | 10.0 | 7.2 | 2.6 | 1.2 | | 1.4 | 0.8 | 0.3 | 0.6 | 1.3 | 0.1 | 1961-65 |
| 1956-60 | 9.8 | 9.0 | 11.1 | 4.7 | 2.8 | 2.4 | | 2.2 | 2.1• | 0.6 | 1.3 | 1.7 | 0.2 | 1956-60 |
| 1951-55 | 8.2 | 9.8 | 8.4 | 6.9• | 3.2 | 3.7 | | 0.5 | | 0.9 | 2.5 | 1.7 | 0.3 | 1951-55 |
| 1946-50 | | 9.1 | 7.2 | | 4.8 | 6.5 | | 1.4 | | 2.1 | 3.2 | 4.8 | 1.2 | 1946-50 |
| 1941-45 | | | 8.4 | 5.6• | | 4.5 | | 0.9 | — | 4.4 | | | 1.0 | 1941-45 |
| 1936-40 | | 34.1• | 4.7 | 8.7 | 1.3 | 3.5 | | 0.9 | | 2.0 | 3.5 | 2.6 | 1.1 | 1936-40 |
| 1931-35 | | 1.6• | 2.3 | 6.3 | 0.8 | 2.5 | 0.9 | 1.3 | | 4.9 | 7.5 | 5.6 | 1.4 | 1931-35 |
| 1926-30 | | 4.7 | 1.7 | 4.6 | 2.5 | 4.3 | 6.4 | 1.6 | 1.8 | 7.3 | 7.7 | 7.0 | 1.8 | 1926-30 |
| 1921-25 | 3.5• | 4.0 | 3.4 | | 3.2 | 5.4 | 12.3 | 4.5 | 10.2 | 10.8 | 5.8 | 9.9 | 3.3 | 1921-25 |
| 1916-20 | 5.9 | 5.0 | 5.6 | | 11.6 | 13.8• | — | 18.9 | 6.5 | 25.0 | | 16.5 | 9.3 | 1916-20 |
| 1911-15 | 5.8 | 4.3 | 5.2 | | 4.0 | 5.2• | 3.0 | 4.5 | 6.7 | 4.6 | 4.8 | 12.1 | 2.9 | 1911-15 |
| 1906-10 | 9.6 | 6.1 | 2.7 | | 8.5 | 4.6 | 5.8 | 7.6 | 9.3 | 10.3 | | 7.2 | | 1906-10 |
| 1901-05 | 5.9 | 3.7 | 2.6 | | | 2.9 | 2.8 | 6.0 | 6.6 | 8.2 | | 6.4 | | 1901-05 |
| 1896-00 | 1.7 | 3.0 | 4.8 | | | | 2.1 | | | 4.3 | | | 2.6 | 1896-00 |
| 1891-95 | 0.8 | 2.3 | 5.2 | | | | 1.1 | | | 1.5 | | | 2.0 | 1891-95 |
| 1886-90 | 0.7 | 1.4 | 6.5• | | | | | | | 1.7 | | | 1.3 | 1886-90 |
| 1881-85 | 0.5 | | | | | | | | | 1.2 | | | 0.4 | 1881-85 |
| 1876-80 | | 0.6 | | | | | | | | | | | 0.2 | 1876-80 |
| 1871-75 | | | | | | | | | | | | | 0.9 | 1871-75 |

* Zahl der Streiks pro 100.000 Personen der Erwerbsbevölkerung; 5-Jahres-Durchschnitte der jährlichen Raten.

□ 8 und mehr Streiks pro 100.000 Personen der Erwerbsbevölkerung.

Tabelle 6

## Relative Zahl der verlorenen Arbeitstage*

| Jahre | IT | FR | UK | IR | FI | NE | AU | DA | DE | SW | NO | NE | SZ | Jahre |
|---|---|---|---|---|---|---|---|---|---|---|---|---|---|---|
| 1971-75 | 999 | 175 | 518 | 272 | 4.196 | 183 | 8 | 345 | 43 | 63 | 69 | 34 | 1 | 1971-75 |
| 1966-70 | 941 | 131• | 227 | 591 | 106 | 88 | 9 | 19 | 7 | 37 | 13 | 13 | 0 | 1966-70 |
| 1961-66 | 637 | 141 | 131 | 326 | 148 | 63 | 59 | 244 | 19 | 4 | 105 | 8 | 6 | 1961-66 |
| 1956-60 | 276 | | 189 | 81 | 770 | 362 | 22 | 111 | 29 | 7 | 157 | 36 | 1 | 1956-60 |
| 1951-55 | 242 | | 104 | 106• | 90 | 189 | 23 | 4 | 52 | 88 | 59 | 16 | 9 | 1951-55 |
| 1946-50 | | | 89 | | 672 | 499 | 55 | 185 | | 24 | 52 | 76 | 38 | 1946-50 |
| 1941-45 | | | 105 | 64• | | | | 19 | | 789 | | | 8 | 1941-45 |
| 1936-40 | | | 91 | 361 | 60 | 96 | | 338 | | 190 | 558 | 23 | 18 | 1936-40 |
| 1931-35 | | | 179 | 154 | 18 | 255 | 8 | 61 | | 733 | 1.477 | 217 | 36 | 1931-35 |
| 1926-30 | | | 1.604 | 58 | 303 | 378 | 139 | 44 | 231 | 571 | 770 | 154 | 65 | 1926-30 |
| 1921-25 | | | 1.363 | | 102 | | 579 | 603 | 784 | 1.192 | 1.874 | 535 | | 1921-25 |
| 1916-20 | | | 788 | | 451 | | | 432 | 372 | 1.109 | 669 | 344 | | 1916-20 |
| 1911-15 | 205• | | 786 | | 360 | | | 188 | 260 | 162 | 492 | 147 | | 1911-15 |
| 1906-10 | 147 | | 314 | | 303 | | | 88 | 341 | 1.345 | 253 | 100 | | 1906-10 |
| 1901-05 | 150 | | 165 | | | | | 132 | 259 | 375 | 76• | | | 1901-05 |
| 1896-00 | | | 442 | | | | | | | 97 | | | | 1896-00 |
| 1891-95 | | | 942 | | | | | | | 41 | | | | 1891-95 |
| 1886-90 | | | | | | | | | | 20 | | | | 1886-90 |
| 1881-85 | | | | | | | | | | | | | | 1881-85 |
| 1876-80 | | | | | | | | | | | | | | 1876-80 |
| 1871-75 | | | | | | | | | | | | | | 1871-75 |

* Zahl der verlorenen Arbeitstage pro 1.000 Personen der Erwerbsbevölkerung; 5-Jahres-Durchschnitt der jährlichen Raten.

☐ 500 und mehr verlorene Arbeitstage pro 1.000 Personen der Erwerbsbevölkerung.

Tabelle 7

## Wahlbeteiligung (Wähler in Prozent der Wahlberechtigten)

| Jahr | AU | BE | DA | FI | FR | DE | IR | IT | NE | NO | SW | SZ | UK | Durchschnitt | ohne SZ | alle Länder | ohne SZ |
|---|---|---|---|---|---|---|---|---|---|---|---|---|---|---|---|---|---|
| 1977 | | 95.1 | 88.7 | | | | 76.3 | | 88.0 | 82.9 | | | | | | | |
| 1974–76 | 92.8 | 90.4 | 88.2 | 73.9 | | 90.7 | | 93.2 | | | 91.7 | 52.4 | 78.8/72.8 | 82.5 | 85.8 | 83.3 | 86.1 |
| 1971–73 | 92.4 | 91.5 | 87.2/88.7 | 81.4 | 80.9 | 91.1 | 76.6 | 93.1 | 79.1/83.5 | 80.2 | 90.8 | 56.8 | | 83.4 | 85.8 | 83.1 | 85.3 |
| 1968–70 | 91.8 | 90.0 | 89.3 | 82.2 | 80.0 | 86.7 | 76.9 | 92.8 | | 83.8 | 89.3/88.3 | | 72.0 | 85.0 | 85.0 | 82.4 | 84.5 |
| 1964–67 | 93.8 | 91.6 | 85.5/88.6 | 84.9 | 80.9 | 86.8 | 75.1 | | 94.9 | 85.4 | 83.9 | 63.8 | 77.1/75.8 | 83.6 | 85.3 | 84.3 | 85.8 |
| 1960–63 | 93.8 | 92.3 | 85.8 | 85.1 | 68.8 | 87.7 | 70.6 | 92.9 | 95.1 | 79.1 | 85.9 | 64.5 | | 83.5 | 85.2 | 83.0 | 84.1 |
| 1957–59 | 94.2 | 93.6 | 83.7 | 75.0 | 77.1 | 87.8 | 71.3 | 93.7 | 95.6 | 78.3 | 77.4 | 68.5 | 78.7 | 82.7 | 83.9 | 82.7 | 83.9 |
| 1954–56 | 96.0 | 93.2 | | 79.9 | 82.2 | | 76.4 | | 95.5 | | 79.6 | 68.7 | 76.8 | 83.1 | 85.0 | 84.0 | 85.3 |
| 1951–53 | 95.8 | | 80.8/80.6 | 74.6 | 80.2 | 85.8 | 75.3 | 93.9 | 95.0 | 79.3 | 79.1 | 69.8 | 81.9 | 82.6 | 83.8 | 83.4 | 84.6 |
| 1948–50 | 96.8 | 94.4/92.6 | 81.9 | 78.6 | | 78.5 | 74.2 | 92.2 | 93.7 | 82.0 | 82.7 | | 83.6 | 85.3 | 85.3 | 83.7 | 84.9 |
| 1945–47 | 94.3 | 90.3 | 86.3/85.8 | 74.9 | 79.8/81.9° | | | 89.1 | 93.1 | 76.4 | | 71.7 | 72.6 | 82.9 | 84.1 | 81.8 | 82.7 |
| 1945–76 | 94.2 | 92.0 | 85.6 | 80.2 | 79.0 | 86.3 | 74.6 | 92.5 | 91.7 | 80.6 | 84.1 | 64.5 | 77.0 | 83.4 | | | |
| 1940 | | | | | | | | | | | 70.3 | | | | | | |
| 1937–39 | | 93.3 | 79.2 | 66.6 | | | 76.2/76.7 | | 94.4 | | | 51.9 | | 77.7 | | 75.4 | |
| 1933–36 | | 94.7 | 80.7 | 66.2/62.9 | 84.4 | 88.8 | 81.3 | | 94.5 | 76.4/84.0 | 74.5 | 78.3 | 67.0 | 79.2 | | 80.6 | |
| 1930–32 | 90.2 | 94.3 | 81.5 | 65.9 | 83.4 | 82.0/84.1° | 76.5 | | | 77.6 | 67.6 | 78.8 | 72.5 | 78.6 | | 81.2 | |
| 1927–29 | 89.2 | 94.0 | 79.7 | 55.8/55.6 | 83.7 | 75.6 | 68.1/69.0 | | 92.7 | 68.1 | 67.4 | 77.1 | 75.4 | 75.6 | | 77.2 | |
| 1923–26 | 87.0 | 92.8 | 78.6/77.0 | 57.4 | 83.0 | 77.4/78.8 | 61.2 | 63.8 | 91.4 | 69.9 | 53.0 | 75.1 | 65.6/73.2 | 73.8 | | 73.8 | |
| 1921–22 | | 91.1 | | 58.5 | | | 45.5 | 58.4 | 93.0 | 67.9 | 54.2 | 76.4 | 66.2 | 68.1 | | 73.0 | |
| 1919–20 | 84.4/80.3 | 88.5 | 80.6/74.9° | 67.1 | 71.0 | 81.7/79.2 | | 56.6 | | | 55.3 | 79.2 | | 73.5 | | 71.7 | |
| 1918 | | | 75.5 | | | | | | 93.0 | 60.5 | | | 49.0 | | | | |
| 1919–39 | 86.2 | 92.7 | 78.8 | 61.3 | 81.1 | 80.9 | 72.7 | 59.6 | 93.2 | 74.0 | 62.0 | 77.5 | 70.0 | 81.4 | | | |

Quelle: J. Kohl, HIWED-Report Nr. 6

Tabelle 8 Anteil der Parlamentssitze der Regierungsparteien

| Jahre | AU | BE | DA | FI | DE | IT | NE | NO | SW | UK | Durchschnitt | Jahre |
|---|---|---|---|---|---|---|---|---|---|---|---|---|
| 1976 | 50.8 | 48.1 | 30.1 | 76.0 | 54.7/51.0 | 44.6/42.4/41.7 | 64.7 | 40.0 | 50.0/51.5 | 50.2 | 50.9 | 1976 |
| 1975 | 50.8 | 48.1 | 12.5/30.1 | 53.5/76.0 | 54.7 | 44.6 | 64.7 | 40.0 | 50.0 | 50.2 | 48.7 | 1975 |
| 1974 | 50.8 | 76.4/48.1 | 12.5 | 53.5 | 54.7 | 58.9/56.7/44.6 | 64.7 | 40.0 | 50.0 | 52.4/47.4/50.2 | 51.4 | 1974 |
| 1973 | 50.8 | 60.4/76.4 | 40.0/12.5 | 53.5 | 54.7 | 50.3/58.9 | 49.3/64.7 | 41.3/40.0 | 46.6/50.0 | 52.4 | 48.9 | 1973 |
| 1972 | 50.8 | 60.4 | 40.0 | -/27.5/53.5 | 51.2/54.7 | 58.0/42.2/50.3 | 54.7/49.3 | 49.3/31.3 | 46.6 | 52.4 | 49.1 | 1972 |
| 1971 | 49.1/50.8 | 60.3 | 55.9/40.0 | 72.0/- | 51.2 | 58.0 | 57.3/54.7 | 50.7/49.3 | 46.6 | 52.4 | 55.4 | 1971 |
| 1970 | 51.5/49.1 | 60.3 | 55.9 | 78.5/- /72.0 | 51.2 | 42.2/58.0 | 57.3 | 50.7 | 53.6/46.6 | 57.8/52.4 | 55.9 | 1970 |
| 1969 | 51.5 | 60.3 | 55.9 | 78.5 | 90.1/51.2 | 58.0/42.2 | 57.3 | 53.4/50.7 | 53.6 | 57.8 | 61.6 | 1969 |
| 1968 | 51.5 | 59.2/60.3 | 50.8/55.9 | 76.0/78.5 | 90.1 | 56.1/42.2/58.0 | 57.3 | 53.4 | 48.5/53.6 | 57.8 | 60.1 | 1968 |
| 1967 | 51.5 | 59.2 | 43.4/50.8 | 76.0 | 90.1 | 56.1 | 42.0/57.3 | 53.4 | 48.5 | 57.8 | 57.8 | 1967 |
| 1966 | 96.3/51.5 | 66.8/59.2 | 43.4 | 49.5/76.0 | 59.3/90.1 | 56.1 | 70.7/42.0 | 53.4 | 48.5 | 50.3/57.8 | 59.4 | 1966 |
| 1965 | 96.3 | 84.9/66.8 | 43.4 | 49.5 | 61.9/59.3 | 56.1 | 61.4/70.7 | 50.6/53.4 | 48.5 | 50.3 | 60.3 | 1965 |
| 1964 | 96.3 | 84.9 | 43.4 | -/49.5 | 61.9 | 56.1 | 61.4 | 50.6 | 49.1/48.5 | 57.9/50.3 | 61.1 | 1964 |
| 1963 | 96.3 | 84.9 | 43.4 | 56.0/- | 61.9 | 50.5/ - /56.1 | 62.7/61.4 | 49.3/50.6 | 49.1 | 57.9 | 61.2 | 1963 |
| 1962 | 95.2/96.3 | 84.9 | 49.7/43.4 | 24.0/56.0 | 61.9 | 45.8/50.5 | 62.7 | 49.3 | 49.1 | 57.9 | 58.0 | 1962 |
| 1961 | 95.2 | 59.0/84.9 | 49.7 | 24.0 | 65.9/61.9 | 45.8 | 62.7 | 52.0/49.3 | 49.1 | 57.9 | 56.1 | 1961 |
| 1960 | 95.2 | 59.0 | 53.1/49.7 | 24.0 | 65.9 | 45.8 | 62.7 | 52.0 | 48.1/49.1 | 57.9 | 56.4 | 1960 |
| 1959 | 94.5/95.2 | 59.0 | 53.1 | 73.5/24.0 | 65.9 | 49.5/45.8 | 51.4/62.7 | 52.0 | 48.1 | 54.8/57.9 | 55.2 | 1959 |
| 1958 | 94.5 | 52.4/49.1/59.0 | 53.1 | -/73.5 | 65.9 | 44.6/49.5 | 84.7/51.4 | 52.0 | 45.9/48.1 | 54.8 | 62.1 | 1958 |
| 1957 | 94.5 | 52.4 | 42.3/53. | 66.5/39.5/- | 68.4/65.9 | 50.0/44.6 | 84.7 | 51.3/52.0 | 54.1/45.9 | 54.8 | 61.9 | 1957 |
| 1956 | 89.0/94.5 | 52.4 | 42.3 | 53.5/66.5 | 68.4 | 50.0 | 81.0/84.7 | 51.3 | 59.1/54.1 | 54.8 | 60.2 | 1956 |
| 1955 | 89.0 | 52.4 | 42.3 | 53.5 | 68.4 | 50.0 | 81.0 | 51.3 | 59.1 | 51.4/54.8 | 59.8 | 1955 |
| 1954 | 89.0 | 50.9/52.4 | 42.3 | -/53.5 | 68.4 | 44.6/50.0 | 81.0 | 51.3 | 59.1 | 51.4 | 59.1 | 1954 |
| 1953 | 87.3/89.0 | 50.9 | 39.6/42.3 | 59.5/33.0/- | 51.7/68.4 | 60.4/44.6 | 81.0 | 56.7/51.3 | 59.1 | 51.4 | 59.8 | 1953 |
| 1952 | 87.3 | 50.9 | 39.6 | 59.5 | 51.7 | 60.4 | 76.0/81.0 | 56.7 | 61.7/59.1 | 51.4 | 59.5 | 1952 |
| 1951 | 87.3 | 50.9 | 39.6 | 28.0/55.0/59.5 | 51.7 | 58.0/60.4 | 76.0 | 56.7 | 48.7/61.7 | 50.4/51.4 | 57.4 | 1951 |
| 1950 | 87.3 | 63.2/50.9 | 38.5/39.6 | 27.0/28.0 | 51.7 | 53.1/58.0 | 76.0 | 56.7 | 48.7 | 61.4/50.4 | 56.9 | 1950 |
| 1949 | 100.0/87.3 | 79.7/63.2 | 38.5 | 27.0 | 51.7 | 53.1 | 76.0 | 50.7/56.7 | 48.7 | 61.4 | 58.7 | 1949 |

- = geschäftsführendes Kabinett

Quellen: v. Beyme, Mackie/Rose, Keesing Archiv der Gegenwart

Tabelle 9 Selbstmorde pro 100.000 Einwohner (Durchschnitte der jährlichen Rate)

| | AU | BE | DA | FI | FR | DE | IT | NE | NO | SW | SZ | EW | europäischer Durchschnitt | |
|---|---|---|---|---|---|---|---|---|---|---|---|---|---|---|
| 1974-76 | 23.5 | (15.9) | 21.7 | (25.0) | (15.4) | 21.2 | 4.2 | 10.0 | 9.4 | 19.5 | (19.5) | 7.7 | 16.1 | 1974-76 |
| 1971-73 | 22.7 | 15.3 | 24.1 | 23.1 | 15.7 | 20.5 | 4.6 | 9.3 | 8.6 | 20.5 | 19.0 | 7.9 | 15.9 | 1971-73 |
| 1968-70 | 22.8 | 15.7 | 20.9 | 22.3 | 15.5 | 21.0 | 4.9 | 8.0 | 8.2 | 21.9 | 17.5 | 8.8 | 15.6 | 1968-70 |
| 1964-67 | 22.8 | 14.6 | 18.9 | 19.9 | 15.2 | 20.5 | 5.1 | 7.4 | 7.3 | 20.1 | 17.6 | 10.7 | 15.0 | 1964-67 |
| 1960-63 | 22.3 | 14.2 | 18.8 | 20.6 | 15.6 | 19.2 | 5.3 | 7.1 | 7.2 | 17.8 | 18.2 | 11.7 | 14.8 | 1960-63 |
| 1957-59 | 24.1 | 14.3 | 21.6 | 21.1 | 16.6 | 19.3 | 6.1 | 7.3 | 7.5 | 18.4 | 20.6 | 11.7 | 15.7 | 1957-59 |
| 1954-56 | 23.1 | 14.0 | 23.1 | 19.6 | 16.5 | 19.6 | 6.3 | 6.7 | 7.4 | 18.3 | 21.9 | 11.5 | 15.7 | 1954-56 |
| 1951-53 | 22.9 | 13.6 | 23.5 | 17.0 | 15.4 | 18.8 | 6.5 | 6.7 | 7.0 | 17.2 | 21.5 | 10.3 | 15.0 | 1951-53 |
| 1948-50 | 23.6 | 13.9 | 24.8 | 16.2 | 14.9 | (20.9) | 6.4 | 6.6 | 6.9 | 15.2 | 23.2 | 10.9 | 15.3 | 1948-50 |
| 1948-76 | 23.0 | 14.6 | 22.0 | 20.3 | 15.6 | 20.0 | 5.4 | 7.6 | 7.7 | 18.7 | 19.8 | 9.9 | 15.4 | 1948-76 |
| 1936-38 | 40.7 | 17.2 | 19.7 | 18.7 | - | 28.6 | 7.6 | 8.2 | 6.7 | 16.0 | 25.4 | 12.8 | (18.3) | 1936-38 |
| 1933-35 | 39.3 | 17.7 | 18.4 | 18.1 | 20.5 | 28.3 | 8.4 | 8.2 | 6.5 | 16.4 | 26.7 | 13.5 | 18.5 | 1933-35 |
| 1930-32 | 41.5 | 17.4 | 17.9 | 21.6 | 19.5 | 28.6 | 9.7 | 8.6 | 6.9 | 16.7 | 26.9 | 13.3 | 19.1 | 1930-32 |
| 1927-29 | 35.6 | 15.6 | 16.9 | 17.5 | 18.8 | 25.5 | 9.7 | 6.9 | 6.2 | 14.8 | 24.9 | 12.5 | 17.1 | 1927-29 |
| 1923-26 | 32.5 | (14.0 | (14.6) | 13.8 | 19.1 | 23.8 | 9.3 | 6.3 | 6.2 | 14.1 | 23.8 | 10.5 | (15.7) | 1923-26 |
| 1919-22 | (22.7) | (13.6) | 13.9 | 9.9 | 21.3 | 20.6 | 7.6 | 6.8 | 5.8 | 14.5 | 22.5 | 9.6 | (14.1) | 1919-22 |
| 1919-38 | (34.4) | (15.7) | 16.6 | 15.2 | (20.4) | 25.5 | 8.7 | 7.4 | 6.3 | 15.4 | 24.8 | 11.8 | 16.9 | 1919-38 |

Tabelle 10

Ehescheidungen pro 1.000 Einwohner

| | AU | BE | DA | FI | FR | DE | NE | NO | SW | SZ | EW | SO | |
|---|---|---|---|---|---|---|---|---|---|---|---|---|---|
| 1975 | 1.43 | 1.12 | 2.62 | | 1.27 | 1.73 | 1.47 | 1.39 | | 1.39 | 2.45 | 1.50 | 1975 |
| 1974 | 1.41 | 1.04 | 2.60 | 2.14 | 0.96 | 1.59 | 1.42 | 1.29 | | 1.27 | 2.31 | 1.29 | 1974 |
| 1973 | 1.33 | 0.86 | 2.52 | 1.89 | 0.96 | 1.45 | 1.33 | 1.18 | 2.09 | 1.25 | 2.16 | 1.28 | 1973 |
| 1972 | 1.33 | 0.81 | 2.63 | 1.78 | 0.94 | 1.40 | 1.12 | 1.02 | 2.22 | 1.20 | 2.43 | 0.99 | 1972 |
| 1971 | 1.34 | 0.73 | 2.70 | 1.56 | 0.93 | 1.31 | 0.88 | [illegible].96 | 2.[illegible]6 | 1.11 | 1.52 | 0.86 | 1971 |
| 1970 | 1.39 | 0.66 | 1.93 | 1.31 | 0.79 | 1.26 | 0.79 | 0.88 | 1.91 | 1.02 | 1.20 | 0.82 | 1970 |
| 1969 | 1.35 | 0.67 | 1.83 | 1.27 | 0.75 | 1.20 | 0.71 | 0.82 | 1.80 | 0.96 | 1.06 | 0.75 | 1969 |
| 1968 | 1.32 | 0.63 | 1.56 | 1.17 | 0.72 | 1.10 | 0.64 | 0.80 | 1.72 | 0.91 | 0.95 | 0.85 | 1968 |
| 1967 | 1.21 | 0.63 | 1.43 | 1.13 | 0.75 | 1.06 | 0.59 | | 1.55 | 0.86 | 0.90 | 0.53 | 1967 |
| 1966 | 1.19 | 0.61 | 1.40 | 1.06 | 0.74 | 0.99 | 0.55 | | 1.56 | 0.82 | 0.82 | 0.63 | 1966 |
| 1965 | 1.16 | 0.58 | 1.37 | 1.01 | 0.72 | 1.00 | 0.50 | | 1.41 | 0.84 | 0.79 | 0.52 | 1965 |
| 1964 | 1.16 | 0.58 | 1.37 | 0.98 | 0.69 | 0.96 | 0.51 | | 1.38 | | 0.74 | 0.47 | 1964 |
| 1963 | 1.14 | 0.56 | 1.38 | 0.93 | 0.63 | 0.88 | 0.49 | 0.67 | 1.27 | 0.82 | 0.68 | 0.43 | 1963 |
| 1962 | 1.12 | 0.51 | 1.38 | 0.89 | 0.65 | 0.87 | 0.48 | 0.67 | 1.25 | 0.83 | 0.62 | 0.39 | 1962 |
| 1961 | 1.14 | 0.50 | 1.43 | 0.88 | 0.71 | 0.88 | 0.49 | 0.68 | 1.21 | 0.86 | 0.55 | 0.35 | 1961 |
| 1960 | 1.14 | 0.56 | 1.46 | 0.83 | 0.66 | 0.88 | 0.49 | 0.66 | 1.23 | 0.87 | 0.52 | 0.35 | 1960 |
| 1959 | 1.20 | 0.48 | 1.42 | 0.84 | 0.66 | 0.89 | 0.49 | 0.62 | 1.30 | 0.89 | 0.54 | 0.33 | 1959 |
| 1958 | 1.17 | 0.47 | 1.46 | 0.84 | 0.70 | 0.88 | 0.47 | 0.59 | 1.25 | 0.85 | 0.50 | 0.35 | 1958 |
| 1957 | 1.17 | 0.50 | 1.43 | 0.81 | 0.69 | 0.86 | 0.48 | 0.58 | 1.23 | 0.89 | 0.53 | 0.34 | 1957 |
| 1956 | 1.22 | 0.48 | 1.46 | 0.86 | 0.71 | 0.86 | 0.51 | 0.60 | 1.26 | 0.85 | 0.59 | 0.37 | 1956 |
| 1955 | 1.29 | 0.50 | 1.53 | 0.85 | 0.72 | 0.91 | 0.51 | 0.58 | 1.29 | 0.89 | 0.60 | 0.41 | 1955 |
| 1954 | 1.32 | [illegible].45 | 1.52 | 0.83 | 0.72 | 0.96 | 0.52 | 0.62 | 1.27 | 0.90 | 0.63 | 0.43 | 1954 |
| 1953 | 1.35 | 0.47 | 1.49 | 0.83 | 0.73 | 1.03 | 0.52 | 0.62 | 1.26 | 0.90 | 0.69 | 0.46 | 1953 |
| 1952 | 1.42 | 0.48 | 1.55 | 0.85 | 0.78 | 1.12 | 0.56 | [illegible].64 | 1.21 | 0.87 | 0.77 | 0.53 | 1952 |
| 1951 | 1.48 | 0.50 | 1.55 | 0.89 | 0.79 | 1.25 | 0.59 | 0.65 | 1.23 | 0.90 | 0.66 | 0.38 | 1951 |
| 1950 | 1.52 | 0.59 | 1.61 | 0.92 | 0.83 | 1.67 | 0.64 | 0.71 | 1.21 | 0.90 | 0.70 | 0.42 | 1950 |

Durchschnitt der jährlichen Raten 1950–1975

| | AU | BE | DA | FI | FR | DE | NE | NO | SW | SZ | EW | SO |
|---|---|---|---|---|---|---|---|---|---|---|---|---|
| | 1.28 | 0.61 | 1.72 | (1.09) | 0.78 | 1.12 | 0.68 | (0.78) | (1.47) | (0.95) | 1.00 | 0.62 |

Ehen pro 100 Einwohner

| | AU | BE | DA | FI | FR | DE | NE | NO | SW | SZ | EW | SO | |
|---|---|---|---|---|---|---|---|---|---|---|---|---|---|
| 1975 | | | | | | | | | 22.6 | | | | 1975 |
| 1970/71 | 22.8 | 25.5 | 24.0 | 21.8 | | 25.1 | 24.0 | 23.7 | 23.9 | 24.1 | 25.6 | 23.7 | 1970/71 |
| 1966/68 | | | | | 23.5 | | | | | | 25.7 | 23.6 | 1966/68 |
| 1960/62 | 22.7 | 25.7 | 23.6 | 20.3 | 23.3 | 24.5 | | 23.2 | 23.8 | 22.7 | | | 1960/62 |
| 1947/54 | 22.2 | 25.[illegible] | 23.1 | 19.8 | 23.3 | 23.2 | 20.8 | 21.9 | 23.1 | 21.6 | 25.4 | 22.3 | 1947/54 |

Birgitta Nedelmann

# Darstellungszwänge und Blockierungseffekte in politischen Auseinandersetzungen - Zur Analyse von Konflikttransformationsprozessen.

"The crucial problem in politics is the management of conflict ... All politics, all leadership and all organization involve the management of conflict." [1]

Obwohl oft zitiert und zum Ausgangspunkt ganz unterschiedlicher Politikanalysen genommen, ist diese hier von E.E. Schattschneider schlagwortartig formulierte Perspektive zur Analyse von Politik m.E. dennoch häufig nicht konsequent genug verfolgt und ernst genommen worden. Wird das Management von Konflikten als wichtigste und zentrale Aufgabe von Politik(ern) angesehen, so müßte diese "aktivistische" Definition von "Politik-Machen" auch Konsequenzen haben für das analytische Schwergewicht wissenschaftlicher Fragen. Diese müßten dann nämlich den Mechanismen und Formen gelten, in denen das Konflikt-Management betrieben wird.

Eine solche Perspektive von sozialem Handeln als "konfliktivem Tun" ist -im Gegensatz zur Politischen Wissenschaft- in der klassichen Soziologie längst vertreten. Georg Simmels soziologische Analyse des "Streites" [2] behandelt ja gerade solche Prozesse der Auseinandersetzung um bestimmte soziale Sachverhalte. An diese Simmelschen Untersuchungen kann hier insofern erinnert werden, als sie -obwohl nicht explizit auf die Analyse politischer Fragen, sondern allgemeiner auf Prozesse sozialen "Streits" zugeschnitten- in exemplarischer Weise geeignet erscheinen, die angedeutete Perspektive von Politik als Konflikthandhabung zu verdeutlichen. Anstatt vorwiegend nach den Entstehungsgründen zu fragen, konzentriert sich Simmel vielmehr auf die ihm soziologisch relevanter erscheinenden Probleme nach den Ablaufprozessen, Darstellungsformen und Beendigungsmechanismen von Streit. Simmel analysiert hierbei auch, wie die konfligierenden Parteien Sachverhalte im Prozeß der Auseinandersetzung verändern, uminterpretieren und verlagern. Er betont damit den dynamischen Charakter der Bildung und Umbildung des Streitgegenstandes; dieser erscheint als Produkt der Wechselwirkung zwischen den Kontrahenten.

Die Ausarbeitung und Anwendung einer solchen Perspektive auf das soziale Subsystem der Politik scheint nun umso mehr naheliegen, als dem politischen System -im Gegensatz zum sozialen System- explizit ja oft die Funktion des "Streites", der Durchsetzung von konfligierenden Absichten zugeschrieben wird; die allgemeine soziologische Perspektive des Streites als sozialem Handeln müßte sich daher insbesondere für die Analyse von Handeln im politischen System eignen. In diesem Fall stünden im Mittelpunkt des Interesses weniger Fragen nach den "letzten Ursachen" politischer Konflikte, sondern solche nach den "Ursachen des Ablaufs". Dementsprechend wäre etwa danach zu fragen, wie politische Akteure Konfliktgegenstände zu Kampfzwecken mobilisieren und konstruieren; wie Streitgegenstände zwecks Zustimmungserwerb dargestellt und begründet werden; durch welche Mechanismen die Konfliktgegenstände im Laufe des Prozesses der Auseinandersetzung verändert werden.

Solche Prozesse der Darstellung von Konflikten, der Überzeugung multipler Zuhörerschaften, der Uminterpretation und Anpassung der Sachverhalte an wechselnde Konstellationen dürften faktisch für die beteiligten Akteure höchst zeitraubende und sozial strapaziöse Tätigkeiten sein. Aber nicht nur deshalb liegt es nahe, eine Perspektive der -wie es hier genannt werden soll- "Konflikttransformation" auszuarbeiten. Vielmehr läßt sich darüber hinaus vermuten, daß nur in den seltensten Fällen Konfliktobjekten eine derartige intrinsische Durchschlagkraft anhaftet, so daß sie schnell, direkt und unverändert in das politische Entscheidungszentrum vordringen.

Stattdessen ist realistischer davon auszugehen, daß die Durchschlagkraft Konfliktobjekten erst "verliehen" werden muß. Das mag sich etwa in solchen Unternehmungen ausdrücken, daß die Bedeutsamkeit und Vorrangigkeit eines Problems glaubhaft zu machen versucht wird; oder daß ein Konfliktobjekt so umdefiniert wird, daß es anderen -mit höheren Erfolgschancen ausgestatteten- institutionellen Arenen und Kanälen zugänglich gemacht wird; oder daß sich statushohe Träger bereit erklären, als "Sprachrohr" eines Konfliktobjektes aufzutreten. Die Transformation von Konflikten ist also -so wird hier ganz allgemein vermutet- eine Voraussetzung dafür, daß Konfliktgegenstände eine Chance erhalten, die unterschiedlichen Stufen und Hürden eines komplexen politischen Prozesses zu überwinden.

Damit stellt sich nun die Frage, wie sich eine solche Perspektive der Konflikttransformation näher konzeptualisieren läßt,d.h. welche begrifflichen Dimensionen dabei besonders berücksichtigt werden sollten. Im Zusammenhang dieser begrenzten Ausführungen können nur einige wenige Dimensionen vorgeschlagen und kurz erläutert werden.

Der Prozeß, in dem ein Konfliktobjekt politisch bearbeitet wird, wird u.a. durch institutionalisierte Regelungen und politisch-strategische Manöver von seiten der beteiligten Akteure strukturiert. Solche Strukturierungen können etwa Bedingungen festlegen, unter denen eine Streitfrage als "politisch" gilt; die Fristen, innerhalb derer bestimmte politische Handlungen eingeleitet oder abgeschlossen sein müssen, um angezielte Effekte zu haben. Zwei Aspekte solcher Strukturierungen erscheinen für die folgenden Überlegungen von besonderem Interesse. Erstens handelt es sich dabei um die Art und Anzahl der A r e n e n , die ein Konfliktobjekt im politischen Prozeß durchläuft, ehe es eine endgültige Regelung erfährt. Solche Arenen können institutionell vorgeschrieben sein (parlamentarische Arena;Ausschußarena;Gerichtsarena); sie können aber auch von den Akteuren zum Zweck der Beschleunigung oder Verzögerung des Konflikttransformationsprozesses inszeniert werden (Arena von Sonderwahlen; öffentliche Anhörungen; geheime Verhandlungen). Dabei können Konfliktprozesse gleichzeitig oder sukkzessiv auf mehreren Arenen ausgetragen werden. Der zweite wichtige Aspekt zur Charakterisierung der Struktur des politischen Prozesses betrifft die Festlegung der Art und Zahl der an einem Konflikttransformationsprozeß beteiligten A k t e u r e.

Fragt man nun nach der Beziehung zwischen Arenen und Akteuren, so wird deutlich, daß dies ein variables Verhältnis ist. Interessengruppen etwa mögen in manchen politischen Prozessen in "frühen" Stadien an diesem Prozeß teilnehmen, während bindende Entscheidungen den Parteien oder der Regierung vorbehalten bleiben. In anderen Fällen hingegen mögen Interessengruppen die Entscheidungskompetenz besitzen, während Parteien und/oder Regierung als bloße "Beobachter" oder "Kontrolleure" fungieren. Die Akteure nehmen also arenenspezifisch unterschiedlich am Konflikttransformationsprozeß teil und spielen dabei jeweils unterschiedliche Rollen, das eine Mal etwa als Hauptakteure, ein anderes Mal als "Zuhörerschaft", ein drittes Mal als "Kontrolleure".

Den folgenden Überlegungen liegt die Annahme zugrunde, daß die Art, in der Konfliktobjekte behandelt werden, beeinflußt wird durch diese Differenzierung multipler Arenen, in denen die verschiedenen Akteure simultan jeweils arenenspezifisch unterschiedlich stark partizipieren können. Geht man von einer bestimmten Arena als Bezugspunkt aus, so ist zu erwarten,daß die jeweiligen Akteure einerseits an der Weitervermittlung des Konfliktobjektes orientiert und dabei auf die Akteure d i e s e r Arena bezogen sind; andererseits werden sie sich zugleich auch an Akteuren a n d e r e r Arenen orientieren, denen gegenüber sie die Art ihrer Konflikttransformation d a r s t e l l e n müssen (etwa der Organisationsgefolgschaft; den Wählern; dem Ausland). Akteure müssen also Transformationsaktivitäten zu Weitervermittlungszwecken mit Transformationsaktivitäten zu Darstellungszwecken zu vereinbaren suchen. Da Akteure u.U. zugleich in mehreren Arenen partizipieren (etwa Parteien im Parlament, in Ausschüssen und in Wahlversammlungen), die die Konstituierung jeweils anderer Zuhörerschaften und Binnen- und Außenverhältnisse bedeuten, ergeben sich in solchen Fällen außerordentlich komplizierte wechselseitige Verhältnisse der Weitervermittlung einerseits und der Darstellung andererseits. Diese beiden Orientierungen können übereinstimmen oder sich ergänzen; sie können jedoch auch -wie gleich zu zeigen versucht wird- einander widersprechen. So hat Niklas Luhmann darauf hingewiesen, daß "der Wechsel öffentlicher und nichtöffentlicher Stationen des Verfahrens, also der Wechsel seines Zuhörerkreises" [3] als ein Mechanismus eingesetzt werden kann, durch den sich unterschiedliche Darstellungsstile miteinander vereinbaren lassen. Der Wechsel in eine Arena der Nicht-Öffentlichkeit erlaube es etwa, "mehr Vernunft und Entgegenkommen zu zeigen, als mit der öffentlichen Linie der Partei oder mit ihrer Oppositionsrolle vereinbar" sei.[4] Hingegen eröffnet der Wechsel von einer nicht-öffentlichen in eine öffentliche Arena die Möglichkeit, eine höhere Verpflichtung gegenüber bestimmten Positionen einzugehen und damit auch die Kontrahenten zu zwingen, sich an bestimmte Positionen zu binden. Je multipler die Arenen sind, auf denen Auseinandersetzungen um Konfliktgegenstände ausgetragen werden, um so schwerer wird es für die Akteure sein, die verschiedenen Darstellungsprozesse zu koordinieren und voneinander abzuschotten. Das "Durchsickern" nicht-öffentlicher Darstellungsweisen in die Arena der Öffentlichkeit beispielsweise kann bekanntlich manchmal für politische Akteure den Ruin ihrer Karriere bedeuten oder zumindest eines hohen Interpretationsaufwandes bedürfen, um als miteinander vereinbar zu erscheinen.

Eine nähere Ausarbeitung dieser Perspektive verlangt jedoch zunächst ein begriffliches Gerüst, welches es ermöglicht, in differenzierter Weise die Art zu erfassen, in denen Konfliktobjekte transformiert werden können. Denn erst dann kann ja präzisiert werden, in genau welcher Weise arenenspezifisch unterschiedliche Prozesse der Konfliktobjekt-Definition stattfinden und welche Konsequenzen sich hieraus für den Prozeß der Weitervermittlung durch das politische System ergeben. Das für diesen Problemzusammenhang vorgeschlagene begriffliche Gerüst enthält zwei Hauptdimensionen, nämlich erstens "Partikularisierung" und zweitens "Wertladung".

Unter "Partikularisierung" wird diejenige Tätigkeit verstanden, die sich auf die Anwendung "kognitiver Ressourcen" zur Transformation und Darstellung von Konfliktobjekten bezieht. Dies umfaßt im Falle umstrittener Ansprüche etwa die Fähigkeit zur Spezifizierung dessen, was gefordert, wie viel gefordert und an wen die Forderung zu richten ist. Eine solche Spezifizierung dürfte dazu beitragen,dem Konfliktobjekt höhere Vermittlungschancen zu verleihen. Dabei werden derartige "operative Zielformulierungen", die eine "möglichst quantitative Angabe von Zielgrößen (wie viel wovon) und die Angabe von Zielterminen (bis wann)" enthalten [5], vermutliche um so eher dann vorzunehmen sein, wenn das betreffende Konfliktobjekt bereits eine gewisse Transformationsgeschichte hinter sich hat.

Auf einen anderen Aspekt von Partikularisierungstätigkeiten hat schon Georg Simmel aufmerksam gemacht. Im Zusammenhang seiner Diskussion unterschiedlicher Arten der Konfliktlösung hat er auf die "Teilbarkeit" von Konfliktgegenständen hingewiesen und die Effekte dieses Merkmals für eine Lösung durch Kompromiß erörtert. [6] Die Fähigkeit von Akteuren, Konfliktobjekte in Unterdimensionen zu zerlegen, oder -wo dies nicht möglich ist- dem Konfliktgegenstand neue teilbare Dimensionen zuzuführen, kann also als eine die Lösungsfindung beschleunigende Transformationstätigkeit angesehen werden. Während unteilbar definierte Konfliktobjekte schwer in Konfliktlösungen transformierbar sind und daher für Verhandlungsarenen ein Problem darstellen,[7] sind sie andererseits für Zwecke der Darstellung etwa in öffentlichen Arenen gerade geeignet. Die öffentliche Darstellbarkeit eines Standpunktes dürfte umso leichter sein, je unteilbarer der Konfliktgegenstand formuliert wird. Es scheint demnach ein typischer Widerspruch zwischen den Transformationschancen und den Darstellungsmöglichkeiten unteilbar definierter Konfliktobjekte zu bestehen.

Ein weiterer, die Transformations-und Darstellungschancen je unterschiedlich beeinflussender Umstand dürfte die Anzahl der Partikularisierungs-Dimensionen (oder: Realisierungs-Alternativen) sein, die Akteure mit einem bestimmten Konfliktobjekt verbinden. Je mehr Partikularisierungs-Dimensionen man einführt, desto verhandelbarer dürfte das Konfliktobjekt werden;aber je höher der Partikularisierungsgrad eines Konfliktobjektes, desto größer sind gleichzeitig die Schwierigkeiten der Darstellung dieses Konfliktgegenstandes in einer öffentlichen Arena und das umso mehr, je multipler und je heterogener die Zuhörerschaft ist, der das Konfliktobjekt dargestellt werden soll. Allerdings stellen zu hoch partikularisierte Konfliktobjekte auch für Zwecke der Transformation in Verhandlungsgegenstände ein Problem dar, denn sie sind schwer auf Lösungsalternativen reduzierbar.

Die zweite -hier ebenfalls nur skizzierbare- Dimension wird als Wertladung bezeichnet. Mit diesem Begriff werden solche Transformations- und Darstellungsaktivitäten gemeint, die sich auf die Konstruktion politisch-kultureller Wertbezüge und deren Übertragung auf die Definition der Streitgegenstände beziehen. Es dürfte zum Beispiel für die Chancen der Lösbarkeit und für die Art der Darstellung des Anspruchs auf "Mehr Freizeit" relevant sein, ob damit die Realisierung des Wertes "Selbstverwirklichung des Individuums" oder des Wertes "Überwindung der Arbeitslosigkeit" beansprucht wird. Denn nicht nur werden vermittelt über diese unterschiedlichen Wertladungs-Bereiche unterschiedliche Adressaten angesprochen, sondern es wird von den Akteuren zugleich signalisiert, in welcher Weise sie beanspruchen, an den zentralen gesellschaftlichen Werten teilzuhaben bzw. alternative sozio-politische (sub-)kulturelle Werte durchzusetzen. Politische Akteure können dabei in das Dilemma geraten, daß sich zur Darstellung eines Konfliktobjektes in einer Arena ein bestimmter Wertladungs-Bereich anbietet, während das Konfliktobjekt in anderen Arenen und für andere Zuhörerschaften mit einem dem ersten Wertladungs-Bereich widersprechenden Wert assoziiert werden muß. Multiple Arenen können also die Mobilisierung von multiplen und miteinander kollidierenden Wertladungs-Bereichen erforderlich machen, die sich interpretatorisch nur schwer vermitteln lassen. Ein Beispiel für diese Schwierigkeit sind Parteien, die in der organisationsinternen Arena ihren Parteimitgliedern gegenüber andere Wertorientierungen bekunden müssen als gegenüber potentiellen Wählern. Die Homogenisierung unterschiedlicher Wertladungs-Bereiche dürfte dann umso schwieriger sein, je stärker die Identität organisierter politischer Akteure in der Außenwahrnehmung mit einem Wertrealisierungs-Anspruch gekoppelt ist, der zugleich in der Binnenwahrnehmung als "Abweichen" von der Parteilinie o.ä. interpretiert wird.

Neben diesen mit dem Wertladungs-Bereich verbundenen Transformations- und Darstellungsproblemen stellen sich den Akteuren noch andere Probleme, die mit einem weiteren Aspekt der Wertladungstätigkeit zusammenhängen. Dieser Aspekt wird hier als Wertladungs-Intensität bezeichnet. Die Aktivierung und Durchsetzung von Konfliktgegenständen beruht u.a. auch auf der Fähigkeit politischer Akteure, bestimmte Sachverhalte erfolgreich als "dringender Behandlung" bedürftig hinzustellen, d.h. andere relevante Akteure von der Dringlichkeit eines Problems zu überzeugen. Die Wertladungs-Intensität politischer Streitgegenstände dürfte sowohl die Geschwindigkeit,mit der ein Konfliktgegenstand den politischen Prozeß durchläuft, als auch seine Darstellbarkeit in den jeweiligen Arenen der Konfliktaustragung beeinflussen. Ganz allgemein ist zu vermuten, daß hoch wertladungs-intensive Konfliktobjekte zwar einerseits leichter darzustellen sind als niedrig wertladungs-intensive Konfliktobjekte. Andererseits aber werden die Chancen, hoch wertladungs-intensive Konfliktobjekte in Entscheidungen zu transformieren, vermutlich vermindert -zumindest in solchen Situationen, in denen Koalitionsbildungen für den Zweck der Entscheidungsdurchsetzung unentbehrlich sind-; denn mit zunehmender Intensität dürfte auch die Fixiertheit auf einmal eingenommene Positionen zunehmen und also die für die Entscheidungsfindung notwendige Flexibilität und Distanzierungsfähigkeit abnehmen.

Worauf kann die Intensität von Wertladungen beruhen ?
Von den Akteuren ausschöpfbare "Quellen" der Wertladungs-Intensitätssteigerung bzw. -neutralisierung sind etwa Wahltermine, der Abschluß von Haushaltsjahren oder Fristen für Antragstellungen. Ebenso wichtig wie die Fähigkeit, diese oder andere Quellen auszuschöpfen, um ein Konfliktobjekt als dringender Entscheidung bedürftig hinzustellen, ist die Fähigkeit, solche Quellen wieder "stillzulegen"; diese Kontrollfähigkeit von Wertladungs-Quellen dürfte vor allem dann gering sein, wenn durch die institutionalisierte Routine des Verfahrensablaufs Terminzwänge und Zeitknappheit geschaffen werden, deren sich die politischen Akteure kaum entziehen können und die "automatisch" die Wertladungs-Intensität von Konfliktobjekten festlegen.

Knapp zusammengefaßt kann damit gesagt werden: Die Struktur von Konfliktobjekten kann als eine bestimmte Kombination von Wertladung (Einführung von Wertladungs-Bereichen; Versehen mit Wertladungs-Intensität) und Partikularisierung (Spezifizierung; Definition der Teilbarkeit; Einführen von Realisierungs-Alternativen) beschrieben werden. Ganz allgemein dürfte gelten, daß die Chancen zur Weitervermittlung einerseits und zur glaubwürdigen und zustimmungsfähigen Darstellung eines Konfliktobjektes andererseits durch Variation der Struktur des Konfliktobjektes verändert werden können.

Ein solcher -hier nur andeutungsweise präsentierter- Bezugsrahmen zur Interpretation von Transformations- und Darstellungsprozessen sollte auf eine Vielzahl von empirischen Fällen der Konfliktaustragung angewendet werden können. Zu denken ist etwa an die Erklärung der vielen Fälle, in denen wegen der Diskrepanz zwischen ursprünglicher Forderung und schließlicher Entscheidung kaum von "erfolgreichen" Konfliktvermittlungen gesprochen werden kann. Im Zusammenhang dieser Ausführungen sei auf die Analysemöglichkeiten von Konfliktprozessen aufmerksam gemacht, die entweder gar nicht oder nur unter großer zeitlicher Verzögerung zur Entscheidung führen. Auf welche Gründe sonst solche Blockierungen und Verzögerungen zurückzuführen sein mögen - e i n e Ursache mag darin liegen, daß sich die politischen Akteure einem Konfliktobjekt gegenüber sehen, dessen spezifische Struktur -obwohl selbst Produkt ihrer Transformationstätigkeiten- es ihnen erschwert, weitere Transformationsleistungen zu vollziehen und die Blockierung zu überwinden. Die generelle These lautet hierbei, daß die Akteure in Konstellationen geraten können, in denen ein Widerspruch zwischen Darstellungszwang und Transformationserfordernis vorliegt.

Die folgenden Überlegungen und Hypothesen beziehen sich auf den Prozeß der Auseinandersetzungen um die sog. Zusatzrenten in Schweden von 1936-1960.[8] Die rund 25-jährigen Bemühungen der Akteure (Parteien, Gewerkschaften und Arbeitgeberverbände), eine Entscheidung in dieser Frage der Reformierung der Altersversorgung herbeizuführen, scheiterten aus einer Vielzahl von Gründen, auf die hier nicht alle eingegangen werden kann noch muß. Es sei nur so viel erwähnt, daß zu Prozeßbeginn eine beschleunigte Konfliktaustragung dadurch verhindert wurde, daß das Konfliktobjekt gut zehn Jahre lang in verschiedenen Kommissionen und Ausschüssen untersucht wurde. Gegen Ende des Konfliktprozesses wiederum gelang es den Akteuren nicht, eine parlamentarische Mehrheit für ihre jeweiligen Lösungsalternativen zu finden. In dieser Situation des "deadlock" konnte eine Entscheidung schließlich nur dadurch gefunden werden, daß ein Abgeordneter sich durch die Transformation des Konfliktobjektes in einen "Gewissenskonflikt" von der Parteienkonstellation löste. Die Konfliktbeendigung schließlich wurde erst durch eine darauf folgende Wahl herbeigeführt, die der Entscheidung nachträglich über Wählerstimmenverteilung die notwendige Legitimität einbrachte. In Orientierung also an diesen Fall sollen nun fünf Hypothesen vorgestellt werden, die sich auf die Umstände der Blockierung von Entscheidungsprozessen beziehen.

These I
In Untersuchungsgegenstände transformierte Konfliktobjekte tendieren dazu, den Entscheidungsprozeß zu verzögern oder ganz zu blockieren.

Das Problem der Zusatzrenten wurde gut zehn Jahre lang von unterschiedlichen Kommissionen, Gremien und Ausschüssen untersucht. Es zeigte sich hierbei, daß Kriterien, die Untersuchungsverfahren eigen sind (wie Objektivität; Gründlichkeit; Allseitigkeit; Sachlichkeit etc.), sich in einer bestimmten Weise auf die Struktur des betreffenden Konfliktobjektes auswirken. Werden Experten zu den Hauptträgern und Untersuchungskommissionen zu den zentralen Arenen der Konflikttransformation, so wird das betreffende Konfliktobjekt erstens tendenziell hoch partikularisiert und zweitens tendenziell niedrig wertladungs-intensiv transformiert werden. Beide Strukturelemente verstärken sich umso mehr, je länger der Untersuchungsprozeß anhält und je mehr Experten hinzugezogen werden.

Nun sind mit einem so strukturierten Konfliktobjekt spezifische Darstellungsprobleme verbunden; sie ergeben sich für die politischen Akteure vor allem dann, wenn ihnen daran gelegen sein sollte, das Konfliktobjekt in ein Entscheidungsobjekt zu transformieren, d.h. die Untersuchungsphase abzubrechen und entscheidungsfähige Alternativen zu formulieren. Zunächst stellt sich dabei -formal ausgedrückt- das Problem, hoch partikularisierte Konfliktobjekte zu reduzieren. Es müssen Standpunkte bezogen und das heißt Selektionsleistungen erbracht werden, die notwendigerweise die Nichtbeachtung oder Abwertung einer oder mehrerer Expertenaussagen implizieren. Typischerweise wird in solchen Situationen in die Darstellung der bezogenen Standpunkte die Konkurrenz um das Ausmaß der "Wissenschaftlichkeit" und um die durch Expertenurteil abgestützte Haltbarkeit der Standpunkte als wichtiges Moment eingehen.

Der Untersuchungscharakter des Konfliktobjektes nötigt den politischen Akteuren weiterhin zur Darstellung ihrer Standpunkte tendenziell die Sprache von Experten auf, die sie häufig -aus begreiflichen Gründen- selbst nicht voll beherrschen und die auch nicht von jedem Auditorium verstanden wird. Insgesamt also setzt die Transformation von hoch partikularisierten Untersuchungsobjekten etwa in Wahlkampfthemen die politischen Akteure der Schwierigkeit aus, bestimmte Partikularisierungsdimensionen zu einem Standpunkt aggregieren zu müssen und dabei nicht vermeiden zu können, gegen die Standpunkte bestimmter Experten zu verstoßen. Dabei kommt bei der Darstellung des politischen Standpunktes das sprachliche Risiko hinzu, sich den Wählern "verständlich" machen zu müssen, ohne sich selbst zugleich als ignorante Laien zu entlarven. Vor solche Schwierigkeiten gestellt, mögen politische Akteure dazu tendieren, die betreffenden Konfliktobjekte im Zweifelsfall zugunsten "zugkräftigerer" Themen " auf die lange Bank " zu schieben.

Zweitens ergibt sich aus der niedrigen Wertladungs-Intensität von Untersuchungsobjekten als Darstellungsproblem die Frage, wie die "Dringlichkeit" des Konfliktobjektes nachgewiesen werden kann; denn der Abbruch des Untersuchungsverfahrens, der Trägerwechsel und die Verlagerung des Konfliktobjektes in die parlamentarische Arena müssen durch Hinweis auf die "Entscheidungsnotwendigkeit" des Konfliktobjektes begründbar sein. In manchen Fällen dürfte es den politischen

Akteuren gelingen, die Dringlichkeit wirkungsvoll unter Hinweis auf den Zeitablauf zu behaupten und zu argumentieren, daß ein direkter Zusammenhang bestehe zwischen der Dauer der Untersuchung und der Zunahme der Brisanz des betreffenden Konfliktobjektes. Im vorliegenden Fall der Altersversorgung ließ sich dem Konfliktobjekt allerdings kein solcher "kumulativer" Charakter [9] zusprechen; vielmehr verbesserte sich (aufgrund anderer sozialpolitischer Maßnahmen und wirtschaftlicher Umstände) die Lage der Rentner, so daß im Gegenteil mit zunehmender Untersuchungsdauer die Dringlichkeit des Problems abnahm. Es kommt in solchen Fällen darauf an, alternative Wertladungs-Quellen zu mobilisieren, die es den entscheidungsinteressierten politischen Akteuren gestatten, gegen den womöglich erhobenen Einwand, das Problem sei noch nicht oder nicht mehr "entscheidungsreif", sondern weiterhin "untersuchungsbedürftig", dennoch die Entscheidungs-Dringlichkeit des Konfliktgegenstandes glaubhaft zu vermitteln.

Einige solcher alternativer Wertladungs-Quellen seien kurz angedeutet. Zum einen stellt die Verknüpfung des Konfliktgegenstandes mit Verfahrens- oder Wahlterminen eine mögliche Quelle zur Steigerung der Intensität des Konfliktobjektes dar; dabei ist dann glaubhaft zu vermitteln, daß die Wähler "jetzt" Bescheid haben wollen. Eine andere Wertladungs-Quelle stellt die Drohung mit der "wachsenden Ungeduld" derjenigen dar, denen eine Entscheidung durch die lange Untersuchungsdauer bislang vorenthalten wurde. Im vorliegenden Fall der Zusatzrentengesetzgebung wurde die Dringlichkeit durch keinen der genannten Mechanismen induziert, sondern dadurch, daß den politischen Akteuren drohte, ihre Kontrolle über das Konfliktobjekt durch konkurrierende Entscheidungsträger zu verlieren. Die Gewerkschaftsvertretungen nämlich ließen ihre Absicht erkennen, einen Wechsel des Problems in die Arbeitsmarktarena vorzunehmen, falls sich die Akteure der parlamentarischen Arena nicht zu einer Entscheidung auf dem Gesetzeswege durchringen würden.

Die Auflösung von Transformationsblockierungen, die auf dem Charakter von Konfliktobjekten als Untersuchungsobjekten beruhen, ist -so wurde argumentiert- mit der Änderung der strukturellen Merkmale von Untersuchungsobjekten verbunden; hohe Partikularisierung erfordert die Fähigkeit politischer Akteure zur Reduktion und Standpunktformulierung; und die niedrige Wertladungs-Intensität erfordert die Transformation des Konfliktgegenstandes in ein dringlicher Entscheidung bedürftiges Objekt. Es hat sich bei der Analyse der schwedischen Zusatzrentengesetzgebung gezeigt, daß die politischen Akteure lange nicht in der Lage waren, diese Reduktionsleistungen zu erbringen und diese Dringlichkeitsnachweise zu liefern. Daß jedoch selbst der dadurch verursachte Immobilismus in Form der Kontinuität des Untersuchungsprozesses noch darstellungsbedürftig ist (und dies Konsequenzen für die weitere Transformation des Konfliktobjektes haben kann), wurde ebenfalls deutlich. Es ließ sich nämlich zeigen, daß sich die politischen Akteure dem Druck ausgesetzt sahen, diese fortgesetzte Blockierung der Entscheidung durch Untersuchungsprozeduren zu legitimieren und daß sie sich gehalten sahen -und zwar zunehmend mit der Länge der Untersuchungszeit-, diese Verzögerung der Reformentscheidung durch immer großzügigere Reformvorstellungen zu kompensieren. Auf diese Weise ließ sich die Verschleppung der Entscheidung als "lohnend" hinstellen.

These II
Hoch wertgeladene Konfliktobjekte tendieren dazu, die Konfliktlösung zu blockieren.

Ein weiterer Umstand, der in einer späteren Phase des Transformationsprozesses der Rentenauseinandersetzungen mit dazu beitrug, die Konfliktlösung zu blockieren, bestand in der zu dieser Zeit erreichten hohen und andauernden Politisierung oder -wie es ja hier genannt wird- in der permanenten hohen Wertladungs-Intensität des Konfliktobjektes. Ist ein Konfliktobjekt erst einmal hoch wertladungs-intensitv transformiert worden, fällt es den am Transformationsprozeß beteiligten Akteuren offensichtlich schwer, die Wertladungs-Intensität wieder abzubauen und zu verhindern, daß immer neue Wertladungs-Quellen "angezapft" werden. "Heiße" Themen,d.h. Konfliktobjekte mit hoher Wertladungs-Intensität, eignen sich nicht für Lösungen durch Verhandlungen und Kompromiß, sondern eher durch Mehrheitsentscheidungen. Sie legen deshalb die Selektion solcher Arenen nahe, die zur Produktion von Mehrheiten geeignet erscheinen. Umgekehrt fördert der Glaube an die Verfügbarkeit solcher mehrheitsbildender Arenen -etwa Neuwahlen, Volksbefragung o.ä.- die Tendenz, Konfliktobjekte hoch wertladungs-intensiv zu formulieren. Erweist es sich dann jedoch -wie in dem analysierten Beispiel- , daß durch Wahlen keine Mehrheit gefunden werden kann, so ist ein Wechsel der Strategie durch die Verlagerung der Konfliktentscheidung in die Arena geheimer Parteiverhandlungen zwar naheliegend, aber häufig praktisch kaum durchführbar. Denn ein solcher Arenenwechsel droht daran zu scheitern, daß sich die Akteure bereits zu stark an ihre jeweiligen Standpunkte fixiert haben und hierin von seiten der Wähler kontrolliert werden. Dieser Umstand wird dazu führen, daß die Akteure versuchen werden, mehrheitsbildungsfähige Arenen wahrzunehmen und/oder zu schaffen und das Konfliktobjekt entsprechend zu transformieren.

Ein zweiter Mechanismus, der verhindern kann, daß hoch wertladungs-intensive Konfliktobjekte neutralisiert werden, ergibt sich dann, wenn die Kontrahenten sich gegenseitig unterstellen, bestimmte Verfahrensregeln und/oder politische Moralvorstellungen des "fair play" zu verletzen. Im vorliegenden Fall wurden Vorwürfe der Manipulation mit konstitutionellen Vorschriften, des Nichteinhaltens von Fristen, des Verstoßes gegen bisher geübte Verfahrenspraktiken und des plötzlichen Gesinnungswandels [10] wiederholt gegenseitig erhoben. Dies schürte den Verdacht, die Prozedur der Konflikttransformation sei illegitim. Es scheint hier eine von den Akteuren kaum mehr zu kontrollierende und sich eskalierende Automatik zu geben, bei der einmal durch Manipulationsverdacht gesteigerte Wertladungs-Intensitäten sich bei jedem weiteren Verfahrensschritt verstärken.

Ein dritter Mechanismus schließlich, der geeignet ist, die Wertladungs-Intensität des Konfliktobjektes aufrecht zu erhalten und auf diese Weise eine Lösung zu blockieren, wird dann aktiviert, wenn die Akteure über den Konfliktlösungsmechanismus als solchen in Streit geraten. Es lassen sich hierbei -in Orientierung an ein von Johan Galtung entwickeltes Schema-[11] drei Typen von Konflikten unterscheiden, deren Wertladungs-Intensität dann jeweils auf den zu lösenden Konfliktgegenstand übertragen wird. Erstens kann bei der Frage, welcher Lösungsmechanismus angewandt werden soll, ein "Meta-" Konflikt entstehen. Bei den Auseinandersetzungen um die Zusatzrenten gerieten die politischen Akteure darüber in Streit, ob der Lösungsmechanismus der Volksbefragung angewandt werden sollte und -wenn ja- nach welchen konstitutionellen Regeln. Zweitens kann ein Konflikt entstehen, der sich auf die Frage bezieht, wie das Konfliktobjekt dem Lösungsmechanismus angepaßt werden soll. Dieser "Kodierungs-" Konflikt wurde in Form der Auseinandersetzungen um die Formulierung der dem Volke vorzulegenden Fragen ausgetragen. Und schließlich drittens kann ein "Dekodierungs-" Konflikt entstehen, nämlich dann, wenn sich die Aussagen des Lösungsinstruments durch die Akteure nicht eindeutig interpretieren lassen. Die Wertladungs-Intensitäten, mit der solche Konflikte in bezug auf den Lösungsmechanismus ausgetragen werden, haben die Tendenz, sich auf den zugrundeliegenden materiellen Konflikt zu übertragen. Im hier analysierten Fall wurde auf diese Weise eine Entscheidung über das Konfliktobjekt blockiert.

Diese drei eben analysierten Mechanismen der Wertladungs-Intensitätssteigerung -die permanente Mobilisierung öffentlicher Arenen; der ständig reaktivierte Manipulationsverdacht; und das Aufflammen eines Streites um die Angemessenheit des Konfliktlösungsmechanismus- tendieren dazu, kombiniert aufzutreten und sich gegenseitig zu verstärken. Läßt sich der Öffentlichkeitscharakter einer Konfliktaustragung nicht durch Arenenwechsel verändern, so werden in eben dieser Öffentlichkeit auch die Kämpfe um die Aufrechterhaltung der politischen Moral ausgetragen und die Zerwürfnisse über die Adäquatheit des Konfliktlösungsmechanismus offenbar werden. Es entsteht hierdurch insgesamt der Eindruck der "Anomie", der Hilflosigkeit und Unfähigkeit der beteiligten Akteure und der vorhandenen Institutionen , den Streit beizulegen.

These III
In Prinzipien-Konflikte transformierte Konfliktobjekte tendieren dazu, die Konfliktentscheidung zu blockieren.

Eine Blockierung der Konfliktentscheidung kann auch Resultat von Transformationen von Konfliktobjekten sein, die sich insbesondere auf die Dimension der Wertladungs-Bereiche beziehen. Werden von den Akteuren polarisierte Wertladungs-Bereiche mobilisiert, die mit hoher Intensität vertreten und mit nur einer oder wenigen Partikularisierungs-Dimensionen versehen werden, so kann man von einem Prinzipien-Konflikt sprechen. Solche Prinzipien-Konflikte dürften nur geringe Chancen zur Konfliktlösung besitzen. Ein im Falle der Zusatzrentenproblematik entstandener Prinzipien-Konflikt betraf die Frage nach der Art des Anschlusses an die Zusatzrentenversicherung ("obligatorisch" oder"freiwillig"). Indem nun diese Frage mit den Wertladungs-Bereichen der "Sicherheit" oder "Freiheit" assoziiert wurde, die sich nach Definition der Akteure nicht vereinbaren ließen, wurde dieses zunächst technisch anmutende Problem der Art des Anschlusses zu einem zentralen Konflikt um alternative gesellschaftliche Ordnungsvorstellungen dramatisiert.

Prinzipien-Konflikte dürften sich besonders dazu eignen, in öffentlichen Arenen dargestellt zu werden, denn bei ihnen sind die unterschiedlichen Standpunkte besonders gut sichtbar und identifizierbar.Und je mehr z.Bsp. Parteien erwarten,

Standpunkteindeutigkeit und -festigkeit durch Wählerstimmen honoriert zu bekommen, desto weniger werden sie bereit sein, Prinzipien-Konflikte flexibel zu transformieren. Diese Darstellungsvorzüge tragen dazu bei, daß Prinzipien-Konflikte -sind sie erst einmal in der öffentlichen Arena eingeführt- relativ lange überleben. Zwar mochten Prinzipien-Konflikte von den Akteuren strategischer Überlegungen wegen konstruiert worden sein; ihr Nutzen jedoch kann sich auch gegen ihre Erfinder wenden, indem er es ihnen erschwert, einmal bezogene Positionen zu verlassen. Verschiedene Umstände tragen zu dieser Fixierung bei:

Zum einen läßt sich die Tendenz beobachten, daß ein Prinzipien-Konflikt, der in bezug auf e i n e Partikularisierungs-Dimension transformiert wurde, sich auch auf andere Partikularisierungs-Dimensionen überträgt. So wurde im analysierten Fall der Zusatzrentengesetzgebung die Frage der Fondsbildung in den Polarisierungssog einbezogen, der durch den vorangegangenen Prinzipienstreit um "Sicherheit" oder "Freiheit" entstanden war. Es entstand nun ein grundsätzlicher Konflikt um alternative Gesellschaftsmodelle.

Die Lösung von Prinzipien-Konflikten wird weiter dadurch erschwert, daß sie nicht nur alle Partikularisierungs-Dimensionen des fraglichen Konfliktobjektes tangieren, sondern auch auf andere Konfliktgegenstände überzugreifen drohen. Womöglich durch Abschottung der Konfliktgegenstände voneinander könnte eine solche sich lauffeuermäßig verbreitende Prinzipieneskalation vermieden werden. Dies könnte man dadurch versuchen, daß verschiedene institutionelle Konfliktaustragungsmechanismen angewandt würden, durch die sich verhindern ließe, daß sich dieselben Akteurkonstellationen immer wieder bilden. Eine andere Möglichkeit wäre die Mobilisierung multipler Arenen der Konfliktaustragung; dadurch ließe sich vermeiden, daß dieselben umstrittenen Verfahrensprozeduren angewandt werden müßten. Der Lösungsmechanismus der Volksbefragung ist ein solcher Versuch zur Isolierung von Prinzipien-Konflikten von anderen Wahlkampthemen. Er versagt allerdings dann -wie der vorliegende Fall lehrt-, wenn in zu dichter zeitlicher Folge weitere Wahlkämpfe anstehen, die als Arenen fortgesetzter Auseinandersetzungen um das betreffende Konfliktobjekt fungieren.

Schließlich erschwert auch die Dauer der Auseinandersetzungen um Prinzipien-Konflikte die Auflockerung der Blockierung. Je länger Prinzipienpositionen vertreten werden, desto stärker werden die jeweiligen Akteure mit den von ihnen vertretenen Prinzipien identifiziert; der Prinzipienstandpunkt wird ihnen als Identitätssymbol zugeschrieben werden. Es dürfte für ein solches Stadium der Konfliktauseinandersetzung typisch sein, daß die Akteure jetzt weniger die prinzipiellen Standpunkte noch einmal darlegen und begründen, sondern daß sie vielmehr die Umstände der Standpunktfindung rekapitulieren, Urheberrechte bei der Formulierung ihrer Position beanspruchen und sich gegenseitig die "Schuld" für das Aufkommen der blockierten Lage zuschieben. Wird so die *Geschichte* des Prinzipien-Konfliktes erst zum Gegenstand der Darstellungen, dann kann die Blockierung vermutlich nur noch durch Verfahrenspannen, Zufälle oder personalisierte Lösungen (etwa durch die Instanz des Gewissens) aufgelöst werden.

These IV
In Prioritäten-Konflikte transformierte Konfliktgegenstände tendieren dazu, den Entscheidungsprozeß zu blockieren.

Der Fall der Rentenreform wies noch weitere Formen der Blockierung auf. Vor die Alternative gestellt, ob bei der Reform ein bestimmtes Rentenniveau garantiert oder ob die Höhe der Reformkosten fixiert werden solle, hatten sich die Akteure zu entscheiden, welcher dieser Alternativen sie höhere Priorität einräumen wollten. Wer den Wert "Sicherheit im Alter" höher prioritierte und daher bereit war, ein bestimmtes Rentenniveau zu *garantieren*, mußte sich mit Schätzwerten bezüglich der Reformkosten begnügen und stufte somit den Wert "wirtschaftliche Verkraftbarkeit" niedriger ein. Wer dagegen die "wirtschaftliche Verkraftbarkeit" der Rentenreform an oberste Stelle der Wertskala stellte, konnte nicht gleichzeitig den Wert eines "garantierten", sondern höchstens den eines "angemessenen" Rentenniveaus realisieren. Im Unterschied zu Prinzipien-Konflikten handelt es sich also bei Prioritäten-Konflikten darum, daß die Akteure nicht gegensätzliche, sondern gleiche und multiple Wertladungs-Bereiche aktivieren, aber darauf bestehen, diesen Werten eine unterschiedliche Priorität einzuräumen. Auch dies kann eine Übereinstimmung bezüglich der vorgeschlagenen Lösungsalternativen verhindern.

Die Transformation von Konfliktobjekten in Prioritäten-Konflikte liegt den Kontrahenten in solchen Situationen nahe, in denen sie zugleich dem Druck zur Demonstration ihrer Einigungsbereitschaft und dem Druck zur Differenzierung ihrer Standpunkte ausgesetzt sind. Dies trifft zum Beispiel für Parteien zu, die Regierungskoalitionen bilden und Absichten zur Stabilisierung der Regierungskoalition mit der Notwendigkeit zur Aufrechterhaltung ihrer Parteienidentität vereinen müssen.

Die Auflösung von durch Prioritäten-Konflikten verursachten Blockierungen ist vor allem mit der Schwierigkeit verbunden, daß die Akteure eine einmal eingegangene Verpflichtung, bestimmte Werte (wie "Sicherheit","gesunde Wirtschaft") zu garantieren, nur unter dem Risiko des Verlustes von Gefolgschaftsteilen aufgeben können. Die Lockerung solcher Blokkierungen könnte deshalb zum einen dadurch versucht werden, daß die Wertskala nach a u ß e n hin aufrechterhalten bleibt,d.h. das Wertprofil der betreffenden Partei unangetastet bleibt, nach i n n e n aber die Wertpriorität des Gegners mit berücksichtigt wird. Ein weiterer Darstellungsmechanismus zur Aufweichung des Prioritätenkonfliktes könnte die Unterscheidung zwischen lnagfristiger und kurzfristiger

Wertrealisierung sein, also die Behauptung, daß -um bei dem Beispiel zu bleiben- kurzfristig zwar der Wert der "Fixierung der Rentenkosten", langfristig aber der der "Sicherung des Rentenniveaus" realisiert werden würde. Schließlich ließe es sich versuchen, glaubhaft darzustellen, daß die Verfolgung des einen Wertes (etwa den der "Fixierung der Rentenkosten" und damit den der "gesunden Wirtschaft") Voraussetzung sei für die Möglichkeit, den Wert der "Sicherung des Rentenniveaus" zu realisieren.

These V
In Wertrealisierungs-Konflikte transformierte Konfliktobjekte tendieren dazu, die Konfliktlösung zu blockieren.

An sich mag man zunächst vermuten, daß Konfliktobjekte dann große Chancen haben, gelöst zu werden, wenn sie von den Akteuren mit einem für alle Akteure verbindlichen zentralen gesellschaftlichen Grundwert verknüpft sind (wie etwa "Gleichheit","Freiheit","Gerechtigkeit"). Der Fall der Auseinandersetzungen um die Zusatzrenten zeigte jedoch, daß gerade in bezug auf zentrale Grundwerte konsensual transformierte Konfliktobjekte die Akteure dazu herausfordert, um die Frage zu konkurrieren -und damit Entscheidungen womöglich zu blokkieren-, welche der von ihnen angebotenen Lösungsalternativen am ehesten geeignet sei, diesen Grundwert überhaupt oder "optimal" zu realisieren. Im vorliegenden Fall konkurrierten die Akteure darum, wer mit Hilfe seiner Lösungsalternative am ehesten den Grundwert der "Gerechtigkeit" zu realisieren imstande sei.

Die Darstellung eines solchen Wertrealisierungs-Konfliktes kann im Kontext des Drucks, die "beste" Lösung anzubieten, oft den -von den Akteuren zunächst nicht intendierten- Nebeneffekt haben, daß sie sich gezwungen sehen, "Überangebote" zu machen. Dieser Effekt verstärkt sich umso mehr, je länger der Wertrealisierungs-Konflikt ausgetragen wird.

Beim Fall der Zusatzrenten zeigte sich dies darin, daß die Kontrahenten ihre Reformangebote umso mehr steigerten, je geringer für sie die Aussicht erschien, daß der Konflikt tatsächlich gelöst werden würde. Als -aufgrund des Absprungs eines Abgeordneten von der Parteilinie- schließlich dennoch und überraschend eine Entscheidung zustande kam, sahen sich die verantwortlichen Parteien einem Reformwerk gegenüber, dessen Umfang, Höhe und Ausmaß sie weder voll und so beabsichtigt noch in bezug auf seine Konsequenzen für die Sozialstruktur und die Wirtschaftsordnung hinlänglich kalkuliert hatten.

Zusammenfassung

In diesem Aufsatz wurden einige Konzepte zur Erfassung von Prozessen politischer Konfliktauseinandersetzung vorgestellt. Dabei standen im Mittelpunkt die Dimensionen Wertladung und Partikularisierung. Diese wurden als Tätigkeiten verstanden, durch die politische Akteure die Struktur der von ihnen behandelten Streitgegenstände bestimmen. Variationen dieser Struktur von Konfliktobjekten beeinflussen die Chancen der Weitervermittlung von Konfliktobjekten im politischen Verfahrensprozeß und die Möglichkeiten ihrer arenenspezifischen Darstellung.

In diesem Zusammenhang wurde auf ein spezielles Problem von Konflikttransformation aufmerksam gemacht: Politische Akteure können in widersprüchliche Situationen geraten, bei denen der Zwang zur Darstellung eines Konfliktobjektes Dritten gegenüber sie zugleich daran hindert, das Konfliktobjekt in eine Entscheidung zu transformieren.

Anhand einer Fallstudie wurden fünf Konstellationen geschildert, bei denen diese Widersprüchlichkeit den Entscheidungsprozeß blockierte. Es konnte gezeigt werden, daß die Auflösung solcher blockierten Entscheidungssituationen bestimmte Transformationsleistungen voraussetzt, die von den

Akteuren nicht "beliebig" erbracht werden können.

Der in diesem Aufsatz behandelte Sachverhalt des möglichen Widerspruchs zwischen Darstellungszwang und Transformationserfordernis betrifft nur einen sehr begrenzten Aspekt dessen, womit sich eine Perspektive zu beschäftigen hätte, die politisches Verhalten und politische Prozesse als "konfliktives Tun" analysieren will.

1) Schattschneider,E.E.: The Semi-Sovereign People. New York: Holt, Rinehart & Winston 1960, 71.

2) Simmel, Georg: Der Streit. in: Soziologie. Berlin: Duncker & Humblot 1968, 186-255. Vgl. auch Simmels Abhandlung "Über die quantitative Bestimmtheit der Gruppe", in der Simmel konflikttheoretische Argumente weiter verfolgt. a.a.O. 32-100, bes. 76-81; 87-88.

3) Luhmann, Niklas: Legitimation durch Verfahren. Neuwied: Luchterhand 1969, 189. Vgl. in diesem Zusammenhang auch die bei Goffman beschriebene Technik des Arenenwechsel im Bereich des Alltagsverhaltens: Goffman, Erving: The Presentation of Self in Everyday Life. New York: Doubleday & Co. 1959, 215.

4) Luhmann,Niklas: ebenda

5) Mayntz, Renate & Scharpf, Fritz: Plaungsorganisation. München: Piper 1973, 92.

6) "Gewissen Gegenständen gegenüber steht der Kompromiß durch Teilung außer Frage: zwischen Nebenbuhlern um die Gunst einer Frau, zwischen Reflektanten um ein und dasselbe unzerlegbare käufliche Objekt, auch bei Kämpfen, deren Motiv Haß und Rache sind." Simmel,Georg:a.a.O., 250.

7) vgl. hierzu u.a. Galtung, Johan: Institutionalisierte Konfliktlösung. Ein theoretisches Paradigma.in: Bühl, Walter L.(Hrsg.): Konflikt und Konfliktstrategie. München: Nymphenburger Verlagshandlung 1973, 119-120. Fisher, Roger:Fractionating Conflict. in: Fisher, Roger (ed.): International Conflict and Behavioral Science: The Craigville Papers. New York: Basic Books 1964, 91-109, bes. 103.

8) Dieser Fall wurde ausführlich analysiert in: Nedelmann, Birgitta: Prozesse der Konflikttransformation. Die Auseinandersetzungen um die Zusatzrenten in Schweden. Mannheim, Habilitation 1979.

9) Dieser Begriff des "kumulativen" oder "progressiven" Charakters von Konfliktobjekten wird angewandt von Hall, Phoebe;Land, Hilary; Parker, Roy; Webb, Adrian: Change, Choice, and Conflict in Social Policy. London: Heineman 1975, etwa 497.

1o) Niklas Luhmann weist darauf hin, daß man "in Parlamenten die informale Verhaltensregel (vorfindet), daß Darstellungen mehr, als im täglichen Leben normal ist, Bestand haben müssen und verpflichten." a.a.O., 187.

11) Galtung, Johan: a.a.O., bes. 124-129.

THEMENBEREICH 2: INDUSTRIELLE BEZIEHUNGEN

Leiter:

Gerhard B r a n d t (Frankfurt):

Einleitung: Industrielle Beziehungen als Thema soziologischer Forschung

Referenten:

Colin C r o u c h (London/UK):

Industrial Relations in Western Europe: Patterns of Change

Walther M ü l l e r - J e n t s c h (Frankfurt):

Neue Konfliktpotentiale und institutionelle Stabilität. Die Austauschbeziehungen zwischen Kapital und Arbeit in der Bundesrepublik seit dem Ende der sechziger Jahre.

Wolfgang S t r e e c k (Berlin):

Gewerkschaftsorganisation und industrielle Beziehungen. Einige Stabilitätsprobleme industriegewerkschaftlicher Interessenvertretung und ihre Lösung im westdeutschen System der industriellen Beziehungen.

Manfred G r o s e r (Köln):
Berndt K e l l e r (Essen):

Theorien der Arbeitsbeziehungen: Entwicklung und Aktualität

Richard H y m a n (Warwick/UK):

Theory in Industrial Relations: Towards a Materialist Analysis

Wolfgang L e c h e r (Düsseldorf):

Wirtschaftskrise, europäische Integration und gewerkschaftliche Handlungsperspektiven

Wolfgang-Ulrich P r i g g e (Mainz):

Vergleich sektoraler Arbeitgeberverbandsorganisationen in Großbritannien und der Bundesrepublik Deutschland

Hajo F u n k e
Eckart H i l d e b r a n d t (Berlin):
Christof W a t k i n s o n

Ein neues tarifpolitisches Konzept - Interessen der Metaller am Absicherungstarifvertrag

Willi D z i e l a k
Wolfgang H i n d r i c h s (Dortmund):
Helmut M a r t e n s

Gewerkschaftliche Betriebspolitik und Arbeitskampf

Harald W i e d e n h o f e r (Bonn-Bad Godesberg):

Arbeitsgestaltungspolitik - ein neues Element gewerkschaftlicher Strategie?

Birgit G e i s s l e r
Rainer Z o l l (Bremen):

Krise und betriebliche Arbeitsbeziehungen

Werner K u d e r a
Konrad R u f f (Erlangen):
Rudi S c h m i d t

Zur Interessenorientierung und Interessendurchsetzung von Angestellten

Gerhard Brandt

## Einleitung: Industrielle Beziehungen als Thema soziologischer Forschung

Daß eine der Themenbereichsveranstaltungen dieses Soziologentages mit Fragen der industriellen Beziehungen sich befaßt, ist nicht so ganz selbstverständlich und bedarf einer kurzen Erläuterung. Käme es auf eine Rechtfertigung an, so ließe sich anführen, daß es eine weit zurückreichende sozialwissenschaftliche Forschungs- und Theorietradition gibt, die das Verhältnis von Kapital und Arbeit in seinen institutionalisierten Erscheinungsformen und namentlich die gewerkschaftlichen Organisationen der abhängig Beschäftigten zum Gegenstand hat. Erinnert sei nur an die frühen Arbeiten der Webbs und G.D.H.Coles zur Geschichte und Organisation der britischen Gewerkschaftsbewegung, an die am Beispiel der amerikanischen Gewerkschaften orientierten Versuche S.Perlmans und R.F.Hoxies, den eigenständigen Charakter der gewerkschaftlichen Arbeiterbewegung theoretisch zu begründen, und an die historisch und systematisch angelegten Beiträge Adolf Webers, Karl Zwings und Goetz Briefs' zur Entwicklung der Interessenorganisationen von Kapital und Arbeit in Deutschland. Hier liegt also zweifellos eine seit den Anfängen sozialwissenschaftlicher Forschung sich durchhaltende Thematik vor, die, auch wenn sie weitgehend in Vergessenheit geraten ist, zur Legitimierung des Interesses an den, um einen möglichst neutralen Ausdruck zu wählen, Austauschbeziehungen zwischen Kapital und Arbeit im Rahmen unserer Disziplin dienen könnte.

Eingeräumt werden muß allerdings sogleich, daß diese Theorie- und Forschungstradition, bezieht man sie auf die Entwicklung der Soziologie als akademischer Disziplin, immer nur randständige Bedeutung hatte. Die Erklärung hierfür liegt einmal darin, daß diejenigen, von denen diese Tradition getragen wurde, wenn überhaupt sie dem akademischen Wissenschaftsbetrieb angehörten, vielfach anderen Fächern wie etwa der Nationalökonomie (Adolf Weber) oder der Jurisprudenz (Hugo Sinzheimer und Franz Neumann) entstammten und der neu sich herausbildenden Disziplin fernblieben; dann aber und wichtiger wohl darin, daß diese Disziplin, auf die Anerkennung ihres akademischen Status bedacht, Formen praxisorientierter und vielfach schlicht parteilicher wissenschaftlicher Arbeit sich verschloß, die gerade für diese Tradition charakteristisch ist. Diese, von Vereinfachungen sicher nicht ganz freie, Feststellung gilt bis in die jüngste Vergangenheit hinein und trifft, wenn nicht alles täuscht, für das westliche Ausland in kaum geringerem Maße zu als für die deutsche Entwicklung. Die Folge war, daß die Organisationen von Kapital und Arbeit und ihre wechselseitigen Verflechtungen eher von fachfremden oder frei vagabundierenden (und in der Regel jüngeren) Forschern an den Rändern der Disziplin studiert und bearbeitet oder aber, wie in den angelsächsischen Ländern, von einer neu sich herausbildenden Disziplin, der Industrial- oder Labor-Relations-Forschung, reklamiert wurden.

Wenn sich an diesem nicht sehr befriedigenden Zustand etwas zu ändern beginnt und Fragen der industriellen Beziehungen Eingang in den soziologischen Wissenschaftsbetrieb - den Lehr- und Forschungsbetrieb, die Fachzeitschriften, wissenschaftliche Kongresse wie diesen - finden, dann hängt das, so scheint es, in erster Annäherung mit der pragmatischen Wendung unseres Faches zusammen, die für diesen Kongreß so kennzeichnend ist. Ob der Abschied von den Theoriediskussionen des letzten Jahrzehnts wirklich auf eine Konsolidierung des Fachs hindeutet, wie manche Beobachter meinen, und ob man die damit angedeutete Befestigung seines Kurswertes auf dem Wissenschaftsmarkt begrüßen soll, mag dahingestellt bleiben. Richtig ist sicher, daß der Streit um konkurrierende Theorieentwürfe abgelöst worden ist durch eine gegenstandsbezogene und methodenorientierte Erörterung von Forschungsproblemen. Nutzen gezogen hat daraus zweifellos auch der hier zu verhandelnde Themenbereich. So haben sich die Gewerkschaftsforschung und die Erforschung der industriellen Beziehungen unter der Hand zu einem nicht unwichtigen Forschungsschwerpunkt herausgebildet, an dem im Rahmen verschiedener Förderungsprogramme in der Bundesrepublik gegenwärtig ein gutes Dutzend Forschungsgruppen, ganz abgesehen von der kaum übersehbaren Zahl der Einzelforscher, beteiligt ist. Der bis dahin eher verleugnete Forschungszweig scheint, ob nun unter dem Titel der Gewerkschaftsforschung, der industriellen bzw. der Arbeitsbeziehungen oder aber als Sparte der Industriesoziologie, auf dem besten Wege, nachträglich als legitimes und durchaus ehrliches Gewerbe von Soziologen anerkannt zu werden, während umgekehrt die Industrial-Relations-Forschung der angelsächsischen Länder, wie aus einem der Beiträge zu dieser Veranstaltung deutlich wird, Einwänden und Zweifeln an ihrem wissenschaftlichen Anspruch sich ausgesetzt sieht.

Beides, die Herausbildung der Gewerkschaftsforschung zu einem soziologischen Forschungsschwerpunkt und die Verunsicherung der Industrial-Relations-Forschung, hängt indessen mit realen Entwicklungstendenzen zusammen, die den Gegenstandsbereich beider Forschungsrichtungen berühren. Während nämlich das überkommene System der industriellen Beziehungen in den meisten europäischen Ländern über fast zwei Jahrzehnte hinweg einigermaßen störungsfrei funktionierte, weist es unter veränderten ökonomischen Rahmenbedingungen seit dem Ende der sechziger Jahre wenn auch nicht Krisensymptome, so doch Anpassungsschwierigkeiten auf. Und diese Störungen und Schwierigkeiten waren vielfach der entscheidende Anlaß, das Verhältnis von Kapital und Arbeit zum Forschungsthema zu machen. Das gilt, was die Bundesrepublik angeht, bereits für die spontanen Streiks des Jahres 1969 und für die häufiger auftretenden industriellen Konflikte in den folgenden Jahren. Und es gilt auch für die Herausforderungen, denen das System der dualen Interessenvertretung und die Gewerkschaften als seine wesentlichen Träger unter dem Einfluß der anhaltenden Beschäftigungs- und Wachstumskrise ausgesetzt waren und weiter ausgesetzt sind. Hinter der Entfaltung der Gewerkschafts- und Industrial-Relations-Forschung zu einem soziologischen Forschungsschwerpunkt, die zunächst auf wissenschaftsimmanente Entwicklungstendenzen zurückzugehen scheint, steht bei genauerem Zusehen die wissenschaftsextern generierte Frage nach der Funktionsfähigkeit des bestehenden Systems der industriellen Beziehungen, und diese Frage macht auch das verbindende Thema der folgenden Beiträge aus.

Einen vergleichenden Überblick gibt der einleitende Beitrag von Colin Crouch. Darauf angelegt, mit Hilfe eines Dreiphasenschemas Wendepunkte in der Entwicklung der industriellen Beziehungen während der letzten zehn Jahre zu erfassen, ist er zugleich darum bemüht, konvergierende und divergierende Muster gewerkschaftlicher Interessenvertretung in einzelnen europäischen Ländern zu bestimmen. Die folgenden beiden Beiträge von Walther Müller-Jentsch und Wolfgang Streeck beschäftigen sich, einander ergänzend und zugleich polemisch aufeinander bezogen, mit zentralen Aspekten des dualen Systems der Interessenvertretung als charakteristischer Ausprägung der industriellen Beziehungen in der Bundesrepublik. Während Müller-Jentsch als Vertreter der Frankfurter Projektgruppe Gewerkschaftsforschung auf Ausmaß und Qualität der Konfliktpotentiale eingeht, die sich aufgrund des verringerten ökonomischen Konzessionsspielraums herausgebildet haben, und darauf, ob das duale System diese Konfliktpotentiale zu verarbeiten und zu bewältigen vermag, geht Streeck die gleiche Frage von einer organisationssoziologischen Erörterung des, ob nun funktionalen oder dysfunktionalen, Verhältnisses von betrieblicher und gewerkschaftlicher Interessenvertretung an. Kritisch aufeinander bezogen sind gleichfalls die Beiträge von Manfred Groser und Berndt Keller einerseits und Richard Hyman andererseits. Versuchen Groser und Keller, die Leistungsfähigkeit einer systemtheoretisch fundierten Industrial-Relations-Forschung anhand dreier ausgewählter Problembereiche, der Funktionen des Staates, des technologischen und ökonomischen Wandels und der Veränderungen auf der Ebene der Ideologie, nachzuweisen, so ist Hyman bemüht, die angesichts einer veränderten Problemkonstellation zutagetretenden Defizite der akademischen Theorietradition aufzudecken und das Programm einer materialistischen Analyse der in den industriellen Beziehungen sich ausdrückenden Klassenkonflikte zu entwerfen.

Nicht berücksichtigt werden konnten im Rahmen dieser Veröffentlichung die Werkstattberichte, die für die Nachmittagsveranstaltung des Themenbereichs vorbereitet worden waren und auf drei ausgewählte Problembereiche sich bezogen: Entwicklungstendenzen und Entwicklungsmuster auf internationaler Ebene, Ansätze zu einer betrieblich orientierten Gewerkschaftspolitik, die auf qualitative Forderungen sich stützt, und Wandlungen, die die Interessenorientierungen der Beschäftigten unter dem Einfluß der Beschäftigungskrise erfahren. Ihre Bedeutung liegt darin, Perspektiven für eine Forschungsstrategie zu eröffnen, die die in den Hauptreferaten kontrovers diskutierten Fragen, und insbesondere die nach der Funktions- und Lernfähigkeit des Systems der industriellen Beziehungen, einer Beantwortung näher zu bringen verspricht.

Colin Crouch

## Industrial Relations in Western Europe: Patterns of Change [1)]

Since the late 1960s there have been three broad phases in the development of industrial relations: (a) the initial rise in the level of conflict associated with growing shop-floor strength; (b) a period of political activity at national level, with intensive exchanges between unions and the state - this took place while the shop-floor developments were still important; (c) prolonged recession since 1974, in the wake of the rises in oil and other commodity prices; the political exchanges and shop-floor activity have continued, but now in conditions of weakness for the labour movement, high unemployment and a conservative shift in economic policy.

The first phase has been extensively discussed in the literature.[2)] It was noticable in nearly all western European countries in the late 1960s: most dramatically but most superficially in France; strongest in Italy and Britain; but also experienced in the Federal Republic, Sweden, the Netherlands, Belgium and elsewhere. There have been several attempted explanations of the phenomenon. Some authors have emphasised the growing expectations of a working class which had come to take for granted post-war prosperity.[3)] However, while there are some merits in this account, it fails to give adequate attention to changes taking place in the international economy. It was becoming increasingly difficult for capital to realise large profits, leaving less room for manoeuvre in its relations with labour, and leading to pressure for work intensification, rationalisation, etc.[4)] These long-term developments were sharpened by conjunctural problems resulting from the difficulties of the United States government in financing the Vietnam War, which generated international inflation.

Common tendencies in all the countries involved were a rise in unofficial strikes, the development of shop-floor representatives with considerable independence from the union leaderships, the organisation of groups of workers who had previously not been involved in unions or at least whose unions had not been at all militant. Against that common background however there were important differences. In the countries with highly institutionalised systems of conflict regulation and centralised, social-democratic labour movements (the Federal Republic, Austria, Scandinavian countries, the Netherlands) the rise in conflict was far less and the development of virtually autonomous shop-floor movements was more contained than elsewhere.

France and Italy, two countries often linked in discussions of industrial conflict on account of their divided union movements, strong Communist parties and low level of institutionalisation, began to diverge sharply. The recently industrialised cities of northern Italy developed rapidly a depth of shop-floor organisation and bargaining power rivalling that of Britain, and while these developments created considerable difficulties for union leaderships (including for example greater autonomy of the industrial unions from the confederations), the confederations were able to overcome some of the weaknesses imparted by their divisions by developing a partial _de facto_ unity. In France, in contrast, the level of unionisation remained low, and although shop-floor strength developed it was still difficult for workers to make many gains in relations with employers. British developments were different again. Britain has always lacked the divisions in the union movement characteristic of some continental cases, but it hardly has an _Einheitsgewerkschaft_, union strength and bargaining power in so many unions being decentralised and fragmented. This meant that the move to shop-floor power was already well established there, with a high level of unofficial strikes and an important shop-stewards movement.

The shift in the level of conflict to the shop floor at first entailed a change in the pattern of union activity away from the level of national leaderships; in France and to a lesser extent Italy this also meant a shift away from the national political level - French unions in particular having traditionally directed much of their mobilisation at the state because of both their weakness in relations with employers and the dominant role of the state in French economic life. However, an intensification of political activity soon followed the shop-floor developments, constituting what I have called the second phase. The result of these two shifts - to both the shop floor and the national polity - was to reduce the relative role of conventional industry-level collective bargaining, which had in several countries been central to the establishment of "orderly" industrial relations in the post-war period (a process of change which had been evident in Britain since at least the early 1960s, but which began to occur rapidly in several other countries by the end of the decade).

The shift to the political level was clearly related to the resurgence of shop-floor conflict, but in complex and deeply ambiguous ways. Most obviously, governments (and perhaps employers' spokesmen and some union leaderships) were trying to re-institutionalise conflict, to adjust the basis of incorporation of labour to take account of the new shop-floor strength. But at the same time there is some evidence that organised labour was using its new-found power to make demands at the political level which it could not achieve in plant-level demands from employers. While it is easy to define these two rather different, if not contradictory, causes, it is very difficult to disentangle them in practice. Often a policy development was successful precisely because it could be seen to fulfil <u>both</u> functions, enabling a consensus to be reached; and the motivations of national union leaderships may themselves have been mixed. For example, it has been suggested that, in making political demands for social reform in transport, health and housing policy, the Italian unions were deliberately moving the area of conflict to issues where they alone, and not the plant representatives, could control the action.

The only case of a political change that was implemented without general agreement was the British Industrial Relations Act of 1971, which was strongly opposed by the unions; it is significant that this Act never fully implemented and was repealed in 1974. Although that Act had included several concessions to labour - improvements to workers' and unions' legal rights, primarily in order to reduce the use of industrial conflict to secure rights - its main thrust was both to weaken unions' rights at law and to impose on them legal liabilities to regulate their own members. Such a use of repression was unusual in the political response to shop-floor conflict in the period. (It did however figure in internal union discipline, in police action, employers' actions, especially in France, where workers' representatives were often dismissed, and in the law courts, especially in German <u>Rechtsprechung</u>, though it is notable that not much use was made of the legal powers to punish unofficial strikers which were available in several countries, including Germany and Sweden).

There was sufficient in common between different countries to give a summary account of what developments did take place, though recognition needs to be given to several important national differences. There were:

(i) attempts at drawing union leaders into national forums with governments and employers, in which discussions of national economic policy would be used to persuade the unions to restrain wage demands while the unions would try to influence economic policy. These developments went furthest in Germany, Sweden and the Netherlands, where such mechanisms already existed - for example, in Konzertierte Aktion, or in the extensive discussions (based on shared economic models) between the Swedish union confederation LO and the employers' federation SAF. In Italy and especially France these developments proved far more difficult because of the long estrangement between unions, government and employers. The French government made several attempts to bring unions and employers together in national talks, offering to under-write with legislation any agreement which emerged. Given the deadlocked nature of the Italian state the main initiatives in national relations with the unions came from a group of "progressive" employers, developments at the political level being dependent on the role of the Communist Party (see under (ii) below). The British case, as so often, fell between these two groups (those where institutionalised forums were already in existence or easy to establish, and those where the institutional vacuum in state-union relations was not easily filled). British unions, being neither politically isolated nor politically divided, have little difficulty joining national discussions, while the accommodative pattern of British politics makes it easy for even Conservative governments to offer them participation. On the other hand the decentralised structure of British unions, together with certain features of British political economy[5)], means that very little is ever achieved by unions in these forums. The British situation is therefore characterised by a proliferation of short-lived tripartite bodies, and this has been particularly true during the 1970s.

Assessment of the impact of these developments in the various countries is not easy, because one cannot determine what would have happened if the forum concerned did not exist. The Italian and French ventures being significant mainly for the fact that the attempt was being made, one is unlikely even to look for substantive outcomes. However, even in the German and Swedish cases it is not clear what can be attributed to the formal tripartite discussions. Few observers are willing to claim many achievements for Konzertierte Aktion after 1969 [6)], and this earlier period was the cause of rather than a response to an outbreak of shop-floor conflict! However, even if some of the wage moderation of

German unions can be attributed to participation in Konzertierte Aktion, it is difficult to discover what gains the unions were able to make through it. The Swedish situation may be slightly different, in that the close relations between government, unions and employers in that country were probably important in containing both wages and unemployment for much of the 1970s. The British so-called social contract probably did lead to a temporary and successful effort at wage restraint by the unions for two or three years following the 25 % inflation that occurred in 1975, though rising unemployment was weakening union power at the same time. It is however difficult to identify any gains in determining economic policy which the unions achieved in exchange - gains of other kinds are discussed below.

(ii) Union-party links: In all countries a crucial intermediary link in relating unions more closely to government has been the labour-movement political parties. To some extent the new political role being adopted by the unions has "usurped" some of the traditional work of the parties[7)]. The countries with settled institutionalised systems have also been those in which social-democratic parties either dominated coalitions (Sweden, the Federal Republic) or were members of them (the Netherlands) during the early 1970s. These party links were clearly important. In Sweden the longevity of social-democratic rule was a major element in establishing the trust between unions and government which made at least the early stages of the gathering new crisis relatively easy to manage. In Germany the accession to office of the Social Democrats in the latter 1960s had paved the way for the establishment of Konzertierte Aktion and probably made it easier for reforms favourable to union interests to be introduced in the 1970s. At the same time the very close ties between union leaderships and the SPD Bundestagsfraktion contributed to union willingness to ease the tensions which were emerging in the industrial relations system.

The British case is slightly different. It will in general be true that, the more fragmented a union movement the less able will it be to deliver any commitments to a political party, because union-party links can only really operate at the level of national leaderships. This has been evident in Britain in various major breakdowns in relations in union-party relations, each of which contributed to the fall of a Labour government (in 1950, 1969 and 1979). On the other hand the relations between unions and party in Britain are particularly close, and are unusual in that the unions have in general more leverage over the party than vice versa. These links have become increasingly important during the 1970s as industrial relations has moved to the centre of political controversy (this itself marking a distinct change in British politics). Given both the strength and the undoubted unpopularity of British unions, the Conservative Party has become clearly identified as an "anti-union" party, even though when in government in the early 1970s it eventually tried to overcome this obstacle to a working relationship with union leaders. These various factors have combined to give a distinct and uneven rhythm to party-union links in Britain. After a breach in relations between the Labour Party and the unions in 1969 resulting from statutory incomes policy and the Labour government's attempts at legislation hostile to the unions, the links became stronger than ever during the subsequent Conservative government as a response to its attempts at union legislation. The union-party link was then used by Labour in 1974 as its alternative to an incomes policy, but by 1975 it had become the vehicle by which an incomes policy was agreed[8)]. This party configuration helps explain the pattern, unique to Britain, of a primarily repressive Industrial Relations Act being passed in 1971, to be superseded by Acts highly favourable to the unions in 1974-76.

But union-party links are also important to union-government links in the countries where the latter are weakest: France and Italy. While the pattern in both has differed widely, the issue in both cases is the political incorporation of the Communist Party. The possibilities have been greater in Italy because of the instability of governments of the right, the national strength of the Communist Party (PCI) and the strength of the unions. The Communist Party needs to establish its respectability as a party of government, while Christian Democracy (DC) needs an agreement with the PCI in order to bring some kind of order to the country. As part of the many-faceted means by which an accomodation is reached between them, the Party has been willing to press the unions into forms of tacit wage restraint, while the DC has been willing to sponsor measures favourable to the unions. Paradoxically, although when the Italian left was weak in the 1950s and early 1960s the PCI probably could have exercised central influence over the unions,the very strengthening of the left which has put the Party in its new national position is the result of a strenghening of autonomous shop-floor power of almost British dimensions. The record has therefore been patchy and difficult, but it does enable Italy to be numbered among those countries where party-union links have been important in attempts at restabilising industrial relations in the wake of conflict.

French developments have been more a case of "might have been", of potential but frustrated Italianisation. For the early part of the 1970s the energies of parties and unions of the left were devoted to forging the union de la gauche that would eventually bring political victory in national elections. If that strategy had been successful, the union-party relation would have been placed in a highly interesting position, while under the existing Gaullist or Giscardian regimes there could be no development at all on this dimension. The collapse of the union shortly before the elections of 1977 - a collapse possibly precipitated by a Communist Party unwilling to take on the kind of responsibility for steering through a major recession with which the Italian party had been burdened - preceded electoral defeat. France remains the country of Europe where the role of parties in the attempted re-institutionalisation of conflict is least developed.

(iii) The unions' position in the plant: The pattern of institutionalisation which had developed in most countries in the post-war years had included the exclusion of unions from direct activity within the plant, or at least a concentration of union-employer relations at extra-plant levels - the region, the industry, the economy as a whole. The effect of this was to distance union activity from the workers, and to leave employers in unchallenged authority within their firms. The phenomenon is seen at its clearest in the Netherlands, where a very deep involvement of unions at all levels outside the plant accompanied a total exclusion of unions from the plant itself, in favour of bipartite works councils under employer domination. Similar patterns existed elsewhere. In France and Italy the sheer resistance of employers to weak unions kept union activity to trying to make industry-level bargains or demands from the government. Comités d'entreprise and consigli di fabbrica provided a very weak form of non-union plant representation. Most highly developed of all has been the German Betriebsrat system (discussed in detail in other papers in this symposium), which was ironically more successful in institutionalising conflict because it provided a more effective system of representation. The Betriebsräte differed from other works council systems in consisting of workers' representatives alone, and in having a wider range of rights to affect matters of importance to the work-force. At the same time the unions were prepared to work through them as the nearest they could approximate to a union plant role, partly because of their potential effectiveness, partly because an Einheitsgewerkschaft was in a better position than divided movements to make use of the Betriebsräte, and partly because of the German unions' own historical attachment to a Rätesystem.

The British system appears somewhat different in view of the development of a strong shop-steward movement. However, the main thrust of union-employer relations in the post-war years was definitely at the industry level; industrial relations experts in the 1950s would probably have designated joint consultation committees as being the effective plant-level mechanism of representation, these committees being not unlike works councils though on a characteristically British non-statutory basis. The development of shop stewards capable of bargaining atplant level with management gradually reduced joint consultation to an irrelevance in many parts of the private sector during the latter 1950s and 1960s, eventually spreading to the public services in the 1970s. However, although this was in some senses a union voice, in that shop stewards are union representatives, the system developed in considerable autonomy from the official union structure, so that by the late 1960s observers spoke of the "two systems" of industrial relations.[9)] Though a different route, therefore, Britain had by the end of the 1960s a pattern similar to that elsewhere of an emerging level of plant activity that by-passed whatever formal machinery existed and was also autonomous of the union leaderships.

In several countries the situation in the late 1960s was a case of the internal contradictions of the system of institutionalisation becoming manifest: the very exclusion of the unions from the plant that had been a basis of stability for capital now began to create problems for it, as an autonomous level of representation developed which was not so easily accommodated as the official unions. The response in each country was to provide for a greater union plant role, to integrate the plant-level movement with the formal structure. Before this development can be entirely accounted for in terms of re-institutionalisation, however, it needs also to be seen as a successful drive by the unions for a plant role. As already suggested, these developments are full of ambiguity.

The Italian Statuto dei Lavoratori gave unions a formal right to plant activity which they had never possessed before, though some observers saw this as an attempt at incorporating autonomous shop stewards under the wing of the formal unions. Various enactments in France introduced similar rights. These two systems, which had previously given the workers least, had to make the most concessions because they included so little prior provision for this kind of activity. The German model was more strongly rooted; the very fact that the Betriebsräte were in some respects a de facto union channel made it easier to accommodate growing shop-floor strength by extending both the powers of the Betriebsräte and the unions' role within them. That there is still considerable uncertainty over whether the consequence of this has been a strengthening or weakening of organised labour in the plant can be seen from the papers by Streeck and Müller-Jentsch at this symposium.

British policy on this question has been less clear, partly because the growth of shop-floor power is there more deeply established, more free of legal constraint and longer established than elsewhere, and partly because of the changes of government during the 1970s. The Report of the Royal Commission on Trade Unions and Employers Associations in 1968 [10] advocated quite explicitly a policy of incorporation towards shop-floor activism, to be achieved through voluntary deals between employers and unions with government assistance. The Conservative Industrial Relations Act of 1971 changed direction towards a use of legal sanctions on union leaderships to keep their members in order, but as already noted this Act made little impact. Since then there have been no major initiatives aimed at incorporating shop-floor strength other than any internal arrangements which unions have made in order to improve their own ability to co-operate with the Labour government.

(iv) Extensions of union and worker rights: A further development of the 1970s has been the improvement of union rights of recognition - the rights of union plant representatives - employee rights to union representation, to protection from unfair dismissal, and to health and safety protection. These were included in the Italian legislation of 1970; in British and Swedish legislation in the early 1970s; by way of extensions to the rights of Betriebsräte in the Federal Republic; and to a certain extent in some French enactments. In several cases - West Germany, and the safety and health legislation in Sweden and the United Kingdom, these rights took the form of greater involvement by workers' representatives in administration of the new standards, rather than straightforward administration by state officials. This last element clearly links these measures to the resurgence of interest by workers in plant-level determination of their working conditions. The measures were fairly unambiguous gains on behalf of workers, though it is also possible to interpret them as attempts at institutionalisation: if a dispute over dismissal or a safety problem can be resolved through legally guaranteed channels it is less likely to provide a focus for mobilisation for autonomous shop-floor representatives. (The German case has of course long provided a successful example of such a strategy: the fact that Betriebsräte are able to take action through official, co-operative channels on a wide range of issues limits the potential scope for work by autonomous Vertrauensleute.) In a strongly organised plant the legally guaranteed rights will often be less favourable to the workforce than could have been achieved by autonomous workers' action - though the opposite will be true in weakly organised ones, which may well constitute the majority of areas of employment in most countries. A final aspect of institutionalisation is that, while some of this legalisation extended the scope of shop-floor representatives working through formal channels, in other respects it shifted responsibility away from informal representatives to union officials: a shop steward can organise a strike against the dismissal of a work-mate, but a union official is needed to advise on legal rights against dismissal.

(v) Co-determination: A final major area of policy debate in several countries concerned worker participation in management, or even workers' control. However, practical developments have been less impressive than the debate. The French CFDT has discussed autogestion at great depth, but there is little prospect of any real development on the question in France: the slogan of participation which General de Gaulle copied from the student demonstrators in 1968 has remained a slogan. The Italian unions have begun to discuss and to demand forms of worker participation, but again so far without a political response. The two countries where major developments did take place were, again, countries where existing mechanisms of institutionalised conflict were most deeply entrenched: Sweden and Germany - though differences in the forms taken by policies in the two countries reflect important differences in the respective positions of the two labour movements. In the Federal Republic the existence of widespread experience with parity Mitbestimmung in the Montanbereich and the more limited one-third pattern elsewhere in firms covered by the Betriebsverfassungsgesetz made it that much easier for further developments to take place: the unions were used to working through co-determination and actively sought extensions to it, and the government was prepared to make the changes. Even so, the Mitbestimmungsgesetz of 1976 saw no true parity in Mitbestimmung and was nevertheless bitterly opposed by the employers. The Swedish unions were by no means so certain that they wanted co-determination; centralised and institutionalised though their bargaining may be, the Swedish unions have always been far more strongly committed to bargaining than to participation in managerial decisions. However, by the early 1970s they slightly changed this approach. They believed that further progress in bargaining at the company level in many areas could only be achieved with more detailed knowledge of company policy, especially in technically sophisticated areas and companies with complex internal structure. They therefore advocated a form of co-determination aimed primarily at improving the flow of information to them that would be useful for bargaining; as a result they were quite content with minority representation on company boards, since they were not primarily interested in voting strength in board decisions.

Again therefore we have, with important differences between individual countries, a distinction between the north European nations, where existing patterns of institutionalisation were most advanced, where the disruption to these in the late 1960s was least, and where most progress could be made on further developments - and the "Latin" countries, where existing levels of conflict had been higher and less contained, the resurgence of the late 1960s was stronger and progress in constructing new institutions was weaker. And again the United Kingdom stands between the two, developing aspirations towards the former pattern but failing to fulfil them. British unions' long-standing aversion to co-determination seemed to be changing in the early 1970s, and by 1974 the Trades Union Congress (TUC) and Labour government became committed to the introduction of a scheme of worker participation. The motives of those advocating such a scheme, both within the unions and outside, ranged from "German" plans for reducing conflict and more effectively incorporating labour to "Swedish" ambitions at extending bargaining through board-level representation; the differences are reflected within the majority report of the Bullock Committee appointed on the subject, which proposed an ambitious scheme of parity worker representation organised through trade-union channnels. However, by the time the report appeared in 1977 the high tide of union influence on government policy had waned; the unions had anyway become deeply divided over the threat to traditional bargaining which co-determination might pose; and the Confederation of British Industries (CBI) was even more strongly hostile than the German employers had been to any extensions of co-determination. The government therefore produced heavily diluted plans for minority representation and the idea virtually disappeared from political debate.

Did all this activity across a range of issues in different countries amount to a successful re-institutionalisation of conflict in the early 1970s?

Some of the evidence permits a positive answer to that question. If post-war institutionalisation had included the separation of unions from the plant, a new model was certainly being developed based on incorporation of a union plant role. If the post-war settlement had depended on a distinct division of labour between politics and industrial affairs, the new attempts tried to incorporate union leaderships within a system of national politico-economic responsibility. And the success of these developments seemed likely to be dependent on how successful the initial post-war institutionalisation had been. On the other hand, the new developments were, as has been stressed here, ambiguous; at both plant and national-political levels concessions had to be made which might well advance the real strength of organised labour at points more sensitive than had been exposed to labour influence through industry-level bargaining. But a fuller assessment of the matter cannot be made without examining the economic supports to institutionalisation, and this in turn requires attention to what was identified at the outset as the third phase of post-1960s development: world recession, high unemployment and the replacement of a permissive international Keynesianism by a conservative monetarist orthodoxy.

The superficial cause of the shift in international economics around 1973-74 was the wave of price rises in raw materials and oil. There were however deeper causes in capital's problems of accumulation as the wave of unprecedented economic growth unleashed by post-war reconstruction and technological development finally petered out. Capital sought new, cheaper labour markets in Third World dictatorships untroubled by organised labour, and various technical developments made it possible to move production to locations of this kind.[12)] At home, new investment was increasingly taking the form of labour-saving rationalisation rather than job-creating extensions of capacity. Finally, at the political level labour was caught off guard by the inflation which followed the increases in commodity prices and the increasing expense to governments of maintaining full employment. Inflation made both free collective bargaining and Keynesian economic policy into "problems", culprits even, and these had been the two main supports of labour's political and economic strength within liberal capitalist countries since the Second World War. The intensification of pressure on unions for wage restraint and on governments to move from Keynesian to monetarist policies therefore threatened a massive reversal of that resurgence of labour strength which had taken place at the plant and political levels since the late 1960s. What the unions had, characteristically, gained through political and organisational strength, capital was now, equally characteristically, challenging through market forces; class against party, in Weber's terms.

The effects of this major change in the politico-economic climate can be seen in nearly all countries, though in highly varied ways. The clearest case is perhaps France, where labour's strength has remained weakest. In the wake of the final proof of the weakness of the French left in the 1977 elections the Giscardian government moved to a more tautly "liberal" economic policy than had ever been practised under Gaullist paternalism: long-established price controls were abolished, little help was extended by government to declining industries, and both unemployment and inflation have worsened.

The switch to a monetarist regime was also comparatively easy in Germany, where there was both an existing central-bank autonomy with preference for tight-money policies and a lower level of crisis because of the continuing underlying strength of the economy. Here the deeply incorporated position of the labour movement enables monetarism to be pursued alongside continued union moderation, though with distinct and increasing signs of tension. By 1976 Britain had moved to a position similar to that of the Federal Republic, though with far greater conflict and less success. The weakness of the economy, the strength of the unions and their estrangement from the Conservative government of the early 1970s created a far stronger inflationary thrust and consequently greater political difficulty in switching to a tight-money policy. However, by autumn 1976 a collapse of the pound sterling and the intervention of the International Monetary Fund brought the Labour government to heel, and a pattern of union moderation alongside a social-democratic government committed to monetarism and continued high unemployment was temporarily established. Italy developed a not dissimilar but even less stable pattern following a collapse like that in Britain. Here however union-government co-operation was less well founded because it depended on the tentative new relationship between PCI and DC. As part of their price for co-operation the unions were able to retain the scala mobile, which adjusted wages to rises in the cost of living and ensured that high inflation would continue.

Sweden remained a temporary exception. Social-democratic policy being more advanced there, there were major attempts at persisting in the pursuit of full employment, partly by stock-piling continued production in the expectation of an international economic recovery. When this failed to materialise the Swedish economy moved into recession, and now with a conservative-led goverment in office unlikely to make experiments to support full employment which might have been expected from the social democrats. However, union moderation has not been entirely broken by these developments, and the future course of events in Sweden remains unclear.

The distribution of countries is therefore different from that which was encountered when discussing attempts at re-institutionalisation, because it reflects differences in the relative strength of capital and labour in the different countries - the extent of existing institutionalisation in a society is not primarily determined by this. Capital's position has proved to be stronger in France and Germany than in the other countries, though the existing patterns of institutions have led to great differences in the way that strength, and the lack of it elsewhere, is expressed.

Recession obviously weakens labour, but it does not weaken it universally; important points of strength survive. Further, labour's economic weakness does not necessarily mean an absence of conflict or guarantee social stability; very much the reverse. There is at the present time little sign of any lasting reduction of conflict in France, Britain or Italy, while conflict levels in Germany and Sweden, though still low, are rising.

It is in this context that the question of whether there has been a new institutionalisation of conflict needs to be assessed. Institutional structures cannot by themselves determine the degree of order in industrial relations. If the post-war period saw a "successful" institutionalisation in several countries, it was because institutional patterns were supported by rising mass prosperity and growing security of employment. The economic support for any re-institutionalisation in the 1970s consists of prolonged recession and higher unemployment. When this is combined with the essential ambiguity of the institutional developments of the early 1970s it becomes clear that no effective base for a re-stabilisation of industrial relations has been laid at all. Temporarily a strange coalition of monetarism and trade-union co-operation in wage restraint has maintained some kind of equilibrium in several countries, but it is unlikely to provide a lasting base; the unfabourable economic policies destroy the base of trust on which government-union co-operation has to be built.

Despite international differences, one may venture the generalisation that, since the late 1960s, labour has made important gains in its shop-floor organisation and in the acquisition of new rights which are nevertheless highly ambiguous. It has made very little progress, indeed probably the opposite, on questions of the conduct of economic policy. Unless there is a major improvement in the world economy, one can only predict that the continuing tendency for economic forces to develop unfavourably will intensify the level of conflict in industrial relations. The struggles will be deep because of labour's shop-floor strength and they will be politicised, because of labour's inevitable role in relations with the state. But in most countries labour is ill equipped for anything other than defensive resistance. Labour market developments are likely to be unfavourable; workers' skills, the basis of labour movement strength, are being eroded; employment is moving to areas where labour is docile and controlled; capital can operate internationally, while labour is virtually incapable of transcending national boundaries.

Labour has some potential leverage on the issue of investment. Capital always argues that wage restraint, leading to higher profits, will create more investment, which will create jobs. This probably worked in the 1950s and 1960s - at least in Germany and Sweden, though probably not in the UK, where capital has long been oriented to overseas markets and to non-productive domestic sectors. It is doubtful whether it works so effectively now. The investment which follows the higher profits is more likely to go to Brazil, Korea or South Africa than to the country in which the wage restraint made the profits possible; and any investment which does take place is as likely to destroy as to create employment. Unions have therefore made demands for an increased government role in investment, usually through institutions in which they are themselves involved as their price for co-operation. Demands of this kind are most advanced in Sweden[13)] but there are echoes of them in Germany and Britain too. Will this provide a new arena for labour-movement pressure, one striking at the centre of capital's claim to domination? With the possible exception of Sweden, where shop-floor strength and national leadership appear unusually well integrated (partly a result of the small size of the working population), there is not much prospect of radical development. As the late 1960s and early 1970s showed, it is the shop-floor base of the labour-movement which is most likely to create problems for capital and escape incorporation. But a demand for a share in control over investment, or for a particular government investment policy, is a demand that must emerge from a labour-movement leadership; it is not the kind of demand that originates at shop-floor level. In most countries of western Europe this may prove to be the labour movement's main limitation as it tries to improve its position within the constantly varying balance of forces. In those countries (such as Germany) where the movement is capable of central strategic decision-making, it lacks the shop-floor base which would force it to adopt radical stands; in those countries (such as Britain) where it has a powerful decentralised base, it is incapable of strategy.

References

(1) Since this paper had to be prepared at short notice it cannot take the form of a properly developed contribution to research, and it does little more than attempt some speculative generalisations. In part it is based on current work in progress which is still in its early stages, and I am grateful to the Nuffield Foundation, London, for awarding me a temporary research fellowship which has enabled me to spend more time on this research than normal teaching commitments would allow. The paper also leans heavily on previous research in the two volumes The Resurgence of Class Conflict in Europe since 1968, edited by myself and A.Pizzorno (London: Macmillan, 1978), and, for discussions of Sweden, on A.Martin, "Sweden: Industrial Democracy and Social Democratic Strategy", in D.Garson (ed) Worker Self-Management in Industry (New York: Praeger, 1977); and ibid, "The Dynamics of Change in a Keynesian Political Economy: the Swedish Case and its Implications", in C.J.Crouch (ed), State and Economy in Contemporary Capitalism, (London: Croom Helm, 1979). I have not made further specific references to points where I have drawn on these sources.

(2) Crouch and Pizzorno, op cit; S.Barkin (ed), Worker Militancy and its Consequences, 1965-1975 (New York: Praeger, 1976). These works also review much of the existing literature on individual countries.

(3) M. Panič, "The Origin of Increasing Inflationary Tendencies in Contemporary Society", in F.Hirsch and J.H.Goldthorpe (eds), The Political Economy of Inflation (London: Martin Robertson, 1978); and, with a somewhat different emphasis, J.H.Goldthorpe, "The Current Inflation: towards a Sociological Account", in ibid.

(4) D.Soskice, "Strike Waves and Wage Explosions, 1968-1970: an Economic Interpretation", in Crouch and Pizzorno, volume 2, op cit; A. Glyn and B.Sutcliffe, "British Capitalism, Workers and the Profits Squeeze" (Harmondsworth: Penguin, 1972); M. Welteke, Theorie und Praxis der sozialen Marktwirtschaft (Frankfurt am Main: Campus, 1976).

(5) I mean primarily the long-standing autonomy of the financial sector of the economy (the "City of London")from tripartite influence, together with the overwhelming influence of that sector, via the Treasury, on British economic policy. See S.Blank, "Britain: the Politics of Foreign Economic Policy, the Domestic Economy and the Problem of Pluralist Stagnation", International Organisation, vol. 31, no 4, 1977; F. Longstreth, "The City, Industry and the State", in C.J.Crouch (ed), State and Economy in Contemporary Capitalism (op cit).

(6) H.-D. Hardes, Einkommenspolitik in der BRD (Frankfurt am Main: Herder und Herder, 1974)

(7) See the various national studies of party-union relations in the collection edited by J.P. Windmuller in Industrial and Labor Relations Review, vol 28, nos 1, 2, 1974-75.

(8) During the time of writing this paper a Conservative government has again come to power in Britain, intending to pursue distinctive policies on industrial relations, but the precise nature of these policies remains uncertain at the present time.

(9) The term originated in the report of the Royal Commission on Trade Unions and Employers Associations, the Donovan Commission (London: HMSO, 1968).

(10) ibid.

(11) Report of the Committee of Inquiry on Industrial Democracy (the Bullock Committee) (London: HMSO, 1977).

(12) For a useful discussion, with special reference to the Federal Republic, see F.Fröbel, J.Heinrichs, O.Kreye, Die Neue Internationale Arbeitsteilung: Strukturelle Arbeitslosigkeit in den Industrieländern und die Industrialisierung der Entwicklungsländer (Reinbek: Rowohlt, 1977)

(13) As outlined in R.Meidner, Employee Investment Funds (London: Allen and Unwin, 1978). First published as Kollektiv Kapitalbildning Genom Löntagarfonder (Stockholm: Prisma/LO, 1976)

Walther Müller-Jentsch
Projektgruppe Gewerkschaftsforschung

## Neue Konfliktpotentiale und institutionelle Stabilität
## Die Austauschbeziehungen zwischen Kapital und Arbeit in der Bundesrepublik seit dem Ende der sechziger Jahre

Aufgabe meines Referats ist es, empirische Befunde über Veränderungen in den industriellen Beziehungen oder - in der von uns gewählten Terminologie - in den Austauschbeziehungen zwischen Kapital und Arbeit in der BRD seit Ende der sechziger Jahre mitzuteilen. Ich beziehe mich dabei auf die von der Projektgruppe Gewerkschaftsforschung am Institut für Sozialforschung seit 1975 durchgeführten Untersuchungen über die Lohn- und Leistungspolitik in vier Wirtschaftszweigen (Metallverarbeitende, Chemische und Druckindustrie sowie Öffentlicher Dienst), die hauptsächlich auf sektoraler und exemplarisch auf betrieblicher Ebene unternommen wurden.

Gegenstand des Referats sind zum einen die Veränderungen im Konfliktverhalten der abhängig Beschäftigten und der Arbeitsmarktparteien (Gewerkschaften und Arbeitgeberverbände) und zum anderen deren Auswirkungen auf die Funktionsweise des dualen Systems der Interessenvertretung als dem für die BRD charakteristischen System institutionalisierter Konfliktregelung.

### I.

Bevor auf das Konfliktverhalten näher eingegangen wird, ist es angebracht, an dieser Stelle eine kurze Beschreibung des dualen Systems und seiner Funktionen einzufügen. Als zeitlicher Fixpunkt wird dabei der Stand gegen Ende der sechziger Jahre gewählt. Zu diesem Zeitpunkt hatten sich unter dem Einfluß der langen Prosperitätsphase die wesentlichen Charakteristika herausgebildet.

Charakteristisch für das Verhandlungssystem der BRD ist die rechtlich-institutionelle Trennung von Betriebsverfassung und Tarifautonomie. Damit wird nicht nur ein zweistufiges System der Interessenvertretung konstituiert (wie es für die meisten kapitalistischen Länder üblich ist), sondern zugleich die Grundlage für eine institutionelle und organisatorische Trennung der betrieblichen von der gewerkschaftlichen Interessenvertretung gelegt. Mit anderen Worten: Betriebsräte fungieren nicht als gewerkschaftlich kontrollierte Vertretungsorgane im Betrieb - wie etwa die Shop Stewards in Großbritannien -, sondern als von der Gewerkschaft formal unabhängige Institution, was schon darin zum Ausdruck kommt, daß sie von der gesamten Belegschaft (und nicht nur von den Gewerkschaftsmitgliedern) gewählt werden. Und andererseits ist der gewerkschaftliche Vertrauensleutekörper als gewerkschaftliche Untergliederung im Betrieb kein Verhandlungsorgan zwischen Belegschaft und Betriebsleitung. Der institutionellen Trennung entspricht eine arbeitsteilige Interessenvertretung mit relativ festen Zuständigkeiten und rechtlich fixierten Durchsetzungsformen. Auf betrieblicher Ebene kann - über die tarifvertraglichen Regelungen von Arbeitsbedingungen, Arbeitsentgelt und Arbeitszeit hinaus - praktisch die gesamte Palette der Arbeiterinteressen zum Verhandlungsgegenstand gemacht werden. Allerdings verfügt die betriebliche Interessenvertretung nur über begrenzte Sanktionsmittel, um diese Interessen auch gegen den Widerstand der Unternehmer aktiv durchzusetzen. Durch die gesetzliche Verpflichtung zur absoluten Friedenspflicht sind den Betriebsräten Kampfmaßnahmen aller Art untersagt; Druckmittel sind allenfalls die Androhung des Kooperationsentzugs oder Arbeitsgerichtsklagen. - Auf sektoraler (industrieller) Ebene verfügt die Gewerkschaft über ungleich wirkungsvollere Sanktionsmittel zur Durchsetzung der von ihr vertretenen Interessen als der Betriebsrat, da Gesetzgebung und Rechtsprechung ihr, wenn auch unter eingeschränkten Bedingungen (Ultima ratio, Sozialadäquanz, Verhältnismäßigkeit der Mittel), das Streikmonopol eingeräumt haben. Wenngleich die gewerkschaftliche Interessenvertretung rechtlich zwar nicht von vornherein auf bestimmte Gegenstandsbereiche festgelegt ist, so hat sie sich in der Vergangenheit jedoch auf die Gratifikationsseite der Arbeit konzentriert: neben Rahmenregelungen über Entlohnungsmethoden, Arbeitszeit- und Urlaubsregelungen waren dies vor allem Lohnfragen.

In der arbeitsteiligen Struktur des dualen Systems spiegelt sich somit eine funktionale Differenzierung der Konfliktverarbeitung wider. Für die auf der (betrieblichen) Ebene der Einzelkapitale - als Folge unternehmerischer Investitionsentscheidungen, produktionstechnologischer Veränderungen und arbeitsorganisatorischer Rationalisierungen - entstehenden Interessenkonflikte über Fragen der Produktionskontrolle stehen charakteristischerweise nur schiedlich-friedliche Regelungsmechanismen zur Verfügung. Auf der (sektoralen) Ebene der

Branchenkapitale, wo das Spektrum der zu regelnden Konfliktgegenstände notwendigerweise auf wenige generalisierte und aggregierte Interessen eingeschränkt ist, kann die Konfliktregelung auch auf dem Wege des Arbeitskampfes erfolgen.

Auf dieser Asymmetrie zwischen Konfliktgegenständen und Konfliktaustragungsformen basiert im wesentlichen der Selektionsmechanismus des dualen Systems. Interessen qualitativer Art, insbesondere jene, die sich auf job control richten, werden durch die betrieblichen Konfliktregelungsinstitutionen gewissermaßen "kleingearbeitet", meist auf dem Wege der Monetarisierung "entqualifiziert". In dem Maße, in dem qualitative Interessen auf betrieblicher Ebene absorbiert werden, wird die gewerkschaftliche Interessenvertretung auf sektoraler Ebene entlastet; sie kann sich auf die Wahrnehmung quantitativer, d.h. aggregierbarer Interessen - Lohn und Arbeitszeit - beschränken. Indem Lohn- und Arbeitszeitinteressen auf sektoraler Ebene aggregiert und generalisiert werden, kann über brancheneinheitliche Vereinbarungen zugleich eine Standardisierung der Lohnkosten und Arbeitszeiten herbeigeführt werden, ohne daß diese rigide in die betriebliche Praxis umgesetzt werden müßte. Vermittels der betrieblichen Verhandlungssysteme können sie den unternehmensspezifischen Gegebenheiten flexibel angepaßt werden. Auf diese Weise bleiben den Einzelkapitalen hinreichende Autonomiespielräume für eine eigenständige Lohnpolitik und langfristige Personalplanung erhalten. Diese Leistungen können als die Flexibilitätsfunktion des dualen Systems bezeichnet werden.

Diese funktionalen Leistungen des dualen Systems sind nicht allein den Rechtsnormen zuzuschreiben, sie basieren gleichermaßen auf organisatorischen und politischen Voraussetzungen. Zwischen diesen und den Rechtsnormen besteht ein Verhältnis der Korrespondenz, nicht der Determination. An organisatorischen Voraussetzungen sind zu nennen: erstens das bei den Tarifverbänden vorherrschende Industrieprinzip, das die Entstehung großflächiger Tarifbereiche begünstigt; zweitens das Prinzip der Einheitsgewerkschaft, das - in Verbindung mit dem Industrieprinzip - die konkurrierende Interessenvertretung innerhalb eines umgrenzten Organisationsbereichs unterbindet; drittens die in den Tarifverbänden beider Seiten wirksame und sich gegenseitig stützende Tendenz zur Zentralisierung der Tarifpolitik. Zu den politischen Voraussetzungen zählt vor allem der Verzicht der Gewerkschaften auf eine systematische Betriebspolitik. In der Vergangenheit hat es zwar Ansätze zu einer solchen Politik gegeben (Betriebsnahe Tarifpolitik; Stärkung der Vertrauensleute); sie müssen jedoch heute als gescheitert angesehen werden. Mit ihnen ist auch der Versuch mißlungen, die durch die Rechtsnormen konstituierten Diskontinuitäten zwischen den beiden Vertretungsebenen mit divergierenden Regelungsmechanismen durch eine zweistufige gewerkschaftliche Interessenvertretung zu überbrücken.

Für das durch die gewerkschaftliche Praxis akzeptierte und gestärkte duale System ist folgendes Paradox charakteristisch. Durch die Diskontinuität zwischen betrieblicher und gewerkschaftlicher Interessenvertretung wird der Transfer qualitativer Interessen auf die sektorale Ebene systematisch erschwert. In ihrer Funktion als professionalisierte Interessenvertreter, die schon aus wahltaktischen Gründen an unmittelbaren Erfolgen interessiert sein müssen, ist von den Betriebsräten schwerlich zu erwarten, daß sie die an sie herangetragenen Beschwerden und konkreten Interessen unter dem Aspekt gewerkschaftlicher Vereinheitlichung wahrnehmen, bündeln und weitergeben. Die Gewerkschaften ihrerseits sind als bürokratisierte Apparate zwar in der Lage, quantitative Interessen zu aggregieren; viel schwieriger gestaltet sich der Prozeß einer Vereinheitlichung qualitativer Interessen zu einer von allen Mitgliedern getragenen Forderungskonzeption. Wenn somit der Interessentransfer von der betrieblichen auf die gewerkschaftliche Ebene - soweit es sich nicht um quantitative Interessen handelt - ungemein erschwert wird, sichert andererseits die relative Machtlosigkeit der betrieblichen Interessenvertretung einen Machttransfer auf die sektorale Ebene. Dadurch daß betriebliche Kollektive ihr Kampfpotential in der Regel nicht für betriebliche Interessenkonflikte ausnutzen können, wird es für die Gewerkschaft gewissermaßen für tarifpolitische Zielsetzungen abrufbar.

Unsere These ist, daß das hier skizzierte duale System der Interessenvertretung durch seine Filterwirkungen den Charakter der Austauschbeziehungen zwischen Kapital und Arbeit wesentlich mitbestimmt. Das heißt: Zur Erklärung konkreter Konfliktsituationen und Auseinandersetzungen reicht der Rekurs auf ökonomische Lage, Interessenpotential und Betroffenheit nicht aus. Zwar ist die Berücksichtigung dieser Momente als Ausgangsbedingungen für eine Realanalyse unabdingbar - will man einen institutionalistischen bias vermeiden -; inwieweit sie jedoch verhaltensrelevant werden, hängt entscheidend von der "Verarbeitung" durch das duale System ab. Diese These soll im folgenden Abschnitt an den neuen Konfliktphänomenen der siebziger Jahre erläutert werden.

Ökonomisch war diese Phase gekennzeichnet durch einen unerwartet schnellen und steilen Wiederaufschwung der Konjunktur nach der ersten Nachkriegsrezession und durch von Jahr zu Jahr steigende Inflationsraten. Politisch waren diese Jahre noch geprägt von der Aufbruchstimmung der Protestbewegung und dem Reformklima der Regierungszeit Brandts. Im Bewußtsein der Lohnabhängigen machte sich eine stärkere Interessenorientierung geltend, die u.a. im Anstieg des gewerkschaftlichen Organisationsgrades ihren Ausdruck fand; auf den Lohnkomplex bezogen, löste sich die langjährige Fixierung auf das Ziel der Preisstabilität zugunsten eines "dynamischen Lohnbewußtseins" (Bergmann/Müller-Jentsch 1977, S. 69 ff).

Ausgelöst wird diese Phase verstärkter Lohnkämpfe durch die Septemberstreiks 1969. Ihr realer Bedingungszusammenhang ist häufig analysiert worden, so daß wir uns hier auf das neue Phänomen der Durchbrechung traditioneller Konfliktregelungsmechanismen konzentrieren können. Mit den Septemberstreiks haben betriebliche Kollektive den üblichen Mechanismus des Interessen- und Machttransfers zur gewerkschaftlichen Ebene außer Kraft gesetzt und dadurch das traditionelle Vertretungs- und Streikmonopol der Gewerkschaften - erstmals in größerem Ausmaß - in Frage gestellt. Betrachtet man diese Bewegung im Hinblick auf die institutionelle Struktur des dualen Systems der Interessenvertretung, so sind zu ihrer Erklärung zwei Momente zu nennen: (1) Für die Reaktion der gewerkschaftlichen Lohnpolitik auf konjunkturelle Bewegungen ist - vor allem auf Grund der tarifvertraglichen Laufzeiten - eine strukturell bedingte zeitliche Verzögerung charakteristisch. Konfliktrelevant wurde dieser Zeit-Lag im Herbst 1969, als durch den unerwartet schnellen Wiederaufschwung der Konjunktur eine rasche lohnpolitische Anpassung geboten schien, aber durch die in der Rezessionsphase vereinbarten, noch über die üblichen 12-Monats-Fristen hinausgehenden Laufzeiten die Gewerkschaften lohnpolitisch handlungsunfähig waren. (2) Infolge der starken Zentralisierungstendenzen gewerkschaftlicher Lohnpolitik in den fünfziger und sechziger Jahren hatte sich in vielen Großbetrieben eine "zweite Lohnrunde", die der tariflichen folgte, eingebürgert. Dadurch hatte sich allmählich das Lohninteresse vieler Belegschaften stärker auf die betriebliche Lohnpolitik, auf das, was die Betriebsräte zusätzlich "herausholten", gerichtet. Zum anderen wurde hierdurch die Herausbildung betrieblicher Kommunikationsstrukturen begünstigt, in denen engagierte Betriebsräte und Vertrauensleute häufig die Schlüsselrolle einnahmen. Vermittels solcher informeller Gruppenstrukturen und Informationsnetze können erfahrene Betriebsfunktionäre die Belegschaften aktivieren und mobilisieren, wenn beispielsweise die Gewerkschaften zur Unterstützung ihrer Lohnverhandlungen betriebliche Warnstreiks wünschen. Daß sie aber auch dazu dienen können, eigenständiges Belegschaftshandeln zu initiieren, machten die Septemberstreiks deutlich. Bis auf wenige Ausnahmen waren die führenden Kader in den Septemberstreiks gewerkschaftlich organisierte Betriebsräte oder Vertrauensleute.

Der erfahrene Legitimationsverlust zwang die Gewerkschaften, den Lohninteressen ihrer Mitglieder stärker Rechnung zu tragen - eine Notwendigkeit, die durch eine zweite Welle inoffizieller Streiks im Jahre 1973 nachdrücklich betont wurde. Nicht nur die gestiegenen Erwartungen auf eine Beteiligung am wirtschaftlichen Wachstum, sondern auch die verstärkt erhobenen egalisierenden Lohnforderungen (Fest- und Sockelbeträge) deuteten auf eine veränderte Qualität der Lohninteressen hin; deren Berücksichtigung machte den Einsatz gewerkschaftlicher Kampfmittel häufiger als früher notwendig. Allerdings führte die Phase militanter Lohnpolitik nicht zu einer prinzipiellen Überprüfung der bisherigen Praxis. In einigen Gewerkschaften forderten oppositionelle Gruppen und mit ihnen verbundene hauptamtliche Funktionäre Veränderungen der institutionellen Vertretungsstruktur. Ihre Konzeptionen - Mitbestimmung am Arbeitsplatz; betriebsnahe Tarifpolitik - sahen eine stärkere Einbeziehung der Vertrauensleute und Mitglieder in den Prozeß der Interessenvertretung vor. Mit der betriebsnahen Tarifpolitik wurde die Institutionalisierung eines streikfähigen gewerkschaftlichen Verhandlungssystems im Betrieb und damit die partielle Rückverlagerung des gewerkschaftlichen Durchsetzungspotentials von der sektoralen auf die betriebliche Ebene angestrebt. Aufgrund der weitreichenden Konsequenzen für die innerverbandliche Machtstruktur fanden diese Konzeptionen jedoch keine Zustimmung bei den gewerkschaftlichen Führungsapparaten. In der IG Metall konnte der Führungsspitze als Konzession allein die Rückkehr zu bezirklichen - statt bundesweiten - Tarifverhandlungen abgerungen werden.

Gaben die gewerkschaftlichen Führungsapparate damit auch nur dem Druck von unten nach, ohne ihre bisherige Politik grundsätzlich in Frage zu stellen, so hatte dies jedoch weiterreichende Konsequenzen für die tarifpolitische Praxis. Ein Ergebnis der häufigeren - offiziellen wie inoffiziellen - Lohnkämpfe war der für die Geschichte der Bundesrepublik beispiellose Umverteilungserfolg zugunsten der abhängig Beschäftigten (die bereinigte Lohnquote stieg von 1969 bis 1975 um 4,5 Prozentpunkte an), der freilich zum Teil wieder durch erhöhte Steuer- und Sozialabgaben eingeschränkt wurde. Dennoch manifestierte sich darin großen Streiks (Seehäfen, Druckindustrie, Metallverarbeitung, Stahlindustrie) ihren Ausdruck fand. Bemerkenswert ist, daß die Mehrzahl dieser Streiks nichtmonetäre Forderungen zum Gegenstand hatten. Auch die Unternehmer verschärften ihre Arbeitskampfmaßnahmen: allein in dem dreijährigen Zeitraum verhängten sie vier große Flächenaussperrungen. Versuchen wir nun, auch diese Entwicklung im Zusammenhang mit der Funktionsweise des dualen Systems der Interessenvertretung zu erklären.

Ökonomisch ist diese Phase gekennzeichnet durch eine Wachstumskrise, die die negativen Effekte der mannigfachen Rationalisierungsmaßnahmen - in Form von Freisetzungen, Herabgruppierungen, Entwertung von beruflichen Qualifikationen etc. - ungleich stärker hervortreten läßt als in der vorangegangenen Phase; neu ist zudem die Erfahrung eines anhaltend hohen Niveaus der Unterbeschäftigung. Politisch zeichnet sich mit dem Regierungswechsel von Brandt auf Schmidt ein Ende der sozialdemokratischen Reformpolitik und der an sie gerichteten Erwartungen ab. Der fehlende Druck von seiten der Gewerkschaften machte es Bundesbank und Regierung leicht, ihre seit 1973 praktizierte restriktive Geld- und Wirtschaftspolitik fortzusetzen, die dem Ziel der Geldwertstabilität höhere Priorität einräumt als dem der Vollbeschäftigung. Wie die Befunde jüngerer sozialwissenschaftlicher Untersuchungen (Arbeitsgruppe soziale Infrastruktur 1976; Bierbaum et al. 1976) vermuten lassen, haben in dieser Phase auch Verschiebungen im Bewußtsein der Lohnabhängigen und damit im gewerkschaftlichen Interessenpotential stattgefunden. Die in der Prosperitätsphase aufgebauten lohnpolitischen Anspruchsmuster zerfielen zugunsten einer Orientierung an der Sicherung der Beschäftigung und des erreichten Lohnniveaus. Vielfach stand dahinter auch die Erwartung, daß es - ähnlich wie in der Rezession 1966/67 - wieder zu einem baldigen Konjunkturaufschwung kommen werde.

Diese Verschiebungen im Interessenpotential erklären, warum die Gewerkschaften sich in der Lohnpolitik zurückhalten konnten, ohne daß sie unter ähnlichen Legitimationsdruck gerieten wie in der ersten Hälfte der siebziger Jahre. Folge dessen war, daß in der zweiten Hälfte der siebziger Jahre der Umverteilungserfolg teilweise wieder rückgängig gemacht wurde. Spontane Streiks, soweit sie in dieser Phase auftraten, richteten sich primär gegen Entlassungen, Betriebsstillegungen und andere Krisenmaßnahmen. Wenn auch Widerstandsaktionen dieser Art zum Teil die spektakuläre Form von Betriebsbesetzungen annahmen, so blieben sie doch insulare Konflikte, die zudem in Regionen auftraten, in denen die Arbeitslosenquote ohnehin hoch war, so daß bei weiteren Entlassungen die Betroffenen kaum mit alternativen Beschäftigungsmöglichkeiten rechnen konnten. Die mit jeder spontanen Arbeitsniederlegung verbundenen persönlichen Risiken verlieren in solchen Situationen an Gewicht.

Die anfängliche Zurückhaltung der Gewerkschaften gegenüber den bedrohlichen sozialen Folgen der Krisenstrategie von Kapital und Staat erklärt sich nicht allein aus der Loyalitätsbindung zur sozialdemokratisch geführten Regierung und der Hoffnung auf einen baldigen Konjunkturaufschwung nach dem Muster von 1968/69 (eine Hoffnung übrigens, die sie zunächst den restriktiven, antikeynesianischen Charakter der Wirtschaftspolitik ignorieren ließ). Nicht minder wichtig für dieses Verhalten war die Krisenpolitik der Betriebsräte, die einen Interessentransfer von der betrieblichen auf die gewerkschaftspolitische Ebene zunächst verhinderte.

Die Situation kollektiver Existenzbedrohung durch Massenentlassungen wurde von den Betriebsräten in Kooperation mit den Unternehmensleitungen zunächst relativ friktionslos verarbeitet. So wurde in vielen Großbetrieben, insbesondere im Fahrzeugbau, der Beschäftigtenabbau nicht durch Massenentlassungen, sondern durch Aufhebungsverträge mit finanziellen Abfindungen vorgenommen. Dadurch wurden die Krisenlasten nicht nur nach dem herkömmlichen Kompensationsprinzip monetarisiert, sondern auch noch individualisiert. Empirische Untersuchungen über betriebliche Beschäftigungspolitik (Dombois 1976; Mendius/Schultz-Wild 1976) ergaben, daß die - ob mit oder ohne Aufhebungsvertrag - ausgeschiedenen und entlassenen Beschäftigten ein bestimmtes Sozialprofil aufweisen: in der Mehrzahl sind es jene bekannten Gruppen mit geringen Arbeitsmarktchancen (Ausländer, Frauen, jüngere und ältere angelernte Arbeiter). Bei der vorgenommenen Auswahl deckten sich die betrieblichen Selektionskriterien weitgehend mit den Selektionskriterien der Betriebsräte. Waren Unternehmensleitungen daran interessiert, eine disponible (d.h. auch umsetzungsfähige) und betrieblich qualifizierte Stammbelegschaft - u.U. auch durch zeitweilige Kurzarbeit - zu halten, angelernte und "undisziplinierte" Arbeiter dagegen herauszudrängen, so richtete sich das Interesse der Betriebsräte auf die Aufrechterhaltung des stabilen Kerns ihrer Wählerschaft, der in der Regel von gewerkschaftlich organisierten Stammarbeitern gebildet wird.

Für das Ausbleiben größerer manifester Konflikte als Folge des in den ersten Krisenjahren massiert vorgenommenen Personalabbaus stellt sich - neben der Monetarisierung und Individualisierung der Krisenlasten - somit als drittes Erklärungsmoment die differentielle Krisenbetroffenheit heraus, die den gesellschaftlichen Marginalisierungstendenzen korrespondiert: jene Gruppen, die die Krisenlasten hauptsächlich zu tragen haben, sind aufgrund ihrer geringen Qualifikation und ihrer unzureichenden Repräsentanz in den betrieblichen und gewerkschaftlichen Vertretungsorganen kaum organisations- und konfliktfähig.

Freilich konnten die Betriebsräte zur Rechtfertigung ihrer Krisenpolitik, die aufgrund der beschriebenen Mechanismen kollektiv-solidarischen Aktionen weitgehend den Boden entzog, auf die mangelnde Unterstützung der gewerkschaftlichen Organisationen in jenen Fällen verweisen, in denen es zu Widerstandsaktionen der Belegschaften gekommen war und die letztlich auch mit Sozialplänen aufgefangen worden waren (z.B. Demag-Kalletal). Andererseits ist nicht von der Hand zu weisen, daß eine größere Unruhe und umfassendere Mobilisierung in den Betrieben die Gewerkschaften zum Handeln gezwungen hätten. Für die Richtigkeit dieser Vermutung sprechen auch die jüngsten Arbeitskämpfe um Fragen der Arbeitsplatz- und Besitzstandssicherung. Sie demonstrieren, daß die beschriebenen Mechanismen der Krisenverarbeitung und Konfliktabsorbierung auf betrieblicher Ebene an Wirksamkeit eingebüßt haben.

Daß schließlich - im Fortgang der Krisen- und Rationalisierungsmaßnahmen - beschäftigungs- und leistungspolitische Interessen von der betrieblichen auf die gewerkschaftliche Ebene verlagert wurden und dort zum manifesten Konfliktgegenstand gemacht werden konnten, war einem komplexen Prozeß zuzuschreiben, als dessen wesentliche Momente wir die folgenden identifizieren können: (a) Neben den Freisetzungseffekten zeitigten die forcierten Rationalisierungen und Innovationen in steigendem Maße auch negative Auswirkungen auf erworbene Qualifikationen (Dequalifizierung) und auf das erreichte Lohnniveau (Abgruppierung). (b) Von diesen Maßnahmen wurden zunehmend auch die gewerkschaftlich gut organisierten Stammbelegschaften und traditionellen Facharbeitergruppen wenn nicht schon betroffen, so doch zunehmend bedroht. (c) Um Rationalisierungsfolgen dieser Art zu kompensieren, standen den Betriebsräten kaum Mittel zur Verfügung; eine Monetarisierung hätte den von den Unternehmensleitungen angestrebten Kosteneinsparungseffekt zunichte gemacht. (d) Durch Maßnahmen dieser Art wurden zentrale tarifvertragliche Vereinbarungen unterlaufen (so die im Manteltarifvertrag für die Druckindustrie festgelegten Besetzungsregeln) bzw. gegen die Interessen der Beschäftigten ausgenutzt (so die im Lohnrahmentarifvertrag für die Metallindustrie vereinbarte Analytische Arbeitsplatzbewertung).

(e) Die Tatsache, daß die Arbeitslosigkeit über Jahre hinweg die Millionengrenze kaum unterschritt, machte die Erfolglosigkeit staatlicher Beschäftigungspolitik offensichtlich.

In summa: Je mehr sich abzeichnete, daß die von den Krisen- und Rationalisierungsmaßnahmen ausgehenden Bedrohungen existentieller Lohnarbeiterinteressen weder durch die betriebliche Interessenvertretung noch durch staatliche Wirtschafts- und Sozialpolitik wirksam abgewendet werden konnten, desto stärker gerieten die Gewerkschaften unter Erwartungsdruck von seiten der Mitglieder, ihre tarifpolitische Praxis der neuen Situation anzupassen. Dies galt um so mehr für jene Gewerkschaften, deren Kerngruppen von den Rationalisierungsmaßnahmen zentral betroffen wurden.

So war es kein Zufall, daß die Qualifikations- und Beschäftigungsproblematik zuerst in der Druckindustrie zum Gegenstand offizieller Kampfmaßnahmen wurde. Denn hier wurden mit der Einführung des Fotosatzes die traditionellen Berufsgruppen der Schriftsetzer, die zugleich die "Speerspitze" der gewerkschaftlichen Organisation darstellen, in ihrer beruflichen Existenz bedroht. Auch der Arbeitskampf in der Stahlindustrie,in der alle Beschäftigten zu den Stammbelegschaften gezählt werden können, hatte letztlich die Stabilisierung der Beschäftigungsverhältnisse und nicht etwa die Wiedereingliederung von Arbeitslosen in den Produktionsprozeß zum Ziel. Anders aber als in der Druckindustrie, in der die gewerkschaftliche Forderung eine Übertragung traditioneller Besetzungsregeln für Facharbeiter auf die neue Technik anstrebte, kämpften die Stahlarbeiter mit einer generalisierten Forderung - 35-Stunden-Woche - um die Erhaltung ihrer Arbeitsplätze. In der Metallverarbeitung schließlich wurde der Kampf gegen die in vielen Bereichen drohende oder mögliche Lohnabgruppierung mit Forderungen geführt, die einen Angriff auf das Lohnsystem selbst darstellten (kollektive Absicherung).

Gemessen an Lohnkompromissen, bei denen üblicherweise zwei Drittel bis drei Viertel der Ausgangsforderungen erzielt werden, hatten die Tarifkonflikte um Fragen der Arbeitsplatz- und Besitzstandssicherung recht bescheidene Ergebnisse zu verzeichnen. Dies ist zum großen Teil auf den massiven und zentral koordinierten Widerstand der Arbeitgeberverbände zurückzuführen, was schon in der häufigeren Anwendung des Kampfmittels der Aussperrung zum Ausdruck kam. Falsch wäre es indessen, diesen Widerstand als einen "Generalangriff auf die Gewerkschaften" zu interpretieren, wie es von Gewerkschaftsseite getan wurde.

Primär richtete er sich gegen die Grenzüberschreitung traditioneller Gewerkschaftspolitik. Nachdem die Gewerkschaften Interessen aufgegriffen hatten, die üblicherweise auf der betrieblichen Ebene "kleingearbeitet" werden und deren Durchsetzung eine Beschränkung des unternehmerischen Rationalisierungspotentials zur Konsequenz gehabt hätte, ging es den Arbeitgeberverbänden darum, die auf die sektorale Ebene verlagerten qualitativen Interessen zu neutralisieren, letztlich die Gewerkschaften wieder auf das traditionelle sozial- und lohnpolitische Handlungsfeld zurückzudrängen.

## III.

Abschließend sollen die Auswirkungen des veränderten Konfliktverhaltens auf die Funktionsweise des dualen Systems der Interessenvertretung diskutiert werden. Diese Diskussion erfolgt in drei Schritten: im ersten wird das Konfliktverhalten der siebziger Jahre mit der Reife- und Integrationsthese, wie sie insbesondere von nordamerikanischen Theoretikern, aber auch von einigen westdeutschen Autoren vertreten wird, konfrontiert; im zweiten wird die von orthodoxen Marxisten, u.a. der Marburger Schule, vertretene These der Verschärfung der Klassenkämpfe problematisiert; im dritten schließlich soll expliziert werden, worin die relative institutionelle Stabilität des dualen Systems der Interessenvertretung begründet ist und von welchen Entwicklungen ihr möglicherweise destabilisierende Konsequenzen drohen.

Die These von der Integration der Gewerkschaften in das gesellschaftliche Institutionensystem kann als ein Teilaspekt der Modernisierungstheorie angesehen werden. Sie besagt, daß im Fortgang sozialer Differenzierungs- und Partizipationsprozesse eine Sphäre autonomer Konfliktregelung ausgegliedert wurde, zu deren Trägerorganisationen die Arbeitsmarktparteien, Gewerkschaften und Arbeitgeberverbände, avancierten. Die öffentliche Anerkennung der Gewerkschaften und ihres Streikrechts war gebunden an die Einhaltung bestimmter Regeln der Konfliktaustragung und an die Begrenzung der Konfliktgegenstände auf Lohn- und Arbeitsbedingungen.

Amerikanische Sozialwissenschaftler wie Lester (1958) und Ross/Hartmann (1960) sehen in dieser Entwicklung einen inneren und äußeren Integrationsprozeß, der die Gewerkschaften reifen läßt ("mature unionism") und das Kampfmittel des

Streiks allmählich überflüssig macht ("withering away of strikes"). In der BRD hat vor allem Weitbrecht (1969) eine ähnliche Position vertreten; Anleihen an die Konzeption vom "reifen Gewerkschaftswesen" finden sich auch in den Streeckschen Arbeiten. Es läßt sich nicht bestreiten, daß in diesen Arbeiten reale Entwicklungen und Zusammenhänge angemessen beschrieben werden; ihr bias liegt in der Überschätzung institutioneller Regelungen bei systematischer Vernachlässigung sozio-ökonomischer Rahmenbedingungen und ihrer Veränderungen. Deutlich kommt dies in dem folgenden Zitat Weitbrechts zum Ausdruck: "Je entwickelter jedoch ein System der Tarifautonomie ist, desto seltener wird ein Streik werden, desto mehr spielt sich die Auseinandersetzung in dem sozial und ökonomisch notwendigen Rahmen ab, der durch die Interessen der Parteien gesteckt ist." (Weitbrecht 1969, S. 228). Dies ist die deutsche Version der Ross/Hartmann-These vom "withering away of strikes". Sie kann heute als falsifiziert angesehen werden. Ein wesentlicher Grund für die Fehlprognose scheint darin zu liegen, daß in diesen Theorien ökonomische Dynamik und Interessenantagonismus eskamotiert werden. Soweit ökonomische Bedingungen thematisiert werden, gehen die Autoren - mehr oder weniger explizit - von einem kontinuierlichen Wachstum aus, das die Verteilungs- und Beschäftigungsproblematik derart entschärft hat, daß zwischen Gewerkschaften und Arbeitgebern jederzeit Kompromisse möglich sind. In diesem Kontext haben Streiks nur noch einen demonstrativen Charakter. Veränderungen im unternehmerischen Konzessionsspielraum aufgrund immanent ökonomischer Entwicklungen sowie die unter Rentabilitätsgesichtspunkten vorgenommenen permanenten Umstrukturierungen des Produktionsprozesses und die davon ausgehenden Interessenverletzungen fallen dabei konzeptionell heraus.

Zum anderen wird die gesellschaftliche Integration der Arbeiterklasse, meist mit Hinweisen auf formale Bürgerrechte, Vollbeschäftigung und Reallohnsteigerungen begründet, in diesen Theorien stark überschätzt. Im Hinblick auf die britische Situation hat Goldthorpe (1978) jüngst die These vertreten, eine "reife Arbeiterklasse" zeige aufgrund ihrer mangelnden moralischen und sozialen Integration in die bestehende Ordnung eine wachsende Bereitschaft, ihre ökonomischen und politischen Machtmittel zu gebrauchen, um materielle Verbesserungen durchzusetzen oder drohende Verschlechterungen abzuwehren - selbst um den Preis ernsthafter wirtschaftlicher Störungen und politischer Unruhen.

Voreilig wäre es indessen darin eine Bestätigung der These von der Verschärfung der Klassengegensätze und Zuspitzung der Klassenkämpfe zu sehen, wie sie etwa in Arbeiten der Marburger Schule (z.B. Steinhaus 1975; Deppe 1979, insb. S. 220) oder des Projekts Klassenanalyse vertreten wird. Zwar stellen weder die Institutionalisten noch die orthodoxen Marxisten in Abrede, daß soziale Kämpfe auch in Zyklen auftreten, dennoch sehen beide Positionen darin einen linearen Trend, sei's zur sozialfriedlichen, sei's zur klassenkämpferischen Entwicklung, angelegt. Gleichermaßen gilt dies für die "entgegenwirkenden Tendenzen" - eine Argumentationsfigur, die suggeriert, daß sich letztlich die "Haupttendenz" durchsetzen wird.

Die zuvor beschriebenen neuen Konfliktpotentiale lassen sich kaum auf einer dieser beiden Entwicklungslinien verorten. Die Extrapolationen der Institutionalisten wurden bereits als falsifizierte Hypothese gekennzeichnet. Hinsichtlich der These sich zuspitzender Klassenauseinandersetzungen ist kritisch anzumerken, daß die gewerkschaftliche Praxis, auch in ihren manifesten Konfliktformen, noch weit entfernt von einer genuinen Klassenpolitik ist. Einer genaueren Analyse kann der sektionale und partikularistische Charakter der gewerkschaftlichen Kämpfe in den letzten Jahren nicht verborgen bleiben. Dies bezieht sich einmal auf die Forderungsstrategie generell, die auf die Stabilisierung bestehender Beschäftigungsverhältnisse und die Absicherung des sozialen Status von "Arbeitsplatzbesitzern", nicht aber auf die Wiedereingliederung von - zu einem wachsenden Anteil bereits längerfristig - Arbeitslosen abzielt. Zum anderen sind die in den Forderungen noch erkennbaren "allgemeinen Interessen"(kollektive Absicherung; 35-Stunden-Woche für alle) in den getroffenen Tarifvereinbarungen zu gruppenspezifischen Regelungen und sozialpolitischen Übergangslösungen zusammengeschrumpft.

Eine zentrale Schwäche des Marburger Ansatzes besteht in der Vernachlässigung institutioneller und organisationsstruktureller Dimensionen, die auf die Gewerkschaftspolitik bestimmenden Einfluß haben. Dem Sachverhalt, daß die Gewerkschaften mit ihrer Politik den durch den segmentierten Arbeitsmarkt vermittelten Fraktionierungen in der Arbeiterklasse nicht entgegenwirken, sondern - wenn auch unbeabsichtigt - zu ihrer Verfestigung beitragen, wird keine größere Bedeutung beigemessen, obgleich durch diese Praxis der Erwartung, daß sich daraus die Perspektive für einen gruppen- und branchenübergreifenden Klassenwiderstand entwickeln könnte, der Boden entzogen wird.

Die soeben vorgenommene negative Abgrenzung gegenüber zwei Positionen, die hier - das muß fairerweise gesagt werden - sicherlich verkürzt und ohne die notwendigen Differenzierungen referiert wurden, diente dem heuristischen Zweck, unsere eigene Position e contrario deutlich zu machen. Gleichwohl steht damit ein positives Resümee unserer Ausgangsfrage nach den Auswirkungen der neuen Konfliktphänomene und -potentiale auf die Funktionsweise des dualen Systems der Interessenvertretung noch aus.

Wurden zu Beginn des Referats in der Interessenselektion und der Flexibilisierung vereinbarter Lohn- und Arbeitsbedingungen die zentralen funktionalen Leistungen des dualen Systems hervorgehoben, so ist nunmehr zu fragen, ob die skizzierten Veränderungen im Konfliktverhalten der siebziger Jahre Ausdruck eines Verlusts an Selektivität und Flexibilität des dualen Systems darstellen und ob damit die soziale Stabilität der "industriellen Beziehungen" ernsthaft erschüttert wurde.

Unsere These, die hier vorweggenommen werden soll lautet, daß die duale Struktur der Interessenvertretung - trotz der langjährigen Massenarbeitslosigkeit und der beschriebenen neuen Konfliktpotentiale - eine erstaunliche Stabilität bewahrt hat. Zu den Ende der sechziger und Anfang der siebziger Jahre in Italien und Frankreich, im Gefolge breiter Massenbewegungen, durchgesetzten Veränderungen der institutionellen Vertretungsstrukturen in Form neuer betrieblicher und gewerkschaftlicher Basisorgane gibt es für die Bundesrepublik keine Parallele. Die funktionale Differenzierung der Konfliktverarbeitung hat sich bislang als strukturell stabil erwiesen.

Dies bedeutet indessen nicht, daß alles beim alten geblieben wäre. Bei gleichbleibender institutioneller Struktur sind Aufgabenbereiche und Tätigkeitsfelder auf beiden Vertretungsebenen umfangreicher geworden. Bereits die Novellierung des Betriebsverfassungsgesetzes 1972 trug dem im Laufe der sechziger Jahre und als Folge der tarifpolitischen Zentralisierungstendenzen expandierenden Aufgaben und Zuständigkeiten der Betriebsräte Rechnung. Ihre Mitwirkungsrechte wurden auf neue Gebiete (Leistungsentgelte, Sozialpläne, Kurzarbeit, Überstunden) ausgedehnt. Diese Änderungen legen die Schlußfolgerung nahe, daß das seit Ende der sechziger Jahre gerade in diesen Bereichen sich ansammelnde Konfliktpotential durch neue Partizipationsregelungen entschärft wurde.

Mit dem wachsenden Problemdruck auf betrieblicher Ebene, vor allem durch die in großem Maßstab durchgeführte Rationalisierungs- und Krisenpolitik des Kapitals, und infolge der immer deutlicher hervortretenden Erfolglosigkeit staatlicher Vollbeschäftigungspolitik sah sich auch die gewerkschaftliche Interessenvertretung mit neuen Problemen konfrontiert, die zu einer inhaltlichen Ausweitung der Tarifpolitik führte. Mit anderen Worten: Einige Gewerkschaften griffen Interessen auf, die in der Vergangenheit häufig durch betriebliche oder staatliche Institutionen abgedeckt worden waren. Damit ist zweifellos die bis dahin unbestrittene Dominanz der Lohnpolitik innerhalb der gewerkschaftlichen Praxis eingeschränkt worden, die Wahrnehmung der "neuen", qualitativen Interessen erfolgte jedoch weitgehend mit der herkömmlichen gewerkschaftlichen Methodik: mit gruppen- und branchenspezifischen Sonderregelungen (Sektionalismus), mit sozialplanähnlichen Übergangslösungen und finanziellen Abfederungen (Monetarisierung). Obwohl die Ausgangsforderungen in der Konsequenz auf eine Einschränkung des unternehmerischen Handlungsspielraums bei der Ausschöpfung des Rationalisierungspotentials abzielten, weisen die Vereinbarungen in dieser Hinsicht nur geringe Erfolge auf, wobei freilich nicht übersehen werden darf, daß das - partiell durchgesetzte - Prinzip der materiellen Besitzstandssicherung ein Potential enthält, das dem industriellen Leistungsprinzip Grenzen nach unten zieht (Sperrklinkeneffekt). Insgesamt gesehen konnte sich jedoch die in den Forderungen enthaltene Logik gegen die Logik des Kapitalverwertungsprozesses allenfalls marginal durchsetzen.

Da die auf betrieblicher wie gewerkschaftlicher Ebene stattgefundene Ausdehnung des Spektrums vertretener Interessen über den Zuwachs neuer Regelungsbereiche für beide Vertretungsebenen erfolgte, kann dies als eine dynamische Anpassung des dualen Systems an neue Problemlagen interpretiert werden. Voreilig wäre es indessen, von diesen Anpassungsprozessen auf eine Art Ultrastabilität des dualen Systems zu schließen.

In einigen der großen Gewerkschaften und in zahlreichen Großbetrieben haben die internen Auseinandersetzungen über Charakter und Inhalt der Interessenvertretung an Schärfe zugenommen. Zu nennen sind einmal die Konflikte um die Interessenpolitik der Betriebsräte anläßlich der Betriebsratswahlen 1975 und 1978. Diese Auseinandersetzungen können dahingehend interpretiert werden, daß die durch die Rationalisierungsoffensive des Kapitals ausgelösten betrieblichen Probleme den Mangel eines kampffähigen gewerkschaftlichen Betriebsorgans offensichtlich gemacht haben, und daß aktive und interessenbewußte Gruppen diesen Mangel durch die faktische Umfunktionalisierung des Betriebsrats in ein betriebliches Widerstandsorgan gegen die "Gewalttaten des Kapitals" (Marx) zu kompensieren trachten. - Hinzuweisen ist zum zweiten auf die innergewerkschaftlichen Auseinandersetzungen über tarifpolitische Strategien und Arbeitskampftaktiken (IG Metall) sowie über den Charakter der gewerkschaftlichen Basisorgane, der Vertrauensleutekörper (IG Chemie). Hierbei geht es einmal darum, den Verselbständigungstendenzen der gewerkschaftlichen Führungsapparate (in Form von professionalisierter Stellvertreterpolitik und Selbstrekrutierung) durch Einflußnahme der betrieblichen Mitgliederbasis auf Inhalt und Formen der Interessenvertretung entgegenzuwirken, und zum anderen um die Aufhebung der Diskontinuitäten zwischen betrieblicher und gewerkschaftlicher Vertretungsebene.

Diese Einbußen an interner Legitimität, die Betriebsräte und Gewerkschaftsführungen durch aktive Wähler- und Mitgliedergruppen zur Zeit erfahren, müssen im Kontext der weiteren sozio-ökonomischen Entwicklung gesehen werden. Da die Konfliktverarbeitungsfähigkeit des dualen Systems einerseits auf der - durch die Arbeitsmarkt-Segmente vorstrukturierten - Fragmentierung der Interessenlagen und der Partikularisierung der Konflikte beruht, andererseits an organisatorische und politische Voraussetzungen seitens der Gewerkschaften gebunden bleibt, würden im Falle zunehmender Interessenverletzungen, auch der jetzt noch relativ privilegierten Beschäftigtengruppen, sowohl die Mechanismen der Konfliktabsorption wie die politisch-organisatorischen Bestandsvoraussetzungen des dualen Systems in Frage gestellt. Freilich ginge damit noch nicht ein qualitativer Wandel der Interessenpolitik zwingend einher; denkbar wäre auch, daß es dann allein durch die Zunahme gruppenbezogener Militanz und die volle Ausnutzung der jeweiligen Markt- und Machtchancen zu einer Paralysierung des dualen Systems käme.

Benutzte Literatur

Arbeitsgruppe Soziale Infrastruktur 1976: Wirtschaftliche Rezession, Konfliktpotential und Reformbestrebungen in der Arbeitnehmerschaft - Bericht über eine empirische Untersuchung, in: Gewerkschaftliche Monatshefte Nr.6/1976

Bergmann, J. und Müller-Jentsch, W. 1977: Gewerkschaften in der Bundesrepublik, Bd. 2: Gewerkschaftliche Lohnpolitik im Bewußtsein der Funktionäre, Frankfurt/Main

Bierbaum, Chr. et al. 1976: Trend zum Konservativen? - Ergebnisse einer Untersuchung von Bewußtsein und politischen Einstellungen der Arbeitnehmer, in: Gewerkschaftliche Monatshefte Nr. 7/1976

Dombois, R. 1976: Massenentlassungen bei VW: Individualisierung der Krise, in: Leviathan Nr. 4/ 1976

Deppe, F. 1979: Autonomie und Integration, Materialien zur Gewerkschaftsanalyse, Marburg

Goldthorpe, J.H. 1978: The Current Inflation: Towards a Sociological Account, in: F.Hirsch / J.H.Goldthorpe (ed.), The Political Economy of Inflation, London

Lester, R.A. 1958: As Unions Mature, Princeton

Mendius, H.-G. und Schultz-Wild, R. 1976: Personalabbau und Interessenvertretung durch den Betriebsrat, in: Leviathan Nr. 4/1976

Müller-Jentsch, W. 1979: Streiks und Streikbewegungen in der Bundesrepublik 1950-1978, in: J.Bergmann (Hg.), Beiträge zur Soziologie der Gewerkschaften, Frankfurt/Main

Ross, A.M. und Hartmann, P.T. 1960: Changing Patterns of Industrial Conflict, New York - London

Schmiede, R. und Schudlich, E. 1976: Die Entwicklung der Leistungsentlohnung in Deutschland, Frankfurt/Main

Steinhaus, K. 1975: Streiks in der Bundesrepublik 1966-1974, Frankfurt/Main

Weitbrecht, H. 1969: Effektivität und Legitimität der Tarifautonomie, Berlin (West)

Wolfgang Streeck

# Gewerkschaftsorganisation und industrielle Beziehungen

## Einige Stabilitätsprobleme industriegewerkschaftlicher Interessenvertretung und ihre Lösung im westdeutschen System der industriellen Beziehungen

### I.

Thema der folgenden Überlegungen sind die organisatorischen Stabilitätsbedingungen überbetrieblicher Einheitsgewerkschaften mit effektivem Vertretungsmonopol ("Industriegewerkschaften"), wie sie in der Bundesrepublik, in Skandinavien und in Österreich das Bild der Gewerkschaftsbewegung bestimmen. Einheitsgewerkschaften sind Interessenvertretungen aller in einem Wirtschaftsbereich beschäftigten Arbeitnehmer unabhängig von Beruf und Qualifikation, Betriebszugehörigkeit und politischer Orientierung. Sie erheben den Anspruch, die Interessen sämtlicher Arbeitnehmergruppen einer Industrie zu einer gemeinsamen Politik zusammenzufassen und gegenüber allen Arbeitgebern des betreffenden Wirtschaftsbereichs gleichermaßen zur Geltung zu bringen. Die vorliegende Untersuchung steht im Zusammenhang einer Reihe von Studien, die sich zum Ziel gesetzt haben, die Bedingungen der Möglichkeit dieser Integrationsleistung sowie ihre organisatorischen Folgeprobleme genauer zu bestimmen[1)].

Die Organisationsform der Industriegewerkschaft hat weitreichende Folgen für die strategischen Ziele und Mittel gewerkschaftlicher Interessenvertretung und damit für die Stabilität von Systemen industrieller Beziehungen. Organisationsstrukturen sind wichtige konditionale Faktoren bei der Formulierung von Interessen und Politiken; eine gegebene Struktur begünstigt bestimmte Interessen und benachteiligt andere, und sie erleichtert die Verfolgung der einen Art von Strategien, während sie die einer anderen Art erschwert. In diesem Sinne wollen die folgenden Überlegungen zeigen, daß die bemerkenswerte Stabilität der industriellen Beziehungen in Westdeutschland in dem Maße, wie sie auf die Politik der Gewerkschaften zurückgeht, als Folge eines in der Organisationsform der Einheitsgewerkschaft enthaltenen _sedimentierten Programms_ erklärt werden kann. Die Darstellung macht den Versuch, ausgehend von einer Rekonstruktion zentraler interner und externer Stabilitätsbedingungen von Industriegewerkschaften, einen Zusammenhang zwischen Organisationsproblemen, Organisationsstrukturen und Politikpotential einheitsgewerkschaftlicher Interessenvertretung herauszuarbeiten und auf diese Weise Rückschlüsse auf die politischen Optionen der westdeutschen Gewerkschaften unter den zur Zeit bestehenden Krisenbedingungen zu ermöglichen.

Der empirische Zusammenhang zwischen einheitsgewerkschaftlichen Organisationsformen und industrieller Stabilität reflektiert den Umstand, daß Einheitsgewerkschaften mehr als alle anderen Gewerkschaftsformen jener spezifischen Dialektik von Interessenvertretung und Konfliktregulierung unterworfen sind, die auf der Ebene des Systems der industriellen Beziehungen insgesamt das beherrschende (widersprüchliche) Strukturprinzip bildet. Auf der einen Seite entspricht die gemeinsame Organisierung von Arbeitnehmern mit hoher und niedriger Qualifikation, in nicht-manuellen und manuellen Tätigkeiten, in großen und kleinen, rentablen und unrentablen Betrieben dem Gedanken eines alle Differenzierungen überwiegenden, einheitlichen Klasseninteresses und dem hieraus strategisch wie normativ sich ergebenden Prinzip der Solidarität. Indem industriegewerkschaftliche Interessenvertretung es den am Markt Schwächeren ermöglicht, an der Verhandlungsmacht der Stärkeren teilzuhaben, wirkt sie zusätzlicher Differenzierung innerhalb der Arbeitnehmerschaft entgegen und verbessert die strukturellen Voraussetzungen weiterer Integration und Solidarisierung. Das durch sie repräsentierte Interesse ist, da weder beruflich ("ständisch") noch betrieblich ("syndikalistisch") beschränkt, seinem Wesen nach umfassend genug, um sich auf den Zustand und die Veränderung der Gesellschaft als ganzer beziehen und sich als ein gesamtgesellschaftliches Interesse definieren zu lassen. Dies erklärt, weshalb das industriegewerkschaftliche Organisationsprinzip gerade im Zusammenhang sozialistischer Gewerkschaftskonzeptionen seit jeher als das höchstentwickelte und interessenpolitisch effektivste gegolten hat.

Umso bemerkenswerter muß es erscheinen, daß Industriegewerkschaften offenbar weit mehr als andere gewerkschaftliche Organisationsformen einer Tendenz unterliegen, sich als "verantwortliche" Partner in eine gemeinsam mit Staat und Arbeitgebern betriebene, gesamtwirtschaftliche Wachstums- und Stabilitätspolitik einbeziehen zu lassen. Als negative Illustration bietet sich hier die britische Gewerkschaftsbewegung an, die eine weitgehende Unempfänglichkeit für die sozialistische Vorstellung eines zentralisierbaren Klasseninteresses - und die entsprechende basis-demokratische Fragmentierung in marktradikale Partikularinteressen ("sectional interests") - mit einer relativ hohen Resistenz gegen liberal-korporativistische Integrationsversuche verbindet (Streeck, 1978). Die hier vertretene These ist, daß dies zu einem erheblichen Teil organisatorische Ursachen hat bzw. daß die organisatorischen und ideologischen Voraussetzungen der Verfolgung eines umfassenden, nicht-partikularistisch definierten Arbeitnehmerinteresses in wichtigen Punkten mit den Voraussetzungen für dessen integrative Modifikation: für seinen Einbau in "konzertierte Aktionen", "Sozialkontrakte", "historische Kompromisse" und das in ihnen institutionalisierte Systeminteresse, identisch sind. Dieser Zusammenhang scheint vor allem auf dreierlei Weise vermittelt zu werden:

1. Überbetriebliche Einheitsgewerkschaften verhandeln, anders als die meisten berufs- oder betriebsgebundenen Interessenvertretungen, für eine so große Zahl von Arbeitnehmern, daß ihr Verhalten direkte und vorhersagbare makroökonomische Konsequenzen hat. Dies macht für sie auch solche gesamtwirtschaftlichen (Neben-) Folgen ihres Handelns strategisch kalkulierbar, die den von ihnen vertretenen Interessen widersprechen bzw. die die von ihnen erreichten Erfolge ganz oder teilweise wieder rückgängig machen würden. Für eine Industriegewerkschaft sind deshalb die makroökonomischen Zusammenhänge zwischen dem Lohnniveau einerseits und der Entwicklung von Produktivität, Investitionen, Beschäftigung, Geldwertstabilität usw. in ganz anderem Maße relevant als für betriebliche Verhandlungsführer von der Art britischer Shop Stewards. Insofern als die strategische Perspektive von Industriegewerkschaften makroökonomische Variablen einschließt, die für Akteure mit geringerem Aktionsradius lediglich unbeeinflußbare Randbedingungen sind, stimmt sie zumindest in den grundlegenden technischen Prämissen mit der einer an Wachstum und Inflationsbekämpfung orientierten staatlichen Einkommenspolitik überein.

2. Überbetriebliche Einheitsgewerkschaften sind in ihrer Mitgliedschaft so heterogen, daß die von ihnen verfolgten Ziele nicht mit den unmittelbaren Interessen einer bestimmten Mitgliedergruppe identisch sein können. Die Politik einer Industriegewerkschaft ist das Resultat der Aggregation unterschiedlicher Teilinteressen und ihrer Transformation in ein einheitliches Gesamtinteresse, das gegenüber den in es eingegangenen Partikularinteressen auf spezifische Weise abgehoben ist. In einer Industriegewerkschaft können deshalb die Interessen der Mitglieder nicht in ihrer ursprünglichen Form, sondern stets nur "verarbeitet" zur Geltung kommen. Dabei werden insbesondere "extreme" Interessen einzelner Gruppen dadurch relativiert, daß sie, bevor sie in die Organisationspolitik eingehen können, zunächst mit den Ansprüchen der übrigen Mitgliedschaft in Einklang gebracht werden müssen. Dies führt unter anderem dazu, daß "ständische" Ansprüche auf Konservierung traditioneller Berufe, Forderungen nach staatlicher Subventionierung von in Krisen geratenen Unternehmen und Widerstand gegen berufliche, innerbetriebliche und interbetrieb-

liche Mobilität von Industriegewerkschaften weit seltener und in der Regel weit schwächer vertreten werden als von berufs- oder betriebsbezogenen Gewerkschaften - nicht nur weil Industriegewerkschaften von wirtschaftlichem Wandel organisatorisch weniger Schaden nehmen, sondern auch weil ihre übrigen Mitglieder zu denjenigen gehören, die als Lohnempfänger oder Steuerzahler für eine Konservierung unwirtschaftlich gewordener Strukturen aufzukommen hätten.

3. Als Koalitionen heterogener Interessen müssen überbetriebliche Einheitsgewerkschaften Strukturen ausbilden, mit denen sie ihren organisatorischen Zusammenhalt trotz des Kompromißcharakters ihrer Politik absichern und die gemeinsame Politik für alle Mitgliedergruppen verbindlich halten können. Strukturen dieser Art, die die organisatorische Verpflichtungsfähigkeit (Weitbrecht, 1969) erhöhen und die Organisation vor interessenpolitischer Fragmentierung schützen, sind jedoch nicht nur zur Durchsetzung interner Kompromisse geeignet, sondern lassen sich ebensogut zur Gewährleistung externer Kompromisse in Dienst stellen. Insofern sind die organisatorischen Voraussetzungen operativer Solidarität mit denen effektiver Selbstdisziplinierung identisch. Der Allgemeinheit und "Abgehobenheit" des von Industriegewerkschaften vertretenen Interesses entsprechen auf der strukturellen Ebene starke interne Kontrollmechanismen, mit denen die Mitglieder auch dann auf eine bestimmte Politik verpflichtet werden können, wenn diese ihren in der jeweiligen Situation wahrgenommenen Interessen nur teilweise gerecht wird. Industriegewerkschaften sind deshalb besser als andere gewerkschaftliche Organisationsformen in der Lage, in ihrer Politik die Interessen ihrer Mitglieder gegebenenfalls so ("langfristig") zu interpretieren, daß sie in den Rahmen einer gemeinsam mit Staat und Arbeitgebern betriebenen verantwortlichen Systempolitik hineinpassen.

## II.

Einheitsgewerkschaftliche Interessenvertretung erfordert den Aufbau von Organisationsstrukturen, die gewissermaßen als Nebenwirkung bestimmte besonders schwer regulierbare Spielarten des industriellen Konflikts unwahrscheinlich machen. Dieselben Organisationsleistungen und -strukturen, die aus der strategischen Perspektive industriegewerkschaftlicher Politik eine notwendige Voraussetzung effektiver Interessenvertretung bilden, können deshalb auf der Ebene des Systems der industriellen Beziehungen einen wichtigen

Beitrag zu dessen Stabilität leisten. Damit hängt die "Regierbarkeit" (Schmitter, 1978) eines Systems industrieller Beziehungen unter anderem davon ab, inwieweit seine institutionelle Struktur der Lösung der Organisationsprobleme von Industriegewerkschaften förderlich oder hinderlich ist. Dieser Aspekt soll weiter unten genauer diskutiert werden.

Zu den organisatorischen Problemen, durch deren Lösung sich der Zusammenhang von industriegewerkschaftlicher Politik und industrieller Konfliktregulierung vermittelt, gehört das der gemeinsamen Vertretung der Belegschaften verschiedener Betriebe[2]. Der Organisationsbereich einer Industriegewerkschaft umfaßt sowohl Groß- als auch Mittel- und Kleinbetriebe; Betriebe mit fortgeschrittener und Betriebe mit überholter Technologie; florierende und Grenzbetriebe, Betriebe mit hohem und Betriebe mit niedrigem gewerkschaftlichem Organisationsgrad, usw. Unterschiedliche betriebliche Bedingungen jedoch bringen divergierende Interessen und Interessenwahrnehmungen hervor und bedeuten unterschiedliche gewerkschaftliche Handlungsmöglichkeiten und Erfolgschancen. Einheitliche Interessenvertretung erfordert deshalb, daß die Einflüsse betriebsspezifischer Faktoren auf das gewerkschaftliche Handeln möglichst neutralisiert <u>und</u> die handlungsrelevanten Interessendefinitionen möglichst vereinheitlicht werden. Darüber hinaus neigen speziell betriebsbezogene Interessenwahrnehmungen dazu, die Kosten ihrer - betrieblichen - Durchsetzung für Außenstehende zu vernachlässigen bzw. Strategien hervorzubringen, die auf die Externalisierung dieser Kosten zu Lasten anderer Betriebe - einschließlich der in diesen beschäftigten Arbeitnehmer - hinauslaufen. Die Folge sind Interessenkonflikte zwischen den Arbeitnehmern verschiedener Betriebe, die nicht auf unterschiedlichen Interessen<u>inhalten</u>, sondern im Gegenteil auf einer <u>Konkurrenz</u> gleichgerichteter Interessen beruhen. Um handlungsfähig zu sein, müssen Industriegewerkschaften deshalb bei der Formulierung und Durchsetzung ihrer Politik die betriebsspezifischen Perspektiven ihrer Mitglieder aussondern und in eine umfassende Interessendefinition überführen, die von der Zugehörigkeit zu einem bestimmten Betrieb unabhängig ist.

In strategischer Hinsicht besteht das betriebliche Integrationsproblem einer Industriegewerkschaft vor allem darin, Belegschaften in Betrieben mit überdurchschnittlich guter Wirtschaftslage davon abzuhalten, ihre Interessen separat zu verfolgen. Industriegewerkschaftliche Politik beruht auf einer <u>internen Umverteilung von Verhandlungsmacht</u> innerhalb der Arbeitnehmerschaft von den am Markt Begünstigten zu den durch ihre Marktposition Benachteiligten. Dabei entspricht es den für Industriegewerkschaften grundlegenden Prinzipien einer "solidarischen Interessenpolitik", daß die auf diese Weise ermöglichte politische Verbesserung der Markt- und Lebenschancen der Schwächeren notfalls auch um den Preis erkauft wird, daß die Stärkeren durch sie an der vollen Ausnutzung ihrer ökonomischen Macht gehindert werden. Eine solche Politik setzt unter anderem die dauerhafte Eingliederung der Belegschaften mit starker Verhandlungsposition in einen umfassenden "Solidarverband" voraus, dem auch die Belegschaften marginaler Betriebe angehören. Nur in dem Maße, wie es gelingt, vom Markt privilegierte Mitgliedergruppen davon abzuhalten, diesen Verband zu verlassen und ihre Interessen selbständig zu vertreten, sind die mit dem Gedanken der "Solidarität" verknüpften ideologischen Werte - die der einheitsgewerkschaftlichen Organisationsform seit jeher ihre spezifische Legitimität verliehen haben - praktisch realisierbar.

Auf organisatorischer Ebene führt das Spannungsverhältnis zwischen betrieblichen Sonderinteressen und gemeinsamen, industrieweiten Interessen zur Spaltung des industriegewerkschaftlichen Organisationsaufbaus in einen betrieblichen und einen überbetrieblichen Zweig. Entscheidend für die Funktionsfähigkeit einer Industriegewerkschaft ist das zwischen beiden bestehende Verhältnis. Das für Industriegewerkschaften konstitutive Postulat einheitlichen Handelns über betriebliche Unterschiede hinweg erfordert, daß betriebsspezifische Interessen aus dem Willensbildungsprozeß der Organisation ausgefiltert und von der Bestimmung des kollektiven Handelns der Mitglieder im Betrieb ausgeschlossen werden. Dies wiederum verlangt einen politischen und operativen Primat der überbetrieblichen über die betrieblichen Gliederungen. Dementsprechend erfordert die Lösung des betrieblichen Integrationsproblems von Industriegewerkschaften, die betrieblichen Organisationseinheiten so im Rahmen der überbetrieblichen zu institutionalisieren, daß sie für sich genommen handlungsunfähig und strukturell darauf angewiesen werden, ihre Aktivitäten über die überbetriebliche Organisation zu vermitteln.

Von besonderer Bedeutung für die Vertretungsfähigkeit einer Industriegewerkschaft ist der Aufbau überbetrieblicher organisatorischer Kontrollen in Bezug auf die Ausübung des Streikrechts. Arbeitgeber verhandeln mit dem - und auf die Dauer nur mit dem -, von dessen Entscheidungen der "Arbeitsfrieden"abhängt. Gewerkschaften, die für eine ganze Industrie verhandeln wollen, müssen deshalb auch für die gesamte Industrie, einschließlich der wirtschaftlich begünstigten Betriebe, als Streikführer auftreten können. Nur wo ein solches effektives "Streikmonopol" besteht, kann es auf die Dauer ein industriegewerkschaftliches Verhandlungsmonopol geben. Dies macht es erforderlich, daß Industriegewerkschaften notfalls auch über Mittel verfügen, von ihnen nicht autorisierte Streiks einzelner Mitgliedergruppen oder Betriebe, die zu einer Fragmentierung der Interessenvertretung führen könnten, zu verhindern oder zu beenden.

Eine derartige organisatorische Unterordnung der betrieblichen unter die überbetriebliche Interessenpolitik stößt jedoch auf systematische Schwierigkeiten, in denen sich die grundlegende Dialektik zwischen Konfliktregulierung und Interessenvertretung innerorganisatorisch in veränderter Form erneuert. Betriebliche Gewerkschaftsorgane stehen den unmittelbaren Interessen und Erfahrungen der Mitglieder näher als die über den Betrieb hinausreichenden, territorialen Organisationsgliederungen. Während ihnen dies einerseits organisationsintern starke demokratische Legitimationen verschafft, macht es sie andererseits und zugleich aus der Perspektive einer einheitlichen industriegewerkschaftlichen Politik zu ständigen Krisenherden, die so gut wie möglich isoliert und überwacht werden müssen. Letzteres jedoch wird durch den Umstand erschwert, daß betriebliche Gewerkschaftsorgane auch in Industriegewerkschaften zentrale politische Funktionen erfüllen und namentlich als sozialer Ort jener direkten und unmittelbaren Kontakte zwischen Organisation und Mitglied unentbehrlich sind, über die in politischen Organisationen die <u>Mobilisierung</u> von <u>Ressourcen</u> (Mitgliedschaften, Beiträgen), <u>Konsens</u> und <u>Aktionen</u> verläuft. In dem Maße aber, wie Mobilisierung freiwillige Beteiligung voraussetzt, erfordern Mobilisierungsfähigkeit und Steuerbarkeit betrieblicher Organisationen jeweils verschiedene institutionelle Strukturen, die dazu tendieren, sich gegenseitig auszuschließen. Freiwillige Beteiligung wird nämlich vor allem von der Aussicht motiviert, wichtige, die eigenen Interessen betreffenden Entscheidungen wirksam beeinflussen zu können. Wenn Mobilisierung Partizipation erfordert, werden deshalb betriebliche Gewerkschaftsorganisationen dazu neigen, ihre Mobilisierungsfunktion nur in dem Maße zu erfüllen, wie ihnen Kontrolle über ihre Politik eingeräumt wird. Oder, anders formuliert, je effektiver Betriebsorganisationen als Träger organisatorischer Mobilisierungsprozesse sind, desto stärker wird ihre Tendenz sein, sich politisch selbständig zu machen und den überbetrieblichen Gewerkschaftsorganisationen sozusagen aus dem Ruder zu laufen. Industriegewerkschaften sehen sich damit in ihrem Verhältnis zu ihren Betriebsorganisationen dem auch in anderen Zusammenhängen beschriebenen Problem der <u>Gleichzeitigkeit von Über- und Untermotivation</u> gegenüber (Offe, 1970): Was sie unter dem Gesichtspunkt der Mobilisierungsfunktion ihrer betrieblichen Organisationseinheiten an Motivierung benötigen, ist unter der Perspektive der Aufrechterhaltung überbetrieblicher Kontrolle nur allzuoft "zu viel";

was dagegen mit den Erfordernissen einer einheitlichen, überbetrieblichen Politik vereinbar wäre, ist für die Mobilisierung der erforderlichen Unterstützung häufig "zu wenig".

Industriegewerkschaften, heißt das, die auseinanderstrebende betriebliche Interessen zu integrieren versuchen, stehen vor einem strukturellen Dilemma: Sie benötigen betriebliche Organisationen, die einerseits als solche aus dem politischen Entscheidungsprozeß der Organisation ausgeschaltet und damit im strengen Sinne entpolitisiert, andererseits und zugleich aber in der Lage sind, im Rahmen der Gewerkschaft zentrale politische Funktionen zu erfüllen. Die Lösung dieses Problems entscheidet sich auf der Ebene organisatorischer Gestaltung. Industriegewerkschaften müssen für ihre betrieblichen Gliederungen Organisationsformen finden, die eine effektive politisch-strategische Disziplinierung gewährleisten, ohne dadurch die für die Organisation als ganze lebenswichtigen Funktionen betrieblicher Gliederungen zu beeinträchtigen. Eben dies scheint den westdeutschen Industriegewerkschaften bisher in erstaunlichem Maße gelungen zu sein. In den Satzungen der Industriegewerkschaften der Bundesrepublik werden die betrieblichen Gewerkschaftsorgane formal von jeder Beteiligung an der internen Willensbildung ausgeschlossen und alle Kompetenzen zu strategischen Entscheidungen bei überbetrieblichen, territorial konstituierten Organen angesiedelt. Diese Struktur hat sich in der Praxis als realisierbar und lebensfähig erwiesen; ihre Durchsetzung hat die Einheit und die Reproduktionsfähigkeit der gewerkschaftlichen Organisation nicht gefährdet. Insbesondere haben sich die westdeutschen Industriegewerkschaften als fähig erwiesen, ihre betrieblichen Gliederungen auch in den florierenden Großbetrieben an überbetrieblich ausgehandelte Flächentarifverträge zu binden und - mit wenigen gelegentlichen Ausnahmen - ein Ausbrechen aus dem gemeinsamen Solidarverband zu verhindern. Diese bemerkenswerte Leistung steht in so krassem Gegensatz zu der Unfähigkeit vor allem britischer Gewerkschaften, ihre betrieblichen Organisationen von außen bzw. von oben zu kontrollieren, daß sie nach Erklärung verlangt. Eine solche Erklärung, die die Bedingungen zu rekonstruieren hätte, unter denen die Gewerkschaften der Bundesrepublik das strukturelle Dilemma industriegewerkschaftlicher Organisation für sich zu neutralisieren vermocht haben, kann zugleich darüber Aufschluß geben, welchen organisatorischen Imperativen die möglichen Politiken der westdeutschen Industriegewerkschaften genügen müssen.

Organisationen sind bei der Lösung ihrer Probleme von den Mitteln und Möglichkeiten abhängig, die ihre Umwelt ihnen zur Verfügung stellt. Auf welche

Weise und mit welchem Erfolg Gewerkschaften ihre Organisationsprobleme lösen können, wird deshalb weitgehend von der Struktur des sie umgebenden Systems der industriellen Beziehungen bestimmt. Die im folgenden vertretene These ist, daß die geringe Fragmentierung der gewerkschaftlichen Interessenvertretung in der Bundesrepublik und die hohe Stabilität der westdeutschen Industriegewerkschaften entscheidend mit der Existenz eines verfaßten Systems betrieblicher Interessenvertretung zu tun haben, das formal von den Gewerkschaften unabhängig ist, tatsächlich aber wichtige gewerkschaftsinterne Funktionen erfüllt.

III.

Das strukturbestimmende Element des westdeutschen Systems der industriellen Beziehungen ist die Existenz einer rechtlich garantierten, einheitlichen und formal gewerkschaftsunabhängigen betrieblichen Interessenvertretung. Aufgrund gesetzlicher Bestimmungen, die in ihren Ursprüngen bis auf die Zeit unmittelbar nach dem Ersten Weltkrieg zurückgehen, haben in der Bundesrepublik alle Arbeitnehmer in Betrieben mit mindestens fünf Beschäftigten ein Recht, zur Vertretung ihrer Interessen gegenüber dem Arbeitgeber einen Betriebsrat zu wählen. Die Einzelheiten des Zustandekommens von Betriebsräten sowie die Rechte und Pflichten des Betriebsrats gegenüber der Belegschaft und dem Arbeitgeber sind bis ins Detail vom Gesetz geregelt. Ein Betriebsrat wird demzufolge auf die Dauer von drei Jahren in geheimer Abstimmung gewählt, wobei sämtliche Beschäftigten unabhängig von ihrer Gewerkschaftszugehörigkeit aktiv und passiv wahlberechtigt sind. Gegenüber dem Arbeitgeber verfügt er auf zahlreichen Gebieten über arbeitsgerichtlich einklagbare Mitbestimmungs-, Anhörungs- und Informationsrechte. Damit der Betriebsrat seine Aufgaben wahrnehmen kann, ist der Arbeitgeber gesetzlich verpflichtet, ihn als Repräsentanten der Belegschaft anzuerkennen und ihm die für seine Tätigkeit erforderlichen Mittel - Freistellung von der Arbeit, Büroräume, Schreibkräfte usw. - zur Verfügung zu stellen.

Der quasi-öffentliche Charakter des Betriebsratssystems und seine konstitutive Unabhängigkeit gegenüber der Gewerkschaft werden häufig zum Anlaß genommen, von einem "dualen System der Interessenvertretung" zu sprechen (Teschner, 1977). Dieses Konzept reflektiert die Tatsache, daß Arbeitnehmerinteressen in der Bundesrepublik zwei verschiedene Organisationsformen vorfinden, die auf den ersten Blick miteinander in Konkurrenz zu liegen scheinen: eine sozusagen anstaltsmäßige, rechtlich gewährleistete mit gesetzlicher Zwangsmitgliedschaft, und eine formal "pluralistische", "freie" und "freiwillige". Die Vorstellung eines "Dualismus" gründet sich dabei auf das unterschiedliche Verhältnis der beiden Organisationsformen zum vom Staat gesetzten formalen Recht: Während die eine als Institution vom Staat begründet und garantiert wird, ist die andere wesentlich "gesellschaftlicher" Natur und figuriert in den Kategorien des formalen Rechts lediglich als privates Rechtssubjekt.

Charakteristisch für die meisten mit dem Begriff des "dualen Systems" operierenden Untersuchungen ist, daß sie, soweit sie ihr Thema unter dem Gesichtspunkt der Rolle der Gewerkschaften diskutieren, fast ausschließlich die Dysfunktionen, kaum jemals aber die Funktionen der verfaßten Interessenvertretung behandeln. Dies hat nicht nur historische Gründe. Die Betonung der formalen Eigenständigkeit der Betriebsräte gegenüber der Gewerkschaft lenkt die Aufmerksamkeit unvermeidlich auf die - für die Gewerkschaften als solche ja nicht geltende - "arbeitsgemeinschaftliche" Beschränkung der Handlungsmöglichkeiten der Betriebsräte. Betriebsräte sind zur "vertrauensvollen Zusammenarbeit" mit dem Arbeitgeber verpflichtet und dürfen vor allem keine Streiks ausrufen. Betriebliche Interessengegensätze, die durch das Betriebsratssystem kanalisiert werden, gehen deshalb den Gewerkschaften in der Regel als Ansatzpunkte für weitergehende Mobilisierung verloren. Dies umso mehr, als die Betriebsräte als Organe der Betriebsverfassung nicht nur auf eine pragmatisch-partnerschaftliche Politik hin konstruiert sind, sondern darüber hinaus aufgrund ihrer organisatorischen Selbständigkeit über die Mittel verfügen, eine solche Politik notfalls auch gegen den Widerstand der Gewerkschaft zu verfolgen. Vielen Gewerkschaftern erscheint deshalb die Betriebsverfassung bis heute im Grunde als ein Versuch des Staates zur Installierung "gelber", wirtschaftsfriedlicher Hausgewerkschaften. Der Begriff der "dualen Interessenvertretung", wie er in der politischen und wissenschaftlichen Diskussion Verwendung findet, hat diese Perspektive im großen und ganzen übernommen.

Unerwähnt bleibt oder nur am Rande diskutiert wird dabei die Tatsache, daß die formale Trennung zwischen verfaßter und freiwilliger Interessenvertretung nur ein Aspekt einer erheblich komplexeren Wechselbeziehung ist. Die Gewerkschaften des DGB gewinnen regelmäßig mehr als 80 Prozent der Betriebsratssitze und verfügen damit in den Organen der Betriebsverfassung über eine beherrschende Stellung. Obwohl rechtlich den Betriebsräten jede Vermischung von Betriebsrats- und Gewerkschaftstätigkeit untersagt ist, haben viele Arbeitgeber angesichts der großen Mehrheiten der Gewerkschaften bei Betriebsratswahlen sowie der vielfältigen wirtschaftlichen Mitbestimmungsrechte der Betriebsräte im Interesse störungsfreier Verhandlungsbeziehungen immer weniger auf Einhaltung des formalen Rechts bestanden. Die Folge war, daß sich wichtige gesetzliche Rechte der Betriebsräte in der Praxis in Gewerkschaftsrechte verwandelt haben. Organisatorisch hat dies für die Gewerkschaften ähnliche Vorteile wie die Durchsetzung von "recognition" in den angelsächsischen Ländern (Streeck, 1979), wobei die Rolle der "anerkannten" betrieblichen Gewerkschaftsorganisation in der Bundesrepublik von den Betriebsräten wahrgenommen wird. So werden beispielsweise als Folge der weitgehenden "Übernahme" des Betriebsratssystems durch die Gewerkschaften zahlreiche westdeutsche Gewerkschaftsmitglieder unter Ausnutzung der personalpolitischen Mitwirkungsrechte des Betriebsrats gegenüber dem Arbeitgeber von gewerkschaftlich organisierten Betriebsräten rekrutiert. Die Grundlage hierfür bilden informelle Übereinkünfte zwischen Betriebsräten und Arbeitgebern, die in der Praxis auf eine vom Betriebsrat überwachte Gewerkschaftspflicht aller neu eingestellten Arbeitnehmer nach Art des amerikanischen "union shop" hinauslaufen. Ähnliches gilt, bzw. galt bis vor kurzem, für die Beitragskassierung, die im wesentlichen von den organisierten Betriebsräten, und zwar entweder direkt oder vermittels einer Betriebsvereinbarung mit dem Arbeitgeber, durchgeführt wird.

Obwohl jedoch die praktische Bedeutung des Betriebsrats als gewerkschaftliche Organisationsbasis im Betrieb seit langem bekannt ist (Bergmann u.a., 1975; 302), ist ihr bisher systematisch kaum Rechnung getragen worden. Die Tatsache, daß die Organe der Betriebsverfassung in der Bundesrepublik de facto zentrale Funktionen betrieblicher Gewerkschaftsorganisationen übernommen haben, wird allenfalls als Ausnahme von der Regel bzw. als Abweichung von der nach wie vor als gültig angesehenen Norm der Dualität aufgefaßt - sei es "von rechts" als gesetzwidriger Mißbrauch der Betriebsverfassung für Gewerkschaftszwecke, oder sei es "von links" als mögliche Ursache eines Autonomieverlusts der Gewerkschaft gegenüber den auf partnerschaftliche Politik verpflichteten Betriebsräten. In Wirklichkeit jedoch ist die Verwischung der Grenzen zwischen "verfaßten" und "freien", "öffentlichen" und "privaten" Formen der Interessenvertretung _eben nicht_ die Ausnahme, sondern der Normalzustand. Geht man von den tatsächlich bestehenden funktionalen Zusammenhängen aus, so erscheint für die meisten Gewerkschaften und in der Mehrzahl der Betriebe _die verfaßte Interessenvertretung im Betrieb als Teil der_ (industrie-) _gewerkschaftlichen Organisationsstruktur_ bzw., genauer, _als Basis und Zentrum der betrieblichen Gewerkschaftsorganisation_. Damit aber wird das Konzept der "dualen Interessenvertretung" ebenso und aus denselben

Gründen revisionsbedürftig wie die traditionelle Vorstellung von einem Dualismus von "Staat" und "Gesellschaft". Hier wie dort erscheint es empirisch realistischer und theoretisch fruchtbarer, das Postulat einer formalen Zweiteilung durch den Gedanken einer widersprüchlichen Einheit abzulösen, innerhalb derer verschieden konstituierte Strukturen symbiotisch aufeinander bezogen sind und ihre Funktionen je nach Bedarf untereinander vertauschen. Ähnlich wie ein solcher Perspektivenwechsel auf makrosoziologischer Ebene das Konzept einer Vergesellschaftung des Staates bzw. einer Verstaatlichung der Gesellschaft ermöglicht, führt er im Bereich der industriellen Beziehungen auf die Vorstellung einer gegenseitigen Inkorporation von verfaßter und freiwilliger Interessenvertretung, durch die der Betriebsrat ebenso zum Bestandteil der Gewerkschaft wird wie die Gewerkschaft zum Bestandteil der Betriebsverfassung.

Ein Vorzug dieses von Funktionen statt von Formen ausgehenden Ansatzes ist, daß er es erlaubt, von den formalen Besonderheiten des westdeutschen Systems industrieller Beziehungen zu abstrahieren, und dadurch Vergleiche mit anderen nationalen Systemen ermöglicht. So sind beispielsweise die häufig hervorgehobenen Schwierigkeiten der westdeutschen Gewerkschaften bei der politischen Kontrolle auch organisierter Betriebsräte von vielen Beobachtern der Betriebsverfassung und der durch sie begründeten "dualen Struktur" zur Last gelegt worden (Bergmann u.a., 1975). Faßt man jedoch den Betriebsrat als Zentrum der betrieblichen Gewerkschaftsorganisation auf, so erscheinen seine Verselbständigungsbestrebungen lediglich als ein Spezialfall der allen betrieblichen Gewerkschaftsorganisationen, und insbesondere denen von überbetrieblichen Einheitsgewerkschaften, eigenen zentrifugalen Tendenzen. Daß diese durch die Verrechtlichung der betrieblichen Interessenvertretung nicht hervorgebracht, sondern allenfalls auf bestimmte Weise geformt und modifiziert werden, zeigt sich im Vergleich mit Großbritannien. Obwohl dort die betrieblichen Arbeitsbeziehungen fast völlig außerhalb des formalen Rechts liegen und die Unabhängigkeitsbestrebungen der betrieblichen Gewerkschaftsorganisationen keinerlei rechtliche Unterstützung finden, ist die Fähigkeit der Gewerkschaftsspitzen, die Politik betrieblicher Gewerkschaftsvertreter zu beeinflussen, nicht nur nicht größer, sondern deutlich geringer als in der Bundesrepublik.

Ein weiterer wichtiger Vorteil einer funktionalistischen Auflösung des Dualismusbegriffs liegt darin, daß mit ihrer Hilfe die einseitige Betonung der Dysfunktionen der Betriebsverfassung für die Gewerkschaften überwunden und neben den Dysfunktionen auch die Funktionen sichtbar gemacht werden können. Während nämlich die Verrechtlichung der betrieblichen Interessenvertretung einige der Verselbständigungstendenzen betrieblicher Gewerkschaftsorganisationen formal absichert, setzt sie anderen, für Industriegewerkschaften besonders problematischen, enge und wirkungsvolle Schranken. Dies vor allem in zweierlei Hinsicht. Zum einen verpflichtet das Betriebsverfassungsgesetz in § 2,1 Betriebsrat und Arbeitgeber zur "Beachtung der geltenden Tarifverträge" und sichert dadurch dem überbetrieblichen Verhandlungssystem einen rechtlichen Primat über das betriebliche. Dieser wird in § 77,3 durch die Bestimmung präzisiert, daß "Arbeitsentgelte und sonstige Arbeitsbedingungen, die durch Tarifvertrag geregelt sind oder üblicherweise geregelt werden", nicht Gegenstand von Vereinbarungen zwischen Betriebsrat und Arbeitgeber sein können - es sei denn, daß "ein Tarifvertrag den Abschluß ergänzender Betriebsvereinbarungen ausdrücklich zuläßt". Zum anderen erklärt das Betriebsverfassungsgesetz "Maßnahmen des Arbeitskampfs zwischen Arbeitgeber und Betriebsrat" ohne Ausnahme für "unzulässig"; "Arbeitskämpfe tariffähiger Parteien" würden durch dieses Verbot "nicht berührt" (§ 74,2). Berücksichtigt man nun, daß in der Praxis verfaßte Interessenvertretung und betriebliche Gewerkschaftsorganisation weitgehend miteinander identisch sind, so wird deutlich, daß diese Regelungen, anders als zunächst aus ihrem formalen Status ersichtlich, sich auch auf den Aktionsspielraum der betrieblichen Gewerkschaftsorganisation als Beschränkungen auswirken, und zwar gerade in solchen Bereichen, die für den Bestand und die Funktionsfähigkeit von Industriegewerkschaften besonders kritisch sind. Dies gilt zum einen in Bezug auf die Unterwerfung der Organe der Betriebsverfassung unter den Tarifvertrag, die in dem Maße, wie dieselben Organe gleichzeitig die Funktionen betrieblicher Gewerkschaftsorganisationen erfüllen, auch und zugleich den Vorrang der industriegewerkschaftlichen über die betriebliche Interessenpolitik absichern hilft. Und es gilt zum anderen und entsprechend für das im Bereich der Betriebsverfassung herrschende Arbeitskampfverbot, das mit fortschreitendem Hineinwachsen der betrieblichen Gewerkschaftsorganisationen in die rechtlichen Formen der Betriebsverfassung zur Stützung des industriegewerkschaftlichen Streikmonopols beiträgt.

Betrachtet man diesen Zusammenhang unter dem Gesichtspunkt der industriegewerkschaftlichen Organisationsstruktur im engeren Sinne und ihrer spezifischen Stabilitätsprobleme, so kommt die Verrechtlichung der betrieblichen Interessenvertretung einer Ergänzung und Verstärkung des Kontrollpotentials der überbetrieblichen Gewerkschaftsorgane über die betrieblichen durch staatlich institutionalisierte, rechtliche Kontrollmechanismen gleich.

Industriegewerkschaften innerhalb des westdeutschen Systems der industriellen Beziehungen sind bei der Lösung ihrer Integrationsprobleme nicht allein auf ihre "private" Organisationsfähigkeit angewiesen, sondern werden zusätzlich von den Wirkungen des staatlichen Rechts unterstützt. Indem dieses dabei innerorganisatorische Kontrollfunktionen übernimmt, wird es in der Praxis selbst zum Bestandteil der gewerkschaftlichen Organisationsstruktur. Diese faktische "Beleihung" der überbetrieblichen Gewerkschaftsorganisation mit dem Kontrollpotential des Staates ist in entscheidendem Maße für die organisatorische Stabilität der westdeutschen Industriegewerkschaften verantwortlich.

Die Rolle der Betriebsverfassung bei der organisatorischen Integration der westdeutschen Industriegewerkschaften beschränkt sich nicht allein auf die zwischenbetriebliche Dimension. Innerhalb des Betriebes wirkt das Vorhandensein einer einheitlichen und formal gewerkschaftsunabhängigen Interessenvertretung in verschiedener Hinsicht als Hindernis gegen gewerkschaftliche Zersplitterung und begünstigt dadurch unter anderem auch die für die "Vergewerkschaftung" der verfaßten Interessenvertretung erforderliche Bildung breiter Mehrheiten bei Betriebsratswahlen. Da Betriebsräte sich schon aus wahlstrategischen Gründen nicht auf die Vertretung sektionaler Sonderinteressen beschränken können, sind sie gezwungen, interessenpolitisch im Prinzip dieselben Aggregationsleistungen zu erbringen wie eine Industriegewerkschaft auf industrieller Ebene. Die durch den Betriebsrat vermittelte Vereinheitlichung der betrieblichen Interessen kann deshalb von der Industriegewerkschaft als eine Art Vorleistung in Anspruch genommen werden, durch die ihr eigener organisatorischer Prozeß zugleich strukturiert und entlastet wird. Zweitens begünstigen der einheitliche Charakter des Betriebsrats und das für seine Entscheidungen ausschlaggebende Mehrheitsprinzip große (Einheits-) Gewerkschaften und erlauben es der jeweiligen Mehrheitsgewerkschaft, ihre Konkurrenten von den organisatorischen Vorteilen des verfaßten Systems weitgehend auszuschließen (Streeck u.a., 1978). Drittens wird durch das staatlich garantierte Vertretungsmonopol des Betriebsrats in den entscheidenden Bereichen der betrieblichen Interessenpolitik eine "Anerkennung" sektionaler Interessenvertretungen durch den Arbeitgeber außerordentlich erschwert, wenn nicht gar unmöglich gemacht. Neu hinzukommende "Splitter"-Gewerkschaften finden unter diesen Umständen keinerlei betriebliche Ansatzpunkte für ihre organisatorische Entwicklung. Viertens schließlich ermöglicht die regelmäßig fällige Wiederwahl des Betriebsrats eine wirksame Sanktionierung der "Mehrheitsgewerkschaft" bzw. ihrer betrieblichen Repräsentanten, ohne daß es dazu der Unterstützung einer Konkurrenzorganisation bedürfte. Konflikte um die Politik der betrieblichen Interessenvertretung sind auch aus diesem Grund in der Bundesrepublik typischerweise nicht Konkurrenzkämpfe zwischen mehreren Gewerkschaften, sondern spielen sich innerhalb der Einheitsgewerkschaft ab und stellen deren Organisationsmonopol in der Regel nicht in Frage[3)].

Auf allgemeiner Ebene wirft die enorme Bedeutung des verfaßten Systems der Interessenvertretung für die Stabilität der westdeutschen Industriegewerkschaften die Frage auf, ob Industriegewerkschaften ohne rechtliche Institutionalisierung des betrieblichen Verhandlungssystems bzw. ohne äquivalente organisatorische Abstützung durch staatliche Ordnungsleistungen überhaupt möglich sind. Ein wichtiges Indiz für die Notwendigkeit staatlicher Intervention bildet die Situation in Großbritannien, wo eine weitgehende Rechtsfreiheit der industriellen Beziehungen mit einer starken Fragmentierung und betrieblichen Dezentralisierung der gewerkschaftlichen Interessenvertretung zusammenfällt. Obwohl hier wie anderswo Existenz und Wirkungsweise einer direkten kausalen Beziehung schwierig nachzuweisen sind, steht doch außer Zweifel, daß die in Großbritannien fast ein Jahrhundert lang mit peinlicher Genauigkeit eingehaltene Doktrin der "Nichteinmischung" des Staates in die industriellen Beziehungen stets auch bedeutet hat, daß die Gewerkschaften bei der Lösung ihrer Organisationsprobleme ganz und gar sich selbst überlassen blieben. Was immer deshalb zusätzlich dazu beigetragen haben mag, daß es in Großbritannien nur in wenigen Ausnahmefällen zur Bildung überbetrieblicher Einheitsgewerkschaften gekommen ist, ist jedenfalls in seiner Wirksamkeit nicht dadurch behindert worden, daß das politische und rechtliche Institutionensystem die Entwicklung oder Erhaltung derartiger Organisationsformen von außen unterstützt hätte. Der unter anderem von der Donovan-Kommission beschriebene Zusammenbruch des "offiziellen", überbetrieblichen Verhandlungssystems in Großbritannien und die als Folge der Vollbeschäftigung eingetretene Verlagerung der gewerkschaftlichen Interessenvertretung auf ein "inoffizielles", betriebliches System (Donovan, 1968) sprechen dabei für die Vermutung, daß freiwillige Organisationen ohne derartige Unterstützung und allein auf sich gestellt mit den komplexen Integrationsproblemen überbetrieblicher Einheitsgewerkschaften überfordert sind.

## IV.

Das heißt nicht, daß die Lösung des industriegewerkschaftlichen Integrationsproblems durch Anlehnung an staatlich gesetztes Recht, wie sie für das westdeutsche System der industriellen Beziehungen charakteristisch ist, von inneren Spannungen und Widersprüchen frei wäre. Die enge Symbiose der Gewerkschaften mit den Organen der Betriebsverfassung, die einerseits zur Eindämmung der zentrifugalen Tendenzen innerhalb hoch heterogener Organisationsbereiche beiträgt, bringt andererseits selbst wiederum organisatorische Probleme mit sich, in denen sich das Dilemma von Über- und Untermotivation im Verhältnis zwischen betrieblicher und überbetrieblicher Gewerkschaftsorganisation in veränderter Form erneut durchsetzt. Eins dieser Probleme besteht darin, daß die Notwendigkeit einer Entpolitisierung der betrieblichen Gewerkschaftsorganisation den Möglichkeiten einer betriebsnahen, an "qualitativen" Themen orientierten und auf Arbeitsplatzkontrolle zielenden Gewerkschaftspolitik enge Grenzen setzt. Dieser Aspekt gewinnt besondere Bedeutung angesichts des durch die Krise verringerten materiellen Konzessionsspielraums der Unternehmen, der sich abzeichnenden "neuen Tarifpolitik" und vor allem der vielfach an diese geknüpften politischen Erwartungen. Zum Schluß sollen deshalb in thesenhafter Form einige der Implikationen herausgearbeitet werden, die sich aus den im Hauptteil des Papiers untersuchten strukturellen Zusammenhängen für eine gewerkschaftliche "Arbeitsgestaltungspolitik" ergeben.

1. Qualitative Arbeitspolitik auf industrieller Ebene stößt auf erhebliche technische und politische Schwierigkeiten. Globale Strategien der Arbeitsplatzkontrolle müssen auf eine Vielzahl äußerst unterschiedlicher Situationen jeweils problemspezifisch "passen". Dies erfordert extrem komplexe Instrumente. Schon die heutigen Manteltarifverträge jedoch sind zum Teil so kompliziert, daß ihre "Umsetzung" auf betrieblicher Ebene häufig entweder an technischen Hindernissen scheitert oder von außen unkontrollierbar wird. Hinzu kommt, daß Arbeitspolitik, wenn sie mehr als nur symbolischen Wert haben soll, der Sache nach so stark nach Gruppen und Betrieben differenziert sein muß, daß sie für die heterogene Mitgliedschaft einer Industriegewerkschaft erhebliche Solidarisierungsprobleme aufwirft. Arbeitspolitische Forderungen sind auf industrieller Ebene in der Regel nur dann streikfähig, wenn es gelingt, sie zu einem für alle Gruppen gleich interessanten "Paket" zusammenzuschnüren. Dies allein stellt hohe Anforderungen an den politischen Prozeß der Gewerkschaft. Darüber hinaus sind komplexe Forderungspakete, die disparate Einzelinteressen zusammenfassen, nur sehr schwer kompromittierbar,

weil die im Verhandlungsverlauf zu machenden Konzessionen nicht immer nach Gruppen ausbalanciert sein und deshalb Entsolidarisierung auslösen können. Aus allen diesen Gründen muß der Schwerpunkt jeder gewerkschaftlichen Arbeitspolitik auch in Zukunft im Betrieb selber liegen.

2. Betriebliche Arbeitspolitik im westdeutschen System der industriellen Beziehungen kann prinzipiell in zwei Formen stattfinden: als betriebsnahe Tarifpolitik oder durch Anwendung bzw. Erweiterung der Mitbestimmungsrechte des Betriebsrats. Die erste Alternative steht in Widerspruch zu den oben beschriebenen Stabilitätsimperativen industriegewerkschaftlicher Organisationen und ist deshalb unrealistisch. Die Forderung nach sogenannten "Öffnungsklauseln" in Flächentarifverträgen, die von der gewerkschaftlichen Linken nun schon seit Jahrzehnten erhoben wird, ist ja keineswegs nur am Widerstand der Arbeitgeber, sondern auch daran gescheitert, daß den Gewerkschaften selber die Vorteile einer verstärkten direkten Präsenz im Betrieb stets weniger wichtig waren als die Nachteile der damit unvermeidlich verbundenen Aufwertung ihrer betrieblichen Gliederungen. Dies hat sich, wie die entsprechenden Debatten und Beschlüsse des Gewerkschaftstags der IG Metall von 1977 unmißverständlich bestätigt haben, auch unter dem Eindruck der Krise nicht geändert. Gewerkschaftliche Arbeitspolitik als betriebliche Tarifpolitik wird es deshalb in der Bundesrepublik in absehbarer Zeit nicht geben.

3. Unter den Strukturprämissen des westdeutschen Systems der industriellen Beziehungen kann sich eine Erweiterung des materiellen Gegenstandsbereichs gewerkschaftlicher Arbeitspolitik nur in Form einer Ausweitung der Mitbestimmungsrechte der Betriebsräte vollziehen. Ob diese durch eine erneute Novellierung des Betriebsverfassungsgesetzes ("Reformpolitik") oder durch Tarifverträge erfolgt, deren "Umsetzung" Betriebsvereinbarungen überlassen bleibt, ist dabei von eher zweitrangiger Bedeutung. Beide Strategien unterliegen jeweils anderen Beschränkungen, von denen abhängt, welche von ihnen in einem gegebenen Augenblick zweckmäßiger ist: Während die eine günstige politische Mehrheitsverhältnisse erfordert, ist die andere nur in dem Maße realisierbar, wie die mit ihr verfolgten Ziele solidarisierungsfähig und erstreikbar sind.

4. Da die betriebliche Arbeitspolitik der westdeutschen Gewerkschaften durch die Vermittlung des verfaßten Systems der Interessenvertretung stattfindet, kann sie in ihrer konkreten "Umsetzung" nicht von (offiziellen) Streiks unterstützt werden. Aus diesem Grund ist sie, ungeachtet zweifellos bestehender systemimmanenter Ausbaumöglichkeiten, in ihrer Reichweite und

ihrem Machtpotential fundamental eingeschränkt. "Job control" von der Art, wie sie in verschiedenen Bereichen der britischen Industrie von den Beschäftigten ausgeübt wird, ist deshalb in der Bundesrepublik auch als Reaktion auf Krise und "Rationalisierung" nicht absehbar. Das betriebliche Verhandlungsmonopol des Betriebsrats, das nicht nur vom Gesetz und vom Arbeitgeber, sondern auch von den Gewerkschaften strikt verteidigt wird, hat vielmehr zur Konsequenz, daß die große Mehrzahl der am Arbeitsplatz auftretenden "qualitativen" Konflikte "verrechtlicht" und damit letzten Endes individualisiert werden. Die hierdurch ermöglichte Praxis "kooperativer Konfliktregulierung" (Weltz, 1976) reflektiert nicht nur die dem Betriebsrat als Institution gesetzten Grenzen, sondern steht auch in grundsätzlichem Einklang mit einer Auffassung von Arbeitnehmerinteressen, für die das langfristige Überleben des Betriebes einen wichtigen Gesichtspunkt darstellt. Da eine solche Interessendefinition dem Betriebsrat sozusagen strukturell vorgegeben ist, wird der Handlungsspielraum des Managements in Bezug auf technologische und arbeitsorganisatorische Veränderungen im westdeutschen System der industriellen Beziehungen stets relativ groß bleiben und werden "rationalisierende" Unternehmer bei den Repräsentanten ihrer Beschäftigten im Prinzip auf ein relativ hohes Maß an "wirtschaftlicher Rationalität" rechnen können.

5. Je größeren Wert die Gewerkschaften der Bundesrepublik auf betriebliche Arbeitspolitik legen, desto größer wird die innergewerkschaftliche Macht der Betriebsräte. Dies gilt unabhängig davon, ob die Einbeziehung der "neuen Konfliktthemen" in den Zuständigkeitsbereich der Betriebsräte durch Gesetzesänderung und Rechtsprechung oder durch - womöglich erstreikte - Tarifverträge zustandekommt. Entscheidend ist, daß auch in diesem Fall die Lösung eines organisatorischen Problems der Gewerkschaften durch Anlehnung an die verfaßte Interessenvertretung - und nicht gegen diese - erfolgt und daß damit die grundlegenden Strukturprämissen des industriellen Beziehungssystems bekräftigt und fortgeschrieben werden. Ein anderes Beispiel für diesen - aufgrund der Stabilitätsimperative der Einheitsgewerkschaft längst selbstreproduktiv gewordenen - Mechanismus ist die Novellierung des Betriebsverfassungsgesetzes von 1972, die eine (staatlich vermittelte) systemkonforme Antwort auf eine Reihe von gewerkschaftlichen Organisationsproblemen darstellt, deren Lösung in den sechziger Jahren vergeblich mit einer autonomen Vertrauensleute-Politik versucht worden war. Folge der Novellierung war denn auch eine Stärkung der Betriebsräte als Zentrum der betrieblichen Gewerkschaftsorganisation und eine entsprechende Schwächung

der Vertrauensleute. Das für die Gewerkschaften Problematische an dieser Konstellation ist, daß durch sie zwar den Betriebsräten die Kontrolle über die betriebliche Gewerkschaftsorganisation und damit der Einheitsgewerkschaft das Streikmonopol gesichert, gleichzeitig aber die Kontrolle der Gewerkschaft über die Betriebsräte und über die Ausfüllung des diesen zugewiesenen betriebspolitischen Spielraums zunehmend in Frage gestellt wird. Dies gilt in besonderem Maße im Verhältnis zu den nach 1972 entstandenen Gesamtbetriebsräten der großen Unternehmen, denen gegenüber die Einflußmöglichkeiten der außerbetrieblichen Gewerkschaftsorganisation - wie einige spektakuläre Fälle im Bereich der Nuklearindustrie, der Rüstungsindustrie und der Nahrungsmittelindustrie in den letzten Jahren schlaglichtartig gezeigt haben - schon heute äußerst begrenzt sind.

6. Der strukturell angelegte Verzicht der westdeutschen Gewerkschaften auf eine autonome gewerkschaftliche Betriebspolitik muß die Fähigkeit der Gewerkschaften zu legitimer Interessenvertretung nicht notwendig beeinträchtigen. "Kooperative Konfliktregulierung" auf Betriebsebene ermöglicht relativ hohe Produktivität und vergrößert dadurch den materiellen Konzessionsspielraum gegenüber den "Stammbelegschaften". Zugleich erleichtert die Verrechtlichung arbeitspolitischer Konfliktgegenstände eine im langfristigen Betriebsinteresse zweckmäßige Marginalisierung bestimmter Gruppen von Arbeitnehmern, die wegen der Identität von Betriebsrat und betrieblicher Gewerkschaftsorganisation keine organisatorischen Mittel haben, ihre vom Standpunkt des Betriebes aus "unverantwortlichen" Interessendefinitionen politisch zur Geltung zu bringen. Gefahren für die organisatorische Stabilität der Einheitsgewerkschaft gehen unter diesen Umständen weniger von drohenden Legitimitätsverlusten an der "Basis" als vielmehr von der Heterogenität der von den Betriebsräten vertretenen "syndikalistischen" Interessen aus, die durch die Stärkung der Betriebsräte so in den Vordergrund zu treten drohen, daß ihr innergewerkschaftlicher Ausgleich immer schwieriger und tendenziell unmöglich wird. Die Ironie hierbei ist, daß dieselben Mechanismen und Strukturen, mit deren Hilfe die westdeutschen Gewerkschaften ihre organisatorische Einheit gegen die Gefahren eines konfliktorischen Syndikalismus gesichert haben, nunmehr im Begriff sind, diese Einheit sozusagen von innen her, über einen kooperativen Syndikalismus zu unterminieren. Die Untersuchung der gegenwärtig im Verhältnis zwischen Gewerkschaften und Betriebsräten, und vor allem zwischen den Zentralen der Gewerkschaften und den Gesamtbetriebsräten der großen Unternehmen, in diesem Zusammenhang stattfindenden Entwicklungen ist eine der wichtigsten Aufgaben der künftigen Forschung über industrielle Beziehungen in der Bundesrepublik.

## Fußnoten

1) Den Hintergrund der hier dargestellten Überlegungen bilden Diskussionen im Rahmen eines Forschungsprojekts über "Gewerkschaftliche Organisationsstrukturen und betriebliche Arbeitskräftepolitik in der Bundesrepublik Deutschland und Großbritannien", an dem neben dem Verfasser Peter Seglow, Pat Bayley und Santosh Mukherjee beteiligt waren. Träger des Projekts sind das Internationale Institut für Management und Verwaltung in Berlin und das Policy Studies Institute (vormals Political and Economic Planning, PEP) in London. Das Projekt wurde von der Deutsch-Britischen Stiftung für das Studium der Industriegesellschaft finanziell unterstützt. Der Forschungsbericht besteht aus zwei Monographien über die Eisenbahnen (Seglow, Bayley, Streeck) sowie über die Automobilindustrie (Streeck, Bayley, Seglow) und wird in Kürze (1979) erscheinen.

2) Zur beruflichen Dimension siehe Streeck u.a. (1978).

3) Ein weiterer wichtiger Beitrag der verfaßten Interessenvertretung zur Stabilität industriegewerkschaftlicher Politik ergibt sich aus ihrer Rolle bei der Anpassung des zentralen Tarifvertrags an betriebliche Sonderbedingungen. Einheitliche Regelungen unterschiedlicher Verhältnisse haben nur dann eine Chance, als legitim anerkannt zu werden, wenn sie einen Spielraum enthalten, der es erlaubt, sie je nach Umständen zu modifizieren. Dabei kommt es darauf an, ein Verfahren zu finden, das einerseits ein ausreichendes Maß an Flexibilität gewährleistet, andererseits aber die einheitliche Geltung der Norm als solche nicht in Frage stellt. Ein solches Verfahren ist die von Betriebsräten geführte "zweite Lohnrunde" (Teschner, 1977), deren betriebsverfassungsrechtliche Illegalität in Verbindung mit dem für Betriebsräte geltenden Arbeitskampfverbot verhindern, daß die Abweichungen von dem zentralen Verhandlungsergebnis so weit gehen, daß die zentralen Verhandlungen durch ein "leap-frogging" nach britischem Muster abgelöst werden und daß die Gewerkschaft ihr Streikmonopol einbüßt. Die Zurückhaltung der westdeutschen Gewerkschaften gegenüber Forderungen nach einer "betriebsnahen Tarifpolitik" bzw. nach tariflichen "Öffnungsklauseln" hat auch damit zu tun, daß diese Gefahren bei Nachverhandlungen, die von "freiwillig" konstituierten betrieblichen Gewerkschaftsorganisationen geführt würden, erheblich größer wären.

## Literatur

Bergmann, J., O.Jacobi, W. Müller-Jentsch, 1975: Gewerkschaften in der Bundesrepublik. Gewerkschaftliche Lohnpolitik zwischen Mitgliederinteressen und ökonomischen Systemzwängen. Frankfurt-Köln: Europäische Verlagsanstalt.

Donovan, 1968 (Royal Commission on Trade Unions and Employers' Associations 1965-1968): Report. London: Her Majesty's Stationary Office, Cmnd. 3623.

Offe, Claus, 1970: Das politische Dilemma der Technokratie. In: Koch, K. und D. Senghaas, Hrsg., Texte zur Technokratiediskussion, 156 ff. Frankfurt: Europäische Verlagsanstalt.

Pfromm, H.A., 1975: Konflikte solidarischer Lohnpolitik. Schriften der Kommission für wirtschaftlichen und sozialen Wandel. Göttingen: Otto Schwarz und Co.

Schmitter, Ph. C., 1977: Interest Intermediation and Regime Governability in Contemporary Western Europe. Chicago: Typescript.

Streeck, W., 1978: Staatliche Ordnungspolitik und industrielle Beziehungen. In: U. Bermbach, Hrsg., Politische Wissenschaft und politische Praxis. Sonderheft 9/1978 der Politischen Vierteljahresschrift: 106-139.

Streeck, W., 1979: Gewerkschaften als Mitgliederverbände. Probleme gewerkschaftlicher Mitgliederrekrutierung. In: J. Bergmann, Hrsg., Beiträge zur Soziologie der Gewerkschaften. Frankfurt am Main: Suhrkamp.

Streeck, W., P. Seglow, P. Bayley, 1978: Railway Unions in Britain and West Germany. Structural Sources of Cross-National Differences and Similarities. Beitrag zum Workshop über "Labor Unions in a Comparative Perspective" der European Group for Organizational Studies (EGOS), Berlin, November 1978. Berlin: Internationales Institut für Management und Verwaltung, discussion paper 78-80.

Teschner, E., 1977: Lohnpolitik im Betrieb. Frankfurt am Main: Campus.

Weitbrecht, H., 1969: Legitimität und Effektivität der Tarifautonomie. Berlin: Duncker und Humblot.

Weltz, F., 1976 (unter Mitarbeit von G. Schmidt): Innovation, Beschäftigungspolitik und industrielle Beziehungen. Eine Untersuchung, durchgeführt für die Deutsch-Britische Stiftung für das Studium der Industriegesellschaft. München: Hektographiertes Manuskript.

M.Groser / B.Keller

# Theorien der Arbeitsbeziehungen: Entwicklung und Aktualität

## 1. Einleitung und Problemstellung

Der Objektbereich der industriellen Beziehungen ist im Laufe der Jahre - u.a. wegen der Vielzahl der beteiligten Einzeldisziplinen und Beiträge - durchaus unterschiedlich definiert worden. Dennoch bestand lange Zeit ein Basiskonsens darüber, daß rules and job regulations das zentrale Thema der Disziplin darstellen (Dunlop, Flanders, Bain/Clegg, zur Kritik vor allem Hyman). Weitgehende Übereinstimmung herrschte auch - zumindest in der Forschungsprogrammatik - über die Notwendigkeit einer interdisziplinären Methode. Nach Dunlop und Flanders muß dazu ein Objektbereich abgegrenzt werden, dessen Bearbeitung das Gebiet der industriellen Beziehungen konstituiert; sie nennen dies Industrial Relations System, dessen Regeln den zentralen erklärungsbedürftigen Gegenstand darstellen.
Im Gegensatz zu diesem Konzept wurden bisher in der Bundesrepublik Probleme der Arbeitsbeziehungen, wenn überhaupt, vorwiegend unter einzelwissenschaftlicher Perspektive behandelt. Mit der inzwischen in einer intensiven Diskussion weiterentwickelten Vorstellung von Arbeitsbeziehungen als einem System von Regeln liegt ein Paradigma als Angebot bereit, dessen Annahme oder Ablehnung rationaler Begründung bedarf. Ein relevantes Beurteilungskriterium wird die Frage darstellen müssen, inwieweit die vorliegenden Ansätze in der Lage sind, den sozialen Wandel westlicher Industriegesellschaften in einen theoretisch und empirisch gehaltvollen Zusammenhang mit dem System der Arbeitsbeziehungen zu bringen.
Zur Beantwortung dieser Frage werden zunächst die wesentlichen Elemente der Theorien von Dunlop und Flanders skizziert, welche in vielfältiger Weise die Forschung angeregt haben. In unserem Kontext steht weniger die abstrakt-konzeptuelle Weiterentwicklung des Systemkonzepts zur Diskussion (vgl. hierzu u.a. Hameed 1967, Blain/Gennard 197o, Craig 1975, Singh 1976), sondern die nicht weniger intensiven Bemühungen, durch Veränderung von Schwerpunkten innerhalb der allgemeinen Analyse Entwicklungen im realen Bereich Rechnung zu tragen.
Dabei konzentrieren wir uns auf drei ausgewählte Schwerpunkte:
1. Die Funktion des Staates, dessen zunehmende Bedeutung bereits

von Dunlop hervorgehoben wird, dessen Rolle als Akteur im System der Arbeitsbeziehungen aber insgesamt bisher weniger Aufmerksamkeit gefunden hat als etwa jene der Gewerkschaften.

2. Die Bedeutung von Veränderungen in der relevanten Umwelt des Systems der Arbeitsbeziehungen wird exemplarisch am Einfluß technologischen und ökonomischen Wandels deutlich gemacht, da derartige Veränderungen seit einigen Jahren in der Bundesrepublik besondere Aktualität gewonnen haben.
3. Veränderungen im Bereich der Ideologie des Systems der Arbeitsbeziehungen, da ein wesentlicher Teil der Kritik an Systemansätzen sich an diesem Punkt entzündet.

Vor diesem Hintergrund wird dann zusammenfassend die Frage diskutiert, ob das Systemkonzept legitimerweise den Mittelpunkt der Disziplin industrial and labor relations bilden sollte. Damit ist gleichzeitig die Möglichkeit prinzipieller Alternativen zu dieser Problemstellung zur Diskussion gestellt.

## 2. Der Systemtheoretische Ansatz

Dunlop hat 1958 den analytischen Rahmen für einen interdisziplinären Ansatz abgesteckt (vgl. zur Entwicklungsgeschichte und zur Auseinandersetzung mit der sog. human relations school bes. Goodman 1976, S. 18 f.), dessen erklärte Absicht darin bestand, eine allgemeine Theorie der industriellen Beziehungen zu entwickeln, die sowohl für Entwicklungsländer als auch für entwickelte Industrienationen Gültigkeit beanspruchen kann. "The central task of a theory of industrial relations is to explain why particular rules are established in particular industrial relations systems and how and why they change in response to changes affecting the system" (Dunlop 1958, S. VIII f.; ähnlich auch Flanders 1965, S. 1o).

Ein System industrieller Beziehungen ist als analytisches Subsystem eines umfassenden sozialen Systems (einer Industriegesellschaft) anzusehen und hat partielle Überschneidungen mit den ökonomischen und politischen Subsystemen, ohne allerdings mit diesen identisch zu sein. Alle abstrahieren von relevanten Verhaltensaspekten, d.h. sie sind logische Abstraktionen, und wählen andere zwecks genauerer Analyse aus, d.h. sie sind nicht mit dem gesamten Verhalten befaßt. Das Ziel eines Systems industrieller Beziehungen

besteht im Überleben und/oder der Stabilität dieses Systems selbst; gleichzeitig erfüllt es funktionale Bedürfnisse für andere Subsysteme (vgl. Wood et al. 1975, S. 296 f.).
Ein wichtiger Vorteil des Systemkonzepts besteht darin, daß es auf ganz verschiedenen Ebenen (Arbeitsplatz, einzelnes Unternehmen, einzelne Industrie, Gesamtwirtschaft) anwendbar ist, wobei Formalstruktur und interne Logik nicht verändert werden. Neben nationalen Systemen industrieller Beziehungen, die auch vergleichend analysiert werden können, existieren innerhalb bestimmter Regionen oder Industrien spezifische Systeme, die von Land zu Land kaum variieren (z.B. Kohle-, Bau- und Hafenindustrie) und die ebenfalls komparativer Analyse zugänglich sind.
Die Flexibilität des Ansatzes zeigt sich insbesonders bei Flanders, dessen Akzentuierung von verschiedenen Ebenen von Arbeitsbeziehungen (Unternehmen, Branche, Nation) die Möglichkeit bietet, weitreichende Veränderungen innerhalb des ökonomischen und politischen Subsystems durch die Angliederung weiterer Ebenen zu integrieren. Auf der Mikroebene kann das System durch Einbeziehung des Arbeitsplatzes (etwa Problematik der Humanisierung der Arbeitswelt) erweitert werden, auf der Makroebene durch Berücksichtigung supranationaler Unternehmungen (vgl. die vor allem in den siebziger Jahren geführte Diskussion um multinationale Konzerne) und internationaler Arbeitsbeziehungen.
Nach Dunlop ist der Prozeß der Regelsetzung durch das System industrieller Beziehungen von zentraler Bedeutung; diese Regeln, die für beide Seiten akzeptabel sein müssen, steuern die Beziehungen, indem sie annehmbare Methoden der Regelsetzung bereitstellen. Dieser Prozeß wird u.a. beeinflußt durch die Systemumwelt und durch die drei verschiedenen Gruppen von Akteuren:

1. staatliche Agenturen,
2. Arbeitgeber bzw. deren Organisationen,
3. Arbeitnehmer bzw. deren Organisationen.

Dunlop geht davon aus, daß diese drei Gruppen in einer genau benannten Umwelt interagieren, welche drei miteinander verbundene, den Regelkomplex beeinflussende Zusammenhänge einschließt:

1. Technologie,
2. Markt- oder Budgetbeschränkungen,
3. Machtbeziehungen in der Gesellschaft sowie abgeleiteter Status der Akteure.

Ein solches System entwickelt nach Dunlop eine spezifische Ideologie, d.h. eine Anzahl gemeinsamer Vorstellungen über Handeln und Rollen der Akteure (vgl. auch u.a. Hyman/Brough 1975), welche das System zusammenhält und es integriert. Die Ideologien der individuellen Akteure müssen in genügendem Ausmaß miteinander kompatibel und in sich konsistent sein, um einen gemeinsamen Satz von Wertvorstellungen zu ergeben, der akzeptable Rollen für jeden Handelnden anerkennt. Einige dieser Regeln sind enger bezogen auf technologische und Marktbezüge des Systems, andere mehr auf den Status der Akteure; häufig ändern sich Regeln als Folge von Wandel in den verschiedenen Kontexten.

Zwischen dem politischen System, d.h. der Machtverteilung in der umgebenden Gesellschaft, welche Status, Rollen und Beziehungen zwischen den Akteuren definiert, und dem System industrieller Beziehungen besteht folgende Verbindung: "In a sense, 'political systems' set up the major rules of play. Industrial relations provide the results of the play in a given technological and economic environment" (Dunlop 1958, S. 365). Eine Reihe von charakteristischen Eigenschaften des Systems industrieller Beziehungen (bes. Bereich der unabhängigen Entscheidungsfällung, Zugang zu Führungspositionen, Ideologie des Subsystems, Ausmaß der internationalen Verwicklung der verschiedenen Teilnehmer) werden durch das politische System festgesetzt. Zwischen beiden Systemen besteht eine gewisse zum Überleben wichtige Konsistenz und Kongruenz.

Die Beziehung zwischen ökonomischem System und System industrieller Beziehungen ist folgende: Beschaffung von Arbeitskräften und Festsetzen der Kompensationsbedingungen sind gemeinsame Interessengebiete. Eine systematische Erklärung der Produktion liegt innerhalb der ökonomischen Disziplin, aber außerhalb des Bereichs der Arbeitsbeziehungen; das gesamte Gebiet der Regelsetzung gehört - mit Ausnahme der Regeln für Entgelte - nicht zum Bereich des ökonomischen Systems, ist aber von zentraler Bedeutung für das System industrieller Beziehungen.

## 3. Der Staat als Akteur

Neben der abstrakt-konzeptuellen Weiterentwicklung besteht die Notwendigkeit, Entwicklungen im realen Bereich durch Veränderung von Schwerpunkten der allgemeinen Analyse Rechnung zu tragen. Auf einem noch relativ hohen Abstraktionsniveau sind folgende Generalisierungen gemacht worden (vgl. Dunlop/Harbinson/Kerr/Myers 1975, S. 18):

1. Innerhalb jeder Nation entwickelt sich ein System industrieller Beziehungen.
2. Dieses System ist grundsätzlich konsistent mit den grundlegenden Einrichtungen der umgebenden Gesellschaft.
3. Mit fortschreitender Industrialisierung wird das System zunehmend dreiseitig und umfaßt die Akteure Staat, Arbeitgeber und Arbeitnehmer.
4. Innerhalb dieser dreiseitigen Konstellation wird der Staat immer einflußreicher.

Die Dunlopsche Behandlung von staatlichen Agenturen als einem der Akteure bedarf zweifellos weiterer Differenzierung bzw. inhaltlicher Präzisierung. Zum einen greift der Staat - oder konkreter Regierung bzw. Parlament - in allen entwickelten Industrienationen immer häufiger und systematischer in ökonomische Prozesse ein, da er für makroökonomische Ziele wie hohes Beschäftigungsniveau und relative Preisniveaustabilität verantwortlich ist; zum andern werden auch die Arbeitsbeziehungen in zunehmendem Maße staatlich beeinflußt. Diese Veränderungen in den Beziehungen zwischen dem politischen System und dem System der Arbeitsbeziehungen, die beide als Subsysteme des umfassenderen sozialen Systems anzusehen sind, können verschiedene Formen annehmen.

Der Staat und andere öffentliche Körperschaften treten im <u>öffentlichen Sektor</u>, der in vielen Ländern seit längerem enorm expandiert, als Arbeitgeber auf und beeinflussen dadurch direkt dessen Arbeitsbeziehungen und indirekt die im privaten Sektor. Weiterhin sorgen staatliche Agenturen für die Einhaltung von Gesetzen, Verordnungen und eingegangenen Verpflichtungen (z.B. Tarifverträge); auch zeigt die Erfahrung in einer Reihe von Ländern, daß staatliche Instanzen als Schlichtungs- und/oder Schiedsstellen für individuelle und kollektive Arbeitskonflikte agieren können.

Eine in unserem Kontext überaus wichtige Form der Einflußnahme ist die durch Rechtsprechung, d.h. über das juristische Subsystem (sog. Richterrecht). Auf den verschiedenen Ebenen existieren selbständige und unabhängige Arbeitsgerichte, die einen nicht unerheblichen Einfluß auf die Arbeitsbeziehungen ausüben. Insofern in der Bundesrepublik das kollektive Arbeitsrecht nicht durch Gesetze geregelt ist, bemüht sich die Rechtsprechung des Bundesarbeitsgerichts (BAG) und des Bundesverfassungsgerichts (BVG) u.a. um die Setzung solcher Regeln, d.h. um die Einfriedung gewerkschaftlicher Kampffreiheit. Eine hochgradige Verrechtlichung des Arbeitskampfes etwa ist besonders durch die Arbeitsrechtsprechung - und nicht durch entsprechende Gesetze - betrieben worden: Extensive Interpretation der gewerkschaftlichen Friedenspflicht, d.h. Verbot von Streiks während der Laufzeit von Tarifverträgen, Verbot von politischen und spontanen Streiks, Theorien der Sozialadäquanz von Arbeitskämpfen sowie der sog. Kampfparität, d.h. der formalen Gleichstellung von Streik und Aussperrung (vgl. u.a. Rajewsky 197o, Däubler 1974, Joachim 1974, Mitscherlich 1977).
Das westdeutsche System der Arbeitsbeziehungen kann - etwa im Gegensatz zum englischen - als relativ legalistisch bezeichnet werden. Eine deutliche Tendenz zur Institutionalisierung des Klassenkampfes ist seit Bestehen der Bundesrepublik festzustellen.
Die wohl wichtigste Möglichkeit der Intervention ist die durch Gesetzgebung, d.h. der aktiven Beeinflussung der Arbeitsbeziehungen durch Normenfixierung. Oder, in systemtheoretischer Terminologie: Durch die Setzung bestimmter Regeln, die von den übrigen Akteuren eingehalten werden müssen, erlaubt oder verbietet der Staat bestimmte Verhaltensformen im Prozeß der Verwandlung von inputs in outputs. Hier wird die wichtige Verbindung zum Prozeß der Regelsetzung deutlich, der nach Dunlop den Gegenstand der Disziplin konstituiert. Beispiele für gesetzliche Regelungen sind etwa der Industrial Relations Act von 1971 sowie der Trade Union and Labour Relations Act von 1974 in Großbritannien (vgl. u.a. Weekes et al. 1976), die verschiedenen Mitbestimmungsgesetze (1951, 1952, 1972, 1976), das Tarifvertragsgesetz (1949) und das Gesetz zur Förderung der Stabilität und des Wachstums (1967) in der Bundesrepublik sowie der National Labour Relations Act (Wagner Act) von 1935, der Labor-Management Relations Act (Taft-Hartley Act) von 1947 und der Landrum-Griffin Act von 1959 in den USA.

Auch die gesamte Sozialgesetzgebung (verschiedene Gesetze über Minimallöhne, Arbeitsschutz, Mindesturlaub, Kündigungsschutz, Arbeitslosenversicherung, Renten usw.) sowie die besonders in den letzten Jahren in einer Reihe von Ländern versuchten Lohn- und Preiskontrollen bzw. verschiedene Varianten einer Einkommenspolitik (vgl. u.a. Edelman/Fleming 1965, Turner/Zoeteweij 1966, Clegg 1971, Schiff 1971, Ulman/Flanagan 1971, Barbash/Barbash 1972, Haberler 1972, Parkin/Sumner 1972, Galenson 1973, Robinson 1974) fallen unter diese Rubrik. Schließlich kann der Staat - via Gesetz - einen Freiraum garantieren, innerhalb dessen die Tarifvertragsparteien ihre Konflikte quasiautonom regeln (z.B. Tarifautonomie in der Bundesrepublik).

In diesem Zusammenhang hat übrigens Roberts die These vertreten, daß in historischer Perspektive die bedeutenderen Veränderungen im System der Arbeitsbeziehungen eines jeden Landes durch Gesetzgebung zustande kommen, d.h. daß nicht Arbeitgeberverbände und Gewerkschaften, sondern der Staat Veränderungen initiiert (vgl. Roberts 1971, S. 59; ähnlich auch Kahn-Freund 1977, S. 395). Auch Dunlop et al. (1975, S. 17, S. 41) haben jüngst die Vermutung geäußert, daß der Staat immer mehr zum dominierenden Akteur wird.

In enger Verzahnung mit den bisher genannten staatlichen Einflußmöglichkeiten ist die Tatsache zu sehen, daß der Staat das Arbeitsrecht entscheidend mitprägt. Unabdingbar ist die Einsicht, daß das Arbeitsrecht eines Landes dessen soziale, ökonomische und politische Philosophie und Institutionen reflektiert. Einzelne Gesetze und Regeln sind häufig nationale Besonderheiten, d.h. sie variieren von Land zu Land beträchtlich (vgl. für England bes. Kahn-Freund 1969, international vergleichend u.a. Aaron 1971): So können z.B. Aussperrungen gesetzlich verboten - wie in den meisten westeuropäischen Staaten - oder de facto erlaubt sein wie in der Bundesrepublik (vgl. u.a. Kittner 1974, Raiser 1975, Zachert/Metzke/Hamer 1978).

Die zunehmende Bedeutung des Staates wird auch dadurch deutlich, daß in verschiedenen Staaten Versuche unternommen wurden, in mehr oder weniger verbindlicher Form zu einer Koordination des Verhaltens der drei Akteure zu gelangen. Die Notwendigkeit der Koordination stieg mit dem wachsenden wirtschaftspolitischen Engagement der Regierungen und ihrer Verpflichtung auf Ziele (wie Vollbeschäftigung und Preisniveaustabilität etc.), deren Realisierung ohne Kooperation der anderen Akteure gefährdet ist. Die 1967 ins Leben gerufene Konzertierte Aktion stand nicht zufällig am Wendepunkt von neoliberaler zu keynesianischer Wirtschaftspolitik. Ihr (vorübergehendes?) Scheitern durch den Austritt der Gewerkschaften zeigt, daß der Versuch der Verhaltenskoordination durch die Verpflichtung der Akteure auf gesamtwirtschaftliche Ziele Folgeprobleme vor allem innergewerkschaftlicher Art schafft. Unabhängig von der konkreten Form der Verhaltensabstimmung wird deren prinzipielle Notwendigkeit von allen Beteiligten betont, wie etwa die Forderung der Gewerkschaften nach der Errichtung von Wirtschafts- und Sozialräten zeigt.

## 4. Der Einfluß des technologischen und ökonomischen Wandels

Die drei verschiedenen Gruppen von Akteuren, von denen hier bisher staatliche Agenturen genauer analysiert wurden, interagieren in einer Umwelt, in der neben Markt- oder Budgetbeschränkungen und gesellschaftlichen Machtbeziehungen vor allem technologische Faktoren relevant sind. Es ist davon auszugehen, daß die drei genannten Faktoren in wechselseitigen Abhängigkeitsbeziehungen stehen.
Technischer Wandel war seit Beginn der Industrialisierung ein entscheidendes Element für die Gestaltung der Arbeitsbeziehungen. Vielfach lassen sich bestimmte Regeln im System der Arbeitsbeziehungen als Reaktion auf technische Veränderungen (neue Produkte, neue Produktionsverfahren, neue Organisationsformen) begreifen. Ebenfalls unbestritten ist auch der Einfluß, den ökonomische Faktoren auf Ausmaß und Tempo des technischen Fortschritts ausüben, und die besondere Rolle von Markt- und Wettbewerbszwängen in marktwirtschaftlich-kapitalistisch organisierten Gesellschaften. Ist also das Element des technischen Fortschritts ein durchgängiges Merkmal dieser Gesellschaftsformationen, so stellt sich doch die Frage, unter welchen konkreten Bedingungen (insbesondere ökonomischer Art) eine Akzeleration auftritt, und wie diese sich im System der Arbeitsbeziehungen niederschlägt.
Die gegenwärtige Situation ist durch folgende Merkmale gekennzeichnet. Einmal geht von der nationalen und internationalen

Wettbewerbssituation ein starker Druck auf die Unternehmen aus, alle Möglichkeiten kostengünstiger Produktion auszuschöpfen; besonders bei stagnierender Gesamtnachfrage läßt sich außerdem die Tendenz beobachten, daß Betriebe ihre Gewinnmargen nicht mehr so sehr durch Betonung der Absatzpolitik sichern können, sondern verstärkt die Senkung der Kosten als entscheidendes Instrument der Unternehmenspolitik einsetzen. Dabei kommt dem Faktor Lohnkosten strategische Bedeutung zu: Neben die traditionellen Bestrebungen der Unternehmen zur Niedrighaltung der Lohnkosten tritt in zunehmendem Maße die Substitution von Arbeit durch Kapital als Instrument zur Realisierung der kostengünstigsten Produktion. Die Ziele der Wachstumssicherung und der internationalen Wettbewerbsfähigkeit der nationalen Volkswirtschaft haben auch den Staat in zunehmendem Maße zur gezielten Förderung des technischen Fortschritts veranlaßt.

Der durch die genannten Faktoren bewirkte technische Wandel hat Konsequenzen sowohl für den Status der Akteure als auch für das System von Regeln innerhalb der Arbeitsbeziehungen. Die Beziehungen zwischen Technologie und Status der Arbeitnehmer bzw. von Gruppen innerhalb der Arbeitnehmerschaft sind ein traditioneller und vielfach bearbeiteter Gegenstandsbereich der Industriesoziologie, wobei u.a. Veränderungen der Qualifikationsstrukturen und des Konfliktpotentials technischer Veränderungen besondere Beachtung fanden. Für die Unternehmer gilt, daß sie im Kontrast zu ihrer eher defensiven Rolle in der lohnpolitischen Auseinandersetzung in der Durchsetzung technischer Veränderungen über einen Handlungsparameter zur aktiven und offensiven Verfolgung ihrer Interessen verfügen. Für die Gewerkschaften gilt eher der umgekehrte Zusammenhang.

Technischer Wandel bewirkt nicht nur einen Wandel im Status der Akteure, sondern übt damit auch einen starken Druck zur Veränderung bestehender und Einführung neuer Regeln aus. Das Systemkonzept legt es nahe, auch hierbei nach verschiedenen Ebenen zu differenzieren, auf denen Regeln aufgestellt werden. Auf Betriebs- bzw. Unternehmensebene werden im deutschen dualen System der Arbeitsbeziehungen die vom Management initiierten technischen Neuerungen Gegenstand von Regelungen zwischen Betriebsrat und Unternehmensleitung. Eine Besonderheit des deutschen Systems besteht

darin, daß ein relativ großer Teil des Verfahrens der Regelsetzung gesetzlich normiert sind (z.B. Mitwirkungs- und Mitbestimmungsrechte des Betriebsrats), während in anderen vergleichbaren Ländern derartige Normierungen nur in geringem Maße vorliegen (z.B. England und USA). Im Gegensatz zur Bundesrepublik ist in anderen Ländern (z.B. England) der Einfluß der Gewerkschaften auf Betriebsebene und damit auch ihre direkte Betroffenheit durch technische Veränderungen stärker.
Auf der Ebene der Branche und damit der Beziehungen zwischen Arbeitgeberverbänden und Gewerkschaften ist in der Bundesrepublik eine verstärkte Tendenz zu beobachten, die Probleme der Bewältigung technischen Fortschritts zum Gegenstand von Tarifauseinandersetzungen zu machen (z.B. Druckindustrie 1978); diese Ausdehnung des "scope of bargaining" stellt eine qualitative Veränderung im Bereich der Regelsetzung zwischen den Tarifpartnern dar.
Auf nationaler Ebene führt technischer Wandel zu verstärkten Aktivitäten des Staates. Neben die traditionellen sozialpolitischen Aktivitäten zur sozialen Absicherung der in ihrem Status Bedrohten treten zunehmend die Aufgaben aktiver Gestaltung (z.B. Sicherstellung ausreichender Qualifikation und Mobilität der Arbeitnehmerschaft etwa durch AFG). Außerdem spielt traditionell der Einsatz von (Erhaltungs- bzw. Anpassungs-) Subventionen zur Unterstützung der von technischem Wandel betroffenen Branchen eine wichtige Rolle.
Auf supranationaler Ebene sind multinationale Unternehmen in die Betrachtung einzubeziehen, die nicht nur von ihrem ökonomischen und technischen Potential her eine wichtige Quelle technischen Fortschritts sind, sondern zudem über die Möglichkeit verfügen, sich dem Zugriff branchen- bzw. nationalbezogener Regelsetzung erfolgreich zu entziehen.
Es kann nicht davon ausgegangen werden, daß für jedes Problem als Folgeerscheinung technischen Wandels die säuberlich abgegrenzte Ebene benannt werden kann, auf der dieses Problem durch Regelsetzung adäquat abzuarbeiten ist. Dennoch ist davon auszugehen, daß spezifische Ebenen ein größeres Problemlösungspotential für einzelne Probleme bzw. Problemteile aufweisen als andere. So wäre etwa eine generelle und uniforme Arbeitszeitverkürzung auf nationaler Ebene wenig sinnvoll. Umgekehrt sind die langfristigen

Probleme der Automation sicherlich nicht primär auf betrieblicher Ebene zu lösen.
Nach einem einfachen heuristischen Prinzip ließe sich etwa für jedes einzelne Problem die Frage stellen, ob es auf der Betriebsebene adäquat gelöst werden kann oder ob unaufgearbeitete Problemreste auf eine Lösung auf der nächsthöheren Ebene drängen. Analog ließe sich diese Frage für jede einzelne Ebene stellen. Die Problemlösungsfähigkeit jeder einzelnen Ebene erweist sich als abhängig von der jeweiligen branchenspezifischen bzw. gesamtwirtschaftlichen Situation. So hat Flanders allgemein gezeigt, daß sich in einer Hochkonjunktur das Schwergewicht der Regelsetzung auf die betriebliche Ebene verlagert (z.B. wage drift-Problem). In bezug auf die Bewältigung technischen Wandels läßt sich feststellen, daß bei günstigen Arbeitsmarktsituationen weniger Konfliktpotential auftritt und damit weniger Regelungsbedarf besteht. Bei stagnierender Nachfrage auf Produkt- und Arbeitsmärkten steigt nicht nur das Konfliktpotential von Rationalisierungen, sondern es läßt sich auch die Tendenz zur Verlagerung der Regelsetzung von den Betrieben zu höheren Ebenen konstatieren.

Besonders im internationalen Vergleich zeigt sich, daß nicht nur ökonomische Faktoren, sondern auch organisationsstrukturelle Determinanten die Problemlösungsfähigkeit nachhaltig bestimmen. Vielfach treten Probleme sogar erst bei Vorliegen organisationsstruktureller Besonderheiten auf, z.B. bei Existenz von craft unions "demarcation disputes" als Folge technischer Innovationen. In letzter Konsequenz kann akzelerierter technologischer Wandel die Gewerkschaft einer ganzen Branche in ihrer Existenz bedrohen bzw. zu tiefgreifendem Wandel im Organisationsgefüge der Gewerkschaft führen (z.B. Trend zu general unions in Großbritannien).

## 5. Veränderungen im ideologischen Bereich

Innerhalb der eingangs erwähnten intensiven Diskussion um Theorien der Arbeitsbeziehungen wird argumentiert, daß den Gedanken Dunlops eine Konsensustheorie zugrunde liege, die keine langfristigen fundamentalen Interessengegensätze innerhalb von Gesellschaften anerkenne; es sei jedoch davon auszugehen, daß in kapitalistischen Gesellschaften im allgemeinen - und innerhalb der Arbeitsbeziehungen im besonderen - wegen des Gegensatzes von Kapital und Arbeit manifeste Konflikte existieren (vgl. u.a. Barrett/Rhodes/ Beishon 1975, S. 7; Allen 1971, Hyman 1975). Auch unabhängig von der Diskussion um die Theorie Dunlops ist festgestellt worden, daß Arbeitsbeziehungen ganz wesentlich Unterschiede ökonomischer Macht und Autorität implizieren und daher als Quelle von Nichtübereinstimmung und Konflikt anzusehen sind; sie sind daher notwendigerweise konfliktuelle Beziehungen (vgl. Bucklow 1964, S. 2o4).

In dieselbe Richtung geht der Einwand, daß Dunlops Idee der gemeinsamen Ideologie der Akteure, welche das System zusammenhält und integriert, einigende Elemente und Integration hervorhebe und konfliktuelle Momente vernachlässige (vgl. Eldridge 1968, S. 22, Allen 1971, Fatchett/Whittingham 1976, S. 53); die Verwendung des Begriffs System sollte besser auf heuristische Zwecke der Datenstrukturierung beschränkt bleiben (vgl. Bain/Clegg 1974, S. 92); auch erkläre Dunlop nicht, wie die Ideologien der Akteure mit den anderen Systemkomponenten interagieren, um Ordnung und Stabilität zu erzeugen, sondern dies wird als ihr Effekt angenommen (vgl. Hyman 1975, S. 68).

In diesem Zusammenhang wird weiterhin die Frage gestellt, ob es angesichts der gegebenen, in hohem Maße ungleichen Verteilung von Einkommen, Besitz und Macht überhaupt sinnvoll sei, gemeinsame Wertvorstellungen innerhalb des Systems vorauszusetzen; realistischer sei es vielmehr, von konkurrierenden Wertesystemen auszugehen und Macht als Variable in die Analyse einzubeziehen.

Schließlich bleibe bei der Systemanalyse unklar, ob die Ideologie als Legitimation für die bestehende Machtverteilung angesehen wede, oder ob Macht effektiver ausgeübt werden könne unter Bezugnahme auf legitimatorische Symbole (vgl. Fatchett/Whittingham 1976, S. 52; vgl. zur Legitimation von Macht auch Fox/Flanders 1969 und Fox 1971; allgemein auch Edelman 1971 sowie die Anwendung seiner Theorie auf die Einkommenspolitik in Edelman/Fleming 1965).

Es wird wiederholt auf ökonomische Ungleichheiten und damit korrespondierende politische Ungleichheiten hingewiesen; diese resultieren aus der Klassenstruktur der Gesellschaft und nicht aus Ungleichheiten, die das Ergebnis eines gemeinsamen Wertesystems dar-

stellen. Diese Ungleichheiten können weder durch sozialpsychologische Analysen von Bezugsgruppen noch durch institutionelle Analysen des collective bargaining adäquat interpretiert werden (vgl. Hyman 1974, Hyman/Brough 1975).
In eine ähnliche Richtung weist ein anderer Trend innerhalb der jüngsten Diskussion. Die impliziten Prämissen einer pluralistischen Theorie, die sich durchaus auf Probleme der industriellen Beziehungen anwenden läßt, werden wiederholt diskutiert (vgl. u.a. Fox 1973, Clegg 1975, Hyman 1978). Pluralistische Ansätze - und als solche sind die Systemtheorien anzusehen - interpretieren nach Meinung der Kritiker Betriebe als Koalitionen, innerhalb derer dem Management lediglich eine neutrale, verschiedene Interessen ausgleichende Funktion zwischen Aktionären, Konsumenten und Beschäftigten zukomme, wobei diese Gruppen unter gleichen Bedingungen konkurrieren. Die Kritiker heben stattdessen hervor, daß die Positionen der einzelnen Parteien offenbar nicht gleich seien, und daß Wettbewerb nur solange erlaubt sei, wie der status quo nicht ernsthaft gefährdet werde. Es wird die Frage diskutiert, ob das System der Arbeitsbeziehungen lediglich ein Satz von aufeinander bezogenen Verhaltensnormen und Werten sei, oder ob seine Funktion nicht vielmehr in der Aufrechterhaltung des status quo mit dessen höchst ungleicher Verteilung von Reichtum, Macht und Privilegien bestehe.
Diese Einwände lassen sich wohl auf die Anwendung anderer systemtheoretischer Ansätze auf Probleme der Arbeitsbeziehungen generalisieren, wozu dann auch strukturfunktionalistische Ideen Parsonsscher Provenienz gehören (vgl. u.a. Parsons/Smelser 1956, Schneider 1969, Laffer 1974, S. 67 f.). Nach Banks läßt sich die Beziehung zwischen Dunlop und Parsons so definieren, daß Dunlop die Anwendungsmöglichkeiten Parsonsscher Kategorien auf dem Gebiet der Arbeitsbeziehungen aufgezeigt hat (vgl. Banks 1974, S. 13; vgl. zu dieser Frage auch Wood et al. 1976, S. 296 ff.). Sowohl aufgrund dieser Kritik als auch unabhängig von ihr ist verschiedentlich für eine marxistische Analyse industrieller Beziehungen plädiert worden (jüngst u.a. Banks 197o, Allen 1971, Freeman 1972, Barratt-Brown 1973, Hyman 1974 und 1975, Hyman/Brough 1975). Barratt-Brown etwa interpretiert sozialen Wandel als Folge des Klas-

senkonflikts und konstatiert eine bedeutsame Institutionalisierung des Klassenkonflikts nach dem Zweiten Weltkrieg.
Möglicherweise ist die starke Akzentuierung der gemeinsamen Ideologie der Akteure in der Theorie Dunlops durch die spezifische amerikanische Situation Mitte der fünfziger Jahre (Kalter Krieg, antikommunistische Haltung von Gewerkschaften und Unternehmern, Höhepunkt des "business unionism" und der "mature unions" (Lester)) zu erklären. Eine ungeprüfte Übertragung dieses Teils der Theorie auf Länder mit anderen historischen Traditionen in den Arbeitsbeziehungen (z.B. sozialistisch bzw. kommunistisch verwurzelten Gewerkschaften) und andere aktuelle Situationen scheint schon a priori problematisch.
Insbesondere ist doch fraglich, ob die von Dunlop implizierte Übereinstimmung in den Inhalten der Ideologie eine notwendige Voraussetzung für den Bestand eines Systems der Arbeitsbeziehungen darstellt. Eine Gegenthese lautet, daß die Übereinstimmung in den Inhalten relativ gering bleiben kann, solange sich die Akteure über die Legitimität gemeinsamer Verfahrensregeln verständigen. Die Legitimität von Verfahren kann allerdings nicht unabhängig von ihrer Vereinbarkeit mit den Teilideologien der Akteure gesehen werden, wie die aktuelle Situation der Konzertierten Aktion in der Bundesrepublik zeigt. Notwendiger Basiskonsens in Inhalten, Übereinstimmung in Verfahrensfragen und Teilideologien der Akteure bedingen sich wechselseitig. Die Teilideologien sind allerdings nicht als starr und unwandelbar zu begreifen, sondern verändern sich in Reaktion auf Strukturwandlungen im realen Bereich. Ein dauerhaftes Gleichgewicht zwischen Basiskonsens, Verfahrenskonsens und Teilideologien erscheint schon aus diesem Grund unwahrscheinlich. Zur Konkretisierung dieses Zusammenhangs sei auf die erneute Aktualität des vor drei Jahrzehnten von Perlmann entwickelten Konzeptes der "scarcity consciousness" für Bewußtsein und Selbstverständnis von Gewerkschaften verwiesen (Sorge um Arbeitsplätze als Primärmotiv für gewerkschaftliche Aktion).

## 6. Schluß

Sowohl als Reaktion auf systemtheoretische Ansätze à la Dunlop und Flanders als auch unabhängig von diesen werden verschiedentlich stärker konfliktorientierte Beiträge gefordert (vgl. u.a. Cooper/

Bartlett 1976). Margerison bringt gegen Flanders das Argument vor, daß die - für die systemtheoretischen Beiträge entscheidende - Formulierung und Anwendung von Regeln zwar ein wichtiger Aspekt, nicht jedoch der zentrale Bereich der Arbeitsbeziehungen sei; Flanders' Konzept verenge den Forschungsbereich auf die Regulierung und Lösung industrieller Konflikte, berücksichtige aber nicht hinreichend deren Entstehung und Entwicklung (vgl. Margerison 1969, S. 273-286; ähnlich auch Fatchett/Whittingham 1976, S. 55). Das traditionelle Konzept befasse sich vor allem mit manifesten institutionalisierten Arbeitsbeziehungen, vernachlässige jedoch eher latente Interessengegensätze. Aufgrund dieser Einwände schlägt Margerison vor, Wesen und Entwicklung von Konflikten zum zentralen Gegenstandsbereich der Disziplin zu machen.

Während es sich hierbei primär um eine Akzentverlagerung, d.h. um eine Ergänzung des ursprünglichen Konzepts handelt, beanspruchen andere Theorieansätze den Status einer prinzipiellen Alternative. Unsere Aufgabe im Rahmen der verabredeten arbeitsteiligen Kooperation bestand nicht in der Darstellung dieser Alternativen, sondern in der Bewertung des Systemansatzes als dominantem konzeptuellem Rahmenwerk.

Bei der Beurteilung der Leistungsfähigkeit des Systemkonzepts der Arbeitsbeziehungen ist analytisch zu unterscheiden zwischen der allgemeinen Fruchtbarkeit des Konzepts und der Erklärungskraft der einzelnen, im Rahmen des Konzepts verwendeten Einzelhypothesen. Die Entwicklungsbedürftigkeit der letzteren zu sehen impliziert nicht notwendigerweise eine Ablehnung des Systemkonzepts. Dessen Nutzen sehen wir vor allem in folgenden Leistungen:

Im Gegensatz zu isolierten, partiellen und rein disziplinär orientierten Forschungsprogrammen bietet es einen <u>Rahmen für interdisziplinäre Kooperation</u>, d.h. zur notwendigen integrierten Analyse von Arbeitsbeziehungen. Sein <u>heuristischer Wert</u> besteht darin, daß Problemfelder offengelegt werden, die rein disziplinärer Betrachtung kaum ins Blickfeld kommen (z.B. Arbeitsbeziehungen im öffentlichen Sektor, Probleme multinationaler Konzerne). Damit wird zur Formulierung neuer, empirisch gehaltvoller Hypothesen angeregt.

Da das Systemkonzept beansprucht, den analytischen Rahmen für eine allgemeine Theorie der Arbeitsbeziehungen entwickeln zu kön-

nen, muß es prinzipiell in der Lage sein, verschiedene konkrete Systeme - etwa das nationale System der Bundesrepublik mit seiner dualen Struktur der Interessenvertretung - adäquat zu interpretieren und Wandlungsprozesse zu erklären. Im Zusammenhang dieses Papers stand allerdings weniger die generelle Brauchbarkeit des Systemkonzepts zur Diskussion, sondern vielmehr dessen Fähigkeit zur Erfassung sozialen Wandels. Unsere vorgehenden, für bestimmte Theorieelemente exemplarischen Überlegungen zeigen, daß die Frage nach der Brauchbarkeit des Konzepts nicht generell, sondern immer nur bereichsspezifisch zu beantworten ist:
Wandlungen im Bereich der Akteure des Systems - hier exemplarisch dargestellt für staatliche Agenturen - lassen sich ohne grundsätzliche Schwierigkeiten nachvollziehen. Für die Berücksichtigung des Einflusses von Umweltveränderungen im Bereich technologischer und ökonomischer Kontexte weist das Systemkonzept zwar den adäquaten begrifflichen Rahmen auf, die notwendige Anreicherung durch empirisch gehaltvolle Hypothesen bereitet aber in Anbetracht der außerordentlich komplizierten Zusammenhänge noch erhebliche Schweirigkeiten. Im Bereich der Ideologie und insbesondere ihrer Veränderungen weist das Konzept - zumindest in seiner ursprünglichen Formulierung - erhebliche Schwächen auf. Bei der Auswahl anderer als der hier genannten Theorieaspekte wären ähnlich bereichsspezifische Ergebnisse aufgetreten; so hätte etwa in Analogie zu Flanders ein konkreter Regelsetzungsmechanismus, collective bargaining und sozialer Wandel, zum Gegenstand der Betrachtung gemacht werden können.
Nicht verschwiegen werden darf, daß die Erklärung bereits eingetretener Ereignisse (Erfassung des Wandels ex post) vom Systemkonzept erfolgreicher geleistet wird als die Prognose zukünftiger Entwicklungen (Erfassung des Wandels ex ante). Diesen Mangel weisen allerdings auch andere theoretische Ansätze zur Arbeitsbeziehungen auf, was wohl auf den allgemeinen Entwicklungsstand sozialwissenschaftlicher Theoriebildung zurückgeführt werden kann.

L I T E R A T U R

Aaron, B. (ed.), Labour courts and grievance settlement in Western Europe, Berkeley 1971.

Allan, V.L., The sociology of industrial relations, London 1971.

Bain, G.S./Clegg, H.A., A strategy for industrial relations research in Great Britain, in: British Journal of Industrial Relations, Vol. 12 (1974), S. 91 ff..

Banks, J.A., Marxist sociology in action: A sociological critique of the Marxist approach to industrial relations, London 197o.

Barbash, J./Barbash, K., Trade unions and national economic policy, Baltimore-London 1972.

Barratt-Brown, M., From labourism to socialism, London 1973.

Barrett, B./Rhodes, E./Beishon, J. (ed.), Industrial relations and the wider society: Aspects of interaction, London 1975.

Blain, A.N.J./Gennard, J., Industrial relations theory. A critical review, in: British Journal of Industrial relations, Vol. 8, (197o), S. 389 ff..

Bucklow, M., Psychology and sociology in the teaching of industrial relations, in: Journal of Industrial Relations, Vol. 6 (1964), S. 2o3 ff..

Clegg, H., How to run an incomes policy and why we made such a mess of the last one, London 1971.

Clegg, H., Pluralism in industrial relations, in: British Journal of Industrial Relations, Vol. 13 (1975), S. 3o9 ff..

Cooper, B.M./Bartlett, A.F., Industrial relations. A study in conflict, London 1976.

Craig, A.W.J., A framework for the analysis of industrial relations systems, in: Barrett, B./Rhodes, E./Beishon, J. (eds.), Industrial relations and the wider society: Aspects of interaction, London 1975, S. 8 ff..

Däubler, W., Das soziale Ideal des Bundesarbeitsgerichts, in: Kittner, M. (Hg.), Streik und Aussperrung, Frankfurt 1974, S. 411 ff..

Dunlop, J.T., Industrial relations systems, New York 1958.

Dunlop, J.T./Harbinson, F.H./Kerr, C./Myers, Ch.A., Industrialism and industrialized man reconsidered. Some perspectives on a study over two decades of the labor and management in economic growth, Princeton/N.J. 1975.

Edelman, M., Politics as symbolic action, Chicago 1971.

Edelman, M./ Fleming, R., The politics of wage price decisions, Urbana 1965.

Eldridge, J.E.T., Industrial disputes: Essays in the sociology of industrial relations, London 1968.

Fatchett, D./Whittingham, W.M., Trends and developments in industrial relations theory, in: Industrial Relations Journal, Vol. 7 (1976), S. 5o ff..

Flanders, A., Industrial relations - what's wrong with the system, London 1965.

Fox, A./Flanders, A., The reform of collective bargaining: From Donovan to Durkheim, in: British Journal of Industrial Relations, Vol. 7 (1969), S. 151 ff..

Fox, A, A sociology of work in industry, London 1971.

Fox, A., Industrial relations: A social critique of pluralist ideology, in: Child, J. (ed.), Man and organizazions, London 1973.

Freeman, R.B., Labor economics, Englewood Cliffs/N.J. 1972.

Galenson, W. (ed.), Incomes policy: What can we learn from Europe, Ithaca/N.Y. 1973.

Goodman, J.F.B./Armstrong, E.G.A./Wagner, A./Davis, J.E./Wood, S.J., Rules in industrial relations theory: A discussion, in: Industrial Relations Journal, Vol. 6 (1975), S. 14 ff..

Haberler, Incomes policy and inflation, Wahsington 1972.

Hameed, S.M.A., Theory and research in the field of industrial relations, in: British Journal of Industrial Relations, Vol. 5 (1967), S. 222 ff..

Hyman, R., Inequality, ideology and industrial relations, in: British Journal of Industrial Relations, Vol. 12 (1974), S. 171 ff.

Hyman, R., Strikes, 2. Aufl., London 1975.

Hyman, R., Industrial relations. A Marxist introduction, London 1975.

Hyman, R./Brough, I., Social values and industrial relations. A study of fairness and inequality, Oxford 1975.

Hyman, R., Pluralism, procedural consensus and collective bargaining, in: British Journal of Industrial Relations, Vol. 16 (1978), S. 16 ff..

Joachim, H.G., Ist der Grundsatz der Verhältnismäßigkeit ein geeignetes Kriterium für die rechtliche Erfassung des Phänomens 'Arbeitskampf'?, in: Kittner, M. (Hg.), Streik und Aussperrung, Frankfurt 1974, S. 27 ff..

Kahn-Freund, O., Industrial relations and the law - retrospect and prospect, in: British Journal of Industrial Relations, Vol. 7 (1969), S. 3o1 ff..

Kahn-Freund, O., Labour and the law, London 1977.

Laffer, K., Is industrial relations an academic discipline?, in: Journal of Industrial Relations, vol. 16 (1974), S. 62 ff..

Margerison, Ch. J., What do we mean by industrial relations? A behavioural science approach, in: British Journal of Industrial Relations, vol. 7 (1969), S. 273 ff..

Mitscherlich, M., Das Arbeitskampfrecht der Bundesrepublik Deutschland und die Europäische Sozialcharta, Baden-Baden 1977.

Parkin, M./Sumner, M.T. (eds.), Incomes policy and inflation, Manchester 1972.

Parsons, T./Smelser, N.J., Economy and society: A study in the integration of economic and social theory, London 1956.

Raiser, Th., Die Aussperrung nach dem Grundgesetz, Berlin 1975.

Rajewsky, X., Arbeitskampfrecht in der Bundesrepublik, Frankfurt 197o.

Roberts, B.C., Social cost of bargaining: A European perspective, in: Monthly Labor Review, Vol. 94/8 (1971), S. 56 ff..

Robinson, D., Incomes policy and capital sharing in Europa, New York 1974.

Schiff, E., Incomes policies abroad, Washington 1971.

Schneider, E.V., Industrial sociology, New York 1969.

Singh, R., Systems theory in the study of industrial relations: Time for a reappraisal?, in: Industrial Relations Journal, Vol. 7 (1976), S. 59 ff..

Turner, H.A./Zoeteweij, H., Prices, wages and incomes policies in industrialized market economies, Genf 1966.

Ulman, L./ Flanagan, R.J., Wage restraint. A study of income policies in Western Europe, Berkeley 1971.

Weekes, B. et al., Industrial relations and the limits of the law. The industrial effects of the Industrial Relations Act 1971, Oxford 1976.

Wood, S.J./Wagner, A./Armstrong, E.G.A./Goodman, J.F.B./Davis, J.E., The industrial relations system concept als a basis for theory in industrial relations, in: British Journal of Industrial Relations, Vol. 13 (1975), S. 291 ff..

Zachert, U./Metzke, M./Hamer, W., Die Aussperrung. Zur rechtlichen Zulässigkeit und praktischen Durchsetzungsmöglichkeit eines Aussperrungsverbots, Köln 1978.

Richard Hyman

# Theory in Industrial Relations: Towards a Materialist Analysis

Analysis of the organised interrelationship between employers and the collective representatives of labour was once conducted overwhelmingly in pragmatic and empiricist terms; the subsequent elaboration of 'industrial relations theory' was firmly rooted in the harmonistic presuppositions of functionalist sociology. But in recent years this field of study has attracted a variety of more radical interpretations, and in particular has become an arena for a growing range of Marxist and neo-Marxist arguments. This paper explores the significance of such developments, raising in the process questions concerning both the nature of Marxism and the adequacy of the conventional category of industrial relations.

## TRADITIONAL APPROACHES TO INDUSTRIAL RELATIONS

The very term 'industrial relations' is indicative of the character of the subject which it denotes. It forms an area of study with no coherent theoretical or disciplinary rationale, but deriving from a directly practical concern with a range of 'problems' confronting employers, governments and their academic advisers in the pursuit of labour stability. On this pragmatic basis, research and teaching in industrial relations became established (often with employer and/or governmental sponsorship) in institutions of higher learning in the US and Britain. Doubtless the location reflected material factors: the existence of a 'labour problem' stemming from relatively strong and stable trade unionism, and a laisser-faire tradition inhibiting direct strategies of containment by the state. The acceptability of this new field within the framework of respectable academic endeavour, equally, may be related to factors specific to these countries: most notably, the theoretical sterility of much academic work in other disciplines ensured that a new and unashamedly atheoretical subject would not appear out of place.(1)

At first sight, the past two decades have witnessed a marked shift in orientation. Dunlop's pointed critique of his fellow-students - 'facts have outrun ideas. Integrating theory has lagged far behind expanding experience' -(2) attracted a ready response; so too did his proposal that the concept of an 'industrial relations system' might offer the theoretical centrepiece of a coherent and distinctive discipline. Why Dunlop's shoddily constructed essay should have assumed such seminal status is perhaps puzzling: undoubtedly he must have articulated an extensive malaise within the industrial relations establishment. Possibly, with the decline of the post-war strike wave, American academics were less necessary to employers and governments in an immediate trouble-shooting role, and thus required a longer-term rationale for their existence; perhaps also, the influx of students with a range of social science backgrounds encouraged a search for a theoretical framework which would justify industrial relations academics to their colleagues in other disciplines. In any event, the 'theory' which was to become so widely and so rapidly embraced neatly combined the advantages of ready availability, academic acceptability, and complete compatibility with the existing focus of teaching and research.

Dunlop derived his model of the 'industrial relations system' explicitly from Parsons' delineation of the 'social system'. Arguably, he failed seriously to comprehend the Parsonian project; but it is clear that he drew from it a number of orientations - idealism, formalism, conservatism - very convient for the task of rationalising and legitimising a field of enquiry which had developed primarily to assist capital in ensuring the productive, predictable and profitable exploitation of labour. As has been argued:

> systems analysis offers an ideologically acceptable alternative to those who embrace the perspectives of the pragmatist but eschew his unsophisticated language and concepts. The selfsame problems of efficiency, practicality, constructive adaptation to change and the 'orderly' reform of industrial relations can be tackled in either framework. The principal concerns of Parsons' sociology parallel closely the chief worries of those in authority in industry.(3)

In their search for intellectual legitimacy, industrial relations academics borrowed in other ways (though equally uncritically) from current social science orthodoxy. The notion of 'institutionalisation of conflict' - elaborately theorised by Coser in his commentary on Simmel's <u>Conflict</u>(4) - has been fundamental to a whole series of post-war exercises in the sociology of industrial relations: Dubin's much-quoted contribution to the symposium <u>Industrial Conflict</u>;(5) the diagnosis of Kerr and his associates of an irresistible development of 'pluralistic industrialism' whereby workers' resistance 'gets organized, channeled, controlled';(6) or Dahrendorf's thesis of 'the institutional isolation of industry and industrial conflict', highly influential in Britain in the 1960s.[7] The basic theme of all these analyses - that conflict of interest between workers and employers, once openly articulated by representative institutions whose legitimacy is conceded, can be relatively easily contained and accommodated - also underlies the most famous of all predictions in industrial relations: Ross and Hartman's 'withering away of the strike'.[8]

In Britain, resistance to explicit theory in industrial relations proved more tenacious than in the US; only in the late 1960s (at a time when research and teaching in the subject were expanding rapidly) did the 'need for theory' become a regular cry in the journals of the trade. While some writers have embraced the elaborate cybernetic models of recent 'systems thinking', the dominant framework has become a notion of 'industrial relations pluralism' often imprecise in its assumptions, heterogeneous in its lines of argument and varied in its derivations. The intellectual origins of British industrial relations pluralism include Dunlop, Chamberlain and other writers on American labour relations; political scientists such as Schumpeter and Dahl; Durkheimian sociology as construed by the Parsonian school; and the diffuse doctrines of Fabianism.[9]

The Anglo-American tradition, it is evident, is both complex and internally differentiated. Nevertheless, it is possible to discern an underlying paradigm which comprises three key assumptions. The first involves a naturalistic conception of interests: the fundamental actors in the 'industrial relations system' are a multiplicity of individuals and groups; larger collectivities are recognised only in the form of organisations and alliances established by these primary actors. The second core characteristic is an empiricist conception of power: those determinations of social action are alone meaningful and significant which involve the actual or potential mobilisation of sanctions to influence identifiable decisions. A third premise (more overt in some writers than others) reflects an ethnocentric view of the nature and purpose of trade unionism: from a restricted conception of workers' legitimate interests stems a virtual apotheosis of collective bargaining and a definition of unions as almost by nature economistic, accommodative and hierarchical. These three presuppositions lead without difficulty to a view of industrial relations as a set of stable institutions through which the 'inputs' of divergent goals and interests are routinely transformed into a 'web of rules' underwriting the smooth progress of capitalist production.

The dominance of these assumptions within academic approaches to industrial relations is easy to understand once they are located historically. First, the ideological climate of the cold war created intense pressures for academics to develop an explicitly anti-Marixst explanatory framework (pressures assisted by the vulgarisation and stultification of most that passed for Marxist thinking during the Stalinist era). This climate affected social analysis in general, but may well have been reinforced for those students of industrial relations who required respectibility not only within their own academic institutions but also in the eyes of the companies and governments whom they served. Second, and perhaps more importantly, the material context in which academic industrial relations spread its roots was that of expanding post-war capitalism and the hegemony of US imperialism: an exceptionally favourable basis thus existed for the 'positive-sum' resolution of conflicts between capital and organised labour. The model of 'pluralistic industrialism' was a product of the same conjuncture which gave birth to such constructs as 'the affluent society', 'the end of ideology' and the 'common value system'. Theory assumed the timelessness of conditions which were historically specific.

The material context has indeed altered dramatically since the first two post-war decades. Recession and the profits squeeze have reduced the margin for concession in wage bargaining at the same time as price inflation has heightened workers' expectations; employers' rationalisation strategies have brought job control issues - typically less susceptible to compromise - firmly onto the agenda; state initiatives and controls have challenged traditional assumptions of the autonomy of industrial relations institutions; new forms of social and political instability have seemingly been replicated in an enhanced radicalism of goals and methods in labour struggles. The complacent theories and formulae of post-war industrial relations academics have accordingly been thrown into some disarray. Concurrently, detente in great power politics has been reflected in a certain loosening of cold-war constraints in intellectual life. Thus in industrial relations analysis, as in the social sciences generally, there has been a growing tendency to seek theoretical insights in more radical - and more specifically, Marxist - approaches.

MARXISM AND 'INDUSTRIAL RELATIONS': THE TRADITIONAL DETACHMENT

'"Industrial relations", the consecrated euphemism for the permanent conflict, now acute, now subdued, between capital and labour':[10] Miliband's dismissive comment typifies Marxist reactions to an area of study which appeared both manipulative and narrow-minded. For the post-war American left, most work in industrial relations followed the example of managerial 'cow-sociology' in assisting the repressive strategies of the industrially dominant. Wright Mills' denunciation still rings eloquent:

> The new practicality leads to new images of social science - and of social scientists. New institutions have arisen in which this illiberal practicality is installed: industrial relations centers, research bureaus of universities, new research branches of corporation, air force and government.[11]

To the charge of managerialism, Marxist writers have subsequently added a critique of the subject's intellectual foundations. Understanding is obstructed, not advanced, by positing a (relatively) autonomous sphere of social relations involving bargaining and 'rule-making' between unions and employers; the processes of 'job regulation' can be adequately comprehended only as part of an analysis, on the one hand of the dynamics of production and accumulation, on the other of the broader pattern of social and political relations.[12] For Marxists, the activities of employers and unions are to be construed in terms of such concepts as relations of production and class struggle; the term 'industrial relations' is at worst vacuous and at best incoherent.

Yet even if the typical mode of academic industrial relations analysis (let alone pretensions of its disciplinary status) is dismissed, the empirical realities which the label mystifies remain of considerable practical and theoretical importance to Marxists. Whatever the difficulties of defining Marxism (and some are considered later), there are clearly two basic assumptions which necessitate a reformulation of the industrial relations problematic. The first is that capitalist social relations of production reflect and reproduce a structured antagonism of interests between capital and labour. The second is that capitalism simultaneously organises workers collectively (since the capitalist labour process is essentially collective in character), and hence generates the material basis for effective resistance to capital and the priorities of the capitalist mode of production. What is conventionally studied as industrial relations may thus be conceived as a fetishised presentation of the class struggle and the various forms in which it is (at least temporarily) contained, fragmented and routinised. Thus one might expect Marxists to have made substantial attempts, not merely to criticise, but also to re-analyse, re-interpret and re-apply what is produced under the name of industrial relations. There is, in other words, an obvious need for Marxist theory in 'industrial relations'.(13)

It is surprising how limited were the attempts, in much of the post-war period, to develop a systematic alternative framework at the level of the concrete reality with which academic industrial relations is concerned. This may in part reflect the lack of detailed support for such a theorisation within the classic Marxian literature. Marx and Engels were not working and writing in a context of routinised trade unionism and institutionalised collective bargaining; their comments on these themes represent in the main responses to immediate issues rather than intensive analysis. The insights to be gained directly from the 'blue books' are therefore limited. And inclination to develop original Marxist theory in this area was almost certainly inhibited by the tendency - in an era of post-war class collaboration and compromise - to 'write off' the organised working class as a potential agency of revolution. This context encouraged a variety of developments within western Marxism which despite radical differences were at one in assigning at best minor significance to working-class organisation and action. Examples are the popularity of forms of academicised structuralism in which human agency is virtually excluded; voluntarist and substitutionist emphases on the party or the combat group; and attempts to locate the motor of world revolution in 'marginal' social groups or the 'third world'. Implicitly or explicitly, all such approaches accepted much of the argument of conventional industrial relations analysts: that industrial struggle in the developed west had become securely contained and institutionalised.

RECENT DEVELOPMENTS: TOWARDS CONVERGENCE?

The challenges to stable institutionalisation which in the past decade have forced reappraisals within academic industrial relations have, predictably, brought a shift of focus in the work of many Marxists. Recently there have been significant moves towards a materialist analysis which assigns appropriate weight to workers' collective organisation and struggles and to the processes of institutional mediation of labour conflicts: exploring their character, sources and internal contradictions. Yet paradoxically, recent changes - both in the material relationships studied as 'industrial relations' and in their analysis and theorisation - have in many respects accentuated the difficulties of characterising theory in general, and Marxist theory in particular, within the field of industrial relations.

In part this reflects the notorious ambiguities of that much reified construct, 'Marxism'. Commenting on the incompleteness of Marx's achievement, Rosa Luxemburg argued that

> the most valuable of all his teachings, the materialist-dialectical interpretation of history, presents itself to us as nothing more than a method of investigation, as a few inspired leading thoughts, which offer us glimpses into an entirely new world, which open to us endless perspectives of independent activity, which wing our spirits for bold flights into unexplored regions.(14)

The differentiation process noted by Korsch - 'there exist, both nationally and internationally, very different theoretical systems and practical movements which go by the name of Marxism' -(15) has escalated considerably in the subsequent half-century. Recent decades have seen the rise of a variety of 'new lefts'; the tolerance of theoretical heterodoxy within official Communist parties; and the growing acceptability of at least elements of Marxist analysis within academic social science. There is a substantial and fundamental divergence between, say, efforts to construct on the one hand a phenomenological Marxism from the epistemology and ontology of the 'young Marx', and on the other a structuralist Marxism which abstracts the categories of <u>Capital</u> from human practice and historical process. Less momentous points of division acquire heightened significance when embodied in the conflicts between self-declared Marxist parties and <u>groupuscules</u>.(16) Concurrently, the belated sanctification of Marx as one of the 'founding fathers of sociology' - a guide to the understanding of new problems of crisis, conflict and change which post-war orthodoxy was not designed to explicate - raises acutely the questions whether, and how, Marxism constitutes a self-contained and distinctive body of theory, concepts and analysis. Is it possible - or helpful -

to assert a rigid demarcation between Marxist and 'bourgeois' theoretical practice, or is there a continuum of approaches each to a greater or lesser extent 'marxisant'?(17)

In the context of a specific field of study such as 'industrial relations', these problems are compounded by yet another: that of differentiation of levels of analysis in terms of generality and concreteness. If Marxism attains its essential distinctiveness as a general theory of capitalist production and class relations, can it directly and exclusively generate an adequate theorisation at the specific level of contemporary management-employee relations? Or is it possible for Marxist (neo-Marxist?) analysis to utilise certain of the concepts and theories of 'bourgeois' social science without succumbing to shallow eclecticism?

It could be argued that the integrity of Marxist analysis is indeed inversely related to the specificity of the concrete issues which concern the student of 'industrial relations'. It is precisely those researchers who descend from the higher levels of generality and abstraction - who accept the challenge of relating the general to the specific, the concrete to the abstract - who face problems of analytical innovation which seem to require various forms of 'revisionism'. What is it that identifies Huw Beynon's Working for Ford(18) as a Marxist work? (If indeed it is: for one reviewer 'it objectively functions as part of the left reformist wing of institutional sociology by its partial failure to become Marxist sociology'.) Does Kern and Schumann's much cited study(19) represent a development of, or a withdrawal from, Marxism? Can the members (some? most? all?) of the Groupe de Sociologie du Travail be regarded as Marxist scholars? It is difficult to believe that such questions can be answered helpfully, if at all.

Perhaps the problem could be restated. It seems impossible to specify a clearly differentiated and homogeneous set of Marxist theories or explanations which systematically elucidate relations between unions and employers, workers and managers. Nor do Marxist researchers bring to the study of such relations a distinctive methodology: if many British Marxists regard the elaborate quantitative analysis of, say, strike statistics as unduly positivistic, and many Germans reject conventional survey techniques as authoritarian, their French or Italian counterparts reveal few such scruples. Ultimately, it could be argued, the major contribution of Marxists has been as much in the questions asked as in the answers given or the methods of their attainment. It is the framework of what is taken for granted and what is regarded as problematic that most clearly differentiates Marxists from conventional 'industrial relations' analysts. In principle, 'bourgeois' researchers might raise similar questions: but a background in Marxian political economy creates a natural sensitivity to structures, problems and processes traditionally neglected within orthodox analysis - at least until a changed material context forces them importunately into view.

THREE SUBSTANTIVE ISSUES: THE SIGNIFICANCE OF MARXIST ANALYSIS

It is possible here to explore three such areas of enquiry: the dynamics of capital accumulation; the nature of the working class; and the changing forms of state involvement in relations between labour and capital. Recent work in these areas clearly demonstrates the major theoretical contribution of Marxist analysis; but indicates at the same time the heterogeneity of interpretations (and hence the acuteness of controversy among Marxists) and also points of convergence with non- (or semi-) Marxist approaches.

It is a notable paradox that while the dynamics of capital accumulation are a necessary starting-point of any distinctively Marxist discussion of class structure and class struggle within capitalism, there has traditionally been very little attention to the specific agencies and strategies of capital in its relations with labour. In contrast, bourgeois writers have long emphasised the historic significance of the so-called 'managerial revolution', have erected a grandiose pseudo-discipline of 'management science', and more recently (at least in Britain) have sought to develop a theory of industrial relations in which managerial policies and initiative constitute the key determinant. The fundamental weakness of such approaches is that typically they assume or imply an exaggerated autonomy of managerial strategy from the structural dynamics of commodity production and capital accumulation. An important contribution of recent Marxist writing has thus been to confront the theses of managerialism with an analysis which explicitly emphasises the linkages involved.[20]

Criticism of managerialism has converged with more general developments in the field of political economy. The breakdown of the relative stability of post-war capitalism has stimulated vigorous reassessment of some of the basic principles of Marxian economics, with much attention (often highly abstract) to the categories of value and price and to the famous 'transformation problem', and with considerable debate over the character and conditions of Marx's law of the tendency of the rate of profit to fall.(21) Of great importance is the growing willingness to link such theoretical discussion to the analysis of the current dynamics of the class struggle. On the one hand, workers' collective resistance to capital has itself been theorised as a source of crises of profitability; on the other (though most fruitfully in conjunction with the latter perspective), specific managerial strategies towards labour are related to the uneven development of patterns and problems of accumulation.

One aspect of this emergent reconstruction and revitalisation of Marxist economics is a growing attention to the labour process. It is ironical that conventional writers on industrial relations have developed often sophisticated discussions of 'job regulation' and 'systems of rules' without any apparent recognition that the elaborate procedural and institutional superstructure on which they focus has its foundation in the sphere of production. Marx's discussion of the labour process - somewhat neglected in much post-war Marxist economic literature - has received renewed attention following the appearance of Braverman's influential study.(22) It has accordingly become clear that sensitivity to the specific character of the capitalist labour process - to its function as the motor of valorisation and accumulation, to its dependence on a necessaruly coercive system of control and surveillance - provides a basis for elucidating theoretical problems which bourgeois approaches can scarcely begin to formulate. Thus such a focus illuminates the concreteness and inherently antagonistic nature of what orthodox industrial relations writers term 'managerial relations'; and, more generally, exposes the class character of the managerial function.(23) It recognises that the inherent dynamism of the capitalist mode of production is reflected in a constant revolutionising of the labour process, which in turn threatens the stability of institutionalised forms of conflict resolution.(24) Of crucial importance, it helps deflate the ideology of 'technology' as a neutral, autonomous and irresistible force, revealing the technical organisation of production as an element in the struggle for control over production and thus demonstrating the need to locate materially and historically the contemporary experience of 'rationalisation'.(25) In addition, attention to the labour process underlines the need to analyse occupational changes within the working class in relation to the material basis of production rather than by reference to such epiphenomena as 'white collars'.[26]

This latter consideration connects closely with the central theme of a second major area of recent Marxist analysis: the patterns of divergence and differentiation within the working class. The basic postulate of the unity of the working class (in even if not for itself) - a unity constituted from a common relationship of antagonistic class interests as against capital and the bourgeoisie - implies a level of analysis distinct from that involved in specifying the immediately conceived structure of interests of particular groups of workers. Marx himself devoted only limited attention to hierarchical divisions within the working class, which in his view rested 'in part on pure illusion or, to say the least, on distinctions that have long since ceased to be real'; and whose material basis would be further eroded by the spread of the detail division of labour and the real subsumption of labour to capital. Yet it is clear that while some traditional differentiations have disappeared, others have retained their significance and yet others have arisen. To analyse the nature and significance of such internal divisions and variations is at the same time to explore a number of general questions of great theoretical importance: what is the working class? how are its boundaries identified? what meaning (if any) can be attributed to the notion of 'middle class' within Marxist theory?

Much discussion of these issues in post-war sociology has been cast within a 'vulgar Weberian' framework. Typical features have been a subjectivist focus (studies of 'self-assigned class'); an emphasis on life-styles or consumption patterns to the neglect of the sphere of production; or analysis in terms of abstracted notions of 'authority' and purely market-related aspects of occupational differentiation. While the more sensitive of such studies illuminate important areas of social relations traditionally neglected by Marxists, the fundamental weakness of neo-Weberian approaches is their failure to accommodate the production of surplus value as an integral component of the processes under examination.

In recent years there have been important attempts to interpret the changing composition and structure of the working class, and the implications for collective labour organisation and action, against the background of Marx's analysis of the production of absolute and relative surplus value.[27] One major theme has been the evaluation of the significance of occupational strata and sectors to which sociological orthodoxy has attributed key importance:

most notably, 'white collar' and 'service' labour. While certain Marxists have sought legitimacy for identifying such groups as a 'new middle class',[(28)] the predominant concern has been to reject as obfuscatory such designations, and to emphasise the heterogeneity of the occupational changes which have occurred, while at the same time locating these developments within the more general dynamics of capitalist production.[(29)] Of particular relevance for students of 'industrial relations' is the analysis of contradictory aspects in the position of certain occupational groups whose significance is currently increasing: what Carchedi terms 'those agents who, while not owning the means of production, perform the global function of capital and the function of the collective worker'. Such a focus offers considerable potential for the theoretical understanding of the extent and boundaries of collective organisation among 'new' occupational groups, and the type of goals and strategies which are collectively pursued; and this in turn can assist in comprehending collective action within the 'traditional' working class.[(30)]

In this latter context, recent years have seen an engagement between Marxist economists and conventional accounts of labour market segmentation within the manual working class. In the 1950s, American labour economists and industrial relations writers[(31)] pointed to the development within major firms of job hierarchies in which recruitment to higher positions was made internally, and outward mobility was inhibited by the company-specific nature of workers' experience and expertise. The early accounts of 'neo-feudalism' in employment structures were essentially descriptivist, involving little significant theoretical advance on nineteenth-century notions of non-competing groups. Subsequent attempts - that of Doeringer and Piore[(32)] being the best known - to characterise the American economy as a whole in terms of 'labour market dualism' were also weak in developing theoretical explanations of the patterns identified.

Recent work by Marxist (and other 'radical') theorists has had two main objectives: to elucidate forms of segmentation in national labour (power) markets which diverge from those in the US; and to inform the specific analysis of market differentiation with a historical understanding of the dynamics of capitalist production. The basic premise is that the structure of labour (power) markets must be comprehended as the outcome of a complex dialectic between the unevenness of capitalist development (reflected in divergent tendencies among industries, regions and indeed nations); consequential variations in employer strategies towards labour; and patterns of worker organisation and resistance (which may themselves predominantly involve the pursuit and defence of sectional advantages).[33]

The general issue of labour (power) market structure assumes especial significance in relation to the position and struggles of two pre-eminently 'secondary labour market' groups: women and black or migrant workers. In both cases, the heterogeneity of approaches within radical and Marxist analysis - indeed the intensity and often acrimony of current debates - requires little emphasis. Among issues of contention may be noted: how far the specificity of the oppression and of strategies for liberation of women and blacks can be theorised in terms of general processes of marginality and disadvantage; the relative importance of deliberately discriminatory practices, patterns of institutionalised racism or sexism, and more fundamental socio-economic processes and structures; the extent to which the main dynamics of 'secondary' status are to be located within the operation of labour (power) markets themselves or externally (for example, historical and contemporary imperialist relationships; 'patriarchy' and the role of women within social reproduction and domestic labour); the direct utility to capital of the specific forms of subordination imposed on women, blacks and migrants (and hence the extent to which their current struggles are necessarily anti-capitalist).[34]

As far as the theme of this paper is concerned, the significance of the expanding literature on these issues is twofold. On the one hand it has explored lacunae in Marxian political economy, effectively combatting a traditional 'vulgar' tendency to reduce all social and economic oppression to a simple polarity of classes. In particular, Marxist feminists have exposed the economistic neglect of all forms of social production within capitalism except capitalist production itself: they have taken seriously Marx's dictum that 'the maintenance and reproduction of the working class remains a necessary condition for the reproduction of capital', elaborating some of the implications which Marx himself failed to pursue.[35] On the other hand, these theoretical debates (perhaps rather: the practical struggles of women and black workers) have obliged students of industrial relations to attend seriously to aspects of work, wages and collectivism which have traditionally been largely ignored.[36] More crucially, this has in turn revealed the inadequacy of the 'industrial relations' perspective itself: for the 'industrial relations' of black workers reflect international structures of the exploitation of labour power by capital, and are not located merely within the framework of employer-employee institutions in a single national 'industrial relations system'; while women's 'industrial relations' cannot be meaningfully analysed except in terms of the highly complex interaction between institutions of wage-labour and more general processes of social production and reproduction.

The notion of a (relatively) autononous 'industrial relations system' is thrown further into question by the pervasive role increasingly performed by state institutions in the conduct of union-employer relations. Such developments create obvious scope for Marxist interpretations, for Marxist critics of industrial relations orthodoxy have long insisted that there is an elaborate dialectic between capitalist production, class struggle and state power which cannot be grasped by a mechanical dichotomy between the 'economic' and the 'political'. From this perspective, an absence of direct and systematic state intervention in the organised relationships between labour and capital (the traditional pattern in Britain and North America) should be viewed as itself a form of involvement: for the 'abstention' of law and government permits the working out within 'industrial relations' of a particular balance of class forces in civil society. As a corollary, a more actively interventionist role is to be interpreted as a change in the form rather than the reality of state implication in the capital-labour relation.

The detailed contribution of recent Marxist analysis to what might be termed a 'political economy of industrial relations' is difficult to characterise. The relationship between state power and capitalist production is one of the most contentious issues in contemporary Marxist controversy: partly because, as Miliband has noted, 'the available classical writings are simply silent or extremely perfunctory over major issues of politics and political theory';[37] partly because of the overwhelming and immediate political significance of even relatively abstract theoretical debates;[38] partly because it is here that Marxist structuralists have engaged most violently with what are denounced as 'historicist' or 'positivist-empiricist' interpretations.[39] Without attempting here to enter into this controversy, it may be noted that the quasi-functionalist tendency within structuralist theories of the state (involving, for example, the unproblematic specification of trade unions among the 'ideological state apparatuses') makes it extremely difficult to theorise the changing forms of interaction of employers, unions, governments and legislation. (Indeed even to raise such questions may be denounced as evidence of a faulty problematic).

By contrast, other Marxists have taken such developments as their main focus of analysis. One major issue has been the interpretation of the rapid growth of the state sector within many western economies (thus in the role of government as an employer, as a direct actor within 'industrial relations'). As against conventional accounts of the 'welfare state' as the outcome of essentially 'political' decision-making processes, Marxists have explored the intimate connections between state employment and relations of production within contemporary capitalism. Thus it can be shown that much state expenditure contributes indirectly to the expansion of surplus value through providing the necessary infrastructure for advanced monopoly capitalism and through facilitating the reproduction of labour power; while the remainder predominantly helps underwrite the reproduction of the capitalist mode of production itself through what has been termed the 'warfare-welfare state'.(40) While such analyses are at their weakest when confronted with the substantial international variations in both the extent and the rate of growth in state expenditure,(41) they contribute powerfully to an understanding both of the relative social and economic stability of the first two post-war decades, and of the subsequent cycle of crises.

Against the background of a combined theory of the internal contradictions of state employment and expenditure as a source of 'fiscal crisis', and of the origins of the crisis of profitability within the development of monopoly capital itself, the dynamics of 'interventionism in industrial relations' are readily apparent. What is less directly explicable is the specific selection of strategies for state intervention: the imposition of wage controls, the enactment of legislative restraints on worker militancy and union action, the promotion of 'safe' channels of employee representation (e.g. works councils), the co-optation of unions within governmental policy-making, or the various possible combinations of these methods. A genuinely materialist analysis recognises that such strategies are not adequately explicable merely in terms of the internal workings of 'the political'; that the emergent instititutional linkages and tensions between employers, unions and the various agencies of state power must be located concretely within the dynamics and contradictions of capitalist production in its current conjuncture. But the precise characterisation of this conjuncture, and the detailed elucidation of the multi-faceted relationship between state and 'industrial relations', receive only the most limited guidance from a generalised commitment to Marxist theory.

MARXISM, TRADE UNIONISM - AND SOME POINTS IN CONCLUSION

It has already been suggested that many of the problems which affect the development of theory in industrial relations are, in part at least, problems of integrating different levels of generality. The state of 'industrial relations' or of class struggle cannot be simply 'read off' from a generalised characterisation of the economic and political conjuncture, but equally cannot be understood except against this background. What is at issue is the specificity of institutions and processes of mediation which are in some respects distinctive in each nation, industry, company and individual workplace; and which can alter in their effects over time. The contrasts in patterns of development in the various west European countries in the past decade (to make a relatively restricted geographical and temporal comparison) must be grasped as in large measure the outcome of differences at the level of mediation.

Trade unions themselves are obviously among the most crucial of such mediating institutions. The distinctive traditions of their historical development in each country - often reflecting the long superseded material context of their origins and early growth - help determine the degree to which union organisation encompasses the working class, the internal structural delineations within the movement, the nature of the linkages between unions, the types of attachment to political ideologies and parties, the orientation towards collective bargaining as a dominant mode of activity, the extent of internal democracy and the forms of articulation between membership and leadership. Such factors in turn have a profound bearing on each of the areas of analysis discussed previously: the extent to which unions intensify or help damp down crises of profitability and struggles over the labour process; their contribution to the unity or the internal hierarchisation and division of the working class; their accommodation or resistance to different strategies of state intervention. Unless the mediating role of unions can be adequately analysed and theorised, there will be severe limits to the value of the most impressive advances of theory in the areas discussed above.

It is therefore noteworthy how modest is a distinctive Marxist contribution to the understanding of trade unionism. The 'classic' Marxist writers in their discussions of union organisation and action were largely concerned to generate recipes for intervention and leadership in immediate working-class struggles, rather than to develop sensitive, systematic and generalisable theory. (Hence ironically there is considerable evidence of a mirror-image of the pragmatism of more orthodox commentators.) Accordingly, the terms in which Marxists have typically analysed unionism have been largely derivative. Lenin's notion of 'economism' - one of the most commonly repeated concepts in Marxist trade union literature - derived primarily from his reading of the Webbs' Industrial Democracy. The reactive and accommodative character of stable, 'pure-and-simple' unionism was stressed as strongly by such authors as Commons, Perlman and Hoxie (though their evaluations were of course very different) as by Marxists - whose detailed familiarity with actual trade union practice was often far less. Marxist commentaries on the relationships between leaders and led owe much to Michels and the 'elitist' school of political analysis. In particular, the familiar dichotomy between 'rank and file' (a conventional military metaphor) and 'trade union bureaucracy' (an almost ritual incantation popularised by the Red International of Labour Unions) normally reflects mere sloganising rather than serious theoretical intent.(42) Finally, the notion of corporatism - much in vogue as a characterisation of the growing intimacy of employer-union-state relations - lacks either analytical clarity or obvious Marxist credentials.

The readiness of Marxists to embrace such categories and characterisations reflects the fact that all denote - though in a partial and mechanical manner - genuine tendencies within trade union development. The key question must therefore be: does Marxist theory offer the possibility of a distinctive and more scientific understanding of these tendencies than can be achieved through borrowed concepts and propositions? One obvious path to analytical insight is through an appreciation of the historically contingent character of what conventional commentators often treat as 'iron laws' of trade union development. A major component of the interface between antagonistic class forces, trade unions embody a contradictory potential which consigns on their organisation and action a persistent dualism: a dualism moreover which derives not merely from the internal dynamics of unionism but from the material interests and relations of production which they mediate. The dominance of a particular tendency (militancy or acquiescence, democracy or oligarchy...) should thus be interpreted as the determinate, but to some degree always provisional, outcome of a particular combination of circumstances.

Sensitivity to such dualism is uncommon. Most Marxist writing on trade unionism displays one of two opposing forms of one-sidedness. Either overwhelming weight is placed on the determinant effect of the logic of capitalist development, depicting as inevitable and uncontradictory the subordination of the working class to bourgeois hegemony and the integration of working-class organisations within the priorities of the capitalist state. Or else the contradictions within capitalism are treated as a source of almost unqualified openness for working-class collective action, spontaneous worker resistance to capital being viewed as a virtually undetermined agency of economic and political instability and transformation. The one approach effectively denies the potential or significance of conscious human (and specifically working-class) practice in the face of the structural determinations of capital; while in the other, the scope for working-class creativity is treated as unlimited regardless of the material context.

Both tendencies find partial legitimation within the corpus of classic Marxism; each on its own is clearly inadequate. Marx's theoretical stature derives essentially from the creative tension between his dual emphasis on the structural determinacy of capitalist production and the historical agency of the working class in struggle. The interpenetration of these contradictory facets of the social reality of capitalism demands sensitivity, insight and qualitative richness from the analyst of trade unionism. It is no exaggeration to suggest that the advances made on the existing tentative and exploratory essays in the theoretical understanding of unionism - in its manifold variations over time and place - will provide a critical test of the vitality and fertility of contemporary Marxism.

Yet it also remains true (as was suggested previously) that such advances are likely to display considerable parallelism with other interpretations - provided only that these are sufficiently attuned to the complex and contradictory nature of current mediations between labour capital - even though derived from very different theoretical traditions. But in admitting the possibility of a certain convergence between Marxism and academic orthodoxy in the analysis of institutions and processes of mediation, is it necessary to concede the autonomy of 'industrial relations' as an area of material reality and intellectual endeavour? It is indeed correct to insist that this is a level of social relations which partially follow their own (contradictory) laws of development, and which accordingly require serious analysis in their own right. But today, more than ever before, it is fallacious to exaggerate the autonomy of the processes of institutional mediation of the capital-labour antagonism. On the contrary: in an epoch of crisis the interconnections between the various levels and elements of the social formation (national and international capitals and their various fractions; state and civil society; material and ideological relations), whose superficial independence once encouraged attempts to develop a self-contained theory of the 'industrial relations system', are now increasingly transparent.[43]

Notes

(1) It is noteworthy that specialist industrial relations departments are uncommon in European universities, with their far stronger commitment to theory; and indeed, literal equivalents of the term 'industrial relations' have an alien ring in most European languages.

(2) J.T.Dunlop, Industrial Relations Systems, New York, Holt, 1958, p.vi.

(3) Richard Hyman and Bob Fryer, 'Trade Unions: Sociology and Political Economy' in McKinlay, Processing People, London, Holt-Blond, 1975, p.165

(4) L.A.Coser, The Functionsof Social Conflict, London, Routledge and Kegan Paul, 1956

(5) R.Dubin, 'Constructive Aspects of Industrial Conflict' in Kornhauser et.al., Industrial Conflict, New York, McGraw-Hill, 1954

(6) C.Kerr et.al., Industrialism and Industrial Man, London, Heinemann, 1962, p. 233

(7) R.Dahrendorf, Class and Class Conflict in Industrial Society, London, Routledge and Kegan Paul, 1959. A best-seller in British academic circles, Dahrendorf's book made little impact in Germany where the original version appeared two years earlier: an indication, perhaps, of the theoretical vacuum then existing in British industrial sociology.

(8) A.M.Ross and P.T.Hartman, Changing Patterns of Industrial Conflict, New York, Wiley, 1960. It is only fair to note that in this work Ross and Hartman presented the 'withering away of the strike' thesis in a far more guarded and qualified form than many subsequent writers.

(9) The Fabian background to industrial relations analysis in Britain helps explain the - at first sight paradoxical - trend from sympathetic interest in the labour movement to a managerialist focus. The pioneering studies of the Webbs displayed both a commitment to what they identified as the goals of unionism, and an insistence on the virtues of industrial stability, the rationality of bureaucratic routine, and the selfishness of proletarian class strategies. More recent writers with a similar political and intellectual background to the Webbs, in a period of shop-floor worker resistance to the common bureaucratic control of management and union hierarchies, have identified naturally with the goals of 'order' as against 'anarchy'. This trend is explored in more detail in Richard Hyman, 'Pluralism', Procedural Consensus and Collective Bargaining', British Journal of Industrial Relations, Vol. 16, No. 1 (March 1978). A certain parallel in the development of industrial

relations studies in the United States is discussed by George Strauss and Peter Feuille, 'Industrial Relations Research: a Critical Analysis', Industrial Relations, Vol. 17, No. 3 (October 1978).

(10) Ralph Miliband, The State in Capitalist Society, London, Weidenfeld & Nicholson, 1969, p. 80.

(11) C.Wright Mills, The Sociological Imagination, New York, Oxford University Press, 1959, p. 95.

(12) See for example Richard Hyman, Industrial Relations: a Marxist Introduction, London, Macmillan, 1975, Ch.I.

(13) This is not to suggest the desirability or possibility of a Marxist theory of industrial relations. To argue thus would be to accept the theoretical coherence of 'industrial relations' as an area of analysis: to endorse the material and theoretical autonomy of institutionalised management-union relations.

(14) 'Stagnation and Progress of Marxism' (1903) in Rosa Luxemburg Speaks, New York, Pathfinder, 1970, p. 107.

(15) Karl Korsch, 'Why I am a Marxist' (1935) in Three Essays on Marxism, London, Pluto Press, 1971, p. 60.

(16) Two factors have contributed to the distinctive form of such differentiations in Britain. Firstly, the traditional weakness of Marxism within the labour movement, and in particular the relative insignificance of Communist organisation, has allowed a greater detachment between theoretical controversy and organised political division than in continental Europe. Secondly, the problem of language has led to a curious periodisation of theoretical development: for example major writings of Lukács and Gramsci, of the Frankfurt School, and of the French structuralists have been published in English only in the past decade; while among the works of Marx himself, the Grundrisse and the Resultate have been available only in the 1970s. Theories and concepts emerge as the arcane possessions of a polyglot minority, assume on translation a rapid vogue, but are usually soon displaced by a different cult.

(17) 'Moi, je ne suis pas marxiste': Marx's famous rejoinder is still a powerful caution against attempts to systematise his writings into a body of dogma. It is perhaps significant that most attempts to define Marxism are more convincing in characterising what it is not rather than what it is. What is at issue is not the acceptance of Marx's specific analyses and predictions (which after a century cannot but require extensive revision); Lukács exaggerated, but no more than this, in arguing that one could 'dismiss all of Marx's theses in toto' without renouncing Marxism. But neither is Marxism (as Lukács went on to propose) primarily a question of method: efforts to formulate Marxism as methodology are typically either trite or circular, or else fail adequately

to differentiate Marxism from other approaches. To posit Marxism as tradition (as Edward Thompson has suggested) is also unsatisfactory: a tradition is identifiable only retrospectively, and offers no adequate orientation towards new problems and situations. Yet it is even more unacceptable to regard Marxism as a resource: to assume, in Thompson's words that 'all human culture is a supermarket in which we may shop around as we choose'. To believe that particular Marxian ideas can be wrenched out of context to assist explanation of a specific current problem, or can be combined promiscuously with other arguments from Comte, Durkheim or Weber, is to abandon any notion of Marxism as a coherent totality. The difficulty stems partly from the fact that while Marx's work possesses a genuine unity it is nevertheless incomplete and internally differentiated (indeed at times contradictory). The lack of a clear basis for a strategy which avoids dogmatism on the one hand, eclecticism on the other, is in part also a reflection of the paradox of 'armchair Marxism'. Marxist theory cannot be adequately defined and constituted through academic contemplation: 'all mysteries which mislead theory to mysticism find their rational solution in human practice ...'.

(18) Harmondsworth, Penguin, 1973.

(19) H.Kern and M.Schumann, Industriearbeit und Arbeiterbewußtsein, Frankfurt, Europäische Verlagsanstalt, 1970.

(20) For example Theo Nichols, Ownership, Control and Ideology, London Allen and Unwin, 1969; and Robin Blackburn, 'The New Capitalism', in Anderson and Blackburn, Towards Socialism, London, Fontana, 1965.

(21) For an extensive - though necessarily partisan - survey of the British literature see Ben Fine and Laurence Harris, 'Controversial Issues in Marxist Economic Theory' in Miliband and Saville, Socialist Register 1976, London, Merlin, 1976. Continuing debates can be followed in the pages of New Left Review and of the Conference of Socialist Economists Bulletin (published since 1977 as Capital and Class).

(22) Harry Braverman, Labor and Monopoly Capital, New York, Monthly Review, 1974. In Britain there has been a tendency - in line with a certain onesidedness in Braverman's analysis - for writers who have 'rediscovered' the labour process to fetishise the concept: seeking in effect to reduce capital accumulation to the labour process, and thus neglecting the interdependent operation of the valorisation process. This criticism is developed by Tony Cutler, 'The Romance of "Labour"', Economy and Society, Vol. 7, No. 1 (February 1978); Tony Elger, 'Valorisation and "Deskilling"', Capital and Class, No. 7 (Spring 1979).

(23) An important though excessively formalistic analysis is provided by G.Carchedi, 'On the Economic Identification of the New Middle Class' and 'Reproduction of Social Classes at the Level of Production Relations', Economy and Society, Vol. 4, Nos. 1 and 4 (February and November 1975).

(24) This forms one of the central themes of Andrew L.Friedman's study, Industry and Labour: Class Struggle at Work and Monopoly Capitalism, London, Macmillan, 1977.

(25) See for example Braverman, Part II; Ernest Mandel, Late Capitalism, NLB, 1975, Ch. 16; CSE Pamphlet No.1, The Labour Process and Class Strategies, 1976. Particularly important are the German compilations which have appeared roughly annually since 1972: Otto Jacobi et al., Gewerkschaften und Klassenkampf, Frankfurt, Fischer, 1972 to 1975 and Gewerkschaftspolitik in der Krise, Berlin, Rotbuch, 1978; and Rainer Duhm and Ulrich Mückenberger, Krise und Gegenwehr and Arbeitskampf im Krisenalltag, Berlin, Rotbuch, 1975 and 1977.

(26) Carchedi's analysis has been particularly influential among British Marxists; and see also Terry Johnson, 'What is to be Known? The Structural Determination of Social Class', Economy and Society, Vol. 6, No. 1, March 1977.

(27) In particular, Parts III - V of Volume 1 of Capital.

(28) See Martin Nicolaus, 'Proletariat and Middle Class in Marx', Studies on the Left, Vol. 7, No. 1 (January-February 1967) and Paul Walton, 'From Surplus Value to Surplus Theories', Social Research, Vol. 37, No. 4 (Winter 1970); also the exchange between the two in Walton and Hall, Situating Marx, London, Human Context Books, n.d. (1972). Both draw primarily on the Theories of Surplus Value which Marx himself, of course, never completed for publication.

(29) Many attempts have been made to analyse these developments in terms of Marx's somewhat ambiguous distinction between productive and unproductive labour. Despite the undoubted theoretical importance of this controversy, the degree of abstraction involved limits its relevance for the understanding of the organisation, strategies and struggles of particular collectivities within the working class.

(30) For a survey of recent debates on the significance of occupational change for collective organisation and action see Richard Hyman, 'Occupational Structure, Collective Organisation and Industrial Militancy' in Crouch and Pizzorno, The Resurgence of Class Conflict in Western Europe since 1968, Vol. 2, London, Macmillan, 1978.

(31) The extensive involvement of labour economists in the development of academic industrial relations in the US contrasts with their far more limited role in Britain.

(32) Peter B.Doeringer and Michael J.Piore, Internal Labor Markets and Manpower Analysis, Lexington, D.C. Heath, 1971

(33) A good example of American attempts to radicalise 'dual labour market' analysis is Richard C.Edwards et al., Labor Market Segmentation, Lexington, D.C.Heath, 1975. The varying endeavours of European Marxists to incorporate trade union action within the theory of labour (power) market structure are

exemplified by Massimo Paci, Mercato del laboro e classi sociali in Italia, Bologna, il Mulino, 1973; Richard Herding, Job Control and Union Structure, Rotterdam, Rotterdam U.P., 1972; Friedman, op.cit.; Jill Rubery, 'Structured Labour Markets, Worker Organisation and Low Pay', Cambridge Journal of Economics, Vol. 2, No. 1 (March 1978)

(34) Any selection of references would be partial and idiosyncratic. In the US, the Review of Radical Political Economics is a forum for many of these controversies. In Britain - in addition to the sources mentioned in Note 21 - it is possible to cite the journal Race and Class and, for a range of Marxist and marxisant approaches, Diana Leonard Barker and Sheila Allen, Dependence and Exploitation in Work and Marriage, London, Longman, 1976.

(35) One consequence of such work is to demonstrate important difficulties involving Marx's treatment of the value of labour power and hence the labour theory of value itself: see Veronica Beechey, 'Some Notes on Female Wage Labour in Capitalist Production', Capital and Class, No. 3 (Autumn 1977).

(36) The 'invisibility' of women in most industrial sociology - as in most labour history - has often been noted; see for example Richard Brown, 'Women as Employees', in Barker and Allen, op.cit.

(37) Ralph Miliband, Marxism and Politics, Oxford, Oxford U.P., 1977, p.2.

(38) Criticism or justification of the emergent political strategy of the Communist Parties - eventually graced with the label 'Eurocommunism' - provides the practical point of reference for many of the theoretical controversies; others revolve around the detailed political perspectives of particular leftist groups.

(39) The most notable example being Nicos Poulantzas, Political Power and Social Classes, London, NLB, 1973.

(40) James O'Connor, The Fiscal Crisis of the State, New York, St.Martin's 1973. There are interesting affinities in the analysis developed by Claus Offe, Strukturprobleme des kapitalistischen Staates, Frankfurt, Suhrkamp, 1972.

(41) It could reasonably be argued that such variations might be explicated by combining Marxist interpretations with more conventional political theories of state expenditure.

(42) See Richard Hyman, 'The Politics of Workplace Trade Unionism', Capital and Class, No. 8 (Summer 1979).

(43) Because of the declining margin of autonomy within any given element or level of this complex totality, the scope for a theory of 'industrial relations' will necessarily diminish - whatever advances may be made in theory in industrial relations. The owl of Minerva?

Wolfgang Lecher

# Wirtschaftskrise, europäische Integration und gewerkschaftliche Handlungsperspektiven

## 1. Einleitung

Im folgenden wird eine Gegenübersetzung des veränderten Stellenwerts autonomer Tarifpolitik und der Unternehmensmitbestimmung als den entscheidenden wirtschaftspolitischen Durchsetzungsinstrumenten der Gewerkschaften im Europa der Wirtschaftskrise vorgenommen. Das Interesse gilt dabei ausschließlich den gewerkschaftlichen Handlungsmöglichkeiten auf ökonomischem Gebiet. Es bleiben also personalpolitische, sozialpolitische und Gestaltungsmöglichkeiten des Arbeitsplatzes, wie sie etwa das Betriebsverfassungsgesetz der Bundesrepublik eröffnet, außerhalb des hier verfolgten Diskussionszusammenhangs, auch dann, wenn sie wie § 87/2. u. 3 des Betriebsverfassungsgesetzes 1972 Mitbestimmungsrechte des Betriebsrats bei der Festlegung der Arbeitszeit und damit durchaus den ökonomischen Bereich in weitem Sinn betreffen. Auch soll und kann hier keine differenzierte Kritik der Unternehmensmitbestimmung in der Bundesrepublik vorgelegt werden. Ziel ist allein eine Abwägung des gewerkschaftlichen Nutzens der Einführung der Unternehmensmitbestimmung auf EG-Ebene, etwa im Rahmen der Konstituierung einer Europäischen Aktiengesellschaft gegenüber der Konzentration auf eine umfassende quantitative und qualitative Tarifpolitik. Ausgangspunkt der Überlegungen zu einer alternativen Einschätzung der Leistungsfähigkeit der institutionellen Mitbestimmung in der Bundesrepublik gegenüber tarifpolitischen Konzeptionen, besonders des EG-Auslands, aber auch ansatzweise in der Bundesrepublik selbst, ist die faktische Entwicklung relevanter ökonomischer Indizes in der Wirtschaftskrise seit 1973/74. Massenarbeitslosigkeit, hohe Inflationsraten, Reallohnstagnation und teilweise -abbau in allen EG-Ländern, ein Auseinanderdriften der ökonomischen und damit auch der sozialen Potenz der Mitgliedsländer und nicht zuletzt der Rückschlag bei der Ausweitung der Unternehmensmitbestimmung nach dem Gesetz von 1976 sowie der erste Streik um einen Tarifvertrag über Arbeitszeitverkürzung in der qualifiziert mitbestimmten Montanindustrie um die Jahreswende 1978/79 in der Bundesrepublik Deutschland zeigen die brisanten ökonomischen und gesellschaftspolitischen Probleme kapitalistischer Wirtschaftssysteme an.

## 2. Wandel des Stellenwerts der Unternehmensmitbestimmung

Mit zunehmender politischer Integration Europas, die mit der Direktwahl des Europa-Parlaments Mitte 1979 und den - allerdings langfristig abgestuften -

Beitritten Griechenlands, Spaniens und Portugals auf den ersten Blick durchaus eindrucksvolle Fortschritte aufweist, scheint auch der Druck auf die Gewerkschaftsbewegungen der in der EG bereits zusammengeschlossenen und auch der beitrittswilligen Länder zur Vereinheitlichung ihrer Handlungsstrategien zuzunehmen. Das diesbezügliche Argumentationsmuster ist einfach und auf den ersten Blick einleuchtend. Es sei an der Zeit, daß der ökonomischen Integration, wie sie sich am sichtbarsten in der wachsenden Macht Multinationaler Konzerne manifestiere und der politischen Integration auf europäischer Ebene nun auch die Gewerkschaften sowohl ihre entscheidenden Handlungsebenen (Arbeitsplatz/Betrieb, Unternehmen, Beziehungen zu Parteien und Regierung) wie auch ihre Durchsetzungsinstrumente (Mitbestimmung, Tarifpolitik, Streikformen) aufeinander abstimmten. Eine derartige Vereinheitlichung gewerkschaftlicher Politik hätte - so wird unterstellt - für alle Beteiligten Vorteile: die Unternehmen hätten es mit einer vergleichbaren und daher sowohl national als auch international rational kalkulierbaren Struktur und Politik der Gewerkschaften zu tun; Parteien und Regierungen könnten mit einer stärkeren Einbindung der Gewerkschaften in die Kapitalbeziehungen rechnen und eher Verständnis für eine „unpopuläre" Politik auf ökonomischem und sozialem Gebiet erwarten; die Gewerkschaften wären aufgrund ihrer angeglichenen Strukturen und Handlungspotentiale nicht mehr schutzlos der bekannten zwischennationalen „Ausspielungspraxis" der Unternehmen (Produktionsverlagerung ins je günstige Ausland bzw. deren Androhung in Konfliktfällen) und den unterschiedlichen nationalen und internationalen Wirtschafts- und Gesellschaftspolitiken der Regierungen ausgeliefert.

Auch die beiden zentralen Handlungsparameter für die Gewerkschaften glaubte man zumindest in der Bundesrepublik schon gefunden zu haben. In bezug auf die Handlungsebene schien das Unternehmen (als nationaler oder als multinationaler Konzern) der entscheidende Ansatzpunkt für gewerkschaftliche Politik. In bezug auf das Durchsetzungsinstrument galt bis zum Beginn der Weltwirtschaftskrise der Ausbau der Mitbestimmung in Gesellschaftsorganen (Unternehmensmitbestimmung) als der geeignetste Weg gewerkschaftlicher Interessenwahrnehmung auf ökonomischem Gebiet. Länder mit stark betriebs-/arbeitsplatzbezogener Gewerkschaftspolitik und einer eindeutigen Priorität bei tarifpolitischen Durchsetzungsinstrumenten schnitten im europäischen Vergleich des Lebensstandards, der Arbeitslosenproblematik, der Inflationsrate, der Produktivitätsentwicklung und der Handelsbilanz in der Regel schlechter ab als die im EG-Rahmen ökonomisch dominante Bundesrepublik Deutschland. Die Beziehungen zwischen Kapital und Arbeit hierzulande - so wurde gefolgert - seien für die Entwicklung beider Faktoren in einer modernen, hochindustrialisierten, kapitalistischen Wirtschaft optimal. Die Unternehmensmitbestimmung, die ja in der Tat Handlungsebene und Durchsetzungsinstrument nach den oben beschriebenen Erfordernissen in hervorragender Weise vereint, wurde als Auslöser und Garant einer quantitativ und auch qualitativ befriedigenden sozioökonomischen Entwicklung in der Bundesrepublik Deutschland der fünfziger, sechziger und frühen siebziger Jahre angesehen.

Die Grundlagen dieser Analyse und der daraus gezogenen gewerkschafts- und allgemeinpolitischen Konsequenzen haben sich aber mit Beginn der Weltwirtschaftskrise drastisch verändert: bereits angelegte unterschiedliche Entwicklungstendenzen der einzelnen nationalen Volkswirtschaften verschärften sich; die Auseinandersetzung innerhalb der EG um weitere Einigungsschritte wurde schwieriger (Beispiel Europäisches Währungssystem); die politische Einigung droht zu einem reinen Legitimationsinstrument ohne faktische Kompetenzerweiterung zu entarten (Europa-Parlament); die Beziehungen zwischen Parteien und Gewerkschaften lockern sich auch dort, wo sie traditionell eng geknüpft sind; einer Ausweitung der qualifizierten Unternehmensmitbestimmung wurde mit dem 76iger Gesetz in der Bundesrepublik Deutschland eine deutliche und sicher auf lange Frist bestehende Grenze gesetzt.

Die internationale Diskussion um Mitbestimmung hat sich daher unter dem Druck auf die Löhne und unter dem Druck hoher Arbeitslosigkeit, denen die Gewerkschaften nunmehr im 5. Jahr ausgesetzt sind, in Richtung einer Intensivierung der qualitativen Tarifpolitik und einem Ausbau betrieblicher Vertretungsstrukturen verändert.

Neben diesen externen Schwierigkeiten, denen die Unternehmensmitbestimmung nach bundesrepublikanischem Vorbild heute ausgesetzt ist, werden auch strukturell-immanente Mängel deutlich. Sowohl in der Bundesrepublik als auch im Ausland wurde über den scheinbar ins Auge springenden sozialpolitischen Vorteilen der Mitbestimmung gerne übersehen, daß der Kampf um gleichgewichtige institutionelle Mitbestimmung bei den bedeutsamen ökonomischen Entscheidungen von den Gewerkschaften in der Bundesrepublik sehr stark auf die Unternehmensebene konzentriert wurde. Sowohl die gesamtgesellschaftliche Perspektive (überbetriebliche Mitbestimmung) wie auch die Mitbestimmung auf Arbeitsplatz/Betriebsebene und hier vor allem der gewerkschaftlichen Vertrauensleutekörper wurden nicht im gewerkschaftspolitisch nötigen Maß ausgebaut. Aufgrund der günstigen ökonomischen Gesamtsituation in der Bundesrepublik bis zum Beginn der siebziger Jahre, die eine ständige Reallohnsteigerung (mit Ausnahme der Jahre 1966/67) garantierte und den Gewerkschaften zweifellos bemerkenswerte Erfolge bei der (quantitativen) Lohnpolitik ermöglichte, wurde ein gleichgewichtiger Ausbau aller drei Mitbestimmungsebenen nicht als ein vordringliches Kampfziel gewerkschaftlicher Programmatik erachtet.

Diese objektiv günstigen Voraussetzungen änderten sich aber mit Beginn der Weltwirtschaftskrise. Reallohnstagnation, zunehmende Arbeitsintensität aufgrund von Produktivitätssteigerungen infolge umfassender Rationalisierungsmaßnahmen und die immer deutlicher werdende einseitige Konzeptionsrichtung staatlichen Krisenmanagements zugunsten der Inflationsbekämpfung im Interesse der stark exportorientierten bundesrepublikanischen Wirtschaft unter eindeutiger Vernachlässigung eines gezielten Abbaues der Arbeitslosigkeit zeigten auch die entscheidenden Defizite gewerkschaftlicher Mitbestimmungspolitik in der Bundesrepublik Deutschland auf. Die qualitative Ausweitung von tarifpolitischen Verhandlungsgegenständen, der Ausbau gewerkschaftlicher Vertretungsorgane im Betrieb, eine zunehmende Skepsis gegenüber einer zu starken Verrechtlichung und der damit gekoppelten Anbindung von Gewerkschaftspolitik an den „gemeinwohlorientierten" Staat und seine Gesetzgebung sowie einer heute oft restriktiven Arbeitsrechtsprechung und damit eine Rückbesinnung auf die eigene Stärke werden als Reaktionsmöglichkeiten der Gewerkschaften auf Krise und soziale Demontage zunehmend diskutiert und auch in Ansätzen schon praktiziert. Die Einsicht wächst, daß Mitbestimmung in den Gesellschaftsorganen großer Unternehmen bestenfalls eine von mehreren Ebenen der Gewerkschaftspolitik sein kann. Zugleich wächst aber auch die Einsicht in das begrenzte gewerkschaftspolitische Handlungspotential, das in der institutionalisierten Mitbestimmung unabhängig von ihrer Handhabung und ihrer strukturellen Vollständigkeit überhaupt angelegt ist.

## 3. Veränderte ökonomische Rahmenbedingungen gewerkschaftlicher Politik

Im Vordergrund gewerkschaftlicher Programmatik steht im europäischen Ausland nicht mehr die "Modelldiskussion Mitbestimmung" (einstufiger Verwaltungsrat oder duales System von Vorstand und Aufsichtsrat; Halb- oder Drittelparität im entsprechenden Gremium; Verhältnis von Betriebsangehörigen, Externen bzw. von Gewerkschaftern zu nicht organisierten Arbeitnehmern; Wahlmodi usw.), sondern der aktuelle, mit sehr unterschiedlichen Zeit- und Inhaltsperspektiven geführte Kampf der Gewerkschaften gegen ökonomische Krisenerscheinungen und Krisenbekämpfungsmuster der Regierungen.

Die Krise der letzten fünf Jahre äußerte sich auf nationalstaatlicher Ebene als: niedriges bzw. teilweise rückläufiges Wachstum der Industrieproduktion; scharfe Antiinflationspolitik der Zentralbanken und der Regierungen; verstärkte Konzentration und Zentralisation des Kapitals; systematisch betriebene Ausweitung von zumeist globalen Investitionsanreizen für die (Groß-)Unternehmen und dementsprechende Reduktion bzw. Einfrieren der realen Konsum- und Staatsquote am BSP; durchgehende und seit über vier Jahren unverändert hohe Arbeitslosenquoten zwischen 4 und 10 %(nach offiziellen Statistiken werden absolut zwischen fünf und sechs Millionen Arbeitslose im EG-Raum ausgewiesen, unter Hinzurechnung der verdeckten Arbeitslosigkeit erhält man die realistischen Zahlen von acht bis zehn Millionen Arbeitslosen).

Als wichtigste Ursachen dieser Strukturkrise im Weltmaßstab können genannt werden: Investitionsboom Ende der sechziger/Anfang der siebziger Jahre, der zum Aufbau von Überkapazitäten, d. h. Überakkumulation des Kapitals führte; massive und sehr schnelle Einführung und Marktdurchsetzung neuer arbeitssparender Technologien; verzerrte Produktionsstrukturen durch Aufblähen des Exports bzw. analog des Imports mit dadurch verursachten starken Wechselkursschwankungen und unrealistischen internationalen Geldparitäten; wachsende Konkurrenz seitens der Entwicklungsländer, besonders bei standardisierten Produktionsprozessen; Erhöhung der Rohstoffpreise.

Das gegebene Wirtschaftssystem befindet sich also in einer Überakkumulationskrise, deren Kosten auf die Arbeitnehmer in Form von Druck auf die Löhne und Gehälter bis hin zur Arbeitslosigkeit abgewälzt werden. Da die Regierungen und Zentralbanken im EG-Raum nachweislich dieses „Krisenlösungsmuster" mit ihrer harten Antiinflations- und Lohnkostendämpfungspolitik unterstützen, führten und führen die Gewerkschaften den Kampf gegen den Abbau der Arbeitslosigkeit überall aus der Defensive und bisher ohne nennenswerten Erfolg. Arbeitslosenquoten in einer Größenordnung, die heute z. B. schon für Großbritannien die Höhe der Weltwirtschaftskrise der dreißiger Jahre übersteigt, scheint auf nicht absehbare Zeit der Preis für die Erhaltung des gegebenen sozioökonomischen Systems zu sein.

Gewerkschaftsorganisationen und -politik müssen daher heute daran gemessen werden, welche Handlungsalternativen sie zur Beseitigung der Massenarbeitslosigkeit unter eingeschränkten ökonomischen Voraussetzungen realisieren können. Aufgrund der gegebenen Kräftekonstellation ist davon auszugehen, daß in dieser für die Gewerkschaften zentralen Frage die faktische Unterstützung des Staates/der Regierungen im gesamten EG-Bereich auch in Zukunft begrenzt sein wird, ganz abgesehen von der Haltung der Unternehmen und hier besonders der Großindustrie, deren Interesse an einer Reservearmee Arbeitsloser vor allem aus lohnpolitischen Gründen naturgemäß groß ist. Wichtigste Voraussetzung für die Erarbeitung gewerkschaftspolitischer Handlungsalternativen und Durchsetzungsstrategien eines eigenständigen aktiven Eingriffs der Gewerkschaften in die Arbeitsmarktsituation, beispielsweise durch die tarifäre Verkürzung der Wochenarbeitszeit bei Reallohngarantie, die den Abbau der Massenarbeitslosigkeit als wirtschafts- und gesellschaftspolitische Priorität setzt, ist daher ein möglichst hoher Grad gewerkschaftlicher Autonomie. Autonomie sowohl gegenüber dem Tarifkontrahenten wie gegenüber staatlicher Politik, die heute im Namen eines vagen gesamtgesellschaftlichen Interesses eine dem umfassenden Abbau von Arbeitslosigkeit nicht förderliche Konzeption verfolgt, indem sie das Ziel der Geldwertstabilität höher bewertet als die umfassende Bekämpfung der Arbeitslosigkeit.

Die seit Krisenbeginn praktizierte staatliche Politik äußert sich in allen EG-Staaten zum einen in der forcierten Unterstützung eines sehr raschen Strukturwandels der Wirtschaft und in einer ausgesprochen harten Antiinflations- bzw. Austeritätspolitik. Diese Prioritäten sind in der Bundesrepublik Deutschland zweifellos auf die hohe Exportlastigkeit der Wirtschaft zugeschnitten, verletzen aber hier wie überall das Ziel „Abbau der Arbeitslosigkeit" permanent. Vergleicht man die seit Krisenbeginn unverändert hohen Arbeitslosenquoten bzw. absoluten Zahlen (z. T. sogar mit steigender Tendenz) mit der infolge einer drastischen Austeritätspolitik rückläufigen Inflationstendenz, die ganz überwiegend auf einer zu knappen staatlichen Nachfrageerweiterung beruht, dann läßt sich schon aufgrund dieser globalen Zahlen ein Zusammenhang von Höhe der Arbeitslosigkeit und staatlich induzierter Stabilitätspolitik folgern. In der Krise werden offenbar Konsum- und Staatsquote zugunsten einer Ausweitung der Investitionsquote bewußt eingefroren, wenn nicht reduziert.

Wenn ein hoher gewerkschaftlicher Autonomiegrad als wichtigste organisationspolitische Voraussetzung für eine eigene aktive Arbeitsmarktkonzeption angesehen werden muß und zugleich die Reduzierung der Massenarbeitslosigkeit gewerkschaftliche Priorität in der Wirtschaftskrise einnimmt, läßt sich unschwer längerfristig eine Abhängigkeit der Erfolgsaussichten dieser Zielsetzung von national unterschiedlichen Gewerkschaftsstrukturen und -politiken ausmachen. Diejenigen Organisationen, deren Mitglieder bereits ein stark ausgeprägtes Arbeitnehmer- und Gewerkschaftsbewußtsein entwickelt haben, die eine starke Verankerung in der Basis und eine klare, durch keine dogmatischen Tabus beschränkte politische Konzeption aufweisen, dürften bei der Entwicklung und Durchsetzung neuer Handlungsstrategien zur Wiedererreichung der Vollbeschäftigung (nicht nur: der Abfederung der Folgen von Arbeitslosigkeit) längerfristig erfolgreicher sein als Gewerkschaften, die traditionell und zu Zeiten eines stetigen und relativ hohen Wirtschaftswachstums sicher nicht zu Unrecht, auf Kooperation und „Konzertierte Aktionen" mit jenen „Partnern" setzten, deren antagonistische Interessen in der Krise wesentlich deutlicher zum Ausdruck kommen.

Die Gewerkschaften in der Bundesrepublik tun daher gut daran, unter den heute gegebenen Bedingungen der Wirtschaftskrise die Aktions- und Reaktionsformen ausländischer Gewerkschaften auf nahezu identische sozioökonomische Grundmuster, die allerdings mit durchaus unterschiedlichen nationalen Schwerpunkten vorliegen (Arbeitslosigkeit, Inflation, Reallohnstagnation), aufmerksam zu verfolgen. Gewerkschaftsbewegungen wie in Italien (Fabrikräte, Zonenräte), Frankreich (sections syndicales und richtungsgewerkschaftliche Alternativprogramme), aber auch etwa in Großbritannien (starke, wenn auch syndikalistisch oft auf betriebsegoistische Interessen festgeschriebene Shop-Stewards-Bewegung) und den Niederlanden (neue arbeitsmarktpolitische Tarifkonzeptionen) könnten der Diskussion neue Bahnen weisen, zumal mit dem Mitbestimmungsgesetz 1976 auf längere Sicht ein Abschluß der Umsetzungschancen mitbestimmungspolitischer Vorstellungen in der Bundesrepublik erreicht sein dürfte.

Mitbestimmung erfüllt - und dies zeigt die faktische Entwicklungstendenz besonders der bundesrepublikanischen Gewerkschaften in der Krise deutlich - nur dann ihren immanenten Sinn, wenn im Rahmen eines Grundkonsens über die Vorteile des gegebenen Systems quantitativ und qualitativ Vorteile an beide Tarifparteien weitergegeben werden können. In der Krise aber werden die Nachteile sehr einseitig auf die Arbeitnehmer in Form von Dequalifizierung und/oder Arbeitslosigkeit abgewälzt. Die Gewerkschaften stehen unter Handlungszwang, eine unabhängige Politik auf den Ebenen des Arbeitsplatzes, des Unternehmens und der Gesamtgesellschaft, worunter auch durchaus zwischen- oder übernationale Vereinbarungen fallen können, zu betreiben.

## 4. Nationale und internationale Handlungsperspektiven der Gewerkschaften

Erfahrungen ausländischer Gewerkschaften mit einer dominanten betrieblichen Vertretungsstruktur und dem Ausbau qualitativer Tarifpolitik belegen, daß gerade in der anhaltenden strukturellen Krise des gegebenen Wirtschaftssystems eine unabhängige, die Arbeitnehmerinteressen direkt aufgreifende und betriebsnah umsetzende Gewerkschaftspolitik von entscheidender Bedeutung für die organisationspolitische Stärke und die Umsetzungschancen von Alternativkonzeptionen unterschiedlicher Reichweite sind. Die Ansätze zum Ausbau qualitativer Tarifpolitik in der Bundesrepublik (IG Metall: Humanisierung von Arbeitsbedingungen und Abgruppierungsschutz; NGG: Pensionierungsregelungen und Arbeitszeitverkürzungen für ältere Arbeitnehmer; IG Druck und Papier: Arbeitsplatzsicherheit trotz Einführung neuer Technologien) zielen in dieselbe Richtung. Im Umkehrschluß bedeutet dies, daß die Unternehmensmitbestimmung in der Bundesrepublik Deutschland in zweifachem Sinn zu kurz greift. Erstens konzentriert sie die Auseinandersetzungen zwischen Kapital und Arbeit auf die Unternehmensebene und unterbewertet daher tendenziell die betriebliche (Basis-)Ebene und übergreifende gesellschaftspolitische (Alternativ-)Konzeptionen. Zweitens ist die Mitbestimmung als eine auf Integration angelegte Konzeption kaum fähig, die entscheidenden Durchsetzungsinstrumente für eine alternative Wirtschaftspolitik, nämlich Investitionskontrolle und Investitionssteuerung als entscheidende Determinanten einer Strukturpolitik nach Arbeitnehmerbedürfnissen zu entwickeln.

Die ökonomischen und gesellschaftspolitischen Veränderungen im Verlauf der Krise reduzieren daher auch die Wahrscheinlichkeit einer praktischen Durchsetzung der Anregungen, die die Kommission der Europäischen Gemeinschaft und der Europäische Gewerkschaftsbund für die Vereinheitlichung der Mitbestimmungsregelungen auf Unternehmensebene (sogenannte 5. Richtlinie) im Rahmen der Einführung einer Europäischen Aktiengesellschaft (EAG) gegeben hat. Die im November 1975 erschienenen detaillierten Ausführungen der Kommission zu den vier wesentlichen Formen der Mitbestimmung im weiten Sinn - Tarifverhandlungen; Organe zur Vertretung der Arbeitnehmer; Beteiligung der Arbeitnehmer in Gesellschaftsorganen; Arbeitnehmeraktienbesitz; - werden von den nationalen europäischen Gewerkschaftsbewegungen zunehmend auf die beiden ersten Instrumente mit einer tendenziell betriebsbezogenen Perspektive diskutiert. Ziel ist die optimale Abstimmung der verschiedenen national unterschiedlich stark entwickelten Einflußebenen, die national auch unterschiedlich ausfallen muß. Insofern haben sich sicher die Prioritäten für eine internationale Harmonisierung von Mitbestimmungsmodellen in den Gesellschaftsorganen relativiert. Dies allerdings schließt die angestrebte Harmonisierung des Gesellschaftsrechts keineswegs aus. Nur muß man sich darüber im klaren sein, daß es nicht nur unsinnig, sondern sogar gefährlich für die betreffenden nationalen Gewerkschaften wäre, eine historisch nicht gewachsene, den Kollegen nicht vertraute und dem jeweiligen Repräsentations- und Durchsetzungsmechanismus gewerkschaftlicher Politik fremde Regelung als zentralen Bestandteil von Gewerkschaftsstruktur und -politik dem jeweiligen Organisationssystem aufzusetzen. Dies gilt um so mehr, als die Strukturkrise des gegebenen sozioökonomischen Systems neue, noch unerprobte Alternativmaßnahmen und Gegenstrategien der Gewerkschaften erfordert. Derartig neue Inhalte von Gewerkschaftspolitik müssen aber einerseits in den Betrieben „vor Ort" verankert sein, um ein Auseinanderfallen von gewerkschaftlicher Basis und Funktionärskörper zu verhindern und zum anderen auch auf gesamtgesellschaftlicher, globaler Ebene als alternative Konzeption im Arbeitnehmerinteresse verdeutlicht werden. Genau auf jenen beiden Ebenen also, die in der traditionellen Unternehmensmitbestimmungspraxis in der Bundesrepublik Deutschland unterentwickelt sind.

Die ökonomische Integration Europas wird zweifellos politische, gewerkschaftspolitische und längerfristig sicher auch gewerkschaftsorganisatorische Konsequenzen haben. Ein denkbarer und zugleich wünschenswerter Weg einer Abstimmung gewerkschaftlicher Politik und Struktur in Europa könnte sein, daß überall dort, wo Beteiligungen und Informationen auf Unternehmensebene eine Lücke in der gewerkschaftlichen Politik darstellen, Anregungen aus den bundesrepublikanischen Erfahrungen im positiven, aber auch negativen Sinn gezogen werden können. Positiv im Hinblick auf Informationsmöglichkeiten der Belegschaft über Unternehmensentscheidungen, negativ im Hinblick auf Mitverantwortlichkeit für nur kapital-funktionale Entscheidungen, trotz oft gegebener Unterparität der Arbeitnehmervertreter im Aufsichtsrat. Negativ aber auch, was die strukturell angelegte ideologische Einbindung der Arbeitnehmervertreter im Aufsichtsrat in die Kapitallogik und die damit einhergehende Ausblendung grundsätzlicher Alternativen, besonders im Investitionsbereich betrifft. Andererseits bieten gerade heute und in der absehbaren Zukunft einer schweren ökonomischen Strukturkrise ausländische Erfahrungen mit intensiver gewerkschaftlicher Betriebs-/ und Arbeitsplatzpolitik und gesamtgesellschaftlichen Alternativkonzeptionen fruchtbares Anschauungsmaterial für die Gewerkschaftsbewegung in der Bundesrepublik Deutschland. Daß das Interesse an solchen Erfahrungen und Strukturen aus objektiven Gründen zunimmt, belegen die größere Streikfrequenz und -intensität, Ansätze zum Ausbau einer qualitativ orientierten Tarifpolitik und die Ernüchterung, die Inhalte und Implementierung des 76-iger Gesetzes zur Mitbestimmung in der Bundesrepublik Deutschland mit sich brachten. Die Zeichen stehen - so kann für die nächste Zukunft gefolgert werden - international gesehen eher auf einem Rückgang der Mitbestimmungsdiskussion nach deutschem Modell und einem Ausbau gewerkschaftlicher Vertretungsstruktur und qualitativer Tarifpolitik besonders auf betrieblicher Ebene. Allerdings sollte auch nicht verkannt werden, daß von staatlicher Seite Bemühungen zu einer Einbindung der Gewerkschaften in eine neoliberal-korporativistische Politik gemacht werden (incomes-policy in England; Konzertierte Aktion in der Bundesrepublik Deutschland; Austeritätspolitik in Italien usw.), deren Interesse an konsensverpflichtenden Mitbestimmungsregelungen natürlich erheblich ist.

Die bundesrepublikanischen Gewerkschaften als die Vertreter der dominanten Ökonomie im Europäischen Gewerkschaftsbund sollten sich - und dies wäre die generelle Schlußfolgerung aus dem Einfluß der Wirtschaftskrise auf die Chancen europäischer Intergration und die Handlungsmöglichkeiten der Gewerkschaften - in dieser Auseinandersetzung im Interesse der Vereinheitlichung und damit der Stärkung der europäischen Gewerkschaftsbewegung zurückhaltender und kritischer ihrer eigenen Praxis gegenüber verhalten, als dies in den Zeiten ungehemmten und krisenfreien wirtschaftlichen Wachstums noch vertreten werden konnte. Ein konstruktiver Schritt in diese Richtung wäre die genaue Information über Tarifsysteme und -politik sowie die je entscheidenden Durchsetzungsebenen der Ergebnisse von Tarifverhandlungen in den wichtigsten Industriestaaten. Diese - gegenüber der bisher stark auf die Unternehmensmitbestimmung bezogene - Diskussion auf europäischer Ebene würde das in der Krise mehr denn je zentrale gewerkschaftspolitische Instrument der autonomen Tarifverhandlungen einschließlich der Arbeitskampfpotenzen wieder in den Mittelpunkt auch der inter- und übernationalen Kooperationsbestrebungen der Gewerkschaften stellen. Konkrete Ansätze einer dezentralen zwischennationalen Gewerkschaftspolitik, besonders gegenüber den Multinationalen Konzernen, gab es gerade in jüngster Vergangenheit immer wieder. Sie wurden aber als eher exotische Randerscheinungen der auf fest institutionalisierte Mitbestimmung besonders in den Gesellschaftsorganen großer Unternehmen fixierten übernationalen Gewerkschaftsdiskussion unterbewertet und nicht zu einem systematischen Handlungsansatz entwickelt. Die ökonomische und damit auch die soziale Situation der Arbeitnehmer in der kapitalistischen Wirtschaftskrise erfordert neue gewerkschaftspolitische und auf europäischer, also zwischen- und übernationaler Ebene auch neue gewerkschaftsstrukturelle Prioritäten.

Wolfgang-Ulrich Prigge

# Vergleich sektoraler Arbeitgeberverbandsorganisationen in Großbritannien und der Bundesrepublik Deutschland

## I. Vorbemerkungen

Im folgenden Beitrag sollen einige Einsichten in die Binnenstrukturen und Außenbeziehungen von Arbeitgeberverbandsorganisationen der metallverarbeitenden Industrie in GB und der BRD dargestellt werden. Dabei soll versucht werden, jeweilige Strukturbesonderheiten auf die unterschiedlichen Organisationsumwelten hin zu interpretieren. Hierzu können insbesondere die in beiden Ländern unterschiedlichen Grenzverläufe zwischen staatlich-rechtlicher und industrieller Normierung herangezogen werden. Staatlich-rechtliche bzw. industrielle Normierung betrifft dabei einmal diejenigen Verfahrensnormen, welche Verhandlungen - als die hier relevante Interaktionsform - in Bezug auf ihren Gegenstand, ihren Geltungsbereich, die Ebene und den Ablauf der Verhandlungen sowie die Form der Konfliktaustragung und die Anzahl und Legitimation der interagierenden Rolleninhaber bzw. Organisationsmitglieder strukturell begrenzen. Darüber hinaus kann staatlich-rechtliche Normierung auch vorgeben, welche Verhandlungsergebnisse inhaltlich höchstens erreicht werden dürfen und welche Gegenstände dem Verhandlungsbereich bzw. dem Bereich rechtlicher Bestimmung überantwortet sind.

Das Verhältnis zwischen staatlich-rechtlicher und industrieller Normierung hat weder in der Rechtssoziologie noch in der Organisationssoziologie bisher eine Behandlung gefunden, deren Ergebnis für eine Soziologie industrieller Beziehungen forschungsleitend sein könnte. So wird zwar die Vertragsform als Nahtstelle staatlicher und teilgesellschaftlicher Normierung als evolutionäre Errungenschaft bezeichnet, weil sie Flexibilität der Gestaltung mit hoher Erwartungssicherheit verbindet, doch wurden die organisationsstrukturellen Konsequenzen für die vertragschließenden Teilkollektive bisher kaum systematischer Analyse unterzogen.

## II. Gemeinsamkeiten und Unterschiede in der Organisationsstruktur

Britische und deutsche Arbeitgeberverbandsorganisationen der metallverarbeitenden Industrie bestehen innerhalb eines diffusen Repräsentationssystems, in dem der einzelnen Unternehmung funktional differenzierte Interessenvertretungen auf verschiedenen territorialen Ebenen angeboten werden. In beiden Ländern hat sich für den weitgehend einheitlich definierten Bereich der metallverarbeitenden Industrie eine Interessenvertretungsform ausdifferenziert, welche sozialpolitische Interessenorientierungen auf sektoraler Ebene landesweit vereinheitlicht (Fachspitzenebene: Engineering Employers' Federation bzw. Gesamtverband metallindustrieller Arbeitgeberverbände) dabei aber eine funktional differenzierte Vertretungsebene auf regionaler, zum Teil auch lokaler Ebene kennt. Die Fachspitzenverbände beider Länder gehören ihrerseits Zentralverbänden an. In der BRD besteht neben der BDA als sozialpolitischem Dachverband ein wirtschaftsfachliches Pendant (BDI). In GB besteht für beide Interessenorientierungen ein gemeinsamer Dachverband (CBI). Diesem gemischt-gewerblichen Dachverband können - im Unterschied zur BRD - auch Einzelunternehmen mit Direktmitgliedschaft angehören. Von der CBI werden deshalb auch Serviceleistungen angeboten, welche in GB also nicht den sozialpolitischen Fachverbänden vorbehalten bleiben. Die untersuchten Verbände führen auf sektoraler Ebene Verhandlungen über Lohn- und Arbeitsbedingungen mit der Interessenverbandsorganisation der Arbeitnehmer. Diese besteht in GB aus einer relativ losen Föderation von 22 Einzelgewerkschaften mit unterschiedlichem Organisationsprinzip (CSEU), welche eine große industriell-organisierte Gewerkschaft (AUEW), eine allgemeine Gewerkschaft (TGWU) und verschiedene kleinere berufsbezogene Gewerkschaften von Arbeitern und Angestellten kombiniert. In der BRD bestehen bekanntlich Beziehungen zu einem Interessenverband der Arbeitnehmer mit industriegewerkschaftlichem Geltungsbereich und zentral-orientierter Kompetenzverteilung.

Die Aufgabenorientierungen beider Verbandsorganisationen unterscheiden sich insbesondere darin, daß der britische Verband neben den Funktionen inhaltlicher Normierung auf sektoraler Ebene Aufgaben in der außerbetrieblichen Konfliktregulierung wahrnimmt. [1] Arbeitgeber- und Arbeitnehmerorganisationen (also EEF und CSEU) finden erstmals 1922 (Vorläufer dieser Regulierung 1898) auf zentraler Ebene zu einem mehrstufigen hierarchischen Konfliktregulierungsverfahren (Procedure for the Avoidance of Disputes) mit dem betriebsbezogene Konflikte zunächst betriebsinterne dann betriebsexterne Behandlung unter Beteiligung der Interessenorganisationen erfahren. Unternehmen akzeptieren mit ihrer Mitgliedschaft im Arbeitgeberverband die vereinbarten Verfahrensregelungen und anerkennen damit auch die über die CSEU in die Vereinbarung eingeschlossenen Gewerkschaften. Der Schwerpunkt der Verfahrensregulierungen liegt bei Problemen der Lohnstruktur, welche häufig als Lohnfindungsprobleme erscheinen, die wegen der geringen Verbreitung und Anerkennung neutralisierender arbeits- und leistungsbewertender Verfahren ständig auf dem Verhandlungswege entschieden werden müssen, ohne daß eine verrechtlichte Betriebsverfassungsstruktur Kompetenzen festlegt. Insofern leisten die britischen Interessenorganisationen einen wichtigen Beitrag zur Konfliktregulierung, welcher nicht zuerst Rechtsberatung oder Rechtsvertretung bedeutet, sondern Beratung und Vertretung beim Ausgleich auf dem Verhandlungswege. Diese Reihenfolge wird auch durch die zunehmende Bedeutung der Arbeitsschutzgesetzgebung nicht umgekehrt, obwohl hierdurch zahlreiche Konfliktgegenstände arbeitsgerichtlicher (industrial tribunals) Rechtssprechung unterliegen (unfair dismissal, redundancy etc.). Den Verfahrensregeln immanent ist die Vereinbarung der Interessenorganisationen über einen Verzicht auf Arbeitskampfmaßnahmen während der Verhandlungsdauer.

Erklärungsbedürftig erscheinen neben den Unterschieden in der Funktionsdifferenzierung der Arbeitgeberverbandsorganisationen auch Wandlungen in der Funktionsverteilung zwischen den Verbandsebenen. Die britische Verbandsorganisation ist gekennzeichnet durch formale Kompetenz der Zentralebene für Verhandlungen mit der Interessenorganisation der Arbeitnehmer über Lohn- und Arbeitsbedingungen und die Verfahrensregelung zur Konfliktregulierung. Ein Wandel in der funktionalen Differenzierung ist insofern festzustellen, als in GB Funktionen der Konfliktregulierung der Zentralebene entzogen wurden und auch die inhaltlichen Verhandlungsergebnisse der Zentralebene an Relevanz verloren haben. Demgegenüber ist die funktionale Differenzierung im Verband der BRD gekennzeichnet durch eine zunehmende Bedeutung der Fachspitzenebene, an welche Regionalverbände ihre formale Kompetenz abtreten, um eine höhere Effektivität der Verhandlungsführung zu erreichen. Hinzu kommt, daß Verhandlungsgegenstände an Bedeutung gewinnen, welche schon bisher zentral vereinbart wurden.

Bei einem Vergleich von Organisationsgrad und Repräsentationsstruktur beider Organisationen erscheint erklärungsbedürftig, daß in GB bei einem insgesamt niedrigeren Organisationsgrad insbesondere zahlreiche Großunternehmen mit regional verteilten Betrieben (multi-establishment-companies) bei zentralisierten industriellen Beziehungen dem Verband fernbleiben, bzw. öffentlich die Fortdauer der Mitgliedschaft diskutieren. Demgegenüber sind vergleichbare deutsche Unternehmen fast ausschließlich Verbandsmitglieder. Hierbei handelt es sich zum Teil um Tochtergesellschaften derselben multi-nationalen Konzerne, welche in der BRD Verbandsmitglieder sind in GB aber nie Mitglied waren bzw. ihre Mitgliedschaft aufgegeben haben.

## III. Grundzüge industrieller Beziehungen in Großbritannien und der Bundesrepublik Deutschland

Die industriellen Beziehungen in GB und der BRD unterliegen unterschiedlichen Stabilisierungskonzepten für das Verhältnis zwischen wirtschaftlichem und politischem System. In der BRD erfolgt eine Intervention des politischen Systems primär im Verfahrensbereich: Auf der Betriebsebene bestimmen die Normen des Betriebsverfassungsgesetzes den Kompetenzrahmen des Betriebsrats und legen seine Anerkennung durch den Arbeitgeber bei gleichzeitigem offiziellen Verzicht auf eine ressourcenbezogene Konfliktaustragung durch Arbeitskampf fest.

Auf der Tarifebene besteht eine normative Geltung der Verhandlungsergebnisse der Interessenorganisationen. Verhandlungsergebnisse können durch rechtliche Vorschrift auf Nichtmitglieder übertragen werden. Tarifliche Rechte sind unverbrüchlich: Eine Rechtsprechung darf bei einem Unterschreiten der Tarifnormen nicht postulieren, es sei in einem freien Arbeitsvertrag eine Vereinbarung geschlossen worden, welche die Tarifnormen bewußt unterbietet. Die schuldrechtliche Wirkung des Tarifvertrags beinhaltet eine Friedenspflicht, welche sowohl ein Unterlassen von Arbeitskampfmaßnahmen während der Laufzeit des Vertrages als auch die Verpflichtung der Organisationsführung beinhaltet, auf die Verbandsmitglieder einzuwirken, wenn diese versuchen sollten,den 'Arbeitsfrieden' zu brechen. Diese rechtliche Struktursteuerung der industriellen Beziehungen durch Zuordnung der Verhandlungsgegenstände zu bestimmten Verhandlungsebenen und Verhandlungsrollen sowie durch Bestimmung des Verhandlungsablaufs und der Konfliktaustragung läßt Strukturgrenzen entstehen, welche Abweichungen als Verstöße gegen Rechtsnormen erscheinen lassen und damit eine Entlastung des Verhandlungsbereichs darstellen, indem die Verhandlungspartner auf die rechtlichen Strukturgrenzen gerade gegenüber Organisationsmitgliedern verweisen können. Dieser Struktursteuerung kann so eine stabilisierende Wirkung auf bestimmte Organisationsstrukturen zugesprochen werden, indem sie die Autorität der Organisationsleitung im sektorbetonten Verhandlungs- und Konfliktverlauf stärkt.

Im Bereich inhaltlicher Normierung bezieht sich die Intervention des politischen Systems vor allem auf den Arbeitsschutzbereich und spart den Bereich der Lohn- und Gehaltsbedingungen weitgehend aus (Tarifautonomie).

Die britischen industriellen Beziehungen lassen sich abgrenzend dadurch kennzeichnen, daß eine rechtliche Strukturierung des Interaktionssystems auf Interessenorganisationsebene weitgehend entfällt. [2] Kollektiven Vereinbarungen fehlt sowohl eine normative als auch eine schuldrechtliche Verbindlichkeit. Diese wird vom Recht zwar nicht ausgeschlossen, aber auch nicht vorgegeben, weil die Rechtsprechung davon ausgeht, daß lediglich beim einzelnen Arbeitsvertrag nicht aber bei Vereinbarungen zwischen Organisationen eine rechtsverbindliche Absicht vorliegt. Dieser dem Prinzip des 'voluntarism' immanente Verzicht des staatlich-rechtlichen Systems auf heteronome Strukturbegrenzung des Verhandlungssystems wurde nicht einmal in der Periode des Industrial Relations Act ausgeschlossen, als durch eine 'disclaimer clause' Vertragscharakter der Vereinbarungen verhindert werden konnte. Nach neuerer Gesetzgebung (TULRA, 1974) wird die verfahrensrelevante Autonomie des Verhandlungssystems noch dadurch unterstrichen, daß Friedenspflicht-analoge Regelungen einer besonderen Form und ausdrücklichen kollektiven Bestätigung bedürfen, um einzelvertragliche Rechtsgeltung beanspruchen zu können. Insbesondere ist eine Illegalisierung von Arbeitskampfformen, welche einem relativ weit definierten wirtschaftlichen Ziel (trade dispute) dienen, überhaupt nur auf individueller Ebene möglich (breach of contract).

Der Verzicht des politischen Systems auf Struktursteuerung im Verfahrensbereich, welcher eine Abgrenzung von Interessenkonflikten und Rechtskonflikten erschwert, hat dazu geführt, daß industrielle Beziehungen in Bezug auf ihre wesentlichen Elemente stärker unterschiedlichen externen Einflüssen entsprechend strukturell variieren.

Die Verfahrensnormen bleiben im Bereich der industriellen Arbeitgeber-Arbeitnehmerbeziehungen und werden ressourcenbezogen gestaltet. Dementsprechend variieren sowohl die Zuordnung bestimmter Verhandlungsgegenstände zu bestimmten Ebenen, als auch die Konfliktformen, die Verhandlungsrollen und das Ausmaß der Enttäuschungsfestigkeit von Vereinbarungsinhalten. Verfahrensregelungen werden als dem Verhandlungsbereich zugehörig begriffen und dementsprechend variabel gedacht und gestaltet.

Auffallend ist die in beiden Ländern unterschiedliche Sensibilität der Interessenorganisationen gegenüber staatlichen Interventionen: Während die britischen Organisationen ein weitgehendes Mißtrauen gegenüber verfahrensbezogener Verrechtlichung bestimmt, weil ihre strukturellen Implikationen für Organisationsaufbau erkannt sind, werden verfahrensbezogene richterrechtliche Normierungen in der BRD von der Organisationsleitung kaum problematisiert, obwohl - oder gerade weil-sie mit Strukturverhärtungen einhergehen. Demgegenüber zeigen britische Organisationen eine wenn auch partielle und temporäre Konzessions- und Kooperationsbereitschaft in Bezug auf inhaltliche Normierungen, welche das politische System in Form von Einkommenspolitik in den Gestaltungsbereich industrieller Normierung einführt, während in der BRD eine aufwendige Verteidigung dessen, was als Tarifautonomie plakatiert wird, interessenverbandliches Handeln kennzeichnet.

## IV. Organisationsstrukturen und Verhandlungsstrukturen - Ansätze zur Interpretation von Interdependenzen

Der weitgehende Verzicht auf eine rechtliche Reglementierung und Sanktionierung der Verfahrensnormen im betrieblichen und überbetrieblichen Bereich beläßt in GB Gestaltungs- und Geltungsprobleme im Verhandlungsbereich betriebsbezogener und überbetrieblicher Interessenorgane der Arbeitgeber und Arbeitnehmer. Die ressourcenbezogen variierende und rechtlich kaum gesteuerte Struktur industrieller Beziehungen in GB läßt sich zur Erklärung der Besonderheiten in der Aufgabenorientierung und Organisationsstruktur des Arbeitgeberverbands heranziehen. Das beschriebene Verfahrensarrangement zur Konfliktregulierung unterliegt Wandlungen, in denen sich Unterschiede in der Konfliktfähigkeit der Arbeitnehmervertretungsebene niederschlagen: Für den Untersuchungszeitraum (nach 1965) ist zunächst festzustellen, daß den industriellen Verfahrensnormen eine Indikatorfunktion zugemessen wurde: Ihre konfliktregulierende Wirkung wurde zu einem wichtigen Bewertungskriterium britischer industrieller Beziehungen. Untersuchungen und öffentliche Stellungnahmen zu verfahrenswidrigen und nichtgewerkschaftlichen Arbeitskämpfen (unconstitutional und unofficial strikes)thematisierten Geltungsdefizite in den Verfahrensregelungen als Schwäche des Systems industrieller Beziehungen und verlangten entsprechende Korrekturen. Ließen sich nicht-gewerkschaftliche Streikbewegungen in der BRD lange ignorieren bzw. nachträglich in offizielle Konfliktabläufe integrieren, so wurden in GB nicht-gewerkschaftliche Streiks als nicht-verfahrenskonforme

Streiks Gegenstand von Erörterungen, welche auf eine Behebung bestimmter Streikursachen, eine Änderung der industriellen Verfahrensregelungen oder auch auf eine wirksame Illegalisierung der verfahrenswidrigen Streiks abzielten. Dabei wurde von Befürwortern einer Verrechtlichung problematisiert, daß die einzelnen Verfahrensschritte selbst Gegenstand arbeitskampfbezogener Auseinandersetzungen wurden, insofern als die Benutzung von Verfahrensregelungen selbst bereits zum Verhandlungsgegenstand wurde. Die Kritik an der hierarchischen Konfliktregulierung wurde von gewerkschaftlicher Seite als Kritik an der arbeitgeberlastigen Formalstruktur des Verfahrens formuliert. In der metallverarbeitenden Industrie gestattete eine 'status-quo-clause' lediglich den Arbeitgebern nicht aber den Arbeitnehmern Änderungen der Arbeits- und Lohnbedingungen vor Abschluß des Verfahrens. Das einseitige Stillhaltegebot wurde als realitätsferne Grenzziehung zwischen Dispositionsbefugnis der Arbeitgeber und gewerkschaftlicher Verhandlungsmöglichkeit interpretiert. Die Aufkündigung der geltenden Verfahrensregelung durch die sektorale Arbeitnehmervertretung (CSEU) erfolgte 1971 vor allem unter dem Eindruck einer drohenden staatlichen Intervention durch Rechtsschutz für die bestehenden 'dispute procedures', welche eine staatlich-rechtliche Interventionsmöglichkeit in den Verfahrensbereich begründet hätte. Der Abbruch der Verfahrensregelung beschleunigte einen Strukturwandel der Arbeitgeberorganisationen in der metallverarbeitenden Industrie. Faktische Konsequenz der Unterbrechung der Verfahrensregelung war nämlich eine Reduktion der Anzahl derjenigen Konfliktfälle, welche auf Fachspitzenebene behandelt wurden. Demgegenüber behielten die regionalen Verbände trotz offizieller Aufkündigung der Verfahrensregelungen weiterhin ihre Bedeutung für die tatsächliche Konfliktregulierung: Arbeitgeberrepräsentanten wurden bis zur Regionalebene mit der Konfliktregulierung befaßt, eine Hinzuziehung der Fachspitzenebene entfiel weithin. Diese Regelung, welche unter Effizienzgesichtspunkten günstig beurteilt wurde, konnte - nachdem durch Rücknahme des Industrial Relations Act die staatliche Verrechtlichungsdrohung entfiel - formell durch ein neues Verfahren bestätigt werden (1976), insofern als darin die Fachspitzenebene aus der Konfliktregulierung auch offiziell weitgehend ausgeklammert blieb.

Versuche der Fachspitzenebene für den Funktionsverlust durch geringeren Anteil an der Konfliktregulierung und abnehmende Relevanz der Regelung von Lohn- und Arbeitsbedingungen auf sektoraler Ebene Ausgleich zu finden, werden dadurch erschwert, daß Aufgabenstellungen, welche auf sektoraler Ebene adäquat generalisierbar und nicht auf die Ebene des Regional- oder Dachverbands wirkungsvoller übertragen werden können, schwer aufzufinden sind.

Die beschriebene Funktionsverlagerung von der Zentral-auf die Regionalebene erscheint den mit der Mitgliedschaftsfrage befaßten Großunternehmen insofern problematisch, als auf der Ebene des Regionalverbandes nicht diejenigen Koordinationsleistungen möglich sind, die eine Unternehmensleitung für erforderlich hält, welche die Rationalisierungsvorteile eines 'company-wide-bargaining' wahrnehmen möchte. Die regionale Ebene 'unterbietet' dementsprechend die für Großunternehmen notwendigen Generalisierungsleistungen: Die verbandsbezogene Konfliktregulierung auf Regionalebene erreicht nicht die unternehmensbezogene Verhandlungsebene. Dementsprechend konkurrieren die faktische Regionalisierung des Verbands mit auf dieser Ebene leistungsfähigen Verbandsorganisationen mit dem Zentralisierungsversuch der industriellen Beziehungen in 'multiestablishment-companies', welche die relative Strukturautonomie der industriellen Beziehungen unternehmensbezogen ausfüllen wollen.

Hinzu kommt, daß die staatliche Einkommenspolitik - soweit sie korporativ legitimiert ist - auf der Ebene des gemischt-gewerblichen Dachverbandes durch Direktmitgliedschaft eher beeinflußbar scheint, als wenn der Unternehmenseinfluß durch Proporzrücksichten in den Repräsentationsgremien des Fachspitzenverbandes zusätzlich gefiltert wird.

Im westdeutschen Verband ist die Fachspitzenebene (Gesamtverband) primär Koordinationsgremium für inhaltsbezogene verbandliche Tätigkeit. Ihre funktionale Bedeutung erhält sie bei formaler Eigenständigkeit der Regionalverbände insbesondere als

Gegenorganisation zur metallindustriellen Einzelgewerkschaft, die auf Industrieebene organisiert ist. Letztere ist insgesamt in der Lage, eine weitgehend zentral geplante Tarifpolitik einheitlich durchzusetzen. Arbeitgeberrepräsentation muß deshalb, will sie nicht Verhandlungsvorteile einräumen, zu einer Koordinierung der Interessenvertretung finden, welche die bestehenden Interessendivergenzen (Unternehmensgröße, Branchenzugehörigkeit, Lohnstruktur, Stellung im Konjunkturablauf) entlang der geltenden formalen Vertretungsstrukturen zum Ausgleich bringt.

Beobachtbar ist eine Zentralisierung der Verhandlungsführung auf Fachspitzenebene bei Fortbestand eines nachträglichen Zustimmungszwangs auf Regional- und Lokalebene durch die Verbandsmitglieder. Insgesamt läßt sich also eine faktische Aufgaben- und Kompetenzverlagerung von der Regionalebene auf die Fachspitzenebene beobachten, eine Zentralisierung, welche nur insoweit auf Dauer gestellt werden kann, als sie den Mitgliedern gegenüber unter Effektivitätsgesichtspunkten legitimiert werden kann. Diese Entwicklung wird verstärkt durch die gewachsene Bedeutung der Tarifabschlüsse für das Effektivlohnniveau und die Verlagerung tarifpolitischer Aktivitäten auf effektiv gültige Lohnrahmen- und Manteltarifbestimmungen.

Potentielle Verhandlungsvorteile einer zentralisierten Industriegewerkschaft im Rahmen einer verrechtlichten Verhandlungsstruktur können auch für den hohen Organisationsgrad bei gleichmäßiger Repräsentationsstruktur verantwortlich gemacht werden. Der bekannte Fall eines in der BRD gelegenen amerikanischen Automobilunternehmens, welches die Verhandlungen um einen Firmentarifvertrag durch seinen Beitritt zum Arbeitgeberverband unterbrechen konnte, weil ihm nunmehr der Schutz durch die Friedenspflicht aus dem Verbandstarif zugute kam, zeigt, welche Vorteile dem Arbeitgeber durch eine Verbandsmitgliedschaft entstehen. Führt die Gewerkschaft den Streik nämlich trotzdem durch, so haftet sie u.a. wegen Verletzung der Friedenspflicht, die nicht nur dem Tarifpartner, sondern auch dessen Mitgliedern gegenüber besteht. Weiterhin bewilligt die herrschende arbeitsrechtliche Meinung dem einzelnen Arbeitgeber, daß er infolge seiner Koalitionsfreiheit als Verbandsmitglied auch nach Ablauf der Friedenspflicht nicht dazu gezwungen werden kann, allein mit der Gewerkschaft einen Firmentarifvertrag abzuschließen. Dementsprechend entfällt auch ein Zwang zu einer 'Öffnungsklausel', die Firmentarifverträge mit einzelnen tarifgebundenen Arbeitgebern zuläßt. Unternehmen erhalten also durch eine Mitgliedschaft in Arbeitgeberverbandsorganisationen die Möglichkeit, Verhandlungen in verbandsbezogene Interaktionsstrukturen zu überführen. Diese schützen infolge staatlich-rechtlicher Normierung vor einer Isolierung im Arbeitskampffall, insofern als nunmehr arbeitskampfbezogene Konflikte Auseinandersetzungen zwischen Verbandsorganisationen darstellen und unternehmensbezogene Arbeitskampfmaßnahmen mit Gegenmaßnahmen der Arbeitgeberorganisationen beantwortet werden können, für die rechtlich definierte Verfahrensnormen bestehen.

Die hier nur ansatzweise darstellbaren Unterschiede in den industriellen Beziehungen beider Länder lassen erkennen, daß nicht nur Organisationen und Gegenorganisationen einander entsprechende Strukturen aufweisen, sondern daß sich die Organisationsstrukturen auf Verhandlungsstrukturen beziehen lassen, welche entsprechend den unterschiedlichen Steuerungs- und Integrationskonzeptionen der politischen Systeme variieren.

1) Zu den Verfahrensnormen in der britischen metallverarbeitenden Industrie vergl. insbes.:
Hyman, Richard: Disputes Procedures in Action, London 1972 und Singleton, Norman: Industrial Relations Procedures, London 1975

2) Hepple, B.A. und O'Higgins, Paul: Encyclopedia of Labour Relations Law. Vol. 1, London 1972 ff.

Hajo Funke
Eckart Hildebrandt
Christof Watkinson

## Ein neues tarifpolitisches Konzept - Interessen der Metaller am Absicherungstarifvertrag

In der Diskussion der letzten Jahre um die Entwicklung der betrieblichen und gewerkschaftlichen Interessenvertretung tritt zunehmend die Hypothese in den Vordergrund, daß, ausgelöst von der Krise und Rationalisierung sowie der relativen Erfolglosigkeit bisheriger staatlicher Beschäftigungs- und gewerkschaftlicher Rationalisierungsschutzpolitik, eine Verschiebung der Inhalte und des Verhältnisses von betrieblicher und überbetrieblicher Arbeitspolitik stattgefunden habe. Dafür werden Begriffspaare gesetzt wie "alte und neue" Tarifpolitik, Übergang von "quantitativer zu qualitativer" Tarifpolitik, von einer "reproduktionsbezogenen" Politik zu einer "produktionsbezogenen" Politik, die den Einsatz der Arbeitskraft und Produktionsmittel im betrieblichen Produktionsprozeß thematisiert.

Als Indiz dieser Verlagerungsthese gelten der gesamte Komplex der Humanisierung der Arbeit, der LRTV II der IGM in Nordwürttemberg-Nordbaden im Bereich der Tarifpolitik, die Tarifbewegeungen der IG Druck und Papier, der NGG und der IGM 1978, sowie im Bereich betriebsbezogener Konflikte die Streikwelle 1973 und insbesondere einzelbetriebliche Auseinandersetzungen in der Automobilindustrie.

Will man über eine reine, auf die definitorische Aufzählung von Forderungen beschränkte Beschreibung der Verlagerung hinausgehen, so muß in einem ersten Schritt die innere Beziehung zwischen den verschiedenen Forderungen bestimmt werden. Sonst besteht die Gefahr, einen aus der inneren Struktur der Lohnarbeit gegebenen Zusammenhang terminologisch zu zerreißen und damit in der Praxis Erkenntnisblockierungen zu provozieren ("Qualitative Tarifpolitik betreiben wir schon seit 100 Jahren".) In einem zweiten Schritt können dann die Veränderungen betrieblicher und außerbetrieblicher Bedingungen und ihre wechselseitigen Auswirkungen auf die Arbeitspolitik adäquat analysiert werden.

Das schließt ein, daß einige aktuell diskutierte Annahmen der Industriesoziologie über die Funktionalität des dualen Systems der Interessenvertretung und dessen Implikationen auf die Gewerkschaftspolitik (Flexibilitäts- und Selektionsfunktion zugunsten des Kapitalverwertungsprozesses; vgl. Projektgruppe Gewrkschaftsforschung am IFS/Frankfurt) erneut zur Diskussion gestellt werden - ebenso wie zentrale Aussagen zur Interessenlage der Beschäftigten, eine eine dominante Lohnorientierung, instrumentelles Arbeitsverhalten und Gleichgültigkeit gegenüber dem konkreten Arbeitsinhalt unterstellen.

Ein geeigneter Ansatzpunkt, um einerseits die sogenannte traditionelle Orientierung betrieblicher und gewerkschaftlicher Interessenpolitik in ihren Differenzierungen aufzunehmen und die Verknüpfung mit dem arbeitsbezogenen Interesse der Arbeitsgestaltungspolitik und der betrieblichen Interessenlage der Beschäftigten herzustellen, bietet der "Tarifvertrag zum Schutz der Eingruppierung und Verdienstsicherung bei Abgruppierung" der IG Metall in NW/NB und dessen betriebliche Resonanz.

Die folgenden Bemerkungen stützen sich auf eine am IIVG des Wissenschaftszentrums Berlin durchgeführten Vorstudie, deren vorläufige Ergebnisse des Status empirisch geleiteter Hypothesen besitzen.

Wir wollen im folgenden in drei Schritten versuchen aufzuzeigen, inwieweit die Konzeption dieser Tarifpolitik eine adäquate Antwort auf die von Rationalisierungsprozessen betroffenen Beschäftigten der metallverarbeitenden Industrie und ihrer betrieblichen Interessenlage darstellt.

1. Ursachen und Formen der Abgruppierung sowie ihre sozialen Auswirkungen auf die Beschäftigten;
2. Die Konzeption des Absicherungstarifvertrages. Trifft sie zentrale Elemente betrieblicher Belastungen durch Rationalisierung?
3. Zu den betrieblichen Interessen der Beschäftigten.

## I. Der Abgruppierungstatbestand

Unternehmerische Strategien zur Senkung der betrieblichen Lohnquote zielten in den siebziger Jahren insbesondere auf die Verminderung der Lohnsumme ab, erstens durch Beschäftigtenabbau in den verschiedenen Formen, zweitens durch die Senkung des Eingruppierungsniveaus über die Einführung neuer Produkt- und Produktionstechnologien sowie die Änderung der Arbeitsorganisation und Arbeitsumwelt. Dies ist weniger als eine direkte und dominante Strategie zu verstehen, sondern als Bestandteil einer umfassenden Rationalisierungsstrategie, die auf den Aufbau eines integrierten, kontinuierlichen und flexiblen Produktionsprozesses und eine entsprechende intensive Nutzung, betriebliche Anpassung und Kontrolle der Arbeitskräfte gerichtet ist.

Die Lohn-/Gehaltseingruppierung erfolgt anhand der bestehenden Systeme der Arbeitsplatzbewertung. In NW-NB wird zu 80 % die analytische Arbeitsplatzbewertung angewandt. Sie ist unabhängig von der Person, sondern gebunden an den technisch-organisatorischen Ablauf der Arbeit und die Art und Umgebung des Arbeitsplatzes. Nicht Veränderungen, die in der Person des Arbeitnehmers begründet liegen (z. B. Qualifikation, Leistung, Alter), bestimmen eine Änderung der Eingruppierung, sondern Veränderungen der Arbeitsplatzanforderungen bzw. Arbeitsplatzwechsel. Sie liegen fast uneingeschränkt im Dispositionsbereich der Unternehmensseite.

Die Ankoppelung des Lohnsystems an die betriebliche Organisation der Arbeit hat in den vergangenen Zeiten größerer ökonomischer Stabilität zu einem langfristigen Anstieg des Eingruppierungsniveaus geführt. Als Resultat betrieblicher bargaining-Prozesse basierte dieser Anstieg zunächst auf dem breiteren ökonomischen Spielraum der Betriebe, denen an einem konfliktfreien Funktionieren des betrieblichen Arbeitsprozesses gelegen war. Aufgruppierungen über Arbeitsplatzwechsel und Honorierung gestiegener betrieblicher Erfahrungen bestimmten die Einstellung zum Lohnsystem in dieser Phase.

Zwar stieg das Eingruppierungsniveau auch nach Einsetzen der Krise, doch ist zu vermuten, daß dies auf den überproportionalen Beschäftigtenabbau in den unteren Lohngruppen zurückzuführen ist. Aufgruppierungen aufgrund steigender Qualifikationsanforderungen mit der

Einführung neuer Technologien spielten dabei - wie gerade im Rahmen von HdA-Experimenten argumentiert wird - keine entscheidende Rolle. Die Stammbelegschaften konnten trotz der stetigen, z. T. "schleichenden" Rationalisierung und sukzessiven Anforderungsverminderungen bis Mitte der siebziger Jahre ihr Eingruppierungsniveau halten.

Die Realisierung der Abgruppierungsmöglichkeiten aufgrund zunehmender Senkung der bewerteten Anforderungen und Belastungen, hing primär von den ökonomischen Rahmenbedingungen und den betrieblichen Kräfteverhältinissen ab. Es kann gesagt werden, daß mit Ausnahme breiter Produktinnovationen im Bereich der Großserienproduktion (Mikroprozessoren in der Elektroindustrie) ein sinkendes Anforderungsniveau bisher nicht zwangsläufig, sondern eher in Ausnahmefällen zu einer Veränderung der Arbeitsplatzeinstufung geführt haben.

Erst mit dem Einsetzen ausgeprägter Branchenkrisen, unter denen die Formen der Lohnsummensenkung auch um den Preis konfliktreicherer Arbeitsbeziehungen betrieblich durchgesetzt wurden, stellte sich der im Lohnsystem verankerte Zusammenhang von Anforderungssenkung und Lohnsenkung direkt her. Da das Lohnsystem insbesondere dann eine Möglichkeit zur Abgruppierung bietet, wenn es gelingt, die Anforderungen im Bereich der Qualifikation und Belastung zu senken, steckt in ihm ein Anreiz zur Dequalifiktation als auch zur Verringerung insbesondere der physischen hochbewerteten Belastungen. Beides sind dominierende Tendenzen in den unterschiedlichsten Rationalisierungsprozessen der metallverarbeitenden Industrie, die z. T. auch unter dem Mantel der Humanisierung der Arbeit stattgefunden haben.

Aus dem Zusammenhang von Rationalisierung und betrieblicher Personalpolitik in einer Phase verschärfter ökonomischer Konkurrenz lassen sich fünf z. T. miteinander verknüpfte Abgruppierungstypen unterscheiden:

a) Arbeitswertsenkung aufgrund der Einführung neuer Technologien, z. T. verbunden mit neuer Arbeitsorganisation (größtenteils Verringerung der aktiven Anforderungen "Können", "Verantwortung", so bei Teilautomatisierungsprozessen durch NC-, CNC- und andere Automaten, Verkettung der Produktionsprozesse, Verwendung elektronischer Bauteile).

b) Verminderung von Arbeitsbelastungen durch punktuelle HdA-Maßnahmen (insbesondere Lärmschutz).

c) Abgruppierung bei Produktionseinschränkungen, indem Eingruppierungsbonusse aus Zeiten der Hochkonjuktur durch zunehmende bzw. verschärfte Zeitaufnahme und Neubewertung "abgespeckt" werden.

d) Entlassung und spätere Neueinstellung in niedriger Lohngruppe im Zuge konjunktureller Beschäftigungsschwankungen.

e) Abgruppierung durch Versetzung auf einen leichteren Arbeitsplatz wegen Verschlechterung des individuellen Leistungsvermögens bzw. Gesundheitszustandes.

Über die quantitative Verbreitung dieser Abgruppierungstypen lassen sich - ebenso wie über die primär betroffenen Arbeitnehmergruppen - keine exakten Aussagen wohl aber Trends und Schwerpunkte angeben.

Die spektakulärsten Abgruppierungen sind in der Elektroindustrie (sowie Uhren- und Datenverarbeitungsindustrie) erfolgt. Produktionsumstellungen von mechanischen auf elektronische Bauteile im Bereich der Großserienproduktion (Beispiel Bosch, SEL, Siemens, Abgruppierungstyp a) haben zu massivem Beschäftigungsabbau sowie zu ebenso massiven Abgruppierungen durch innerbetriebliche Umsetzungen und Verminderung der aktiven Anforderungen (Können und Verantwortung in fast allen Lohngruppen geführt. Facharbeiter im Werkzeugbau und in der Vorfertigung als auch ungelernte Frauen in der Montage waren betroffen.

Im Maschinenbau dominiert ebenfalls der Abgruppierungstyp a) durch Teilautomatisierungsprozesse (NC-Maschinen), jedoch in erheblich geringerem Ausmaß. Aufgrund der Produkt- und Fertigungsstruktur spielen die Rationalisierungsgewinne durch Personalkosteneinsparungen eine untergeordnete Rolle im betrieblichen Kalkül. Sofern sie innerbetrieblich nicht verhindert werden konnten, waren auch Facharbeiter

beiter von Abgruppierungen bedroht/betroffen. Hier liegt in Zukunft ein stetiges, konjunkturabhängiges, wenngleich nicht als Massenprozeß erscheinendes Abgruppierungspotential.

In der Automobilindustrie sind Abgruppierungen aufgrund der Branchenkonjunktur nur in geringem Ausmaß zu verzeichnen. Abgruppierungstyp b) "Verminderung der Arbeitsumgebungsbelastungen durch punktuelle HdA-Maßnahmen" tritt etwa gleich häufig als Bedrohung auf wie der Typ a) "Neue Technologien, Arbeitsorganisation". Mehrheitlich konnten bisher Abgruppierungen durch Veränderung der Arbeitszusammensetzung kompensiert werden.
Die Einführung von EDV-Systemen hat zu Abgruppierungen und Bedrohungen in allen drei Branchen geführt, von denen insbesondere auch die Angestellten betroffen waren.

Die gesundheitsbedingten Abgruppierungen (Typ e) treten relativ zahlreich in allen Branchen auf. Sie werden aber auf betrieblicher Ebene kaum als solche wahrgenommen, sondern als individuelles Leistungs-/Gesundheitsproblem interpretiert.
Die Alterssicherung im Lohnrahmen II, Prozesse der Frühverrentung, individueller Stellenwechsel, Neuzusammenstellung der Arbeitsplätze sowie vereinzelte Betriebsvereinbarungen zum Schutze von Leistungsgeminderten überdecken häufig diese individuell erscheinenden Abgruppierungen.

Für alle drei Branchen gilt, daß die Möglichkeit zur Abgruppierung erheblich größer ist, als sie bisher innerbetrieblich durchgesetzt wurde. Eine Verschlechterung der ökonomischen Lage in den jeweiligen Branchen/Betrieben und eine damit einhergehende mögliche innerbetriebliche Machtverschiebung zugunsten der Kapitalseite, könnte aus der bisherigen Bedrohung eine Realität werden lassen.

Entgegen der verbreiteten Ansicht, daß Abgruppierungen ein Problem der Facharbeiter seien, ist festzuhalten, daß die verschiedenen Abgruppierungstypen in den untersuchten drei Branchen die Facharbeiter, Angelernte und auch Ungelernte betreffen, Frauen ebenso wie Männer. Eine begrenzte Ausnahme gilt für ausländische Arbeitnehmer, sofern sie eine zeitlich eng begrenzte

Arbeitsperspektive in der Bundesrepublik haben.

Die negativen Auswirkungen betrieblicher Rationalisierungsprozesse auf die Arbeitnehmer lassen sich bezüglich der Abgruppierungsbedrohung wie folgt zusammenfassen:

- Einkommensverlust durch Lohn-/Gehaltsabgruppierungen, öfters verstärkt noch durch den Wechsel von Akkord auf Zeitlohn im gewerblichen Bereich;
- Dequalifikation durch verstärkte Arbeitsteilung und Einführung neuer Technologien;
- erhöhter Gesundheitsverschleiß durch arbeitsintensivierende Maßnahmen bei individualisiertem, monetärem, sozialem und gesundheitlichem Risiko;
- gestiegene individuelle Unsicherheit, reduzierte Planungskompetenz und Verhaltensmöglichkeiten der Arbeitnehmer bezüglich Arbeitsplatzsicherheit, Sicherheit des spezifischen betrieblichen Arbeitsplatzes und der daran gebundenen Kommunikationsstruktur, der abgefragten Fachqualifikation und des Einkommens;
- erhöhte Leistungsverausgabung durch Strategien individueller Konkurrenz zur Sicherung des spezifischen Arbeitsplatzes.

Neben den ökonomischen Rahmenbedingungen und dem einzelbetrieblichen Kräfteverhältnis sind die bestehenden Regelungs- und Schutzmechanismen einerseits, die subjektiven, individuellen und kollektiven Verarbeitungsprozesse von Rationalisierung andererseits ausschlaggebend für Ausmaß und Folgen der Abgruppierungen.

## II. Das Konzept des Absicherungstarifvertrages

Die Durchsetzung eines sicheren und kontinuierlich steigenden Einkommens war mit Einsetzen der Krise im metallverarbeitenden Bereich durch Entlassungen, durch die Flexibilisierung der individuellen Arbeitszeit, durch die Intensivierung der Arbeit bei stagnierenden Realeinkommen für einen Großteil der Gewerkschaftsmitglieder unterlaufen. Dazu kam nun der Mechanismus der Abgruppierung, der zu einem entscheidenden Bruch im Selbstverständnis der Beschäftigten führen mußte. Der Lohnstatus der Beschäftigten war in der Periode des Wachstums dadurch gekennzeichnet, daß an einem sicheren Arbeitsplatz ein sicheres Einkommen zu erzielen war und daß Möglichkeiten der Erhöhung des Einkommens und auch der Veränderung der Tätigkeit durch innerbetrieblichen Arbeitsplatzwechsel, durch Weiterbildung möglich war. Es existierte ein breites Spektrum individueller Lohnsteigerung und der Realisierung individueller Leistungen und Fähigkeiten. Mit der Krise wurde diese Beweglichkeit entscheidend eingeschränkt. Für einen Teil der Beschäftigten drohte die Karriere nach unten durch Abgruppierung auf niedriger bezahlte, geringer qualifizierte Arbeitsplätze mit monotonen, unbefriedigenden Arbeitsinhalten, im Extremfall in die Arbeitslosigkeit.

Auf diese spezifische Bedrohung des Einkommenstatus der Beschäftigten und ihrer Folgen mußte gewerkschaftliche Lohnpolitik antworten. Sie entwickelte als Ergänzung der zentralen Tariflohnerhöhung eine personenbezogene Einkommenssicherung. Der Ausgangspunkt besteht darin, durch die Absicherung der Eingruppierung das einmal erreichte individuelle Grundlohnniveau festzuschreiben. Im Entwurf des Absicherungstarifvertrages drückt sich diese "Zwischenstufe für eine neue Lohnkonzeption" in folgenden Elementen aus:

1. Die Sicherung der individuellen Eingruppierung für Arbeiter und Angestellte (individuelle Sicherung).
2. Die Sicherung des Lohn- und Gehaltsgruppenniveaus des Betriebes anahnd einer betrieblichen Eingruppierungsniveau-Kennzahl (kollektive Absicherung).

3. Eine Bestimmung zur Aufgruppierung bei Unterschreiten der Eingruppierungsnieveau-Kennzahl nach den Kriterien des Alters und der Dauer der Betriebszugehörigkeit im Bereich der unteren Lohngruppen.

4. Die periodische Information des Betriebsrates und die Beratung mit dem Betriebsrat über die betriebliche Lohnstruktur (Tarifstatusbericht).

In der analytischen Arbeitsplatzbewertung findet eine Verknüpfung von betrieblichen Anforderungen (den konkreten Ausofrmungen angeforderter Kenntnisse, Fähigkeiten, Geschicklichkeit und den arbeitsplatzbezogenen Belastungen) mit der Lohnhöhe statt. Durch die Festschreibung des einmal erreichten Eingruppierungsniveaus unabhängig von einer Veränderung der Anforderungen wird dieser Zusammenhang von Anforderung und Entlohnung partiell aufgehoben. Für den Fall, daß Veränderungen des betrieblichen Produktionsprozesses zu einer Senkung der Anforderungen am Arbeitsplatz führen, wird gemäß dem Tarifvertragskonzept das Prinzip der Anforderungsbewertung ersetzt durch das Prinzip der Sicherung eines einmal erworbenen persönlichen Besitzstandes. Damit wird die für die Wachstumsphase gängige Fassung von Leistungsgerechtigkeit - in der Form der Differenzierung nach den Anforderungen des Einzelarbeitsplatzes - partiell ersetzt durch ein Prinzip der Leistungsgerechtigkeit, das sich auf persönliche Leistungspotentiale und das einmal erreichte Leistungsniveau des Einzelnen bezieht. Zum anderen werden dadurch Fragen der Gestaltung und (indirekten) Kontrolle des Arbeitsprozesses angerissen.

Ohne auf das durchgesetzte Tarifergebnis in seinem Kompromißcharakter hier eingehen zu können, wird bereits mit der gewerkschaftlichen Diskussion der Forderungskonzeption deutlich, daß die analytische Arbeitsbewertung in den entscheidenden Punkten der Einkommenssicherung, der Qualifikationssicherung und der Leistungsbewertungskriterien zu verändern ist.

Im folgenden soll insbesondere der Gesichtspunkt verfolgt werden, inwieweit sich die Konzeption der Einkommenssicherung mit ihrer Problematisierung der arbeitsplatzbezogenen Arbeitsverausgabung auf die betrieblichen Rationalisierungserfahrungen und ihre Verarbeitung bei den Beschäftigten beziehen konnte.

## III. Zur Interessenlage der Beschäftigten

Kennzeichnend für die Konzeption der Besitzstandssicherung ist, daß über den Hebel der Einkommenssicherung weitergehende Elemente thematisiert wurden, die aus den Rationalisierungserfahrungen stammend das unmittelbare Lohninteresse der Beschäftigten erweitern. Dabei kann keineswegs von einer eindeutigen Interpretationslinie der Rationalisierungsprozesse im Bewußtsein der Beschäftigten ausgegangen werden, vielmehr finden Verschiebungen in der Wahrnehmung, Erkenntnissperren und Umgewichtungen statt.
Wir wollen hier nur einige kaum strukturierte Grundinterpretationszüge benennen.

Eine Arbeitshypothese ist, daß die betrieblichen Rationalisierungserfahrungen der Stammbelegschaften (deutsche Männer, mittlere und obere Lohngruppen) ein arbeitsbezogenes Interesse gerade dort reaktualisieren, wo die Organisation der Arbeit, der betriebliche Arbeitskräfteeinsatz und die angewandten Lohnsysteme eher ein instrumentelles Arbeitsverhalten, Gleichgültigkeit gegenüber dem konkreten Arbeitsinhalt und eine dominante Lohnorientierung vermuten lassen.

Der gegenwärtige technische und arbeitsorganisatorische Rationalisierungsprozeß wird von den befragten Produktionsarbeitern als sukzessive Realsierung von Einzelmaßnahmen wahrgenommen, deren Zusammenhang und Folgewirkungen erst im Nachhinein sichtbar werden. Informationen über Ausmaß, Zeit, Qualifikation, Belastungs- und Beschäftigungsfolgen fehlen weitgehend, so daß die Veränderungen der Einzelarbeit als Bestandteil einer technisch-ökonomischen Ojektivität erfahren und interpretiert werden. Die Rationalisierung erhält im Betrieb eine Rationalität und einen Zwangscharakter, der Interessen an der Veränderung des eigenen Arbeitsplatzes unmöglich erscheinen läßt. Diese Erfahrung wird verstärkt in die Zukunft projiziert.

Der isolierende, Kommunikation erschwerende Effekt von Rationalisierungsmaßnahmen und Leistungsverdichtung haben in den letzten Jahren zu einer weithin beklagten Reduktion der betrieblichen Alltagskommunikation geführt. Individuelle Orientierungsmöglichkeiten und kollektiver Erfahrungsaustausch über die Arbeitssituation wurden beschnitten. Dominierend ist der Zwang zur Hinnahme vorgegebener Produktionsanforderungen, der verhindert, ein mehr als nur punktuelles Verständnis des Rationalisierungsprozesses zu entwickeln, um ihm die eigenen Interessen bewußt gegenüberzustellen.

Entwickelte Erfahrungen mit alternativen betrieblichen Handlungsmöglichkeiten existieren kaum, damit verstärkt sich der Druck zu individualisierten Anpassungsleistungen. Auf der individuellen Seite besteht z. B. das alltägliche Dilemma, einerseits das oft erhöhte Arbeitspensum zu schaffen, andererseits sorgfältig zu arbeiten unter Einhaltung der Sicherheitsnormen. Die tendenzielle Erfolglosigkeit des Bemühens, dieser Situation auf Dauer zu entgehen durch wiederholt konstruktive Kritik z. B. an der Materialqualität, den Vorgabezeiten usw., die von der Unternehmensseite nicht berücksichtigt wird, fördert eine passive Hinnahme der widersprüchlichen Anforderungen. Verschärfte Arbeitsmarktbedingungen haben zudem eine Angst erzeugt, die eine weitere rationale Kritik des Dilemmas weitgehend unterbindet, es gilt, " die Klappe zu halten" und "den Ärger in sich reinzufressen". Das führt zu einer latenten, diffusen Aggressivität, die häufig nach innen gewendet wird und psychosomatische Gefährdungen erzeugt. Bei verengten individuellen Gegenwehrmöglichkeiten kann dieser verinnerlichte Isolierungsprozeß zu einer gleichsam situationserzwungenen Verschiebung der Wahrnehmung führen, die zwar noch die Ursachenbenennung der erschwerten Arbeitssituation erlaubt (ökonomisches Betriebsinteresse), dennoch jedoch mangels einer alternativen Perspektive, die Beeinträchtigung eigener materieller Interessen durch eine subjektive Schuldzuschreibung zu bewältigen versucht. Dies wiederum bedroht die verbliebenen Reste betrieblicher Alltagskommunikation.

Mit dem pragmatischen Anpassungsprozeß an die betrieblichen Anforderungen ist einerseits die weitgehende Unfähigkeit verknüpft, problemadäquate Interpretationen des Rationaliesierungsprozesses über den eigenen Arbeitsplatz hinaus zu entwickeln, andererseits existiert damit eine Offenheit zur unreflektierten Übernahme unternehmerischer Interpretationsmuster.

Unter dem Gesichtspunkt der Offenlegung, aerarbeitung und Weiterentwicklung von Erfahrungen traf das Absicherungskonzept insofern auf einen sehr sensiblen Punkt, als es potentiell in der Lage war, die Sperren der subjektiven Schuldzuschreibung, der ohnmächtigen Sprachlosigkeit, der Bewältigung der Existenzangst durch Schweigen aufzubrechen. Dadurch, daß der Tarifvertragsentwurf Abgruppierungen als kollektive Bedrohung benannte und zum kollektiven Diskussionsgegenstand machte, war der Zugang zu zentralen Interessen, Ängsten, Wünschen geöffnet.

Dies soll zunächst exemplarisch am Beispiel bedrohter fachlicher Qualifikationen im Facharbeiterbereich erläutert werden.

Rationalisierungserfahrung und Abgruppierungsdrohung haben, gerade wenn Facharbeiter betroffen waren, zu einer relativ starken Erschütterung des Selbstwertgefühls geführt. "Arbeitslosigkeit - damit haben wir schon gerechnet. Kein Facharbeiter mehr zu sein, das ist viel schlimmer." Die Bedrohung der über fachliche Qualifikationen und die Beziehung zum Produkt vermittelten Arbeitsidentität führt zuerst zu einer relativen Distanzierung zur Arbeit: "Die Arbeit, so wie sie ist, kann ein Leben nicht ausfüllen, in keiner Weise. Bei mir geht heut meine Familie vor" (Werkzeugmacher), "Ich mach halt mein Geschäft und wenn ich das fertig hab, dann geht's fort" (Reparaturschlosser), "Mit die Jahre verliert man halt einfach die Beziehung zu dem, was man macht. Ich mach's halt, fertig, aus. Das ist nur noch Geschäft" (Modellbauer).

Das scheinbar instrumentelle Arbeitsverhalten und die Gleichgültigkeit zur konkreten Arbeit drücken keine normative, stabiele Interessenlage (und damit einen Verzicht auf eine Veränderung dieser Arbeitsbeziehungen) aus, sondern verweisen zunächst nur auf individuelle Anpassungsreaktionen bei fehlender

Handlungsalternative.

Sobald der Vergleich zu früheren Zeiten gezogen wird, werden die Gründe für diese Haltung benannt:

a) die Arbeitszergliederung,
b) die Unkenntnis über den ganzen Arbeitsprozeß,
c) das Arbeitstempo, der Streß,
d) die fehlende Anerkennung durch Vorgesetzte,
e) der zunehmende Zwang der ökonomischen Verhältnisse.

Dennoch enthält die Kritik an erfahrenen Rationalisierungsauswirkungen auch Elemente einer vorgestellten Lösungsrichtung. Sie orientiert sich an einem Interesse an der konkreten Arbeit - so wie sie vorher war - und weniger an einer monetären Kompensation des fachlichen und sozialen Kompetenzverlustes.
Die Erhaltung traditioneller Facharbeiterqualifikationen und der mit ihnen verbundenen Dispositionsspielräume, verbunden mit einer erhöhten Transparenz des betrieblichen Gesamtproduktionsprozesses, wird so zur impliziten Leitfigur eigener Forderungen der Rationalisierungsgegenwehr.
Beides waren entscheidene Stoßrichtungen und Grenzen des tariflichen Konzeptes der Besitzstandssicherung.

Von der Orientierung an der fachlichen Kompetenz, so wie sie früher war, entwickelte sich bei den Metallern die Kritik an der analytischen Arbeitsplatzbewertung. Ihre Hauptpunkte sind:

1. Die Nichtbewertung "extrafunktionaler" Leistungen, die zum reibungslosen Ablauf des Produktionsprozesses notwendig und auch gefordert sind.

2. Die Nichtbewertung der persönlichen Leistungspotentiale aus Ausbildung und betrieblicher Erfahrung, die durch veränderte Arbeitsplatzanforderungen zunehmend weniger abgefordert und nicht bezahlt werden und somit langfristig verkümmern.

3. Die generelle Unterbewertung der psychischen und physischen Gesamtbelastung im Betrieb.

Mit der Abgruppierungserfahrung wird die Differenz von einerseits den persönlichen Leistungspotentialen und andererseits den betrieblich abgeforderten Leistungen und Belastungen sinnfaßbar. Da nur die letzteren bezahlt werden, stellt sich eine Verschiebung in dem Konzept der Leistungsgerechtigkeit ein. Sie wird weiter entpersonalisiert und an die betrieblichen Anforderungen gekoppelt.

Die Diskussion um den Absicherungstarifvertrag hat - wenngleich nur in vereinzelten Fällen - zu einer Diskussion um die Neugestaltung des Entlohnungssystems beigetragen, welche auf zwei Schwerpunkte abzielte:

1. eine gerelle Entdifferenzierung und
2. die Betonung personengebundener Bewertungskriterien, in die Elemente einer reproduktionsorientierten Entlohnung einflossen.

Der Absicherungstarifvertrag hat so in seiner Konzeption an den Sicherungsinteressen der Beschäftigten angeknüpft, die Möglichkeit zur weiterführenden Diskussion der Lohn-Leistungsbewertung mit eröffnet - ohne jedoch über eine versuchte Bewahrung des Status quo hinauszukommen.

Willi Dzielak
Wolfgang Hindrichs
Helmut Martens

## Gewerkschaftliche Betriebspolitik und Arbeitskampf

Dieser Beitrag thematisiert den Zusammenhang zwischen der gewerkschaftlichen Betriebspolitik einerseits und der Arbeitskampffähigkeit und dem Arbeitskampfhandeln von Belegschaften andererseits.

Wir gehen von der Überlegung aus, daß die Gewerkschaften zur wirksamen Interessenwahrnehmung die Einschränkung der Konkurrenz der Lohnabhängigen und die Auseinandersetzung mit dem Kapital sowohl auf der überbetrieblichen (sektoralen, regionalen, nationalen) wie auf der Einzelkapitalebene (Betrieb, Unternehmen, Konzern) verfolgen müssen. Dabei kann es allerdings nicht ausreichen, auf allen Ebenen präsent zu sein. Es scheint uns von zentraler Bedeutung zu sein, daß die Gewerkschaften stets den Vermittlungszusammenhang zwischen der Interessenkonstitution und den Auseinandersetzungen auf den einzelnen Ebenen herstellen.

Wie die gewerkschaftliche Entwicklung in verschiedenen kapitalistischen Industriestaaten (z.B. England, Italien und Frankreich) zeigt, besteht das bezeichnete Vermittlungsproblem unabhängig vom System der industriellen Beziehungen und Regelungen. Es darf also keineswegs als alleiniges Problem der Gewerkschaften in der Bundesrepublik gesehen werden, das etwa der hier gegebenen besonderen Formung des dualen Systems der Arbeitnehmerinteressenvertretung geschuldet wäre. Vielmehr scheint sich hierin die widersprüchliche Entwicklungslogik des Kapitals (Einzelkapital - Gesamtkapital) in spezifischer Brechung zu reproduzieren.

Als gewerkschaftliche Betriebspolitik begreifen wir jenen Sektor gewerkschaftlicher Politik, der die Interessenvertretung auf der Einzelkapitalebene zum Gegenstand hat. Unser Begriff der gewerkschaftlichen Betriebspolitik umfaßt sowohl die Politik der Interessenvertretungsorgane im Betrieb und Unternehmen als auch die auf die betriebliche Interessenvertretung bezogene Politik der außerbetrieblichen Gewerkschaftsorganisation.

Für die Gewerkschaften ist die einzelbetriebliche Ebene deshalb eine wichtige Handlungsebene,

- da sie hier auf die durch die Kapitalkonkurrenz bedingten Strategien und Maßnahmen der Einzelkapitale einwirken müssen,
- da die besondere Profitabilität bestimmter Einzelkapitale u.U. eine überdurchschnittliche Berücksichtigung von Interessen ihrer Belegschaften ermög-

licht, die nur hier realisiert werden können,
- da sich die Interessen der Beschäftigten im Betrieb konkret ausbilden und dementsprechend hier gewerkschaftlich geformt werden müssen,
- und da die Gewerkschaften nur dann Interessen vereinheitlichen und überbetriebliche Arbeitskämpfe führen können, wenn es ihnen gelingt, die durch das Kapital objektiv konstituierten Belegschaften zu gewerkschaftlich bewußten Handlungskollektiven zu formieren.

Für die gewerkschaftliche Betriebspolitik in der Bundesrepublik scheinen uns vor allem vier Defizite von erheblicher Bedeutung für die Fähigkeit der Gewerkschaften zur Wahrnehmung der Arbeitnehmerinteressen zu sein:

1. die weitgehende Vernachlässigung der Tarifpolitik als betriebspolitisches Instrumentarium: Erinnert sei hier an die weitgehend unterbliebene Umsetzung der in zahlreichen Gewerkschaftstagsentschließungen geforderten betriebsnahen Tarifpolitik durch Firmentarifverträge.
2. die Begrenzung der inhaltlichen Regelungsbereiche der gewerkschaftlichen Betriebspolitik: Hier sei daran erinnert, daß Fragen der Ausweitung der betriebsverfassungsrechtlichen Möglichkeiten und der Mitbestimmung kaum Gegenstand der gewerkschaftlichen Tarifpolitik geworden sind, während sich in bezug auf den Schutz vor Rationalisierungs- und Krisenfolgen und die Gestaltung und Verbesserung der Arbeitsbedingungen immerhin in den letzten Jahren Veränderungen erkennen lassen.
3. die starke Verselbständigung der einzelbetrieblichen Interessenvertretungsarbeit: Hier sei auf die heute schon mehrfach betonte relative Eigenständigkeit der Betriebsräte verwiesen, die das strukturelle Zentrum der Arbeitnehmerinteressenvertretung im Betrieb darstellen. Zwar sind über 80 Prozent der Betriebsratsmitglieder gewerkschaftlich organisiert, aber die Betriebsverfassung erlaubt nur einen vermittelten Einfluß der Gewerkschaften auf die Betriebsräte, und die Gewerkschaften ihrerseits haben trotz Einrichtung von Vertrauenskörpern kein hinreichend wirksames Instrumentarium zu einer stärkeren gewerkschaftlichen Einbindung der Betriebsräte geschaffen. Eine Folge hiervon sind eine häufig nur sehr vermittelte "Gewerkschaftlichkeit" der Arbeitnehmerinteressenvertretung auf der Einzelkapitalebene und damit eine starke Verselbständigung einzelbetrieblicher Interessenvertretungsarbeit und Defizite ihrer Vermittlung mit der überbetrieblichen gewerkschaftlichen Interessenvertretung.
4. Schließlich ist auf die insgesamt schwach entwickelte Partizipation der Gewerkschaftsmitglieder an der Gestaltung ihrer eigenen unmittelbaren Arbeitsbedingungen wie an der Politik der Gewerkschaft im betrieblichen und im

außer- und überbetrieblichen Bereich hinzuweisen.

Wir kommen damit zum Arbeitskampf. Der Arbeitskampf als organisierte kollektive Einstellung des Austausches von Kapital und Arbeit kann sich prinzipiell auf die einzelbetriebliche wie auf die überbetriebliche Ebene der Interessenauseinandersetzung beziehen.

In der Arbeitskampfgeschichte der Bundesrepublik lassen sich auf der Seite der Arbeitnehmer drei Typen von Arbeitskämpfen unterscheiden:

1. Offizielle gewerkschaftliche Streiks im Rahmen von Tarifrunden. Gegenstand dieser Arbeitskämpfe ist fast durchgehend die Verbesserung der Mindestnormen der Einkommens- und Arbeitsbedingungen.
2. Wellen inoffizieller Streiks (z.B. 1969 und 1973). Diese stehen durchweg im Zusammenhang mit Tarifrunden und sind dadurch charakterisiert, daß Belegschaften Defizite tariflicher Vereinbarungen einzelbetrieblich ausgleichen wollen. Dabei können spezifische betriebliche Forderungselemente in bezug auf Lohnstruktur, Arbeitsbedingungen usw. mitthematisiert werden. Die wellenförmige Ausbreitung dieser Streiks zeigt aber die überbetrieblich verallgemeinerte Problemlage an. Diese inoffiziellen Streikbewegungen in der Bundesrepublik wurden durchweg von betrieblichen Gewerkschaftskadern getragen, stießen aber bei der überbetrieblichen Gewerkschaftsorganisation zu einem erheblichen Teil auf Distanz oder sogar Ablehnung.
3. Isolierte Arbeitskämpfe von Belegschaften und Belegschaftsgruppen mit dem Ziel der Regelung spezifischer Arbeits- und Entlohnungsbedingungen dieser Kollektive. Initiatoren und Organisatoren auch dieser Arbeitskämpfe sind häufig betriebliche Gewerkschaftskader.

Insgesamt ist bekanntlich die Arbeitskampfhäufigkeit in der Bundesrepublik im Vergleich zu anderen westlichen Industriestaaten gering. Dies gilt für alle drei Typen von Arbeitskämpfen.

Thematisch sind bei den gewerkschaftsoffiziellen Tarifstreiks in den letzten Jahren entsprechend der Verlagerung des Problemdrucks sogenannte qualitative Forderungen in den Vordergrund getreten (wie z.B. Einkommenssicherung, Schutz vor Rationalisierungsfolgen, Humanisierung der Arbeitsbedingungen usw.).

Bei den Arbeitskämpfen auf einzelbetrieblicher Ebene bekamen die Abwehr von Stillegungen oder Teilstillegungen von Betrieben, von Entlassungen, von auffälligen Verschiebungen der Lohn-Leistungs-Relationen durch Arbeitsintensivierung oder lohnfindungsbedingte Verdienstminderung eine zunehmende Bedeutung.

Zu den spezifischen Bedingungen der Formen, Inhalte und Häufigkeit von Arbeitskämpfen in der Bundesrepublik zählen zunächst einmal die durch die langjährige Prosperität gekennzeichnete ökonomische Entwicklung und der im gleichen Zeitraum vollzogene Ausbau eines restriktiven Arbeitskampfrechts, das im Wege richterlicher Rechtsfindung die legalen Formen des Arbeitskampfes erheblich einschränkte, ohne allerdings das Aufbrechen einzelbetrieblicher Streiks generell verhindern zu können.

Daneben ist aber das Arbeitskampfverständnis der Gewerkschaften in der Bundesrepublik von erheblicher Bedeutung für die Entwicklung der Arbeitskämpfe. Dieses Arbeitskampfverständnis scheint auch heute noch dadurch gekennzeichnet zu sein,

- daß die Ebene einzelbetrieblicher Auseinandersetzungen nur in Ausnahmefällen als Ebene gewerkschaftlicher Arbeitskämpfe betrachtet wird,
- daß die gewerkschaftsoffiziellen Tarifstreiks als letzte, möglichst zu vermeidende Möglichkeit der Auseinandersetzung mit den Arbeitgebern angesehen werden,
- und daß daher ein strategischer Einsatz der Waffe des Arbeitskampfes im Kontext einer zielgerichteten Verwirklichung kohärenter gewerkschaftlicher Zielsetzungen unterbleibt.

Möglicherweise zeichnen sich hier bei der IG Druck und Papier und partiell auch bei der IG Metall Veränderungen hinsichtlich der strategischen Handhabung des Tarifstreiks ab. Insgesamt läßt sich aber in bezug auf die Entwicklung der Arbeitskampfverhältnisse in der Bundesrepublik festhalten, daß die üblichen Gegenstände gewerkschaftlicher Betriebspolitik von den Gewerkschaften nicht als offiziell arbeitskampffähig behandelt werden. Offiziell kaum arbeitskampffähige Betriebspolitik und offiziell arbeitskampffähige Tarifpolitik erscheinen als voneinander getrennte Bereiche gewerkschaftlicher Politik. Die Gewerkschaften stellen die Vermittlung zwischen ihnen nicht systematisch her. Sie ergibt sich vielfach ungeplant, gleichsam naturwüchsig (wie z.B. der betrieblich ausgehandelte Einkommens-"Nachschlag" im Anschluß an die Tarifrunde zeigt).

In den gewerkschaftlichen Tarifarbeitskämpfen wie auch in den Bewegungen inoffizieller Streiks stellen sich aber faktisch bestimmte Zusammenhänge von Betriebspolitik und überbetrieblich verallgemeinerter Politik (insbesondere Tarifpolitik) her. Dies ist bereits dadurch bedingt, daß mindestens tendenziell der unmittelbare Gegner einer im Rahmen eines Tarifarbeitskampfes streikenden Belegschaft identisch ist mit dem Gegenspieler bei den alltäglichen betrieblichen Auseinandersetzungen. Generell läßt sich feststellen, daß die konkrete Struktur gewerkschaftlicher Betriebspolitik sowohl in der einzelbetrieblichen als auch in der einzelgewerkschaftlichen Ausprägung Arbeitskampffähigkeit und Form der Streikführung erheblich beeinflußt, wie umgekehrt ein Arbeitskampf stets Wirkungen auf Struktur und Politik betrieblicher Arbeitnehmerinteressenvertretung und betriebsbezogener Gewerkschaftspolitik hat.

Einige Beispiele aus unseren Streikuntersuchungen mögen das illustrieren:

Der Chemiestreik 1971[1] war - abgesehen von einem kleineren Streik 1970 in Hamburg - der erste Tarifstreik in dieser Branche seit über 40 Jahren. Die Zielsetzung des Arbeitgeberverbandes lag darin, die vor allem 1970 erkennbar gewordene hohe Forderungshaltung und Kampfbereitschaft eines nicht unerheblichen Teils der IG Chemie zu schwächen. Die IG Chemie sah sich durch diese Haltung in den Streik gezwungen.

Abgesehen von der fehlenden Streikvorbereitung war die Streikfähigkeit der IG Chemie durch die besonderen betriebs- und organisationspolitischen Bedingungen beeinträchtigt. Hier sind vor allem zu nennen:

- die gewerkschaftliche Schwäche in den Betrieben der Großchemie (relativ niedriger Organisationsgrad, betriebliche statt gewerkschaftliche Vertrauensleute),
- die relativ hohen betrieblichen Sonderleistungen in den Großbetrieben,
- die unzureichenden Kenntnisse der Belegschaften und Gewerkschaft über die Möglichkeiten der Unterbrechung der technisch komplizierten Produktionsprozesse und der Nutzung des zwischenbetrieblichen Produktionsverbunds,
- die insgesamt geringen industriellen Traditionen der Belegschaften,
- das Fehlen von Streikerfahrungen
- und die relativ geringen betrieblichen Konflikttraditionen.

Die Streiktaktik der IG Chemie versuchte sich den Unwägbarkeiten dadurch anzupassen, daß sie mit der Form des "aktiven tariflosen Zustands" der Entfaltung betrieblicher Initiativen im Streik breiten Raum ließ.

Der Streikverlauf zeigte, daß sich die betriebspolitischen Schwächen der IG Chemie im Streik nachhaltig auswirkten. Der IG Chemie gelang es nicht, die Betriebe der Großchemie zu bestreiken. Immerhin kam es aber in einer Reihe von mittelgroßen und kleineren Betrieben zu einer z.T. erheblichen einzelbetrieblichen Streikdynamik. Die gewerkschaftlichen Kader bewährten sich, zum Teil bildeten sich neue Kader heraus. Die Mitglieder beteiligten sich in erheblichem Umfang am Streikhandeln vor den Toren, in Demonstrationen und Versammlungen. Zwischen Streikenden verschiedener Abteilungen und Arbeitergruppen stellten sich neue Beziehungen her. In der Auseinandersetzung mit Streikbrechern, Un-

---

1) Vgl. Dzielak, Hindrichs, Martens, Stanislawski, Wassermann: Belegschaften und Gewerkschaft im Streik. Frankfurt/New York 1978 (Campus)

ternehmensleitung und Polizisten entfaltete sich eine z.T. erhebliche Militanz. Bei der Entwicklung von Aktionen zeigte sich eine beträchtliche Kreativität der Streikenden.

Die Bewegung, die dieser Arbeitskampf auslöste, läßt sich auch in der Nachgeschichte des Streiks auf der betrieblichen wie überbetrieblichen gewerkschaftlichen Ebene aufzeigen. Positive Veränderungen zeigen sich in einzelnen Betrieben z.B. in der Zunahme des gewerkschaftlichen Organisationsgrades, in der Ausweitung von Vertrauenskörpern, in personellen Veränderungen bei den Vertrauensleute- und Betriebsratswahlen. Auf der gewerkschaftlichen Ebene kam es als Folge der gewerkschaftlichen Verarbeitung des Streiks zu einer Erweiterung der Mitwirkungsrechte der gewerkschaftlichen Vertrauensleute in der Tarifpolitik. Allerdings ist es z.B. in den meisten Großbetrieben der chemischen Industrie nicht gelungen, die nach dem Streik beabsichtigte Abschaffung der betrieblichen Vertrauenskörper und die Einrichtung gewerkschaftlicher Vertrauenskörper durchzusetzen. Insgesamt hat die bald von der Gewerkschaft abgebrochene Aufarbeitung der im Streik zutage getretenen betriebspolitischen Mängel zu einer Restabilisierung der Verhältnisse insbesondere in der Großchemie geführt, die auch heute deren Bestreikbarkeit fraglich erscheinen läßt.

Der Arbeitskampf, der von der IG Metall 1978 in Nordwürttemberg/Nordbaden[2] um die Durchsetzung von Lohnerhöhungen und einen Absicherungsvertrag geführt wurde, fand unter erheblich günstigeren Ausgangsbedingungen statt als der dargestellte Chemiestreik.

Die ökonomische Situation war relativ gut: Jede der drei diesen Organisationsbereich dominierenden Branchen wies positive Wachstumsraten auf, hinzu kam die unterdurchschnittliche Arbeitslosigkeit in Baden-Württemberg. Die IG Metall, wie der Arbeitgeberverband, bereiteten sich schon frühzeitig auf einen Streik vor. Der Organisationsgrad - zumindest vieler größerer Belegschaften - ist durchweg hoch. Zudem verfügt die IG Metall unter allen Industriegewerkschaften über die meisten und geschultesten gewerkschaftlichen Vertrauenskörper. Zumindest die Belegschaften der Groß- und Mittelbetriebe haben z.T. nicht unerhebliche Arbeitskampferfahrungen. Neben der Zahl der offiziellen Streiks ist hier der häufige Einsatz von Warnstreiks bei Tarifrunden zu nennen.

Der Streikaufruf wurde wie in den vorangegangenen Arbeitskämpfen von den gewerblichen Teilen der Belegschaften diszipliniert befolgt und führte überall zur Einstellung der Produktion. Weder die Mitglieder noch die den Streik orga-

2) Vgl. Dzielak, Hindrichs, Martens: Den Besitzstand sichern! Frankfurt/New York 1979 (Campus)

nisierenden Kader schienen allerdings die Notwendigkeit einer stärkeren aktiven Mitgliederbeteiligung zu erkennen. Am ehesten erreichten sie sie in den Betrieben, wo die gewerkschaftliche Betriebspolitik im betrieblichen Alltag Formen einer stärkeren Einbeziehung der Mitgliedschaft in die betriebliche Interessenvertretungsarbeit erreicht hatte, sowie dort, wo die Belegschaften erstmals streikten und sowohl bei den betrieblichen Kadern wie bei größeren Teilen der Belegschaften eine gewisse Unsicherheit über den Streikerfolg bestand, was dazu führte, daß zumindest an den ersten Streiktagen größere Teile der Belegschaften vor den Toren erschienen.

Trotz des im ganzen erfolgreichen Streikverlaufs wurden im Streik Probleme sichtbar, die viele haupt- und ehrenamtliche Funktionäre der Gewerkschaft vor die Frage nach der Suffizienz der traditionellen Betriebspolitik stellten:

1. Die Angestellten folgten nur teilweise dem Streikaufruf der Gewerkschaft. Hier wirkte sich die organisationspolitische Schwäche der Gewerkschaften im Angestelltenbereich ebenso aus wie die mangelnde Erfassung spezifischer Arbeitsprobleme im Angestelltenbereich durch die gewerkschaftliche Betriebspolitik. Mit der wachsenden Bedeutung der Angestellten, die sich sowohl aus ihrem erhöhten quantitativen Anteil an den Belegschaften wie aus ihrer zunehmenden qualitativen Bedeutung für den Produktionsprozeß ergibt (Beherrschung der zentralen Rechenanlage, Bedeutung von Kalkulation und Konstruktion etwa im Maschinenbau), wird die Einbeziehung dieser Beschäftigtengruppe in den Streik zunehmend zu einer conditio sine qua non erfolgreicher Streikführung.
2. Die schon im Referat von Funke, Hildebrandt und Watkinson dargestellte differenzierte Materie der Tarifforderung und des Tarifabschlusses konnte den Mitgliedern und selbst den Funktionären nicht hinreichend verdeutlicht werden. Dies verweist auf Mängel an Reflexion und Diskussion betriebs- und tarifpolitischer Probleme im Mitgliederbereich. Diese Reflexion kann nicht allein durch Agitations- und Aufklärungsmaßnahmen im Vorfeld der Tarifrunde erreicht werden, sondern muß im gewerkschaftlichen Alltag vorbereitet werden. Sie ist für die tarifpolitische Durchsetzungsfähigkeit der Gewerkschaft deshalb so wichtig, weil sie die Bereitschaft der Mitglieder zu aktiver Streikführung (Streikposteneinsatz, Teilnahme an Demonstrationen und Kundgebungen), das Durchhaltevermögen der Streikenden und die Rezeption und Umsetzung des Tarifergebnisses erheblich beeinflussen.
3. Die Beeinflussung der Öffentlichkeit durch Aufklärungsaktionen und Machtentfaltung während des Streiks konnte nicht in dem von der Gewerkschaft gewünschten Maße erreicht werden. Dies wurde besonders sichtbar an den Kundgebungen

gegen die Aussperrung und bei der Verteilung von Streikzeitungen in Wohngebieten. Derartige Maßnahmen erfordern die Beteiligung eines weit größeren Kreises als der Streikposten und Funktionäre, nämlich der Mitgliedschaft. Diese beteiligt sich aber im Streik i.d.R. nur dann aktiv, wenn sie Partizipation im Betriebsalltag erfahren hat.

Zu den Auswirkungen dieses Arbeitskampfes auf die gewerkschaftliche Betriebspolitik möchten wir nur ein paar empirisch begründete Vermutungen äußern. Präzisere Angaben werden erst nach weiteren Erhebungen möglich sein.

1. In einigen bestreikten Betrieben erlitt die IG Metall in der dem Streik folgenden Betriebsratswahl deutliche Stimmenverluste im Angestelltenbereich. Offensichtlich hatten hier größere Teile der Angestellten, die bisher IG Metall-Kandidaten gewählt hatten, der Gewerkschaft aus Verärgerung über Absperrmaßnahmen und Beschimpfungen seitens der Streikposten einen Denkzettel verpassen wollen. Die Gewerkschaft erzielte also mit dem in diesen Betrieben erstmalig vorgenommenen Streikaufruf der Angestellten kurzfristig nicht den intendierten Effekt. Statt der gewünschten Mobilisierung der Angestellten und der stärkeren gewerkschaftlich bestimmten Integration der Belegschaften kam es hier zu einer zunehmenden Zersplitterung. Mittelfristig könnten der Streikaufruf, die Konflikte vor den Werkstoren und die für die Gewerkschaft negativen Betriebsratswahlergebnisse allerdings positive Folgen haben. Die Angestellten lernen begreifen, daß ein Streik nicht allein Sache der Arbeiter ist und sie sich ebenfalls - nicht zuletzt durch einen Gewerkschaftsbeitritt und die damit verbundenen "Versicherungsleistungen" - darauf einstellen müssen. Die betrieblichen und hauptamtlichen IG Metall-Funktionäre begreifen, wie eine Reihe von Interviewäußerungen zeigen, daß sie die Probleme und Interessen der Angestellten in ihrer Arbeit verstärkt aufnehmen und dazu entsprechende organisatorische Vorkehrungen treffen müssen.
2. Der Streik der IG Metall und die in dem Zusammenhang vollzogene Information und Mobilisierung der Mitglieder hat zweifellos einem weit verbreiteten Empfinden der Beschäftigten, daß Rationalisierung und ökonomische Krise nicht im bisherigen Umfang auf dem Rücken der Arbeitnehmer ausgetragen werden dürfen, Artikulation und Legitimation gegeben. Zugleich hat er vermutlich erheblich zur bewußteren Erfassung der Existenzbedrohung der Arbeitnehmer durch Rationalisierung beigetragen. Darauf deuten unsere Nacherhebungen in einigen Stuttgarter Betrieben ebenso hin wie die von Funke, Hildebrandt und Watkinson geschilderten Befunde. Hier stellt sich allerdings die Frage, ob die höhere Sensibilisierung und Aufklärung der Belegschaften dazu ausreichen, daß sie für die Anwendung der Tarifbestimmungen dieses Vertrages eintreten. Denn

eines scheint uns klar zu sein: Ebenso wie im Falle des LRTV II von 1973 reicht die Macht der Betriebsräte zur Realisierung dieses Absicherungsvertrages nicht aus.

Gegenwärtig stellt sich in mehrfacher Hinsicht die Frage, ob das traditionelle Verhältnis von gewerkschaftlicher Betriebspolitik und Arbeitskampf für die Lösung der gewerkschaftlichen Aufgaben ausreicht. Wir nennen hier nur drei Punkte:

1. Die Politik der überbetrieblich verallgemeinerten Tarifierung von Mindesteinkommens- und -arbeitsbedingungen reicht nicht aus, um die faktische Verschlechterung der Lage der Arbeitnehmer auf der Einzelkapitalebene zu verhindern. Arbeitsplatzvernichtung, Arbeitsintensivierung, Einkommensabbau und viele andere negative Folgen einzelbetrieblicher Rationalisierungsstrategien können nur in einer Kombination von überbetrieblich gültigen Schutzabkommen und einzelbetrieblicher "Mitbestimmung" beeinflußt werden.
2. Die einzelbetriebliche "Mitbestimmung" kann sich, sollen die Arbeitnehmer wirksam geschützt werden, nicht ausschließlich im Rahmen bisheriger formeller Rechte aus Betriebsverfassung und Unternehmensmitbestimmung bewegen. Die Gewerkschaften stehen, zumal angesichts des rasanten Prozesses der Kapitalkonzentration und -zentralisation, vor der Frage, ob sich die - arbeitsbeitskampffähige - Tarifpolitik auch der Einzelkapitalebene zuwendet und damit Instrument der Betriebspolitik wird und ob die verschiedenen Ebenen und Instrumente des Interessenaustrags auf Unternehmens- und Betriebsebene stärker konfliktfähig werden. Insofern erfordert die Problemlage eine veränderte Handhabung des dualen Systems der Interessenvertretung durch die Gewerkschaften. Falls diese Problematik von den Gewerkschaften aufgegriffen wird, kann der Vermittlungszusammenhang eine den gegenwärtigen zentralen Interessen der Arbeitnehmer besser gerecht werdende neue Fassung erhalten.
3. In jedem Falle stellt sich den Gewerkschaften die Frage, ob die bisherigen reduzierten Formen der Mitgliederpartizipation ausreichen, um die traditionellen Formen von Arbeitskämpfen wie auch erst recht eine verstärkte Konfliktfähigkeit auf Einzelkapitalebene zu gewährleisten. Verbesserung des Schutzes der Arbeitnehmer in der gegenwärtigen Krisensituation erfordert sowohl eine Erweiterung ihrer kollektiven Partizipation an der Interessenauseinandersetzung als auch eine Vermittlung von vermehrten dezentralen Entscheidungsmöglichkeiten und verbesserter zentraler Koordination auf neuer Stufe.

Harald Wiedenhofer

# Arbeitsgestaltungspolitik - ein neues Element gewerkschaftlicher Strategie

Der auch unter vielen Gewerkschaftsmitgliedern verbreitete Eindruck, gewerkschaftliche Ziele und Strukturen würden kaum einem Wandel unterliegen, ist sicherlich unzutreffend; denn die Gewerkschaften haben bereits in der 1. Hälfte der 60er Jahre einen internen Reformprozeß begonnen, der bis heute nicht abgeschlossen zu sein scheint, und der grob in zwei Phasen eingeteilt werden kann:

Zum einen in eine Phase verstärkter Diskussionen über die organisatorischen und strukturellen Voraussetzungen gewerkschaftlicher Politik (wie z.B. die Mitgliedergewinnung, -integration und -verwaltung), die ihren sichtbaren Ausdruck im Satzungskongreß von 1971 fand.

Zum anderen in die mit der 2. Nachkriegsrezession (Mitte der 70er Jahre) einsetzende Phase einer intensiveren Überprüfung der gewerkschaftlichen Programmatik.

Auf diese 2. Phase, aus der bekanntlich ein neues Aktions- und Grundsatzprogramm hervorgehen soll, konzentrieren sich die folgenden Ausführungen.

## I. Krisenerfahrungen der Gewerkschaften

Grundlage der in den letzten Jahren intensivierten programmatischen Diskussion sind eine Reihe durch die andauernde Krisensituation geprägte, neue gewerkschaftliche Erfahrungen. 4 seien an dieser Stelle erwähnt:

Erstens sind im Zuge der beispiellosen unternehmerischen Rationalisierungspolitik für viele Beschäftigte die sozialen, ökonomischen und gesundheitlichen Risiken gewachsen.

Da die Arbeitnehmer den für sie individuell oder kollektik erfahrbaren Problemdruck in Form gesteigerter Erwartungen an die Gewerkschaft weitergeben, steht diese nicht nur vor neuen Aufgaben, sondern auch unter einem höheren Erfolgszwang.

Zweitens haben sich unter Krisenbedingungen manche in den 50er Jahren entwickelte gewerkschaftliche Konzepte als unzureichend oder gar nachteilig erwiesen.

So sind die Gewerkschaften beispielsweise lange davon ausgegangen, daß sich mit dem wirtschaftlich-technischen Fortschritt gleichsam automatisch auch der soziale Fortschritt vollziehen würde oder auch, daß die zunehmende Mechanisierung und Automatisierung die Arbeitnehmer von jeglichen Belastungen befreien und das Qualifikationsniveau der Arbeit heben würde. Auch hatten die Gewerkschaften z.T. geglaubt, mit ihrer Lohnpolitik die gesellschaftlichen Vermögensverhältnisse ändern oder durch Belastungszulagen Belastungen abbauen zu können.
Auch Analytische Arbeitsplatzbewertung und Rationalisierungsschutzabkommen haben die Erwartungen der Organisation nicht erfüllen können und damit die Glaubwürdigkeit ihrer Politik gefährdet.

Enttäuscht wurden sie aber nicht nur vom wirtschaftlich-technischen Wandel, sondern drittens auch von den staatlichen Reform- und Beschäftigungsbemühungen.

Hinzu kommt schließlich eine vor allem für Klein- und Mittelbetriebe geltende Erfahrung: was die Gewerkschaften nämlich bisher aufgrund ihrer kollektiven Kampf- und Verhandlungsstärke auf überbetrieblicher Ebene an sozialen Fortschritten erringen konnten, hat bisher nur allzuoft noch keinen Eingang in die betriebliche Praxis gefunden. Eine empirische Studie, die wir in Betrieben der Nahrungs- und Genußmittelindustrie durchgeführt haben[1], zeigt, daß die Arbeit sehr vieler Betriebsräte bislang durch ein scheinbar widersprüchliches Problem belastet ist, nämlich durch ein Defizit an echten Mitwirkungsrechten einerseits und durch Schwierigkeiten, auch nur die reduzierten Mitwirkungsmöglichkeiten zu nutzen andererseits.

Wir beobachteten z.B., daß der Betriebsrat vorrangig mit personellen Angelegenheiten wie Umsetzung, Umgruppierung, Kündigungen u.ä. im Sinne der §§ 92-105 BetrVG befaßt ist, daß aber die Möglichkeit vorbeugender Maßnahmen bei der Gestaltung der Arbeitsbedingungen (§§ 90-91 BetrVG), der Personalplanung (§ 92 BetrVG) oder der beruflichen Bildung (§§ 96-98 BetrVG) kaum in seine Entscheidungen eingehen. Während vor allem personelle Fragen (hier wiederum Kündigungen) im Mittelpunkt der Beratungsgespräche mit den Hauptamtlichen standen, wurde über die Gestaltung von Arbeitsplatz, Arbeitsablauf und Arbeitsumgebung in 268 Stunden begleitender Beobachtung von Gewerkschaftssekretären nur zweimal gesprochen, über betriebliche Weiterbildung nur einmal - als Schulung von Führungskräften, das Stichwort Personalplanung fiel nie. Eine ähnliche kritische Bilanz mußten wir bei der Nutzung institutionalisierter Mitwirkungsgremien ziehen. Obwohl die Betriebsräte ihre Informationspräferenzen eindeutig bei wirtschaftlichen Angelegenheiten setzen, fehlt in 40 Prozent aller Betriebe mit mehr als 100 ständig Beschäftigten gerade jene Institution, die die Interessenvertretung über die wirtschaftliche und finanzielle Lage des Unternehmens unterrichten könnte: der Wirtschaftsausschuß (§ 106 BetrVG). Ähnliches gilt auch für die Freistellung von Betriebsräten in Betrieben mit mehr als 300 Beschäftigten (§ 38 BetrVG). Sie wird nur in 30 Prozent der Betriebe genutzt.

Für die Umsetzung weiterer gesetzlicher, auch tarifvertraglicher Normen berichten andere Untersuchungen vergleichbare Befunde. - Gründe für diese unzureichende Umsetzung geltender Normen in die betriebliche Praxis liegen vor allem in dem gesetzlich sanktionierten Machtungleichgewicht zwischen Kapital und Arbeit im Betrieb.

Es handelt sich um ein Machtungleichgewicht auf mindestens 7 Ebenen:

Ungleiche Voraussetzungen sind gegeben hinsichtlich der Möglichkeiten,

(1) betriebliche Initiativen zu ergreifen,
(2) Entscheidungen zu treffen,
(3) Entscheidungen auszuführen,
(4) die Ausführung zu kontrollieren und
(5) Rechts- und Pflichtverletzungen wirksam zu sanktionieren.

Ungleiche Qualifikationsvoraussetzungen und Arbeitsbedingungen kommen hinzu.

Da - von einigen Ausnahmen abgesehen - allein der Arbeitgeber über Initiativ-, Entscheidungs- und Ausführungsrechte verfügt, ist die Tätigkeit des Betriebsrats weitgehend auf die Wahrnehmung der Kontrollfunktion reduziert.

Diese wird jedoch bislang durch eine Vielzahl unbestimmter Rechtsnormen erschwert, die dem Arbeitgeber in der Regel ausreichende Interpretations- und Gestaltungsspielräume lassen.

Unter diesen Bedingungen muß sich auch das Fehlen wirksamer Sanktionsmöglichkeiten für die Durchsetzungsfähigkeit des Betriebsrats als sehr nachteilig auswirken.

Denn, da es im dualen System der Interessenvertretung Funktion der Gewerkschaften ist, die Arbeitsbedingungen tarifvertraglich zu regeln, aber Funktion einer nichtgewerkschaftlichen, auf vertrauensvolle Kooperation mit dem Arbeitgeber verpflichteten Instanz (des Betriebsrats), die Umsetzung und Einhaltung dieser Regelung im Betrieb zu kontrollieren, verfügt zwar die Gewerkschaft als Regelungsinstanz über die erforderliche Regelungsmacht (durch das Führen von Arbeitskämpfen), nicht jedoch der Betriebsrat als betriebliche Kontrollinstanz über eine entsprechend unmittelbare Kontrollmacht.

Denn die gesetzlichen bzw. tarifvertraglichen Verfahrensregelungen für Streitfälle (wie die Einigungsstelle zum Beispiel) werden von den Betriebsräten in der Regel nur ungern wahrgenommen; nicht nur, weil diese kompliziert und so langwierig sind, daß bereits geschaffene Tatsachen wie Kündigungen, Versetzungen oder technisch-organisatorische Veränderungen meist kaum im Nachhinein zu revidieren sind, sondern auch, weil viele Betriebsräte im Zuge derartiger Konflikte weitere Behinderungen ihrer Arbeit durch den Arbeitgeber befürchten. Den Rechten des Betriebsrats korrespondieren in der Regel Pflichten des Arbeitgebers, auf deren Erfüllung der Betriebsrat allemal angewiesen ist, will er seine Rechte auch wahrnehmen.

Eine der wichtigsten Pflichten des Arbeitgebers ist dabei die Unterrichtungspflicht. Diese kann er aber als Druckmittel benutzen, indem er kooperatives Betriebsrats-Verhalten mit einer großzügigen Unterrichtung honoriert, konfliktbereite Interessenvertreter hingegen durch eine restriktive Informationsvermittlung zu disziplinieren versucht - in der Regel weiß er dabei, daß gerade eine Verletzung der Informationspflicht vom Betriebsrat nur schwer nachzuweisen ist.

## II. Politische Konsequenzen der Gewerkschaften

Diese Erfahrungen haben die Gewerkschaften zu praktischen Folgerungen veranlaßt.

Zum einen haben sie neue politische Präferenzen gesetzt. Rangierte z.B. die Sicherung der Arbeitsplätze in den Aktionsprogrammen von 1965 und 1972 noch im Mittelfeld gewerkschaftlicher Forderungen, so kommt ihr im Entwurf zum neuen Aktionsprogramm[2)] höchste Priorität zu. War in früheren Programmen allein von "Arbeit ohne Gefahr" die Rede, so zielt gewerkschaftliche Politik heute auf "menschengerechte Arbeitsgestaltung".

Zweitens haben sich die Gewerkschaften im Zuge der enttäuschenden Erfahrungen mit dem wirtschaftlich-technischen Wandel und der staatlichen Reformpolitik wieder stärker auf ihre tarifpolitischen Handlungsmöglichkeiten besonnen. Der Entwurf zum neuen Aktionsprogramm z.B. widmet sich im Gegensatz zu älteren Aktionsprogrammen nicht nur explizit Fragen der Tarifautonomie, sondern nennt

- die Sicherung der Arbeitsplätze
- die Förderung der Qualifikation und
- die Gestaltung der Arbeitsbedingungen im öffentlichen Dienst

erstmals auch als tarifpolitische Aufträge.

Für eine menschengerechte Arbeitsgestaltung finden sich sogar konkrete tarifpolitische Operationalisierungen.

Drittens haben die Gewerkschaften ihrer Tarifpolitik selbst neue Qualitäten verliehen.

Drei dieser, zwar noch nicht durchgängig realisierten, wohl aber in Ansätzen erkennbaren neuen tarifpolitischen Elemente seien hier genannt.

Angesichts der Erfahrung, daß die bishlang meist isolierte vertragliche Regelung einzelner Elemente des Arbeitsgeschehens dem Arbeitgeber die Möglichkeit eröffnete, geltende Vereinbarungen durch die Manipulation nicht-tariffähiger Bedingungen (wie z.B. die Zahl der Arbeitsplätze) zu unterlaufen, haben sich die Gewerkschaften erstens zunehmend darum bemüht, alle relevanten Faktoren der betrieblichen Leistungspolitik tarifvertraglicher Normierung zugänglich zu machen:

z.B. die Taktzeit,

die personelle Besetzung an Maschinen und Arbeitssystemen oder

die Definition von Qualifikationsvoraussetzungen für die Ausübung bestimmter Tätigkeiten (z.B. Fotosatzarbeiten durch Facharbeiter).

Zweitens streben die Gewerkschaften eine höhere Kontrollierbarkeit der vereinbarten Normen an, da deren Umsetzung häufig unter zu allgemeinen und unzureichend präzisierten Formulierungen gelitten hat.

Die Gewerkschaften versuchen dies

a) durch eine größere Transparenz der Datensammlung,

b) durch die möglichst quantitative Definition von Mindestschutznormen,

c) durch Öffnungsklauseln, die eine arbeitsplatznahe Konkretisierung vorgegebener Rahmenvereinbarungen ermöglichen. Der Lohnrahmen II sieht z.B. bis zu 30 Betriebsvereinbarungen vor.

Schließlich

d) durch eine sachliche und zeitliche Präzisierung der Informationspflichten des Arbeitgebers.

Drittens zeichnen sich neuere tarifpolitische Ansätze auch durch das Ziel aus, den Betriebsräten wirksamere Sanktionsmöglichkeiten im Falle von Rechtsverletzungen durch den Arbeitgeber zu schaffen.

Hier sei an eine Regelung im Absicherungstarifvertrag der IGM in Nordwürttemberg/Nordbaden vom Mai 1978 erinnert, nach der der Arbeitgeber im Falle einer unterbliebenen Unterrichtung des Betriebsrates über Maßnahmen, die zu einer Abgruppierung führen, die Abgruppierung erst nach einer genau definierten Spanne zwischen dem Zeitpunkt der rechtzeitigen Mitteilung an den Betriebsrat vornehmen kann (§ 4 des Tarifvertrages zur Sicherung der Eingruppierung und zur Verdienstsicherung bei Abgruppierung für Arbeiter und Angestellte).

Die organisationspolitische Bedeutung dieser drei neuen Qualitäten gewerkschaftlicher Tarifpolitik:

- der tarifpolitischen Erschließung weiterer Arbeitsbedingungen
- der Erhöhung der Kontrollierbarkeit vereinbarter Normen und
- der Schaffung wirksamerer Sanktionsmöglichkeiten,

scheint mir nun darin zu liegen, daß sich mit ihr auch das Verhältnis von gewerkschaftlicher Tarifpolitik, betrieblicher Interessenvertretung und Arbeitnehmer insgesamt verändern kann.

Meine These lautet, daß sich eine Tarifpolitik, die Belastungen und Monotonie abbauen und den Einsatz von Qualifikationen sichern will, mittel- und langfristig nur dann durchsetzen und halten wird, wenn sie von den Betriebsräten, Vertrauensleuten und Arbeitnehmern nicht nur verbal unterstützt, sondern am Arbeitsplatz auch umgesetzt und weiterentwickelt wird.

Denn, wenn es darum geht,

- Aufgabenbereicherung oder Mindesttaktzeiten tarifvertraglich verbindlich durchzusetzen,
- auf betrieblicher Ebene für einzelne Arbeitsbereiche und Arbeitsplätze zu konkretisieren,
- in Betriebsvereinbarungen durchzusetzen,
- und schließlich noch am Arbeitsplatz umzusetzen,
- praktisch zu kontrollieren und den ständig kürzer werdenden Innovationszyklen anzupassen,

dann sind nicht nur die tarifpolitisch verantwortlichen Gewerkschaftssekretäre, sondern auch die Betriebsräte allein überfordert; dann bedarf es vielmehr einer handlungsfähigen gewerkschaftlichen Infrastruktur im Betrieb.

Wenn aber wiederum mit einer arbeitsorientierten Tarifpolitik nicht nur die Anforderungen an die Betriebsräte, sondern auch an die Gewerkschaftsmitglieder an ihren Arbeitsplätzen wachsen, dann ist zu fragen:

1. Inwieweit diese den möglichen neuen Anforderungen gerecht werden können, sowie
2. wer die betriebliche Umsetzung einer arbeitsorientierten Tarifpolitik organisieren soll.

Die folgenden Befunde - das sei noch einmal ausdrücklich betont, - um Mißverständnisse auszuschließen - gelten zunächst nur für die von uns untersuchten Betriebe der Nahrungs- und Genußmittelindustrie, die kaum Betriebe mit mehr als 2000 Beschäftigte kennt.

Was die Erwartungen der Gewerkschaftsmitglieder anbetrifft, so ist nach unserer Studie ein hoher Grad an Sensibilisierung gegenüber unzumutbaren Arbeitsbedingungen zu beobachten: Allein zwei Fünftel der Mitglieder (n=372) bekennen, daß sie mit den Belastungen an ihrem Arbeitsplatz nicht ohne größere Schwierigkeiten bis zur Erreichung ihrer Altersgrenze fertig werden können. Folglich zählen auch genauso viele die Verringerung von Belastungen am Arbeitsplatz zu jenen Aufgaben, die die Organisation in Zukunft stärker als bisher verfolgen soll.

Was die Bereitschaft der Mitglieder zur individuellen und kollektiven Auseinandersetzung mit den eigenen bzw. gemeinsamen Arbeitsbedingungen angeht, so wird diese nicht nur dadurch begünstigt, daß die Gewerkschaften in Zukunft auf eine Monetarisierung von Belastungen verzichten wollen, sondern auch dadurch, daß es um ein Handlungsfeld geht,

- das ansetzt, wo ein unmittelbarer und individueller Unterstützungsbedarf noch am häufigsten gegeben ist: nämlich am Arbeitsplatz;
- das kaum theoretische Anforderungen stellt und das Einbringen der eigenen praktischen Erfahrungen ermöglicht;
- das sachlich, räumlich und zeitlich begrenzt ist,
- einen überschaubaren Kreis an Mitwirkenden hat und
- das schließlich nur einen geringen Formalisierungsgrad aufweisen muß.

Bleibt die zweite Frage,wer diesen tarifpolitischen Konkretisierungs- und Umsetzungsprozeß im Betrieb bzw. in den einzelnen Abteilungen organisieren soll?

Die Betriebsräte sind in größeren Betrieben schon aufgrund der ungünstigen zahlenmäßigen Relation zwischen Betriebsratsmitglieder und Beschäftigten allein überfordert.

Hinzu kommt die sich für Gewerkschaften gerade unter Krisenbedingungen deutlicher abzeichnende Erfahrung, daß die Betriebsräte im System der dualen Interessenvertretung ihren gesetzlichen Verpflichtungen und den Erwartungen ihrer Organisation nicht immer gleichzeitig gerecht werden konnten, ja, daß die Doppelfunktion der gewerkschaftlich organisierten Betriebsräte, Vertreter der Belegschaft und der Gewerkschaft zugleich zu sein, die gewerkschaftliche Verankerung im Betrieb behindert hat; denn angesichts der (im Rahmen der geschilderten Tarifpolitik nicht mehr allein nur lohnpolitischen) Handlungsspielräume der Betriebsräte kann es zu Differenzen mit der Organisation kommen, die hier nicht immer ihre gewerkschaftlichen Ziele verwirklicht oder gar das ihr gesetzlich zugestandene Initiativrecht verletzt sieht; dies folgt häufig allein daraus, daß die Betriebsräte ihr Mandat nicht von der Gewerkschaft, sondern von einer häufig nicht mehrheitlich organisierten Belegschaft beziehen, an deren Erwartungen sie sich dann auch orientieren.

Unter anderem aus diesen Erwägungen heraus haben die Gewerkschaften ja bekanntlich den Aufbau von gewerkschaftlichen Vertrauensleuten beschlossen.

Aber obwohl die von uns untersuchte NGG seit nunmehr über 10 Jahren über eigene Richtlinien für die Vertrauensleutearbeit verfügt, hat sich dieses Konzept bisher weder theoretisch noch praktisch durchgesetzt.

Ausschlaggebend scheint neben den zum Teil ungünstigen Branchen- und Betriebsstrukturen in der Nahrungs- und Genußmittelindustrie vor allem ein für alle Verbandsebenen typisches heterogenes Verständnis von der organisationspolitischen und betrieblichen Rolle der Vertrauensleute zu sein. Während die Sekretäre in ihnen in erster Linie die Vermittler zwischen Mitglied und Organisation sehen, begreifen die ehrenamtlichen Funktionnäre und Mitglieder im Betrieb den Vertrauensmann als Bindeglied zwischen Mitglied und Betriebsrat. Während die ehrenamtlichen Funktionäre wiederum den organisationspolitischen Stellenwert der Vertrauensleute noch anerkennen (Mitgliederwerbung, Mitgliederinformation usw.), drängen Mitglieder die Vertrauensleute primär in eine nichtgewerkschaftliche Rolle, in die des Mittlers bei betrieblichen Kontakt- und Kommunikationsmängeln zum Betriebsrat und Vorgesetzten. Die Mitglieder verstehen also die Vertrauensfunktion der Vertrauensleute sehr wörtlich zu nehmen, kürzen diese aber um die gewerkschaftliche Komponente.

Praktisch gescheitert ist der Aufbau funktionierender Vertrauensleutekörper nun vor allem deshalb, weil mit ihnen neben dem Betriebsrat eine zweite Institution betrieblicher Interessenvertretung geschaffen wurde. Das hat gerade in Betrieben mit funktionierendem Vertrauensleutekörper zu Konflikten mit den Betriebsräten geführt und eine einheitliche Interessenvertretung erschwert; denn angesichts der größeren Belegschaftsnähe der Vertrauensleute und ihrer fehlenden Verpflichtung auf das Betriebsverfassungsgesetz begegnen die mit sehr viel engerem Handlungsspielraum ausgestatteten Betriebsräte den Vertrauensleuten mit Skepsis und Mißtrauen, weil sie deren betriebliche und innerverbandliche Konkurrenz befürchten. Deshalb praktizieren sie häufig eine gegenüber den Vertrauensleuten zurückhaltende Informationspolitik und deshalb verzichten sie oft auch auf eine Mitarbeit in der Vertrauensleutegruppe, obwohl sie ihr formell angehören. Angesichts dieser gerade unter Gewerkschaftskollegen angelegten Konflikte wird der Aufbau von Vertrauensleutekörpern auch von vielen Hauptamtlichen nicht unterstützt. Trotz dieser Erfahrungen hält die NGG aber auch weiterhin an dem Ziel fest, neben dem Betriebsrat eine qualifizierte gewerkschaftliche Instanz im Betrieb aufzubauen. Deshalb berät die Organisation augenblicklich u.a. folgende Maßnahmen:

Zunächst denkt sie an eine Änderung ihrer Vertrauensleute-Richtlinien und der Mustersatzung für Verwaltungsstellen:

Die betriebliche Stellung der Vertrauensleute soll dadurch gestärkt werden, daß Vertrauensleute in Zukunft grundsätzlich gewählt werden und abgewählt werden können. Ihre Zahl wird dadurch erhöht, daß bei der Wahl nicht mehr die Zahl der Mitglieder, sondern die der Beschäftigten zugrundegelegt wird. Ein Betriebsplan soll dabei die systematische Einteilung von Betreuungsbereichen ermöglichen.

Darüber hinaus soll die innergewerkschaftliche Stellung der Vertrauensleute in einer Weise neu bestimmt werden, die ihnen eine stärkere Teilhabe am innergewerkschaftlichen Willensbildungsprozeß ermöglicht. Insbesondere sollen sie in Zukunft nicht mehr nur die gewerkschaftlichen Kandidaten für die Betriebsrats- und Jugendvertreterwahl nominieren, sondern auch die Delegierten für die Verwaltungsstellenkonferenz wählen und stärker in die Arbeit der Fachgruppen integriert werden, die die Mitglieder der Tarifkommission vorschlagen.

Mit einer Veränderung der Richtlinien allein ist es jedoch nicht getan.

Deshalb haben wir u.a. vier weitere Maßnahmen vorgeschlagen:

Erstens sollten die Hauptamtlichen ihre Informations- und Betreuungspolitik ändern. Sie sollten die Informationswege verkürzen und das Informationsmonopol der Betriebsratsvorsitzenden nicht dadurch weiterhin begünstigen, daß sie ihre betrieblichen Kontakte allein auf diese beschränken, sondern sie sollten grundsätzlich alle ehrenamtlichen Funktionäre, insbesondere die Vertrauensleute, in den Kreis ihrer Gesprächs- und Beratungspartner einbeziehen.

Zweitens will die NGG die Verwaltungsstellenvorstände angesichts der Tatsache, daß diese häufig ihrem organisationspolitischen Auftrag, politische Impulse für die Verwaltungsstellenarbeit zu entwickeln, kaum gerecht werden können, in Zukunft zur Erstellung jährlicher Arbeitspläne verpflichten, die u.a. auch die Einzelaktivitäten der Verwaltungsstellen im Vertrauensleute- und Bildungsbereich ausweisen müßten. Durch Einstellung zusätzlicher Regionalsekretäre sollen die Verwaltungsstellen dabei personell unterstützt werden.

Drittens müssen angesichts der in der Organisation noch herrschenden divergierenden Vorstellungen über die Funktionen gewerkschaftlicher Vertrauensleute deren Aufgaben sowie gewerkschaftliche und betriebliche Rolle zunächst klarer und eindeutiger als bisher definiert und mit dem Ziel diskutiert werden, ihren gewerkschaftlichen Charakter erkennbar vom gesetzlichen der Betriebsräte abzugrenzen.

Deutlich werden müßte, daß Betriebsräte und Vertrauensleute jeweils spezifische, aber auch gemeinsame Aufgaben haben, und daß beide Interessenvertreter mit komplementärer und nicht - wie vielfach befürchtet - mit konkurrierender Zielsetzung sein können, wenn sie im Bewußtsein sowie unter Beachtung und Nutzung ihrer unterschiedlichen betrieblichen und gewerkschaftlichen Position ihre betriebliche Arbeit eng aufeinander abstimmen. Da die Forderungen und Handlungsmöglichkeiten der Betriebsräte begrenzter sein müssen als die der Vertrauensleute, ist ein konstruktives politisches Spannungsverhältnis zwischen beiden nicht auszuschließen. Konkurrenzsituationen ist allerdings nicht durch eine falsche und an der betrieblichen Realität vorbeigehende Zuweisung völlig getrennter, nämlich gewerkschaftlicher und gesetzlicher Aufgabenbereiche vorzubeugen, sondern nur durch eine Intensivierung der Kooperation. Deshalb will die NGG den Aufgabenbereich ihrer Vertrauensleute um

- die gemeinsame Erstellung von gewerkschaftlichen Arbeitsplänen für den Betrieb und
- die gemeinsame Vorbereitung von Betriebs- und Abteilungsversammlungen erweitern.

Darauf sollte sich wiederum die Bildungsarbeit auf Verwaltungsstellenebene in zweierlei Weise einstellen:

Zum einen sollte die Schulung von Vertrauensleuten fürs erste zum Schulungsschwerpunkt der Verwaltungsstellen werden.

Zum zweiten sollte die Organisation die Kooperation zwischen Betriebsräten und Vertrauensleuten durch Wochenendveranstaltungen fördern, auf denen Mitglieder und ehrenamtliche Funktionäre eines Betriebes gemeinsam ihren betrieblichen Arbeitsplan entwickeln bzw. Einzelmaßnahmen konkretisieren. Die tarifpolitische Realisierung von Mindestschutznormen z.B. könnte hier eine Reihe von betrieblichen Ansatzpunkten liefern.

Wenn der von mir unterstellte Zusammenhang zwischen tarifpolitischen Qualitäten und betrieblichen Umsetzungsstrukturen in der geschilderten Form besteht, dann kann - so eine abschließende Vermutung - diese Tarifpolitik entweder eine weitere innerverbandliche Diskussion über die organisatorischen Voraussetzungen gewerkschaftlicher Politik, insbesondere gewerkschaftlicher Betriebspolitik, nach sich ziehen, oder die Gewerkschaften werden - vielleicht im Zuge sich wandelnder ökonomischer Bedingungen - ihre tarifpolitischen Strukturen erneut verändern.

<u>Anmerkungen:</u>

1) H. WIEDENHOFER: Probleme gewerkschaftlicher Interessenvertretung. Das Beispiel der Gewerkschaft Nahrung, Genuß, Gaststätten. Bonn-Bad Godesberg 1979

2) Entwurf für ein neues Aktionsprogramm des DGB, vgl. Frankfurter Rundschau v. 29.3.1979

Birgit Geissler
Rainer Zoll

## Krise und betriebliche Arbeitsbeziehungen

Bestimmte materielle Folgen von Wirtschaftskrisen wie Arbeitsplatzverlust, Einkommenseinbußen und erhöhter Verschleiß der Arbeitskraft haben Auswirkungen auf Bewußtsein und Verhalten der betroffenen Arbeiter und Angestellten. Welcher Art diese Auswirkungen sind und, vor allem, welche Faktoren sie beeinflussen, ist seit 1975 in den Mittelpunkt des Forschungsinteresses gerückt. Im Vordergrund stehen dabei für uns die gesellschaftlich relevanten Komponenten von Bewußtsein und Verhalten: Interessenorientierung, Lohnbewußtsein und Staatsorientierung als Kernpunkte des gesellschaftlichen, also auch gewerkschaftlichen und politischen Bewußtseins, sowie das Verhalten bei betrieblichen, tarifpolitischen und - generell - bei gesellschaftlichen Konflikten. Die Verarbeitung von direkter oder indirekter Krisenbetroffenheit wird von uns als Krisenreaktion bezeichnet.

Die folgenden Ausführungen beziehen sich auf die Untersuchung der kollektiven Krisenreaktion, das heißt vor allem ihrer Auswirkungen auf die betrieblichen Arbeitsbeziehungen, und diskutieren die theoretischen Grundlagen einer solchen Untersuchung. Das empirische Material sind Expertengespräche, Interviews und Gruppendiskussionen mit Betriebsratsmitgliedern, Vertrauensleuten und Arbeitern der Metallindustrie Norddeutschlands, die als erster Schritt einer mehrjährigen Prozeßanalyse der betrieblichen Arbeitsbeziehungen im Rahmen des Forschungsprojekts "Arbeiterbewußtsein in der Wirtschaftskrise" durchgeführt worden sind.

Für die Art der kollektiven Krisenreaktion spielen die betrieblichen Konflikttraditionen und die aktuelle Ausprägung der betrieblichen Arbeitsbeziehungen eine wesentliche Rolle. Zur Charakterisierung der betrieblichen Arbeitsbeziehungen werden die von Friedrich Weltz[1)] definierten "Stile" der Interessenvertretung

1) s. Friedrich Weltz, "Kooperative Konfliktverarbeitung" in "Gewerkschaftliche Monatshefte" Nr. 5 und 8/1977

verwendet: es sind der konfliktorische, der kooperative und der konfliktverdrängende Stil.

Veränderungen der Stile der Interessenvertretung in der Krise

Wirtschaftliche Krisenerscheinungen stellen den kooperativen Stil der betrieblichen Interessenvertretung in Frage, weil wesentliche Bedingungen seines Funktionierens wegfallen, die in der Periode des fast ungebrochenen Wirtschaftswachstums gegeben waren: ein relativ großer materieller Dispositionsspielraum der Unternehmensseite und - dadurch gefördert - ihre Bereitschaft zur Kooperation mit dem Betriebsrat. Vor allem beim kooperativen Stil sind also in der Krise Veränderungen zu erwarten; dies ist bei den beiden anderen Stilen nicht in demselben Umfang der Fall.

Konfliktverdrängender und konfliktorischer Stil der Betriebsratspolitik sind die beiden Richtungen, in die krisenbedingte Veränderungen gehen können, wobei angesichts der Breite des kooperativen Stils nicht immer ein Wechsel des Stils erfolgen muß, sondern schon Verlagerungen in den beschriebenen Richtungen innerhalb des kooperativen Stils bedeutsam sein können.

In der Regel wird der Anstoß zu Veränderungen von der Unternehmensseite ausgehen, die den verschärften Konkurrenzdruck der anderen Einzelkapitale in Form von Krisenmaßnahmen an die Belegschaft weitergibt. Drei Reaktionsweisen des Betriebsrates, denen entsprechend Verarbeitungsformen der Belegschaft korrelieren, sind denkbar:

- Mit der nicht mehr bestehenden Konzessionsbereitschaft des Unternehmens entfällt die materielle Grundlage für den kooperativen Stil der Interessenvertretung. Der Betriebsrat läuft Gefahr, unglaubwürdig zu werden. Eine autoritäre Verhärtung kann, wenn wirtschaftsfriedliche Tendenzen überwiegen, die Folge sein. Die mangelnden Erfolge der betrieblichen Interessenvertretung können zu Protesten aus der Belegschaft führen, auch seitens der starken Belegschaftsgruppen, deren Interessen bisher gut vertreten worden sind und deren Besitzstand jetzt angegriffen wird. Wenn Betriebsrat und Unternehmensleitung auf diese Proteste mit disziplinierenden Maßnahmen reagieren, kann von einer Anpassung der Betriebsratspolitik in Richtung des konfliktverdrängenden Stils gesprochen werden.

- Wenn jedoch die wirtschaftsfriedlichen Tendenzen, die im kooperativen Stil der Interessenvertretung immer vorhanden sind, nicht so ausgeprägt sind, ein personeller Wechsel in der Führungsgruppe des Betriebsrates stattfindet oder ein aktiver Vertrauensleutekörper den Betriebsrat unter Druck setzt, dann kann der Anpassungsprozeß, der durch die Krise notwendig wird, in die entgegengesetzte Richtung gehen: Die Betriebsratspolitik nimmt immer stärker die Interessen der Beschäftigten ohne Rücksichtnahme auf das "Wohl des Betriebes" wahr, sie bezieht intensiver als bisher Vertrauensleute und Belegschaft in die Konzipierung und Ausführung der Politik ein und organisiert zunehmend Widerstand gegen krisenbedingte Maßnahmen der Unternehmensseite. Die Folge ist eine Polarisierung in den betrieblichen Arbeitsbeziehungen.

- Nicht in jedem Fall muß eine Veränderung der Politik der Geschäftsleitung in dem beschriebenen Sinn zu einem Wechsel im Stil der betrieblichen Interessenvertretung führen: Eine Tendenz zur Anpassung der Betriebsratspolitik in Richtung des konfliktverdrängenden Stils kann durch eine entgegengesetzte Tendenz bei Vertrauensleuten und bei den örtlichen Gewerkschaftsinstanzen konterkariert werden. Der umgekehrte Fall ist ebenfalls denkbar, wenn auch weniger wahrscheinlich. Solange - aus welchem Grund auch immer - keine personellen Veränderungen im Betriebsrat eintreten, und keine neuen, noch einschneidenderen Krisenmaßnahmen die Lage beeinflussen, könnte sich so ein prekäres Gleichgewicht der widerstreitenden Tendenzen herausbilden, das heißt, es kommt nicht zu einer grundlegenden Veränderung des Stils, sondern bleibt bei einer heiklen Aufrechterhaltung des Status quo.

Alternative Krisenreaktionsformen

Die Veränderungen, die hier für die Ebene der betrieblichen Interessenvertretung skizziert worden sind, können als Momente kollektiver Krisenreaktionen begriffen werden. Welche alternativen Möglichkeiten individueller und kollektiver Reaktionen es gibt, läßt sich aus empirischen Studien herausarbeiten, die zur Zeit der Weltwirtschaftskrise durchgeführt worden sind. Sie stellen zum einen den Rückzug der Betroffenen auf privatistische Positionen, zum anderen eine gesellschaftspolitische Handlungsmotivierung, die bis zur politischen Radikalisierung geht, fest. Allerdings ist erstere durch verschiedene Untersuchungen empirisch gut belegt, letztere dagegen nur in wenigen Fällen empirisch verifiziert. Dennoch sind beides reale Möglichkeiten, die jedoch nicht als sich ausschließende Alternativen betrachtet werden dürfen: Sie können je nach den bedingenden Faktoren, sowohl innerhalb einer Person als widersprüchliches Bewußtsein und Verhalten, als auch innerhalb einer Belegschaft zeitlich versetzt oder gleichzeitig, als Gegensatz zwischen Gruppen auftreten.

Welche Typen der kollektiven Krisenreaktion sind vor dem Hintergrund dieser Alternative denkbar? Im folgenden sollen drei Reaktionsformen dargestellt werden, die durch das uns bisher vorliegende empirische Material gestützt werden:

1. Die Arbeiter und Angestellten eines Betriebes zeigen angesichts von Krisenmaßnahmen der Geschäftsleitung die Bereitschaft, auf einen Teil ihrer erworbenen Rechte beziehungsweise einen Teil ihres Besitzstandes zu verzichten. Sie verbinden mit dem Verzicht die Hoffnung, dadurch einen für wesentlicher gehaltenen Teil ihrer Rechte beziehungsweise ihres Besitzstandes für die Zukunft zu sichern. In diesem Prozeß der Aufgabe erworbener Positionen macht sich die Hierarchie der Lohnarbeiterinteressen geltend: Es wird also auf Schutzmaßnahmen zur Erhaltung der Arbeitskraft verzichtet, wenn dies zur Sicherung des Einkommens nötig scheint, oder es werden Einkommenseinbußen hingenommen, wenn so die Sicherheit des Arbeitsplatzes gewährleistet scheint. Ein solcher Prozeß des fortschreitenden Verzichts ist der kollektive Ausdruck eines Rückzugs der Individuen auf privatistische Positionen.

2. Die Arbeiter und Angestellten eines Betriebes streben eine kollektive und offensive Bewältigung ihrer Krisenbetroffenheit an, indem sie Forderungen aufstellen, die eine interessenbewußte Antwort auf die Krisenmaßnahmensseite darstellen, und versuchen, sie kämpferisch durchzusetzen. Solche offensiven Abwehrmaßnahmen

scheinen nur bei Belegschaften mit einer Tradition der konfliktorischen Austragung des Interessengegensatzes möglich zu sein; sie sind Resultat eines bewußten individuellen und kollektiven Auseinandersetzungsprozesses mit dem Interessengegensatz im Betrieb und seiner Zuspitzung durch die Krise.

3. Eine verbreitete kollektive Krisenreaktion verbindet Elemente beider bisher beschriebener Reaktionen miteinander: In einer ersten Phase nehmen die betroffenen Arbeiter und Angestellten die Maßnahmen der Unternehmensleitung hin, ohne ihnen Widerstand entgegenzusetzen. Dieser setzt offenbar erst nach Überschreitung einer bestimmten Schwelle ein und bestimmt dann die zweite Phase. Von dem Erfolg der Widerstandsmaßnahmen hängt der weitere Verlauf der Krisenreaktion ab. Auf jeden Fall hat der Veränderungsprozeß, den die Beteiligten durchlaufen, Einfluß auf ihr Bewußtsein und ihr Verhalten.

Unser Forschungsinteresse wird sich künftig auf die Bestimmung des Schwellenwerts richten, der erreicht sein muß, um kollektive Widerstandsaktionen gegen Krisenmaßnahmen auszulösen. Dieser Schwellenwert könnte zum Beispiel bei der abrupten Durchsetzung von Maßnahmen erreicht sein, die vitale Interessen der Arbeiter und Angestellten verletzen, etwa bei der Ankündigung von Betriebsstillegungen oder überhaupt bei kollektiver Arbeitsplatzgefährdung. Er könnte aber auch schon bei der Verletzung bestimmter bestehender Normen - etwa zur Bestimmung des Verhältnisses von Lohn und Leistung - erreicht sein. Zum einen müssen die Art der Krisenbetroffenheit und die Formen ihrer Durchsetzung präzisiert werden, zum anderen ist das Verhältnis von Interessen und Normen genauer zu bestimmen.

Zum Verhältnis von Interessen und Normen

Krisenmaßnahmen der Unternehmer verletzen in der Regel Interessen der Arbeiter und Angestellten, und zwar sowohl die über den Warencharakter der Arbeitskraft vermittelten Tauschwertinteressen - an der Erhaltung der Arbeitskraft, an möglichst hohem Lohn, an der Sicherheit des Arbeitsplatzes - als auch Gebrauchswertinteressen wie das im Inhalt der Arbeit. Die Interessen stehen im Spannungsfeld des strukturellen Interessengegensatzes

zwischen Kapital und Arbeit; auf beiden Seiten ergibt sich das Bedürfnis, diesen Interessengegensatz nicht permanent offen auszutragen, weil der ständige Konflikt der Realisierung der Interessen beider Seiten entgegensteht. Stattdessen streben sie bestimmte Fixierungen der Ergebnisse der jeweiligen Konfliktaustragung an; der jeweils erreichte Stand der Arbeitsbeziehungen wird festgeschrieben. Die Normen, von denen im folgenden die Rede ist, stellen solche Fixierungen dar; es sind soziale Normen zur Gestaltung der Arbeitsbeziehungen.

Diese Normen beziehen sich gruppenspezifisch auf Arbeiter und Angestellte beziehungsweise Untergliederungen der Statusgruppen. Die Normen haben ferner einen unterschiedlichen Grad von öffentlicher Anerkennung und Verbindlichkeit; sie können entweder durch Gesetz oder Tarifvertrag fixiert sein, sie können aber auch in der Form einer Betriebsvereinbarung oder mündlicher Abreden existieren. Der Grad der Ausdrücklichkeit der Normen, das Ausmaß, in dem sie handlungsleitend sind, hängt mit dem Grad öffentlicher Anerkennung und Verbindlichkeit zusammen. Letzterer ist aber weder allein ausschlaggebend, noch besteht in dieser Hinsicht eine lineare Abhängigkeit.

Beispiele für kollektive Krisenreaktionen

Die skizzierten drei Typen kollektiver Krisenreaktion sollen durch die Schilderung exemplarischer Fälle verdeutlicht und damit die vorläufige Bestimmung der Faktoren erleichtert werden, die die Reaktionsweisen beeinflussen.

Typus 1:

In einem Betrieb wurde die Belegschaft in wenigen Jahren um ein Drittel reduziert. Diese Verringerung ist schrittweise vorgenommen worden, und zwar:

1. durch Einstellungsstop, das heißt Personalabbau durch Nichtersetzen der Fluktuation,
2. durch fristlose Kündigungen bei den geringsten Verfehlungen,
3. durch vorgezogene Verrentung von älteren Arbeitern und Angestellten,
4. durch die Vermittlung von Arbeitskräften an andere Betriebe

und schließlich

5. durch Entlassungen nach einem Sozialplan.

Außerdem wurde wiederholt Kurzarbeit eingeführt; Arbeiter wurden an andere Firmen zeitweise ausgeliehen.

Der Personalabbau war ein kontinuierlicher, langsam vorangehender Prozeß. Für jede einzelne Maßnahmen waren Legitimationen (fristlose Kündigung wegen Trunkenheit am Arbeitsplatz) oder Kompensationen (neuer Arbeitsplatz oder Abfindungen bei Entlassungen) vorhanden. Zwar sind oft Spaltungsmechanismen eingesetzt worden, zwar sind relativ mehr Angelernte als Facharbeiter entlassen worden, aber von einer Aufteilung der Beschäftigten in eine Stammbelegschaft, die nicht entlassen wird, und Randgruppen, die entlassen werden, kann nach vier Jahren Personalabbau kaum die Rede sein: Facharbeiter wie Angelernte, hochqualifizierte Techniker wie untere kaufmännische Angestellte sind von dem Prozeß der Belegschaftsreduzierung betroffen gewesen.

Die Aktivitäten des Betriebsrates beschränkten sich auf verbale Proteste und Verhandlungen über einen Sozialplan. In der Belegschaft waren keine kollektiven Aktionen, sondern nur Prozesse der Vereinzelung, der Privatisierung der Krisenreaktion und der Dissozialisierung der Betroffenen zu beobachten. Privatisierung hieß hier konkret, daß die möglicherweise von den Krisenmaßnahmen Betroffenen individuelle Fluchtwege suchten: zum Beispiel die Erlangung eines Arbeitsplatzes in einem anderen Betrieb, die Anerkennung von Krankheiten als Behinderung (Kündigungsschutz!) oder ähnliches.

Dissozialisierungsprozesse entstanden, wenn die diskriminierenden Reaktionen der Kollegen und der weiteren sozialen Umgebung einem von fristloser Entlassung Betroffenen oder psychisch Schwachen keine andere als eine extrem passive, resignative Haltung nahelegte. Daß eine solche Stigmatisierung der Betroffenen zu einem Teufelskreis von sich wiederholenden "Verfehlungen" und Entlassungen führt, der in der sozialen Isolierung endet, wurde von den nicht direkt Betroffenen nicht wahrgenommen. So wurden die psychisch oder physisch Labilen aus dem Arbeitsprozeß ausgeschieden und ihre Labilität zu einem dauerhaften Defekt verstärkt, ohne daß die Robusteren diesen Vorgang als Krisenfolge erkannten.[1] Ein weiteres Kennzeichen dieses Typs von Krisenreaktion ist, daß die Verschärfung der Konkurrenz der abhängig Beschäftigten untereinander, gegen die sich die Arbeiter und Angestellten nur wehren können, wenn sie sie durchschauen, das Verhalten der Beschäftigten prägt. So werden zum Beispiel Neuhinzukommende von bestehenden Arbeitsgruppen nicht aufgenommen, sie werden nicht mehr - wie früher - von der Arbeitsgruppe in ein bis zwei Wochen angelernt und assimiliert, sondern innerhalb weniger Tage als Fremdkörper ausgestoßen.

Für diesen Typus von Krisenreaktion ist es also charakteristisch, daß die Probleme der direkt ı Betroffenen, so etwa die Probleme der Arbeitslosen und die eigenen Probleme im Fall einer weiteren Zuspitzung der Krise, und damit das Phänomen Krise überhaupt, von den nicht direkt Betroffenen verdrängt werden. Nur in Teilbereichen, die der unmittelbaren Erfahrung in besonderem Maße zugänglich sind, wird die krisenhafte Entwicklung wahrgenommen.

Typus 2:

Wesentliche Grundlage eines zweiten Typus von kollektiver Krisenverarbeitung, die offensive Reaktion einer Belegschaft auf Krisenmaßnahmen, ist ein hohes Maß von Solidarität und eine konfliktorische Tradition in den betrieblichen Arbeitsbeziehungen. Diese muß nicht aus einer Kette von Streiks bestehen - eine konfliktorische Interessenvertretung kann jedoch nur Erfolg haben, wenn die Androhung von Arbeitsniederlegungen wenigstens in einigen Fällen in die Tat umgesetzt wurde.

In einem Betrieb mit einer solchen Konflikttradition kündigte die Geschäftsleitung die Schließung eines Werkteils an, und zugleich wurden Absichten bekannt,zu einem späteren Zeitpunkt den gesamten Betrieb stillzulegen. Entscheidend für die Auslösung des unmittelbaren Widerstands war der Umstand, daß die Belegschaft schon vor dem Kriseneinbruch Solidarität gelernt und ausgeübt hatte. Betriebsrat und Vertrauensleute organisierten

---

1) vgl. Ali Wacker (Hrsg.) "Vom Schock zum Fatalismus?", Frankfurt/M. 1978; Claus Offe (Hrsg.), "Opfer des Arbeitsmarktes", Neuwied 1978

den Widerstand der gesamten Belegschaft gegen die Krisenmaßnahmen: Streiks, Demonstrationen, Demarchen bei Politikern, Flugblattaktionen usw. Nur durch ein Einigungsstellenverfahren nach dem Betriebsverfassungsgesetz konnten der Belegschaft Entlassungen nach einem Sozialplan aufgezwungen werden. Doch wurde durch den Widerstand erreicht, daß die Zahl der zu Entlassenden fast halbiert wurde, diese eine relativ hohe Abfindung erhielten und - vor allem - für den Rest der Belegschaft eine Beschäftigungsgarantie von mehreren Jahren gegeben wurde.

Der Kampf gegen die Krisenmaßnahmen wurde von einer betrieblichen Interessenvertretung geführt, die das volle Vertrauen der Belegschaft besaß. Betriebsrat und Vertrauensleute trugen den Konflikt einheitlich, hatten in ihren Aktivitäten die Unterstützung der örtlichen Gewerkschaftsfunktionäre und konnten die Öffentlichkeit für ihre Ziele mobilisieren.

Natürlich gab es auch in dieser Belegschaft Ansätze zu Konkurrenzverhalten zwischen den von der Kündigungsabsicht Betroffenen und den Nichtbetroffenen, zwischen Arbeitern und Angestellten, zwischen Deutschen und Ausländern, zwischen alten und jungen Arbeitern; aber es gab nie <u>das</u> Ausländerproblem, nie <u>das</u> Generationenproblem, nie <u>das</u> Angestelltenproblem wie in anderen Belegschaften. Vielleicht waren nicht immer ausnahmslos alle Beschäftigten bei den Aktionen dabei, aber keiner erklärte, der Werksteil, der stillgelegt werden sollte, interessiere ihn nicht. Die vor der Krise erreichte solidarische Handlungsfähigkeit der Belegschaft hat die offensive Krisenreaktion möglich gemacht.

<u>Typus 3:</u>
Eine kollektive Krisenreaktion vom Typus 3 beinhaltet einen Lern- und Veränderungsprozeß. Sie setzt sich aus Elementen der Krisenreaktionen vom Typus 1 und 2 zusammen. Der Übergang von der Phase 1 - Resignation und Passivität - zur Phase 2 - Widerstand - ist ein von vielen verschiedenen Faktoren abhängiger Prozeß, an dessen Ende erst die solidarische Belegschaft stehen kann, die die kollektive Krisenreaktion vom Typus 2 trägt. Bei der Untersuchung dieses Typus interessiert vorallem der Schwellenwert, dessen

Erreichen die Wende im Verhalten der Belegschaft markiert.

In einem von der Krise betroffenen Betrieb bestimmte zunächst Passivität gegenüber den Maßnahmen der Unternehmensleitung - konkret den Personalreduzierungen - die erste Phase, so wie es in dem Beispiel für den Typus 1 geschildert wurde. Von der Geschäftsleitung wurde immer betont, eine bestimmte Mindestgröße der Belegschaft müsse erhalten bleiben. Als diese Zahl erreicht war und die Personalreduzierung trotzdem weiterging, begann ein Prozeß der Umorientierung der Beschäftigten, dessen Ausgang noch ungewiß ist. Immerhin beteiligte sich danach die große Mehrheit der Arbeiter und ein nicht unerheblicher Teil der Angestellten an einem branchenweiten Warnstreik und an einer Demonstration gegen Krisenmaßnahmen. Einige Zeit vor diesen Aktionen hatten personelle Veränderungen in der Führungsgruppe des Betriebsrates stattgefunden. Die betrieblichen Arbeitsbeziehungen, die bislang dem kooperativen Stil zuzuordnen waren, tendierten nun zum konfliktorischen Stil; zugleich wurden jedoch auch die Hindernisse für eine solche Veränderung sichtbar, die in der Kampfungewohntheit der Belegschaft, in der Instrumentalisierung des Vertrauenskörpers für die bisherige kooperative Betriebsratspolitik und der geringen Ausprägung solidarischen Verhaltens in der Belegschaft liegen.

Einflußfaktoren der Krisenreaktion

Aus den vorgestellten Beispielen dreier Typen von kollektiver Krisenreaktion und aus der Analyse weiterer Fälle lassen sich einige der Faktoren bestimmen, die die Richtung der Reaktion beeinflussen. Diese Faktoren werden im folgenden in drei Gruppen eingeteilt:

1) Eine erste Gruppe von Faktoren ist dadurch charakterisiert, daß sie unmittelbar von Entscheidungen der jeweiligen Unternehmensleitung abhängen:
   a) Grad, Dimension und Reichweite der Krisenbetroffenheit.
   b) Kompensation und Legitimation der Krisenmaßnahmen.
   c) Vorhersehbarkeit und Öffentlichkeit der Maßnahmen.

2) Eine weitere Gruppe von Faktoren ist nur teilweise oder mittelbar von den Entscheidungen des einzelnen Unternehmens

beeinflußbar:

a) Grad der Abhängigkeit des Unternehmens vom Weltmarkt.

b) Die technologischen Bedingungen der Krisenbetroffenheit.

c) Die soziale Situation der Beschäftigten und die geographische Lage des Betriebes.

d) Die Intervention staatlicher oder parastaatlicher Instanzen.

3) Die Faktoren der letzten Gruppe können als subjektive bezeichnet werden, da sie wesentlich durch die Tradition der Belegschaft, durch die in ihr vorherrschenden Deutungsmuster bestimmt werden:

a) Die Konflikttradition der Belegschaft.

b) Bewußtheit der Interessen und Ausdrücklichkeit von Normen.

Werner Kudera
Konrad Ruff
Rudi Schmidt

## Zur Interessenorientierung und Interessenstrategie von Angestellten

Die Angestellten werden in den letzten Jahren zunehmend mit einer Entwicklung konfrontiert, in der sie sich von einer vermeintlich sicheren Position im Vorhof unternehmerischer Entscheidungsbefugnis zu einem disponiblen Kostenfaktor degradiert sehen. So machen sich im Bereich von Angestelltentätigkeiten Rationalisierungseffekte aufgrund von betrieblichen Ökonomisierungsstrategien bemerkbar, die in einer Verschärfung der Konkurrenzbedingungen ihren Ausdruck finden. Für die von uns untersuchten Großbetriebe der metallverarbeitenden Industrie gilt zunächst, daß der in der Diskussion unterstellte Rationalisierungsschub im Angestelltenbereich die von uns ausgewählten Kategorien männlicher Angestellter der unteren und mittleren Qualifikationsebene bislang nicht in spektakulärer Weise getroffen hat, wobei anzumerken ist, daß auf der unteren Qualifikationsebene fast ausschließlich Frauen beschäftigt sind, die in unsere Untersuchung nicht miteinbezogen werden. Gleichwohl ist Rationalisierung allenthalben spürbar: in einer Intensifikation der Arbeit, in Formen der organisatorischen Straffung und in einer stärkeren Beschränkung von Gratifikationen aller Art. Deutlich wird diese Tendenz beispielsweise in erhöhter Arbeitsbelastung, oft in Zusammenhang mit der Nichtersetzung von ausscheidenden Angestellten, in der Umorganisation von Abteilungen und der damit verbundenen Umsetzung von Angestellten, häufig in Positionen mit niedrigeren Anforderungen und entsprechenden längerfristigen Einkommensbußen. Zugleich verengen sich die auf der unteren und mittleren Ebene ohnehin schmalen Aufstiegskanäle, so werden im Zuge der vielfach zu beobachtenden Akademisierung untere Führungspositionen immer häufiger mit Hochschulabsolventen besetzt. Die Möglichkeiten, sich individuell zu verbessern, sind zunehmend darauf beschränkt, das eigene Aufgabengebiet, die entsprechenden Kompetenzen und Dispositionsspielräume zu erweitern, eine höhere Gehaltsgruppe und höhere außertarifliche Zulagen zu erreichen. Aufgrund der Verschärfung der Konkurrenzbedingungen tritt freilich inzwischen anstelle offensiver eher eine defensive Form der Konkurrenz, deren Ziel es ist, den einmal erreichten Besitzstand gegen eine Reduktion des Tätigkeitsbereiches und eine Abkoppelung dispositiver Spielräume, gegen Abgruppierung und gegen die Verringerung oder gar Streichung von Zulagen zu wahren.

Mit dem folgenden Beitrag, der auf einer Vorauswertung von qualitativen Interviews beruht, die im Rahmen unserer Angestelltenstudie durchgeführt wurden, versuchen wir zu belegen, daß zwar im Gefolge von betrieblichen Ökonomisierungsstrategien die traditionell eher harmonistische "Angestelltenmentalität" in bestimmten Momenten brüchig wird. Gleichwohl kann von einer Konvergenz in Richtung Arbeiterbewußtsein, wie in der Diskussion immer wieder unterstellt, nicht gesprochen werden. Nach wie vor spiegelt die Interessenorientierung der Angestellten einerseits die spezifischen, gegenüber Arbeitern divergenten Bedingungen der vorberuflichen und beruflichen Sozialisation und entsprechende Aspirationen - was sich deutlich daran zeigt, daß ehemalige Arbeiter, die in eine Angestelltenposition aufgerückt sind, meist alle strukturellen Merkmale eines Arbeiterbewußtseins behalten -, andererseits den Einfluß der Arbeits- und Kooperationsbedingungen, der Formen der Entlohnung und Gratifikation und der Konkurrenz wider.

Ausgangsthese unserer Untersuchung war die Vorstellung, daß für Arbeiter und für Angestellte jenseits aller vorab in den Betrieb mitgebrachten Erwartungen und Orientierungen der betriebspolitische Kontext und betriebliche Konflikterfahrungen auf den verschiedenen Ebenen von Interessenauseinandersetzungen von Gewicht für die aktuelle Struktur des Interessenbewußtseins sind. Für Arbeiter bedeutet, wie unsere Arbeiterstudie bestätigt hat, betriebspolitischer Kontext als Ausdruck der innerbetrieblichen Austauschbeziehungen im wesentlichen ein mehr oder minder transparentes und dichotomes Kräfteverhältnis zwischen Arbeiterbelegschaft und Unternehmensleitung.

Wegen der Art der Tätigkeit, die eine Übernahme der betrieblichen Ziele ins eigene berufliche Handeln erfordert, wegen des spezifischen Loyalitätsverhältnisses zum Betrieb und zum Vorgesetzten als unmittelbaren Repräsentanten der betrieblichen Hierarchie und wegen der individualisierenden Entlohnungs- und Gratifikationsformen, die einen Gegensatz zwischen persönlichen Interessen und betrieblichen Zwecken ins Subjekt verlegen und damit eher verschleiern als hervortreten lassen, bedeutet betriebspolitischer Kontext für Angestellte weniger den Ausdruck eines kollektiven Interessengegensatzes zwischen Unternehmensleitung und Belegschaft als vielmehr eine hierarchische Ordnung individueller Leistungskonkurrenz um interessante und einträgliche Positionen. Bestimmen bei Arbeitern gewerkschaftlicher Organisationsgrad, Konflikterfahrung und Stärke sowie Kompetenz des Betriebsrates als zentrale Indikatoren den betriebspolitischen Kontext, so ist er für Angestellte vor allem durch das Konkurrenzklima, d.h. die Schärfe der Bedingungen ihrer Konkurrenz um Arbeitsplatz und Einkommen bezeichnet. Diese Bedingungen hängen ihrerseits direkt von der jeweiligen betrieblichen Personalpolitik ab, mit deren Hilfe die betriebsspezifischen Produktions- und Marktbedingungen unter dem Imperativ der Produktionssteigerung bzw. Kostensenkung gegenüber der Belegschaft durchgesetzt werden.

In der Kategorie des "Betriebsbildes" sollen die Vorstellungen der Angestellten über die Struktur des Betriebes, über die betrieblichen Austauschbeziehungen und die Form der Konkurrenz von Angestellten als Bezugsrahmen für die Interessenorientierung untereinander zusammengezogen werden.

Bei Arbeitern verkürzt sich ein solches Betriebsbild im wesentlichen auf eine Gegenüberstellung von Arbeitern und Unternehmern bzw. Geschäftsleitung, die aus der konfliktorischen Interessenstruktur abgeleitet wird, ohne daß jedoch das Wohl des Betriebes als Voraussetzung des eigenen Wohlergehens in Frage gestellt wird.

Bei Angestellten zeichnet sich das Betriebsbild durch eine weniger scharfe Polarisierung aus. Die Gegenüberstellung von Arbeitnehmern, zu denen sich Angestellte mehr oder minder formal rechnen, und Unternehmern wird modifiziert bzw. überlagert durch eine besondere Beziehung zum Betrieb und zur Unternehmensleitung. Als Begründung führen Angestellte ein besonderes Loyalitätsverhältnis, eine emphatischere, von Arbeitern unterschiedene Berufsauffassung und Betriebsbindung an, während den Arbeitern ein eher egoistisches Jobbewußtsein unterstellt wird. Diese Verflechtung mit dem betrieblichen Loyalitätsgefüge kennzeichnet in der Tat, wenngleich nicht ungetrübt, eine zentrale Dimension ihrer Berufs- und Konkurrenzorientierung. Sie erwächst zunächst aus der spezifischen Qualität ihrer Arbeit, nämlich in ihrer Tätigkeit ständig von einem antizipierten Betriebszweck her handeln und disponieren zu müssen. Und diese Regulativ ihrer Tätigkeit konstituiert für sie eine besondere Verantwortung und Verpflichtung gegenüber dem Betrieb, personalisiert in der Figur des Vorgesetzten.

Solange nun solche Anstrengungen und die spezifischen Qualitäten der Arbeit von Angestellten mit entsprechenden Gratifikationen abgegolten werden, fallen für sie individuelles Reproduktionsinteresse, Interesse an der eigenen Tätigkeit und das betriebliche Interesse zusammen.

Die Loyalitätsverpflichtung ist also durchaus wechselseitig und sichert den Angestellten Vorteile, die sie den Zwang, sich an den Betriebszweck zu binden, freiwillig und ohne Distanzierungsbestrebungen hinnehmen läßt. Allerdings zeigt sich in den Fällen, in denen zunehmende Arbeitsbelastung und Rationalisierung die erforderliche Interessenharmonisierung für die davon Betroffenen kritisch werden läßt, ein Aufbrechen der gegensätzlichen Interessenstruktur.

Die spezifische Qualität der Angestelltenarbeit begründet über eine solche Interessenkonstellation hinaus aber auch für Angestellte typische Konkurrenzbedingungen. Insofern ihre Einsatzbereitschaft und das Resultat ihrer Leistung kaum bzw. vielfach nur beschränkt objektiv festgehalten werden kann, die Beurteilung durch Vorgesetzte umgekehrt in hohem Maße von der erkennbaren Leistung abhängt, sind Angestellte gezwungen, ihre persönlichen Anstrengungen und Verdienste nach außen hin insbesondere gegenüber den Vorgesetzten zu demonstrieren, was in der Kritik an Kollegen als Auseinanderfallen von "Leistung" und ihrer "Darstellung" bemängelt wird. Dieser Präsentationszwang verschärft zwangsläufig die Konkurrenz untereinander, muß man sich doch von den Kollegen abgrenzen, um sich zu profilieren. So wie die Profilierung zu Lasten der Kollegen und die reale oder vorgeschobene Identifikations- und Leistungsbereitschaft ein hohes Hindernis für eine gemeinsame Interessenartikulation und -vertretung bilden, so läßt die weitgehende Abhängigkeit der eigenen betrieblichen Situation von der Beurteilung durch den Vorgesetzten den meisten Angestellten eine individualistische, auf Gruppen- und Abteilungsleiter bezogene Strategie geraten erscheinen. Kollektive Formen und Mittel sind in weitaus höherem Maße als bei Arbeitern der Gefahr ausgesetzt, im Ernstfall sich als stumpf zu erweisen, könnten die demonstrierte Bereitwilligkeit, sich in besonderer Weise einzusetzen, desavouieren und den erforderlichen "guten Draht" zum Vorgesetzten zerschneiden. So scheinen Loyalitätsverpflichtung und Präsentationszwang die Eckpfeiler der Konkurrenzformen der Angestellten untereinander zu sein. In welchem Maße bei einzelnen Angestelltengruppen - etwa bei solchen, die stärker von Rationalisierung betroffen oder bedroht sind, oder bei jenen, deren berufliche Erwartungen angesichts des Qualifikationsdrucks seitens des Arbeitsmarktes kaum eingelöst werden dürften -, die Reproduktionsinteressen mit den Loyalitätsbindungen konkurrieren, die gegensätzliche Interessenstruktur aufgedeckt wird, kann hier nicht entschieden werden. Deutlich ist jedenfalls, daß Angestellte sich nicht etwa jenseits des betrieblichen Antagonismus definieren, ihm vielmehr in einer spezifisch ambivalenten Weise gegenüberstehen.

Diese, zwischen Loyalitätsgebot und eigenen Interessen als Arbeitnehmer deutlich werdende Ambivalenz wirkt sich auch in der Beziehung zu den Arbeitern aus. Auf der einen Seite wird durchaus die gemeinsame Situation als Arbeitnehmer, vor allem die damit verbundenen Risiken von Abgruppierung, Qualifikationsentwertung und Arbeitsplatzverlust, betont. Auf der anderen Seite bedingen jedoch die Einbindung in das betriebliche Loyalitätsgeflecht und die traditionelle, auf den Vorgesetzten bezogene, individualistische Interessenstrategie, die ja erstens im alltäglichen Verkehr notwendig erscheint und die zweitens eine kalkulierbare Verfahrensweise darstellt, andere Möglichkeiten und Formen der Interessenwahrung. So sehen sich Angestellte vor die Alternative gestellt, entweder den Vorwurf hinnehmen zu müssen, andere die Kastanien aus dem Feuer holen zu lassen, oder ihre besonderen Interessen allgemeinen gewerkschaftlichen Forderungen unterzuordnen und das traditionelle Mittel, sie via persönlicher Beziehung zum Vorgesetzten zu verfolgen, zu riskieren. Damit befinden sich Angestellte in einer für sie spezifischen Konfliktlage: einerseits sich als Angestellte loyal und andererseits als Arbeitnehmer solidarisch zu verhalten, was sich in der praktischen Frage konkretisiert, welche Alternative für die Durchsetzung ihrer Interessen nützlicher ist. Eine Umorientierung auf kollektive Formen der Interessenartikulation und -durchsetzung kann erst dann erwartet werden, wenn das Loyalitätsverhältnis zwischen Untergebenem und Vorgesetztem gestört ist und individuelle Konkurrenz als Mittel der eigenen Nutzenoptimierung die erstrebten Ziele nur noch mangelhaft oder gar nicht mehr einzulösen gestattet: wenn also die Last der Konkurrenz größer wird als ihr Nutzen.

Das grundlegende Dilemma der Angestellten, sich auf zwei miteinander konkurrierende, in der Logik ihrer Folgen sich eher wechselseitig ausschließende Strategien der Interessendurchsetzung kalkulatorisch beziehen zu müssen, beeinflußt ihr Verhältnis zum Vorgesetzten sowie zum Betriebsrat und zur Gewerkschaft. In dem Maße, wie die Spielräume des Umgangs zwischen Vorgesetztem und Untergebenem durch Ökonomisierungsstrategien und die zunehmende Normierung des Arbeitsverhältnisses eingeschnürt werden und der Vorgesetzte eher als durchführendes Organ restriktiver Veränderungen fungiert, schwindet die Bedeutung einer auf den Vorgesetzten ausgerichteten Loyalität und Leistungskonkurrenz. Hält der Angestellte angesichts seiner Abhängigkeit vom Vorgesetzten ein spezifisches Vertrauensverhältnis zu ihm aufrecht, kann es ihm geschehen, daß dieser eigenen Bereitschaft nicht mehr die erwarteten Gratifikationen entsprechen, schaltet er hingegen den Betriebsrat als intervenierende Instanz bei Problemen ein, die herkömmlicherweise zwischen ihm und dem Vorgesetzten allein geregelt wurden, kann dies eine empfindliche und längerfristig belastende Störung des Vertrauensverhältnisses bedeuten.

Von dieser Zwieschlächtigkeit ist die Interessenorientierung der Angestellten bestimmt. Gleichwohl gilt das Vertrauensverhältnis zum Vorgesetzten als immer noch grundlegend, freilich keineswegs mehr im emphatischen Sinne, sondern eher im Rahmen eines Kalküls wechselseitiger Befriedigung von Erwartungen. Je weniger diesen Erwartungen entsprochen wird, je weniger praktisch folgenreich das Vertrauensverhältnis und die Abhängigkeit vom Vorgesetzten wird, desto eher werden Betriebsrat und Gewerkschaft relevante Faktoren im Interessenkalkül.

Während der Betriebsrat für die Angestellten aber erst allmählich konkretere Bedeutung erlangt, ist er für die Arbeiter seit jeher ein selbstverständliches Mittel zur Wahrung und Durchsetzung ihrer Interessen gegenüber dem Betrieb.

In erster Linie ist es die größere Inkonsistenz, d.h. die differenzierte Zusammensetzung und ständig schwankende Höhe des Arbeitslohns sowie die formelle Kompetenz des Betriebsrats für Ermittlung und Bewertung von Lohnbestandteilen und für Arbeitsbelastungen, die ihn eher zu einer Beschwerdeinstanz von Arbeitern werden läßt als von Angestellten. Dichotomisches Interessenbewußtsein und größerer Problemdruck begründen die offenkundige Bereitschaft der Arbeiter, die Regulierung von Interessenkonflikten - unbeschadet möglicher Rückwirkungen auf das Verhältnis zu ihren Vorgesetzten - an den Betriebsrat zu delegieren.

Anders bei den Angestellten; in ihrem Spektrum von Möglichkeiten der Interessenwahrung fungiert der Betriebsrat - wenn überhaupt - dann vor allem als Beratungsinstanz. Im Unterschied zum Lohn des Arbeiters deckt das Angestelltengehalt als längerfristig garantierte Gratifikationspauschale auch Schwankungen im Schwierigkeitsgrad und Umfang der Arbeit ab und honoriert darüberhinaus eine erwartete besondere Einsatzbereitschaft des Angestellten. Infolge ihrer spezifischen Arbeits- und Entlohnungsbedingungen ist die Situation des Angestellten daher vieler für den Arbeiter typischen Konfliktmomente entkleidet; bzw. sie verlagern sich in die Arbeitsorganisation, in die Kooperation und Konkurrenz mit den Kollegen oder treten als immanenter Interessenwiderspruch des einzelnen auf. Wenn sich der Angestellte daher überhaupt einmal veranlaßt sieht, zum Betriebsrat zu gehen, dann sind es selten Gehaltsprobleme, die ihn dazu bewegen, sondern eher gewünschte Auskünfte über Fragen der Arbeitszeit- und Urlaubsregelungen oder betrieblich gewährte Vergünstigungen und sonstige Rechte.

Gleichwohl läßt sich eine generelle Wandlung in der Einstellung zum Betriebsrat konstatieren, ohne daß daraus im Betriebsalltag schon jedesmal praktische Konsequenzen gezogen würden. Soweit die früher typische Distanz und desinteressierte Gleichgültigkeit der Angestellten gegenüber dem Betriebsrat als Institution und konkretem Mittel der Interessenwahrung nüchtern-instrumentellen Überlegungen weicht, werden sie in ihrer praktischen Umsetzung durch die Erfahrung gebremst, daß es immer noch sicherer ist, durch stets gute Leistungen mögliche Differenzen mit dem Vorgesetzten zu überspielen und Konflikte gar nicht erst entstehen zu lassen. Die Angestellten werden darin durch den Umstand bestärkt, daß der Betriebsrat entsprechend dem Übergewicht der Arbeiter im Betrieb von deren Vertretern dominiert wird, woran sich häufig die Meinung knüpft, daß im Betriebsrat ausschließlich oder doch vorrangig Interessenpolitik von Arbeitern für Arbeiter gemacht wird.

Allerdings zeigt sich, daß die Einstellung der Angestellten zum Betriebsrat auch von dessen allgemeiner Aktivität beeinflußt ist. Ein "starker" Betriebsrat, der sich aufgrund seines Verhandlungsgeschicks und des Rückhalts in der Belegschaft, d.h. der Aktionsbereitschaft der Arbeiter gegenüber der Betriebsleitung, in wichtigen Punkten durchsetzen kann, demonstriert den Angestellten die Möglichkeit institutioneller und kollektiver Interessenwahrung:

erkennbar schon daran, daß in Betrieben mit hochorganisiertem Arbeiteranteil auch die Angestellten meist überdurchschnittlich in einer Gewerkschaft organisiert sind.

Der Ausstrahlungseffekt einer aktiven Arbeiter-Belegschaft und ihres Betriebsrats auf das Interessenbewußtsein der Angestellten kann so groß sein, daß es z.T. zu legitimatorischen Abgrenzungen gegenüber zu weitgehenden Urheberrechtsansprüchen der Arbeiter kommt: da in den Betrieben Arbeitszeit- und Urlaubsregelungen, Weihnachtsgratifikationen und sonstige Vergünstigungen häufig erst nach langen Auseinandersetzungen und entsprechendem Druck der Arbeiterbelegschaft in für alle Mitglieder geltenden Vereinbarungen erreicht werden, sehen sich die Angestellten dem Vorwurf ausgesetzt, sie partizipierten ohne jeden eigenen Einsatz an einem Ergebnis, das sie nur der Aktionsbereitschaft der Arbeiter zu verdanken hätten; gleiches ist auch bei größeren Arbeitskämpfen (Tarifstreiks) zu beobachten.

An solchen Frontlinien verblaßt das klassische Selbstbewußtsein der Angestellten gegenüber den Arbeitern, neigen mit solchen Erfahrungen konfrontierte Angestellte zu der Auffassung zunehmender Angleichung der betrieblichen Situation von Arbeitern und Angestellten, ohne dabei explizit auf die gleichzeitig sich vollziehende Nivellierung der arbeits- und sozialrechtlichen Unterschiede zu verweisen.

Daß die Veränderungen im formellen Status des Angestellten ihrerseits versachlichend und ernüchternd auf das früher oftmals ideologisch überhöhte Bewußtsein von der Sonderstellung der Angestellten einwirkten, ist daran zu erkennen, daß solche Wandlungen im Bewußtsein sich - wenn auch abgeschwächt - bei Angestellten eines Betriebes feststellen lassen, in dem keine aktive Arbeiterschaft die Handlungskompetenz der Gesamtbelegschaft für sich reklamiert.

Die Bedingungen des durchgeplanten, effizient organisierten Produktionsprozesses begünstigen bzw. erfordern ferner vom jeweiligen Arbeitsplatz her definierte, stärker differenzierte Gehaltsgruppen und eine gesonderte, an bestimmte Kriterien gebundene Bewertung der individuellen Leistung (Leistungszulagen etc.).

An der Kodifizierung der aus diesen Maßnahmen resultierenden Konsequenzen hinsichtlich Einteilung und Definition von Gehaltsgruppen, Leistungsbeurteilung etc. nehmen die Gewerkschaften im Rahmen der Tarifautonomie entscheidenden Anteil; andere Maßnahmen können von den Unternehmen erst nach Konsultation des Betriebsrats durchgeführt bzw. nur mit dessen Zustimmung realisiert werden.

Diese allgemeine Tendenz einer zunehmenden Verrechtlichung der betrieblichen Austauschbeziehungen hat zur Folge, daß immer mehr Elemente des individuellen Arbeitsvertrags durch kollektive Tarifverträge bzw. Betriebsvereinbarungen vorgegeben werden. Mit der Einengung des vertraglichen Verhandlungsspielraums nähert sich der Vertragsstatus des Angestellten dem des Arbeiters an.

Zugleich wächst mit der allgemeinen Zunahme der Tarifnormen und Betriebsvereinbarungen auch die Informations- und Handlungskompetenz der Interessenvertretung, insbesondere des Betriebsrates, denn er muß für die Umsetzung und Einhaltung der Normen im Betrieb gegenüber Gewerkschaft und Belegschaft einstehen.

Es sind also im wesentlichen drei Gründe, die Angestellte veranlassen können, ihre bislang vielfach gewahrte Distanz zur betrieblichen Interessenvertretung zu verringern und in der Perspektive ihrer Interessenwahrung die Einschaltung des Betriebsrates als prinzipielle Möglichkeit in Erwägung zu ziehen:

- Die Tatsache ausgeweiteter Kompetenz betrieblicher Mitbestimmungsgremien, die von der Arbeitsplatzgestaltung bis zur Einstellung und Entlassung reicht.
- Ein durch lie betriebliche Ökonomisierungspolitik verstärktes Schutzbedürfnis gegenüber möglichen Verschlechterungen des Arbeitsplatzes und des Gehalts.
- Die Verengung und Blockierung der Aufstiegswege, die für die

davon betroffenen Angestellten das klassische leistungsbetonte Konkurrenzverhalten als gültiges Handlungsmuster zunehmend in Frage stellt.

Parallel mit der veränderten Haltung zum Betriebsrat wandelt sich auch das Verhältnis zur Gewerkschaft, wächst die Einsicht in die prinzipielle Notwendigkeit dieser Interessenorganisationen. Ihre Tätigkeit als gegnerische Tarifpartei der Unternehmer wird als notwendige Rahmenbedingung für den fortbestehenden Zwang angesehen, sich im System der betrieblichen Konkurrenz halbwegs zu behaupten.

Dazu mag entscheidend beigetragen haben, daß inzwischen viele der für Angestellte relevanten Verbesserungen nicht länger nur gesetzlich verfügt wurden oder sich der unternehmerischen Gratifikationspolitik verdankten, sondern von den Gewerkschaften in Tarifverhandlungen und Arbeitskämpfen durchgesetzt wurden. Hierzu gehört die jährliche Steigerung der Tarifgehälter ebenso wie die 40-Stunden-Woche seit 1967, die verlängerte Urlaubszeit, das Urlaubsgeld, wie der tariflich garantierte Schutz älterer Arbeitnehmer.

Die erreichten Leistungen werden von den Angestellten unabhängig von ihrer konkreten Beziehung zur Gewerkschaft durchaus anerkannt. Keineswegs folgt aus dieser Anerkennung aber schon die Konsequenz, die Gewerkschaften auch durch eigene Mitgliedschaft zu unterstützen. Nach wie vor werden Vorbehalte gegenüber der Einheitsgewerkschaft IG Metall angemeldet: sie vertrete vorrangig bzw. zu sehr die Interessen der in ihr dominierenden Arbeiter und könne bzw. wolle sich daher für die Interessen der Angestellten gar nicht so stark wie nötig verwenden.

Dabei stoßen sich die Angestellten weniger daran, daß sich die betriebliche Lage der Arbeiter verbessert; die geäußerte Reserve speist sich vielmehr aus der Furcht, daß eine Gewerkschaft, die die Einheit der Interessen aller Lohnabhängigen propagiert, sich gar nicht in dem von den Angestellten gewünschten Maß zum Anwalt ihrer Gruppenprivilegien machen kann. Dies begründet auch die Attraktivität der DAG für solche Angestellte, die an sich gegen die Existenz konkurrierender Gewerkschaften argumentieren.

Wenn sich die Angestellten freilich dennoch vorrangig für die IG Metall erklären, so häufig nur deshalb, weil sie die tarifpolitisch potentere Organisation ist, die nicht nur Forderungen aufstellen, sondern sie auch durchsetzen kann. Dabei wird die konkrete Entscheidung wesentlich durch die allgemeine betriebliche Situation beeinflußt. In einem Betrieb mit aktiver, hochorganisierter Arbeiterbelegschaft und einem wirksam operierenden Betriebsrat ist der Sog der IGM so groß, daß sich die DAG dagegen nur schwer behaupten kann. In einem Betrieb hingegen mit mangelnder Aktivität von Belegschaft und Betriebsrat, der zudem in einem faktisch streikfreien Tarifgebiet gelegen ist, mußt sich die Präferenz für die Einheitsorganisation zwangsläufig verringern. Dort, auf dem Hintergrund lauer Interessenpolitik der IGM erscheint auch das tarifpolitische Unvermögen der DAG nicht mehr als so krasser Makel. Freilich vermag die DAG davon nur relativ zu profitieren; die Organisationsbereitschaft in einem solchen Betrieb bleibt generell niedrig. Wo die kollektive Interessenperspektive so geringen Demonstrationswert besitzt, halten auch die Angestellten stärker an ihrer individualistischen Interessenorientierung fest.

Die bisher dargestellten Befunde, so vorläufig sie noch sein mögen, machen immerhin deutlich, daß die angebliche Gretchenfrage an die Angestellten: 'Wie haltet ihr es mit der Gewerkschaft und mit dem Betriebsrat' als zentraler Indikator für eine Umorientierung im Angestelltenbewußtsein in ihrer Bedeutung überschätzt wird. Wenn Angestellte ein nicht mehr so distanziertes Verhältnis zu Gewerkschaft und Betriebsrat erkennen lassen, bedeutet dies nicht Moment von Identifikation mit diesen Institutionen, wie sie für Arbeiter charakteristisch ist, sondern zunächst lediglich die Einbeziehung von bislang als kaum tauglich erachteten Mitteln ins nach wie vor individualistisch ausgerichtete Interessenkalkül. Dies verschränkt sich mit einer allgemeinen ordnungspolitischen

Vorstellung, daß in einer Gesellschaft mit Gruppen von unterschiedlichen Interessen ein Ausgleich nur durch ein relatives Gleichgewicht der Kräfte garantiert sei und daß deshalb gegenüber der Macht der Unternehmer eine Gegenmacht in Gestalt der Gewerkschaften durchaus angebracht sei, ohne daß man als Angestellter dabei selber explizit Position beziehen müßte.

THEMENBEREICH 3: SOZIO-ÖKONOMISCHER UND DEMOGRAPHISCHER WANDEL

Leiter:

Erwin K. S c h e u c h (Köln):

Die Beschreibung ganzer Gesellschaften - Theoretische und methodische Probleme bei gleichzeitiger Berücksichtigung von Konstanz und Wandel

Referenten:

Shmuel N. E i s e n s t a d t (Jerusalem):

Alternative Ways of Modernization - Comparison of Individual Societies as Nation States in 19th and 20th Century Western Societies

Günter W i s w e d e (Köln):
Thomas K u t s c h

Sozialer Wandel als "Modernisierung" - Problematik eines Konzepts

Arthur F.P. W a s s e n b e r g (Delft-Rotterdam):

Social Change and "Neo"-Corporatism: Notes on the Growing Contradictions between Logistics (Unterbau) and Logics (Überbau)

Rainer M a c k e n s e n (Berlin):

Bevölkerung und Gesellschaft in Deutschland - Die Entwicklung 1945-1978

Franz Urban P a p p i (Kiel):

Konstanz und Wandel der Hauptspannungslinien in der Bundesrepublik

Paul J. M ü l l e r
Wolfgang B i c k (Köln):

Die Bedeutung des Institutionengeflechts und intermediärer Instanzen für den Alltag

Prof. Dr. Erwin K. Scheuch

# Die Beschreibung ganzer Gesellschaften - Theoretische und methodische Probleme bei gleichzeitiger Berücksichtigung von Konstanz und Wandel

## I.

## Konvergenz nur in der Praxis der Beschreibung

Veröffentlichungen mit Titeln, welche die Darstellung ganzer Gesellschaften ankündigen, werden einander in der Auswahl von Themen ähnlicher.[1] Dies ist so, obgleich es kein allgemein akzeptiertes Schema gibt, aus dem die Auswahl von Themen abzuleiten wäre. Das wird besonders auffällig bei "sozialen Indikatoren", wo es neben einem vagen Einverständnis, welche Eigenschaften ein Indikator haben soll, keine theoretische Begründung gibt, welche Zahlen zu berücksichtigen und welche zu vernachlässigen sind.[2]

Ein Vergleich verschiedener Beschreibungen und Zahlensammlungen zeigt: Die Ähnlichkeiten in der Beschreibung von verschiedenen Industriegesellschaften sind zu einem gegebenen Zeitpunkt größer als die Übereinstimmungen in der Art der Beschreibung eines gegebenen Landes im Zeitablauf.[3] So wurde zu Ende der fünziger Jahre neben Bevölkerungsdaten den Verbrauchs- und Ausstattungsdaten privater Haushalte ein besonders breiter Raum gegeben. Zehn Jahre später hatte sich offensichtlich das Verständnis dessen, was Lebensqualität ausmacht, auch bei sozialwissenschaftlichen Autoren verändert. Die Ausstattung mit Kühlschränken oder der Automobilbesitz hatten als bloßer Besitz ihre Diskriminationskraft verloren: Aus kategorialen Unterschieden - Besitz oder Nichtbesitz - waren graduelle geworden. Diese Unterschiede in der Qualität der Güter wurden und werden nicht dargestellt. Statt der Veränderung der Kategorien einer Berichterstattung bei konstant bleibenden Variablen sind die Kategorien weitgehend unverändert; aber dafür drückte sich dann Wandel in der Aufnahme neuer Variablen aus. Dies waren in erster Linie Angaben über die Versorgung mit Kulturgütern (wie Bildung), über Infrastruktur-Einrichtungen (Tagesstätten für Kinder), und über soziale Probleme (z.B. Kriminalitätsraten).[4] Weitere zehn Jahre später kommen Variablen aus der Arbeitswelt hinzu, sowie Freizeit und Massenkommunikation;[5] wiederum bleibt dabei die Art der Berichterstattung über früher bereits berücksichtigte Dimensionen weitestgehend unverändert.

Es ist nicht sehr wahrscheinlich, daß in weiteren zehn Jahren die Auswahl der Dimensionen (Variablen) zur Kennzeichnung einer Industriegesellschaft die gleichen wie heute sein werden. So ist es beispielsweise nicht plausibel, daß so wenig Angaben zur Wirtschaftsstruktur berücksichtigt werden. Es gibt kaum Beschreibungen der Arbeitsinhalte; nicht einmal die Verbreitung von Schicht- und Fließbandarbeit werden erfaßt.[6] Es bereitet keine Schwierigkeiten, Statistiken über Effektivarbeitszeiten zu erhalten, aber die Autoren gesamtgesellschaftlicher Beschreibungen berücksichtigen sie nicht. Dabei sind gerade solche Daten geeignet, Unterschiede zwischen verschiedenen Ländern, insbesondere zwischen den USA, Westeuropa und Osteuropa aufzuzeigen - Unterschiede, die im Zeitablauf bleiben, also Indikatoren für Strukturunterschiede sind.[7] Wir erfahren aus diesen gesamtgesellschaftlichen Beschreibungen nichts über die relative Bedeutung großer und kleiner Unternehmen für die Wirtschaft eines Landes oder als Arbeitgeber - vermutlich, weil Soziologen die Irrtümer ihrer Zeitgenossen teilen, daß Klein- und Mittelbetriebe wenig bedeutsam seien. Tatsächlich wäre eine Berücksichtigung der Betriebsgrößen-Verteilung geeignet, Unterschiede in der Struktur Frankreichs und der Bundesrepublik zu zeigen.[8] Der Energieverbrauch privater Haushalte in Westeuropa und in den USA ist während der letzten dreißig Jahre drastisch gewachsen, aber dennoch ist der Unterschied im Anteil der Nachfrage nach Energie bei privaten Haushalten in den USA einerseits und andererseits für Privathaushalte in Europa gleich geblieben.[9] Diese Konstanz der Unterschiede gilt selbst für die Nachfrage nach einer einzelnen Energieart wie Elektrizität, oder für den Verbrauch nach Verwendungsarten: Offensichtlich drücken sich hier Strukturunterschiede in der Lebensführung aus, die ausgeblendet werden.

Nach diesem Quellenvergleich fassen die gesamtgesellschaftlichen

Beschreibungen an behaupteten Strukturunterschieden zwischen Ländern vornehmlich solche des 'kulturellen Systems' (in der Sprache von Parsons)[10]. Jenseits solcher Unterschiede deutet die Parallelität der Akzentverschiebungen im Zeitablauf darauf, daß nicht nur in essayistischen Gesamtdarstellungen, sondern auch in Datensammlungen, der jeweilige Zeitgeist durchschlägt. Die auch internationale Konvergenz in der Berücksichtigung von Dimensionen als 'relevant' kann leider nicht als Ausweis gedeutet werden, daß sich nun eine vorläufig noch implizite Einigung über die Konzeption einer gesamtgesellschaftlichen Charakterisierung entwickelte. Hier drückt sich neben sozialwissenschaftlichem Konsens in erheblicher Stärke die Offenheit der Sozialwissenschaften für kulturelle und politische Moden aus.

Es liegt nahe zu vermuten, daß sich aus der Identifizierung mit einer bestimmten Theorie oder Schauweise ein verpflichtendes Schema deduzieren ließe. Eine solche Vermutung wird durch die Literatur nicht bestätigt. Sozialwissenschaftler, die sich alle als Struktur-Funktionalisten verstehen, kommen im Zeitablauf zu verschiedenen Konzeptionen, stimmen zu einem jeweiligen Zeitpunkt aber mit nicht-Funktionalisten in der Beachtung von Dimensionen ziemlich überein. Der Einwand, nun sei der Struktur-Funktionalismus eine sehr diffuse Schauweise, relativiert die vorhergehende Aussage nicht. Der Marxismus in seiner partei-amtlichen Form in den 'Ländern des realen Sozialismus' ist sicherlich nicht diffus in der Bestimmung dessen, was bedeutsam ist. In der Praxis zeigt sich jedoch, daß diese Wichtigkeit nur sub specie eternitatis eindeutig zu bestimmen ist, mit konkreten gesellschaftlichen Verhältnissen hier und heute inzwischen ziemlich pragmatisch umgegangen wird;[11] womit die Sozialwissenschaften in den Ländern des 'realen Sozialismus' ebenfalls mit dem Zeitgeist rückgekoppelt sind, wie er in 'westlichen' Gesellschaften irgendwie entsteht.

Eindeutig erscheinen Theorien und Schauweisen, die heute in den Sozialwissenschaften bedeutsam sind, vornehmlich in der Konfrontation miteinander. Allerdings hat dann das, was in Veranstaltungen wie dem wiederholten "Theorievergleich in der Soziologie" der

DGS-Soziologentage vorgestellt wurde, nicht immer viel zu tun mit der tatsächlichen Ausprägung und Verwendung der Theorien im Alltag der Wissenschaft.[12)] So bleibt es dabei, daß theoretisch deduzierte, zumindest aber systematische Schemata von einzelnen Sozialwissenschaftlern vorgeschlagen werden. Und manchmal gelingt es, eine ganze Forschergruppe auf ein solches Schema festzulegen.

Ein Beispiel ist das Projekt "Comparative Analysis of Whole Societies" von Shmuel Eisenstadt und Adam Podgorecki.[13)] Dies sind die Dimensionen, die bei der Kennzeichnung von Italien, Großbritannien, Canada, den Niederlanden, der Bundesrepublik, Ungarn, den USA, Indien, Indonesien, Brasilien, Japan, Spanien, Polen und Israel zu berücksichtigen waren: (a) Die Symbole kollektiver Identität und die Grenzen dieses Kollektivs; (b) die Struktur der Macht und der sozialen Schichtung in historischer Ableitung; (c) die Beziehungen zwischen sozialer Schichtung und Lebensstilen einer Gesellschaft; (d) die Beziehungen zwischen einer gegebenen Gesellschaft und Einheiten höherer Ordnung (Zivilisationen, internationale Systeme); (e) die Kultur und das Ethos einer Gesellschaft.

Wie so oft bei solchen Schemata ist bemerkenswert, daß das Geflecht von Institutionen, wie auch elementare Institutionen (Familie, Verwandtschaft), wie auch das Wirtschaftssystem und sogar die Demographie zugunsten von Elementen eines Kultursystems ausgespart bleiben. Es ist eben ein Charakteristikum der Versuche zur quantitativen oder essayistischen Beschreibung ganzer Gesellschaften, daß die sachlichen Bedingungen für Alltagsverläufe nachrangig behandelt werden: wie Bevölkerungszusammensetzung, Wirtschaftsstruktur, internationale Arbeitsteilung, geographische Faktoren, Art und Grad der Organisation von Institutionen als formale Veranstaltungen, staatliche Präsenz. Die Bedeutung der Bevölkerungszusammensetzung wird offensichtlich bei Vergleichen von Entwicklungsländern mit heutigen Industriegesellschaften: Bei vergleichbarer Einwohnerzahl ist in der Bundesrepublik (61 Mio.) 21% der Bevölkerung jünger als 15 Jahre, in Mexiko (65 Mio.) aber 47%; bei etwas mehr Bevölkerung ist dennoch in Mexiko (mit 17,5 Mio.) die Zahl der Erwerbstätigen wesentlich geringer als in der Bundesrepublik (mit 26,7 Mio.), und dennoch ist der Verstädterungsgrad wesentlich höher im Entwicklungsland als im Industrieland. Ein weiteres Beispiel ist das Ausmaß staatlicher Präsenz auch im Sinne der Penetration des staatlichen Gewaltmonopols als vorzüglichstem Ausdruck dessen, was als Minimum Staat ausmacht.[14)] Wenn Gewalt privatisiert ist, wie um 1880 im Westen der USA oder in der Form eines Räuberunwesens im 18. Jahrhundert in Westdeutschland, dann ist eben eine elementare Randbedingung alltäglichen Handelns verändert. Diese Beschreibungen teilen eben mit der amerikanisch geprägten Sozialwissenschaft die Vorliebe, soziale Sachverhalte als kausal bewirkt durch Bewußtseinselemente zu deuten.[15)]

Dies ist nun nicht zu verstehen als ein Plädoyer, die Sozialwissenschaften sollten zumindest bei der Behandlung ganzer Gesellschaften zurückkehren zu einem Unterbau-Überbau-Schema, zumal dessen Grenzen später von Friedrich Engels selbst gerade am Beispiel der deutschen Geschichte aufgezeigt wurden.[16)] Die quantitative Sozialgeschichte, die jetzt zu einer historischen Sozialforschung wird, bestätigt die mangelnde Eignung dieses Schemas.[17)] Hauptspannungslinien von Gesellschaften bis hin zu gruppenweisem Mord- und Totschlag sind überwiegend nicht ökonomisch bestimmt, auch wenn sie ökonomische Bedeutung gewinnen.[18)] Ethnische Unterschiede, regionale Besonderheiten, sprachliche Verschiedenheit und religiöse Gegensätze sind sehr oft - je nach gegenseitiger Überdeckung und damit Verstärkung (z.B. Sprache plus Konfession, plus Region) - von größerer Wucht als wirtschaftliche Gegensätze. Die Sozialwissenschaften sind ohne Erklärung für die Demontage der Moderne durch den Islam oder für ein Phänomen wie Indien und selbst Japan; es gibt gleichfalls keine befriedigende Erklärung für die Kontinuität jahrhundertealter sozialer Gegensätze und Feindschaften. Sollte es einen "letztlich" bestimmenden Umstand für Konstanz und Wandel eines Sozialsystems geben, so hat dieser bisher eine bemerkenswert-irreführende Vielfalt von Ausdrucksformen.

II.

## "Sozialsystem" als Schnittmenge von Einheiten

Die Beschäftigung mit Gesellschaften wie der polnischen oder derjenigen der Bundesrepublik fördert den Verdacht, daß beim Versuch der Charakterisierung ganzer Gesellschaften die Implikationen, der Ansatz schon, unangemessen war und ist. Gibt es eine Kontinuität der polnischen Gesellschaft, ungeachtet der großen Veränderungen im Staatsgebiet und der Zusammensetzung der Bevölkerung der verschiedenen polnischen Staaten, aber auch ungeachtet der Teilung des Landes und der Reduktion der Polen zum Status von nationalen Minderheiten in den Grenzen anderer Staatsgebilde? In diesem 20. Jahrhundert waren "die Deutschen" die Bevölkerung eines zugleich konservativen und sich sehr rasch modernisierenden Kaiserreichs; das Staatsvolk einer politisch sehr liberalen Republik und anschließend einer besonders effizienten Form von Faschismus; seit dem 2. Weltkrieg existieren sie als Träger nebeneinander zweier Staatswesen ganz unterschiedlicher Art, im jeweiligen "westlichen" und "östlichen" Kontext gleicherweise relativ erfolgreich.

Auf dieses Auseinanderfallen von Bevölkerung und staatlicher Organisation kann bei der Charakterisierung ganzer Gesellschaften auf zweifache Weise reagiert werden: Man mag nur die Fälle als "Gesellschaften" bzw. Sozialsysteme 'im eigentlichen Sinne' behandeln, bei denen staatliche Organisation und Sozialsystem im informellen Sinne so sauber zusammen zu fallen scheinen, wie noch bis vor 10 Jahren in Großbritannien; oder es wird etwas als zentral für das Verständnis von Sozialsystem verstanden, das nicht mit jeder Veränderung der staatlichen Organisation wechselt wie im Falle Polen.[19)] Mit der Entscheidung für die erste Alternative wäre dann die bei weitem größte Zahl von Sozialsystemen wegdefiniert.

Viele der konzeptionellen Schwierigkeiten bei der Kennzeichnung ganzer Gesellschaften folgten aus der meist impliziten Gleichsetzung von Sozialsystem mit Nationalstaat. Dies ist weder historisch zu rechtfertigen noch heute praktikabel. Die Organisation der uns vertrauten entwickelten Gegenwartsgesellschaften in Nationalstaaten verstellt den Blick dafür, daß der Prozeß der Nationenwerdung unterschiedlich tief die Sozialstruktur beeinflußte - wie sich jetzt selbst bei so klassischen Nationalstaaten wie England und Frankreich erweist.[20] Viele Lebensbereiche sind auch heute noch subnational integriert. Für politische Systeme und Wirtschaftssysteme gibt es eine endliche Zahl von Organisationsformen für Industriegesellschaften, die aber alle in nationalen Variationen vorkommen.[21] Zugleich gibt es übernationale Lebensstile - wie die Disco-Kultur und der Hippie-Kult.[22] Nationalstaaten sind eben nicht "aus einem Guß", sind nicht Systeme im Sinne der Systemtheorie und sind nicht Strukturen im Sinne des Struktur-Funktionalismus als Theorie. Der Grad, zu dem Ebenen und Segmente zusammenhängen, Art und Grad der Integration also, wird zweckmäßiger als Variable denn als Konstante konzipiert.

Die Eigenheiten der heutigen Nationalstaaten etwa in Europa und Amerika könnten aus dieser Perspektive verstanden werden als einzigartige Schnittmenge von Gemeinsamkeiten, die sich nicht mit dem Staatsgebiet decken. Es ist dann eine Eigenschaft des Nationalstaates als Sozialsystem, welche relative Bedeutung die Integrationsebenen Staatsgebilde Bundesrepublik bzw. DDR haben. Die Bundesrepublik mag mal gemeinsam mit Japan als "kapitalistisch" bezeichnet werden, unter anderer Perspektive aber im Gegensatz zu Japan als "europäisch" gemeinsam mit der DDR. Die DDR mag sich als politisches System mit Tansania und Vietnam als Teil einer sozialistischen Welt verstehen, ist aber auch Industriegesellschaft und als solche Bulgarien unähnlicher als der Bundesrepublik.

Es gibt eine deutsche Kultur,und diese deckt sich nicht und deckte sich nie mit Staatsgrenzen. Für dörfliches Leben, soweit dieses heute noch in Mitteleuropa existiert, gibt es so etwas wie ein alpenländisches Dorfleben im Gegensatz etwa zum Dorfleben der norddeutschen Tiefebene.[23] In der "Bevölkerungsweise" sind Bundesrepublik und DDR, werden sie mit Entwicklungsländern verglichen, Teil eines großen Kollektivs "ältere Industriegesellschaften".

Dreißig Jahre Umfrageforschung erweisen, daß eine Anzahl Eigenschaften, die zu einem jeweiligen Zeitpunkt als kennzeichnend für ein Land gelten, keine Besonderheiten des Landes sind.[24] Zugleich gibt es Indizien für hohe Stabilität, gab es sehr viel mehr Voraussagen revolutionärer Wandlungen als tatsächlichen Wandel. Traditionen wie die des"ganzen Hauses" für die deutsche Beamten - schaft oder der Gilden für unser Krankenkassenwesen zeigen eine "elastische Kontinuität". Darüber hinaus gibt es einen "english way of doing things" wie eine französischen Stil des Umgehens mit Problemen - aber wie ist dies zu identifizieren?

## III.

## Zur Charakterisierung von Sozialsystemen als Konstanz im Wandel

An den USA, Japan, den Ländern Westeuropas sind beide Aspekte eines Sozialsystems auffällig: Sozialer Wandel ist alltäglich und rasant, aber gleichzeitig haben diese Länder, ungeachtet aller vormaligen Klagen über Amerikanisierung, eine hohe Kontinuität als Länder im Vergleich zueinander. Das gilt weniger für viele Dimensionen, die in den Beschreibungen ganzer Sozialsysteme betont werden: Höhe des Sozialproduktes, Lebensstandard, Einkommensverteilung, selbst Berufsverteilung und Wohnweisen. Offensichtlich gibt es so etwas wie eine Lebensweise und einen Gesellschaftstyp wie "wohlhabende Industriegesellschaft", in der sich die erwähnten Dimensionen tendenziell international angleichen. Dies gilt sicher für Eigenschaften, die durch wirtschaftlichen Wandel beeinflußt werden, wie die Berufszusammensetzung, wie auch für die Freizeit. Privatisierung ist das Leitmotiv der Lebensweisen jenseits des Existenzminimums ungeachtet der Organisation einer Gesellschaft als "westliche Demokratie" oder als Land des realen Sozialismus. Dort wie hier ist der Traum vom Auto begleitet vom Wunsch nach einer Zweitwohnung; hier wie dort werden die gleichen Programmarten im Fernsehen geschätzt, ungeachtet der versuchten Einflußnahme durch Programmgestaltung.[25]

Die Unterschiede in der Höhe des Sozialproduktes und im Lebensstandard, welche die Sozialwissenschaftler Ende der fünfziger

Jahre als kennzeichnend für Länder beeindruckten, erwiesen sich als instabil, wenn damit die Eigenheiten der USA im Gegensatz etwa zur Bundesrepublik, von England im Gegensatz zu Italien ausgedrückt werden sollten. Diese Eigenschaften sind dagegen entscheidend für die Sonderstellung der "trilateralen" Länder (Japan, USA/Canada, Westeuropa, Australien/Neuseeland) insgesamt in der Welt. Die "wohlhabende Industriegesellschaft" kann durchaus als eigener Gesellschaftstyp gedeutet werden. Er bedeutet eine andere Rangfolge von Werten, heißt die Verlagerung der Befürchtungen heraus aus dem Wirtschaftsgeschehen in Ereignisse der eigenen Privatwelt, weist ein hohes Maß an institutioneller Differenzierung an, hat als Konsequenz einen großen Integrationsbedarf.[26)]

Die Sonderstellung oder doch Eigenheit dieser Art von Gesellschaften wird etwas verwischt dadurch, daß ihre Artefakte und das Verhalten in der Freizeit international angenommen werden. Der Musikgeschmack junger Menschen ist in Moskau der gleiche wie in London, in der Transkei der gleiche wie in München; blue jeans sind mehr als ein Kleidungsstück, sind ein Symbol der Identifizierung mit dieser Lebensweise, die von Kritikern als Coca-Cola-Zivilisation bezeichnet wird. Vielleicht ist auch diese weltweite Diffusion von Produkten, Unterhaltungsmitteln, Konsumweisen, Kleidung und Freizeitverhalten bedeutsam genug, um nicht als bloße Äußerlichkeit behandelt zu werden. Für die Besonderheit der "wohlhabenden Industriegesellschaften" sind dies jedoch keine differentia specifica - höchstens der Umstand, daß diese Länder das Modell dafür abgeben, was weltweit als "modern" und damit vorbildlich gilt.

Es ist schwierig, die trennenden Eigenheiten dieses Typs von Gesellschaft auszumachen, weil sich diese Sozialsysteme in fortwährendem Wandel befinden, ja Wandel als Erwartung hier institutionalisiert ist. Wird ein Beobachtungszeitraum von etwa 100 Jahren gewählt, dann betrifft dieser rasante Wandel durchaus unterschiedliche Lebensbereiche. Um die Jahrhundertwende und dann wieder in den dreißiger Jahren schien sich eine Entwicklung hin zur Integration auf der Ebene des Nationalstaates abzuzeichnen, zumindest seit Ende des zweiten Weltkrieges sind Leitmotive des Wandels "Pluralismus" und Privatisierung. Immer war jedoch bisher kennzeichnend für diese Gesellschaft die Erwartung, daß zumindest während einer Lebenszeit der Lebensstandard der Mehrheit steigen werde, daß es Wirtschaftswachstum gebe. Dies kontrastiert mit der sonst üblichen Vorstellung von guten und schlechten Jahren. Selbst Hochkulturen wie das Imperium Romanum hatten zwar Vorstellungen über Wachstum als Eigenschaft ihres Systems, meinten damit aber nur die politische Dimension, nicht die Wirtschaft als System mit der Eigendynamik des Fortschritts. Es ist möglich, daß die hier angesprochene Besonderheit der "wohlhabenden Industriegesellschaft" in Zukunft keine mehr sein wird, daß ein Wunsch politisch dominant wird, sich auf dem heutigen Komfort-Niveau einzurichten,[27)] so wie das Imperium Romanum während des Principats gerade auf dem Höhepunkt seiner militärischen Macht auf weitere territoriale Expansion verzichtet.

Eine über die Feststellung des Wandels als Konstante der "wohlhabenden Industriegesellschaft" hinausgehende Aussage über strukturelle Besonderheiten, zumal über solche, die auch ohne Wachstum die Eigenheit dieses Typs von Gesellschaft ausmachen, kann nur als Meinung vorgetragen werden. Weiter oben wurde eine Reihe weiterer struktureller Besonderheiten genannt. Mit dieser Qualifizierung sei hier vorgeschlagen, als entscheidende Besonderheit dessen, was Industriegesellschaft genannt wird, die hohen Ausdifferenzierung zu sehen.[28)] Zentral für diese Ausdifferenzierung ist, einem so ausgegrenzten Verhaltensbereich eine Eigenrationalität zuzuordnen. In der Sprache von Parsons heißt dies, daß aus diffusen nun funktional spezifische Orientierungen werden. Daß es sich hier um Besonderheiten handelt, wird auch dadurch nahegelegt, daß Menschen anderer Gesellschaften gerade mit diesem Aspekt unseres Alltags sehr schwer auskommen. Das historisch und weltweit Übliche ist die Multifunktionalität von Verhalten, dient ein religiöses Fest nicht lediglich religiösen Zwecken, ist Gesellung außerhalb der Arbeit nicht Ausdruck vornehmlich der eigenen Präferenzen für Freizeit. Bei den Tikopeia konnte Raymond Firth nachweisen, daß die für die Beschaffung verschiedener Arten von Lebensmittel aufgewandte Zeit nicht übereinstimmte mit der Präferenzordnung für die verschiedenen Lebensmittel - wohl jedoch mit dem Grad an Geselligkeit bei der Beschaffung; Verhalten bei der Produktion war hier ein Kompromiß zwischen zwei Werten und nicht lediglich am Konsumwert ausgerichtet.[28)] Auch bei uns ergeben sich als unangenehm empfundene Überschneidungen von Normen, wenn mit Freunden und vor allem Verwandten Geschäfte getätigt werden. Die Norm ist demgegenüber während des Berufs- und Geschäftslebens völlig abzusehen von den besonderen Eigenschaften des Kontrahenten und sich nur "an der Sache" zu orientieren: Geschäft ist Geschäft. Eine Orientierung, die zugleich diffus, partikularistisch und affektiv ist, soll nur im Privatbereich gelten, und ist hier als Kontrast zur Öffentlichkeit sogar gefordert.

Es sind sicherlich noch eine Anzahl weiterer Dimensionen gleich plausibel, um die Besonderheit einer "wohlhabenden Industriegesellschaft" zu identifizieren. Hierzu gehört die Trennung von Privatsphäre und Öffentlichkeit, Pluralismus, Privatisierung, Mobilität. Die hier gewählte Betonung der Ausdifferenzierung qua Zuordnung von Eigenrationalitäten will anknüpfen an die älteren Schemata der Evolutionisten - wie den Gegensatzpaaren mechanische vs. organische Solidarität, oder von Primärgruppen zu Sekundärinstitutionen -, soll aber weiterführend eine Aporie dieses Gesellschaftstyps bezeichnen. Die Eigenrationalitäten werden hier grundlegend für die Dynamik dieses Gesellschaftstyps, aber zugleich wächst mit zunehmender Ausdifferenzierung der Integrationsbedarf, denn aus dem Gegeneinander von Bereichsrationalitäten kann für das System insgesamt auch Absurdität folgen. Mit dieser hier empfohlenen Konzeption ist Wandel vereinbar, der keineswegs linear und immer in den gleichen Dimensionen erfolgen müßte.

Nicht geeignet ist diese Konzeption zur Bestimmung von strukturellen Besonderheiten zwischen wohlhabenden Industriegesellschaften, etwa struktureller Unterschiede zwischen Frankreich und Deutschland. Hier sind Eigenschaften zu definieren, die bei aller Übereinstimmung als einer "trilateralen" Gesellschaft Frankreich und Deutschland als zugleich bleibend verschieden kennzeichnen, wobei diese Verschiedenheit Eigenschaften vor der Entwicklung als

Industriegesellschaft berücksichtigen sollte. Dies geschieht in sehr vielen sozialwissenschaftlichen Beschreibungen von Gesamtgesellschaften auch, aber meist begrenzt auf Eigenschaften des Kultursystems (i.S.v. Parsons). Manchmal ist allerdings zweifelhaft, ob auch empirisch belegte Unterschiede das Tagesverständnis überdauern, aus dem heraus sie für wichtig gehalten wurden. Ein wichtiges Beispiel ist die Behauptung eines "anthropologischen Pessimismus" und politischen Zynismus der Europäer im Vergleich zum Optimismus der Amerikaner; von dem ist aber inzwischen nicht so viel übrig geblieben.[30] Eine alleinige Lokalisierung von Besonderheiten als Industriegesellschaften, die das Spezifikum eben eines deutschen Sozialsystems ausmachen, nur in der Dimension des Kultursystems zu sehen, ist theoretisch unbefriedigend und steht unter dem Verdacht, Raum für intellektuelle Beliebigkeiten zu lassen. Wahrscheinlich ist diese Art der Bestimmung von Besonderheiten eines Sozialsystems der Grund für die früher erwähnten Einbrüche intellektueller Moden in die Beschreibung von Gesamtgesellschaften.

Stein Rokkan schlägt als systematische Perspektive zur Kennzeichnung der Besonderheit unter europäischen Ländern vor, den Prozeß der Nationenwerdung (nation building) als Ausgangspunkt zu nehmen.[31] In diesem Prozeß der Nationenwerdung seien überall die gleichen Konflikte mit älteren Organisationsformen des sozialen Lebens entstanden, aber die Intensität war ebenso national verschieden wie die Auflösung bzw. Nichtauflösung des Konfliktes. Die Attraktivität dieser Konzeption besteht insbesondere darin, daß nebeneinander Gleiches und Spezifisches berücksichtigt wird: Die Existenzform Nationalstaat bewirkte hiernach in Europa, daß dieser jeweils auf die gleichen Probleme eine Antwort zu geben hatte, wobei jedoch offen ist, wie jeweils die Antworten ausfielen.

Rokkan knüpft in seiner Vorstellung über Nationenwerdung als eine Abfolge von Grundkonflikten an T.H. Marshall an, doch das Ausfüllen dieser Konzeption ist sein Beitrag. Nach Rokkan steht am Beginn der Nationenwerdung ein Legitimitätskonflikt, nämlich der

Gegensatz zwischen traditionellen Solidareinheiten wie Kirche sowie Zünfte und dem Anspruch des Staates, daß es keine Loyalitäten neben der des Bürgers für den Nationalstaat geben dürfe.[32] Nationenwerdung bedeutete auch Zentralisierung und entsprechend ist der nächste Grundkonflikt der zwischen Zentrale und Peripherie. Ein dritter Konflikt ist nach Rokkan der zwischen Arbeit und Kapital, und als vierter Konflikt wäre hinzuzufügen der Gegensatz zwischen Ausdifferenzierung der Wirtschaft als Marktwirtschaft oder die Weiterführung einer gelenkten Wirtschaft.[33] Diese Konflikte lassen sich noch heute im Parteiensystem nachweisen, ja sind nach Rokkan die eigentlich soziale Basis für Parteien, auch wenn sich diese ideologisch verstehen.[34] Die Besonderheit eines Landes wäre dann dadurch wiederzugeben, daß die Hauptspannungslinien und ihre Vermittlung in das politische System mit erfaßt werden. Bei der Anwendung auf deutsche Geschichte wird die Nützlichkeit dieser Perspektive deutlich. Der Legitimitätskonflikt kommt im Deutschen Reich sehr viel später als in Frankreich, nämlich im Kulturkampf, und er endet anders als in Frankreich mit seiner laizistischen Revolution in Deutschland mit einem Patt. Die Zentrum-Peripherie Konflikte ereigneten sich im Deutschen Reich ebenfalls sehr viel später als in Frankreich und hier behauptete sich insgesamt die Peripherie; sie ist Grundlage unseres Föderalismus. Der Konflikt zwischen Kapital und Arbeit wurde im Falle des Deutschen Reiches - auch hier verschieden von Frankreich - teilweise gedämpft durch Sozialpolitik, zugleich durch mächtige Gewerkschaften und gleichfalls wohlorganisierte Arbeitgeber in verhandlungsfähige Formen überführt; in den USA gab es demgegenüber zur gleichen Zeit blutige Auseinandersetzungen über das Organisationsrecht. Besonders erfolgreich waren die Widerstände der Organisationen und Repräsentanten der traditionellen Gesellschaft gegen Marktwirtschaft. Deutschland hatte bis in die fünfziger Jahre eine teils staatlich, teils privat hoch regulierte Wirtschaft mit Zugangsbeschränkungen für Berufe und legalen Kartellen - ein Gegensatz zu den USA, wie er kaum größer vorstellbar ist.

Mit dieser Perspektive läßt sich dann auch sozialer Wandel abbilden. Ein Teil der erwähnten Konflikte wurde in das politische

System vermittelt und bewirkte dort bittere Feindschaften. Ein wichtiges Beispiel ist der Gegensatz zwischen östlichen Landgebieten und westdeutscher Industrie, war die Feindschaft zu dem, was als verstädterte Kultur galt, und war die Bereitschaft des selbständigen Mittelstandes demjenigen politisch zu folgen, der den besten Schutz vor den Unwirtlichkeiten des Marktes versprach. Das gedämpfte politische Klima der Bundesrepublik ist nicht zuletzt eine Folge des Verblassens von Grundkonflikten und deren Folgen. Hierzu gehört das Vergessen des Konfliktes zwischen Protestanten, Katholiken und laizistischen Kreisen; nicht einmal der Streit um den § 218 vermochte die traditionellen Feindschaften neu zu beleben. Vergessen ist auch ein früher bitterer Wertkonflikt zwischen einer stadtfeindlichen politischen und militärischen Führungsschicht und dem am westeuropäischen Bürgertum orientierten Teil der Stadtbevölkerung.

Zusätzlich zu den Hauptspannungslinien und deren Vermittlung kann die Reaktionsweise eines Landes auf eine Neuheit als eine bleibende Besonderheit ausgemacht werden. Zwar müssen alle Gesellschaften auf Probleme bzw. Herausforderungen reagieren, aber sie haben dazu ihren "Stil", besser vielleicht Reaktionsweise genannt, der für ein Land spezifisch zu sein scheint. Diese Konzeption läßt sich an der Wirtschaftsgeschichte der "trilateralen" Länder verdeutlichen. In diesem Falle war die von den betreffenden Gesellschaften zu bewältigende Aufgabe der Struktur nach gleich: Industrialisierung als Form der wirtschaftlichen Entwicklung. Dies hatte bereits bei so alten Industrieländern wie Frankreich und England sehr unterschiedliche Ausdrucksformen, wobei im Falle Frankreichs die direkte und indirekte Einflußnahme des Staates zentral war, in England aber randseitiger blieb.[35)] Auch zwischen den beiden späten Industrieländern Deutschland und Japan sind die Unterschiede in der Art der wirtschaftlichen Entwicklung erheblich: In beiden Fällen ist der staatliche Einfluß bedeutsam, aber im Deutschen Reich wurde diese wirtschaftliche Entwicklung begleitet vom Ausbau eines Sozialstaates, während es den traditionellen Solidarverbänden überlassen blieb, in Japan die sozialen Kosten der Wirtschaftsentwicklung abzufangen.[36)]

Wirtschaftliche Entwicklung bedeutete auch, daß sich der Nutzen von Investitionen im Zeitablauf ändert. Erstes Medium für Massentransporte war bei der Industrialisierung der Wasserweg, insbesondere der Kanal; dessen Funktionen konnte rein technisch dann das Eisenbahnwesen übernehmen; und nach weiteren technischen Erfindungen konnten die Aufgaben des Eisenbahnwesens wiederum rein technisch vom Straßen- und Flugsystem wahrgenommen werden. Die Einfügung dieser verschiedenen Transportmittel in die Wirtschaftssysteme differiert auf bezeichnende Weise zwischen den kontinental-europäischen Staaten und den USA. Zunächst werden in den USA während einer kurzen Zeit gewaltige Mittel in den Kanalbau gesteckt und so wichtige Verbindungen für die Wirtschaft bereitgestellt, wie ein Wasserweg von New York zu den Inlandmeeren (Erie Canal), oder ein Wasserweg von Philadelphia durch das Appalachen-Gebirge nach Pittsburgh; nach der Erfindung der Eisenbahn wird dann der ganze Kontinent mit Eisenbahnen überzogen, aber ein Ausbau eines Straßennetzes gibt es noch lange nicht, und das Kanalnetz verfällt unbeachtet; dann wird nach der Vollmotorisierung in nur etwa 20 Jahren der Kontinent einem Netz von Autobahnen ausgestattet, aber das hoch entwickelte Eisenbahnsystem schrumpft gleichzeitig auf einen Bruchteil der Ausdehnung um 1930. In den kontinental-europäischen Staaten gibt es dagegen Verkehrspolitik als Versuch, ein jeweils neues Verkehrsmittel so einzufügen, daß das ältere Verkehrsmittel möglichst weiter genutzt wird. So wird heute noch in der Bundesrepublik etwa 1/3 der Massengüter mit Binnenschiffahrt befördert und durch fortwährende Eingriffe versucht, eine Balance zwischen Straßen- und Eisenbahngüterverkehr zu erreichen. Die gleiche Bereitschaft, Investitionen in eine Technik dann aufzugeben, wenn ein effizienteres Mittel verfügbar wird, zeigt sich auch im Umgang mit Energiequellen in den USA: Obgleich das Land über ungeheuere Kohlenreserven verfügt, werden heute 80% des Stroms durch Ölfeuerung produziert, während die kontinental-europäischen Länder schon vor der sogenannten Ölkrise die Kohle als Energiequelle schützten. In vielen anderen Bereichen läßt sich immer wieder die gleiche Reaktion auf neue technisch-wirtschaftliche Möglichkeiten nachweisen: Bereitschaft zur Kapitalvernichtung in den USA, um den vollen Vorteil der neuen Mittel zu nutzen und Vorrang des Schutzes für Investitionen bei den europäischen Ländern. Hier wird eine Besonderheit von Sozialsystemen im Umgang mit der gleichen Herausforderung deutlich.

Je nach Perspektive erscheint ein Land wie die Bundesrepublik als eine Gesellschaft unter mehreren eines gleichen Typs, oder als eine Gesellschaft ganz eigener Art im Vergleich zu sonst ähnlichen Gesellschaften. Dies ist übrigens auch die Schauweise der Mitbürger, wenn sie nicht als Sozialwissenschaftler ganze Gesellschaften kennzeichnen wollen. In einer experimentell angelegten, nicht repräsentativen Untersuchung, deren Teilnehmer aus 15 Ländern stammten, waren 21 Länder zu beurteilen, und zwar mit einem semantischen Differential für 18 Eigenschaftsdimensionen.[37] Eine Faktorenanalyse ergab 2 plus 2 Dimensionen. Nach den beiden 1. Dimensionen, deren Benennung hier nicht interessieren muß, ergab sich folgende Gruppierung von Ländern, wobei räumliche Nähe gleich inhaltlicher Ähnlichkeit in bezug auf die Dimensionen zu deuten ist:

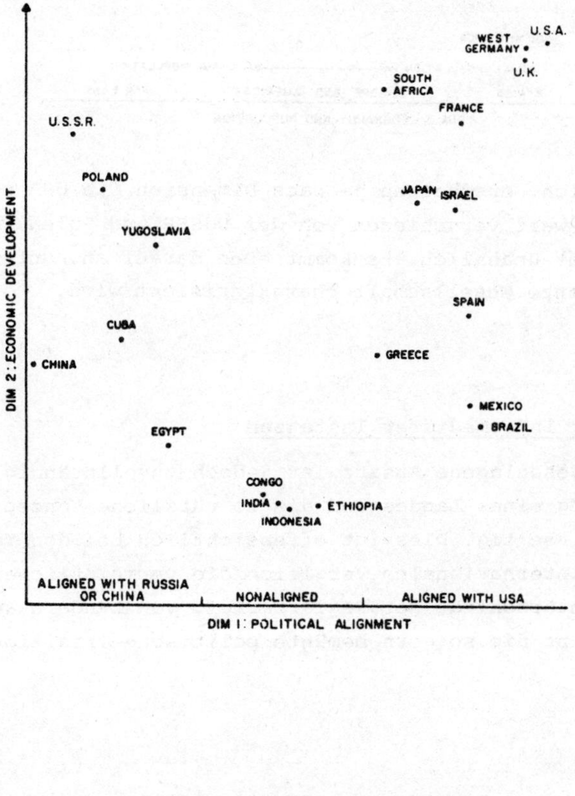

Die beiden nächsten Dimensionen führten zu folgender graphischer Repräsentation von Ähnlichkeit im inhaltlichen Sinne:

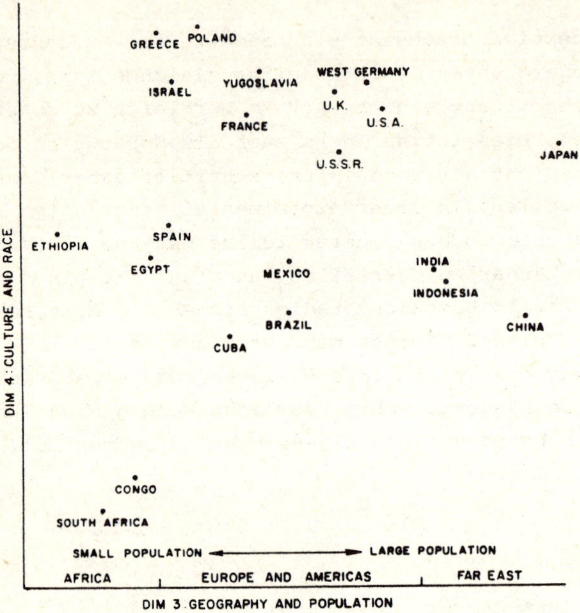


Wie ersichtlich, erscheinen je nach Dimension die USA plus Bundesrepublik als weit verschieden von der UdSSR und Polen, oder als einander nicht unähnlich. Es kommt eben darauf an, unter welchem Bezug eine ganze Gesellschaft charakterisiert wird.

## III.

Die Bedeutung intermediärer Instanzen

Der hier vorgeschlagene Ansatz ist jedoch unvollständig zur Charakterisierung eines Landes und die so nützliche Konzeption von Rokkan ist einseitig. Dies ist offensichtlich bei den Versuchen, heute durch internationalen Vergleich die vermeintlichen und/oder wirklichen Unterschiede der Regierbarkeit von Ländern aufzuzeigen.[38] Da gibt die so gern bemühte politische Tradition eines

Landes öfters sehr viel weniger her als es dem sozialwissenschaftlichen Folklore entspricht; England ist hierfür ein Fall. Auch Massendaten erklären nicht die manifesten Unterschiede in der Art und Intensität von Konflikten bis hin zur Agonie von Regierungen. Weder mit der Betrachtung der Ebene des Nationalstaates, noch mit Umfragen sind die Unterschiede zwischen Ländern zureichend abzubilden.

Der Grund ist sehr, sehr einfach. Ein Sozialsystem ist eben nicht, wie oft im politischen Unterricht dargestellt, eine Beziehung zwischen einzelnen Bürgern und den zentralen Instanzen: Das ist rechtlich relevant, aber sozial nicht sonderlich bedeutsam. Die Beziehungen müssen vermittelt sein, sonst agiert der Staat im Nichts oder bleiben Eigenschaften der Bürger ohne Resonanz im System. Die vermittelnden bzw. "intermediären Instanzen" - formelle und informelle Organisationen, Institutionen, Personen -, sind hierbei selbstverständlich nicht neutrale Mittler, sondern formende Kraft. Ein Beispiel ist die Bedeutsamkeit des Parteiensystems. Es gibt zwar Unterschiede in der politischen Grundorientierung in den verschiedenen Ländern Westeuropas, aber sie sind nicht besonders dramatisch, wie aus Untersuchungen wie denen von Philip Converse ersichtlich wird.[39] Die ziemlich ähnlichen Verteilungen auf einen Kontinuum links-rechts in den europäischen Ländern werden nun als "Rohmaterial" völlig verschieden in das politische System vermittelt. Dies ist eine Messung, wie verschieden die Parteiensysteme nach dem Urteil der Wähler in einem jeweiligen Land sind:[40]

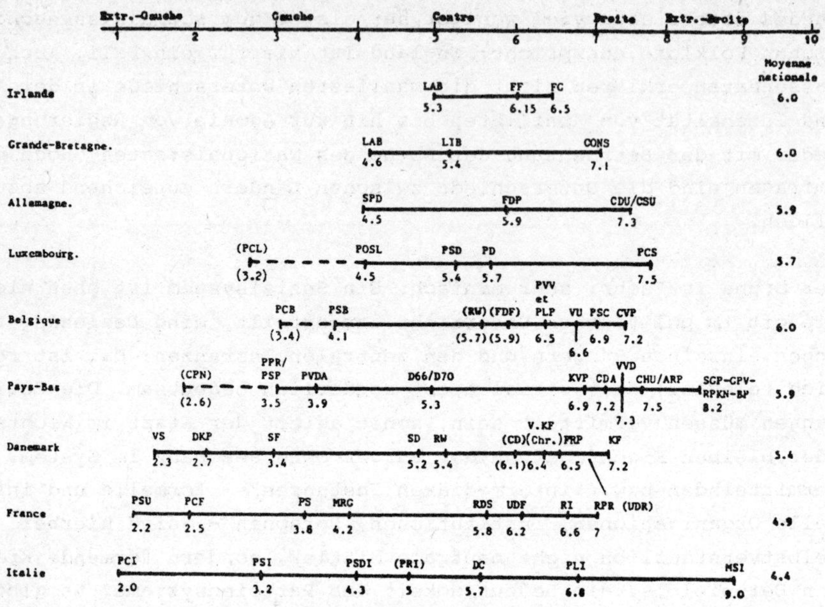


Daten von Eurobarometern 5 und 6

Augenfällig ist der Unterschied in der Spannbreite der Abdeckung politischer Positionen. Es ist offensichtlich, daß das Parteiensystem der Bundesrepublik die tatsächliche Spannbreite von Unterschieden in den Grundauffassungen in der Bevölkerung dämpft, während das italienische und auch französische Parteiensystem die Spannbreite in den den Eigenschaften der Wähler verstärkt!

Wir wissen über intermediäre Instanzen als Teil eines Sozialsystems weniger als einerseits über Besonderheiten auf der Ebene des Nationalstaates und andererseits über Eigenschaftsverteilungen von Individuen.[41] Wie setzen sich die Bekanntenkreise zusammen, wie sind sie als Netzwerke miteinander verschränkt, mit wieviel Institutionen kommt wer in Kontakt - das sind einige der Fragen, über die unser Wissen sehr lückenhaft ist.[42] Ebenso lückenhaft ist das

Wissen über Prozesse in diesen Zwischeninstanzen; Untersuchungen über lokale Parteien legen nahe, daß Minderheiten über Institutionen ihre Bedeutsamkeit erlangen.[43] Es ist wahrscheinlich, daß hier zwischen verschiedenen, sonst ähnlichen "trilateralen" Nationalstaaten große Unterschiede bestehen.

In abstrakterer Betrachtung kann das Netz intermediärer Instanzen als ein System verstanden werden, daß je nach Land unterschiedlich selegiert - unterschiedlich in der Aufnahme von Impulsen von der Ebene des Gesamtsystems und unterschiedlich in der Beachtung von Eigenschaften der Individuen. Neben dieser Selektivität kann als zweite Dimension der Eigentümlichkeit des Systems intermediärer Instanzen die Umformung des "Rohmaterials" externer Impulse oder Eigenschaften des Individuums in Instanzen-interne Formen verstanden werden. Besonders offensichtlich ist dies für Bürokratien und ihre national spezifische Weise der Übersetzung von Vorgängen in regelgerechte Fälle.[44] Die dritte Eigentümlichkeit wäre dann die Reaktion der Teile des Netzes intermediärer Instanzen aufeinander. Hier dürften die wesentlichen Kontrollmechanismen eines Gesamtsystems zu lokalisieren sein, denn unzweifelhaft ist eine Zentrale überfordert, jeden einzelnen Ablauf zu kontrollieren.

Wenn Podgorecki von "informeller Sozialstruktur" spricht, dann meint er vornehmlich die Beziehungen zwischen Individuen als Grundformen der Gesellung im Alltag.[45] In dieser informellen Sozialstruktur sieht Podgorecki die Kontinuität der polnischen Gesellschaft über die politischen Katastrophen hinweg. Dies ist wahrscheinlich ausreichend für eine bäuerliche Bevölkerung, wenn als Grundformen der Gesellung Verwandtschaftssysteme und Gemeinde berücksichtigt werden; viel mehr an explizierter Sozialstruktur gibt es bei einfachen bäuerlichen Gesellschaften ja nicht. Für eine Gesellschaft wie die deutsche wäre dies nicht ausreichend. Hier muß als Minimum für Identität über Zeit hinweg hinzu kommen das Netzwerk von Vereinigungen.

In einer längerfristigen Betrachtung erscheint der Nationalstaat als Monopolist, so wie er im öffentlichen Recht vorgestellt wird, als eine vorübergehende Erscheinung. Zunächst wird seine Bedeutsamkeit als Ebene der Integration und autonomen Verfügung eingeschränkt durch übernationale Verflechtungen. Parallel werden gerade in den wohlhabenden Industriegesellschaften - aber latent auch in den Ländern des realen Sozialismus - früher eingeebnete Besonderheiten von Gruppen und Regionen neu betont. "Devolution" ist der Begriff hierfür in der angelsächsischen Diskussion; einen deutschen Terminus gibt es noch nicht. "Devolution" und übernationale Verflechtung bedeuten eine Relativierung des Nationalstaates als Integrationsebene. Wenn dies die Realität ist, dann kann dies bei der Beschreibung von Gesamtgesellschaften nicht ignoriert werden, dann muß Teil der Behandlung des Gegenstandes auch die Kennzeichnung seiner Bedeutung sein.

ANMERKUNGEN

1) Für diesen Aufsatz wurden zwei Arten von Beschreibungen ganzer Gesellschaften berücksichtigt: Essayistische Darstellungen und Zahlenwerke mit oft geringer Kommentierung. Beispiele von exemplarischer Bedeutung für Vorstellungen über Sozialsysteme des essayistischen Typs sind:
Ralf Dahrendorf: "Gesellschaft und Demokratie in Deutschland", München 1965;
Rudolf Walter Leonhardt: "X-mal Deutschland", 5. Auflage, München 1962;
Hans-Otto Meissner: "Das Wunder der aufgehenden Sonne", Gütersloh 1970;
John Ardagh: "The New French Revolution", London 1968;
Anthony Sampson: "Wer regiert England?", München 1963.

Beispiele für Zahlenwerke sind:
"Allensbacher Jahrbuch der Demoskopie 1976-1977", Band VII, Wien 1978;
Eike Ballerstedt et. al. (Hg.): "Soziologischer Almanach", Frankfurt 1975;
Roland Ermrich: "Basisdaten", Bonn-Bad Godesberg 1975;
Franz Neumann (Hg.): "Daten zu Wirtschaft - Gesellschaft - Politik - Kultur", Baden-Baden 1976;
Wolfgang Zapf (Hg.): "Lebensbedingungen in der Bundesrepublik", Frankfurt 1977

2) Die u.E. zutreffendste Definition für "soziale Indikatoren" ist: Zahlen mit normativer Implikation. Soweit Normen oder zumindest Vorstellung über deren Verletzung und Erfüllung sich wandeln, verändert sich selbstverständlich auch die Eignung einer Zahl als Indikator. Bei sozialen Indikatoren übernehmen Sozialwissenschaftler ein wissenschaftsexternes Normensystem. Zur Problematik und Nützlichkeit des Unterfangens, systematisch soziale Indikatoren zu sammeln, siehe Wolfgang Zapf: "Sozialberichterstattung", Göttingen 1976. Siehe ferner Wolfgang Zapf (Hg.): "Soziale Indikatoren", Frankfurt 1975, Hans-Jürgen Krupp und Wolfgang Zapf (Hg.):

"Sozialpolitik und Sozialberichterstattung", Frankfurt 1977; den besten Überblick über die gesamte Entwicklung gibt immer noch Leslie D. Wilcox et. al. (Hg.): "Social Indicators and Societal Monitoring", Amsterdam 1972.

3) Für diesen Aufsatz wurden zusätzlich zu den in Anmerkung 1 aufgeführten Zahlenwerken aus Allensbach und von Eike Ballerstedt et. al., Roland Ermrich, Franz Neumann und Wolfgang Zapf noch besonders berücksichtigt das sehr umfängliche und interessante Zahlenwerk von Christian Siara: "Komponenten der Wohlfahrt in der Bundesrepublik Deutschland, ohne Ort und Jahr (Frankfurt 1978); "Zahlen zur wirtschaftlichen Entwicklung der Bundesrepublik Deutschland, Köln 1974, 75, 76, 77; BMBW: "Grund und Strukturdaten", Bonn 1976; BMA und Bundespresseamt: "Gesellschaftliche Daten, Bonn 1974; "Zahlenspiegel", Bundesministerium für innerdeutsche Beziehungen, Bonn 1978; "Sozialbericht '78", Reihe: Berichte und Dokumentationen, 1978; "The General Household Survey", London o.J..
Von hohem diagnostischem Interesse war die Titelliste der 140 Bände, die zwischen 1973 und 1976 im Auftrage der Kommission für wirtschaftlichen und sozialen Wandel veröffentlicht wurden. In dieser Auswahl, die von Ökonomen beeinflußt wurde, drückt sich ein handfesteres Gesellschaftsbild als in vielen politologischen und soziologischen Zahlenwerken aus. Als Kontrast zu diesen siehe auch den Katalog der Arbeitsgebiete im Statistischen Bundesamt: "Das Arbeitsgebiet der Bundesstatistik", Stuttgart 1976.

4) Zu diesem Zeitpunkt wurden auch in der Bundesrepublik regierungsamtliche "Berichte zur Lage der Nation" üblich. Die ersten dieser Berichte, entscheidend beeinflußt durch den Politologen Ch. P. Lindz, stellten ab auf einen "Systemvergleich" mit der DDR, waren gemeint als Versuch, das Wohlbefinden des eigenen Landes relativ zu anderen Ländern in der zeitlichen Entwicklung auszudrücken. Bei aller Einengung der Optik als Folge dieser Zielsetzung handelt es sich um Zahlenwerke von größter Nützlichkeit, die von den Sozialwissenschaften erstaunlich wenig genutzt werden.

5) Vgl. die in Anmerkung 1 und 3 erwähnten Veröffentlichungen sowie "Schriften der Kommission für wirtschaftlichen und sozialen Wandel", Göttingen 1973-76.

6) Siehe hierzu die Literaturübersicht bei Hans Benninghaus: "Arbeitssituation und Arbeitszufriedenheit", Kölner Zeitschrift für Soziologie und Sozialpsychologie, Heft 3, 1978. Inzwischen scheinen einige Instrumente vorzuliegen, welche Arbeitsinhalte auch in einem für Sozialwissenschaftler relevanten Sinne abbilden, wie der "Job Diagnostic Survey" (IDS) oder das "Job Characteristics Inventory" (ICI).

7) Siehe hierzu die Aufsätze von John P. Robinson et. al. und Philip E. Converse in Alexander Szalai (Hg.): "The Use of Time", The Hague 1972.

8) Siehe hierzu Erwin K. Scheuch: "Die Bedeutung kleinerer und mittlerer Betriebe für die Sozialordnung einer Industriegesellschaft", Schriften des IFO-Instituts, München 1977. Neues Material für die Bundesrepublik bringt Erwin K. Scheuch (mit Intermarket):"Die Selbständigen im Mittelstand", München 1978.

9) Unveröffentlichter Bericht von Erwin K. Scheuch: "Die Nachfrage von Haushalten nach elektrischer Energie" als Unterlage für das BMFT: "Forschungsbericht K76-03 - Kernforschung", Bonn 1976.

10) Dabei wird wiederum Wertungen aller Art ein breiter Raum gewährt. Vorstellung, Werte, Hoffnungen, Meinungen aller Art haben gerade in internationalen Vergleichen einen hohen Stellenwert. Beispiele hierfür sind Hadley Cantril: "Pattern of Human Concerns", New Brunswick (N.J.), 1965; Jacob and Jacob (Hg.): "Values and the Active Community, New York 1971; H. Ornauer et. al. (Hg.): "Images of the World in the Year 2000",Den Haag 1976.

11) Siehe hierzu das Inhaltsverzeichnis einer Gemeinschaftsarbeit finnischer und polnischer Soziologen, Erik Allardt und Wladzmimierz Wesolowski (Hg.): "Social Structure and Change", Warszawa 1978.

12) Der "Theorievergleich" ist eine Art Wanderschau geworden, auf der Standard-Sorten von Ansätzen vorgestellt werden, die inzwischen in der vorgestellten Form ein Eigenleben als Teil der Schau Theorievergleich führen. Vgl. "Zum Theorievergleich in der Soziologie", in M. Rainer Lepsius (Hg.): "Zwischenbilanz der Soziologie", S.14-82, Stuttgart 1976.

13) Das Projekt wurde vorgestellt als Symposium 3 auf dem 9. Weltkongreß für Soziologie 1978 in Uppsala. Die Publikation der Berichte wird vorbereitet. Zwischenzeitlich können die Unterlagen von Adam Podgorecki, Wolfson College, Oxford University, angefordert werden.

14) Die hier unterstellte Konzeption von Staat folgt der Weber'schen Vorstellung in "Wirtschaft und Gesellschaft". Vgl. auch Erwin K. Scheuch: "Die Gewalt wird privatisiert", Kölnische Rundschau, 24. Dezember 1975.

15) Die bedeutende Eigenentwicklung der amerikanischen Soziologie ereignete sich in den dreißiger Jahren, und zwar parallel mit der Ausbildung der Sozialpsychologie als akademischer Spezialität. Die Psychologisierung der Soziologie, gerade der empirisch vorgehenden, lag bei der Beschränkung auf das hier-und-heute der eigenen Gesellschaft nahe. Die Chicago-Schule betrachtete explizit die Stadt Chicago als Mikrokosmos menschlicher Existenz. Die großen Unterschiede in den Lebensweisen von Gruppen in dieser Stadt konnten als Unterschiede der Mentalität gedeutet werden, denn der sachliche Rahmen der Existenz war für alle eine Konstante. Bezeichnend ist der Erfolg der Phaenomenologie in der amerikanischen Sozialwissenschaft wie auch die Umdeutung des Weber'schen Sinn-Begriffs als Epochal bestimmter Deutung von Verhalten zu einer Norm für individuelle Entscheidungen bei Talcott Parsons.

16) "Nach materialistischer Geschichtsauffassung ist das in letzter Instanz bestimmende Moment in der Geschichte die Produktion und Reproduktion des wirklichen Lebens. Mehr hat weder Marx noch ich je behauptet. Wenn nun jemand das dahin verdreht, das ökonomische Moment sei das einzig bestimmende, so verwandelt er jenen Satz in eine nichtssagende, abstrakte, absurde Phrase...... Es ist eine Wechselwirkung aller dieser Momente, worin schließlich durch alle die unendliche Menge von Zufälligkeiten als Notwendiges die ökonomische Bewegung sich durchsetzt. Sonst wäre die Anwendung der Theorie auf eine beliebige Geschichtsperiode ja leichter als die Lösung einer einfachen Gleichung ersten Grades..... Es wird schwerlich gelingen, die Existenz jedes deutschen Kleinstaates der Vergangenheit und Gegenwart oder den Ursprung der hochdeutschen Lautverschiebung, die die geographische, durch die Gebirge von den Sudeten bis zum Taunus gebildete Scheidewand zu einem förmlichen Riß durch Deutschland erweiterte, ökonomisch zu erklären, ohne sich lächerlich zu machen..... Zweitens aber macht sich die Geschichte so, daß das Endresultat stets aus den Konflikten vieler Einzelwesen hervorgeht, wovon jeder wieder durch eine Menge besonderer Lebensbedingungen zu dem gemacht wird, was er ist; es sind also unzählige einander durchkreuzende Kräfte, eine unendliche Gruppe von Kräfteparallelogrammen, daraus eine Resultante - das geschichtliche Ergebnis - hervorgeht, die selbst wieder als das Produkt einer, als Ganzes bewußtlos und willenlos wirkenden Macht angesehen werden kann. Denn was jeder einzelne will, wird von jedem andern verhindert, und was herauskommt, ist etwas, das keiner gewollt hat." Friedrich Engels: "Die richtige Auffassung vom historischen Materialismus", aus: Marx-Engels: "Ausgewählte Schriften", II. Band, Berlin 1952, S.458 ff.

17) Vgl. Jerome M. Clubb and Erwin K. Scheuch (eds.):"Historical Social Research", Stuttgart 1979.

18) Ein Beispiel ist der Konflikt in Nordirland, der jetzt von Marxisten als eine Art von Klassenkampf fehlgedeutet wird. Tatsächlich geht er zurück auf Siedlungspolitik als Instrument von Machtpolitik. Zur Kontrolle Irlands ermutigte die englische Krone die Einwanderung von Protestanten, und wirtschaftliche Privilegien waren Anreiz für die Einwanderung. Wie meist in der Geschichte waren wirtschaftliche Vorteile Instrument und nicht Ursache eines Machtkampfes.

19) Siehe hierzu die einleitenden Ausführungen in Adam Podgorecki: "The Global Analysis of Polish Society", The Polish Sociological Bulletin 4/76.

20) Vgl. S.N. Eisenstadt and Stein Rokkan: "Building States and Nations", Beverly Hills 1973.

21) Ein Beispiel sind die Unterschiede in der Struktur der Industriebetriebe in Japan, den USA und der Bundesrepublik. Das deutsche Mitbestimmungsrecht wäre in den USA ebenso undenkbar wie das japanische Prinzip lebenslänglicher Anstellung und Beförderung nach Seniorität. Und doch erweisen sich alle drei Arten der Organisation industrieller Produktion als international miteinander konkurrenzfähig.

22) Im Auftrage des japanischen Premierministers wurden im Abstand von 5 Jahren in 14 Ländern international vergleichende Befragungen von Jugendlichen durchgeführt. Neben bedeutenden Unterschieden zwischen Jugendlichen in Entwicklungsländern und in Industriegesellschaften zeigte sich auch eine internationale Jugendkultur bei Teilen der Jugendlichen. Siehe hierzu den Bericht "The Youth of the World and Japan", Tokyo 1979, zu erhalten über Institute der Gallup-Kette. Ein gutes Indiz für die Verbreitung dieser Jugendkulte sind die Verkaufsstatistiken von Plattenfirmen mit weltweitem Vertrieb wie Polydor, Philips oder EMI.

23) Siehe hierzu die stark wechselnde Bedeutsamkeit von Aufgliederungen nach Region bei Umfragen, wie aus den "Jahrbüchern für Demoskopie" des Allensbacher Instituts hervorgeht.

24) Siehe hierzu die Zeitbudgets von Familien wie auch deren Auswertung in dem Aufsatz von Robinson in Alexander Szalai (Hg.), op. cit.

25) Nach Auskünften über Polen von Ryszard Dyoniziat und über die UdSSR von N. S. Mansurov.

26) Dies ist näher ausgeführt in Erwin K. Scheuch: "Krisen im Wandel der Zeiten", Food and Nonfood, Oktober 1978.

27) Die "Grenzen des Wachstums" sind weniger eine naturgegebene Grenze als ein politisches Phaenomen, wie u.a. deutlich wird in Fred Hirsch: "Social Limits to Growth", London 1977.

28) Dies ist näher ausgeführt in Erwin K. Scheuch: "The Relationship of Government and Business to the Individual in Democratic and Totalitarian Systems",Proceedings of the Sixth International Conference on the Unity of the Sciences, New York 1978, Bd. I, S.507 ff.

29) cf. Raymond Firth: "Primitive Polynesian Economy", London 1972.

30) Der Verfall des Vertrauens der Amerikaner in ihre Institutionen ist in vielleicht überdramatisierter Form dargestellt in Michel G. Crozier et al: "The Crisis of Democracy", New York 1975.

31) Siehe hierzu das einführende Kapitel in: "Party Systems and Voter Alignments: Cross-National Perspectives" von Seymor M. Lipset und Stein Rokkan, New York 1967. Das Programm wird ausgeführt in Stein Rokkan: "Citizens Elections Parties", Oslo 1970. Die Anregungen von Rokkan werden weitergeführt im HIWED-Programm von Peter Flora, Köln.

32) Vgl. Eisenstadt und Rokkan, op. cit.

33) Die dramatischsten Ausdrucksformen hatte diese Konflikte in England. Im Streit über die Kornzölle, also der Auseinandersetzung über Freihandel für Agrarprodukte, zerbrach 1846 die

Konservative Partei (Tories). Vergleiche Ivor Jennings: "The Growth of Parties", Bd. 2 von Party Politics, Cambridge 1961. Wie umstritten gerade in der englischen Geschichte marktwirtschaftliche Prinzipien und Prozesse waren, geht auch hervor aus Peter Mathias: "The First Industrial Nation", London 1969.

34) Dies zeigt im internationalen Vergleich auf Erik Allardt und Yrjö Littunen (Hg.): "Cleavages, Ideologies, and Party Systems", Helsinki 1964. Selbst heute in der Bundesrepublik wirken die historischen Spannungslinien fort; siehe Franz Urban Pappi: "Sozialstruktur und politische Konflikte in der Bundesrepublik", Habilitationsschrift Köln 1977.

35) Hierzu bringt Näheres William Ashworth: "International Economy since 1850", Longman 1975.

36) Siehe hierzu noch Friedrich-Wilhelm Henning: "Wirtschafts- und Sozialgeschichte", Bd. 1 und 2, Paderborn 1972/3; Frank Pilz: "Das sozialstaatliche System der Bundesrepublik Deutschland", München 1978; Frank Gibney: "Japan: The Fragile Superpower", New York 1979.

37) cf. Myron Wish et. al.: "Differences in Perceived Similarity of Nations" in J. Kimball Romney et. al. (Hg.): "Multidimensional Scaling. Theory and Applications in the Behavioral Sciences". Vol. II Applications, New York 1972, S.289 ff.

38) Die Literatur zu diesem Thema ist inzwischen sehr umfangreich, aber die interessantesten Publikationen kommen immer noch aus dem Umkreis einer von Richard Rose geleiteten internationalen Arbeitsgruppe. Ausgangspunkt war Richard Rose: "Governing Without Consensus", London 1971. Die neuere Diskussion faßt zusammen Richard Rose:"Governing and Ungovernability. A Sceptical Inquiry",Glasgow 1977; Erwin K. Scheuch: "Wird die Bundesrepublik unregierbar?", Köln 1976.

39) Neuere Werte für die neun Länder der europäischen Gemeinschaft veröffentlichten Hans D. Klingemann und Ronald Inglehart: "Party Identification, Ideological Preference, and

the Left-Right Dimension in Europe;, in Jan Budge et. al. (Hg.): "Party Identification and Beyond", London 1976. Die Kurven der links-rechts Verteilung in den verschiedenen Ländern sind weitgehend deckungsgleich. Für die Konzeptionen und Erklärungen von Converse über den losen Bezug des Parteisystems zu den Grundorientierungen der Wähler vergleiche Philip E. Converse: "The Dynamics of Party Support", Beverly Hills 1976.

40) Dies ist Graphik Nr. 1 der Beilage "Euro Vote" von "European Political Data", Nr. 31 (Juni 1979), Bergen.

41) Die Lücken in der sozialwissenschaftlichen Erfassung des Alltags und deren Vorliebe für das Abseitige, können am Inhaltsverzeichnis von Kurt Hammerich und Michael Klein (Hg.): "Materalien zur Soziologie des Alltags" in: "Kölner Zeitschrift für Soziologie und Sozialpsychologie", Sonderheft 20/1978 abgelesen werden.

42) Eine der wenigen systematischen Untersuchungen der Netzwerke des Alltags bestätigt die hier vertretene Auffassung von der Lockerheit der Beziehungen zwischen Systemebenen: Wolfgang Bick, Paul J. Müller: "Informationssysteme und Informationsverhalten. Soziologische Grundlagenforschung für eine Informationspolitik", BMFT-Forschungsbericht ID 79/01, Eggenstein-Leopoldshafen 1979.

43) Siehe hier neben der Untersuchung von Renate Mayntz aus den fünfziger Jahren in Berlin noch Vera Gemmecke: "Parteien im Wahlkampf", Meisenheim 1967. Aus den USA liegt dagegen breites Material vor. Für viele andere Autoren sei hier verwiesen auf Edward C. Banfield: "City Politics" und "Political Influence".

44) Das Formular kann angesehen werden als eine operationale Anweisung für diesen Übersetzungsvorgang.

45) Adam Podgorecki, op. cit.

Shmuel N. Eisenstadt

## Alternative Ways of Modernization - Comparison of Individual Societies as Nation States in 19th and 20th Century Western Societies

I

The focus of this paper will be to examine, on the basis of a comparative analysis of the European experience of modernization in the middle 19th century and early 20th century, the basic theoretical assumptions of theories of modernization and convergence of individual societies. As is well known, these theories, seemingly derived from the European experience, have assumed a universal unilinear trend of development concomitant with modernization.

These theories have also assumed, implicitly or explicitly, that such characteristics of modern society - as the rationality, nation-state and class society - derived from the specific European heritage of the combination between the Judeo-Christian and Greek cultural heritage; the heritage of political tribal tradition and structural pluralism, will be more or less concomitant with the development of modernity and industrialization.

But not only the experience of non-European societies but also that of the different European societies indicates not only that these assumptions cannot be accepted in full, but enables to go beyond some such general concepts as tradition and historical experience to explain the variability of processes of modernization.

It is by now, as against the assumptions of the earlier studies of modernization, that there is no single - but many different - roads to modernization.

II

The studies of development and modernization that became, fromthe Second World War, a major focus of research in most of the social sciences in sociology, political science, economics, and anthropology, heralded the revival of the interest in comparative macro-sociological studies, inthe dynamics of a variety of civilizations with a strong focus on the relations and contrast between modern and premodern Western and non-Western civilizations, and of the historical process which constituted one of the major foci of classical sociological theories.

The emphasis of this renewed macro-societal and comparative interest was on how to "develop" the "underdeveloped" societies, and engendered a whole spate of studies in all the social sciences, utilizing new analytical approaches and new methodological tools of inquiry - post-Keynesian and econometric studies in economics, in attitude studies, in survey research, in demographic and ecological research, and in analyses in sociology and political science. This work also linked up with some of the major theoretical developments in sociology and political science, especially with the "systemic" approaches to social and political life. The most influential of these systemic approaches was, as indicated above, the structural-functional approach developed in sociology by Talcott Parsons and taken up and further elaborated in political science by Gabriel Almond, David Easton, and others. These approaches defined societies or polities as systems, that is, as entities that have boundaries of their own and to distinguish them from their environments, which have mechanisms that maintain such boundaries and assure their continuity.

This combination of developments in sociological theory with research into the "Third World" reopened the major classical problems of sociological theory. These included the characteristics and internal dynamics of various types of societies, the nature of processes of change and of the conditions of stability of such societies, the process of transition from one type of society to another, and the extent to which such transition evinces a discernible universal evolutionary tendency from the simple to the complex. This analysis of historical process came back to the forefront of sociological concern and theory.

The research that developed out of these concerns and dominated comparative studies in the social sciences in the 1950's and 1960's attempted first of all to identify the differences between traditional and modern societies. These were defined in many ways by using sociodemographic indices such as urbanization, occupational structure, spread of media of communication, and the like. They were also defined in terms of structural differences - traditional societies being characterized, to use Parson's terminology, by particularistic and ascriptive criteria of role allocation, and modern societies by universalistic and achievement criteria. These differences between traditional and modern societies were couched in most of the studies in terms of the respective range of systemic problems with which they could cope or of the environments - both internal (social, cultural) and external (technological, economic) - which they could "master."

From this perspective, traditional societies were perceived as basically very restrictive and limited, whereas modern societies were seen as much more expansive and adaptable to a widening range of internal and external environments and problems. Special emphasis was given to the ability to cope with change in general, and with economic development and industrialization in particular. The qualities of modern life, such as rationality, liberty, or progress, with which the classics of sociology were deeply concerned were here subsumed under these "expansive" "systemic" qualities of societies. Although not entirely neglected, those other qualities of the modern order were seen, or assumed, to follow naturally from the capacity to grow and to absorb change.

The vision of the historical process which was connected with all these developments was very much in line with the classical evolutionary one - stressing very much the passage of most societies through relatively similar stages moving towards the common end stage of modernity.

III

Fromthe early and, especially, the mid sixties, the momentum of research as well as the development on the world scene gave rise to far-reaching criticisms of these assumptions. These criticisms arose from a variety of vantage points, and they touched not only on the problems of development and modernization, but also on some very central questions of sociological analysis. Behind much of the debate there also loomed political and ideological differences, sometimes forcefully expressed. The two major foci of these criticisms were the alleged ahistoricity and Europocentricity of this initial model of modernization, and the closely connected doubts about the validity of the tradition-modernity dichotomy.

The allegation of the ahistoricity and Western centricity of this model was developed in two concrete directions that bear directly on the problem of the dynamics of civilizations. One such direction pointed to a reappraisal of the importance of historical continuity in shaping the contours of societal development.

While it would be out of place to analyze here in detail the whole spate of criticisms of the theories of modernization and of the convergence of industrial societies which have developed, it might be worthwhile to point out some of the highlights. The most crucial aspects of these criticisms have been the recognition, first, of the systemic viability of the so-called transitional systems; second, the very closely related recognition of the importance of traditional elements as well as, possibly, of various international factors in shaping the contours of these regimes.

Perhaps one of the most important developments in this context was the concept of "patrimonialism" to describe the political regimes of some new states. The use of the term "patrimonial" to describe many of the contemporary regimes pointed out the inadequaties of the central concepts and assumptions in the major studies of modernization, first by showing that many of these societies and states did not develop in the direction of modern European nation-states; second, by demonstrating that these societies were not necessarily a "transitional" phase along an inevitable path to this type of modernity; third, by indicating that there was nevertheless some internal "logic" in their development; and last, by emphasizing that at least part of this logic or pattern derived from the traditions of these societies themselves.

Thus, these criticisms of the initial model of modernization stressed the importance of analyzing contemporary developments in various societies in terms of their "unfolding" of the traditional forces inherent in them, rather than their alleged movement toward a fixed end-stage.

The other - and, in a sense, opposite - direction that these criticisms took tended to emphasize the unique historical experience of the modern era. This approach, most clearly apparent in the works of many modern Marxists or semi-Marxists, stressed that the modernization process was not universal or inherent in the nature of every society. Rather, it was stressed that it represented a unique historical situation connected with the various aspects of European expansion, and especially with the expansion of capitalism, and of the consequent establishment of a new international system composed of hegemonous and dependent societies.

Out of the latter there developed the strong stress on the necessity to analyze different modern and modernizing societies from the point of view of their place in the international world (especially capitalist) system and to see how their place in this system influences their institutional contours and dynamics.

IV

Out of all these developments there emerged the recognition of the possibility of a new perspective on the historical process in general and processes of modernization in particular.

The single most important aspect of the new perspective on the historical process is the recognition of the fact that the institutional dynamics of societies are greatly shaped by their specific historical experience and that, in the shaping of such historical experience, two aspects seem to be of special importance: one are their cultural traditions and the other is their political-ecological settings in general and their place in the respective international system or systems in which they participate, in particular.

Such a new perspective was made possible by the reexamination of several central theoretical issues - the two most important, in the present context, and both of which were examined in previous research, were the reappraisal of the nature of tradition and its place in social life; and the analysis of international relations and systems.

The concept of tradition, which initially was in many works used as a sort of a general residual category to explain major aspects of institutional structures which could not be explained in terms of the premises of the initial model of modernization, became defined in a more specific way; the different aspects of tradition became differentiated and their relations to concrete institutional patterns specified.

It was shown that in most general terms tradition is perhaps best viewed as the process - or at least part of the process - through which different levels of aspects of reality are culturally and socially constructed and transmitted in society; i.e., as the reservoir of the most central social and cultural experience of a society or civilization.

This reservoir of experience is nr , however, some sort of general, undifferentiated "store"; it is rather composed of several components - the relations between which are complex and often paradoxical.

The most important of these components are: first, some generalized modes or orientations of perception and evaluation of the modes of perception of social reality of the cosmic and of the socio-political order, which, for convenience, we shall call cultural "codes". Second are the symbols of collective identity and third the major modes of legitimation of the social and political order.

One of the most important findings of our research was that these different aspects of tradition can change in different tempos. It was found, paradoxically enough, that the different cultural orientations tend to be more continuous than the symbols and "contents" of collective identity, even if the latter often are seen as more stable and continuous.

Second, this analysis has indicated how these codes influence and shape some very basic parts of the social structure. We were able to indicate in a systematic way - beyond rather vague indications found in the earlier literature on traditions or in sociological analysis - which aspects of the institutional structure which cannot be fully explained in terms of levels of technological development or of structural differentiation and specialization, are influenced by such codes. The most important among these are: structure of authority; conception of justice; the structure of power and of political struggle; principles of social hierarchization; the definition of the scope of membership of different communities - all of which greatly influence the major types and policies undertaken in any society, and the perception of social problems within them.

Accordingly such conceptions do also greatly influence the modes of the integration - moral, legal or communicative - of the societies in which they are prevalent and the major patterns of their legitimation.

Such cultural premises do also greatly influence the "worlds of knowledge", the basic cognitive symbols prevalent in different societies; as well as the process of institutionalization of cognitive institutional activities and attitudes in general and scientific in particular in different societies.

Third, these conceptions - and their institutional derivatives - are "carried", by special type of social actors and social mechanisms - especially by several types of cultural, educational and political elites and frameworks - and may, often, cut across different "concrete" societies. They do also often exhibit dynamics of their own.

The major characteristic of such actors and especially the degree of their institutional autonomy, their internal solidarity and their relations to broader strata are of crucial importance for understanding the ways in which different cultural orientations shape the major aspects of institutional frameworks.

Fourth, this research has indicated that many of these institutional aspects seem to be continuous across different historical settings; across changes in levels of technological development and is closely related to continuities in some basic social and cultural. orientations and to the construction of their traditions even in modern settings.

Fifth, our research has also indicated in a systematic way that the very process of institutionalization of the cultural orientations generates potentialities for tensions, conflicts and change. These potentialities are rooted first in the contradictions that develop within the systems or sets of codes themselves; second, in their application to broad institutional complexes; and third, inthe differences between various complexes of codes and various types of institutions and interests. Because of this the tendency to tensions, conflicts and protest is inherent in human societies and it influences the patterns of organizational and symbolic dimensions of social change. This tendency appears in different patterns of rebellion, social conflicts and heterodoxies, the constellations of which vary greatly between different societies and which greatly influence their special historical experience and dynamics of each of them.

But the concretization of these various tendencies takes place in different political-ecological settings. Here of special importance are two aspects of such settings. One, very strongly stressed in recent researches has been the importance of international political and economic systems in general and of the place of different societies within them, and of different types of relations of hegemony and dependency in particular. Second was the more general recognition of a great variety of different political-ecological settings of societies - such as differences between small as against large societies, their respective dependence on internal or external markets and the like.

Both these aspects influence greatly the ways in which the institutional contours and dynamics of different societies tend to develop.

In all these ways our research has attempted to analyze how the great variety of historical experience and of the traditions of different societies and civilizations has influenced the ways in which they shape their ways and destinies in the modern world . In this way the researches have enabled a reappraisal of the processes of development and modernization in general and on the problems of convergence and divergence of modern and modernizing societies in particular.

V

In most of the literature this new perspective has been mostly applied to non-Western societies, showing how the assumptions derived from the western roots of modern social science are not easily applicable to non-Western societies. Such reappraisal should, however, also be attempted with respect to Western societies themselves enabling a more differentiated approach to them and to their proper place in comparative framework.

The starting point of such a reappraisal should be the analysis of the specific combination of cultural orientations and structural characteristics of (Western) European societies themselves.

European civilization was characterized by a very high degree of multiplicity and cross-cutting of cultural orientations and structural settings. The symbolic pluralism or heterogeneity of European society was evident in the multiplicity of traditions out of which its own cultural tradition crystallized - the Judeo-Christian, the Greek, the Roman, and the various tribal ones - and in the concomitant multiplicity of cultural codes and orientations. The most important among these orientations or codes was the emphasis on a high autonomy of the cosmic, cultural, and social orders and a high level of mutual relevance between them which was defined in terms of the tension between the transcendental and the mundane order; the multiplicity and complexity of the different ways of resolving this tension, either through worldly (political and economic) or otherworldly activities.

The second cultural orientation prevalent in European civilization was a high level of activism and commitment of broader group and strata to these orders. Third was the conception of a high degree of relatively autonomous access of different groups and strata to these orders - to some degree countered by, and in constant tension with, the strong emphasis on the mediation of such access by such bodies as the Church or the political powers. Fourth was the definition of the individual of an autonomous and responsible entity with respect to access to these orders.

This multiplicity of symbolic orientations became connected with a very special type of structural-organizational pluralism in Europe. This type of pluralism differed greatly fromthe one that developed, for instance, inthe Byzantine Empire, which shared many aspects of its cultural traditional models with Western Europe. Within the Byzantine

Empire this pluralism was manifest in a relatively high degree of structural differentiation within a rather unified sociopolitical framework in which different social functions were apportioned to different groups of social categories. The structural pluralism that developed in Europe was characterized, above all, by a strong combination between lower - but continuously increasing - levels of structural differentiation on the one hand and continuously changing boundaries of different collectivities, units, and frameworks on the other.

Between these collectivities and units there did not exist a clear-cut division of labor. Rather there tended to develop among them a continuous competition over their respective standing with respect to the different attributes of social and cultural order, over the performance of the major societal functions - be they economic, political or cultural, as well as over the very definition of the boundaries of ascriptive communities.

The combination of these symbolic models and structural conditions generated several basic institutional characteristics of traditional European civilization. The most important among them were: (a) multiplicity of centers; (b) a high degree of permeation of the peripheries by the centers and of impingement of the peripheries on the centers; (c) a relatively small degree of overlapping of the boundaries of class, ethnic, religious, and political entities and their continuous restructuring; (d) a comparatively high degree of autonomy of groups and strata and of their access to the centers of society; (e) a high degree of overlapping among different status units combined with a high level of countrywide status ("class") consciousness and political activity; (f) multiplicity of cultural and "functional" (economic, or professional) elite, a high degree of cross-cutting between them and close relationship between them, and broader, more ascriptive strata; (g) relative autonomy of the legal system with regard to other interpretive systems - above all the political and the religious ones; and (h) the high degree of autonomy of cities as autonomous centers of social and structural creativity and identity formation.

In close relation to these institutional features of traditional European civilization there also developed in Europe special patterns of change. These patterns were characterized by: (a) high degree of predisposition of secondary elites, relatively close to the center, to be the major carriers of religious heterodoxies and political innovations; (b) a relatively close relationship between these secondary elites within broader social strata, and hence also to movements of rebellion; (c) a concomitant predisposition to develop on the part of these elites and groups - and often also to combine - activities oriented to center formation with those of institution building in the economic, cultural, and educational spheres.

Out of these qualities of European civilization there developed two major characteristics which persisted to the present. First, was the continuous confrontation between the construction of centers and the process of institution building. Institution building in most spheres was seen as very relevant to the construction of centers and judged according to its contribution to the basic premises of these centers, while at the same time centers were also judged according to their capacity to promote such just and meaningful institutions. Second was the continuous competition between different groups or strata and elites about their access to the construction of these centers.

The combination of these orientations with the patterns of change that developed in Europe explain also the overall pattern of development of European civilization. As compared with the other great Christian civilizations - the Byzantine, later the Russian ones - "Western" Europe was distinguished by much less stability of regimes, by continuous changes of boundaries, regimes, and collectivities; but at the same time it evinced also a much greater degree of capacity of institutional innovation cutting across different political and "national" boundaries and centers, but at the same time continuously restructuring these centers.

It was from within this setting that the push to modernity developed in Europe - a push which was characterized by the restructuring of political centers, and of the conceptions of religious and cultural premises and by the concomitant development of capitalism. In the development of all these aspects of modern European civilization, Protestantism constituted a very important solvent. Its potentialities as such a solvent were rooted first in some of its basic cultural orientations - above all, its great stress on the tension between the transcendental order and the social and political ones and on their mutual relevance; on the possibility - even necessity - to resolve this tension through this worldly activities and on the direct, unmediated access of individuals and communities, to the major attributes of the transcendental and the social order.

But these potentials of Protestantism could only become effective in the transformation of European civilization, first, insofar as Protestantism evinced all the characteristics of the European movements of heterodoxy and rebellion - the closed relations between secondary elites and broader strata and the combination of orientations to the restructuring of centers together with a very strong emphasis on institution building, and on the continuous interrelation between these two.

Second, these transformative potentials of Protestantism tended to develop, above all, in settings in which some of the major aspects of structural pluralism were most developed. It was in such settings as England, Holland, Switzerland, to a smaller degree in the Scandinavian countries, and initially also in France that the solvent created by Protestantism was crucial in transforming the European society in line with its basic cultural and institutional characteristics, but going beyond the concrete way in which they crystallized in the more traditional (medieval) settings.

In the formation of centers the most important aspect of such transformation was, first, the incorporation of orientations of protest and of heterodoxy, as they developed in the Reformation into central symbols of society, thus creating the special revolutionary premises of modernity; and, second, the restructuring of basic cultural premises of European society in the direction of "secular" cultural traditions. In the sphere of institution building Protestantism intensified the motivational commitments to economic, scientific, and political activities and to the sanctification and legitimation of such institution building in terms of the basic premises of the system, often seeing them as directly representing them.

It was out of the developments briefly analyzed above that some of the major characteristics as well as problematics of the further development of European civilization and modernity crystallized.

The central initial focus or premise of European modernity has been, as has so often been stressed in the literature, that the exploration of continuously expanding human and natural environments and destiny and their directions, and even mastery, can be attained by the conscious effort of man and society. Its central premise was the possibility of active formation of crucial aspects of social, cultural, and natural orders by conscious human activity and participation. The fullest expressions of this attitude could be found in the breakthrough of science and of the scientific approach into the parameters of the cultural order; that is, in the premises that the exploration of nature by man is an "open" enterprise which creates a new cultural order and that the continuous expansion of scientific and technological knowledge could transform both the cultural and social orders and create new, external and internal environments endlessly explored by man - and at the same time harnessed to his social, cultural, intellectual vision and technical needs.

Accordingly, there developed in modern Europe attempts at the formation of a "rational" culture, efficient economy, civil (class) society, and nation-state within all of which the tendencies of rational expansion of all aspects of cultural and social life could become fully articulated. These attempts were based on several assumptions which can be seen as the transformation, in modern settings, of the basic orientations and problematics of European tradition.

## VI

It was indeed against the background of these symbolic and structural characteristics of European civilization that there tended to develop the specific conditions which facilitated its modern transformation. This transformation was greatly facilitated by the specific structure and orientations of the more influential Protestant groups - especially by the fact that they were secondary, mostly non-political elites, which combined a strong orientation to political center with autonomous access to it, as well as their specific religious-transcendental orientations. These characteristics have been decisive in enabling them to develop - after the failure of their initial totalistic efforts to establish a new religious society - in the this-worldly direction which could also influence the broader trends of change of European modernity and of the combination of these codes, orientations and structural characteristics of European society on the one hand and the transformative potentials of the various religious (Protestant) groups on the other. There developed, in many parts of Europe, a high degree of congruence between the cultural and the political identities of territorial population; two, a high level of symbolic and effective commitment to political and cultural centers, including a close relation between these centers and the more primordial dimensions of human existence; and, three, a marked emphasis on common political,defined collective goals for all members of the national community.

It was out of these assumptions that some of the specific propositions about patterns of participation and protest of the nation-state and the close relations between the nation-state and class-society developed. The most important of these assumptions were:

- that both political groups and more autonomous social forces and elites crystallize in relatively antithetic, autonomous yet complementary "units" or "forces" of "State" and "Society";
- that those continuously struggle to gain ascendency at the cultural and political center of the nation-state and the regulation of access to it; that the various processes of structural change and as a result of processes of modernization - gave rise, not only to various concrete problems and demands, but also to a growing quest for participation in the broader social and political order; and
- that this quest for participation of the periphery in such social, political and cultural orders is mostly manifest in the search for access to these centers.

## VII

While these characteristics were common to all European societies yet there developed among them also a very great variability. This variability in different European societies in the two historical periods indicates not only changes and differences in the tempo of industrialization in the extension of political rights and in the formation of political unites, but also in the basic institutional features of the institutional formats specific to the European experiences. The most important differences are in the definition of the political community and its relation to national, religious and regional countries; in the structure of power and of access to it; in the forms and expressions of class conflict; in the definition of meaning of specifically modern institutions.

Among the most important aspects of such variability is that in the relations between the formation of the nation-state and of class-societies. These two have been very often analyzed as if they were concretely and analytically two distinct movements. But in fact they are very closely related and interrelated - and the specific mode of structuring of social hierarchies - which has been designated as modern class-consciousness and movements - can be understood, as we have indicated above, only through their interrelations with the processes of formation of nation-states and their centers as they developed in the peculiar European or Western fashion.

Hence also the differences in the working out of such relations in different European countries can be attributed to different constellations of the following major factors: different cultural orientations and emphases within the common framework of the European heritage; the structure of the major cultural, political and social elite groups; the different political-ecological constellations in the framework of the emerging multiple international systems.

VIII

We shall illustrate this point by going beyond Europe, not to non-Western societies, but to one of the major "offshoots" of Europe - the United States, and by coming back to the question asked by Werner Sombart in the beginning of this century why is there no socialism in America. The answer Sombart gave to his question was, as is well known, that there is no socialism in America basically because it is a very mobile open society, frontier society. But Sombart's answer cannot explain very well why there was a very interesting, even if not a European type of socialist movement in Argentina, a country in which the late nineteenth century and early twentieth century there was no less mobility than in the U.S. Even stronger is the paradox with respect to Australia which is also a continental nation and which is yet a country with a very strong socialist tradition. For these reasons also Louis Hartz's explanation of the lack of a liberal and socialist tradition in the U.S. as due to its never being a feudal society is, at best only partially true. It is, of course, true that the egaliterian movements develop more fully against the background of a hierarchical society. But what is of crucial importance for our analysis is that this background has been relevant in the U.S., not only with respect to class-relation, but also with respect to the very formation of its political collective identity, of its statehood, of the specific type of nation-state that developed in America. In Europe the processes of building nation-states and of structuring of social hierarchies were continuously combined against its hierarchical-pluralistic background. Here the crucial fact with respect to the United States has been the common political framework and common identity of the American people, based on any historical experience with a hierarchical and primordial background in the sense in which it has been the case in many European countries. U. S. is a civilization which was based on a political transformation of a religious experience - a unique thing in the history of mankind. The Founding Fathers - those giants to which he was referring to before - were the carriers of a very interesting process of transformation which created a new civilization. Among the special features of this civilization I could like to emphasize two. One is the emergence of what Robert Bellah has called the civil religion in America. It was a civilization which developed a civil religion and whose common identity was focused around that civil religion. And I want to emphasize both words - both civil and religion - without the two being necessarily a contradiction. It is this combination that is a very important clue to understanding the unique aspects of American experience.

The second feature of this civilization is, as Tocqueville has emphasized, in the idea and ideology of equality. It was the first modern society whose collective identity was not related and was not termed in any hierarchical terms; in which the problems of the hierarchical orders of the society were not related to the problems of the constitution of the body polity - just as it was not related to a common historical origin, to common historical memory, mythical or actual. I think this unique combination of civil regime and of a strong emphasis on equality gives the full answer to Sombart's question, and helps us to put the American experience in the framework of a comparative analysis of Western societies - a framework which could - and should - be extended to the analysis of different European societies.

Günter Wiswede
Thomas Kutsch

## Sozialer Wandel als "Modernisierung" - Problematik eines Konzepts

Es kann hier nicht darum gehen, das gesamte Spektrum bisheriger Modernisierungsforschung zu umreißen oder ihre Ergebnisse im Detail abzuhandeln und zu bewerten. Auch ist eine Stellungnahme zum Modernisierungskonzept "als solchem" immer problematisch, weil sie im Hinblick auf differentielle Ansätze entschieden zu pauschal wäre. Ohne die prinzipielle Fruchtbarkeit modernisierungstheoretischer Konzepte zu leugnen, befassen wir uns in folgendem mit einigen Gefahren im Sinne möglicher Fallgruben, denen einige der am meisten verbreiteten Modernisierungstheorien tendenziell unterliegen. Dies schließt nicht aus, daß viele der genannten Bedenken auf bestimmte Ansätze nicht oder nur mit zusätzlichen Einschränkungen zutreffen. Diejenigen, die ein bestimmtes Modernisierungskonzept vertreten und verfolgen, werden daher möglicherweise in der schönen Lage sein, die Stichhaltigkeit der Argumentation bezweifeln zu können oder aber zu finden: "Gerade diesen Fehler habe ich streng vermieden."

Ein erster Kritikpunkt, den wir formulieren möchten, besteht darin, daß der Begriff Modernisierung unpräzise ist, inkonsistent verwendet wird und vermutlich nicht wertfrei zu fassen ist. Wir werden sodann zu zeigen versuchen, daß diese Mängel der begrifflichen Bestimmung zu ganz bestimmten perspektivischen Einengungen führen, die für das Modernisierungskonzept weithin typisch sein dürften.

Unpräzise: Das heißt in diesem Zusammenhang, daß Soziologen gewöhnlich nur sehr vage umschreiben, was sie mit Modernisierung eigentlich meinen. Fest scheint wohl nur zu stehen, daß der Begriff Modernisierung eine wesentliche Qualität sozialen Wandels bezeichnen soll; aber welcher Art diese nun genau ist und wie sie gegenüber Wandel schlechthin abgegrenzt werden kann, darüber erfahren wir meist nichts Genaues. Soweit wir sehen, gibt es bis heute kein trennscharfes Kriterium dafür, ab wann eine soziologische Studie "schon" modernisierungstheoretische Qualitäten hat oder "noch" (bzw. "nur") eine Analyse sozialen Wandels darstellt.

Inkonsistent: Hiermit ist gemeint, daß mit der Unschärfe des Begriffes zugleich das Fehlen einer konsistenten Eingrenzung der jeweiligen Forschungsinhalte verbunden ist. Verschiedene Autoren verfahren so, daß sie eine Reihe bestimmter Entwicklungstendenzen, die sie für besonders relevant erachten, zu bestimmten Syndromen zusammenfassen, indem sie etwa festlegen, daß die Tendenzen der Differenzierung, Technisierung, Industrialisierung oder Rationalisierung zusammengenommen die wesentlichen Dimensionen der "Modernisierung" ausmachen. Darüber hinaus werden jedoch auch kausale Verknüpfungen hergestellt, indem etwa behauptet wird: "Urbanisierung führt zur Modernisierung der Lebensstile", oder indem ausgesagt wird: "Als Faktoren der Säkularisierung können vor allem die Rationalisierung und die Urbanisierung angesehen werden". Nicht immer ist dabei klar, ob es sich wirklich um kausale oder vielleicht doch nur um definitorisch-klassifikatorische Aussagen handelt, und nur allzuoft geraten solche Sätze in die Nähe der Tautologie, sofern nämlich nicht spezifiziert wird, was genauer unter "Säkularisierung" oder "Rationalisierung" usw. verstanden wird und wie beides unabhängig voneinander gemessen werden kann.

Vielfach jedoch - und dies scheint uns die gängigere Praxis - entscheidet man sich für eine ganz bestimmte Entwicklungstendenz, die als zentral angesehen wird und in deren Schlepptau man dann eine ganze Reihe weiterer Entwicklungstrends angeordnet sieht. So wird häufig mit operationalen Größen wie: Industrialisierung, Rationalisierung, Urbanisierung, Optionszunahme usw. gearbeitet, ohne daß der Stellenwert solcher zentraler Dimensionen für das ganze Konzept aufgezeigt wird und ohne daß solche Konzepte untereinander in unmißverständliche Relation gebracht werden. Dabei erscheint uns auch zweifelhaft, ob der von der funktionalistischen Schule - hier insbesondere von Parsons, von Eisenstadt oder von Smelser - in den Vordergrund gerückte Begriff der Differenzierung für sich genommen bereits erklärende Bedeutung hat. Ausdrücke wie "Differenzierung" oder auch "hochdifferenzierte Gesellschaft" dürften wohl eher ein Programm der Forschung umreißen und erste heuristische und deskriptive Hinweise vermitteln. Eisenstadt selbst hat betont, daß solche Begriffe weder die konkreten Resultate beschreiben noch unmittelbar zur Erklärungsleistung beitragen. Unklar bleibt vielfach auch, ob der Differenzierungsbegriff jeweils als Klassifikationsprinzip im Sinne einer Tendenzaussage verwendet wird, ob er im Rahmen kausaler Analyse als abhängige Variable, etwa als Konsequenz bestimmter Wandlungsvorgänge, oder aber umgekehrt als unabhängige Variable, die als Auslöser bestimmter Wandlungsvorgänge - etwa im Sinne erhöhter Anpassungskapazität - in Erscheinung treten soll, bestimmt wird. Jenseits der beschreibenden und klassifikatorischen Ebene scheint uns dieser Begriff hauptsächlich in der Sinngebung von "Differenziertheit" verwendet zu werden, die dann als notwendige, aber keineswegs als hinreichende Bedingung für weitere Entwicklung angesehen wird. Andererseits: Oft wird - mehr oder weniger implizit - der Zustand der Modernität in dem Maße annähernd erreicht aufgefaßt, wie "Vielfalt" zu verzeichnen ist, wie eine "Ausdifferenziertheit" von Funktionen oder Varianten generell in Erscheinung tritt. Möglicherweise reflektieren zentrale Begriffe wie Entwicklung und Differenzierung schon perspektivische Einengungen der Betrachtungsweise, in denen Strukturveränderungen, die nichts mit Wachstum oder Differenzierung zu tun haben - z. B. Machtbewegungen, Konflikte, Revolutionen usw. - nur noch als Störfaktoren einer ansonsten als gleichsam naturgesetzlich ablaufend angesehenen Entwicklung fungieren.

Neben der Unschärfe und Inkonsistenz des Modernisierungsbegriffes haben wir die Vermutung ausgesprochen, daß das Konzept schon vom Begrifflichen her nicht wertneutral ist. Beim Vergleich von Ansätzen, die sich als Untersuchung von "sozialem Wandel" verstehen mit solchen, die sich als modernisierungstheoretische Ansätze begreifen, scheint der Unterschied häufig nur in einer bestimmten Wertung zu bestehen, die vorgenommen wird anhand der Nutzung bestimmter bevorzugter Meßgrößen (wie z. B. Grad der Industrialisierung, Grad der Rationalisierung usw.), wobei diesen Kriterien objektive Diskriminierungsqualität zugeschrieben wird. Dabei werden moderne Gesellschaften als "fortschrittlicher" (!) und "überlegen" angesehen, wobei häufig der gesellschaftliche Entwicklungsstand der Vereinigten Staaten als Modell und Maßstab fungiert und andere Sozialsysteme entsprechend ihrem Rückstand zu dieser Gesellschaftsform als "Nachzüglergesellschaften" eingereiht werden. Es gibt jedoch keine übergreifende Skala und Meßlatte, welche die konsistente Zuordnung und Messung relativer Abstände ermöglicht. Vielmehr wird meist im Paarvergleich, oder, was schon problematischer ist, im Gruppenvergleich eine jeweils relative Zuordnung in bezug auf sehr eingegrenzte Kriterien vorgenommen. Vergleiche zwischen Gesellschaften sind dabei durchweg reduziert auf quantitativ meßbare Größen. Der Vergleich qualitativer Dimensionen entzieht sich meist einer modernisierungstheoretischen Argumentationsweise, oder aber er verkürzt sich auf unangemessene Indikatoren. Selbst dann, wenn wir den Vergleich nur auf der Basis quantitativer Größen belassen: Es gibt kaum hinreichende Konzepte, die das Zusammengruppieren bestimmter Länder als ähnlich modern rechtfertigen können, noch weniger verfügbar sind Modellvorstellungen, welche die besondere Identität konkreter einzelner Gesellschaften als spezifisch "modern" abbilden.

Wir müssen also fragen, welche "Mischung" notwendig ist, um schließlich zu welchem "Gesamteindruck" zu kommen. Wenn einerseits das politische System rigide ist und autoritär, wenn andererseits die gleiche Gesellschaft ökonomisch erfolgreich ist, wenn darüber hinaus die Familienstruktur patriarchalisch ist - wie lautet dann das Gesamturteil? Nehmen wir etwa ein Land wie Japan: Neben der Tatsache, daß der Grad der Industrialisierung sehr hoch und der wirtschaftliche Erfolg nach Weltmaßstäben bedeutend ist, finden wir, daß die betrieblichen Strukturen, die solche Erfolge ermöglichen, oft noch extrem patriarchalisch sind - und daß diese Form von Abhängigkeit von den Arbeitnehmern auch noch bewußt erstrebt wird. Fehlt hier den Individuen das, was Lerner mit Empathie bezeichnen würde? Und müßten der japanischen Gesellschaft aufgrund dieser Tatsache wieder "einige Punkte abgezogen" werden bei der Bewertung als "moderne Gesellschaft"?

Die hier angedeuteten Probleme deuten wohl darauf hin, daß bei Anlegen verschiedener Kriterien bei vielen Ländern ein Phänomen auftritt, das wir als Modernisierungs-Inkongruenz bezeichnen möchten. Wie wir in Industriegesellschaften unseres Typs immer wieder mit der Gleichzeitigkeit des ungleichzeitig Entstandenen konfrontiert werden, so gibt es guten Grund zu der Annahme, daß verschiedene Gesellschaftsbereiche eine höchst unterschiedliche "Geschwindigkeit" der Modernisierung aufweisen, sondern daß auch bleibend Kombinationen von Konstantem und in Bewegung Befindlichem zu verzeichnen sind - und in dieser Anordnung wahrscheinlich sogar eine funktionale Notwendigkeit für Gesellschaften mit eigenständiger Identität darstellen. Dieser Gedanke ist in dem Begriff der "partiellen Modernisierung" noch nicht genügend expliziert; auch scheint es uns keineswegs zwingend zu sein, solche Inkonsistenzen vornehmlich oder gar ausschließlich unter Gesichtspunkten eines "systemischen Ungleichgewichtes" zu interpretieren.

Damit wird nun aber deutlich, daß die auffindbaren Inkongruenzen nicht lediglich als Ausdruck eines partiellen Zurückgeblieben-Seins interpretierbar sind. Die ethnozentrische Neigung, die eigene Gesellschaft oder Gesellschaften westlichen Typs hinsichtlich aller dieser Kriterien zum Maßstab der Entwicklung zu machen, dürfte eine unangemessene Generalisierung der westlichen Erfahrungs- und Interessenlage darstellen. Eben dies macht auch den Begriff der Entwicklungsländer so fragwürdig, denen dann gewissermaßen der ökonomische Zugzwang und die moralische Pflicht auferlegt ist, ihren Zustand des Zurückgeblieben-Seins aufzugeben und jenen westlichen Gesellschaften nachzueifern. Aus dieser Sicht können dann Gesellschaften recht eindimensional danach skaliert werden, wie "primitiv" sie noch sind und welchen Weg sie noch vor sich haben. Vielleicht sollte man sich deshalb hier schon aus Gründen der Ausgewogenheit auch von solchen theoretischen Ansätzen zur Entwicklungsthematik stimulieren lassen, die von den "betroffenen" Gesellschaften, von den Entwicklungsländern selbst stammen. Diese sind nämlich meist als sog. "Dependenztheorien" formuliert, in welchen das, was Modernisierungstheorien als Vorbild-Funktion von "Pioniergesellschaften" verstanden wissen möchten, als neue Form von Kolonialismus und als unangebrachte Bevormundung abgelehnt wird. Abgesehen davon, daß Dependenz Verschiedenes bedeuten kann - Herr Eisenstadt hat es eben gesagt - und abgesehen auch davon, daß Unabhängigkeit hier offensichtlich auch nicht Autarkie bedeuten kann, sollten vielleicht doch Perspektiven von Modernisierung entwickelt werden, die zwischen beiden Positionen vermitteln. Solange die Ansätze in einer solchen Kontraststellung verharren, dürfte auch der Weg zu einer gemeinsam getragenen sozialtechnologischen Konzeption geplanten sozialen Wandels in diesen Ländern versperrt sein.

Wir sprachen von perspektivischen Einengungen, die das Konzept der Modernisierung begleiten. Insofern scheinen uns die Bedenken, die René König vor etlichen Jahren gegen die Verwendung der Begriffe "Fortschritt" und "Entwicklung" vorgebracht hat, mutatis mutandis auch für den Modernisierungsbegriff zu gelten. König schreibt: "Die Begriffe 'Fortschritt' und 'Entwicklung' sind wertbelastet, weil sie eine vorgegebene Richtung des Wandels entweder als Zielpunkt oder als eine in der Gegenwart bereits gegenwärtige Determinante ansetzen, deren Ablauf von Anfang an bereits festgelegt und nur entfaltet wird." (R. König 1967, S. 291). Dabei muß nun auch problematisiert werden, ob es so etwas wie einen Endzustand der Modernisierung überhaupt gibt. Die zunehmende Diskussion um die "postindustrielle Gesellschaft" oder - im Bereich des Wertsystems - um die "postmaterielle Gesellschaft", die eine neue Qualität gesellschaftlicher Formation am Horizont unserer eigenen Entwicklung zu erkennen glaubt, umreißt diese Fragestellung. Insoweit diese neuen Konzepte zur Kennzeichnung eines "neuartigen Zustands" gerechtfertigt erscheinen, stellt sich doch für einen modernisierungstheoretischen Ansatz, der als zentrale Variable den Grad der Industrialisierung enthält, die Frage, inwieweit entweder eine neue Zieldefinition für Modernität notwendig wird, oder ob die Modernität im bislang formulierten Sinne eben kein Endstadium darstellen kann, und ob, bei Festhalten an bisherigen Abgrenzungen, dann nicht konsequenterweise von einer "post-modernen Phase" gesprochen werden müßte. Generell eröffnet diese Überlegung eine Perspektive, die im Rahmen bisheriger modernisierungstheoretischer Überlegungen u. E. entschieden zu kurz gekommen ist: Da die vorherrschende Denkrichtung auf den Entwicklungsgang der "Entwicklungsländer", also der vergleichsweise wenig industrialisierten Gesellschaften abstellt, liefern diese Ansätze kaum hinreichendes Material dafür, wie denn die weitere Entwicklung der im weltweiten Vergleich schon am stärksten fortgeschrittenen Länder konzeptuell zu erfassen sei. Wenn Wandel auch in "saturierten" Industriegesellschaften laufend weiter stattfindet, und wenn er auch für diese Gesellschaften ein konstitutives Prinzip ist, dann muß auch von hier aus das Modernisierungskonzept relativiert, evtl. dynamisiert werden.

Ein weiterer Punkt verdient unsere Aufmerksamkeit. Insofern Modernisierungstheoretiker zugleich Anhänger der Konvergenzthese sind, findet sich bei ihnen die Annahme, daß auch bei Einschlagen verschiedener Entwicklungswege der Industrialisierung Strukturgesetzlichkeiten immanent sind, die auf eine allmähliche Eliminierung ganz bestimmter Alternativen und kraft der dem Industriesystem immanenten Logik zwangsläufig auf ähnliche bis gleiche Gesellschaftsformen hinauslaufen. Es ist sicherlich müßig, auf dieser allgemeinen Ebene über die Stichhaltigkeit einer solchen Aussage zu befinden. Sinnvoller wäre nach unserer Auffassung, die Konvergenzthese nicht als vorgängiges Leitprinzip einzuführen, sondern empirisch das tatsächliche oder mögliche Ausmaß und denkbare Angriffspunkte der Konvergenz zu erfassen und danach erneut spezifische Hypothesen zu formulieren, unter welchen Bedingungen in welchen Bereichen Konvergenz auftritt. Während es durchaus Indizien gibt für Konvergenz in bestimmten Bereichen, ist doch gleichzeitig auch Divergenz bzw. Invarianz in anderen Bereichen festzustellen, wie dies etwa Rainer Baum herausgearbeitet hat. Aber auch bei einer bereichsspezifischen empirischen Erfassung werden wiederum gewisse Schwierigkeiten der Messung deutlich, die mit der quantitativen Schlagseite der gegenwärtigen Modernisierungsforschung zusammenhängen. Dabei sind Begriffe wie "Urbanisierung" oder "Alphabetisierung" einem quantitativen Zugriff weitgehend offen, wohingegen komplexere Begriffe wie Rationalisierung oder Optionssteigerung der quantitativen Messung viel schwerer zugänglich sein dürften. Die Frage nach den kulturellen Strukturen sowie die Analyse von Wertverschiebungen entzieht sich mit den heute gebräuchlichen Verfahren weitgehend der Quantifizierung, die oftmals schon deshalb nicht möglich scheint, weil im Modernisierungskonzept die Gleichwertigkeit und Gleichgewichtigkeit möglicher alternativer Wertsysteme ausgeschlossen bleibt. Vielleicht ist es auch gerade jene Inkompatibilität kultureller Werte, die die Vergleichbarkeit von Ergebnissen in interkulturellen Studien erschwert und die sich im strukturellen Bereich auf der institutionellen Ebene ebenso äußern mag wie auf der Ebene kulturell geprägter Verhaltensmuster. Die Entwicklung und Anwendung eines umfassenden und über Zeit vergleichbaren Katalogs möglicher Indikatoren im Sinne des Modernisierungskonzepts dürfte daher mehr Probleme aufgeben als es in den partikularen Vergleichen zwischen Gesellschaften geschieht, wo üblicherweise nur selektive Kriterien aufgegriffen werden, und wobei häufig der kulturelle Kontext vernachlässigt wird, in den die einzelnen Aspekte eingebettet sind. Es gibt leider gegenwärtig kein plausibles Verfahren, die Identität, die Besonderheit eines Sozialsystems verbindlich festzustellen, es sei denn aufgrund seiner spezifischen Biographie.

Eng verbunden mit der Einengung der kulturellen Perspektive dürfte auch die simplifizierende Annahme sein, daß "Tradition" und "Moderne" den Charakter von zwei exklusiven Systemen haben. Auf diesen Punkt hat Reinhard Bendix aufmerksam gemacht, wenn er kritisiert, daß das mögliche Spektrum sozialen Wandels auf die Betrachtung vorwiegend solcher Aspekte eingeengt wird, die sich der eindimensionalen Dichotomie Traditionalität und Modernität fügen, womit vielfach je exklusive Gleichgewichtszustände gemeint sind. Dieser Gedanke exklusiver Gleichgewichte findet sich explizit bei Talcott Parsons, implizit jedoch bei vielen Studien zur Modernisierungsforschung. In stenografischer Form lautet diese Vorstellung so: Auf dem Wege vom Gleichgewichtszustand $G_1$ (traditionale Gesellschaft) zu $G_2$ (modernisierte Gesellschaft) durchschreitet jede Gesellschaft zwangsläufig eine Zone des Ungleichgewichts. Zwischen den beiden Polen sind dann gewissermaßen alle transitionalen Gesellschaften angesiedelt, die sich lediglich auf dem Wege zu einem neuen Gleichgewichtszustand befinden. Diese Betrachtungsweise dürfte sich dahingehend auswirken, daß sämtliche Erscheinungsformen des Konflikts in solchen transitionalen Gesellschaften - wie Verlust der Wertorientierung, Verhaltensunsicherheiten, Produktionsstörungen usw. - nach diesem Erklärungsschema behandelt und als vorübergehende Friktionsstörungen angesehen werden, die lediglich Ausdruck der hier zur Betrachtung stehenden Übergangsphase sind. Die implizite Annahme, daß diese und ähnliche Konflikte im Utopia der vollkommen modernisierten Industriegesellschaft dann entfallen, dürfte nach dem Stand des bisherigen empirischen Wissens vollständig falsch sein, auch wenn die jeweils neu aufscheinenden Konflikte möglicherweise einen anderen Stellenwert haben: Sie äußern sich möglicherweise in gesteigerten Kriminalitätsraten, in wachsender Arbeitslosigkeit - und Friktionsstörungen verlagern sich vom Produktionsbereich in die Konsumtionssphäre.

Damit wird auch zweifelhaft, ob Modernisierung immer und unter allen gesellschaftlichen und ökonomischen Bedingungen positiv zu bewerten ist. "Modernisierung" als analytisches Konzept hatte und hat die implizite Konnotation von Verbesserung, Entwicklung und Fortschritt. Hierbei kommt offensichtlich grundlegend eine Perspektive zu kurz, die auch die möglichen sozialen "Kosten" einer solchen Entwicklung einbezieht: Die Vermehrung des Energieangebots etwa ist eine notwendige Bedingung zur Aufrechterhaltung des hohen Lebensstandards hochentwickelter Industrienationen. Nicht erst seit Harrisburg wird die Kostenseite dieser Entwicklung sichtbar, die u. a. als Wachstums- und Umweltkrise heute unser Augenmerk beansprucht. Diese Zweifel betreffen auch die Individualebene: Die Rollenkonfigurationen heutiger Gesellschaftsmitglieder sind durchweg so komplex geworden, daß die meisten Bezüge durch das Individuum nur noch partiell "bedient" werden können. Offene Netzwerke der Beziehung lassen sich zwar als Zunahme von Optionen interpretieren, als Voraussetzung höherer Mobilität, können andererseits aber auch mangelnde Vertrautheit, zunehmende Anonymisierung und zunehmenden Rollen-Streß bedeuten - Tatsachen, die dem subjektiven Empfinden des Durchschnittsbürgers offensichtlich nicht als Gewinn erscheinen. Die Zunahme von Optionen - um die von Scheuch bevorzugte Dimension hier herauszugreifen - bedeutet zwar eine Zunahme der Wahlmöglichkeiten, aber letztlich auch die Qual der Wahl; und man kann wohl nicht sagen, daß in den hochentwickelten Industriegesellschaften alle Probleme gelöst sind, die mit der selektiven Bewährung des Einzelnen verbunden sind. Gerade im Sinne einer "Soziologie des Alltags" ist somit zu fragen, was denn vom einzelnen Individuum als erwünschte und erhoffte Entwicklung angesehen wird; und hier, so scheint es, gibt die Modernisierungstheorie ungenügend Antwort. Die Reaktion, dem Individuum hier ein "falsches" oder ungenügend ausgebildetes Bewußtsein zu bescheinigen, wäre zweifellos eine zu "einfache" Lösung. Auch moderne Strukturen fordern ihren Preis.

Die Schwierigkeiten des Modernisierungskonzepts werden auch an einer anderen Stelle deutlich. Wir sagten schon, daß das lineare Entwicklungsdenken nicht sonderlich gut dazu geeignet ist, unseren Blick für Prozesse der Devolution und Demodernisierung zu schärfen. Vorgänge der Verländlichung, der Re-Islamisierung, der De-Partizipation, Erscheinungen der Diskriminierung, der Ent-Demokratisierung usw. geraten nicht in unser Blickfeld - sie werden gewissermaßen nur als Störungserscheinungen des univalenten Kaleidoskops zurechtgeschüttelt. Auch wird gelegentlich sichtbar, daß Modernisierung oftmals nur an der Peripherie stattfindet: Dabei handelt es sich meist um eine industrielle Revolution "von oben", die den institutionellen Bezugsrahmen eher bestimmt als den Aspekt der "individual modernity" - um einen Ausdruck von Inkeles zu gebrauchen - der sich auf internalisierte Werte und Einstellungen bezieht. In solchen Fällen ist die Wahrscheinlichkeit groß, daß unter bestimmten auslösenden Bedingungen traditionale Strukturen und Gesinnungen wieder aufbrechen.

Es scheint also, daß sich wesentliche Vorgänge sozialen Wandels, die sich in unserer heutigen Zeit vollziehen, nach dem scheinbar bewährten Muster der Modernisierungsforschung nicht angemessen einordnen lassen. Sehr deutlich wird dies an solchen Vorgängen, die höchst aktuell mit dem Begriff der Re-Islamisierung umschrieben werden, ein Prozeß, der analog auch in nicht-islamischen Ländern sich vollzieht. So suchen gegenwärtig Völker der dritten Welt in autochtonen Werten Lösungen ihrer Probleme: Afrikaner besinnen sich auf ihre Stammestraditionen, Asiaten und Südamerikaner entdecken ihre alten Kulturen wieder, in Indien werden religiöse Traditionen wiederbelebt usw. Vom Niger bis zum Indus, von Indonesien bis Marokko wird der Ruf nach hausgemachten Lösungen laut, der Anspruch auf eigene Identität, die Suche nach anderen kulturellen Mustern als dem westlichen Schema der Modernisierung. Die Rückkehr zur Orthodoxie erscheint dabei als ein möglicher Weg der Identitätsfindung, und sie scheint jenen Ländern eine Art Eigenständigkeit zu verleihen, die diesen Menschen oft begehrenswerter erscheint als die Errungenschaften kapitalistischer oder sozialistischer Technik sowie eines Wohlstandes, an dem sie meist ohnehin ungenügend teilhaben bzw. der ihnen im Lichte ihrer Leitmaximen und Grundwerte als fragwürdig erscheinen muß. Hier und anderwärts zeigt sich, daß die Internalisierung westlicher Verhaltensformen oft nur äußerlich, peripher ist oder zumindest verschlungenere Wege der Assimilation einzuschlagen vermag als es etwa eine simple Konvergenzthese glauben machen möchte.

Man sollte auch vorsichtig genug sein, diese und ähnliche Erscheinungen sozialen Wandels nicht lediglich als Rückschritt ins Mittelalter, als Regression in die Barbarei zu interpretieren. Vielmehr handelt es sich um eine Wiederbelebung alter Wertsysteme, deren Tragfähigkeit für heutige Sozialverhältnisse freilich noch dahinsteht bzw. deren Bedeutsamkeit für Menschen, die schon mit der "industriellen Alternative" Bekanntschaft gemacht haben, sich erst noch erweisen muß. Wir meinen jedoch, daß sich schon jetzt zeigen läßt, daß solche Entwicklungen nicht lediglich als Friktionsstörungen eines ansonsten durchaus noch stimmigen Prozesses der Modernisierung - sprich: Verwestlichung - zurechtgestutzt werden dürfen. Hier begegnen wir Wandlungsvorgängen, die die eingeengte Perspektive des Modernisierungskonzepts zu eng und damit unstimmig erscheinen lassen. Wir vermuten, daß eine solch restriktive Sicht mit der Vorliebe vieler Modernisierungstheoretiker zusammenhängt, mit stark vereinfachenden Modellvorstellungen zu arbeiten, die im Schlepptau vorzugsweise systemtheoretischer Analysen oftmals dichotomische Gestalt annehmen. So scheint uns die Annahme, traditionale und moderne Gesellschaften als sich selbst erhaltende, im Gleichgewicht befindliche Einheiten zu begreifen, das Ergebnis einer einseitig strukturalistischen und systemorientierten Sichtweise zu sein. Auf diese Weise ist die Modernisierungsforschung auch für viele Argumente anfällig, die seitens der Wissenschaftstheorie gegen die Systemperspektive schlechthin vorgebracht werden. Ein zentrales Argument besteht darin, daß aus der Systemlogik heraus Entwicklungstendenzen deduziert werden, in der Menschen und Gruppen, Mächte und Interessen, Absichten und Zielvorstellungen keinen Platz mehr haben oder allenfalls als beschleunigende oder verzögernde Faktoren einer vorab bereits festgelegten eindimensionalen Programmatik und Richtung des sozialen Geschehens angesehen werden. Es ist sehr wahrscheinlich, daß das Ungenügen vieler Konzepte zur Modernisierungsforschung darauf zurückzuführen ist, daß sie den Menschen mit seinen Einstellungen und Verhaltensweisen, mit seinen Zielvorstellungen und seinen Widersprüchlichkeiten, weitgehend aus der Analyse verbannt hat. Wir sprechen daher die Empfehlung aus, die gängige strukturalistische Perspektive systemtheoretischer Betrachtung zugunsten einer verhaltensorientierten Perspektive zu verlassen, die den Menschen als Träger und Betroffenen des sozialen Wandels wieder in den Vordergrund rückt. Zumindest sollte man solche Ansätze, die dem methodologischen Individualismus verpflichtet sind, gleichberechtigt neben eine strukturelle Perspektive stellen und den Theoriewettbewerb unter dem Gesichtspunkt des Informationsgehalts solcher Theorien eröffnen. Vielleicht können damit einige der hier aufgezeigten möglichen Fallgruben vermieden werden, die das Modernisierungskonzept sonst dem Verdacht aussetzen, als Perspektive zu eng und als Konzept zu wertbelastet zu sein.

Arthur F.P. Wassenberg

## Social Change and "Neo"-Corporatism: Notes on the Growing Contradictions between Logistics (Unterbau) and Logics (Überbau)

1.The ambiguity between the two "grand" concepts may be either of a theoretical or of an empirical nature. In the theoretical sense "social change and "neo"-corporatism may suffer from conceptual underdevelopment and/or operational undermeasurement: it will not be easy then to spell out the theoretical connections. On the other hand, the empirical "traces" of something like "neo"corporatism may appear to have such a gradually or incrementalistically operating "face" that it is not a simple affair to trace convincingly its macro impact, i.e. to trace the changing properties of societal decision making associated with the revival of some (modern) form of corporatism. Then, moreover, remains the puzzle which emergent properties are considered "reasonably" structural enough to be honoured with the qualification "real" social change.

Several contradictions or countervailing tendencies may be observed in the articulation of interests that underlie the authoritative allocation of societal values in modern western society. One of the more conspicuous trends - to be worked out further - seems to be the relative decline of the "authoritative" component in the allocation of societal values. Instead, a relative (re-?)emergence of a strong pragmatic-improvisatory component seems on its way ahead. But - as we hope to make clear - the chance to observe processes of decline-and-emergence depends on the unit of analysis one chooses, i.e. on the level of organizational-institutional aggregation one takes into account.

Admitting for several levels of aggregation opens the possibility of observing conflicting logics of interest articulation. We prefer a theoretical framework in which this possibility is not ruled out a priori, i.e. a framework as sensitive as possible for detecting and understanding the lack or non-selfevidence of congruence between the logics of interest representation as they "hold" on different levels of interest - related decision making and conflict management. With the logics of interest representation we mean the principles of subjective rationality and legitimacy that give meaning and structure to the strategies of conflict for the protagonists involved in the societal allocation game. As we will see below, the subjective principles of rationality and legitimacy should be distinguished clearly from the objective logistics based on interorganizational resource-dependence.

In our view, it makes only sense to speculate about such a pretentious affair like "social change" after having made some preparatory exercises in the study of sub-societal contradictions on different levels of aggregation.

The latter refers to two kinds of contradiction. Different levels of organizational-institutional aggregation allow - not as a temporary or random phenomenon - for, first, contradictions among the level-specific symbolic logics of interest articulation and, secondly: for persistent, and we think growing contradictions between the material logistics of resource interdependence (the objective Unterbau) on the one hand and the symbolic logics of interest representation (the subjective Uberbau) on the other hand.

Herewith we have paraphrased the essential structure of this essay. First, a relative decline of the authoritative component and the rise of a pragmatic-improvisatory component may be observed in the allocation of social values. Secondly and related to the first point: contradictions between the symbolic logics of interest representation on different levels of aggregation become institutionalized. Third, - and following from our second point - contradictions between the material logistics of resource interdependence (Unterbau) vis à vis the symbolic logics of interest representation (Uberbau) will be one of the more intriguing consequences for the political-economic order as a whole. These consequences are serious enough to qualify them as social change of the existing order.

One, admittedly too rudimentary normative remark on a democratically inspired countermove, rounds off the essay.

2. Social change may be conceived of as a change in the structure of "authority" defining the parameters for the (re-)production and allocation of values in society. But even then it remains an open question whether this change in authority-structure will result in a changing value-structure. Logically there are symmetrical and assymmetrical possibilities: either power and value structures change (or remain unchanged) in a mutually supportive way or changes occur in one dimension without necessary or sufficient changes in the other. Moreover, things are complicated by the possibility of time lags in the adaptation - if at all - between the cultural dimension and the

dimension of the division of effective power and authority.

However, as proposed before, a more relevant distinction seems to us the one that differentiates between different levels of aggregation of organized interests (e.g. the level of individual firms, industries or subsectors of the economy, and the economy as a whole) or between different policy sectors in society (e.g. the socio-economic arena versus the public health, education or abortion-legislation arena). It should be clear that as far and as long as different logics-of-action hold on different levels of aggregation or for different policy-arenas, it is not an easy task to formulate generalizations on the correlation between and the cumulative effects of changes in the cultural and power dimensions for society as a whole.

Due to a phenomenon that will be elaborated below as the "eclips of accountability", and due to a certain institutionalization of the deliberate avoidance of accountability in the modern, democratic welfare state, something results that may be called mutual immunization or "balkanization" of societal decision-making related to the production and allocation of values. One may call this phenomenon horizontal balkanization as far as one has comparisons in mind between policy-sectors or "specialized" arenas, whereas relative immunization between different levels of policy making within one policy sector consequently have to be called vertical balkanization.

One caveat should be mentioned before proceeding on the topic of balkanization: we definitely do not pretend that balkanization is a "new" phenomenon; what we want to say is that balkanization should be considered a phenomenon becoming more visible and spectacular the more a complex and differentiated society becomes trapped in interorganizational Verflechtungen. Interorganizational linkages produce an impressive arsenal of negative and positive externalities that happened not to exist before. What lends a certain urgency to the study of interorganizational externalities, is the lack of correspondence between - at one side - the largely unplanned, "blind" proliferation of interorganizational linkages and - at the other side - the (accepted?, trained?) incapacity to take these linkage-induced externalities serious in overall decision-making. One may reformulate this as a cultural lag as far as the "subjective" rationalization and legitimation or: logics of the interorganizational game lag behind the "objective" logistics of resource interdependence between organized interests. The phenomenon of balkanization seems to lend support to the thesis that we have to do here - for society as a whole - with a trained or institutionalized incapacity, to translate logistics into logics, i.e. a certain underdevelopment of managerial-political tools to match the organization of societal demands to the organization of commensurate supports.

3. We will mention, first, some of the underlying forces that tend to produce and to reinforce this gap, in the hope to be able to identify a blind spot in the "orthodoxy" around the Unterbau-Uberbau explanation of social change. As we substitute the concept of expectations, shared by interdependent actors in their mutual strategies of conflict (e.g. interest groups, bureaucracy, members of parliament) for the notion of shared values, the "idealistic" dichotomy of Unterbau and Uberbau can be replaced by the twin concept of structure-and-strategy. This twin concept takes as a point of departure the existence of a structure-of-opportunities, i.e. a parametric setting leading to strategies-of-actors from which values may be derived, eventually in a very loose sense, or for which values are used as ideological rationalization ex post rather than as a rational or ideological ex ante state-of-readiness. If the notion of a brittle negotiated order of converging and sharing expectations, rather than "conflict", "harmony" or "consensus" between interdependent actors appears to have heuristic and explanatory value, important consequences follow for the identidication and assessment of neo-corporatist tendencies in some sectors and on some levels of policy aggregation in modern society. But we will return to this question later on.

We would like to say something first about the increasing mismatch between the "objective" logistics of interorganizational dependence versus the "subjective" rationality or logics of interorganizational decision-making. The epitheta subjective versus objective are used in Mancur Olson's sense (M. Olson - The Logic of Collective Action - Cambridge, London 1975), i.e. rationality as an attribute experienced and practised by individual but interdependent actors as against the rationality on a supra-actor,not necessarily consciously intended or coordinated level - a sort of network - rationality putting a set of objective behavioral constraints on the participants in that network.

4. We may summarize the section that follows in one adagium: the modern democratic welfare state is increasingly characterized by the coincidence of the aggregation of organized demands and a virtually steady disaggregation of organized supports. Disaggregation of supports can be seen as the combined

result of such heterogeneous processes as: the emancipation of the citizen; the proliferation of sectional interests; centrifugal tendencies triggered by the inertia of private and public bureaucracies not able to cope with an increasingly differentiated environment and prone to react to signs of loss of external as well as internal control and credibility by over-bureaucratization; growing opportunities for, and attractivity of, free rider behavior in decentralized but interdependent systems; attitudinal changes such as what Erwin Scheuch (E.K. Scheuch - Wird die Bundesrepublik unregierbar? Köln 1976, p. 21) calls "Misstrauensvorschuss gegenüber abstrakten Instanzen", and a more instrumental or utilitaristic attitude among the membership of all kinds of organizations, in a society leaving practically nothing outside its organizational grasp; and finally embarrassing loyalty-conflicts associated with incongruencies between micro, meso and macro representation of the "same" interest groups or the "same" values. The disaggregation that results from the combination of these forces may be called the functional fragmentation of societal supports.

Secondly, fragmentation of societal support leads to the following "paradox-of-participation": the more organizations become decentralized and divisionalized - be this either for democratic or for purely managerial reasons of efficiency - the more cumbersome becomes <u>inter</u>organizational decision-making caused by a decreasing "Kompromisfähigkeit" and shrinking managerial discretion of the (former) organizational elites or dominant coalitions within organizations, associations and so on. The paradox of participation - <u>a paradox because it implies, in extremo, participation in non-decision-making</u> brought about by <u>interorganizational avoidance</u> - combined with the above mentioned tendencies (like free rider behavior, low trust vis à vis abstract "authorities", utilitaristic attitudes and cross-loyalties between micro, meso and macro forms of interest-representation) tend to reinforce the kind of institutional distance and separatism that we baptized before institutional "balkanization".

As suggested, the overall effect is disaggregation of support. In an admittedly perverse sense disaggregation-of-support may be seen as the consequence of a particular system property that Herbert Simon - in a rather optimistic mood - some time ago suggested (H.A. Simon - The Architecture of Complexity - General Systems Yearbook 10 (1965) 69-70) namely: the more tightly complex an organization, the closer it moves toward becoming a disaggregative system. Our interpretation, however, may be called a <u>perverse</u>

interpretation indeed of this phenomenon, because we would like to ask the reader's attention for a counter-intuitive consequence of Simon's therapy for the problems of too closely coupled social systems or organizations. In Simon's view, social systems are able to escape from the survival risks inherent to tight interdependence by deliberately designing, or by making use of, the existing "near-decomposability" of social systems. The survival risk is described as follows: if interdependence between component subsystems increases, the system becomes less decomposable; becoming less decomposable means that should one component fail, the whole system either collapses or becomes inoperative. Judged from our perspective of the participation-paradox, Simon's "solution" (namely: increasing or making optimal use of the near-decomposability of the system) contains a strong invitation for free rider behavior, i.e. an ideal breeding ground for the institutional balkanization of commitments and strategies, ultimately leading to non-decision-making. To make our point clear, let us consider what Simon understands by nearly decomposable systems:

* In nearly-decomposable systems the short-run behavior of each component subsystem is approximately independent of the short-run behavior of every other component subsystem, whereas
* in the long run the behavior of anyone component subsystem is dependent in only an aggregate way on the behavior of the other component subsystems.

It is exactly this configuration of short term independence or perhaps more precisely: the lack of accountability of interdependence (given a long time span of feedback) and the anonimity of aggregate interdependencies that is apt to lead to selfish, micro-rational behavior; and micro-rational behavior in turn may lead to "Olsonian" prisoners' dillemmas blocking the realization of a match between interorganizational or supra-actor logistics and logics. The underlying mechanism of the systemic disaggregation of supports results in a "trained" mismatch between logistics and logics. This mismatch is a cause and a consequence of institutional balkanization and non-decision-making.

On the other hand there are stimuli enough to reinforce a steady aggregation of demands put forward to centralized welfare state government. The only (in the malthusian sense) "positive" check on the procreation and aggregation of organized demands one may think of - given the increasing complexities of interorganizational Verflechtung - is the fact that in the modern welfare state the growth of legal equality seems to be inversely related to the growth of legal certainty. Interorganizational complexity increases normative uncertainties. Complexity-induced uncertainty tends to produce, not to say: tends to rationalize and legitimize a gradual eclips of accountability. And decreasing accountability reinforces selfish, low-trust and low respectability behavior vis â vis centralized authorities (of all kinds).

Summarizing the preceding, a truly ambiguous image emerges - ambiguous while it seems highly uncertain whether this generalized scepsis will "positively" check and discourage the aggregation of organized demands or not: independent organizations form complex combinations; the complex combinations start in turn to negotiate; the resulting, brittle, negotiated order is comprised of a collection of conglomerates, interconnected by a network of unclear commitments and ongoing negotiations. In the sense of Thomas Schelling (Th.C. Schelling - The Strategy of Conflict - London/Oxford/New York 1969) commitments and negotiations among and between the conglomerates can be seen as a specimen of "precarious partnership" or "incomplete antagonism". No unitary hierarchical relationships nor clear-cut principles of accountability or value-based rules of the interorganizational games are available. What merely seems available is a possibly converging set of shared strategical expectations interorganizationally, given the "objective" mutual resources dependence.

The fringe of free rider opportunities, given by short-term independence cum long term interdependence in an only aggregate form, can be profitably exploited in a satisficing mode. Given- in addition - the paradox-of-participation, predicting interorganizational stalemate or non-decision-making, government more frequently is called upon to serve as an arbiter. Partly by forced decentralization - in itself a consequence of the requirement to cope with an increasingly differentiated and participative task environment - partly by substantive involvement in "mixed market" policy affairs, government willy-nilly is enticed away from a position of neutral but abstract authority into the role of partisan and concrete participant in the emergent negotiated order. Shifts in role together with scepsis about the problem-solving capacity of central government tempt the legitimacy of government intervention while simultaneously public interventions increase in volume as well as in kind. But what counts is that the "authoritative" component in the production and allocation of societal values unmistakenly wanes.

5. Now these observations are not at all new or strikingly original. Moreover, much of what is said before is highly speculative and clearly deserves more thorough analysis and specification than would be realistically feasible in the confines of this short essay. What nevertheless should at least be considered more closely - in explanatory theory as in political practice - is the embarrassing fuzziness of the role of "macro" ideas and ideology in changing modern society, i.e. the Unterbau-Uberbau discussion. Translating the Unterbau-Uberbau dichotomy into an analysis in terms of strategy-and-structure of interdependent "composite" actors (public authorities, interest groups, in short the "organizers" of demands and supports, i.e. the "rationalizers" of values and norms on different levels of aggregation) seems to make the Unterbau-Uberbau discussion certainly less heroic but perhaps more manageable, while more operational.

The debate on the (re-)emergence of corporatism may serve as an illustrative example of the complexities and possibilities involved. Let us focus the example more specifically on problems of socio-economic change versus policy making. Or even more narrowly: let us look at the dynamics of the power-and-rules-of-the-game setting of industrial policy making, considered from the perspective developed in the preceding sections.

We say change versus policy-making, because change is conceptualized as the "objective" transformation of the industrial structures of modern society, including the power structure implied by the structure of the economy, whereas policy-making refers to the strategies followed by subjectively rational but "objectively" interdependent actors. Adding that the actors themselves are composite actors introduces the problem of the complexities of internal decision-making, - a problem of strategy-and-structure in itself. As exemplified by our participation-paradox, the internal decision-making complexities have obviously consequences for the inter-actor relationships, and from there for the resulting negotiated order. The resulting negotiated order tells us something about the precarious or antagonistic mix of decision-making and non-decision-making in industrial policy affairs.

The paradox-of-participation states: the more truly decentralized an organization becomes and, a fortiori, the more heterogeneous the constituency that an organization tries to organize and to mobilize, the more competitive the "representative" regime of internal participation will be; and secondly: the more competitive internal participation is, the more cumbersome inter-organizational decision-making will be, in extremo leading to institutional distance, i.e. to "protectionistic" balkanization. Separatist and protectionist tendencies have a retaliatory capacity. Retaliation can only be checked by consciousness of the strategic risks involved. The notion of inherent risks - as perceived and experienced by the relevant stake-holders themselves, based on the perception of resource interdependence - gives birth to what Schelling labelled precarious partnership or incomplete antagonism.

What consequences does this mixed-motive game have for the "chances" or neo-corporatism? The ingredients of the overall setting of the industrial policy game seem more or less clear: crisis-like problems of industrial excess capacity and international cut-throat competition; strong but "anonymous" (near-decomposable?) interdependencies but at the same time no availability of clear-cut, normatively sanctioned rules of the game, let alone "authoritative" hierarchies or undisputed arbiters. The prevailing climate seems to be one of elite-nervosity caused by the obvious discomfort of the combination of, on the one hand, inter-actor non-decision-making, following from the "paradox-of-participation" and, on the other hand, crisis-like sentiments - a feeling of urgency and a need to react promptly and fundamentally - because the problems are obvious and real (although some distrust - among the actors - can be observed concerning the question who exactly does define, monitor and/or does deliberately undermanage the "real" crises).

6. One of the more promising approaches to the "problem" of corporatism is the one proposed by Gerhard Lehmbruch, - "promising" while principally oriented on policy-making and policy-outputs (G. Lehmbruch, several publications, among them a recent paper presented at the World Congress of Sociology at Uppsala Augustus 1979, and one presented at the Congress of the German Sociological Association, Berlin, April 1979). There are two essential characteristics in Lehmbruch's approach:

First, the interaction between interest groups and the state can be seen as governed by a sort of exchange-relationship: the democratic requirements of consensus and legitimation of public policy, hence its effectiveness, are possibly fulfilled by the willingness of trade unions to accept wage restraints or other concessions like the rationalization of industries, included their preparedness to defend and implement those policies vis à vis their constituencies in exchange for the willingness of government to follow union's policy preferences on other issues, like certain training, housing and public health policies or even more important: government accepts union's decision-making "executive privilege" in certain policy-areas from which government promises to abstain and to recognize in this respect the unions as a sole representative. The exchange-setting may be enriched by introducing tripartite exchange-relationships, still deserving the label corporatist.

Secondly, the exchange between the promises of governmental non-interference versus unions' self-discipline presupposes some rationale for a specific division of labour in policy-making, differentiating and demarcating the two arenas (i.e. the corporatist versus the parliamentary or party political arena). This rational has to be sought in the distinction between respectively those policies requiring a high degree of consensus, being more or less irrevocable, and involving externalities, as against those policies that are less outspoken in this sense, showing a more symbolic or ethical salience. In the latter areas the party-political or parliamentary channel is still able to handle the affairs whereas in the former corporatist solutions seem more or less unavoidable. Corporatist activism means then even more than what Böckenförde (E.W. Böckenförde - Die politische Funktion wirtschaftlich-sozialer Verbände und Interessenträger in der sozialstaatlichen Demokratie - in: Die Staat, 15, Band 1976, Heft 4, pp. 457-484) just called "Teilnahme an der politischen Entscheidungsgewalt".

The exchange-hypothesis is stimulating because it inspires a whole series of problems and complications - in the understanding of corporatism - that otherwise would not become so easily visible. Before summing up some of the more pertinent complications, more has to be said on the general attitudes and the ideological undertone in the public debate on corporatism, included the question whether corporatism "really" exists or tends to reemergence "again".

7. In the public debate the distinctive boundary between pressure group politics called "interest group liberalism" - stressing pluralistic and centrifugal tendencies - and "neo"-corporatism - stressing cartel-like and centripetal tendencies - is confusingly vague. Yet logically they seem mutual opposites: they are opposed in terms of structural composition and process (functional fragmentation versus cartellization) as well as in terms of the rules-of-the-game (the separatist politics of avoidance or non-commitment versus the collusive politics of accommodation) and in terms of net policy-outcomes (pluralist ignorance and non-decision-making versus parliament as a hostage, merely echoing corporatist preferences and irrevocable decisions).

Part of the contradiction can be solved by specifying the pertinent arena, i.e. by discriminating between the relevant policy-areas and the relevant levels of institutional aggregation: in some "cases" corporatist momentum prevails, whereas in some others bureaucratic activism reigns, and again in other areas parliament, i.e. a pluralistic configuration of, primarily, political parties (with "generalist" pretentions, though possibly but not necessarily affiliated with specific client-groups), is predominant.

Calculating the "net" effect of these different regimes and arenas for the more or less "authoritative allocation of values" for society as a whole or for social change resulting from the interplay of corporatist, bureaucratic and parliamentary strategies-and-structures would be a heroic task indeed. A more modest ambition is to study the workings of corporatism where it demonstrably works - preferably, in Lehmbruch's vein, indicating the bureaucratic-and-parliamentary context-of-exchange in which the granting of corporatist discretion may be expected. The area of industrial politics - besides the more classical examples of incomes, wage and labour market policies, seems a good candidate for studying the politics and non-politics of corporatism. In that sense we agree with those scholars who prefer to reserve the label corporatist for those types of conflict management and decision-making that lie in the socio-economic realm of the (re)production of class and state relationships rather than stretching the concept to "welfare state" policies in general. In other words, issues related to the division of power in the socalled "mixed market"-economy, should be our focus.

Yet this restriction sounds easier than it is in practice for two reasons. First, unions, employers' associations, industry organizations and financial institutions extend their policy-scope and strategies beyond production-related matters like investment, employment, industrial reorganization, etcetera, to ever wider policy areas, partly in reaction to the abovementioned expansion of welfare state intervention and the disputes associated with state intervention in general. This may be called politicization and political professionalization of private actors in their dealings with the state, blurring the boundary between "strictly" socio-economic and welfare state policies in general. This precisely lends additional plausibility and relevance to the "macro"-emphasis in Lehmbruch's exchange-hypothesis, though complicating the analysis enormously.

A second factor complicating the demarcation between "strictly" production-related policy areas and policy making in general, stems from the macro-ideological connotations of corporatism and the historical ambitions of corporatist thinkers, politicians, etcetera. In a straightforward doctrinary sense "pure" corporatism assumes or represents, at least, three dogmas:

- neither class conflict nor competitive behavior are accepted as organizing principles of social order; social order - instead - has to be seen as the harmonious outcome of the "laws" of organic solidarity reflecting complementarity and symmetry ranging from micro institutions like the family and the enterprise to macro institutions like the economy and the state;
- state and society are intertwined or interpenetrated to such a high degree that practically no distinction between the body politic and the Gemeinschaft remains; and finally,
- by a deliberate act of state or by natural law it follows logically that complementary or parallel interest-groups are bestowed with public legal, exclusive rights in exchange for observing internal discipline of their memberships, clients or constituencies.

Now, on the one hand, - leaving nuances out - two politico-philosophical camps - quite dissimilar in other respects - share a common disliking of corporatism or, more cautiously - corporatist "tendencies". First, liberals - mainly from a public law background - warn against corporatist sapping of the sovereign state or the sovereign parliament. Implicitly or explicitly their sixth sense appears to be selectively sensitive for unions' strength as a factual or potential obstruction of parliamentary primacy. Secondly, we can mention marxist scholars who reject corporatism, old or new, while they consider the corporatist creed as an elite-strategy devoted to the cover up or outright suppression of class conflicts between labour and capital, - thus delaying the incidentally immanent break-down of capitalism.

On the other hand, outspokenly positive adherents of the corporatist legacy have to be sought in confessional economists' circles embracing corporatism as the bridge between or the panacee against the evils of socialist and capitalist extremity. While marxists and liberals see corporatism as a problem affecting democratic hygiene and affronting parliamentary supremacy, confessional theoreticians and to a lesser degree some socialist sub-doctrines see corporatism as a potential political problem-solving or societal tension-management device. At this place we can not refine these admittedly gross contrasts by stressing - for instance - the important distinction between those that see corporatism primarily as a form of state, supplying political order or control versus those that see corporatism primarily as an ideologicalannex-organizational device for managing the socio-economic division of labour, hence as a specimen of economic order or control.

Proponents as well as opponents, however, adhere strongly to a dichotomous approach in the analysis casu quo prescriptive representation of (anti-)corporatism - probably influenced by the supposed assumption or "law" of symmetrical or complementary attributes and interactions between micro organizations and macro institutions. If one uses the concepts of organization and institution - each indicating a specific level of aggregation - as the more or less stable concurrence of an Uberbau (the structure of understanding-and-values) and an Unterbau (the structure of interaction-and-power), a double dichotomy appears to govern the current discussion. First, the pros and cons of corporatism are discussed in terms of the (elective) correspondence between micro and macro principles or organization and, secondly, the focus is on the (elective) correspondence between Uberbau (values) and Unterbau (relations of production and reproduction, patterns of interaction, structure of power).

8. On both dimensions we propose to " break" the deterministic circle of symmetry, or correspondence. On the contrary, we propose to admit,first, for the possibility of at least three levels of aggregation (i.e. to include meso forms of institutionalization) and, secondly, to admit for the possibility of contrary logics on the three levels of aggregation, - leading to possible discrepancies in the principles-of-organization for each level and to possible discrepancies between logistics (resource interdependencies casu quo power-structure or Unterbau) and logics (Zweck- and Wertrationalität: value structure or Uberbau).

Admitting for discrepancies on both dimensions - i.e. for contradictory principles of organization and mobilization on three levels of interest aggregation and a possibly net and enduring "mismatch" between Uberbau-rationalizations and Unterbau-realities, relaxes the deterministic and dichotomous macro-micro bias in current analyses. But the price seems fairly high: admitting for contradictions between logistics and logics across the three levels, complicates the analysis of the politico-economic order seriously.

What, above, is called the principle of organization and mobilization, differing from level to level, underlies the phenomenon that we described earlier as the gradual eclips of accountability. Accountability tends to wane when to conditions coincide: increasing interorganizational dependence and a lack of normatively shared and authoratively sanctioned rules by which the interorganizational game will be played. This coincidence was said to be an ideal breeding ground for strategies and tactics of non-commitment, resulting in institutional balkanization and interorganizational hostage or non-decision-making. Non-decision-making was explained by introducing the paradox-of-participation, hypothesizing a negative correlation between internal and external participation, decentralization and the re-coordination of functionally decentralized structures and strategies.

On the micro (organizational) level a "zweckrational" regime of utilitaristic exchanges between inter-related interest prevails. On this level of aggregation the sheer feasibility of quid-pro-quo accountability predicts a tough and operational confrontation between opposing interests. On the other hand,on the macro-societal level of interest articulation,- the pervasive lack of unambiguous quid-pro-quo accountability seems to create a "wertrational" battle-ground for mainly symbolic, i.e. less operational confrontations between opposing interests, stressing the moral legitimacy rather than the instrumental rationality dimension of accountability.

The level-specific emphasis either on symbolic legitimacy or on operational rationality and quid-pro-quo questions reminds us of Lehmbruch's assessment of different policies handled in different arenas, i.e. some are "typically" manageable for the parliamentary arena whereas others "belong" to the corporatist channel, included his suggestion of possible trade-offs between the prerogatives or predilections of both worlds.

Our perspective, however, suggesting a macro bias towards legitimacy and a micro bias towards utilitaristic strategies leaves open a large grey zone, i.e. the interorganizational meso-level where the mixed "blessings" of two conditions hold - making the exchange-hypothesis and the resulting type of negotiated order somewhat more complicated, while unstable. These two conditions are, not really surprisingly any more: no clear salience of conceptions of legitimacy,i.e. no shared values but rather shared expectations concerning strategic inter-actor behavior; and, secondly, a vaguely known but concretely felt mutual dependence between the protagonists. We say protagonists rather than antagonists or partners, because it is on this "grey" meso level that the basic ingredients of Schelling's mixed motive game become relevant, i.e. the level where "incomplete antagonism" or "precarious partnership" define the uncomfortable play.

Rather than a sort of exchange between the macro symbols of politicization (die Moral) and the micro realities of class confrontation (das Fressen) we postulate, institutionally speaking, an "open" space between the micro and macro level that seems, - by the very ambiguity of the mix of legitimacy and rationality on this level -, "appropriate" for the convergence-of-expectations and the emergence-of-collusive behavior. In Schelling's approach this may be called "tacit coordination" - even without extensive communication between the interdependent actors, "merely" derived from a gradually evolving, mutual (rather than consensually shared) perception of the structure of opportunities and strategies-to-be-expected from the bargaining counterparts. From here, it is but one step to call these politics-of accomodation, - essentially the product of a set of mutually shared perceptions and strategical expectations - , the politics of incrementalistic corporatism.

9. The term "incrementalistic" is used because of the gradual, bounded rational and non-apriori planned form of the negotiated order, emerging from interorganizationally shared expectations and from strategies based on mutual expectations.

For reasons of brevity we may, of course, speak of "neo-"corporatism, provided we refer consistently and explicitly to five interrelated but distinguishable attributes differentiating "neo" from "old" corporatism:

First, the modern form of corporatism is incrementalistic and emerging rather than synoptically intended, wanted or expected as was principally the case with orthodox or classical corporatism.

Second, the modern variety tends to be non-conspicuous and pragmatically oriented, i.e. averse from the hegemonial aspirations and the solemn, ideological gospel of "pure" corporatism.

Third, in terms of aggregation, the expected "locus" of the neo-corporatist politics-of-accommodation will be the meso level rather than the purportedly interchangeable, while "symmetrical" micro-and-macro level on which "pure" corporatism was expected or implanted formerly. Rather than postulating symmetry and interchangeability between the respective levels, we hypothesize strong contradictions between the strategies-and-structure on each level of interest aggregation, i.e. we expect the "applicability" of neo-corporatism on the meso level only.

Fourth, because of the "total" ambitions (and sometimes practices) of old corporatism, the distinction between state-induced versus bourgeois- or private elite-induced corporatism may have been, historically, a relevant distinction. However, under modern welfare state conditions, as we see it, this distinction ceases to be of any help because of the restrictedly meso, non-"exportable" character of neo-corporatism. On the meso level of the corporatist politics-of-accommodation, privately organized interests and the body politic or bureaucratic produce, so to say, each other's behavioral pre-conditions to such a degree that it is no longer feasible or helpful to try to distinguish between prime movers or instigators. To borrow once more Schelling's phrase: The tripartite "precarious partnership" - based on mutual hostage-by-vital-resource interdependence, guarantees a kind of collusive behavior or tacit coordination between the "incomplete antagonists" - without assuming extensive conspiratory moves. This tacit coordination blurs the very distinction between public (state) en private (society) initiative. The distinction itself has to become "incomplete" in order to stop short of complete, mutually destructive war. This, but only this constrained type of forced accommodation should be called "neo"-corporatist.

Finally, the prefix "neo" should be used in the sense of "pseudo" or "hybrid", while stressing the Janus-head of neo-corporatism: as a direct consequence of the precariousness and - politically speaking - the hauntingly cognitive dissonance of this negotiated order, there has to be a necessary difference between words-and-deeds. This difference makes for the stealthy, non-ideological, rather "disguised" character of the meso politics-of accommodation. That means that the symbols and paraphernalia of corporatism (as an institution or device for handling class conflicts and coordinating policies) have to be avoided at any price, while the factual accommodation strategies resemble the basic tenets and mixed motive game of corporatism. Partly for the historical, fascist and anti-parlementarian connotations of corporatism, partly for the "cognitive dissonance" caused by significant cross-loyalties for politicians, labour-representatives and "representatives" of financial and industrial capital on the different levels of interest representation - any public suggestion or open demonstration of corporatist sympathies and practices has to be avoided.

Especially the problem of intra-actor cross-loyalties on different levels of interest aggregation (i.e. firm, industry or region, and macro-economic policies) is worth mentioning in this context, because - as seen before - the "paradox-of-participation" states that internal differentiation and participative decentralization mortgage interorganizational accommodation across actors. The latter mechanism tends to be the more precarious and antagonistic under conditions of economic contraction and forced structural reorganization of complete industrial sectors. The dilemmas - for the respective stake-holders - of "exit-voice-and-loyalty" are clear under these conditions, especially concerning the visible formation or avoidance of tripartite commitments and subsequent accountability. The case of the employers' associations provides a good illustration of the dilemmas involved. Essentially they have to make a choice from several, structurally opposed games, depending on their policy priorities, internal discipline, short- versus long-sightedness, etcetera, - in short depending on the chances of the emerging interfirm expectations shared on the basis of existing resource-interdependencies (i.e. the structure of the "relevant" industry determining the structure of strategical opportunities and risks).

Whether or not publicly or institutionally recognized as such, most industrial disputes and class conflicts are tripartite games, not in the sense of some harmonious kind of private-private-public consultation and coordination, but in the above suggested style of a strategic calculus in which each actor (e.g. capital) "invites" another actor (e.g. labour) to serve as a shield against a third actor (e.g. the treasury or a financial House Committee). The strongest player in this setting is the actor that can "commute" between several games or several (differently composed) arenas: for instance, the "employment game" (relevant for the labour-intensive but declining industries, or industries closely connected to governmental infrastructure-spending) versus the "advanced know-how" or "international competitive advantage"-game. For diversified and multi-divisional firms, political resourcefulness and hence maneuvrability result from multiple arena-membership. But - and that is the exit-voice-loyalty dilemma in a capitalist economic order flanked by a welfare state antinomy of the aggregation-of-demands and the disaggregation of supports -, multiple arena-membership or multiple gamesmanship is not "synergetic" from itself. In "Olsonian" terms the dilemma remains whether the inclusive or the exclusive games will be chosen. Following Olson's usage (the Logic of Collective Action) the exclusive game refers to "market groups", like competitors, having an objective interest in minimizing the size of the group of participants on the market (theoretical optimum pure monopoly) whereas the inclusive game refers to "non-market groups", trying to maximize the group of participants in order to be effective, under relatively low or declining costs and increasing marginal returns, like in the case of merging trade-unions or entrepreneurs lobbying for government subsidies, protectionistic measures, or tax reduction. The crux of the matter is that the same group of firms may have to make the strategical choice between the inclusive (e.g. employment-) game versus the exclusive (e.g. technological innovation-) game. This dilemma explains the prevalence of policy-paralysis or non-decision-making in quite a few cases of industrial reorganization, although theoretically - given multiple arena-membership - the former game can be used by sophisticated strategists to cross-subsidize the latter game. But the paradox-of-participation, associated with loyalty-conflicts, favouring short-term quid-pro-quo strategies and low-trust or scepsis about the feasibility of accountable "exchanges" - may frustrate the materialization of this theoretical option.

10. Considering these persistent ambiguities - leading to the above-mentioned summary of five attributes, deemed to differentiate "neo"-corporatism as precarious partnership and incomplete antagonism from "pure" corporatism - one starts to wonder whether the original "exchange" thesis can still be seen as a realistic paradigm. The thesis states in essence: public actors and organized private interests negotiate on formal prerogatives and substantive policies in exchange for observing - on the private side - internal discipline and - on the public side - non-interference and institutional-financial support. The complexity and ambiguities involved in multiple arena-membership cast some doubts on the applicability or manageability of such a rationalistic, quasi-synoptic paradigm as proposed by the exchange-theorists. Perhaps these doubts are a consequence of the example chosen, namely industrial policy and politics, as opposed to somewhat more "calculable" policies like wage, income, tax and perhaps even (re-)training policies. Sometimes even the very example of industrial politics is mentioned to show the limits of exchange: in such industries - suffering from excess-capacity, cyclical rigidities and pending mass lay-offs - like steel, synthetic fibres, textile, shipbuilding, etcetera, labour unions are said not to have any choice but accepting the unavoidable "laws" of the (inter-)national market. Consequently there is supposedly nothing to be "exchanged". The opposite, however, seems to be the case. First, in these examples the exchange-platform has to be extended to include the E.E.C.-authorities, i.e. cross-nation exchanges in the enactment of regional and sectoral policies on the european level assume a strategic potential. Or even stronger: the sheer international setting induces - on the national level - strong collusive tripartite propensities, i.e. favours the "inclusive" game vis à vis Brussels. Although there remain the sort of ambiguities associ-

ated with each exchange the principles of exchange, as well as the principles of the "precarious negotiated order" sketched before in a purely national context, keep their relevance. Also from the purely national perspective there are additional reasons - in the example of declining industries - to expect the take-off of elaborate exchanges. The example of the french steel industry shows that the shut-down of the steel factories is definitely not accepted but for the state-subsidized promise to take care of compensatory employment, while the exchange-setting is "doubled" by the fact that the state itself is involved in an elaborate exchange-and-poker game between the potential employers/investors/producers, namely Renault/Peugeot versus Ford, who have to fear each other's eligibility for the available public funds.

11. Let us summarize the discussion by a couple of conclusions. The exchange-perspective and from there the "face" of neo-corporatism should be refined by introducing several levels of interest aggregation. The differential applicability and possibility to monitor exchanges on different levels and in different policy-arenas tend to make the meso-level appropriate for the otherwise uncomfortable, ideologically sensitive politics-of-accommodation that may be called "neo"-corporatist, provided we emphasize the structural, processual and ideological (value)differences with orthodox corporatism. On the micro and the macro level of interest representation we expect - judged from the same criteria of accountability - patterns of interaction and conflict management between opposing interests that are more radical or anti-accommodation oriented. Institutional balkanization between the respective decision-making levels allows for ("neutralizes") the enduring coexistence of contrary logics of action and for enduring discrepancies between the logistics of objective resource interdependence (power structure) and the symbolic logics used to rationalize this interdependence (value structure).

Discrepancies between power structure (Unterbau) and value structure (Uberbau) are not just possible (for instance by assuming - in the case of social change - "merely" time lags in their mutual adaptation) but possibly a permanent feature of modern society as far as vertical immunization or balkanization of the different levels of interest aggregation disturbs or even blocks the selective correspondence between the two "faces" of social reality.

Neo-corporatism - the corporatist politics-of-accommodation-and exchange - seems to play an increasingly vital role indeed in the maintenance of this brittle negotiated order, provided we look for it on the most probable level of aggregation, i.e. from the most probable configuration of resource dependencies and symbolic rules of the game. The impact, however, should be studied on the micro as well as macro level of the allocation of values.

One normative conclusion finally. Given the above-sketched conditions of the aggregation of demands and disaggregation of support, a democratically uncontrollable meso-zone of collusive, corporatist politics was said to emerge. The most realistic countermove seems to be the promotion of the management-of-devolution of interorganizational linkages - rather than trying to change the structure of values. As far as it is plausible that there may exist large discretionary margins between Uberbau and Unterbau, investing political energy in changing the structure of values approaches Don Quixote. In that case, rather the structural or resource-parameters of the mixed motive game, leading to tacit coordination and corporatist collusion, should be made more "precarious" indeed.

Delft, 24 juli 1979

Rainer Mackensen

# Bevölkerung und Gesellschaft in Deutschland - Die Entwicklung 1945 - 1978 -

> "Jeder Soziologe z.B. darf sich nun einmal nicht zu schade dafür sein, auch noch auf seine alten Tage vielleicht monatelang viele zehntausende ganz trivialer Rechenexempel im Kopf zu machen. Man versucht nicht ungestraft, das auf mechanische Hilfskräfte ganz und gar abzuwälzen, wenn man etwas herausbekommen will, - und was schließlich herauskommt, ist oft blutwenig."
>
> Max Weber, 1919

## 1. Bevölkerung und Gesellschaft

Die Einwohner eines Landes als "Gesellschaft" zu bezeichnen, kann durchaus als fragwürdig erscheinen. Sie unterliegen der Staatsgewalt des Landes auf unterschiedliche Art je nach ihrer Staatsangehörigkeit und ihrem ständigen Wohnsitz. Darüberhinaus haben andere Bedingungen, die nicht an staatliche Hoheitsgrenzen gebunden sind, vergleichbaren Einfluß auf Gesellschaftsaufbau und Gesellschaftsprozeß. Zu ihnen gehören wirtschaftliche Vorgänge, die sowohl Staatsgrenzen überschreiten wie auch innerhalb derselben vielfältig ausgeprägt und durchaus verschiedenartig sind; ein anderes Beispiel ist die Sprache als Medium der Kulturvermittlung. Solche Bedingungen schaffen größere und kleinere soziale Einheiten als diejenigen, die durch die territorialen Grenzen eines Staates gebildet werden.

Ein weiterer Faktor, der den Gesellschaftsaufbau gewichtig beeinflußt, ist die Familienbildung. Sie beruht auf tradierten Einstellungen und Verhaltensweisen, Vermögen und Verhältnissen, modifiziert diese und vermittelt sie institutionell durch Sozialisations- und Erbschaftsprozesse. Ihre Bedingungen werden nur teilweise und tendentiell vermindert durch staatliche Regelungen gesetzt; und wenn sich die maßgeblichen sozialen Bedingungen ändern, geschieht dieses in der Gegenwart vielfach weit über staatliche Einheiten hinaus, ohne jede dieser Einheiten ganz oder einheitlich zu erfassen. Von ausschlaggebender Bedeutung für die Art der

Familienbildung ist die Partnerwahl - das "Connubium" -; sie erscheint in früherer Zeit und in anderen Kulturen weitgehend sozial geregelt, ist aber gegenwärtig und bei uns weniger denn je ständisch, regional oder in staatlichen Einheiten begrenzt. Auf Familienbildung und Partnerwahl beruht der Bevölkerungsprozeß; er überschreitet staatliche Grenzen und deckt sich auch mit administrativen und sozialen Gliederungen nicht.

Bevölkerung im soziologischen Sinne wird durch ein gleichsinniges und abgestimmtes generatives Verhalten konstituiert und demgemäß durch eine entsprechende generative Struktur gekennzeichnet (MARX 1867, I 666; SOMBART 1902, III 305 ff; IPSEN 1934, 425 ff; LINDE 1950; MACKENROTH 1953, 414 ff; SCHMID 1976, 57 ff) solche Einheit der Verhaltensmuster und Strukturen kann nicht mit der Einwohnerschaft eines Landes deckungsgleich sein. Auf der anderen Seite wird auch zunehmend fragwürdiger, wie anders derartige Einheiten von Verhalten und Struktur abgegrenzt werden könnten. Ob es überhaupt die in der Soziologie regelmäßig hypostasierten Gruppen vergleichbaren oder abgestimmten Verhaltens gibt - außer als Resultat statistischer Analysen - und mit welchen Kriterien ihre Abgrenzung einigermaßen eindeutig vorgenommen werden könnte, kann mit voranschreitender Entwicklung in Frage gestellt werden.

Das muß bedacht bleiben und ist zugleich Thema, wenn im folgenden einige der Wechselbeziehungen zwischen Bevölkerungsvorgang und Gesellschaftsprozeß dennoch in staatlichen Einheiten beschrieben werden sollen. Das bedingt Unschärfen und Aggregationen über heterogene Teilmengen, die den gedachten Sachverhalt nicht in der wünschenswerten Deutlichkeit hervortreten lassen. Es wird daher darauf ankommen, typische strukturelle Merkmale herauszuarbeiten, die auf gemeinsamen Bedingungen beruhen und für ein entsprechendes Verhalten bedeutsam sind. Da ausschließlich Ergebnisse der amtlichen Statistik verwendet werden, sind die Einheiten der Analyse mitgegeben oder nur aufgrund gegebener Gliederungen zusammenzustellen.

Die These, die im folgenden veranschaulicht werden soll, ist nicht neu (siehe die oben zitierten Schriften); sie wird desungeachtet vielfach vernachlässigt. Sie besagt, daß die gesellschaftliche Entwicklung in einem Lande auch von der Entwicklung der Bevölkerung nach Umfang, Aufbau und Verteilung maßgeblich bedingt wird, und daß sie diese wiederum entscheidend prägt. Insoweit diese Wechselbeziehung gilt, lassen sich gesellschaftliche Verhältnisse und Entwicklungen an demografischen Strukturen und Prozessen ablesen und sogar mit ihrer Hilfe prognostizieren - genauer: sie lassen sich anschaulicher und eindeutiger, und zwar quantitativ darstellen, eher als das mit anderen Instrumentarien der Soziologie in der Regel möglich ist. Ein Beitrag zur Interpretation der Strukturenentwicklung unserer Gesellschaft in diesem Sinne ist damit zugleich ein Beitrag zur Methodologie und zur soziologischen Theorie. Darauf wird abschließend zurückzukommen sein.

Historisch konkretisiert geht es darum, die Strukturentwicklung von Bevölkerung und Gesellschaft für das Gebiet der Bundesrepublik Deutschland seit Kriegsende nachzuzeichnen. Das kann hier nur in groben Zügen und in exemplarischer Auswahl geschehen. Desungeachtet sind die zeitlichen und räumlichen Grenzen wegen der angedeuteten Interdependenz auch zu überschreiten, soweit das zur Klärung des engeren Themas notwendig erscheint: Der Bevölkerungsvorgang in der Bundesrepublik bleibt unverständlich, wenn seine Ausgangslage - die Bevölkerungsstruktur vor Kriegsbeginn - unbeachtet bleibt; er ist mit derjenigen der DDR über lange Zeit intensiv verflochten.

Insbesondere deshalb erscheint es sinnvoll, den gesamten Zeitraum von 1945 bis 1978 in zwei Perioden zu unterteilen, die sich in vieler Hinsicht grundsätzlich voneinander unterscheiden. Das historisch maßgebliche, weil in seiner Wirkung durchschlagende Ereignis, das diese Perioden voneinander scheidet, ist die Schließung der Grenzen der DDR am 13. August 1961. Ich beschreibe deshalb zunächst die Periode bis 1961; sie kann für den Bevölkerungsvorgang in seiner gesellschaftlichen Bedeutung als Phase einer expansiven Restauration interpretiert werden. Die nachfolgende Periode ist eher als Phase intensiver gesellschaftlicher Veränderung zu deuten. Es sollte dabei deutlich werden, daß der Schnitt von 1961 in seiner vielfältigen Bedeutung für die gesellschaftliche Entwicklung in der Bundesrepublik einer sorgfältigeren Beachtung würdig ist als ihm bisher durch die Soziologie zuteil wurde.

## 2. Die Restaurationsphase bis 1961

Die Kriegsereignisse und ihre Folgen führten auf dem Gebiet der Bundesrepublik nicht nur zu einer erheblichen Vermehrung der Bevölkerung, sondern auch zu Änderungen in ihrem Altersaufbau und in ihrer Zusammensetzung. Auf die unmittelbaren Einwirkungen des Krieges folgten die Zuwanderung zunächst der Vertriebenen aus den östlichen Reichs- und Besetzungsgebieten, dann der Flüchtlinge aus der DDR. Die erste Niederlassung dieser Zuwanderer innerhalb der Bundesrepublik wurde durch eine Umsiedlung korrigiert. Bei einer derartigen Verschiebung großer Bevölkerungsteile erscheint es auf den ersten Blick erstaunlich, daß statt grundsätzlicher gesellschaftlicher Veränderungen im Ergebnis eher eine Wiederherstellung früherer Strukturen festzustellen ist.

Zunächst erscheint zweckmäßig, sich Umfang und Art der Veränderungen in der Bevölkerung vor Augen zu führen. Bei der ersten Zählung nach Gründung der Bundesrepublik wurden 1950 auf ihrem Gebiet 48.6 Millionen Einwohner festgestellt, rund 8 1/2 Millionen mehr als vor Kriegsbeginn 1939 (siehe Tabelle 1). Zur gleichen Zeit war die Summe der Einwohner in BRD, DDR und Berlin zusammen etwa ebenso groß wie die Bevölkerung des Deutschen Reiches 1939. Obgleich die Menge der Vertriebenen und Flüchtlinge mit etwa 9 1/2 Millionen der Bevölkerung der Ostgebiete vor dem Krieg entsprach, handelte es sich nicht allein um deren Übersiedlung in die verbliebenen deutschen Gebiete. Die Zahlen täuschen über die darin verborgenen wechselhaften Ereignisse hinweg.

Für den Zeitraum von 1939 bis 1950 standen etwa 13 Millionen Geburten über 14 Millionen Sterbefälle gegenüber, darunter 4 infolge des Krieges (siehe Tabelle 2). Bis 1947 waren aus Gebieten, die nicht zum Deutschen Reich gehört hatten (z.B. aus der Tschechoslovakei), rund 4 1/2 Millionen Menschen zugewandert; dem stand ein Wanderungsverlust (ins Ausland) von rund einer halben Million Menschen gegenüber. Ende 1947 befanden sich noch 5 Millionen Deutsche im Ausland, darunter fast 2 Millionen Kriegsgefangene; von ihnen trafen bis 1950 2 Millionen auf dem verbliebenen deutschen Gebiet ein.

Es fehlten 1950 also außer den 4 Millionen Kriegstoten noch 3 Millionen früherer Einwohner; andererseits waren 4 Millionen Deutsche (per Saldo) hinzugekommen. Aus den ehemaligen Ostgebieten gelten anderthalb Millionen Menschen als verschollen; 5 Millionen waren in DDR und BRD eingetroffen.

Bis 1961 nahm die Bevölkerung der Bundesrepublik um weitere 5 1/2 Millionen auf 54 Millionen insgesamt zu. Fast 3 1/2 Millionen Menschen zogen in den 11 Jahren aus der DDR zu, jährlich im Schnitt 300.000, 1953 und 1956 waren es um 400.000; in der gleichen Zeit zogen rund 500.000 aus der BRD in die DDR, so daß der Wanderungssaldo für die BRD 2.9 Millionen ausmachte (KÖLLMANN 1965, 196). Zwischen 1950 und 1961 wurde fast eine Million Vertriebener aus Schleswig-Holstein, Niedersachsen und Bayern in andere Bundesländer umgesiedelt, die meisten davon bis 1955.

Insgesamt waren zu der Bevölkerung der Bundesrepublik in den ersten fünfzehn Jahren nach dem Krieg also rund 12 Millionen hinzugekommen, etwa 30 vom Hundert der Menschen, die vorher in diesem Gebiet gelebt hatten. Die DDR hatte demgegenüber von den anderthalb Millionen, die 1950 dort zu-

Tabelle 1: Bevölkerungsentwicklung in Deutschland, 1933 - 1978 (in Tausend)

| | BRD | Berlin (W) | DDR | zus. | Ostgebiete | insges. |
|---|---|---|---|---|---|---|
| 1933 | 38.263 | 2.683 | 15.842 | 56.788 | 9.244 | 66.032 |
| 1939 | 40.248 | 2.751 | 16.745 | 59.743 | 9.574 | 69.317 |
| 1950 | 48.649 | 2.147 | 18.388 | 69.184 | | |
| 1956 | 50.646 | 2.224 | 17.716 | 70.586 | | |
| 1961 | 53.977 | 2.197 | 17.125 | 73.300 | | |
| 1966 | 57.486 | 2.191 | 17.071 | 76,748 | | |
| 1970 | 58.529 | 2.122 | 17.068 | 77.719 | | |
| 1975 | 59.828 | 2.004 | 16.820 | 78.652 | | |
| 1978 | 59.392 | 1.918 | 16.758 | 78.068 | | |

Quellen: Ergebnisse der Volkszählungen vom 16.6.1933 und 17.5.1939 für das Deutsche Reich, amtliche Umrechnung für den Gebietsstand BRD/Berlin(W)/DDR (einschl. Berlin-Ost); 13.9.1950 (DDR: 31.8.1950), 25.7.1956 (Wohnungszählung), DDR: Jahresdurchschnitt; 6.6.1961 und 27.5.1970; 1966 und 1975 fortgeschriebene Bevölkerung zur Jahresmitte, 1978 zum April (MZ), DDR zum 31.12.77.

Tabelle 2: Bevölkerungsbilanz 1939 - 1950
(in Tausend)

| | | | |
|---|---|---|---|
| Deutsches Reich | 17.5.1939 | 69.317 | |
| Lebendgeborene | 1939/1950 | + 12.910 | |
| Sterbefälle | 1939/1950 | - 14.046 | 1) |
| Zugewanderte | 1939/1947 | + 4.443 | 2) |
| noch im Ausland | 31.12.1947 | - 5.063 | 3) |
| Heimkehrer | 1948/1950 | + 2.073 | 4) |
| Wanderungsverlust, ungeklärt | 1939/1947 | - 450 | |
| BRD/Berlin/DDR | Mitte 1950 | 69.184 | |

Quelle: Eigene Zusammenstellung nach Wirtschaft und Statistik 1949, Heft 8, ergänzt durch amtliche Zahlen für 1948 bis 1950. - Die Zahlen können im einzelnen durch spätere Erkenntnisse revisionsbedürftig sein; in den Größenordnungen dürften sie wegen der Zuverlässigkeit der Randsummen zutreffen.

Anmerkungen: 1) Darin 10.046 T. Gestorbene, 500 T. durch Feindeinwirkung getötete Zivilpersonen, 250 T. ermordete Juden und 3.250 T. Wehrmachtstote und -vermißte. Unter den ermordeten Juden nur diejenigen, die 1939 in der Bevölkerung des Deutschen Reiches gezählt worden waren; BURGDÖRFER (Bevölkerungsdynamik und Bevölkerungsbilanz, München: Lehmann 1951, S. 64) schätzt weitere 230 T. aus Westeuropa, 4.060 T. aus Ost- und Südost-Europa außer der SU. Unter den Wehrmachtstoten (nach P.E. SCHRAMM) bis zum 31.1.1945 Todesfälle durch Feindeinwirkung 1.810 T., dazu 191 T. Gestorbene; diese Zahlen sind bis zum Kriegsende zu ergänzen. Von den 1.903 T. Vermißten bis 31.1.45 sind bis 1947 geklärte Fälle abzuziehen; das Statistische Bundesamt schätzt daher 1949 insgesamt die oben genannten 3.250 T.
2) Aus dem Ausland während des Krieges und bis 1947 in die Gebiete von DDR und BRD zugewanderte Personen.
3) Darin 1.830 T. Kriegsgefangene im Gewahrsam außerhalb Deutschlands, rund 1.500 T. Deutsche, die zum Zeitpunkt der Schätzung am 31.12.47 noch in den Gebieten östlich Oder und Neiße verblieben; rd. 200 T. noch in Skandinavien und Österreich; 1.533 T. werden als in den östlichen Gebieten des ehemaligen Deutschen Reiches verschollen geschätzt.
4) Bis 1950 heimgekehrte Kriegsgefangene und Zuwanderer aus den bis 1947 noch im Ausland verbliebenen Deutschen (also aus der Zahl der Vorzeile).

sätzlich gezählt wurden, wieder mehr als eine Million verloren. Die Differenzen gehen auf die natürliche Bevölkerungsbewegung zurück, die der DDR etwa eine, der BRD etwa zwei Millionen Zuwachs brachte. Die Wirkung dieser Wanderungsbewegungen auf die gesellschaftliche Situation mußte in beiden Ländern gravierend, aber in verschiedenem Sinne, sein.

Die Eingliederung der Vertriebenen und Flüchtlinge in der BRD ist vorwiegend als soziales Problem, auch als Problem der Umverteilung von Kriegsfolgelasten beschrieben und behandelt worden. Die Eingliederung galt als vollzogen, als gegen Ende der von uns beschriebenen Periode festgestellt werden konnte, daß sich gegenüber der einheimischen Bevölkerung keine signifikanten Unterschiede in der beruflichen Gliederung oder in der Wohnungsversorgung mehr nachweisen ließen (LEMBERG 1959). Weniger beachtet wurde, daß die Spannungen, die zwischen Vertriebenen und Einheimischen anfangs bestanden, nach 1948 erstaunlich schnell abgebaut werden konnten. Diese Spannungen beruhten oberflächlich gesehen auf den unterschiedlichen Vermögensverhältnissen: Die Vertriebenen kamen ohne Hausrat und Vermögen und mußten in bestehende Wohnungen eingewiesen werden, so daß Einheimische auf Teile ihrer Wohnungsverfügung verzichten mußten. Die Unterschiede im Vermögen und die daraus folgende Beanspruchung von Wohnraum und Verpflegungsmitteln scheinen aber nicht die eigentliche Ursache der Spannungen gewesen zu sein. (Es wäre aufschlußreich, die unterschiedliche Vermögensentwicklung bei Vertriebenen und Einheimischen bis in die Gegenwart hinein zu verfolgen; es dürften sich bis heute bemerkenswerte Unterschiede feststellen lassen). Diese Vermutung beruht auf der Beobachtung, daß solche Spannungen dann schneller abgebaut werden konnten, wenn die Vertriebenen ihren sozialen Status nachweisen oder glaubhaft machen konnten. Auf der anderen Seite traten gleichartige Spannungen nicht in dem Maße gegenüber Familien auf, die als Einheimische ihren Hausstand durch Bomben verloren hatten. Daraus wäre zu folgern, daß nicht der Vermögensunterschied als solcher, sondern der aufgrund mangelnden Vermögens bezweifelte soziale Status der Vertriebenen die eigentliche Ursache der Spannungen war.

Folgt man dieser Erklärung, dann erst wird auch die Aufbauleistung der Restaurationsphase völlig verständlich. Der Vermögensverlust hatte zumindest bei vielen der Flüchtlinge und Vertriebenen eher zu einer Unabhängigkeit von sachlichem Besitz geführt; die Aufbauleistung läßt sich daher schlecht aus dem Bestreben nach Wiedererlangung von Vermögenswerten erklären. Die mangelnde soziale Anerkennung dagegen, die diese Teilbevölkerung traf, kann verständlich als starke Motivierung zu Anstrengungen angesehen werden, einen dem früher innegehabten vergleichbaren oder sogar überlegenen Status wiederzugewinnen. Wenn eine solche Motivation für 30 auf Hundert einer Bevölkerung gilt, so kann die Mehrzahl durchaus von ihr mitgenommen oder in eine Konkurrenzsituation gebracht werden, die ähnliche Anstrengungen bewirkt.

Dazu kommt, daß die geschilderte Situation weder einmalig noch auf die Flüchtlinge und Vertriebenen beschränkt war. Sie war nicht einmalig in dem Sinne, daß sie zu einem Zeitpunkt gegeben und danach zu bewältigen gewesen wäre. Vielmehr wurde sie durch den ständigen Zustrom von weiteren Flüchtlingen in erheblicher Zahl ständig neu belebt. Sie war aber auf die Personengruppe der Vertriebenen und Flüchtlinge nicht beschränkt, denn außer diesen hatten auch Ausgebombte, Ausgelagerte und Heimkehrer ihr Vermögen wieder herzustellen und ihren sozialen Status neu zu bestätigen. Man kann also (obgleich hierfür Zahlen fehlen) für die Hälfte der Bevölkerung eine ähnliche Lage annehmen. Dabei war diese Teilbevölkerung nicht gleichmäßig verteilt, so daß die Anteile im Norden der Bundesrepublik und im Ruhrgebiet teilweise höher angesetzt werden müßten.

Mit der Aufbauleistung geht der Abbau der Spannungen zwischen den Bevölkerungsteilen einher: Die parallele oder sich sogar wechselseitig stimulierende Konkurrenz um soziales Ansehen brachte die erstrebte Anerkennung. Sie hatte damit auch eine auf Anpassung tendierende Komponente; denn es konnte hier nicht darum gehen, etwas anderes zur Geltung zu bringen, sondern nur um den Nachweis der Tüchtigkeit in dem von der Mehrheit gemeinten Sinne. Als dritte entscheidende Komponente scheint mir die unpolitische Überwindung der nationalsozialistischen Vergangenheit hinzuzukommen: Die Vertriebenen hatten kein Interesse daran, die ihre hervorzukehren; die Einheimischen waren umso beflissener, die Erinnerung an die ihre zu überspielen. Es bedarf m.E. keiner Umerziehungsthese, um diesen Effekt sozialpsychologisch verständlich erscheinen zu lassen. Die drei Komponenten - Aufbau, Anpassung, Leugnung der braunen Vergangenheit - wirkten zusammen, um den späteren Umschwung nach 1961 zu bewirken und zu verstärken. Solche Thesen, die sich hier nur aufgrund einer Analyse des Bevölkerungswechsels ergeben, wären gründlicherer soziologisch-historischer Untersuchung wert.

Bisher habe ich lediglich die Bevölkerungsbilanz der Nachkriegsphase interpretiert. Auf zwei Aspekte der veränderten Bevölkerungsstruktur möchte ich wenigstens noch verweisen: auf die Konsequenzen für die Siedlungsentwicklung und auf diejenigen aus dem veränderten Altersaufbau.

Unterscheidet man großräumig zwischen Ballungen, Industrie-, Misch- und Agrargebieten, indem man die Stadt- und Landkreise (um 1970) nach Einwohnerdichte und Industriebesatz diesen vier Siedlungstypen zuordnet, dann ergibt sich über die bekannte Tendenz des Stadtwachstums und seiner Differenzierung im Zeitverlauf hinaus ein aufschlußreiches Bild der Siedlungsentwicklung (siehe Tabelle 3). Daß sich infolge der größeren Bevölkerung insgesamt eine Verdichtung ergeben muß, liegt auf der Hand; interessant sind aber die Unterschiede der Entwicklung in den Siedlungstypen.

Um 1950 sind die Anteile der Siedlungstypen spürbar in Richtung auf die Agrargebiete verschoben: diese beherbergen nun 15 (statt 1939 nur 12) vom Hundert der - erheblich größeren - Gesamtbevölkerung; die Ballungen dagegen können nur noch 41 (statt 47 in 1939) vom Hundert aufnehmen. Im einen zeigt sich die Flüchtlingsauflage, im anderen der Zerstörungsgrad. 1962 jedoch sind die alten Verhältnisse so gut wie wieder hergestellt: die Agrargebiete sind auf 12 v.H. zurückgefallen, die Ballungen auf 45 v.H. gestiegen. Industrie- und Mischgebiete haben ihren Anteil von 22 resp. 20 v.H. nicht verändert.

Die gesamte Bevölkerungsveränderung hat also - abgesehen von der Ausweitung der Stadtgebiete und den regionalen Unterschieden des Wachstums von Agglomerationen, der Schrumpfung von Agrargebieten - keine grundsätzliche Änderung in den Tendenzen der Siedlungsentwicklung zur Folge gehabt. Die frühere Verteilung wurde vielmehr - bei gegebener Verdichtung - wieder hergestellt.

Eine bedeutende strukturelle Veränderung zeigt jedoch die industrielle Ausstattung der Siedlungstypen. Bereits 1956 ist das neue Niveau der Industrialisierung erreicht: im Bundesdurchschnitt wird seither der Wert von 140 Industriebeschäftigten auf 1000 Einwohner gehalten. In Ballungen und in Industriegebieten steht er in dieser Zeit gleich hoch - um 170 - doch hat er in den Ballungen fallende Tendenz: die relative Zunahme der Dienstleistungen macht sich hier bemerkbar. In den Mischgebieten ist der Industrialisierungsgrad von 93 erreicht; er wird erst in der nachfolgenden Periode steigen. Nur in den Agrargebieten steigt er von 41 (1956) weiter auf 43 (1962).

Insgesamt ist der volle industrielle Ausbau demnach also bereits 1956 erreicht; die weitere Entwicklung ist nur noch parallel der Bevölkerungsentwicklung, ohne daß sich der Industrialisierungsgrad weiter steigert. Die wichtigste Aufbauleistung scheint zur gleichen Zeit abgeschlossen wie die Umsiedlung beendet, wie der Höhepunkt auch der Zuwanderung aus der DDR erreicht ist. Damit erweist die Wanderungsbewegung erneut ihre maßgebliche Bedeutung für die Entwicklung der Gesellschaftsstruktur in der Bundesrepublik.

Sie hat jedoch eine weitere Wirkung, deren gesellschaftliche Folgen bisher nicht ausreichend behandelt worden sind: sie hat den Altersaufbau verändert. Dieser ergibt sich im allge-

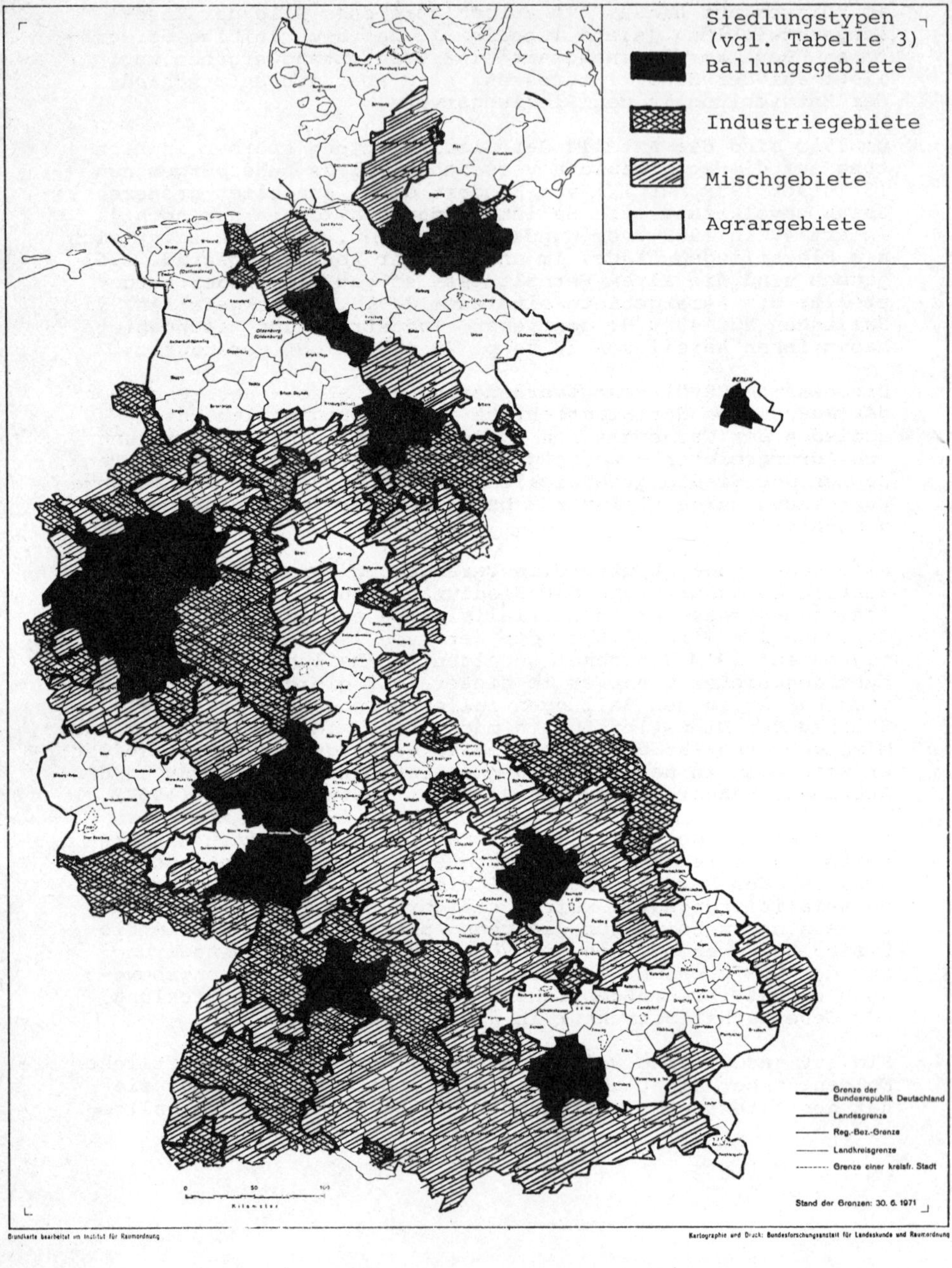


Grundkarte bearbeitet im Institut für Raumordnung

Kartographie und Druck: Bundesforschungsanstalt für Landeskunde und Raumordnung

Tabelle 3: Wohnbevölkerung und Industriebeschäftigte nach Siedlungstypen in der BRD, 1939 - 1970

| | insges. | davon in Ballungs- gebieten | Industrie- gebieten | Misch- gebieten | Agrar- gebieten |
|---|---|---|---|---|---|
| Anzahl Kreise | 565 | 118 | 131 | 185 | 131 |
| Fläche Tsd.qkm | 248,3 | 33,9 | 50,4 | 86,3 | 77,6 |
| Wohnbevölkerung (in Tausend) | | | | | |
| 1939 | 42.952 | 20.178 | 9.349 | 8.209 | 5.217 |
| 1950 | 50.796 | 21.078 | 11.308 | 10.863 | 7.548 |
| 1956 | 52.870 | 23.312 | 11.947 | 10.757 | 6.855 |
| 1962 | 56.874 | 25.781 | 12.882 | 11.310 | 6.901 |
| 1966 | 59.677 | 26.969 | 13.557 | 11.896 | 7.255 |
| 1970 | 60.553 | 27.221 | 13.821 | 12.149 | 7.361 |
| darunter: Vertriebene und Flüchtlinge (in Tausend) | | | | | |
| 1950 | 9.430 | 2.816 | 2.074 | 2.447 | 2.093 |
| 1956 | 10.636 | 4.413 | 2.410 | 2.287 | 1.527 |
| Ausländer (in Tausend) | | | | | |
| 1970 | 2.611 | 1.618 | 590 | 315 | 88 |
| Industriebeschäftigte (in Tausend) | | | | | |
| 1950 | 5.338 | 2.738 | 1.726 | 683 | 191 |
| 1956 | 7.348 | 3.936 | 2.129 | 1.003 | 280 |
| 1962 | 7.308 | 3.932 | 2.036 | 1.042 | 298 |
| 1966 | 8.338 | 4.432 | 2.360 | 1.181 | 365 |
| 1970 | 8.854 | 4.376 | 2.456 | 1.358 | 463 |

Quelle: Ergebnisse der Volkszählungen von 1939, 1950, 1970, der Wohnungszählung 1956, der Fortschreibung zur Jahresmitte 1962, 1966. Industrieberichterstattung zum September der Jahre. Daten für Stadt- und Landkreise der BRD einschl. Berlin(W); Verwaltungsgrenzen 1970. Eigene Zusammenstellung. Ballungsgebiete nach ISENBERG (Handwörterbuch für Raumforschung und Raumordnung 1970, Sp. 124); Industriegebiete: übrige Kreise mit mehr als 125 Industriebeschäftigten auf 1000 Einwohner 1956; Michgebiete: desgl. mit über 60 I.Besch./1000 Einw.

meinen aus den wechselnden Jahrgangsstärken der Geburtenhäufigkeit, und dieser Effekt kennzeichnet auch den Altersaufbau der deutschen Bevölkerung. Er wird aber zusätzlich durch die in bestimmten Altersgruppen massiert erkennbaren Sterbefälle der Kriege gekennzeichnet; darüber hinaus macht sich die altersspezifische Selektivität der Wanderungen bemerkbar. Das kann hier nicht im einzelnen verfolgt werden; es soll lediglich auf die Konsequenzen im Erwerbsleben hingewiesen werden.

Betrachtet man die Altersgliederung der männlichen Erwerbspersonen (siehe Tabelle 4), dann fällt die unterschiedliche Besetzung der Altersgruppen und ihr starker Wechsel ins Auge. 1950 stellen die Zwanzigjährigen 22, die Vierzigjährigen 24 v.H. der erwerbstätigen Männer (die Erwerbslosen fallen zu dieser Zeit nicht ins Gewicht). Die Dreißigjährigen stellen mit 18 v.H. einen vergleichsweise kleinen Anteil.

Daraus ergibt sich, daß die jüngeren Erwerbspersonen um diese Zeit eine gute Chance hatten, ins Erwerbsleben einzutreten - die für Jüngere geeigneten Stellen waren nicht von den Dreißigjährigen überbesetzt. Die Aufstiegschancen waren dagegen weniger günstig, weil die entsprechenden Stellen von Vierzigjährigen beansprucht wurden. Bis 1962 hat sich die Situation noch verschärft; ein größerer Anteil Jugendlicher steht für das Erwerbsleben an, aber der Anteil der Dreißigjährigen ist inzwischen auf 22 v.H. gestiegen. Die Aufstiegsstellen sind nun von Fünfzigjährigen besetzt.

Neben der Veränderung der Aufstiegschancen lassen die Zahlen einen anderen Effekt erkennen, der bei einzelnen Berufssparten noch deutlicher in Erscheinung treten würde: Die schwache Besetzung der Altersgruppe 30 - 40 unterbricht die Kontinuität der Berufserfahrung. Um 1950 werden die Stellen, die mehr Erfahrung verlangen, mit Vierzigjährigen besetzt; das läßt eine gewisse Dynamik wahrscheinlich erscheinen. Wenn sie mehrfach mit Zwanzigjährigen zusammenarbeiten, dann läßt sich die Erfahrungsvermittlung relativ reibungslos vorstellen. 1962 dagegen werden mehr Positionen von Älteren besetzt; die Vierzigjährigen fallen an vielen Stellen aus. Demgegenüber sind die Anteile der Zwanzig- und Dreißigjährigen gestiegen. Sie gehören bereits zur Nachkriegsgeneration; in der Mehrzahl waren sie bei Kriegsende noch Kinder. Sie werden die Aufstiegsmentalität der Kriegsgeneration nicht teilen; eine Vermittlung der Erfahrungen erscheint schwieriger. Der Umbruch kündigt sich an.

Diese Altersgliederung gilt im wesentlichen für das produzierende Gewerbe, also für die Industrie. Ganz anders ist diejenige in den Dienstleistungen. Hier ist 1962 eine deutliche Überalterung zu erkennen (siehe Tabelle 5). Die Aufstiegschancen

Tabelle 4: Altersgliederung der männlichen Erwerbspersonen, 1950 - 1978

(a) Anzahl (in Tausend)

| Alter | 1950 | 1962 | 1965 | 1970 | 1974 | 1977 | 1978 |
|---|---|---|---|---|---|---|---|
| unter 20 | 1.616 | 1.364 | 1.351 | 1.163 | 1.115 | 1.275 | 1.306 |
| 20 - 30 | 3.092 | 3.810 | 3.663 | 3.140 | 3.405 | 3.474 | 3.542 |
| 30 - 40 | 2.531 | 3.626 | 3.895 | 4.538 | 4.800 | 4.399 | 4.261 |
| 40 - 50 | 3.396 | 2.686 | 2.763 | 3.607 | 3.868 | 4.057 | 4.151 |
| 50 - 60 | 2.270 | 3.311 | 3.130 | 2.486 | 2.413 | 2.625 | 2.781 |
| über 60 | 1.220 | 1.746 | 2.025 | 1.894 | 1.573 | 921 | 751 |
| insges. | 14.125 | 16.542 | 16.827 | 16.827 | 17.178 | 16.749 | 16.793 |

(b) Anteile (vom Hundert)

| Alter | 1950 | 1962 | 1965 | 1970 | 1974 | 1977 | 1978 |
|---|---|---|---|---|---|---|---|
| unter 20 | 11,4 | 8,3 | 8,0 | 6,9 | 6,5 | 7,6 | 7,8 |
| 20 - 30 | 21,9 | 23,0 | 21,8 | 18,7 | 19,8 | 20,7 | 21,1 |
| 30 - 40 | 17,9 | 21,9 | 23,2 | 27,0 | 27,9 | 26,3 | 25,4 |
| 40 - 50 | 24,0 | 16,2 | 16,4 | 21,4 | 22,5 | 24,2 | 24,7 |
| 50 - 60 | 16,1 | 20,0 | 18,6 | 14,8 | 14,1 | 15,7 | 16,6 |
| über 60 | 8,6 | 10,6 | 12,0 | 11,3 | 9,2 | 5,5 | 4,5 |

Quelle: 1950 Ergebnisse der Volkszählung vom 13.9.; im übrigen Ergebnisse des Mikrozensus im April des jeweiligen Jahres. Eigene Zusammenstellung aus Veröffentlichungen des Statistischen Bundesamtes.

Fundstellen: 1950 (ohne Saarland und Berlin) StJbBRD 1954, S. 117
1962 - 1977 aus Bevölkerung und Kultur, Stuttgart: Kohlhammer, Reihe 6
(1977: Fachserie 1, Reihe 4.1); 1978: Wirtschaft und Statistik, April 79

Tabelle 5: Altersgliederung der abhängig beschäftigten männlichen Erwerbspersonen in den Dienstleistungen, 1962 - 1977

(a) Anzahl (in Tausend)

| Alter | 1962 | 1965 | 1970 | 1974 | 1977 |
|---|---|---|---|---|---|
| unter 20 | 115 | 111 | 102 | 152 | 233 |
| 20 - 30 | 392 | 438 | 499 | 942 | 977 |
| 30 - 40 | 502 | 508 | 678 | 862 | 913 |
| 40 - 50 | 479 | 476 | 601 | 629 | 715 |
| 50 - 60 | 548 | 567 | 492 | 499 | 560 |
| über 60 | 269 | 321 | 305 | 271 | 176 |
| insgesamt | 2.305 | 2.423 | 2.677 | 3.359 | 3.573 |

(b) Anteile (vom Hundert)

| Alter | 1962 | 1965 | 1970 | 1974 | 1977 |
|---|---|---|---|---|---|
| unter 20 | 5,0 | 4,6 | 3,8 | 4,5 | 6,5 |
| 20 - 30 | 17,0 | 17,7 | 18,6 | 28,0 | 27,3 |
| 30 - 40 | 21,8 | 21,0 | 25,3 | 25,7 | 25,6 |
| 40 - 50 | 20,8 | 19,7 | 22,5 | 18,7 | 20,0 |
| 50 - 60 | 23,8 | 23,4 | 18,4 | 14,9 | 15,7 |
| über 60 | 11,7 | 13,3 | 11,4 | 8,1 | 4,9 |

Quelle: Ergebnisse des Mikrozensus. Eigene Zusammenstellung. Fundstellen siehe Tabelle 4

sind weitgehend verbaut; der Ton wird von den älteren Altersgruppen angegeben. Ein Kontinuitätsbruch dagegen ist nicht anzunehmen: Keine der Altersgruppen ist auffällig schwach besetzt.

Mehrere Effekte verstärken einander in der Restaurationsphase. Die Flüchtlingswanderung führt zu einer Aufbauleistung, die durch das Bedürfnis nach Wiederherstellung der sozialen Geltung und nach Vermeidung von Konflikten motiviert ist. Dabei wird die Industrialisierung vorangetrieben, das Siedlungsmuster zwar verdichtet, aber gleichsinnig aufgebaut. Die Altersgliederung leistet zunächst der Anpassungstendenz Vorschub, verschiebt sich aber dann in Richtung auf eine Überalterung. Die stärkeren Jahrgänge Jugendlicher, die ins Erwerbsleben eintreten, gehen von anderen Erfahrungen aus und finden eine Berufssituation vor, die eine stärkere Veränderung möglich erscheinen läßt.

3. Phase des intensiven Wandels 1961 - 1978

Seit 1961 ist die Bevölkerung der Bundesrepublik um rund 5 Millionen gewachsen - 4 Millionen davon sind Ausländer.

Die Zuwanderung aus der DDR ist 1961 verhindert worden; zur gleichen Zeit beginnt die neue Zuwanderung ausländischer Arbeitskräfte. Aus fünf Anwerbeländern - Italien, Jugoslawien, Spanien, Griechenland, Türkei - wandern 1960 140-, 1961 170-, 1962 190-tausend Ausländer ein. Diese Zuwanderung löst die mitteldeutsche Wanderung nahtlos ab; die wirtschaftliche Expansion erscheint zunächst gesichert. Der Effekt für die gesellschaftliche Entwicklung ist ein anderer. Die Ausländer wollen verdienen; sie haben keine Chance, hier zu sozialer Geltung zu kommen. Ihre Intention ist auf die Verbesserung ihrer Lebensbedingungen im Heimatland gerichtet. Statt zu einem Entwicklungsantrieb führt die Einwanderung ausländischer Arbeitskräfte zu einer "Unterschichtung" (HOFFMANN-NOWOTTNY 1973) ähnlich derjenigen in der Schweiz.

Während die Aussenwanderung derart umschlägt, wird die natürliche Bevölkerungsbewegung von steigenden Geburtenzahlen gekennzeichnet, die 1961 bis 1967 die Millionengrenze überschreiten. Dieses Anwachsen der Geburtenzahlen ist aber nicht von einer Änderung des generativen Verhaltens bestimmt; es ist vielmehr die Konsequenz der Tatsache, daß die stärkeren Geburtenjahrgänge aus den dreißger Jahren jetzt ins Ehealter hineinwachsen. Solche Schwankungen der Geburtenhäufigkeit wiederholen sich regelmäßig; man hat deshalb von Bevölkerungswellen gesprochen (LÖSCH 1936). Sie wirken sich nicht nur in der eigenen Generation, sondern auch in der Kette der folgenden aus.

Für die von uns betrachtete Periode hat diese größere Zahl von Geburten nur eine untergeordnete Bedeutung - nämlich für einen größeren Bedarf an Kindergartenplätzen und dann an Plätzen in Volksschulen, also auch an Lehrern. Ihre Bedeutung wird in der nachfolgenden Periode zunehmen, in die wir inzwischen eingetreten sind, weil dann der Eintritt ins Erwerbsleben fällig wird und - wie wir wissen - unter den erschwerten Bedingungen eines engeren Arbeitsmarktes. In den 60-er Jahren ist es die - ebenfalls stärkere - Generation ihrer Eltern, die auf die gesellschaftliche Entwicklung einwirkt.

Die Altersgliederung der Erwerbspersonen (Tabelle 4) zeigt für 1970 einen außergewöhnlich hohen Anteil der Dreißigjährigen von 27 v.H. Um diese Zeit ist der Überalterungseffekt, der 1965 bereits abklingt, aber einen besonders hohen Anteil Sechzigjähriger zeigt, deutlich abgebaut. Die deutlichste Prägung der Erwerbsbevölkerung durch jüngere Altersgruppen ist 1974 erkennbar; seither klingt auch dieser Akzent wieder ab. Die inzwischen anwachsende Altersgruppe der Zwanzigjährigen findet nun die Positionen besetzt, und zwar von relativ jüngeren Erwerbstätigen. Die Aufstiegschancen schwinden. In keiner Phase war die Arbeitswelt so deutlich von Jüngeren geprägt, wie in den frühen 70-er Jahren.

Das gilt auch in den Dienstleistungen (Tabelle 5), sogar mit einem stärkeren Akzent bei den Zwanzigjährigen. Hier ist dieser Effekt auch 1977 noch unverkennbar - man darf damit rechnen, daß in diesem Bereich die Innovationsbereitschaft noch auf ihrem Höhepunkt steht. Daß auch hierin Ursachen gesellschaftlicher Spannungen verborgen liegen, bedarf kaum der Erwähnung.

Für die Altersgliederung der Erwerbsbevölkerung ist eher die Entwicklung unter den männlichen Erwerbspersonen charakteristisch; in der neueren Periode ist jedoch die weibliche Erwerbstätigkeit erheblich gestiegen. Vergleicht man die neuesten Zahlen mit denen von 1950 (siehe Tabelle 6), so fällt diese Veränderung stark ins Gewicht. Bei Männern und nicht verheirateten Frauen ist die Erwerbsbeteiligung der unter 30-jährigen deutlich zurückgegangen; darin macht sich die zunehmende Ausbildungsorientierung geltend. Zugleich ist sie bei den verheirateten Frauen dieser Altersgruppe auf über 50 v.H. gestiegen. Die Gegenläufigkeit dieser Entwicklungen läßt keinen Zweifel daran, daß die Berufsorientierung das Privileg der ledigen Frauen ist. Bei früher Heirat scheint das Einkommen der Ehefrau unentbehrlich.

Die Männer sind ab dreißig fast sämtlich erwerbstätig; über fünfzig fallen die Invalidisierungen bereits ins Gewicht. Aber auch bei den nicht verheirateten Frauen sind die Erwerbsquoten bis auf vier Fünftel angestiegen; über fünfzig fallen sie deutlich ab - aber hier vermutlich weniger wegen Invalidisierung als deshalb, weil die Erwerbsbeteiligung der entsprechenden Geburtsjahrgänge noch nie so hoch war. Es ist also sicher mit einem weiteren Anstieg der Erwerbsbeteiligung der nicht

Tabelle 6: Altersspezifische Erwerbsquoten, 1950 und 1978

| Alter | Männer | | nicht verheiratete Frauen | | verheiratete Frauen | |
|---|---|---|---|---|---|---|
| | 1950 | 1978 | 1950 | 1978 | 1950 | 1978 |
| 15 - 20 | 85,1 | 50,6 | 78,7 | 43,6 | 30,4 | 54,6 |
| 20 - 30 | 93,9 | 85,6 | 88,8 | 78,5 | 27,4 | 56,6 |
| 30 - 40 | 96,9 | 97,9 | 69,9 | 82,9 | 26,0 | 48,9 |
| 40 - 50 | 96,9 | 97,4 | 62,0 | 78,7 | 26,8 | 47,3 |
| 50 - 60 | 90,8 | 88,9 | 45,3 | 60,8 | 25,5 | 36,0 |
| 60 - 65 | 73,0 | 43,1 | 23,1 | 14,6 | 19,7 | 10,3 |

Erwerbspersonen (Erwerbstätige und Erwerbslose) auf 100 Personen der gleichen Kategorie im gleichen Alter. Nicht verheiratete = ledige, verwitwete und geschiedene Frauen.- Eigene Zusammenstellung aus Ergebnissen der VZ 1950 und des MZ 1978. Fundstellen wie Tabelle 4.

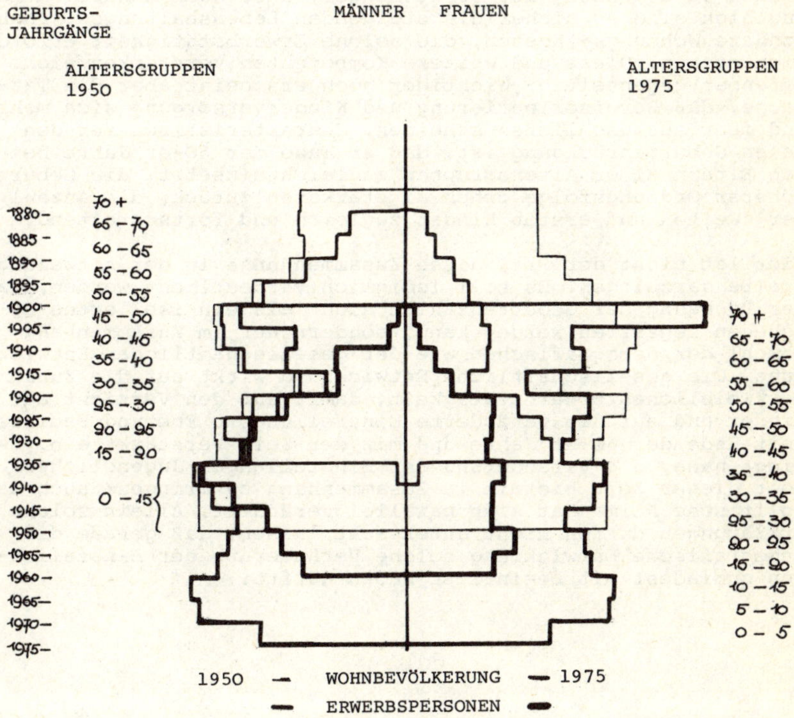


ALTERSGRUPPEN DER WOHNBEVÖLKERUNG UND DER ERWERBSPERSONEN

NACH GEBURTSJAHREN UND GESCHLECHT, 1950 - 1975

(vgl. Tabelle 4 bis 6)

verheirateten Frauen auch in höheren Altersklassen zu rechnen. Nimmt man die neuerliche Neigung hinzu, auf eine Eheschließung zu verzichten, dann wird sich diese Tendenz noch stärker bemerkbar machen.

Bei den verheirateten Frauen fällt die Erwerbsbeteiligung mit steigendem Alter kontinuierlich. Obgleich auch die Erwerbsquoten der älteren Altersklassen bedeutend über den Werten von 1950 liegen, ist doch die veränderte Tendenz unverkennbar. Damals war ein Viertel der verheirateten Frauen kontinuierlich erwerbstätig. Es kann kein Zweifel sein, daß diese Einkommen für die Familien unverzichtbar waren. Wenn die Quoten jetzt mit zunehmendem Alter fallen, dann kann das nur bedeuten, daß diese Frauen auf eine ursprünglich angestrebte Erwerbstätigkeit zunehmend verzichten müssen, soweit nicht einfach die Tatsache zu Buche schlägt, daß spätere Geburtsjahrgänge in größerem Umfang zur Erwerbstätigkeit tendieren (vgl. MÜLLER u.a. 1979).

Die zunehmende Erwerbstätigkeit der Frauen wird als ein wichtiger Grund für den Rückgang der Geburtenzahlen seit 1964 angesehen. Darin eine Folge verbreiteter Selbständigkeit der Frauen zu erkennen, ist nicht schwer, aber auch unzureichend. Zugleich sind es sicher die steigenden Lebenshaltungs- (insbesondere Wohnungs-)Kosten, die solche Erwerbstätigkeit erforderlich machen. Diese und weitere Komponenten verstärken sich offenbar gegenseitig. Wichtiger noch erscheint aber die Tatsache, daß Berufsorientierung und Kinderversorgung sich mehr und mehr auszuschließen scheinen. Charakteristisch für den neuen Geburtenrückgang ist, daß er Ende der 60-er Jahre bei den Eltern aller Altersgruppen zugleich einsetzt: die Geburten höherer Ordnungsfolge gehen am stärksten zurück, die Anzahl der zweiten und ersten Kinder zugleich und fortschreitend.

Hier ist nicht der Ort, diese Zusammenhänge in der notwendigen Breite darzulegen. Es soll lediglich verdeutlicht werden, daß der Rückgang der Geburtenzahlen nicht als ein isoliertes Geschehen begriffen werden kann, sondern nur im Zusammenhang sowohl der demografischen wie der gesellschaftlichen Entwicklung. Die gesellschaftliche Entwicklung wirkt auf die Zunahme der weiblichen Erwerbstätigkeit, damit auf den Verzicht auf Kinder und auf die veränderte Einstellung zu Ehe und Familie seit Ende der 60-er Jahre und mit der Zeit verstärkt ein. Es liegt nahe, die Veränderung der Einstellungen Jugendlicher seit dieser Zeit hiermit in Zusammenhang zu bringen; auch das politische Klima hat sich parallel verändert. Allein solche Erklärungen dürfen nicht außer acht lassen, daß gerade die demografische Entwicklung solche Veränderung der Einstellungen zumindest mit beeinflußt haben dürfte.

Die stärkeren Jahrgänge aus Vorkriegs- und Kriegsjahren treffen zu Beginn ihrer Erwerbstätigkeit auf eine sowohl durch die Kriegsfolgen einseitig orientierte, wie durch Überalterung verhärtete Situation. Sie haben für diese kein Verständnis, sehen ihre Lebensaussichten geschmälert, stehen vor der Aufgabe, Positionen zu übernehmen, die zuvor von wesentlich Älteren wahrgenommen worden waren: Der Kurswechsel erscheint unvermeidlich.

Die letzten anderthalb Jahrzehnte sind grundsätzlich anders geprägt als die vorhergehenden. Es erscheint nicht unglaubwürdig, hierfür sowohl die Veränderung der Außenwanderung wie die Verschiebungen in der Altersstruktur als Erklärungen mit in Anspruch zu nehmen. Die Siedlungsstrukturen haben sich - in der hier verwendeten groben Einteilung - nicht wesentlich geändert (daß sich die Wanderungstendenzen, die Siedlungspräferenzen gerade in dieser Zeit deutlich geändert haben, müßte bei detaillierterer Betrachtung behandelt werden).

Verlängert man die Entwicklung der Altersstrukturen in die Zukunft hinein, so lassen sich entsprechende Folgerungen für die weitere gesellschaftliche Entwicklung ablesen. Dieses kann hier nicht ausgeführt werden. Es muß die Bemerkung genügen, daß in letzter Zeit immer deutlicher geworden ist, wie gering der Spielraum der Veränderlichkeit für die nächsten fünfzig Jahre ist. Selbst wenn sich in absehbarer Zeit das generative Verhalten grundsätzlich ändern, die Zahl der Geburten relativ erheblich steigen oder weiter fallen würde, könnten sich die Auswirkungen erst in Jahrzehnten bemerkbar machen. Das liegt daran, daß die möglichen Eltern der nächsten Jahre bereits zu den Jahrgängen gehören würden, deren Stärke seit 1964 erheblich zurückgegangen ist.

Es läßt sich daher mit Sicherheit sagen, daß das Klima in Berufswelt und Politik lange Zeit nicht mehr so innovationsfreudig sein wird wie vor einigen Jahren. Die progressive Alterslastigkeit des Bevölkerungsaufbaus wird sowohl die Aufstiegschancen vermindern wie die Erfahrungwerte im Kurs steigen lassen.

## 4. Demografie und Soziologie

In der Interpretation der Zusammenhänge zwischen Bevölkerung und Gesellschaft in der Bundesrepublik der Nachkriegsperioden sah ich mich gezwungen, aus den empirischen Daten unmittelbar zu interpretieren. Das ist kein Zufall. In der Demografie war es bis vor kurzem üblich, Zusammenhänge zwischen einzelnen Variablen zu ermitteln; dieses Verfahren war auch erfolgreich. Es war möglich, die Unterschiede im Bevölkerungsaufbau auf Unterschiede des Einkommens, der Siedlungsstruktur, des Bildungsstandes, der Konfessionsgliederung zurückzuführen.

Ein solches korrelatives Verfahren setzt voraus, daß die Bevölkerungen und die in ihnen manifestierten Verhaltensweisen einheitlich strukturiert sind. Dieses scheint in den letzten Jahrzehnten nicht mehr der Fall zu sein.

Einer derartigen Bevölkerungsanalyse entsprach auch die Erklärungsmodelle der Bevölkerungssoziologie. Sie ging von Vorstellungen wie denen der Modernisierungstheorie oder der struktur-funktionalen Theorie aus. Man sprach vom Übergang aus einer ursprünglich vorindustriellen zu einer industriellen Bevölkerungsweise (MACKENROTH u.v.a.): nur hat sich diese industrielle Bevölkerungsweise nicht eingestellt. Stattdessen überstürzen sich die Entwicklungen: Eben noch schien es um eine allgemeine Durchsetzung des Zweikinder-Familienmodells zu gehen, da wurde bereits die Frage aufgeworfen, warum Paare überhaupt noch Kinder haben wollten. Die neueste Entwicklung ist schon deshalb nicht als Bevölkerungsweise im hergebrachten Sinne zu begreifen, weil sie sich eben durch den Verlust einer Abstimmung zwischen Bevölkerungsvorgang, Wirtschaftsverfassung und Gesellschaftsprozeß auszeichnet.

Der Gedanke einer solchen Abstimmung entspricht dem strukturfunktionalen Gesellschaftsmodell, in dem jede Institution ihren aus dem Gesamtzusammenhang verständlichen Zweck erfüllt. Auch Ehe, Familie und generatives Verhalten verlangen nach einer solchen Erklärung aus dem gesellschaftlichen Zusammenhang. Derartige Erklärungen waren an vielen historischen Beispielen zu liefern; in der Gegenwart versagten sie. Und das aus dem einfachen Grund, weil Familienbildung Privatsache geworden ist. Die Anzahl der Kinder hat keine wirtschaftliche Begründung mehr - es sei denn im negativen Sinne; sie ist auch nicht zur Alterssicherung wichtig, weil diese durch gesamtgesellschaftliche Regelungen ersetzt ist. Es bleibt zwar richtig, daß Paarbildung, Familienzyklus, Anzahl der Kinder in der Familie gesellschaftlich bedingt sind; sie sind aber nicht mehr gesellschaftlich geregelt. Das heißt, daß es - momentan - keine gesellschaftlichen Sanktionen gibt, die Kinder erforderlich scheinen lassen, wohl aber solche, die ihre Betreuung und Erziehung erschweren. Damit ist Bevölkerung zunächst zu einer abhängigen Variablen des Gesellschaftsprozesses geworden; auf längere Sicht wird sie das nicht bleiben, weil die Verminderung der Jahrgangsstärken, schließlich der Bevölkerung insgesamt, die verschiedensten gesellschaftlichen Folgen haben muß.

Es scheint daher bis auf weiteres nicht sinnvoll, mit den bisher üblichen Theoriemodellen und Analysemethoden zu arbeiten. Das generative Verhalten, das letztlich die ausschlaggende Variable des Bevölkerungsvorgangs ist, kann zwar noch aus der gesellschaftlichen Situation gedeutet werden, aber nur nachträglich, weil der Zusammenhang nicht mehr zwingend, sondern nur verständlich ist. Das legt die Verbindung verhaltens- und handlungstheoretischer Konzepte nahe.

Diese allein für sich erklären jedoch nur die einzelnen Fälle, auch in der Masse - aber nur wenn diese sich gleichsinnig verhält. Gerade dies erscheint aber fraglich. Es wird daher notwendig, aufwendigere Hypothesenkonstruktionen zu bilden, die mit Rückkopplungseffekten auf verschiedenen Ebenen arbeiten. Anders gesagt: die gleichen Ursachen können gegenteilige Wirkungen auslösen, je nach ihrem Bedingungszusammenhang. Dabei ist deutlich, daß strukturelle, schichtenspezifische, regionale und gruppen- wie individualspezifische Bedingungen zu unterscheiden und zu verknüpfen sind. Die Hypothesen sind aber auf verschiedenen Aggregationsebenen unterschiedlich zu formulieren, will man nicht ökologische Fehlschlüsse riskieren. Es scheint, als seien in ein derartiges Modell die verschiedenen, bisher unverbunden konkurrierenden Erklärungsteile integrierbar.

Aus solcher Forschungserfahrung lassen sich auch Schlüsse auf den Zustand unserer Gesellschaft ziehen. Sie ist offenbar nicht mehr einheitlich genug strukturiert, um allgemeine Erklärungsmodelle zuzulassen. Vielmehr sind die Verhaltensmuster sowohl biografisch wie durch Mobilitäts- und Bildungsprozesse derart differenziert, überlappen sich in ihren Entwicklungsstadien und regionalen Ausprägungen, verändern sich derart schnell und unregelmäßig, werden von globalen Ereignissen und Veränderungen beeinflußt, daß die in der Soziologie bislang üblichen Erklärungsmodelle versagen. Das kann selbst eine Übergangssituation sein; wir können aber keinen künftigen Zustand erkennen, auf den sie sich zu bewegt. Es könnte aber auch die Form der postindustriellen Gesellschaft sein. Wie dem auch sei: bis auf weiteres wird die Soziologie mit differenzierteren Erklärungsmodellen arbeiten müssen, wenn sie empirisch wertvolle, der Alltagserfahrung genügende und praktisch verwertbare Einsichten erarbeiten will.

Literaturhinweise

Hans-Joachim HOFFMANN-NOWOTNY: Soziologie des Fremdarbeiterproblems, Stuttgart: Enke 1973

Gunther IPSEN: Bevölkerungslehre, Breslau: Hirt (Handwörterbuch des Grenz- und Auslandsdeutschtums I, 425 - 463) 1934

Wolfgang KÖLLMANN: Bevölkerung und Raum in Neuerer und Neuester Zeit, Würzburg: Ploetz 3:1965

Eugen LEMBERG ed.: Die Vertriebenen in Westdeutschland, 3 Bände, 1959

Hans LINDE: Die generative Form spezifischer Bevölkerungen (1950), in: Raum und Gesellschaft, Bremen-Horn: Dorn (Akademie für Raumforschung und Landesplanung, Forschungs- und Sitzungsberichte 1)1952, 25 - 39

August LÖSCH: Bevölkerungswellen und Wechsellagen, Jena 1936

Gerhard MACKENROTH: Bevölkerungslehre, Berlin: Springer 1953

Karl MARX: Das Kapital (1867), Berlin: Dietz (1947) 8:1959

Josef SCHMID: Einführung in die Bevölkerungssoziologie, Reinbek: Rowohlt (studium 98) 1976

Werner SOMBART: Der moderne Kapitalismus (1902), München + Leipzig: Duncker und Humblot 3/1928

Max WEBER: Gesammelte Aufsätze zur Wissenschaftslehre (1922), Tübingen: Mohr (Siebeck) 3:1968 (Zitat 1919 S. 589)

Walter MÜLLER + Karl Ulrich MAYER + Johann HANDL + Angelika WILLMS: Prozesse sozialstrukturellen Wandels am Beispiel der Entwicklung von Qualifikations- und Erwerbsstruktur der Frauen im Deutschen Reich und der Bundesrepublik Deutschland, Beitrag zum 19. Deutschen Soziologentag Berlin 1979, Mannheim: VASMA-Projekt 1979 (Arbeitspapier Nr. 6), 82 p.

Karl SCHWARZ + Wilfried LINKE: Daten zur demographischen Entwicklung 1960 - 1975 - Zusammenstellung ausgewählter Ergebnisse der amtlichen Statistik, Hannover: ARL (Arbeitsmaterial 11/78) 1978, 181 p.

Franz Urban Pappi

# Konstanz und Wandel der Hauptspannungslinien in der Bundesrepublik

Spannungslinien (cleavages) werden als struktureller Dispositionsbegriff aufgefaßt. Damit sind zwei Probleme zu lösen. Es muß einmal die Tiefenstruktur bestimmt werden, die die Spannungen verursacht, und es müssen zweitens, unabhängig von der Tiefenstruktur, Spannungen an der Oberfläche identifizierbar sein.

## Die Identifikation von Spannungslinien

Spannungslinien können in Konflikten aktualisiert werden, müssen es aber nicht. Da sie gleichzeitig nicht direkt aus der Tiefenstruktur abgelesen werden sollen, muß eine Zwischenebene gefunden werden zwischen Verhaltensarten wie Streiks oder Demonstrationen und Postulaten über die Tiefenstruktur wie z.B. über den antagonistischen Charakter des Klassengegensatzes. Mit Hilfe dieser Zwischenebene sollte es möglich sein, die Handlungsbereitschaft in strukturell vorgeformten Situationen zu verstehen. Ob die Handlung dann tatsächlich ausgeführt wird, hängt nicht nur von der Motivation, sondern auch von der Situation ab, in der sich der einzelne befindet. Materielle oder ideelle Interessen, Einstellungen, gesellschaftliche Wertorientierungen, Bedürfnisse sind mögliche Kandidaten für diese notwendige Sinnkomponente, ohne die Spannungslinien, unter den formulierten Bedingungen, nicht identifizierbar sind.

Doch reicht diese Sinnkomponente nicht aus. Es braucht nur an die materiellen Interessen erinnert zu werden, die bei je individueller Nutzenmaximierung über einen Marktmechanismus befriedigt werden können. Dauerhafte Interessenkollisionen bauen sich bei vollständiger Konkurrenz nicht auf, so daß der Preismechanismus auch keine Spannungslinien erzeugt.

Nimmt man die Typologie von kollektiven Entscheidungsmechanismen von Dahl und Lindblom (1953) auf und unterscheidet neben dem Preismechanismus noch den Abstimmungsmechanismus, Verbandsverhandlungen und die Bürokratie, so wird man in der Wahl und in

Gruppenverhandlungen die zwei konfliktträchtigen Kollektiven Enscheidungsmechanismen erkennen. Bei Gruppenverhandlungen treffen die Interessengegensätze offen aufeinander und müssen in einem Kompromiß beigelegt werden. Für diesen Fall können wir den Begriff des Konflikts verwenden, ohne daß die Notwendigkeit bestünde, einen neuen Begriff wie den der Spannungslinien einzuführen.

Als zweite Bedingung für die Identifizierung von Spannungslinien sei die Existenz eines kollektiven Entscheidungsmechanismus postuliert, in dem sich die Interessengegensätze niederschlagen müssen. Der Mechanismus zum Ausdruck von Konfliktpotentialen ist die demokratische Wahl. Mit Hilfe von Wahlen und Abstimmungen soll es möglich sein, Konfliktpotentiale zu entdecken, die sich im offenen Konfliktverhalten nicht oder noch nicht erkennen lassen. Nach unserem ersten Identifikationskriterium genügt als offenes Verhalten nicht irgendein blinder Aktionismus, sondern nur ein sinnhaftes Verhalten, das auf ein kollektives Ziel hin orientiert ist. Der Grenzfall, in dem dieses Ziel in der Abstimmung selbst klar ersichtlich ist, ist ein Referendum. Ein anderer Grenzfall sind funktionale Äquivalente der Wahl wie Demonstrationen zur Durchsetzung konkreter politischer Forderungen.

Der Normalfall einer demokratischen Wahl ist anders gelagert. Es stellen sich Parteien zur Wahl, die für ein ganzes Bündel kollektiver Ziele stehen. Normale Wahlergebnisse können unter Zuhilfenahme von Umfragedaten im Hinblick auf Spannungslinien interpretiert werden. Dabei sei angenommen, daß die Parteien über eine gewisse Programmkontinuität verfügen, so daß sich der ideologische Sinn der Stimmabgabe für eine Partei nach einigen Jahren nicht in sein Gegenteil verkehrt. Obwohl die aktuellen politischen Probleme von Wahl zu Wahl verschieden sind, kann man in etablierten Demokratien doch eine gewisse Stabilität in der Anhängerschaft der Parteien beobachten. Dies hängt einmal mit der ideologischen Konstanz auf der Elitenebene zusammen. Dieses Problem muß hier aber ausgeklammert bleiben. Was im folgenden zu behandeln ist, sind die Tendenzen zu Stabilität und Wandel auf der Wählerebene. Rein habituelles Wahlverhalten wird dabei zwar eine gewisse Rolle spielen. Unter Berücksichtigung unserer eben formulierten ersten Bedingung zur Identifikation von Spannungslinien wird es aber entscheidend darauf ankommen, die mit der Wahlentscheidung für die einzelnen Parteien verknüpften Sinnelemente aufzuspüren. Selbst bei einer gewissen Programmkontinuität der Parteien ist noch nicht gesagt, daß bestimmte Gruppen der Wählerschaft mit der Wahl derselben Partei im Zeitablauf immer dieselben Ziele erreichen wollen.

## Die Erklärung von Spannungslinien

Mit der Auffassung von Spannungslinien als struktureller Dispositionsbegriff wird eine gewisse Dauerhaftigkeit postuliert. Die in eine kollektive Entscheidung eingehenden Sinnelemente ordnen sich in mehreren Abstimmungen zum selben Muster. Stehen als empirische Evidenz nur die Stimmenanteile der Parteien zur Verfügung, wird man für diese Daten über längere Zeiträume relativ stabile Stimmenanteile der einzelnen Parteien erwarten.

Zwei Antworten wurden auf die Frage nach der Tiefenstruktur formuliert, eine amerikanische und eine europäische. Die amerikanische Antwort sieht die Ursachen der Stabilität in der psychischen Bindung der Wähler an die Parteien. Die europäische Antwort kann man mit dem Konzept der politisierten Sozialstruktur umschreiben. Die Ursachen der Stabilität von Parteisystemen und damit von Spannungslinien sind die materiellen und ideellen Interessen von Bevölkerungsgruppen, die zur Vertretung ihrer Interessen eine feste Koalition mit bestimmten Parteien eingegangen sind.

Ideologische Spannungslinien ohne soziale oder organisatorische Abstützung wären ebenfalls denkbar, sind bisher aber nicht für die Wählerschaft in Erwägung gezogen worden. Es findet sich in der Literatur höchstens der Hinweis, daß mit der Bildungsexplosion der letzten Jahrzehnte und mit der Verbreitung der Massenmedien die Voraussetzungen für rein ideologische Gegensätze auch in der Masse der Bevölkerung besser geworden sind. Zusammen mit einer angeblich abnehmenden Bedeutung der Sozialstruktur für die Generierung von Spannungslinien gäbe es so Hinweise auf die in Zukunft wachsende Bedeutung rein ideologischer Gegensätze in der Wählerschaft (vgl. z.B. Inglehart, 1977). Bei der Konkretisierung der Spannungslinien für die Bundesrepublik wird auf diesen Punkt zurückzukommen sein.

Nachdem der amerikanischen Lösung des Problems der Stabilität des Parteiensystems in Europa höchstens ein Teilerfolg beschieden war - es sei hier auf die umfangreiche Literatur zur Übertragbarkeit des Konzepts der Parteiidentifikation erinnert - wollen wir uns auf die sozialen Spannungslinien konzentrieren: Die dauerhaften Konfliktpotentiale, die in der Sozialstruktur verankert sind und bei Wahlen und Abstimmungen ihren Ausdruck finden.

Die entscheidende Frage ist, welche sozialstrukturellen Gruppierungen man als Träger gemeinsamer Interessen einführt. Die Entstehung solcher Gruppierungen kann entweder systematisch aus einer Theorie des sozialen Wandels abgeleitet werden oder man rekurriert auf die historisch in den einzelnen Gesellschaften tatsächlich aufgetretenen und auftretenden Konfliktgruppen. Die systematische und historische Antwort sind nicht ohne weiteres zur Deckung zu bringen. Wird es versucht, wie in der Typologie von Rokkan (1970), so kann zwar eine beeindruckende Rekonstruktion der als Folge der Nationwerdung und Industrialisierung aufgetretenen sozialen Spannungslinien gelingen, aber die Tatsache, daß aus dieser Typologie nichts folgt für die Voraussage der künftigen Entwicklung, macht auf den theoretischen Mangel dieses Ansatzes aufmerksam. Es handelt sich eben doch mehr um eine Typologie als um eine systematische Theorie des sozialen und politischen Wandels.

Zwei systematische Ansätze haben einen Beitrag zur Erklärung von Spannungslinien geleistet: Der marxistische Ansatz und die Theorie der strukturellen Differenzierung von Gesellschaften. Beschränken wir uns beim marxistischen Ansatz auf die Aussagen über die Tendenzen zur Gruppenbildung in der Wählerschaft allgemein, haben wir die Voraussage der zunehmenden Proletarisierung der Bevölkerung infolge der Konzentrationsprozesse des Kapitals zur Kenntnis zu nehmen. Im Laufe dieser Entwicklung wird das Kleinbürgertum aufgerieben und in seiner Mehrheit ins Proletariat absinken. Für die Ebene der Wählerschaft wird also eine zunehmende Homogenisierung vorausgesagt und damit eine Abnahme der Spannung.

Die These der strukturellen Differenzierung moderner Gesellschaften scheint für die Erklärung von Spannungslinien vor allem in den Teilen relevant, in denen Aussagen über die Entwicklung der Berufsstruktur gemacht werden. Ausgehend vom Primat der gesellschaftlichen Arbeitsteilung wird der Wandel der Berufsstruktur als Folge der drei Prozesse sozialen Wandels verstanden, der Industrialisierung, Bürokratisierung und Verwissenschaftlichung. Dem Zuwachs der Arbeiterschaft in der Phase der Industrialisierung folgt der Zuwachs der Büroberufe in der Phase der Bürokratisierung und der Zuwachs an wissenschaftlichen und technischen Fachkräften im Zuge der Verwissenschaftlichung der Arbeit. Was folgt aber aus diesem Wandel der Berufsstruktur für die Politik? Hat jede dieser Gruppen ein eigenes Interessenprofil, das es politisch durchzusetzen gilt? Hier liegt die eigentliche Schwäche dieses Ansatzes, wie man an einer seiner Versionen, der Theorie der post-industriellen Gesellschaft, unschwer erkennen kann. Die Theoretiker des Post-Industrialismus sparen die politische Dimension weitgehend aus, worauf Huntington (1974) hingewiesen hat, und die Empiriker, die diesen Ansatz doch zur Erklärung politischer Veränderungen benutzen, legen zum Teil eine bemerkenswerte Hilflosigkeit an den Tag. Was man mindestens annehmen sollte, ist die Orientierung dieser neuen Berufsgruppen an der eigenen Interessenlage, die auch für das politische Verhalten Folgen haben wird.

Die zunehmende strukturelle Differenzierung moderner Gesellschaften kann noch eine zweite, mehr indirekte Folge für die Spannungslinien haben. Diese Folgen treten dadurch ein, daß zwar die gesellschaftlichen Institutionen sich immer mehr auffächern, daß dieser Entwicklung auf der institutionellen Ebene aber keine Tendenz zur Gruppenbildung in der Bevölkerung mehr folgt. Dadurch wird der Antrieb zur kollektiven Interessenvertretung geschwächt. Die theoretischen Ansätze, die die abnehmende Tendenz zum offenen Klassenkonflikt in spätkapitalistischen Gesellschaften erklären wie die Disparitätsthese von Offe (1972), sind in diesem Zusammenhang relevant. Nicht umsonst behandeln Autoren wie Habermas (1973) in erster Linie Probleme der Systemintegration und nicht der Sozialintegration. Diese Tendenz zur Schwächung der Gruppenbildungsprozesse mag erklären, warum die neu entstehenden Berufsgruppierungen bisher keine große politische Durchschlagskraft bewiesen haben.

Im Gegensatz zur marxistischen Prognose einer politischen Homogenisierung des lohnabhängigen Proletariats bzw. der Arbeitnehmerschaft folgt aus der Postindustrialisierungsthese eine Differenzierung der Berufswelt. Die politischen Folgen dieser Entwicklung treten jedoch hinter den heftigen Auswirkungen der Industrialisierung für die Entstehung sozialer Klassen und von eigenen Arbeiterparteien zurück. Man wird deshalb für die sozialen Spannungslinien in einer Gesellschaft, die Existenz einer Arbeiterpartei vorausgesetzt, eine Dominanz der industriellen vor den post-industriellen Interessenlagen prognostizieren.

Gibt die These der strukturellen Differenzierung und der marxistische Ansatz eine systematische Antwort auf die Frage nach den Bevölkerungsgruppen mit gleicher Interessenlage, kann man die historischen Zufälligkeiten von ethnischen Gruppen, regional konzentrierten Religionsgemeinschaften oder Regionen mit eigener Identität als gesellschaftliche Segmentationen begreifen. Nicht komplementäre Beiträge zum Funktionieren des Gesamtsystems leistend stellen sie tendenziell die Identität der politischen Gemeinschaft in Frage. Wichtig für die politische Durchsetzungsfähigkeit und damit für die sozialen Spannungslinien, die von diesen Bevölkerungsgruppen verursacht werden, ist, daß es sich um Vergemeinschaftungen handelt, die "auf subjektiv gefühlter ... Zusammengehörigkeit der Beteiligten" beruhen (Weber, 1922:21). Sind diese Gruppen einmal politisch mobilisiert worden, steht dahinter die ganze Kraft einer funktionierenden Gemeinschaft und nicht bloß einer Gemeinsamkeit von Interessen, die im Zweifelsfall auch ohne kollektive Verbindung von jedem einzeln in Reaktion auf gleiche Stimuli befriedigt werden können. Die kollektive Identität einer Vergemeinschaftung ist weniger prekär als die einer Vergesellschaftung - als der typischen Gruppierungsformation im Gefolge der strukturellen Differenzierung. Für einmal politisierte Vergemeinschaftungen wird man daher schon allein von der Gruppendynamik her eine dauerhafte Nachwirkung im System der sozialen Spannungslinien einer Gesellschaft erwarten.

Für die Untersuchung von Konstanz und Wandel der Hauptspannungslinien in der Bundesrepublik lassen sich also die folgenden vier aus der theoretischen Diskussion abgeleiteten Erwartungen formulieren:

1. Abnehmende Bedeutung der sozialen Spannungslinien zugunsten der ideologischen.
2. a. Politische Homogenisierung der Arbeitnehmerschaft.
2. b. Politische Differenzierung der Arbeitnehmerschaft.
3. Dominanz der für die Industrialisierung typischen Spannungslinien.
4. Große Bedeutung von einmal politisierten Vergemeinschaftungen.

Diese Erwartungen widersprechen sich zum Teil und können deshalb nicht alle zugleich zutreffen. Es soll im folgenden untersucht werden, welche Hypothesen die Entwicklung der Spannungslinien in der Bundesrepublik erklären können.

## Konstanz der Spannungslinien

Die Hypothesen 3 und 4 können die Konstanz der Spannungslinien erklären. Konkretisiert für die Bundesrepublik würde das bedeuten, daß Katholiken und Arbeiterschaft in ihrem Wahlverhalten sich von der jeweiligen Residualgruppe unterscheiden und daß sie mit ihrem Verhalten nach wie vor einen bestimmten Sinn verbinden und nicht einfach aus Gewohnheit so handeln.

Die normale empirische Basis reicht für Aussagen über soziale Spannungslinien im hier definierten Sinn nicht aus. Diese Basis besteht aus einer Aufgliederung der Wahlentscheidung nach sozialen Gruppen. Eine erste Vermutung der Konstanz von Spannungslinien würde nahegelegt, wenn sich die Zuordnung der sozialen Gruppen zu den Parteien im Zeitablauf nicht geändert hat. Eine Konstanz in dieser Zuordnung ist nicht gleichbedeutend mit der Aussage, daß sich das Kräfteverhältnis zwischen den Parteien nicht verschoben hat. Dieses Kräfteverhältnis kann sich aus Gründen verändert haben, die mit den Spannungslinien nichts zu tun haben. So könnte sich z.B. die Entspannung der außenpolitischen Lage zugunsten einer Partei über alle Bevölkerungsgruppen hinweg gleich auswirken. Die Stimmen für diese Partei würden in allen Gruppen um den gleichen Betrag ansteigen, an den Differenzen der Stimmenanteile zwischen den Gruppen würde sich aber nichts ändern. Ein zweiter Grund für Veränderungen in den Stimmenanteilen der Parteien bei gleichbleibenden Spannungslinien sind Größenveränderungen der sozialen Gruppen. Wenn der Anteil der Arbeiterschaft abnimmt, sollte sich das negativ für eine Arbeiterpartei auswirken. Gäbe es nur solche durch wirtschaftliche Prozesse verursachten Größenveränderungen der einzelnen sozialen Gruppen bei Konstanz der Spannungslinien würde eine demographische Theorie des sozialen Wandels ausreichen.

Das Wahlverhalten der für die traditionellen Spannungslinien zentralen Bevölkerungsgruppen bei Bundestagswahlen ist an vielen Stellen dokumentiert und darf als bekannt vorausgesetzt werden (vgl. z.B. Pappi, 1973;1977). Wenden wir uns zunächst der konfessionellen Spannungslinie zu, so muß deren außerordentliche Stabilität in den letzten 30 Jahren hervorgehoben werden: An dem Unterschied in der CDU-Wahl zwischen Katholiken und Nichtkatholiken hat sich kaum etwas geändert. Angesichts der von niemandem bestrittenen zunehmenden Säkularisierung bereitet dieser Befund vielen Wahlsoziologen gewisse Interpretationsprobleme. Wenn sich der Faktor Religion bei einer Bundestagswahl wieder als wichtig herausgestellt hat, tröstet sich mancher damit, daß dies demnächst ja anders werden müsse. Nur anders wird es nun schon seit 30 Jahren nicht. Wenn wir für die Identifikation einer Spannungslinie das Sinnkriterium weiterhin als wesentlich ansehen, ist es mit dem bisher erwähnten Befund nicht getan. Rein traditionelles Verhalten der Katholiken würde für die Diagnose einer weiter existenten religiösen Spannungslinie nicht ausreichen.

Berücksichtigt man bei der Analyse zusätzlich noch intervenierende Variablen in der Form von gesellschaftlichen Wertorientierungen und der Kirchgangshäufigkeit, so stößt man auf ein Phänomen, das man als die Dynamik der Stabilität bezeichnen kann. Es zeigt sich nämlich, daß die religiöse Spannungslinie nicht zuletzt deshalb stabil bleiben konnte, weil religiöse Einstellungen im Zeitverlauf eher noch wichtiger für die Wahl geworden sind als vorher, und zwar auf Kosten der organisatorischen Bindung der Kirchgangshäufigkeit. Die religiöse Dimension ist für die deutsche Wählerschaft zentral geblieben, geändert hat sich im wesentlichen nur ihr Vorzeichen. Ein Beispiel möge das verdeutlichen. Waren 1953 2/3 der deutschen Wähler für eine Erschwerung der Ehescheidung, so schrumpfte dieser Anteil bis 1976 auf 1/3. Ob aber 2/3 dafür sind und 1/3 dagegen oder 2/3 dagegen und 1/3 dafür, ist für den Grad der Polarisierung auf dieser Dimension unerheblich. Wir können die Einstellung zu solchen Fragen natürlich nicht mit einer Ratio-Skala messen, so daß sich hinter gleich formulierten Antwortkategorien nach 25 Jahren eine andere Bedeutung verstecken mag. Dies ist aber für unser Argument hier unerheblich. Solange es erhebliche Meinungsunterschiede auf dieser Dimension gibt, ist nicht so wichtig, an welcher Stelle der Dimension die aktuelle Auseinandersetzung gerade stattfindet. Eine zunehmende Liberalisierung der Einstellungen im religiösen Bereich wäre so durchaus mit einer weiterhin großen Bedeutung dieser Dimension für die Spannungslinien einer Gesellschaft vereinbar.

Daß die religiöse Dimension nichts an Bedeutung für die deutsche Wählerschaft eingebüßt hat, hängt auch mit der Politik selbst zusammen. Politische Fragen mit religiösem Bezug haben in der deutschen Geschichte in den letzten Jahrzehnten beständig eine gewisse Rolle gespielt. Man braucht hier nur an die Schulfrage, das Problem des Schwangerschaftsabbruchs und an die Scheidungsgesetze zu erinnern. Es war sogar das Vorrecht der sozial-liberalen Koalition, mit einem Teil ihrer inneren Reformen der religiösen Spannungslinie eine Aktualität verschafft zu haben, die frühere CDU-Regierungen nicht erzielt haben. Was man aus diesem Beispiel außerdem lernen kann, ist, daß eine Ideologisierung die alten sozialen Spannungslinien auch verstärken kann. Eine Abnahme der reinen Milieubindung kann durch eine größere Bedeutung einschlägiger Wertorientierungen ausgeglichen werden.

Im Unterschied zur religiösen Spannungslinie zeigte der Klassengegensatz im Wahlverhalten nicht dieselbe Stabilität. Wenn man die einfache Dichotomie Arbeiterklasse gegen Mittelklasse zur Aufgliederung der Wahlentscheidung verwendet, läßt sich sogar nachweisen, daß diese Variable viel von ihrer früheren Voraussagekraft verloren hat. Aus diesem Befund allein aber schon auf eine abnehmende Bedeutung der Sozialstruktur zu schließen, wäre voreilig.

Die Mittelschichten sind schließlich keine sehr homogene Gruppe mit gemeinsamen materiellen Interessen. Man muß kein Marxist sein, um sich klarzumachen, daß die Einstellung von Selbständigen zu wohlfahrtstaatlichen Maßnahmen und zur Steuerpolitik sich von der von Angestellten und Beamten unterscheiden wird, relativ unabhängig vom beruflichen Prestige der jeweiligen Gruppen. Schon mit einer relativ einfachen weiteren Aufteilung der Mittelschichten in Selbständige und in neuen Mittelstand kann man das obige Ergebnis relativieren. Es zeigt sich dann nämlich, daß an den beiden Extremen der Klassendimension, nämlich in der Arbeiterschaft und bei den Selbständigen, die Spannungslinien über die letzten dreißig Jahre hinweg konstant geblieben sind. Es ist sogar eine etwas ausgeprägtere Tendenz der heute Selbständigen zur Wahl der CDU festzustellen als der Selbständigen zu Beginn der fünfziger Jahre. Fassen wir diesen Gegensatz von Arbeiterschaft und Selbständigen als Klassengegensatz auf, könnte man sogar vermuten, daß der Klassengegensatz sich etwas zugespitzt hat. Doch auch diese Interpretation muß mit einschlägigen Einstellungen abgestützt werden. Dabei ist für die Selbständigen zu vermuten, daß sie durch den Schrumpfungsprozess die eher zu einer linken Partei neigenden kleinbürgerlichen Handwerker verloren haben und von ihrer heutigen Interessensituation her eindeutiger auf die konservative Partei angewiesen sind. Wenn sie auf diese Interessen je individuell mit der Wahl der CDU reagieren, würden sie als "Klasse an sich" nicht zu einer Verschärfung dieser Spannungslinie beitragen. Was für diese Interpretation spricht, ist, daß die in einschlägigen Interessenverbänden organisierten Selbständigen sich in ihrem Wahlverhalten nicht von den unorganisierten Selbständigen unterscheiden. In ihrem politischen Verhalten fehlt den Selbständigen weitgehend eine kollektive Identität.

Was sich bei der Zuordnung der Berufsgruppen zu den politischen Parteien geändert hat, ist die Position des neuen Mittelstands. Der neue Mittelstand wechselte überproportional häufig zur SPD über und dieser Unterschied im Wahlverhalten gegenüber den fünfziger Jahren läßt sich auch für die Bundestagswahl 1976 nachweisen, als der Genosse oder Bürger Trend nicht mehr auszumachen war. In Übereinstimmung mit der oben formulierten These 2.a. müssen wir hier zunächst eine politische Homogenisierung der Arbeitnehmerschaft zur Kenntnis nehmen. Doch erst wenn wir sicher sein können, daß der neue Mittelstand aus denselben Gründen die SPD wählt wie die Arbeiterschaft, folgt daraus, daß diese Gruppe in die aus der Industrialisierungsphase herrührende Spannungslinie schließlich und endlich integriert worden ist.

Diese Vermutung läßt sich überprüfen, wenn man einschlägige Wertorientierungen als intervenierende Variable zwischen Beruf und Wahlentscheidung zu mindestens zwei Zeitpunkten einführen kann. Die These von der Proletarisierung des unselbständigen neuen Mittelstandes würde bedeuten, daß sich diese Gruppe ihrer wahren Klassenposition als Proletarier heute besser bewußt ist als vor dreißig Jahren. Eine Folge des erwachten Klassenbewußtseins könnte sein, daß Angehörige der neuen Mittelschichten sich in den letzten Jahren zunehmend gewerkschaftlich organisiert haben und dabei auch eine politische Koalition mit der traditionellen Partei des Proletariats eingegangen sind. Diese Hypothese läßt sich mit Umfragedaten falsifizieren. Es ist nur eine leichte Zunahme der Gewerkschaftsmitgliedschaft unter Angestellten und Beamten zu beobachten, die bei weitem nicht ausreicht, das geänderte Wahlverhalten zu erklären.

Doch selbst wenn die Gewerkschaftsmitgliedschaft nicht der entscheidende intervenierende Mechanismus ist, könnte es trotzdem sein, daß der neue Mittelstand wenigstens seine Einstellung zur Gewerkschaftsbewegung entscheidend geändert hat. Als Trittbrettfahrer der gewerkschaftlichen Lohnpolitik hatten es die Angestellten und Beamten nur nicht nötig, auch den Gewerkschaften beizutreten. Geändert haben sollte sich dann allerdings ihre Einstellung gegenüber den Gewerkschaften mit den entsprechenden Folgen für ihr Wahlverhalten. Doch auch diese Hypothese kann falsifiziert werden. Zwar ist wiederum die Einstellung der Beamten und Angestellten zu den Gewerkschaften etwas positiver geworden, aber dieser kleine Trend reicht ebenso bei weitem nicht aus, um die geänderte Parteipräferenz des neuen Mittelstandes zu erklären. Berücksichtigt man außerdem, daß bei den Arbeitern die

Einstellung zu den Gewerkschaften eine sehr wichtige Einflußgröße auch für ihr Wahlverhalten geblieben ist, wird man die Homogenisierungsthese für die Arbeitnehmerschaft insgesamt eher skeptisch beurteilen. Es ist durchaus möglich, daß der neue Mittelstand aus ganz anderen Gründen die traditionelle Arbeiterpartei wählt als die Arbeiter selbst.

## Neue Spannungslinien durch Wertewandel?

Wenn wir schon nicht alle Proletarier werden, ist die Frage, was dann die Hinwendung des neuen Mittelstands zur SPD erklärt. Bei Durchsicht der wahlsoziologischen Literatur fällt auf, daß sich die These von der "neuen Politik" hier zunehmender Beliebtheit erfreut. Zwar ist die These kein spezieller Ansatz zur Erklärung der Dynamik von berufsbezogenem politischen Verhalten, aber die These läßt sich auch in diesem Zusammenhang einsetzen. Am einflußreichsten ist die Theorie des Wertewandels in postindustriellen Gesellschaften, die von Inglehart (1977) entwickelt worden ist.

Was bedeutet dieser Begriff der "neuen Politik"? Er ist bisher noch relativ vage definiert im Hinblick auf alle die politischen Probleme, auf die die Aufmerksamkeit von der studentischen Bewegung der späten sechziger Jahre gelenkt wurde. In einem neueren Artikel (Hildebrandt und Dalton, 1977) werden die folgenden Einzelprobleme hierunter subsumiert: Lebensqualität, Umweltverschmutzung, Recht auf Schwangerschaftsabbruch und Scheidungsrecht. Eine liberale oder progressive Einstellung zu diesen Fragen sei Ausdruck einer post-materiellen Wertorientierung. Dabei werde der Nachdruck nicht mehr auf die traditionellen Sicherheits- und Unterhaltsbedürfnisse gelegt, sondern auf politische Ziele wie eine weniger unpersönliche Gesellschaft, mehr Mitbestimmung am Arbeitsplatz und in der Politik, Meinungsfreiheit und Lebensqualität. Empirisch haben Hildebrandt und Dalton für die Bundesrepublik nachgewiesen, daß Angehörige der Mittelschichten mit dieser post-materialistischen Orientierung ganz überwiegend SPD-Wähler sind und daß von allen sozialen Schichten Angehörige der neuen Mittelschichten die Vorreiter dieser Bewegung sind.

Bei einer kritischen Beurteilung dieser These vom Entstehen neuer Spannungslinien in post-industriellen Gesellschaften wird man nicht darüber hinwegsehen dürfen, daß bei einem Teil der für diese Bewegung typischen Konflikte altvertraute Probleme mit neuen Vorzeichen angesprochen werden. Einige "issues" der sogenannten neuen Politik sind sehr alte "issues". Das gilt für den Schwangerschaftsabbruch genauso wie für die Scheidungsproblematik, Probleme, die ihre Bedeutung im Rahmen der religiösen Dimension haben.

Verwendet man die Einstellung zum Scheidungsrecht als intervenierende Größe zwischen sozialen Schichten einerseits und Wahlentscheidung andererseits, so läßt sich bei einem Vergleich dieser Daten für die Jahre 1953 und 1976 zeigen, daß die Einstellung zur Ehescheidung die Hinwendung des neuen Mittelstands zur SPD sehr viel besser erklären kann als die Einstellung zu den Gewerkschaften. Dieses empirische Ergebnis widerspricht nicht der eben erwähnten Interpretation, die in den post-materiellen Einstellungen des neuen Mittelstandes die Hauptursache der verstärkten SPD-Wahl sieht. Aber die generelle Interpretation würde doch sehr verschieden sein. Wenn die Spannungslinien in einer Gesellschaft zu mehr taugen sollen als zur Deskription, dann würde man erwarten, daß die traditionellen Spannungslinien die Möglichkeiten für die Entstehung neuer Spannungslinien einschränken. In Gesellschaften mit noch existierenden religiösen Spannungslinien muß daher das alte Parteisystem ein perfekter Mechanismus zur Umsetzung von Liberalisierungsforderungen für den Bereich des persönlichen Lebens sein. Vielleicht ist die Wahlentscheidung des neuen Mittelstandes mehr eine Stimmabgabe gegen die CDU als eine für die SPD. Lediglich die FDP hat sich den Wählern mit derartigen Zielen unzweideutig als positiver Bezugspunkt angeboten.

Nimmt man die traditionellen Spannungslinien in einer Gesellschaft auch als Erklärungsmechanismus für neue Entwicklungen in Anspruch, lassen sich bessere Prognosen über das Verhalten der Eliten ableiten als mit der Behauptung von völligen Neuentwicklungen. Wenn sich nämlich neue politische Probleme mit den Argumenten des alten Spannungssystems verarbeiten lassen, wird die Elite sehr schnell und sensitiv reagieren können. Die alten

Spannungslinien haben ihre Spuren in den Parteiprogrammen und Wahlaufrufen hinterlassen, die politischen Führer brauchen nicht lange zu überlegen, wen sie gegen sich aufbringen, wenn sie eindeutig Stellung beziehen, und der Konflikt läßt sich so schnell beilegen.

Bei neuen politischen Problemen ohne Bezug zu den traditionellen Spannungslinien ist die Reaktionsfähigkeit der Eliten dagegen eingeschränkt. Hier müssen die politischen Führer mehr Energie zur Formulierung eines klaren Standpunkts aufwenden und das Ergebnis der Meinungsbildung ist nicht so gut kalkulierbar. Ein einschlägiges Problem scheint hier die Frage der Atomenergie zu sein. Aus der Logik der Spannungslinien in der Bundesrepublik kann man ableiten, daß der Antiatom-Bewegung kein Erfolg beschieden sein wird. Gerade durch die flexible Reaktion der Parteien auf den Liberalisierungsschub der späten sechziger Jahre ist die breite Koalition gegen das traditionelle Parteiensystem zerbrochen. Das Legitimitätseinverständnis mit dem gegenwärtigen politischen System der Bundesrepublik hat, wenn man Umfrageergebnissen aus den letzten Jahren vertrauen kann, trotz wirtschaftlicher Schwierigkeiten eher zugenommen. Wenn wichtige Gruppen des traditionellen Spannungssystems wie die Gewerkschaften der Kernenergie gegenüber eher positiv eingestellt sind und wenn andererseits das politische System generell bei breiten Bevölkerungsgruppen einen Vertrauensvorschuß besitzt, erscheint es nicht riskant, sich über die Forderungen einer Minderheit hinwegzusetzen.

Was einen in dieser Prognose bestärkt, ist der freischwebende Charakter dieses Protests. Die jugendlichen Protestgruppen rekrutieren sich schwerpunktmäßig aus Bereichen, die nur Durchgangsstadien für eine spätere Karriere sind. Erst wenn bestimmte politische Einstellungen für die kollektive Identität von dauerhaften sozialen Gruppen wichtig geworden sind, ist ein nachhaltiger Einfluß auf die Spannungslinien einer Gesellschaft zu erwarten. Selbst wenn man konzediert, daß in Zukunft rein ideologische Konflikte an Bedeutung gegenüber den sozialen Spannungslinien zunehmen, werden diese Wertgemeinschaften organisatorischer Anknüpfungspunkte bedürfen.

Von den theoretisch abgeleiteten Erwartungen für die Strukturierung von Spannungslinien in der deutschen Gesellschaft hat sich die Dominanz der für die Industrialisierung typischen Spannungslinien und die große Bedeutung des auf einer religiösen Vergemeinschaftung beruhenden Gegensatzes bestätigt. Der im Wahlverhalten erkennbaren Angleichung im Arbeitnehmerlager hat auf der Zwischenebene der Interessen und Wertorientierungen keine Angleichung entsprochen. Offen ist nach wie vor die Frage nach den politischen Konsequenzen der Differenzierung der Berufsstruktur infolge der Bürokratisierung und Verwissenschaftlichung. Daß die Berufsgruppen des neuen Mittelstands die generelle Liberalisierung der Gesellschaft stärker mitgetragen haben als andere soziale Gruppen, heißt noch nicht, daß diese Gruppe als Gruppe einen eigenen politischen Anspruch angemeldet hätte. Eventuell befindet sich hier eine Einbruchstelle für mögliche neue Spannungslinien. So lange gerade der ideologisch aktive Teil dieser neuen Gruppierungen die Fahne des Sozialismus höher hält als es die Arbeiterschaft je getan hat, scheinen Zweifel angebracht, ob damit die Dominanz der für die Phase der Industrialisierung typischen Bevölkerungsgruppen für die Spannungslinien der deutschen Gesellschaft erschüttert werden kann.

## Literatur

Dahl, R.A., und C.E. Lindblom, 1953: Politics, Economics and Welfare.

Habermas, J., 1973: Legitimationsprobleme des Spätkapitalismus.

Hildebradt, K. und R.J. Dalton, 1977: "Die neue Politik." PVS18, S. 230-256.

Huntington, S., 1974: "Postindustrial politics." Comparative Politics 6, S. 163-191.

Inglehart, R., 1977: The Silent Revolution.

Offe, C., 1972: "Politische Herrschaft und Klassenstrukturen." S. 135-164 in Kress/Senghaas, Politikwissenschaft.

Pappi, F.U., 1973: "Parteiensystem und Sozialstruktur in der Bundesrepublik." PVS 14, S. 191-213.

Pappi, F.U., 1977: "Sozialstruktur, Wertorientierungen und Wahlabsicht." PVS 18, S. 195-229.

Rokkan, S., 1970: Citizens, Elections, Parties.

Weber, M., 1922: Wirtschaft und Gesellschaft.

Paul J. Müller
Wolfgang Bick

# Die Bedeutung des Institutionengeflechts und intermediärer Instanzen für den Alltag

## I. Problemstellung

Die Arbeitsweise von Verwaltungen war bislang ein zentrales Thema nicht nur in der Verwaltungssoziologie, sondern auch in der Makrosoziologie.[1)] Hierbei konzentrierte man sich jedoch meistens auf die Untersuchung einzelner Organisationen, Instanzenzüge oder Institutionenbereiche. Die Ebene der Institutionen wurde jedoch selten als ein Geflecht von Institutionen begriffen.[2)] Daher blieb auch unklar, welche Beziehungen zwischen dem gesamten Geflecht formal verfaßter Institutionen und dem nicht formal verfaßten Teil der Gesellschaft bestehen. Die Ebenen des Sozialsystems - Institutionen einerseits, Alltag andererseits - können zueinander in einem Verhältnis der gegenseitigen Abhängigkeit stehen. Sie können aber auch indifferent zueinander sein, nebeneinander koexistieren, ohne daß die Auswirkungen auf die andere Systemebene vorab in Rechnung gestellt werden.[3)] Wenn Systemebenen zueinander indifferent sind, aber miteinander interagieren müssen, entstehen Spannungen an den Schnittstellen, die Folge ihrer Autonomie sind.[4)]

Das Verhältnis des Netzwerkes des standardisiert arbeitenden Verwaltungsvollzuges zu der Bevölkerung läßt sich durch Indifferenz kennzeichnen. Indifferenz in diesem speziellen Verhältnis zwischen dem Behördennetzwerk und dem Alltag ist Folge davon, daß es für diese Behörden keine Möglichkeit gibt, auf die jeweiligen Besonderheiten des Einzelfalles einzugehen. Die Bearbeitung von Einzelaspekten individueller Probleme erfolgt durch vorgegebene Lösungsschemata, die die individuellen Problemdefinitionen nicht in Betracht ziehen können.[5)]

Darüber hinaus erfolgt die Verteilung der Aufgaben auf Elemente des Institutionengeflechts nach verwaltungsinternen Erwägungen. In der historischen Entwicklung des Netzwerkes von Institutionen sind Vorentscheidungen wichtiger gewesen als eine systematische Politik der Zuordnung neuer Funktionen zu bestehenden Strukturen. Lokale Institutionengeflechte sind mehr über Zeit gewachsen als gestaltet worden.[6)]
Die einzelnen Elemente des Netzwerkes von Institutionen haben nur begrenzte Kenntnisse über die Tätigkeiten der Verwaltungseinheiten, die nicht zu ihren unmittelbaren Ansprechspartnern gehören. Charakteristisch für das Institutionengeflecht ist, daß keine Einheit existiert, die - sozusagen aus der Vogelperspektive - das gesamte Beziehungsgeflecht übersieht.[7)] Damit geht einher, daß die einzelnen Stellen keine Kenntnis über ihr Zusammenwirken haben. Die kombinierten Auswirkungen des gesamten Institutionengeflechtes auf den Alltag sind für Institutionen selbst nicht sichtbar, noch von Interesse, ein weiterer Indikator für die Indifferenz der Ebene der Institutionen gegenüber dem Alltag.

Indifferenz verbunden mit der Notwendigkeit, miteinander zu interagieren, führt dazu, daß die Systemebenen Anforderungen aneinander stellen, die die jeweilige Fähigkeit des anderen, diese Anforderungen zu erfüllen, nicht in Rechnung stellen. Hier soll der Charakter der Anforderungen thematisiert werden, die das Netzwerk von Behörden an den Alltag stellt. Die Perspektive der Überwälzungen von Anforderungen aufden Alltag, die dieser erfüllen muß,um mit einem Geflecht von Institutionen adäquat umgehen zu können, bedeutet eine Ergänzung derjenigen Schauweise, die in der heutigen Wirkungs- und Implementationsforschung, aber auch in weiten Teilen der Organisationssoziologie dominant ist. Dort wird vornehmlich die Abhängigkeit der Institutionen von ihren Umwelten betont, und Prozesse werden jeweils aus der Perspektive einzelner Organisationen gesehen. Die Implementions- und Wirkungsforschung interessiert sich für die Frage, ob einzelne staatliche Maßnahmen ihre Ziele erreichen.[8)] Wenn Maßnahmen "nicht greifen", so wird dies zur Notwendigkeit umgedeutet, daß die Instrumente staatlicher Intervention verändert werden müssen. Die Bestimmung der kombinierten Wirkung der Tätigkeiten eines Netzwerkes von Organisationen existiert bisher nur in vereinzelten Ansätzen. [9)]

In der Organisationssoziologie wird vornehmlich die Abhängigkeit einzelner Organisationen von ihren Umwelten betont. Sie thematisiert damit die Anforderungen, die andere Organisationen an die jeweils untersuchte Organisation stellen, nicht jedoch die Anforderungen, die Organisationen als Voraussetzung für die Interaktionsaufnahme an ihre Publika stellen. [10)]
Die hier vorgeschlagene Perspektive ist deshalb dadurch gekennzeichnet, daß
- nicht nur einzelne Institutionen untersucht werden, sondern das gesamte Geflecht und
- die Anforderungen untersucht werden, die ein solches Geflecht an den Alltag stellt.

In einem arbeitsteiligen Institutionengeflecht, welches seine jeweiligen Klienten segmenthaft zergliedert, entsteht ein Integrationsbedarf, der von Behörden nicht selbst geleistet wird, sondern auf den Alltag abgewälzt wird. Der Bedarf an Integration drückt sich darin aus, daß oftmals verschiedene Stellen für die Behandlung von Einzelfällen "miteinander verbunden" werden müssen. Es wird zu zeigen sein, daß dies heute vornehmlich durch den Bürger vorgenommen wird, der durch sein Tätigwerden die Arbeitsteilung des Institutionengeflechtes koordiniert.

Bürokratische Institutionen zergliedern den Alltag und erfassen ihn dann höchst selektiv. [11)] Zusammenhänge, die im Alltag wirksam sind, müssen in das ausschnitthafte Interesse von Behörden übersetzt bzw. transformiert werden. In einem Netzwerk von Behörden des Verwaltungsvollzugs vervielfachen sich die Anforderungen an Klienten, diese Übersetzungsleistungen jeweils spezifisch zu erbringen. Für die routinisierte Bearbeitung von Fällen in einem arbeitsteiligen Institutionengeflecht stellen Behörden die Anforderung an den Klienten, seine individuellen Probleme vorab aufzubereiten und zu übersetzen. Diese Anforderungen umfassen sowohl die Vorlösung durch Problemaufteilung als auch die Transformation von individuellen Problemdefinitionen in administrativ behandelbare Sachverhalte.[12)]

Diese Überwälzung von Integrations- und Übersetzungsbedarfen auf die Bevölkerung ist bisher kaum Gegenstand der Soziologie geworden.[13)] In den neueren Untersuchungen über das Verhältnis zwischen einzelnen Verwaltungen und Bürger - meist unter sozialpolitischen Zielsetzungen - wurde empirisch ermittelt, welche Konsequenzen sich aus der insuffizienten Anpassungsfähigkeit des Alltags an die gestiegenen Anforderungen für das Institutionengeflecht selbst ergeben. Insbesondere unter der Perspektive, Verwaltungen "bürgerfreundlicher" zu machen, gewinnen dann organisationsinterne Maßnahmen einen bedeutenden Stellenwert. Dies wird selbst wieder begründet mit der geringen Möglichkeit, individuelle Handlungskompetenz zu erhöhen. In dieser Perspektive verengt sich die Betrachtung der aus der Indifferenz resultierenden Anforderungen an Klientenschaften auf das Konstatieren einer unlösbaren Situation - eines Dilemmas - und der Annahme, daß die auftretenden Konflikte allein durch die Institutionen oder den Alltag gelöst werden müssen.[14)]

Hier wird jedoch vorgeschlagen, solche Überwälzungsversuche auch in ihrem Auslösen von strukturellen Veränderungen zu deuten. Abschiebung von Komplexität auf den Alltag bedeutet nicht immer, daß diese Überwälzung auch dort angenommen werden muß. Neben der Komplizierung des Umgangs mit einem Institutionengeflecht sind "Gegenreaktionen" auf die Abschiebung ehemals verwaltungsinterner Komplexität zu erwarten, die die neuen Anforderungen an Integrations- und Übersetzungsleistungen auffangen. Zum zentralen Problem wird damit die Frage, inwieweit Komplexitätsveränderungen auf einer Systemebene - verstanden als Aktion - zu Differenzierungsprozessen auf anderen Systemebenen - als Reaktion - führen.[15)]

Diese Fragestellung stellt darauf ab, inwieweit der Versuch der Überwälzung von Integrations- und Übersetzungsfunktionen Ausdifferenzierungen induziert. Hiermit ist die Ausbildung von intermediären Instanzen gemeint, die für den Alltag die gestiegenen Anforderungen erfüllen können.[16] Unter intermediären Instanzen sollen hier all die Beratungs- und Vermittlungseinheiten verstanden werden, die Behörden zuarbeiten, sich also symbiotisch zum Institutionengeflecht verhalten. In ihren Vermittlungsleistungen erfüllen sie Relaisfunktionen und koordinieren dort, wo Verwaltungen dies nicht tun. Vermittlung kann aber auch bedeuten, daß für andere Leute Behördendinge erledigt werden. Die Beratungsfunktionen umfassen die Vorbereitung auf Verwaltungskontakte: Intermediäre Instanzen füllen Formulare aus und geben Empfehlungen für richtiges Verhalten im Kontakt mit Behörden.

Die Funktionen der Beratung und Vermittlung werden von einem äußerst heterogenen Satz von Akteuren - zum Teil unfreiwillig - erfüllt. Die freien Wohlfahrtsverbände, Vereinigungen aller Art, wie Lohnsteuervereine, Selbsthilfegruppen, aber auch spezielle Berufe - wie Rentenberater, Rechtsanwalt, Steuerberater, Sozialberater - nehmen diese Aufgaben wahr.[17] Auch die Verwaltungen entwickeln aus sich heraus "vorgeschobene Posten", wie Sozialarbeiter und Bürger-Beratungsstellen. Schließlich befinden sich in den interpersonalen Netzwerken des Freundes-, Verwandten- und Bekanntenkreises spezialisierte Personen, auf die der Bürger zur Vorbereitung von Verwaltungsangelegenheiten zurückgreift.[18]

Durch die Zwischenschaltung von intermediären Instanzen wird die gedankliche Dichotomie zwischen Institutionengeflecht einerseits und Alltag andererseits aufgehoben. Das Verhältnis zwischen dem Geflecht der Behörden und der Bevölkerung kann aber auch nur unter Berücksichtigung intermediärer Instanzen zureichend verstanden werden. In einem Drei-Ebenen-Modell läßt sich die Beziehung zwischen Systemebenen nun komplexer beschreiben. Intermediäre Instanzen stehen zum Institutionengeflecht in einem symbiotischen Verhältnis. Sie sind aufeinander angewiesen: das Behördennetzwerk auf die Funktionsfähigkeit der zwischengelagerten Beratungs- und Vermittlungstätigkeit intermediärer Instanzen, die intermediären Instanzen auf die Komplizierung bürokratischer Routinen, die vom Alltag nicht mehr verstanden werden können. Intermediäre Instanzen stabilisieren somit die Indifferenz zwischen Institutionen und Alltag dadurch, daß sie die Beziehungen zwischen diesen Systemebenen noch vermittelter werden lassen. Ihre Zuarbeiterfunktion mindert Spannungen und ermöglicht so oftmals auch, daß eine weitere Komplizierung des Netzwerkes bürokratischer Organisationen erst möglich wird.

## II. Die Überwälzung von Integrationsfunktionen auf den Alltag

Die Auslagerung von Integrations- und Übersetzungsfunktionen war ein Gegenstand einer empirischen Untersuchung, die die Anforderungen analysierte, die ein Behördengeflecht an die Bevölkerung stellt.[19)] Diese Untersuchungen wurden am Beispiel von lokalen Behördennetzwerken in zwei Großstädten durchgeführt. Lokale Behördengeflechte umfassen ein weites Spektrum spezialisierter Tätigkeiten, von der Ausstellung verschiedenster Lizenzen oder Berechtigungen im Rechts-, Sicherheits- und Ordnungswesen über die Aufgaben der Daseinsfür- und -vorsorge der Sozial- und Gesundheitsverwaltungen bis hin zur Versorgung mit infrastrukturellen Einrichtungen, seien es Schul- und Kulturbetriebe oder Entsorgungseinrichtungen.

In einer Analyse der institutionellen Differenzierung eines lokalen Behördengeflechts seit dem späten 19. Jahrhundert konnte nachgewiesen werden, wie mit der Funktionsvermehrung auch eine Multiplizierung der Netzwerkelemente verbunden war.[20)] Von den kriegsbedingten "Hochkonjunkturen" für die Gründung neuer Institutionen und der Auflösung von kommunalen Ämtern zu Beginn des Dritten Reiches einmal abgesehen, hat sich in den letzten 80 Jahren die Zahl ausdifferenzierter Stellen kontinuierlich gesteigert. Für den Alltag hat sich hierbei das Institutionengeflecht immer weiter kompliziert. (Siehe Schaubild 1)

Schaubild 1: Institutionelle Differenzierung einer Stadtverwaltung, Köln 1900 - 1970, Basis:1900

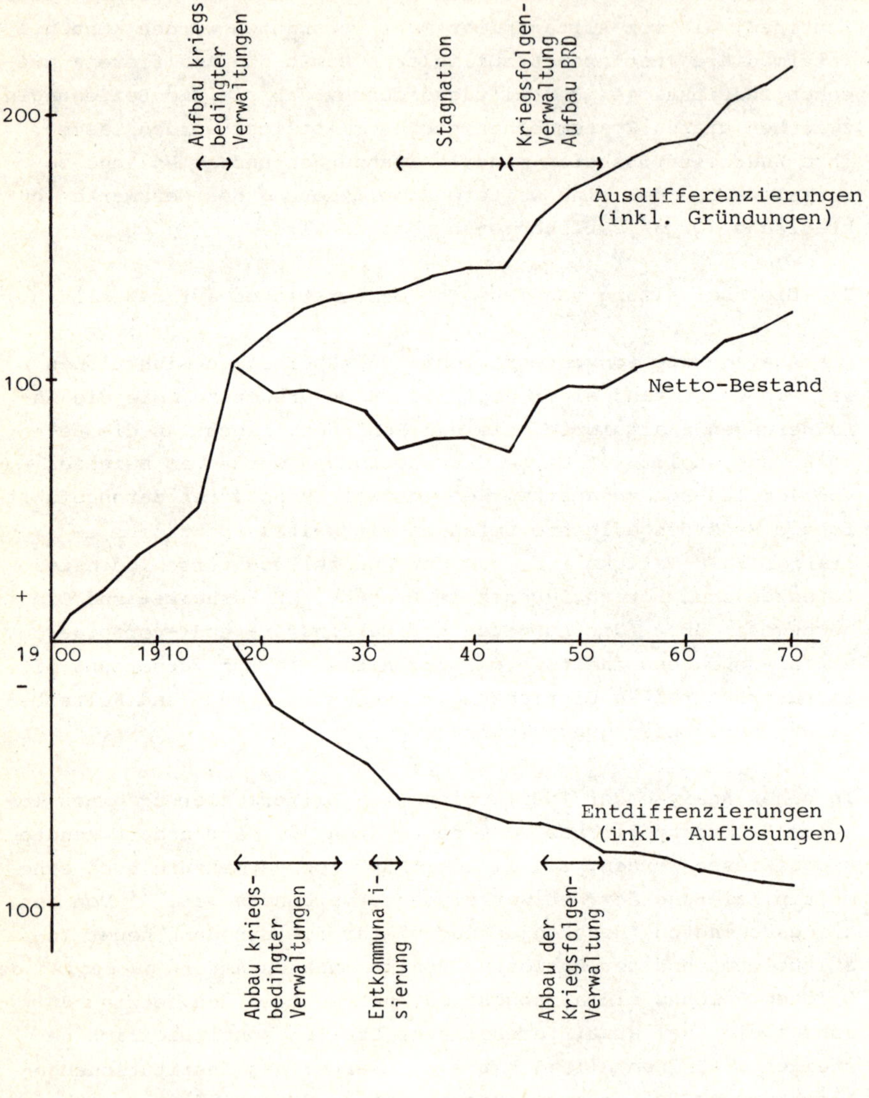

Diese Komplizierung ist aber nicht nur allein und nicht in erster Linie Konsequenz des kontinuierlich wachsenden Bestandes an Institutionen, sondern sehr stark auch als Folge des ständigen Auf- und Abbaus von Einheiten des städtischen Institutionengeflechts zu verstehen. Das Institutionengeflecht hat sich über Zeit durch Aus- und Entdifferenzierungsprozesse in seiner Komposition ständig verändert.

In einem solchen arbeitsteilig organisierten und komplizierter gewordenen Institutionengeflecht entstehen Integrationsbedarfe. Der Charakter dieser Integrationsbedarfe konnte durch eine Netzwerkanalyse der alltäglichen Interaktionsbeziehungen zwischen allen 64 Ämtern einer Stadtverwaltung bestimmt werden.[21] Unmittelbar einsichtig ist, daß das städtische Behördensystem durch die "Konzentration der sachlichen Betriebsmittel"[22] vertikal integriert wird. Neben dieser Integration des gesamten Behördengeflechts durch eine zentrale Verwaltung von Ressourcen ist eine bereichsspezifische Integration durch politische Kontrolle feststellbar, die im wesentlichen durch Dezernenten wahrgenommen wird.

Unter der Perspektive der Auslagerung von Integrationsfunktionen, also der Externalisierung von Kosten auf die Bevölkerung, sind jedoch die horizontalen Kooperationsbeziehungen zwischen den Netzwerkelementen, die auf das städtische Sozialsystem direkt einwirken, bedeutsamer. Kooperationsbedarfe von Institutionen sind zunächst einmal abhängig davon, ob sie sich anonymen Nutzern der von ihnen angebotenen Leistungen gegenübersehen oder ein segmenthaftes Teilinteresse an namentlich festgemachten Objekten haben. Kultureinrichtungen haben anonyme Kunden, ihre Leistungserbringung wird nicht durch Kooperationsbeziehungen zwischen Ämtern koordiniert, sondern sie stellen sich einem, wenn auch stark subventionierten Markt. Dadurch können sie relativ isoliert nebeneinander arbeiten, ohne ihre Leistungen direkt aufeinander zu beziehen. (Siehe Schaubild 2)

Schaubild 2: Das Netzwerk städtischer Dienststellen, Nürnberg 1970

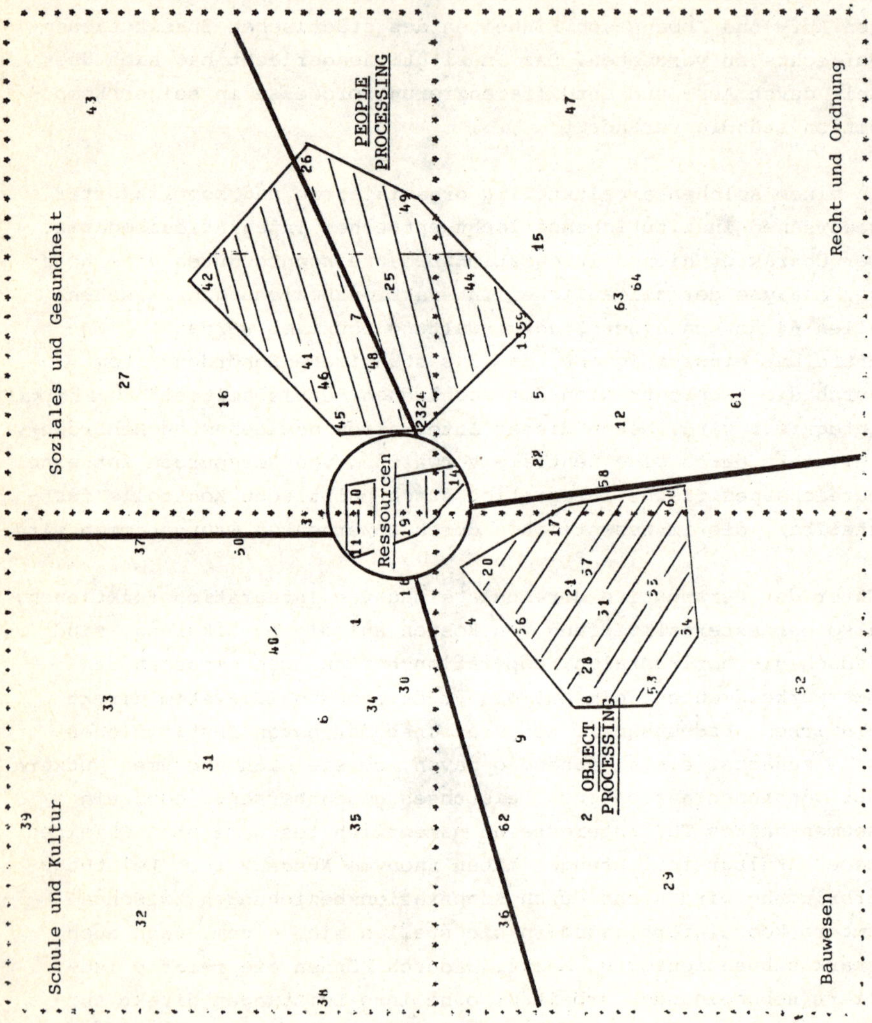


Allgemeine Struktur des Netzes: Smallest Space Analysis der schriftlichen Kommunikationsbeziehungen, MINICPA, row solution, stress $\hat{d}$=.189. Die Bereiche kooperierender Ämter wurden durch eine Netzwerkanalyse (N-Clique-Konzept) ermittelt.

Bei den Ämtern, die ein ausschnitthaftes Interesse an namentlich festgemachten Objekten ihrer Umwelt haben, begründet die Zergliederung gleichzeitig die Notwendigkeit, die Einzelteile zusammenzufügen. In der Tat konnte durch die Netzwerkanalyse ermittelt werden, daß solche Verwaltungen miteinander kooperieren. Ein lokales Behördengeflecht zerlegt zwei Arten von Objekten in ihrer Umwelt: Personen oder Sachen.
Diejenigen Institutionen, die sich jeweils segmenthaft für Einzelaspekte von Individuen interessieren, bezeichnen wir im folgenden als "Verwaltung individueller Lebenslagen", diejenigen, die mit physischen Objekten befaßt sind, als Bauverwaltung.

Für die Bauverwaltung ist es typisch, physische Objekte unter verschiedensten Einzelperspektiven zu betrachten. Ein einziges Objekt ist gleichzeitig ein Eintrag ins Kataster, Gegenstand des Grundbuches, ein Objekt von unterschiedlicher Bauhöhe, unterliegt baupolizeilichen Vorschriften und ist Teil der Stadtplanung. Es ist unmittelbar einsichtig, daß diese unterschiedlichen Betrachtungsweisen eines gleichen Objektes im Verwaltungsvollzug dazu führen, daß Ämter sich ins Benehmen setzen müssen.

Für die Verwaltung von individuellen Lebenslagen führt ebenfalls die jeweils nur aspekthafte Behandlung von Teilproblemen zur Notwendigkeit der Absprache mit anderen Institutionen. Klienten sind gleichzeitig berechtigt, von verschiedenen Stellen "bearbeitet" zu werden; verschiedene Leistungen werden gegeneinander an- und aufgerechnet; Verwaltungen stellen untereinander Berechtigungen für den Bezug von anderen Leistungen aus.

Aus der Verschachtelung von administrativen Entscheidungsprogrammen ergeben sich Kooperationsnotwendigkeiten. Dennoch werden in beiden Bereichen - der Objektverwaltung und der Verwaltung von Personen - die Koordinationsleistungen höchst differentiell auf die Klientele überwälzt. In der Bauverwaltung ist durchgängig noch vorfindbar, daß die Koordination durch verwaltungsinterne, sequentiell organisierte Kooperationen geleistet wird. Die gesamte Bearbeitung von Objekten geschieht durch verwaltungsinternen "Rundlauf".

Charakteristisch für die Personenverwaltung ist jedoch, daß der Koordinationsbedarf nur zum geringen Teil verwaltungsintern erfüllt wird. Es hat sich hier ein kompliziertes System der Auslagerung entwickelt, das auf Bescheinigungen zurückgreift, die die direkten interorganisationellen Beziehungen auf ein Minimum reduzieren und den Klienten die Aufgabe übertragen, die einzelnen Stellen zu "verbinden". Diese Behörden bilden hier nur bedingt ein unmittelbares interorganisationelles System, vielmehr werden sie erst durch Einschaltung von Klienten zu einem stark verflochtenen Netzwerk. Die Folgen der Spezialisierung von Behörden werden somit auf den Klienten abgewälzt: Vorgänge, die für ihn eine Einheit darstellen, muß er selbst durch das Ansprechen verschiedenster Behörden wieder zusammenführen.

Die standardisierten Anträge, die Klienten an Behörden stellen, erfassen über persönliche Angaben des Antragstellers und seiner Primärumwelten hinaus auch Daten über Klientenschaften bei anderen Ämtern. In dieser Weise werden multiple Klientenschaften einzelnen Behörden sichtbar und können zu entsprechenden Querverbindungen zwischen Behörden führen. Dies wird jedoch zumeist durch "Botengänge" der Bürger zwischen Behörden erledigt, die Bescheinigungen zwischen Ämtern transportieren müssen.

Dadurch, daß für die Produktion von Verwaltungsentscheidungen Bescheinigungen anderer Ämter als Input beigeschafft werden müssen, ergeben sich für Behörden unsichtbare Verlängerungen der vom Bürger aus gesehenen "Bearbeitungszeiträume". Bis ein Antrag an eine standardisiert arbeitende Verwaltung komplettiert ist, vergehen oftmals mehrere Wochen.

Die Überwälzung der Verknüpfungsfunktion ist jedoch nicht nur auf einzelne Vorgänge beschränkt, sondern gilt auch über Zeit. Bürokratische Organisationen stellen Bescheinigungen zur Vorlage bei anderen Behörden oder zur späteren Wiedervorlage aus. Dies hat inzwischen zur Ausbildung einer "privaten Aktenführung" im Alltag geführt. Nach Ergebnissen, die für die Bundesrepublik repräsentativ sind, können sich Behörden generell darauf verlassen, daß ihre Bescheide über längere Zeiträume beim Bürger zwischengelagert werden.

Die Überwälzung von Integrationsfunktionen findet somit vornehmlich bei den Verwaltungsstellen statt, die jeweils ausschnitthaft an ihren Klienten interessiert sind. Folge dieser Überwälzung ist, daß die Anforderungen, Institutionen zu koordinieren, auf unterschiedliche Handlungsfähigkeiten stoßen. Die Kenntnisse über die reale Arbeitsteilung im Institutionengeflecht sind ungleich verteilt. Oftmals muß man sich durch Institutionen "durchfragen". Gerade derjenige Verwaltungsbereich, der als Teil der Sozialpolitik Ungleichheiten abbauen soll, vergrößert somit die Bedeutung von Bildungsunterschieden.

Intermediäre Instanzen können hier nur begrenzt ausgleichend wirken. Nach empirischen Befunden leisten intermediäre Instanzen zwar wichtige Relaisfunktionen, indem sie ihren Klienten den Weg zu den richtigen Institutionen zeigen. In einem geringen Maße übernehmen sie sogar die Aufgabe, Verwaltungsangelegenheiten stellvertretend für andere zu erledigen. Dennoch ist eine differentielle Nutzung intermediärer Instanzen vorherrschend, so daß die am wenigsten Bedürftigen der Bedürftigen hier strukturelle Vorteile haben. Neben der unterschiedlichen Erreichbarkeit von intermediären Instanzen für verschiedene Bevölkerungsgruppen ist festgestellt worden, daß die Anbindung von Individuen an spezialisierte Personen durch Freundschafts- oder Verwandtschaftsbeziehungen und Bekanntschaften ebenfalls für Personen in höheren Soziallagen größer ist.[23)] Dies hat zur Folge, daß intermediäre Instanzen die Integrationsleistungen überproportional für Personen erbringen, die zumindestens den Weg zu ihnen finden können.

III. Die Überwälzung der Übersetzungsfunktionen auf den Alltag

Bekannterweise zergliedern bürokratische Organisationen ihre Objektbereiche und machen sie durch Ausgrenzungen leichter handhabbar. Dies hat natürlich zur Folge, daß Probleme, die die vorgegebenen Lösungen sprengen, auf das Bearbeitbare reduziert werden müssen. In einem Institutionengeflecht bedeutet dies, daß Probleme durch Problemaufteilung vorgelöst werden müssen. Diesen Vorgang der Reduktion individueller Probleme auf administrativ behandelbare Segmente und die Vorlösung durch Problemaufteilung bezeichnen wir als die Übersetzung privater Probleme in administrativ vorgegebene Raster. Diese Übersetzung ist aber oftmals keine neutrale Übersetzung von Alltagskategorien in Kategorien von Behörden, sondern bedeutet eine Transformation.[24)]

Für hochgradig routinisierte und standardisiert arbeitende Verwaltungen ist heute kennzeichnend, daß sie die Übersetzung auf ihre Klienten abwälzen. Was ehemals in Behörden selbst getan wurde, muß nun oftmals als Voraussetzung der Interaktionsaufnahme vorweg geleistet werden. Die Erfassung von Informationen über Klienten wird vorzugsweise außerhalb der Behörde durchgeführt, sicherlich auch Folge der gestiegenen Klientenzahlen moderner Leistungsverwaltungen.

Die Überwälzung der Übersetzungsfunktion auf die Klienten geschieht durch die Ausgabe von Formularen und Vordrucken, in denen vorab aus- und abgegrenzt wird, was für Behörden relevant ist. Behörden setzen damit voraus, daß die Klienten in der Lage sind, ihre Sichtweisen zu übernehmen. Die Ausgabe eines standardisierten Erfassungsschemas für behördlich relevante Informationen ist deshalb gleichbedeutend mit der Oktroyierung der eigenen Selektionskriterien auf die Klienten. Die Abschiebung von früher intern geleisteten Erfassungsaufgaben auf Klientele wird besonders deutlich dann, wenn solche Formulare EDV-gerecht ausgefüllt werden sollen und somit ehemals interne Weiterverarbeitungsschritte "außer Haus" erledigt werden sollen.

Natürlich bedeutet eine solche Auslagerung von Informationserfassungsprozessen auch eine differentielle Belastung unterschiedlicher Klientengruppen, ist doch für die Mehrheit der Bevölkerung auch im Kontakt mit Behörden das Erzählen eines Sachverhaltes die bevorzugte Kommunikationsform, nicht jedoch das Prinzip der Schriftlichkeit. Die Ausgabe von Formularen ist eine Art der Informationserfassung, die von Personen mit hoher Schulbildung präferiert wird, insgesamt aber ein Verfahren, das auf die Bedürfnisse von Beamten abgestellt ist. (Siehe Tabelle 1)

Tabelle 1

Frage: Wenn Sie mit Ämtern zu tun haben, was ist Ihnen dann lieber: Ein entsprechendes Formular auszufüllen oder dem Angestellten im Amt den Sachverhalt zu erzählen ?

| | Ein entsprechendes Formular auszufüllen | Sachverhalt erzählen | Egal | KA |
|---|---|---|---|---|
| Gesamtbevölkerung (N = 1964) | 3o % | 42 % | 27 % | 1 % |
| Schulbildung | | | | |
| Volksschule ohne Lehre | 22 % | 52 % | 24 % | 2 % |
| Volksschule mit Lehre | 32 % | 41 % | 27 % | 1 % |
| Weiterführende Schule | 35 % | 34 % | 29 % | 1 % |
| Abitur/Studium | 36 % | 37 % | 26 % | 1 % |
| Beruf des Befragten | | | | |
| Selbständige/ Freie Berufe | 39 % | 36 % | 23 % | 1 % |
| Höhere Beamte + Angestellte | 5o % | 19 % | 29 % | 2 % |
| Sonstige Beamte und Angestellte | 37 % | 36 % | 27 % | 1 % |
| Arbeiter | 28 % | 43 % | 28 % | 1 % |
| Nicht berufstätig | 26 % | 46 % | 27 % | 1 % |

IFAK, Wohnbevölkerung BRD, Dezember 1977

Die Externalisierung der Informationsaufnahme in den Alltag gelingt nur zum Teil und ist abhängig von der Fähigkeit des Klientels, sich in Verwaltungen hineinzuversetzen und mit Schriftlichem umgehen zu können. Dies konnte in einer mehrere Verwaltungsaufgaben vergleichenden Untersuchung ermittelt werden.

Zusätzlich bestimmen verwaltungsinterne Ausdifferenzierungen den Grad, zu dem Übersetzungsfunktionen auf die Klienten ausgelagert werden. "Vorgeschobene Posten" - wie der Sozialarbeiter -,[25] aber auch das der eigentlichen Antragstellung vorgelagerte Vorgespräch haben die Funktion, die Übersetzung von Alltagsproblemen in administrativ behandelbare Fälle innerhalb der Behörde selbst zu leisten. Für Verwaltungsaufgaben mit hohen Fallzahlen ist jedoch typisch, daß die Antragsbearbeitung heute von der Antragsannahme getrennt ist und sich somit vom Klienten zurückgezogen hat. Diese Abkapselung vom Klienten hat zur Folge, daß die Übersetzung nicht mehr interaktiv mit dem erfolgt, der über Fälle entscheidet. Wenn aber Fälle standardmäßig "nach Aktenlage" entschieden werden, bedeutet dies, daß die Übersetzung vorab geschehen muß. Da die Stellen, die Anträge annehmen, diese meist nur auf formale Vollständigkeit durchsehen, muß die Übersetzung durch den Klienten selbst geleistet werden.

Solche Öffnungs- und Abschottungsstrategien durch Einheiten des Institutionengeflechts haben in Verbindung mit der unterschiedlichen Kompetenz der Klienten zur Folge, daß die Übersetzungsfunktionen ungleich erfolgreich abgewälzt werden können. Allein durch die Verschiebung der Grenzen zwischen Verwaltungseinheiten und ihren Umwelten wird ein unterschiedlich hoher Übersetzungsbedarf begründet. Die "Verschiebung von Personal" in die Umwelt - besonders ausgeprägt in der Sozial- und Jugendverwaltung sowie der Krankenkasse - verhindert das Einbringen abzulehnender Anträge. Der Rückzug durch Binnendifferenzierung - besonders ausgeprägt in der Arbeitsverwaltung - führt jedoch zu einer größeren Belastung der Institutionen mit unzureichend übersetzten Problemlagen. (siehe <u>Tabelle 2</u>)

Tabelle 2

| | Prozentsatz der Verwaltungsaufgaben, die 0 - 1 % | 2% - 8% | 9% - 45% der eingereichten Anträge ablehnen | N |
|---|---|---|---|---|
| Sozialverwaltung | 29 % | 32 % | 39 % | 31 |
| Jugendverwaltung | 56 % | 11 % | 33 % | 9 |
| Krankenkasse | 50 % | 20 % | 30 % | 10 |
| Arbeitsverwaltung | 0 % | 46 % | 54 % | 11 |

Die Ergebnisse empirischer Forschungen haben gezeigt, daß intermediäre Instanzen einen Großteil ihrer Ressourcen dazu einsetzen müssen, administrative Hilfsfunktionen für die Verwaltung zu erfüllen.[26)] Obwohl vom Selbstverständnis mit anderen Dingen beauftragt, fungieren sie als "Zuarbeiter für die Behördenschalter". Intermediäre Instanzen füllen Formulare aus und müssen erklären, worauf es bei einem Antrag auf eine staatliche Leistung besonders ankommt. Obgleich sie sich oftmals als Sozialbetreuer verstehen, sind sie überwiegend als "Quasi-Sachbearbeiter" der Verwaltung tätig. Aus der Auslagerung der Übersetzungsfunktion ist dann auch plausibel, warum Beamte ihre Freizeit damit verbringen müssen, anderen Personen bei der Ausfüllung von Formularen zu helfen, damit Bürokratien während ihrer Dienststunden funktionieren können.[27)]

## IV. Filterungen und Entlastungen durch intermediäre Instanzen

Die vorgestellten Ergebnisse sollten deutlich gemacht haben, daß das Institutionengeflecht Anforderungen an den Alltag stellt, die dieser nicht mehr alleine erbringen kann. Die Abschiebung von Komplexität gelingt - wenn überhaupt - nur dann, wenn sie von intermediären Instanzen aufgefangen wird. Stehen diese intermediären Instanzen nicht zur Verfügung oder werden diese nur differentiell genutzt - was noch vorherrschend ist -, so verstärkt das

Institutionengeflecht die Bedeutung von Bildungsunterschieden. Die Fähigkeit, mit einem arbeitsteiligen Geflecht von Institutionen umgehen zu können, das oftmals erst durch das Tätigwerden von Klienten zum Netzwerk wird, ist differentiell verteilt.

Die gelungene Überwälzung von Integrations- und Übersetzungsfunktionen auf den Alltag und auf intermediäre Instanzen führt jedoch dazu, daß das Institutionengeflecht nur über verzerrte Rückmeldungen über den Alltag verfügt. Die Externalisierung von Kosten hat ihren Preis: Durch die Auslagerung von Aufgaben, die ehemals verwaltungsintern durchgeführt wurden, erfahren Institutionen nicht mehr die Schwierigkeiten, die der Alltag mit ihnen hat. Die Erfassung von Informationen "außer Haus" läßt den Kontakt zwar reibungsloser werden. Probleme bleiben dadurch jedoch unbekannt. Je mehr intermediäre Instanzen Klienten auf die Besonderheiten des Verwaltungskontaktes vorbereiten oder sogar stellvertretend für sie Behördenangelegenheiten abwickeln, desto mehr sind Verwaltungen nur noch mit Klienten konfrontiert, die die Inkongruenz zwischen bürokratischer und privater Problemdefinition schon vor dem Kontakt kennengelernt haben. Die reale Inkongruenz wird dem Institutionengeflecht nicht mehr mitgeteilt.[28)] Abbilder des Alltages in bürokratischen Organisationen haben eine eigene Realität. Die Indifferenz zwischen Institutionen und Alltag kann durch die Einschaltung von intermediären Instanzen erhalten bleiben. Institutionen täuschen sich aber somit selbst über ihre Wirkungsweise. Intermediäre Instanzen filtern die Rückmeldung zwischen Alltag und Institutionen, auch wenn sie im Kontakt unsichtbar bleiben. Institutionen werden dadurch abhängig von intermediären Instanzen. Dennoch ist dieses noch keine zureichende Kennzeichnung der Beziehungsmuster zwischen den Systemebenen.

Was hier mit dem Begriff der Filterung gekennzeichnet werden soll, ist die Beeinflussung der Rückmeldung zwischen Alltag und Institutionen. Empirisch konnte nachgewiesen werden, daß Filterungen den Kontakt vorstrukturieren.[29)] Es ist jedoch zu erwarten, daß

sich solche Filterungen auch dahin auswirken, daß ein Kontakt mit Institutionen erst gar nicht zustandekommt. Filterungen können einerseits zur Folge haben, daß Veränderungen des Alltags Institutionen nicht mitgeteilt werden. Intermediäre Instanzen vermitteln aber auch oftmals Institutionen den Eindruck, daß im Alltag Veränderungen stattgefunden haben, obwohl dies nur Folge von Veränderungen in der Tätigkeit intermediärer Instanzen ist.
Durch die Einschaltung intermediärer Instanzen ist daher für Institutionen oftmals nicht entscheidbar, ob der Alltag sich ändert oder konstant geblieben ist. Selbsttäuschungen der Bürokratien, aber auch stabile Mißverständnisse zwischen Alltag und Institutionen werden hierdurch erklärbar.[30)]

Intermediäre Instanzen beeinflussen aber nicht nur die Rückmeldungen an Institutionen, sondern wirken auch als Puffer zwischen Institutionengeflecht und Alltag, der den Alltag gegenüber Einflüssen der Institutionen abschirmt. Komplexitätssteigerungen des Institutionengeflechts und die Anforderungen an den Alltag, die sich hieraus ergeben, können durch intermediäre Instanzen absorbiert werden, brauchen also nicht auf den Alltag "durchzuschlagen". Diese Absorbierung von Einflüssen ermöglicht oftmals erst die Komplexitätssteigerung eines Netzes von Institutionen, ohne daß diese Komplexität zum Problem für die Empfängersektoren werden muß; sie hat eine den Alltag entlastende Funktion.

Diese Entlastungsfunktion von intermediären Instanzen verbunden mit ihrer Funktion, Rückmeldungen zwischen Alltag und Institutionen zu filtern, verringern insgesamt die direkte Reagibilität von Systemebenen aufeinander.[31)] Gegenreaktionen sind dann erst von bestimmten Schwellenwerten an zu erwarten, ab denen die Komplexitätssteigerungen nicht mehr aufgefangen werden können. Begrenzt aufeinander reagierende Systemebenen lassen ein Paradox nur als scheinbares Paradox verständlich werden: Der Versuch von bürokratischen Organisationen, den Alltag in einem höheren Maße zu belasten, ist damit vereinbar, daß die Belastung für den Alltag konstant bleiben kann.

1) Einen kurzen Überblick gibt Renate Mayntz, Soziologie der öffentlichen Verwaltung, Heidelberg 1978.

2) Vgl. hierzu den Überblick über den Forschungsstand von Edward O. Laumann et al., Community Structure as Interorganizational Linkages, in: Annual Review of Sociology, Vol. 4, 1978, der jedoch gleichzeitig deutlich macht, daß die Forschung über interorganisationelle Netzwerke vornehmlich noch Forschung über Netzwerke privater Organisationen ist.

3) Vgl. zum Konzept der Indifferenz auch Erwin K. Scheuch, Methodische Probleme gesamtgesellschaftlicher Analysen, in: Theodor W. Adorno (Hg.), Spätkapitalismus oder Industriegesellschaft?, Frankfurt 1969, S. 153-182, und ders., Continuity and Change in German Social Structure, in: Henry A. Kissinger (ed.), In Search of Germany, 1966, vervielfältigtes Manuskript. Wir verstehen Indifferenz jedoch nicht nur als Gegensatz zur Interdependenz und als begrenzte Reagibilität, sondern auch als eine fehlende Vorab-Kalkulation der Wirkungen eigener Tätigkeit.

4) Ausführlich hierzu Wolfgang Bick und Paul J. Müller, Informationssysteme und Informationsverhalten, BMFT-Forschungsbericht ID 79-01, 1979.

5) Vgl. hierzu Niklas Luhmann, Lob der Routine, in: Verwaltungsarchiv, Vol. 55, 1964, S. 1-33, und ders., Legitimation durch Verfahren, Darmstadt 1969.

6) Vgl. Mayntz, Soziologie, S. 45ff, und auch Thomas Ellwein, Ist die Bürokratisierung unser Schicksal?, in: FAZ, 2.10.1978.

7) Vgl. Wolfgang Bick und Paul J. Müller, Stable Patterns within a Network of Urban Bureaucracies, 1978 Meeting of the American Sociological Association, mimeo 1978.

8) Vgl. hierzu Renate Mayntz, Die Implementation politischer Programme: Theoretische Überlegungen zu einem neuen Forschungsgebiet, in: Die Verwaltung, 1977, Heft 1, S. 51-66 und Renate Mayntz, Regulative Politik in der Krise?, in diesem Band

9) Vgl. hierzu, Bick, Müller, Informationssysteme, Kap. 3, des weiteren Wolfgang Gitter, Die Kumulierung sozialer Leistungen, in: Heinz Dembowski et al., Das neue Sozialgesetzbuch, Frankfurt 1972, S. 102- 130, sowie den Auftrag der Transfer-Enquête-Kommission.

10) Allein der "institutional approach" thematisiert dies. Vgl. hierzu Charles Perrow, Complex Organizations, Glenview 1972, S. 177ff.

11) Vgl. Bick, Müller, Informationssysteme, Kapitel 2.

12) Ebd., Kapitel 6-8.

13) Vgl. aber Erwin K. Scheuch, The Relationship of Government and Business to the Individual in Democratic and Totalitarian Systems, in: The Search of Absolute Values in a Changing World, 1978, S. 507-517, S. 511.

14) Vgl. D. Grunow, F. Hegner und F.X. Kaufmann, Steuerzahler und Finanzamt, Frankfurt 1978, und D. Grunow und F. Hegner, Die Gewährung persönlicher und wirtschaftlicher Sozialhilfe - Untersuchungen zur Bürgernähe der kommunalen Sozialverwaltung, Bielefeld 1978, mimeo.

15) Zur historisch-genetischen Fragestellung vgl. Wolfgang Bick und Paul J. Müller, Die Bedeutung außerstaatlicher Einrichtungen für die Funktionstüchtigkeit eines lokalen Behördensystems, Köln 1979, mimeo.

16) Zur Abgrenzung und Bedeutung intermediärer Instanzen vgl. insbesondere Peter L. Berger, Richard John Neuhaus, To Empower People - The Role of Mediating Structures in Public Policy, Washington 1977, Wolfgang Bick, Paul J. Müller, Donald I. Warren, Public Policy and the Linkage between Formal and Informal Problem Coping Systems, Research Prospectus, Köln - Ann Arbor 1978, M. Rainer Lepsius, Demokratie in Deutschland als historisch-soziologisches Problem, in: Adorno (Hg.), Spätkapitalismus, S. 197 - 213, E. Litwak und H. J. Meyer, A Balance Theory of Coordination between Bureaucratic Organizations and Community Primary Groups, in: Administrative Science Quarterly, Vol. 11, 1966, S. 31-58, Erwin K. Scheuch, The Organizing Institutions of Everyday Life as Constants of Society, Varna 1966, mimeo., Marvin B. Sussman, Family, Bureaucracy, and the Elderly Individual: An Organizational/Linkage Perspective, in: Ethel Shanas und Marvin B. Sussman (eds.), Family, Bureaucracy, and the Elderly, Durham 1977, S. 2-20.

17) Für einen ersten Überblick über die Vielfalt der Stellen und Aufgaben siehe jetzt Rudolph Bauer, Wohlfahrtsverbände in der Bundesrepublik, Weinheim 1978.

18) Vgl. z.B. Edward O. Laumann, Bonds of Pluralism: The Form and Substance of Urban Social Networks, New York 1973, S. 111ff, Elina Haavio-Mannila, Social Linkages used by Migrant and Nonmigrant Families in Solving Health, Work, and Economic Problems, in: Acta Sociologica, Vol. 19, 1976, S. 325-348, Allan Horwitz, Social Networks and Pathways to Psychiatric Treatment, in: Social Forces, Vol. 56, 1977, S. 86-105, Bick, Müller, Informationssysteme, Kap. 5.

19) Vgl. Bick und Müller, Informationssysteme.

20) Dieser Befund wurde für die Einheiten der Stadtverwaltung Köln ermittelt. Basis hierfür waren Zusammenstellungen, die Herr Kleinertz vom Historischen Archiv der Stadt Köln vorgenommen und uns freundlicherweise zur Verfügung gestellt hat. Zusätzlich wurden die Verwaltungsberichte der Stadt

Köln seit 1919 herangezogen. Die Trennungen und Verselbständigungen von Ämtern, aber auch von Untereinheiten einerseits, Auflösungen und Zusammenlegungen andererseits, waren die Perspektive, unter der die Zeitreihe zusammengestellt wurde.

21) Die Netzwerkanalysen basierten auf Daten über die Interaktionsbeziehungen zwischen allen 64 Ämtern der Stadtverwaltung Nürnberg im Jahre 1970, vgl. hierzu Bick und Müller, Stable Patterns. Zusätzliche Daten über die Ursachen von Kooperation und Integration wurden im Rahmen des Forschungsprojektes "Informationsysteme und Informationsverhalten" in Köln erhoben, vgl. Bick und Müller, Informationssysteme. Die im folgenden mitgeteilten Ergebnisse beruhen auf den Analysen beider Datensammlungen.

22) Max Weber, Wirtschaft und Gesellschaft, 5. Auflage, Tübingen 1972, S. 566.

23) Vgl. Laumann, Bonds, S. 111ff und Stephen J. Cutler, Voluntary Association Membership and the Theory of Mass Society, in: Laumann, Bonds, S. 133ff und die in Fußnote 18 angegebene Literatur.

24) Vgl. hierzu und für die folgenden Ergebnisse, Bick und Müller, Informationssysteme, Kapitel 5 - 8.

25) Vgl. Grunow und Hegner, Gewährung.

26) Vgl. hierzu Bick und Müller, Informationssysteme, Kap. 5 und Dieter Grunow, Die mit der Kommune und dem Staat konkurrierenden Instanzen bei der Administration und Vermittlung von Diensten und Leistungen, in: Konrad Adenauer-Stiftung (Hg.), Integration ausländischer Arbeitnehmer, Bonn 1976, S. 115 - 128. Hier soll jedoch nicht die Zielverschiebung als Funktionsverlust beklagt werden, sondern als Folge der Anspruchsdynamik staatlicher Behörden gedeutet werden.

27) Dies ist Ergebnis der Auswertung einer Einschaltung von Fragen in eine Erhebung des IFAK-Institutes im Winter 1977/78.

28) Vgl. hierzu Bick und Müller, Informationssysteme, Kap. 9.

29) Ebd., Kap. 5,6,7,9 und 13.

30) Siehe hierzu Erwin K. Scheuch, Die Selbsttäuschung der Bürokratie, in: Heiner Geißler (Hg.), Verwaltete Bürger - Gesellschaft in Fesseln, Frankfurt 1978, S. 157 - 189. Die von Scheuch diagnostizierte Selbsttäuschung der Bürokratie wird hierdurch als dauerhafte Selbsttäuschung erklärbar.

31) Dies wird in der Systemtheorie nun als loose coupling behandelt. Zum Begriff siehe Scheuch, Methodische Probleme.

THEMENBEREICH 4: PARTEIENSYSTEM UND INTERESSENVERMITTLUNG

Leiter:

M.Rainer L e p s i u s (Mannheim)

Referenten:

Ronald I n g l e h a r t (Ann Arbor/USA):
Wertwandel und politisches Verhalten

Max K a a s e
Hans K l i n g e m a n n (Mannheim):
Sozialstruktur, Wertorientierung und Parteiensystem: Zum Problem der Interessenvermittlung in westlichen Demokratien

Michael Th. G r e v e n (Marburg):
Parteiensystem, Wertwandel und neue Marginalität

Gerhard L e h m b r u c h (Konstanz):
Parteiensystem und Interessenverbände in der Politikentwicklung

Franz L e h n e r (Mannheim):
Politikverflechtung: Institutionelle Eigendynamik und politische Kontrolle

M. Rainer Lepsius

## Einleitung

Das westeuropäische Parteiensystem hat seit den fünfziger Jahren eine erhebliche Stabilität bewiesen. Die nationalen tradierten Grundstrukturen aus dem 19. Jahrhundert sind strukturbestimmend, neue Parteien sind nur vereinzelt, etwa in den Niederlanden oder in Dänemark, dauerhaft hinzugetreten. Diese Kontinuität und Stabilität ist in mehrfacher Hinsicht bemerkenswert angesichts des ausserordentlichen Wandels der westeuropäischen Sozialstruktur seit dem 2. Weltkrieg, der erheblichen Ausweitung der nationalen Bildungssysteme und des gleichzeitigen Anstiegs der Lebenshaltung. Es kommt hinzu, dass nunmehr der 2. Generationswechsel in den Eliten nach dem Kriege erfolgt. Andererseits wird seit etwa 10 Jahren immer häufiger von einer Krise des Parteienstaates, einer drohenden Entlegitimierung der parteienstaatlichen Demokratie, einer abnehmenden Absorptionskraft des parlamentarischen Systems für neue Interessenlagen gesprochen. Die Bewegung von 1968, die neuen Partizipationsformen in Bürgerbewegungen und neue Subkulturen belegen starke Tendenzen sozio-kulturellen Wandels. Die Prognosen sind vielfach kritischer als es der tatsächliche Befund auch nach den Wahlen zum Europäischen Parlament ausweist.

In dieser Lage erscheint es reizvoll, sowohl theoretisch wie empirisch die Zusammenhänge zwischen Parteiensystem und Interessenformierung zu diskutieren. Eine solche Diskussion hätte mehrere Dimensionen aufzugreifen: die Prozesse der Interessenformierung und ihre Organisationsformen, die Transmissions- und Selektionsfunktion der Parteien und ihre Anpassungselastizität an neue Interessenformationen, die Rolle der Parteien im staatlichen Steuerungs- und Implementationsprozess, die Ausdifferenzierung neuer politischer "Arenen" und die Funktionsvermischung verschiedener institutioneller Ebenen und Organe, die Verteilungsspielräume und den Grad der Privilegierung unterschiedlicher Interessenlagen, das Verhalten und die Integrationskraft der politischen Eliten. Dies kann in diesem Zusammenhang natürlich nicht alles systematisch aufgegriffen werden. Die folgenden Beiträge konzentrieren sich daher im wesentlichen auf zwei Dimensionen: auf die Problematik von Wertwandel und Parteiensystem und auf die Problematik von Wandlungen innerhalb des institutionalisierten politischen Prozesses.

Für den ersten Problemzusammenhang liegen neuere und im engeren Sinne international vergleichende Untersuchungen zum Wandel von Wertvorstellungen und politischem Verhalten vor, die durch die Beiträge von Ronald Inglehart und von Max Kaase und Hans Dieter Klingemann vorgestellt werden. Die von ihnen durchgeführten Untersuchungen stellen zwei Beispiele für die ansonsten noch wenig entwickelte komparative Sozialforschung dar und dürfen schon deswegen im Rahmen des Generalthemas des Soziologentages besonderes Interesse beanspruchen. Der Beitrag von Michael Th. Greven thematisiert das Problem der Entstehung neuer Subkulturen im Zusammenhang mit Prozessen des Wertwandels, die sich möglicherweise dauerhaft ausbilden und die Basis für neue politische Organisationsformen sein könnten.

Für den zweiten Problemzusammenhang gibt Gerhard Lehmbruch einen Überblick über Veränderungen der Rolle der Parteien im politischen Prozess, den Franz Lehner am Beispiel der Politikverflechtung vertieft. Beide Beiträge stellen die Problematik der Interessenvermittlung in das politische System in einen breiteren Zusammenhang, durch den die traditionelle Behandlung dieses Problems überschritten wird und neue institutionelle Rahmenbedingungen für Interessenvermittlungen thematisiert werden.

Auf dem Kongress wurde auch noch ein Beitrag zur Elitenforschung in der Bundesrepublik von Ursula Hoffmann-Lange vorgestellt, der aber aus Platzgründen nicht mehr zum Abdruck kommen kann.

Die hier veröffentlichten Beiträge versuchen, aus neuen Perspektiven ein altes Problem der Soziologie aufzugreifen: das Verhältnis von Sozialstruktur und politischer Ordnung. Weder determiniert die Sozialstruktur und ihre Änderung mit hinreichender Genauigkeit Form und Gehalt der politischen Ordnung, noch kann eine politische Ordnung dauerhaft sozialstrukturellen Wandel kanalisieren. Die konkreten Vermittlungsprozesse zwischen beiden können daher nicht aus Modellen deduziert werden. Empirische Forschung wird umso wichtiger, je vielfältigere Formen der Interessenformierung und Interessenvermittlung ausgebildet werden. Für Soziologen ist es dabei von besonderer Wichtigkeit, über international vergleichende Forschungen die Breite der institutionell unterschiedlichen Formen für diese Vermittlungsprozesse herauszuarbeiten und nicht in perspektivischer Verengung an die Sondersituation ihrer eigenen Gesellschaft als Erfahrungsobjekt gebunden zu bleiben. Angesichts der verschiedenen Ausformungen neuer Subkulturen und der Veränderung von Wertpräferenzen ist eine Erfassung internationaler Entwicklungen auch deswegen wichtig, weil sie davor bewahren kann, ungeprüft spezifischen Elementen der institutionellen Struktur einer Gesellschaft oder historischen Legaten eine kausale Bedeutung für solche Veränderungen zuzuschreiben. Festgehalten werden muss, dass es uns noch weitgehend an Zeitreihen für die Messung von Wertwandlungen fehlt, sodass manches, was heute vielleicht sehr neuartig in Erscheinung tritt, doch nur das Ergebnis einer kurzen Beobachtungsspanne ist. Nur der Aufbau von kontinuierlichen Forschungen mit vergleichbaren Kriterien kann aus kurzatmigen Prognosen befreien. Gleichermassen ist darauf hinzuweisen, dass die politischen Institutionen eine erhebliche Eigendynamik aufweisen. Mit ihr kann eine Anpassungselastizität verbunden sein, die weit grösser ist, als es in der nominellen - und auch verfassungsmässigen - Konstanz der Organe und Handlungseinheiten der politischen Ordnung zum Ausdruck kommt. Auch hier sind grössere Anstrengungen für eine komparative Institutionenanalyse nötig. Soziologen haben vielleicht zu geringe Anstrengungen auf eine empirische Institutionenanalyse gerichtet, die Kooperation mit der Politischen Wissenschaft ist dafür sicherlich förderlich.

Ronald Inglehart

# Wertwandel und politisches Verhalten

## I. Einleitung

Wir sind davon überzeugt, daß in allen westlichen Ländern ähnliche Kräfte auf die Umgestaltung traditioneller Konfliktmuster einwirken. Wenn eine entsprechende Menge von ländervergleichenden Daten zur Verfügung stünde, die die Präferenzen der Wählerschaft in allen bedeutenden Problembereichen mäße, würden wir von der Dimensionsanalyse zwei Hauptpolarisierungsachsen erwarten:

erstens: eine "Links-Rechts" Dimension, die sich auf sozioökonomische Streitfragen bezieht; und

zweitens: eine "Neue Politik"-Dimension, die auf Fragen des Lebensstils basiert.[1]

Zwischen den politischen Parteiloyalitäten und der erstgenannten Dimension dürften relativ starke Korrelationen bestehen, wobei die üblicherweise als "links" etikettierten Parteianhänger zu Fragen wie Verstaatlichung der Industrie und Einkommensumverteilung relativ positiv eingestellt wären. Als sich die meisten der vorhandenen Parteiensysteme vor Jahrzehnten herausbildeten, waren nämlich die sozialen Klassenkonflikte und die religiösen Differenzen die beherrschenden Streitfragen.[2] Während soziale Schichtzugehörigkeit und religiöses Glaubensbekenntnis sich, historisch gesehen, häufig überschnitten, sind diese beiden Komponenten heute in beträchtlichem Ausmaß in einem einzigen Links-Rechts-Kontinuum aufgegangen, wobei sich ein Links-Rechts-Wahlverhalten in den meisten Ländern durch religiöse Faktoren sogar noch besser erklären läßt, als durch Variablen der sozialen Schichtzugehörigkeit.

Die übliche Links-Rechts-Dimension allein beschreibt jedoch die heutigen politischen Konfliktmuster nicht mehr adäquat. In den letzten Jahren hat sich eine neue Polarisierungsgrundlage ergeben, welche neue (oder neuerdings wichtig gewordene) und von der Links-Rechts-Dimension insofern unabhängige Streitfragen widerspiegelt, als sich diese eher auf Fragen des Lebensstils und nicht auf ökon. oder relig. Konflikte beziehen. Wir gehen davon aus, daß Fragen des Umweltschutzes, der Mitbestimmung, der Lokalautonomie und Frauenbewegung und der europäischen Integration zu den Schlüsselproblemen gehören, die dieser Dimension Gewicht geben, welche die Links-Rechts-Dimension derart überlagert, daß dies die Stabilität der etablierten politischen Verhältnisse bedroht. Gegen die europäische Integration zum Beispiel opponieren eher die rechten und linken Flügel des Spektrums, und am stärksten wird sie von den sozialistischen und liberalen Parteien Westeuropas gefördert. Die neue Dimension überlagert die alte zum Teil deswegen, weil sie Ausdruck einer Verschiebung der Unterstützungsbasis des sozialen Wandels ist. Während die Unterstützung für einen Wandel in traditionellen Links-Rechts-Streitfragen eher eine Massenbasis in der Arbeiterschicht hat, hat die Unterstützung für einen Wandel in Fragen der Neuen Politik eher ihre Basis in der Mittelschicht.

Wir sind der Ansicht, daß die Neue-Politik-Dimension teilweise Ausdruck des Hervortretens einer beachtlichen und aktiven Minderheit in letzter Zeit ist, die "post"-materialistischen Werten die Priorität gibt. Obwohl diese Gruppe sich eher aus relativ wohlhabenden Gesellschaftsschichten rekrutiert, tritt sie relativ stark für sozialen Wandel ein, weil sie die Betonung auf eine Reihe von Wertprioritäten legt, die sich von den in der Gesamtgesellschaft vorherrschenden unterscheidet.

Wir haben unsere Hypothesen über eine neuere Verschiebung von "materialistischen" zu "post-materialistischen" Prioritäten an anderer Stelle dargelegt, zusammen mit zahlreichen unterstützenden Daten aus den Vereinigten Staaten und aus zehn westeuropäischen Ländern.[3] In kurzen Worten geht die Grundvorstellung dahin, daß langfristiger Wohlstand tendenziell eine (zumeist generationsspezifische) Verschiebung von einem überwältigenden Vorrang wirtschaftlicher und materieller Sicherheit in Richtung auf eine größere Betonung nichtmaterieller Ziele begünstigt. Denn die Menschen haben eine Vielzahl von Bedürfnissen, und wenden sich denen am stärksten zu, die ihrer Ansicht nach am wenigsten befriedigt sind. Die nach dem Zweiten Weltkrieg geborene Generation, die in einer Zeit nie dagewesenen Wohlstands aufwuchs, dürfte dazu neigen, nichtmateriellen Zielen eine relativ hohe Priorität einzuräumen. Ihre Eltern und Großeltern dagegen, die in ihren prägenden Jahren Hunger und politische Wirren durchmachen mußten, dürften weiterhin ökonomischer und materieller Sicherheit den Vorrang geben.

Die Erwartung eines Wandels im Wertesystem beruht auf zwei Haupthypothesen:

1) einer Mangelhypothese: die Prioritäten eines Individuums sind Ausdruck seiner sozioökonomischen Umwelt. Der höchste subjektive Wert wird auf Dinge gelegt, die verhältnismäßig knapp sind.

2) einer Sozialisationshypothese: das Verhältnis zwischen sozioökonomischer Umwelt und Wertprioritäten paßt sich jeweils nicht sofort an. Hier tritt eine beträchtliche zeitliche Verzögerung ein, denn die Grundwerte eines Menschen sind zum großen Teil von den Bedingungen geprägt, die während seines Heranwachsens herrschten.

Beide Hypothesen sind für eine Theorie von Wertvorstellungen von entscheidender Bedeutung.

Einer der verbreitetsten Gedanken in den Sozialwissenschaften ist die Auffassung, daß es eine grundlegende Persönlichkeitsstruktur gibt, die sich mit dem Erreichen des Erwachsenenalters herauskristallisiert und sich danach kaum noch ändert. Die frühe Sozialisation scheint ein größeres Gewicht zu haben als die spätere. Damit ist nicht gesagt, daß im Erwachsenenalter keine Veränderung mehr eintritt, sondern lediglich, daß die Wahrscheinlichkeit einer Veränderung als Reaktion auf Gegenwartsverhältnisse erheblich zurückgeht, vielleicht in logarithmischem Maßstab. In Übereinstimmung mit dieser Hypothese finden wir, wie wir sogleich sehen werden, tatsächlich beträchtliche Unterschiede zwischen Gruppen jüngeren und fortgeschritteneren Alters bei ihrer jeweiligen Bewertung ökonomischer und materieller Sicherheit.

Die Mangelhypothese entspricht dem Prinzip des abnehmenden Grenz-

## II. Links-Rechts-Gruppensympathien und Unterstützung oder Opposition gegenüber der vorhandenen Gesellschaftsordnung.

Die Kohortenanalyse von Umfragedaten von 1970 bis 1978 untermauert den Schluß, daß in den westlichen Ländern eine Werteverschiebung von einer Generation zur nächsten stattfindet. Wir stellen die Hypothese auf, daß dieser Prozeß bereits zur Herausbildung einer neuen Unterstützungsbasis für den politischen Wandel geführt hat - daß aber seine Auswirkungen auf das Wahlverhalten durch die Trägheit der etablierten Parteiloyalitäten und Gruppenbindungen verzögert wird.

Um diese Hypothese zu überprüfen, müssen wir zwischen der traditionellen sozioökonomischen Links-Rechts-Dimension einerseits und der Unterstützung der Opposition gegenüber der vorhandenen Gesellschaftsordnung andererseits unterscheiden. Das ist keine leichte Aufgabe, denn beides fällt eher zusammen: sowohl für die Eliten als auch die Massen bedeutet die Bezeichnung "Links" sowohl Unterstützung für soziopolitischen Wandel als auch Unterstützung für bestimmte politische Parteien. Wie eng beides tatsächlich zusammenhängt, ist ein empirisches Problem und unterliegt innerhalb einer bestimmten Bevölkerung vermutlich gewissen Schwankungen. Bei den ideologisch Empfänglichen könnte Unterstützung oder Opposition gegenüber der vorhandenen Gesellschaftsordnung eine wichtige Komponente der eigenen Orientierung nach links oder rechts sein. Unter den ideologisch weniger Bewußten könnte die Unterstützung für die "Linke" oder "Rechte" in großem Maße eine Sache von Gruppenbindungen und Parteiloyalitäten sein, mit wenig Bezug auf Unterstützung oder Opposition gegenüber Typen des politischen Wandels, die erst vor kurzem auffällig geworden sind.

Wir wollen diesen Punkt veranschaulichen. In einer 1974 in Westdeutschland, Holland, Großbritannien, Österreich und den Vereinigten Staaten durchgeführten Untersuchung wurden repräsentative Stichproben aus der Bevölkerung jedes Landes gebeten, anzugeben, wo sich ihre politischen Anschauungen auf einer Zehnpunkteskala von "links" bis "rechts" einordneten.[5] In allen fünf Ländern zeigten die Post-Materialisten eine ausgeprägte Neigung, sich auf der linken Hälfte der Skala einzuordnen, während die Materialisten viel eher die rechte Seite ankreuzten. Offenbar dürfte die Selbsteinordnung auf dieser Skala Ausdruck der grundlegenden ideologischen Position sein. Soweit dies der Fall ist, weisen unsere Ergebnisse darauf hin, daß Post-Materialisten dazu neigen, gegenüber gegenwärtigen politischen Streitfragen eine linke oder veränderungsorientierte ideologische Position einzunehmen. Diese Daten sind jedoch nicht unzweideutig. Die Etiketten "links" und "rechts" sind nämlich seit vielen Jahrzehnten Grundbestandteil der politischen Auseinandersetzung, besonders in Europa. In gewissem Umfang ist die Identifikation mit der "linken" zweifellos Ausdruck einer Ideologie der Opposition gegenüber der vorhandenen wirtschaftspolitischen Ordnung, und genau das interessiert uns gegenwärtig. Wie aber Inglehart und Klingemann nachgewiesen haben, sind die Bezeichnungen "links" und "rechts" Stereotypen für spezifische Gruppen von Parteien geworden: infolge langen Sprachgebrauchs werden diese Etiketten teilweise mit etablierten Parteiloyalitäten gleichgesetzt, deren Ursprung auf religiöse oder schichtspezifische Bindungen zurückgeht, oder auf politische Neigungen, die von den Eltern übernommen wurden, und nicht auf die eigene Reaktion auf Streitfragen der Gegenwart.[6] Soweit die Links-Rechts-Selbsteinordnung durch eine Komponente der Partei-Identifikation verfälscht wird, wäre sie nicht unbedingt ein Indikator für die Einstellung eines Individuums gegenüber dem sozialen Wandel. Wir müssen versuchen, zwischen diesen beiden Komponenten der Links-Rechts-Dimension zu unterscheiden, von denen die eine auf langfristigen Parteiloyalitäten und die andere auf der Einstellung gegenüber Streitfragen der Gegenwart beruht.

Die Einordnung der entscheidenden Gruppen, die in der heutigen Politik aktiv sind, könnte ein Mittel abgeben, diese Unterscheidung zu treffen. Jeder Befragte in den Stichproben aus unseren fünf Ländern wurde aufgefordert, anzugeben, wie freundlich oder unfreundlich seine Gefühle gegenüber verschiedenen Gruppen in dieser Gesellschaft seien, wobei ein "Gefühlsthermometer" verwendet wurde, das von einem Nullpunkt (der für äußerst kühle Gefühle stand) bis hundert Grad (äußerst freundliche Gefühle) reichte. Unser Ziel bestand darin, Indizes für die Stellungnahme jedes Befragten für oder gegen die in Tabelle 1 aufgeführten Gruppen zu entwickeln. Ein wichtiges Teilproblem war dabei, eine allgemeine Neigung zum "Response-Set" von den Thermometer-Abstufungen auszuschließen - das heißt, die ausgeprägte Neigung mancher Individuen, allen Gruppen durchgehend hohe oder niedrige Einstufungen zu geben.

Um diese Neigung zum "Response-Set" auszuschließen, wurde für jeden Befragten die Durchschnittseinordnung für alle Gruppen berechnet. Der Durchschnittswert jedes Befragten wurde dann von der Thermometer-Einstufung jeder Gruppe abgezogen. Daher sind für jeden Befragten einige Gruppen negativ bewertet (unter dem Durchschnitt des Befragten), während andere Gruppen positiv bewertet sind. Diese bereinigten Thermometer-Einstufungen wurden dann zur Konstruktion von Factor-Score-Indizes verwendet. Die Faktorenanalyse dieser Einstufungen ergab eine logische Struktur, wobei die Antworten in jedem der fünf untersuchten Länder zwei Grunddimensionen hatten. Wie aus der Tabelle 1 hervorgeht, gab es in jedem Land einen Links-Rechts-Parteipräferenz-Faktor, der sowohl auf der Einordnung der bedeutendsten konservativen Partei als auch auf der Einordnung der bedeutendsten Linkspartei des politischen Spektrums dieses Landes beruhte. Die Einordnung der wichtigsten Institutionen, die mit den jeweiligen Parteien in Verbindung stehen, zeigen ebenfalls signifikante Werte für diesen Faktor, der gleichzeitig die Parteiloyalitäten der Befragten und ihre Sympathien in der langfristigen Auseinandersetzung zwischen Arbeitnehmer- und Arbeitgeberseite erhob. In den drei Ländern, wo bedeutende Rechtsparteien Verbindung mit der Kirche haben, wirkt sich die Einordnung der Geistlichkeit ebenfalls auf diesen Faktor aus und bildet Teil der Punktwolke, die auch die Arbeitgeberseite und die wichtigste politische Rechtspartei einschließt.

Tabelle 1

LINKS/RECHTS-SYMPATHIEN UND ESTABLISHMENT/ANTI-ESTABLISHMENT EINSTELLUNGEN IN FÜNF NATIONEN

(Faktorenanalyse mit Varimaxrotation der Sympathie-Skalenwerte

| | Vereinigte Staaten | | Grossbritannien | | Niederlande | | Deutschland | | Österreich | |
|---|---|---|---|---|---|---|---|---|---|---|
| Gruppe: | Links/ Rechts (14%) | Establ./ Anti-Est. (24 %) | Links/ Rechts (18 %) | Establ. Anti-Est. (18 %) | Links/ Rechts (22 %) | Establ. Anti-Est. (20 %) | Links/ Rechts (23 %) | Establ. Anti-Est. (19 %) | Links/ Rechts (22 %) | Establ. Anti-Est. (17 %) |
| Linkspartei | -.70 | | -.80 | | -.75 | | -.75 | | -.81 | |
| Gewerkschaften | -.58 | | -.75 | | -.66 | -.32 | -.64 | | -.71 | |
| Großunternehmer | .37 | -.39 | .54 | | .59 | -.31 | .63 | | .39 | |
| Rechtspartei | .74 | | .76 | | .78 | | .81 | | .82 | |
| Kirche | | -.58 | | -.51 | .52 | -.39 | .67 | | .64 | |
| Polizei | | -.72 | | -.61 | | -.69 | | -.76 | | -.65 |
| Beamten | | -.46 | | -.37 | | -.54 | | -.57 | | -.57 |
| Kleine Geschäftsleute | | -.37 | | -.36 | .34 | | | -.48 | | |
| Gastarbeiter | | | | | | -.31 | | | | .37 |
| Frauenbewegung | | .57 | | .44 | | -.68 | -.41 | | | |
| Protestierende Studenten | | .76 | | .70 | | -.45 | | .71 | | .71 |
| Revolutionäre Gruppen | | .71 | | .67 | | -.69 | | .71 | | .67 |

Die Konflikte zwischen Arbeitgeber- und Arbeitnehmerseite und zwischen religiös und weltlich orientierten Bevölkerungsteilen gehören seit Jahrzehnten zur politischen Szene. Sie scheinen sich in großem Umfang mit der traditionellen Links-Rechts- (oder Liberal-Konservativen) Dimension vermischt zu haben, die der westlichen Politik zugrundeliegt, so daß die Loyalitäten der Befragten nach einem vorhersagbaren und inzwischen institutionalisierten Muster eher bei der einen Reihe von Gruppen oder bei der anderen liegen.

Neue Streitfragen und neue Gruppen sind jedoch in den letzten Jahren politisch hervorgetreten. Die Reaktion auf diese Gruppen bildet die Grundlage für eine zweite Hauptdimension des soziopolitischen Konflikts. Man sympathisiert entweder mit der Frauenbewegung, der studentischen Protestbewegung, Gastarbeitern und revolutionären Gruppen oder mit der Polizei, Beamten und anderen Bestandteilen der bestehenden Gesellschaftsordnung (wozu in Großbritannien und den Vereinigten Staaten, die keine christdemokratischen politischen Parteien haben, die Geistlichkeit gehört). Interessanterweise hat die Position eines Individuums auf dieser Dimension teilweise keine Beziehung zu seiner Parteiloyalität. Die beiden Dimensionen scheinen folgendes auszudrükken: einerseits den traditionellen sozioökonomischen Links-Rechts-Konflikt, mit einer Infrastruktur, die auf der Polarisierung zwischen Arbeitnehmern und Arbeitgebern (und in einigen Ländern dem Glaubensbekenntnis) beruht; und andererseits der Dimension der Neuen Politik, die auf der Reaktion des Befragten auf Gruppen beruht, die in sehr viel jüngerer Zeit politisch hervorgetreten sind.

In den Vereinigten Staaten ist die Dimension Establishment-Antiestablishment, bezogen auf die erklärte Varianz, die wichtigere der beiden Dimensionen, während in den vier europäischen Ländern die sozioökonomische Links-Rechts-Parteipräferenz-Dimension von gleicher oder noch größerer Bedeutung ist. Außerdem ist, wie aus der Tabelle 3 hervorgeht, in den Vereinigten Staaten die Selbsteinschätzung auf der zehnstufigen Links-Rechts-Ideologieskala eher mit der Establishment/Antiestablishment-Dimension verbunden, während sie in Europa stärker mit der Links-Rechts-Parteiloyalitäts-Dimension korreliert. Wie Inglehart und Klingemann ermittelten, sind in den meisten europäischen Ländern die Bezeichnungen "links" und "rechts" in großem Umfang in feststehende schicht-abhängige Parteiloyalitäten aufgegangen, während sich diese Bezeichnungen in den Vereinigten Staaten eher auf eine Neue-Politik-Dimension beziehen, die auf der Unterstützung oder Opposition gegenüber dem gegenwärtigen Establishment beruht. In den Vereinigten Staaten hängt das Big Business zwar mit dem rechten Pol der Gruppensympathie-Punktwolke zusammen, doch wird es auch als Teil der Establishment-Punktwolke betrachtet. In den europäischen Ländern scheint das Großkapital eher lediglich als Teil der rechten Gruppensympathie-Punktwolke gesehen zu werden - mit Ausnahme Hollands, wo die traditionelle politische Parteienlandschaft sich vor kurzem in aufsehenerregender Weise verändert hat. Allgemein scheint eine Kristallisierung von Einstellungen entlang einer Dimension der Neuen Politik in den Vereinigten Staaten und in Holland am stärksten und in Österreich am wenigsten fortgeschritten zu sein.

Tabelle 2 veranschaulicht das Verhältnis zwischen den beiden Gruppen-Sympathie-Dimensionen und einer Vielzahl von Variablen der sozialen Herkunft. Diese Tabelle gibt die Durchschnittsstärke der Korrelationen für fünf Länder wieder; Tabelle 3 zeigt die Verhältnisse innerhalb jeder Landesstichprobe.

Wie zu erwarten, steht die Links-Rechts-Dimension der sozioökonomischen Gruppensympathie in einem starken Zusammenhang mit der politischen Parteiidentifikation, und in einem nur geringfügig schwächeren mit dem Wahlverhalten in den letzten landesweiten Wahlen. Eine weniger starke Beziehung besteht zwischen dieser Dimension und der Selbsteinschätzung auf der Links-Rechts-Skala: Die Variable der Selbsteinschätzung ist zwar in erster Linie Ausdruck der Gruppensympathie, doch weist sie auch eine signifikante Verbindung mit der Establishment/Antiestablishment-Dimension auf (wobei die Befragten, die sich links einordnen,

Tabelle 2

KORRELATIONEN DER LINKS-RECHTS-DIMENSION
UND DER ESTABLISHMENT/ANTI-ESTABLISHMENT-DIMENSION

(Mittelwerte der Produkt-moment Korrelationen von fünf Nationen)

| | Links - Rechts | Establishment/ Anti-Establ. |
|---|---|---|
| Parteiidentifikation | .698 | -.122 |
| letzte Wahlentscheidung | .631 | -.148 |
| Links-Rechts-Selbsteinstufung | .444 | -.195 |
| Mat./Post-Mat.Werte | -.199 | .302 |
| Protest-Potential | -.196 | .366 |
| Kirchgangshäufigkeit | -.253 | .132 |
| Wichtigkeit der Religion | -.227 | .183 |
| subjektive Klassenzugehörigkeit | .270 | .044 |
| Prestige des Berufs des Haushaltsvorstands | .165 | .071 |
| Familieneinkommen | .086 | .096 |

eher eine Antiestablishmentposition beziehen). Zwischen der Identifikation mit der Linkspartei und der Establishment/Antiestablishment-Dimension besteht nur eine vergleichsweise schwache Beziehung. Diese Dimension verläuft in beträchtlichem Ausmaß quer über die politischen Gruppensympathien. Dies gilt besonders in Österreich, wo sowohl die Parteiidentifikation als auch das Wahlverhalten in der letzten Wahl fast keinerlei Beziehung zu der Establishment/Antiestablishment-Dimension haben (Vergleiche Tabelle 3). In geringerem Maße trifft das auf Holland zu - wo die erst kürzlich erfolgte Umstrukturierung der Parteienlandschaft zu einer Struktur geführt zu haben scheint, in der die Parteipräferenzen in relativ großem Umfang die Neue Politik widerspiegeln. Und es gilt nur teilweise für die Vereinigten Staaten, wo die Parteiidentifikation nur eine bescheidene Korrelation mit der Establishment/Antiestablishment-Dimension aufweist, aber das Wahlverhalten in der letzten bundesweiten Wahl beträchtlich stärker korreliert. Dieser Gegensatz spiegelt zweifellos die Tatsache wider, daß die letzte bundesweite Wahl in den USA der Wahlgang von 1972 war, in dem McGovern gegen Nixon antrat: In dieser Wahl war das Wahlverhalten in ungewöhnlich großem Umfang Ausdruck der Neuen Politik, wie Miller und Levitin und andere dargelegt haben.

Die Vereinigten Staaten bilden noch in anderer Hinsicht eine Ausnahme. Während in allen anderen Ländern die Links-Rechts-Einordnung einen sehr viel stärkeren Zusammenhang mit der Links/Rechts-Gruppensympathie-Dimension als mit der Establishment-Dimension aufweist, gilt für die amerikanische Öffentlichkeit das Gegenteil. In diesem Land sind die Bezeichnungen "links" und "rechts" im Sprachgebrauch relativ neu; die Etiketten sind noch nicht auf bestimmte politische Parteien fixiert - und sie sind vor allem Ausdruck gegenwärtiger politischer Konflikte.

Während die Links-Rechts-Dimension der sozioökonomischen Gruppensympathie stark mit der politischen Parteiloyalität zusammenhängt, ist die Establishment-Dimension Ausdruck der Werte des Individuums und vor allem seines Scores für politisches

Tabelle 3

KORRELATIONEN VON LINKS-RECHTS DIMENSION UND
ESTABLISHMENT/ANTI-ESTABLISHMENT DIMENSION IN FÜNF WESTLICHEN NATIONEN

(Produkt-Moment Korrelationen)

| | Vereinigte Staaten | | Grossbritannien | | Niederlande | | Deutschland | | Österreich | |
|---|---|---|---|---|---|---|---|---|---|---|
| | Links/ Rechts | Establ./ Anti-Est. | Links/ Rechts | Establ. Anti-Est. | Links/ Rechts | Establ. Anti-Est. | Links/ Rechts | Establ. Anti-Est. | Links/ Rechts | Establ. Anti-Est. |
| Parteiidentifikat. | .600 | -.149 | .724 | -.128 | .654 | -.184 | .749 | -.158 | .761 | .009 |
| letzte Wahlentscheidung | .485 | -.315 | .703 | -.122 | .647 | -.185 | .652 | -.135 | .669 | .018 |
| Links-Rechts Selbsteinstufung | .127 | -.238 | .492 | -.180 | .575 | -.235 | .522 | -.260 | .504 | -.065 |
| Mat./Post.-Mat. Werte | -.086 | 328 | -.174 | .263 | -.301 | .340 | -.282 | .340 | -.154 | .239 |
| Protest-Potential | -.126 | 477 | -.155 | .298 | -.368 | .391 | -.255 | .399 | -.074 | .267 |
| Kirchgangshäufigk. | -.050 | .182 | -.096 | .108 | -.190 | .206 | -.449 | 088 | -.480 | .077 |
| Wichtigkeit der Religion | -.009 | .238 | -.067 | .186 | -.323 | .225 | -.346 | .168 | -.392 | .098 |
| Subjektive Klassenzugehörigkeit | .213 | .056 | .364 | -.041 | .344 | .051 | .169 | .002 | .261 | .071 |
| Prestige des Berufs d.Haushaltsvorstands | .198 | .077 | .263 | .036 | .209 | .119 | .023 | .057 | .130 | .068 |
| Familieneinkommen | .140 | -.064 | .065 | .113 | .179 | .046 | -.044 | .094 | .002 | .165 |

Protestpotential.[7] Die letztere Beziehung überrascht kaum, denn diese Dimension beruht zum Teil auf der Einordnung von Protestgruppen durch die Befragten. Der Zusammenhang mit Werttypen ist hinsichtlich des äußerlich erkennbaren Inhalts nicht offensichtlich; doch bestätigt er den vermuteten Zusammenhang zwischen Werten und einer Unterstützung sozialen Wandels: die Postmaterialisten neigen (trotz ihres relativ gehobenen ökonomischen Status) dazu, Establishmentgruppen relativ negativ einzuordnen, und Antiestablishmentgruppen positiv. Während in den Vereinigten Staaten der Werttyp nur eine schwache Beziehung zur sozioökonomischen Links-Rechts-Dimension hat, hat er eine starke Beziehung zu der Establishment-Dimension. In Holland zeigt der Werttyp im Gegensatz dazu eine starke Beziehung zu beiden Dimensionen - ein weiterer Hinweis darauf, daß die Parteien in diesem Land die Neue Politik in relativ großem Umfang integriert haben.

Unter den verbleibenden Variablen der sozialen Herkunft stehen das Glaubensbekenntnis und die soziale Schicht in starkem Zusammenhang mit der sozioökonomischen Links-Rechts-Dimension. Dies ist zu erwarten, da Gruppensympathie-Einordnungen für Arbeitnehmer und Arbeitgeber - und in manchen Ländern auch für die Kirche - dazu beitragen, diese Dimension zu definieren. Etwas überraschend ist allerdings die relativ schwache Verbindung zu objektiven Indikatoren der sozialen Schicht (beruflicher Status und Familieneinkommen). Während die subjektive soziale Schicht relativ starke Korrelationen mit der sozioökonomischen Links-Rechts-Dimension aufweist, bestehen beim Berufsprestige durchgehend schwächere Beziehungen, und der Zusammenhang zwischen dem Einkommen und dieser Dimension ist in drei der fünf Fälle praktisch vernachlässigbar. Außerdem weisen die beiden Variablen des Glaubensbekenntnisses bisweilen eine beträchtliche Korrelation mit der Establishment-Dimension auf, doch besteht fast gar keine Beziehung zwischen den Variablen der sozialen Schicht und der Frage, ob jemand die bestehende Gesellschaftsordnung unterstützt oder dagegen opponiert.

Wir haben weiter oben vermutet, daß die sozioökonomische Links-Rechts-Dimension zum Teil auf einer strukturellen Trägheit der Gesellschaft beruht: besonders für die ideologisch weniger Bewußten ist sie mehr Ausdruck traditioneller Loyalitäten und Gruppenbindungen als der eigenen Reaktion auf gegenwärtige Streitfragen. Untersuchen wir einmal einige relevante Daten: aufbauend auf den Arbeiten von Converse hat Klingemann einen Index für das Niveau der Konzeptualisierung entwickelt, der auf der Erklärung der Unterschiede zwischen den politischen Parteien und der politischen Bedeutung von links und rechts durch die Befragten beruht.[8] Diese Variable wurde in die Umfragen von 1974 eingearbeitet und ermöglicht uns, den Umfang der Beziehungen zwischen Werten, sozialer Herkunft und unseren beiden politischen Konfliktdimensionen zu vergleichen.

Wie aus Tabelle 4 hervorgeht, haben sowohl die Parteiidentifikation als auch das Wahlverhalten in der letzten landesweiten Wahl eine starke Beziehung zur sozioökonomischen Links-Rechts-Dimension, ohne Rücksicht darauf, ob der politische Bewußtseinsstand hoch oder niedrig ist. Im Gegensatz dazu besteht zwischen diesen beiden Variablen und der Establishmentdimension bei Befragten mit einem niedrigen Konzeptualisierungsniveau eine schwache Beziehung, jedoch eine starke bei Befragten mit einem hohen Konzeptualisierungsniveau. Dies entspricht der Hypothese, daß die letztere Dimension erst in neuester Zeit hervorgetreten ist - und sich nur bei Personen mit einem relativ hohen politischen Bewußtseinsstand auf die Entscheidung für eine politische Partei auswirkt.

Die Werttypen entwickeln sich von ziemlich schwachen zu ziemlich starken Beziehungen zu beiden Dimensionen, wenn wir von einem niedrigen zu einem hohen Niveau der Konzeptualisierung übergehen. Obwohl die Werte bei den politisch anspruchsvolleren Personen eine stärkere Beziehung zu der vermutlich neuen Dimensionen haben als zur sozioökonomischen Links-Rechts-Dimension, begünstigen post-materialistische Werte eine Opposi-

Tabelle 4

KORRELATIONEN VON LINKS-RECHTS-SYMPATHIE-DIMENSION
UND ESTABLISHMENT / ANTI-ESTABLISHMENT DIMENSION
NACH NIVEAU VON KONZEPTUALISIERUNG

(Mittelwerte der Produkt-moment-Korrelationen von fünf Nationen)

| | Links-Rechts-Dimension | | | Establishment/Anti-Establishment | | |
|---|---|---|---|---|---|---|
| | Niveau von Konzeptualisierung | | | Niveau von Konzeptualisierung | | |
| | Hoch | Mittel | Niedrig | Hoch | Mittel | Niedrig |
| Parteiidentifikation | .76 | .71 | .67 | -.29 | -.14 | -.07 |
| letzte Wahlentscheidung | .66 | .64 | .61 | -.27 | -.19 | -.08 |
| Links-Rechts-Selbsteinstufung | .61 | .48 | .34 | -.39 | -.19 | -.08 |
| Mat./Post-Mat.Werte | -.33 | -.24 | -.13 | .43 | .32 | .19 |
| Protest-Potential | -.35 | -.24 | -.12 | .54 | .36 | .27 |
| Kirchgangshäufigkeit | -.20 | -.26 | -.26 | .19 | .15 | .10 |
| Prestige des Berufs des Haushaltsvorstands | .15 | .16 | .19 | .07 | .10 | .03 |

tion gegenüber der vorhandenen Gesellschaftsordnung _und_ Sympathie für die Linke. Die Selbsteinordnung auf der Links-Rechts-Ideologie-Skala ist analog: obwohl sie einen stärkeren Zusammenhang mit der sozioökonomischen Links-Rechts-Dimension als mit der Establishment-Dimension aufweist, zeigt sie bei den politisch Bewußtesten eine recht starke Verbindung zur letzteren Dimension. Die Annahme scheint plausibel zu sein, daß die Personen mit einem hohen Konzeptualisierungsniveau dazu neigen, dem übrigen Publikum bei der Entwicklung ihrer ideologischen Anschauungen voraus zu sein. Wenn dies der Fall ist, läßt die Struktur darauf schließen, daß wir unter Umständen soeben eine Veränderung der Bedeutung von links und rechts bei dem Massenpublikum erleben, wobei die Unterstützung für die Neue-Politik-Gruppen und post-materialistischeWerte zu einer bedeutsameren Komponente einer "linken" politischen Einstellung werden.

In gleicher Weise scheint es signifikant zu sein, daß die Korrelationen sowohl der Kirchgangshäufigkeit als auch des beruflichen Status mit der sozioökonomischen Links-Rechts-Dimension bei den Befragten mit einem _niedrigen_ Konzeptualisierungsniveau am höchsten sind. Ein erhöhter politischer Bewußtseinsstand scheint die Relevanz von materialistischen/post-materialistischen Werten für Links-Rechts-Sympathien zu steigern; doch _verringert_ er die Relevanz von Glaubensbekenntnis und sozialer Schichtzugehörigkeit. Bei den politisch Ungebildetsten haben Glaubensbekenntnis und soziale Schichtzugehörigkeit eine weitaus größere Wirkung als Werte auf die Sympathien für linke oder rechte Gruppen. Bei den politisch Gebildetsten verhält es sich genau umgekehrt.

Wir haben mögliche Veränderungen bei den politischen Konfliktmustern angesprochen. Letztendlich läßt sich ein Wandel natürlich nur mit einer Reihe von Daten im Zeitverlauf nachweisen, die unsere gegenwärtigen Daten nicht bieten. Die Parteiloyalitäten halten sich jedoch hartnäckig, wie aus den Wahlergebnissen aus den meisten westlichen Ländern in den letzten Jahrzehnten hervorgeht. Wenn es sich so wie in unserer Hypothese verhält und wir mit dem Aufkommen einer neuen Basis des politischen Konflikts zu tun haben, die allmählich die traditionelle sozioökonomische Links-Rechts-Dimension überlagert, könnten wir erwarten, daß sich das alte Muster bei alten Befragten gehalten hat und neue Parteigruppierungen erst in dem Maße wirksam werden, wie eine neue Generation an die Stelle der alten tritt. In welchem Umfang geht aus unseren Daten eine Verschiebung in der Basis der Parteiorientierung hervor, wenn wir von älteren zu jüngeren Befragten übergehen?

Tabelle 5 zeigt das Gesamtmuster zusammengefaßt für die Umfragen in fünf Ländern im Jahre 1974; aus den Tabellen 6 und 7 gehen die Einzeldaten für jedes Land hervor.

Die politische Parteiidentifikation, das Wahlverhalten in der letzten Wahl und die ideologische Links-Rechts-Selbsteinordnung stehen bei allen drei Alterskategorien in diesen Tabellen in starkem Zusammenhang mit der sozioökonomischen Links-Rechts-Gruppensympathie-Dimension. Die Korrelationen sind bei den ältesten Gruppen etwas stärker als bei den jüngsten, jedoch nicht übermäßig (die einzige Ausnahme dabei ist die Links-Rechts-Selbsteinordnung in den Vereinigten Staaten: in Übereinstimmung damit, daß diese Bezeichnungen dort erst seit relativ kurzer Zeit gebraucht werden, stellen wir bei der ältesten Gruppe eine vernachlässigbare Korrelation fest).

Diese drei Variablen zeigen das <u>entgegengesetzte</u> Muster hinsichtlich der Establishment/Antiestablishment-Dimension: bei einer schwachen Beziehung zu dieser Dimension bei den alten Gruppen zeigen sie relativ starke Korrelationen in der jüngsten Gruppe. Die Daten weisen in dieselbe Richtung wie unser Vergleich nach Konzeptualisierungsniveaus: die Establishment-Dimension ist eine bedeutendere Komponente der Parteienpräferenz bei den politisch bewußteren <u>und</u> bei den jungen Befragten. Diese Ergebnisse lassen darauf schließen, daß die vermutete Neue-Politik-Dimension tatsächlich neu ist - und für das Wahlverhalten zunehmend relevant wird. In ähnlicher Weise zeigen Wertprioritäten bei den jungen

Tabelle 5

KORRELATIONEN VON LINKS-RECHTS-DIMENSION
UND ESTABLISHMENT/ANTI-ESTABLISHMENT DIMENSION
NACH ALTER

(Mittelwerte der Produkt-Moment-Korrelationen von fünf Nationen)

| | Links-Rechts Sympathien | | | Establishment/Anti-Establishment | | |
|---|---|---|---|---|---|---|
| | Alter: | | | Alter: | | |
| | 16-39 | 40-59 | 60+ | 16-39 | 40-59 | 60+ |
| Parteiidentifikation | .67 | .69 | .74 | -.15 | -.08 | -.08 |
| letzte Wahlentscheidung | .61 | .62 | .69 | -.19 | -.12 | -.05 |
| Links-Rechts-Selbsteinstufung | .44 | .42 | .46 | -.22 | -.12 | -.12 |
| Mat./Post-Mat.Werte | -.21 | -.18 | -.19 | .34 | .19 | .17 |
| Protest Potential | -.19 | -.20 | -.19 | .37 | .27 | .23 |
| Kirchgangshäufigkeit | -.24 | -.24 | -.27 | .14 | .10 | .05 |
| Wichtigkeit der Religion | -.21 | -.22 | -.25 | .16 | .11 | .12 |
| Subjektive Klassenzugehörigkeit | +.22 | +.28 | +.37 | .02 | -.03 | .03 |
| Prestige des Berufs des Haushaltsvorstands | +.11 | +.20 | +.24 | .08 | -.01 | -.02 |

Tabelle 6

KORRELATIONEN VON LINKS-RECHTS SYMPATHIE DIMENSION
NACH ALTERSKLASSEN

(Produkt-Moment-Korrelationen)

| | Vereinigte Staaten | | | Großbritannien | | | Niederlande | | | Deutschland | | | Österreich | | |
|---|---|---|---|---|---|---|---|---|---|---|---|---|---|---|---|
| Alter: | 16-39 | 4o-59 | 60+ | 16-39 | 40-59 | 60+ | 16-39 | 40-59 | 60+ | 16-39 | 40-59 | 60+ | 16-39 | 40-59 | 60+ |
| Parteiidentifikation | .57 | .62 | .63 | .66 | .73 | .77 | .67 | .60 | .73 | .75 | .74 | .76 | .70 | .74 | .79 |
| Letzte Wahlentscheidung | .46 | .47 | .55 | .66 | .70 | .71 | .64 | .63 | .73 | .61 | .64 | .71 | .66 | .66 | .70 |
| Links-Rechts Selbsteinstufung | .16 | .14 | .06 | .46 | .46 | .54 | .57 | .53 | .64 | .55 | .46 | .53 | .46 | .53 | .53 |
| Mat./Post-Mat.Werte | -.09 | -.10 | -.08 | -.08 | -.18 | -.26 | -.31 | -.27 | -.29 | -.35 | -.22 | -.17 | -.22 | -.13 | -.17 |
| Protest-Potential | -.14 | -.12 | -.14 | -.17 | -.19 | -.15 | -.38 | -.37 | -.36 | -.17 | -.24 | -.19 | -.08 | -.08 | -.12 |
| Kirchgangshäufigkeit | -.04 | -.06 | -.04 | -.10 | -.09 | -.10 | -.18 | -.17 | -.24 | -.39 | -.43 | -.48 | -.49 | -.46 | -.51 |
| Wichtigkeit der Religion | .01 | -.05 | .05 | -.03 | -.01 | -.14 | -.32 | -.35 | -.26 | -.30 | -.33 | -.37 | -.39 | -.38 | .45 |
| Subjektive Klassenzugehörigkeit | .19 | .22 | .27 | .35 | .34 | .42 | .32 | .38 | .42 | .07 | .22 | .28 | .15 | .24 | .47 |
| Prestige des Berufs des Haushaltsvorstands | .15 | .27 | .22 | .22 | .31 | .28 | .13 | .27 | .39 | -.01 | .07 | .05 | .06 | .09 | .27 |

Tabelle 7

KORRELATIONEN VON ESTABLISHMENT / ANTI-ESTABLISHMENT DIMENSION
NACH ALTERSKLASSEN

(Produkt-Moment-Korrelationen)

| | Vereinigte Staaten | | | Großbritannien | | | Niederlande | | | Deutschland | | | Österreich | | |
|---|---|---|---|---|---|---|---|---|---|---|---|---|---|---|---|
| Alter: | 16-39 | 4o-59 | 6o+ | 16-39 | 4o-59 | 6o+ | 16-39 | 4o-59 | 6o+ | 16-39 | 4o-59 | 6o+ | 16-39 | 4o-59 | 6o+ |
| Parteiidentifikation | -.16 | -.05 | -.21 | -.21 | -.08 | -.03 | -.15 | -.12 | -.11 | -.22 | -.13 | -.02 | .00 | -.01 | -.01 |
| Letzte Wahlentscheidung | -.46 | -.26 | -.18 | -.15 | -.11 | -.07 | -.22 | -.10 | -.02 | -.16 | -.16 | .00 | -.02 | .02 | .03 |
| Links-Rechts Selbsteinstufung | -.19 | -.09 | -.27 | -.20 | -.18 | -.09 | -.24 | -.19 | -.13 | -.34 | -.19 | -.13 | -.14 | .05 | .02 |
| Mat./Post-Mat.Werte | .33 | .28 | .10 | .33 | .20 | .09 | .34 | .17 | .36 | .38 | .20 | .14 | .30 | .12 | .15 |
| Protest Potential | .44 | .39 | .27 | .31 | .20 | .18 | .34 | .34 | .37 | .47 | .20 | .19 | .28 | .24 | .13 |
| Kirchgangshäufigkeit | .19 | .19 | .04 | .10 | .10 | .09 | .18 | .18 | .20 | .13 | .01 | .06 | .12 | .04 | .00 |
| Wichtigkeit der Religion | .23 | .24 | .08 | .18 | .07 | .09 | .16 | .14 | .19 | .15 | .07 | .08 | .10 | .04 | .15 |
| Subjektive Klassenzugehörigkeit | .04 | .01 | .02 | -.07 | -.08 | -.04 | .04 | -.08 | -.06 | .03 | .02 | .05 | .08 | .03 | .01 |
| Prestige des Berufs des Haushaltsvorstands | .05 | -.12 | .00 | -.02 | .09 | -.11 | .17 | -.04 | .03 | .10 | .07 | .04 | .08 | .08 | .04 |

Befragten eine stärkere Beziehung zu der Establishment-Dimension als bei den alten, und (in den meisten Fällen) bei den jungen eine geringfügig stärkere Korrelation mit der sozioökonomischen Links-Rechts-Dimension. Umgekehrt sind die Variablen des Glaubensbekenntnisses und der sozialen Schichtzugehörigkeit bei der älteren Generation stärker mit Links-Rechts-Gruppensympathien verbunden als bei den Jungen. Allerdings besteht ein signifikanter Unterschied zwischen diesen beiden Reihen von Variablen. Die Relevanz der sozialen Schichtzugehörigkeit nimmt beträchtlich ab, während die des Glaubensbekenntnisses nur geringfügig zurückgeht.

Insgesamt stützten die Unterschiede nach Altergruppen die Hypothese, daß die Establishment/Antiestablishment-Dimension eine neue Achse des politischen Konflikts darstellt, dabei in beträchtlichem Umfang vorhandene Parteiloyalitäten überlagert, sie allerdings bei den jungen und ideologisch bewußteren Befragten allmählich verwandelt.

Die langfristigen Implikationen des Wahlverhaltens scheinen signifikant. Untersuchen wir dieses Thema unmittelbarer. Tabelle 8 faßt die Beziehungen dieser Variablen zum Wahlverhalten nach Altersgruppen zusammen; die Tabelle 9 gibt die Einzeldaten für jedes Land wieder.

Insgesamt nimmt die Stärke der Beziehung zwischen den sozioökonomischen Links-Rechts-Gruppensympathien und Wahlverhalten beim Übergang von älteren zu jüngeren Befragten nur geringfügig ab. Die Relevanz der Establishment/Antiestablishment-Dimension nimmt jedoch drastisch zu - in vier der fünf Länder von einem vernachlässigbaren Niveau überall zu einem ziemlich beträchtlichen Wert, außer in Österreich. In den Vereinigten Staaten war die offenbare Auswirkung der Neue-Politik-Dimension auf das Wahlverhalten im Jahr 1972 fast so groß wie die Auswirkung der sozioökonomischen Links-Rechts-Dimension. Das Verhältnis zwischen Werten und Wahlverhalten nimmt in vier der fünf Länder

Tabelle 8

KORRELATIONEN VON LETZTER WAHLENTSCHEIDUNG
- nach ALTERSKLASSEN -

(Mittelwerte der Produkt-Moment-Korrelationen von Fünf Nationan)

| | A l t e r | | |
|---|---|---|---|
| | 16-39 | 49-59 | 60+ |
| Links-Rechts-Dimension | .61 | .62 | .69 |
| Establishment/Anti-Est.-Dimension | -.19 | -.12 | -.05 |
| Parteiidentifikation | .81 | .83 | .88 |
| Links-Rechts-Selbsteinstufung | .46 | .48 | .49 |
| Mat./Post-Mat.Werte | -.23 | -.15 | -.17 |
| Protest-Potential | -.22 | -.19 | -.18 |
| Kirchgangshäufigkeit | -.28 | -.28 | -.30 |
| Wichtigkeit der Religion | -.24 | -.21 | -.29 |
| Subjektive Klassenzugehörigkeit | .22 | .24 | .39 |
| Prestige des Berufs des Haushaltsvorstands | .09 | .16 | .25 |

Tabelle 9

KORRELATIONEN VON LETZTER WAHLENTSCHEIDUNG
NACH ALTERSKLASSEN

(Produkt-Moment-Korrelationen)

| | Vereinigte Staaten | | | Großbritannien | | | Niederlande | | | Deutschland | | | Österreich | | |
|---|---|---|---|---|---|---|---|---|---|---|---|---|---|---|---|
| Alter: | 16-39 | 4o-59 | 6o+ | 16-39 | 4o-59 | 6o+ | 16-39 | 4o-59 | 6o+ | 16-39 | 4o-59 | 6o+ | 16-39 | 4o-59 | 6o+ |
| Links-Rechts-Dimension | .46 | .47 | .55 | .66 | .70 | .74 | .64 | .63 | .73 | .61 | .64 | .71 | .66 | .66 | .7o |
| Establishment/Anti-Establishment-Dimension | -.41 | -.26 | -.18 | -.15 | -.11 | -.07 | -.22 | -.1o | -.o2 | -.16 | -.16 | .00 | -.o3 | -.o2 | .o3 |
| Parteiidentifikation | .55 | .51 | .57 | .89 | .95 | .95 | .83 | .84 | .97 | .83 | .9o | .94 | .96 | .94 | .95 |
| Links-Rechts-Selbsteinstufung | .18 | .19 | .05 | .58 | .57 | .56 | .58 | .57 | .73 | .49 | .54 | .57 | .47 | .55 | .55 |
| Mat./Post-Mat.Werte | -.29 | -.o8 | -.17 | -.15 | -.17 | -.28 | -.31 | -.23 | -.18 | -.25 | -.19 | -.17 | -.16 | -.1o | -.06 |
| Protest-Potential | -.34 | -.22 | -.21 | -.25 | -.19 | -.08 | -.29 | -.35 | -.45 | -.21 | -.2o | -.15 | -.o1 | .o1 | .oo |
| Kirchgangshäufigkeit | -.11 | -.o4 | -.o2 | -.14 | -.1o | -.11 | -.37 | -.43 | -.45 | -.29 | -.37 | -.42 | -.47 | -.46 | -.51 |
| Wichtigkeit der Religion | -.11 | -.o8 | -.o3 | -.12 | .oo | -.15 | -.42 | -.35 | -.48 | -.24 | -.29 | -.33 | -.33 | -.35 | -.46 |
| Subjektive Klassenzugehörigkeit | .13 | .15 | .24 | .36 | .4o | .45 | .23 | .22 | .32 | .13 | .16 | .29 | .25 | .25 | .53 |
| Prestige des Berufs des Haushaltsvorstands | .o5 | .13 | .2o | .18 | .34 | .39 | .o4 | .12 | .26 | .o7 | .o9 | .1o | .12 | .13 | .3o |

parallel zu. Großbritannien stellt eine verblüffende und rätselhafte Ausnahme dar: unsere Daten zeigen bei der ältesten Gruppe eine beträchtlich stärkere Korrelation zwischen Werten und Wahlverhalten als bei der jüngsten. Dieses Ergebnis läuft unseren theoretischen Erwartungen zuwider. Solange es im Falle England nicht Ausdruck eines Stichprobenfehlers ist, läßt es darauf schließen, daß unsere Hypothesen auf dieses Land nur teilweise anwendbar sind. Hierzu werden wir in Kürze weiteres Material vorlegen. Insgesamt jedoch lassen die Daten auf eine zunehmende Auswirkung sowohl der materialistischen/post-materialistischen Werte als auch der Neue-Politik-Dimension auf das Wahlverhalten jüngerer Gruppen schließen - wobei die Bedeutung der Variablen des Glaubensbekenntnisses mäßig und die Bedeutung der sozialen Schichtzugehörigekeit ziemlich stark zurückgeht. Die Implikationen dieser Ergebnisse sind wirklich signifikant. Doch wie verbreitet ist dieses Muster? Gilt es auch für andere Länder (und andere Stichproben) als die fünf hier untersuchten? Um diese Frage zu beantworten, wollen wir zu den bereits besprochenen Meinungsumfragen in der europäischen Gemeinschaft zurückkehren. Tabelle 10 zeigt das Verhältnis zwischen sozialer Schichtzugehörigkeit und Wahlverhalten in der Zusammenfassung der Stichproben aus den Einzelländern in einer Umfrage von 1977, die in Frankreich, Deutschland, Italien, England, Belgien, Holland, Luxemburg, Dänemark und Irland veranstaltet wurde. Das Muster deckt sich mit dem oben Dargelegten: der Alford Social Class Voting Index fällt von einem Gesamtwert von +23 bei der ältesten Gruppe auf einen Index von +12 bei der jüngsten. Tabelle 11 liefert ähnliche Informationen über das Verhältnis zwischen Kirchgangshäufigkeit und Wahlverhalten. Auch hier wieder ähnelt die Gesamtstruktur den Ergebnissen aus der Fünf-Länder-Meinungsumfrage: der Zusammenhang ist bei der jüngsten Altersgruppe schwächer - wenn auch nur geringfügig - als bei der ältesten.

Die Tabelle 12 schließlich zeigt den Zusammenhang zwischen materialistischen/post-materialistischen Werten und dem Wahlverhalten. Auch hier wiederum deckt sich das Gesamtmuster mit den oben dargestellten Ergebnissen: die Beziehung zu Werten nimmt im Übergang

Tabelle 10

LINKS - RECHTS WAHLABSICHT NACH SOZIALEN KLASSEN
UND NACH ALTERSKLASSEN

(Wahlabsicht für Linksparteien in den 9 E.G.-Ländern, Prozentzahl) +

| | Altersklassen: | | |
|---|---|---|---|
| Haushaltsvorstand hat: | 18-34 Jahre | 35-54 | 55-89 |
| Manual-Beruf | 63 % (869) | 59 (822) | 58 (291) |
| Nicht-Manual-Beruf | 51 % (968) | 41 (996) | 35 (294) |
| Gamma: | .233 | .353 | .434 |
| Alford Index: | +12 | +18 | +23 |

+ Ergebnisse der Mai 1977 E.G.-Umfrage

Tabelle 11

LINKS - RECHTS - WAHLABSICHT NACH KIRCHGANGSHÄUFIGKEIT
UND NACH ALTERSKLASSEN

(Wahlabsicht für Linksparteien in den 9 E.G.-Ländern, Prozentzahl)

| | Altersklassen: | | |
|---|---|---|---|
| Kirchgangshäufigkeit: | 18 - 34 Jahre | 35 - 54 | 55 - 89 |
| mehrmals in der Woche | 28 % (74) | 30 (116) | 25 (161) |
| einmal pro Woche | 35 (523) | 31 (617) | 28 (599) |
| mehrmals im Jahr | 53 (704) | 48 (781) | 48 (612) |
| nie | 69 (352) | 63 (358) | 67 (260) |
| gamma: | .412 | .376 | .445 |

Tabelle 12

LINKS - RECHTS WAHLABSICHT NACH WERTETYPEN
UND NACH ALTERSKLASSEN

(Wahlabsicht für Linksparteien in den 9. E.G.-Ländern, Prozentzahl)+

| | Altersklassen: | | |
|---|---|---|---|
| Werttype: | 18-34 Jahren | 35 - 54 | 55 - 89 |
| materialistisch | 50 % (670) | 43 (870) | 42 (914) |
| gemischt | 55 (1131) | 51 (1050) | 48 (788) |
| postmaterialistisch | 73 ( 292) | 64 (177) | 65 ( 54) |
| gamma: | .233 | .196 | .143 |

von der ältesten zur jüngsten Gruppe signifikant zu. Da in dieser Umfrage britische Daten enthalten sind, können wir die Frage stellen, ob England auch hier abweicht, wie bereits oben. Die Antwort ist positiv - wenn auch in geringerem Umfang. In der englischen Umfrage von 1977 weisen die postmaterialistischen Werte bei der jüngsten Gruppe einen geringfügig stärkeren Zusammenhang mit einer linken (Labour Party) Wahlabsicht auf als bei der ältesten; die Unterschiede zwischen den einzelnen Altersgruppen jedoch sind vernachlässigbar: England bleibt in dieser Hinsicht ein abweichender Fall. Es erscheint möglich, daß in England anhaltende wirtschaftliche Schwierigkeiten eine Situation herbeigeführt haben, in der materialistische Werte mit fast derselben Wahrscheinlichkeit zur Unterstützung für die Linke führen wie post-materialistische.

England scheint jedoch ein abweichender Fall zu sein. Daten aus elf verschiedenen westlichen Ländern lassen darauf schließen, daß das Wahlverhalten jüngerer Befragter im allgemeinen stärker mit materialistischen/post-materialistischen Werten zusammenhängt als das älterer Befragter. Dieses Ergebnis scheint Teil eines umfassenderen Phänomens zu sein, innerhalb dessen eine neue Achse des politischen Konflikts, die auf der Opposition oder Unterstützung gegenüber nichtökonomischen Formen des gesellschaftlichen Wandels beruht, zunehmende politische Bedeutung erlangt.

In beträchtlichem Ausmaß verläuft diese Dimension der Neuen Politik quer über die traditionelle sozioökonomische Links-Rechts-Dimension. Nur unter den jüngeren und politisch aufgeschlossensten Gruppen hat sie bisher eine merkbare Auswirkung auf Parteipräferenzen. Für den größten Teil der Bevölkerung sind diese Präferenzen, und nicht die neueren politischen Streitfragen, weiterhin Ausdruck traditioneller Parteiloyalitäten und Gruppenbindungen.

F u ß n o t e n

1. Für eine Analyse der New Issues Dimension in den Vereinigten Staaten vgl. Herbert Weisberg und Jerrold G. Rusk "Dimensions of Candidate Evaluation," in: American Political Science Review 64,4 (Dezember 1970), S. 1167-1185; und Warren E. Miller und Theresa Levitin, Leaderschip and Change: New Politics and the American Electorate (Cambridge, Mass: Winthrop, 1976): Für Material über ein ähniches Phänomen in der Schweiz vgl. Ronald Inglehart und Dusan Sidjanski, "The Left, the Right, the Establishment and the Swiss Electorate," in: Ian Budge et al. (Hrsg.), Party Identification and Beyond (London: Wiley, 1976).

2. Vgl. Seymour M. Lipset und Stein Rokkan, "Cleavage Structures and Voter Alignments," in: Lipset und Rokkan (Hrsg.) Party Systems and Voter Alignments (New York: Free Press, 1967).

3. Vgl. Ronald Inglehart, The Silent Revolution: Changing Values and Political Styles among Western Publics (Princeton: Princeton University Press, 1977); deutsche Übersetzung Die Stille Revolution (Königstein: Äthenäum Verlag, 1979) in Vorbereitung

4. Vgl. Abraham H. Maslow, Motivation and Personality, 2. Ausg. (New York: Harper and Row, 1970).

5. Für eine Beschreibung von Feldarbeit und den Ergebnisbericht vgl. Samuel H. Barnes, Max Kaase et al., Political Action: Mass Participation in Five Nations (Beverly Hills: Sage, 1979, in Vorbereitung). Vgl. auch Inglehart, "Politische Konsequenzen von materialistischen und postmaterialistischen Prioritäten," in: Helmut Klages und Peter Kmieciak (Hrsg.) Wertwandel und gesellschaftlicher Wandel (Frankfurt: Campus Verlag, 1979).

6. Vgl. Ronald Inglehart und Hans D. Klingemann, "Party Identification, Ideological Preference and the Left-Right Dimension," in: Ian Budge et al., (Hrsg.) Party Identification and Beyond.

7. Für eine Beschreibung der hier verwendeten Protestpotential-Skala vg. Max Kaase und Alan Marsh, Measuring Components of Political Action," in: Barnes, Kaase et al., Political Action.

8. Vgl. Hans D. Klingemann, "Ideological Conceptualization of Politics: Indicators and Distributions," in Barnes, Kaase et al., Political Action. Vgl. auch Philip E. Converse, "The Nature of Belief Systems in Mass Publics," in: David E. Apter (Hrsg.), Ideology and Discontent (New York: Free Press, 1964).

Max Kaase
Hans Klingemann

# Sozialstruktur, Wertorientierung und Parteiensystem: Zum Problem der Interessenvermittlung in westlichen Demokratien

## 1. Theoretischer Ansatz

Die Betrachtung des Zusammenhangs von Sozialstruktur, Wertorientierung und Parteiensystem gehört zu den klassischen Themen der Politischen Soziologie. Dennoch ist festzustellen, daß gerade zu diesem Problemkreis wenig gesichertes Wissen vorliegt. Das gilt besonders für die interkulturell - vergleichende Forschung.

Wertorientierungen sind evaluative Standards, die der Beurteilung von sozialen und politischen Lagen dienen. Sie sind ein Variablenkomplex, der zwischen Sozialstruktur und politischem Verhalten interveniert. Wir räumen diesem Variablenkomplex deshalb einen zentralen Platz in unserem Erklärungsansatz ein, weil die großen Interessengegensätze der Gesellschaft in der Regel unter Bezug auf solche Wertorientierungen ausgefochten werden. Erst eine kulturelle Deutung macht Interessengegensätze handlungsrelevant (Pappi und Laumann, 1974: 160).

Diese Sichtweise erweitert das traditionelle Modell der Politik als Interessenpolitik. Sozialstrukturelle Variablen werden so als Indikatoren für unterschiedliche Sozialisationseinflüsse konzeptualisiert, die Werthaltungen prägen. Und erst diese Werthaltungen bestimmen die Art des politischen Konflikts im Einzelnen. Wir gehen also nicht von objektiv vorgegebenen Interessengegensätzen aus. Wir betrachten vielmehr solche Interessengegensätze, die bereits kulturell gedeutet sind. Im Rahmen eines solchen Ansatzes kann empirisch entschieden werden, welche der möglicherweise objektiv ableitbaren Interessen der Gesellschaft politisch tatsächlich umgesetzt werden.

Die Relevanz der durch Religion und soziale Schicht sozialstrukturell angelegten Interessenkonflikte für die westeuropäischen Parteiensysteme ist unbestritten (Lipset und Rokkan, 1967). Wie wir wissen, werden diese Konflikte durch die Links-Rechts Dimension und durch die Dimension der religiös-säkularen Wertorientierung kulturell gedeutet. Der Grad an sozialer Diffusion dieser Deutungsmuster ist so groß, daß weite Bevölkerungsgruppen

in der Lage sind, ihre soziale und politische Lage in einem größeren Sinnzusammenhang zu verstehen und zu bewerten.
Diese "alten" Konfliktlinien sind heute ebensowenig verschwunden wie die Muster ihrer kulturellen Interpretation.
Ergebnisse neuerer Forschungen, vor allem von Inglehart (1977), sprechen jedoch dafür, daß mit dem Gegensatz zwischen den Generationen ein "neuer" Interessenkonflikt in zunehmenden Maße die politische Auseinandersetzung in den westlichen Demokratien bestimmt. Die Studentenbewegung der späten sechziger Jahre und die Auseinandersetzungen um den Vietnamkrieg sind prominente Beispiele dieser Entwicklung. Inglehart ordnet diesem Konflikt ein Deutungsmuster zu, daß er mit dem Konzept der materialistisch - post-materialistischen Wertorientierung zu fassen sucht.
Inglehart postuliert unterschiedliche Werthierarchien in Abhängigkeit von der ökonomischen Entwicklung der Gesellschaft. Die konkrete Ausprägung der Werthierarchie des Individuums wird im Zusammenhang mit der ökonomischen Situation der für das Individuum bestimmenden Sozialisierungsphase, der "formative years", gesehen. Bei Personen, die in einer Ökonomie des Mangels sozialisiert werden, dominieren materielle Werte. Bei Personen, die ihre Sozialisierung in einer Ökonomie des Überflusses erleben, erscheinen post-materialistische Werte an der Spitze der Werthierarchie. Vor dem Hintergrund der historischen Entwicklung der westlichen Demokratien ist damit ein Wertkonflikt zwischen der Vor- und der Nachkriegsgeneration gegeben.
Dieser so gedeutete Generationskonflikt erhält eine besondere Qualität durch die Bereitschaft der jüngeren Generation, politische Ziele mit Mitteln politischer Beteiligung durchzusetzen, die von der älteren Generation teilweise abgelehnt werden. Zum Wertkonflikt tritt so ein Normkonflikt, der die Mechanismen des gegenwärtigen Parteiensystems in Frage stellt.
Auf dem Hintergrund dieses allgemeinen theoretischen Bezugrahmens werden wir zunächst den Zusammenhang von Sozialstruktur und Wertorientierung untersuchen und uns dann der Frage nach der Beziehung zwischen Wertorientierung, politischem Verhalten und Parteiensystem zuwenden.

## 2. Methodische Vorgehensweise

Für die empirische Analyse unserer Fragestellung greifen wir auf repräsentative Bevölkerungsumfragen zurück, die im Rahmen eines internationalen, vergleichenden Projekts im Jahre 1974 durchgeführt wurden (Barnes, Kaase und Associates, 1979). Die Länder, die in den Vergleich einbezogen werden,sind Deutschland, Österreich, Großbritannien und die USA. Diese Länder unterscheiden sich sozialstrukturell und in ihrer politischen Kultur vor allem dadurch, daß der konfessionelle Gegensatz in den angelsächsischen Ländern weit weniger politisiert wurde als in den beiden kontinentaleuropäischen Ländern.
Im Hinblick auf das Parteiensystem können alle vier Länder dem Typus "gemäßigter Pluralismus" zugerechnet werden. Dieser Faktor wird also konstant gehalten. Wir werden zeigen, daß gerade dieser Typ des Parteiensystems durch das Aufkommen der "neuen" Wertorientierungen vor besondere Probleme gestellt wird. Neben der Individualanalyse führen wir eine Analyse auf Gruppenebene durch, um dem makroanalytischen Teil unserer Fragestellung besser gerecht zu werden.

## 3. Vier Indikatoren für Wertorientierungen

Die Wertorientierungen der Bevölkerung werden durch vier Skalen erfaßt. Im Einzelnen handelt es sich dabei um:

1. eine Links-Rechts Selbsteinstufungsskala,
2. einen Index zur Erfassung der politischen Bedeutsamkeit sozialer Gleichheit,
3. einen Index zur Messung der materialistisch - post-materialistischen Wertorientierung, und
4. eine Selbsteinstufungsskala für Religiosität.

Die Einordnung und Bewertung politischer Objekte mit Hilfe der Links-Rechts Dimension ist ein integraler Bestandteil der europäischen politischen Kultur. Daß dieser Maßstab von der Bevölkerung tatsächlich verwendet wird, haben eingehende Untersuchungen gezeigt (Inglehart und Klingemann, 1976; Klingemann 1977). Das Meßinstrument ist eine Selbsteinstufungsskala. Auf eine spezielle inhaltliche Definition durch die Vorgabe von Items - etwa im Sinne der Einstellung gegenüber Eingriffen des Staates in die Wirtschaft (Downs, 1957) - haben wir verzichtet. Dies trägt der inhaltlich weiten Auslegung dieser Symbolik durch die Bevölkerung Rechnung. Wir werden jedoch sorgfältig darauf zu achten haben, welche Elemente in die Links-Rechts Skala in den einzelnen Ländern im Verständnis der Bevölkerung eingehen. Generell bestimmt, das zeigen ohne feste Antwortvorgaben gestellte Nachfragen nach der Bedeutung der Begriffe Links und Rechts in der Politik, das kulturell vertraute Modell die inhaltliche Bedeutung des Kontinuums: Bewahrung des status quo auf der rechten Seite und Veränderung der gesellschaftlichen und politischen Verhältnisse im progressiven Sinne auf der linken Seite.

In den USA sind die Begriffe Links und Rechts weniger geläufig; entsprechende Sachverhalte werden hier von der Bevölkerung eher mit den Begriffen Liberal und Konservativ gefaßt. Die mangelnde Vertrautheit äußert sich unter anderem auch darin, daß in den USA etwa ein Drittel der Befragten keine Selbsteinstufung auf dieser Dimension vornehmen kann. Es hätte daher naheliegen können, in den USA bei der Befragung die kulturell eingeführte Liberal-Konservativ Dimension vorzugeben. Da aber bis heute eine fundierte Theorie der funktionalen Äquivalenz von Meßinstrumenten für die vergleichende Forschung fehlt, haben wir uns seinerzeit in den USA für die wörtlich gleiche Fragestellung wie in den europäischen Ländern entschieden.

Die Verteilung der Links-Rechts Wertorientierung zeigt, besonders in den USA, in allen Ländern ein Übergewicht rechter Werthaltungen.

Der Index "Politische Bedeutsamkeit sozialer Gleichheit" ist von Barnes, Farah und Heunks (1979) beschrieben worden. Der Index kombiniert Einstellungen zur Wichtigkeit sozialer Gleichheit von Bevölkerungsgruppen mit der Beurteilung der Verantwortung, die der Staat für die Lösung dieser Probleme tragen sollte. Werden Fragen der sozialen Gleichheit für unwichtig gehalten und wird dem Staat keine Verantwortung für die Herbeiführung sozialer Gleichheit zugemessen, so wird von einer geringen politischen Bedeutsamkeit sozialer Gleichheit gesprochen. Ist das Gegenteil der Fall, so wird eine hohe Bedeutsamkeit sozialer Gleichheit angenommen.

Von den drei Items, die in diesen Index eingehen, waren zwei in allen vier untersuchten Ländern gleich formuliert. Dies waren: (1) Ausgleich der Unterschiede zwischen Arm und Reich und (2) Garantie gleicher Rechte für Männer und Frauen. Das dritte Item lautete in Deutschland und Österreich: (3) Sicherung gleicher Rechte für Gastarbeiter. In Großbritannien und in den USA wurde vorgegeben: (3) Providing equal rights for racial minorities. Obwohl das Gleichheitsthema stets angesprochen wird, ist nicht auszuschließen, daß sich dieser Unterschied in der Vorgabe auf die Ergebnisse auswirkt.

In allen untersuchten Ländern ist die Mittelkategorie am stärksten besetzt. Betrachtet man die äußeren Kategorien, so wird, mit Ausnahme von Deutschland, der politischen Bedeutsamkeit sozialer Gleichheit eine eher geringere Bedeutung zugemessen.

Der Index "Materialismus - Post-Materialismus" wurde in der hier verwendeten Form von Inglehart (1979) entwickelt. Wird der ökonomischen Stabilität sowie der inneren und äußeren Sicherheit ein höherer Rang zugebilligt als Gleichheit, Partizipation oder ideenorientierter Selbstverwirklichung, so wird von einer materialistischen Wertorientierung gesprochen. Ist das Gegenteil festzustellen, so liegt eine post-materialistische Wertorientierung vor. Der Index faßt Antworten der Befragten zu zehn Items zusammen. Das Übergewicht einer eher materialistischen Wertorientierung wird in allen untersuchten Ländern sichtbar.

Religiosität wurde, wie die Links-Rechts Wertorientierung, durch eine Selbsteinstufungsskala erfaßt. Die Antwortkategorien reichten von sehr religiös über recht und ein bißchen religiös bis hin zu nicht religiös.

Die entsprechenden Verteilungen zeigen einen bedeutenden Unterschied zwischen den drei europäischen Ländern einerseits und den USA andererseits. Während in den europäischen Ländern der religiös eingestellte Teil der Bevölkerung stets in der Minderheit ist, gilt das für die USA nicht. 75 Prozent der Bevölkerung stufen sich hier als sehr oder recht religiös ein. Darin spiegelt sich die unterschiedliche Organisation des religiösen Bereichs in den untersuchten Ländern wider.

Das Muster der Assoziation zwischen den vier Wertorientierungsskalen läßt im Hinblick auf die Länder Unterschiede und Gemeinsamkeiten erkennen. In allen Ländern ergibt sich ein Zusammenhang zwischen der Links-Rechts Skala und den beiden Skalen "Materialismus - Post-Materialismus" und "Politische Bedeutsamkeit sozialer Gleichheit". Hier zeigt sich, daß in der subjektiven Definition der Links-Rechts Dimension durch die Bevölkerung auch solche inhaltlichen Elemente mitschwingen. Der prägnanteste Unterschied ergibt sich im Hinblick auf die Beziehung der Links-Rechts Skala zur religiösen Wertorientierung. Diese Beziehung ist in Deutschland und Österreich sehr viel stärker ausgeprägt als in den beiden angelsächsischen Ländern. Dies deutet auf die unterschiedliche Bedeutung der Konfessionsstruktur für das Parteiensystem in diesen Ländern hin.

Die Korrelationen zwischen den Skalen sind jedoch insgesamt nur relativ schwach. Wir werden die Skalen deshalb in der Regel als Einzelskalen erhalten, soweit das die jeweils verwendete Analysetechnik zuläßt.

## 4. Sozialstruktur und Wertorientierungen

Der Zusammenhang zwischen Sozialstruktur und Wertorientierung wird unter zwei verschiedenen Aspekten betrachtet. Im ersten Schritt interessiert die Erklärung individueller Wertorientierungen aus sozialstrukturellen Ursachen. Dabei werden die sozialstrukturellen Variablen als Indikatoren für Sozialisationseinflüsse aufgefaßt, denen die Individuen ausgesetzt waren. Im zweiten Schritt steht die Frage im Mittelpunkt, inwieweit unterschiedliche Wertorientierungen durch bestimmte Bevölkerungs<u>gruppen</u> getragen werden und so zwischen den Gruppen distanzgenerierend wirken. Diese Perspektive wird durch die Individualanalyse nicht abgedeckt. Sie ist im Rahmen unseres Ansatzes insofern jedoch besonders wichtig, weil wir die wertbedingten Konfliktstrukturen der Gesellschaften makroanalytisch auf das Parteiensystem beziehen wollen.

Für die Individualanalyse betrachten wir die folgenden sozialstrukturellen Einflußfaktoren:

1. soziale Schicht
2. kirchliche Bindung

3. Alter
4. Schulbildung.

Von allen diesen Indikatoren kann angenommen werden, daß sie im Sozialisationsprozeß eine wichtige Rolle spielen. Der sozialen Schicht kommt in allen Sozialisationsmodellen eine prominente Stellung zu. Soziale Schicht kann auf unterschiedliche Weise operationalisiert werden. Pappi (1973a) hat nachgewiesen, daß eine Definition, die auf die objektiven Unterschiede der Soziallage abstellt, für die Analyse politischer Sachverhalte besonders geeignet ist. Die so beschriebenen Soziallagen werden in das politische Konfliktsystem unmittelbarer umgesetzt als das sich in schichttypischen Verkehrskreisen ausdrückende, mehr sozialen Status im Sinne von Prestige widerspiegelnde Schichtsystem. Aus diesen Gründen unterscheiden wir in dieser Analyse zwischen dem alten und dem neuen Mittelstand und der Arbeiterschaft. Dabei umfaßt der alte Mittelstand die Selbständigen, unter Einschluß der selbständigen Landwirte; der neue Mittelstand die Gruppe der Beamten und Angestellten.
Die konfessionelle Zusammensetzung der untersuchten Länder ist unterschiedlich. Wir fassen deshalb den gerade für die Wertorientierung wichtigen Sozialisationseinfluß dieses Bereichs durch den Indikator "kirchliche Bindung". Kirchliche Bindung wird operationalisiert durch die Häufigkeit des Kirchgangs. Dabei wird angenommen, daß mit steigender Kirchgangshäufigkeit der Einfluß der konfessionellen Sozialisationsinstanzen zunimmt.

Generationsspezifische Ursachen der Wertorientierung, die insbesondere in Ingleharts Theorie des Wertwandels eine besondere Rolle spielen, sollen durch die Variable Alter erfaßt werden.

Schulbildung steht hier weniger als zusätzlicher Indikator für soziale Schicht. Sie soll vielmehr die vom Schulsystem als Sozialisationsinstanz selbst ausgehenden Wirkungen repräsentieren.

Für die Darstellung des Zusammenhangs zwischen Sozialstruktur und Wertorientierung verwenden wir das Verfahren der kanonischen Korrelation. Dabei wird der Satz der sozialstrukturellen Variablen insgesamt mit dem Satz der Wertorientierungsvariablen insgesamt in Beziehung gesetzt. Es wird zunächst die lineare Kombination der

der sozialstrukturellen Merkmale bestimmt, die mit der linearen Kombination der Wertorientierungen am höchsten korreliert. Dies wird für den dann noch verbleibenden Teil der Varianz solange wiederholt, bis ein vorgegebenes Abbruchkriterium erreicht ist. Für die hier vorgelegte Analyse gilt, daß nur solche Faktorenpaare betrachtet werden, deren Signifikanzniveau einen Wert von $p < .01$ erreicht. Das Verfahren der kanonischen Korrelation hat den Vorteil, daß auf beiden Seiten der Gleichung möglichst viel Strukturinformation erhalten bleibt. Der kanonische Korrelationskoeffizient gibt die Stärke der Beziehung zwischen den jeweiligen Faktorenpaaren an; der Eigenwert den Anteil der gebundenen Varianz - bei unserer kausalen Perspektive also den Anteil der Varianz der Wertorientierungsskalen, der durch die lineare Kombination der sozialstrukturellen Variablen erklärt wird. Die standardisierten kanonischen Koeffizienten sind eine Hilfe zur inhaltlichen Bestimmung der Faktoren. Sie sagen aus, mit welchem Gewicht die einzelnen Variablen in den jeweiligen Faktor eingehen (Van de Geer, 1971: 156 ff.). Die Ergebnisse der Analyse können wie folgt zusammengefaßt werden. In allen vier Ländern beschreibt das erste Faktorenpaar die sozialstrukturelle Verankerung der religiösen Wertorientierung. Kirchliche Bindung und, wenn auch in weit geringerem Maße das Alter, bestimmen den Grad der religiösen Wertorientierung. Mit sinkender kirchlicher Bindung und sinkendem Alter nimmt Religiosität ab. Die Beziehung ist einsichtig; sie ist auch nicht neu. Wir möchten jedoch festhalten, daß die kirchliche Bindung eine religiöse Wertorientierung keineswegs völlig determiniert. Betrachtet man den Zusammenhang zwischen diesen beiden Variablen allein, so schwankt der Anteil der durch Kirchgang erklärten Varianz der Religiosität zwischen 38 Prozent in Deutschland und 22 Prozent in Großbritannien. Das Gewicht des ersten Faktorenpaars der kanonischen Korrelation ist für Deutschland und Österreich deutlich größer als für die beiden angelsächsischen Länder. Hierin spiegelt sich der geringere Einfluß der katholischen Kirche und deren spezifisches Wertmuster in Großbritannien und den USA.

Alter und Schulbildung bestimmen in Deutschland, Österreich und den USA auf der sozialstrukturellen Seite der Gleichung den zweiten Faktor. Dabei kommt dem Alter in den USA ein deutlich größeres

Gewicht zu als in den beiden deutschsprachigen Ländern. Hier spielt wiederum die Schulbildung, zusätzlich zum Alter, eine größere Rolle. In Deutschland und in Österreich wird durch diese sozialstrukturelle Merkmalskombination in erster Linie der Grad der materialistisch - post-materialistischen Wertorientierung vorausgesagt. In den USA tritt auf dem zweiten Faktor auf der Seite der Wertvariablen zur materialistisch - post-materialistischen Wertorientierung noch die Links-Rechts Selbsteinstufung.

Für Großbritannien ergibt sich eine dem beschriebenen Muster ähnliche Konstellation erst für das dritte Faktorenpaar. Wie für die USA, so ist auch hier das Alter der wichtigste Einzelfaktor auf der sozialstrukturellen Ebene.

Eine eher materialistisch - post-materialistische Wertorientierung wird also in Deutschland und Österreich sozial gestützt durch die Kombination von Alter und Schulbildung. In den USA und Großbritannien übt dagegen das Alter allein den entscheidenden Einfluß aus. Hier steht eine eher post-materialistisch ausgerichtete jüngere Generation einer eher materialistisch gesonnenen älteren Generation gegenüber. In Deutschland und Österreich gilt dies lediglich für den Teil der jüngeren Generation, die eine höhere Schulbildung genossen hat. Das Gewicht dieses Faktorenpaars ist in allen Ländern, insbesondere aber in Großbritannien, deutlich niedriger als das des ersten Faktorenpaars. Dies deutet auf eine insgesamt relativ geringere sozialstrukturelle Verankerung dieser Wertdimension hin.

Das dritte Faktorenpaar beschreibt in Deutschland und Österreich den Einfluß der sozialen Schicht auf eine durch die Links-Rechts Selbsteinstufung indizierte Dimension der Wertorientierung. Dabei schließt die Links-Rechts Dimension in Deutschland deutlich Komponenten einer sozialen Gleichheitsorientierung mit ein, während in Österreich eher noch eine religiöse Wertorientierung mit hinzutritt. In Großbritannien ergibt sich in dieser Hinsicht eine mit Deutschland vergleichbare Konstellation für das zweite Faktorenpaar.

Die Links-Rechts Orientierung wird in den europäischen Ländern also in erster Linie durch eine schichtspezifische Sozialisation abgestützt. Je höher die soziale Schicht, umso wahrscheinlicher ist eine eher rechte Wertorientierung. Dieser Sachverhalt ergibt sich für die USA nicht. Schichtspezifische Sozialisationseinflüsse sind in unserer Analyse dort nicht auszumachen. Und die Links-Rechts Dimension enthält hier offensichtlich andere inhaltliche Elemente als in der europäischen politischen Kultur.

Bei der Diskussion dieses Faktorenpaars muß jedoch bedacht werden, daß nur noch zwischen zwei und fünf Prozent der Varianz der Wertorientierungsskalen erklärt werden.

Die im Rahmen eines Sozialisationsmodells gedeuteten Zusammenhänge zwischen Sozialstruktur und Wertorientierungen zeigen ein klares Muster, ein Muster, das den bisher für die untersuchten Länder in der Literatur berichteten Ergebnissen nicht widerspricht. Sie stützen die These einer individuellen, sozialstrukturell mitbestimmten Sozialisationserfahrung im Bereich der Wertorientierungen. Sie zeigen auch, daß die "neue", durch den Indikator "Materialismus - Post-Materialismus" repräsentierte Wertorientierung, sozialstrukturell verankert ist.

Bevor wir das politische Gewicht der Wertorientierungen analysieren, wollen wir zunächst untersuchen, inwieweit bestimmte Wertorientierungen durch bestimmte Bevölkerungsgruppen getragen werden, wie groß die Wertdistanz zwischen den Bevölkerungsgruppen tatsächlich ist.

Bei der Analyse auf der Ebene der Bevölkerungsgruppen geht es nicht, wie bei der Individualanalyse, um die Darstellung kausaler Abhängigkeiten. Es geht vielmehr um die Demonstration der sozialen Verankerung unterschiedlicher Wertorientierungen in bestimmten Bevölkerungsgruppen und der daraus folgenden Distanz zwischen solchen Gruppen.

Für die Abgrenzung von Bevölkerungsgruppen hat Pappi (1973b,1973c), Laumann (1966, 1973) folgend, ein Verfahren angewendet, das konzeptuell auf der differentiellen Assoziation im Sinne von informellen Kontakten mit gegenseitiger positiver Orientierung der Interaktionspartner beruht. Operational bilden dabei die unterschiedlichen Wahrscheinlichkeiten von Freundschaftswahlen die Grundlage für ein Maß der sozialen Distanz. Eine derartige, empirisch begründete Klassifikation ist aus vielen Gründen wünschenswert. Da uns entsprechende Daten jedoch nicht zur Verfügung stehen, sind wir auf eine theoretisch begründete Einteilung verwiesen. In unsere Abgrenzung von Bevölkerungsgruppen werden die sozialstrukturellen Dimensionen einbezogen, die in der Individualanalyse Verwendung fanden und von denen wir wissen, daß diese Dimensionen für die wertbezogene Sozialisation relevant sind.

Während für die Individualanalyse die volle Ausprägung der entsprechenden Indikatoren beibehalten werden konnte, müssen für die Definition der Bevölkerungsgruppen Schnittpunkte gewählt werden:

(1) Im Falle der sozialen Schicht wird die bereits begründete Einteilung in den alten und neuen Mittelstand und die Arbeiterschaft beibehalten;

(2) der konfessionelle Bereich wird in einen kirchlich gebundenen und in einen kirchlich nicht gebundenen Bereich unterteilt. Befragte, die weniger als ein bis zweimal im Monat zur Kirche gehen, werden dem kirchlich nicht gebundenen Sektor zugerechnet;

(3) als Generationenschnittpunkt verwenden wir ein Lebensalter von 30 Jahren. Hierdurch wird die Vorkriegs- von der Nachkriegsgeneration getrennt. Für diese Generationseinteilung nehmen wir an, daß sie solche Gruppen voneinander trennt, die durch unterschiedliche Sozialisationserfahrungen im Sinne der Inglehartschen Thesen gekennzeichnet sind;

(4) im Hinblick auf die Schulbildung wird nach Bevölkerungsgruppen mit Pflichtschulbildung und solchen mit einer darüber hinausgehenden Schulbildung (Sekundarschulbildung) unterteilt.
Diese Einteilung, die nicht nur auf die Dauer der Schulbildung, sondern auch auf die je länderspezifischen Schulsysteme abstellt, haben wir an anderer Stelle ausführlich begründet (Klingemann, 1977).
Die Studenten werden, als eine Gruppe mit potentiell besonders interessantem Wertprofil, gesondert ausgewiesen.

Aus Gründen zu geringer Fallzahlen mußte die Zahl der sich per Kombinatorik ergebenden einzelnen Gruppen zusammengefaßt werden. Im Falle der Vorkriegsgeneration betraf dies die Gruppen der Arbeiterschaft mit Sekundarschulbildung; sie wurden jeweils dem neuen

Mittelstand zugeschlagen. Die Nachkriegsgeneration wurde allein nach den Variablen Schulbildung und kirchliche Bindung aufgeteilt. Dafür sprach, neben dem pragmatischen Argument zu geringer Fallzahlen ,die Überlegung, daß so die sozialen Träger neuer Wertorientierungen am ehesten erhalten werden konnten. Die schließlich beibehaltenen Gruppen sind in Tabelle 1 in Form einer Übersicht noch einmal dargestellt. Die in dieser Tabelle für die Gruppen angegebenen Nummern und Abkürzungen finden später in den Schaubildern 1 bis 8 Verwendung.

Die Inspektion der relativen Bevölkerungsanteile zeigt, daß die Bevölkerungsgruppen, gemessen an ihrer Größe, ein durchaus unterschiedliches Gewicht besitzen. So haben etwa die Arbeiterschaft oder der neue Mittelstand in ihren verschiedenen Ausprägungen eine zahlenmäßig weit größere Bedeutung als die Studenten zwischen der zahlenmäßigen Stärke einer Bevölkerungsgruppe und ihrer politischen Bedeutung besteht jedoch, wie wir noch zeigen werden, kein Eins-zu-Eins - Verhältnis. Dies rechtfertigt, bei unserer generellen Fragestellung, die Betrachtung wenn auch zahlenmäßig kleiner, so doch im Hinblick auf ihr politisches Aktionspotential und ihre politische Sichtbarkeit durchaus wichtiger Bevölkerungsgruppen.

Der F-Test zeigt, daß sich die Gruppenmittelwerte für die Wertorientierungsskalen signifikant voneinander unterscheiden. Die durch die Gruppeneinteilung reduzierte Varianz reicht dabei von 30 Prozent bis 3 Prozent ($Eta^2$). In allen untersuchten Ländern ist der Anteil der erklärten Varianz für die religiöse Wertorientierung am höchsten ($\bar{x}$ = 26%) und für die Gleichheitsorientierung am geringsten ($\bar{x}$ = 4%). Die Links-Rechts Selbsteinstufung ($\bar{x}$ = 8%) und der Index "Materialsimus - Post-Materialismus" ($\bar{x}$ = 9%) nehmen eine Mittelposition ein. Die länderspezifischen Abweichungen sind hier nur gering.

Die Fülle der Einzelinformationen erlaubt keinen leichten Schluß auf den systematischen Unterschied der Wertmuster der einzelnen Bevölkerungsgruppen. Um die Übersichtlichkeit zu erhöhen, haben wir die vier Wertorientierungsskalen mit Hilfe einer Faktorenanalyse in ihre zwei Hauptkomponenten zerlegt. Der dabei eingetretene Informationsverlust wird durch die erreichte größere Anschaulichkeit jedoch wettgemacht.

Tabelle 1

Definition der sechzehn Bevölkerungsgruppen+)

<table>
<tr><th rowspan="2">Kirchliche Bindung</th><th rowspan="2">Soziale Schicht</th><th colspan="2">Vorkriegsgeneration</th><th colspan="3">Nachkriegsgeneration</th></tr>
<tr><th>Pflichtschule</th><th>Sekundarschule</th><th>Pflichtschule</th><th>Sekundarschule</th><th>Studenten</th></tr>
<tr><td>Kirchliche Bindung</td><td>Alter Mittelstand</td><td>1 AM/MKB VK/PS</td><td>7 AM/MKB VK/SS</td><td rowspan="3">11 MKB NK/PS</td><td rowspan="3">13 MKB NK/SS</td><td rowspan="3">15 Studenten MKB</td></tr>
<tr><td>Kirchliche Bindung</td><td>Neuer Mittelstand</td><td>2 NM/MKB VK/PS</td><td rowspan="2">8 NM/MKB VK/SS</td></tr>
<tr><td>Kirchliche Bindung</td><td>Arbeiter-schaft</td><td>3 ARB/MKB VK/PS</td></tr>
<tr><td>Keine kirchl. Bindung</td><td>Alter Mittelstand</td><td>4 AM/OKB VK/PS</td><td>9 AM/OKB VK/SS</td><td rowspan="3">12 OKB NK/PS</td><td rowspan="3">14 OKB NK/SS</td><td rowspan="3">16 Studenten OKB</td></tr>
<tr><td>Keine kirchl. Bindung</td><td>Neuer Mittelstand</td><td>5 NM/OKB VK/PS</td><td rowspan="2">1o NM/OKB VK/SS</td></tr>
<tr><td>Keine kirchl. Bindung</td><td>Arbeiter-schaft</td><td>6 ARB/OKB VK/PS</td></tr>
</table>

+) Aus Gründen zu geringer Fallzahlen wurden zusammengefasst, 1. für Großbritannien, die Gruppen 1 und 7 (AM/MKB/VK), 4 und 9 (AM/OKB/VK) und 15 und 16 (Studenten); 2. für die U.S.A., die Gruppen 1 und 4 (AM/VK/PS) und 11 und 12 (NK/PS).
In allen Schaubildern werden die hier angegebenen Nummern und Abkürzungen für die Bevölkerungsgruppen benutzt.

Der durch die zwei Hauptkomponenten gebildete Werteraum kann über die Hauptkomponentenwerte der einzelnen Befragten dazu benutzt werden, die Lage der sozialstrukturell definierten Gruppen in Relation zu den beiden Wertdimensionen zu bestimmen. Es lassen sich für die inhaltliche Interpretation der Komponenten typische Unterschiede zwischen Deutschland und Österreich einerseits und den beiden angelsächsischen Ländern andererseits ablesen.
Für Deutschland und Österreich ergibt sich ein erster Faktor, der die religiöse Wertorientierung und die Links-Rechts Selbsteinstufung repräsentiert. In beiden Ländern sind hier zusätzlich noch Elemente der Materialismus - Post-Materialismus Dimension enthalten, die - insbesondere in Deutschland - jedoch auch auf dem zweiten Faktor laden. Der erste Faktor trennt also die Bevölkerungsgruppen, die Träger einer eher konservativ-religiösen Wertorientierung sind, von denen, die eine progressiv-säkulare Wertorientierung stützen. In beiden Ländern ist der zweite Faktor im Sinne einer sozialen Gleichheitsorientierung zu interpretieren, die, wie bereits erwähnt, in Deutschland auch mit materialistisch - post-materialistischen Sinnelementen verbunden wird.
In Großbritannien und den USA hat die religiöse Orientierung für den ersten Faktor keine Bedeutung. Das religiös-säkulare Element fehlt; er kann ganz im Sinne einer Konservativ-Progressiv-Dimension interpretiert werden. Der zweite Faktor repräsentiert die Religiös-Säkulare Dimension.
In allen vier Ländern mischen sich, das soll festgehalten werden, im ersten Faktor Sinnelemente der "alten" und der "neuen" Linken. Die Schaubilder 1 bis 4 zeigen die Lage der Bevölkerungsgruppen in dem durch die beiden Wertfaktoren definierten Raum. Um einen ersten Bezug zum Parteiensystem zu ermöglichen, haben wir die Lage der Wähler der jeweils größten politischen Parteien mit eingezeichnet.

Die Wertdistanzen zwischen den sozialen Gruppen lassen für Deutschland und Österreich einerseits und Großbritannien und die USA andererseits deutlich unterschiedliche, wertbezogene Konfliktlinien erkennen.
Sieht man von den kirchlich gebundenen Studenten (15) in Deutschland einmal ab, so sind in Deutschland und in Österreich alle kirchlich nicht gebundenen Bevölkerungsgruppen die Träger eher

progressiver, wenig religiös geprägter Wertorientierungen. Die größte Distanz auf der Progressiv-Konservativ Dimension trennt die Studenten ohne kirchliche Bindung (16) vom alten Mittelstand mit kirchlicher Bindung (1,7). Auch im Hinblick auf die Egalitarismus Dimension sind die Studenten (Deutschland: 15, 16; Österreich: 16) vom alten Mittelstand, diesmal jedoch vom kirchlich nicht gebundenen alten Mittelstand (4,9), am weitesten entfernt. Im kirchlich nicht gebundenen Bereich sind im alten Mittelstand (4,9) anti-egalitäre und relativ konservativ-religiöse, im neuen Mittelstand (5,10) und der Arbeiterschaft (6) eher egalitäre und progressive Wertmuster verankert. Diese Gruppen sind in Österreich mit den Gruppen der Nachkriegsgeneration (12, 14) verbunden. Geht man jedoch auf die Mittelwerte der einzelnen Werteskalen zurück, so zeigt sich ein wichtiger Unterschied zwischen den Gruppen des progressiven Lagers, der durch die Faktorisierung der Variablen verdeckt wird: Die Arbeiterschaft ist stets weniger post-materialistisch eingestellt als die übrigen Gruppen. Hier deutet sich ein Konflikt zwischen der alten und neuen Linken an.
Im kirchlich gebundenen Bereich in Deutschland sind soziale Träger einer eher egalitären Wertorientierung die besser gebildeten Gruppen der Nachkriegsgeneration (13, 15) und der gehobene neue Mittelstand der Vorkriegesgeneration (8). Diese Gruppen stehen dem anti-egalitären, religiös-konservativen alten Mittelstand (1) gegenüber. In Österreich ist diese Differenzierung des religiös-konservativen Lagers nicht so stark ausgeprägt. Hier ist es die Arbeiterschaft, die egalitäre Werte noch am ehesten abstützt.
In beiden Ländern sind jedoch die Wertdistanzen im progressiv-säkularen Bereich größer als im konservativ-religiösen Bereich, ein Umstand, der auf die größeren Integrationsprobleme der linken Parteien in den beiden Ländern verweist.
Die drei Parteien liegen sowohl in Deutschland als auch in Österreich nahe bei ihren jeweiligen Kerngruppen. Das gilt auch für die liberalen Parteien, von denen sich die FDP vor allem auf den kirchlich nicht gebundenen gehobenen neuen Mittelstand (10), die FPÖ dagegen vor allem auf den kirchlich nicht gebundenen alten Mittelstand (4, 9) stützt.
Die größere Nähe der Parteien zu ihren Kerngruppen bedeutet, daß ihre Wertmuster eher von den alten, durch Konfession und soziale

Schicht geprägten Orientierungen bestimmt wird. Auch hier deuten sich, wegen der mangelnden Integration neuer Wertmuster, Konfliktpotentiale an. Wir werden darauf später noch im Detail eingehen.

- Schaubilder 1, 2 = Seite 550/551 -

Für die USA und Großbritannien, zwei Länder ohne vergleichbare Politisierung der konfessionellen Dimension, ergibt sich ein anderes Muster: beide können durch das klare Bild eines Generationenkonflikts charakterisiert werden. Die Gruppen der Nachkriegsgeneration (11-16) weisen stets ein progressiveres Wertprofil auf, als das für die Gruppen der Vorkriegsgeneration (1-10) der Fall ist. In Großbritannien finden wir die beiden Gruppen der Arbeiterschaft (3,6) jedoch ebenfalls in diesem progressiven Bereich. Aber auch hier zeigt die Inspektion der Mittelwerte für die Materialismus - Post-Materialismusskala einen deutlichen Unterschied zwischen der Arbeiterschaft und den Gruppen der Nachkriegsgeneration. Wiederum erweisen sich die Arbeiter als materialistisch, die Nachkriegsgeneration als post-materialistisch orientiert.

Schaubild 1

DIE DISTANZ DER WERTORIENTIERUNG VON BEVÖLKERUNGSGRUPPEN IN DEUTSCHLAND

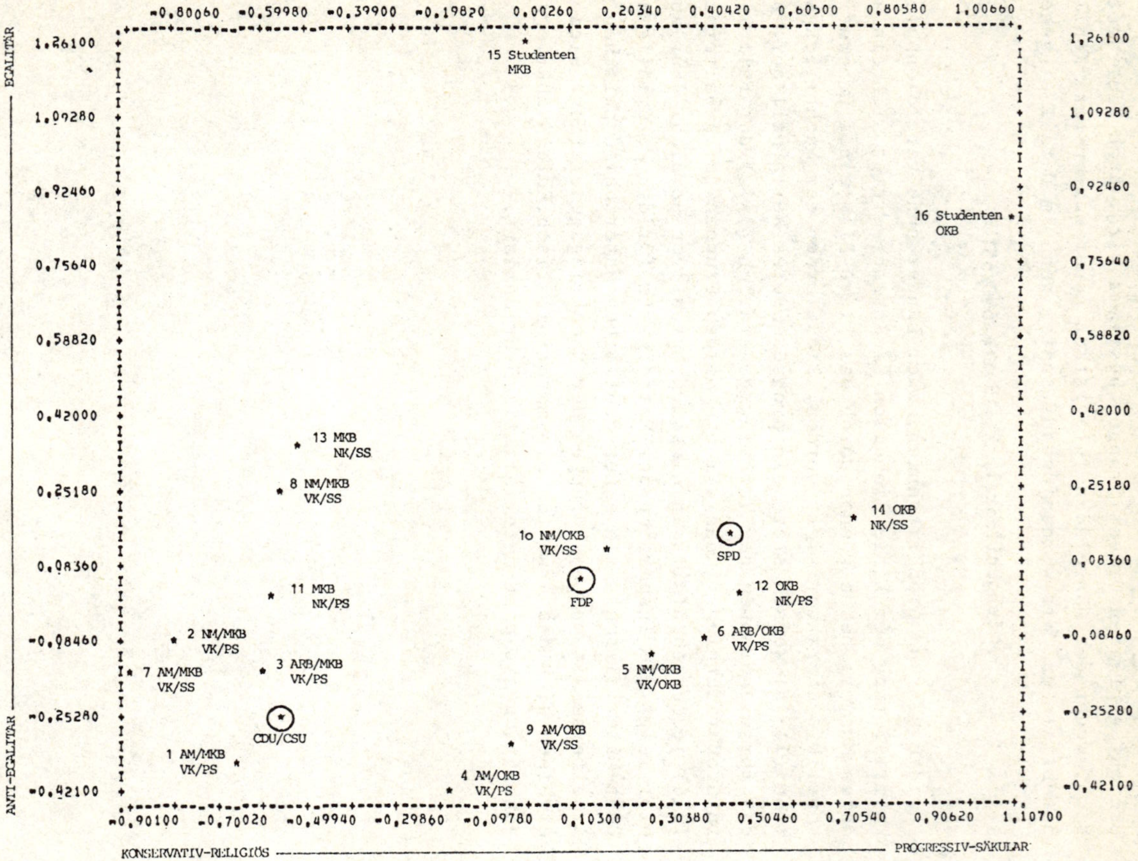

Schaubild 2

DIE DISTANZ DER WERTORIENTIERUNG VON BEVÖLKERUNGSGRUPPEN IN ÖSTERREICH

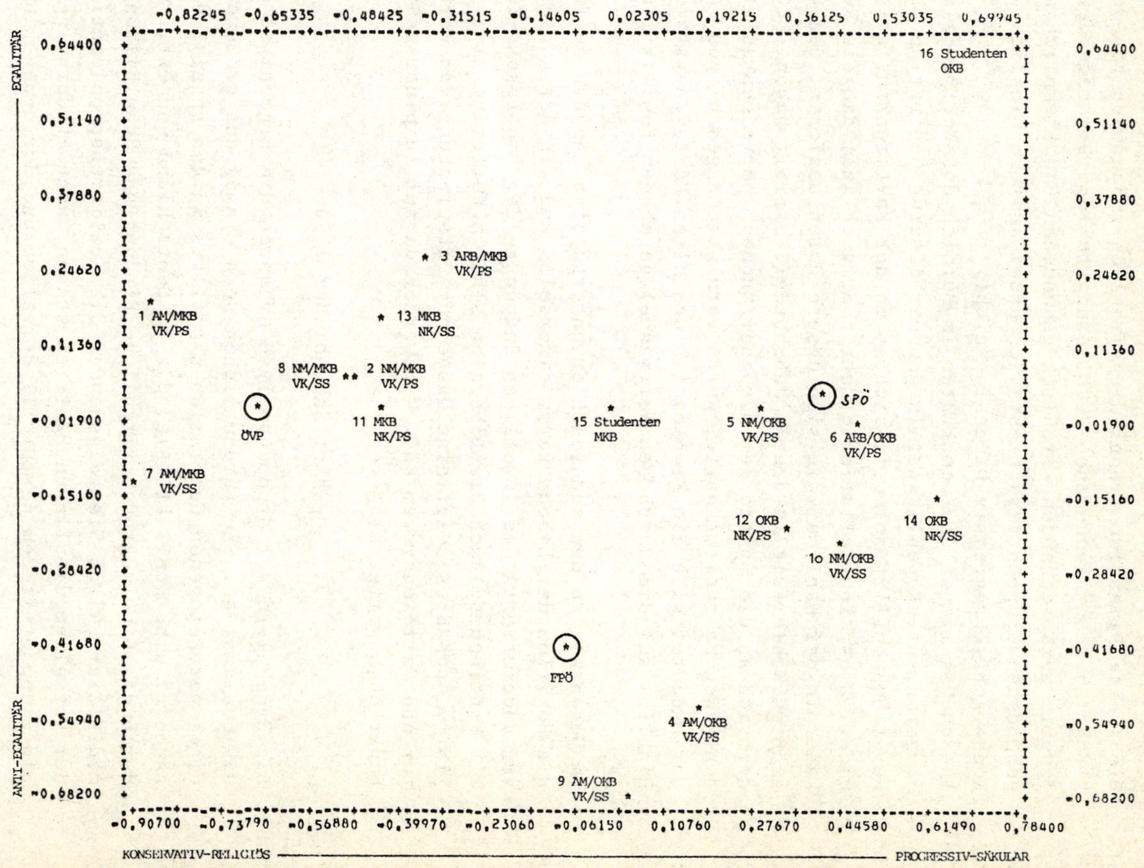

Die zweite Dimension trennt die kirchlich gebundenen von den kirchlich nicht gebundenen Bevölkerungsteilen. Die Lage der sich jeweils entsprechenden kirchlich gebundenen und kirchlich nicht gebundenen Gruppen verschiebt sich dabei aber im Hinblick auf die Konservativ-Progressiv Dimension nicht.
In den USA liegen die Demokraten im Bereich des Wertprofils der jüngeren, die Republikaner in dem der älteren Generation. Der Generationskonflikt spiegelt sich so in der Parteienkonstellation wider. Diese Konstellation drückt aber auch aus, daß die Republikaner in der Wahl,auf die sich unsere Daten beziehen, den drittgrößten Wahlerfolg in diesem Jahrhundert erzielt haben. McGovern, der sich an die Spitze der die eher "neuen" Werte repräsentierenden Bewegung gesetzt hatte, wurde vernichtend geschlagen. Auch darin deutet sich die Problematik des alten Parteiensystems im Hinblick auf die durch den Wertwandel gegebenen Konfliktlinien an.
Im Gegensatz zu den anderen hier untersuchten Ländern definiert die Position der Labour Party einerseits und die der Konservativen andererseits die jeweiligen Endpunkte des Progressiv-Konservativ Kontinuums. Auch die Liberalen sind im Werteraum ziemlich isoliert. Auch dies zeigt eine mangelnde Entsprechung von Wertstruktur und Parteiensystem auf. Wir werden darauf in einem späteren Punkt noch weiter eingehen.

- hier Schaubilder 3, 4 -

Die Ergebnisse der Gruppenanalyse ergänzen die Ergebnisse der Individualanalyse. Sie verdeutlichen noch einmal das größere Gewicht eines wertbezogenen Generationenkonflikts in den angelsächsischen Ländern, eine Konfliktlinie, die in Deutschland und Österreich durch die Einflußgrößen kirchliche Bindung und Schulbildung stark modifiziert wird. Sie zeigen auch die Koalitionsproblematik, vor der vor allem die linken Parteien stehen, wenn es darum geht, soziale Gruppen mit dem Wertprofil der alten und der neuen Linken an sich zu binden.
Durch die Gruppenanalyse haben wir einen Überblick über die Distanzen zwischen Gruppen mit unterschiedlicher Wertorientierung gegeben. Dabei wurden solche Gruppen in die Analyse eingeführt, die

Schaubild 3

DIE DISTANZ DER WERTORIENTIERUNG VON BEVÖLKERUNGSGRUPPEN IN GROSSBRITANNIEN

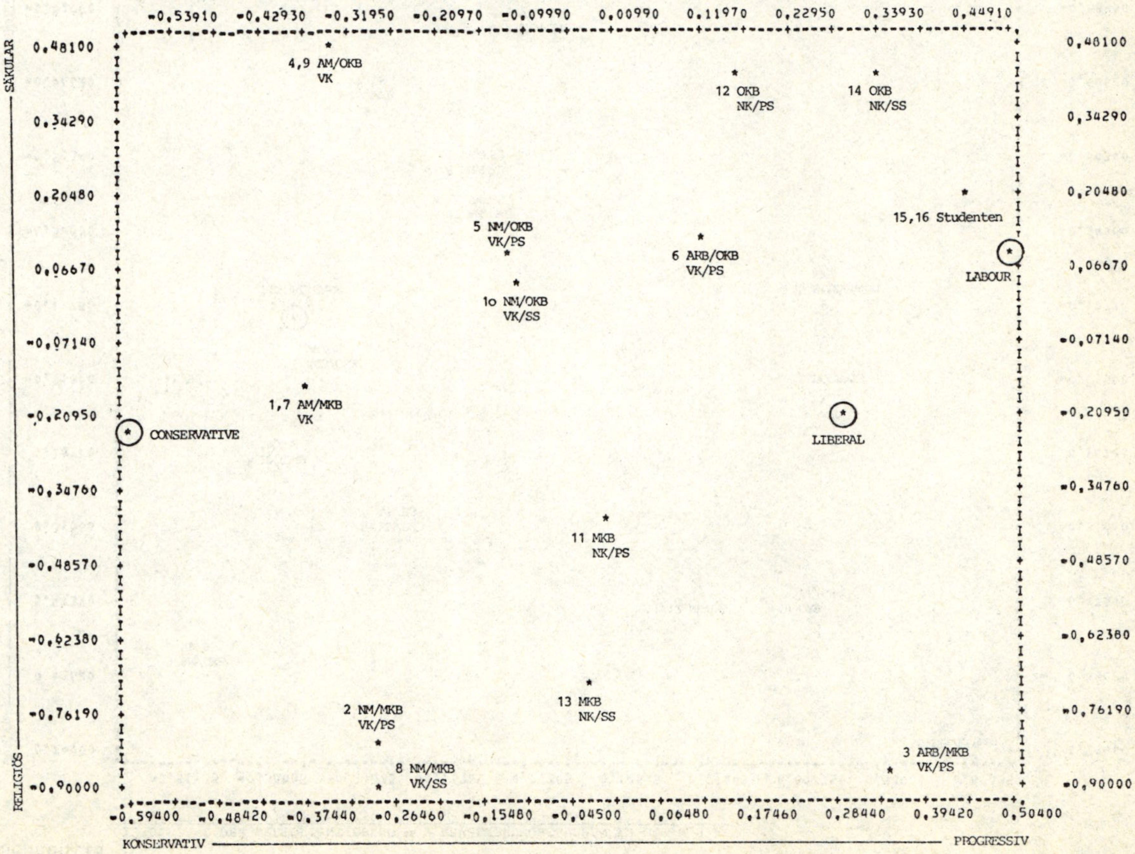

Schaubild 4

DIE DISTANZ DER WERTORIENTIERUNG VON BEVÖLKERUNGSGRUPPEN IN DEN U.S.A.

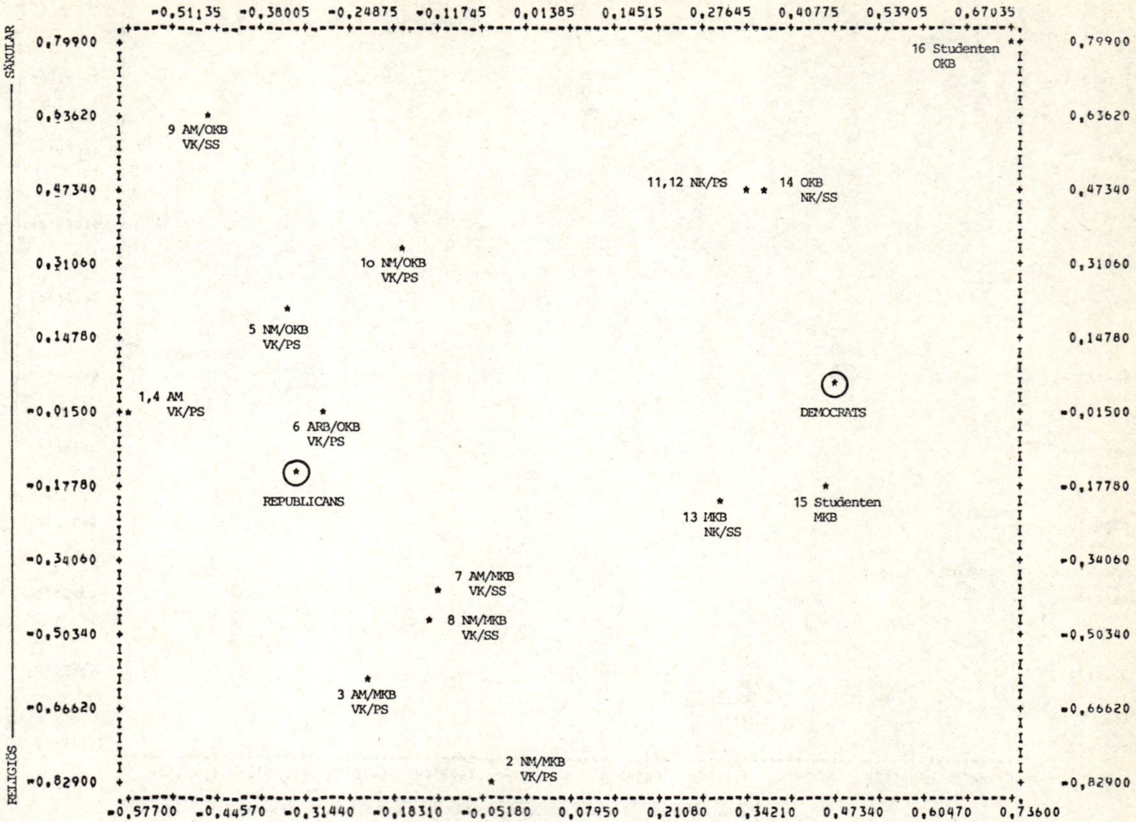


KONSERVATIV —— PROGRESSIV

als sinnvolle makrosoziologische Größen angesehen werden können. Die Frage, die wir angedeutet haben, die aber auf der Ebene der Gruppenanalyse noch zu beantworten bleibt,ist die Frage ob, und wenn ja in welcher Weise, diese Gruppen Koalitionen mit den Parteien des Parteiensystems in den verschiedenen Ländern eingehen, Parteien, die, wenn sie die Macht haben, bestimmte Vorstellungen zur Gestaltung der Gesellschaft verwirklichen (Pappi, 1977; Stinchcombe,1975). Ehe wir diese Frage behandeln, wollen wir uns jedoch zunächst auf der individuellen Ebene der Beziehung zwischen Wertorientierungen und politischem Verhalten zuwenden.

## 5. Wertorientierungen und politisches Verhalten

Gesellschaftliche Wertorientierungen sind Maßstäbe, an denen politische Sachverhalte gemessen werden können. Sie dienen der Bewertung von Politik und beeinflussen so politisches Verhalten.

Wir wollen im Rahmen einer Individualanalyse zunächst darstellen, wie gut mit Hilfe der Wertorientierungen die Wahl der etablierten Parteien der jeweiligen Parteiensysteme vorausgesagt werden kann. Dabei beschränken wir uns auf die Voraussage der Wahrscheinlichkeit der Entscheidung der Bevölkerung für eine der beiden großen Systemparteien.

Für diesen Untersuchungsschritt verwenden wir das Verfahren der Diskriminanzanalyse. Technisch geht es dabei um die Bestimmung der Linearkombination der Wertorientierungsvariablen (Eigenvektor), die zu einer minimalen Zahl von Fehleinstufungen im Hinblick auf die Parteiwahl führt. Die Zahl der Fehlklassifikationen ist zugleich ein plausibles Kriterium für die Güte der erreichten Voraussage. Die inhaltliche Interpretation des Eigenvektors ist über das relative Gewicht der Ausgangsvariablen für den standardisierten Eigenvektor möglich.

Diese Analyse ergibt, daß die Zahl der korrekt klassifizierten Fälle in den drei europäischen Ländern mit nahezu 80 Prozent sehr hoch ist; lediglich in den USA liegt sie mit 69 Prozent deutlich darunter.

Die jeweiligen Eigenvektoren sind in den europäischen Ländern klar durch die Links-Rechts Dimension, das traditionelle Deutungsmuster des politischen Konflikts, bestimmt. In Deutschland und Österreich tritt die religiöse Wertorientierung hinzu, in Großbritannien die politische Bedeutsamkeit der sozialen Gleichheit. In den USA ist es die Materialismus - Post-Materialismus Dimension zusammen mit der Gleichheitsorientierung, die das Gewicht des Eigenvektors bestimmt. Damit tritt ein Unterschied zwischen den Ländern wieder zutage, auf den wir schon mehrfach verwiesen haben. Festzuhalten bleibt, daß in den drei europäischen Ländern die Materialismus - Post-Materialismus Dimension wenig zur Prognose der Entscheidung für die etablierten Parteien beiträgt.

Wir haben in der Einleitung darauf hingewiesen, daß der Generationskonflikt eine besondere Qualität dadurch gewonnen hat, daß er neben dem Wertkonflikt gleichzeitig einen Konflikt über die Wahl der Mittel zur Durchsetzung politischer Ziele impliziert. Diese Eigenschaft läßt ihn für die bestehenden Parteiensysteme zu einer Herausforderung werden. Im nachfolgenden Abschnitt, "Zur Dimensionalität des Parteienraums", wird diese systemerweiternde Achse, die wir die Protestachse des Parteiensystems nennen, eingehend besprochen. Diese Protestdimension sollte am ehesten durch solche Werthaltungen bestimmt werden, die von der Bevölkerung am wenigsten mit den etablierten Politikkonzeptionen in Einklang gebracht werden können.

Das Ergebnis einer Regressionsanalyse, in der die Position der Befragten auf der Protestdimension des Parteiensystems durch die vier Wertindikatoren vorausgesagt wird, läßt einen eindeutigen Schluß zu: In allen untersuchten Ländern ist eine Position im Hinblick auf die Materialismus - Post-Materialismus Skala am ehesten mit der Protestdimension verbunden. Je stärker die post-materialistische Wertorientierung, umso ausgeprägter ist die Protesthaltung.

Dieses Ergebnis steht im Gegensatz zur Diskriminanzanalyse, die, auf die Wahl etablierter Parteien angewendet, ganz auf die zentrale Bedeutung der Links-Rechts Dimension verwies.

Dieser Unterschied spricht für die These, daß das Parteiensystem des gemäßigten Pluralismus ,um überleben zu können, die Herausforderung des Generationenkonflikts annehmen muß. Wir werden diese Diskussion nunmehr unter einer makroanalytischen Perspektive weiterführen.

## 6. Zur Dimensionalität des politischen Raumes

Empirische Analysen der westeuropäischen Parteiensysteme und der USA haben immer wieder auf die Bedeutung der Links-Rechts Dimension für die ideologische Plazierung der politischen Parteien in diesen Systemen hingewiesen (Inglehart und Klingemann, 1976 : 252 ff.). Frühere Analysen (Klingemann und Pappi, 1972 : 72 ff.; Pappi, 1973a : 207 ff.) wie auch die bisher in diesem Aufsatz vorgestellten Ergebnisse lassen eine Interpretation der Links-Rechts Dimension des Parteiensystems als Wert- oder Zielachse im Sinne von konservativ-progressiv zu. Klingemann und Pappi (1972) wie auch Pappi (1973a) argumentieren nun, daß zur angemessenen dimensionalen Repräsentation des Parteiensystems eine zweite Achse, und zwar die der politischen Partizipationsnormen oder Mittel, erforderlich ist. Diese Überlegungen stammen aus dem Kontext der Auseinandersetzung mit radikalen politischen Parteien, die sich durch eine hohe Akzeptanz von unkonventionellen Mitteln der politischen Beteiligung, bis hin zur Anwendung politischer Gewalt, auszeichnen. Dabei ergibt sich zum Beispiel die plausible Unterscheidung zwischen links- und rechtsradikalen Parteien auf der Wertdimension (radikaldemokratisch vs. reaktionär), während beide in den zur Durchsetzung der für richtig gehaltenen Werte erforderlichen Konflikten gleichermaßen bereit sind, praktisch alle Mittel bis hin zur Gewalt einzusetzen.

Im Gegensatz zum öffentlichen Diskussionsstand eingangs der siebziger Jahre in Deutschland, der durch die überraschenden Erfolge der NPD und die Studentenunruhen geprägt war, kann heute nicht mehr von einem grundsätzlichen und quasi selbstverständlichen Einverständnis darüber ausgegangen werden, welche politischen Mittel in den post-industriellen Demokratien des Westens als legitim und welche als illegitim anzusehen sind. Schon 1963 prognostizierten Almond und Verba in ihrer Studie "The Civic Culture", daß die Welt sich in den nächsten Jahren einer Explosion der politischen Partizipation gegenüber sehen werde. Zu dieser Zeit war sicherlich noch nicht an eine Ausweitung über die traditionellen Formen der auf Wahlen bezogenen Aktivitäten hinaus gedacht (Milbrath, 1965). Neuere Ergebnisse empirischer Analysen (Barnes, Kaase und Associates, 1979)lassen jedoch keinen Zweifel daran, daß diese Ausdehnung auch über diese traditionellen Formen hinaus bereits in vollem Gange ist und eine Reihe von Techniken direkter politischer Beteiligung einschließt. Lediglich in einem Aspekt gibt es in keiner der empirisch zu dieser Frage untersuchten westlichen Demokratien einen Dissens: Gewalt als Mittel der politischen Auseinandersetzung wird abgelehnt (Barnes, Kaase und Associates, 1978: Kapitel 3).

Während die Daten zur Ausweitung der politischen Beteiligung eindeutig sind, besteht hinsichtlich der Interpretation dieser Ausweitung erheblicher Dissens. Insbesondere unter dem Stichwort der Legitimitäts- und Legitimationskrise, neuerlich auch unter dem Stichwort der Unregierbarkeit, wird westlichen Demokratien ein unrühmliches Ende vorausgesagt; Indikator dieser Entwicklung, so wird vermutet, ist auch die zunehmende Neigung zu Formen direkter politischer Beteiligung. In einer kritischen Auseinandersetzung ist Kaase (1979) zu dem Ergebnis gekommen, daß die verfügbaren Daten eine Interpretation der bevorstehenden Abkehr der Bevölkerung von ihrer politischen Ordnung in den westlichen Demokratien keinesfalls stützen. Deutlich wurde in der angesprochenen Analyse jedoch, daß Formen direkter politischer Beteiligung zunehmend als Verwirklichung demokratischer Selbstideologie reklamiert werden und damit ein erhöhter Druck auf die traditionellen Institutionen politischer Herrschaft, insbesondere auf das Parteiensystem, entsteht (Huntington, 1974). Dieser Druck wird nun noch durch das zunehmende Gewicht neuer Wertpräferenzen verstärkt, die von zwar zahlenmäßig noch kleinen, dafür politisch aber umso handlungsfähigeren sozialen Gruppen in den westlichen Industriegesellschaften gehalten werden (Inglehart, 1977).

Diese - über die traditionelle Radikalismusperspektive hinausführende - Konzeptualisierung der Mitteldimension ließ es angeraten erscheinen, die in der Untersuchung verfügbaren Indikatoren für die Diskussion der Frage nutzbar zu machen, in welchem Maße die von uns definierten Bevölkerungsgruppen in dem von uns konstruierten Ziel-Mittel Raum sich bereits von den etablierten Parteien entfernt haben.

Im Folgenden sollen nun kurz die Schritte beschrieben werden, die zur empirischen Konstruktion des Parteienraums führten, in dem die Bevölkerungsgruppen und die Parteiwählergruppen plaziert wurden.

Wie bereits ausgeführt, handelt es sich bei den von uns untersuchten Politien um Parteiensysteme vom Typus "gemäßigter Pluralismus": eine große "linke" Partei, eine große "rechte" Partei und - mit Ausnahme der USA - eine kleine liberale Partei bilden das System. Die Befragten wurden im Interview aufgefordert, für jede dieser Parteien eine Sympathieeinschätzung vorzunehmen. Dabei wurde eine Skala verwendet, deren Einstufungsbereich Werte zwischen Null (ganz und gar unsympathisch) und 100(ohne Einschränkung sympathisch) anbot. Diese drei Indikatoren sollen die Wertdimension der etablierten Parteien repräsentieren. Zur Erfassung der Mitteldimension wurden neben der Protestpotential-Skala (Kaase, 1976; Marsh, 1974; Barnes, Kaase und Associates, 1979: Kapitel 3), die die Disposition zu unkonventionellem politischen Verhalten mißt, auch die Sympathieeinschätzung für die beiden Gruppen "protestierende Studenten" und "revolutionäre Gruppen" verwendet. Für diese Sympathieeinschätzungen wurde dieselbe Skala wie für die politischen Parteien vorgegeben.
Zur Reduktion auf den angestrebten zweidimensionalen Ziel-Mittel-Raum wurden, wie bei der bereits beschriebenen Konstruktion des Raums der Wertdistanzen, diese sechs Variablen einer Faktorenanalyse, und zwar einer Hauptkomponentenanalyse ,unterzogen. In allen vier Ländern ergaben sich die beiden erwarteten Faktoren für die Zieldimension der etablierten Parteien und die Mittel- bzw. Protestdimension.

Die Hauptkomponentenanalyse erlaubt es,den einzelnen Befragten auf jeder der beiden Dimensionen einen Wert zuzuweisen. Mit Hilfe der Mittelwerte für die von uns definierten sechzehn Bevölkerungsgruppen sowie den Gruppen der Parteiwähler läßt sich die jeweilige Position dieser Gruppen in dem von uns konstruierten zweidimensionalen Raum graphisch darstellen. Die Schaubilder 5 bis 8 enthalten diese Information für die vier untersuchten Länder.

- hier Schaubilder 5 bis 8 -

Beim Umfang der in diesen Schaubildern immer noch enthaltenen Information ist es sinnvoll, die Ergebnisse in mehreren Schritten darzustellen.

Schaubild 5

DISTANZEN ZWISCHEN AUSGESUCHTEN BEVÖLKERUNGSGRUPPEN IM POLITISCHEN RAUM IN DEUTSCHLAND

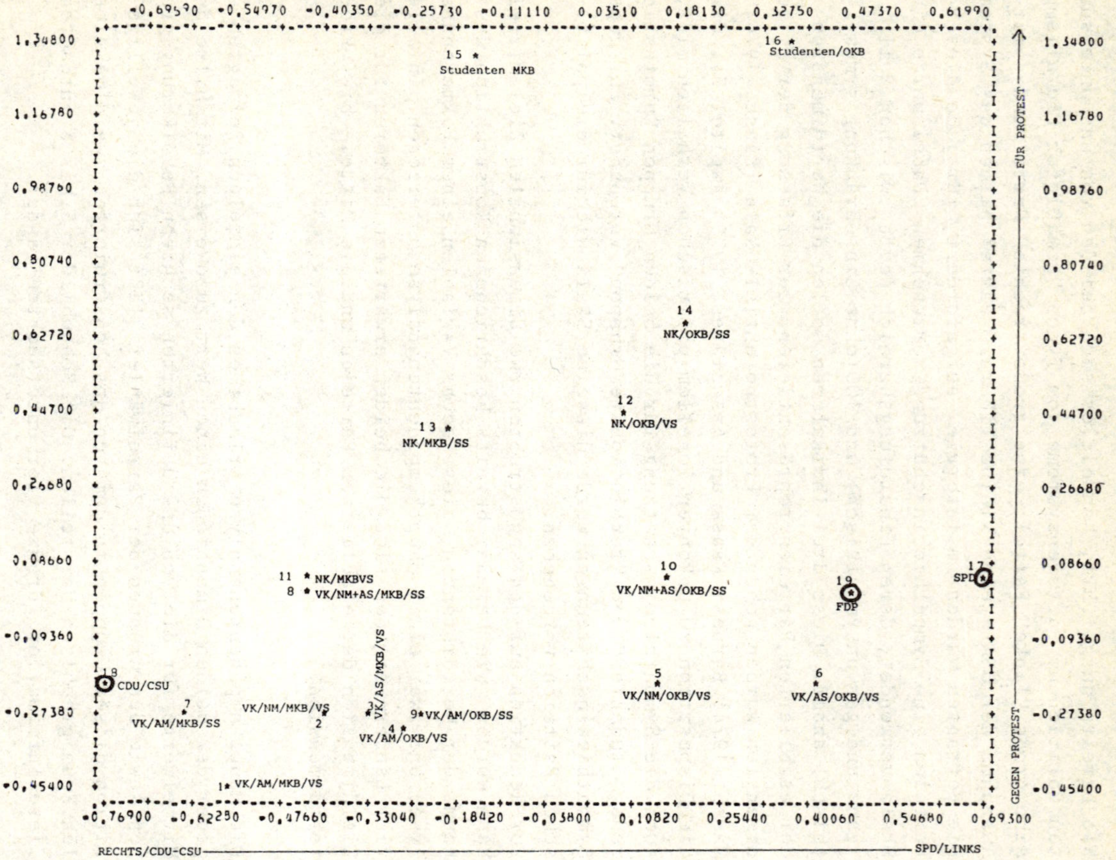

Schaubild 6

DISTANZEN ZWISCHEN AUSGESUCHTEN BEVÖLKERUNGSGRUPPEN IM POLITISCHEN RAUM IN ÖSTERREICH

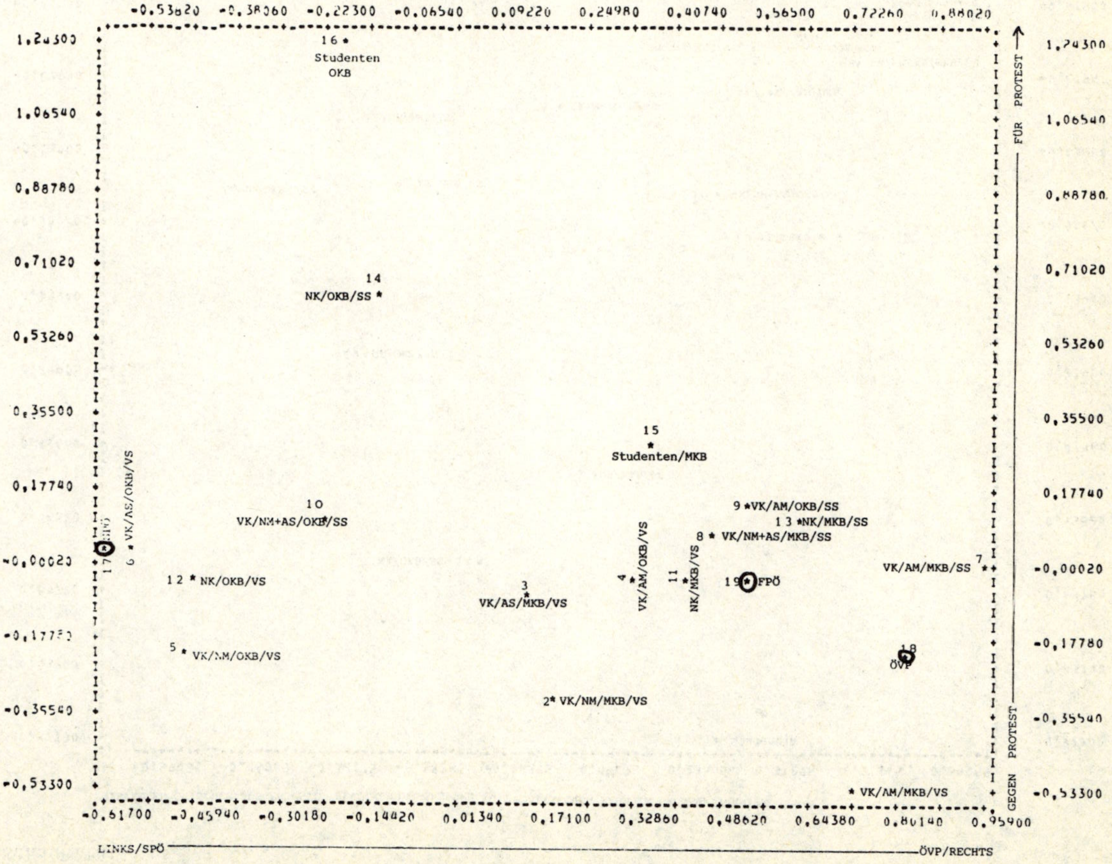

Schaubild 7

DISTANZEN ZWISCHEN AUSGESUCHTEN BEVÖLKERUNGSGRUPPEN IM POLITISCHEN RAUM IN GROSSBRITANNIEN

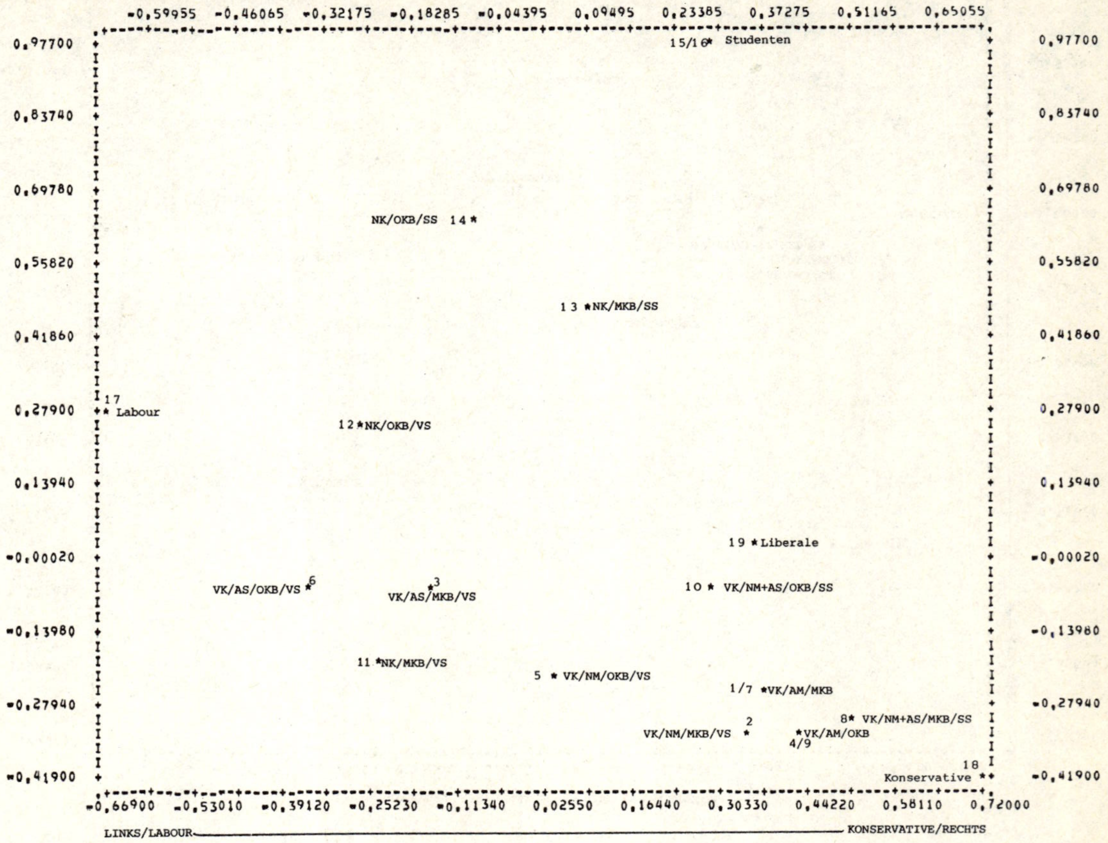

Schaubild 8

DISTANZEN ZWISCHEN AUSGESUCHTEN BEVÖLKERUNGSGRUPPEN IM POLITISCHEN RAUM IN DEN USA

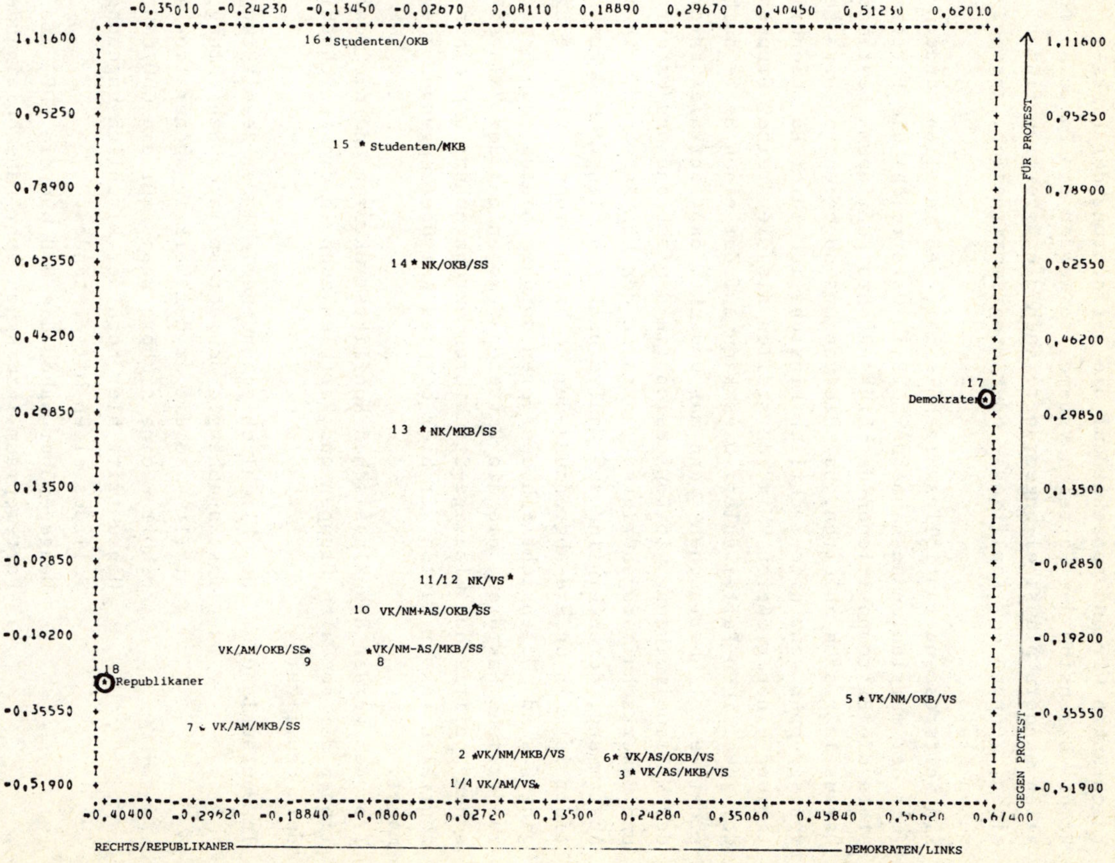

Beschränken wir uns zunächst auf die Betrachtung der Links-Rechts Dimension der Parteiensysteme, so werden die Parteien in allen Ländern plausibel angeordnet. Auch die Liberalen finden einen, je nach der Koalitions- oder Programmsituation, angemessenen Platz.

Ein weiteres substantielles Ergebnis ist, daß in allen Ländern (mit der marginalen Ausnahme der ÖVP in Österreich) die Parteien stets die Extrempositionen des Links-Rechts Kontinuums bestimmen. Daraus läßt sich ableiten, daß die von uns abgegrenzten Bevölkerungsgruppen ganz offensichtlich hinsichtlich ihrer Parteienorientierung einen größeren "Mix" darstellen als die "reine" Gruppe der jeweiligen Parteiwähler. Dies kann auf der einen Seite auch nicht weiter überraschen, wenn man bedenkt, daß zentrale Faktoren der Milieueinbindung wie Konfession (in Deutschland und Österreich) und Gewerkschaftszugehörigkeit, dazu in den USA Rasse und ethnische Abstammung, deren Einfluß auf Wahlverhalten hinlänglich dokumentiert ist, in unsere Abgrenzung der sechzehn Gruppen nicht eingegangen sind. Offensichtlich operieren darüber hinaus jedoch noch zusätzliche Faktoren, die die Parteien-Homogenität der "klassischen" politischen Cleavage-Strukturen durchbrechen; als einen zentralen Faktor hatten wir hier bereits Wertüberzeugungen ausgemacht.

Trotzdem werden die klassischen Konfliktstrukturen und die Koalitionen der sozialen Gruppen und Parteien auch in diesen Schaubildern deutlich:

In Deutschland: Der kirchlich gebundene Teil der Bevölkerung, fast unabhängig von der sozialen Schichtung, stellt - soweit er der Vorkriegsgeneration angehört - eine sichere Basis für die CDU/CSU dar. Hinzu tritt hier noch der kirchlich ungebundene Teil des alten Mittelstandes.

Demgegenüber haben die SPD und die FDP, die im Parteienraum inzwischen sehr nahe beieinanderliegen, ihre Stütze im kirchlich ungebundenen Milieu, insbesondere bei der Arbeiterschaft und dem neuen Mittelstand.

In Österreich: Der kirchlich gebundene Teil der Bevölkerung gruppiert sich um die ÖVP. Im Gegensatz zu Deutschland gilt dies auch für die Nachkriegsgeneration - ein deutliches Zeichen für die anhaltende Effektivität gruppenspezifischer Sozialisationsinstanzen für Parteipräferenzen (Liepelt, 1971).
Entsprechend deutlich fällt auf der anderen Seite der SPÖ-Bezug des kirchlich nicht gebundenen Milieus, insbesondere der Arbeiterschaft aus.

In Großbritannien: Hier drückt sich in eindrucksvoller Weise die Korrespondenz zwischen dem Klassenkonflikt und dem Parteiensystem aus, wobei die Bevölkerungsgruppen stets weniger polarisiert erscheinen als die Parteiwählerschaft. Dies deutet auf die Anpassungsfähigkeit des Systems, die sich auch in einem häufigen Regierungswechsel dokumentiert, hin.

In den USA: Die Abwesenheit der für die europäischen Demokratien klassischen, durch Konfession und soziale Schicht gekennzeichneten Konfliktlinien, findet seinen Niederschlag auch in unserer Analyse. Während die Republikaner zumindest noch vom alten Mittelschichtmilieu getragen werden, liegen die Demokraten weit ab von allen in unserer Klassifikation enthaltenen Bevölkerungsgruppen. Dies steht im Gegensatz zur Lage der Demokraten im Wertraum, wo wir zeigen konnten, daß die Demokraten den Generationenkonflikt aufgenommen hatten. Die geringe Bedeutung der Links-Rechts Dimension für das Parteiensystem wird auch hier deutlich, ein Umstand, den schon Inglehart und Klingemann (1976 : 256) betont haben.

Zusammenfassend kann festgehalten werden, daß die "eingefrorenen" sozialen Konfliktstrukturen ihre Bedeutung für die untersuchten westeuropäischen Parteiensysteme keineswegs verloren haben. Dabei wollen wir aber erneut betonen, daß diese Interessengegensätze ihren "Sinn" über die Vermittlung der Wertorientierungen erhalten; erst diese Deutung macht solche Gegensätze politisch handlungsrelevant (Pappi, 1977). Ganz offensichtlich - dies zeigt die größere Nähe der sozialen Gruppen zu den Parteien im Werteraum - homogenisieren gemeinsame Werthaltungen die Parteiaffinität sozialer Bevölkerungsgruppen und reduzieren damit die Distanz zum politischen Objekt "Partei".

In allen vier Ländern - und damit kommen wir zur zweiten von uns zu betrachtenden Dimension des Parteienraumes - ergibt sich ein bemerkenswert konsistentes Ergebnis im Hinblick auf die Protestachse. Auf dieser Protestdimension, die unter anderem auch die Neigung zu bisher uninstitutionalisiertem politischen Verhalten erfaßt, zeigt sich eine überaus deutliche Trennung zwischen der Vor- und der Nachkriegsgeneration. Die Nachkriegsgeneration weist, mit der Ausnahme von Österreich, eine beachtlich größere Distanz zu den etablierten Parteien auf. Hier werden offensichtlich Spannungen zwischen den Erwartungen der Nachkriegsgeneration im Hinblick auf ihre politischen Ziele und ihre Beteiligungschancen und den etablierten Parteiwählerschaften deutlich. Sollten sie von Dauer sein, so könnten sie die betrachteten Parteiensysteme durchaus in Bewegung bringen. Dies gilt umso mehr, als sich die Nachkriegsgeneration durch Werthaltungen auszeichnet, die in den Programmen der etablierten Parteien kaum, jedenfalls im Selbstverständnis dieser Generation nicht angemessen, vertreten sind.

Hier ergibt sich jedoch ein interessanter Unterschied zwischen den deutsch- und den englischsprachigen Ländern. Wie man erwarten würde, verfügen die Anhänger linker Parteien über ein wesentlich höheres Protestpotential als die Anhänger rechter Parteien. Dieser Unterschied ist jedoch in den deutschsprachigen Ländern, deren politische Kultur direkte politische Aktionen nicht in gleichem Maße stützt, relativ gering. Ganz ausgeprägt ist er hingegen zwischen beiden Lagern in Großbritannien und den USA. Wir werten dies als einen Hinweis darauf, in welchem Maße in diesen Ländern direkte politische Aktionen in den Rahmen von Arbeitskämpfen eingebettet sind und von daher das politische Handlungspotential und die Legitimität direkter politischer Aktionen erhöhen.

Es ist an anderer Stelle ausführlich empirisch begründet worden, daß das in den westlichen Industriegesellschaften entstandene Protestpotential nicht gegen die demokratische Ordnung der Gesellschaft gerichtet ist (Barnes, Kaase und Associates, 1979: Kapitel 17; Kaase, 1979). Damit ist jedoch keinesfalls impliziert, daß die noch beherrschende Rolle der etablierten politischen Parteien in diesen Systemen auch auf Dauer erhalten bleiben wird. Dies auch deshalb, weil gerade die Nachkriegsgeneration, insbesondere dann, wenn sie eine weiterführende Schulbildung erhalten hat, trotz ihres geringen zahlenmäßigen Gewichts über alle jene politischen Fähigkeiten verfügt, mit denen man Politik in legitimationsbedürftigen Systemen über mehr als nur bereits institutionalisierte Kanäle beeinflussen kann.
Einen Hinweis darauf, in welchem Maße bei den hier zur Diskussion stehenden Bevölkerungsgruppen (11-16; insbesondere 14-16) bereits ein Prozeß der Erosion der Bindung an die etablierten Parteien eingesetzt hat, gibt eine Analyse der Intensität der Parteiidentifikation in den sechzehn Bevölkerungsgruppen. In den vier von uns untersuchten Ländern weisen jedoch lediglich die USA eine spektakuläre Abnahme der Parteiidentifikation in diesen Gruppen auf, ein Ergebnis, das durch andere Untersuchungen seine Bestätigung findet (Miller und Levitin, 1976; Converse, 1976). Ähnliche Ergebnisse sind in keinem anderen der von uns untersuchten Länder zu finden, wenngleich die amerikanische Entwicklung, zumindest der Tendenz nach, auch dort bestätigt wird.
Natürlich dürfen diese Resultate nicht vorschnell als Bestätigung der These von der zunehmenden Erosion des etablierten Parteiensystems interpretiert werden, und sei es nur deswegen, weil mit den vorliegenden Daten keine Entscheidung darüber getroffen werden kann, ob die beobachteten Regelmäßigkeiten Generationen- oder Lebenszykluseffekte darstellen. Lebenszykluseffekte, Effekte, die zu einer zunehmenden Distanzierung vom Bereich der Politik zugunsten anderer Lebensbereiche und darüber hinaus zu einer größeren Kompromißbereitschaft und Flexibilität der Wertorientierungen führen dürften, sind aber gerade bei den Nachkriegsgenerationen zu erwarten, bei denen das durchschnittliche Alter des Eintritts in das Berufsleben durch die bessere Schulbildung dieser Kohorten insgesamt und die Verlängerung der Schul- und Berufsausbildung immer

weiter hinausgeschoben wird.
Diese Überlegungen - kristallisiert zum Beispiel in Konzepten wie dem der totalen Studentenrolle - erklären auch, warum in jedem der untersuchten Länder die Studenten und Schüler, die Nachkriegsgeneration mit Sekundarschulbildung also, auf der Protestdimension absolute Extrempositionen einnehmen.
Auf der anderen Seite ist auf die Ergebnisse unserer Analyse des Zusammenhangs zwischen Sozialstruktur und Wertorientierung zu verweisen, die die These vom Generationseffekt abstützen. In seinen ersten Analysen hatte Inglehart (1971 : 1009 ff.) schon darauf hingewiesen, daß die Gruppen mit eher post-materialistischen Wertorientierungen zur linken Seite des Parteienspektrums neigen, ein Ergebnis, das auch durch unsere Analyse eindrucksvoll bestätigt wird. Damit ergibt sich jedoch ein programmatischer Druck auf die linken Parteien, über dessen Natur und Konsequenzen es sich zu spekulieren lohnt.
Der "alten" und der "neuen" Linken ist eine auf Veränderung gerichtete Werthaltung gemeinsam. Die "alte" Linke bezieht die Ausfüllung dieser Position jedoch auf die Überwindung des Klassengegensatzes; die "neue" Linke hält dagegen radikaldemokratische, moralische Überzeugungen, die von einer post-materialistischen Werthaltung geprägt sind. Dieser Unterschied manifestiert sich in einer radikal unterschiedlichen Position der jeweiligen Gruppen auf der Protestdimension: die "alte" Linke, mit den Sozialisationserfahrungen der Vorkriegszeit ist auf dieser Dimension relativ niedrig plaziert, die "neue" Linke rangiert extrem hoch.
Bisher haben "alte" und "neue" Linke trotz dieser massiven Wert- und Verhaltensunterschiede ihre politische Heimat in den etablierten linken Parteien gefunden. Angesichts der politischen Effektivität der "neuen" Linken besteht jedoch die Gefahr, daß die Integrationsfähigkeit dieser Parteien auf Dauer nicht mehr ausreichen könnte, um diese Unterschiede programmatisch und ohne Verlust von Überzeugungskraft nach außen zu verarbeiten (Inglehart, 1971: 1016; Hildebrandt und Dalton, 1977: 251 f.). In welchem Maße hier zukünftige Konflikte angelegt sind, zeigt z.B. die Analyse von Feist u.a. über die veränderte Struktur der SPD-Mitgliedschaft und der SPD-Amtsträger (Feist u.a.: 1977).

Durch die Analyse wurden zwei unterschiedliche Quellen der Spannung in dem Parteiensystem des gemäßigten Pluralismus erfaßt. Die erste - und vermutlich folgenreichere - Entwicklung betrifft die Ausweitung der politischen Beteiligung über die traditionellen Formen der wahlbezogenen Partizipation hinaus. Dabei stehen grundsätzliche Veränderungen der politischen Institutionen zur Diskussion, die hier nicht weiter erörtert werden sollen (siehe dazu Barnes, Kaase und Associates, 1979; Kapitel 17). Die zweite, sehr viel handfestere Problemlage wird indes durch die Spannungen zwischen "neuer" und "alter" Politik auf der linken Seite des politischen Spektrums bestimmt. Bisher sind die Bevölkerungsgruppen mit einer starken Betonung der "neuen" Politik noch nicht stark genug, um eine erfolgversprechende Organisation als Parteien versuchen zu können, zumal sie ihre politischen Präferenzen wenigstens teilweise in die Programmatik der linken Systemparteien einbringen konnten. Ob dies in Zukunft so bleiben wird, oder ob das Parteiensystem des gemäßigten Pluralismus durch neue Parteien gesprengt wird, erscheint mehr denn je als eine offene Frage.

## 7. Zusammenfassung der Ergebnisse

In dieser Arbeit wurde versucht,die Zusammenhänge zwischen Sozialstruktur, Wertorientierungen und Parteiensystem auf der Grundlage einer empirischen, interkulturell-vergleichenden Analyse zu diskutieren. Dabei standen zwei zentrale Thesen im Mittelpunkt des Interesses. Zum einen wurde die kulturelle Interpretation von Interessengegensätzen, die sozialstrukturell angelegt sind, untersucht. Zum anderen wurden die Korrespondenzen zwischen Wertorientierungen und Parteiensystem problematisiert. Dabei traten die alten, von Konfession und sozialer Schicht geprägten Konfliktdimensionen zutage, die im Rahmen der Links-Rechts Dimension ihre kulturelle Deutung finden. Es ergaben sich aber auch massive Hinweise auf eine neue, durch den Gegensatz der Generationen bestimmte Konfliktlinie.

Die von Theoretikern unterschiedlicher Provinienz behauptete Spannung zwischen Parteiensystem und Wertorientierungen in den westlichen Demokratien konnte eindeutig auf zwei unterschiedliche

Entwicklungstendenzen dieser Gesellschaften zurückgeführt werden. Zum einen entwickelt sich auf der linken Seite des ideologischen Spektrums zunehmend ein Gegensatz zwischen der "alten" und der "neuen" Linken: die alte Linke ist eher materialistisch in der Bestimmung ihrer politischen Ziele (Wachstum, ökonomische Sicherheit), sie ist auch eher konservativ in der Wahl der zur Erreichung dieser Ziele einzusetzenden Mittel. Die neue Linke ist dagegen post-materialistisch und progressiv in ihrer Partizipationsweise. Dies stellt die linken Parteien vor Integrationsaufgaben, mit denen sie überfordert sein könnten. Unter welchen Umständen sich aus diesen strukturellen Gegensätzen Neuformationen des Parteiensystems ergeben könnten, ist im Rahmen dieser Analyse im Detail nicht zu behandeln.

Zusätzlich haben sich Tendenzen in dieser Untersuchung gezeigt, die auf die zunehmende Bedeutung direkter Formen der politischen Beteiligung hinweisen. Es wurde klar, daß bestimmte Gruppen eine Ausweitung ihres Partizipationsrepertoires über die bisher institutionell ins Auge gefaßten Vorkehrungen hinaus anstreben. Diese Versuche können gleichermaßen durch ihren radikaldemokratischen Impetus wie durch ihre problematische Legitimationsgrundlage gekennzeichnet werden. Entscheidend ist jedoch, daß sich in diesem Kontext Fragen hinsichtlich der Adäquanz des etablierten Parteiensystems in den westlichen Industriegesellschaften stellen. Das Gewicht dieser Fragen ergibt sich daraus, daß diese Entwicklung offensichtlich sozialstrukturell abgesichert und kulturell sinnvoll interpretiert ist.

+ + + + + + + + +

Literaturverzeichnis

Gabriel Almond and Sidney Verba (1963), The Civic Culture. Princeton : Princeton University Press.

Samuel H. Barnes, Max Kaase und Associates (1979), Political Action: Mass Participation in Five Western Democracies. Beverly Hills: Sage.

Samuel H. Barnes, Barbara Farah, and Felix Heunks (1979), "Political Dissatisfaction and Political Action". In Samuel H. Barnes, Max Kaase und Associates, Political Action: Mass Participation in Five Western Democracies. Beverly Hills: Sage, Kapitel 14.

Philip E. Converse (1976), The Dynamics of Party Support. Beverly Hills: Sage.

Anthony Downs (1957), An Economic Theory of Democracy. New York: Harper and Row.

Ursula Feist, Manfred Güllner und Klaus Liepelt (1977), "Strukturelle Angleichung und ideologische Polarisierung". In Max Kaase (Hrsg.), Wahlsoziologie heute, Opladen: Westdeutscher Verlag, 257-278.

John P. Van de Geer (1971), Introduction to Multivariate Analysis for the Social Sciences. San Francisco: Freeman.

Kai Hildebrandt, Russel P. Dalton (1977), "Politischer Wandel oder Schönwetterpolitik?" In Max Kaase (Hrsg.), Wahlsoziologie heute, Opladen: Westdeutscher Verlag, 230-256.

Samuel P. Huntington (1974), "Postindustrial Politics: How Benign Will It Be?", Comparative Politics, 6, 163-191.

Ronald Inglehart (1971), "The Silent Revolution in Europe: Intergenerational Change in Postindustrial Societies". American Political Science Review, 65, 991-1017.

Ronald Inglehart and Hans D. Klingemann (1976), "Party Identification, Ideological Preference, and the Left-Right Dimension Among Western Mass Publics". In Ian Budge, Ivor Crewe, and Dennis Farlie (Hrsg.), Party Identification and Beyond. London: Wiley, 243-273.

Ronald Inglehart (1977), The Silent Revolution. Changing Values and Political Styles Among Western Publics. Princeton: Princeton University Press.

Ronald Inglehart (1979), "Socioeconomic Change and Human Value Priorities". In Samuel H. Barnes, Max Kaase und Associates, Political Action: Mass Participation in Five Western Democracies. Beverly Hills: Sage, Kapitel 11.

Max Kaase (1976), "Strukturen politischer Beteiligung". In Rudolf Wildenmann (Hrsg.), Form und Erfahrung. Festschrift für F.A. Hermens. Berlin: Duncker & Humblot, 129-151.

Max Kaase, Hrsg., (1977), Wahlsoziologie heute. Opladen: Westdeutscher Verlag.

Max Kaase (1979), "Legitimitätskrise in westlichen Industriegesellschaften: Mythos oder Realität?". In Peter Kmieciak und Helmut Klages (Hrsg.), Wertwandel und gesellschaftlicher Wandel. Frankfurt a.M.: Campus (im Druck).

Hans D. Klingemann und Franz Urban Pappi (1972), Politischer Radikalismus. München: Oldenbourg.

Hans D. Klingemann (1977), Ideologisches Denken in der Bevölkerung westlicher Industriegesellschaften. Habilitationsschrift, Mannheim.

Edward O. Laumann (1966), Prestige and Association in an Urban Community. Indianapolis: Bobbs-Merill.

Edward O. Laumann (1973), Bonds of Pluralism: The Form and Substance of Urban Social Networks. New York: Wiley.

Klaus Liepelt (1971), "The Infra-Structure of Party Support in Germany and Austria". In Mattei Dogan and Richard Rose (Hrsg.), European Politics. Boston: Little, Brown, 183-202.

Seymour M. Lipset and Stein Rokkan (Hrsg.), (1967), Party Systems and Voter Alignments: Cross National Perspectives. London: Macmillan.

Alan Marsh (1974), "Explorations in Unorthodox Political Behaviour: A Scale to Measure 'Protest Potential'." European Journal of Political Research, 2, 107-129.

Lester W. Milbrath (1965), Political Participation. Chicago: Rand McNally.

Warren E. Miller and Teresa E. Levitin (1976), Leadership and Change. Cambridge: Winthrop.

Franz Urban Pappi (1973a), "Parteiensystem und Sozialstruktur in der Bundesrepublik". Politische Vierteljahresschrift, 14, 191-213.

Franz Urban Pappi (1973b), "Soziale Schichten als Interaktionsgruppen. Zur Messung eines 'deskriptiven' Schichtbegriffs. In M. Rainer Lepsius (Hrsg.), Zwischenbilanz der Soziologie. Stuttgart: Enke, 223-242.

Franz Urban Pappi (1973c), "Sozialstruktur und soziale Schichtung einer Kleinstadt mit heterogener Bevölkerung". Kölner Zeitschrift für Soziologie und Sozialpsychologie, 25, 23-74.

Franz Urban Pappi und Edward O. Laumann (1974), "Gesellschaftliche Wertorientierungen und politisches Verhalten". Zeitschrift für Soziologie, 3, 157-188.

Franz Urban Pappi (1977), "Sozialstruktur, gesellschaftliche Wertorientierungen und Wahlabsicht". In Max Kaase (Hrsg.), Wahlsoziologie heute, Opladen: Westdeutscher Verlag, 195-229.

Giovanni Sartori (1976), Parties and Party Systems. Cambridge: Cambridge University Press.

Arthur J. Stinchcombe (1975), "Social Structure and Politics". In Fred I. Greenstein and Nelson W. Polsby (Hrsg.), Handbook of Political Science. Vol. 3, Reading: Addison Wesley, 557-662.

Michael Th. Greven

## Parteiensystem, Wertwandel und neue Marginalität

Die "Legitimationskrise" der Demokratien in den kapitalistisch- bürgerlichen Gesellschaften ist auch eine Krise der Parteiensysteme (Dittberner/Ebbinghausen, 1973). Diese nehmen einen Teil der Funktionen, die historisch ihre Existenzberechtigung in diesen Gesellschaften ausgemacht haben, nur noch ungenügend war. (Pamper, 1977). Ein Teil der Gesellschaft, darunter wesentliche Anteile von soziologisch so schwer bestimmbaren Gruppen und Schichten wie "Jugend" und "Intelligenz, perzipiert diesen Funktionsverlust sogar als totalen. Dies geschieht allerdings oft auf der Basis einer bloß wertenden oder ideologischen Funktionshypothese, nach der die Parteien wesentlich dazu da sein sollen, als 'plebiszitäre Surrogate der Volkssouvernänität' (Leibholz, 1975) zu fungieren. Gegenüber dieser idealistischen Funktionsbestimmung erweist sich die erfahrbare Praxis des 'Machtkartells der Volksparteien' (Narr, 1977a) als ernüchternd. Verstärkend treten Prozesse der politischen und rechtlichen Stigmatisierung hinzu, durch die das politische Establishment, wie im Beispiel der 'Radikalen-Erlaß'-Praxis und seiner weitgehenden gesellschaftlichen Nebenfolgen sichtbar, bestimmte Personengruppen politisch - rechtlich ausbürgert (Narr, 1977b) und bei einem wesentlich größeren Teil ein politisch-moralisches Gefühl der (Mit-) Betroffenheit hervorruft. Hinzu kommen schließlich Veränderungen der Reproduktions- und Lebenschancen (M. Weber) für diese Gruppen, die durch die Veränderungen der Akkumulationsbedingungen sowie die Umstrukturierung der Berufsstruktur und des Arbeitsmarktes verursacht sind, auf die aber bei nicht unbedeutenden Teilen der Betroffenen - zum Teil ohne daß diese Zusammenhänge subjektiv gewußt werden - mit einer autonomen und aktiven Veränderung des Reproduktions- und Lebensstils reagiert wird; einer tiefgreifenden Umstrukturierung der Wertmaßstäbe und Interessen, die da, wo sie zu dauerhafteren Institutionalisierungen und Querverbindungen zwischen Einzelgruppen und unterschiedlichen Sektoren führt, eine subgesellschaftliche Form annimmt. Mit Schwendter (1973, S. 9 ff.) verwende ich hier also einen Begriff von Subkultur, der über die spezifische Verengung eines "deutschen" Kulturbegriffes hinausweist, sich nicht auf Kunst und Wissenschaft, auf Schöngeistig-Überbauliches verengen läßt. Gemeint ist "Kultur als Resultat des Sozialisationsprozesses... . Somit ist Subkultur ein Teil einer konkreten Gesellschaft, der sich in seinen Institutionen, Bräuchen, Werkzeugen, Normen, Wertordnungssystemen, Präferenzen, Bedürfnissen usw. in einem wesentlichen Ausmaß von den herrschenden Institutionen etc. der jeweiligen Gesamtgesellschaft unterscheidet". Diese Definition von Schwendter, die der von Hollstein (1970) nachempfunden ist, spricht den zentralen Aspekt von Subkulturen ungenügend an, nämlich ihre Desintegration vom herrschenden System der materiellen Produktion und Reproduktion der jeweiligen Gesellschaft. Subkulturen entstehen tendenziell dann, wenn sich gesellschaftliche Gruppen aus der herrschenden Produktions- und Leistungsweise abkoppeln, sich gar nicht oder nur sporadisch dem Verkauf ihrer Arbeitskraft unterwerfen, gruppenmäßig ihre eigene Reproduktion auf neuer Grundlage organisieren. Die Marginalität dieser gesellschaftlichen Gruppen verdankt sich also einem sich wechselseitig verstärkendem Ursachenzusammenhang, in dem

- perzipierte Funktionsveränderungen des politischen Systems (besonders der Parteien)

- die Veränderung der materiellen Reproduktions- und Lebenschance besonderer gesellschaftlicher Gruppen und Schichten
- eine aktive und autonome soziale Bewegung mit starken unkonventionellen Werten und Interessen
- Reaktionsweisen des (partei-) politischen Establisments

kumulieren.
Diese These soll im Folgenden begründet und veranschaulicht werden.

x x x

Die traditionelle Parteienforschung und Parteientheorie arbeitet mit einer Funktionshypothese, deren scientistische Aufbereitung nicht über die Common-Sense-Basis sowie die weitgehende Übereinstimmung ihrer Auffassungen mit dem allgemeinen gesellschaftlichen Bewußtsein hinwegtäuschen kann. Nach Daalder (1966,S. 52) "The modern political party...can be described...as the child of the Industrial Revolution". Die Vorstellung ist die einer linearen Umsetzung der durch die kapitalistische Revolutionierung bedingten gesellschaftsstrukturellen Veränderungen, insbesondere auch der Bevölkerungsstruktur, in politischen 'Druck von unten': "There was, doubtlessly, growing pressure from below." (Sartori, 1976, S. 20). Dieser sozialstrukturell bedingte 'Druck' einer gesellschaftlichen Bewegung bekommt damit, gewissermaßen als 'ideologischen Geburtsfehler', in der späteren wissenschaftlichen Aufbereitung zwei Aspekte zugemessen: da der 'Druck' 'von unten' erzeugt wird, soll seine demokratische emanzipative Natur a priori gesetzt sein und da dieser 'Druck von unten' als Enstehungsursache des sich allmählich ausbildenden Parteiensystems verstanden wird, geht in die Versuche, dessen Funktionsbestimmung vorzunehmen, a priori die Vorstellung ein, daß die Vermittlungsleistungen des Parteiensystems - ebenso wie der Wahlen - 'von unten nach oben' gerichtet seien. Letztlich basiert ein Großteil aller sogenannter Parteientheorie auf dem so gewonnenen Basistheorem, die Parteien seien ein Transportmittel, mit dessen Hilfe der Volkswille mehr oder weniger unverfälscht an das jeweilige Machtzentrum herangeschafft wird. "Die Parteien sind das Sprachrohr, deren sich das organisierte Volk bedient, um sich artikuliert zu äußern und Entscheidungen fällen zu können." (Leibholz, 1975, S. 76). Dabei wird die Transportleistung ausdifferenziert betrachtet,je nach dem, ob der Auswahl und Rekrutierung des politischen Führungspersonals (Kaack, 1971,S. 687) oder der "articulation" und "aggregation" sozialer und ökonomischer Interessen (Almond, 1960, S. 33 - 45) mehr Bedeutung zugemessen wird. In dem jüngsten wichtigen Werk dieser Art der traditionellen Parteientheorie heißt es zusammenfassend: "Parties are channels of expression. That is to say, parties belong first and foremost, to the means of representation: They are an instrument, or an agency, for representing the people by expressing their demands... . It is important to keep in mind that this development was largely natural, or unplanned. Parties became means of expression along with the process of democratization of politics." (Sartori, 1976, S. 27).

Auch eine kritische Perspektive der Parteienforschung, die seit Ostrogorski (1902) und Michels (1925) auf die oligarchischen und undemokratischen Binnenstrukturen der Parteien verweisen kann und die im Laufe von achtzig Jahren eine unwiderlegbare Evidenz von der undemokratischen, nichtrepräsentativen und von oben nach unten verlaufenden Willensbildung in den politischen Parteien geschaffen hat, in der jede Durchsetzung basisdemokratischer Absichten als vielbestaunter Ausnahmefall gilt, hält unbeirrt an dem Vorurteil fest, daß die Willensbildung "eigentlich" 'von unten nach oben' verlaufen müßte, da die "eigentliche" Funktion der Parteien doch die Artikulation des Volkswillens sei. Aber: "One cannot resolve by definitional fiat what political parties ought to do". (Rose, 1976, S.2) Nach den üblichen Beweisregeln der empirischen Sozialforschung darf aber die These von der innerparteilichen Demokratie zu den am besten widerlegten Arbeitshypothesen in der Geschichte der Sozialwissenschaften gerechnet werden. Ihre unangefochtene, andauernde Dominanz in der Erforschung innerparteilicher Prozesse und Strukturen ist nur durch einen ideologischen Konsens zu erklären, der weit über das enge Feld wissenschaftlicher und vorwissenschaftlicher Hypothesen hinausreicht und der letztlich in dem Common-Sense-Theorem über die a priori demokratische Funktion der Parteien begründet liegt. Natürlich kommt es dabei oft auch zu einer unzulässigen Vermischung normativer Aspekte und theoretischer Aussagen. Statt aber kontinuierlich immer wieder mit einer These zu beginnen, die längst als widerlegt gelten darf - die Willensbildung in den Parteien der repräsentativ-parlamentarischen Systeme folgt demokratischen Prinzipien und verläuft 'von unten nach oben', von der Mitgliederbasis zur Parteiführung - wäre es nur konsequent, bei weiteren Untersuchungen davon auszugehen, daß die repräsentativen-parlamentarischen Systeme auf der Basis von Parteien funktionieren, die hierarchisch strukturiert sind, deren Führungsrekrutierung nach den Prinzipien der faktischen Kooptation und deren Willensbildung von der Parteiführung zur Basis verläuft. Diese Arbeitshypothese darf durch die empirische Forschung als hinlänglich belegt und illustriert gelten; einzelne widersprechende Fälle funktionierender innerparteilicher Demokratie bedürften der Erklärung als Ausnahme, d.h., es müßte gezeigt werden können, unter welchen abweichenden Bedingungen innerparteiliche Demokratie funktioniert und welchen Effekt sie auf die Funktionsausübung der Parteien und des Parteiensystems hat, wenn sie regelmäßiger auftritt oder auftreten würde (siehe ausführlich zur Empirie und Theorie innerparteilicher Demokratie: Greven,1977, S. 265 - 300)

Thesenhaft kann man also sagen: die Parteientheorie und -forschung arbeitet ganz überwiegend mit einer - unausgesprochenen - These, nach der die Parteien aufgrund ihrer historischen Enstehung a priori demokratische emanzipative Mittel des politischen Prozesses seien und nach der ihre innerorganisatorische Struktur "eigentlich" der Aufgabe der 'Artikulation des Volkswillens' angemessen strukturiert sein müßte.
Eine Analyse der aktuellen Funktionswahrnehmung widerspricht dieser These aber ebenso wie die Rekonstruktion der Enstehung der Parteien und Parteiensysteme im 19. und teilweise auch schon im 18. Jahrhundert (s. Namier, 1952).
Was die These über den demokratischen Druck'von unten' als wesentliche Entstehungsursache anbelangt, so ist sie richtig, soweit damit ein wichtiger Aspekt der Ausbildung des Parteiensystems bezeichnet ist, der insbesondere für bestimmte Parteien gilt. Duverger (1959, S. 1 - 15) hat schon sehr früh auf die Unterscheidung zwischen "internen" und "externen" Parteibildungen bzw. zur Parteibildung führenden Faktoren hingewiesen, sowie darauf, daß insbesondere die sozialistischen und die katholischen Parteien "extern" entstanden. Betrachtet man die Frage aber auf der ana-

lytischen Ebene des Parteiensystems, seines funktionalen Zusammenspiels mit der sich paralell zur Genese der Parteien ausweitenden Staatstätigkeit sowie unter dem Gesichtspunkt der systematischen Reproduktion von Staat und Gesellschaft, dann treten die "internen" Gesichtspunkte stark in den Vordergrund. So müßte eine Analyse der Soziogenese des Parteiensystems, die die funktionale mit der systematischen Ebene verknüpft, zeigen, daß die rapide Ausbildung der Parteiensysteme im 19. und 20. Jahrhundert in engem Zusammenhang mit der Zentralisierung, der quantitativen wie qualitativen Ausweitung der Staatstätigkeit und dem Ausbau der dafür erforderlichen systematischen Informations- und Interessenberücksichtigungskapazität steht. Etzioni hat für das Letztere den Begriff der "responsiveness" eingeführt:"That which takes into account the needs of the units involved" (Etzioni, 1968, S. 670), den ich allerdings abweichend von ihm hier analytisch und nicht normativ verwenden möchte. Damit steht er in seiner Bedeutung Begriffen wie der "requisite variety" (Ashby,1970, S. 202 ff) und auch der Verwendung von "Komplexität" bei Luhmann (1969 b, S. 314 ff) sehr nahe. Die These, die sich angesichts des historischen Materials leicht demonstrieren ließe, lautet also: die Entstehung von Parteiensystemen steht in engem Zusammenhang mit der Ausweitung der Staatstätigkeit in einer bestimmten Phase gesellschaftlicher Entwicklung; die Parteiensysteme sind von allem Anfang an Mittel dieser ausgeweiteten Staatstätigkeit, sie sind Teil des staatlichen Aktionsinstrumentariums, "ideologische Staatsapparate" (Althusser, 1973; Poulantzas, 1974) und entgegen der Auffassung der hier kritisierten Funktionshypothese sind ihre Funktionen von allem Anfang an wesentlich auch 'von oben nach unten' , vom politischen Zentrum in die gesellschaftliche Reproduktion hinein gerichtet. Der von der traditionellen Parteientheorie in den Vordergrund gerückte Aspekt ihrer Vermittlungsfunktion von 'unten nach oben' soll dabei keineswegs geleugnet werden. Im Gegenteil ist seine gesellschaftliche Perzeption von ausschlaggebender Bedeutung für die erfolgreiche Funktionswahrnehmung des Parteiensystems insgesamt, insbesondere der Legitimationsfunktion, wie im weiteren noch zu zeigen sein wird. Auch Rokkan, der schon sehr früh in vergleichender Perspektive über die Soziogenese gearbeitet hat, geht bei seinen Analysen undiskutiert von der hier kritisierten a priorischen Einschätzung aus, nach der Ausweitung des Wahlrechts, Parteiensystem und Massenbeteiligung Teil einer quasi - natürlichen Demokratisierung seien; immerhin weist er auf die hier interessierenden funktionalen Zusammenhänge hin: "the demands of the subjects for greater equality strenghtened the claims of the centralized state and the central powerholders reinforced these same demands in order to undercut all interference from intermediary powers... industrialization would not only bring with it changes in the social structure and intensify the demands for equality of status, it would also create conflicts that would increase the need for regulation of local affairs by the central government." (Rokkan, 1961, S. 134 f). Man darf aber hinzufügen: das entstehende Parteiensystem war in der Tat geeignet, die Kontroll- und Regulationsfähigkeit des staatlichen Systems insgesamt auszuweiten; die "mobilization" der westeuropäischen Gesellschaften in der zweiten Hälfte des 19. Jahrhunderts wurde in ihrem politischen Aspekt nicht unbedeutsam gefördert durch die Funktionswahrnehmung der Parteisysteme (Massing, 1974, S.83). Ich habe an anderer Stelle aus-

führlich versucht auf der Basis des vorliegenden empirischen Materials aus der Parteienforschung allgemeine Aussagen über die Funktion der Parteien und des Parteiensystems in den kapitalistisch-bürgerlichen Gesellschaften zu machen (Greven,1977,S. 106 - 165), sodaß ich hier nur die Ergebnisse einführe.
Die erste Funktion der Parteien ist die Transmission von Informationen und Personal zwischen den verschiedenen Sektoren der Gesellschaft, insbesondere aber zwischen öffentlicher und privater Sphäre; diese Transmission findet - historisch von allem Anfang an - in beiden Richtungen, also insbeosndere auch vom staatlichen Machtzentrum ausgehend in die Gesellschaft hinein statt. Politische Entscheidungen, materielle Ressourcen-Zuweisungen wie ideologische Orientierungen werden durch die Aktionen des Parteiensystems in die Gesellschaft hineinvermittelt. Diese Transmissionsfunktion ist bisher viel zu wenig unter dem Gesichtspunkt der Steigerung der Steuerungs-, Kontroll- und Interventionsfähigkeit des Staatsapparates im weiteren Sinne gegenüber einer in dynamischer Wandlung befindlichen Gesellschaft analysiert worden. Alle vorstellbaren hochintegrierten Gesellschaften mit zentralisierten und monopolartigen Entscheidungszentren bedürfen einer Verlängerung und Verflechtung der Handlungsketten (Elias, 1976, Bd.2, 143ff). Der dadurch entstehende Informationsverarbeitungs- und Koordinierungsbedarf ist beträchtlich. Parteien und Verbände, deren Vermittlungsleistung in beiden Richtungen funktioniert, sind hier von entscheidender stabilisierender Bedeutung. Insofern zeigt sich, daß eine neuerlich einsetzende Korporatismusdiskussion, die auch die Parteien berücksichtigt, unter dem Gesichtspunkt einer allgemeineren Parteien- und Staatstheorie auch auf die historische Dimension hin überprüft werden müßte; zumindest latent sind die "korporativen Strukturen", und funktionalen Zusammenhänge unauflöslich mit der Soziogenese des Parteien- und Verbandssystems verknüpft. Die zweite Funktion der Parteien ist die Selektion von Themen und Personal. Auch wenn die Selektionsfunktion überwiegend als eine Qualität der Transmission verstanden werden muß - selektive Transmission - hat es sich aus analytischen Gründen als sinnvoll erwiesen, hier von einer eigenständigen Funktion auszugehen. Bei der Transmission von Interessen und Bedürfnissen in Richtung auf das staatliche Machtzentrum, also bei der Vermittlung zwischen privater und öffentlicher Sphäre der kapitalistisch-bürgerlichen Gesellschaft findet eine Selektion systematisch statt, durch die das in der Privatsphäre angesiedelte zentrale Herrschaftsverhältnis nur in 'politisierter' Form, d.h. auf der Ebene der Konkurrenz individueller und scheinbar prinzipiell gleichberechtigter Interessen und Bedürfnisse um die Ressourcen-Verteilungsentscheidungen des staatlichen Zentrums ("allocation of values", Easton, 1965, S. 47ff, als eine der zentralen Funktionen des Staates) in der öffentlichen Sphäre erscheint. Das durch die kapitalistischen Eigentumsverhältnisse strukturell gesetzte grundlegende Herrschaftsverhältnis wird durch die selektive Transmission - das, was ich die 'Politisierung' genannt habe (Ebd., S. 179) - systematisch und notwendig auf konkurrenzhafte Machtbeziehungen und politischen Pluralismus reduziert. Neben dieser systembedingten Selektivfunktion findet zusätzlich eine weitere Selektion durch das Parteiensystem statt, die in der Regel im Zentrum der eliten- und einflußtheoretischen Parteienforschung steht und auf die hier wegen der empirisch vorliegenden Evidenz nicht weiter eingegangen zu werden braucht. Typisch für diese Richtung ist die bekannte und einprägsame Formel: Partei - "Organization is the mobilization of bias".(Schattschneider,1960, S. 71). Diese bis auf Ostrogorski und Michels zurückgehenden Kritiken der innerparteilichen Selektivität gehen mit ihrem eliten- oder einflußtheoretischen Ansatz immer davon aus, daß die Ebene gleichberechtigter Konkurrenz

individueller "demands" prinzipiell vorhanden und für den politischen Alltagskampf maßgeblich sei, sitzen somit der ideologischen Betrachtung, die systembedingt Ergebnis der Selektivfunktion des Parteiensystems und eines damit verbundenen Repräsentationsverständnisses ist, schon auf.
Die dritte Funktion der Parteien ist schließlich ihr Beitrag zur Legitimierung der Staatstätigkeit, insbesondere der Selektivität der durch das Parteiensystem institutionalisierten Transmission zwischen Staat und Gesellschaft. Diese Legitimationsfunktion ist im großem Maße eine "Legitimation durch Verfahren" (Luhmann, 1969a) und durch die "Institutionalisierung folgenloser Beteiligung" (Streeck/Streeck, 1972), durch die der für die politische Demokratie in der kapitalistisch-bürgerlichen Gesellschaft fundamentale ideologische Eindruck entsteht, es könne in ihr über ausnahmslos alle für die Existenz von Herrschaft und Machtbeziehung zentralen Fragen abgestimmt und durch Mehrheitsentscheidungen Veränderungen herbeigeführt werden. Aufgrund der systematischen Selektion ist dies aber mit Bezug auf das kapitalistische Grundverhältnis der Herrschaft des Kapitals über die Arbeit nicht möglich.
Für die weitere Argumentation bleibt also festzuhalten: die Parteiensysteme in den Demokratien der kapitalistisch-bürgerlichen Gesellschaften entstehen im Zusammenhang mit der allgemeinen gesellschaftlichen und politischen Mobilisierung, die vorwiegend im 19. Jahrhundert stattfindet. Der Ausweitung der Funktionen des Staates im quantitativen wie qualitativen Sinne entspricht dabei ein wachsender Bedarf an informationellem und personellem "input" sowie eine für die Mobilisierung der Gesellschaft bis in den letzten Winkel reichende ideologische und allokative Interventionskapazität ("output"). Die Parteiensysteme - und mit leichter zeitlicher Verschiebung und funktionaler Spezialisierung die Verbandssysteme (Zur Geschichte siehe, Stegmann, 1970, S. 32ff) - bekommen ihre politische und gesellschaftliche Bedeutung in Ausfüllung dieser funktionalen Erfordernisse der gesellschaftlichen Koordinierung, Steuerung und Integration. G.Lehmbruch hat in seiner ansich sehr verdienstvollen Darstellung der Funktion des Parteienwettbewerbs, d.h. des Parteiensystems, in der eine in der deutschen Politikwissenschaft selten gewählte funktionale Systemanalyse fruchtbar durchgehalten wird, in den historischen Teilen m.E. sehr einen Gegensatz zwischen Parteienwettbewerb einerseits und Unitarismus der staatlichen, insbesondere der Reichsorgane, andererseits betont. (1976, bes. S.43ff und für die BRD S. 91ff). Demgegenüber wäre auf die internen horizontalen wie vertikalen Interaktionen des Parteiensystems gerade als ein Instrument des Unitarismus stärker Gewicht zu legen. Die Soziogenese des Parteiensystems ist faktisch wie funktional vorwiegend "intern" im Sinne des politischen Systems und des Staates verlaufen. Sie sind keine "freien gesellschaftlichen Vereinigungen", die im 20. Jahrhundert allmählich "verstaatlicht" (Bracher, 1970, S. 274) werden, sondern sie sind von allem Anfang an "ideologische Staatsapparate" und Teil des staatlichen Funktions- und Machtzusammenhanges, der die gesellschaftliche Reproduktion reguliert. Die so häufig konstatierte, quasinatürliche demokratische und emanzipative Qualität - 'von unten nach oben' - ist in Wirklichkeit ein Aspekt ihrer Funktionswahrnehmung als Teil eines gesamtstaatlichen Regulations- und Kontrollprozesses für die Mobilisierung der Gesellschaft von 'oben nach unten'.

x x x

Nach dieser Skizze kann man aber nun wieder an die Eingangsformulierung von der "Krise des Parteiensystems" anknüpfen und feststellen: diese Krise, von vielen auch als Integrationskrise verstanden, weist als Symptom auf die abnehmende Fähigkeit des Parteiensystems hin, gegenüber bestimmten Gruppen und Schichten und in bestimmten gesellschaftlichen Situationen, insbesondere die Legitimierung der systematischen Selektivität wirksam auszuführen. Die prozeßhafte und im Hinblick auf die Sozialpsychologie der bürgerlichen Gesellschaft quasi-natürliche, selbstverständliche Legitimierung der Selektivität des Repräsentationssystems funktioniert zunehmend weniger. Die Perzeption der "responsiveness" des politischen Systems erreicht bei bestimmten Gruppen einen kritischen Wert. Dabei ist charakteristisch für diese Gruppen - und erst hier bekommt der Prozeß seine krisenhafte Dimension -, daß die unzureichende "responsiveness" nicht nur aus einer interessenegoistischen, sondern tendenziell auch aus einer "gemeinwohl"- und systemorientierten Perspektive wahrgenommen und auch artikuliert wird. Dem liegen tiefgreifende Wandlungen der gruppen- und schichtenspezifischen Werthorizonte zugrunde (Inglehart, 1971), die ihrerseits nur aus sozialstrukturellen und sozialökonomischen Umwandlungsprozessen, von denen diese Gruppen betroffen sind, erklärt werden können.

Die Erfahrung einer gesellschaftlichen Gruppe, von dem herrschenden Parteiensystem in i h r e m Interesse mangelhaft berücksichtigt werden, unterscheidet sich von dem hier ins Auge gefaßten Prozeß charakteristisch dadurch, daß er durch das Parteiensystem und mit seinen eigenen Mitteln behoben werden kann; auf diese Situation gerichtet funktioniert der Konkurrenzkampf der individuellen oder individuell-aggregierten Interessen als seine eigene Legitimation. Problematisch und auf die Stabilitätsbedingungen des Integrationsprozesses insgesamt kritisch bezogen wird die Perzeption mangelhafter "responsiveness" dann, wenn sie als unzureichende Wahrnehmung von S y s t e mnotwendigkeiten selbst erscheint.

Diese krisenhafte Entwicklung hat ihrerseits zwei sehr relevante Dimensionen, die analytisch deutlich unterschieden werden können, während sie sich in der Praxis marginalisierter Gruppen häufig als eine Dimension darstellen. Zum einen richtet sich die Perzeption der Selektivität auf "gemeinwohl" - orientierte Problembereiche und "issues", die in der Konkurrenz um Ressourcen-Umverteilungs-Entscheidungen des staatlichen Systems gegenüber aquisitiven Interessen erfolgreicher Interessengruppen unterliegen. Dieses Problem ist auf der theoretischen Ebene in der Nachfolge von Olson (1968) und zum Beispiel auch Offe (1972) mit der vergleichsweise mangelhaften Organisations- und Konfliktfähigkeit der "gemeinwohl"-orientierten Interessen erklärt worden. Dabei ist generell unterstellt worden, daß die Interessenaggregation, durch die die 'Logik kollektiven Handelns' bestimmt wird, auf der Basis utilitaristischer Strategien und aquisitiver Werte verläuft, wodurch für "post-aquisitive" Politikziele ein dauernder und struktureller bias sich ergäbe. Diese 'Logik kollektiven Handelns' verbleibt aber insofern noch in ihren utilitaristischen und aquisitiven Wertprämissen befangen, als sie kein analytisches Konzept mehr anzubieten vermag, wenn sich die'Logik kollektiven Handelns' bei bestimmten Gruppen auf einer veränderten, subkulturellen Wertbasis konstituiert, bei der einerseits "post-aquisitive Wertorientierungen" und andererseits nichtutilitaristische Handlungsstrategien bestimmend sind. Genau dies ist aber der Fall, wenn Problembereiche wie zum Beispiel die ökologische Entwicklung zum handlungsbestimmenden "issue" auch von nichtbetroffenen Gruppen werden, wenn also an die Stelle der klassischen Bürgerinitiative von Anliegern einer projektierten Schnellstraße eine umfassende soziale Bewegung gegen die Wachstumsziele des politisch-ökonomischen System tritt (Beresford, 1977, dazu aber kritisch).

Die andere Dimension ist für das etablierte Parteiensystem mindestens ebenso bestandskritisch. In den sozialen Bewegungen der marginalisierten Subgesellschaften unterliegt auf der Basis der allgemeinen Wertwandlungen auch das politischen Handeln einschneidender Veränderung. Diese Dimension des Wertwandels richtet sich also nicht auf die Inhalte - die Tendenz läßt sich hier mit dem Übergang von 'aquisitiven' zu 'post-aquisitiven' Werten und Handlungsmotiven angemessen konzeptualisieren, wenn auch das Phänomen selbst theoretisch unerklärt bleibt - von Politik, sondern auf die Politikformen, auf den Politikstil.
Die traditionelle Politikform der bürgerlichen Gesellschaft, der sich weitgehend, wenn im Laufe der langen Anpassungen auch nicht ohne Friktionen, auch die Vertreter der organisierten Arbeiterbewegung angeschlossen haben, ist einerseits durch die schon angesprochene Sphärentrennung von 'öffentlich' und 'privat' sowie die Zuordnung des politischen Handelns zur öffentlichen Sphäre charakterisiert und andererseits durch eine damit im Zusammenhang stehende zusätzliche Selektion der potentiell politisch Handelnden durch die Errichtung selektiv wirksamer Sozialisationsprozesse im Bereich der öffentlichen und der politischen Sphäre. Eigenes politisches Handeln und die darin zum Ausdruck kommende Möglichkeit zur authentischen Wahrnehmung eigener gesellschaftlicher Interessen verlangt die Erfüllung sozialisationsmäßiger Qualifikationen, die regelmäßig nur von bestimmten Gruppen und Schichten in der bürgerlichen Gesellschaft erbracht werden können. Hinzu kommt, daß diese Qualifikationen - wie z.B. verfügbare Freizeit, Verbalisierungsvermögen, politische und gesellschaftliche Bildung (Görlitz, 1977) - nicht nur selektiv in Hinsicht auf die Beteiligung bestimmter gesellschaftlicher Gruppen wirken (für die Parteien siehe den Überblick bei Armbruster/Leisner,1975, S. 61 - 135), sondern daß die auf ihnen aufbauenden Handlungsformen von bestimmten Gruppen als "Verkürzung","Abstrahierung", "Entfremdung" und "verdinglichte Politik" wahrgenommen werden. Während eine traditionelle Jugendsoziologie nach wie vor geneigt ist, diese Symptome als klassischen Generationskonflik verharmlosend zu interpretieren - wo doch die Betroffenen längst selbst zur Generation der Mütter und Väter gehören -, gehen andere in die Richtung, der Jugend eine generelle Sensibilität für Integrationskrisen der gesellschaftlichen Reproduktion zu bescheinigen (Döbert/Nunner-Winkler, 1975). Auch dies bliebe aber letztlich noch in traditionellen Bahnen gedacht und erst der Versuch, einen "neuen Sozialisationstypus" zu identifizieren, der auch politisch relevant wäre, packt das Problem in seiner ganzen Tragweite, also nicht mehr in jugendsoziologischer Beschränkung an (siehe dazu die Diskussion in der Zeitschrift Päd.ex.,Nr. 1 und 7/8, 1978). Waldhubel (1979, S. 10) stellt zusammen:" 'Identität', 'Erfahrung', 'Lernen als erfahrende Praxis', 'Betroffenheit' (freilich mehr in einem moralischen und humanistischen Sinne denn in einem interessenegoistischen; die Studenten waren von den Bomben in Vietnam und von den Panzern in Prag "betroffen", M.G.), 'Irgendwie konkret', 'Politisierung über den Bauch', 'Sich einbringen' - dies alles sind Wertorientierungen, die im expliziten Gegensatz zu allen 'abstrakten Leitgedanken', auch denen der 'traditionellen politischen Organisationen', formuliert sind". 'Auch und besonders' möchte man sagen. Was sich hier andeutet ist die Krise der traditionellen Politikform der bürgerlichen Gesellschaft, eine Krise der Repräsentation und des arbeitsteiligen, delegierenden, auf die bloße Aggregation und Befriedigung von Interessen gerichteten politischen Handelns also.

Und es ist natürlich auch eine Krise der Institutionen und Organisationen, die als "abstract", "distant" und "not responsive" empfunden werden (Zijderveld, 1970). Berger/Berger/Kellner konstatieren das "Unbehagen in der Modernität" (1975), das seine Ursache ebenfalls in Arbeitsteilung, Hierarchisierung, Bürokratisierung und Entfremdung besitzt. Aber angesichts der neuen Werte können Interessen nicht mehr durch die bloße autoritäre Zuweisung von materiellen Ressourcen befriedigt werden, weil schon die Aufspaltung in solche die fordern und damit mehr oder weniger erfolgreich sind und solche die zuteilen und befriedigen als unbefriedigend empfunden wird. Befriedigt kann im Zusammenhang des neuen Wertsystems ein solches Bedürfnis nur werden, wenn in den Akt der Befriedigung das eigene Handeln autonom und selbstbestimmt miteingebracht werden kann. Die neuen Werte stellen die spezialisierte Ausdifferenzierung von politischen Rollen insgesamt in Frage; was sich andeutet ist eine Krise des arbeitsteiligen Politikverständnisses und damit auch der gesellschaftlichen Aufspaltung in Privatheit und Öffentlichkeit. So stellt auch H.Klages (1975,S.17) in einer zusammenstellenden Übersicht über potentielle "Anomie-Faktoren" in der bundesrepublikanischen Gesellschaft fest,"daß die Menschen, die sich an Bürgerinitiativen beteiligen, offensichtlich nicht mehr dazu bereit sind, den politisch administrativen Eliten den Alltag der Politik und Verwaltung zu überlassen". Allerdings stimme ich nicht, wie sich aus dem Kontext ergibt, mit der Interpretation überein, daß es sich in jedem Falle bei Bürgerinitiativen um "bürgerlich-pragmatische Selbsthilfe" (Klages, 1975,S. 30) handle; hier ist es wohl notwendig von der Gemeinsamkeit in der Organisationsweise abzusehen und auf die vertretenen Ziele und Werte zu achten, z.B. auf den Unterschied zwischen einer Bürgerinitiative im vornehmen Hamburger Wohnviertel Harvestehude, die in ihrem Kampf gegen Büroneubauten vornehmlich der Erhaltung des Vermögenswertes des eigenen Besitzes dient und der Bewegung zur Unterstützung des Russel-Tribunals. Wird dieser Prozeß massenhaft, so konstituiert er nicht mehr nur die Außengrenzen einer Subkultur, sondern tangiert die Integrationsfähigkeit und Stabilität bestehender Herrschaft. Einer Herrschaft, die sich kraft der Selektivität des Repräsentationssystem permanent unter dem Schein unbeschränkter Partizipation und Zustimmung bequem stabilisiert und fortsetzt, die aber in allerhöchste Gefahr gerät, wenn relevante gesellschaftliche Bewegungen die Selektivität ihres Repräsentationssystems durchbrechen, die Schranke zwischen Privatheit und Öffentlichkeit niederreißen und unmittelbar und unter Mißachtung der institutionalisierten Spielregeln ihre Bedürfnisse anmelden. Wer sagt, diese Gefahr sei allenfalls hypothetisch, der hat ein schlechtes Gedächtnis oder gut funktionierende Verdrängungskräfte - wobei bekanntlich hauptsächlich Angst die Dynamik von Verdrängungsprozessen bestimmt. Er sollte sich an den Mai 1968 in Frankreich, an Berlin und einige westdeutsche Städt in diesen Tagen, an die Situation in Norditalien während der folgenden beiden Jahre, an die Straßenschlachten in Tokio erinnern. Was dort an oppositionellem, vielleicht sogar revolutionärem Potential sichtbar wurde, in Frankreich sogar die "grandeur" der organisierten Staatsmacht erzittern, fliehen und lächerlich machen konnte, ist als soziales Potential in diesen Gesellschaften nicht verschwunden, sondern weitgehend subkulturell etabliert worden. Es hat sich organisiert, seine eigenen Institutionen - Verlage, Zeitschriften, Wohngemeinschaften, Läden, Kongresse, Vereine und "Büros" - und Lebensformen geschaffen und weithin verstanden, dem Kontinuität zu verleihen. Die soziale Basis der subkulturellen Bewegung ist heute weit größer, ausgebauter und differenzierter als sie dies vor 12 Jahren war; wer aus dem Fehlen der großen Manifestationen in den Straßen auf das Ende der Bewegung schließt und je nach politisch-gesellschaftlichem Standpunkt darüber besorgt oder befriedigt ist, der verkennt, daß für die langfristige Stabilität der herrschaftlichen Integration einer Gesellschaft nicht die großen Demonstrationen, sondern die dauerhaften Institutionen und Reproduktionsformen der Subgesellschaft die größere Gefahr sind.

x x x

Der hier verwendete Begriff der Marginalität ist gegenüber herkömmlichem Gebrauch abzugrenzen. Traditionellerweise versteht man in der Soziologie unter marginalen Gruppen solche, deren Integration in die gesellschaftlichen Schichten und Großgruppen aufgrund bestimmter konstanter (z.B. "Ausländer") oder situations- und milieubedingter (z.B. "Obdachlosigkeit") Merkmale nicht gelingt, die sich demzurfolge durch eigene Merkmale ausgrenzen (siehe dazu Kögler, 1976, S. 8 - 32). Der in der bundesrepublikanischen Wohlfahrtspflege und Sozialarbeit verwendete Begriff der "Randständigkeit" enthält dabei durchaus eine wertende Komponente, die weitgehend einer sozialen Bewertung von sozialen Aussenseiterpositionen durch das unaufgeklärte gesellschaftliche Bewußtsein analog ist. Schließlich ist auf die besondere Relevanz der sozialökonomischen und einkommensmäßigen Indikatoren für "Randständigkeit" hinzuweisen; materielle Sicherheit durch ein geregeltes und entsprechend hohes Einkommen erweist sich als der Kern des Syndroms, vermittels dessen "soziale Sicherheit" bzw. deren Gegensatz gesellschaftlich wahrgenommen und in den Programmen der öffentlichen Wohlfahrtspflege konzeptualisiert wird (Kaufmann, 1970). Bezeichnend für die ideologische Integrationsfähigkeit der herrschenden effizienzorientierten Leistungsethik ist dabei, daß auch die "Randgruppen" selbst sich über dieses Verständnis von Marginalität definieren und ihre Identität ausbilden.

Ohne hier weiter darauf eingehen zu können, möchte ich das in dieser Weise angesprochene Problem mit dem Begriff der traditionellen Marginalität bezeichnen.

Mir geht es aber um eine n e u e Marginalität, die ein Aspekt und ein Indikator gesamtgesellschaftlicher Wandlungsprozesse ist. Im Unterschied zur traditionellen Marginalität wird in dem Bereich, den ich als neue Marginalität kennzeichnen möchte, die eigene Unterschiedenheit zu den Werten, Normen, den Verhaltensmustern und der Lebensweise der übrigen Gesellschaft nicht als defizient empfunden. Er dient auch nicht - wie wir dies z.B. aus den Lebensbedingungen von Ausländergruppen kennen - der defensiven Überlebensstrategie in einer fremden Gesellschaft, in der die Abgrenzung häufig als funktional-äquivalent zur nicht gelingenden Integration angesehen wird, sondern die neue Marginalität ist gekennzeichnet durch ein offensives Vertreten und Praktizieren der eigenen subkulturellen Besonderheiten, deren tendenziell gesamtgesellschaftlicher Anspruch sich völlig von dem Minderheitenbewußtsein, das Bestandteil der traditionellen Marginalität ist, unterscheidet. Auf diesen Punkt weist auch Klages (1975,S.131) hin, wenn er über das "Anomie- und Unruhepotential der utopisch-idealistisch Engagierten" feststellt: "Sie sind nicht wie die anderen Typen, die wir bisher verhandelt haben, darauf aus, ihr Dissonanzgefühl abzubauen, sondern bemühen sich umgekehrt, es zu stabilisieren... ". Problematisch erscheint mir aber die Tendenz bei Klages, das "Unruhe- und Anomiepotential" auf psychologisch bestimmte Aktionstypen zu reduzieren; auf diese Art werden zwar Handlungsformen und Einstellungsfixierungen des Bereichs der neuen Marginalität zum Teil recht zutreffend erfaßt und klassifiziert, die Strukturwandlungen der gesellschaftlichen Reproduktion, die materiell deren Existenz überhaupt erst konstituieren, treten aber als Ursache zu stark in den Hintergrund. Schließlich ist kennzeichnend für die neue Marginalität, daß sie sich nicht zureichend durch negative Abgrenzungen, insbesondere nicht durch das Merkmal "nicht in den ökonomischen Prozeß integriert - Arbeitslosigkeit" definieren läßt, sondern daß sich in ihr tendenziell eigenständige Reproduktionsformen, die von einem bewußten und programmatischen Vermeiden von dauerhaften Lohnarbeitsverhältnissen ausgehen, bilden. Diese Reproduktionsweisen - und deshalb ist der Plural hier recht angemessen - sind kaum auf einen einheitlichen positiven Nenner zu bringen; sie reichen von einer systematischen Ausnutzung des wohlfahrtsstaatlichen Förderungs- und Bezuschussungswesens bis hin zum Aufbau von produzierenden und tendenziell selbstversorgerischen Landsiedlungen; letzteres hat in den USA beachtliche Ausmaße angenommen. Der Verkauf von Kunstgewerbe als fliegende Händler und schließlich die Reproduktion über durchaus qualifizierte aber unkontinuierliche Projektarbeit sind Beispiele. Wichtig und gemeinsam für die neue Marginalität ist, daß diese Tätigkeiten in aller Regel nicht als Durchgangsstufe zu einer "bürgerlichen Existenz" verstanden werden und daß ihnen gemeinsam die Vermeidung von festen Lohnarbeitsverhältnissen ist. Es muß davon ausgegangen werden, daß die Lebensverhältnisse der neuen Marginalität mit ihrem veränderten Wert- und Normensystem nicht ohne Auswirkung auf die längerfristige Gesellschaftsentwicklung bleiben werden. "Es handelt sich hierbei um Veränderungen von fundamentaler Bedeutung im Hinblick auf die zukünftige Entwicklung des Sozialsystems, denn veränderte Sozialisierungswerte und -haltungen wirken über die jetzt nachwachsenden Gesellschaftsmitglieder im Sinne der Forcierung längerfristiger Wandlungsbewegungen unserer Kultur und Gesellschaft fort". (Kmieciak, 1976, S. 315) Es kann hier nicht das ganze Ausmaß dieses "Wertwandels" in der bundesrepublikanischen Gesellschaft dargestellt werden und es steht hier auch nicht in Frage. Von Bedeutung ist nur jener Ausschnitt, der im Bereich der politischen Sozialisation im engeren Sinne und für die einstellungsmäßigen Voraussetzungen politischen Handelns und insbesondere für das Verhältnis gegenüber dem Parteiensystem relevant erscheint. Die zusammenhängenden Interpretationen der vorliegenden empirischen Ergebnisse über die Wandlungen vor Wertstrukturen (Kmieciak, 1976, passim) zeigen dabei die hier behauptete Relevanz für das politische System im weiteren Sinne und die politischen Parteien im besonderen Maße eindrucksvoll.

Über den traditionellen Generationskonflikt geht der konstatierbare Schnitt durch die Gesellschaft dabei deshalb hinaus, weil sich bei der Untersuchung von Einstellungs- und Wertmustern der jüngeren Generation zeigt, daß die früher immer vorhandenen Aspirationen auf Integration, auf Karriere und Fortkommen in der "Erwachsenengesellschaft" stets als die komplimentäre Komponente zu dem dann berechtigterweise als "jugendhaftem" Protest gewerteten oppositionellen Syndrom vorhanden waren (siehe z.B. v. Friedeburg, 1966). Der "jugendliche" Protest und die in gewissem Maße daraus folgende Marginalität erweist sich also als Teil der traditionellen Marginalität, deren Bedeutung für gesellschaftlichen Wandel gering ist. Die neue Marginalität hingegen definiert sich schon heute durch eine spezifische Lebensweise auf der Basis relativ stabiler Wert- und Einstellungsstrukturen, die Integration im traditionellen Sinne verunmöglichen, oder zumindest für einen bedeutenden Teil unwahrscheinlich machen.

x x x

Nun wäre es angesichts historischer Erfahrungen wie theoretischer Erkenntnisse unzureichend, gesellschaftlichen Wandel auf die Veränderung von Wert- und Einstellungsmustern bestimmter gesellschaftlicher Gruppen zurückzuführen, ohne darüberhinaus zu fragen, welche Veränderungen der sozialökonomischen Strukturen diesen Einstellungs- und Wertveränderungen ihrerseits zugrundeliegen. Auch der wahrgenommene Funktionswandel des politischen Systems trägt, wie am Beispiel des Parteiensystems bereits erläutert, zu verhaltensrelevanten Änderungen bei.
Ich glaube, daß hier von besonderer Bedeutung der Zusammenhang ist, der zwischen der quantitativ erheblichen Ausweitung des Anteils der jüngeren Generation, der weiterführende Bildungsgänge durchläuft, den veränderten Arbeitsmarktbedingungen für diese Gruppen sowie schließlich den Reaktionsweisen des staatlichen Herrschaftsapparates - als solcher wird er zumindest innerhalb der neuen Marginalität durchweg rezepiert - auf die offensive Nichtintegration der neuen Marginalität besteht.
Ohne daß hier eine Darstellung im Einzelnen erfolgen muß, dürfte unbestritten sein, daß die quantitative wie qualitative Expansion des bundesrepublikanischen Bildungssystems seit etwa Mitte der sechziger Jahre erhebliche Bedeutung für die gesamte Reproduktion der Gesellschaft wie für die betroffenen Gruppen gehabt hat. Die Zusammenhänge sind recht kompliziert; hier ist bedeutsam, daß mit ihr eine Veränderung der prestigemäßigen und faktischen gesellschaftlichen Einstufung von Absolventen höherer Bildungsgänge einhergeht. Man kann vielleicht dahingehend pointieren, daß man sagt: höhere Bildung funktioniert nicht mehr wie in früherem Maße als Medium gesellschaftlichen Aufstiegs und gesellschaftlicher Statuszuweisung; dies gilt insbesondere auch in einkommensmäßiger Hinsicht. Die Bundesrepublik holt damit nur durch die besonderen Umstände ihrer Geschichte verzögerte gesellschaftliche Anpassungsprozesse an veränderte technologische und informationelle Produktionsvoraussetzungen nach, die in anderen bürgerlich-kapitalistischen Gesellschaften kontinuierlicher und früher vollzogen wurden. Zugrunde liegen Veränderungen des gesellschaftlichen Bedarfs an hochqualifizierter, zum Teil erheblich spezialisierter Arbeitskraft in qualitativer wie quantitativer Hinsicht, die sich auf die Bildungsinhalte auswirken. Bedeutsam ist, daß für jene Generation die seit Mitte der sechziger Jahre in den Sog gezogen wurde, der durch die ausgeweitete Angebot an Bildungsgängen entstand, eine mittelschichtenspezifische Einstellungen zur traditionellen Bildung unterstellt werden darf (Habermas u.a.,1961; von Friedeburg u.a., 1968, S. 197 - 237) die sich ja auch in der Vergangenheit als realistisch erwiesen hatte; kurz: gesellschaftlicher Aufstieg und soziale Sicherheit durch höhere Bildung. Besonders deutlich war dies bei den für die quantitative Ausweitung der Studentenzahlen ja bedeutsamen Zahl der überproportional anwachsenden Lehramtsstudenten. Der Eintritt in die Universität oder die Pädagogische Hochschule wurde im klaren Bewußtsein unternommen, damit den ersten Schritt auf ein quasi unaufhaltsames Förderband getan zu haben, das einen geradewegs über die beiden Staatsexamen und den Vorbereitungsdienst zu der Sicherheit nach A12/A13, also auf Lebenszeit, beförderte. Das Ideal war, mit 27 - 30 Jahren "ausgesorgt" zu haben und zwar auf einer Position, die vom Einkommen wie vom sozialen Status her als befriedigend empfunden werden konnte.
Auf dieses mittelständisch orientierte Aufstiegsbewußtsein mußte die Erkenntnis und Erfahrung der Veränderungen des Systems gesellschaftlicher Statuszuweisung und die Wahrnehmung einer Arbeitsplatzunsicherheit wie ein Schock wirken. Dieser Schock hat insofern identitätsstörende und individualpsychologische Dimensionen, als gemäß der traditionellen mittelständischen Leistungsethik - auf deren gesellschaftsstabilisierende Funktion hier nicht weiter eingegangen werden braucht - ein enger Zusammenhang zwischen eigener

Leistungsbewertung (Selbsteinschätzung) und der Wahrnehmung gesellschaftlicher Gerechtigkeit besteht.
Das Verhalten kann sich in Reaktion auf diese Wahrnehmung entweder in resignativer oder zynischer Anpassung stabilisieren oder aber eine radikale Abkehr von der traditionellen Leistungsethik vollziehen. Ersteres ist langfristig politisch gefährlich, weil sich in der resignativen Anpassung aufgrund der wahrgenommenen vermeintlichen Unterwertbehandlung durch die Gesellschaft ein aggressives Potential latent erhält, dessen politische Manifestation in der Vergangenheit zur Unterstützung faschistischer Bewegung beigetragen hat (Reich,1933 und mit anderem theoretischen Hintergrund Adorno, u.a. 1969, bes.S. 222ff und 603ff). Letzteres scheint aus den Langzeituntersuchungen politischer Einstellungen in der Bundesrepublik am ehesten ablesbar. Kmieciak (1976,S. 273 und 448), der im allgemeinen sehr vorsichtig interpretiert, sagt, daß "der Zerfall des bürgerlich-klassischen Leistungsbewertungssystems abgelesen werden" könne, und auch Klages (1975, S. 142) kommt zu dem Schluß, "daß in den modernen westlich - demokratischen Industriegesellschaften ein verhältnismäßig großes Anomie- und Unruhepotential besteht, das sich daraus ergibt, daß ein beträchtlich großer Teil der Bevölkerung denjenigen leistungsorientierten Identitätstyp, der sich dem 'modernen' Menschen annähert und persönlichkeitsdynamisches Gleichgewicht garantiert, nicht verwirklichen kann". Auf der Basis einer kollektiven Neudefinition des Wertsystems braucht aber die Frustration der mittelständischen Erfolgsaspirationen nicht als Niederlage empfunden zu werden, sondern kann in Verbindung mit stabilisierten Reproduktionsmöglichkeiten eine neue subgesellschaftliche Identität ausbilden.
Ergänzen sich also Prozesse der sozialpsychologischen Reaktion auf veränderte gesellschaftliche Lebenslagen und Prozesse der Umstrukturierung des gesellschaftlichen Statussystems als Folge veränderter Anforderungen der Produktionssphäre, so bekommt dieser einmal in Gang befindliche Sozialprozeß eine zusätzliche Dynamik und Verstärkung durch die Art und Weise, wie die herrschende Gesellschaft auf die wahrnehmbare Identität von Minderheiten und Subgesellschaften reagiert.
Im Bereich politischer Wertungen zeigt die vergleichende Untersuchung, daß der angesprochene Wertwandel mit einer deutlichen Aufgeschlossenheit gegenüber sozialistischen Werten einhergeht (Allerbeck, 1976,S.57). Freilich einem Sozialismusverständnis, in dem weniger eine Identifikation mit spezifischen Modellen oder theoretischen Leitbildern zum Ausdruck kommt, als vielmehr eine subjektiv als radikal empfundene Abneigung und Ablehnung gegenüber der eigenen kapitalistischen Gesellschaft. Berger/Berger/Kellner (1975,S.169) sprechen recht zutreffend von dem, "was man die 'linke Stimmung' unter den heutigen Intellektuellen in Westeuropa und Nordamerika nennen kann". Daneben gewinnen "Politikbezogene Sachverhalte...eine erheblich höhere alltagssituationsbetreffende und sozialkommunikative Verhaltensrelevanz" (Kmieciak,1966,S.431). Daß diese einhergeht mit einer sich verstärkenden Ablehnung des traditionellen Politikstils und der durch ihn geprägten Institutionen und Organisationen ist aus der Soziogenese dieses Einstellungsmusters unmittelbar plausibel, weil aufgrund der erläuterten Funktionsmechanismen, etwa des Parteiensystems, die übliche Politik der bürgerlich-kapitalistischen Gesellschaft, die auf Interessenaggregation,Repräsentation und Befriedigung von aquisitiven Werten vordringlich beruht, nur als "entfremdet" und "entfremdend" empfunden werden kann. Deshalb ist es auch nicht verwunderlich, daß empirische Untersuchungen ergeben: "Die Bereitschaft zu Protestaktionen, insbesondere solchen, welche sich nicht - konventioneller und umstrittener Techniken bedienen, ist unter den jüngeren

Befragten weitaus höher als unter den älteren Befragten". (Allerbeck,1976, S.58; siehe auch Klingemann/Pappi, 1972). Diese Kombination von allgemein-sozialistischer Orientierung - die vielleicht präziser noch als bloß negativ gegen die bestehende kapitalistische Leistungsethik und Verteilungsmoral gerichtet interpretiert würde - und praktischer Kritik des "bürgerlichen Politikstils", die sich in den vielen Bestandteilen der subgesellschaftlichen Bewegung, zum Beispiel in bestimmten Bürgerinitiativen und politischen Organisationen zeigt, provoziert die Repräsentanten der "offiziellen Gesellschaft" zu oft hysterischen Abwehrreaktionen. Nicht nur, daß in diesen eine angesichts der faktischen Stabilität bürgerlicher Herrschaft im allgemeinen und bundesrepublikanischer Gesellschaft im besonderen besorgniserregende und erstaunliche Unsicherheit aufscheint, sondern auch, daß durch diese Reaktionsweisen identitätsbildende Prozesse der Subgesellschaft noch verstärkt werden, macht die besondere Qualität dieser Entwicklung gegenüber früheren vergleichbaren Phasen gesellschaftlichen Protests aus. So ist zum Beispiel für jeden Kenner der subgesellschaftlichen Szene klar, wie gering die faktische Identifizierung mit der terroristischen Strategie der RAF und ihren Nachfolgeorganisationen war und ist; andererseits verstärken die kontinuierlichen Überreaktionen des politischen Establishments erheblich die subgesellschaftliche Identitätsbildung. Insbesondere die Wahrnehmbarkeit der korporatistisch allesumfassenden Koalition des politischen Establishments, in der z.B. die ansonsten gehegten und gepflegten Alltagskonflikte des politischen und gesellschaftlichen Systems gegenüber einer "verordneten Staatstrauer" anstandslos zurücktreten, während die Repräsentanten des Systems in der Trauer um die Repräsentanten des Systems die Mystifikation gesellschaftlicher und nationaler Einheit zelebrieren, um am draufolgenden Tage anstandslos zum politischen Alltagskonflikt zurückzukehren, in dem der politisch gebildete Bürger die demokratische Offenheit und Pluralität des grundgesetzlichen Freiheitsraums zu erblicken pflegt, führt auf Seiten derer, die zwar zur Betroffenheit aber nicht zur Trauer in der Lage sind, zur identitätsbildenden Wahrnehmung der eigenen Ausgeschlossenheit. In solchen Momenten höchster kollektiver Emotionalität werden auch die wertmässigen "cleavages" und Abgründe des gesellschaftlichen Wertsystems am unmittelbarsten sichtbar. Hier entsteht die sozialpsychologische Triebkraft "innerstaatlicher Feinderklärungen" (Brückner/Krovoza, schon 1972), aufgrund deren sich ganze Gruppen, und eigentlich nicht die "Bürger", als "Sicherheitsrisiko" (Narr, 1977b) verfolgt und bedroht empfinden, was wiederum die Prozesse ihrer subgesellschaftlichen Integration und Identitätsbildung unterstützt. Diese Integration und Identitätsbildung geht inzwischen, um es abschliessend nochmals zu sagen, soweit, daß selbst die Repräsentanten des offiziellen politischen Systems, der "ersten Gesellschaft", von der Existenz einer "zweiten Gesellschaft" bzw."zweiten Kultur" ausgehen (so Peter Glotz,zit. bei Kallscheuer, 1978,S.143). Auch Kallscheuer spricht von der identitätsstiftenden und stabilisierenden Wirkung, die die staatlichen repressiven Reaktionen auf die Manifestationen der "zweiten Kultur" haben, weist aber zugleich auf deren Heterogenität hin, durch die eine konzentrierte, im traditionellen Sinne revolutionäre Bewegung zur Überwindung bürgerlicher Gesellschaft kaum möglich werden kann, sondern aufgrund deren vielmehr dem sich immer weiter zentralisierenden Herrschafts- und Repressionsapparat der "ersten Gesellschaft" zunehmend nur "Inseln des Widerstands" und "ein Mosaik von Ghettos 'scenes' oder 'Stämmen'"(Ebd.,S.148) in strategischer Handlungsunfähigkeit als bloße alternative Refugien für Sozialisten und Antikapitalisten gegenüberstünden. Die neue Marginalität, erfährt also auch durch die Reaktionsweisen des politischen Establishments eine zusätzliche Bestärkung.

x x x

Der Versuch, auf recht begrenztem Raum den sehr unterschiedlichen Aspekten eines sozialen Wandlungsprozesses der bürgerlich-kapitalistischen Gesellschaft nachzuspüren, muß notgedrungen recht skizzenhaft verbleiben. Dies insbesondere auch, weil ein großer Teil des zur Verfügung stehenden empirischen Materials, das potentiell auch über die hier interessierenden Fragen Auskunft geben könnte, unter Prämissen erhoben wurde, die seine Auswertung unfruchtbar machen. Über viele Aspekte liegen gar keine Untersuchungen vor oder sie sind von der Natur der Sache her der herkömmlichen Einstellungs- und Meinungsforschung überhaupt unzugänglich; etwa weil die zu Befragenden angesichts des zum Teil bedrohlichen Klimas meinungsmäßiger Unfreiheit Angst oder Desinteresse gegenüber dem Abfragen ihrer Einstellungen naturgemäß an den Tag legen würden.

Was deutlich gemacht werden sollte, dürfte aber bei aufmerksamer und sensibler Wahrnehmung der gesellschaftlichen Atmosphäre kaum übersehbar sein. Die weithin konstatierte "Legitimationskrise des Parteiensystems" entsteht auch deshalb - sie hat andere Aspekte, die hier gar nicht behandelt wurden - weil ein Teil der Gesellschaft sich durch das Angebot einer repräsentativen Interessenwahrnehmung nicht mehr integrieren läßt. Die Selektivität, die durch den arbeitsteiligen Repräsentationsstil der bürgerlichen Politik notwendig institutionalisiert wird, wird von dieser Gruppe wahrgenommen und in der Praxis kritisiert und unterlaufen. Die neuartige post-aquisitive Wert- und Leistungsethik verlangt die autonome und selbständige Interessenwahrnehmung und Partizipation, weit über das Maß hinaus, das die herrschaftlichen Politikinstitutionen der bürgerlichen Gesellschaft zu ertragen fähig sind. Die Reaktionsweisen des politisch-gesellschaftlichen Establishments verstärken die Eigenintegration der subkulturellen Gruppen. Tendenziell teilt sich die Gesellschaft in zwei, in dem Maße, in dem die subgesellschaftlichen Einzelbereiche zur überregionalen Integration in der Lage sind und es ihnen gelingt, ihre ökonomische Reproduktion dauerhaft auf einer Basis jenseits der kapitalistischen Leistungsethik zu stabilisieren. Genau an dieser Stelle aber dürfte der momentan utopische Kern der subkulturellen Bewegung deutlich werden; ihre augenblickliche Existenz ist nur auf dem ökonomischen Hintergrund der Verteilungsproportionalitäten der fortgeschrittenen kapitalistischen Gesellschaften vorstellbar. Ein der Leistungsethik der neuen Marginalität entsprechendes Produktionsmodell, das bei der Versorgung einer ganzen Gesellschaft vergleichbar effizent wäre, ist noch nicht in Sicht.

Adorno,Th.W. u.a. (1969), The Authoritarian Personality, New York

Allerbeck,K.R. (1976), Demokratisierung und sozialer Wandel in der Bundesrepublik. Sekundäranalyse von Umfragedaten 1953 - 1974, Opladen

Almond,G./Coleman,J.S. (1960), The Politics of Developing Areas, Princeton

Althusser,L. (1973), Ideologie und ideologische Staatsapparate, in: Ders., Marxismus und Ideologie, Westberlin, S. 111 - 172

Armbruster,B./Leisner,R. (1975), Bürgerbeteiligung in der Bundesrepublik, Göttingen

Ashby,W.R. (1970), An Introduction to Cybernetics, London

Beresford,M. (1977), Doomsayers and Eco-nuts: a critique of the Ecology Movement, in: Politics, 12,1, S. 98 - 106

Berger,L.P./Berger,B./Kellner,H. (1975), Das Unbehagen in der Modernität, Frankfurt/New York

Bracher,K.D. (1970), Das Bonner Parteiensystem, in: Ders., Nach 25 Jahren München, S. 254 - 276

Brückner,P./Krovoza,A. (1972), Staatsfeinde. Innerstaatliche Feinderklärung in der Bundesrepublik, Berlin

Daalder,H. (1966), Parties, Elites and Political Developments in Western Europe, in: J.LaPalombara/M. Weiner (Hg.), Political Parties and Political Development, Princeton, S. 43 - 77

Dittberner,J./Ebbighausen,R. (Hg.) (1973), Parteiensystem in der Legitimationskrise, Opladen

Döbert,R./Nunner-Winkler,G. (1975),Adoleszenzkrise und Identitätsbildung. Physische und soziale Aspekte des Jugendalters in modernen Gesellschaften, Frankfurt am Main

Duverger,M. (1959), Die politischen Parteien, Tübingen

Easton,D. (1965), A Framework for Political Analysis, Englewood Cliffs

Elias, N. (1976), Der Prozeß der Zivilisation, 2 Bde., Frankfurt am Main

Etzioni,A. (1968), The Active Society, London/New York

Friedeburg,L.v. (Hg.) (1966), Jugend in der modernen Gesellschaft, Köln/ Berlin, 3. Aufl.

Friedeburg,L.v. u.a. (1968), Freie Universität und politisches Potential der Studenten, Neuwied und Berlin

Görlitz,A. (1977), Politische Sozialisationsforschung, Stuttgart

Greven,M.Th. (1977), Parteien und politische Herrschaft, Meisenheim am Glan

Habermas,J. u.a. (1961), Student und Politik, Neuwied und Berlin

Hollstein, W. (1970), Der Untergrund. Zur Soziologie jugendlicher Protestbewegung, Neuwied, 2. Aufl.

Inglehart,R. (1971), The Silent Revolution in Europe, in: American Political Science Review, 65, S. 991 - 1017

Kaack,H. (1971), Geschichte und Struktur des deutschen Parteiensystems, Opladen

Kallscheuer,O. (1978), Mescaleros und andere. Schwierigkeiten einer "politischen Kultur" von Sozialisten in der Bundesrepublik, in: Probleme des Klassenkampfs, 30, S. 142 - 158

Kaufmann,F.X.(1970), Sicherheit als soziologisches und sozialpolitisches Problem, Stuttgart

Klages,H. (1975), Die unruhige Gesellschaft. Untersuchungen über Grenzen und Probleme sozialer Stabilität, München

Klingemann,H.D./Pappi,F.U. (1972), Politischer Radikalismus. Theoretische und methodische Probleme der Radikalismusforschung, München

Kmieciak,P. (1976), Wertstruktur und Wertwandel in der Bundesrepublik Deutschland, Göttingen

Kögler,A. (1976), Die Entwicklung von "Randgruppen" in der Bundesrepublik Deutschland, Göttingen

Lehmbruch,G. (1976), Parteienwettbewerb im Bundesstaat, Stuttgart

Leibholz,G. (1975), Strukturprobleme der modernen Demokratie, Kronberg/Ts.

Luhmann,N. (1969a), Legitimation durch Verfahren, Darmstadt/Neuwied

Luhmann,N. (1969b), Komplexität und Demokratie, in: Politische Vierteljahresschrift, S. 314 - 325

Massing,O. (1974), Parteien und Verbände als Faktoren des politischen Prozesses, in:Ders., Politische Soziologie Frankfurt a.M. S.76-122

Michels,R. (1925), Zur Soziologie des Parteiwesens in der modernen Demokratie, Leipzig, 2. vermehrte Aufl.

Namier,L.B. (1952), Monarchy and the Party System, Oxford

Narr,W.D. (Hg.)(1977a), Auf dem Weg zum Einparteienstaat, Opladen

Narr,W.D. (Hg.)(1977b), Wir Bürger als Sicherheitsrisiko, Reinbek bei Hamburg

Offe,C. (1972), Strukturprobleme des kapitalistischen Staates, Frankfurt am Main

Olson,M. (1968), Die Logik des kollektiven Handelns, Tübingen

Ostrogorski,M. (1902), Democracy and the Organization of Political Parties, London

Pamper,G.M. (1977), The Decline of Partisan Politics,in: Sage Electoral Studies Yearbook,3, S. 13 - 38

Poulantzas,N. (1974), Politische Macht und gesellschaftliche Klassen, Frankfurt am Main

Reich,W. (1933), Massenpsychologie des Faschismus,o.O.

Rokkan,St. (1961), Mass Suffrage, Secret Voting and Political Participation, in: Europäisches Archiv für Soziologie, Bd.2, S.132-152

Rose,R. (1976), The Problem of Party Government, Harmondsworth

Sartori,G. (1976), Parties and Party Systems, Bd.1, Cambridge

Schattschneider,E.E. (1960), The Semi - Sovereign People, New York

Schwendter,R. (1973), Theorie der Subkultur, Köln

Stegmann,D. (1970), Die Erben Bismarcks, Köln/Berlin

Streeck, S./Streeck,W. (1972), Parteiensystem und Status quo, Frankfurt am Main

Waldhubel,Th. (1979), Sponti-Bewegung: Flucht in den Alltag?, in: Das Argument, 113, S. 8 - 20

Zijderveld,A. (1970), The Abstract Society, New York

Gerhard Lehmbruch

# Parteiensystem und Interessenverbände in der Politikentwicklung

## (1) Gibt es den "Parteienstaat"?

In der empirischen Analyse von "materiellen" Politiken (policy analysis) hat seit Jahren die Frage, wieweit "policies" durch "politics" zu erklären sind, wieweit also materielle Politikoptionen abhängig sind von politischen Strukturen und Prozessen (oder vielmehr von sozio-ökonomischen Bedingungen), eine zentrale Rolle gespielt. Dabei wurden als politische Variablen insbesondere institutionelle Strukturen (z.B. das Wahlsystem oder die Wahlkreiseinteilung) einerseits, andererseits das Parteiensystem (Parteikontrolle der Regierung, Intensität des Parteienwettbewerbs) eingeführt. Im letzteren Falle spitzt sich die Frage "Does politics matter?" dann darauf zu, ob das Parteiensystem für den Prozess der Politikentwicklung (formation of public policy) in dem Sinne von Bedeutung ist, dass Politikoptionen im Parteienwettbewerb strukturiert und "materielle" Politiken von daher inhaltlich bestimmt werden.

In der Tat ist es ja eine verbreitete Hypothese, dass das Parteiensystem und das von den Parteien beherrschte Parlament zum zentralen politischen Regelungsmechanismus geworden sind. Sie begegnet in mannigfältigen Versionen. Es mag hier genügen, auf drei besonders charakteristische hinzuweisen. Da wäre einerseits das von der Staatsrechtslehre der Weimarer Republik kreierte Konzept des "Parteienstaates", wie es durch Gerhard Leibholz auch für die Bundesrepublik einflussreich geworden ist und das Selbstverständnis der politischen Eliten im Parlament und in den Parteiorganisationen stark geprägt hat. Andererseits wären jene Modellkonstruktionen der "Neuen Politischen Ökonomie" und verwandte Ansätze zu nennen, die (beginnend mit Schumpeter) den Parteienwettbewerb als zentralen Regelungsmechanismus unterstellen.

Schliesslich wäre des einflussreichen analytischen Schemas für den Vergleich politischer Systeme zu gedenken, das Gabriel Almond im Anschluss an David Easton entworfen hat: Die der "Interessenartikulation" nachgeordnete Funktion der "Interessenaggregation" wird hier für entwickelte politische Systeme insbesondere den Parteien zugeschrieben - ungeachtet des prinzipiell äquivalenz-funktionalistischen Ausgangspunktes. Es ergibt sich somit ein Zwei-Stufen-Modell des politischen Prozesses, in welchem Interessenverbände partikuläre Interessen lediglich artikulieren, während Parteien sie zu entscheidungsfähigen Alternativen bündeln und der Parteienwettbewerb über die siegreiche Alternative entscheidet. Die normativen Implikationen dieses Modells werden ganz deutlich, wenn in der Diskussion über ein "Verbändegesetz" das Postulat auftauchte: "Ein umfassender Anspruch auf ein politisches Mandat steht nur den demokratisch legitimierten Organen des Staates und der Parteien zu. Verbände dagegen vertreten Interessen und repräsentieren den Menschen als Interessenten. Daher steht ihnen ein umfassendes allgemeinpolitisches Mandat nicht zu. Autonome Gruppen können immer nur gesellschaftliche Teile vertreten ..." (Deutschlandtage der Jungen Union Deutschlands, München 1977, zit. nach Alemann/Heinze 1979, S. 243).

Nun hat das Zwei-Stufen-Modell des politischen Prozesses aber einen durchaus ambivalenten Charakter: Ist die "Aggregation" von Interessen von Parteien nach dem Bild eines Trichters vorzustellen oder eher nach dem eines Filters, der nicht "systemverträgliche" Forderungen eliminiert? Dann wäre das Parteiensystem womöglich nur ein Mechanismus zur Abschirmung der effektiven Mechanismen politischer Problemverarbeitung? In der Tat kann man Theorien, die dem Parteiensystem die zentrale Funktion im Prozess der Politikentwicklung zuschreiben, mannigfältige empirische Beobachtungen entgegenhalten, die einen deutlich stärkeren Einfluss anderer institutioneller und/oder organisierter Akteure auf die Strukturierung von Politikoptionen und die Politikentwicklung vermuten lassen. So hat Richard Rose vor Jahren typologisch dem "party government" das "administrative government" gegenübergestellt (R.Rose 1968). Oder es wird auf Verflechtungen zwischen Segmenten der Staatsverwaltung und Klientelgruppen im System der organisierten Interessen hingewiesen. Schliesslich kann die Entwicklung "neokorporativistischer" Einbindung von organisierten Interessen in zentrale staatliche Regelungsmechanismen als Infragestellung der "Parteiregierung" verstanden werden. Solche Beobachtungen können dann dazu veranlassen, die Funktion der Parteien im wesentlichen als bloss legitimatorisch (Beschaffung von "Massenloyalität"), ohne wesentlichen Einfluss auf Politikoptionen zu bestimmen, während "Ausarbeitung und Erlass bindender Entscheidungen" insbesondere bei der "bürokratischen Verwaltung ... in einem weiten, funtionalen Sinn" (Luhmann 1968) lokalisiert werden.

(2) "Arenen" der politischen Problembearbeitung

Bezeichnend ist sowohl in Theorien des "Parteienstaates" als auch bei Gegenpositionen, dass häufig eine idealtypische Beschreibung (und u.U. entwicklungsgesellschaftliche Klassifikation) politischer Systeme als ganzer an Hand gewisser für strukturbestimmend erachteter Entscheidungs- und Legitimationsmechanismen vorgenommen wird. Man kann solche globalen Typologisierungen auf eine alte Tradition der politischen Analyse zurückführen, nämlich die Staatsformenlehre aristotelischer Provenienz. Schon in dieser Tradition taucht aber früh eine stärker differenzierende analytische Perspektive auf, als Polybios die römische Republik als "gemischte Verfassung" beschreibt, also als zusammengesetzt aus verschiedenen Entscheidungs- und Legitimationsmechanismen. Man mag sich dessen erinnern, wenn man in der neueren sozialwissenschaftlichen Analyse von Politiken (policy analysis) und Prozessen der Politikentwicklung (policy formation) der Hypothese begegnet, dass Akteure und Akteurkonstellationen der Politikentwicklung innerhalb des politischen Systems variieren, und zwar in Abhängigkeit von Variablen wie Politikfeldern (issue areas) und Konfliktniveau (so insbes. Theodore Lowi). Die amerikanische Politikwissenschaft hat dafür den Begriff der "arena" eingeführt. Eine differenzierende Analyse der Funktionen von Parteisystemen, organisierten Interessen und Administration kann bei diesem Ansatz anknüpfen. Das Problem besteht dann aber darin, den Zusammenhang zwischen spezifischen politischen Problembereichen (issue areas) einerseits, bestimmten problembearbeitenden Akteurkonstellationen andererseits systematisch zu bestimmen.

Es liegt auf der Hand, dass hierfür vielfach komplexe Bedingungszusammenhänge verantwortlich sein werden. Insbesondere im internationalen Vergleich lässt sich beobachten, dass ein und dasselbe Problem auf Grund unterschiedlicher historisch-kultureller und gesellschaftlicher Rahmenbedingungen in durchaus unterschiedlichen "Arenen" bearbeitet wird. Wir wollen hier von solchen Variationen absehen, also spezifisch nationale Bedingungskonstellationen konstant halten.

Es lässt sich dann die folgende Hypothese formulieren: Politische Probleme unterscheiden sich voneinander nach dem für ihre Bearbeitung erforderlichen Zeitbedarf, der Spannweite von sachlichen Optionen einerseits und Interessenkonflikten andererseits, nach dem problemspezifischen Konsensbedarf und dem

Ausmass der Interdependenz mit anderen Problembereichen. Andererseits unterscheiden sich die politischen Organisationen (Regierung und Verwaltung eingeschlossen) hinsichtlich ihrer Zeithorizonte und ihrer Fähigkeit, interdependente Probleme simultan zu bearbeiten. Daraus ergeben sich spezifische Korrespondenzen zwischen "Arenen" (die jeweils durch bestimmte Konstellationen von institutionellen und/oder organisatorischen Akteuren konstituiert sind) einerseits, Politikfeldern (issue areas) andererseits. Nicht jede politische Institution oder Organisation wird jedes beliebige Problem bearbeiten; sie wird sich vielmehr auf solche gleichsam spezialisieren, die sie im Rahmen ihrer eigentümlichen Zeithorizonte und ihrer Fähigkeit zu Konsensbildung und Konfliktverarbeitung bewältigen kann. Das bedeutet, dass das politische System sich tendenziell in Subsysteme ausdifferenziert, die je bestimmte Politikfelder und Politiktypen bevorzugt bearbeiten.

(3) Modelle der Politikentwicklung im Parteiensystem

Man kann zwei konkurrierende Modelle der Politiksteuerung durch das Parteiensystem unterscheiden, die sich freilich bei genauerer Betrachtung als komplementär erweisen: das Modell der intra-organisatorischen Programmselektion einerseits, das der Steuerung durch Parteienwettbewerb andererseits. Das erste liegt insbesondere verbreiteten Versionen der Parteienstaatstheorie zu Grunde: In einem Prozess der Willensbildung innerhalb der Partei werden politische Alternativen diskutiert und ausgewählt. Wer die Teilnehmer dieses Prozesses sind, ist freilich nicht von vornherein eindeutig zu bestimmen. Ein radikal-demokratisches Verständnis im ursprünglichen Sinne müsste an sich die gesamte Parteianhängerschaft (also ihre Wähler) als Träger des Willensbildungsprozesses ansehen, die in direkt-demokratischen Verfahren an der Programmentwicklung und Politiksteuerung zu beteiligen wären. Derartige Postulate wären aber kaum befriedigend zu verwirklichen, weil sie im Grunde eine feste Parteibindung und ein relativ hohes Politisierungsniveau der gesamten Wählerschaft voraussetzen würden, Annahmen also, deren geringer Realitätsgrad durch die empirische Wahlforschung hinlänglich belegt ist. Daher ist es von einer gewissen Folgerichtigkeit, wenn in der neueren Diskussion im allgemeinen davon ausgegangen wird, dass es die vereinsmässig organisierten Mitglieder der Partei sind, die am innerparteilichen Willensbildungsprozess teilnehmen sollen. Insbesondere seit Robert Michels ist ja dieses Verständnis der

Parteiendemokratie als eines im strengen Sinne intra-organisatorischen Prozesses zu einem der herrschenden Modelle geworden.

Bei genauerem Hinsehen kann man dann auch innerhalb dieses Modells noch zwei Varianten ausmachen, deren eine vor allem auf die "parteienstaatliche" Veränderung des Parlamentarismus abhebt. Hier wäre es die Parlamentsfraktion, innerhalb derer sich die Politiksteuerung vollzieht (vgl. R.T. McKenzie 1955), im Unterschied zur orthodoxen Michels-Nachfolge, die gerade die ausserparlamentarische Parteiorganisation zum Träger der Steuerungsfunktion machen will. Zum Beleg für eine Beteiligung der Partei an der Politikentwicklung (und sei es im Sinne der parlamentarisch-parteienstaatlichen Variante) wird es jedenfalls nicht ausreichen, wenn nur die massgebende Beteiligung von Parteiführern in ihrer Eigenschaft als Regierungsmitglieder nachgewiesen wird, solange die Frage offen bleiben muss, ob sie in ihrer Eigenschaft als Mitglieder der Partei, oder vielmehr als Spitze der Administration gehandelt haben; es wird auf den Nachweis ankommen, dass die Partei als autonome Organisation (und sei es die "party in parliament") neben der Regierung an der Strukturierung der Politikoptionen beteiligt gewesen ist. Prinzipiell ähnlich liegen die Dinge im Falle von Regierungskoalitionen. Zwar wird hier dem intra-organisatorischen Verhandlungsprozess in der Partei ein inter-organisatorischer Verhandlungsprozess im Parteiensystem vorgeschaltet. Doch im Prinzip kann auch dies noch als eine Erweiterung des inter-organisatorischen Modells der Politiksteuerung verstanden werden.

Komplexer wird der Sachverhalt jedoch, wenn die Rolle der Opposition berücksichtigt werden soll. Die Parteienstaatstheorie neigt dazu, dies Problem mit Hilfe der Identitätsfiktion Rousseauscher Provenienz auszublenden: Mehrheiten werden mit dem Konstrukt "Volkswillen" legitimatorisch "identifiziert". Und Theorien der Parteiendemokratie, die im Gefolge von Michels nicht sehr nach der Beteiligung des Wählers als vielmehr des Organisationsmitglieds an der Programmselektion fragen, tendieren ebenfalls zur Vernachlässigung des Parteiensystems gegenüber intra-organisatorischen Prozessen. Demgegenüber bietet sich der Rückgriff auf das zweite Modell, die Theorie des Parteienwettbewerbs an. Verschiedene Varianten des Modells der Politiksteuerung durch Parteienwettbewerb habe ich an anderer Stelle diskutiert (Lehmbruch 1976, S. 36 ff.). Theoretisch am weitesten entwickelt sind zweifellos inzwischen diejenigen, die von der "Ökonomischen Theorie der Demokratie" (oder "New Political Economy") ausgearbeitet worden sind. Es fragt sich allerdings, ob hier die inner-organisatorischen Prozesse der Politikentwicklung schon hinreichend Berücksichtigung finden. Zwar berücksichtigen neuere Arbeiten (so - anders als Downs 1954 - Herder-Dorneich/Groser 1977), dass sich die Strukturierung von Politikoptionen nicht erst im Vorgang der Wahlen vollzieht, sondern schon in den vorgelagerten Prozessen, in welchen die Stimmenmaximierungskalküle der konkurrierenden Parteien entwickelt werden. Gleichwohl fragt sich, ob eine hinreichend komplexe realistische Theorie der Politikentwicklung im Parteiensystem allein auf dem methodischen Individualismus der "Neuen Politischen Ökonomie" aufgebaut werden kann. Dem Problem kann hier nicht weiter nachgegangen werden. Doch dürfte Konsens darüber zu erzielen sein, dass es eines mehrstufigen analytischen Ansatzes bedarf, der die Rolle der (Fraktion oder) Parteienorganisation bei der Programmselektion mit einbezieht. Der Wettbewerbsmechanismus ist in diesem Zusammenhang nicht allein - und primär - unter dem Gesichtspunkt von Interesse, welche Politikoptionen er erzeugt, sondern in mindestens demselben Maße unter dem Aspekt der Ausschaltung von Optionen und der resultierenden Einengung des Gestaltungsspielraums für Politik (policy scope").

### (4) Das Problem des Gestaltungsspielraums des Parteiensystems in der Politikentwicklung

Die Frage nach dem Gestaltungsspielraum für Politik durch innerparteiliche Prozesse und durch Parteienwettbewerb hat in den Jahren nach dem zweiten Weltkrieg wiederholt eine erhebliche Rolle in der sozialwissenschaftlichen wie in der politisch-publizistischen Diskussion gespielt. Gegen Ende der fünfziger Jahre war die These vom "Versickern der Oppositionsfunktion" (Kirchheimer 1957), ja vom "Ende des Parteienstaats" (Krippendorf 1962) aufgekommen und in Verbindung damit die Vermutung, dass tendenzielle Stillegung zwischenparteilicher Konfliktartikulation wie innerparteilicher Programmdiskussion (dazu auch Narr 1966) zu einem Übergang der Funktion der Politikstrukturierung an andere Subsysteme geführt habe. Mit der Bildung der sozialliberalen Koalition und der Integration von Teilen der "ausserparlamentarischen Opposition" in die Regierungsparteien kam dann erneut das Thema der Optionserweiterung im Parteiensystem auf die Tagesordnung. Zwar war bei politischen Akteuren wie in der Wissenschaft die Erwartung recht verbreitet, dass vor allem eine "Regierungs- und Verwaltungsreform" den Weg zu einer "Politik der inneren Reformen" ebnen müsse (dazu Schatz in: Mayntz/Scharpf 1973; Scharpf 1974). Aber es ist bezeichnend, dass auch Autoren, die an den Diskussionen der "Projektgruppe Regierungs- und Verwaltungsreform" beteiligt waren, zu dem Schluss kamen, dass es von den Politisierungs-, Konfliktverarbeitungs- und Konsensbildungsprozessen im Parteiensystem abhänge, wie weit der hohe Steuerungsbedarf einer "spätkapitalistischen Gesellschaft" erfüllt werden könne: "Sie (sc. die politischen Parteien) allein haben die Möglichkeit, einerseits durch Aufklärungs-, Politisierungs- und Mobilisierungsprozesse an der gesellschaftlichen Basis, in den Verbänden und in der Öffentlichkeit einen gleichgerichteten Forderungsdruck aufzubauen, auf den die institutionalisierte Politik im Extremfall wie auf eine externe Krise zu reagieren gezwungen ist; und die Parteien haben andererseits die Möglichkeit, diesen Druck umzusetzen in programmatische Konzeptionen, die wenigstens so weit konkretisiert sind, dass sie zur weiteren, kontrollierbaren Verarbeitung in die institutionalisierten Entscheidungssysteme hineingegeben werden können" (Scharpf 1974, S. 120).

Eine damals entwickelte Version dieser Vorstellung knüpfte am Wettbewerbsmodell der Politiksteuerung dergestalt an, dass sie die Konsensmobilisierung im Zusammenhang mit Wahlen und Regierungsneubildung als funktionales Äquivalent einer externen Krise verstehen wollte, die die Chance böte, neustrukturierte Politikoptionen in das politische System hineinzuvermitteln (sowohl Naschold et al. 1971). Andere setzten dagegen zunehmend auf die Entwicklung von reformerischen Alternativen in innerparteilichen Diskussionsprozessen einer "Reformpartei" (z.B. Narr et al. 1976), verbanden also das intra-organisatorische Modell der Politikstrukturierung mit der klassischen, in der Parteientheorie insbesondere durch Duverger vertretenen Interpretation des Parteienwettbewerbs nach dem Schema von "parti du mouvement" gegen "parti de l'ordre établi". In diesem Zusammenhang kann man auch den Rückgriff auf die Theorien des innerparteilichen Wettbewerbs (Naschold 1969) und der innerparteilichen Opposition (Raschke 1974) einordnen.

Seit der Mitte der siebziger Jahre tritt aber, mit der skeptischen Bilanzierung sozialliberaler "Reformpolitik", auch eine Rückentwicklung in der Einschätzung der Politikstrukturierung durch das Parteiensystem ein. Hatte Scharpf noch in einem 1974 veröffentlichten Gutachten geurteilt, der Anteil der Regierungsparteien und der Regierungsfraktionen an der bundespolitischen

Programmentwicklung habe seit der Grossen Koalition "deutlich zugenommen" (Scharpf 1974, S. 56 ff.), so wird nun insbesondere mit dem Versanden der inner-sozialdemokratischen Diskussion über den "Orientierungsrahmen" nicht allein "die SPD in der Krise" - insbesondere hinsichtlich ihrer politikgestaltenden Funktion - gesehen (Brauns et al. 1976), sondern es erfolgt eine Rückwendung zu Kirchheimers Theorem, radikalisiert bis hin zu der (äquivalenz-fuktionalistisch gemeinten) plakativen These vom "Weg zum Einparteienstaat" (Narr et al. 1976). Zwar werden für die programmatische Funktionsschwäche des Parteiensystems jetzt zusätzliche Erklärungsvariablen ins Spiel gebracht, so insbesondere der Vorsprung, den das administrative Subsystem durch die Einführung von Planungssystemen erhält (vgl. dazu Grube et al.1976). Das scheint aber nur die Plausibilität jener Theoreme zu verstärken, die die Funktion der Parteien insbesondere als eine der "Beschaffung von Massenloyalität" (und nicht der Politikgestaltung) verstehen.

(5) Variieren die Strukturen der Politikentwicklung nach Politikfeldern?

Es fragt sich nun, ob die Bilanz der "Reformpolitik" nicht nach Politikfeldern differenziert ausfallen muss. Es fällt auf, dass die reformerische Energie der sozialliberalen Regierungsparteien sich in starkem Maße auf solche Politikfelder konzentriert hat, die relativ weit von der Sphäre der ökonomischen Reproduktion der Gesellschaft entfernt und eher für die "kulturelle Reproduktion" ihrer leitenden Normen relevant sind: etwa bei bestimmten bildungspolitischen Innovationen oder bei Reformen in der Justizpolitik, die - wie im Familienrecht, im Secualstrafrecht und bei der Abtreibungsfrage - hohen symbolischen Gehalt haben. Dafür sind verschiedene Erklärungen denkbar. Naheliegend wäre einmal der Hinweis, dass zumindest in der Justizpolitik die politischen Durchsetzungschancen gegenüber einem von der Opposition beherrschten Bundesrat von vornherein grösser waren (wenig zustimmungspflichtige Gesetze!), oder dass die Schranke der fiskalischen Ressourcen hier eine geringere Rolle spielte ("Reformen, die kein Geld kosten"). Es liesse sich auch (insbesondere, wenn man die von diesen Hypothesen nicht abgedeckte Bildungspolitik einbezieht) auf die grössere Chance der koalitionspolitischen Konsensbildung verweisen (etwa, wenn man zum Vergleich an die mühsamen "Koalitionsgespräche" über das Mitbestimmungsgesetzt denkt). Schliesslich liesse sich im Rahmen eines "politisch-ökonomischen" Erklärungsansatzes spekulieren, dass die Grenze, jenseits derer die für die Reproduktion einer kapitalistischen Ökonomie und Gesellschaftsordnung kritischen Variablen tangiert sind, in produktionsnahen Politikfeldern niedriger liegt als in eher produktionsfernen. Ähnlich könnte man auch die seit den späten fünfziger Jahren deutlich abnehmende Vetomacht der Kirchen gegenüber bildungspolitischen Reformen (schrittweiser Abbau der Konfessionalität im Schulwesen!) damit in Zusammenhang bringen, dass die "Bildungsökonomie" die Relevanz des Bildungssektors für die Produktionssphäre und für die ökonomische - nicht nur kulturell-symbolische - Reproduktion der Gesellschaft zunehmend ins Bewusstsein rückt.

All diese spekulativen Hypothesen lassen sich jedoch durch den Hinweis auf abweichende, so nur schwer erklärbare Fälle wieder in Frage stellen. Andererseits finden sich aber auch in der neueren politikwissenschaftlichen Forschung eine Reihe von Hinweisen, dass der politische Gestaltungsspielraum des Parteiensystems mit wechselnden Politikfeldern variiert. So hat Arnold Heidenheimer (in: Heidenheimer/Heclo/Adams 1975) zur Erklärung der weitreichenden Schulreformen in Schweden darauf hingewiesen, dass die Sozialdemokratie hier besonders lange regiert und die Bürokratie stark durchsetzt hat. Dass dieser Umstand gerade für die Schulpolitik bedeutsam wurde, hängt natürlich damit zusammen, dass Schulreformen einen langen Implementationszeitraum haben und ihre Auswirkungen auf Betroffene und Gesellschaft erst nach einem oder mehreren Jahrzehnten voll durchschlagen. Wir können die Hypothese ableiten, dass in Problembereichen, in denen ein hoher Zeitbedarf für Durchsetzung und Implementation einer Politik besteht, der Einfluss von Parteien auf die Politikentwicklung davon abhängt, dass es im Parteiensystem eine niedrige Alternierungsrate (turnover) gibt. Denn damit erweitert sich der Zeithorizont des Parteiensystems für Politikgestaltung.

Michael Stewart (1977) hat die britische Wirtschaftspolitik seit 1964 als die "Jekyll and Hyde years" charakterisiert: In einer Wettbewerbswirtschaft mit privater Verfügungsgewalt über Kapital werden Parteien, nachdem sie an die Regierung gekommen sind, die Feststellung machen müssen, dass ihr Gestaltungsspielraum weit geringer ist, als sie in der Opposition angenommen haben. Komplementär dazu ist die These der "adversary politics" (S.Finer 1975), derzufolge die Strukturierung von Optionen in der Wirtschaftspolitik durch Parteienwettbewerb in Verbindung mit hohem "turnover" dysfunktional wäre. Beide Überlegungen weisen wiederum auf die Bedeutsamkeit von Zeithorizonten in Verbindung mit dem Wettbewerbsmechanismus im Parteiensystem hin.

Dies schliesst freilich nicht aus, dass wirtschaftspolitische Optionen von Parteien dort strukturiert werden, wo diese dank langer Perioden der Regierungsmacht längerfristige Gestaltungsspielräume haben. Die Programmselektion durch Parteien wird sich jedoch in erster Linie auf die Ordnungspolitik oder, soweit die Ablaufpolitik betroffen ist, auf deren Konformität mit ordnungspolitischen Rahmenentscheidungen beziehen. Mit der Konjunkturpolitik als solcher scheinen die Parteiorganisationen hingegen in der Regel nur wenig befasst zu sein. Denn Techniken wie die "Globalsteuerung" der makroökonomischen Aggregate erfordern eine relativ hohe Flexibilität der Politikentwicklung, d.h. die Fähigkeit zu rascher Reaktion auf relativ kurzfristige Änderungen der "Umwelt"-Bedingungen. Parteiorganisationen scheinen jedoch einen höheren Zeitbedarf für Programmselektion zu haben, als hier von der Eigenart des Politikfeldes her zugelassen ist.

(6) Zeithorizonte von Politikfeldern

Diese Beispiele illustrieren, dass Politiken (policies) und Politikfelder sich nach den ihnen eigentümlichen zeitlichen Horizonten unterscheiden und klassifizieren lassen. Dabei ist einmal der Zeitbedarf für Konzipierung, Entscheidung und Implementation (bis zum "Greifen" der Politik, zum Sichtbarwerden ihres vollen "impact") zu berücksichtigen, und zum andern der zeitliche Handlungsdruck: Kann der Politiker abwarten, oder muss er kurzfristig handeln? Beide Aspekte des je eigentümlichen Zeitbedarfs müssen aber weiterhin in Beziehung gesetzt werden zu dem aus spezifischen gesellschaftlichen Konfliktstrukturen resultierenden Konsensbedarf, weil mit diesem der Zeitbedarf für politische Durchsetzung zunimmt.

Einige Beispiele für die wechselnden Kombinationen dieser verschiedenen Aspekte: Agrarpolitische Interventionen zur Regulierung des Angebots haben (als "distributive" Politiken im Sinne von Th. Lowi 1964) einen relativ geringen Konsensbedarf. Andererseits erfordern sie rasches Reagieren auf wechselnde Umweltbedingungen. In solchen Fällen wird nicht selten mit Regelungsmechanismen gearbeitet, die "automatisch" auf Signale (wie z.B. Überangebot auf dem Markt) reagieren. Solche Mechanismen sind jedoch dann relativ wenig hilfreich, wenn eine Politik zwar rasches Handeln erfordert, aber zugleich (wegen "redistributiver" Auswirkungen) hohen Konsensbedarf hat, wie z.B. Preis-Lohn-Kontrollen oder Einkommensteuererhöhungen zur Konjunkturdämpfung.

Die schon erwähnte Schulpolitik illustriert einen anderen Politiktypus, bei dem der lange Implementationszeitraum sich noch verbinden kann mit einem durch Konsenserfordernisse bedingten hohen Zeitbedarf für die Durchsetzung. Andererseits können kurzfristige Wirkungen allenfalls von symbolisch-legitimatorischer Natur sein, während angesichts der langen Zeiträume für den gesellschaftlichen "impact" hier rasches Handeln nicht als so dringlich erscheint wie in der Konjunkturpolitik. Der Politiker bzw. die Organisation, die schulpolitische Innovationen beabsichtigt, kann daher eher auf einen günstigen Durchsetzungszeitpunkt warten und verfügt damit über mehr Zeit für Konsensbildungsprozesse. Und offensichtlich werden in der jüngsten Entwicklung der energiepolitischen Auseinandersetzungen ähnliche Zusammenhänge sichtbar: Versuchte auf der einen Seite die Energiewirtschaft mit Prognosen über eine nahende "Energielücke" die politischen Entscheidungs- und Durchsetzungsprozesse zu beschleunigen, so entdeckt die Politik in dem Maße, wie der Konsensbedarf der Energiepolitik zunimmt, dass jene Prognosen vielleicht revidiert werden können, der Handlungsdruck also geringer und für Konsensbildungsprozesse mehr Zeit verfügbar ist. Andererseits wird deutlich, dass nicht nur der Wirkungszeitraum energiepolitischer Weichenstellungen sehr lang, dass darüber hinaus solche Weichenstellungen nicht nur wegen des hohen Kapitaleinsatzes schwer revidierbar, sondern angesichts der langen Zerfallzeit gewisser radioaktiver Abfälle praktisch überhaupt irreversibel sind. Eine irreversible Politik ist aber der Gegenpol zu einer kurzfristig wirkenden und revidierbaren.

(7) Zeithorizonte und Konsensbildung im Parteiensystem

Unser letztes Beispiel ist nun besonders geeignet, die hier behandelte Problematik zu verdeutlichen: Zwischen der Irreversibilität einer Politik einerseits, einam an Wahlterminen orientierten Erfolgskalkül andererseits besteht eine offentsichtliche Inkongruenz. Das Dilemma der Politik besteht freilich darin, dass diese Inkongruenz auch unter dem Aspekt einer möglichen langfristigen Energiekrise gegeben ist, und dass bei sachlichem Handlungsdruck einerseits, der "Konsenslücke" andererseits eine Vertagung nur in begrenztem Maße möglich erscheint. Die eine, zweifellos nur provisorische Aushilfe der politischen Eliten heisst "Nuklearrat": Energiepolitische Weichenstellungen werden in einem informellen Gremium beraten, dem der Bundeskanzler und andere führende Regierungsmitglieder, Vertreter von Länderregierungen (der "A- und B-Länder" wohlgemerkt), der Energiewirtschaft und der Gewerkschaften angehören. Die Politikentwicklung wird aus dem Parteiensystem verlagert in ein Elitenkartell, das Elemente von "Politikverflechtung" und von "Korporatismus" - beide weiter unten zu diskutieren - verbindet. Das aber ist unter anderem unter dem Aspekt zu sehen, dass hier ein Verbund von Organisationen erfolgt, deren Zeithorizonte und Konsensbildungsfähigkeit, strukturell bedingt, andere Spielräume der Problembearbeitung zu eröffnen scheinen als das Parteiensystem mit seinen eigentümlichen Restriktionen.

Allgemein können wir davon ausgehen, dass zwischen zeitlichen Spielräumen und Restriktionen, die bestimmten Politiken eigentümlich sind, auf der einen Seite, den zeitlichen Perspektiven und der Konsensbildungsfähigkeit der an der Problembearbeitung beteiligten politischen und administrativen Organisationen andererseits eine gewisse Kongruenz funktional erforderlich ist. Für unsere Fragestellung sind hier neben dem Parteiensystem insbesondere die staatliche Verwaltung und die Organisationen der Interessenvermittlung von Bedeutung. Freilich können an dieser Stelle ihre Zeithorizonte und ihre mögliche Konsensbeschaffungsleistung nicht systematisch erörtert werden Vielmehr soll die Aufmerksamkeit vor allem dem Parteiensystem gelten.

Parteiorganisationen unterliegen einer doppelten, zudem partiell gegenläufigen Restriktion ihres Zeithorizontes, die ihrer Flexibilität eigentümliche Grenzen zieht. Sie können nur relativ schwerfällig "umdenken" oder "lernen", weil Grundlinien ihrer Politik in intra-organisatorischen Diskussionsprozessen entwickelt und fixiert werden, die dann auch, wenn die Initiative hierfür bei den Führungsgruppen liegt, in der Regel zeitaufwendig sind. Einmal sind Parteien nicht so sehr hierarchisch aufgebaute Organisationen als vielmehr - gewiss in wechselndem Maße - "Stratarchien" (Eldersveld 1964), deren mittlere Kader weniger stark auf Kommunikation aus der "Umwelt" reagieren als die Führungsgruppen, stärker von organisationsinternen Routinen und festgelegten Deutungsmustern geleitet werden, und daher u.U. erst in langwierigen Prozessen zu überzeugen sind. Weiterhin sind Parteiorganisationen nur in geringem Maße mit professionalisierten "fulltime" Kadern besetzt; ihre Gremien können sich nur intermittierend versammeln, und deshalb laufen Kommunikationsprozesse hier relativ langsam ab. Das hat zur Folge, dass die Parteiorganisation eher dazu taugt, langfristig wirksame Politikoptionen zu strukturieren als Probleme zu bearbeiten, die sich in rascher und ständiger Veränderung befinden.

Gegenläufig zu dieser tendenziell langfristigen Orientierung der Politikstrukturierung, die intra-organisatorisch bedingt ist, wirks sich aber der inter-organisatorische Zusammenhang des Parteiensystems mit dem Sanktionsmechanismus der Parlamentswahlen aus. In Abhängigkeit von der Intensität des Parteienwettbewerbs hat dieser tendenziell zur Folge, dass der Zeithorizont der Parteiorganisation sich an den mehr oder weniger regelmässigen, jedenfalls aber relativ kurzen Wahlperioden orientiert, die den Spielraum für Politikoptionen einengen und die Aufmerksamkeit auf relativ kurzfristige Auswirkungen einer Politik konzentrieren. In Zusammenhang mit der vorhergehenden Überlegung ergibt sich, dass einerseits die Orientierung des Parteiensystems auf langfristig wirksame Politiken verstärkt werden kann, indem Politikfelder nicht bearbeitet werden, in denen kurzfristig negative Sanktionen zu erwarten sind, dass andererseits aber die Langfristorientierung überlagert werden kann von der Orientierung an kurzfristig wirksamen positiven Sanktionen. So kann es dann - zugespitzt illustriert - dazu kommen, dass es zwar "Steuerparteitage", nicht dagegen "Konjunkturpolitik-Kongresse" von Parteien gibt, dass andererseits aber der Umsetzung und Implementierung steuerpolitischer Beschlüsse der Parteiorganisation wiederum erhebliche Restriktionen des Zeithorizontes entgegenstehen.

Allgemein wäre zu folgern, dass zwischen den für spezifische Problemlagen eigentümlichen Zeithorizonten einerseits, den Zeitperspektiven von politischen Organisationen und interorganisatorischen Systemen ("Arenen") andererseits ein Verhältnis von Kongruenz und Inkongruenz besteht. Und dies trägt dann dazu bei, dass das politische System sich in Subsysteme der Problembearbeitung ausdifferenziert, die durch jeweils eigentümliche Muster der Interessenvermittlung unterschieden sind. Gewiss lässt sich nicht diese Differenzierung allein aus der Differenzierung von Zeitperspektiven erklären, die im Mittelpunkt der vorangegangenen Überlegungen stand. Doch genügen m.E. schon diese für die Folgerung, dass das "orthodoxe" Schema, welches den Parteien die "Interessenaggregation", den "organisierten (partikularen) Interessen" die "Interessenartikulation" zuschreibt und jene dieser hierarchisch überordnet, allenfalls bestimmten politischen Problemlagen angemessen sein kann.

(8) Alternative Strukturen der Interessenvermittlung

Vielmehr existieren neben dem Parteiensystem in den entwickelten liberaldemokratischen kapitalistischen Ländern eine Reihe von deutlich abgehobenen, in sich relativ geschlossenen Subsystemen der politischen Problembearbeitung, die nicht alle einfach von einem normativen Modell des Interessenartikulations-Aggregationsprozesses aus als defizient beurteilt werden können. Diese kritische Perspektive ist vielmehr in erster Linie an einem der verschiedenen alternativen Subsysteme der Interessenvermittlung entwickelt worden, nämlich jenen als "klientelistisch" zu bezeichnenden Netzwerken aus Interessengruppen und Teilen der Staatsbürokratie, die man mit Begriffen wie "Segmentierung" oder "Privatisierung" der Staatsbürokratie beschrieben hat. Wir kennen sie beispielsweise aus der Agrarpolitik, aus der staatlichen F&E-Politik, in besonders prägnanter Weise von manchen "Regulatory Commissions" in den USA. Besonders ausgeprägt kann die "klientelistische" Fragmentierung der Problembearbeitung dort werden, wo es noch dazu vorwiegend um die "distributive" Bearbeitung von sich lokal auswirkenden und überlokal nur schwach (insbesondere über den verfügbaren Finanzrahmen) aggregierten Problemen geht, wie sie z.B. lange Zeit (vor den Versuchen einer systematischen "Verkehrswegplanung") der Strassen- und Wegebau darstellte. Der Einwand freilich, bei klientelistischer Segmentierung käme die am "Gesamtinteresse" orientierte Interessenaggregationsfunktion zu kurz, übersieht womöglich den Umstand, dass das politische System längst Mechanismen entwickelt hat, die für diese Problemfelder das Aggregationsproblem sozusagen neutralisieren (insbesondere durch die klassische Ressortgliederung der Verwaltung und die daran immer noch orientierten Budgetierungsprinzipien in der Haushaltspolitik).

Ein weiteres Subsystem wird in der Bundesrepublik neuerdings unter dem Begriff "Politikverflechtung" (Scharpf et al. 1976) diskutiert. Es ist eines jener eigentümlichen Muster der Interessenvermittlung, die Interessenartikulation und -aggregation im Verhältnis von Zentralbürokratien, untergeordneten territorialen Einheiten und regionalen/lokalen Interessengruppen strukturieren. Die Variationsbreite im internationalen Vergleich ist hier wegen der sehr unterschiedlichen institutionalen Vorbedingungen und damit verbundenen kulturellen Traditionen naturgemäss erheblich. Das für die Bundesrepublik charakteristische Muster der Politikverflechtung enthält zugleich starke Elemente klientelistischer Segmentierung ("Ressortkumpanei" der verschiedenen

Ebenen im Bündnis mit korrespondierenden Interessengruppen), erlaubt andererseits aber (wie Scharpf a.a.O. hervorgehoben hat) zumindest auf der kommunalen Ebene auch eine gewisse "Koordinierung von unten her". Parteien haben hier, da die Linien der Interessenartikulation und des Konflikts entlang der territorialen Schichtung laufen, in aller Regel keinen eigenständigen Einfluss auf die Programmselektion, trotz ihres z.T. beträchtlichen Einflusses auf die Personalrekrutierung. Interessant ist im übrigen, dass sich auch Politikverflechtung und das - gleich zu besprechende - neokorporatistische Muster der Interessenvermittlung in gewissem Maße gegenseitig auszuschliessen scheinen, wie sich an der Regionalpolitik zeigt: Eine Repräsentation von Gewerkschaften, wie sie bei der Institutionalisierung von branchenspezifischer Entwicklungsplanung zunehmend begegnet (so schon in den französischen "commissions de modernisation" und in den britischen EDCs oder "Little Neddies"), zeichnet sich in der Regionalplanung im allgemeinen nicht ab.

Schon dieser Umstand zeigt, dass auch das seit einigen Jahren stark diskutierte Phänomen des "liberalen", "gesellschaftlichen" oder "Neo-Korporatismus" (dazu Schmitter/Lehmbruch 1979) nicht nach der Art eines globalen Systemtypus im Sinne der herkömmlichen Vergleichenden Regierungslehre der Politikwissenschaft verstanden werden kann - eines Typus, der etwa in Konkurrenz zur "parlamentarischen Regierung" oder zum "Parteienstaat" als ähnlich global charakterisierbaren Systemtypen stünde und diese womöglich im Sinne einer gesamtsystemischen Entwicklungsdynamik abzulösen im Begriff sei. (Vorstellungen dieser Art begegnen insbesondere in der britischen Literatur, die, im Gefolge von Samuel Beer 1969 und Nigel Harris 1972, "corporatism", den "corporate state" oder die "corporate society" als ordnungspolitische Typusbegriffe insbesondere dem "Marktliberalismus" konfrontiert). Vielmehr sind jene Verbundsysteme zwischen den Grossorganisationen (insbesondere den Spitzenverbänden von Kapital und Arbeit), die wir mit dem Begriff "Korporatismus" bezeichnen, ihrerseits auf die Bearbeitung spezifischer Politikfelder spezialisiert.

Ich habe an anderer Stelle argumentiert (Lehmbruch 1977), dass korporatistische Verbundsysteme dem Parteiensystem in Bereichen wie der Einkommenspolitik an Fähigkeit zur Konsensbeschaffung, aber auch an Flexibilität des Zeithorizontes überlegen sind - wobei freilich in Kauf zu nehmen ist, dass hier, wo nicht wie im Parteienwettbewerb mit dem Mehrheitsprinzip gearbeitet werden kann, die Konsensschwelle dementsprechend höher liegt. Generell hängt das Wachstum korporatistischer Subsysteme mit der zunehmenden Bedeutung jener interventionistischen Politikfelder zusammen, die kontinuierliche Konsensbildung mit Flexibilität des Zeithorizonts erfordern. Aber der liberale Korporatismus lebt in einem symbiotischen Verhältnis mit dem Parteiensystem. Das zeigt sich deutlich in einigen Ländern mit Vielparteiensystem. In Finnland war, wie Helander (1978) gezeigt hat, die Koalititionsbildung unerlässlich für die Absicherung und politische Umsetzung des korporatistischen Konsenskompromisses, während andererseits in Italien die neo-syndikalistische Strategie des "confronto", die man als eine Variante des Korporatismus ansehen könnte, sich immer wieder an jener Funktionsschwäche des Parteiensystems festgelaufen hat, die zu kompensieren sie eigentlich angetreten war (vgl. Regini 1979). Das symbiotische Verhältnis, welches trotz funktionaler Differenzierung zwischen Korporatismus und Parteiensystem besteht, darf aber auch bei Hegemonie einer Regierungspartei nicht übersehen werden, obgleich es hier weniger augenfällig sein mag: Es ist bezeichnend, dass es in aller Regel die Hegemonie sozialdemokratischer Parteien gewesen ist, die zur partiellen Verselbständigung eines korporatistischen Subsystems geführt, dieses abgesichert und zugleich wohl auch begrenzt hat.

Es stellt sich damit die Frage, ob es ausreicht, das Parteiensystem nur als ein auf die Bearbeitung bestimmter Problemfelder durch Strukturierung von Politikoptionen spezialisiertes Subsystem zu sehen. Mit dem Gesichtspunkt der Programmfunktion ist die Bedeutung des Parteiensystems für den politischen Prozess offensichtlich nicht erschöpfend beschrieben, und insofern greift die Frage, ob Parteiorganisationen für Politikoptionen denn relevant seien, etwas zu kurz.

(9) Systemische Verknüpfung zwischen "Arenen" der Politikentwicklung

Auch wenn es richtig ist, dass das politische System sich ausdifferenziert in einer Mehrzahl von Subsystemen oder "Arenen", in welchen jeweils spezifische Politiken bearbeitet werden, kann doch nicht zugleich geschlossen werden, diese ihre Autonomie bedeute gegenseitige Abschottung. Vielmehr bilden sich offenbar in welchselndem Umfang interorganisatorische Netzwerke aus, in denen sich Austauschprozesse zwischen spezialisierten Subsystemen der Problembearbeitung vollziehen.

Das Parteiensystem bekommt hier seine eigentümliche Bedeutung. Auch wo die Parteiorganisation nicht an der konkreten Problembearbeitung beteiligt ist und zur Programmselektion beiträgt, kann sie mehr oder weniger stark die Personalrekrutierung beeinflussen - sei es im Wege direkter Patronage (wie bei der Staatsverwaltung) oder durch die Kooptation von Spitzenfunktionären der Interessenorganisationen. Damit ergibt sich eine personelle Verknüpfung der Subsysteme, die tendenziell zumindest eine gewisse Harmonisierung von groben Kriterien der Programmselektion in der Politikentwicklung bewirken kann.

Einige empirische Hinweise könnten vermuten lassen, dass die Dichte solcher Verknüpfungen der Subsysteme innerhalb des politischen Systems tendenziell in umgekehrtem Verhältnis zur Grösse eines Landes steht: In kleineren Ländern scheinen Rollenkumulationen zwischen den Führungsgruppen von politischen und Interessengruppen aus einer Reihe von Gründen häufiger und auch die informellen Kommunikationskanäle direkter und kürzer zu sein. Das Parlament kann hier ein wichtiger "Knotenpunkt" in der Ausbildung von interorganisatorischen Netzen werden. Wenn Spitzenfunktionäre wichtiger Interessenverbände dem Parlament angehören (so z.B. in Österreich und, in weniger ausgeprägtem Maße, in der Schweiz), kann sich geradezu ein "parlamentarischer Korporatismus" ausbilden. (Die Kandidaturen der Gewerkschaftsvorsitzenden Vetter, Loderer und Hauenschild und des Handwerkspräsidenten Schnitker bei der europäischen Direktwahl weisen freilich darauf hin, dass es solche Tendenzen nicht nur in kleinen Ländern geben muss).

Die relative Autonomie der "Arenen", ihre netzwerkartige Verknüpfung andererseits weist auf gegenläufige funktionale Aspekte der Politikentwicklung. Relative Autonomie geht einher mit der gegenseitigen Abkoppelung von Politikbereichen: Indem diese in jeweils getrennten Subsystemen bearbeitet werden, wird vielfach der Problemdruck auf das Gesamtsystem vermindert. Interdependenzen, die das Konfliktniveau erhöhen könnten, werden so gewissermassen stillgelegt, und so wird z.B. die Regionalpolitik gegen den Konflikt zwischen Kapital und Arbeit abgeschottet. Andererseits kann eine solche Abschottungsstrategie schliesslich bestandswichtige Interdependenzen so sehr verletzen, dass eine intensivere Verknüpfung erzwungen wird. Neuere Formen der Einkommenspolitik z.B., die die Steuerpolitik einbeziehen, bewirken zugleich deren partielle Verlagerung in ein anderes Subsystem: War die Steuerpolitik zuvor im wesentlichen inneradministrativ bearbeitet worden (als Fallstudie: Elvander 1974), so wird sie mit "Sozialkontrakten" nun auch im korporatistischen Subsystem bearbeitet, zugleich aber durch enge "Vernetzung" mit Parlament und Administration abgesichert. Auch eine selektive Arbeitsmarktpolitik, die darauf abzielt, simultan Wachstum und stabilitätspolitische Probleme (zusätzlich zu der sozialpolitischen Sicherungsfunktion) zu bearbeiten, scheint die Tendenz zur Ausbildung neokorporativer Subsysteme der Politikformulierung und Implementation zu begünstigen. Beispiele dieser Art (wie sie insbesondere aus skandinavischen Ländern bekannt sind) lassen vermuten, dass die Bearbeitung von Probleminterdependenzen zugleich Verflechtungen zwischen Organisationen und Subsystemen der Politikentwicklung erfordert.

Es fragt sich allerdings, ob solche Entwicklungen nicht in eine "überorganisierte Überkomplexität" führen könnten, die die Krisenanfälligkeit des Gesamtsystems erhöht. Friktionen zwischen den vernetzten Subsystemen könnten sich insbesondere dort ergeben, wo die jeweils dominierenden Strategien der Konfliktbearbeitung nicht "kongruent" sind, beispielsweise als Folge unterschiedlicher Politisierungsmuster und Konfliktniveaus. An anderer Stelle (Lehmbruch 1976, S. 170 ff.) habe ich argumentiert, dass im politischen System der Bundesrepublik Deutschland eine solche tendenzielle Inkongruenz sich zwischen dem "parteienstaatlichen" und dem "bundesstaatlichen" Subsystem ausgebildet hat. Ähnliches wäre beispielsweise für die Beziehungen des Parteiensystems mit einem korporatistischen Subsystem denkbar, wenn "redistributive" Konflikte von der sozialen Basis auf das Parteiensystem durchschlagen, während der korporative Elitenverbund fortfährt, sich an den gesamtsystematischen Steuerungsimperativen zu orientieren.

Zitierte Literatur:

Alemann, Ulrich von/Heinze, Rolf (Hrsg.) (1979), Verbände und Staat: Vom Pluralismus zum Korporatismus

Beer, Samuel (1969), British politics in the collectivist age

Brauns, Hans Jochen, et a. (1976), Die SPD in der Krise

Downs, Anthony (1957), An economic theory of democracy

Eldersveld, Samuel (1966), Political parties: A behavioral analysis

Elvander, Nils (1972), The politics of taxation in Sweden 1945 - 1970: A study of the functions of parties and organizations. In: Scandinavian Political Studies, vol. 7

Grube, Frank, et al. (1976), Politische Planung in Parteien und Parlamentsfraktionen

Finer, Samuel (1975), Adversary politics and electoral reform

Harris, Nigel (1972), Competition and the corporate society

Heidenheimer, Arnold, et al. (1976), Comparative public policy

Helander, Voitto (1978), A liberal corporatist subsystem in action: The incomes policy system in Finland (vervielf. MS)

Herder-Dorneich, Philipp/Groser, Manfred (1977), Ökonomische Theorie des politischen Wettbewerbs

Kirchheimer, Otto (1957), Wandlungen der politischen Opposition. In: ARSP 63

Krippendorff, Ekkehard (1966), Das Ende des Parteienstaates? In: Der Monat

Lehmbruch, Gerhard (1976), Parteienwettbewerb im Bundesstaat

Lehmbruch, Gerhard (1977), Liberal corporatism and party government. In: CPS, vol. 10 (demnächst: Schmitter/Lehmbruch 1979)

Luhmann, Niklas (1968), Soziologie des politischen Systems. In: KZSS 20

McKenzie, Robert Trelford (1955), British political parties

Lowi, Theodore J. (1964), American business, public policy, case studies, and political theory. In: World Politics 14

Mayntz, Renate/Scharpf, Fritz, Hrsg. (1973), Planungsorganisation. Die Diskussion um die Reform von Regierung und Verwaltung des Bundes

Naschold, Frieder (1969), Organisation und Demokratie

Naschold, Frieder et al. (1971), Untersuchung zur mehrjährigen Finanzplanung des Bundes. Gutachten, Projektgruppe Regierungs- und Verwaltungsreform

Narr, Wolf-Dieter (1966), CDU - SPD. Programm und Praxis seit 1945

Narr, Wolf-Dieter et al. (1976), SPD - Staatspartei oder Reformpartei?

Narr, Wolf-Dieter, Hrsg. (1977), Auf dem Weg zum Einparteienstaat

Rose, Richard (1968), Party government vs. administrative government. In: O. Stammer, ed., Party systems, party organizations, and the politics of the new masses (Manuskriptdruck)

Raschke, Joachim (1974), Innerparteiliche Opposition

Regini, Marino (1979), Changing relationship between labour unions and the state in Italy: Toward a neo-corporatist system? (vervielf. MS)

Stewart, Michael (1977), The Jekyll and Hyde years: Politics and economic policy since 1964

Scharpf, Fritz (1974), Politische Durchsetzbarkeit innerer Reformen

Scharpf, Fritz, et al. (1976), Politikverflechtung

Schmitter, Philippe/Lehmbruch, Gerhard, eds. (1979), Trends toward corporatist integration (im Druck)

Franz Lehner

## Politikverflechtung: Institutionelle Eigendynamik und politische Kontrolle

Das föderalistische System der Bundesrepublik weist wie andere entwickelte föderalistische Systeme ein hohes Maß an Mischfinanzierung zwischen dem Bund und den Ländern auf. Diese Mischfinanzierung wurde durch das 21. Gesetz zur Änderung des Grundgesetzes vom 12.5.1969 mit der Einfügung der Artikel 91 a, 91 b und 104 a in das Grundgesetz teilweise verfassungsrechtlich abgesichert.

Artikel 91 a regelt die Gemeinschaftsaufgaben von Bund und Ländern in drei Bereichen, nämlich dem Aus- und Neubau von Hochschulen, der Verbesserung der regionalen Wirtschaftsstruktur und der Verbesserung der Aggrarstruktur. Artikel 91 b erlaubt dem Bund und den Ländern eine Mischfinanzierung auf der Basis von Bund-Länder-Vereinbarungen bei der Förderung von Modellversuchen im Bildungswesen und bei der Förderung von Einrichtungen und Vorhaben der wissenschaftlichen Forschung von überregionaler Bedeutung. Artikel 104 a ermächtigt in Absatz 4 den Bund unter bestimmten Bedingungen zu Finanzhilfen an die Länder für Investitionen der Länder und Gemeinden [1).]

Auf diesen verfassungsrechtlichen Regelungen baut ein kompliziertes Verhandlungssystem des Bundes und der Länder auf. Im Rahmen dieses Systems wird die Investitionspolitik des Bundes und der Länder eng verflochten. Mit dieser Politikverflechtung sind spezifische institutionelle Zwänge verbunden, die zu verfassungsrechtlich und gesetzlich nicht oder nur teilweise vorgesehenen Formen des politischen Entscheidens geführt haben. Die Politikverflechtung hat, konkret gesagt, zu politisch nicht kontrollierbaren bürokratischen Entscheidungsmechanismen geführt und damit das staatliche Handeln im Bereich der Mischfinanzierung aus dem politischen Legitimierungszwang herausgelöst.

Im folgenden wird versucht, die institutionelle "Logik" dieser

Entwicklung herauszuarbeiten und ihre verfassungspolitischen Konsequenzen zu bestimmen [2].

DIE INSTITUTIONELLE STRUKTUR DER POLITIKVERFLECHTUNG

Die in den Artikeln 91 a, 91 b und 104 a beschriebenen Gemeinschaftsaufgaben und Finanzhilfen sind rechtlich und institutionell unterschiedlich geregelt. Sowohl die genannten Verfassungsartikel, als auch die Ausführungsgesetze und die Bund-Länder-Vereinbarungen enthalten für die einzelnen Aufgaben und Bereiche unterschiedliche Vorschriften und Regelungen bezüglich ihrer Ausgestaltung, ihrer Durchführung und ihrer Kontrolle, aber auch hinsichtlich der finanziellen Beteiligung von Bund und Ländern und der Verteilung der Bundesmittel auf die einzelnen Länder.

Mit der konkreten Planung und dem Aushandeln von Mischfinanzierungsprogrammen sowie der generellen Abstimmung der Investitionen des Bundes und der Länder sind gegenwärtig über 200 Bund-Länder-Kommissionen beschäftigt. Diese Kommissionen haben unterschiedliche Funktionen und Kompetenzen, sie sind unterschiedlich zusammengesetzt und unterliegen unterschiedlichen Verfahrensregeln. Es gibt kein einheitliches und durchgängiges Organisationsprinzip für die Politikverflechtung, sondern komplizierte und alles andere als klare institutionelle Verhältnisse [3].

Den komplizierten institutionellen Verhältnissen entsprechen ebenso komplizierte und wenig transparente Entscheidungsprozesse. Die unklare und vor allem stark verschränkte Kompetenzverteilung zwischen dem Bund, den Ländern und ihren gemeinsamen Gremien und die große Zahl unterschiedlicher Instanzen in den Entscheidungsprozessen der Politikverflechtung machen vielschichtige Konsultationen und Verhandlungen notwendig. Das Aushandeln von Problemlösungen in informellen und formellen Institutionen und Interaktionen ist deshalb die vorherrschende Entscheidungstechnik im Bereich der Mischfinanzierung.

Die durch die Politikverflechtung erzwungenen Konsultations-, Abstimmungs- und Verhandlungsprozesse zwischen Bund und Ländern erfolgen keineswegs in einem integrierten Rahmen, sondern nach Politikfeldern und Programmen getrennt. Dabei interagieren die für die einzelnen Programme und Programmbereiche zuständigen Fachbürokratien des Bundes und der Länder eng miteinander, während zwischen den einzelnen Ressorts und Programmbereichen generell ein Interaktions- und Informationsdefizit besteht. Das Verhandlungssystem der Politikverflechtung ist stark segmentiert.

Die rechtlich und institutionell vorprogrammierte Segmentierung der Politikverflechtung entspricht einer generellen Verhaltenstendenz spezialisierter Bürokratien. Zwischen den Fachbürokratien des Bundes und der Länder besteht eine weitreichende Interessenidentität im Hinblick auf eine Vergrößerung des Ressourcenrahmens des von ihnen bearbeiteten Politikfeldes. Dagegen ist das horizontale Verhältnis zwischen verschiedenen Ressorts und Politikbereichen häufig durch eine Konkurrenz um Ressourcen gekennzeichnet [4].

Die komplizierten institutionellen Verhältnisse und die starke Segmentierung der Politikverflechtung machen eine horizontale, programm- und ressortübergreifende Koordination und Kontrolle schwierig, zumal es in dem ganzen System weder formalisierte Koordinationsverfahren noch übergreifende, mit effektiven Kompetenzen ausgestattete Kontroll- und Koordinationsgremien gibt. Schwache Koordinationsgremien kann man allenfalls in den Fachministerkonferenzen und einigen gemeinsamen Bund-Länder-Gremien, wie dem Finanzplanungsrat, sehen. Diesen Einrichtungen fehlen ebenso wie den Kabinetten zumeist die rechtlichen und fachlichen Kompetenzen, sowie die Informationen für eine effektive Kontrolle. Eine Koordination der Mischfinanzierung kann denn auch bestenfalls über diffizile und zumeist informelle Verhandlungen erfolgen. Im übrigen können sich die vertikal verflochtenen Fachbürokratien des Bundes und der Länder einer übergeordneten Kontrolle und Koordination durch den Hinweis auf die institutionellen und kooperativen Zwänge der Politikverflechtung leicht entziehen.

## DIE ZWÄNGE DER POLITIKVERFLECHTUNG

Das komplizierte Verhandlungssystem der Politikverflechtung läßt den Beteiligten nur wenig Handlungsspielraum. Dieser Sachverhalt liegt einerseits in den unterschiedlichen Interessen der Beteiligten, andererseits in der institutionellen Struktur des Systems selbst begründet.

Trotz einer weitreichenden Interessenidentität in bezug auf die Ausweitung und Sicherung des Ressourcenrahmens sind die Interessen der an der Politikverflechtung beteiligten Bürokratien heterogen und teilweise konfligierend. Dabei kann man vier Konfliktdimensionen feststellen.

Eine erste Konfliktdimension ist die Kompetenz- und Machtverteilung zwischen Bund und Ländern. Die Fachbürokratien des Bundes und der Länder versuchen jeweils ein möglichst hohes Maß an Kontrolle über die gemeinsam finanzierten Programme zu erlangen. Die Bundesbürokratien streben mit ihrer finanziellen Beteiligung zugleich auch einen möglichst großen Einfluß auf die Bestimmung des Inhaltes der gemeinsamen Programme und die Regulierung der einzelnen Maßnahmen und Projekte an, während die Länderbürokratien umgekehrt danach streben, den Einfluß des Bundes möglichst gering zu halten und sich einen großen Handlungsspielraum zu bewahren.

Eine zweite Konfliktdimension liegt im Verhältnis von finanzstarken und finanzschwachen Ländern. Die finanzschwachen Länder sind für die Bewältigung der vielschichtigen Aufgaben des modernen Wohlfahrtsstaates in ihrem Bereich auf die finanzielle Hilfe des Bundes angewiesen, weil ihr Steueraufkommen und der horizontale Finanzausgleich ihnen keine ausreichende Ressourcenbasis sichern. Allein auf ihre eigene Finanzkraft gestellt könnten sie weitaus weniger öffentliche Güter und Dienstleistungen bereitstellen als die finanzstarken Länder. Das würde nicht nur dem sozialstaatlichen Postulat der Gleichwertigkeit der Lebensverhältnisse im Bundesgebiet widersprechen, sondern vor allem zu einer Abwanderung von Bevölkerung und wirtschaftlichen Unternehmen führen. Deshalb sind die finanzschwachen Länder stärker an einer Mischfinanzierung interessiert als die finanzstarken. Sie haben häufig mit den Bundesbürokratien ein gemeinsames Interesse an einer Ausweitung der Mischfinanzierung, während die finanzstarken Länder eher einen Abbau anstreben [5)].

Eine dritte Konfliktdimension wird bestimmt durch die verschiedenen sozio-ökonomischen Gegebenheiten in den einzelnen Bundesländern. Die elf Länder der Bundesrepublik weisen erhebliche Unterschiede auf in bezug auf sozio-ökonomische Merkmale wie Industrialisierungsgrad, wirtschaftliche Branchenstruktur, Verstädterung, Bevölkerungsdichte, infrastrukturelle Ausstattung oder Energieversorgung. Sie sind deshalb mit unterschiedlichen wirtschafts- und gesellschaftspolitischen Problemen konfrontiert und haben entsprechend unterschiedliche Interessenlagen. Das wirkt sich auf die inhaltliche Bestimmung der einzelnen Mischfinanzierungsprogramme und der ihr zugrunde gelegten Kriterien ebenso aus wie auf die Festlegung des Umfanges und des Bereiches der Mischfinanzierung insgesamt. Jedes Land ist daran interessiert, die Mischfinanzierung möglichst gut auf seine spezifischen Problemlagen abzustimmen und besonders günstige Kriterien für die einzelnen Programme zu erreichen.

Eine vierte Konfliktdimension ist schließlich die parteipolitische. Diese Dimension spielt gegenwärtig im Verhandlungssystem der Politikverflechtung keine dominierende Rolle, ist aber beispielsweise in der Bildungsplanung durchaus aktualisiert. Darüber hinaus werden Konflikte auf anderen Dimensionen parteipolitisch überlagert - Bund-Länder-Konflikte etwa werden von den durch die Bonner Mehrheitsparteien regierten Länder eher heruntergespielt und von den durch die Bonner Opposition regierten eher akzentuiert. Im übrigen wirkt die parteipolitische Konfliktdimension auch über den Bundesrat in das Verhandlungssystem der Politikverflechtung hinein.

Die Interessenheterogenität der Beteiligten und die vielschichtigen Konfliktpotentiale konfrontieren die Verhandlungen über Mischfinanzierungsprogramme mit erheblichen Konsensproblemen. Es ist in der Regel schwierig, Lösungen zu finden, die den Interessen aller Beteiligten entsprechen und von allen Beteiligten akzeptiert werden können. Diese Problematik wird durch den im System der Politikverflechtung faktisch gegebenen Konsenszwang verschärft [6)].

Die rechtlichen Grundlagen der Politikverflechtung sehen mit Ausnahme der Gemeinschaftsaufgaben nach Artikel 91 b GG (Forschungsförderung und Modellversuche im Bildungswesen) keine einstimmigen Beschlüße, sondern lediglich Mehrheitsentscheidungen vor. Allerdings kann kein Land zu einer Beteiligung an einem konkreten Programm gezwungen werden. In der Praxis werden jedoch selten Entscheidungen nach dem Majoritätsprinzip getroffen. Vielmehr wird der Konsens aller Beteiligten angestrebt, so daß die Politikverflechtung faktisch ein Konkordanzsystem ist.

Der Preis dieser Konkordanz ist eine wenig integrierte und inflexible Aufgabenerfüllung. Vereinbarungen können in der Regel nur auf dem kleinsten gemeinsamen Nenner getroffen werden und innovative Entscheidungen kommen bestenfalls nach langwierigen Verhandlungen und unter besonderen Bedingungen zustande. Der Bund und die Länder können sich zumeist nur unter Preisgabe einheitlicher und klarer Lösungen auf Kriterien und Regeln für die Programme einigen und von einmal getroffenen Verabredungen nur inkremental abweichen. Das führt zu einer faktischen Festschreibung der einzelnen Programme und zu einer geringen Flexibilität der Ressourcenallokation. Neue oder erheblich veränderte Problemlagen können häufig nur durch Sonderprogramme bewältigt werden, die das ohnehin schwach integrierte Mischfinanzierungssystem weiter desintegrieren [7)].

Die institutionellen Zwänge der Politikverflechtung zwingen die Beteiligten, durch ständige Konsultationen und Verhandlungen Konfliktmöglichkeiten von vornherein zu reduzieren und einen prekären und diffizilen Konsens aufrecht zu erhalten. Das setzt intensive und exklusive Interaktionen der Beteiligten voraus.

BÜROKRATISCHE KOOPERATION UND POLITISCHE KONTROLLE

Es liegt auf der Hand, daß das Aushandeln von Problemlösungen umso schwieriger wird, je größer die Anzahl der an den Verhandlungen Beteiligten und der zu bewältigende Problembereich ist. Mit zunehmender Aufgabenbreite und Beteiligung nehmen Konfliktmöglichkeiten zu und nimmt die Interaktionshäufigkeit ab. Das konsensuale Aushandeln von Programmen fällt umso leichter je spezialisierter und exklusiver Interaktionsbeziehungen sind. Die Aufrechterhaltung der prekären Funktionsfähigkeit der Politikverflechtung erzwingt den Ausschluß externer Interventionen durch Parlamente und fachfremde exekutive Instanzen.

Der kooperative Föderalismus der Bundesrepublik ist denn auch weitgehend eine Sache der Fachbürokratien von Bund und Ländern. Die Parlamente sind an den vielfältigen Konsultations-, Abstimmungs- und Verhandlungsprozessen nicht beteiligt und werden selten über laufende Verhandlungen informiert. Ihre Mitwirkung beschränkt sich auf die gesetzliche Sanktionierung der exekutiv-administrativen Vereinbarungen, während die tatsächlichen Entscheidungen über Ziele, Inhalte und Umfang von Mischfinanzierungsprogrammen durch die Bürokratien getroffen werden.

Der weitgehende Ausschluß der Parlamente von der Entscheidungsfindung und ihre Beschränkung auf die politische Legitimierung bürokratisch bestimmter Programme ist keineswegs eine spezifische Eigenart des kooperativen Föderalismus, sondern ein generelles Merkmal des modernen Wohlfahrtsstaates. Mit den wachsenden Staatsfunktionen wurden in allen modernen Demokratien Entscheidungen über staatliche Investitionen, die Versorgung mit öffentlichen Gütern und die staatliche Wirtschaftslenkung zunehmend von den Parlamenten zu den Ministerialbürokratien verlagert [8].

Trotz dieser Verlagerung blieb jedoch ein erhebliches Maß an politischer Kontrolle staatlichen Handelns durch die "Legitimierungsfunktion" des Parlamentes und die Einbindung der exekutiven Führungsspitzen in die elektorale und parlamentarische Mehrheitsbildung. Beides dürfte in der Regel auch heute noch ein Mindestmaß an politischer Kontrolle staatlichen Handelns im Sinne einer Prioritätensetzung, einer mittelfristigen Rahmensteuerung und einer Beschränkung bürokratischer Handlungsspielräume ermöglichen. Diese Regel trifft jedoch für den Bereich des kooperativen Föderalismus nicht zu.

Im komplizierten Verhandlungssystem der Politikverflechtung kann die politische Kontrolle bürokratischer Entscheidungen nicht mehr zum tragen kommen - das System hat sich der politischen Kontrolle durch die Parlamente und die exekutiven Führungsspitzen weitgehend entzogen. Dafür gibt es zwei systematische Gründe, nämlich erstens die Diskrepanz zwischen den exekutiven Interaktionsstrukturen einerseits und den Kontrollbeziehungen zwischen Parlamenten und Exekutiven andererseits; und zweitens die mit der Politikverflechtung verbundenen Verhandlungszwänge.

Was die Diskrepanz zwischen exekutiven Interaktionsstrukturen und parlamentarischen Kontrollbeziehungen anbelangt, muß man zunächst festhalten, daß es keine parlamentarische Instanz mit der Kompetenz einer umfassenden Kontrolle von Programmen und Programmbereichen der Mischfinanzierung gibt. Jedes Parlament kann lediglich den Teilbereich der Programme kontrollieren, der in die Zuständigkeit seiner Ebene bzw. seines Landes fällt [9]. Das heißt konkret, daß der Einfluß des Bundestages beschränkt ist auf die gesetzlichen (nicht aber auf die vertraglichen) Grundlagen der Politikverflechtung und auf die haushaltsrechtliche Sanktionierung der Bundesanteile, während den Länderparlamenten bloß die haushaltsrechtliche Ermächtigung zu der Komplementärfinanzierung in ihrem Land als Einflußbereich verbleibt. Die ganzen vertraglichen Grundlagen der Politikverflechtung sind einer parlamentarischen Kontrolle weitgehend entzogen, weil sie zumeist in der Form von Verwaltungsabkommen geschlossen werden, die im Unterschied zu Staatsverträgen keiner Zustimmung durch die Länderparlamente bedürfen.

Es liegt auf der Hand, daß die Diskrepanz zwischen exekutiven Interaktionsstrukturen und parlamentarischen Kontrollbeziehungen die parlamentarische Kontrolle der Mischfinanzierung erheblich erschwert. Dieser Sachverhalt wird durch die mit der Politikverflechtung verbundenen Verhandlungszwänge erheblich verstärkt. Die an den exekutiven Verhandlungen beteiligten Bürokratien können sich parlamentarischer Beeinflußung und Kontrolle mit dem Hinweis auf die Schwierigkeiten der Konsensfindung von Bund und Ländern, die drohende Gefahr einer Blockierung von Mischfinanzierungsprogrammen und von finanziellen Verlusten leicht entziehen.

Unter diesen Bedingungen bleiben den Parlamenten kaum Einflußmöglichkeiten - parlamentarische Einsprüche gegen getroffene Vereinbarungen würden die mühsam ausgehandelten Kompromisse zu Fall bringen und die Verabschiedung von Mischfinanzierungsprogrammen blockieren. Die Verweigerung der haushaltsrechtlichen Sanktionierung von Bund-Länder-Vereinbarungen durch ein Landesparlament, d.h. die Nicht-Bewilligung von Komplementärmitteln, hätte zumindest zur Folge, daß dem betreffenden Land erhebliche Bundesmittel verloren gingen. Diese Implikation setzt die Länderparlamente unter Zustimmungszwang - die Ablehnung eines Mischfinanzierungsprogrammes durch ein Länderparlament und der Verzicht auf finanzielle Leistungen des Bundes bis zu 50 % der Kosten des Programmes dürfte für die im Parlament vertretenen Parteien politisch kaum tragbar sein [10].

Ähnlich verhält es sich auch mit der Verabschiedung der gesetzlichen Grundlagen der Mischfinanzierung durch den Bundestag. Die Ablehnung eines entsprechenden Gesetzes würde bedeuten, daß die Bundestagsmehrheit die von ihr getragene Regierung desavouieren müßte. Will sie das vermeiden, bleibt ihr und dem Bundestag insgesamt wenig mehr zu tun, als das Gesetz zu verabschieden. Größere Änderungen dürften wegen der Zustimmungspflicht des Bundesrates kaum möglich sein. Man kann davon ausgehen, daß der Bundesrat, der ja aus Vertretern der Länderexekutiven zusammengesetzt ist, einem Bundesgesetz über ein Mischfinanzierungsprogramm nur dann zustimmt, wenn es den exekutiv ausgehandelten Vereinbarungen entspricht.

Sowohl der Bundestag als auch die Länderparlamente haben also im Rahmen der Politikverflechtung kaum mehr Entscheidungsspielräume und Kontrollmöglichkeiten. Sie sind überwiegend bloß noch "staatsnotarielle Ratifikationsämter" [11]. Im übrigen wird der Handlungsspielraum und die Etathoheit der Parlamente durch die über den Mischfinanzierungsbereich hinausgehenden Kooperationszwänge weiter eingeengt.

Besonders bedenklich an dieser Entwicklung ist nicht nur, daß die Parlamente faktisch ausgeschlossen sind, sondern daß ihre Einbeziehung praktisch unmöglich ist. Die Mitwirkung von elf Länderparlamenten und des Bundestages würde die Bund-Länder-Verhandlungen noch schwieriger und schwerfälliger machen als sie bereits sind und wahrscheinlich zu einer Blockierung des ganzen Systems führen. Das Verhandlungssystem der Politikverflechtung ist also parlamentarisch nicht kontrollierbar.

Nicht viel besser ist es um die Kontrollierbarkeit der Politikverflechtung durch die exekutiven Führungsspitzen des Bundes und der Länder bestellt. Wir haben früher festgestellt, daß sich das komplizierte und segmentierte Verhandlungssystem des kooperativen Föderalismus einer übergreifenden Koordination und Kontrolle weitgehend entzieht. Die Vielzahl der für die Funktionsfähigkeit des kooperativen Föderalismus notwendigen Konsultationen und Verhandlungen können von den ohnehin überlasteten Bundes- und Landesregierungen schon wegen ihrer geringen Transparenz kaum kontrolliert werden. Darüber hinaus lassen die kooperativen Zwänge der Mischfinanzierung gestaltende und korrigierende Eingriffe der exekutiven Führungsspitzen nur sehr beschränkt zu.

BÜROKRATIEN ALS POLITISCHE "ENTEREPRENEURE"

Die Schlußfolgerung aus unserer bisherigen Analyse ist die, daß die Mischfinanzierung eine Politiksteuerung durch Parlamente oder politisch verantwortliche exekutive Instanzen kaum zuläßt. Probleme und Problemlösungen müssen vielmehr möglichst exklusiv in den spezialisierten Interaktionen der Politikverflechtung definiert und ausgehandelt werden. Die an diesen Interaktionen beteiligten Fachbürokratien des Bundes und der Länder können und müssen also selbst als politische "Entrepreneure" auftreten und die Politiksteuerung übernehmen. Das bedeutet, daß im Mischfinanzierungsbereich die Politiksteuerung nahezu ausschließlich durch die Interessen der beteiligten Bürokratien und die instiutionellen Verhandlungszwänge bestimmt wird.

Was die Interessen der an der Mischfinanzierung beteiligten Fachbürokratien anbelangt, können wir zunächst von der einfachen, aber nicht unrealistischen Annahme ausgehen, daß ein vorrangiges Ziel von Bürokratien im allgemeinen in der Erhaltung ihres Bestandes und in der Sicherung bzw. Ausweitung ihres Ressourcenrahmens besteht [12]. Im konkreten Fall heißt das, daß die Länderbürokratien über die Mischfinanzierung vor allem eine Ausweitung ihres finanziellen Ressourcenrahmens anstreben, während es den Bundesbürokratien in erster Linie darauf ankommt, über ihre finanzielle Beteiligung an "Länderaufgaben" zusätzliche Kompetenzen und Einflußmöglichkeiten, aber auch zusätzliche finanzielle Ressourcen zu gewinnen.

Die Politikverflechtung konstituiert für die Verfolgung dieser Erhaltungs- und Erweiterungsinteressen günstige Bedingungen. Erfahrungsgemäß sind Mittel für Mischfinanzierungsprojekte leichter zu beschaffen als für andere Projekte. Die Mischfinanzierung gewährleistet zumeist eine stabile und kontinuierliche Finanzierung von Programmen und Projekten. Ähnlich verhält es sich auch mit den Kompetenzinteressen der Bundesbürokratien - eine Beteiligung an Mischfinanzierungsprojekten bietet häufig die einzige oder doch zumindest die einfachste Möglichkeit eines Kompetenzgewinnes. Sowohl für die Landes- als auch die Bundesbürokratien ist also die Mischfinanzierung in bezug auf ihre Erhaltungsinteressen wichtig. Sie bietet insbesondere erhebliche Möglichkeiten, die eigenen Erhaltungsinteressen auch entgegen den durch Parlamente und exekutive Führung gesetzten Prioritäten durchzusetzen und diese Prioritäten zu unterlaufen, wenn es ihnen gelingt, sich auf ein gemeinsames Programm zu einigen [13]. Diese Einigung dürfte nicht schwer zu bewerkstelligen sein, wenn die Länderbürokratien ähnliche finanzielle Bedürfnisse haben, die korrespondierende Bundesbürokratie über ihre Mitfinanzierung ihren Kompetenzbereich ausdehnen kann und wenn alle Beteiligten eine Einigung auf dem kleinsten gemeinsamen Nenner zu akzeptieren bereit sind.

Die Finanzierungs- und Kompetenzinteressen sind für die Interaktionen der spezialisierten Bürokratien im Rahmen der Politikverflechtung von großer Bedeutung. Dennoch wäre es wenig sinnvoll, die Politiksteuerung im Mischfinanzierungsbereich ausschließlich oder vorrangig auf diese Interessen zu beziehen. Trotz der mangelnden Kontrolle durch Parlamente und exekutive Führungsinstanzen handeln die an der Politikverflechtung beteiligten Fachbürokratien des Bundes und der Länder nicht in einem politischen Vakuum.

Im modernen Wohlfahrtsstaat wird die konkrete Politiksteuerung bekanntlich in starkem Maße durch klientelistische Interaktionen von Bürokratien und Interessengruppen und durch korporatistische Verhandlungssysteme bestimmt. Das gilt auch und in besonderem Maße für die Politiksteuerung im Mischfinanzierungsbereich. Das hohe Maß an Autonomie gegenüber parlamentarischer Kontrolle und exekutiven Führungsinstanzen begünstigt und verstärkt die Einbindung der beteiligten Fachbürokratien in klientelistische und korporatistische Netzwerke.

Auf den ersten Blick mag man vermuten, daß die regionale Differenzierung der Politikverflechtung die Durchsetzungsfähigkeit der organisierten Interessen erheblich beeinträchtigt. Zumindest könnte man annehmen, daß es dadurch innerhalb der einzelnen Organisationen zu Konflikten zwischen den regionalen Teilorganisationen und damit zu einer Reduzierung der Handlungsfähigkeit der Organisation kommt. Indessen entlastet die regional differenzierte Interaktion von organisierten Interessen und Bürokratien die einzelnen Organisationen vom Zwang die regional differierenden Interessen ihrer Mitglieder in eine konsistente und umfassende Strategie zu integrieren. Jede Organisation kann ihre Interessen zweigleisig vermitteln - die übergreifenden und innerhalb der Organisation allgemeinen Interessen werden durch die Bundesinstanz, die regionalen Interessen durch die Länderinstanzen vermittelt. Dadurch kann die Organisation ihre Konsensbildung zum Teil externalisieren und auf das Verhandlungssystem des kooperativen Föderalismus übertragen. Da in diesem System jedoch Vereinbarungen zumeist nur auf dem kleinsten gemeinsamen Nenner zustandekommen und die regional divergierenden Interessen nur schwach integriert werden, löst die Externalisierung die interne Konsensbildung von Interessenorganisationen nicht nur scheinbar, sondern tatsächlich. Durch diese Entlastung von Konsensproblemen steigt die Handlungs- und Durchsetzungsfähigkeit der entsprechenden Organisationen. Allerdings ist diese Strategie nur denjenigen Interessengruppen möglich, deren sektoraler Einfluß sich einigermaßen gleichförmig über den Bund und die Länder erstreckt. Sie ist mit anderen Worten, nur den Verbänden mit einer generell großen Organisations- und Konfliktfähigkeit offen.

Daraus folgt, daß die Politikverflechtung dazu tendiert, die generell ungleichgewichtige Machtverteilung zwischen den ge-

gesellschaftlichen Interessen zu verstärken. Sie begünstigt also eine an den Interessen weniger dominierender oder gar hegemonialer Interessen orientierte Produktion öffentlicher Güter und Dienstleistungen.

F a z i t

Die sektoral-bürokratische Steuerung des staatlichen Handelns und der korrespondierende Machtverlust des Parlamentes ist kein spezifisches Merkmal der Politikverflechtung, sondern einge generelle Eigenschaft des modernen Wohlfahrtsstaates. Dennoch schafft die Politikverflechtung neuartige Kontrollprobleme. Sie verschärft nicht nur die Ablösung des staatlichen Handelns von politischer Kontrolle und Legitimation, was allein schon ein verfassungspolitisch bedenklicher Effekt ist, sondern sie führt darüber hinaus zu einem "autistischen" Entscheidungsverhalten der miteinander verflochtenen Bürokratien. Der Inhalt und der Umfang der gemeinsam finanzierten Programme wird weniger durch gesellschaftlich vermittelte Interessen, politische Zielkonzeptionen und sachliche Kriterien bestimmt als durch die Verhandlungszwänge und die Finanzierungsmöglichkeiten des kooperativen Föderalismus. Das heisst mit anderen Worten, dass der Inhalt und der Umfang von Mischfinanzierungsprogrammen überwiegend durch die eigenen Interessen der beteiligten Bürokratien und die sich daraus ergebenden Kompromissmöglichkeiten festgelegt wird, während politische Vorgaben und externe Interessen zumeist nicht mehr als restringierende Rahmenbedingungen konstituieren.

Trotz der geringen externen Kontrolle erhalten die an der Politikverflechtung beteiligten Bürokratien letztendlich kaum grössere Handlungsspielräume. Im Gegenteil: Die beteiligten Fachbürokratien des Bundes und der Länder sind wegen der Verhandlungszwänge und der institutionellen Inflexibilität der Politikverflechtung kaum in der Lage, ihre jeweils spezifischen funktionalen Interessen und ihre sachlichen Konzeptionen in staatliche Programme umzusetzen. Darüber hinaus verlieren alle Beteiligten an finanzpolitischer Autonomie ohne sich damit zusätzliche Finanzen beschaffen zu können - die Mischfinanzierung ist im Grunde genommen ein Null-Summen-Spiel, bei dem jeder nicht mehr erhält als er zahlt und bei dem finanzielle Resourcen nicht umverteilt, sondern lediglich getauscht werden. Das gilt auch für den Bund, der sich die Resourcen für Transferzahlungen an die Länder in der Steuerverteilung erst beschaffen muss und der für seine Mitfinanzierungsmöglichkeiten den hohen Preis einer weitgehend starren Einbindung in die Politikverflechtung bezahlen muss. Diese Einbindung reduziert entgegen den Intentionen der Politikverflechtung die wirtschafts- und finanzpolitischen Spielräume des Bundes ebenso wie seine Möglichkeiten, ordnungs-, wirtschafts- und strukturpolitisch im gesamtstaatlichen, überregionalen Interesse tätig zu werden. Gleichzeitig verlieren die Länder die Möglichkeit, ihre Politik auf ihre spezifischen regionalen Interessen abzustimmen.

Insgesamt ist die Politikverflechtung ein bürokratisch aufwendiges und politisch unkontrollierbares Entscheidungssystem, dessen Handeln durch seine Eigendynamik bestimmt wird und das weder auf gesamtstaatliche noch auf regionale Interessen rational ausgerichtet ist - ein aufwendiges System ohne grosse Steuerungskapazität.

Anmerkungen

1) Für eine ausführliche Darstellung der Mischfinanzierung in der Bundesrepublik siehe F.Lehner, "Politikverflechtung - Föderalismus ohne Transparenz", Der Bürger im Staat, Heft 1, 1979.

2) Der überwiegende Teil der wissenschaftlichen Diskussion um die Politikverflechtung dreht sich um Fragen ihrer Rationalität und Effizienz. Diese Fragen vernachlässige ich im folgenden und verweise den interessierten Leser auf F.W.Scharpf, B.Reissert u. F.Schnabel, Politikverflechtung: Theorie und Empirie des kooperativen Föderalismus in der Bundesrepublik. Kronberg, Scriptor, 1976.

3) Vgl. dazu W.Zeh, "Musterfall Gemeinschaftsaufgaben", Der Bürger im Staat, Heft 1, 1979

4) Wegen der geringen Flexibilität der öffentlichen Ausgaben impliziert eine nicht-inkrementale Erweiterung des Ressourcenrahmens eines bestimmten Politikfeldes Einschränkungen oder geringere Wachstumschancen in anderen Feldern - es sei denn, man verschaffe sich die notwendigen Spielräume über eine expansive Haushaltspolitik.

5) Vgl. dazu H.Boldt, "Politikverflechtung als Ressourcenverflechtung", Der Bürger im Staat, Heft 1, 1979

6) Vgl. dazu die in Anmerkung 2 zitierte Arbeit.

7) Sonderprogramme werden vor allem für konjunkturpolitische Zwecke außerhalb der Gemeinschaftsaufgaben, aber mit ähnlichen Inhalten eingesetzt.

8) Siehe dazu beispielsweise R.Waterkamp, Politische Leitung und Systemveränderung, Köln-Frankfurt, Europäische Verlagsanstalt, 1974.

9) Trotz einiger Versuche gibt es zwischen den Parlamenten des Bundes und der Länder bisher noch nicht einmal eine effektive informelle Konsultation, durch die die Fragmentierung der Zuständigkeit kompensiert werden könnte.

10) Da zwischen verschiedenen Programmen und Maßnahmen häufig faktische Junktims bestehen in dem der Bund oder einzelne Länder ihre Zustimmung zu Programmen von der Annahme anderer Programme abhängig machen, würde die fallweise Ablehnung der Komplementärfinanzierung häufig weitreichende finanzielle Folgen tragen.

11) H.Lenz, "Die Landtage als staatsnotarielle Ratifikationsämter?", Die öffentliche Verwaltung, 1977.

12) Das heißt nicht, daß Bürokratien sich lediglich als Ressourcenmaximierer verhalten, wie das in ökonomischen Bürokratien teilweise unterstellt wird. - Siehe in diesem Zusammenhang P.Grottian, Strukturprobleme staatlicher Planung, Hamburg, Hoffmann & Campe, 1974.

13) Vgl. dazu den in Anmerkung 3 zitierten Aufsatz von W.Zeh.

THEMENBEREICH 5: BILDUNGSSYSTEME UND BESCHÄFTIGUNGSSTRUKTUREN

Leiter:

Ulrich B e c k (Stuttgart)

Referenten:

Burkart L u t z (München):

Die Interdependenz von Bildung und Beschäftigung und das Problem der Erklärung der Bildungsexpansion

Vittorio R i e s e r (Modena):
Günter B e c h t l e (Rom):

Bildungsexpansion, Arbeitsmarkt und Beschäftigungsstrukturen in Italien

Ulrich B e c k (Stuttgart):
Karl Martin B o l t e (München):
Michael B r a t e r (München):

Bildungsexpansion in der Sackgasse? Bildungspolitische Konsequenzen aktueller Theorieansätze zum Verhältnis von Bildung und Beschäftigung

Diskussionsbeiträge:

Dieter M e r t e n s (Nürnberg)

M a n p o w e r - G r u p p e (Berlin)

Martin B a e t h g e (Göttingen)

I S F (München)

Ulrich Beck

## Einleitung

Der Wandel in den Beziehungen von Bildung und Beschäftigung, der sich im Zuge der Bildungsexpansion vollzieht, ist in den letzten Jahren mehr und mehr Gegenstand öffentlichen Interesses geworden. Im Mittelpunkt dieser Diskussion stehen quantitative und qualitative Entwicklungen auf dem Arbeitsmarkt und im Beschäftigungsgefüge der Betriebe, die auf die Bildungsexpansion zurückgeführt und als deren problematische Konsequenzen interpretiert werden. Inwieweit allerdings jene Entwicklungen tatsächlich in ursächlichem Zusammenhang mit der Bildungsexpansion stehen, und ob bestimmte nachweisliche Folgen ein Zurückschrauben der bildungspolitischen Zielsetzungen rechtfertigen (oder nur Übergangspobleme einer "Gesellschaft im Bildungsaufbruch" sind) - solche Fragen können nicht beantwortet werden, solange man den Blick allein auf die Situation in der Bundesrepublik Deutschland richtet. Zur Erklärung derartiger Fragen ist es vielmehr erforderlich, die Erfahrungen in Ländern mit fortgeschrittener Bildungsexpansion mitheranzuziehen und die deutsche Situation insgesamt ins Verhältnis zu setzen zu der Situation in anderen vergleichbaren Industrieländern.

In diesem Sinne zeigt Burkart Lutz in seinem Überblicksreferat auf, daß die Bildungsexpansion in der Bundesrepublik sehr viel später einsetzte als in anderen wichtigen Staaten Westeuropas und auch quantitativ stets erheblich hinter diesen zurückblieb. 1970 lag der Anteil der Studienanfänger (bezogen auf die Gesamtzahl eines Jahrgangs) in der Bundesrepublik bei 15 %, während er in Frankreich bereits 28 % und in Schweden sogar 37 % betrug. Dasselbe Bild zeigt sich übrigens auch, wenn man den Vergleichsrahmen von Lutz überschreitet und die Situation in außereuropäischen Industrienationen betrachtet: So war die Akademikerquote (d.h. der Anteil der Universitätsabsolventen an der Erwerbsbevölkerung) 1970 in den USA etwa dreimal und in Kanada und Japan etwa doppelt so groß wie in der Bundesrepublik Deutschland.

Bereits diese wenigen Zahlen, erst recht die allgemeineren Ergebnisse aus Ländern, in denen die Bildungsexpansion in größerem Ausmaß vorangetrieben wurde, relativieren und entdramatisieren die Situation in der Bundesrepublik: Bei allen nationalen Unterschieden in Bildungssystemen und Beschäftigungsstrukturen machen sie deutlich, daß die Bundesrepublik - im Gegensatz zu allen Angstvisionen von "Akademikerschwemme", "Überqualifikation" usw. - nach wie vor eher zu den Schlußlichtern der bildungspolitischen Entwicklung gehört.

Der westeuropäische Vergleich kann aber zugleich auch als empirische Basis dienen, um gängige Erklärungen der Bildungsexpansion auszusondern oder doch erheblich zu relativieren. So weist Lutz angesichts der realen Entwicklung in den wichtigsten westeuropäischen Ländern Versuche als unzureichend zurück, die Bildungsexpansion entweder (voluntaristisch) als Resultat der Bildungspolitik zu deuten oder aber sie einseitig auf einen unabwendbaren ökonomischen Bedarf zurückzuführen, und er entwickelt selbst ein sehr viel komplexeres Modell der Wechselwirkungen zwischen Bildungs- und Beschäftigungssystem. Danach wird - angesichts zunehmender Sensibilisierung breiter Bevölkerungsschichten für den Zusammenhang von Bildungsabschluß und Berufschancen und des dadurch ausgelösten massenhaften Andrangs zu den höheren Bildungsgängen - ein sich selbst verstärkender, zirkulärer Mechanismus in Gang gesetzt: Im Bildungssystem kommt es zu immer schärferen Selektionen und im Beschäftigungssystem zu immer stärkeren bildungshierarchischen Differenzierungen und Arbeitsteilungen - eine interdependente Entwicklung, die Lutz tendenziell in einem geschlossenen System der "Meritokratie" enden sieht.

Wie Vittorio Rieser und Günther Bechtle in ihrem Referat aufzeigen, steht die in mancher Hinsicht extreme Entwicklung in Italien - starker Abbau der Selektionen im Zugang zu höheren Bildungsgängen, zunehmender Verfall der öffentlichen Berufsausbildung, weitgehender Rückzug der Betriebe aus der betrieblichen Erstausbildung - nur bedingt im Einklang mit dem von Lutz entworfenen Interdependenzmodell von Bildung und Beschäftigung. Zwar sind auch hier neuerdings Bestrebungen zu beobachten, durch Errichtung von Selektionsschwellen den Zugang zu den attraktiveren Studiengängen wieder schärfer zu restringieren und deren Absolventenzahlen knapp zu halten. Die Öffnung des Bildungssytems hat hier aber auch zu einer generellen Entwertung, ja "Entkoppelung" schulische Abschlüsse von den Beschäftigungsmöglichkeiten geführt und damit den Betrieben zunehmend die Möglichkeit (und die Schwierigkeit) zugespielt, gleiche Qualifikationsangebote sozial zu differenzieren. Man kann daher sagen, daß sich hier im Laufe der Bildungsexpansion die statuszuweisende Funktion stärker vom Bildungs- auf das Beschäftigungssystem verlagert hat.

Neben diesen in den ersten Beiträgen im Vordergrund stehenden Fragen nach Ursachen und Verlauf der Bildungsexpansion stellen sich der praktisch orientierten Forschung heute auch zunehmend die Fragen, welche zentralen Probleme und Problemursachen im Verhältnis von Bildung und Beschäftigung eigentlich im Zuge der Bildungsexpansion sichtbar geworden sind, und welche wesentlichen Ansatzpunkte für ihre bildungspolitische Bewältigung aufgezeigt werden können. Die zur Beantwortung dieser Fragen erforderliche Forschung und Theoriebildung hat sich in den letzten Jahren vor dem Hintergrund, ja fast möchte man sagen: inmitten politischer Reformbemühungen abgespielt. Obwohl es den Anteil der Forschung an der Bildungsexpansion nicht zu überschätzen gilt, kann doch wohl kaum bezweifelt werden, daß Forschungsergebnisse und theoretische Ansätze zum Verhältnis von Bildung und Beschäftigung von eminenter politischer Bedeutung sind - und zwar ganz unabhängig davon, ob dies den Forschern immer bewußt ist. Angesichts dieser engen Verflechtung von Bildungspolitik und Bildungsforschung erschien es reizvoll, die Gelegenheit des Soziologentages zu einer Podiumsdiskussion zum Thema "Bildungspolitische Konsequenzen aktueller Theorieansätze"zu nutzen. In der Vorlage für dieses Panel zeichnen Ulrich Beck, Karl Martin Bolte und Michal Brater die Diskussion in der Bundesrepublik nach und geben einen kurzen Überblick über wesentliche theoretische Positionen in diesem Bereich. Dabei wird deutlich, daß sich in diesem Themenfeld (anders als in anderen Bereichen spezieller soziologischer Forschung) durchaus eine fortschreitende Linie der Argumentation aufweisen läßt. Allerdings haben auch Soziologen nach wie vor Schwierigkeiten,den impliziten oder expliziten politischen Gehalt ihrer primär theoretisch-empirischen Forschungen zu sehen und zu reflektieren. So konnte die Anregung, diesen Gehalt einmal ausdrücklich zum Gegenstand eines Podiumsgespräches zu machen, nicht mehr als ein erster Versuch sein. Wie die abgedruckten Stellungnahmen und Diskussionsbeiträge von Dieter Mertens, Dirk Hartung/Reinhard Nuthmann,Christoph Nuber/Burkart Lutz und Martin Baethge zeigen, gibt es ein nachhaltiges Interesse, auch diese politisch-strategische Dimension der Bildungs- und Arbeitsmarktforschung in die wissenschaftliche Diskussion miteinzubeziehen. Zugleich werden aber auch vereinzelt Bedenken geäußert, inwieweit dies überhaupt möglich ist. In der Diskussion selbst sind dann - neben einen breiten Konsens in der Ablehnung einer möglichst feinkörnigen Abstimmung von Bildungs- und Beschäftigungssystem - auch z.T. erhebliche Unterschiede in Ansatzpunkten und Inhalten bildungspolitischer Optionen sichtbar geworden. Bleibt anzumerken, daß die hier protokollierte Diskussion tatsächlich ein Anfang war: die Beteiligten sind übereingekommen, sie möglichst bald fortzusetzen.

Burkart Lutz

## Die Interdependenz von Bildung und Beschäftigung und das Problem der Erklärung der Bildungsexpansion

Ausgangspunkt der folgenden Überlegungen ist die tiefgreifende, große gesellschaftliche Ressourcen mobilisierende Entwicklung des Bildungssystems, die sich in praktisch allen mittel- und westeuropäischen Ländern in der Zeit seit dem 2. Weltkrieg vollzogen hat. Sie ist zunächst in ihren konstitutiven Merkmalen darzustellen, bevor in mehreren aufeinanderfolgenden Schritten die Frage nach ihrer stichhaltigen Erklärung gestellt werden kann.

Der Verfasser ist im Hinblick auf die wichtigsten der nachstehenden Analysen einem dreifachen Kooperations- und Diskussionszusammenhang verpflichtet: zunächst der innerdeutschen bildungs- und berufspolitischen Debatte, an der er seit langen Jahren mehr oder minder aktiv beteiligt ist; weiterhin gemeinsamen Arbeiten europäischer Expertengruppen im Rahmen der Generaldirektion V der EG-Kommission und des Europäischen Zentrums für Berufsbildung in Berlin; endlich den empirischen und theoretischen Arbeiten im ISF, insbesondere im Rahmen des Teilprojektes C 3 des SFB 101. Wesentliche konzeptuelle Anregungen und Hinweise verdankt der Verfasser vor allem seinen Kollegen in diesem Teilprojekt, Inge Asendorf-Krings, Marhild von Behr, Ingrid Drexel und Christoph Nuber sowie einem unveröffentlichten Arbeitspapier von Beate Krais, MPI für Bildungsforschung.

## I. Die Bildungsexpansion in Westeuropa nach dem 2. Weltkrieg

Unmittelbar nach dem 2. Weltkrieg bestanden in allen west- und mitteleuropäischen Ländern Bildungssysteme, die in einer langsamen, jahrzehntelangen Entwicklung entstanden waren und in wesentlichen Merkmalen große Ähnlichkeit aufwiesen:

Für die übergroße Mehrheit eines Nachwuchsjahrganges - in aller Regel um 90 % - endete der Vollzeit-Schulbesuch mit der gesetzlichen Schulpflicht im Alter von 13 bis 14 Jahren. Nur Kinder, die in größeren Städten lebten und/oder deren Eltern weit überdurchschnittliche Einkommen bezogen bzw. selbst höhere Bildung genossen hatten, besaßen eine nennenswerte Chance, eine mittlere oder höhere Schule zu besuchen; nur ein Teil von ihnen - zwischen 5 % und 8 % eines Geburtsjahrganges in den wichtigsten westeuropäischen Ländern im Studienjahr 1950/51 - nahm ein Studium an einer wissenschaftlichen Hochschule (oder einer anderen nach heutigen Konventionen "tertiären" Bildungseinrichtung) auf; und noch niedriger - etwa zwischen 4 % und 6 % - lag die Quote derer, die ihr Studium erfolgreich beendeten und mit einer entsprechend formalen Qualifikation ins Erwerbsleben eintraten[1].

Diese nach heutigen Begriffen sehr niedrigen Quanten und Quoten von Mittelschülern und Gymnasiasten, Abiturienten, Studierenden und Hochschulabgängern lagen freilich schon beträchtlich über den Werten früherer Perioden.

So hatte sich die Zahl der Studenten (an wissenschaftlichen Hochschulen und vergleichbaren Einrichtungen) je 10 000 Einwohner in Deutschland (Deutsches Reich bzw. Bundesrepublik) von 8 im Jahre 1900 über 14 im Jahre 1950 erhöht; in Frankreich belaufen sich die entsprechenden Werte auf 7, 11 und 31; nicht viel anders ist das Bild in anderen europäischen Ländern, für die Vergleichsdaten greifbar sind. Allerdings spricht manches dafür, daß der Ausbau von höherer Schule und Hochschule weniger stetig war, als dies auf den ersten Blick erscheint: Die für das Deutsche Reich vorliegenden Entwicklungsreihen zeigen vielmehr einen unverkennbar zyklischen Verlauf; dieser ist durch einen sich tendenziell beschleunigenden Anstieg der Studentenzahlen in Perioden wirtschaftlicher Prosperität charakterisiert, der dann zweimal, zunächst durch den 1. Weltkrieg und dann durch Weltwirtschaftskrise und Drittes Reich, scharf abgebrochen wird.

Nationale Besonderheiten bestanden allenfalls - dort freilich in sehr markanter Weise - beim "mittleren" Schulwesen und vor allem im Bereich der beruflichen Bildung, also im Hinblick auf jene Ausbildungsgänge, die an die allgemeinbildende Pflichtschule anschließen und unmittelbar auf eine Erwerbstätigkeit zuführen. Hier haben sich insbesondere in der Zeit zwischen den beiden Weltkriegen in den einzelnen europäischen Ländern Strukturen und Systeme durchgesetzt, die sich sowohl nach Ausbaugrad wie nach innerer Einheitlichkeit, nach Trägerschaft wie nach Verzahnung mit dem allgemeinbildenden Schulwesen sehr stark voneinander unterscheiden - wobei vermutlich im Deutschen Reich mit institutioneller Konsolidierung und Ausbreitung der Lehre nichthandwerklicher

---

[1] Die meisten Zahlen über Studienanfänger und Studierende für die Zeit nach 1950 stammen aus einschlägigen Veröffentlichungen der OECD, teilweise vom Verfasser umgerechnet. Zahlen für die Zeit vor 1950 wurden aus Edding (1963) entnommen. Weitere Daten stammen aus den bildungsstatistischen Veröffentlichungen des BMBW.

Art sowie der Fachschulen und höheren Fachschulen die weitreichendsten, aber nicht die einzigen Innovationen zu verzeichnen waren.

Nach dem 2. Weltkrieg setzte nun in den Schulen und Hochschulen der meisten europäischen Länder eine Entwicklung ein, die mit dem Begriff der Bildungsexpansion bezeichnet sei und sich durch mindestens vier Merkmale (und deren Kombination) scharf von der bisherigen schrittweisen Ausbreitung gehobener Bildung absetzt:

1. durch ein weitaus höheres Wachstumstempo;

2. durch weitreichende innere Strukturveränderungen des gesamten Bildungs- und Ausbildungssystems;

3. durch eine ganz besondere Verlaufsform, in der weitgespannte Entwicklungs- und vor allem Zielplanungen mit kurzfristig getroffenen Steuerungsentscheidungen großer Tragweite konkurrieren;

4. durch das Auftreten von schwerwiegenden "Beschäftigungsproblemen" im Sinne von Friktionen und Ungleichgewichten beim Übertritt vom Bildungssystem in Arbeitsmarkt und Beschäftigung.

<u>1. Beschleunigtes quantitatives Wachstum</u>

Seit dem Anfang der 50er Jahre beginnen alle quantitativen Indikatoren zum Ausbaustand des Bildungssystems nachhaltig - teilweise mit bisher kaum vorstellbaren Zuwachsraten - zu steigen. Dies läßt sich im europäischen Überblick am besten am Anstieg der Zahl der Studienanfänger demonstrieren, die sich zwischen der Mitte der 50er Jahre und der Mitte der 70er Jahre überall vervielfacht hat. Faßt man die wissenschaftlichen mit den "übrigen" Hochschulen zusammen (wobei zu bedenken ist, daß diese Einrichtungen, wie etwa die Lehrerbildungsanstalten und höheren technischen Lehranstalten der Bundesrepublik, zunächst zu einem Gutteil noch nicht dem Hochschulsektor zugerechnet, aber - siehe hierzu unter 2. - sukzessive in diesen überführt wurden), so ergeben sich für wichtige westeuropäische Länder folgende Werte:

Der Zustrom zum Hochschulbereich in ausgewählten europäischen Ländern

| | Jährlicher Zuwachs der Studienanfänger an wissenschaftlichen Hochschulen und sonstigen Einrichtungen des Hochschulbereichs (in %, Studienanfänger des jeweiligen ersten Jahres der Periode = 100) | | | | Anteil der Studienanfänger am gleichaltrigen Jahrgang | |
|---|---|---|---|---|---|---|
| | 1950 - 55 | 55 - 60 | 60 - 66 | 66 - 70 | 1950 | 1970 |
| BRD | 7.7 | 8.0 | 5.7 | 6.6 | 6.2 % | 15.4 % |
| Belgien | 6.3 | 8.3 | 13.8 | 8.5 | 8.5 % | 28.5 % |
| Frankreich | 4.1 | 12.6 | 25.8 | 3.9 | 6.3 % | 28.3 % |
| Niederlande | 4.6 | 8.6 | 8.6 | 7.9 | 7.4 % | 18.3 % |
| Schweden | 4.4 | 8.2 | 26.6 | -1.2 | 6.0 % | 37.6 % |

Quelle: Internationale Bildungsstatistiken der OECD

NB 1. Die Periodenabgrenzung kann von Land zu Land um ein oder zwei Jahre variieren.

2. In den Zuwachsraten können auch - allerdings nicht sehr starke - Effekte der Überführung bestimmter Einrichtungen in den Hochschulbereich enthalten sein.

In der Entwicklung des Zustroms zur Hochschule, der übrigens in den meisten anderen Ländern weit höhere Spitzenwerte erreicht als in der Bundesrepublik (und in den Niederlanden), kombinieren sich zwei Momente:

- einmal eine kontinuierliche Erhöhung des Anteils der Studienanfänger an der gleichaltrigen Bevölkerung, der 1950/51 zwischen 5 % und 8 % lag, und 1970/71 in den hier ausgewählten Ländern eine Größenordnung von knapp 16 % (BRD) bis weit über 30 % (Schweden) erreicht hat;

- zum anderen erhebliche Schwankungen der Jahrgangsstärken in allen Ländern.

Beide Momente können sich zu teilweise extrem hohen Quanten addieren: So traten in Frankreich 1960 etwa 81 000 Personen, im Jahre 1965 jedoch bereits 185 000 Personen in den Hochschulbereich ein. In Italien lauten die entsprechenden Zahlen: 61 000 für 1960, 107 000 für 1965 und 197 000 für 1970.

Die Schwankungen der Jahrgangsstärken sind für die weiteren Überlegungen wie auch zum Verständnis der besonderen Situation in der Bundesrepublik nicht ganz ohne Interesse:

In den meisten europäischen Staaten kamen im Laufe der 50er Jahre (als Folge der Weltwirtschaftskrise und ihrer Nachwirkungen) immer schwächere Geburtsjahrgänge in das Hochschuleintrittsalter (besonders ausgeprägt in Frankreich mit einem Rückgang der Jahrgangsstärke von 648 000 für den Studienanfängerjahrgang 1950/51 auf 547 000 ein Jahrzehnt später), so daß es verhältnismäßig leicht war, den Anteil der Abiturienten und Studienanfänger am Jahrgang zu erhöhen. Die hierdurch ausgelöste Tendenz setzte sich dann in den 60er Jahren durch die demographische Dynamik der starken Nachkriegsjahre in stark steigende absolute Zahlen um. In der Bundesrepublik verlief hingegen die Entwicklung ganz anders; hier erhöhte sich die Stärke des einschlägigen Geburtsjahrganges von 720 000 im Jahre 1950/51 auf 990 000 zehn Jahre später und setzt eine stärkere - dann sprunghafte - Zunahme der Studienanfängerquote am Jahrgang erst in den 60er Jahren ein, wenn die für Deutschland typischen schwachen Nachkriegsjahrgänge die starken Jahrgänge aus der Vorkriegszeit ablösen. So hat sich in der Bundesrepublik von 1960/61 bis 1966/67 die Zahl der Studienanfänger nur wenig - etwa 5 % pro anno - erhöht, während die Quote sehr stark, nämlich um fast einen Prozentpunkt pro Jahr von knapp 8 % auf über 13 % des Jahrgangs stieg.

Gegen Ende der 60er Jahre verlangsamt sich im allgemeinen der Andrang zur Hochschule, vor allem dort, wo er schon in der Mitte der 50er Jahre eingesetzt und 1970 mit Studienanfängerquoten am Jahrgang von weit über 25 % ein sehr hohes Niveau erreicht hatte; in Schweden, wo die Zuwachsrate zu Beginn der 60er Jahre extrem hoch war und sich die Studienanfängerquote 1970 einem Wert von 40 % annäherte, wurde der Zustrom zur Hochschule ab 1968 sogar rückläufig. Nur in der BRD, die 1970 (zusammen mit den Niederlanden) die weitaus niedrigste Studienanfängerquote aufweist, schwillt der Zustrom zur Hochschule bis weit in die 70er Jahre hinein (mit einer jährlichen Zuwachsrate von 7.8 % zwischen 1970 und 1974) nochmals kräftig an.

Die Zahl der Studienanfänger ist hier lediglich als Indikator für einen sehr viel komplexeren und umfassenderen Prozeß zu betrachten.

Eine Erhöhung der Zahl der Studienanfänger zu einem gegebenen Zeitpunkt setzt ja voraus, daß etwa 8 bis 10 Jahre früher ein entsprechender (d.h. unter Berücksichtigung schulischer Mißerfolge noch wesentlich größerer) Zuwachs beim Übertritt ins Gymnasium oder in vergleichbare, zur Hochschulreife führende Schulen erfolgte, was wiederum nicht ohne Neubauten, Personalvermehrung im Schulbereich u.a. vonstatten gehen konnte. Auf der anderen Seite zieht jede Erhöhung der Studienanfängerzahlen, wenn nicht eine massive Verschlechterung der Studienerfolgswahrscheinlichkeit eintreten soll, eine entsprechende Erhöhung der Studentenzahlen und hieraus ableitbaren Investitions- und Personalbedarf im Hochschulbereich nach sich.

## 2. Strukturveränderungen im Bildungssystem

Die rapide quantitative Expansion war verbunden - und teilweise sogar bedingt - durch tiefgreifende strukturelle Veränderungen in weiten Bereichen des Systems von Bildung und Ausbildung. Durch diese Veränderungen - in aller Regel als wesentliche Momente von Bildungsreform mit dem Ziel größerer Chancengleichheit und Durchlässigkeit ausgewiesen - wurde der Hochschulzugang zur zentralen Schaltstelle des Bildungssystems. Dies auf dreifache Weise:

(a) Zunächst einmal tritt an die Stelle der traditionellen, sozusagen horizontalen Gliederung des Schulwesens in "Säulen" unterschiedlicher Zielsetzung und Dauer, zwischen denen kaum Mobilität möglich und üblich war, eine sozusagen vertikale Gliederung in jeweils für alle Schüler gemeinsame und von allen zu durchlaufende Stufen oder Abschnitte. War die Hochschule bisher praktisch nur über eine der Säulen des Schulwesens, nämlich das Gymnasium, erreichbar, so stehen nunmehr im Prinzip allen Schülern zumindest bestimmte Ausschnitte aus dem Hochschulbereich offen, wenn sie nur die vorausgehenden Stufen erfolgreich absolviert haben.

Diese Struktur, in der Bundesrepublik unter dem Stichwort der "Gesamtschule" immer noch Gegenstand heftiger politischer Diskussionen, ist in den meisten anderen Ländern Kontinentaleuropas seit langem - und zwar zumeist unter der Verantwortung von eher konservativen Regierungen - realisiert.

(b) Weiterhin werden komplementär hierzu traditionell unmittelbar berufsbezogene Ausbildungsgänge - oft mit der expliziten Zielsetzung der Öffnung zum Hochschulbereich und der Schaffung vertikaler Durchlässigkeit - nach Selbstverständnis, Curricula und Funktionszuweisung im Bildungssystem näher an das klassische Gymnasium herangerückt, wobei sie jedoch - sofort oder nach einer gewissen Übergangszeit - ihren berufsqualifizierenden Wert so weit einbüßen, daß sich ihr Besuch nur dann lohnt, wenn er tatsächlich zum Studium führt.

Besonders typisch hierfür sind die italienischen "Berufsoberschulen", die früher - teilweise analog der deutschen Handelsschule - mittlere kaufmännische und technische Fachkräfte für die Privatwirtschaft heranbildeten, seit einiger Zeit jedoch nur noch eine Art reduziertes Gymnasium darstellen bzw. von Schülern, Lehrern und Beschäftigern nur mehr als solches eingestuft werden. Im gleichen Zusammenhang ist auch die Existenz und Rolle der Fachoberschule in den meisten deutschen Bundesländern zu sehen.

(c) Endlich wird eine Fülle von gehobenen Ausbildungsstätten nichtuniversitärer Art in den Hochschulbereich überführt und infolgedessen nur mit einem erfolgreichen schulischen Abschluß der Sekundarstufe II zugänglich.

Dies gilt z.B. für die bisherigen Einrichtungen zur Heranbildung von Volksschullehrern, in der Bundesrepublik vor allem aber auch für die ehemaligen Ingenieurschulen.

An diesen strukturellen Veränderungen des gesamten Bildungssystems ist vor allem bemerkenswert, daß sie sich in den meisten europäischen Ländern in tendenziell durchaus gleichartiger Weise vollzogen; daß ihnen in den einzelnen Ländern jahrzehntelang durch hervorragende Selektions- und Sozialisationsleistungen ausgewiesene Einrichtungen zum Opfer fielen, weil sie mit ihrer Grundtendenz nicht vereinbar waren (wie etwa die französische Ausbildungsstätten für Volksschullehrer, die écoles normales primaires, die seit dem 19. Jahrhundert als eine Art Kaderschulen der Modernisierung des Landes und zugleich der republikanischen Bewegung gegolten hatten, oder die deutschen Ingenieurschulen, aus denen große Teile der deutschen Industrie bis vor kurzem die Elite ihres technischen Personals rekrutierten); daß durch sie den Kindern immer breiterer Bevölkerungsgruppen der Zugang zur Hochschule in Aussicht gestellt wird, sofern sie sich nur auf den verschiedenen Etappen ihres schulischen Bildungsweges durch hohe Leistungen bewähren; endlich, daß, zumindest bis zur Gegenwart, ein ganz bestimmter Bereich, nämlich der des traditionellen akademischen Studiums, von ihnen nur wenig berührt wurde.

## 3. Widersprüche zwischen Langfristplanungen und ad-hoc-Entscheidungen als Kennzeichen der Verlaufsform

Die rasche Expansion machte es notwendig, für das Bildungssystem in großem Ausmaß zusätzliche Ressourcen zu mobilisieren. Für die hierzu erforderliche politische Thematisierung bot sich in den ausgehenden 50er und beginnenden 60er Jahren das Operieren mit quantitativen Zielgrößen in zweifacher Form an:

- o einmal im internationalen Vergleich, um einen dringend aufzuholenden Rückstand des nationalen Bildungssystems gegenüber anderen Ländern sichtbar zu machen, die in der politischen Öffentlichkeit als Vorbilder (vor allem die USA) oder als Konkurrenz bzw. Bedrohung (UdSSR und DDR) verstanden wurden;

  schon weiter oben war gesagt worden, daß die Argumentation mit angeblich bedrohlich niedrigen Absolventen- und Studentenquoten in der Bundesrepublik um 1960 wegen der atypischen demographischen Daten besonders erfolgversprechend war;

- o zum anderen in Form einer Ableitung des Bildungsbedarfs aus bereits bestehenden nationalen Entwicklungsplanungen bzw. neu erstellten Wachstumsvorausschätzungen;

  hier spielte Frankreich auf dem Hintergrund der im ersten Nachkriegsjahrzehnt entwickelten "planification" eine wichtige Vorbildrolle; seit dem Ende der 50er Jahre leistete die OECD einen wichtigen Beitrag zur Verbreitung von Bildungsplanung und ihrer Verkoppelung mit der nationalen Wirtschaftsentwicklung über langfristige Arbeitskräfte-Bedarfsprognosen.

Auf diese Weise kam es früher oder später überall zu einem Ausmaß an statistischer Projektion und quantifizierter Entwicklungsplanung des Bildungssystems, das sowohl historisch, wie gemessen an dem Planungsniveau anderer Teilpolitiken, durchaus ungewöhnlich war. Bildungsexpansion wurde in den 60er Jahren weithin als eine nationale Aufgabe säkularen Charakters verstanden, die nur unter Nutzung der modernsten Prognose- und Planungstechniken erfolgreich zu lösen war.

Hiermit kontrastiert nun freilich ihr tatsächlicher Ablauf, der in aller Regel im Hinblick auf zentrale Parameter stark von den ursprünglichen Zielprojektionen bzw. verbindlichen Planungen abwich und vielfach mehr von kurzfristigen Entscheidungen als von tatsächlicher Orientierung an langfristigen Entwicklungsperspektiven gesteuert wurde.

So kennzeichnet sich etwa die Entwicklung des französichen höheren Schulwesens seit den 50er Jahren durch eine Kaskade aufeinanderfolgender "Reformen", die so wichtige Größen wie Übertrittsregelungen, Abgrenzung paralleler Ausbildungsgänge voneinander, Bewertung und Gewichtung sprachlicher oder mathematisch-naturwissenschaftlicher Fächer, Berufsbezug oder Akzentuierung der Allgemeinbildung mehrmals innerhalb jeweils weniger Jahre tiefgreifend revidierten.

Nicht minder charakteristisch war in der Bundesrepublik die für das gesamte berufliche Schulwesen zentrale Entscheidung über die Zugangsregelung zu den in den Hochschulsektor überführten bisherigen Ingenieurschulen und die Einführung der in den meisten Bundesländern sogenannten Fachoberschule als Einrichtung zur Vermittlung der Fachhochschulreife; für diese offenbar sehr kurzfristig gefällte Entscheidung läßt sich ex post keine andere Begründung ausfindig machen, als daß nach internationalen Regeln für den Zugang zum Hochschulsektor eine bestimmte Mindestzahl von Vollzeit-Schuljahren notwendig sei, so daß der bisherige Zugangsweg zur Ingenieurschule (10 Jahre Vollzeit-Schule plus dreijährige Lehre oder zweijähriges Praktikum) um ein zusätzliches Jahr in einer Vollzeitschule erweitert werden müsse (Asendorf-Krings u.a., 1975, vor allem S. 140 ff).

## 4. Das Auftreten von Beschäftigungsproblemen

Der langsame aber kontinuierliche Ausbau von Höherer Schule und Hochschule seit dem 19. Jahrhundert hatte stets unvermeidlich zur Folge, daß jede neue Generation von Hochschulabgängern vom Arbeitsmarkt nur absorbiert werden konnte, wenn zusätzliche Beschäftigungsmöglichkeiten für sie erschlossen wurden.

Nun gibt es für die erste Hälfte dieses 19. Jahrhunderts keinerlei Indizien, aus denen sich auf eine langanhaltende ausbildungsspezifische Beschäftigungskrise von Hochschulabsolventen und ihnen gleichzustellenden Arbeitskräften schließen ließe; die offensichtlich hohe Akademikerarbeitslosigkeit zu Beginn der 30er Jahre wurde - auf dem doppelten Hintergrund eines starken Abschrekkungseffektes für die nachfolgende Gymnasiastengeneration sowie der Begleitumstände und Folgen der Hitler'schen Machtergreifung und Aufrüstung - sehr schnell resorbiert. Deshalb muß parallel zum Ausbau der Gymnasien und Hochschulen auch eine strukturelle Ausweitung der Nachfrage nach und des Einsatzes von Hochschulabgängern erfolgt sein. Vermutlich geschah dies ganz überwiegend, ohne daß den Hochschulabgängern gänzlich neue Tätigkeitsgebiete erschlossen worden wären.

Noch 1961 konzentrierte sich in der Bundesrepublik die große Mehrzahl der erwerbstätigen Hochschulabsolventen auf diejenigen Einsatzfelder, die ihnen schon von der Hochschulpolitik des 19. Jahrhunderts zugewiesen worden waren: Unterricht, Bildung und Wissenschaft, Gesundheitswesen, Seelsorge sowie Rechtspflege und Verwaltung; rund 3/4 der Hochschulabsolventen waren - 1961 wie übrigens auch noch 1970 - im Bereich des Öffentlichen Dienstes bzw. der öffentlich geregelten Dienstleistungen tätig. Eine Ausnahme bildeten neben den ingenieur-wissenschaftlichen Studiengängen vor allem die im wesentlichen erst in der Zwischenkriegszeit entstandenen neuen Studiengänge bzw. Fachrichtungen der HTL-Ingenieure und stärker anwendungsbezogenen Wirtschaftswissenschaftler, deren Absolventen überwiegend in der Privatwirtschaft Aufnahme fanden.

Die schrittweise Ausdehnung von höherer Schule und Hochschule seit dem 19. Jahrhundert ist also - vermutlich sowohl als Ursache wie als Wirkung - untrennbar mit der Expansion des öffentlichen bzw. öffentlich geregelten Dienstleistungssektors verbunden. Nur in diesem Sektor stellen denn auch Hochschulabgänger - mit etwa 1/6 im Jahre 1961 - nennenswerte Anteile an den Beschäftigten, während im privatwirtschaftlichen Sektor auch 1970 nur etwa jeder 100. Beschäftigte eine wissenschaftliche Hochschule (allerdings ein etwas größerer Anteil eine höhere Fachschule) abgeschlossen hatte.

Auch ohne detaillierte Analysen darf man annehmen, daß die Entwicklung in den anderen westeuropäischen Ländern bis zur Mitte des Jahrhunderts nicht wesentlich anders verlief.

Seit Beginn der 70er Jahre vermehren sich nun die Anzeichen dafür, daß der quantitativ stark gestiegene "Ausstoß" des Hochschulbereichs nicht mehr ohne weiteres vom Arbeitsmarkt aufgenommen wird. Einige dieser Anzeichen können - ohne daß dies schon jetzt eindeutig feststellbar wäre - den Beginn von Entwicklungstrends bezeichnen, bei denen langfristige strukturelle Ungleichgewichte nicht ausschließbar sind. Solche Indizien werden in den meisten Ländern zu dem Zeitpunkt deutlich sichtbar, zu dem das Bildungssystem seinen in der ersten Expansionsphase extrem hohen Eigenbedarf an zusätzlichen Arbeitskräften gedeckt hat und die Nachfrage nach Lehrpersonal verschiedenster Art rapide zu sinken beginnt.

Beschäftigungsprobleme manifestieren sich auf sehr verschiedene Weise:

(a) Die evidenteste Form von Beschäftigungsproblemen besteht in überdurchschnittlich hoher bzw. steigender Arbeitslosigkeit von Hochschulabgängern.

Soweit überhaupt einigermaßen zuverlässige und aktuelle internationale Statistiken hierzu vorliegen, stellt sich die Situation in der Bundesrepublik als recht günstig dar. Hierin drückt sich sicherlich auch die besonders späte und besonders schwache Hochschulexpansion der Bundesrepublik aus. Im übrigen dürfen in diesem Zusammenhang auch nicht die Indizien für eine zunehmende versteckte Arbeitslosigkeit von Hochschulabgängern übersehen werden.

In anderen Ländern, vor allem in Italien, liefert hingegen die seit Jahren immer länger werdende Warteschlange zwischen Abschluß der Hochschule und Aufnahme einer stabilen, als adäquat betrachteten Beschäftigung, ein sehr großes, besonders schwer vermittelbares Kontingent an Arbeitslosen.

Das Auftreten und die Zunahme offener und versteckter Arbeitslosigkeit von Hochschulabgängern ist nun freilich nicht die einzige Form, in der sich Beschäftigungsprobleme des expandierten Bildungssystems manifestieren können.

(b) In allen Industrieländern sehen sich die verschiedenen Einrichtungen des Hochschulsektors in zunehmendem Maße mit der Forderung konfrontiert, durch vermehrte Praxisorientierung und verstärkten Berufsbezug die berufliche Verwendbarkeit ihrer Absolventen zu erhöhen - insbesondere in Einsatzfeldern, in denen bisher berufspraktische und/oder betriebsspezifische Qualifikationen dominiert hatten.

Charakteristisch hierfür ist in der deutschen hochschulpolitischen Diskussion die vom Bildungsrat - im übrigen seit vielen Jahren - vertretene Position eines Splittings des Hochschulstudiums in Langzeitstudiengänge, die im wesentlichen den traditionellen akademischen Ausbildungsgängen entsprechen würden, und in Kurzstudiengänge, in denen die Mehrzahl der Studenten eine unmittelbar auf ihre spätere berufliche Tätigkeit bezogene Qualifikation erhalten sollte. In anderen Ländern ist die Ausdifferenzierung von gewissermaßen berufspraktischen Studiengängen aus dem traditionellen akademischen Studium noch wesentlich weiter fortgeschritten als in der Bundesrepublik, in der ja Kurzstudiengänge in Konkurrenz zum wohletablierten Fachhochschulstudium treten würden.

(c) Eine besonders dramatische Form des Auftretens von Beschäftigungsproblemen besteht in der Verschärfung der Selektion im Hochschulbereich selbst; hierdurch werden immer größere Quoten und Quanten von Studienabgängern vor Erreichung eines arbeitsmarktrelevanten Studienabschlusses abgedrängt und gezwungen, als "gebildete Ungelernte" ins Erwerbsleben einzutreten.

Diese Situation scheint in Frankreich am weitesten verbreitet zu sein; hier konnte in einer Reihe von Fachrichtungen - neben der Medizin vor allem die wirtschaftswissenschaftlichen und die ingenieur-wissenschaftlichen Fächer - die Zahl der erfolgreichen Absolventen trotz gleichzeitiger extremer Expansion des übrigen Hochschulsektors so niedrig gehalten werden, daß die Gefahren inflationären "Preis"-Verfalls kaum bestehen; dies war und ist jedoch nur dadurch möglich, daß ein großer, vermutlich mehrheitlicher Teil der Studienanfänger die Hochschulen verläßt, ohne einen Abschluß berufsqualifizierender Art erworben zu haben.

(d) Endlich ist, komplementär zu den eben genannten Symptomen akuten oder antizipierten Überschusses an Hochschulabgängern, als weitere Form von Beschäftigungsproblemen der Bildungsexpansion die in einigen Ländern zu verzeichnende - oder zumindest von den Beschäftigern beklagte - quantitative und qualitative Verschlechterung des Angebots an Nachwuchskräften mit einer berufspraktischen Qualifikation zu nennen, die außerhalb des Hochschulsektors erworben wird. Der erleichterte Übertritt in den Hochschulsektor bzw. in die zum Hochschulzugang führenden Ausbildungsgänge hätten - so wurde vor allem vor einigen Jahren vielfach argumentiert -

zu einer drastischen "Ausblutung" der Qualifizierungswege mittleren Niveaus, etwa vom Typ der deutschen Facharbeiter- oder Fachangestelltenlehre, geführt.

## II. Die Unzulänglichkeit der bisherigen Erklärungsansätze

### 1. Die Notwendigkeit einer Erklärung der Bildungsexpansion

Die Entwicklung des Bildungssystems im dritten Viertel des 20. Jahrhunderts, wie sie eben anhand ihrer wichtigsten, den meisten westeuropäischen Ländern gemeinsamen Merkmale skizziert wurde, ist auch dann dringend erklärungsbedürftig, wenn man akzeptiert, daß

- o in allen Industrieländern eine säkulare Tendenz zum Ausbau der höheren Schulen und Hochschulen besteht, die mit einer Vielzahl von "Modernisierungs"-Tendenzen (wie steigender Wohlstand, Verstädterung und vor allem Ausbau der öffentlichen bzw. öffentlich geregelten Dienstleistungen) eng verbunden zu sein scheint;

- o in der Zeit nach dem 2. Weltkrieg, im Zusammenhang mit dem lang anhaltenden Wirtschaftswachstum und einer beschleunigten gesellschaftlichen Entwicklung, in jedem Fall auch ein beschleunigter Ausbau höherer Bildung zu erwarten gewesen wäre.

Die Bildungsexpansion der Nachkriegszeit kann nicht als eine einfache Extrapolation der bisherigen Tendenzen erklärt werden; man muß sich zumindest damit auseinandersetzen, daß diese Tendenzen in der Mitte der 50er Jahre quantitativ wie qualitativ eine gänzlich neue Dimension erhielten. Auch wurde die Entwicklung des Bildungssystems in der Nachkriegszeit von allen Beteiligten und Beobachtern als durchaus neuartiges Ereignis, als Bruch mit der Vergangenheit, begriffen, die auf präzise benannte Verursachung zurückgeführt werden können und müssen.

Überblickt man die sehr umfangreiche zeitgenössische und gegenwärtige Literatur zur Bildungsexpansion, so kristallisieren sich zwei Thesen heraus, die in den Anfangszeiten "aktiver Bildungspolitik" als ohne weiteres miteinander vereinbar verstanden, im weiteren aber immer mehr als einander ausschließend begriffen werden:

(1) Bildungsexpansion ist ein Akt bewußten und geplanten gesellschaftlichen Fortschritts

Der Ausbau weiterführender Bildungseinrichtungen dient dem Ziel, allen Kindern des Landes, unabhängig von ihrer Herkunft, gleiche Bildungschancen zu eröffnen und somit eine der zentralen - manche meinten unter Rückgriff auf eine berühmte, wenngleich vielfach mißverstandene, Formulierung von Schelsky (Schelsky 1957) sogar: die ausschlaggebende - Ursache sozialer Ungleichheit zu beseitigen. Insofern ist die Bildungsexpansion ein unverzichtbarer Bestandteil von Demokratisierung, kann doch nur durch sie das "Bürgerrecht auf Bildung" (Dahrendorf 1968) realisiert werden.

(2) Bildungsexpansion ist notwendig, um einen volkswirtschaftlichen Bedarf an höherer Qualifikation zu decken

Einer wachsenden Zahl von Jugendlichen eine wissenschaftliche Ausbildung oder doch wenigstens längeres "wissenschaftsbestimmtes Lernen" (Strukturplan für das Bildungswesen, Deutscher Bildungsrat 1970) zu ermöglichen, entspricht einem unabweisbaren Bedarf einer modernen Volkswirtschaft: "Die Bildungsinvestition kann einen ebenso hohen oder höheren Ertrag bringen wie die Investition in physisches Kapital" und "der Ertrag der Investition in physisches Kapital ist durch Umfang und Art der Bildungsinvestition bedingt", formulierte Friedrich Edding Anfang der 60er Jahre unter Berufung auf Erkenntnisse amerikanischer Ökonomen (Edding 1963, S. 109 und S. 112). Die Bildungspolitik hatte also, im Interesse ungestörten wirtschaftlichen Wachstums, lediglich nachzuvollziehen, was die technisch-wirtschaftliche Entwicklung (oder, wie andere sagten, die Zwänge der Kapitalverwertung und die Entwicklung des Akkumulationsprozesses) an neuen Anforderungen definierten.

Die Frage, welche dieser beiden Thesen realistisch ist, ob die Bildungsexpansion als Werk mutiger (oder, wie es heute von konservativer Seite heißt: übermütiger) Reformpolitiker oder als Antwort auf technisch-ökonomische Notwendigkeiten betrachtet werden muß, ist nicht nur von akademischer Bedeutung - obwohl sich an ihr Auseinandersetzungen hohen theoretischen Reizes entfalten könnten und sollten. Sie ist vielmehr von ganz aktuellem praktisch-politischen Interesse, hängt es doch von der Antwort auf sie ab, wie die eben genannten Beschäftigungsprobleme zu interpretieren und wie auf sie zu reagieren ist:

Gilt die These von der Bildungsexpansion als Antwort auf einen aktuellen oder zu erwartenden Bedarf der Volkswirtschaft, so kann es sich bei den gegenwärtigen Beschäftigungsproblemen nur um vorübergehende Anpassungsschwierigkeiten und Umstellungsfriktionen handeln, die allenfalls unter der Wirkung externer Ereignisse - nämlich die weltweite Rezession von 1973/74 mit ihren bis heute andauernden Folgen für Beschäftigungsgrad und die Welle der heranwachsenden geburtenstarken Jahrgänge aus der ersten Wohlstandsphase um 1960 - vorübergehend ein kritisches Niveau erreichen können. Aufgabe der Bildungspolitik wäre es, sich nicht vom vorübergehenden Charakter dieser Probleme beirren zu lassen, sondern ohne Abstriche den quantitativen und qualitativen Ausbau des Bildungssystems fortzusetzen, von dem ja in absehbarer Zukunft die Leistungsfähigkeit der Volkswirtschaft abhängen wird.

Gilt hingegen die These vom reformpolitischen Charakter der Bildungsexpansion, so müssen die sich gegenwärtig manifestierenden Beschäftigungsprobleme als Signale dafür gewertet werden, daß Tempo und/oder Richtung der Bildungsexpansion einer nochmaligen Überprüfung bedürfen; die Verschärfung der Beschäftigungsprobleme durch Rezession und Demographie muß dann als ein eher heilsamer Tatbestand begriffen werden, der es ermöglicht, Fehlentwicklungen frühzeitiger zu erkennen und damit leichter zu korrigieren.

## 2. Bildungsexpansion als Reformpolitik

Realisierung gleicher Bildungschancen für alle ist ein Ziel, das sich in allen bildungspolitischen Basisdokumenten der BRD an hervorragender Stelle findet. Ganz gleich, ob man aus der Perspektive des Jahres 1979 eine am Prinzip der Chancengleichheit orientierte Bildungsexpansion als politische Leistung oder ob man die angeblich "überzogene Bildungswerbung" und "Weckung überhöhter

Bildungsansprüche" als politische Schuld begreift - zumindest der Beweis des ersten Augenscheins spricht in diesem Land wie auch in den meisten anderen westeuropäischen Staaten für eine Interpretation der Bildungsexpansion als Ergebnis bewußter politischer Entscheidung.

Auch läßt die Verlaufsform der Bildungsexpansion ihre politische Verursachung als zumindest plausibel erscheinen. Dies gilt zunächst für die weit ausgreifenden Reform- und Ausbaupläne, mit deren Hilfe bildungspolitische Positionen artikuliert und die Auseinandersetzungen um die Mobilisierung der notwendigen Ressourcen geführt wurden; dies gilt noch mehr für die zahlreichen ad-hoc-Entscheidungen bzw. schleichenden Veränderungen scheinbar bloß technischer Bedeutung, mit denen in vielen Ländern - vor allem in Form immer stufenreicherer und schärferer Selektion - dann doch die großen, kühnen Entwürfe im Alltag schulischer Praxis wieder unterlaufen wurden - als ob der Reformwille sich nur mühsam gegenüber dem Druck der Realitäten und dem Widerstand konservativer Kräfte behaupten könne.

Dennoch sprechen zwei gewichtige Argumente dagegen, daß reformpolitische Ziele einen mehr als marginalen Einfluß auf Umfang und Gestaltung der Bildungsexpansion gehabt haben sollten:

(a) Das eine Argument stützt sich auf die weitgehende Gleichzeitigkeit, mit der sich die Bildungsexpansion in den meisten westeuropäischen Ländern vollzog, obwohl dort jeweils andere politische Gruppierungen mit ganz anderen erklärten oder tatsächlichen Zielsetzungen die Regierungsverantwortlichkeit innehatte.

Die in der Bundesrepublik übliche Zuordnung von expansiver, am Gesamtschulprinzip orientierter Bildungspolitik zu progressiven, mehr oder minder mit der sozial-liberalen Koalition identifizierbaren Orientierungen einerseits und von Verteidigung des Gymnasiums und restriktiver Hochschulpolitik zu den konservativen Orientierungen der Union andererseits, scheint im europäischen Rahmen eher die Ausnahme als die Regel zu sein. In Italien wurde das einheitliche Schulsystem als wesentliche Voraussetzung der dann folgenden Bildungsexpansion in den 50er Jahren auf dem Höhepunkt ihrer Macht von den Christlichen Demokraten realisiert. Die nachdrücklichste Beschleunigung der Bildungsexpansion in Frankreich geschah in den Regierungsjahren von de Gaulle.

(b) Das andere Argument stützt sich auf Untersuchungsergebnisse, die seit einigen Jahren in wachsender Zahl anfallen und offenkundig zweifelsfrei belegen, daß erhöhte Chancen zum Erwerb gehobener Bildung soziale Ungleichheit nur in ihren Ausdrucksformen, nicht aber in ihren grundlegenden Strukturen verändern.

Die vom Ausbau weiterführender Bildung und einer stärkeren Öffnung der Hochschule auch für Kinder von Arbeitern und sonstigen benachteiligten Gruppen erwartete intergenerative Aufstiegsmobilität ist, wie Mitarbeiter der Mannheim-Frankfurter SPES-Gruppe für die Bundesrepublik und andere europäische Länder nachgewiesen haben, ganz überwiegend nur eine scheinbare Verbesserung der sozialen Lage; letzten Endes ist der relative Status der Söhne weitgehend durch den der Väter bestimmt (vgl. vor allem Handl, Mayer und Müller 1977).

Die Angehörigen sozial benachteiligter Schichten, so erklärt Bourdieu, der als einer der ersten auf die "Illusion der Chancengleichheit" (Bourdieu und Passeron 1971) aufmerksam machte, seine eigenen Befunde gleicher Tendenz, erwerben die begehrten Bildungstitel erst zu einem Zeitpunkt, zu dem diese durch Inflationierung ihren Wert bereits verloren haben.

Ein Gutteil der inneren Strukturveränderungen des Bildungssystems läßt sich letzten Endes - über Mechanismen, die vor allem von Hartung, Nuthmann und Teichler (so insbesondere Teichler, Hartung, Nuthmann 1976) analysiert wurden - als Prozeß einer gewissermaßen kaskadenförmigen Entwertung von Bildungsabschlüssen beschreiben, die nunmehr massenhaft erworben werden.

## 3. Bildungsexpansion als volkswirtschaftliche Notwendigkeit

Viele Jahre hindurch galt als ganz unbestritten, daß eine moderne, hochtechnisierte Volkswirtschaft nicht ohne eine nachhaltige Erhöhung des Qualifikationsniveaus der Erwerbsbevölkerung überleben könne, die ihrerseits längere Bildung und Ausbildung für mehr Menschen voraussetzt. Und auch wer diese These nicht akzeptiert, muß sich mit der Tatsache auseinandersetzen, daß die Bildungsexpansion selbst ein Prozeß hoher unmittelbar ökonomischer Relevanz ist. Dies gilt nicht nur für ihre direkten Kosten, obwohl auch diese beträchtlich waren und der Anteil des Bildungsbudgets am Bruttosozialprodukt wie an der Gesamtheit der öffentlichen Ausgaben in allen Industrieländern im Zuge der Bildungsexpansion nachhaltig gestiegen ist. Dies gilt vor allem auch für ihre Wirkung auf die volkswirtschaftliche Arbeitskräftebilanz: Innerhalb von etwa ein bis eineinhalb Jahrzehnten wurde in den meisten westeuropäischen Ländern etwa ein Zehntel des volkswirtschaftlichen Arbeitskräftepotentials durch die Bildungsexpansion beansprucht, und zwar etwa zu gleichen Teilen unmittelbar, als zusätzlich benötigtes Personal im Bildungssystem, und mittelbar, durch den Entzugseffekt späteren Eintritts der Schüler und Studenten in das Erwerbsleben. Hierbei handelte es sich überdies um Arbeitskräfte im Alter maximaler Leistungsfähigkeit; und sie wurden der Wirtschaft zu einer Zeit entzogen, in der praktisch überall Vollbeschäftigung und starker Arbeitskräftemangel herrschten. Hierzu kommt der gleichfalls ökonomisch sehr relevante Einfluß der Bildungsexpansion auf die qualifikatorische Formung der zukünftigen Arbeitskräfte.

Dennoch erscheint, betrachtet man nunmehr ex post den Ablauf der Bildungsexpansion, die Bedarfsthese nicht sehr viel stichhaltiger als die These von der Bildungsexpansion als Realisierung politischer Reformziele.

Dies sei anhand von zwei Tatbeständen demonstriert:

(a) Wenn die Bildungsexpansion ausschließlich oder doch wenigstens in erster Linie eine notwendige Antwort auf oder Vorleistung für beschleunigte technisch-organisatorische Veränderungen im Produktions- und Dienstleistungsbereich sein sollte, müßte erwartet werden, daß mit Vorrang diejenigen Kenntnisse verbreitet und Qualifikationen vermittelt werden, die für technisch-organisatorische Innovationen besonders nützlich sind. Dies würde zum Beispiel bedeuten, daß:

o in den Schulen vor allem der mathematisch-naturwissenschaftliche Unterricht verstärkt wird;

o deshalb möglichst viele der in der ersten Expansionsphase in großen Mengen ausgebildeten zusätzlichen Lehrkräfte in mathematisch-naturwissenschaftliche Ausbildungsgänge eingesteuert werden;

o sichergestellt wird, daß sich von den restlichen Studienanfängern möglichst viele für eine technisch-naturwissenschaftliche Ausbildung entschließen.

Weiterhin müßte die Bildungsexpansion in einer Weise geschehen, die gewährleistet, daß auch der Erwerb berufspraktischer Qualifikationen mit hohem Technikbezug weiterhin attraktiv bleibt, und daß nicht die entsprechenden Ausbildungsgänge, wie zum Beispiel die Industriefacharbeiterausbildung, durch die Konkurrenz des schnell wachsenden Hochschulbereichs erdrückt oder quantitativ und qualitativ ausgetrocknet werde.

Wenngleich in einigen Ländern, so vor allem in Frankreich, gewisse Anstrengungen unternommen wurden, um in der höheren Schule dem mathematischen Denken gegenüber sprachlichen Leistungen einen höheren Rang einzuräumen, verlief doch insgesamt die Entwicklung in einer Weise, die kaum mit Erwartungen der eben formulierten Art vereinbar ist. Hierfür nur einige charakteristische Beispiele:

In vielen primär berufsorientierten schulischen Einrichtungen und Ausbildungsgängen, wie etwa den in vielen europäischen Ländern bestehenden technischen Oberschulen, wurde, um die Öffnung zur Hochschule sicherzustellen, das Gewicht von Sprachen und anderen klassisch-gymnasialen Fächern auf Kosten der berufsnäheren Lerninhalte verstärkt.

Das System der industriellen Lehrlingsausbildung der BRD hatte zu Beginn der 70er Jahre einen durchaus kritischen (inzwischen nur durch das Heranwachsen der geburtenstarken Jahrgänge vorläufig überwundenen) Zustand erreicht, weil immer weniger von den Betrieben als geeignet betrachtete Jugendliche überhaupt eine Lehre antreten wollten, und weil ein immer größerer Teil der Lehrlinge nach Abschluß der Ausbildung noch eine weiterführende Schule besuchte. Dabei konzentrierten sich viele Krisensymptome auf die qualitativ anspruchsvollsten "wissenschaftsnahen" Ausbildungen. In erheblichen Teilen der Industrie der BRD wurde um 1970 die Bildungsexpansion als eine dramatische Bedrohung der Versorgung mit qualifiziertem Facharbeiternachwuchs perzipiert.

Faßt man in der BRD alle Studierenden naturwissenschaftlich-technischer Fachrichtungen an wissenschaftlichen Hochschulen und Fachhochschulen (bzw. vor 1970: Ingenieurschulen) zusammen, so hat sich ihr Anteil an allen Studierenden im Zuge der Bildungsexpansion kontinuierlich vermindert: von mehr als 38 % im Jahre 1960, über 35 % im Jahre 1969, auf knapp 34 % im Jahre 1977. Der Anteil der graduierten Ingenieure an allen Studenten ist sogar noch stärker, nämlich von 16 % im Jahre 1965 auf 11 % zehn Jahre später gesunken.

(b) Wenn die von den Bildungsökonomen in den 60er Jahren festgestellte Korrelation zwischen dem wirtschaftlichen Potential eines Landes und dem Ausbau seiner Hochschulen tatsächlich, wie von der Bedarfsthese unterstellt, eine Kausalbeziehung abbildet, müßten sich die Unterschiede, die - wie aus einleitender Tabelle zu ersehen - zwischen wichtigen europäischen Ländern in Tempo und Umfang der Bildungsexpansion bestehen, auch in unterschiedlichem Wirtschaftswachstum niederschlagen oder doch wenigstens wiederfinden; so müßten etwa die Länder, die früh und nachhaltig ihren Hochschulsektor ausgebaut haben, deutlich besser als andere in der Lage gewesen sein, den Ölschock von 1973 und die weltwirtschaftliche Rezession der Folgejahre zu überwinden. Gemessen an allen gängigen Kriterien wirtschaftlicher Leistungsfähigkeit ist jedoch eher das Umgekehrte der Fall: Unter allen in der Tabelle aufgeführten Ländern haben ausgerechnet die Bundesrepublik und die Niederlande, die Länder mit der spätesten und schwächsten Hochschulexpansion, die Probleme der Jahre 1973 bis 1975 am besten überstanden, d.h. die insgesamt günstige Konstellation von Arbeitslosigkeit, Wirtschaftswachstum, Inflation und Außenhandelsgleichgewicht zu verzeichnen; hingegen ist es dem klassischen Land der Hochschulexpansion, nämlich Frankreich, bis heute noch nicht gelungen, die Strukturkrisen seiner Industrie wenigstens zu stabilisieren und einen seit Jahren anhaltenden Anstieg der Arbeitslosigkeit zu stoppen.

Die Erklärung der Bildungsexpansion durch einen unabweisbar zu dekkenden, volkswirtschaftlichen Bedarf verliert also angesichts ihres realen Verlaufs in den wichtigsten westeuropäischen Ländern sehr stark an Plausibilität.

## III. Mechanismen der Wechselwirkung zwischen Beschäftigungsstrukturen und Bildungssystem

Die herkömmlichen Erklärungsansätze der Bildungsexpansion implizieren jeweils eine recht simple Vorstellung des Verhältnisses von Bildungssystemen und dem oft so genannten Beschäftigungssystem: Die Reformthese unterstellt, daß eine mehr oder minder weitreichende

Autonomie, eine "Entkoppelung" des Bildungssystems gegenüber dem Beschäftigungssystem möglich sei; die Bedarfsthese hingegen geht von einer "Subordination" des einen unter das andere aus.

Die offenkundige Unzulänglichkeit beider Erklärungsansätze macht es notwendig, auch nach einer realistischeren Vorstellung der Beziehung zwischen Bildung und Beschäftigung zu suchen. Diese Beziehung sei im folgenden als eine komplexe Interdependenz verstanden, in deren Rahmen beide gesellschaftliche Teilbereiche zwar gewisse zeitliche und sachliche Autonomiespielräume gegeneinander besitzen, letzten Endes jedoch immer wieder zu struktureller Kongruenz tendieren müssen.

Dieses Konzept sei anhand einiger zentraler Mechanismen etwas näher ausgeführt, von denen angenommen wird, daß sie im Zusammenhang der Bildungsexpansion des letzten Vierteljahrhunderts eine besondere Rolle spielten.

## 1. Die Thematisierung gesellschaftlicher Ungleichheit in der Phase raschen Wirtschaftswachstums und die Entstehung des Andrangs zu weiterführender Bildung

Nach Beendigung der Wiederaufbauphase im engeren Sinne setzte in praktisch allen kontinentaleuropäischen Ländern eine langdauernde Phase sehr starken Wirtschaftswachstums ein, die im allgemeinen bis weit in die 60er Jahre dauerte. Mit ihr war - als notwendige Voraussetzung der Erschließung neuer Märkte für industrielle Produkte und moderne Dienstleistungen wie auch als Folge von Verstädterung, Technisierung des alltäglichen Lebens und Ausbreitung neuer Kommunikationsmedien - eine Angleichung der Lebensweisen nahezu aller Bevölkerungsgruppen verbunden, für die es in der Geschichte kein Beispiel gibt.

Je mehr sich dieser Prozeß durchsetzte, desto deutlicher traten dann freilich auch die immer noch verbleibenden Formen und Ursachen ungleicher Lebenschancen und Lebenslagen ins Bewußtsein; desto dringlicher stellte sich die Aufgabe ihrer Reduzierung oder ihrer Legitimation. Sicherlich boten die besonderen Konstellationen schnellen, mit einer massiven Industrialisierung der gesamten Volkswirtschaft verbundenen Wachstums eine Reihe von recht effizienten Möglichkeiten, drohende Auseinandersetzungen um die Legitimität sozialer Ungleichheit immer wieder zu entschärfen: So kann die Erfahrung raschen Anstiegs von Einkommen und materiellem Lebensstandard gerade bei den am meisten benachteiligten Gruppen das Bewußtsein fortbestehender oder sich noch vergrößernder Differenzierungen längere Zeit überdecken; so konnten im Zuge des Wandels von Produktionsweisen, Wirtschafts- und Beschäftigungsstrukturen in großem Umfange individuelle Aufstiegsmöglichkeiten gerade für die Teile der Industriearbeiterschaft geschaffen werden, die am ehesten Bereitschaft und Fähigkeit hätten entwickeln können, wahrgenommene soziale Ungleichheit in politische Programmatik umzusetzen und zum Gegenstand von gesellschaftlichen Konflikten zu machen.

In dem Maße, in dem diese Möglichkeiten zur Entschärfung der Problematik sozialer Ungleichheit nicht genutzt wurden oder nicht ausreichend waren, konzentrierte sich jedoch in allen westeuropäischen Ländern sowohl die Kritik an bestehender sozialer Ungleichheit wie der Versuch, sie ohne Gefährdung etablierter Macht- und Interessenstrukturen in sehr sichtbarer Weise zu vermindern, auf das öffentliche Bildungs- und Erziehungssystem: Das traditionelle Schulsystem wurde als Ursache für ungleiche Lebenschancen verschiedener Bevölkerungsgruppen denunziert und als dringend reformbedürftig dargestellt; die neue Schule müsse nunmehr den Kindern aller Schichten und Klassen gleichmäßigen Zugang zu denjenigen Bildungswegen und Bildungsabschlüssen eröffnen, die bisher zu herausgehobenen, mit sichtbaren Privilegien ausgestatteten Berufspositionen führten.

<u>Dieser Auslösermechanismus der Bildungsexpansion</u> bezeichnet recht genau den Realitätsgehalt der oben diskutierten "Reform"-These; <u>er kann überdies sehr gut deren Verlauf in wichtigen europäischen Ländern erklären:</u> Ihnen allen waren die besondere Wachstumskonstellation und ihre Effekte gemeinsam; doch setzte der Druck auf Öffnung weiterführender Bildung um so früher und massiver ein, je größer die soziale Ungleichheit, je schwächer die Erfahrung all-

gemeiner Erhöhung des Lebensstandards und je seltener die Eröffnung individueller Aufstiegschancen waren.

In diesem Zusammenhang kann dem je nationalen System berufspraktischer Qualifizierung zumindest zeitweise eine sehr wichtige Rolle zufallen: Je leistungsfähiger dieses System ist, desto günstiger sind auch die qualifikatorischen Voraussetzungen für umfangreiche berufliche Aufstiegsprozesse hohen legitimatorischen Werts, wie dies etwa in der Bundesrepublik für den massenhaften Aufstieg von Industriefacharbeitern zu technischen Angestellten gilt. Desto attraktiver ist dann auch, zumindest vorübergehend, der Eintritt in eine berufspraktische Ausbildung, die nicht als reine Sackgasse erscheint. Je schwächer auf der anderen Seite das nationale System berufspraktischer Ausbildung ist, desto weniger eignet sich die dort erworbene Qualifikation tatsächlich oder vermeintlich als Basis beruflichen Aufstiegs. Desto mehr drängen dann auch unmittelbare Arbeitskräfteprobleme der Volkswirtschaft auf Ausbau weiterführender Bildung, da man offenbar nur aus dem Hochschulsektor die benötigten gehobenen technisch-administrativen Qualifikationen überhaupt beziehen kann.

## 2. Verstärkte Selektivität des Bildungssystems als Antwort auf wachsenden Bildungsdruck

Der Ausbau der weiterführenden Schulen und Hochschulen löste nun Bildungsnachfrage einer Häufigkeit und Reichweite aus, die kein Bildungsplaner oder -politiker richtig eingeschätzt hatte.

Offensichtlich wird das Bildungsverhalten der bisher bildungsfernen Bevölkerungsmehrheit von zwei sich kombinierenden Momenten gesteuert:

o einmal von der Wahrnehmung der mit herausgehobener Bildung (bzw. den hiermit zugänglichen Berufspositionen) verbundenen materiellen und immateriellen Vorteile;

o zum anderen von der Erfahrung der eigenen Möglichkeiten und Fähigkeiten, solche Bildungsabschlüsse tatsächlich zu erreichen.

Insbesondere dieses zweite Moment, nämlich die Vergrößerung der Reichweite der Bildungsziele mit erfolgreichem Besuch weiterführender Schulen (in der Bundesrepublik für die beruflichen Schulen analysiert in Asendorf-Krings u.a. 1975), verlieh der Bildungsexpansion eine Dynamik, die durch den von ihr ausgelösten hohen, fast explosionsartig auftretenden Eigenbedarf des Bildungssystems nochmals verstärkt wurde.

Der massive Andrang zum Hochschulbereich und zu den besonders attraktiven Studiengängen erzwang nun seinerseits Gegenreaktionen der Bildungsverwaltung und Bildungspolitik: einmal, um dramatische Kapazitäts- und Engpaßprobleme zu verhindern oder doch einigermaßen zu lösen; weiterhin, um zu antizipierende Beschäftigungsprobleme gering zu halten; endlich, um eine weitreichende Entwertung der traditionell besonders angesehenen Studiengänge zu vermeiden, insbesondere, soweit hiervon ein ernstzunehmender Verlust an Privilegien früherer Absolventen zu befürchen wäre.

Die Gegenreaktionen bestanden vor allem in einer Kanalisierung der Schüler- und Studentenströme mit dem doppelten Ziel:

1. durch Selektion den Zugang zu denjenigen Hochschulabschlüssen möglichst zu erschweren, die zu den privilegiertesten Berufspositionen führen;

2. möglichst viele Schüler und Studenten zu einem freiwilligen Verzicht auf weiterreichende Bildungsziele zu bewegen.

Beides findet unmittelbaren Ausdruck sowohl in der charakteristischen Verlaufsform der Bildungsexpansion in den meisten Ländern (ist es doch notwendig, sehr schnell auf unerwartete und unerwünschte Verlagerungen von Schüler- und Studentenströmen zu reagieren) wie in den Strukturveränderungen des Bildungssystems, die letzten Endes darauf hinauslaufen, zwar jedem den Zutritt zum Hochschulbereich in Aussicht zu stellen, faktisch aber den Zugang zu den attraktivsten Studiengängen durch eine Serie von Selektionsschwellen wieder scharf zu restringieren und deren Absolventen knapp zu halten.

Diese Strukturveränderungen des Bildungssystems konditionieren nun ihrerseits zunehmend das Bildungsverhalten: Je mehr der Weg zu den attraktiven Studienabschlüssen durch interne Selektion erschwert wird, desto wichtiger wird es für die Schüler und Studierenden, sich auf die Aneignung der selektionsrelevanten Kenntnisse und Fähigkeiten zu konzentrieren; diese können jedoch, da es sich ja um eine dem Bildungssystem interne Auslese handelt, kaum auf berufliche Praxis bezogen sein. Mehr und mehr entwickelt sich eine Konkurrenz zwischen dem Erwerb berufspraktischer Qualifikationen und der Vorbereitung auf das Überspringen der nächsten Selektionshürde: Wer sich für einen berufsqualifizierenden Abschluß "mittleren" Niveaus entscheidet, verzichtet damit praktisch auf den Zugang zu den wirklich chancenreichen Studiengängen, wenn er nicht extrem große Belastungen und Risiken auf sich nehmen will. Folglich werden berufsqualifizierende Ausbildungsgänge denn auch in Ländern, in denen die Bildungsexpansion weiter fortgeschritten ist als in der Bundesrepublik, seit längerem systematisch dazu benutzt, die als leistungsschwächer klassifizierten Schüler aus den anspruchsvollsten Bildungsgängen abzudrängen.

Die Kombination von Strukturveränderungen des Bildungssystems mit den durch sie ausgelösten Veränderungen im Bildungsverhalten haben nun ihrerseits schwerwiegende Konsequenzen für die Qualifikationsstruktur der Neueintritte ins Erwerbsleben und damit für die qualitative Arbeitskräfteversorgung der nationalen Wirtschaften. Zwei Momente sind hier besonders bedeutsam:

(a) Trotz verstärkter Kanalisierung und Selektion im Bildungssystem treten sehr viel mehr Arbeitskräfte mit formal hoher, im Hochschulbereich erworbener Qualifikation ins Erwerbsleben ein.

(b) Komplementär hierzu vermindert sich quantitativ und qualitativ das Angebot an problemlos einsetzbaren Arbeitskräften mit berufspraktischer Qualifikation und treten immer mehr Jugendliche ins Erwerbsleben ein, die erfolglos versucht haben, eine herausgehobene Berufsqualifikation im Hochschulbereich zu erwerben und nun lediglich über eine mehr oder minder gehobene Allgemeinbildung, jedoch über keinerlei in sich abgeschlossene und tragfähige berufliche Qualifikation verfügen.

Beides erzwingt über kurz oder lang tiefgreifende Veränderungen in der spezifischen Qualifizierungs- und Einsatzpolitik der Betriebe in der Arbeitsorganisation und den Formen vertikaler und horizontaler Arbeitseinteilung.

## 3. Reaktionen der Beschäftiger auf die Bildungsexpansion und ihre Folgen

### a) Die "Penetration" von Hochschulabgängern

Die Prozesse erstmaligen oder verstärkten Eindringens von Hochschulabsolventen in Beschäftigungsstrukturen sind seit längerem untersucht (insbesondere Armbruster u.a. 1971), allerdings in einer Situation, in der noch keine Beschäftigungsprobleme für Hochschulabgänger bestanden, also zum Beispiel auch kaum Substitutionskonkurrenz mit andersqualifizierten Arbeitskräften zu beobachten war.

Ganz anders ist die Lage dann, wenn die Bildungsexpansion voll auf den Arbeitsmarkt durchzuschlagen beginnt. Dann sind, wie Jean Vincens anhand französischer Berufsstatistiken aus den Jahren 1962, 1968 und 1970 nachweist (Vincens 1978), drei miteinander kombinierte Prozesse zu verzeichnen:

(a) In den Berufsgruppen mit dem höchsten Einkommen, Sozialprestige usf., die schon bisher besonders hohe Akademikerquoten aufzuweisen hatten, steigt der Anteil der Hochschulabgänger bei wachsendem Ausstoß der Hochschulen nochmals an, und zwar um so schneller, je geringer das Bestandswachstum der ganzen Berufsgruppe ist.

(b) Ein zunehmender Teil der Hochschulabgänger muß beim Eintritt ins Berufsleben mit Positionen mittleren Niveaus vorliebnehmen, die früher ausschließlich mit Arbeitskräften eines anderen (meist gleichfalls mittleren) Ausbildungsniveaus besetzt wurden, von denen aus jedoch bisher ein Aufstieg in die unter (a) genannten Berufsgruppen relativ häufig war.

(c) Wachsende Akademikerquoten an der gesamten Erwerbsbevölkerung bewirken zwar nicht, daß die früheren Aufstiegsmöglichkeiten von mittleren in gehobene Berufsgruppen geringer werden; eine nähere Analyse zeigt jedoch, daß diese Aufstiegsmöglichkeiten zunehmend nur von den Hochschulabsolventen wahrgenommen werden können, die nach Abschluß ihrer Ausbildung zunächst mit mittleren Positionen vorliebnehmen mußten.

Vincens schließt seine Analysen mit der Feststellung, daß zwar "ein Hochschulabschluß immer weniger ausreicht, um den Zugang zu (herausgehobenen) Positionen zu erhalten. Dies muß jedoch keineswegs ausschließen, daß ein Hochschulabschluß hierzu immer notwendiger wird, gerade weil er noch keine hinreichende Bedingung darstellt" (Vincens 1978, S. 253).

Daß derartige Veränderungsprozesse erster und zweiter Instanz (d.h. nicht nur Verdrängung aus Positionen, sondern auch Verdrängung aus Zugangsmöglichkeiten zu Positionen) sehr wohl gegen die erklärten Intentionen der verantwortlichen Personalpolitik erfolgen können, wurde in der Bundesrepublik am Beispiel der Substitutionskonkurrenz zwischen graduierten und diplomierten Ingenieuren nachgewiesen (Lutz/Kammerer 1975).

Die genannten Penetrations- und Verdrängungsprozesse werden dadurch noch verstärkt, daß die Beschäftiger, je effektiver (und somit auch: je sozialisationswirksamer) die Selektion im Bildungssystem ist, desto besseren Grund zu der Annahme haben, daß Arbeitskräfte überdurchschnittlicher Leistungsfähigkeit und Leistungsmotivation nur unter den Absolventen herausgehobener Bildungsgänge anzutreffen sind. Es gibt für den durchschnittlichen Beschäftiger also keinen Anlaß, die Selektion und Klassifizierung seiner Absolventen durch das Bildungssystem prinzipiell in Frage zu stellen.

b) Betriebsspezifische Qualifizierung und bürokratische Organisation

Lange Zeit hindurch schienen die technische Innovation und industrielles Wachstum abhängig von ausreichender Verfügbarkeit berufsfachlicher Qualifikationen, d.h. von der Existenz von Arbeitskräften, die in einer mehr oder minder systematischen Ausbildung die Summe der Fertigkeiten und Kenntnisse erworben haben, die zur Beherrschung eines bestimmten Arbeitsgebiets notwendig sind. Bis zur Mitte des 20. Jahrhunderts richteten sich auch die wichtigsten bildungspolitischen Innovationen der meisten europäischen Länder auf den quantitativen und qualitativen Ausbau der entsprechenden Qualifizierungsformen und -institutionen.

Ausreichende Verfügbarkeit solcher Qualifikationen ermöglichte dann auch Betriebsstrukturen von einem Typ, der als "professionale versus bürokratische" Organisation (so etwa Kerr 1954) bezeichnet werden könnte. Die Organisation von Betrieb und Arbeit kann sich hier damit begnügen, die für den betreffenden Produktionsprozeß notwendigen Arbeitsaufgaben so zu arrangieren, daß die dann entstehenden Tätigkeiten von den fachlichen Befähigungsprofilen der üblichen "Berufe" (des Drehers, des Werkzeugmachers, des technischen Zeichners oder des Chemielaboranten etc.) ausreichend abgedeckt werden. Der Betrieb kann sich darauf verlassen, daß die Einzelheiten der Arbeitsführung von den Arbeitskräften selbst gemäß den "berufsüblichen" Standards und Routinen bestimmt werden; planende, vorbereitende und arbeitsleitende Aufgaben müssen nur in dem Umfang von ausführender Arbeit abgelöst und zu besonderen Tätigkeiten verdichtet werden, wie dies aus disziplinarischen Gründen opportun erscheint oder der berufsfachlich vorgegebenen Arbeitsteilung (z.B. zwischen Facharbeitern und Ingenieuren) entspricht.

Hiermit korrespondiert in aller Regel auch eine wenig ausgeprägte horizontale und vertikale Arbeitsteilung, die dem Betrieb eine sehr flexible Nutzung der in seiner Belegschaft vorhandenen Qualifikationspotentiale gestattet und die - was im Hinblick auf die Rolle sozialer Ungleichheit bei der Auslösung der Bildungsexpansion besonders wichtig ist - mit einer geringen Differenzierung von Status und Verdienst der verschiedenen Arbeitskräftegruppen kompatibel ist (aktuelle Belege hierzu unter anderem bei Asendorf-Krings 1979).

In dem Maße nun, in dem die innere Entwicklung des Bildungssystems zur Folge hat, daß große Teile eines Geburtsjahrgangs ohne abgeschlossene berufliche Ausbildung (aber zumeist mit der Erfahrung, im Wettlauf um die begehrtesten Abschlüsse gescheitert zu sein) ins Berufsleben eintreten, werden ganz andere Anforderungen an Betriebs- und Arbeitsorganisation gestellt. Mehr oder minder unmittelbar einsetzbare Qualifikationen sind dann auf dem Arbeitsmarkt allenfalls für die herausgehobene Gruppe professionalisierter Hochschulabgänger zu beschaffen. Im Hinblick auf die Mehrheit seiner Beschäftigten sieht sich der Betrieb hingegen gezwungen:

- die Arbeitsorganisation so auszulegen, daß einerseits möglichst viele Arbeitsplätze problemlos von Arbeitskräften mit geringer (oder als gering zu vermutender) spezifischer Befähigung besetzbar sind, daß diesen andererseits in ausreichendem Umfang Chancen und Inzentivs zum Erwerb ganz bestimmter, nur in einem sehr begrenzten Einsatzbereich nutzbarer, "betriebsspezifischer" Qualifikation im Arbeitsprozeß gesichert sind (zum Begriff der "betriebsspezifischen Qualifikation" vgl. Sengenberger 1975 und Lutz 1979);

- ein dichtes System von Anleitung und Kontrolle aufzubauen, das die Einhaltung der Verfahrensvorschriften und die Steuerung des Personaleinsatzes besorgt.

Dies drängt den Betrieb nolens volens zu Bürokratisierung mit ihrem doppelten Aspekt expliziter Regelung und Kontrolle und hierarchischer Differenzierung: Das eine erlaubt es, auch Arbeitskräfte mit sehr beschränkter Kompetenz unmittelbar produktiv einzusetzen, indem man sie mit streng vorstrukturierten und strikte kontrollierten Arbeitsvollzügen beauftragt; das andere sichert gleichzeitig die notwendige Kontrolle und die Möglichkeit, über die Eröffnung von Aufstiegschancen das Interesse an betriebsspezifischer Qualifizierung zu wecken und deren Erwerb zu honorieren.

Die betriebliche Organisation wird sich um so eher in diese Richtung entwickeln, als dies ja gleichzeitig die Möglichkeiten zu einem ausbildungs- und erwartungsadäquaten Einsatz von Hochschulabgängern in den verschiedenen betrieblichen Instanzen eröffnet, auf die sich dann Innovation und Entwicklung, Konzipierung von Organisation und Verfahren, Planung und Kontrolle konzentrieren.

All dies gilt nicht nur für Industriebetriebe, sondern auch - mit nur geringen Variationen - für große Teile der administrativ-distributiven Dienstleistungen.

Während Strukturen des "professionellen" Typs in vielen Wirtschaftszweigen deutschsprachiger Länder (denn sowohl Österreich wie die Schweiz haben in der hier interessierenden Perspektive eine ganz ähnliche Entwicklung durchlaufen wie die Bundesrepublik) noch heute dominieren, sprechen alle verfügbaren empirisch-statistischen Befunde dafür, daß in den Ländern früher und starker Expansion der Hochschule Strukturen des "bürokratischen" Typs fast überall die Regel sind, was nicht zuletzt auch bedeutet, daß bestimmte Produktionen, wie etwa die Herstellung industrieller Ausrüstungsgüter, in der Wirtschaft dieser Länder eine deutlich geringere Bedeutung haben als etwa in der Bundesrepublik (Lutz 1976 und 79).

c) Das Durchschlagen schulischer Hierarchien in die betrieblichen Strukturen

Die in der Industriesoziologie mehrfach beschriebene Tendenz zur "Polarisierung" der Qualifikationsstruktur (erstmals, wenngleich auf einen reduzierten Kreis von Arbeitskräften bezogen, bei Kern/Schumann 1970) entspricht im Prinzip exakt dem Prozeß, der sich nahezu unaufhaltsam vollzieht, wenn ausreichende fachliche Qualifikation nur mehr bei einer Minderheit von Arbeitskräften existiert bzw. problemlos vermutet werden kann, die einen herausgehobenen Bildungsgang absolviert haben, während die Mehrzahl der Beschäftigten allenfalls eine sehr generelle Vorbereitung auf die spätere Arbeitswelt als Bestandteil ihrer Allgemeinbildung erhalten hat. Nun ist jedoch die Situation reiner Polarität mit den betrieblichen Interessen und Bedingungen nur in Ausnahmefällen vereinbar; im allgemeinen wird der Betrieb ein stärker gestuftes System von Kompetenz, Autonomie und Verantwortung vorziehen, wenn er nur die Möglichkeit hat, die hierbei entstehenden Mittelpositionen mit ausreichend qualifizierten Arbeitskräften zu besetzen.

Dies ist im Rahmen der eben skizzierten Struktur ausgeprägter vertikaler und horizontaler Arbeitsteilung mit bloß oder überwiegend betriebsspezifischer Qualifizierung dann möglich, wenn das Bildungssystem als Ergebnis mehrstufiger Selektionsprozesse alle Arbeitskräfte mit zertifizierten differentiellen Qualifizierungsvermutungen ausstattet. Der Betrieb kann dann - hierfür ist der deutsche Öffentliche Dienst ein vorzügliches Beispiel - für die Absolventen verschiedener Bildungsebenen jeweils gesonderte interne Stufenleitern von Bewährung, Qualifizierung und Aufstieg aufbauen, die auf die für den jeweiligen Bildungsabschluß typischen Momente zivilisatorischer, kognitiver, motivationaler oder sonstiger Art abgestellt sind und zum Beispiel deutlich weiterreichende Qualifizierungschancen bei höheren Abschlüssen beinhalten. Wenn sich auf diese Weise spezifische "Laufbahnen" für Arbeitskräfte herausbilden, die ein bestimmtes schulisches Bildungsniveau erreicht haben (und zwar ganz unabhängig von den besonderen Inhalten, die sie dabei gelernt haben), steigt auch die "Rentabilität" eines Bildungsverhaltens, das am höchstmöglichen schulischen Abschluß orientiert ist und den Erwerb einer berufspraktischen Qualifikation als unsinnig, ja gefährlich betrachtet.

Es versteht sich von selbst, daß ein solches System nur unter der Voraussetzung großer Ungleichheit von Verdienst, Arbeitssituation, Status usf. funktionsfähig ist: Je mehr der Eintritt in einen Betrieb mit der Perspektive des schrittweisen Erwerbs der nötigen Befähigungen verbunden ist, desto wichtiger wird es, diese auch durch deutlich sichtbare Chancen der Verbesserung der eigenen Lage zu stützen. Je mehr sich zusätzlich noch eine Hierarchie der Laufbahnen durchsetzt, desto größer muß die betriebliche Verdienststreuung sein, um zu starke Überlappung zu vermeiden. Je mehr Reglementierung und Kontrolle notwendig sind, desto weniger kann der Betrieb darauf verzichten, die hierarchische Arbeitsteilung und das von ihr implizierte Macht- und Einflußgefälle auch durch deutliche Verdienstdifferentiale abzusichern.

## 4. Der meritokratische Teufelskreis: Bildungsexpansionsbedingte Veränderungen der Beschäftigungsstrukturen als Ursachen der Entstehung neuen Bildungsdrucks

In dem Maße, in dem sich die eben skizzierten Reaktionen der Beschäftiger auf die von der Bildungsexpansion bewirkten Veränderungen in der Qualifikationsstruktur des Arbeitskräftenachwuchses durchsetzen, etabliert sich ein circulus vitiosus, der sich am besten mit einem in Frankreich häufig benutzten Begriff als "meritokratisch" beschreiben läßt:

Da unter den genannten Bedingungen nur der Erwerb eines einigermaßen gehobenen Bildungsabschlusses Sicherheit gegen lebenslanges Eingeschlossensein in untergeordnete, schlecht bezahlte, ständiger disziplinarischer und bürokratischer Aufsicht und Kontrolle unterworfene Positionen bietet, bildet sich in jeder neuen Generation ein verstärkter, in der Entstehung kaum aufzuhaltender Andrang zu höherer Bildung. Wenn der Wert der herausgehobenen Bildungsabschlüsse und die Legitimation der mit ihnen verbundenen Privilegien nicht gefährdet werden sollen, ist es notwendig, diesen Andrang durch immer schärfere vertikale Stufung und Selektivität des Bildungssystems auf mittlerer Ebene aufzufangen und zu kanalisieren. Da ein solches hierarchisch stark differenziertes und hochselektives Bildungssystem die weitaus wichtigste, wenn nicht einzige Produktionsstätte fachlicher Kompetenz darstellt, bleibt dem Einzelbetrieb kaum eine andere Möglichkeit, als seinen Gesamtarbeiter so zu strukturieren, daß er die Abgänger des Bildungssystems dem speziellen Niveau und Profil ihrer zertifizierten Befähigungen und dem hierdurch sanktionierten Anspruch gemäß einsetzen kann.

Letzten Endes wird dann praktisch-ausführende Arbeit nur mehr von denen gefordert und erwartet werden können, die durch Herkunft und sozialisatorische Defizite massiv benachteiligt und im Bildungssystem bereits als minderwertig stigmatisiert worden sind. Im gleichen Maße sinkt aber dann auch die für die betriebliche Rekrutierungs- und Einsatzpolitik maßgebliche Erwartung an das qualifikatorische Potential all derer, die das Bildungssystem ohne mittleren und gehobenen Abschluß verlassen haben, sehen sich also die Betriebe einem immer stärkeren Zwang zur Vertiefung der Arbeitsteilung, zur Einschränkung der Autonomie ausführender Arbeit und damit zu einer weiteren Verringerung der hier noch gebotenen Qualifizierungschancen ausgesetzt.

Dieser meritokratische Teufelskreis ist in einigen europäischen Ländern, in denen die Bildungsexpansion früher einsetzte und rascher verlief und in denen alternative-berufspraktische Qualifizierungssysteme allenfalls (noch) in rudimentärer Form existieren, schon so weit etabliert, daß die Möglichkeit fragwürdig erscheint, ihn auf breiter Front zu durchbrechen. In der Bundesrepublik hat die Verschlechterung der Beschäftigungslage zusammen mit dem Problem der geburtenstarken Jahrgänge die Bildungsexpansion in ihrer hier analysierten, ausschließlich auf den Hochschulsektor bezogenen Form verlangsamt, wenn nicht überhaupt zum Stillstand gebracht. Allerdings wurden ihre Ursachen hierdurch nicht beseitigt, sondern allenfalls zeitweilig neutralisiert. Und ab der Mitte der 80er Jahre, wenn erst die Welle der geburtenstarken Jahrgänge das Bildungssystem verlassen haben wird und immer schwächere Jahrgänge sich in den vorhandenen Bildungs- und Ausbildungskapazitäten immer freier werden bewegen können, werden sehr wahrscheinlich die früheren Tendenzen erneut die Oberhand gewinnen, sofern nicht die Zeit bis dahin zu politischen Eingriffen genutzt wurde, die eine grundlegend veränderte Rationalität des Bildungsverhaltens induzieren.

## Abschließende Bemerkungen

Im vorstehenden wurde versucht, einige Faktoren und Mechanismen zu benennen, von denen anzunehmen ist, daß sie an der Steuerung der Bildungsexpansion und ihrer Verarbeitung in den Beschäftigungsstrukturen mit einem gewissen Gewicht beteiligt sind:

- die Wahrnehmung der Beziehung zwischen Bildungsniveau und ungleichen Berufschancen, beruflichen und allgemeinen Lebenslagen und der hierdurch ausgelöste massenhafte Andrang zu herausgehobenen Bildungsabschlüssen;

- o die hiervon erzwungene Verschärfung und Differenzierung von Selektion im Bildungssystem mit dem Ziel, einen möglichst großen Teil der Schüler- und Studentenströme vor dem Eintritt in bzw. vor dem Abschluß von Studiengängen abzudrängen, die bisher zu besonders privilegierten Berufspositionen führten;

- o die damit verbundenen Veränderungen der Qualifikationsstruktur der Nachwuchsströme, in deren Zuge letzten Endes abgeschlossene, zu autonomer Tätigkeit befähigende berufliche Qualifikationen nur mehr - im Sinne der amerikanischen professionals - auf sehr hohem formalen Niveau existieren können, während alle anderen zukünftigen Arbeitskräfte allenfalls über generelle Befähigungen, nicht jedoch über spezifische berufliche Fertigkeiten und Kenntnisse verfügen;

- o die Reaktion der Beschäftiger auf diese veränderte Versorgungslage mit Arbeitskräften, wobei bloß betriebsspezifischen, durch Anlernung erworbenen Qualifikationen zentrale Bedeutung zukommt und Qualifikationsvermutung sowie Qualifizierungschancen beim Arbeitseinsatz tendenziell der im Bildungssystem zertifizierten relativen Leistungsfähigkeit kongruent werden;

- o endlich - den Regelkreis schließend - der in der Folgeperiode verstärkt auftretende Bildungsdruck, da nunmehr der Erfolg im Bildungssystem die Berufs- und Lebenschancen hochgradig konditioniert, wenn nicht determiniert.

Die Identifizierung dieser Mechanismen, von denen im übrigen gesagt wurde, daß sie in der Bundesrepublik deutlich weniger virulent sind als in den meisten europäischen Nachbarländern, erlaubt es, wichtige Momente der Bildungsexpansion verstehbar zu machen. Damit wird es einerseits möglich, zumindest Orientierungspunkte für eine Politik anzugeben, die sich dem Problem gesellschaftlicher Ungleichheit stellen, aber die Gefahren meritokratischer Prozesse vermeiden will; andererseits leitet sich aus ihnen eine Fülle neuer, meist unmittelbar politisch-relevanter Forschungsfragestellungen ab - von der Ermittlung der Ursachen und Bedingungen scheinbar "abweichender" Abläufe, wie in Großbritannien, bis etwa zur sorgfältigen Beobachtung der sich gegenwärtig vollziehenden beschleunigten Penetration von Hochschulabsolventen und ihren Folgen oder den Konsequenzen meritokratischer Strukturen für Organisation, Orientierung und Wirksamkeit der Gewerkschaften und anderer Institutionen der Vertretung von Arbeitnehmerinteressen.

Die Eingangsfrage dieses Referats nach einer stichhaltigen kausalen oder auch finalen Erklärung der Bildungsexpansion insgesamt bleibt jedoch letztendlich unbeantwortet, ebenso wie die Frage, welche Chancen einer politisch gesteuerten alternativen Entwicklung bestanden hätten oder noch bestehen. Doch jeder Versuch, hier weiterzudenken, stößt sehr schnell an die Grenzen der Erklärungskraft vorhandener sozialwissenschaftlicher Theorien. Zumindest in ihrer heute vorliegenden Form können weder herrschafts-, noch kapital-, noch klassentheoretische Konzepte oder auch Theoreme der Modernisierung, des sozialen Wandels oder der Dynamik komplexer Systeme mehr als grobe Orientierungen anbieten.

Das entscheidende Problem hierbei ist, ob man die Bildungsexpansion mit all ihren Folgen als Ausdruck einer interessengesteuerten, im objektiven Sinne rationalen Strategie betrachten darf und soll.

Einerseits spricht die Logik der meritokratischen Mechanismen durchaus für eine solche Interpretation: Wenn es tatsächlich möglich ist, gesellschaftliches Schicksal über ein umfassendes, hochgradig selektives Bildungssystem in je persönliches Versagen umzudefinieren und auf diese Weise der Ungleichheit von Lebenslagen jeden sichtbar gesellschaftlichen Charakter zu nehmen, kann man sich schwer vorstellen, daß ein solches Ergebnis durch bloßen Zufall zustande kommen sollte.

Ebenso schwer ist jedoch vorstellbar, daß ein ganz bestimmtes festmachbares Interesse hinter dem skizzierten Prozeß stehen sollte, und um welches Interesse es sich hierbei handeln könnte. Wenn Offe der staatlichen Bildungspolitik eine vom ökonomischen Bedarf ausgelöste Legitimierungs- und Pazifizierungsfunktion im Interesse der Systemstabilisierung zuschreibt (Offe 1975) oder wenn amerikanische radicals bildungsbestimmte Arbeitsmarktsegmentation als Herrschaftsstrategie des Kapitals analysieren (z.B. Bowles und Gintis 1975), unterstellen sie ja die Existenz solcher "strategiefähiger" gesellschaftlicher Subjekte. Doch erweisen sich solche Analysen auf dem Hintergrund des vorstehend Demonstrierten als zu kurzgreifend; so sind sie zum Beispiel außerstande, die ganz offenkundigen Verluste an ökonomischer Effizienz zu erklären, die mit der Installierung meritokratischer Strukturen verbunden sind, nicht im unmittelbaren Interesse von Einzelkapitalien liegen können und auch für ein denkbares nationales Gesamtkapital einen sehr hohen Preis der Herrschaftssicherung darstellen werden, dessen Akzeptierung nicht ohne weiteres unterstellt werden darf.

## Literaturhinweise


Armbruster, W. u.a.: Expansion und Innovation. Berlin, Max-Planck-Institut für Bildungsforschung, 1971

Asendorf-Krings, I. u.a.: Reform ohne Ziel? Frankfurt/Köln 1975

Asendorf-Krings, I.: Facharbeiter und Rationalisierung - Das Beispiel großbetrieblicher Instandhaltung. Veröffentlichung in Vorbereitung (Forschungsberichte des ISF), München/Frankfurt 1979

Bourdieu, P. und Passeron, J.-C.: Die Illusion der Chancengleichheit. Stuttgart 1971

Bowles, F. und Gintis, H.: "The Problem with Human Capital Theory - A Marxian Critique" in AER, Papers and Proceedings. May 1975

Dahrendorf, R.: Bildung ist Bürgerrecht. Hamburg 1965

Deutscher Bildungsrat: Strukturplan für das Bildungswesen. Bonn 1970

Edding, F.: Ökonomie des Bildungswesens. Freiburg i.Br. 1963

Handl, J., Mayer, K.U., Müller, W.: Klassenlage und Sozialstruktur. Frankfurt 1977

Kern, H. und Schumann, M.: Industriearbeit und Arbeiterbewußtsein. Frankfurt 1970

Kerr, C.: "The Balkanization of Labor Markets". In: Bakke, E.W. et al.: Labor Mobility and Economic Opportunity, Cambridge, Mass. 1954

Lutz, B. und Kammerer, G.: Das Ende des graduierten Ingenieurs? Frankfurt/Köln 1975

Lutz, B.: "Bildungssystem und Beschäftigungsstruktur in Deutschland und Frankreich". In: ISF (Hg): Betrieb - Arbeitsmarkt - Qualifikation, Band I, Frankfurt 1976

Lutz, B.: "Qualifikation und Arbeitsmarktsegmentation". In: Brinkmann, C. u.a. (Hg): Arbeitsmarktsegmentation - Theorie und Therapie im Lichte der empirischen Befunde. BeitrAB 33. Nürnberg 1979

Offe, C.: "Bildungssystem, Beschäftigungssystem und Bildungspolitik". In: Deutscher Bildungsrat (Hg): Bildungsforschung. Probleme - Perspektiven - Prioritäten. Stuttgart 1975

Schelsky, H.: Schule und Erziehung in der industriellen Gesellschaft. Würzburg 1957

Sengenberger, W.: Arbeitsmarktstruktur. München/Frankfurt 1975

Teichler, U., Hartung, D., Nuthmann, R.: Hochschulexpansion und Bedarf der Gesellschaft. Stuttgart 1976

Vincens, J.: "Bildung und Arbeitsmarktsegmentation in Frankreich". In: Sengenberger, W.: Der gespaltene Arbeitsmarkt. Frankreich 1978

V. Rieser - G. Bechtle

# Bildungsexpansion, Arbeitsmarkt und Beschäftigungsstrukturen in Italien

## 1. Vorbemerkung

Dieser Beitrag stützt sich auf die Ergebnisse eines empirischen Forschungsprojektes, welches das sozialwissenschaftliche Institut ARPES, Rom, im Auftrag der EG Kommission für Fragen der europäischen Berufsbildung, Berlin, zwischen 1977 und 1978 in Italien durchgeführt hat. [1)]
Diese Untersuchung schließt an die Fragestellung zum Verhältnis zwischen Bildungs- und Beschäftigungssystem an, wie sie vorher schon in einem vergleichenden Projekt in Deutschland und Frankreich verfolgt wurde. [2)]

Die Untersuchung von ARPES ist in drei Teile gegliedert:

- o Einer Analyse des italienischen Bildungssystems mit besonderer Berücksichtigung der Ausbildung qualifizierter Arbeitskraft für die industrielle Produktion.

- o Einer allgemeinen Analyse des Verhältnisses zwischen beruf-

---

1) Hektographierter Forschungsbericht: G. Bechtle, P. Leon, R. Moscati, V. Rieser, P. Santi: Il Sistema Formativo e la Divisione del Lavoro in Fabbrica, Roma 1978.

2) Vgl. B. Lutz, in: Arbeiten des Instituts für sozialwissenschaftliche Forschung, ISF München, Betrieb - Arbeitsmarkt - Qualifikation, "Bildungssystem und Beschäftigungsstruktur in Deutschland und Frankreich. Zum Einfluß des Bildungssystems auf die Gestaltung betrieblicher Arbeitskräftestrukturen." Zu ergänzen ist, daß das Erkenntnisinteresse und die Forschungsfragestellung zwischen der ARPES-Untersuchung und der deutsch-französischen Vergleichsstudie analog angelegt, die empirischen Daten aber aufgrund der unterschiedlichen Betriebsauswahl nicht direkt vergleichbar sind.

licher Qualifizierung und Entlohnung der Arbeitskräfte sowie zwischen anderen Faktoren, die die Einkommensunterschiede verursachen.

o Vier Betriebsfallstudien (vier Werke), in unterschiedlichen Branchen mit unterschiedlichen technologischen Bedingungen und unterschiedlichen Qualifikationsstrukturen der Arbeitskraft: Maschinenbau, Stahlindustrie, Metallverarbeitung (Serienproduktion), Bekleidung.

Die folgenden Überlegungen beruhen zwar weitgehend auf den Ergebnissen dieser Studie, gleichzeitig sind sie aber als interpretative Sekundäranalysen zu verstehen.

## 2. Formulierung einer ersten, allgemeinen Deutungshypothese

Die den "Fall Italien" charakterisierende Problematik des Verhältnisses zwischen Bildungs- und Beschäftigungssystem läßt sich zunächst annähernd, in bewußter Übertreibung formuliert, in Form einer Null-Hypothese bestimmen: Es existiert, was die gewerblichen Arbeitnehmer in der industriellen Produktion betrifft kein Zusammenhang zwischen erworbener oder nicht erworbener schulischer und beruflicher Bildung und Ausbildung - die ihrerseits kaum in einer systematisch-organischen Verbindung stehen - und der de facto ausgeübten Tätigkeit im Produktionsprozeß, der realen Qualifikation und deren formaler, nahezu ausschließlich tarifvertraglich-politisch durchgesetzter Einstufung. Schulische (Nicht-)Bildung, berufliche (Nicht-)Qualifizierung, faktisch ausgeübte Tätigkeiten, reale Qualifikation und die sozial-bewertete Einstufung im unmittelbaren Produktionsprozeß sind nicht aufeinander reduzierbar. Dieser Aussage steht freilich die durch schulische Bildungsprivilegien begründete, wenn auch mittlerweile in abgeschwächter Form existierende, soziale Diskriminierung zwischen Arbeiter und Angestellten gegenüber. Aus dieser "Feststellung" ergeben sich eine Reihe problemrelevanter Fragen:

o Welche historischen, sozioökonomischen und politischen Entwicklungen liegen dieser "Entkoppelung" zwischen Bildungs- und Beschäftigungssystem in den verschiedenen eben genannten Dimensionen zugrunde?

o Wie stellen sich heute die Folgeprobleme dieser Entwicklung dar? Gibt es etwa gravierende Qualifikationsdefizite und wie und wo werden diese verarbeitet?

o Wie reagieren Qualifizierungs- und Produktionssystem und darauf gerichtete gesellschaftliche Interessen?

Die Diskussion dieser Frage impliziert gleichzeitig die Diskussion der These, welcher Einfluß von den Eigenheiten nationaler Bildungssysteme auf die professionell oder bürokratisch geprägte Gestaltung von Arbeitsorganisation im Produktionssystem ausgeht.[1)]

Auf die ersten beiden Fragen soll im folgenden explizit eingegangen werden, das in Frage drei enthaltene Problem zukünftig absehbarer Entwicklungen kann nicht mehr als andiskutiert werden.

Analysiert man die vorliegenden historisch-empirischen Daten auf einer allgemein interpretativen Ebene, kann man den Schluß auf folgende, zunächst nicht mehr als plausible Hypothese ziehen: Das italienische Schulsystem ist seit den 50er Jahren bis heute nicht dazu in der Lage, in einer quantitativ-qualitativ ausreichenden Form, qualifiziert Arbeitskraft für die industrielle Produktion auszubilden. Für eine relativ lange Zeitphase jedoch hat dieser Mangel an qualifizierter Arbeitskraft keinen Engpaß für die Entwicklung der italienischen Industrie bewirkt. Näher betrachtet läßt sich feststellen, daß während der Phase des beschleunigten Wachstums, im Jahrzehnt zwischen dem Ende der 50er und dem Ende der 60er Jahre, eine Reihe von Faktoren die-

---

1). Vgl. hierzu das vorstehende Referat von Burkart Lutz.

ses Qualifikationsdefizits der verfügbaren Arbeitskräfte ausgewogen haben: Von der Nachfrageseite her ist es die wachsende Dequalifizierung, die von der vorherrschenden Technologie und Arbeitsorganisation bestimmt wird; von der Angebotsseite her ist es die Kleinindustrie, die eine quasi naturwüchsige Ersatzfunktion bei der Ausbildung von Arbeitskräften übernimmt.

Dieses prekäre Gleichgewicht gerät in den 70er Jahren, in Folge einer Reihe von neu auftretenden Faktoren, ins Schwanken: Der Arbeitskräfteeinsatz stößt zunehmend auf Schwierigkeiten der "Rigidität" und des "Egalitarismus" bei der Nutzung und Bewertung von Arbeitskraft als Folgewirkung insbesondere der gewerkschaftlichen Politik und der generellen Zunahme der gewerkschaftlichen Verhandlungsmacht; der Arbeitsmarkt ist zunehmend segmentiert, die Barrieren zwischen den einzelnen Segmenten werden immer undurchlässiger; schließlich sind es Veränderungen in der Arbeitskräftenachfrage, die sich auf neue, an die technologische Entwicklung gebundene Qualifikationsinhalte richtet.

Das italienische Bildungssystem ist in diesen Jahren nicht in der Lage auf diese, gegenüber früher neuen und teils widersprüchlichen Entwicklungen zu reagieren und seine "Entfernung" von den Bedürfnissen der Realität in der industriellen Produktion nimmt zu.

Es scheint jedoch, daß die heute erreichte Schärfe der eben angedeuteten Widersprüche, sowie eine Reihe neuer politisch-gesellschaftlicher Bedingungen, den Grund dafür liefern, daß sich möglicherweise ein unterschiedliches Verhältnis zwischen Ausbildungssystem und Produktionssystem herstellt.

In den folgenden Abschnitten soll versucht werden, die hier nur global angedeutete Hypothese durch die Einführung von stärker analytisch geprägten Elementen abzustützen.

## 3. Einige zentrale Merkmale des italienischen Bildungssystems

Unter der Legitimationsformel des Abbaus sozialer Ungleichheit explodiert die Bildungsexpansion in Italien zwischen dem Ende der 50er und dem Ende der 60er Jahre, wobei der Nachholbedarf bei der Reduzierung des Analphabetentums bzw. die Sicherung eines Mindestniveaus an schulischer Primärausbildung eine gewichtige Rolle spielen. Gleichzeitig wird der Zugang zur Sekundärstufe schulischer Bildung, der Übergang von einem Schultyp zu einem anderen erleichtert, die Zugangsvoraussetzungen zur Universität reduzieren sich auf den Besuch irgendeiner Form und Richtung "weiterführender" schulischer Bildung.

Gesamtheit der an der Universität und im 1. Studienjahr eingeschriebenen Studenten

| Universitäts- | Eingeschriebene Gesamtheit | | Eingeschriebene im 1. Studienjahr | |
|---|---|---|---|---|
| jahr | Zahl | Veränderung in % gegenüber Vorjahr | Zahl | Veränderungen in % gegenüber Vorjahr |
| 1969-70 | 488.352 | 17,4 | 175.294 | 22,6 |
| 1970-71 | 560.605 | 14,8 | 194.280 | 10,9 |
| 1971-72 | 631.150 | 12,6 | 214.417 | 10,4 |
| 1972-73 | 357.616 | 4,2 | 213.226 | - 0,6 |
| 1973-74 | 675.176 | 2,7 | 213.619 | 0,2 |
| 1974-75 | 708.757 | 5,0 | 231.075 | 8,2 |
| 1975-76 | 736.303 | 3,9 | 242.436 | 4,9 |
| 1976-77 | 746.323 | 1,4 | 237.421 | - 2,1 |

Quelle: Umrechnung Censis nach Daten von ISTAT

Noch 1969, 1970 und 1971 steigt die Zahl der Ersteinschreibungen an der Universität um jeweils 22,6 - 10,9 - 10,4 %, um danach allerdings deutlich mit Ausnahme des Jahres 74/75 abzufallen; 1976/77 reduziert sich die Zahl der Ersteinschreibungen erstmals um 2,1 %.

Bei einem stagnierenden oder sinkenden Beschäftigungsvolumen erweisen sich Schule und Universität zunehmend als "Parkplatz für Arbeitslose". Die in der Perspektive des Universitätszugangs erfolgende Parallelschaltung zwischen dem klassisch- oder naturwissenschaftlich orientierten Gymnasium und den verschiedenen Formen weiterführender Schulbildung (insbesondere "technische Institute") diskriminiert diese in Wirklichkeit als "zweitklassig".

De facto ändert sich nichts an der relativen Deprivilegierung der Kinder von Arbeiterfamilien: Im Prinzip verläßt kein Angesellten-sohn das Schulsystem, um als "manuelle Arbeitskraft" im Produktionsprozeß tätig zu sein. Umgekehrt erreicht kein Arbeiterkind im Normalfall den Status eines Angestellten, insofern das notwendige Zertifikat ("Diplom") nicht vorweisbar ist.

Der kurz skizzierte Typ von Bildungsexpansion in Italien in Form von Massenschule und Massenuniversität deutet bereits an, daß Bildungsexpansion hierbei verbunden ist mit einer zunehmenden Entberuflichung - Verschulung, weiterführender "ursprünglich" als berufsvorbereitend gedachter Ausbildungsgänge. Ausdruck hiervon ist die zunehmende Chaotik der öffentlich-staatlichen Berufsausbildung, die zwischen den Zuständigkeiten von Erziehungs- und Arbeitsministerium, dessen Ausbildungskompetenzen inzwischen auf die Regionen dezentralisiert sind, zerrieben wird. [1)]
Im übrigen spricht die quantitative Entwicklung der Schülerzahlen in den staatlich-öffentlichen Ausbildungsgängen für sich: Die Gesamtzahl der "Berufsschüler" steigt noch zwischen 1960 und 1962 von 700.000 auf 770.000, fällt dann kontinuierlich bis 1965 auf 6000.000, steigt wieder ganz leicht in den Jahren 1966 und 1967, erreicht den Tiefpunkt im Jahre 1968 bei 550.000 und pendelt sich Anfang 1970 auf 600.000 ein. Ein anderes Beispiel: die Zahl der im"1. beruflichen Lehrgang" eingeschriebenen Schüler sinkt noch zwischen 1971 und 1973 um mehr als 30% (Zahlenangaben nach F.Neri, La Formazione Professionale, Milana 1974).

---

1) Vorherrschend ist in Wirklichkeit ein Prozeß der Fragmentierung von Privatisierung von Ausbildungszentren: Von 1500 solcher Zentren sind 80% privat, die 50 000 von insgesamt 70 000 Schülern, nach kaum überprüfbaren, häufig durch lokale Klientelsysteme gefärbte Kriterien ausbilden.

Die folgende Tabelle faßt die Ergebnisse der Betriebsfallstudien von ARPES über das Ausbildungsniveau der Arbeitskräfte in der industriellen Produktion, die inzwischen von repräsentativen Erhebungen durchaus bestätigt worden sind, zusammen.

| | Maschinenbau | Stahlindustrie | Metallverarbeitung (Serienprod.) | Bekleidung+ |
|---|---|---|---|---|
| ohne schulisch-berufl. Abschluß | 4,3 | 22,7 | 38,2 | - |
| Zertifikat der Elementarschule | 62,4 | 57,2 | 42,8 | - |
| Diplom der 1. Sek.stufe | 30,2 | 11,3 | 18,6 | - |
| Berufsschulabschluß | 2,7 | 7,3 | 0,3 | - |
| Diplom der 2. Sek. stufe | 0,4 | 1,5 | 0,1 | - |
| Gesamt | 100,0 | 100,0 | 100,0 | - |

+ Hierzu liegen keine präzisen Daten vor, aus den Expertengespräche mit der Personalleitung ist aber zu entnehmen, daß das schulische Bildungsniveau der Arbeitskräfte kaum von dem anderer Betriebe abweicht.

Die Entberuflichung und verallgemeinerung der Ausbildungsinhalte wird verschärft dadurch, daß Betriebe sich weitgehend aus der Erstausbildung zurückgezogen haben. Diese Aushöhlung betrieblicher Ausbildungsmaßnahmen ist als Effekt zweier Entwicklungen zu verstehen: einer durch Technologie und Organisation sich durchsetzenden Zerstörung traditioneller, handwerklich geprägter Qualifikationen, also einem abnehmenden Qualifizierungsbedarf einerseits und einem vorwiegend politisch motivierten und von den Gewerkschaften realisierten Angriffes andererseits auf die Autonomie der Betriebe in der Gestaltung der Ausbildung von Arbeitsvorgesetzten zur Sicherung des betrieblichen Herrschaftssystems. D.h., daß die Erosion beruflich-fachlicher Bildung sowohl für Arbeiter wie für Arbeitsvorgesetzte, mit der Folge einer seit

Jahren manifesten Legitimationskrise deren Herrschaftsfunktion, gilt.

Aus alledem kann man die Schlußfolgerung ziehen, daß in Italien weder, wie in der BRD, berufliche Bildungsabschlüsse, die fachlich-praktische Qualifiziertheit (durch spezifische Kombination Schule - Betrieb) dokomentieren, noch wie in Frankreich Inhalt und Niveau schulischer Allgemeinbildung die entscheidende, ins Produktionssystem durchschlagende und dort sich reproduzierende Rolle spielen. Was in Italien vorherrscht und tendenziell ausschließliche Bedeutung erlangt hat, ist ein betriebsspezifisches "On-the-job-training" bzw. "Learning by doing".

Implikationen und Folgewirkungen dieses Tatbestandes sind im folgenden näher zu entfalten. Wir werden dabei eher induktiv schlußfolgern und nicht strikt empirisch anhand von Datenmaterial beweisen können, daß der "Fall Italien" die These vom "professionalisierenden" gegenüber dem "bürokratisierenden" Effekt des Bildungssystems nicht widerlegt, aber in einer spezifischen Form ergänzt und modifiziert, wobei das Gewicht einer intervenierenden politisch-sozialen Dimension, nämlich sich verändernde Kräfteverhältnisse im System der industriellen Beziehungen und insbesondere eine veränderte Gewerkschaftspolitik, besonderer Berücksichtigung bedarf.

## 4. Bildung, Qualifikation und Klassifikation (Einstufung) der Arbeitskräfte

Auf dem Hintergrund dieser Charakteristiken des italienischen Bildungssystems verstehen sich nun die bereits eingangs behaupteten Zusammenhänge zwischen Bildung und Beschäftigung in Italien, nämlich:

- Keine Entsprechung zwischen dem Niveau schulischer Bildungsabschlüsse und der effektiven, auf den Produktionsprozeß bezogenen Qualifikation;

o mit dadurch begründet existiert keine Entsprechung zwischen Niveau schulischer Bildung und dem Einstufungsniveau der Arbeitskräfte; dabei wird allerdings ein generell wichtiger Zusammenhang außer Acht gelassen: Es ist immer noch das Schulsystem, das in weitem Ausmaß darüber bestimmt, wer Arbeiter und wer Angestellter wird. (Auch wenn dann innerhalb dieser beiden Kategorien kein signifikanter Zusammenhang besteht zwischen Inhalt und Niveau schulischer Bildung und Inhalt und Niveau der Qualifikation bei den ausgeübten Tätigkeiten.)
Wenn man darüber hinaus noch berücksichtigt, daß trotz der "Vermassung der Schule" der Zugang zu höheren Schulen immer noch durch eine starke soziale Selektion bestimmt wird, erkennt man, daß das Verhältnis zwischen Schule und Arbeit bzw. Beruf in Italien durch eine stärkere "soziale Selektion" charakterisiert ist, als in Ländern mit einem ausgeprägt selektiven Schulsystem, wie etwa dem der BRD. Ein Fachschulzertifikat (Diplom) oder ein Universitätsabschluß stellen heute in Italien keine Garantie für den Erwerb eines Arbeitsplatzes dar, aber sie eröffnen die Alternative zwischen "Angesteller oder intellektueller Arbeitsloser": Der Zugang zu einer dieser Alternativen ist jedoch immer noch "diskriminierend".

o In dem Moment aber, in dem der Bezug auf die Schulbildung als einer "objektiven" Bestimmungsgröße für Qualifikations- und Klassifikationsniveau entfällt, wächst das Gewicht "politisch-gesellschaftlicher Faktoren".
Während der Phase gewerkschaftlicher Schwäche auf der Ebene des Betriebs - wie sie für Italien bis Ende der 60er Jahre charakteristisch war - bedeutet dies, daß der Entscheidungsbefugnis der Betriebsführung ein großer Freiraum zugestanden wird. In der Folgezeit hat die starke Zunahme der gewerkschaftlichen Verhandlungsmacht zur Aufwertung und Höherstufung der niedrigst eingestuften Arbeitnehmerkategorien geführt ("egalitaristische" Politik) mit einer daraus folgenden Abflachung der Klassifizierungsskala nach oben und, in geringerem Ausmaß, zu einer Annäherung zwischen Arbeitern und Angestellten. Sowohl der ersten wie der zweiten Phase gewerkschaftlicher Schwäche bzw. Stärke ist aber gemeinsam, daß sich jeweils

Formen der Nichtübereinstimmung zwischen tatsächlicher Qualifikation und ihrer Einstufung durchsetzen: In der ersten Phase wird dieses Verhältnis vorwiegend willkürlich hergestellt und individualisierte Ungleichheiten überwiegen (d.h. Arbeitskräfte mit gleicher Tätigkeit werden unterschiedlich eingestuft); in der zweiten Phase nehmen individuelle Verzerrungen ab und das Prinzip der Übereinstimmung zwischen Qualifikation und Einstufung setzt sich zwar formal durch, es wird aber sozusagen permanent "vernebelt", im Grenzfall außer Kraft gesetzt, durch die politisch sich durchsetzende Tendenz der Abflachung der Einstufungsunterschiede nach oben.

## 5. Technologie, Arbeitsorganisation, Qualifikation

Die industrielle Entwicklung Italiens ist, insbesondere in ihrer entscheidenden Zeitphase in der zweiten Hälfte der 50er bis zum Ende der 60er Jahre, weitgehend durch die Entwicklung sogenannter "ausgereifter" Technologien auf einem hohen Mechanisierungsniveau charakterisiert, wofür die massenhafte Serienproduktion ein typisches Beispiel darstellt. In den Betrieben dieser Produktionsform setzen sich Rationalisierung und Produktivitätssteigerung im wesentlichen auf dem Wege fortschreitender Mechanisierung der Produktion und fortschreitender Parzellierung der Arbeit durch. Fortschreitende Mechanisierung und fortschreitende Parzellierung in der Mittel- und Großindustrie sind mit einer fortschreitenden Polarisierung der Arbeitskräftestruktur verbunden:

- o einer breiten Masse entqualifizierter Arbeitskräfte auf der einen Seite, für deren Tätigkeiten wenige Tage oder wenige Wochen der Anlernung ausreichend sind;

- o einer schmalen Schicht qualifiziert-spezialisierter Arbeitskräfte auf der anderen Seite, die teils noch den alten "handwerklichen" Berufsbildern entsprechen, zu einem anderen Teil eng an betriebliche Dienstleistungsfunktionen für die Produktion gebunden sind (z.B. Reparaturfunktionen) und die deswegen einem Qualifikationstyp entsprechen, der stärker "internalisiert" ist.

Parallel hierzu entwickelt sich ein Bereich kleiner und Kleinstbetriebe, in denen die Arbeitsorganisation weniger parzelliert ist und in denen die Technologie im allgemeinen in jenen Jahren weniger fortgeschritten war; deren Entwicklung war in dieser Zeitphase an die Voraussetzung niedriger Arbeitskosten und an die hoher Flexibilität der eingesetzten Arbeitskräfte gebunden: Es handelte sich um Arbeitskräfte, die in vielerlei Hinsicht weniger entqualifizierte Arbeiten als in den Großbetrieben zu verrichten hatten, deren Ausbildung sich aber auf "empirische" Art und Weise, on-the-job durchsetzte, so wie entsprechend die Arbeits- und Produktionsorganisation stark empirisch-naturwüchsig war.

In den 70er Jahren setzen sich technisch-organisatorische Innovationsprozesse durch, die diese Situation verändern:

- In den Großbetrieben setzt eine neue technologische Innovationswelle ein, die hauptsächlich in der Anwendung von Computern in den Produktionsprozessen besteht, die nocheinmal traditionelle Qualifikationstypen zerstören, die aber auf der anderen Seite einen Bedarf an neuen Qualifikationsformen produzieren;

- von weit geringerer Bedeutung, aber immerhin präsent, sind auf gewerkschaftlichen Druck zustandekommende Veränderungen "qualifizierender" Formen von Arbeitsorganisation;

- es gibt eine, unter quantitativem und qualitativem Aspekt starke Entwicklung der Kleinbetriebe: Auf der einen Seite als Effekt der Produktionsdezentralisierung seitens der Großbetriebe, auf der anderen Seite in Form autonomer, am Markt orientierter, unternehmerischer Initiativen. Bei dieser Entwicklung handelt es sich sowohl um die Auslagerung von parzellierten und entqualifizierten Arbeitsformen, aber auch um die Entstehung hochqualifizierter Arbeitsformen (z.B. im Werkzeugmaschinenbau).

Als Effekt dieser Umstrukturierung verändern sich die Charakteristiken der Arbeitskräftenachfrage sowohl seitens der Großbetriebe (abnehmendes Gewicht alter Qualifikationstypen, entstehen von neuen) wie von seiten der Kleinbetriebe (verstärkte Nachfrage nach Arbeitskräften mit einer systematisch-komplexen, im Gegensatz zu einer nur empirisch-naturwüchsigen Qualifikation).

## 6. Ersatzleistungen für die Mängel des Bildungssystems und ihre Krise

Ausgehend von diesen Daten ist nach dem Verhältnis zwischen Arbeitskräftenachfrage und -angebot, insbesondere für die qualifizierte Arbeitskraft zu fragen, sowie nach den Auswirkungen, die von der zunehmenden Disfunktionalität des beruflichen Bildungssystems auf dieses Verhältnis ausgehen.
Über eine längere Zeitphase hinweg bewirkten die Mängel beruflicher Bildung keine unmittelbaren und keine unüberwindbaren Qualifikationsengpässe. (Dabei wird die Folgewirkung des starken Lohnanstieges für qualifizierte Arbeitskräfte außer Acht gelassen.)
Die geschilderten Eigenarten der italienischen Industrie in den 50er und in den 60er Jahren reduzierten den Bedarf an qualifizierter Arbeitskraft in einem beträchtlichen Ausmaß. Es bleibt allerdings, mit Bezug auf diese Jahre, ein Problem offen: Wie wird bei einer Arbeitskraft mit vorwiegend außer- oder vorindustrieller Herkunft zumindest die erste Stufe eines "industriellen Sozialisierungsprozesses" sowie eine minimale Basisqualifizierung durchgesetzt, auf denen dann weitere Ausbildungsprozesse "on-the-job" aufbauen können? Eine naheliegende Hypothese, die durch weitere empirische Untersuchungen zu überprüfen wäre, besteht darin, daß diese Ausbildungsfunktionen ersatzweise zumindest zum Teil von dem ausgedehnten Bereich der Kleinbetriebe ersatzweise wahrgenommen wurde. Die Mittel- und Großindustrie, die für die breite Masse der dequalifizierten Arbeitskräfte keinen besonderen Bedarf an beruflicher Erstausbildung hatte, bediente sich, was die qualifizierte Arbeitskraft betraf, weitgehend aus dem "Reservebehälter" der Kleinindustrie: Sei es aufgrund einer

erfolgreichen Abwerbung bereits qualifizierter Arbeitskräfte dank besserer Lohnbedingungen und größerer Arbeitsplatzsicherheit, sei es indem unqualifizierte Arbeitskräfte rekrutiert wurden, die allerdings bereits eine erste industrielle Basis-("Jedermanns") qualifikation erhalten hatten; beide Typen von Arbeitskräften wurden dann weiteren, flexiblen Formen von Ausbildung on-the-job unterzogen.

Dieses "Surrogatsystem" gegenüber den Mängeln der schulischen Ausbildung geriet in den letzten Jahren aus mehreren Gründen zunehmend in Krise:

- o In der Großindustrie bewirkt die wachsende Anwendung von Technologien der Datenverarbeitung einen Qualifikationsbedarf, der nicht ausschließlich "on-the-job" befriedigt werden kann;

- o aus Gründen der egalitären Linie der gewerkschaftlichen Politik haben sich die Beziehungen zwischen den Großbetrieben und der Kleinindustrie bei der Gratifikation der qualifizierten Arbeitskräfte umgekehrt: Letztere werden heute in der Großindustrie, wo eine starke gewerkschaftliche Kontrolle existiert, relativ schlechter bezahlt.

- o Die Entwicklung der Kleinindustrie, die sich durch eine vergleichsweise hochtechnisierte Produktion charakterisiert, hat den Bedarf an qualifizierter Arbeitskraft für diese Industrie vergrößert.

Bis hierher haben wir die Diskussion im wesentlichen auf das Problem der Ausbildung der qualifizierten Arbeitskräfte beschränkt. Parallele Überlegungen hierzu könnte man für die Angestellten und die Techniker anstellen.
Der Prozeß, Rationalisierung - Parzellierung - Dequalifizierung, wie er für die Arbeitskräfte in der unmittelbaren Produktion zu beobachten war, hat und greift zunehmend auch, in spezifischen Formen, auf den Angestelltenbereich über, zerstört traditionelle Berufsbilder; auch hier entsteht ein Qualifikationsbedarf neuen Typs, der insbesondere an den Einsatz von Computern gebunden ist, demgegenüber das schulische Ausbildungssystem weitgehend inadäquat ist.

## 7. Der Arbeitsmarktaspekt

Die bisher erwähnten Zusammenhänge zwischen Produktion, Qualifikation und Ausbildung lassen die für Italien typischen Segmentationsformen des Arbeitsmarktes gegenüber üblichen Erklärungen zumindest ergänzend begreifbar machen: Die schroffe Zergliederung des Arbeitsmarktes in Italien, nämlich in :

- den "stabilen Arbeitsmarkt" in den industriellen Ballungszentren Norditaliens,

- den "prekär-marginalen" Arbeitsmarkt mit Teilzeitarbeit, Mehrfachbeschäftigung etc. und

- den"intellektuellen Arbeitsmarkt",dessen Angebot manuelle Arbeitstätigkeit verweigert und auf den schulisch-universitären Parkplätzen verharrt,

erscheint auf dem Hintergrund der hier formulierten Überlegungen als der kombinierte Effekt von drei Faktoren:

- In der Perspektive dieses Referats sind die Auswirkungen des Schulbildungssystems, d.h.,dessen totale Abkoppelung vom Produktionssystem, was zweifellos die Überwindung von Arbeitsmarktbarrieren erschwert, besonders zu betonen. Hinzu kommen:

- vorherrschende Formen von Technologie, die sich zur Dezentralisierung des Produktionsapparates eignen und

- der gewerkschaftliche Druck auf Kontrolle von Bewertung und Nutzung von Arbeitskraft, so insbesondere die Blockierung deren Mobilität, dem sich die Betriebe durch Ausweichen auf marginale Arbeitsmärkte zu entziehen versuchen.

Segmentation des Arbeitsmarktes und nicht vorhandene berufliche Erstausbildung stehen ihrerseits in enger Wechselwirkung mit einer in Italien besonders ausgeprägten Erscheinung: Die betriebliche Internalisierung des Arbeitsmarktes ist intensiver als in anderen Ländern, wobei diese Internalisierung selber sich aber nur widersprüchlich durchsetzt, weil deren starke gewerkschaftliche Kontrolle für die Betriebe ein "äußeres", wenig manipulierbares Datum darstellt.

## 8. Besondere Bedeutung der gewerkschaftlichen Aktion in Italien

Das explizit erklärte Ziel der "neuen" gewerkschaftlichen Politik bestand seit 1968 in der Realisierung neuer Formen von Arbeitsorganisation im Betrieb, die einen realen, kollektiven Qualifizierungsprozeß der Arbeiterschaft erlauben bzw. notwendig machen sollten. Die Ergebnisse sind faktisch sehr begrenzt [1]. Gewerkschaftlich durchgesetzte Qualifizierungsinstrumente - wie etwa das Recht auf "150 Stunden beruflicher Bildung" für Arbeitskräfte degenerieren faktisch zum Schulbildungsersatz.
Zwar sind unbestreitbar Ergebnisse der Politik des "Egalitarismus", wie erwähnt, erreicht worden: Abbau der Einstufungsebenen, Nivellierung der Lohndifferenzen. Allerdings reproduziert die Verzerrung zwischen den nichtzustandekommenden realen Qualifizierungsprozessen und dem Abbau von Ungleichheiten in der Einstufungsskala neue Verzerrungen und Ungleichgewichte zwischen Qualifikation, Bewertung und Einstufung der Arbeitskräfte, was wiederum neue Hindernisse für das Ingangkommen von oder der Teilnahme an neuen Qualifizierungsprozessen bewirkt. In Italien existiert heute keine gemeinsame Grundlage über den Wert beruflicher Qualifizierung zwischen den Interessensparteien, weder unter dem Aspekt betrieblicher Erfordernisse, noch unter dem der Reproduktion von Arbeitskraft. Folgewirkung ist die nach wie vor existierende Bedeutung gewerkschaftlicher Politik, die wie immer auch indirekt auf den beruflichen Bildungsprozeß sich auswirkt.

1) Vgl. hierzu ausführlich: G. Bechtle, Stefan Heiner, die Schwierigkeiten einer Klassenpolitik. Der Fall der italienischen Gewerkschaften 1968 bis 1978, in: Beiträge zur Soziologie der Gewerkschaften, herausgegeben von Joachim Bergmann, Frankfurt, 1978.

Diese Inkongruenzen zwischen der realen Qualifikationsstruktur im Produktionsprozeß und der daraus folgenden Arbeitskräftenachfrage, dem schulischen Ausbildungssystem und dem überwiegend gewerkschaftlich geprägten System der Einstufung und Entlohnung der Arbeitskräfte schlagen heute über in nicht irrelevante Phänomene der Verknappung qualifizierter Arbeitskraft auf unterschiedlichen Ebenen, woran auch die Tatsachen hoher Arbeitslosigkeit und geringen ökonomischen Wachstums nichts ändern.

## 9. Schlußfolgerungen und methodische Überlegungen

Die genannten Brüche zwischen Ausbildung, Qualifikation und Produktion lassen bereits heute einige Veränderungstendenzen erkennen:

- eine Tendenz in Richtung einer höheren Sekektivität der schulischen Bildung;

- eine Wiederbelebung der Aufmerksamkeit gegenüber Problemen der beruflichen Bildung, was anfängt bei neuen institutionellen Rahmenbedingungen, wodurch den einzelnen Ländern die entscheidenden Ausbildungskompetenzen zugewiesen werden;

- eine sich verändernde gewerkschaftliche Politik, angefangen bei einer selbstkritischen Reflektion gegenüber der bisher vorherrschenden "egalitaristischen Linie" bis zu einer gewachsenen Aufmerksamkeit gegenüber neuen Formen der Berufsausbildung, wozu die Gewerkschaft, insbesondere im Zusammenhang mit Problemen der Requalifizierung von Arbeitskraft, gedrängt wird, die mit den "Mobilitätsprogrammen" für Arbeitskräfte verbunden sind, die von in Krise befindlichen Betrieben freigesetzt werden.

Zum Schluß ein Hinweis auf notwendige neue Forschungen und eine methodische Überlegung, wie sie sich aus der bisher durchgeführten einschlägigen Forschungsarbeit ergeben.

Zum einen: Das Verhältnis zwischen Kleinbetrieb und Großbetrieb mit den dazugehörigen Arbeitsmärkten erscheint als ein entscheidendes Untersuchungsfeld, sowohl retrospektiv, um die Ausbildungsfunktion des Kleinbetriebs zu überprüfen, wie auch in der aktuellen Situation, um die unterschiedliche Form zu überprüfen, in der sich das Problem der Ausbildung qualifizierter Arbeitskraft für die unterschiedlichen Industrien und Arbeitsmärkte darstellt.

Zum anderen: In der jüngsten Vergangenheit überwog die Tendenz, das Problem des Arbeitskräfteangebots unterzubewerten, mit der Unterstellung, daß alles von der Organisation der Produktion und vom Typ der dadurch bestimmten Arbeitskräftenachfrage abhänge. Dem entsprach in Italien eine Situation, in der die Nachfrage nach einer immer geringer qualifizierten Arbeitskraft überwog und wo andererseits ein großes Reservoir an Arbeitskraft verfügbar war.

Heute lassen die aus Gründen der Segmentation der Arbeitsmärkte und aus Gründen der sich kumulierenden Mängel des Ausbildungssystems feststellbaren Engpässe einen anderen analytischen Ansatz als korrekter erscheinen, in dem charakteristische Merkmale des Produktionssystems und charakteristische Merkmale des Arbeitskräfteangebots als sich wechselseitig beeinflussende Bedingungen gesehen werden, wenn auch mit verschiedenen und ungleichen Gewichten.

Die Beispiele von Kleinbetrieben, vielleicht nicht zahlreich, aber real, die die Produktion stillegen oder verändern aus Gründen der Schwierigkeit, qualifizierte Arbeitskraft zu rekrutieren, können beweisen, wie Charakteristiken des Arbeitskräfteangebots das Produktionssystem beeinflussen können. Aus dieser Überlegung kann in Italien ein neuer Anlauf einsetzen, um das Gewicht und die Folgewirkungen des Ausbildungssystems stärker zu beachten.

U. Beck, K.M. Bolte, M. Brater

## Bildungsexpansion in der Sackgasse?

## Bildungspolitische Konsequenzen aktueller Theorieansätze zum Verhältnis von Bildung und Beschäftigung

### - Zur Einleitung der Podiumsdiskussion -

## 1. Vorbemerkung

In der bildungspolitischen Diskussion der letzten Jahre drückt sich eine gewisse Ratlosigkeit aus: Einerseits ist der Schwung der Bildungsexpansion der 60er Jahre einer breiten "Bildungslethargie" gewichen. Man diskutiert die Gründe für das sogenannte "Scheitern" der Bildungsreform,und die Drohworte von der "Überqualifikation", vom "akademischen Proletariat", vom "Verdrängungswettbewerb" machen die Runde. Auf der anderen Seite ist ein wissenschaftliches Fundament des Bildungsaufbruchs der 60er Jahre - die bildungsökonomisch orientierte Bedarfsforschung - einer intensiven methodisch-theoretischen Kritik unterzogen worden und hat auch für eine breitere Fachöffentlichkeit stark an legitimatorischer Kraft eingebüßt. Dies wohl nicht zuletzt deswegen, weil dieser Ansatz oder dieses Verfahren - unreflektiert zur Leitlinie von Bildungsplanung und Bildungspolitik gemacht - mit einer gewissen Zwangsläufigkeit zu einer "Stop-and-Go-Politik" im Bildungsbereich führt: Hat man noch bis vor kurzer Zeit in sehr vielen Berufssparten für Hochqualifizierte ein Überangebot an Absolventen entsprechender Bildungsabschlüsse vorhergesagt und damit eine Drosselung der Bildungszugänge gerechtfertigt, so zeigen neueste Berechnungen und Prognosen einen rapiden Schwund an Bildungswilligkeit an. In einigen Ausbildungsbereichen wirkt die "Abschreckungspolitik" schon so nachhaltig, daß bereits jetzt die keineswegs großzügig berechneten Kapazitäten bis zu 30% unausgelastet bleiben.

In dieser Situation stellt sich zunehmend die Frage, wie die mit der Bildungsexpansion aufgetretenen Abstimmungsprobleme wissenschaftsimmanent verarbeitet und welche bildungspolitisch relevanten Konsequenzen daraus gezogen wurden. D.h. es stellt sich die Frage nach dem Beitrag, den die Qualifikations-, Arbeitsmarkt- und Berufsforschung zur Klärung der Situation und zur Bewältigung der anstehenden Probleme zu leisten in der Lage ist.

Sozialwissenschaftliche Forschung und Theoriebildung sind stets - ob die Forscher dies sich immer eingestehen oder nicht - in erheblichem Maße politisch relevant.Ob diese objektive politische Bedeutung ihrer Arbeit von den Wissenschaftlern als ärgerliches

Hindernis oder als begrüßenswerter Praxisbezug empfunden wird - sie übt in jedem Fall auch direkt oder indirekt einen mehr oder weniger großen Einfluß auf diese Arbeit aus. Dennoch wird diese politische Bdeutung von Forschungsansätzen in der rein wissenschaftlichen Diskussion häufig entweder gar nicht thematisiert oder eher implizit abgehandelt. Demgegenüber scheint es sinnvoll zu sein, gerade in einem so aktuellen Themenbereich wie dem von Bildung und Beschäftigung diese politische Dimension soziologischer Forschung ausdrücklich herauszuarbeiten und darzustellen, was um so näher liegt, als die meisten derjenigen Forschungsansätze, die das Verhältnis von Bildungs- und Beschäftigungssystem untersuchen, von ihren Autoren selbst mit expliziten bildungs- oder beschäftigungspolitischen Optionen und Strategien verknüpft wurden. Im allgemeinen scheint man hier also den Weg zu wählen, lieber selbst als Forscher bestimmte politische Forderungen oder Vorschläge zu formulieren, bevor andere Interessenten die eigenen Ergebnisse in vom Urheber nicht mehr kontrollierbarer Weise strategisch ausdeuten und benutzen.

Dieser Weg der Äußerung politischer Optionen durch die Forscher selbst birgt freilich eine Fülle von Problemen (die nicht zuletzt auch in der Vorbereitung dieses Papiers eine Rolle gespielt haben 1)). Zum einen ist wohl unbestritten, daß sich solche politischen Empfehlungen niemals bruchlos und "logisch" eindeutig aus empirischen oder theoretischen Forschungsergebnissen ableiten lassen. Zugleich aber ist ebenso unbestritten, daß zwischen beiden auch nicht einfach überhaupt kein Zusammenhang besteht, daß also die politischen Optionen nicht schlechterdings willkürlich formuliert werden. Daraus ziehen verschiedene Forschergruppen z.T. unterschiedliche Schlüsse hinsichtlich der Stringenz, mit der politische Vorschläge aus wissenschaftlichen Untersuchungen hervorgehen können oder müssen.

Damit hängt die weitere Schwierigkeit zusammen, daß die Ansätze selbst nicht ausdrücklich oder primär auf politische Strategien hin gedacht sind, sondern allesamt als Untersuchungsinstrumente zur Erforschung eines bestimmten Realitätsausschnitts konzipiert

---

1) Dieser Aufsatz ist das Ergebnis eines mehrstufigen Diskussionsprozesses: Zunächst hatten im Januar 1979 Beck/Bolte/Brater zur Vorbereitung der Podiumsdiskussion ein Papier vorgelegt, das die auch hier dargestellten Ansätze in ihren bildungspolitischen Implikationen und Optionen zueinander ins Verhältnis setzt. Zu diesem Papier sind von den verschiedenen Autoren bzw. Autorengruppen Ergänzungen und Kritiken eingegangen, die sich vor allem auf die Darstellung des jeweils eigenen Ansatzes bezogen. Mit Hilfe dieser Ergänzungspapiere und zwischenzeitlich geführter Gespräche ist das ursprüngliche Papier dann zu der Fassung überarbeitet worden, die wir hiermit vorlegen. Wir hoffen, daß auf diese Weise dem Selbstbild der Autorengruppen Rechnung getragen wird, ohne das Bild einer falschen Harmonie zu erzeugen.

wurden. Dies bedeutet, daß die gewählten oder empfohlenen politischen Strategien nicht ausdrücklich Gegenstand der wissenschaftlichen Analysen waren, daß sie selbst also weder als "gesicherte Erkenntnisse" ausgegeben noch mit dem Anspruch wissenschaftlicher Autorität für wahr gehalten werden können. Indem die politischen Optionen neben den theoretischen Ansätzen und Untersuchungsergebnissen auch aus den persönlichen und institutionellen Bedingungen der Forscher, aus ihren politischen Grundeinstellungen und Vorerfahrungen hervorgehen, dürfen sie nicht mit "wissenschaftlicher Politikberatung" verwechselt werden. Es geht daher im folgenden nicht um die Frage, welche der dargestellten Ansätze und vorgeschlagenen Strategien nun letztlich "richtig", "realisierbar" oder besonders geeignet sind, die aktuellen bildungspolitischen Probleme zu lösen oder neue bildungspolitische Zielvorstellungen wissenschaftlich zu fundieren. Es kann dabei vielmehr lediglich um einen ersten Versuch gehen, sich in Form einer Selbstreflexion die politischen Konsequenzen von Forschungen und Theorieansätzen im Bereich von Bildung und Arbeitsmarkt bewußt zu machen und in einigen Punkten einer wissenschaftlichen Diskussion zu unterziehen.

Dies soll so geschehen, daß im folgenden die ausgewählten Ansätze im Hinblick auf zwei Fragen in kurzen Skizzen nebeneinandergestellt werden:

1. Worin werden jeweils die Probleme im Verhältnis von Bildung und Beschäftigung und worin ihre Ursachen gesehen, und

2. welche zentralen Ansatzpunkte für bildungspolitisches Handeln sind explizit oder implizit in der Konzeption enthalten?

In einem dritten Schritt sollen kritische Fragen an die jeweiligen politischen Empfehlungen formuliert werden, wobei selbstverständlich kein Anspruch auf Vollständigkeit erhoben werden kann, sondern Diskussionsanregungen vermittelt werden sollen. Im Anhang dieses Aufsatzes wurde den Autoren der jeweiligen Ansätze selbst Gelegenheit gegeben, sich zu unserer Darstellung kritisch zu äußern.

Zu beachten bleibt, daß ein kurzer Überblick wie der hier versuchte Differenziertes notgedrungen vergröbernd darstellt. Ferner sollte man auch daran denken, daß sich die hier vorgestellten Konzepte in einem ganz unterschiedlichen "Reifestadium" befinden; sie sind mehr oder weniger intensiv wissenschaftlich diskutiert worden, sind in ganz unterschiedlichem Maße bereits empirisch abgesichert, in die politische Diskussion eingeflossen und in politische Planungen und Steuerungen umgesetzt worden.2)

## 2. Der Flexibilitätsansatz (IAB, Nürnberg) 3)

### a. Problemdefinition

Der Grundgedanke des Flexibilitätsansatzes ergibt sich aus folgender Beobachtung: War man bei der Ermittlung von Bedarfsprognosen von einer klaren limitationalen Zuordnung von Bildungsabschlüssen und Arbeitsplätzen ausgegangen, so konnte u.a. im Rahmen von Berufsverlaufsanalysen gezeigt werden, daß Personen, die eine bestimmte berufliche Ausbildung durchlaufen haben, keineswegs auch immer die entsprechende Tätigkeit ergreifen, sondern häufig im Laufe ihres Berufslebenslaufes in ganz verschiedenartige Tätigkeitsfelder abwandern oder überwechseln. Dieser Sachverhalt wurde mit dem Begriff der "beruflichen Flexibilität" zu fassen versucht. Theoretisch kennzeichnet man damit die Eigenschaft der institutionell vermittelten Qualifikationsprofile, an sehr vielen, zum Teil recht verschiedenartigen Arbeitsplätzen einsetzbar zu sein sowie die komplementäre Eigenschaft von Arbeitsplätzen, von verschiedenen Bildungsabschlüssen her zugänglich zu sein.

---

2) Vgl. auch Kudera, S., Theoretische Ansätze zum Verhältnis von Bildungs- und Beschäftigungssystem, in Forschungs- und Sitzungsberichte der Akademie für Raumforschung und Landesplanung, Hannover 1978.

3) Siehe dazu vor allem Mertens, D., Empirische Grundlagen für die Analyse der beruflichen Flexibilität, in: MittAB 5/1968; ders., Der unscharfe Arbeitsmarkt. Eine Zwischenbilanz der Flexibilitätsforschung, MittAB, Heft 4/1973; ders., Schlüsselqualifikationen. Thesen zur Schulung für eine moderne Gesellschaft, in: MittAB, Heft 1/1974; Mertens, D./Kaiser, M.(Hrsg.), Berufliche Flexibilität in der Diskussion, in: BeitrAB, Sonderhefte 30 (1-3); Kaiser, M., Zur Flexibilität von Hochschulausbildungen, Ein Überblick über den Stand der empirischen Substitutionsforschung, in MittAB, Heft 3/1975; Hofbauer, H./ Kraft, H./Thiem, H., Über Ausbildungskombinationen und den Zusammenhang zwischen Ausbildung und Beruf bei männlichen Erwerbstätigen, in: MittAB 3/1970; Mertens, D., Retrospektive und prospektive Beschäftigungsorientierung in der Bildungsplanung, in: Bedarfsprognostische Forschung in der Diskussion, Frankfurt 1976, S. 237ff; Kaiser, M., Die Konzeption der beruflichen Flexibilität in Theorie, Empirie und Politik unter Beachtung ausgewählter Arbeitsmarktaspekte, Diss. TU Berlin 1979.

Die Abstimmungsprobleme, die zwischen Bildungs- und Beschäftigungssystem im Zuge der Bildungsexpansion aufgetreten sind, werden im Flexibilitätsansatz nicht - wie in den bildungsökonomischen Bedarfsansätzen - als Probleme einer unzureichend feinkörnigen Zuordnung von Bildungsabschlüssen und Tätigkeiten gesehen. Die Problematik wird vielmehr darin gesehen, daß die den bestehenden Qualifikationsprofilen und Arbeitsplätzen innewohnenden Flexibilitäts- und Substitutionsmöglichkeiten nicht hinreichend gekannt, geschweige denn genutzt werden. Die objektive Polyvalenz der Ausbildungen bzw. Qualifikationsprofile wurde bisher - nach Auffassung dieses Ansatzes - vor allem deshalb nicht richtig sichtbar, weil die verfügbaren Nomenklaturen und Meßkategorien eine "limitationale", d.h. eindeutige 1:1-Zuordnung von Ausbildungsabschlüssen und Tätigkeiten suggerieren. Dies hat zur Folge, so heißt es, daß die Arbeitenden ebenso wie die Beschäftiger sich gewöhnlich über die faktischen Beschäftigungsmöglichkeiten, die sich aufgrund bestimmter Qualifikationsprofile ergeben, nicht klar sind und deshalb viel zu früh und oft unnötigen Umsetzungs- oder Umschulungsaufwand treiben. Dies hat aber auch zur Folge, daß die Bedarfsprognosen und die sich auf sie berufende Bildungsplanung von falschen Modellannahmen ausgehen.

Die Flexibilitätsforschung hat aber nicht nur faktische Substitutionsmöglichkeiten bzw. Polyvalenzen aufgedeckt (und gezeigt, daß sie zuwenig genutzt werden), sondern dabei auch herausgefunden, daß die Ausbildungen strukturell sehr unterschiedliche Flexibilitätsspielräume aufweisen, so daß es also mehr oder weniger polyvalente Bildungsinhalte und Ausbildungsabschlüsse gibt. Die Ursache für geringe Polyvalenz (die also strukturell zu Abstimmungsproblemen führen muß) wird u.a. darin gesehen, daß solche Ausbildungsgänge nur einen relativ geringen Anteil an "Schlüsselqualifikationen", d.h. inhaltlich relativ unspezifischen, universell verwendbaren Basisfähigkeiten wie technisches Verständnis, logische Operationen usw. aufweisen. Generell scheinen die Befunde der Flexibilitätsforschung darauf hinzudeuten, daß der Anteil an Schlüsselqualifikationen und damit die Flexibilität, die eine Ausbildung dem Arbeitenden verschafft, mit steigender Qualifikationshöhe zunimmt, woraus geschlossen werden kann, daß zumindest ein Teil der Abstimmungsprobleme am Arbeitsmarkt nicht auf eine angebliche "Überqualifikation", sondern vielmehr umgekehrt gerade darauf zurückzuführen ist, daß die Arbeitenden durchschnittlich zuwenig ausgebildet, also "unterqualifiziert" sind.

b. Ansatzpunkte für politisches Handeln

Konnten in der Arbeitskräftebedarfsforschung auftretende Ungleichgewichte am Arbeitsmarkt zu einem guten Teil gleichsam zirkulär auf Mängel und Fehler in der bedarfsprognostischen Forschung selbst zurückgeführt werden (und insofern immer in einen erneuten Aufschwung dieser Forschungen und Planungen umgemünzt werden), so tritt mit dem Flexibilitätsansatz die Aufdeckung und Förderung von realen Substitutionsmöglichkeiten im Übergang vom Bildungs- in das Beschäftigungssystem und die Herstellung einer entsprechenden Mobilität der "Qualifikationsträger" ins Zentrum bildungspolitisch relevanter Bedingungen. Indem man nämlich die Arbeitenden so qualifiziert, daß sie sich aus eigener Kraft und ohne weitere öffentliche Lenkung an technische und wirtschaftliche Wandlungsprozesse anpassen und solche Strukturveränderungen mitvollziehen können, erspart man sich das bildungsökonomische Dilemma, Ausbildungsprozesse ständig an technisch-ökonomische Entwicklung anpassen zu sollen, die weder antizipierbar noch (unter privatwirtschaftlichen Bedingungen) staatlich steuerbar sind.

Die bildungspolitische Strategie, die mit diesem Ansatz verbunden ist, zielt damit in erster Linie gar nicht so sehr auf strukturelle Veränderungen, sondern auf die Aufdeckung und Nutzung vorhandener Substitutionsspielräume im Verhältnis von Bildung und Beschäftigung. Im Zusammenhang der Flexibilitätsforschung werden dann auch drei Punkte genannt, an denen politische Maßnahmen ansetzen sollen:

1. der mangelhafte Informationsstand der Arbeitsmarktparteien, der Arbeitsverwaltung und der Bildungspolitik über faktisch vorhandene, aber ungenutzte Substitutionalitäten und Polyvalenzen; hierzu ist zunächst systematische empirische Forschung und Aufklärung erforderlich;

2. die Verbesserung der Bedarfsprognostik durch Entwicklung von Klassifikationskategorien, die die faktischen Flexibilitätspotentiale von Ausbildungen und Tätigkeiten erfassen;

3. die Verankerung von mehr Flexibilität in den einzelnen Ausbildungen selbst durch curriculare u.ä. Maßnahmen, z.B. durch Einbau von mehr "Schlüsselqualifikationen"; diese strategische Eingriffsmöglichkeit zur Überwindung der Abstimmungsprobleme wird jedoch von den Vertretern der Flexibilitätsforschung vorerst noch sehr vorsichtig formuliert.

Generell wird eine Zurückentwicklung der Bildungsexpansion eher abgelehnt, weil eben Geringerqualifizierung die Flexibilitätspotentiale und damit die Möglichkeiten eines selbstregulierenden Ausgleichs der Abstimmungsprobleme am Arbeitsmarkt eher verringert als erhöht.

c. Politisch-strategische Fragen an den Ansatz

o Werden die vorhandenen Flexibilitätspotentiale nicht allzu optimistisch überschätzt und damit die Bildungs- und Beschäftigungspolitiker vorschnell von einem notwendigen Druck zu weiterführendem politischem Handeln befreit?

o Werden die psycho-sozialen Probleme, aber auch die Funktionsstörungen des Arbeitsmarktes nicht unterschätzt, die mit einer Veröffentlichung oder sogar strukturellen Erhöhung von Flexibilitätspotentialen und damit eintretenden Identifikations- und Orientierungsschwierigkeiten auftreten?

o Werden generell nicht die Dominanz, strukturelle Verankerung und vor allem die Funktionalität der "Inflexibilitäten", also der Abschottung der Qualifikationsprofile gegeneinander, zu sehr aus dem Ansatz ausgeblendet, womit er unrealistisch und politisch fragwürdig würde?

o Wird mit der gleichen Intensität, wie nach Polyvalenzen der Ausbildungsprofile auch nach Substitutionsmöglichkeiten auf seiten der Arbeitsplätze in den Betrieben geforscht? Gibt es ein Äquivalent zu den "Schlüsselqualifikationen" in der betrieblichen Arbeitsteilungsstruktur?

- Leistet der Ansatz nicht der Gefahr Vorschub, daß die bestehenden Arbeitsmarktprobleme in dem Sinne "individualisiert" werden, daß die Wurzel allen Übels in der Bequemlichkeit, Faulheit oder Unbeweglichkeit vor allem der Arbeitenden selbst gesehen wird (eine Deutung, die vom Flexibilitätsansatz selbst nicht vertreten, aber auch nicht ausgeschlossen wird)? Droht er nicht, öffentliche Bildungspolitik durch individuelle Mobilität ersetzen zu wollen?

- Wird dieser Ansatz damit nicht erst dann sinnvoll und vertretbar, wenn er durch andere, die strukturellen Probleme stärker betonende Sichtweisen ergänzt wird?

## 3. Statusdistributiver Ansatz (MPI, Berlin)[4]

### a. Problemdefinition

Stehen im Flexibilitätsansatz die inhaltlichen Qualifikationsprobleme im Zentrum, so betont der "statusdistributive Ansatz" eine ganz andere Seite von Bildungs- und Qualifizierungsprozessen:

Die aktuellen Probleme der Abstimmung zwischen Bildungs- und Beschäftigungssystem resultieren diesem Ansatz zufolge nämlich daraus, daß das gegenüber dem Beschäftigungssystem relativ auto-

---

4) Siehe dazu vor allem Armbruster, W., Bodenhöfer, H.-J., Hartung, D., Nuthmann, R., und Winterhager, W.D.: Expansion und Innovation, Berlin 1971 (vervielfältigtes Manuskript); Teichler, U.: "Struktur des Hochschulwesens und 'Bedarf' an sozialer Ungleichheit". In: MittAB 3/1974; Hartung, D., und Nuthmann, R.: Status- und Rekrutierungsprobleme als Folgen der Expansion des Bildungssystems. Berlin 1975 (Studien und Berichte, Bd. 32); Teichler, U., Hartung, D., und Nuthmann, R.: Hochschulexpansion und Bedarf der Gesellschaft. Stuttgart 1976; Hartung, D., Nuthmann, R., und Teichler, U.: Qualifikation und Beruf. Berlin 1978 (vervielfältigtes Manuskript).

nome Bildungssystem neben seiner ökonomischen (Qualifikations-) Funktion auch noch ganz andere Funktionen erfüllen muß, insbesondere die der Sozialisation, der Statuszuweisung und der Legitimation sozialer Ungleichheit. Deshalb kann sich das Bildungssystem, so wird hier herausgearbeitet, grundsätzlich nicht einfach am Bedarf des Beschäftigungssystems orientieren. Zugleich liegt daher im Übergang vom Bildungs- ins Beschäftigungssystem auch ein latenter Strukturkonflikt, indem die Absorption der ohne direkten Bezug auf Beschäftigungsmöglichkeiten ausgebildeten Absolventen unter den genannten Bedingungen immer ein prinzipielles Problem in unserer Gesellschaft darstellt. Bildungsexpansion schafft hier also eigentlich keine neuen Probleme, verschärft aber den Absorptionsdruck aufs Beschäftigungssystem im Bereich der Hochqualifizierten. Die aktuellen Abstimmungsprobleme zwischen Bildung und Beschäftigung sind daher in diesem Ansatz als Absorptionsprobleme zu betrachten.

Die heutige Verschärfung der Absorptionsprobleme beruht nun nach Meinung der Autoren nicht darauf, daß die zusätzlich ausgebildeten Hochqualifizierten von ihren Qualifikationsinhalten her im Beschäftigungssystem nicht gebraucht werden könnten; sowohl qualifikationstheoretische Überlegungen wie auch empirische Daten (etwa aus internationalen Vergleichen) sprechen gegen die Möglichkeit einer solchen "Überqualifikation" und verweisen darauf, daß eigentlich ohne weiteres eine sehr viel größere Zahl von Hochqualifizierten einzusetzen sein müßte. Die entscheidende Ursache dafür, daß es nicht zu der technisch-ökonomisch möglichen oder sogar sinnvollen Absorption kommt, wird vielmehr wiederum in der genannten Multifunktionalität des Bildungssystems, genauer: in seiner Statusdistributionsfunktion gesehen. Die wachsende Zahl von Hochqualifizierten bringt nämlich die vorhandene Statushierarchie ins Wanken, indem sie nicht nur zu einer Vermehrung akademischen Wissens führt, das brauchbar und nötig wäre, sondern auch eine Vermehrung der Ansprüche auf bestimmte hohe, traditionell einer kleinen Elite vorbehaltene und von ihr eifersüchtig gehütete Statusränge nach sich zieht.

Angesichts der gesellschaftlichen und betrieblichen Macht- und

Statushierarchie gibt es aber zur Befriedigung solcher vermehrten, durchaus ausbildungsadäquaten Ansprüche nicht genug hohe Positionen im Beschäftigungssystem. Deren Vermehrung scheitert nicht zuletzt auch am massierten Widerstand all derer, die an einer Stabilisierung und Beibehaltung der bestehenden Verhältnisse sozialer Ungleichheit interessiert sind. Damit führt Bildungsexpansion zu einer Reihe charakteristischer Folgeprobleme, wie verschärfter Statuskonkurrenz um knappe Plätze, Rekrutierungsprobleme der Betriebe, ausbildungsinadäquate Beschäftigung, Zugangsprobleme zum Beschäftigungssystem (Grauzonenbeschäftigung), verschärfter Selektionsdruck usw. Die Probleme der Abstimmung zwischen Bildung und Beschäftigung sind letztlich Probleme des gesellschaftlichen "Bedarfs" an sozialer Ungleichheit.

b. Ansatzpunkte für politisches Handeln

Da es sich beim Absorptionsproblem um ein Strukturproblem der relativen Autonomie des Bildungssystems handelt, kann es als solches nicht endgültig behoben, sondern bestenfalls geregelt bzw. entschärft werden. An eine Rücknahme der Bildungsexpansion kann aus politisch-legitimatorischen (Chancengleichheit) und personenbezogenen (mehr Bildung), aber auch aus wirtschaftlichen (mehr wissenschaftliches Wissen) Gründen nicht ernsthaft gedacht werden. Eine erste Eingriffsmöglichkeit zum Abbau der verschärften Absorptionsprobleme durch Bildungsexpansion ergibt sich bei der Gestaltung der Curricula, die stärker als bisher innovatorische Qualifikationen vermitteln und so die Absolventen wenigstens in gewissen Grenzen in die Lage versetzen könnten, sich ihrerseits einen Platz im Beschäftigungssystem neu zu schaffen.

Die Autoren sehen freilich selbst, daß damit keineswegs die statusdistributiven Absorptionsprobleme grundsätzlich abzubauen sind. Sie erkennen in den derzeit zu beobachtenden realen Entwicklungstendenzen der Penetration von Hochschulabsolventen ins Beschäftigungssystem - wie etwa verstärkte vertikale Differenzierung zwischen den Hochqualifizierten (z.B. durch Kurzstudiengänge) oder die Verlagerung der Statusselektion aufs Beschäftigungssystem - ausdrücklich Gefahren für die sozialpolitischen und emanzipatorischen Ziele der Bildungsexpansion, die es in ihrer Sicht zu vermeiden gilt. Ein Mittel dazu liegt für sie offenbar in dem Bemühen, das öffentliche Bewußtsein für den ideologischen Gehalt vieler Bedarfs- und Verdrängungsargumentationen in diesem Zusammenhang zu schärfen, in denen Status- und Herrschaftsinteressen hinter vorgeschobenen Qualifizierungsüberlegungen versteckt werden.

Die Autoren sehen derzeit keine realistische Möglichkeit, die statusdistributive Funktion von Bildung abzubauen. Sie schreiben damit mit einer gewissen Logik der Bildungspolitik ein doppeltes Ziel zu: Förderung der Bildungsexpansion bei gleichzeitiger Beibehaltung gesellschaftlicher Selektion durch Bildung. Die Autoren setzen dabei auf eine Forcierung der Bildungsexpansion in dem Sinne, daß die Hochschulen für möglichst viele Berufsgruppen geöffnet werden, weil sie hoffen, daß der langfristige "Niveau-Effekt" einer besseren Qualifizierung und Bildung für möglichst alle Berufsgruppen mit einer Erhöhung gesellschaftlicher Rationalität und damit langfristig auch mit einem Druck auf die Veränderung der Berufsstruktur, der Arbeitsteilung im Beschäftigungssystem und der Zumutbarkeit von Arbeitsbedingungen im Sinne eines Hierarchieabbaus verbunden ist.

c. Politisch-strategische Fragen an den Ansatz

- Werden hier nicht die Absorptionsschwierigkeiten, die sich aus der inhaltlichen Zusammensetzung der Qualifikationsprofile von Akademikern für die Beschäftiger ergeben, zu sehr unterschätzt? Wären akademische Qualifikationen im bei uns üblichen Zuschnitt wirklich nur rein inhaltlich gesehen ohne weiteres im Beschäftigungssystem verwendbar?

- Werden nicht einige problematische Folgen der Bildungsexpansion in ihrem Realitätsgehalt verkannt, wenn man sie nur als ideologische Verteidigung des status quo sozialer Ungleichheit abtut?

- Ist die Vorstellung, eine Öffnung der Hochschulen könnte längerfristig zum gesellschaftlichen Hierarchieabbau führen, nicht utopisch und unrealistisch und verlangt sie nicht von der gegenwärtigen Generation, sich als erste Welle sozialpolitischer Veränderungen "verheizen" zu lassen?

o Macht die Konzentration auf die Statusproblematik den Ansatz nicht eigentlich unpolitisch, weil damit eine politisch unzugängliche Variable thematisiert wird und im Grund genommen auf langfristige Umwälzungen gewartet werden muß, die man aktuell nur durch Aufklärung ideologiekritischer Art vorzubereiten versuchen kann? Bietet dieser Ansatz nicht auch (entgegen seinen Intentionen) sehr gute Argumente für die gesellschaftspolitische Unrealisierbarkeit der Bildungsexpansion, und liefert er nicht auch Begründungen dafür, zwar keine "bedarfsangemessene", aber eben "statusdistributionsverträgliche" Rücknahme der Reform zu versuchen? Ist die Hoffnung, dies sei mit den demokratischen, an Chancengleichheit orientierten Ordnungsgrundvorstellungen unserer Gesellschaft unvereinbar, wirklich tragfähig? "Beweist" der Ansatz damit nicht eigentlich - ganz im Gegensatz zu den Absichten der Autoren - die Unmöglichkeit einer aktiven, expansiven Bildungspolitik?

## 4. Industriesoziologischer Qualifikationsansatz (SOFI, Göttingen)[5)]

### a. Problemdefinition

In diesem Ansatz wird eine wesentliche restriktive Bedingung einer expansiven Bildungspolitik in der spezifischen Struktur des betrieblichen Bedarfs an hochqualifizierten Arbeitskräften gesehen.

---

5) Vgl. hierzu vor allem Baethge, M., u.a., Produktion und Qualifikation, Hannover 1975 und 1978; Baethge, M., Bildungsreform und gesellschaftliche Arbeitsplatzstruktur, in: Crusius u.a., Hrsg., Berufsausbildung- Reformpolitik in der Sackgasse? Reinbek 1975; Baethge, M., Die Integration von Berufsbildung und Allgemeinbildung als Forschungskonzept für die Berufsbildungsforschung, in: Roth/Friedrich, Hrsg., Bildungsforschung, Stuttgart 1975, (Gutachten und Studien der Bildungskommission des Deutschen Bildungsrates, Bd. 50).

Auf der Basis breiter empirischer Qualifikationsanalysen wird deutlich, daß die früheren optimistischen Annahmen, die technisch-ökonomische Entwicklung führe zu einem erhöhten Bedarf der Betriebe an Hochqualifizierten, in dieser umfassenden Form nicht haltbar ist. Selbst dort, wo im Vollzug des technischen Wandels in der Phase der hochmechanisierten wie auch der automatisierten Produktionstechnik qualifizierte Arbeitstätigkeiten entstehen, tendieren Betriebe dazu, durch technisch-organisatorische Maßnahmen das Qualifikationsniveau zu halten oder sogar abzubauen. Gerade dann, so glauben die Autoren dieses Ansatzes empirisch aufzeigen zu können, setzen in Betrieben nämlich Rationalisierungsprozesse auf der Ebene der Arbeitsorganisation ein, deren Folge in der (langfristigen) Begrenzung bzw. Zurücknahme der qualifikationssteigernden Tendenzen liegt. In dieser Hinsicht begründen derartige arbeitsorganisatorische Rationalisierungsmaßnahmen zwar eine erhebliche Elastizität der Betriebe gegenüber dem Bildungsangebot. Diese Elastizität wird aber im wesentlichen so genutzt, daß Veränderungen im Produktionsbereich vorgenommen werden können, <u>ohne</u> daß dazu parallele Veränderungen im Bildungsbereich erforderlich wären; und sie wird kaum dazu genutzt, höhere Qualifikationen im Beschäftigungssystem zu absorbieren und zu integrieren.

Dafür wird ein ganzes Bündel von Ursachen angegeben, die alle aus der spezifischen Interessenlage der Beschäftiger den Arbeitskräften gegenüber hervorgehen, so z.B. das Interesse an Austauschbarkeit der Arbeitenden, Kontrollinteressen und nicht zuletzt das Interesse an möglichst billigen Arbeitskräften. Deshalb werden die durch Technologie und Organisation gegebenen Elastizitäten von den Betrieben der Tendenz nach <u>einseitig im Sinne einer Vereinfachung der Arbeit und damit einer Dequalifizierung der Arbeitenden</u> genutzt. Damit wird in dieser Perspektive als zentrale restriktive Bedingung einer expansiven Bildungspolitik die Tendenz zur Dequalifizierung kapitalistisch organisierter Arbeit angesehen.

Wegen der aufgezeigten Elastizitäten im Verhältnis von Bildung und Beschäftigung wird es prinzipiell abgelehnt, aus Analysen der

Qualifikationsanforderungen und ihrer Entwicklung auf benötigte Absolventenzahlenund die Gestaltung der Curricula im Bildungssystem zu schließen. Dieser Ansatz erlaubt es also, möglichen Ursachen für die gegenwärtigen Abstimmungsprobleme zwischen Bildungs- und Beschäftigungssystem auf der Seite der betrieblichen Qualifikationsforderungen nachzugehen. Die Autoren selbst betonen jedoch, daß sie den Zusammenhang zwischen Bildung und Beschäftigung nicht systematisch untersucht haben, weshalb der eingeschränkte Bedarf der Betriebe an Hochqualifizierten nicht als Globalerklärung für die Schwierigkeiten der Bildungsexpansion genommen werden kann, sondern als Analyse eines - offenbar besonders problematischen und in bildungspolitischen Diskussionen wichtigen - Einzelaspektes dieser Schwierigkeiten.

b. Ansatzpunkte für politisches Handeln

Ein Abbau der Abstimmungsprobleme zwischen Bildung und Beschäftigung wäre folgerichtig nur dann zu erwarten, wenn die bestehenden Formen betrieblicher Arbeitsteilung und die rigiden beruflichen Rollenstrukturen aufgehoben und durch Arbeitsteilungsformen ersetzt werden können, die dem verbesserten Bildungsangebot besser entsprechen. Da die bestehenden Beschäftigungsstrukturen Ergebnis einer Beschäftigungspolitik der Betriebe sind, liegen solche Veränderungschancen - wenn überhaupt - in der Beeinflussung dieser Politik. Weil diese Politik aber in den grundlegenden Verhältnissen unseres Wirtschaftssystems verankert ist, kann eine solche Beeinflussung nur durch breite gesellschaftliche Auseinandersetzungen (z.B. getragen durch die Gewerkschaften) vorangetrieben werden. Im übrigen dürfte sich an der Situation nur im Zuge langfristiger gesellschaftlicher Umwälzungen etwas ändern lassen. Kurzfristig wird der Bildungspolitik jedoch empfohlen, dem Markt bewußt entgegenzuwirken und nicht auf die Absorption zu vertrauen. Die Bildungsreform soll von der quantitativen zur strukturellen Reform fortschreiten, durch die insbesondere das Niveau der Mindestausbildung heraufgesetzt und die Trennung von beruflicher und allgemeiner Bildung abgebaut werden soll. Diese Optionen werden bewußt nicht als Konsequenz aus den Qualifikationsanalysen betrachtet, sondern als davon unabhängige politische Stellungnahme, die zwar auf der Einsicht in die (dank der aufgezeigten Elastizitäten des Arbeitskräfteeinsatzes gegebene) relative Autonomie des Bildungssystems gegenüber dem Beschäftigungssystem beruht, ansonsten aber in der allgemeinen Diskussion verbreitete Elemente einer qualitativen Bildungsreform aufgreift.

c. Strategisch-politische Fragen an den Ansatz

- Gelten die Schlußfolgerungen eigentlich auch dann noch, wenn, wie in der gegenwärtigen Situation, Hochqualifizierte am Markt in großer Zahl zur Verfügung stehen und sich relativ billig verkaufen? Was sollte die Betriebe dann dazu veranlassen, mit ihrer Politik der Arbeitsvereinfachung fortzufahren? Läßt sich also aus dem Ansatz nicht auch eine solche Empfehlung (Vermehrung der Akademiker und Verbilligung) ableiten?

- Wird hier die Lösung der Probleme expansiver Bildungspolitik nicht allzu schnell unter gegebenen Bedingungen ausgeschlossen und, wenn überhaupt, von einer fernen Zukunft veränderter sozio-ökonomischer Verhältnisse erwartet? Liegt dann für die Bildungspolitik nicht doch der Schluß viel näher, dann lieber jetzt die Bildungsexpansion zu drosseln?

- Wo liegen im Beschäftigungssystem wenigstens Ansatzpunkte für eine zumindest partielle Höherqualifizierung, die sich politisch verstärken und eventuell ausbauen ließen, und welches sind die Bedingungen, unter denen die Betriebe zu solchen Maßnahmen bereit sind und die sich ebenfalls eventuell politisch beeinflussen lassen? Könnten solche Ansatzpunkte nicht durch ein differenzierteres Analyseinstrumentarium sichtbar gemacht werden?

- Werden hier nicht die Innovationsmöglichkeiten "unterbeschäftigter" Hochqualifizierter im Beschäftigungssystem allzusehr unterschätzt?

- Was soll nun aus den vermehrt ausgebildeten Hochqualifizierten, die sich nach Meinung der Autoren nicht verringern sollen, werden, wenn es keine Möglichkeiten für sie gibt, auf angemessene Beschäftigungsmöglichkeiten zu hoffen?

## 5. Betriebsstrategischer Ansatz (ISF, München)[6]

### a. Problemdefinition

In diesem Ansatz stehen ebenfalls die betrieblichen Bedingungen des Einsatzes und der Verwertung von Arbeitskraft im Mittelpunkt. Dabei wird zentral die Fähigkeit industrieller (kapitalistischer) Betriebe zu strategischem Handeln herausgestellt. Der Betrieb wird hier also nicht als ein bloßes Vollzugsorgan eines exogenen, in einer ganz bestimmten Weise vorgegebenen technisch-ökonomischen Wandels gesehen. Er wird vielmehr gefaßt als eine an Autonomie interessierte und Autonomie gezielt herstellende "Handlungsinstanz", die die Gestaltung von Arbeitstätigkeiten und Qualifikationsforderungen als "elastische Potenzen" zur Durchsetzung ihrer Interessen benutzt.

In dieser Perspektive erscheinen die Belege für einen angeblich zwangsläufig ablaufenden Prozeß der Dequalifizierung (Arbeitszerlegung, Polarisierung usw.) als Ausdruck einer ganz bestimmten, aber nicht der einzig möglichen Strategie der Betriebe zur Lösung ihrer Probleme der Nutzung und Verwertung von Arbeitskraft. Ob diese oder eine andere Strategie verfolgt wird, hängt von den konkreten Handlungs- und Umweltbedingungen der Betriebe ab, also vom Arbeitsmarkt, von den Strukturen des Ausbildungssystems, von den Bedingungen auf den relevanten Güter- und Kapitalmärkten usw.

---

6) Siehe hierzu insbes.: Lutz, B., Vorläufige Notizen zur gesellschaftlichen und politischen Funktion von Beruf, in: Crusius u.a. (Hrsg.), Berufsausbildung ... a.a.O.; ders., Bildungssystem und Beschäftigungsstruktur in Deutschland und Frankreich, in: Mendius u.a., Betrieb - Arbeitsmarkt - Qualifikation I, Frankfurt 1976; Asendorf-Krings/Drexel/Nuber, Reproduktionsvermögen und die Interessen von Kapital und Arbeit, in: ebd. Vgl. auch in diesem Band: Lutz, B., Die Interdependenz von Bildung und Beschäftigung und das Problem der Erklärung der Bildungsexpansion..

Die gegenwärtigen Beschäftigungsprobleme resultieren in dieser Perspektive also nicht daraus, daß die Betriebe generell höher und besser ausgebildete Arbeitskräfte nicht brauchen können; es gibt vielmehr durchaus auch heute Bedingungen, unter denen Betriebe eine Strategie der Höherqualifizierung verfolgen müssen, nämlich z.B. immer dort, wo sich einzelne Arbeits-, Produktions- und Entscheidungsabläufe einer Standardisierung entziehen und die Betriebe auf einen hohen Elastizitätsgrad im Fertigungssortiment und im Arbeitseinsatz angewiesen sind.

Die Beschäftigungsprobleme resultieren in dieser Perspektive vielmehr daraus, daß die Betriebe derzeit ihren Bedarf an höheren Qualifikationen mit Hilfe von Strategien decken, die zu Lasten der Reproduktionsinteressen der Arbeitenden gehen: Dies kann nach Auffassung der Autoren dadurch geschehen, daß die Ergebnisse der Bildungsexpansion durch innerbetriebliche Strategien der differenzierten Bewertung und Gratifizierung von Arbeitskraft unterlaufen oder gebrochen werden. Oder auch dadurch, daß die Betriebe durch die Schaffung nur innerbetrieblich nutzbarer Qualifizierungsmöglichkeiten - im Anlernbereich, aber auch im Bereich anderer Qualifikationsstufen - die gesellschaftliche Anerkennung und die ihr entsprechende Bezahlung für diese Lernbemühungen verhindern, damit aber auch die Möglichkeit einer langfristigen Sicherung der Reproduktionsinteressen der Arbeitenden. Auf diese Weise wird trotz Höherqualifizierung der Zerschlagung oder Relativierung komplexer "Qualifikationstypen" (wie dem Facharbeiter oder dem Akademiker) Vorschub geleistet, die als historisch entstandene gesellschaftlich normierte "Arbeitskraft-Definition" den Arbeitenden nicht nur in bestimmter Weise inhaltlich qualifizieren, sondern auch eine gewisse Garantie für grundlegende Reproduktionsbedingungen seiner Arbeitskraft enthalten (Lohn, standardisierte Ausbildung etc.). Die zu bewältigende Hauptschwierigkeit einer expansiven Bildungspolitik wird demnach hier darin gesehen, wie die Betriebe dazu gebracht werden können, ihren Bedarf an höher und besser ausgebildeten Arbeitskräften aus dem öffentlichen Bildungssystem so zu decken, daß dadurch zugleich die Reproduktionsinteressen der Arbeitenden gesichert sind.

b. Ansatzpunkte für politisches Handeln

Bildungspolitisch ergibt sich aus dieser Problemsicht insbesondere für den Bereich der unteren Qualifikationsgruppen (Arbeiterschaft, Angestelltenschaft) ein Plädoyer für die Aufrechterhaltung und Erweiterung von "Beruflichkeit",d.h. für gesellschaftlich normierte, beruflich geprägte Qualifizierung im Gegensatz zur voll flexiblen Auflösung beruflicher Qualifizierung und ihrer Überantwortung an rein betrieblich bestimmte Qualifizierungsprozesse. Damit wird (mittelfristig) ein doppeltes Ziel anvisiert: Zum einen müßte eine solche Generalisierung von beruflicher Erstausbildung auf eine Aufhebung der derzeit unterhalb des Facharbeiterniveaus existierenden Qualifikationstypen mit ihren deutlich schlechteren Reproduktionsbedingungen hinwirken. Zum anderen müßte, damit verbunden, ein Qualifikationstyp von relativ hoher fachlicher Kompetenz geschaffen werden, der es erlaubt, die vorhandene Hierarchisierung von Qualifikationen abzubauen.

Diese bildungspolitische Strategie schließt ein Mehr an Allgemeinbildung (über die derzeitige Berufsausbildung hinaus) ebenso ein wie ein Mehr an berufsfeldübergreifenden Kenntnissen - beides notwendige Voraussetzungen sowohl einer längerfristigen Sicherung der Reproduktionsinteressen der Arbeitenden als auch dafür, daß dem spezifischen Interesse der Betriebe an Höherqualifizierung entsprochen wird.

Das Konzept der Beruflichkeit postuliert aber die Ergänzung dieser generellen Qualifikationsmomente durch eine öffentlich normierte und geregelte, beruflich geformte Qualifikation, die erst die objektiven und subjektiven Voraussetzungen einer wenigstens einigermaßen die Reproduktionsinteressen der Arbeitenden wahrenden Bewältigung von Mobilitätserfordernissen schafft.

c. Politisch-strategische Fragen an diesen Ansatz

o Sind die betrieblichen Interessen an höher und besser ausgebildeten Arbeitenden tragfähig genug, um eine Höherqualifizierung breiter Bevölkerungsschichten aufzunehmen?

- o Inwieweit stehen die Bedingungen, unter denen die Betriebe zur "Strategie der Höherqualifizierung" greifen, politischer Beeinflussung offen? Oder wird hier - wenn auch in modifizierter Form - die optimistische Annahme der frühen bildungsökonomischen Diskussion einer Gleichgerichtetheit von betrieblich-ökonomischem Bedarf und bildungspolitischen Interessen an Höherqualifizierung wiederholt?

- o Kann man die Strategie der Verberuflichung auch ohne weiteres auf die Hochqualifizierten übertragen?

- o Wo liegen die strategischen Ansatzpunkte für eine Verberuflichung und wer sind die Akteure?

- o Welche Interessen stabilisieren die Nichtberuflichkeit der Un- und Angelernten? Stehen ihrer Verberuflichung nicht z.B. die Status- und Reproduktionsinteressen der Facharbeiter entgegen?

- o Bedeutet die Strategie der Verberuflichung nicht eine Renaissance berufsständischer Interessen? Führt sie nicht letztlich zurück zu einer Rigidisierung des Verhältnisses von Bildung und Beschäftigung mit allen ihren inzwischen aufgedeckten Problemen?

## 6. Berufssoziologischer Ansatz (SFB 101/Institut für Soziologie München)[7)]

a. Problemdefinition

Daß die aktive, expansive Bildungspolitik in unserer Gesellschaft zu Arbeitsmarktfriktionen und Abstimmungsproblemen geführt hat,

7) Vgl.hierzu vor allem Beck,U.,Bolte,K.M.,Brater,M.,Bildungsreform und Berufsreform,in:MittAB 1976/Heft 4;Beck,U.,Brater,M., Ist der Erfolg der Bildungsreform Ursache ihres Scheiterns? In: Beck/Brater,Hrsg.,Die soziale Konstitution der Berufe,Bd.II, Frankfurt 1977;Beck,U.,Brater,M.,Berufliche Arbeitsteilung und soziale Ungleichheit,Frankfurt 1978;Beck,U.,Brater,M.,Daheim, H.J.,Beruf,Subjekt,Betrieb - Grundlagen und Problemfelder der Arbeits- und Berufssoziologie,Reinbek 1979.

wird in diesem Ansatz auf das zentrale Ordnungsprinzip des Bildungssystems zurückgeführt, nämlich auf seine "berufsspezifische Organisation". Unter "berufsspezifischer Organisation des Bildungssystems" wird dabei die Tatsache verstanden, daß bei uns Bildungsgänge nicht individuell beliebig gestaltbar, sondern im Hinblick auf bestimmte Berufsfelder und Berufsabschlüsse (und nicht etwa nach pädagogischen oder fachspezifischen Gesichtspunkten) in Inhalten und Umfängen relativ starr vorgeschrieben, institutionell differenziert und gegeneinander abgeschottet sind. Der Berufsbegriff bezeichnet in diesem Ansatz eine relativ eigenständige Ebene der Organisation von Arbeitsfähigkeiten in Form von institutionalisierten "Mustern von Arbeitskraft", die zugleich mit monopolartigen Kompetenzen für entsprechende Tätigkeitsbereiche verbunden sind. Die Entstehung und die jeweilige Zusammensetzung und Abgrenzung (die "Schneidung") dieser beruflichen Fähigkeitsschablonen wird als strukturelle Anpassungsreaktion der Arbeitenden an die sozio-ökonomischen Verhältnisse des Warentausches unter den gegebenen historischen Bedingungen sozialer Ungleichheit erklärt.

Die berufsspezifische Organisation des Bildungssystems wird u.a. daran sichtbar, daß hier Bildungs- immer zugleich auch Berufszuweisungsprozesse sind, daß also jeder Bildungsgang, jeder im Bildungssystem zu erwerbende Qualifikationskomplex mit zeitlich zunehmender Eindeutigkeit ganz bestimmten Berufsfeldern bzw. Einzelberufen zugeordnet ist und den Absolventen nach wenigen relativ frühen Bildungsentscheidungen mit kaum zu revidierender Zwangsläufigkeit in diese Berufe hineinführt. In diesem Sinne wird höhere wissenschaftliche Bildung eben - von anderen Bildungsinhalten relativ klar abgegrenzt und gereinigt - von den akademischen Berufen monopolisiert, d.h. also von Berufen mit starker einseitiger Theorieorientierung, Handlungsferne und hohem Spezialisierungsgrad. Zu den Abstimmungsproblemen muß es in der Sicht dieses Ansatzes damit aber deshalb kommen, weil Bildungsexpansion unter Bedingungen eines berufsspezifisch gegliederten Bildungssystems notwendigerweise zugleich "Akademikerexpansion" ist.

Die quantitative Vermehrung der wissenschaftlich vorgebildeten Arbeitskräfte kann damit jedoch vom Beschäftigungssystem gerade deshalb nicht oder nur schwer absorbiert werden, weil sie der beruflichen Zusammensetzung und Abgrenzung ihrer Qualifikationsinhalte nach (nicht nach ihrer inhaltlichen Nützlichkeit) nur bedingt einsetzbar sind. Wissenschaftliche Spezialberufe setzen voraus, daß im Beschäftigungssystem Leitungs-, Planungs-, Kontroll- und Stabsfunktionen zu eigenen Arbeitspositionen ausdifferenziert sind. Da aber eine solche arbeitsteilige Ausdifferenzierung dieser Funktionen nur innerhalb hierarchischer Organisationsstrukturen möglich und im Bereich der "höheren", also quantitativ gering besetzten Ränge angesiedelt ist, gibt es aufgrund der "Schneidung" dieser akademischen Berufe quantitative Engpässe und strukturelle Absorptionshindernisse. Hinzu kommt, daß gerade aufgrund dieser traditionellen Ansprüche der Inhaber akademischer Berufe auf hierarchisch hohen Status die Vermehrung von Akademikern in ein Wespennest gegensätzlicher Interessen nicht zuletzt der etablierten Akademiker selbst sticht, die befürchten müssen, durch die Bildungsexpansion unter verschärften Konkurrenzdruck zu geraten, Privilegien zu verlieren und den hohen Einkommens- und Prestigestatus nicht halten zu können.

In der Perspektive dieses Ansatzes entstehen Widerstände gegen eine expansive Bildungspolitik also nicht allein aus den Interessen der Betriebe (an billigen Arbeitskräften oder an der Aufrechterhaltung hierarchischer Arbeits- und Beschäftigungsstrukturen). Derartige Widerstände können vielmehr auch auf seiten der Arbeitenden entstehen, und zwar vor allem auf seiten derjenigen, die bislang ausschließlich über die entsprechenden höheren Qualifikationen verfügen und darauf ihre besondere Arbeitsmarktposition gegründet haben. Die berufliche Organisation von Qualifikationen stärkt nämlich nicht nur die Stellung des beruflich Qualifizierten gegenüber dem Abnehmer der Arbeitskraft (wie dies in dem betriebsstrategischen Ansatz gesehen und unterstrichen wird); sie schafft und bekräftigt auch ein bestimmtes Verhältnis der Arbeitenden zueinander. Denn die exklusive Zuordnung und hierarchische Staffelung der Qualifikationen zu bestimmten beruflichen Mustern von Arbeitskraft erzeugt und stabilisiert Interessengegensätze zwischen den Arbeitenden, indem das Vorenthalten von höheren Qualifikationen bei allen anderen die Basis ist, auf der die "Besitzer" entsprechender Qualifikationen ihre besonderen Einkommens- und Statusansprüche durchsetzen und aufrechterhalten können.

Umgekehrt behindern diese berufsspezifischen Statuserwartungen aber auch u.U. eine Öffnung der akademischen Berufe für traditionell nicht-akademische Qualifikationselemente und damit weniger hierarchisch fixierte Beschäftigungschancen. Die Absorption von mehr wissenschaftlicher Bildung im Beschäftigungssystem scheitert also, diesem Ansatz zufolge, wesentlich an ihrer monopolartigen Einbindung in akademische Spezialberufe.

b. Ansatzpunkte für politisches Handeln

In dieser Perspektive kann prinzipiell eine Lösung der Abstimmungsprobleme nur dann erwartet werden, wenn wissenschaftliche Bildungsinhalte aus dem Monopolbesitz der elitären Akademikerberufe herausgelöst werden. Eine solche "Entberuflichung höherer Bildung" zeichnet sich heute bereits als reale historische Tendenz ab, z.B. in manchen Gesamthochschulmodellen, in Bestrebungen zur Integration beruflicher und allgemeiner Bildung oder im Bereich der Weiterbildung. Diese Tendenzen zur Entberuflichung bzw. veränderter "Berufsschneidung" werden in diesem Ansatz systematisch aus der historischen Verschärfung von der "Berufsform" immanenten Strukturkonflikten erklärt, wie z.B. dem Konflikt zwischen Spezialisierung und der aufgrund des technisch-ökonomischen Wandels nötigen Generalisierung von Qualifikationen, dem Konflikt zwischen berufsbedingter Kooperationsunfähigkeit bei zunehmender Kooperationsabhängigkeit oder dem Konflikt zwischen dem marktstrategischen Zuschnitt der Berufe und den Erfordernissen inhaltlich-sozialer Aufgabenbewältigung.

Diese realen Tendenzen können nach Einschätzung der Autoren bildungspolitisch im Sinne einer "Berufsreform" genutzt werden, bei der wissenschaftliche Qualifikationen in Ausbildungsgänge eingebaut werden, in denen sie bisher nicht enthalten sind. Allgemeines Ziel einer kombinierten Bildungs- und Berufsreform wäre es, wissenschaftliche Qualifikationen nicht länger automatisch an bestimmte akademische Berufe zu koppeln, sondern sie relativ <u>frei verfügbar und individuell kombinierbar</u> zu machen. Konkrete Ansatzpunkte für eine Verwirklichung dieses strategischen Ziels ergeben sich z.B.

- im Abbau bestehender gesetzlicher Barrieren, die bestimmten Berufen Monopole über bestimmte Fähigkeiten und Tätigkeiten zugestehen;
- in der Vermehrung von "freischwebenden", von möglichst vielen verschiedenen Voraussetzungen her zugänglichen Qualifikationsbeständen;
- in der bewußten Loslösung der Weiterbildung von vorgegebenen Berufsmustern und in ihrer gezielten "berufsübergreifenden" Organisation;
- in der Schaffung von Möglichkeiten zur individuellen Kombination und Veränderbarkeit von Qualifikationsprofilen nach Maßgabe praktischer Anforderungen und über traditionelle hierarchische Stufen hinweg, so daß auch bisher vom Hochschulzugang ausgeschlossene Gruppen wissenschaftliche Qualifikationen portionsweise erwerben können.

Bildungsexpansion wäre damit nicht mehr gleichzeitig Akademikerexpansion, sondern gleichbedeutend mit einer Anreicherung breiter Berufsgruppen mit höherer Bildung (die sich dadurch selber freilich auch inhaltlich ändern müßte), wie umgekehrt die einseitig wissenschaftlichen Berufe mit praktischen Qualifikationen ausgestattet würden. Die Abstimmungsprobleme können also in der Sicht dieses Ansatzes erst dann gelöst werden, wenn Berufe in diesem Sinne "neu geschnitten" werden, wenn die institutionellen Abschottungen zwischen den Berufen abgebaut und institutionalisierte Möglichkeiten eröffnet werden, einmal erworbene berufliche Fähigkeitskombinationen in weitgehend individualisierter Weise auszubauen und weiterzuentwickeln. Dies verweist insbesondere auf die Notwendigkeit eines berufsübergreifenden Weiterbildungssystems für die Bewältigung der Abstimmungsprobleme. Solche Tendenzen zur Entberuflichung bzw. "Umschneidung" bestehender Berufe werden zugleich als eine wesentliche Voraussetzung und Handlungsgrundlage einer gleichsinnigen "enthierarchisierenden" Veränderung der betrieblichen Arbeitsteilungsstrukturen gesehen, wobei allerdings die Durchsetzungsbedingungen einer solchen Veränderung (i.S. einer "Höherqualifizierung" bisher nicht-akademischer Tätigkeiten) in diesem Ansatz bislang nicht untersucht wurden.

c. Politisch-strategische Fragen an diesen Ansatz

o Wie weit sind in der Berufsstruktur tatsächlich Spielräume für praktisch-politische Veränderungen enthalten, da in dem Ansatz selbst die Berufe aus gesellschaftlichen Herrschafts- und Ungleichheitsbedingungen erklärt werden?

o Werden hier nicht die Möglichkeiten unterschätzt, die historisch aufbrechenden Probleme der Berufsform ohne "Entberuflichung" zu integrieren?

o Schwächt die generalisierte Strategie der "Entberuflichung" nicht die Position der Arbeiter gegenüber den Abnehmern von Arbeitskraft? Führt sie damit nicht zu einer Machtverschiebung am Arbeitsmarkt? Gibt es Äquivalente für die zweifellos gegebene Funktionalität der Berufsform (z.B. für die Orientierung am Arbeitsmarkt), die unerwünschte Folgeprobleme einer Entberuflichung vermeiden helfen? Kann Entberuflichung nicht u.U. zu Identitätskrisen, verschärfter Konkurrenz, problematischen Selektionsverschiebungen usw. führen?

o Wer kommt als Akteur der "Berufsreform" in Frage und inwieweit läßt sich eine "Berufsreform" über den Bildungsbereich angehen und gesellschaftlich durchsetzen? Lassen sich in den Betrieben Möglichkeiten und Tendenzen einer Egalisierung feststellen, die stark genug wären, um eine solche Berufsreform zu tragen?

## 7. Resumee: Was hat die Forschung der Bildungs- und Arbeitsmarktpolitik zu bieten?

Unsere Ausgangsfrage war, welche Hinweise und Denkimpulse die einschlägigen wissenschaftlichen Ansätze dem politischen Handeln zur Behebung der im Zuge der Bildungsexpansion aufgetretenen Abstimmungsprobleme zwischen Bildung und Beschäftigung geben können. Versucht man nun eine Bilanz der verschiedenen Antworten auf diese Frage, dann fällt zunächst auf, daß eigentlich in keinem der hier vertretenen Ansätze Wege gewiesen oder auch nur Forderungen erhoben werden, den "output" des Bildungssystems im Sinne der traditionellen Bedarfsprognosen qualitativ und quantitativ möglichst feinkörnig an die Entwicklung des Qualifikationsbedarfs im Beschäftigungssystem anzukoppeln. Damit findet das in der politischen Diskussion nach wie vor verbreitete und im Rahmen der heutigen "Abschreckungspolitik" auch praktisch wirksame Argument, die Höherqualifizierung der Absolventen sei dem relativ geringen Bedarf des Beschäftigungssystems an Hochqualifizierten anzupassen, keine Stütze durch diese Forschungsansätze.[8)]

Diese Abkehr der Forschung von dem Glauben an die Leistungsfähigkeit der bildungs-ökonomischen Bedarfsprognosen wird in den Ansätzen jeweils mehr oder weniger grundsätzlich reflektiert und begründet, wenn auch mit recht unterschiedlichen Argumenten. Damit entzieht sie aber der weiteren Verwendung eines Steuerungsinstruments den Boden, dessen sich in den frühen 60er Jahren die Bildungspolitik gern bediente. Der Gedanke der Bedarfsprognostik hatte und hat für die Bildungspolitik u.a. wohl deshalb eine so große Faszination, weil er zum einen eine Mischung von Zukunftssicherheit und Handlungslegitimation verspricht,und weil

---

8) Selbst der Flexibilitätsansatz, der als einziger der hier dargestellten Ansätze längerfristig am Instrument der Bedarfsprognosen festhalten will, löst ja den starren Zuordnungszusammenhang zwischen Bildungsabschlüssen und Arbeitsplätzen auf und kommt zu dem Resultat, daß der "Bedarf" des Beschäftigungssystems gerade nicht dadurch optimal gedeckt wird, daß man ihn linear in den Bildungsabschlüssen abbildet, sondern daß dieses Verhältnis umgekehrt dadurch optimiert wird, daß das Bildungssystem nach relativ eigenständigen Prinzipien - eben denen der Flexibilität - organisiert ist.

er zum anderen einen politisch-strategischen Eingriffspunkt nahelegt - die quantitative Besetzung einzelner Ausbildungsgänge - der auch politisch einigermaßen zugänglich zu sein scheint. Jedenfalls zeigt der Übergang von Bildungswerbung zur Abschreckung vom Studium, daß politische Steuerungen mit nur geringer Verzögerung "greifen". Nimmt man diese Leistungen einer wissenschaftlichen Analyse - also der Aufweis politisch-strategischer Eingriffsmöglichkeiten, die der Steuerung zugänglich sind und die legitimatorische Kraft für politisches Handeln - als Beurteilungsmaßstäbe für die politische Relevanz der in den referierten Ansätzen angebotenen Alternativen zur bildungsökonomischen Bedarfsprognostik, dann ergibt sich folgendes Bild:

Durchgängig wird in allen Ansätzen die im Zuge der expansiven Bildungspolitik aufgetretene Problematik der Abstimmung zwischen Bildung und Beschäftigung nicht einfach als quantitatives Steuerungsproblem, sondern sehr viel grundsätzlicher gefaßt als Problem einer <u>strukturellen Diskrepanz</u> - sei es aufgrund der Inflexibilität oder "Beruflichkeit" der Ausbildungsstrukturen, sei es aufgrund der relativen Autonomie des Bildungssystems, die solche eigenständigen Qualifikationsstrukturen erst ermöglicht. Dies vermag zwar das Auftreten von Brüchen und Abstimmungsproblemen überhaupt erst einmal zu erklären, <u>impliziert jedoch auch zugleich die prinzipielle politische Nichtbehebbarkeit dieser grundsätzlichen Problemursache</u> (zumindest nicht innerhalb der grundlegenden Rahmenbedingungen dieser Gesellschaft). Hier wird der Politik also eher ihre Ohnmacht vor Augen geführt, nicht aber eine strategische Handlungsrichtung gezeigt. <u>Politisch relevant werden diese Ansätze daher erst bei der Frage, wie denn nun mit dieser strukturellen Problematik umzugehen sei.</u> Hier lassen sich die Ansätze grob danach beurteilen, inwieweit sich aus ihren bisher vorliegenden Analysen heraus <u>systematisch</u> Ansatzpunkte für politisches Handeln ergeben.

Dies scheint zunächst bei dem am meisten empirisch ausgearbeiteten Flexibilitätsansatz der Fall zu sein, der systematisch "Selbststeuerungskräfte" im Verhältnis von Bildung und Beschäftigung aufdeckt und deren politische Unterstützung (durch Aufklärung und entsprechende Gestaltung der Ausbildungen) empfiehlt. Dies ist ebenfalls gegeben beim Ansatz des ISF München, der von der Seite des Beschäftigungssystems her die Bedingungen und Verfahrensweisen des Einsatzes von Höherqualifizierten untersucht und auf dieser Basis aufzeigt, wo Politiker verstärkend auf bereits gegebene Prozesse der vermehrten Übernahme Höherqualifizierter ins Beschäftigungssystem einwirken könnten.

Beiden Ansätzen liegt offenbar ein Politikverständnis zugrunde, das von Politik keine Wunder im Sinne willkürlicher Strukturveränderungen erwartet, sondern lediglich einen steuernden Umgang mit realen gesellschaftlichen Gegebenheiten und Bewegungen.

Alle anderen genannten Ansätze enthalten in der bisher vorliegenden Fassung lediglich mehr oder weniger begründete politische Optionen, an denen abgelesen werden kann, welche Faktoren variabel gesetzt werden <u>müßten</u>, will man an der Bildungsexpansion festhalten und zugleich die Abstimmungsprobleme abbauen. Ob und wie jedoch diese Faktoren überhaupt politischem Zugriff offenstehen, bleibt undiskutiert oder vage. Insofern denken die Autoren dieser Ansätze nicht von dem Handlungsbedingungen der Politik her, sondern mehr oder weniger ausschließlich von den theoretischen Prämissen ihrer Forschungen.

Eigentlich alle Ansätze erkennen die Notwendigkeit <u>struktureller Reformen im Ausbildungsbereich</u>,die sie unter verschiedenen Begriffen fordern ("Schlüsselqualifikationen", Öffnung des Hochschulbereichs, Sicherung der "Beruflichkeit", "Berufsreform" etc.) - Forderungen, deren Vereinbarkeit erst noch zu klären wäre. Auch hier dürfte die Empfehlung des IAB, Ausbildung mit mehr Schlüsselqualifikationen anzureichern, politisch am einfachsten zu realisieren sein. Zugleich ist dies jedoch eine wissenschaftlich umstrittene Empfehlung, da sie auf einem technischen Verständnis von Bildung beruht. Die Öffnung des Hochschulbereichs für traditionell nicht-akademische Berufe, wie sie von der Manpower-Gruppe des MPI gefordert wird, dürfte dort zu verwirklichen sein, wo sie sich mit der Professionalisierungsstrategie solcher Berufe trifft, die den Weg zur Akademisierung und Theoretisierung schon mit Erfolg ein gutes Stück weit gegangen sind; dann werden sie aber faktisch zu neuen akademischen Berufen, was mit dem "Öffnungskonzept" des MPI nicht gemeint ist.

Noch unrealistischer dürfte die Forderung nach "Entberuflichung" höherer Bildung sein, wie sie im SFB 101 erhoben wird, weil diese gerade den professionellen Interessen der akademischen Berufe zuwiderläuft. Inwieweit hier reale Dysfunktionen der bestehenden Schneidungsverhältnisse einen solchen Prozeß fördern, kann bislang nur spekulativ beantwortet werden: Die wenigen heute beobachtbaren empirischen Tendenzen in diese Richtung lassen noch keine weitergehenden Schlußfolgerungen zu. Allerdings verstehen die Autoren dieses Ansatzes ihre Perspektive auch nicht als realistische politische Handlungsempfehlung, sondern als theoretisch begründete Konstruktion, aus der aber sinnvolle Tendenzen und Orientierungen politischer Alltagsentscheidungen abzulesen sind.

Bildungspolitisch, so läßt sich zusammenfassen, bieten diese Ansätze zwar eine Reihe von Perspektiven und Denkimpulsen, aber bislang kaum konkrete Strategien, kaum Ansatzpunkte für unmittelbares Handeln. Insgesamt deutet sich hier ein Dilemma der dargestellten Ansätze in ihrer vorliegenden Form an: Je stärker versucht wird, die strukturellen Ursachen und gesellschaftlichen Grundbedingungen der Abstimmungsprobleme zu ergründen, desto weiter führen sie zu politisch praktisch unzugänglichen Variablen und desto stärker ihre Neigung, systematische politische Empfehlungen gar nicht mit den eigenen wissenschaftlichen Arbeiten zu verbinden. Je handlungsrelevanter umgekehrt die Ergebnisse sind, desto schwankender scheint der theoretische Grund zu sein, auf dem sie stehen und desto dringlicher die Frage, inwieweit der jeweils herausgestellte Aspekt tatsächlich genügend tragfähig zur Lösung der Abstimmungsprobleme ist. Zugleich wird hier deutlich, daß es natürlich nicht der Forschung oder den Forschern angelastet werden kann, wenn die Kausalzusammenhänge, die sie nach den Regeln ihrer Kunst aufdecken, jenseits des Horizonts der unter bestehenden gesellschaftlichen Verhältnissen legitimen politischen Eingriffsmöglichkeiten liegen.

Auf der anderen Seite enthalten die Ansätze aber auch Argumente, die mehr oder weniger deutlich gegenwärtig beobachtbare politische Tendenzen im Bereich von Arbeitsmarkt- und Bildungspolitik stützen, d.h. das im Rahmen dieser Forschungsansätze produzierte Wissen ist mehr oder weniger geeignet, selbst legitimatorische Funktionen für aktuelle, eher restriktive Maßnahmen zu erfüllen (auch wenn dies keineswegs in der Absicht der Autoren liegen mag), etwa im Hinblick auf eine "Individualisierung von Arbeitsmarktproblemen", einer "Entkoppelung von Bildungs- und Berechtigungswesen", eine Festigung von Statusinteressen und einem darauf abgestimmten Zertifikatswesen etc. mit allen damit verbundenen Problemen.

Schließlich - und dies mag als Anregung zur genaueren Untersuchung der Konvergenzen zwischen den referierten Ansätzen verstanden werden - lassen sich bei aller Verschiedenheit der Analyseebenen, Grundbegriffe und Schlußfolgerungen doch auch deutliche Verbindungen und Ergänzungsverhältnisse zwischen den Ansätzen herstellen: Die Höherqualifizierungsthese des ISF etwa beruht - entgegen dem äußeren Anschein - nicht zuletzt auch auf den komplexeren Berufen inhärenten Flexibilitäten, wie sie das IAB untersucht; insofern schließt die Forderung nach Verberuflichung auch Elemente einer "Flexibilisierung" ein. Umgekehrt könnte der Aspekt der Institutionalisierung und Interessensicherung durch Verberuflichung gewisse Gefahren des Flexibilitätsansatzes (wie etwa die der beliebigen "Fungibilisierung" der Arbeitenden) bannen. Eine ausgewogene politische Strategie müßte also beide Optionen im Auge behalten und zusätzlich die möglichen problematischen Nebenfolgen einer Verberuflichung bestimmter Qualifikationen bedenken, auf die vor allem der Ansatz des SFB 101 aufmerksam macht. Dessen Strategie der "Entberuflichung höherer Bildung" wiederum kann als eine Radikalisierung des Flexibilitätsgedankens interpretiert werden und hängt in ihrer praktischen Realisierbarkeit wesentlich davon ab, daß sich die ISF-Thesen über die Chancen einer innerbetrieblichen Höherqualifizierung von Arbeitsplätzen bzw. über die Interessen der Betriebe an veränderten, weniger hierarchischen Arbeitsteilungsstrukturen bewahrheiten. Allerdings stößt ihrerseits eine Politik der "Verberuflichung" (wie sie im ISF insbesondere für die Gruppen der Ungelernten und Angelernten gefordert wird) mit Notwendigkeit immanent an eine Grenze, nämlich dort, wo die zu verberuflichenden höheren Qualifikationen bereits beruflich gefaßt und insofern von einer bestimmten Gruppe von Arbeitenden monopolisiert werden. Hier wird deutlich, wie eine einseitige "Verberuflichungsstrategie" sich entweder sehr schnell in dem vorhandenen Gestrüpp beruflich gegliederter und angeeigneter Ausbildungsinhalte und -gänge festfahren würde, oder aber durch eine komplementäre Strategie der "Entberuflichung von höheren Qualifikationen" (wie sie im SFB-Ansatz gefordert wird) ergänzt werden müßte.

Für beide Strategien stellt sich die Frage nach der Nutzbarkeit von Qualifikationsbündeln, die theoretische und praktische Fähigkeitselemente verbinden - eine Frage, zu deren Beantwortung es sinnvoll sein dürfte, sich an die skeptischen Einschätzungen des SOFI zu erinnern und sich klarzumachen, daß politisch-strategische Beeinflussungen das Beschäftigungssystem nur in bestimmten günstigen, historisch durch vielfältige Auseinandersetzungen und Interessenkonflikte vorbereiteten Situationen möglich sind.

Nicht zuletzt aus diesem Grund dürfte unter den Autoren der zitierten Ansätze Einigkeit darüber herrschen, daß auch ohne parallele Veränderungen im Beschäftigungssystem auf der Seite des Bildungssystems politisch getan werden sollte, was getan werden kann - wobei die vielleicht wichtigste Konvergenz darin besteht, daß es hier um eine strukturelle Verkürzung der traditionellen Hierarchie der Bildungsgänge, um eine drastische Annäherung von praktischer und theoretischer, beruflicher und allgemeiner, körperlicher und geistiger, fachlicher und fachunspezifischer Bildung gehen müsse. In diesem Punkt unterscheiden sich die Empfehlungen - Anreicherung durch Schlüsselqualifikationen im einzelnen Curriculum, punktueller Hochschulbesuch für nicht-akademische Berufe, Integration beruflicher und allgemeiner Bildung in der Sekundarstufe II, Aufwertung der "niederen" Qualifikationen durch fachliche und theoretische Elemente oder Diffusion wissenschaftlicher Qualifikationen in möglichst viele davon bisher ausgeschlossene Berufsausbildungen - mehr hinsichtlich ihrer Reichweite, dem gewählten Lernort oder dem Berufsbereich etc. als hinsichtlich ihrer strategischen Zielsetzung. Diese Stoßrichtung der Forschung tangiert jedoch - worüber sich sämtliche Ansätze ausdrücklich bewußt sind - grundlegende Strukturen sozialer Ungleichheit unserer Gesellschaft. Das ergibt sich folgerichtig aus den Hoffnungen und Forderungen auf mehr Chancengleichheit, die am Beginn der Bildungsexpansion standen. Denn wenn es sich herausstellt, daß eine größere Gleichheit der Bildungschancen dazu führt, daß diese Chancen auch tatsächlich "gleichmäßiger" ergriffen werden, dann gerät das Strukturbild der sozialen Ungleichheit von Bildungsgängen und -abschlüssen selbst in Legitimationsschwierigkeiten. Vielleicht liegt es an dieser Konsequenz der aktuellen Ansätze zum Verhältnis von Bildung und Beschäftigung, daß die Bildungspolitik bisher vergleichsweise wenig Gefallen an ihnen gefunden hat.

Dieter Mertens

## Zum Flexibilitätsansatz des IAB

Der Ausgangspunkt der Flexibilitätsforschung des IAB ist die Kategorienkritik an den in den 60er Jahren gebräuchlichen limitationalen, tief desaggregierten Ansätzen der Arbeitskräftebedarfsforschung. Empirische Forschungen verschiedener Art (Berufsverlaufsanalysen, Deckungsuntersuchungen über Ausbildungsinhalte, arbeitsplatzorientierte Untersuchungen und Befragungen) ergaben, daß die Orientierung der Arbeitskräftebedarfsmodelle an der vorfindbaren statistischen Nomenklatur realitätsferne Ergebnisse zeitigte. Weder bestand die unterstellte enge Bindung zwischen Ausbildungsabschlüssen und Berufsbezeichnungen, noch waren diese Nomenklaturen so abgegrenzt, daß sie das wichtigste Erfordernis der Realitätsnähe, nämlich hohe interne und geringe externe Austauschbarkeit der Elemente, erfüllten. Die Realität war vielmehr gekennzeichnet durch bedeutende Fluktuationen über die kategorialen Abgrenzungen hinweg.

Dies kann an folgenden Beispielen verdeutlicht werden:

a) Die Tatsache, daß zwei Personen sich in einer statistischen Erhebung als Schlosser bezeichnen, läßt keinen Schluß auf die Gleichartigkeit der von ihnen ausgeübten Tätigkeiten zu.

b) Die Tatsache, daß ein Beschäftigter statistisch als Schlosser geführt wird, läßt keinen Schluß dahingehend zu, daß er seine Ausbildung als Schlosser abgeschlossen hat.

c) Die Tatsache, daß ein Beschäftigter seine Ausbildung als Schlosser abgeschlossen hat, läßt keinen Schluß dahingehend zu, daß seine Aufgaben nicht auch von einer Person mit einer anders benannten Ausbildung wahrgenommen werden könnten.

d) Die Tatsache, daß jemand ein Zertifikat über eine erfolgreich abgeschlossene Schlosserausbildung erworben hat, läßt nicht darauf schließen, daß er adäquat nur auf einem Arbeitsplatz beschäftigt sein kann, der als "Arbeitsplatz für einen Schlosser" bezeichnet wird.

e) Die Tatsache, daß jemand eine Ausbildung als Schlosser abgeschlossen hat, läßt nicht den Schluß zu, daß seine gegenwärtige Tätigkeit und die an ihn gestellten Anforderungen den früheren Ausbildungsinhalten entsprechen - auch dann nicht, wenn seine gegenwärtige Tätigkeit als "Schlossertätigkeit" bezeichnet wird.

f) Die Tatsache, daß ein Arbeitsplatz mehrere Jahrzehnte hindurch als Arbeitsplatz für einen Schlosser geführt wurde und werden wird, läßt keinen Schluß dahingehend zu, daß die Arbeitsverrichtungen und Anforderungen an diesem Arbeitsplatz während des ganzen Zeitraums unverändert oder auch nur ähnlich bleiben.

g) Die Tatsache, daß Ausbildungsabschlüsse mit der Bezeichnung "Schlosser " seit langer Zeit existieren und weiterhin existieren werden, läßt keinen Schluß dahingehend zu, daß die vermittelten Ausbildungsinhalte während des gesamten Zeitraums einander weitgehend ähneln.

h) Die Tatsache, daß sowohl Ausbildungsabschlüsse wie Arbeitsplätze mit der Bezeichnung "Schlosser" über längere Zeiträume hinweg existieren, läßt nicht darauf schließen, daß die Relation zwischen der Ausbildung "Schlosser" und den Arbeitsplätzen für "Schlosser" in der Zeit unverändert bliebe.

i) Die Tatsache, daß ein Betrieb für bestimmte Arbeitsplätze "Schlosser" sucht, besagt nicht, daß es für die Produktion hinderlich wäre, wenn Personen mit anderer Ausbildungs- oder Selbstbezeichnung für diese Arbeitsplätze eingestellt würden.

All diese Ungenauigkeiten, Unbestimmtheiten und Unklarheiten wurden von der frühen, sehr modellorientierten Arbeitskräftebedarfsforschung vernachlässigt. Planungsrelevante Informationen kann die Arbeitsmarktforschung aber erst dann bereitstellen, wenn die tatsächlichen Bildungs-Berufs-Beziehungen bekannt sind.

Das Erkenntnisinteresse der Flexibilitätsforschung kann also in der Suche nach analytisch und prognostisch besser geeigneten Klassifikationen des Ausbildungs- und des Beschäftigungssystems für Zwecke der Bildungsplanung gesehen werden. Es galt festzustellen, welche in den Klassifikationen künstlich gezogenen Grenzen zwischen Berufsbenennungen so durchlässig waren, daß ihre Verwendung für Bildungsplanungszwecke mehr Schaden als Nutzen - und zwar sowohl im Hinblik auf die kollektiven wie auf die individuellen Bildungsinvestitionen - anrichten müßte. Die Flexibilitätsforschung hat dieses Ziel der Begründung neuer, analytisch und prognostisch

für Zwecke der Bildungsplanung besser geeigneter "Berufscluster" noch nicht annähernd erreicht. Ihre Bemühungen müssen aber danach gewertet werden, ob sie weiterführende Schritte auf dem Weg dorthin darstellen oder nicht.
Es wird dabei auch um die Verringerung der Zahl und die Vergrößerung des Umfangs der Prognosekategorien gehen, also um die "weise Beschränkung" der Wissenschaft auf das tatsächlich über die Realität Aussagbare. Demgegenüber war die herkömmliche Arbeitskräftebedarfsprognose bestrebt, jede statistisch angebotene Desaggregierung für prognostische und planungspolitische Zwecke weiterzuverarbeiten und letztlich als abgrenzbares Planungselement auszuweisen.

Es liegt also zunächst einmal nicht anderes zugrunde, als eine Verschiebung der Zielhierarchie innerhalb der herkömmlichen Denkweise der Arbeitskräftebedarfsforschung nach dem manpower requirements approach: Zwischen Informationsgehalt und Wahrscheinlichkeit einer Aussage, insbesondere in prognostischen Zusammenhängen, besteht ein Konkurrenzverhältnis. Die Pioniere der Arbeitskräftebedarfsforschung entschieden sich zugunsten des Informationsgehaltes (tiefe Desaggregation); die Flexibilitätsforschung suchte demgegenüber die Wahrscheinlichkeit (gleiche Realitätsnähe) der Aussagen anzuheben. Da die Begründung und Durchsetzung neuer statistischer Kategorien für Zwecke der Bildungsplanung anhand der bisherigen Forschungsergebnisse noch nicht heranreifen konnte, war es wenigstens erforderlich, das verbreitete blinde Vertrauen in die Gültigkeit der gegebenen statistischen Kategorien aufzubrechen und insbesondere für Zwecke kollektiver und individueller Bildungsentscheidungen den Erkenntnisstand über die kategorialen Unschärfen und über die Beziehungen zwischen den Kategorien zu verarbeiten. Dies geschah und geschieht vor allem dadurch, daß gegebene Substitutionsbeziehungen dargestellt werden und dadurch, daß desaggregierte Berufsprojektionen zu Intervall- bzw. Korridorprojektionen erweitert werden, womit ihre Eintreffenswahrscheinlichkeit zunimmt. Dies ist als Beitrag zur wissenschaftlichen Dignität der Projektionstätigkeit in der Berufs- und Bildungsforschung gedacht.

Der Adressat "Bildungsplanung" soll über die dem Berufssystem innewohnenden Substitutionalitäten so unterrichtet werden, daß Bildungsplanungskategorien gebildet werden können, die die Notwendigkeit von Umschulungssystemen, welche als Fremdkörper in der Bildungslandschaft unverbunden mit dem Erstausbildungssystem ständigen Qualifikationswechsel bewirken, vermeiden helfen. Der berühmte "mehrmalige Berufswechsel während des Erwerbslebens", der eine so große argumentative Rolle am Beginn der trivialen politischen Mobilitätsdebatte spielte, ist ein notwendiges Anhängsel limitationaler, tief desaggregierter (man könnte auch sagen "verberuflichter") MRA-Prognostik. Eine auf den Erkenntnissen der Flexibilitätsforschung beruhende Berufscluster- oder Korridor-Prognostik hilft diese Art von Inhumanität überwinden.

Der wichtigste Adressat der Flexibilitätsforschung ist aber wohl das Beschäftigungssystem. Die Bewußtmachung der in den erworbenen Qualifikationen über ihre Bezeichnungen hinaus enthaltenen beruflichen Möglichkeiten der Arbeitnehmer würde es den Beschäftigern erlauben, die Bewältigung des Strukturwandels mit einer Minimierung von Umschulungs- und Umsetzungs- oder gar Freisetzungsleid der Arbeitnehmer zu verbinden und dabei deren Entfaltungsinteressen besser einzubeziehen. Vor allem aber soll die auf die Arbeitsplatzseite ausgedehnte Flexibilitätsforschung (= "Substitutionsforschung") die Möglichkeiten des Beschäftigungssystems aufzeigen, durch Umdefinition und Umorganisation ihre Arbeitsplatzstrukturen besser an die vorhandenen Qualifikationsprofile der Arbeitskräfte anzupassen.

Trotz dieser "Ideale" ist im IAB auch bewußt, daß eine strengere, eher ständische berufliche Verortung durch die hohe Bedeutung, die sie für die persönliche Identifikation hat, einen sozialen Wert darstellen kann, der mit der Verringerung der ökonomisch-existenziellen Risiken durch flexibilitätsorientierte Ausbildungsentscheidungen konfligiert. Dies allerdings nur, wenn "Verberuflichung" als kategoriale Rückwärtsgewandtheit, d.h. als Orientierung an den uns bislang geläufigen, aus der ständischen Welt überkommenen Berufsstruktur, zu verstehen ist. Eine strategische Wendung zur "Entberuflichung von höherer Bildung" im Sinne des Konzepts

Entscheidend für das Verständnis dieses Anliegens und seine Verfolgung ist die vom IAB betriebene Unterscheidung zwischen funktionaler und dysfunktionaler Mobilität. Dabei sei "funktionale Mobilität" eine solche Bewegung, bei der frühere Investitionen, insbesondere Qualifikationen, weiter genutzt werden, während "dysfunktionale Mobilität" Qualifikationsvernichtung bedeutet. Die Kenntnis der Spielräume funktionaler Mobilität verbessert nicht nur den Realitätsgehalt von Prognosen, sondern sie erweitert auch die beruflichen Entfaltungschancen sowie die berufliche Sicherheit des einzelnen auf der Basis der erworbenen Qualifikationen und, dies ist das wichtigste, sie ermöglicht es prinzipiell, die vor allem unerwünschte dysfunktionale Mobilität zu minimieren. In Kenntnis qualifikationserhaltender beruflicher Alternativen werden, solange diese aufgeschöpft werden können, Umschulungen überflüssig. In Unkenntnis funktionaler Spielräume dagegen geschehen Umschulungen, Qualifikationsvernichtungen und der Erwerb neuer Qualifikationen in einem Maße, wie es bei besserer Kenntnis nicht erforderlich wäre. Dies ist der politische Ort der Flexibilitätsforschung im Verständnis des IAB und seiner Forschungsprojekte und Publikationen.

Dies bedeutet auch, daß der Adressat "Arbeitnehmer" der Flexibilitätsforschung vor allem am Beginn seiner Ausbildungsbiographie eine Rolle spielt, und zwar insofern, als ihm zu Ausbildungswegen geraten werden kann, die in der komplexen Berufswelt eine zentrale Bedeutung mit zahlreichen Polyvalenzen haben, und abgeraten von solchen, die bei meist hoher Spezialisierung von anderen beruflichen Möglichkeiten streng abgeschottet sind und insofern ein hohes berufliches Risiko bei der - stets vorauszusetzenden - relativ großen Unsicherheit über die strukturelle Entwicklung beinhalten. Flexibilitätsforschung dieses Typus produziert dagegen keine Aussagen, die als Appell an Arbeitnehmer während ihres Berufslebens verstanden werden könnten, sich unter Qualifikationsopfern an sich wandelnde Erfordernisse des Arbeitsmarktes beliebig anzupassen. (Aussagen dieser Art exisitieren auch, sie haben aber mit der Flexibilitätsforschung des IAB nichts zu tun). Im Gegenteil, dieses Erfordernis soll gerade vermindert werden dadurch, daß eine frühzeitige polyvalenzhaltige Qualifizierung erworben wird.

des SFB 1o1 erscheint uns eher als konsequente Fortsetzung der Flexibilitätsforschung und als elegante bildungs- und berufspolitische Versöhnung der konfligierenden Werte, denn als in irgendeiner Weise zur Flexibilitätsforschung im Sinne des IAB kontrastierendes Konstrukt.

Eine Richtung der Weiterentwicklung einer wohlverstandenen Flexibilitätsforschung liegt in der Frage nach den Ursachen bzw. Komponenten der festgestellten Verwendungsvielfalt von erworbenen Qualifikationen. Diese Frage führt zur Suche nach den gemeinsamen Nennern von nachgewiesenen Substitutionsbeziehungen zwischen Berufen. Liegen diese Transfereffekte in den Ausbildungsinhalten, in den Sozialisationsmustern, in den Zertifikaten oder in welchen Merkmalen der Ausbildungen? Kann man die gefundenen transferhaltigen Komponenten zu strategischen Zwecken nutzen, um mehr a priori Flexibilität im Ausbildungssystem zu verankern? Wenn es "Schlüsselqualifikationen" gibt, sollte versucht werden, sie zu identifizieren und für die Orientierung einer künftigen Bildungs-, Arbeits- und/bzw. Gesellschaftsplanung zu verwerten. In dieser Weise ist eine gesellschaftlich-strategische Wendung denkbar, sie richtet sich aber nicht an die Arbeitnehmer.

Den Arbeitnehmern unmittelbar von Nutzen ist vor allem die Orientierungsverbesserung, die darin liegt, daß über die Nutzungsmöglichkeiten (durch Anwendung und Aufstockung) gegebener Qualifikationen mehr Transparenz geschaffen wird. Der mittelbare Nutzen für künftige Arbeitnehmergenerationen soll in der Überwindung überkommener Nutzungsbeschränkungen infolge realitätsfremder Spezialisierungen liegen.

Festzuhalten bleibt, daß die Flexibilitätsforschung des IAB

- sich innerhalb der Erkenntnisinteressen über die Beziehungen zwischen Bildungs- und Beschäftigungssystem bewegt, und daß sie

- vorrangig diagnostische und prognostische Fragestellungen und dabei Aufgaben der Methode und Interpretation zum Gegenstand hat,

- daß gegenüber dem Empiriebestand der Theoriegehalt noch durchaus dürftig ist,

- daß sie gegen strategisch-normative Ausdeutungen, die ihren Intentionen zuwiderlaufen, nicht gefeit ist,

- daß sie sich insbesondere kaum mit vertikalen Postitionsräumen innerhalb der Berufs- und Arbeitswelt, sondern nahezu auschließlich mit den horizontalen Beziehungen zwischen Ausbildungen und Berufen befaßt hat, und

- daß sie ihr Ziel darin sieht, gegenüber den erstarrten, obsoleten und unwissenschaftlichen Kategorien der geläufigen Berufsstatistik und -prognostik eine größere Realitätsnähe der Berufsforschung zu stimulieren.

Flexibilitätsforschung ist folglich zu Recht auch als Kritik an einer zu ausgeprägten Berufsorientierung der Bildungspolitik verstanden worden, insofern sich diese Berufsorientierung auf unpraktische Kategorien bezieht. Demgegenüber wäre eine flexibilitäts- und intervallorientierte Bildungsplanung praxisnäher. Deprofessionalisierung der Bildungsplanung im Sinner einer Abkehr von Scheinprofessionen wäre als potentielle Strategie mit den Befunden und Intentionen der Flexibilitätsforschung verträglich. Tendenzen zur weiteren Professionalisierung (sprich: zusätzlicher kategorialer Aufsplitterung des Bildungswesens und der Zertifizierungsgepflogenheiten) und Reprofessionalisierung würden dagegen mit Flexibilitätsbefunden im Widerstreit liegen. Schlüsselbedeutung kommt dabei der weiteren Entwicklung des Formalisierungs- und Zertifizierungsgrades von Bildung zu. Dieser sollte eher ab- als zunehmen. Die Bedeutung des die Beziehungen zwischen Bildungs- und Beschäftigunssystem als Berechtigungs- und Signalmechanismus immer mehr regelnden Zertifizierungsbereichs innerhalb und außerhalb der Bildungsinstitutionen ist hypertrophiert, sie spiegel immer weniger die wirklichen Verhältnisse und Erfordernisse und entwickelt sich von einer Regelgröße immer mehr zu einer Störgröße für Planung und Politik des einzelnen und des Arbeitsmarktes insgesamt.

Flexibilitätsforschung hat die Aufgabe, durch den "Zertifikatsschleier" hindurch die tatsächlichen Systembeziehungen zu erkunden. Dies mag in der Zukunft zu Überlegungen über realitätsnähere und zeitgemäßere Regelmechanismen führen, die an die Stelle der Zertifikatssteuerung treten könnten.

Daten und Erkenntnisse der Flexibilitätsforschung können selbstverständlich - dies ist das Schicksal aller Forschung - auch in intensionsfremde Argumentationszusammenhänge und politische Tendenzen eingebaut werden. Diese Fremdverwendung läßt aber keinen Schluß auf den gedanklichen Ansatz als solchen zu.

## Zum Zusammenhang bildungspolitischer Problemstellungen und Projektarbeit - Stellungnahme zu Beck, Bolte, Brater: Bildungsexpansion in der Sackgasse?

Wir wollen im folgenden zu drei Fragen Stellung nehmen, die auch Beck, Bolte, Brater ihrem Beitrag zugrunde gelegt haben:

1. In welchem Zusammenhang stehen die Arbeiten der Manpower-Gruppe zu bildungspolitischen Problemstellungen und welches Vorverständnis war für die Auswahl des Untersuchungsbereichs bestimmend?
2. Was leisten die Arbeiten zur Erklärung gegenwärtiger bildungspolitischer Auseinandersetzungen und Entwicklungen im Bildungssystem?
3. Welche bildungspolitischen Optionen werden implizit oder explizit vertreten und inwieweit sind diese rückgebunden an Ergebnisse der Forschungsarbeiten?

Zu 1.: Die Projektarbeit steht seit der Einrichtung der Arbeitsgruppe im Jahre 1968 in einem engen Zusammenhang zu bildungspolitischen Problemstellungen und Diskussionen. Die Frage nach Bedingungen und Konsequenzen der Aufnahme und Verwendung wachsender Angebote von Absolventen weiterführender Bildungseinrichtungen, die heute wie damals bestimmend für die Projektarbeit ist, wurde in den sechziger Jahren vor allem im Rahmen bis dahin entwickelter bildungsökonomischer Ansätze behandelt. Hierfür ist insbesondere der Arbeitskräftebedarfsansatz kennzeichnend, von dem sich Arbeitskräftebedarfsprognosen herleiten. Obgleich damals, angeleitet durch bildungsökonomische Untersuchungen, zunächst noch weitgehend von einem wachsenden Bedarf an hochqualifizierten Arbeitskräften ausgegangen wurde und wirtschafts- und gesellschaftspolitische Zielsetzungen, vermittelt über den Ausbau des weiterführenden Bildungswesens, als miteinander vereinbar schienen, wurde doch auch bereits Ende der sechziger Jahre die Frage gestellt, ob der Ausbau des Bildungswesens nicht eine Grenze finden müsse am ökonomisch bestimmten Bedarf an Arbeitskräften und inwieweit solche Zielsetzungen wie Abbau sozialer Diskriminierung und Selektion beim Zugang zu und in den Bildungsinstitutionen und Herstellung von Chancengleichheit und Durchlässigkeit realisierbar seien.

Diese Fragestellung wurde Ausgangspunkt der Arbeiten der Projektgruppe. Arbeitsprogramm und Untersuchungsschritte richteten sich in der ersten Arbeitsphase zum einen darauf, Annahmen und Methoden des Arbeitskräftebedarfsansatzes zu überprüfen. Zum anderen wurden theoretische und empirische Untersuchungen zu Definitionsleistungen des Bildungssystems gegenüber dem Beschäftigungssystem (Fragestellung: Beeinflussen Entwicklungen im Bildungssystem die Nachfrage des Beschäftigungssystems nach bestimmten Qualifikationen?), zu Diskrepanzen und Abstimmungsprozessen zwischen Bildungs- und Beschäftigungssystem und zum Verlauf und zu bestimmenden Faktoren von Absorptionsprozessen durchgeführt.

Der hier skizzierte Zusammenhang zwischen bildungspolitischer Programmatik und Projektarbeit bestimmte damit auch den Gegenstands- und Untersuchungsbereich, d.h. die Konzentration auf den Hochschulbereich und auf Probleme der Aufnahme und Verwendung hochqualifizierter Arbeitskräfte. Hieraus erklärt sich zweifellos auch die Betonung von innovatorischen und definitorischen Leistungen des Bildungs- gegenüber dem Beschäftigungssystem, die auch in anderen sozialwissenschaftlichen Ansätzen, z.B. zur Bedeutung und Funktion professioneller Arbeitskräfte, hervorgehoben werden.

Die Arbeiten der ersten Arbeitsphase waren deutlich, wie wir auch selber eingeräumt haben (vgl. die Vorbemerkung zum Nachdruck von "Expansion und Innovation", 1974), geprägt von einer optimistischen Einschätzung bildungspolitischer Veränderungsmöglichkeiten. Darüber hinaus blieben die Arbeiten bei aller Kritik und Abarbeitung an damals dominanten bildungsökonomischen Ansätzen doch in gewisser Weise dieser Tradition verhaftet. So wurden zum Beispiel Veränderungstendenzen im Bildungssystem und der Spielraum für konstruktive Entwicklungen auf einen sich langfristig artikulierenden Bedarf des Beschäftigungssystems zurückgeführt, dem allerdings erst über die innovatorischen Wirkungen eines wachsenden Angebots an höheren Qualifikationen zur Durchsetzung verholfen werden könne.

Die wissenschaftliche Diskussion und Kritik unserer Arbeiten, aber auch die wachsenden Widerstände gegen "aktive Bildungspolitik" wurden dann Ausgangspunkt der Projektarbeiten in einer zweiten Arbeitsphase. Hier richtete sich das Interesse insbesondere darauf, nicht unmittelbar bedarfsbestimmte Faktoren zu identifizieren, die die Expansion des Bildungssystems und das eigentümliche Schwanken politisch-administrativen Handelns zwischen Bedarfsorientierung und Orientierung an der individuellen Nachfrage nach weiterführender

Bildung erklären können. Darüber hinaus konzentrierte sich die Projektarbeit darauf, Abstimmungsprobleme zwischen Bildungssystem und Beschäftigungssystem und Konsequenzen solcher Abstimmungsprobleme, die aus der Expansion weiterführender Bildung resultieren, differenzierter zu erfassen.

In dieser Arbeitsphase rückte die statusdistributive und selektive Funktion des Bildungssystems in den Vordergrund, sowohl als Erklärung für die Nachfrage nach weiterführender Bildung, die Ambivalenz von politisch-administrativem Handeln und von Entwicklungen im Bildungssystem, als aber auch als Begründung für Anpassungsprobleme im Beschäftigungssystem. Ergebnisse dieser Arbeitsphase wurden weitgehend als Annahmen formuliert, die zwar mit Hinweis auf spezifische nationale und internationale Entwicklungen zu belegen versucht wurden, bisher jedoch empirisch nicht überprüft wurden.

In der derzeitigen Arbeitsphase stehen Fragestellungen im Vordergrund, die sich auf den Verbleib von Hochschulabsolventen im Beschäftigungssystem, auf die Erfassung und Einschätzung "ausbildungsbestimmter" Prozesse auf der Ebene von Arbeitshandeln bei wachsenden Angebotszahlen und auf Veränderungen individueller und gesellschaftlicher Bewertungen von Bildung und Arbeit im Verlauf der Expansion des Bildungssystems beziehen. Diese Fragestellungen leiten sich zwar im wesentlichen aus den Arbeiten der vorangegangenen Arbeitsphase ab; sie stehen jedoch auch im Zusammenhang mit derzeitigen Diskussionen über Beschäftigungsprobleme von Hochschulabsolventen und Folgen der Expansion des Bildungssystems im Beschäftigungssystem.

Zu 2.: In bezug auf gegenwärtige bildungspolitische Auseinandersetzungen und auf Entwicklungen im Bildungssystem läßt sich von unseren Arbeiten her insbesondere folgendes sagen:

Die Expansion des weiterführenden Bildungswesens kann allenfalls teilweise mit einem steigenden Bedarf an höheren Qualifikationen erklärt werden. Wir gehen vielmehr davon aus, daß im Verlauf zunehmender Bedeutung fachlicher Qualifizierung, gesellschaftlich-beruflicher Spezialisierung und der Verfestigung sozialstrukturell geprägter Zugangschancen zu beruflichen und gesellschaftlichen Positionen, die jeweils unterschiedliche Lebenslagen definieren und Lebenschancen verbürgen, auch eine zunehmende Sensibilisierung für diesen Zusammenhang stattfindet. "Aktive Bildungspolitik" hat diese Sensibilisierung verstärkt, jedoch nicht produziert. Die Nachfrage nach weiterführender Bildung und die damit verbundene Erwartung, über Bildungs- und Qualifizierungsprozesse Zugang zu höherem sozialen Status zu erlangen, kann zum einen nur um den Preis der Verletzung konstitutiver Verfassungsnormen auf Dauer und systematisch beschränkt werden. Zum anderen fehlen Methoden zur Erfassung langfristigen Qualifikationsbedarfs; die bekannten Methoden sind mit einer Vielzahl von Fehlern behaftet, geben allenfalls rudimentäre Orientierungen und begründen eher "maximalistische" Strategien im Bildungssystem.

Das schließt nicht aus, daß dennoch Einfluß auf die Bildungsnachfrage zu nehmen versucht wird - z.B. durch Numerus-Clausus-Praktiken, Einschränkungen von Ausbildungskapazitäten, Warnungen vor Überqualifizierungstendenzen usw. Offensichtlich sind solche Praktiken auch gesellschaftlich wirksam, worauf zum Beispiel stagnierende oder gar rückläufige Studienanfängerzahlen hinweisen. Dennoch bleiben solche Praktiken generell in dem Dilemma, Zugangsmöglichkeiten zum Bereich weiterführender Bildung nicht vollends beschränken und den Zusammenhang zwischen bestimmten Bildungs- und Qualifikationsvoraussetzungen - inhaltlich und institutionell - und spezifischen Berufspositionen, beruflichen Karrieremöglichkeiten und sozialen Gratifikationen nicht aufheben zu können; eine bedarfsgesteuerte Bildungspolitik, oftmals als Alternative zur Expansion des Hochschulbereichs gefordert, würde eher dazu führen, diesen Zusammenhang zu stärken. Unseres Erachtens resultiert hieraus das eigentümliche Schwanken zwischen Stimulierung von Bildungsnachfrage, Abschreckung von Bildungsaspirationen und Orientierung an individueller Nachfrage nach weiterführender Bildung.

Die Expansion des Bildungssystems führt dazu, daß die Angebotsentwicklung des Bildungssystems sich weder quantitativ noch qualitativ in Übereinstimmung befindet mit je gegebenen Anforderungen des Beschäftigungssystems und mit gesellschaftlichen Vorstellungen über Qualifikationsbedarf, die ohnehin keine eindeutige Größe sind und sich - nicht zuletzt im Verlauf der Expansion - wandeln. Hieraus resultieren unseres Erachtens qualifikatorische, aber auch statusdistributiv bedingte Abstimmungsprobleme zwischen Bildungs- und Beschäftigungssystem. Diese begründen Rekrutierungs- und Beschäftigungsprobleme und Prozesse verstärkter Selektion und Differenzierung von Tätigkeiten, Einsatzbereichen und beruflichen Karrieren im Beschäftigungssystem. Diese Abstimmungsprobleme wirken jedoch auch auf das Bildungssystem zurück, sei es, daß sich die Selektivität im Bildungssystem bei formal noch offenen Strukturen erneut verschärft (vgl. z.B. die Auswirkungen des Numerus Clausus auf den

Schulbereich), oder sei es, daß über veränderte Bildungskonzeptionen versucht wird, die Abstimmungsprobleme zu vermindern.

Bezogen auf Entwicklungen im Hochschulbereich haben wir solche Forderungen, wie verstärkter Berufsbezug oder verstärkte Flexibilisierung von Hochschulbildung wie folgt interpretiert: Berufspraxisbezug versucht zwar, Beschäftigungsprobleme von Hochschulabsolventen zu entschärfen und erweiterte Beschäftigungsmöglichkeiten zu schaffen; Berufspraxisbezug kann aber durch Bezug auf qualifikatorische Anforderungen im Beschäftigungssystem zu einer - über die Qualifikationen vermittelten - Reproduktion gesellschaftlicher Ungleichheit führen und die selektive und statusdistributive Funktion des Bildungssystems erneut stabilisieren. Das in manchen Konzeptionen für die Hochschulbildung favorisierte Konzept flexibler Qualifizierung, kann dazu führen, daß über eine zunächst sehr generell gehaltene Ausbildung hinaus keine spezifischen arbeitsinhaltlichen und statusmäßigen Ansprüche sich ausprägen können, wodurch Selektions- und Differenzierungsprozesse im Beschäftigungssystem erleichtert werden könnten.

Zu 3.: Die Projektarbeit war und ist - trotz ihrer Nähe zu bildungspolitischen Problemstellungen und Entwicklungen im Bildungssystem, nicht darauf gerichtet, eine Bildungskonzeption - etwa als Gegenkonzeption zu gegebenen - zu entwickeln und zu begründen. Gleichwohl ergeben sich aus den Ergebnissen der Projektarbeit Ansatzpunkte zur Kritik und Bewertung; dies hat sich auch in explizit bildungspolitisch orientierten Stellungnahmen niedergeschlagen. Hervorzuheben sind hier Analysen und Stellungnahmen zu Forderungen nach einer Bedarfssteuerung des Hochschulbereichs, zu Tätigkeitsfeldorientierung, Berufspraxisbezug und flexibler Qualifizierung von Hochschulbildung.

Dabei gehen wir davon aus, daß sich hinter Bedarfsforderungen und Versuchen, Hochschulbildung besser mit Anforderungen des Beschäftigungssystems abzustimmen, oftmals Interessen verbergen, die Selektivität des Bildungssystems erneut zu erhöhen und soziale Ungleichheit, vermittelt über qualifikatorische Begründungen, zu stabilisieren und zu legitimieren. Von unseren Untersuchungen her halten wir auch - unter gegebenen Bedingungen - die Diskussion über den Ausbau der beruflichen Bildung versus der Expansion des Hochschulbereichs für eine Scheinalternative: Die Restriktion des Hochschulzugangs würde nicht nur die Selektivität im Schulwesen erneut verstärken, sondern auch dazu führen, daß herausgehobene Statuschancen von vornherein bestimmten sozialen Statusgruppen vorbehalten blieben. Von hier aus wird auch die implizite und explizite Option begründet, den Zugang zu weiterführender Bildung und zum Hochschulbereich offenzuhalten, um jedem wenigstens vom Bildungssystem her die Chance zu eröffnen, die Qualifizierungsprozesse zu durchlaufen und die Zertifikate zu erlangen, die zumindest Zugang zu der Konkurrenz um herausgehobene gesellschaftliche Positionen erlauben. Damit kann zwar soziale Ungleichheit nicht aufgehoben werden, zumindest aber der Verteilungsmodus verändert werden.

Die Expansion des Hochschulbereichs führt jedoch zu Rückwirkungen auf das Bildungssystem selbst. Inwieweit im weiteren Verlauf noch bestehende Definitionsleistungen des Bildungssystems, an denen wir als Option und im Sinne der Vermittlung komplexer Handlungskompetenzen als Grundlage für personale und berufliche Identität und für bewußtes gesellschaftliches Handeln festhalten, erhalten bleiben und inwieweit aus Abstimmungsproblemen zwischen Bildungs- und Beschäftigungssystem Veränderungen sozialer Ungleichheit - zumindest langfristig - resultieren können, bleibt weiterhin Fragestellung von Forschungsprogrammen.

Martin Baethge

Vorauszuschicken ist: Empirische Forschungsverfahren sind zunächst analytische Verfahren und haben sich an der exakten Erfassung ihres Gegenstands auszuweisen. Nur soweit sie einen adäquaten wissenschaftlichen Zugang zur jeweils thematisierten sozialen Realität liefern, sind sie bzw. die mit ihnen ermittelten Ergebnisse auch ein möglicher Beitrag zur Veränderung von Gesellschaft. Einem Methodenkonzept von vornherein eine politisch-strategische Option für die Veränderung eines bestimmten Ausschnittes oder Teilbereichs der sozialen Realität zu unterstellen, sieht m.E. zu sehr von dem Grad der Verselbständigung von Wissenschaft und Forschung von ihrem Gegenstand ab. Es ist wohl bei dem gegenwärtigen Wissenschaftsbetrieb kaum möglich, Forschungsergebnisse auch gegen eine den politischen Intentionen der Forscher nicht entsprechende Vereinnahmung und Nutzung abzusichern.

In der analytischen Perspektive ist zudem festzuhalten, daß die im SOFI betriebene Qualifikationsforschung (im wesentlichen das über mehrere Jahre laufende Projekt "Produktion und Qualifikation") keine Erklärung für Form und Verlauf der Bildungsexpansion, wie sie in der heutigen Diskussion thematisiert worden ist, gibt und geben kann. Auch zu dem generellen Thema des Verhältnisses von Bildungssystemen und Beschäftigungssystemen kann unsere Forschung keine allgemeine Erklärung geben, erhebt auch nicht den Anspruch einer solch allgemeinen Erklärung, sondern versucht, empirisch einen für dieses Verhältnis wesentlichen Realitätsbereich, die industriellen Qualifikationsanforderungen, in der Entwicklung zu erfassen; sie gibt darüber hinaus einen allgemeinen Methodenhinweis darauf, wie wir uns eine Theorie zum Verhältnis von Bildung und Beschäftigung vorstellen: nämlich systematisch den Zusammenhang von Bildung und Beschäftigung als gesellschaftlichen Vermittlungsprozeß zu analysieren, was wir bislang aber nicht gemacht haben. (Versucht worden ist das einmal in meinem Bildungsratgutachten zur "Integration von Berufsbildung und Allgemeinbildung als Forschungskonzept für die Berufsbildungsforschung" - in: H. Roth/D. Friedrich (Hrsg.) Bildungsforschung, Stuttgart 1975)

Das, was hier unter SOFI-Ansatz vorgestellt worden ist, ist zunächst historisch als skeptische Entgegensetzung gegen Bildungsreformkonzepte und ihre theoretische Begründung zu verstehen, die dem ökonomisch-technischen Wandel eine automatische, ökonomisch - bedingte Tendenz zu mehr und besserer Bildung für alle unterstellten und darin ein glückliches Zusammentreffen von politisch wünschbarer Herstellung von Chancengleichheit durch das Bildungssystem und ökonomisch notwendiger Expansion von Bildung für alle als Voraussetzung von wirtschaftlichem Wachstum sahen, um daraus die Möglichkeit abzuleiten, über Bildungsreform gesellschaftliche Ungleichheit abzubauen.

Gegen diese relativ naive Vorstellung einer weitgehend autonomen Bildungspolitik und Bildungsreform, die die konstitutiven Widersprüche der bürgerlichen Gesellschaft nicht auf die Bildungspolitik bezogen, schien es uns erforderlich, genauer den materialen Zusammenhang von Bildungswesen und gesellschaftlicher Arbeit als formal, d.h. in ihrer institutionellen Verfaßtheit, voneinander getrennten Bereichen zu analysieren, um die außerhalb des Bildungswesens liegenden Bedingungen für Bildungspolitik genauer kennenzulernen. Die fortschreitende formale (institutionelle)Besonderung der Bildung gegenüber der gesellschaftlichen Arbeit ist hierbei selbst als ein historisches Resultat der Durchsetzung kapitalistischer Produktion und der hier folgenden Arbeitsteilung in der Gesellschaft zu begreifen. Über diesen historischen Prozeß der Verselbständigung von Bildung gibt es wohl kaum noch Dissens.

Das Analyse-Konzept zur Aufdeckung des materialen Zusammenhangs von Bildung und Beschäftigung liegt auf unterschiedlichen strukturellen Ebenen:

- der historischen Institutionalisierung spezifischer Bildungssysteme als Resultat je unterschiedlicher nationaler ökonomischer Entwicklungsprozesse;

- der aktuellen Verwertung der im Bildungssystem aus- bzw. vorgebildeten Arbeitskraft; diese Verwertung schlägt - wie sich heute besonders deutlich zeigt - auf das Bildungssystem über das Bildungsverhalten von Eltern und Jugendlichen zurück, die gleichsam in Antizipation von Berufs- und Arbeitsmarktchancen ihre Bildungsentscheidung wesentlich mit treffen. Insofern ist es auch wichtig, etwas über Arbeitsplatz- und Arbeitsmarktstrukturen und ihre Entwicklung zu wissen, da letztlich die Verwertung von Bildung durch die Qualifikationsanforderungen im Beschäftigungssystem bestimmt werden, die ihrerseits wesentlich auf die Struktur der Arbeitsteilung zurückzuführen sind.

Nur in bezug auf diesen materialen Zusammenhang würden wir den von uns durchgeführten empirischen Forschungsarbeiten auch eine politisch-strategische Bedeutung zusprechen, wobei wir uns dessen bewußt sind, daß wir mit der Analyse von Qualifikationsanforderungen auch nur eine - wir meinen freilich die zentrale - Bedingung für die Verwertung von Bildung und Ausbildung erfaßt haben, nicht aber den Zusammenhang selbst. Hierzu hätte es einer genaueren Analyse auch der Bildungsvoraussetzung der in den untersuchten Industriebetrieben Arbeitenden bedurft. Es erscheint mir nötig, zunächst einmal negativ zu sagen, welche politisch-strategische Option mit unseren Forschungsarbeiten nicht gemeint ist, da uns aus Unverständnis oder auch absichtsvoll Optionen immer wieder unterstellt worden sind: Wenn wir in unseren empirischen Studien zur Veränderung von Qualifikationsanforderungen im Bereich der Arbeit unsere theoretische Hypothese von einer materialen Dominanz der Produktion gegenüber der Bildung bestätigt zu sehen meinen und dafür gerade Polarisierungs- und Dequalifizierungsprozesse neben Prozessen der Verwissenschaftlichung und der Anhebung der Qualifikationsanforderungen von Teilgruppen als Begründung sehen, so heißt dies keine strategische Option für

- weniger Bildung im Sinne einer Angleichung der Bildungsstrukturen an die Arbeitsplatzstrukturen,

- für Aufgabe von Bildungspolitik überhaupt als eigenständiger Politik zugunsten einer Arbeitsstrukturierungspolitik. (Selbstverständlich behält die Bildungspolitik auch immer ihre Eigenständigkeit infolge der institutionellen Separierung von Bildungsbeschäftigung.)

Umgekehrt heißt es positiv gewendet: die möglichen Auswirkungen von Arbeitsplatz- und Arbeitsmarktstrukturen auf das Bildungssystem in der Bildungspolitik systematisch zu reflektieren und ihnen durch die Schwerpunktsetzung in der Bildungspolitik bewußt entgegenzuwirken und nicht auf eine gesellschaftspolitisch positive Absorption jedweder Bildung durch den Markt zu vertrauen. Nur so ist die begrenzte Kapazität des Bildungssystems für Gesellschaftsreform, die ich auch innerhalb dieser Gesellschaft für gegeben halte zu nutzen. Der Markt dagegen schlägt sehr hart im Sinne einer verstärkten Strukturierung sozialer Ungleichheit auf das Bildungssystem zurück, wie gerade Beispiele der Bildungsexpansion zeigen. Sie hat ja nicht nur "gebildete Ungelernte" (B.Lutz) produziert, sondern eine Reihe weiterer negativer Selektionsprozesse hervorgebracht.

Hierzu würde ich zum einen die zunehmende Entwertung des Hauptschulabschlusses rechnen, die sich in den letzten Jahren aufgrund des zunehmenden Andrangs zu Realschulen und Gymnasien einerseits, der ausbleibenden Berufsbildungsreform und der zu beiden Prozessen parallellaufenden demografischen Entwicklung andererseits ergeben hat. Noch problematischer ist die damit unmittelbar zusammenhängende Diskriminierung und Stigmatisierung gerade der Sonderschüler und Hauptschüler ohne Abschluß, die noch weniger als die Hauptschulabsolventen heute damit rechnen können, einen Ausbildungsplatz in der Berufsbildung zu bekommen. Auch die Situation der Mädchen wäre hier zu erwähnen: Bei ihnen zeigt sich, daß das durchschnittliche Bildungsniveau, gemessen an formalen Schulabschlüssen, sich ständig im Laufe der 70er Jahre verbessert hat und heute bereits über dem der männlichen Jugendlichen liegt, daß sie aber sehr viel weniger mit diesen erweiterten Bildungsabschlüssen anfangen können und geringere Nutzungsmöglichkeiten haben; deutlich wird dies besonders an der zunehmend geringeren Nutzung des Abiturs für ein Hochschulstudium.

Die zuvor angedeuteten Selektionsprozesse, die im Sinne einer verschärften negativen Selektion soziale Ungleichheit stabilisiert, in bestimmten Bereichen wahrscheinlich sogar vertieft haben, sind m.E. nur auf der Ebene naturwüchsig ablaufender Marktprozesse bei einer Bildungsexpansion zu erklären, die vor allem quantitative Expansion der weiterführenden Bildungseinrichtungen war. Die strategische Konsequenz und bildungspolitische Option aus dieser Überlegung wäre für mich, Bildungsreform unten zu beginnen, das Niveau der allgemeinen Bildung im Sinne der allen Kindern und Jugendlichen zukommenden Mindestausbildung anzuheben und eine Integration von beruflicher und allgemeiner Bildung anzustreben. Dies müßte nicht heißen, nicht auch die Hochschulausbildung zu erweitern, bedeutet aber, den Hochschulzugang zu verbreitern und allgemein zu machen, um möglichst unterhalb der Hochschulebene wenig Selektion stattfinden zu lassen.

Es ist selbstverständlich, daß in der Kürze der Zeit hier Zusammenhänge nur angedeutet werden konnten, die sehr viel verwickelter sind. Mir ging es an dieser Stelle vor allem darum, falsche politische Ansprüche an eine empirische Qualifikationsforschung abzuwehren, die für sich durchaus beansprucht, auch einen Beitrag zur praktischen Veränderung dieser Gesellschaft leisten zu können. Nur ist der Weg von der empirischen Forschung zur Umsetzung in politisches Handeln dann doch weiter, als mir in den Fragen des Referats unterstellt zu sein scheint.

ISF München

## Einige Anmerkungen zum Plädoyer für eine Generalisierung beruflicher Qualifizierung

Im Rahmen dieses knappen Diskussionsbeitrags ist es nicht möglich, die theoretischen Implikationen des ISF-Ansatzes weiter zu vertiefen, obwohl damit einigen vielleicht mißverständlichen Interpretationen in der einleitenden Darstellung vorgebeugt werden könnte. So scheint uns dort die Reproduktionsproblematik in individual-psychologischer Sichtweise verkürzt nur auf solche Spannungsmomente, die durch widersprüchliche Anforderungen innerhalb einer Arbeitsperson auftreten, während uns gerade die strukturelle Bedeutung des Reproduktionsaspektes für betriebliche und gesellschaftliche Arbeitskräfteformung und -vernutzung wichtig ist. Auch führt die Formulierung, mit der dort die Bedeutung des Betriebs als wesentliche gesellschaftliche Instanz dargestellt wird, sehr leicht zu einem falschen handlungstheoretischen Verständnis der Existenz eines total autonomen Betriebs; die Bedingtheit betrieblicher (Re-)Aktionen und damit das dialektische Spannungsverhältnis zu betriebsübergreifenden gesellschaftlichen Strukturen und Prozessen bliebe dabei unberücksichtigt.

Bezogen auf die politische Wendung, die im Einführungsreferat bei allen Ansätzen bewußt akzentuiert wird, ist zunächst festzuhalten, daß unser erkenntnisleitendes Interesse nicht Bildungspolitik per se ist, sondern sich auf deren Beitrag zur Herstellung solcher gesellschaftlicher Strukturen richtet, die insgesamt einen hohen Grad an Befriedigung kollektiver und individueller Interessen der Lohnabhängigen gestatten. Dafür kommt der Gliederung des gesellschaftlichen und einzelbetrieblichen Gesamtarbeiters eine wesentliche Bedeutung zu, genauer: dem Grad, in dem hier Unterschiede in den Reproduktionsbedingungen (und damit auch: gesellschaftlichen Interessenlagen) in qualifikatorischen Differenzierungen angelegt und festgeschrieben sind.

Eine wesentliche Voraussetzung für die Durchsetzung und Wahrung von besseren Arbeits- und Entlohnungsbedingungen von Arbeitnehmern ist in deren Vereinheitlichung zu sehen. Reduzierung von interner Konkurrenz und verringerte Hierarchie innerhalb der Arbeitnehmerschaft vermindern zum einen die Angriffsflächen für Lösungsmechanismen betrieblicher und gesellschaftlicher Probleme vorwiegend zu ungunsten einzelner Beschäftigtengruppen, indem diesen überproportionale Belastungen aufgebürdet werden. Zum anderen ergeben sich aus einer Entspannung der unmittelbaren Konkurrenz zwischen gleichgestellten Arbeitskräften günstigere objektive Voraussetzungen für Kollegialität und Solidarität wie auch, darauf aufbauend, eine Stärkung der Verhandlungsposition von Arbeitnehmern auf allen Ebenen. Politische Konzepte zur Verbesserung der Reproduktionsbedingungen sind deshalb an ihrem möglichen Beitrag zur Vereinheitlichung des Gesamtarbeiters zu messen.

Gewendet auf die Bildungspolitik kommt es deshalb darauf an, Entwicklungen im Bildungssystem zu stützen oder sogar erst zu initiieren, welche geeignet erscheinen, einer vermehrten vertikalen Differenzierung im Beschäftigungssystem entgegenzuwirken. Damit unmittelbar verbunden, sollten Qualifizierungsprozesse und deren Niederschlag in bestimmten Qualifikationsstrukturen einer zunehmenden Scheidung von (ausschließlicher) Kopf- und (ausschließlicher) Handarbeit nicht weiter Vorschub leisten, und - umgekehrt - gegenwärtig ebenfalls zu beobachtbaren Tendenzen einer Bewahrung bzw. Wiederherstellung von relativ komplex angelegten, zu fachlich selbständigem Arbeiten befähigenden sowie zur individuellen und kollektiven Interessendurchsetzung aktivierbaren Qualifikationstypen unterstützen.

Kernstück eines solchen bildungspolitischen Konzepts ist eine *Erst*qualifizierung, die für *alle* Jugendlichen berufspraktische Momente in einem solchen Ausmaß und einer solchen Form vermittelt, daß ihr anschließender Einsatz im Betrieb (mindestens) auf dem Tätigkeits- und Entlohnungsniveau heutiger Facharbeiter oder Fachangestellter möglich ist. Dazu bedarf es einer Strukturierung des gesellschaftlichen und betrieblichen

Produktionsprozesses in Tätigkeitsbündel nach Breite und Tiefe nicht zu knappen Zuschnitt, mit dem Ergebnis gesellschaftlich standardisierter Anforderungserwartungen an potentielle Arbeitskräfte hierfür. Quasi als Gegenstück hierzu sind gesellschaftliche Prozesse der Herstellung, Normierung und Zertifizierung adäquater Qualifikationsbündel notwendig. Umgekehrt begünstigt das gesellschaftlich bereitgestellte Angebot standardisierter berufspraktischer Qualifikationen eines gewissen Niveaus wiederum die Durchsetzung homogenerer und besserer Arbeits- und Entlohnungsbedingungen.

Von den heute vorfindlichen Qualifikationstypen scheinen nur I n d u s t r i e facharbeiter (einschließlich entsprechender Ausbildungen) einige wesentliche Prinzipien einer nach den dargestellten Gesichtspunkten wünschenswerten Organisation und qualifikatorischen Erzeugung des Gesamtarbeiters - zumindest im Ansatz - in sich zu vereinigen. Daraus leitet sich für uns die Berechtigung ab, für die Bundesrepublik Deutschland die Facharbeiterausbildung zum Ausgangspunkt nicht nur aktueller bildungspolitischer Überlegungen zu machen, sondern auch zum Orientierungspunkt weiterreichender strategischer Konzepte.

Wir verkennen dabei nicht die mannigfachen Probleme und Gefahren einer prototypischen Verwendung von Facharbeitereinsatz und -ausbildung. So reden wir keinesfalls einer ungeschiedenen Befürwortung der konkreten Formen beruflicher Ausbildung das Wort, wie sie uns heute vor allem in den Varianten des sogenannten Dualen Systems entgegentreten; zuviele problematische Momente - etwa Vereinseitigung in Richtung manueller Befähigungen, zu starke betriebsspezifische Ausrichtung - haben in der Vergangenheit weite Bereiche der Lehrausbildung desavouiert. Wir müssen und können uns allerdings mit aller Vorsicht bei der Skizzierung einer alternativen Zukunft eben nur auf die - unter heutigen Bedingungen relativ progressiven Beispiele beziehen. Grundsätzlichere Skepsis ist angebracht angesichts von Phänomenen fachlicher Borniertheit im Sinne zu starker Orientierung mancher Facharbeiter am stofflichen Tun, einer soweit gehenden Identifikation mit den Tätigkeitsinhalten, daß ihnen der soziale Kontest ihres Arbeitshandelns völlig aus dem Blickfeld zu geraten droht. Wohl noch ernster zu nehmen wäre eine politische Borniertheit, wie sie bei Facharbeitern im Zusammenhang mit elitären Einstellungen und Verhaltensweisen, die der Solidarität innerhalb der gesamten Arbeiterschaft deutliche Grenzen setzten, vielfach vermutet wird. Solche elitären Verhaltensweisen und Orientierungen würden jedoch bei einer Generalisierung der Ausbildung und einer Angleichung der Arbeits- und Entlohnungsbedingungen an Grundlage verlieren.

Abschließend sei noch darauf hingewiesen, daß Bildungspolitik sicherlich nicht die alleinige Ebene ist, die hinter dem Beruflichkeitskonzept stehende Zielsetzung einer Vereinheitlichung der Arbeitnehmer auf höherem Reproduktionsniveau zu erreichen - möglicherweise sogar nicht einmal das zentrale Feld für entsprechende politische Aktivitäten, auf alle Fälle nur selten mit unmittelbarer Wirkung. Wenn es um Arbeits- und Entlohnungsbedingungen geht, greifen etwa Arbeits- und Sozialpolitik oder Verhandlungen zwischen den Tarifparteien oft nicht nur direkter und schneller, sondern u.U. auch mit etwas stärkerem Nachhalt. Daraus kann nun aber keine Abstinenz im bildungspolitischen Raum abgeleitet werden, da alternative Qualifikations- und Qualifizierungsstrukturen auf lange Frist doch erheblich variierende Bedingungskonstellationen für die zentralen Auseinandersetzungen um das Reproduktionsniveau verschiedener gesellschaftlicher Gruppen darstellen.

# THEMENBEREICH 6: LEBENSLAGEN, RISIKEN UND SYSTEME SOZIALER SICHERUNG

Leiter:

Bernhard B a d u r a (Konstanz)

Referenten:

Christian v o n F e r b e r (Düsseldorf):
Soziale Sicherung in Westeuropa

Wolfgang Z a p f (Mannheim):
Lebensbedingungen und wahrgenommene Lebensqualität

Karl Otto H o n d r i c h (Frankfurt/Main):
Der Wohlfahrtsstaat und die Konstitution sozialer Probleme

Peter G r o s s (Konstanz):
Integrationswirkungen und Legitimationsprobleme der Sozialleistungssysteme in der Bundesrepublik und in der Schweiz

Bruno J o b e r t (Grenoble):
Die liberale Kritik des Wohlfahrtsstaats in Frankreich

Erhard B l a n k e n b u r g (Berlin):
Expansion und Bürokratisierung öffentlicher Dienstleistungen

Bernhard Badura

## Einleitung

Fast auf den Tag genau vor 20 Jahren fand hier in Berlin schon einmal ein Deutscher Soziologentag - es war der 14. - statt. Zu den Hauptreferenten gehörte auch Hans Achinger. Die Kritik, die er in seinem Beitrag an der damaligen Verfassung unserer Sozialpolitik übte, an ihrer Selbstgenügsamkeit, an der Naturwüchsigkeit ihrer Entwicklung und an der Verselbständigung sozialpolitischer Einrichtungen und Institutionen gegenüber den Bedürfnissen der Betroffenen, diese Kritik hat - so meine ich - nichts an Aktualität eingebüßt.
Obwohl wir mittlerweile jährlich nahezu ein Drittel unseres Sozialproduktes für soziale Belange aufwenden, gelang es uns bisher nicht, einige, auch für den Bestand unserer Gesellschaft insgesamt bedeutsame Risiken und Probleme zu vermeiden oder zu beseitigen. Ich erinnere hier nur an die Situation auf dem Arbeitsmarkt, im Bereich unserer Einkommenspolitik oder in unserer Gesundheitsversorgung. Ich erinnere auch besonders an die mangelhafte Transparenz und Rigidität unserer Versorgungsstrukturen, die für die bedürftigen Bürger mittlerweile selbst zu einem sozialen Problem erster Ordnung geworden sind.
Hans Achinger schloß vor 20 Jahren sein Referat mit einer "Bitte an die Soziologie" - wie er sich damals ausdrückte -, mit der Bitte, die deutsche Soziologie solle durch ihre Forschungsarbeit zur Weiterentwicklung unserer sozialen Sicherung beitragen. Sie solle sich erstens um Analysen zur Fortentwicklung und Innovation sozialpolitischer Einrichtungen und Institutionen bemühen; sie solle zweitens Untersuchungen über das Zustandekommen sozialpolitischer Entscheidungen anstellen und sie solle drittens die Lebenslagen der Empfänger staatlicher Sozialleistungen erforschen.
Für mich wäre das Ziel unserer heute zu leistenden Arbeit erreicht, wenn wir an ihrem Ende etwas genauer wüßten, wieweit unsere Wissenschaft bisher schon den - wie ich meine, wohlbe-

gründeten und nach wie vor aktuellen - "Bitten" Achingers entsprochen hat, und wenn sich dabei Schwerpunkte zukünftiger Forschungen abzeichnen würden.

Christian von Ferber

# Soziale Sicherung in Westeuropa
## Soziologische Gesichtspunkte zur Entstehung, zur gegenwärtigen Situation und zum Vergleich der Systeme sozialer Sicherheit

1. Vorbemerkung.

Die Themenstellung für einen einleitenden Überblick enthält drei Vorentscheidungen, die eingangs bewußt gemacht werden sollten. Es sind dies:

- die Beschränkung der Themenstellung auf die Lage in Westeuropa,
- das primär-soziologische Erkenntnisinteresse und schließlich
- der Zwang zur Abstraktion, der in der Aufforderung liegt, über die konkreten, historisch gewordenen Systeme sozialer Sicherheit der europäischen Länder verallgemeinernde Aussagen zu machen.

a. Die Beschränkung auf die Sozialpolitik der westeuropäischen Staaten schließt einen Vergleich mit der Sozialpolitik der sozialistischen Länder aus. Diese Entscheidung hat Konsequenzen für die mit der Fragestellung indizierte Methode des interkulturellen Vergleichs. Eine Beschränkung auf die Systeme sozialer Sicherung in Westeuropa begibt sich in einem wesentlichen Punkt einer möglichen Kontrolle ihrer Aussagen. Es gehört zu den gegenwärtig umstrittenen Fragen, ob bestimmte Erscheinungsformen der sozialen Sicherheit von der Wirtschafts- und Arbeitsverfassung, also von dem geltenden politischen System abhängig sind oder ob sie durch das Stadium des Industrialisierungsprozesses, also durch einen historischen Prozeß bedingt sind, dessen Wirkungen wir unabhängig von der politischen Verfassung der Gesellschaft beobachten können. Für einen solchen Vergleich wäre die Materiallage verhältnismäßig günstig, da für die beiden deutschen Staaten ausführliche Analysen vorliegen.[1])

b. Das primär-soziologische Erkenntnisinteresse an den Systemen sozialer Sicherheit in den Staaten Westeuropas ist weitgehend darauf angewiesen, den kategorialen Rahmen allererst zu entwickeln, und zwar ohne ausreichende empirische Kontrolle. Eine soziologische Analyse kommt nämlich mit den Systematisierungen der Sozialpolitik, wie sie seit mehr als zwei Jahrzehnten durch die Institutionen der europäischen Wirtschaftsgemeinschaft vorangetrieben werden, nur zum geringeren Teil zur Deckung.[2] Sie kann für ihre Erkenntnisinteressen von den Statistiken und Materialien der europäischen Behörden nur in geringem Umfange Gebrauch machen.

Die sozialpolitischen Informationsbedürfnisse der europäischen Wirtschaftsgemeinschaft orientieren sich an pragmatischen Zielen wie der Harmonisierung der Sozialleistungen oder der Standardisierung der statistischen Erfassung der Sozialausgaben. Ohne die Bedeutung solcher auch unmittelbar politisch verwertbarer Analysen damit verkleinern zu wollen, stellen wir fest, daß der wissenschaftliche, insbesondere der soziologische Ertrag der Studien der europäischen Wirtschaftsgemeinschaft gering ist. Vor allem bleiben wichtige, den Soziologen interessierende Fragen unbeantwortet. Sie betreffen die Systeme sozialer Sicherheit als einen Bestandteil des historischen Gesellschaftsprozesses. In erster Annäherung können wir drei Erkenntnisinteressen unterscheiden

- die Frage nach den gesellschaftlichen Bedingungen, die zur Entstehung, zum Bestand und zur Dynamik der Systeme sozialer Sicherheit beitragen,
- die Frage nach den Beziehungen zu den Strukturen der Gesellschaft, also nach Abhängigkeiten, Interdependenzen und Autonomie der Systeme sozialer Sicherheit im Verhältnis zu anderen Teilsystemen der Gesellschaft,
- die Frage nach dem spezifischen Beitrag der Systeme sozialer Sicherheit zum historischen Gesellschaftsprozeß.

Die letzte Frage wird in der Vorankündigung zu dieser Veranstaltung unter der Formulierung angesprochen: "Institutionalisierte soziale Sicherheit (staatliche Sozialpolitik) als ein, wenn nicht sogar der entscheidende Integrationsmechanismus westlicher Industriegesellschaften".

Eine Bearbeitung dieser für den Soziologen zentralen Fragen setzt eine Verständigung über die Kategorien der Analyse voraus. Welche analytischen Kategorien stehen dem Soziologen gegenwärtig zur Verfügung, um z.B. auf die Frage, ob - und wenn ja - auf welche Weise die staatliche Sozialpolitik zur Integration westlicher Industriegesellschaften entscheidend beiträgt, einigermaßen stichhaltige Argumente vorzubringen. Ich möchte hier die Behauptung vertreten, daß wir uns bei der Entwicklung des analytischen Instrumentariums noch im Stadium der Hypothesensammlung und -gewinnung befinden.

c. Die dritte und letzte Vorentscheidung für die Fragenstellung betrifft die Vorgabe der Abstraktionsebene. Die Systeme sozialer Sicherheit in den westeuropäischen Ländern sind mit deren nationaler Geschichte aufs engste verknüpft. Zwar hat es in der Entstehungsgeschichte der Systeme sozialer Sicherheit gegenseitige Anregungen, ja zum Teil auch die Übernahme von Institutionen gegeben, dennoch ist die Entwicklung der Sozialpolitik bis in die Gegenwart hinein durch nationale Sonderinteressen bestimmt. So läßt sich beispielsweise die staatliche Sozialpolitik als ein gesellschaftlicher Integrationsmechanismus nicht ohne weiteres von dem gegebenen innenpolitischen Zusammenhang der europäischen Staaten ablösen. Die verallgemeinernde Frage nach der gesellschaftlich integrierenden Wirkung sozialer Sicherheit setzt voraus, daß diese Integrationsleistung irgendwie unabhängig von dem nationalstaatlichen Integrationszusammenhang zustande kommt. Die soziologische Frage nach den allgemeinen, die nationalen Besonderheiten übergreifenden Strukturen staatlicher Sozialpolitik erzwingt daher eine Abstraktionsebene, deren Tragfähigkeit für verifizierbare Aussagen sich noch herausstellen muß.

## 2. Zur Soziogenese der Systeme sozialer Sicherheit.

### 2.1 Historische Gegebenheiten.

Die Untersuchung der gesellschaftlichen Bedingungen, unter denen in den westeuropäischen Ländern die Systeme sozialer Sicherheit entstanden sind, wird zweckmäßigerweise von drei historischen Tatsachen ausgehen, die bis in die Gegenwart hinein die Diskussion um die Harmonisierung der westeuropäischen Sozialpolitik beeinflussen. Es sind dies

- die sozialen Probleme, die den Einstieg für die sozialpolitische Intervention des Staates eröffneten - in der deutschen Sozialpolitik als "Arbeiterfrage" bezeichnet. Sie betreffen die Gesundheits-, insbesondere die Unfallgefährdung in der industriellen Produktion und das materielle Existenzrisiko der Industriearbeiterschaft.
- der nationalstaatliche Rahmen, in dem sich die Systeme sozialer Sicherheit entfaltet haben,
- der Problemwandel, der mit der Einbeziehung der gesamten Bevölkerung des Staatsgebietes in die soziale Sicherung eingetreten ist. Der Beverigde-Plan (1942) [3] markiert den historischen Einschnitt.

a. Die sozialen Probleme, bei denen die staatliche Sozialpolitik einsetzt, sind der Arbeiterschutz und die Einkommenssicherung für die Lohnarbeiter in den Industriebetrieben. Die Unfallgefahren der industriellen Produktionsweisen und das Einkommensrisiko der kapitalistischen Lohnarbeit führen zur staatlichen Intervention in die Arbeitsverfassung und die Einkommensverwendung. Für die Entstehung der Systeme sozialer Sicherheit hat diese Ausgangskonstellation zwei bis in die Gegenwart hinein wirksame Konsequenzen

- die partikularistische Orientierung an der Interessenlage

der Industriearbeiter bzw. für die entfalteten Systeme sozialer Sicherheit an den Interessen von Erwerbstätigen-Gruppen,

- die Beteiligung der Arbeitgeber an der Verwaltung und Organisation der sozialen Sicherheit.

b. Der nationalstaatliche Rahmen, in dem die kapitalistische Entwicklung und die sozialpolitischen Interventionen eingebunden sind, bestimmt den Zeitpunkt, zu dem in den einzelnen westeuropäischen Ländern der Staat interveniert und beeinflußt die organisatorischen Formen, die für sozialpolitische Maßnahmen durchgesetzt werden. In diesem Sinne hängt es von der jeweiligen innenpolitischen Konstellation ab, wann in den einzelnen westeuropäischen Ländern bestimmte sozialpolitische Gesetze erlassen und welche organisatorischen Lösungen gefunden werden. Es besteht für die Entstehungsbedingungen nur eine geringe Abhängigkeit der Gesetzgebung von dem jeweiligen Stand der Industrialisierung (gemessen an dem Beitrag der Industrieproduktion zum Bruttosozialprodukt oder am Anteil der Beschäftigten außerhalb der Landwirtschaft). Auch gibt es keinen Sachzwang für spezifische organisatorische Lösungen.[4)]

Die Bindung der Systeme sozialer Sicherheit an den nationalstaatlichen Rahmen hat für unsere Überlegungen die Konsequenz, daß wir die Orientierungs- und Vorbildrolle beachten müssen, die verschiedenen Ländern bei der Entwicklung der Systeme sozialer Sicherheit in Westeuropa zukommt. Die Übernahme einer Orientierungs- und Vorbildrolle kann zweierlei bedeuten. Das System der sozialen Sicherheit eines Landes beeinflußt die sozialpolitische Diskussion in den übrigen Ländern oder ein als vorbildlich angesehenes System Sozialer Sicherheit wird an die spezifischen Bedingungen des eigenen Landes angepaßt. So spielt etwa für die Epoche bis 1933 die Sozialversicherung des Deutschen Reiches eine orientierende Rolle. Nach dem Zweiten Weltkrieg wird die sozialpolitische Gesetzgebung der westeuropäischen Länder stark von dem Beveridge-Plan beeinflußt.

Mit dem politischen Handlungsspielraum, der für die sozialstaatliche Intervention hinsichtlich des Zeitpunktes und hinsichtlich der organisatorischen Lösungen besteht, hängt eine weitere, dritte historische Tatsache auf das engste zusammen:

c. Die Definition sozialer Probleme, die die staatliche Intervention herausfordern und begründen, erweitert sich und gewinnt eine grundsätzlich neue Perspektive, indem die gesamte Bevölkerung als Zielpopulation für die soziale Sicherheit gesetzt wird. Die Staatszugehörigkeit, nicht länger ausschließlich die Merkmale der Stellung im gesellschaftlichen Produktionsprozeß steckt den Personenkreis ab, für den soziale Sicherheit gewährleistet wird. Damit entfällt eine bis dahin vorherrschende Begründung der Sozialpolitik, daß nämlich die soziale Sicherheit die Klassenlage der Industriearbeiterschaft ausgleichen und verändern solle. Staatliche Sozialpolitik ist nicht länger ausschließlich eine Antwort auf die Arbeiterfrage. Oder wie der Beveridge-Plan die neue Perspektive der sozialen Sicherheit formuliert hat: "Der Plan umfaßt alle Bürger ohne obere Einkommensgrenze ... Er ist ein hinsichtlich der Personen und der Bedürfnisse allumfassender Plan."
Er unterscheidet nach der Beziehung zum System sozialer Sicherheit die folgenden Klassen von Personen:
"Im Hinblick auf die soziale Sicherheit zerfällt die Bevölkerung in vier Hauptklassen des arbeitsfähigen Alters und zwei weiteren Klassen unterhalb und oberhalb des arbeitsfähigen Alters, wie folgt:
a) Arbeitnehmer, d.h. Personen, deren normale Beschäftigung Arbeit im Rahmen eines Dienstvertrages ist;
b) andere Erwerbstätige, einschließlich der Arbeitgeber, Gewerbetreibenden und selbständigen Arbeitern aller Arten;

c) Hausfrauen, d.h. verheiratete Frauen im arbeitsfähigen Alter;
d) andere im arbeitsfähigen Alter, die keine Erwerbstätigkeit ausüben;
e) unterhalb des arbeitsfähigen Alters;
f) im Ruhestand über dem arbeitsfähigen Alter." [5)]

Dieser Wandel in der Perspektive auf die sozialen Probleme, die die Systeme sozialer Sicherheit rechtfertigen und ihre Funktionen begründen, verändert jedoch nicht allein die ideologische Rechtfertigung der Sozialpolitik, sondern zieht auch erhebliche Konsequenzen für die Organisation der sozialen Sicherheit nach sich. Eine Organisation der sozialen Sicherheit, die auf die Bevölkerung bezogen und nicht länger auf Funktions- oder Statusgruppen der Erwerbsbevölkerung beschränkt ist, kann in dreierlei Hinsicht alternative Organisationsformen entwickeln:

- Sie kann eine, dem regionalen Bedarf entsprechende differenzierte Versorgung der Bevölkerung mit sozialen und medizinischen Dienstleistungen aufbauen. Sie besitzt daher eine wesentlich größere Leistungsfähigkeit in der Koordination beruflich spezialisierter und professionalisierter Dienste. Ein nach Funktions- und Statusgruppen der Erwerbsbevölkerung gegliedertes System der sozialen Sicherheit dagegen muß zunächst eine Koordination unter seinen verschiedenen Trägerorganisationen vornehmen, ehe es an eine Koordination der von ihm finanzierten sozialen und medizinischen Dienste denken kann.

- Eine bevölkerungsbezogene Organisation der sozialen Sicherheit verringert die Bedeutung von Sondersystemen für soziale Randgruppen. Diese werden von Systemen sozialer Sicherheit, die nach Funktions- und Statusgruppen der Erwerbsbevölkerung gegliedert sind, in weit höherem Maße freigesetzt und machen hier eine, in der

Regel sozial diskriminierende Versorgung über Sondersysteme notwendig.

- Eine bevölkerungsbezogene Orientierung erleichtert die Repräsentation breiter Bevölkerungsgruppen an der Selbstverwaltung, während die Orientierung von Systemen sozialer Sicherheit an der Erwerbsbevölkerung bereits die nichterwerbstätige Bevölkerung von der Teilnahme an der Selbstverwaltung ausschließt, obwohl diese wie die Familienangehörigen auch zum Kreis der Anspruchberechtigten gehört. Ferner führen sie aus der Tradition heraus zu einer Überrepräsentation der Arbeitgeber in der Selbstverwaltung.

Die genannten Organisationsvorteile bevölkerungsbezogener Systeme sozialer Sicherheit gegenüber solchen, die sich an Erwerbsgruppen orientieren, ergeben sich vor allem für die Bereitstellung medizinischer und sozialer Dienstleistungen. Doch darf dabei nicht übersehen werden, daß soziale Systeme, die die Mitgliedschaft über Merkmale der Erwerbstätigkeit begründen, den Familienlastenausgleich ausblenden. Ausreichende Sozialisationsbedingungen für alle Kinder, gleiche Voraussetzungen für Schwangerschaftsvorsorge und Mutterschaftsfürsorge für alle Mütter sowie gleiche Voraussetzungen der Altersversorgung für alle Frauen kann ein an Merkmalen der Erwerbstätigkeit orientiertes System sozialer Sicherheit nicht garantieren.

## 2.2 Soziologische Gesichtspunkte

Unter soziologischer Perspektive können wir die Entstehungs- und Entwicklungsgeschichte der Systeme sozialer Sicherheit in den westeuropäischen Ländern den folgenden theoretischen Gesichtspunkten zuordnen.

Entstehung und Entwicklung der Systeme sozialer Sicherheit folgen einem Muster, für das wir soziologisch die

Bezeichnung Herausbildung von Institutionen verwenden. Dabei können wir uns auf einige Merkmale stützen, die übereinstimmend immer wieder genannt werden.[6] Es sind dies:

- die Beziehung der Institutionen auf elementare individuelle Bedürfnisse. Institutionen sozialer Sicherheit stellen die Befriedigungschancen für eine breite Palette von Existenzbedürfnissen auf Dauer. Der Bezug auf individuelle und für den Zweck der kollektiven Abdeckung standardisierbare Bedürfnisse macht die Basis ihrer Organisation aus. Diese Tatsache bildet eine der Voraussetzungen für wichtige zwischenstaatliche Regelungen wie das Übereinkommen Nr. 102 der Internationalen Arbeitsorganisation aus dem Jahre 1952, das Mindestnormen der sozialen Sicherheit festlegt.[7]

- Die funktionale Begründung der Institutionen in der Sozialstruktur. Die Institutionen sozialer Sicherheit erfüllen Funktionen, die andernfalls bei der Familie, bei lokalen Fürsorgeverbänden, den Wirtschaftsbetrieben und bei dem politischen Herrschaftsverband liegen würden. Die Verselbständigung der Institutionen sozialer Sicherheit entlastet die genannten gesellschaftlichen Teilbereiche von eigenen Aktivitäten, ohne sie jedoch aus den Aufgaben der sozialen Sicherheit gänzlich zu entlassen. Die Institutionen sozialer Sicherheit bilden im Zuge ihrer Verselbständigung ein Netz von Beziehungen zu den Familienhaushalten, zu den Wirtschaftsbetrieben und zum politischen Herrschaftsverband aus. Dieses Beziehungsnetz liegt für die Einkommensverteilung sowie für die Finanzierung und die Organisation sozialer und medizinischer Dienstleistungen offen. In dieser Hinsicht bildet es den Gegenstand ökonometrischer Bearbeitung. Weniger deutlich bewußt, weil ihnen in geringerem Umfang bisher Beachtung geschenkt wurde, sind die Verflechtungen, die über die Organisationsbeziehungen der Verbände, z.B. Interessenverbände, politische Parteien die Institutionen sozialer Sicherheit mit anderen gesellschaftlichen Teilbereichen verknüpfen. Ebenfalls wissen wir sehr wenig über die sozialen Beziehungen, die zwischen den Institutionen sozialer Sicherheit und den Familienhaushalten bestehen. Gleichwohl spricht vieles für die Annahme, daß die Institutionen sozialer Sicherheit mit der Sozialstruktur in einer Weise verflochten sind, die sich in weitem Umfang als funktionale Beziehungsmuster darstellen lassen.

- die formale Rationalität der Institutionen. Als "formale Rationalität" wollen wir hier in Weiterführung eines Begriffes, den Max Weber in seiner Wirtschaftssoziologie eingeführt hat,[8] das Maß der Normierung und Standardisierung bezeichnen, das für eine kollektive Bedarfsdeckung in weitgehender Unabhängigkeit von konkreten Bedürfnissituationen verwaltungstechnisch möglich ist und tatsächlich angewendet wird. Wir wollen damit die verwaltungstechnische Grundlage begrifflich charakterisieren, die die Expansion der Systeme sozialer Sicherheit ermöglicht hat, indem sie diese aus der Bindung an die Bedürfnislage konkreter Personengruppen befreit hat. Die formale Rationalität der Institutionen sozialer Sicherheit wird verwaltungstechnisch über die Bildung abstrakter "formaler" Rechtsbegriffe (Normierungen von Anspruchsberechtigungen) und über strikte Verfahrensregeln des Verwaltungsvollzugs (Standardisierung der Verfahren und der Dienstleistungen) durchgesetzt. Normierung und Standardisierung der kollektiven Bedarfsdeckung über die Institutionen sozialer Sicherheit stellt i.S. der Wirtschaftssoziologie Max Webers explizit die Alternative zu einem System der Bedarfsdeckung dar, das sich an konkreten Lebenslagen bestimmter Personengruppen orientiert.

Sehen wir es sozialgeschichtlich für die westeuropäischen Länder als gegeben an, daß die Systeme sozialer Sicherheit zunächst auf die Bedürfnislage der Industriearbeiter, also auf einen historisch und soziologisch konkret bestimmten Personenkreis bezogen waren, so haben sie sich aus dieser partikularistischen Bindung entfernt, ohne ihre organisatorischen Prämissen verändern zu müssen. Die Ausdehnung der Systeme sozialer Sicherheit auf immer weitere Personenkreise war in der Normierung der Rechtsbegriffe und in der Standardisierung der Verwaltungsverfahren bereits angelegt. Da dieser Gesichtspunkt für ein soziologisches Verständnis der Institutionen sozialer Sicherheit wichtig ist, andererseits aber - wenn ich recht sehe - bisher kaum Beachtung gefunden hat, erscheinen einige Erläuterungen an dieser Stelle angezeigt.

Es kennzeichnet die Systeme sozialer Sicherheit in den westeuropäischen Ländern - und nicht nur in diesen - , daß sie zwar auf individuelle Bedürfnisse bezogen sind, sich auch von diesen her begründen und organisieren, zugleich aber in der Regel diese Bedürfnisse nur mittelbar abdecken. Oder wie es die Sozialpolitiker formulieren: Individuelle Bedürfnisse werden in einen sozialpolitischen Bedarf transformiert. Institutionen sozialer Sicherheit berücksichtigen individuelle Bedürfnisse nur insoweit, wie sie sich als Bedarf darstellen.[9] Der Bedarf, nicht die Bedürfnisse beschreibt die handlungswirksame Zieldimension der Institutionen sozialer Sicherheit. Der Bedarf ist als Anspruch auf Einkommen oder auf medizinische und soziale Dienstleistungen normiert. Die Leistungsgewährung ist in bürokratischen Verfahren und in den Organisationsformen des Dienstleistungsangebots standardisiert. An den normierten Bedarfsvorstellungen orientieren sich die Aktivitäten der Institutionen. Der Bedarf definiert die sozialen Probleme - nicht umgekehrt. Die Bedarfsdeckung selbst ist durch den Verwaltungsvollzug und durch die Organisationsformen fixiert. Die Beachtung der Organisationsstandards ist wichtiger als die Kontrolle durch die Ergebnisse des Verwaltungshandelns.

Wirkungsanalysen der Sozialpolitik, die das Handeln der Institutionen an externen Kriterien zu messen und über die Rückkopplung seiner Effekte zu steuern suchen, könnten in dieser Hinsicht ein Korrektiv gegen die formale Rationalität der Institutionen sozialer Sicherheit bedeuten. Vielfach verstehen sich Untersuchungen zur Wirksamkeit sozialer Leistungen auch als eine Reorientierung sozialer Institutionen an sozialen Problemen oder an materialen Interessenlagen bzw. - um einen sich derzeit anbietenden Begriff zu verwenden - an "Lebenslagen". Allerdings scheint es mir keineswegs sicher zu sein, daß eine Wirkungsanalyse der Sozialpolitik, zumal wenn sie sich des Instruments Sozialer Indikatoren bedient, in der Tat ein Korrektiv gegen die formale Rationalität des Systems sozialer Sicherheit bildet. Die sog. Wirkungsanalyse der Sozialpolitik kann mit gleichüberzeugenden Argumenten auch als eine weitere Steigerung, ja geradezu als eine Vollendung der formalen Rationalität der Systeme sozialer Sicherheit vorgestellt werden.[10] Denn in aller Regel werden die Indikatoren, durch die die Wirkung von sozialpolitischen Maßnahmen gemessen werden, nicht aus einer <u>alternativen</u> Theorie der Sozialpolitik abgeleitet. Die Indikatoren orientieren sich nicht an den konkreten Lebenslagen bestimmter Bevölkerungsgruppen. Vielmehr beziehen sich Effektivitäts- und Effizienzmessungen sozialer Dienstleistungen, die derzeit bedeutsamsten Anwendungsbeispiele für die Wirkungsanalyse der Sozialpolitik, auf die offizielle Zieldimension der Systeme sozialer Sicherheit. Sie liefern dieser die ihr bis dahin fehlenden Verfahren, durch die sie auf soziale Verhältnisse bezogen werden kann. Doch die gesellschaftliche Wirklichkeit, die über Effektivitäts- und Effizienzmessungen repräsentiert wird, bleibt die in den sozialpolitischen Zielen vorgestellte und durch sozialpolitische Maßnahmen geordnete Realität. Terminologisch gesprochen: Es wird die Bedarfsdeckung der Anspruchsberechtigten, nicht die Bedürfnisbefriedigung von Personengruppen gemessen. Die Wirkungsanalyse der Sozialpolitik erweitert die geltenden formalen Kontrollen (die Rechts- und die Rechnungskontrolle) lediglich um eine zusätzliche Dimension: die der Ergebnisfeststellung. Diese geschieht in weitgehender Unabhängigkeit von den Bedürfnissen konkreter Personengruppen.

Außer den bereits genannten charakteristischen Merkmalen gesellschaftlicher Insitutionen zeichnen die Systeme sozialer Sicherheit ihre Bestandsgarantien aus. Wie alle gesellschaftlichen Institutionen sind auch die Systeme sozialer Sicherheit mehrfach garantiert:

- durch das Recht, häufig enthalten die Verfassungen Bestandsgarantien; das binnenstaatliche Recht wird durch eine Reihe zwischenstaatlicher Abmachungen ergänzt.
- durch die Staatsorganisation. Systeme sozialer Sicherheit sind Bestandteil der staatlichen Organisation.
- durch die Interessen gesellschaftlicher Verbände. Systeme sozialer Sicherheit sind mit gesellschaftlichen Interessengruppen eng verflochten.
- durch den Bezug auf elementare Bedürfnisse und damit auf ubiquitäre Interessen von jederman.

## 3. Gesellschaftliche Integration durch Systeme sozialer Sicherheit.

Eine soziologisch-theoretische Begründung der Systeme sozialer Sicherheit im Begriff der Institution hat für eine Soziologie der Sozialpolitik zwei Konsequenzen, denen wir uns abschließend zuwenden wollen.

Einmal wird die derzeit die Diskussion beherrschende politökonomische oder staatstheoretische Argumentation in ihrem Erklärungsanspruch stark beschnitten. Denn als

Institution kommt den Systemen sozialer Sicherheit eine eigenständige, nicht weiter ableitbare Qualität gesellschaftlicher Realität zu. Systeme sozialer Sicherheit sind nicht lediglich die Krücken einer vom Kapitalverwertungsprozeß restringierten Staatsmacht, die über die Sozialpolitik den Kapitalismus funktionsfähig hält und den politischen Eliten die Massenloyalität sichert. Eine Herleitung der Systeme sozialer Sicherheit aus der Intervention des Staates in den kapitalistischen Wirtschaftsprozeß trägt zur Erklärung nur wenig bei. Sie erklärt den Vordergrund des Geschehens, sie gibt eine Ortsbestimmung der Intervention: die sozialpolitische Gesetzgebung. Auch deckt sie einige funktionale Beziehungen auf, die zwischen dem politischen Herrschaftsverband und der Interessenorganisation der Unternehmer bestehen. Zur Struktur und zur Dynamik der Systeme sozialer Sicherheit eröffnet sie dagegen keinen Zugang. Auch als ideologisches Deutungsmuster besitzt eine staatstheoretische Argumentation nur eine begrenzte Reichweite. Der Widerspruch zwischen der Standardisierung und Normierung kollektiver Bedarfsdeckung und den konkreten Lebenslagen bestimmter Personengruppen hat mit dem Grundwiderspruch von Kapital und Arbeit oder mit dem staatlich organisierten Kapitalismus offenbar wenig zu tun. Denn er ist auf die Sozialpolitik kapitalistischer Staaten nicht beschränkt. Formale Rationalität kollektiver Bedarfsdeckung und die materialen Ansprüche konkreter Personengruppen auf Gestaltung ihrer Lebenslage stehen hier wie dort zueinander im Widerspruch.

Die zweite Konsequenz betrifft die uns hier vor allem beschäftigende Frage, ob die Systeme sozialer Sicherheit ein Mechanismus gesellschaftlicher Integration sind, ja, ob sie entscheidend zur Integration westlicher Industriegesellschaften beitragen oder zumindest in der Vergangenheit beigetragen haben. Gesellschaftliche Institutionen - das gehört zu ihren kennzeichnenden Eigenschaften - erfüllen integrierende Funktionen. Denn sie sind auf individuelle

Bedürfnisse bezogen und sie sind mit der Sozialstruktur funktional verflochten. Die integrierende Wirkung der Systeme sozialer Sicherheit steht daher auf den ersten Blick außer Frage und ist im Institutionenbegriff bereits enthalten. An der globalen Fragestellung nach der Integrationswirkung der Systeme sozialer Sicherheit sind daher abgeleitete spezifische Fragen von Interesse:

- Welche Integrationsleistung kommt den Systemen sozialer Sicherheit neben der nationalstaatlichen Integration zu? Gerade, wenn wir bis in die Gegenwart hinein davon ausgehen müssen, daß sich die Systeme sozialer Sicherheit im politischen Kontext der westeuropäischen Nationalstaaten entwickeln.

- Welchen Einfluß auf die Integrationsleistung der Systeme sozialer Sicherheit hat die in allen westeuropäischen Ländern zu beobachtende Ausweitung auf immer weitere Personenkreise gehabt, die von der ursprünglichen Zielgruppe der Industriearbeiterschaft ausgehend schrittweise die gesamte Bevölkerung in die soziale Sicherheit einbezogen hat? Bezeichnet - in diesem Zusammenhang betrachtet - der Beveridge-Plan einen Wandel der Legitimationsgrundlagen der Systeme sozialer Sicherheit?

- Welches sind die integrierenden Mechanismen selbst? Über welche Beziehungen und Verflechtungen kommt eine Integration zustande? Und welches sind die integrierenden Inhalte selbst, d.h. wie haben wir uns die materiellen Substrate integrativer Beziehungen und ihrer symbolischen Bedeutungen vorzustellen?

Von dem hier vorgestellten institutionen-theoretischen Ansatz ausgehend lassen sich diese Fragen in gebotener Kürze beantworten.

Systeme sozialer Sicherheit treten an die Stelle vor-

industrieller Formen kollektiver Bedarfsdeckung. Die Vor- und Fürsorge für Alte, Kranke, Invalide, Behinderte sowie für Mütter und Kinder ist ein elementares und ubiquitäres gesellschaftliches Problem. Nicht die Verbürgung der Vor- und Fürsorge für die genannten Personengruppen als solche ist daher soziologisch von Interesse, sondern die Eigenart der Problemlösung. Unter den Bedingungen industrieller Gesellschaft wird diese durch zwei gesellschaftliche Mechanismen vorbereitet:
- die volkswirtschaftliche Einkommensrechnung und
- die Professionalisierung medizinischer und sozialer Dienste.

Wenden wir uns zunächst der Einkommensrechnung zu, in die die Verteilung der Sozialeinkommen einbezogen ist.

Die volkswirtschaftliche Einkommensrechnung behandelt die Verteilung von Sozialeinkommen in Analogie zur Bildung und Verteilung der Erwerbseinkommen. Neben den Ansprüchen aus der Teilnahme am gesellschaftlichen Produktionsprozeß kreieren die Systeme sozialer Sicherheit weitere Anspruchsberechtigungen. Neben das Merkmal der Erwerbstätigkeit als einkommensbegründender sozialer Norm treten die Merkmale aus den Mitgliedschaften in Systemen sozialer Sicherheit hinzu. Eine wesentliche Leistung der Systeme sozialer Sicherheit besteht darin, die aus den Mitgliedschaften sich herleitenden Anspruchsberechtigungen in gleicher Weise für die Einkommensverteilung verbindlich zu machen wie die Einkommensansprüche aus der Erwerbstätigkeit.

Es sind vornehmlich drei Eigenschaften dieser Mitgliedschaftsrechte, die ihre Durchsetzung als einkommensbegründende Tatbestände erleichtern:
- ihre formale Rechtsqualität,
- die Standardisierbarkeit des Verwaltungsverfahrens und
- ihre Offenheit gegenüber dem gesellschaftlichen Statussystem.

Als Offenheit der Einkommensansprüche aus sozialer Sicherheit gegenüber dem gesellschaftlichen Statussystem wollen wir hier den Verzicht auf redistributive Ziele bezeichnen. Die Einkommensverteilung, die durch die Systeme sozialer Sicherheit erfolgt - auch als Einkommensumverteilung gegenüber der funktionellen Einkommensverteilung bezeichnet - ist im wesentlichen horizontale Einkommensverteilung. Sie verteilt innerhalb der Einkommensschichten zwischen Erwerbsaktiven und -inaktiven. Damit vermeidet die Verteilung der Sozialeinkommen den andernfalls fälligen Konflikt mit dem gesellschaftlichen Statussystem. Die aus dem System sozialer Sicherheit fließenden Einkommensberechtigungen bleiben mit der Stratifikation der Erwerbsbevölkerung nach Einkommen und Sozialprestige vereinbar. Ja, mehr noch, sie entfalten auf diese Weise ihre gesellschaftliche Integrationswirkung. Der formale Charakter der Mitgliedschaftsrechte in den Systemen sozialer Sicherheit macht diese durchlässig für die Durchsetzung von Statusinteressen. Mitgliedschaftsrechte können von gesellschaftlichen Statusgruppen angeeignet werden. Mitgliedschaften in den Systemen sozialer Sicherheit werden damit Bestandteil der Statusorganisation. Sie ermöglichen die Absicherung von Statusinteressen auf den Lebensgebieten, die in die kollektive Bedarfsdeckung einbezogen sind.

Die Integration der Personen in die Systeme sozialer Sicherheit geschieht auf zweifachem Wege. Sie erfolgt über den Erwerb der Mitgliedschaften, diese gehören zum individuellen Besitzstand, und sie vollzieht sich über die Interessenverbände, die an der gesetzlichen Ausgestaltung und überwiegend auch an der Verwaltung der Systeme sozialer Sicherheit beteiligt sind.

Der skizzierte Zusammenhang von formal-rationaler Organisation und dadurch bedingter Offenheit der Systeme sozialer Sicherheit gegenüber dem gesellschaftlichen Statussystem und seiner Organisation macht die folgenden Erscheinungen verständlich:

- Die Ausdehnung der Systeme sozialer Sicherheit auf ganz heterogene Personengruppen wie z.B. Industriearbeiter, Selbständige, Behinderte.
- Die Einbeziehung ganz unterschiedlicher Lebenssituationen in das gesellschaftliche Statussystem: Alter, Invalidität, Krankheit, Arbeitslosigkeit. Diese Lebenssituationen können auf andere Weise von der Statusorganisation nicht erfaßt werden.
- Die Integration von Minderheiten in das gesellschaftliche Statussystem, deren politische Durchsetzungschancen marginal sind (z.B. Gastarbeiter).
- Die starke Verflechtung der Systeme sozialer Sicherheit mit Interessengruppen.

Ein zweiter gesellschaftlicher Mechanismus, der die Funktionsfähigkeit der Systeme sozialer Sicherheit unterstützt, ist die Professionalisierung medizinischer und sozialer Dienste. Systeme sozialer Sicherheit schaffen nicht nur zusätzliche Einkommensberechtigungen, sondern vermitteln medizinische und soziale Dienstleistungen. Sie sichern medizinische Behandlung, medizinische und soziale Pflege, medizinische und soziale Beratung. Sie sind auf typische Situationen der Hilfsbedürftigkeit ausgerichtet, in denen eine Abhängigkeit von kompetenter Hilfe familienfremder Dritter gegeben ist. Diese Situationen werden in der Regel als Behandlungs-, Pflege- und Beratungsbedürftigkeit beschrieben. Sie bezeichnen die Bedarfsrichtungen, auf die hin Dienstleistungen bereitgestellt werden.

Systeme sozialer Sicherheit übernehmen bei der Versorgung der Bevölkerung mit medizinischen und sozialen Diensten die Aufgabe, einen volkswirtschaftlichen Produktionszweig zu entwickeln. Über die Systeme sozialer Sicherheit werden die Finanzmittel gänzlich oder in wesentlichem Umfang aufgebracht, aus denen die medizinischen und sozialen Dienste unterhalten werden. Neben der Aufbringung der Mittel werden in zunehmendem Umfang weitere Funktionen übernommen: Investitionsplanung und -kontrolle im Krankenhauswesen, Angebots- und Bedarfsplanung für alle Dienste, Qualitätssicherung, Koordination des spezialisierten Dienstleistungsangebots. Bei der Übernahme solcher Steuerungs- und Planungsfunktionen im medizinischen und sozialen Dienstleistungsbereich stehen die Systeme sozialer Sicherheit gegenwärtig mitten in einem Prozeß. Er trägt zur Umgestaltung und zur Modernisierung der Systeme bei.

Die Entwicklung eines volkswirtschaftlichen Produktionszweiges der medizinischen und sozialen Dienste setzt voraus, daß sich die Dienstleistungen normieren und standardisieren lassen. Alle genannten Funktionen, die der Finanzierung, der Investitionsplanung und -kontrolle,die der Angebots- und Bedarfsplanung oder die der Qualitätssicherung können ohne eine detaillierte Funktionsbeschreibung nicht ausgeübt werden. Es muß Übereinstimmung erzielt werden können, welchen Anforderungen die Dienstleistungen genügen sollen (Normierung) und auf welche Weise sie erbracht werden sollen (Standardisierung).

Die Normierungs- und Standardisierungsfähigkeit medizinischer und sozialer Dienste ergibt sich jedoch nicht von selbst, sondern bildet das Ergebnis einer wissenschaftlichen Durchdringung des Gegenstandes.[11] Medizinische und soziale Dienstleistungen, die von Systemen sozialer Sicherheit vermittelt, geplant und koordiniert werden sollen, müssen um dieser Vermittlung willen einer wissenschaftlich begründeten Normierung und Standardisierung fähig sein. Die Verwissenschaftlichung medizinischer und sozialer Dienste erzwingt wiederum formale Sozialisationsprozesse der Dienstleistungsberufe und wird damit zur Grundlage der Professionalisierung. Sie bedeutet, daß auf der Grundlage des angeeigneten Wissens autonom gehandelt werden kann.

In diesem Sinne bildet die Professionalisierung medizinischer und sozialer Dienstleistungen die entscheidende gesellschaftliche Voraussetzung für Systeme sozialer Sicherheit, die eine kollektive Bedarfsdeckung für Situationen der Behandlungs-, Pflege- und Beratungsbedürftigkeit organisieren. Sie erreichen das Maß der technisch möglichen Standardisierung und Normierung der kollektiven Bedarfsdeckung nur um den Preis der Professionalisierung der medizinischen und sozialen Dienstleistungen. Die formale Rationalität der Institutionen sozialer Sicherheit im Angebot von Dienstleistungen gründet in seiner wissenschaftlichen Durchdringung, in seiner Normierungs- und Standardisierungsfähigkeit. [12)]

Anders als bei der Verteilung von Sozialeinkommen geschieht die Integration der Personen nicht primär über die Mitgliedschaftsrechte, auch nicht über die interessenmäßige Verflechtung des gesellschaftlichen Statussystems mit den Systemen sozialer Sicherheit. Die Integration erfolgt über die Inanspruchnahme der Dienstleistungen, soziologisch gesprochen über eine Interaktion.[13)] Erfüllung und Enttäuschung der in die Interaktion eingebrachten Erwartungen bilden die Bestimmungsgründe der Integration. Die normativen Erwartungen richten sich wesentlich auf die Kompetenz und auf die Verfügbarkeit familienfremder Dienstleistungen in Situationen der Behandlungs-, Pflege- und Beratungsbedürftigkeit. Da die Systeme sozialer Sicherheit in der Regel die Dienstleistungen nicht selbst erbringen, sondern über Professionen erbringen lassen müssen, ergibt sich ein offenkundiges Integrationsdefizit. Die vermittelte Beziehung, in der die Systeme sozialer Sicherheit zu ihren Klienten stehen, bedeutet eine Schwächung ihrer Integrationsleistung. Sie suchen ihr Integrationsdefizit durch eine Reihe von kompensatorischen Strategien zu überwinden. Dazu gehören die Öffentlichkeitsarbeit, die vermehrte Selbstdarstellung, die Pflege der Beziehungen zu den Mitgliedern und die Einrichtung oder Verstärkung der Partizipation. Selbstverwaltungsformen vielfältiger Art werden entwickelt.[14)]

Neben der Integration durch Interaktion können wir eine Integration durch Interessengruppen feststellen, die jedoch anders als bei der Einkommensverteilung nicht aus der Statusorganisation hervorgeht, sondern an Merkmalen der Betroffenheit ansetzt. Betroffenheit kann sich in Selbsthilfegruppen organisieren, sie kann auch zur Bildung von Interessengruppen führen, die die Betroffenheit anderer zum identifizierenden Merkmal ihrer Interessenverfolgung machen. Badura und Mitarbeiter[15)] haben unter dem Leitgedanken einer "konsumentenorientierten Gesundheitspolitik" eine breite, gut dokumentierte Perspektive auf den Prozeß gesellschaftlicher Integration im medizinischen und sozialen Dienstleistungsbereich gegeben.

## 4. Schlußbemerkung

Die folgenden Gesichtspunkte scheinen mir für eine vergleichende soziologische Bearbeitung der Integrationsleistung von Systemen sozialer Sicherheit fruchtbar zu sein:

- die "formale Rationalität" (Max Weber) der Institutionen sozialer Sicherheit. Sie beruht bei den Geldleistungen auf der Formalität der einkommensbegründenden Mitgliedschaftsrechte. Sie besteht bei den Dienstleistungen in dem Ausmaß der erreichten Verwissenschaftlichung und Professionalisierung der Dienste.

- die Verschiedenartigkeit der integrativen Beziehungen, die zwischen Sozialstruktur und Systemen sozialer Sicherheit bestehen. Für die Geldleistungen kommt die Integration über die Verflechtung von gesellschaftlicher Statusorganisation und Mitgliedschaftsrechten zustande. Für die Dienstleistungen erfolgt die Integration über die Interaktion und über Formen der Partizipation.

Anmerkungen

1) Bundesministerium für innerdeutsche Beziehungen (Hrsg.) Bundesrepublik - Deutsche Demokratische Republik. Systemvergleich 1 und Systemvergleich 3 Opladen (Westdeutscher Verlag) 1971 und 1975

2) Europäische Wirtschaftsgemeinschaft (Hrsg.) Das Wesen der Sozialen Sicherheit in den Ländern der EWG in der Gegenwart. EWG-Studien Reihe Sozialpolitik Bd.3 Brüssel 1962

Dies. Europäische Konferenz über die Soziale Sicherheit Brüssel 1962

Kommission der Europäischen Gemeinschaft, Indikatoren der Sozialen Sicherheit, Brüssel 1971

F.X. Kaufmann, Sicherheit als soziologisches und sozialpolitisches Problem, Stuttgart (Enke) 1970, S.116 ff.

Alexander Domsch, Harmonisierung der sozialen Sicherungen der EWG, Köln (Institut für Wirtschaftspolitik) 1973

3) Social Insurance and Allied Services. Report by Sir William Beveridge. London 1942

4) EWG (Hrsg.) Das Wesen der sozialen Sicherheit a.a.O.,S.10 ff.

5) Der Beveridge-Plan Zürich/New York (Europa-Verlag) 1943, S. 15/16

6) Chr.v.Ferber, Die Institution der Arbeit in der industriellen Gesellschaft. Habil.Schrift Rechts- und Staatswirtschaftliche Fakultät, Universität Göttingen, 1961

Helmut Schelsky, Zur soziologischen Theorie der Institution In: Ders. (Hrsg.) Zur Theorie der Institution, Düsseldorf 1970, S. 9-26

Wolfgang Lipp, Art. Institution I soziologisch In: Evangelisches Staatslexikon 2. Aufl., Stuttgart/Berlin (Kreuz-Verlag) 1975, S. 1011 ff.

7) Internationale Arbeitskonferenz, Übereinkommen und Empfehlungen, 1919 - 1952, Genf (Internationales Arbeitsamt) 1954, S. 864 - 891

8) "Als formale Rationalität eines Wirtschaftens soll hier das Maß der ihm technisch möglichen und von ihm wirklich angewendeten Rechnung bezeichnet werden. Als materiale Rationalität soll dagegen bezeichnet werden der Grad, in welchem die jeweilige Versorgung von gegebenen Menschengruppen ( gleichviel wie abgegrenzter Art) mit Gütern durch die Art eines wirtschaftlich orientierten sozialen Handelns sich gestaltet unter dem Gesichtspunkt bestimmter (wie immer gearteter) wertender Postulate." Wirtschaft und Gesellschaft, 4.Aufl., Tübingen 1956, S.44

Im Sinne dieser Definition stellt die sozialpolitische

Wirkungsforschung, die "subjektive" soziale Indikatoren verwendet, noch keine materiale Rationalität kollektiver Bedarfsdeckung her. Erst Selbsthilfegruppen von der Art der Lebenshilfe oder der Anonymen Alkoholiker, die soziale Dienstleistungen unter einer ethischen Orientierung "solidarische Hilfe der Betroffenen" organieren, erfüllen das Kriterium, daß nämlich die Lebenslage einer "gegebenen Menschengruppe" unter den Gesichtspunkt eines "wertenden Postulats" gestaltet wird.

9) Hans Achinger, Sozialpolitik als Gesellschaftspolitik 2. Aufl., Schriften des Deutschen Vereins für Öffentliche und Private Fürsorge Nr.249, Köln und Berlin 1971

10) "Die Etablierung von Sozialreports, Sozialen Indikatoren und Systemen der sozialen Gesamtrechnung ... (ist) nicht auf spezielle Regierungsmaßnahmen konzentriert, sondern auf die Rationalisierung des politischen Entscheidungsprozesses insgesamt." Wolfgang Zapf, Soziale Indikatoren. In: Soziologie. Festschrift für René König, Opladen (Westdeutscher Verlag) 1973, S.261

11) Karen Dunnell und W. Holland, Planung im Gesundheitsdienst In: Handbuch der Sozialmedizin, Bd.1, Stuttgart (Enke) 1975, S. 340

Manfred Pflanz, Allgemeine Epidemiologie, Stuttgart (Thieme) 1973

12) Herbert Weissenböck, Studien zur ökonomischen Effizienz von Gesundheitssystemen, Stuttgart (Thieme) 1974

13) Hermann Engler, Planungsprobleme im Gesundheitswesen. Zürich (Poylgraphischer Verlag AG) 1970

14) Erich Standfest, Sozialpolitik und Selbstverwaltung. Zur Demokratisierung des Sozialstaats. WSI-Studie Nr. 35 Köln (Bund-Verlag) 1977

15) Forschungsbericht als Manuskript vervielfältigt, Konstanz 1978

Wolfgang Zapf

# Lebensbedingungen und wahrgenommene Lebensqualität*

## 1

Unter Lebensbedingungen verstehe ich die beobachtbaren Lebensumstände von Individuen, Haushalten und Kollektiven, zum Beispiel Einkommen, Wohnverhältnisse, Gesundheit, Ausbildung, soziale Kontakte. Unter wahrgenommener Lebensqualität verstehe ich die Bewertungen, die die Betroffenen über ihre Lebensbedingungen abgeben, und ihre Zufriedenheiten; dazu gehören auch generellere kognitive und emotive Gehalte wie Hoffnungen und Ängste, Glück oder Entfremdung.

Wenn man sich über "Lebenslagen, Risiken und Systeme sozialer Sicherung" wissenschaftlich verständigen will, ist es meines Erachtens nützlich, eine Vorstellung über die Verteilung von Lebensbedingungen und wahrgenommener Lebensqualität in der eigenen Gesellschaft zu haben und über ihren Zusammenhang. Hierin sehe ich meinen Beitrag zu dieser Veranstaltung: Ich stelle Ihnen ein Modell der Wohlfahrtsstruktur der Bundesrepublik vor. (Der Text enthält nur einfache Übersichten sowie Tabellen, bei denen es nicht auf die Zahlen, sondern auf die graphisch - durch Einkreisen - dargestellte Verteilung von Unterprivilegierung ankommt. Die genauen Daten finden sich im Anhang.)

Der Zusammenhang von Lebensbedingungen und wahrgenommener Lebensqualität ist sowohl theoretisch wie empirisch problematisch. Die theoretische Auseinandersetzung geht unter anderem darum, wie man die Diskrepanzen zwischen Lebensbedingungen und ihrer Wahrnehmung behandeln soll. Es geht, mit anderen Worten, um das Konzept von Wohlfahrt. Eine "objektivistische Position" besagt, daß Wohlfahrt auf der Befriedigung von klar definierbaren Bedürfnissen beruht und daß man deren subjektive Reflexe vernachlässigen kann. Eine "subjektivistische Position" besteht darauf, daß Wohlfahrt wesentlich durch die Wahrnehmung der Betroffenen konstituiert wird und daß die einzelnen Individuen oder Haushalte bessere Urteile über ihre Wohlfahrt abgeben können als etwa progressive oder konservative Politiker. Ich werde - das wird niemanden überraschen - eine vermittelnde Position vertreten[1].

Die empirischen Probleme liegen darin, überhaupt Informationen über Verteilung und Zusammenhang von Lebensbedingungen und wahrgenommener Lebensqualität zu bekommen. In unseren bisherigen Forschungen haben wir die "Lebensbedingungen in der Bundesrepublik" auf der Aggregatebene sehr detailliert untersucht (Einkommensverhältnisse, Status und Mobilität auch mit großen Individualdatensätzen)[2]. Was aber bisher fehlt, ist dreierlei: 1) Informationen über die Konstellation verschiedener Lebensbedingungen, zum Beispiel über die Kumulation von Nachteilen oder Privilegien; 2) Informationen über die subjektiven Wohlfahrtskomponenten; und 3) Informationen über den Zusammenhang beider, zum Beispiel von Einkommen und Einkommenszufriedenheit.

Weil der Zugang zu amtlichen Individualdaten wegen der hier meines Erachtens ganz unangemessenen Datenschutzbemühungen immer schwieriger wird und solange die amtliche Statistik keine Einstellungsdaten erhebt (und auch viele relevante beobachtbare Sachverhalte nicht), solange hilft nur die Umfrageforschung. Wir haben im Juni 1978 eine "Repräsentativerhebung im Anschluß an das SPES-Indikatorensystem" durchführen können, den sogenannten "Wohlfahrtssurvey 1978" mit 2 012 deutschen Befragten über 18 Jahren[3]. Dies ist meine Datenbasis. Bei der Rekonstruktion beziehungsweise modellhaften Abbildung der Wohlfahrtsstruktur der Bundesrepublik mute ich dem Leser nun die folgenden Operationen zu (vgl. Abbildung 1):

(1) Ich wähle als Lebensbedingungen Einkommen, Wohnverhältnisse, Gesundheit, Ausbildung und Sozialkontakte aus; ich behaupte also, daß diese Bereiche zu den wichtigsten objektiven Wohlfahrtskomponenten zählen[4]. Der Einkommensindikator ist das Haushaltseinkommen pro Kopf; Wohnungsindikatoren sind Ausstattung, Räume pro Kopf, Mietbelastung und Eigentum; Gesundheitsindikatoren sind Arztbesuch, Medikamentengebrauch, Krankheit und Behinderung; Sozialintegration wird über Partner, Freunde, Nachbarschaftskontakte und Vereinsmitgliedschaft gemessen.

(2) Die wahrgenommene Lebensqualität messe ich nicht nur mit der üblichen allgemeinen Lebenszufriedenheit, sondern auch mit Fragen über Wohnungs-, Einkommens-, Gesundheits- und Ausbildungszufriedenheit; Fragen nach Glück und Einsamkeit; sowie mit einer Anomie- und mit einer Anxiety-Skala. Diese Maße sind in der internationalen Forschung mehrfach verwendet worden.

(3) Ich unterstelle – das ist wohl der springende Punkt –, daß man die Indexwerte (die übrigens grob nach den Quartilsschnitten in je vier Stufen aufgeteilt sind) aufsummieren kann: wenigstens jeweils für die Lebensbedingungen und die wahrgenommene Lebensqualität. Gegenüber allen möglichen theoretischen Raffinessen (zum Beispiel Gewichtung nach den Urteilen der Befragten) schlage ich also folgende Vereinfachung vor: Wohlfahrt als Summe ausgewählter Lebensbedingungen einerseits und als Summe ausgewählter subjektiver Äußerungen andererseits zu begreifen sowie zusätzlich ihrem Zusammenhang Beachtung zu schenken[5].

Abbildung 1: Begriffliches Schema

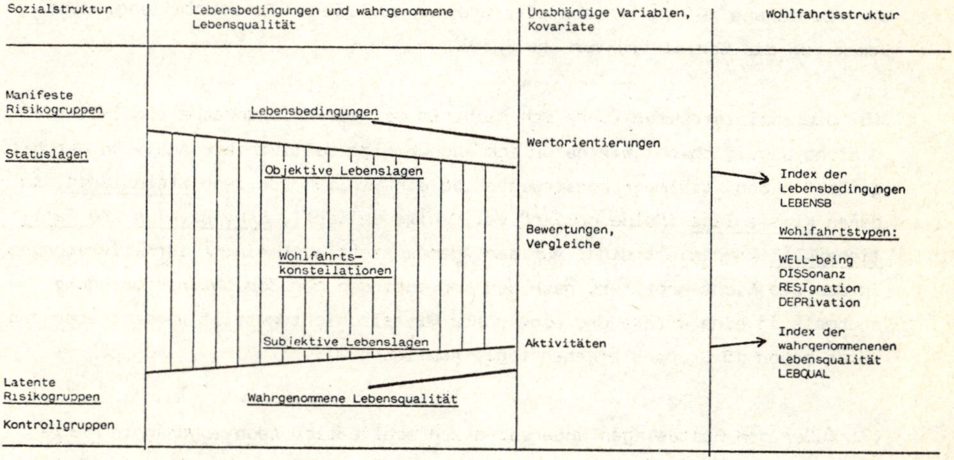


(4) Wenn man die Aufsummierung gar nicht mitmachen kann, kann man immerhin abzählen, wie oft sich die einzelnen Befragten in guten, mittleren oder schlechten Positionen befinden und wie häufig konsistente beziehungsweise disparate Lebenslagen sind. Diese Analyse liegt ebenfalls vor und bringt, soweit ich sehe, keine wesentlichen Abweichungen[6].

(5) Wir kommen zu einem Index der Lebensbedingungen und zu einem Index der wahrgenommenen Lebensqualität (jeweils von 0 bis 15 Punkten). Ihre Kombination ergibt eine 16 x 16 Matrix, die ich – in der Nähe der Mediane – auf eine Vier-

Felder-Tafel reduziere: auf die Wohlfahrtstypen WELL-being, DISSonanz, RESIgnation und DEPRivation. Die Nomenklatur ist zwar in theoretischer Absicht gewählt, aber prinzipiell austauschbar. Well-being (ähnlich den OECD-Definitionen[7]) bezeichnet die Personen in (überdurchschnittlich) guten objektiven und subjektiven Situationen, Deprivation die Personen in (überdurchschnittlich) schlechten. Diese beiden Typen sind "konsistent". Dissonanz bezeichnet den Typ von Personen, deren wahrgenommene Lebensqualität ihren recht guten Lebensbedingungen nicht entspricht. Resignation schließlich ist der zweite "inkonsistente" Typ, bei dem ungünstige objektive Lebensbedingungen subjektiv nicht gleichermaßen ungünstig bewertet werden (vgl. auch Abbildung 3). Die annähernde Gleichverteilung der Befragten auf diese vier Typen ist manipuliert, das heißt beruht auf der Konstruktion. Der soziologische Witz liegt in der Abweichung relevanter sozialer Gruppen von dieser Randverteilung. Hier kommt nun die Sozialstruktur ins Spiel.

(6) Die Sozialstruktur führe ich nicht in der Variablensprache ein (Alter, Schicht usw.), obwohl wir natürlich auch einige multivariate Analysen durchgeführt haben. Vielmehr konstruiere ich ein Minimum von zehn Statuslagen, in denen Klassenlage ("blue collar" vs. "white collar"), Lebenszyklus und Familienzyklus kombiniert sind. Auf der Agenda steht auch eine Alternativrechnung, in der die Nicht-Arbeiter, nach den Konventionen der Schichtungsforschung, nochmals in eine untere und eine obere Mittelschicht geteilt werden; aber das würde schon 15 Gruppen ergeben (vgl. Abbildung 2).

(7) Außer den Statuslagen untersuche ich schließlich neun sogenannte manifeste Risikogruppen, elf latente Risikogruppen und zur Kontrolle vier privilegierte Gruppen. Sie sind sehr einfach ausgesucht, mit den Variablen eben, die in einem Survey zur Verfügung stehen. Manifeste Risikogruppen sind solche, für die das System der sozialen Sicherung explizit Leistungen bereitstellt: Krankenversicherung, Arbeitslosengeld, Kindergeld, Umschulung, BAFöG. Bei den sogenannten latenten Risikogruppen will ich auf Probleme achten, für die es keine formelle Absicherung gibt; hier ist möglicherweise die "Neue soziale Frage"[8] angebracht. Wenn man von der Faustregel ausgeht, daß zwanzig Fälle etwa einem Prozent der erwachsenen deutschen Bevölkerung entsprechen, enthält diese Liste bereits ein wichtiges quantitatives Ergebnis. Randgruppen in einem strengen Sinn - Obdachlose, Strafentlassene, Insassen geschlossener Anstalten usw. - kann man natürlich mit den Standardverfahren der Umfrageforschung nicht erreichen.

Abbildung 2: Statuslagen und Risikogruppen

| STATUSLAGEN | n = | % |
|---|---|---|
| Arbeiter -39 | 201 | 11 |
| Arbeiter 40+ | 186 | 10 |
| NArbeiter -39 | 340 | 19 |
| NArbeiter 40+ | 278 | 16 |
| Hausfrauen Arb | 124 | 7 |
| Hausfrauen NArb | 188 | 10 |
| Rentner Arb verhei | 113 | 6 |
| Rentner Arb verwit | 94 | 5 |
| Rentner NArb verhei | 141 | 8 |
| Rentner NArb verwit | 128 | 7 |
| Insgesamt | 1792 | 100 |

| Manifeste Risikogruppen | n = |
|---|---|
| Behinderte | 302 |
| Kranke | 173 |
| Pflegefälle | 45 |
| Arbeitslose | 36 |
| Ungelern Arb | 49 |
| Dequal Arb | 79 |
| Eltern 3+ Kin | 136 |
| Eltern 2+ Schki | 355 |
| Studenten | 114 |

| Latente Risikogruppen | n = |
|---|---|
| Kontaktarme | 93 |
| Einsame | 150 |
| Unzuf Politik | 375 |
| Unzuf Beruf | 120 |
| Absteiger | 184 |
| Angst Arbplatz | 134 |
| Klassenkonfl | 118 |
| Falsche Arb | 98 |
| Falsche Mittels | 234 |
| Nichtwähler | 112 |
| Geschiedene | 68 |

| Kontrollgruppen | n = |
|---|---|
| Vermögende | 127 |
| Gutverdienend | 187 |
| Akademiker | 98 |
| Oberschicht | 183 |

2

Bevor ich einige wichtige Muster der Wohlfahrtsstruktur der Bundesrepublik darstelle, will ich das generelle theoretische Problem diskutieren: ob wirklich (und wenn ja, warum) der Zusammenhang von Lebensbedingungen und wahrgenommener Lebensqualität so schwach ausgeprägt ist, wie zahlreiche Autoren behaupten. Um das Ergebnis vorwegzunehmen: wir finden einen deutlichen Zusammenhang zwischen Lebensbedingungen und wahrgenommener Lebensqualität von gamma = 0.33 (und r = 0.42)[9]. Wir finden zwar ebenfalls das "Zufriedenheitsparadox" und das "Unzufriedenheitsdilemma", d. h. die Tatsachen, daß viele Menschen trotz sichtbar unzureichenden Bedingungen Zufriedenheit zu Protokoll geben und daß zahlreiche Gutgestellte unzufrieden und/oder unglücklich sind (Resignation und Dissonanz). Weil wir jedoch nicht nur nach der generellen Lebenszufriedenheit fragen, die tatsächlich nur 0.15 mit den Lebensbedingungen korreliert, finden wir auch klare Zusammenhänge zwischen objektiver und subjektiver Privilegierung beziehungsweise Unterprivilegierung.

Die wichtigsten Erklärungsversuche für das "Zufriedenheitsparadox" und das "Unzufriedenheitsdilemma" finden sich - soweit ich sehe - in der Theorie der individuellen Statussuche, der Theorie politischer Armut, der Theorie der "Happiness"-Barriere, in der Theorie der Anspruchsresignation und in der Theorie des Wertwandels[10].

Die Theorie der individuellen Statussuche wird unter anderem von D. Duncan vertreten: "(The) relevant source of satisfaction with one's standard of living is having more income than someone else, not just having more income"[11]. Duncan bezieht sich hier auf den Zeitvergleich und behauptet, daß kollektive Verbesserungen subjektiv nur unter den Bedingungen individueller Vergleichsvorteile honoriert werden. Im Querschnitt findet er jedoch wie wir einen deutlichen Zusammenhang von Einkommen und Einkommenszufriedenheit: bei uns 0.29 und bei Kontrolle von Erwartungen, Schicht und Alter (r =) 0.37. In Duncans Richtung deutet unser Querschnittsbefund, daß der Zusammenhang fast verschwindet (0.09) bei denjenigen, die eine permanente kollektive Einkommensverbesserung erwarten.

Die Theorie der politischen Armut benutzt E. Allardt, um einige Paradoxien seines "Scandinaviean Welfare Survey" zu erklären. Allardt definiert die subjektive Komponente ungewöhnlich - er kombiniert Einkommenszufriedenheit mit der Wahrnehmung von Antagonismus, Diskriminierung und Ungerechtigkeit, also so etwas wie "Klassenbewußtsein". Er findet nur minimale Zusammenhänge dieses Index sowohl mit objektiven Lebensbedingungen wie mit sozialen Hintergrundsmerkmalen. Wohl aber findet er deutliche Variationen mit der politischen Links-Rechts-Dimension und zwischen den vier skandinavischen Ländern. Seine Erklärung: es hängt von der politischen Kultur, der politischen Sozialisation und den eigenen politischen Ressourcen ab, inwieweit man Mißstände artikuliert. So sind die "politisierten" Schweden unzufriedener als die "privatisierten" Dänen, bei gleichen oder besseren Lebensbedingungen. Die Bundesrepublik liegt, soweit ich bisher sehe, zwischen diesen Extremen[12].

Die Theorie der Happiness-Barriere[13] und die Theorie der Anspruchsresignation[14] beziehen sich auf direkte Zufriedenheitsfragen. Die Happiness-Barriere ist der Effekt, daß Menschen einen sozialen Druck gegen das Eingeständnis von Unzufriedenheit perzipieren; drastisch ausgedrückt: sie belügen sich oder wenigstens die Interviewer mit hohen Zufriedenheitsangaben. J. Roos nennt die allgemeine Lebenszufriedenheit ein Artefakt. D. Ipsen spricht (im Zusammenhang der Wohnverhältnisse von Ausländern) von "resignativer Zufriedenheit"[15]. Zufriedenheit sei ein bloßes Konstrukt, nichts anderes als der Vergleich von Anspruch und Gegebenheiten, bei durchgängiger Anspruchssenkung unter unbefriedigenden Lebensverhältnissen. Diese Theorien müssen wir differenzieren. Auch wir finden sehr hohe Werte und geringe Variationen bei der allgemeinen Lebenszufriedenheit. Wir finden zugleich aber durchaus deutliche Ansprüche bei den Deprivierten und deutliche Zusammenhänge zwischen Lage und Bewertung: im Bereich Gesundheit 0.53, Ausbildung 0.32, Einkommen 0.29, Wohnung 0.26. Die Befragten beschönigen vielleicht ihr Ehe- und Familienleben, aber offenbar nicht ihre Gesundheit, und auch nicht ihre Einsamkeit und Angst.

Die Theorie des Wertwandels konzentriert sich eher auf die Unzufriedenheit der Bessergestellten. R. Ingleharts "silent revolution" unterstellt, daß lange Jahre des Wohlstands dauerhafte Prioritätsveränderungen bewirken und damit, insbesondere für Jüngere und besser Ausgebildete, Anspruchsdefizite und geringere Zufriedenheit mit den "bourgeoisen" Verhältnissen[16]. Wir können diese These zumindest als Trend für Minderheiten bestätigen.

Insgesamt läßt sich sagen - in weitgehender Übereinstimmung mit den detaillierten Studien von Abrams in Großbritannien und von Campbell, Converse und Rodgers[17] in den Vereinigten Staaten: Es gibt resignative Zufriedenheit, aber sie verdeckt nicht den Zusammenhang von objektiven Mängeln und subjektivem Elend. Zufriedenheit ist nicht nur ein punktueller Vergleich, sondern auch eine längerfristige Befindlichkeit. (In einer kleinen Panelstudie haben wir für die allgemeine Lebenszufriedenheit nach einem halben Jahr eine Test-Retest-Korrelation von r = 0.60 gemessen[18].) Zufriedenheit hat eine deutliche kognitive Komponente. Mit steigendem Alter nähern sich Ansprüche und Lebensbedingungen, aber nicht nur aus Resignation, sondern auch, weil sich diese Bedingungen, zum Beispiel die Wohnverhältnisse, positiv verändert haben. Mit steigendem Sozialstatus (und steigender Bildung) vergrößern sich Ressourcen und Wahlmöglichkeiten - und damit die Anspruchsdifferenzen. Und die Ansprüche hängen ihrerseits eindeutig von den bisherigen Erfahrungen und vom Vergleich mit signifikanten anderen ab.

Wenn man, mit diesen Befunden, von der Zufriedenheit wieder auf ein weiteres Konzept der individuellen Wohlfahrt übergeht, dann ergibt sich das folgende Bild: die individuelle Wohlfahrt bestimmt sich aufgrund der beobachtbaren und der wahrgenommenen Qualität der Lebensumstände. Die objektive Wohlfahrtsposition, die subjektive Wohlfahrtsposition und ihren Zusammenhang erklären wir am besten mit Statuslagen, d. h. gesellschaftlich typischen Konstellationen von sozialstrukturellen Merkmalen. Wir verbessern die Erklärung, wenn wir "Erfahrungen", "Aktivitäten" und besondere "Problemlagen" der Individuen berücksichtigen, die ihrerseits deutlich, aber eben nicht vollständig durch sozialstrukturelle Merkmale determiniert sind. Das ist - wenn man so will - die Theorie dieses Beitrags.

## 3

Durch die Verknüpfung von Lebensbedingungen und wahrgenommener Lebensqualität mit Statuslagen und Risikogruppen komme ich zu einem Modell der Wohlfahrtsstruktur der Bundesrepublik. Die wichtigsten Ergebnisse sind folgende:

<u>(1) Wir finden eine ausgeprägte Hierarchie, aber zugleich eine Klumpung in den Mittellagen</u>

Auch die am besten situierte Gruppe, die wir identifiziert haben (die Akademiker!), kommt nicht über durchschnittlich elf Punkte auf dem Index der Lebensbedingungen beziehungsweise zehn Punkte auf dem Index der wahrgenommenen Lebensqualität. Im obersten Bereich (11 bis 15 Punkte) finden sich insgesamt nur sieben Prozent, im untersten Bereich (0 bis 5 Punkte) acht Prozent der Befragten (vgl. Abbildung 3). Dies ist Konstruktion und Realität zugleich und bereits mit dem Familienzyklus und dem Lebenszyklus zu erklären. Mit dem Alter und mit dem Verlust des Ehepartners verschlechtern sich Gesundheit und Sozialkontakte, steigen Einsamkeit und Angst - auch bei Konstanthaltung von Einkommen, Wohnverhältnissen und Ausbildung.

<u>(2) Wir finden einen deutlichen Zusammenhang von Statuslagen, Risikogruppen und Wohlfahrtstypen</u> (vgl. Abb. 4, 5)[19]

Die Mehrzahl der älteren Arbeiter, Arbeiterfrauen und Arbeiterrentner findet sich im Typus Deprivation; die Mehrzahl der Nichtarbeiter und ihrer Frauen im Typus Well-being, hier aber auch die jüngeren Arbeiter. Überdurchschnittliche Dissonanz kennzeichnet die beiden Nicht-Arbeitergruppen und ihre Frauen ("white collar"), aber auch die jüngeren Arbeiter: hier ist das "Unzufrieden-

Abbildung 3: Scattergram Lebensbedingungen vs. wahrgenommene Lebensqualität

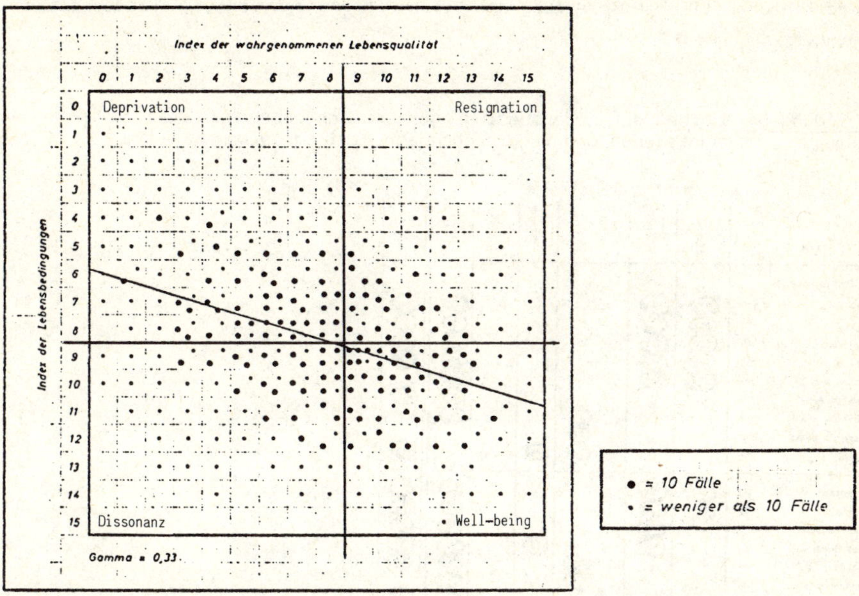


Abbildung 4: Indices der Lebensbedingungen und der Lebensqualität, Wohlfahrtstypen, Werte, Vergleiche und Aktivitäten nach Statuslagen

| | | | Indexpunkte | | in % | | | | in % | | | | | in % | | |
|---|---|---|---|---|---|---|---|---|---|---|---|---|---|---|---|---|
| STATUSLAGEN | n = | % | LEBENSB | LEBQUAL | WELL | DISS | RESI | DEPR | INGLE | CONFLI | Polit. Interesse | AKTIV | PARTIZIP | ERFAHR | ERWART | ANSPRU |
| Arbeiter -39 | 201 | 11 | | | 32 | 23 | | | | | 16 | | | | | 44 |
| Arbeiter 40+ | 186 | 10 | | 695 | | | | 48 | 6 | 39 | 19 | | | | | |
| NArbeiter -39 | 340 | 19 | | | 48 | 30 | | | | | | | | | | 47 |
| NArbeiter 40+ | 278 | 16 | | | 39 | 25 | | | | | | | | | 18 | |
| Hausfrauen Arb | 124 | 7 | 637 | 675 | | | 25 | 62 | 1 | | 6 | | 30 | 36 | | 52 |
| Hausfrauen NArb | 188 | 10 | | | 36 | | 19 | | 7 | | 14 | 30 | 32 | | | |
| Rentner Arb verhei | 113 | 6 | 584 | 639 | | | 21 | 65 | 5 | 45 | 17 | 22 | 23 | 18 | 11 | |
| Rentner Arb verwit | 94 | 5 | 550 | 513 | | | | 80 | 4 | 43 | 7 | 11 | 13 | 24 | 17 | |
| Rentner NArb verh | 141 | 8 | | | | | 23 | | | 3 | | 28 | | 18 | 8 | |
| Rentner NArb verw | 128 | 7 | 689 | 645 | | | | 59 | 3 | 46 | | 14 | 24 | 23 | 16 | |
| Insgesamt | 1792 | 100 | 798 | 770 | 27 über | 19 über | 16 über | 38 über | 11 | 52 | 26 | 34 | 44 | 41 | 25 | 41 über |

In der Tabelle sind nur die Werte aufgeführt, die 10 % unter/über dem Durchschnittswert liegen.

heitsdilemma" lokalisiert; bei den Nicht-Erwerbstätigen hingegen, in der überdurchschnittlichen Besetzung des Typus Resignation, das "Zufriedenheitsparadox".

Abbildung 5: Indices der Lebensbedingungen und der Lebensqualität, Wohlfahrtstypen und Vergleiche nach Risikogruppen

| RISIKOGRUPPEN | n = | LEBENSB | LEBQUAL | WELL | DISS | RESI | DEPR | ANSPRU |
|---|---|---|---|---|---|---|---|---|
| Indexpunkte | | | | | | | | |
| Behinderte | 302 | 577 | 544 | | | | 72 | 53 |
| Kranke | 173 | 653 | 620 | | | | 58 | 55 |
| Pflegefälle | 45 | 506 | 350 | | | | 93 | 56 |
| Arbeitslose | 36 | 668 | 566 | | | | 59 | 72 |
| Ungelrn Arb | 49 | 525 | 588 | | | | 66 | |
| Dequalif Arb | 79 | | | | | | 41 | 47 |
| Eltern 3+ Kin | 136 | | | 28 | | | 40 | |
| Eltern 2+ Schki | 355 | | | 32 | | | | |
| Schüler | 114 | | | 44 | 44 | | | 57 |
| Kontaktarm | 93 | 623 | 585 | | | | 62 | 52 |
| Einsame | 150 | 654 | 400 | | | | 67 | 55 |
| Unzuf Politik | 375 | | 642 | | | | 43 | 54 |
| Unzuf Beruf | 120 | | 519 | | 37 | | 50 | 73 |
| Absteiger | 184 | | | 36 | | | 30 | 47 |
| Angst Arbplatz | 134 | | | 31 | | | 32 | |
| Klassenkonfl | | | | | | | 36 | 56 |
| Falsche Arb | 98 | | | 25 | | | 46 | 48 |
| Falsche Mittels | 234 | | | 26 | | | 38 | |
| Nichtwähler | 112 | | | 32 | | | 38 | 52 |
| Geschiedene | 68 | | 679 | | | | 45 | |
| Vermögende | 127 | | | 54 | | | | |
| Gutverdienend | 187 | | | 51 | | | | |
| Akademiker | 98 | | | 64 | | | | |
| Oberschicht | 183 | | | 55 | | | | |
| Insgesamt max. | 2012 | 798 | 770 | 21 über | 27 über | 23 über | 29 über | 42 über |

In der Tabelle sind nur die Werte aufgeführt, die 10 % unter/über dem Durchschnittswert liegen.

Die vier privilegierten Gruppen sind mehrheitlich im Typus Well-being lokalisiert, im Typus Dissonanz nur durchschnittlich. Alle manifesten Risikogruppen (mit Ausnahme der "Eltern mit zwei oder mehr Schulkindern") und alle latenten Risikogruppen (mit Ausnahme der "Absteiger") finden sich jedoch mehrheitlich im Typus Deprivation. Nur die Studenten und die beruflich Unzufriedenen sind überdurchschnittlich "dissonant". Einen deutlichen Unterschied zwischen Statuslagen und Risikogruppen finden wir hinsichtlich des Anspruchsdefizits:

nahezu alle Risikogruppen überdurchschnittlich, nicht aber alle Statusgruppen, von denen man dies erwarten würde. Das Bild klärt sich auf der Individualebene: es gibt eine eindeutige Korrelation mit unbefriedigten Ansprüchen sowohl bei Dissonanten wie bei Deprivierten.

(3) Auf der Gruppenebene wird der Zusammenhang zwischen Lebensbedingungen und wahrgenommener Lebensqualität eindeutig

Auf der Individualebene war dieser Zusammenhang deutlich, aber eben nur 0.33. Hingegen ist die Rangfolge der Statuslagen auf beiden Skalen eindeutig; es gibt insgesamt nur zwei Verschiebungen um jeweils einen Platz. Die Nicht-Arbeiter und ihre Frauen sind auf beiden Skalen an der Spitze, die Arbeiterrentner am Ende, die jüngeren Arbeiter immerhin vor den "Pensionären", die älteren Arbeiter hinter ihnen. Unterhalb der verwitweten Arbeiterrentner, zumeist Frauen, finden sich nur noch die "Pflegebedürftigen", auf der Lebensqualität-Skala noch die "Einsamen" (und die drei Gruppen überschneiden sich). Oberhalb der jüngeren Nicht-Arbeiter liegen - per definitonem - die vier privilegierten Gruppen, auf der Lebensbedingungen-Skala noch die Studenten wegen ihres Bildungsvorsprungs. Sieben der neun deutlich unterdurchschnittlichen Risikogruppen finden sich auf beiden Listen: die Pflegebedürftigen, die ungelernten Arbeiter, die Behinderten, die Kontaktarmen, die Kranken, die Einsamen, die Arbeitslosen - sie bezeichnen, zusammen mit den Statuslagen der Arbeiterfrauen und Arbeiterrentner und bei allen Überschneidungen und Kumulationen - das Wohlfahrtsdefizit in der Bundesrepublik (vgl. Abbildung 6).

(4) Die "Neue soziale Frage" betrifft neue Maßnahmen, nicht neue Gruppen

Insofern sich die meisten "Einsamen" und "Kontaktarmen" in den manifesten Risikogruppen wiederfinden, könnte man sagen, daß sämtliche unterprivilegierte Gruppen vom System der sozialen Sicherung "erfaßt" und "versorgt" werden. Die Suche nach latenten Risikogruppen hat - jedenfalls mit unseren beschränkten Umfragedaten - keine Gruppe ans Tageslicht gebracht, die im Olson'schen Sinne "im Stillen leidet". Weder diejenigen, die einen sozialen Abstieg berichten noch diejenigen, die Angst um ihren Arbeitsplatz haben oder

Abbildung 6: Lebensbedingungen und wahrgenommene Lebensqualität, nach Statuslagen und ausgewählten Risikogruppen

| Lebensbedingungen<br>LBENSB-Index | | Wahrgenommene Lebensqualität<br>LEBQUAL-Index | |
|---|---|---|---|
| Akademiker | 1088 | Akademiker | 955 |
| NArbeiter -39 | 958 | NArbeiter -39 | 866 |
| NArbeiter 40+ | 913 | Hausfrauen NArb | 864 |
| Hausfrauen NArb | 831 | NArbeiter 40+ | 835 |
| Arbeiter -39 | 808 | Arbeiter -39 | 827 |
| | | Rentner NArb verhei | 810 |
| DURCHSCHNITT | 798 | DURCHSCHNITT | 770 |
| Rentner NArb verhei | 770 | | |
| Arbeiter 40+ | 742 | Arbeiter 40+ | 695 |
| Rentner NArb verwit | 689 | Hausfrauen Arb | 675 |
| Hausfrauen Arb | 637 | Rentner NArb verwit | 645 |
| Rentner Arb verhei | 584 | Rentner Arb verhei | 639 |
| Rentner Arb verwit | 550 | Rentner Arb verwit | 513 |
| Arbeitslose | 668 | + Unzufrie Politik | 642 |
| Einsame | 654 | Kranke | 620 |
| Kranke | 653 | Ungelern Arb | 588 |
| Kontaktarme | 623 | Kontaktarme | 585 |
| Behinderte | 577 | Arbeitslose | 566 |
| Ungelernte Arb | 525 | Behinderte | 544 |
| Pflegefällte | 506 | + Unzufrie Beruf | 519 |
| | | Einsame | 400 |
| | | Pflegefälle | 350 |

starke Klassenkonflikte sehen, befinden sich in auffällig ungünstigen Lebenslagen. Familien mit drei und mehr Kindern (beziehungsweise zwei und mehr Schulkindern) haben finanzielle Probleme, aber ansonsten - ohne weitere Spezifizierung - keine extremen Wohlfahrtsdefizite[20]. Auch für die Geschiedenen sind neue Maßnahmen eingeführt worden.

Viel gravierender ist, daß zahlreiche Risiken zwar manifest, sichtbar und betreut sind -, daß aber dennoch die Betroffenen nicht aus der Deprivation herausfinden. Wenn man die einzelnen Indices betrachtet, dann sieht man die finanziellen Engpässe, die geringe Ausbildung und typische Cluster von Gesundheits- und Kontaktproblemen. Nur die Wohnverhältnisse sind - so wie wir sie messen - auch für die unterprivilegierten Gruppen durchschnittlich. In fast allen Dimensionen der wahrgenommenen Lebensqualität liegen nahezu alle Risikogruppen (außer den "Eltern") zum Teil deutlich unter dem Durchschnitt. Dies sind die Grenzen der gegenwärtigen sozialpolitischen Maßnahmen (vgl. Abbildungen 7, 8).

Abbildung 7: Indices der Lebensbedingungen und der wahrgenommenen Lebensqualität nach Statuslagen

| | | | Indexpunkte | | | | | | | | | |
|---|---|---|---|---|---|---|---|---|---|---|---|---|
| STATUSLAGEN | n = | % | HAUSPROK | WOHNIND | GESUND | BILVAR | SOZINT | LEBZUF | WEGBZU | GLUECK | NANOMIE | NANXIETY |
| Arbeiter -39 | 201 | 11 | 131 | | | 99 | | | | | | |
| Arbeiter 40+ | 186 | 10 | 132 | | | 68 | | 162 | 83 | | 134 | |
| NArbeiter -39 | 340 | 19 | | | | | | | | | | |
| NArbeiter 40+ | 278 | 16 | | | | | | | | | | |
| Hausfrauen Arb | 124 | 7 | 76 | | | 56 | | | 79 | | 138 | |
| Hausfrauen NArb | 188 | 10 | | | | | | | | | | |
| Rentner Arb verhei | 113 | 6 | 120 | | 87 | 51 | | | 93 | 144 | 115 | 99 |
| Rentner Arb verwit | 94 | 5 | | | 116 | 26 | 50 | | 71 | 79 | 88 | 98 |
| Rentner NArb verhei | 141 | 8 | | | 117 | | | | | | 136 | |
| Rentner NArb verwit | 128 | 7 | | | 118 | 11 | 57 | | | 101 | 127 | 122 |
| Insgesamt | 1792 | 100 | 155 | 199 | 178 | 127 | 145 | 186 | 109 | 161 | 160 | 157 |

In der Tabelle sind nur die Werte aufgeführt, die 10 % unter/über dem Durchschnittswert liegen.

Abbildung 8: Indices der Lebensbedingungen und der wahrgenommenen Lebensqualität nach Risikogruppen

| RISIKOGRUPPEN | n = | LEBENSB | LEBQUAL | | HAUSPROK | WOHNIND | GESUND | BILVAR | SOZINT | | LEBZUF | WEGBZU | GLUECK | NANOMIE | NANXIETY |
|---|---|---|---|---|---|---|---|---|---|---|---|---|---|---|---|
| Indexpunkte | | | | | | | | | | | | | | | |
| Behinderte | 302 | 577 | 544 | | | | 0 | 96 | | | 145 | 66 | 136 | 136 | 61 |
| Kranke | 173 | 653 | 620 | | | | 41 | | | | 151 | 70 | | 138 | 109 |
| Pflegefälle | 45 | 506 | 350 | | 132 | | 35 | 70 | 89 | | 129 | 39 | 82 | 65 | 42 |
| Arbeitslose | 36 | 688 | 566 | | 97 | 173 | 145 | | 123 | | 112 | 62 | 118 | | 128 |
| Ungelern Arb | 49 | 525 | 588 | | 85 | | | 29 | 107 | | 156 | 60 | 136 | 117 | 119 |
| Dequalif Arb | 79 | | | | 107 | | | 110 | | | 164 | | | | |
| Eltern 3+ Kin | 136 | | | | 53 | | | | | | | | | | |
| Eltern 2+ Schki | 355 | | | | 76 | | | | | | | | | | |
| Schüler | 114 | | | | | | | | 113 | | 157 | | | | |
| Kontaktarme | 93 | 623 | 585 | | 128 | 178 | 150 | 104 | 64 | | 154 | 76 | 106 | 135 | 115 |
| Einsame | 150 | 654 | 400 | | | | 119 | 96 | 90 | | 127 | 79 | 40 | 99 | 96 |
| Unzuf Politik | 375 | | 642 | | | | | | | | 146 | 78 | 143 | | 131 |
| Unzuf Beruf | 120 | | 519 | | | | | 107 | | | 82 | 43 | 141 | 131 | 122 |
| Absteiger | 184 | | | | | | | | | | 157 | 95 | | | |
| Angst Arbplatz | 134 | | | | | | 149 | | | | | | | | 126 |
| Klassenkonfl | 118 | | | | | | | | | | 157 | 97 | | | 138 |
| Falsche Arb | 98 | | | | 133 | | | 107 | | | | 98 | | | 138 |
| Falsche Mittels | 234 | | | | 137 | | | 102 | | | | | | | |
| Nichtwähler | 112 | | | | | | | | 127 | | | | | 137 | 140 |
| Geschiedene | 68 | | 679 | | | 174 | 152 | | 82 | | 163 | 89 | 133 | | |
| Vermögend | 127 | | | | | | | | | | | | | | |
| Gutverdienend | 187 | | | | | | | | | | | | | | |
| Akademiker | 98 | | | | | | | | | | | | | | |
| Oberschicht | 183 | | | | | | | | | | | | | | |
| INSGESAMT | max. 2012 | 798 | 770 | | 155 | 199 | 178 | 127 | 145 | | 186 | 109 | 161 | 160 | 157 |

In der Tabelle sind nur die Werte aufgeführt, die 10 % unter/über dem Durchschnittswert liegen.

## (5) Disparitäten in Lebensbedingungen und wahrgenommener Lebensqualität sind der Normalfall

Meine Idee, auch einen Beitrag zur Theorie der "horizontalen Disparitäten"[21] zu liefern, hat sich in dieser Runde nicht realisieren lassen. Wir haben keine zureichenden Daten über das Verhältnis von marktvermittelten und öffentlich bereitgestellten Leistungen, das wohl ein Kernproblem nach dieser Theorie ist. Vielleicht sind aber selbst die folgenden Befunde nicht irrelevant: Die Zufriedenheiten mit öffentlichen Leistungen sind deutlich geringer als mit privaten Lebensumständen. Die Disparitäten in den Lebensbedingungen sind größer als in der wahrgenommenen Lebensqualität. Und: Disparitäten sind nicht die Ausnahme, sondern die Regel. Mehr als siebzig Prozent der Bevölkerung weisen einen oder mehrere deutliche "Sprünge" in den zehn untersuchten Dimensionen der objektiven und subjektiven Wohlfahrt auf.

## 4

Es ist ein eigenes Thema, die gesellschaftspolitischen Schlußfolgerungen aus diesen Ergebnissen zu ziehen - genauso wie es ein eigenes Thema wäre, auf der Ebene von einzelnen Indikatoren spezifische Defizite herauszustellen. Ich kann abschließend nur einige Stichworte geben und einige Dilemmas bezeichnen.

Es gibt klare Deprivationen in der Bundesrepublik. Wenn man die Minima der Deprivierten in den einzelnen Lebensbereichen anheben könnte, würde man zugleich auch die Lage der Resignierten verbessern. Beide Gruppen aber sind aufgrund von Alter, Bildung, Gesundheit und Sozialintegration wenig politisch interessiert, unterdurchschnittlich für Neues aufgeschlossen, wenig aktiv in alltäglichen und wenig partizipativ in wichtigen Dingen. Sie sind nicht postbourgeois, im Sinne von Ingleharts Wertwandel, sondern sie fühlen sich ohnmächtig und ängstlich. Die bürokratisierte, monetarisierte und verrechtlichte Sozialpolitik hat bisher keine Mittel, jenseits von Einkommens- und vielleicht noch von Wohnungsmaßnahmen, diese Defizite anzugehen[22].

Die politische Diskussion wird von den Gruppen in guten Lebensbedingungen bestimmt, und häufig ist es Dissonanz, Unzufriedenheit bei den Bessergestellten, die den sozialen Wandel beschleunigt. Reformen sind mit Recht zukunftsorientiert. Lehrstellenbeschaffung, berufliche Flexibilität und Weiterbildung, mehr und bessere Berufsmöglichkeit für Frauen oder - um auch ein konservatives Programm zu nennen - ein Familien- und Erziehungsgeld: das sind wichtige Zukunftsfragen. Aber ihre Lösung hilft den älteren Arbeitern, den älteren Hausfrauen, den Rentnern und Witwen nur wenig. Und das sind über vierzig Prozent der erwachsenen Bevölkerung.

Man kann hoffen, daß mit steigender Bildung und verbesserten sozialen Fähigkeiten künftig auch das Ausmaß von Kontaktlosigkeit, Ohnmacht und Angst reduziert wird. Die herkömmliche Sozialpolitik ist jedoch auf solche Probleme nicht ausgerichtet. Soziale Erfindungen sind nötig, um mit der Anhebung von Minima, mit dem "upgrading" allgemeiner Standards, auch die individuelle Hilflosigkeit zu verringern.

Solche Erfindungen kann ich mir nicht als neue Behörden vorstellen, sondern nur in der Richtung einer Vermittlung von öffentlichen Leistungen in private Netzwerke: Familien, Nachbarschaften, Vereine, Kirchen, informelle Gruppen. Als Beispiel habe ich die ambulante Altenhilfe vor Augen. Aber neben bestehende Ansätze werden auch ganz neuartige Versuche zur "Institutionalisierung von Selbsthilfe" treten müssen.

Generell die Zufriedenheit zu erhöhen, kann meines Erachtens kein gesellschaftspolitisches Ziel sein. Aller Mühe wert sind aber solche öffentlichen und privaten Innovationen, die mehr Menschen in Lebensbedingungen bringen, in denen sie sich um ihre Lebensqualität selber kümmern können.

Anmerkungen

*) Dieser Vortrag wurde für den Themenbereich 6: "Lebenslagen, Risiken und Systeme sozialer Sicherung" auf dem 19. Deutschen Soziologentag, Berlin 17.-20. 4. 1979, geschrieben. Er ist im Rahmen des Sonderforschungsbereichs 3, Mikroanalytische Grundlagen der Gesellschaftspolitik, Frankfurt/ Mannheim, entstanden.
Entscheidenden Anteil an den quantitativen Analysen hat Wolfgang Brachtl, dem ich zu besonderem Dank verpflichtet bin. Ich danke außerdem Christian Siara sowie den weiteren Mitgliedern der Gruppe "Wohlfahrtssurvey", Sabine Lang, Maria Volkert und Elisabeth Gransche.

1 Vgl. insgesamt Wolfgang Zapf, "Komponenten der Wohlfahrtsmessung", in: H.-J. Krupp/ W. Zapf, Sozialpolitik und Sozialberichterstattung, Campus: Frankfurt 1977, S. 247-266.

2 Wolfgang Zapf (Hrsg.), Lebensbedingungen in der Bundesrepublik, Campus: Frankfurt 1977, $1978^2$.

3 Dieses Projekt wurde von der Deutschen Forschungsgemeinschaft gefördert und wird jetzt im Sonderforschungsbereich 3 Frankfurt/Mannheim weitergeführt. Die erste umfassende Auswertung liegt inzwischen vor: Christian Siara, Komponenten der Wohlfahrt in der Bundesrepublik Deutschland, Tabellenband, Mannheim 1979, xerogr. Eine Buchveröffentlichung des gesamten Projekts ist in Vorbereitung.

4 Im Rahmen des Surveys wurden selbstverständlich auch Aspekte der Arbeits- und Beschäftigungsbedingungen untersucht. Diese Dimensionen sind hier zunächst deshalb nicht berücksichtigt worden, weil nur 46 Prozent der Befragten erwerbstätig sind.

5 Alternativrechnungen sind in Vorbereitung, in denen die "Wichtigkeitsrangfolgen" der einzelnen Lebensbereiche nach dem Urteil der Befragten berücksichtigt werden.

6 Vgl. im Anhang die Daten zu "Wohlfahrtskonstellationen", lfd. Nummern 33 bis 36. Sie geben an, wieviel Prozent der einzelnen Statuslagen immer (d.h. fünfmal) in den ungünstigen Situationen (= 0) bzw. in den günstigen Situationen (= 2, 3) sich befinden.

7 OECD, List of Social Concerns Common to Most OECD Countries, Paris 1973; OECD, Subjective Elements of Well-being, Paris 1974.

8 Vgl. Heiner Geißler, Die Neue Soziale Frage, Herder: Freiburg 1976.

9 Wo nicht anders angegeben, sind die mitgeteilten Korrelationskoeffizienten gamma-Werte. Obwohl wir unsere Indices schließlich doch als quasimetrische Skalen behandeln, wählen wir diesen etwas "konservativeren", für Ordinalskalen entwickelten Koeffizienten.

10 Die Kurzbezeichnungen dieser Theorien sind von mir/W. Z.

11 Otis D. Duncan, "Does Money Buy Satisfaction?", Social Indicators Research 2 (1975). S. 267-274; hier S. 275.

12 Erik Allardt, "On the Relationship between Objective and Subjective Predicaments", Research Group for Comparative Sociology, University of Helsinki, Research Report No. 16, 1977.

13 J. P. Roos, "Subjective and Objective Welfare: A Critique of Erik Allardt", Research Group for Comparative Sociology, University of Helsinki, Research Report No. 18, 1978.

14 Detlev Ipsen, "Das Konstrukt Zufriedenheit", Soziale Welt 29 (1978), S. 44-53.

15 Ipsen, a.a.O., S. 52.

16 Ronald Inglehart, The Silent Revolution, Princeton 1977, insbes. Chap. 5, 6.

17 A. Campbell/Ph. Converse/W. Rodgers, The Quality of American Life, Russell Sage: New York 1976; Mark Abrams, A Review of Work on Subjective Social Indicators 1971 to 1975, Occasional Papers in Survey Research, No. 8, SSRC: London 1976; Erik Allardt, About Dimensions of Welfare, Research Group for Comparative Sociology, University of Helsinki, Research Report No. 1, 1973; OECD, Subjective Elements of Well-being, Paris 1974.

18 Vgl. Sabine Lang/Maria Volkert, "Pretest-Nachbefragung 1977", Sozialpolitische Forschergruppe Frankfurt/Mannheim, SPES-Arbeitspapier Nr. 79.

19 Die in den Abbildungen 4 bis 8 ausgewiesenen Gruppen und Variablen sind im Anhang genauer erklärt. Der Fragebogen des "Wohlfahrtssurvey 1978" findet sich in: Ch. Siara, a.a.O. (Anm. 3).

20 "Weitere Spezifizierung" heißt: die Kumulation von Belastungen bei kinderreichen Familien, deren sozialpolitische Bedeutung natürlich hier nicht bestritten werden soll.

21 Vgl. Claus Offe, "Politische Herrschaft und Klassenstrukturen", in: Kress/Senghaas (Hrsg.), Politikwissenschaft, EVA: Frankfurt 1969, S. 155-189, insbes. 175 f.

22 Nach den Arbeiten von Hans Achinger hat Christian von Ferber immer wieder für eine sozialpolitische Sensibilisierung der Soziologie und für eine soziologische Kritik der Sozialpolitik plädiert. Vgl. Hans Achinger, Sozialpolitik als Gesellschaftspolitik, Rowohlt: Hamburg 1958; Ch. von Ferber, Sozialpolitik in der Wohlstandsgesellschaft, Wegner: Hamburg 1967; Ch. von Ferber/F. X. Kaufmann (Hrsg.), Soziologie und Sozialpolitik, Kölner Zeitschrift für Soziologie und Sozialpsychologie, Sonderheft 19, 1977.

## 1. Erläuterungen

| Statuslagen | Definitionen |
|---|---|
| Arbeiter -39 )<br>Arbeiter 40+ ) | Ungelernte, angelernte, gelernte und Facharbeiter, Vorarbeiter und Kolonnenführer, Meister/Polier (entspricht den Kategorien 60-64 der ZUMA-Standarddemographie, Liste S2)<br>18 bis 39 Jahre; 40 bis 64 Jahre |
| NArbeiter -39 )<br>NArbeiter 40+ ) | Alle anderen Berufseinordnungen<br>18 bis 39 Jahre; 40 bis 64 Jahre |
| Hausfrauen Arb | Nichterwerbstätige Frauen (Hausfrauen) mit den "Einordnungsberufen" (Liste S2) 60-64 |
| Haufrauen NArb | Nichterwerbstätige Frauen (Hausfrauen) mit allen anderen Einordnungsberufen |
| Rentner Arb verhei | Nichterwerbstätige, 65 Jahre und älter, die zur Zeit verheiratet sind und Einordnungsberuf (Liste S2) 60-64 haben |
| Rentner Arb verwit | Nichterwerbstätige, 65 Jahre und älter, die zur Zeit verwitwet sind und Einordnungsberuf (Liste S2) 60-64 haben |
| Rentner NArb verhei | Nichterwerbstätige, 65 Jahre und älter, die zur Zeit verheiratet sind, mit allen anderen Einordnungsberufen (Liste S2) |
| Rentner NArb verwit | Nichterwerbstätige, 65 Jahre und älter, die zur Zeit verwitwet sind, mit allen anderen Einordnungsberufen (Liste S2) |
| **Risikogruppen** | |
| Behinderte | Antwort "ja" auf die Frage, ob eine Behinderung vorliegt |
| Kranke | Antwort "ja" auf die Frage, ob in den letzten 6 Monaten im Krankenhaus |
| Pflegefälle | Antwort "ja" auf die Frage, ob pflegebedürftig |
| Arbeitslose | Antwort "arbeitslos" auf die Frage nach dem Erwerbsstatus |
| Ungelern Arb | Liste S2, Kategorie 60 |
| Dequal Arb | Liste S2, Kategorie 60, 61 bei Personen mit abgeschlossener Lehre |
| Eltern 3+ Kin | Befragte, die in der Haushaltsliste 3 und mehr Kinder angeben |
| Eltern 2+ Schki | Befragte, die in der Haushaltsliste 2 und mehr Kinder angeben, die unter 18 Jahre sind |
| Studenten | Befragte, die gegenwärtig in Ausbildung sind |
| Kontaktarme | Antwort "keine Möglichkeiten" auf die Frage nach Möglichkeiten zu Kontakten und Freundschaften |
| Einsame | Stellungnahme "stimmt ganz und gar" gegenüber dem Statement "ich fühle mich oft einsam" |
| Unzuf Politik | Befragte, die bei vier Zufriedenheitsfragen (demokratische Einrichtungen, Kriminalität, Umweltschutz, soziale Sicherung) höchstens 18 von 40 möglichen Punkten erreichen |
| Unzuf Beruf | Befragte, die bei drei Zufriedenheitsfragen (Beruf, Arbeitsbedingungen, Aufstiegschancen) höchsens 15 von 30 möglichen Punkten erreichen |
| Absteiger | Befragte, die ihren heutigen Beruf (bzw. den des Ehepartners) niedriger einschätzen als den ihres Vaters |
| Angst Arbplatz | Antwort "praktisch unmöglich" auf die Frage, wie leicht/schwer wäre es, wieder eine geeignete Stelle zu finden |
| Klassenkonfli | Befragte, die im Rahmen einer Konfliktskala "sehr starke Konflikte" zwischen Arm/Reich, Kapitalisten/Arbeiterklasse und Arbeitgebern/Arbeitnehmern sehen |
| Falsche Arb | Befragte, die sich in der subjektiven Schichtzuordnung als Arbeiter bezeichnen, aber Nicht-Arbeiter-Beruf bzw. Einordnungsberuf haben |
| Falsche Mittels | Befragte, die sich in der subjektiven Schichtzuordnung zur Mittelschicht rechnen, aber Arbeiterberuf (Liste S2, 60-64) haben |
| Nichtwähler | Befragte, die bei der Bundestagswahl 1976 nicht gewählt haben |
| Geschiedene | Befragte, die sich zum Zeitpunkt der Befragung als geschieden bezeichnet haben |
| **Kontrollgruppen** | |
| Vermögende | Antwort "250 000 DM und mehr" auf die Frage nach dem gegenwärtigen Vermögen |
| Gutverdienend | Befragte, die im Haushalt ein Nettoeinkommen des Hauptverdieners von mehr als 3 800 DM monatlich haben |

| | |
|---|---|
| Akademiker | Befragte mit Hochschulstudium |
| Oberschicht | Befragte, die sich in der subjektiven Schichtzuordnung in die obere Mittelschicht bzw. in die Oberschicht eingeordnet haben |

<u>Variablen</u>

| | |
|---|---|
| Lebensb, nur 0 | Befragte, die in den 5 untersuchten Bereichen objektiver Lebensbedingungen durchgängig in der untersten von 4 Gruppen plaziert sind |
| Lebensb, nur 2, 3 | Befragte, die in den 5 untersuchten Bereichen objektiver Lebensbedingungen durchgängig nur in den 2 obersten von 4 Kategorien plaziert sind |
| Lebensqual, nur 0 | Befragte, die in 5 Bereichen der wahrgenommenen Lebensqualität durchgängig in der untersten von 4 Gruppen plaziert sind |
| Lebensqual, nur 2, 3 | Befragte, die in 5 Bereichen der wahrgenommenen Lebensqualität durchgängig nur in den 2 obersten von 4 Kategorien plaziert sind |
| Well-being | Befragte mit neun und mehr Punkten auf den Indices der Lebensbedingungen und der Lebensqualität |
| Dissonanz | Befragte mit neun und mehr Punkten in den Lebensbedingungen, mit 8 und weniger Punkten in der Lebensqualität |
| Resignation | Befragte mit acht und weniger Punkten in den Lebensbedingungen und neun und mehr Punkten in der Lebensqualität |
| Deprivation | Befragte mit acht und weniger Punkten auf den Indices der Lebensbedingungen und der Lebensqualität |
| Erfahr | Befragte, die ihr Leben heute besser einschätzen als vor fünf Jahren |
| Erwart | Befragte, die erwarten, daß ihr Leben in fünf Jahren besser sein wird als heute |
| Anspru | Befragte, die angeben, ihnen stünde mehr zu als sie gegenwärtig haben (gemessen auf der Skala der Lebenszufriedenheit von 0-10) |
| Polit. Interesse | Antwort "sehr stark, stark" auf die Frage nach dem Interesse für Politik |
| "Neues wagen" | Als Antwort auf eine Frage, in der als Alternative "Altes bewahren" angeboten war |
| Wahl: SPD | Antwort "SPD" bei der Frage nach der Stimmabgabe zur Bundestagswahl 1976 |
| Kirchgang regelmäßig | Antwort "mehr als einmal in der Woche, einmal in der Woche" auf die Frage nach der Kirchganghäufigkeit |
| Aktiv | Befragte, die bei 15 Aktivitätsfragen mindestens elf von 19 möglichen Punkten erreichen |
| Partizip | Befragte, die schon einmal auf einer Versammlung das Wort ergriffen und/oder eine politische Entscheidung ihrer Gemeinde zu beeinflussen versucht haben |
| Confli | Befragte, die auf einer Konfliktskala mit elf Dimensionen mindestens 27 von 44 möglichen Punkten erreichen |
| Ingle | Befragte mit einer "postbourgeoisen" Wertorientierung nach einem Index von R. Inglehart. Diese Befragten haben aus 4 Vorgaben "mehr Einfluß der Bürger" und "freie Meinungsäußerung" vor "Ruhe und Ordnung" und vor "Kampf gegen steigende Preise" an die ersten beiden Stellen gesetzt. |

## 2. Indikatoren und Indices, Gewichtungen

| Indikatoren | Gewicht | INDICES | | Gewicht |
|---|---|---|---|---|
| Einkommen aller Haushalts-mitglieder | | HAUSPROK | - 575 DM | 0 |
| | | | 576 - 800 DM | 1 |
| | | | 801 - 1100 DM | 2 |
| | | | 1101 - 1500 DM | 3 |
| Wohnräume des Haushalts | | WOHNIND = WOHNPROK + | | |
| pro Kopf - 0.49 | 0 | WOHNAUS + | | |
| 0.5 - 0.99 | 1 | WOHNKOST + | | |
| ( 1.0 - 1.49 | 2 | WOHNEIG | | |
| WOHNPROK ( 1.5 + | 3 | | | |
| ( | | | 0, 1 | 0 |
| WOHNAUSstattung | | | 2 - 5 | 1 |
| WC, Bad, Zentralhei- | | | 6 - 9 | 2 |
| zung je | 1 | | 10 -12 | 3 |
| WOHNKOSTen in % des Netto-haushaltseinkommens | | | | |
| - 12.9 | 0 | | | |
| 13.0 - 19.9 | 1 | | | |
| 20.0 - 26.9 | 2 | | | |
| 27.0 + | 3 | | | |
| WOHNEIGentum Untermieter | 0 | | | |
| Mieter | 1 | | | |
| Wohnungseig | 2 | | | |
| Hauseigentum | 3 | | | |
| Beim Arzt | 5 | GESUND = Arzt + | 20 - 40 | 0 |
| Im Krankenhaus | 10 | Krankenhaus + | 10, 15 | 1 |
| Andauernde Behinderung | 20 | Behinderung + | 5 | 2 |
| Regelmäßige Medikamente | 5 | Medikamente | 0 | 3 |
| Schulbildung | | BILVAR | | |
| | | Volksschule ohne Abschluß, ohne Lehre | | 0 |
| | | Volksschule mit Lehre | | 1 |
| | | Mittlerer Abschluß | | 2 |
| | | Abitur, Hochschule | | 3 |
| Soziale Integration | | | | |
| An Nachbarn ausleihen | 0.5 | SOZINT | 0.5, 1 | 0 |
| Leben mit Partner | 1 | | 1.5 - 2.0 | 1 |
| Freunde haben | 1 | | 2.5 - 3.0 | 2 |
| Vereinsmitglied | 1 | | 3.5 - 4.5 | 3 |
| Lebensbedingungen | | LEBENSB = HAUSPROK + WOHNIND + GESUND + BILVAR + SOZINT | | 0 - 15 |

| Indikatoren | Gewicht | INDICES | | Gewicht |
|---|---|---|---|---|
| Zufriedenheit mit dem Leben im allgemeinen (0 - 10) | | LEBZUF | 0 - 6 | 0 |
| | | | 7 | 1 |
| | | | 8, 9 | 2 |
| | | | 10 | 3 |
| Zufriedenheit mit | | WEGBZU = | | |
| - der Wohnung (W, 0 - 10) | | Wohnungszuf + | 0 - 9 | 0 |
| - dem Einkommen (E, 0 - 10) | | Einkommenszuf + | 10 - 19 | 1 |
| - der Gesundheit (G, 0 - 10) | | Gesundheitszuf+ | 20 - 29 | 2 |
| - der Ausbildung (B, 0 - 10) | | Bildungszuf | 30 + | 3 |
| Glücksempfinden und Einsamkeit | | GLUECK = Glücksempfinden + Einsamkeit | | |
| sehr glücklich | 15 | | 0 - 15 | 0 |
| ziemlich glücklich | 10 | | 20 | 1 |
| ziemlich unglücklich, | | | 25 | 2 |
| sehr unglücklich | 0 | | 30 | 3 |
| sehr einsam | 0 | | | |
| etwas einsam | 5 | | | |
| kaum einsam | 10 | | | |
| überhaupt nicht einsam | 15 | | | |
| Anomie, Stellungnahme zu vier Statements | | NANOMIE | 4 - 8 | 0 |
| - kann nichts ändern | | | 9, 10 | 1 |
| - Welt ist kompliziert | | | 11, 12 | 2 |
| - man muß unkorrekt sein | | | 13 - 16 | 3 |
| - Arbeit macht keine Freude | | | | |
| von Zustimmung bis Ablehnung jeweils von 1 bis 4 Punkte | | | | |
| Angstgefühle, Stellungnahme zu zehn Statements | | NANXIETY | 4 - 10 | 0 |
| | | | 2, 3 | 1 |
| | | | 1 | 2 |
| ja jeweils 1 Punkt | | | 0 | 3 |
| Wahrgenommene Lebensqualität | | LEBQUAL = LEBZUF + WEGBZU + GLUECK + NANOMIE + NANXIETY | | 0 - 15 |

## 3. Korrelationsmatrizen für Indices und Indikatoren (gamma-Werte)

| | HVEIN | WOHNI | BILVA | GESUN | SOZIN | LEBENSB |
|---|---|---|---|---|---|---|
| HAUSPROK | 0.33 | 0.29 | 0.27 | (-0.01) | -0.10 | 0.50 |
| HVEINK | | 0.23 | 0.35 | 0.18 | 0.31 | 0.44 |
| WOHNIND | | | (0.00) | 0.06 | 0.15 | 0.44 |
| BILVAR | | | | 0.17 | 0.20 | 0.67 |
| GESUND | | | | | 0.13 | 0.54 |
| SOZINT | | | | | | 0.48 |
| LEBENSB | | | | | | |

| | LEBZUF | WEGBZU | GLUECK | NANOMIE | NANXIETY | LEBQUAL |
|---|---|---|---|---|---|---|
| HAUSPROK | 0.08 | 0.20 | (0.00) | 0.09 | 0.03 | 0.09 |
| HVEINK | 0.17 | 0.27 | 0.22 | 0.25 | 0.19 | 0.27 |
| WOHNIND | 0.12 | 0.28 | 0.05 | 0.06 | (0.04) | 0.12 |
| BILVAR | 0.04 | 0.24 | 0.10 | 0.32 | 0.24 | 0.23 |
| GESUND | 0.15 | 0.28 | 0.17 | 0.15 | 0.52 | 0.32 |
| SOZINT | 0.12 | 0.16 | 0.32 | 0.26 | 0.10 | 0.23 |
| LEBENSB | 0.15 | 0.34 | 0.20 | 0.30 | 0.33 | 0.33 |

| | LEBZUF | WEGBZU | GLUECK | NANOMIE | NANXIETY | LEBQUAL |
|---|---|---|---|---|---|---|
| LEBZUF | | 0.61 | 0.43 | 0.25 | 0.30 | 0.71 |
| WEGBZU | | | 0.32 | 0.31 | 0.36 | 0.72 |
| GLUECK | | | | 0.33 | 0.29 | 0.63 |
| NANOMIE | | | | | 0.28 | 0.58 |
| NANXIETY | | | | | | 0.63 |
| LEBQUAL | | | | | | |

| | WOHNAUS | WOHNKOST | WOHNEIG |
|---|---|---|---|
| RAUMPROK | -0.09 | (-0.09) | 0.16 |
| WOHNAUS | | -0.17 | 0.23 |
| WOHNKOST | | | 0.15 |
| WOHNEIG | | | |

| Glücklich by Einsam | 0.39 |
|---|---|

| Zufriedenheiten | Einkom | Gesund | Ausbil | Leben |
|---|---|---|---|---|
| Wohnung | 0.31 | 0.11 | 0.14 | 0.36 |
| Einkommen | | 0.17 | 0.26 | 0.51 |
| Gesundheit | | | 0.18 | 0.30 |
| Ausbildung | | | | 0.33 |
| Leben allgem. | | | | |

| | | Alter | | | Schicht | | |
|---|---|---|---|---|---|---|---|
| | | -39 | 40/59 | 60+ | Arb | Mittel | Ober |
| Wohnzufriedenheit by WOHNIND | 0.26 | | | | | | |
| Gesundheitszufried. by GESUND | -0.53 | | | | | | |
| Ausbildungszufried. by BILVAR | 0.32 | | | | | | |
| Einkommenszufried. by HAUSPROK | 0.29 | 0.21 | 0.31 | 0.38 | 0.21 | 0.17 | 0.26 |
| LEBENSB by LEBQUAL | 0.33 | 0.23 | 0.29 | 0.40 | 0.31 | 0.21 | 0.20 |

| | LEBENSB | LEBQUAL |
|---|---|---|
| Geschlecht | -0.30 | -0.22 |
| Alter | -0.38 | -0.18 |
| Schicht | 0.12 | 0.03 |
| ERFAHR | 0.21 | 0.26 |
| ERWART | 0.10 | -0.15 |
| ANSPRU | -0.08 | -0.47 |

## 4. Indikatoren der Lebensbedingungen, der wahrgenommenen Lebensqualität nach Statuslagen

| Lfd. Nr. | | Arbeiter -39 | Arbeiter 40+ | NArbeiter -39 | NArbeiter 40+ | Hausfrauen Arb | Hausfrauen NArb | Rentner Arb verhei | Rentner Arb verwit | Rentner NArb verhei | Rentner NArb verwit | Insgesamt |
|---|---|---|---|---|---|---|---|---|---|---|---|---|
| | n | 201 | 186 | 340 | 278 | 124 | 188 | 113 | 94 | 141 | 128 | 1792 |
| - | in Prozent | 11 | 10 | 19 | 16 | 7 | 10 | 6 | 5 | 8 | 7 | 100 |
| | Indikatoren der Lebensbedingungen | | | | | | | | | | | |
| | Wohnung (in %) | | | | | | | | | | | |
| 1 | WOHNAUS WC, Bad, ZH | 65 | 60 | 84 | 78 | 53 | 81 | 41 | 31 | 61 | 58 | 67 |
| 2 | RAUMPROK unter 0.5 | 53 | 55 | 44 | 40 | 59 | 54 | 18 | 4 | 16 | 12 | 49 |
| 3 | WOHNKOST über 27 % | 15 | 14 | 15 | 16 | 23 | 20 | 11 | 21 | 16 | 25 | 17 |
| 4 | WOHNEIG ja | 25 | 47 | 37 | 50 | 41 | 47 | 31 | 27 | 47 | 43 | 43 |
| | Einkommen (in %) | | | | | | | | | | | |
| 5 | HAUSPROK bis 575,- | 31 | 27 | 14 | 14 | 49 | 26 | 26 | 9 | 13 | 9 | 21 |
| 6 | HVEINK* bis 1100,- | 8 | 17 | 7 | 5 | 11 | 4 | 41 | 64 | 20 | 40 | 16 |
| | Bildung (in %) | | | | | | | | | | | |
| 7 | BILVAR Volksschule oA, oL | 21 | 39 | 6 | 11 | 50 | 29 | 56 | 78 | 26 | 37 | 28 |
| | Gesundheit (in %) | | | | | | | | | | | |
| 8 | Beim Arzt ja | 40 | 58 | 53 | 57 | 55 | 59 | 86 | 70 | 78 | 80 | 50 |
| 9 | Krankenhaus ja | 10 | 7 | 14 | 15 | 12 | 10 | 10 | 8 | 9 | 5 | 9 |
| 10 | Behinderung ja | 4 | 17 | 7 | 14 | 20 | 10 | 35 | 27 | 21 | 23 | 15 |
| 11 | Medikamente ja | 9 | 28 | 11 | 34 | 37 | 29 | 77 | 66 | 73 | 74 | 36 |
| | Soziale Integration (in %) | | | | | | | | | | | |
| 12 | Partner ja | 75 | 89 | 76 | 85 | 98 | 96 | 99 | 7 | 99 | 10 | 77 |
| 13 | Freunde ja | 79 | 61 | 86 | 78 | 66 | 82 | 54 | 52 | 66 | 64 | 73 |
| 14 | Verein ja | 38 | 41 | 49 | 58 | 25 | 35 | 35 | 29 | 43 | 27 | 41 |
| | Indikatoren der wahrgenommenen Lebensqualität | | | | | | | | | | | |
| | Lebenszufriedenheit (in Pkt**) | | | | | | | | | | | |
| 15 | Zufried. Leben allgem. | 772 | 755 | 791 | 799 | 780 | 849 | 842 | 765 | 828 | 787 | 789 |
| | Zufriedenheiten (in Pkt.) | | | | | | | | | | | |
| 16 | Zufried. Wohnung | 740 | 775 | 760 | 812 | 737 | 813 | 816 | 798 | 784 | 829 | 784 |
| 17 | Zufried. Einkommen | 717 | 664 | 731 | 757 | 686 | 786 | 749 | 673 | 793 | 753 | 733 |
| 18 | Zufried. Gesundheit | 809 | 708 | 812 | 721 | 709 | 757 | 562 | 582 | 642 | 638 | 720 |
| 19 | Zufried. Ausbildung | 645 | 584 | 726 | 718 | 567 | 636 | 657 | 583 | 709 | 704 | 666 |
| | Glück (in %) | | | | | | | | | | | |
| 20 | Unglücklich | 1 | 6 | 2 | 3 | 1 | 1 | 7 | 16 | 4 | 15 | 5 |

*)HVEINK = Einkommen des Hauptverdieners
**)Alle Punktwertungen x 100

## 5. Indices der Lebensbedingungen, der wahrgenommenen Lebensqualität und Wohlfahrtskonstellationen nach Statuslagen

| Lfd Nr. | Statuslagen | Arbeiter -39 | Arbeiter 40+ | NArbeiter -39 | NArbeiter 40+ | Hausfrauen Arb | Hausfrauen NArb | Rentner Arb verhei | Rentner Arb verwit | Rentner NArb verhei | Rentner NArb verwit | Insgesamt |
|---|---|---|---|---|---|---|---|---|---|---|---|---|
| | n | 201 | 186 | 340 | 278 | 124 | 188 | 113 | 94 | 141 | 128 | 1792 |
| | in Prozent | 11 | 10 | 19 | 16 | 7 | 10 | 6 | 5 | 8 | 7 | 100 |
| | INDICES der Lebensbedingungen (in Pkt.*) | | | | | | | | | | | |
| 21 | HAUSPROK | 131 | 132 | 177 | 183 | 76 | 145 | 120 | 168 | 168 | 198 | 155 |
| 22 | WOHNIND | 192 | 201 | 196 | 216 | 190 | 199 | 191 | 190 | 222 | 199 | 199 |
| 23 | GESUND | 235 | 186 | 217 | 182 | 168 | 191 | 87 | 116 | 117 | 118 | 178 |
| 24 | BILVAR | 99 | 68 | 188 | 158 | 56 | 120 | 51 | 26 | 129 | 111 | 127 |
| 25 | SOZINT | 150 | 154 | 180 | 175 | 147 | 174 | 135 | 50 | 149 | 57 | 145 |
| 26 | LEBENSB | 808 | 742 | 958 | 913 | 637 | 831 | 584 | 550 | 770 | .689 | 798 |
| | INDICES der wahrgenommenen Lebensqualität (in Pkt.) | | | | | | | | | | | |
| 27 | LEBZUF | 177 | 162 | 187 | 193 | 189 | 223 | 189 | 177 | 213 | 184 | 186 |
| 28 | WEGBZU | 117 | 83 | 128 | 124 | 72 | 125 | 93 | 71 | 121 | 111 | 109 |
| 29 | GLUECK | 183 | 169 | 167 | 172 | 172 | 180 | 144 | 79 | 193 | 101 | 161 |
| 30 | NANOMIE | 160 | 134 | 191 | 186 | 138 | 175 | 115 | 88 | 136 | 127 | 160 |
| 31 | NANXIETY | 190 | 148 | 193 | 158 | 105 | 161 | 99 | 98 | 147 | 122 | 157 |
| 32 | LEBQUAL | 827 | 695 | 866 | 833 | 675 | 864 | 639 | 513 | 810 | 645 | 770 |
| | Wohlfahrtskonstellationen (in %) | | | | | | | | | | | |
| 33 | LEBENSB nur 0 | 1 | 2 | 0 | 0 | 1 | 1 | 2 | 1 | 0 | 0 | 1 |
| 34 | LEBENSB nur 2, 3 | 9 | 12 | 35 | 22 | 6 | 18 | 12 | 3 | 15 | 4 | 17 |
| 35 | LEBENSQUAL nur 0 | 5 | 10 | 6 | 5 | 9 | 3 | 18 | 23 | 13 | 11 | 8 |
| 36 | LEBENSQUAL nur 2, 3 | 23 | 16 | 27 | 23 | 11 | 15 | 13 | 6 | 28 | 7 | 18 |
| | Korrelation (in Pkt.) | | | | | | | | | | | |
| 37 | LEBENSB by LEBQUAL gamma | 0.30 | 0.34 | 0.12 | 0.26 | 0.21 | 0.14 | 0.39 | 0. 41 | 0.42 | 0.31 | 0.33 |
| | Wohlfahrtsstruktur (in %) | | | | | | | | | | | |
| 38 | WELL | 32 | 17 | 48 | 39 | 9 | 36 | 4 | 1 | 25 | 12 | 27 |
| 39 | DISS | 23 | 18 | 30 | 25 | 5 | 21 | 10 | 2 | 12 | 13 | 19 |
| 40 | RESI | 16 | 17 | 10 | 10 | 25 | 19 | 21 | 17 | 23 | 17 | 16 |
| 41 | DEPR | 29 | 48 | 13 | 26 | 62 | 25 | 65 | 80 | 39 | 59 | 38 |
| | Bewertungen (in %) | | | | | | | | | | | |
| 42 | ERFAHR heute besser | 50 | 44 | 57 | 44 | 36 | 46 | 18 | 24 | 18 | 23 | 41 |
| 43 | ERWART künftig besser | 40 | 26 | 39 | 18 | 24 | 26 | 11 | 17 | 8 | 16 | 25 |
| 44 | ANSPRU sollte besser sein | 44 | 42 | 47 | 38 | 52 | 35 | 36 | 44 | 29 | 36 | 41 |
| | Wertorientierungen (in %) | | | | | | | | | | | |
| 45 | LIBSCALE 6, 7, 8 | 37 | 32 | 41 | 37 | 40 | 32 | 27 | 15 | 28 | 37 | 35 |
| 46 | Politisches Interesse groß | 16 | 19 | 41 | 40 | 6 | 14 | 17 | 7 | 36 | 24 | 26 |
| 47 | "Neues wagen" | 75 | 50 | 74 | 55 | 49 | 52 | 32 | 16 | 37 | 26 | 53 |
| 48 | Wahl: SPD | 42 | 42 | 28 | 29 | 46 | 31 | 43 | 48 | 18 | 23 | 33 |
| 49 | Kirchgang regelmäßig | 6 | 17 | 7 | 19 | 18 | 19 | 23 | 31 | 27 | 20 | 16 |
| | Aktivitäten (in %) | | | | | | | | | | | |
| 50 | AKTIV 3 - 6 | 46 | 40 | 42 | 41 | 34 | 30 | 22 | 11 | 28 | 14 | 34 |
| 51 | PARTIZIP 1, 2, 3 | 49 | 42 | 63 | 64 | 30 | 32 | 23 | 13 | 41 | 24 | 44 |
| 52 | CONFLI 27 - 44 | 57 | 39 | 65 | 52 | 54 | 48 | 45 | 43 | 48 | 46 | 52 |

*)Alle Punktwertungen x 100

# 6. Indikatoren und Indices nach Risikogruppen (in % bzw. Punkten)

| Risikogruppen | Behinderte | Kranke | Pflege-fälle | Arbeits-lose | Ungelernte Arbeiter | Dequalif. Arbeiter | Eltern 3+ Kinder | Eltern 2+ Schki | Studenten | Kontakt-arme | Einsame | Unzufr. Politik | Unzufr. Beruf | Absteiger | Angst Arbplatz | Klassen-konflikt | Falsche Arbeit | Falsche Mittels | Nicht-wähler | Geschiedene | Vermögende | Gut-verdienend | Akademiker | Ober-schicht | Insgesamt |
|---|---|---|---|---|---|---|---|---|---|---|---|---|---|---|---|---|---|---|---|---|---|---|---|---|---|
| n = | 302 | 173 | 45 | 36 | 49 | 79 | 136 | 355 | 114 | 93 | 150 | 375 | 120 | 184 | 134 | 118 | 98 | 234 | 112 | 68 | 127 | 187 | 98 | 183 | 2012 |
| HAUSPROK | 149 | 155 | 132 | 97 | 85 | 107 | 53 | 76 | 169 | 128 | 156 | 151 | 146 | 173 | 181 | 164 | 133 | 137 | 158 | 189 | 206 | 252 | 198 | 212 | |
| WOHNIND | 194 | 189 | 180 | 173 | 194 | 186 | 187 | 189 | 195 | 178 | 192 | 195 | 198 | 201 | 213 | 190 | 206 | 195 | 188 | 174 | 231 | 224 | 190 | 207 | |
| BILVAR | 98 | 124 | 70 | 130 | 29 | 110 | 122 | 127 | 300 | 104 | 96 | 121 | 107 | 134 | 156 | 171 | 107 | 102 | 124 | 139 | 192 | 187 | 300 | 228 | |
| GESUND | 0 | 41 | 35 | 145 | 161 | 175 | 222 | 211 | 238 | 150 | 119 | 172 | 177 | 200 | 149 | 183 | 167 | 188 | 175 | 152 | 207 | 188 | 207 | 202 | |
| SOZINT | 132 | 144 | 89 | 123 | 107 | 142 | 166 | 190 | 113 | 64 | 90 | 138 | 150 | 141 | 169 | 145 | 166 | 145 | 127 | 82 | 180 | 163 | 194 | 154 | |
| LEBENSB | 577 | 653 | 506 | 668 | 575 | 720 | 749 | 792 | 1017 | 623 | 654 | 777 | 777 | 850 | 867 | 853 | 779 | 767 | 772 | 735 | 1016 | 1013 | 1088 | 1002 | |
| LEBZUF | 145 | 151 | 129 | 112 | 156 | 164 | 200 | 203 | 157 | 154 | 127 | 146 | 82 | 157 | 170 | 157 | 169 | 198 | 175 | 163 | 220 | 203 | 211 | 212 | |
| WEGBZU | 66 | 70 | 39 | 62 | 60 | 105 | 108 | 114 | 105 | 76 | 79 | 78 | 43 | 95 | 106 | 97 | 78 | 112 | 110 | 89 | 157 | 145 | 153 | 156 | |
| GLUECK | 136 | 153 | 82 | 118 | 136 | 163 | 181 | 187 | 155 | 106 | 40 | 143 | 141 | 158 | 153 | 149 | 155 | 179 | 160 | 133 | 176 | 185 | 187 | 181 | |
| NANOMIE | 136 | 138 | 65 | 145 | 117 | 158 | 168 | 173 | 178 | 135 | 99 | 146 | 131 | 162 | 175 | 156 | 160 | 157 | 137 | 153 | 196 | 185 | 209 | 201 | |
| NANXIETY | 61 | 109 | 42 | 128 | 119 | 159 | 171 | 175 | 230 | 115 | 96 | 131 | 122 | 164 | 126 | 138 | 138 | 152 | 140 | 141 | 176 | 183 | 195 | 193 | |
| LEBQUAL | 544 | 620 | 350 | 566 | 588 | 750 | 828 | 853 | 825 | 485 | 400 | 642 | 519 | 736 | 730 | 697 | 700 | 798 | 722 | 679 | 924 | 901 | 955 | 943 | |
| LB/LQ gamma | 0.32 | 0.31 | (0.49) | (0.37) | (0.44) | (0.16) | 0.31 | 0.26 | 0.25 | 0.38 | 0.42 | 0.33 | (0.28) | 0.33 | 0.38 | 0.28 | 0.26 | 0.25 | 0.40 | (0.35) | (0.12) | 0.29 | 0.22 | 0.15 | 0.33 |
| WELL | 6 | 10 | 0 | 13 | 3 | 16 | 28 | 32 | 44 | 11 | 3 | 16 | 9 | 36 | 31 | 23 | 25 | 26 | 32 | 19 | 54 | 51 | 64 | 55 | 21 |
| DISS | 9 | 17 | 7 | 18 | 8 | 17 | 10 | 14 | 44 | 12 | 24 | 28 | 37 | 28 | 29 | 29 | 15 | 16 | 19 | 20 | 24 | 28 | 27 | 28 | 27 |
| RESI | 14 | 15 | 0 | 10 | 24 | 25 | 22 | 23 | 3 | 14 | 6 | 13 | 3 | 6 | 9 | 12 | 14 | 21 | 11 | 17 | 12 | 4 | 4 | 11 | 23 |
| DEPR | 72 | 58 | 93 | 59 | 66 | 41 | 40 | 32 | 9 | 62 | 67 | 43 | 50 | 30 | 32 | 36 | 46 | 38 | 38 | 45 | 10 | 17 | 5 | 6 | 29 |
| ERFAHR | 34 | 35 | 10 | 30 | 20 | 33 | 44 | 47 | 54 | 41 | 28 | 42 | 42 | 46 | 39 | 55 | 39 | 47 | 41 | 47 | 44 | 52 | 44 | 48 | 41 |
| ERWART | 24 | 36 | 20 | 45 | 35 | 34 | 27 | 28 | 53 | 26 | 27 | 32 | 48 | 40 | 32 | 38 | 29 | 32 | 41 | 29 | 33 | 25 | 31 | 26 | 27 |
| ANSPRU | 53 | 55 | 56 | 72 | 42 | 47 | 41 | 41 | 57 | 52 | 55 | 54 | 73 | 47 | 41 | 56 | 48 | 41 | 52 | 46 | 34 | 38 | 39 | 43 | 42 |
| LIBSCALE | 37 | 36 | 42 | 39 | 24 | 39 | 31 | 40 | 31 | 42 | 39 | 37 | 55 | 41 | 38 | 58 | 36 | 32 | 34 | 43 | 36 | 32 | 27 | 38 | 34 |
| Polit.Interesse | 32 | 26 | 27 | 24 | 11 | 16 | 18 | 23 | 49 | 24 | 27 | 27 | 34 | 26 | 57 | 50 | 30 | 13 | 28 | 31 | 39 | 45 | 57 | 50 | 27 |
| Neues | 49 | 54 | 27 | 54 | 42 | 59 | 56 | 58 | 74 | 45 | 51 | 63 | 75 | 75 | 64 | 64 | 57 | 62 | 62 | 70 | 50 | 62 | 59 | 60 | 54 |
| SPD | 37 | 37 | 50 | 32 | 33 | 41 | 34 | 35 | (21) | 37 | 35 | 24 | 39 | 32 | 32 | 35 | 47 | 39 | 0 | 31 | 14 | 24 | 32 | 23 | 33 |
| Kirchgang | 17 | 20 | 14 | 9 | 5 | 9 | 22 | 14 | 4 | 10 | 5 | 15 | 32 | 8 | 10 | 7 | 20 | 18 | 9 | 2 | 19 | 19 | 24 | 17 | 16 |
| AKTIV | 36 | 34 | 24 | 36 | 16 | 32 | 40 | 44 | 36 | 17 | 27 | 34 | 33 | 39 | 47 | 37 | 34 | 40 | 34 | 25 | 40 | 36 | 35 | 36 | 34 |
| PARTIZIP | 44 | 53 | 39 | 52 | 15 | 33 | 54 | 60 | 57 | 26 | 33 | 46 | 49 | 45 | 58 | 58 | 48 | 39 | 36 | 41 | 60 | 60 | 81 | 57 | 44 |
| CONFLI | 58 | 56 | 60 | 58 | 33 | 52 | 54 | 54 | 73 | 63 | 54 | 65 | 58 | 60 | 51 | 98 | 56 | 51 | 59 | 51 | 49 | 58 | 69 | 55 | 53 |

Karl Otto Hondrich

# Der Wohlfahrtsstaat und die Konstitution sozialer Probleme

## 1. Welche sozialen Probleme erzeugt der Wohlfahrtsstaat?[1)] - Populäre Hypothesen aus der politischen Diskussion

In die deutsche politische Sprache soll der Begriff Wohlfahrtsstaat durch Reichskanzler von Papen eingeführt worden sein: "Die Nachkriegsregierungen haben geglaubt, durch einen sich ständig steigernden Staatssozialismus die materiellen Sorgen dem Arbeitnehmer wie dem Arbeitgeber in weitem Maße abnehmen zu können. Sie haben den Staat zu einer Art Wohlfahrtsstaat zu machen versucht und damit die moralischen Kräfte der Nation geschwächt. Sie haben ihm die Aufgabe zuerteilt, die er seinem Wesen nach niemals erfüllen kann. Gerade hierdurch ist die Arbeitslosigkeit noch gesteigert worden ..."[2)]

Den Ruch unerwünschter Folgen hat "Wohlfahrtsstaat" bis heute bei einem Großteil der gebildeten Deutschen behalten. Während der englische Ausdruck "welfare state" eher die neutralere Bedeutung des "Sozialstaats" hat, wird der Wohlfahrtsstaat in Deutschland als Versorgungsstaat verstanden, "der um der sozialen Sicherheit der unteren wie der Mittelklassen willen die volle Macht der Sozialgestaltung für sich in Anspruch nimmt. Dies geschieht nicht nur in Diktaturen und totalitären Staaten, sondern auch im Verfassungs- und Rechtsstaat westlichen Gepräges. Während der soziale Rechtsstaat (Sozialstaat) auf dem Versuch beruht, Sicherheit und Freiheit gleichgeordnet zu verbinden, ist der Versorgungsstaat in Gefahr, die persönliche Freiheit der sozialen Sicherheit nachzuordnen. Kennzeichnend ist dann die Tendenz zu ständig wachsenden Leistungen kollektiver Daseinsvorsorge für immer breitere Schichten. Die Mittel müssen durch ständig steigende Steuerlasten und Sozialabgaben, weithin auch durch indirekten Zwang zu zusätzlichen 'freiwilligen' Sozialleistungen gewonnen werden."[3)]

Die kritischen Töne in einer solchen Definition sind unüberhörbar. Die Kritiker sehen aus der Politik des Wohlfahrtsstaats soziale Probleme erwachsen, die sich in drei Hypothesen zusammenfassen lassen:

- Der Wohlfahrtsstaat gefährdet individuelle Freiheiten, reglementiert und bürokratisiert immer mehr Lebensbereiche

(Schlagworte: Bürokratisierung, Monetarisierung und Verrechtlichung der Sozialpolitik[4]) und schmälert so die private Wohlfahrt, die er öffentlich fördern will;
- der Wohlfahrtsstaat schwächt die individuelle Leistungsbereitschaft und damit einhergehend die Leistungsfähigkeit des ökonomischen Systems;
- der Wohlfahrtsstaat führt zu steigenden individuellen Ansprüchen an den Staat und wird dadurch überfordert.

Um die Thesen prüfen zu können, ist es nötig, Wohlfahrtsstaaten mit Nicht-Wohlfahrtsstaaten etwa des gleichen Entwicklungsstandes zu vergleichen. Betrachtet man als entscheidendes Kennzeichen von Wohlfahrtsstaaten, daß sie Daseinsvorsorge bzw. ökonomische Sicherheit immer breiterer Schichten nicht der privaten Eigenleistung überlassen, sondern als kollektives Gut übernehmen, dann kann der Anteil der Ausgaben des öffentlichen Sektors (Gebietskörperschaften und Sozialversicherung) am Sozialprodukt zunächst als grober Indikator dafür gelten, in welchem Ausmaß eine Gesellschaft Wohlfahrtsstaat ist. Danach sind die Niederlande mit einem Anteil von 54,3 % vor Schweden mit 51,1 % im höchsten Grade Wohlfahrtsstaaten, die Bundesrepublik und Großbritannien mit rund 46 % liegen in der Mitte, die USA und Japan mit 36,2 und 27 % am Ende der Reihe nicht sozialistischer Industriestaaten (für die Schweiz sind keine Angaben vorhanden; Zahlen von 1975).

Als aussagekräftiger kann noch der Indikator des Anteils der Sozialleistungen (sozialen Transferausgaben) am Bruttosozialprodukt in Prozent angesehen werden: Wieder liegen die Niederlande mit 26,1 % vorn, die Bundesrepublik und Schweden mit 16,6 % etwa in der Mitte der Staaten; der sprichwörtliche Wohlfahrtsstaat England aber kann danach nicht mehr als Wohlfahrtsstaat bezeichnet werden, denn mit 11,1 % liegt er an drittletzter Stelle, danach folgen nur noch die Schweiz (1o,2) und Japan (7,1). Das Bild wird noch bekräftigt, wenn man den Anteil der "bereinigten Umverteilungsmasse" am Bruttosozialprodukt betrachtet: in Großbritannien wird weniger umverteilt (21,7) als in der Schweiz (26,4) und fast genausoviel wie in den USA (19,4).[5]

Eine erste Schlußfolgerung ist erlaubt: Unser Bild vom Wohlfahrtsstaat ist weniger von dem tatsächlichen Ausmaß der Umverteilungsprozesse als von der Lautstärke der Kritik, die in Großbritannien schon immer besonders ausgeprägt war, und von gewissen Reizworten bestimmt. Zu diesen Reizworten gehört die Verstaatlichung des Gesundheitswesens, das in Großbritannien eine nahezu unentgeltliche Behandlung durch angestellte Ärzte gewährleistet und zu 88 % über Steuern finanziert wird. Nur in Schweden, wo seit 1963 Krankenversicherung und Altersvorsorge zusammengefaßt sind, gibt es mit 69 % einen ähnlich hohen Anteil des Staates an der Finanzierung der Krankenversicherung. In der Bundesrepublik und den Niederlanden werden dagegen nur 3 bzw 9 % vom Staat zugeschossen.[6)] Zu den Reizworten gehören ferner die Volkspension seit 1946 und die umfassenden Fürsorgeleistungen für Arbeitslose in Schweden.

Als typische Wohlfahrtsstaaten können demnach heute am ehesten die Niederlande und Schweden gelten. Ihr Gegenbild sind die USA und Japan (nicht so sehr die Schweiz). Großbritannien und die Bundesrepublik nehmen eine Mittelstellung ein.

## 2. Wohlfahrtsstaat und Freiheit

Wenn die erste Hypothese richtig ist, dann müssen in den Niederlanden und Schweden die individuellen Freiheiten im politischen, ökonomischen und privaten Bereich geringer, die Bürokratisierung muß weitergetrieben sein als in den USA und Japan.

Ich verfüge im Augenblick nicht über harte Daten, um das zu prüfen. Der Augenschein spricht indessen gegen die Hypothese. Politische Partizipations- und Bürgerrechte sind in den Niederlanden und Schweden gewiß nicht geringer ausgeprägt als in den USA und Japan. Im ökonomischen Bereich wäre zu untersuchen, ob sich die niederländischen und schwedischen Unternehmer durch die gewiß ausgeprägteren sozialpolitischen Regelungen stärker gegängelt fühlen als etwa die amerikanischen Unternehmer, deren Freiheitsspielraum wahrscheinlich stärker durch die Antitrustgesetzgebung und die antidiskriminatorischen Einstellungsbedingungen eingeschränkt wird. Was die privaten Freiheiten angeht, so ist Schweden geradezu ein Synonym dafür, und Amsterdam wurde zu einem Pilgerort für junge Leute, die ungezwungen leben und in Ruhe gelassen sein wollen.

Als ein Indikator dafür, ob Wohlfahrts- oder Nicht-Wohlfahrsstaaten den Freiheits- oder Entfaltungsbestrebungen der Menschen besser entsprechen, kann man vielleicht ihre Antwort auf Fragen nach Glück und Zufriedenheit akzeptieren. Hält man die Verbindung dieses Indikators zur Freiheit der Individuen für zu weit hergeholt, dann mag er immerhin für sich selbst sprechen; Wahrscheinlich läßt sich eine die Wohlfahrtsstaatsgrenzen überschreitende Einigung darüber herstellen, daß Glück und Zufriedenheit der Menschen Ziel und Erfolgskriterium jeder Politik ist. In einer international vergleichenden Studie (mit Ausnahme der sozialistischen Länder) zeigte sich, daß in Nordamerika die meisten Menschen wohnen, die sich als sehr glücklich bezeichnen (4o %) während nur 8 % sagen, daß sie nicht so glücklich sind. In Europa wohnt der größte Anteil der sehr Glücklichen in den Wohlfahrtsstaaten Großbritannien (38 %), Benelux (34 %) und Skandinavien (28 %) - in Skandinavien gibt es mit 5 % die wenigsten "nicht so Glücklichen" überhaupt. Im Vergleich: In der Schweiz halten sich 26 % für sehr glücklich, in Deutschland nur 12 %. Am wenigsten glücklich aber sind die Leute in Japan: nur 9 % sehr glücklichen stehen 23 % nicht so glückliche gegenüber. (Die Addition auf 1oo % ergibt sich stets durch die mittlere Kategorie der ziemlich Glücklichen und durch diejenigen, die keine Angaben machen). Nur die Befragten in Indien (6 % sehr glückliche, 62 % nicht so glückliche) fühlen sich noch mißlicher.

Hängen Empfindungen von Glück und Unglück mit den Aktivitäten des Wohlfahrtsstaates zusammen? Nicht nur, aber auch: "Immer" Einkommenssorgen haben in Deutschland 3 % , in den Beneluxländern 4 %, in Skandinavien und der Schweiz 7 %, in Großbritannien 1o %, in Nordamerika 12 % und in Japan 21 %. Die deutsche Unzufriedenheit muß also zum großen Teil woandersher als aus dem ökonomischen Bereich kommen, während die japanische trotz stürmischen materiellen Wohlstandszuwachses auf die fehlende wohlfahrtstaatliche

Sicherung und auf die Begleitumstände rapiden Wachstums, die als Verkehrs- und Umweltprobleme in Japan besonders drückend sind, zurückgeführt werden kann. Führt dann aber in Japan wenigsten die wohlfahrtsstaatliche Enthaltsamkeit zu größerer Freiheit bzw. Zufriedenheit im privaten Raum? Das Gegenteil ist richtig: In Japan sind nur 38 % sehr zufrieden mit dem Familienleben, während die Prozentzahlen in den europäischen Wohlfahrtsstaaten Skandinavien und Großbritannien mit 73 und 69, aber auch in Nordamerika und der Schweiz ebenfalls mit 73 und 69 fast doppelt so hoch liegen. Erstaunlich ist hier die vergleichweise geringe Zufriedenheit der Bewohner der Beneluxländer mit nur 51 %.[7)]

Wie immer man die Zahlen im einzelnen interpretieren mag, eins machen sie deutlich: Es ist nicht der Wohlfahrtsstaat, der durch Umverteilung und Reglementierung das private Glück und die privaten Freiheiten beeinträchtigt - deren Bedrohung muß vielmehr in einem durch staatliche Maßnahmen ungezügelten Wirtschaftswachstum, in nicht-staatlichen, kulturspezifischen Norm- und Wertvorstellungen und unter anderem vielleicht auch in der Größe sozialer Systeme gesucht werden: In einer vergleichenden Untersuchung europäischer Länder fand Ronald Inglehart heraus, daß die subjektive Zufriedenheit (als Gesamtzufriedenheit) in kleinen europäischen Staaten höher ist als in großen, in Wohlfahrtsstaaten höher als in andern; die zufriedensten Länder sind Dänemark, die Niederlande, Belgien und Luxemburg, gefolgt von Irland, Großbritannien, Deutschland, Frankreich und - mit großem Abstand - Italien. (Die Zugehörigkeit zu Nationalstaaten erklärt sehr viel mehr der subjektiven Zufriedenheitsunterschiede als andere Merkmale, z.B. Alter, Geschlecht und Klassen- bzw. Schichtzugehörigkeit).[8)]

## 3. Wohlfahrtsstaat und Leistung

Die Behauptung, Umverteilung und Sicherheitsleistungen des Wohlfahrtsstaats zerstörten die Leistungsfähigkeit eines sozialen Systems und die Leistungsbereitschaft seiner Mitglieder, kann auf der gesellschaftlichen und der individuellen Ebene geprüft werden. (Dazwischen auch auf der Ebene der Organisationen - ein Analyseschritt, den ich mir hier erspare).Nimmt man auf der gesellschaftlichen Ebene als Indikator für wirtschaftliche Leistungsfähigkeit das Brutto-Inlandsprodukt zu konstanten Preisen von 197o und berechnet seine Steigerungsraten zwischen 197o und 1976, dann zeigt sich, daß die Wohlfahrtsstaaten Niederlande und Schweden sich auf 124 bzw. 114, die Nicht-Wohlfahrtsstaaten USA, Schweiz und Japan auf 119, 1o2 und 138 gesteigert haben. Für die Bundesrepublik und Großbritannien liegen die Steigerungsraten bei 116 und 118. Zwar steigt in den Wohlfahrtsstaaten der Preisindex etwas stärker (Niederlande 165,2; Schweden 161,7) als in den Nicht-Wohlfahrtsstaaten USA (146,6)und Schweiz (147,3), aber im Nicht-Wohlfahrtsstaat Japan ist die Steigerung mit 188,4 erheblich höher. In der Bundesrepublik steigen die Preise von 1oo auf 14o,8 , in Großbritannien auf 215. Man kann daraus allenfalls schließen, daß "Wohlfahrtsstaatlichkeit" eine Tendenz zu einer stärkeren Verteuerung der Lebenshaltung hat, die aber nicht auf Kosten der wirtschaftlichen Leistungsfähigkeit geht.[9)]

Sucht man globale Indikatoren, die ein Ausscheren aus dem Leistungsprozeß und damit ein Zurückgehen sowohl der Leistungsfähigkeit als auch der Leistungsbereitschaft anzeigen, dann stößt man auf Kriminalität, Suizid und Suizidversuch, Sucht und Krankheiten, besonders psychosomatische Krankheiten. Hierzu ist die Datenlage äußerst prekär. Ich beschränke mich auf die Zahlen für Selbstmorde und Selbstbeschädigungen pro 1oo ooo der Bevölkerung in den Jahren 1974 bzw. 1975 oder 1976. Die Wohlfahrtsstaaten Niederlande und Schweden weisen Raten von 9,2 und 2o auf; Japan, aus dem publizistisch besonders hohe Selbstmordraten von Jugendlichen berichtet werden, die den Leistungsanforderungen nicht gerecht werden, hat eine Rate von 18,1 , die USA von 12,7. In Großbritannien beträgt die Rate 7,9 , in Deutschland ist sie mit 21,6 am höchsten. Ein Kuriosum bildet die Schweiz, die nur 1,5 ausweist. Mit welchen Vorbehalten man auch immer diese Daten angehen mag: einen Zusammenhang zwischen dem sozialen Problem des Selbstmordes und dem Wohlfahrtsstaat lassen sie nicht erkennen. Ich vermute, daß das Ergebnis für andere "typische" soziale Probleme ähnlich ausfallen würde, wenn man die exakten

Zahlen sammeln könnte.[10)]

Beeinträchtigen die Sicherheitsleistungen des Wohlfahrtsstaats die Leistungsbereitschaft von Individuen? Wer diese Frage bejaht, unterstellt, daß Leistungsbereitschaft auf individueller Ebene aus Unsicherheit herrührt oder zumindest aus Unsicherheit oder Risikositutionen gespeist wird oder: daß Sicherheit Leistungsmüdigkeit hervorruft. Zur Stützung dieser Hypothese gibt es meines Wissens keine empirischen Belege. Die Ergebnisse von Umfragen der Arbeitsgruppe Soziale Infrastruktur in Frankfurt, in denen unter anderem auch die Wichtigkeit von Sicherheitsbedürfnissen im Vergleich zu andern Bedürfnissen und der Grad der Befriedigung dieser Bedürfnisse gegenübergestellt wurden, zeigen vielmehr im Gegenteil: Diejenigen, die sich finanziell am besten gesichert fühlen und auch am ehesten meinen, in einem nach innen und außen gut gesicherten Staat zu leben, deren Sicherheitsbedürfnisse also am stärksten befriedigt sind, stufen diese Sicherheitsbedürfnisse trotzdem erstaunlicherweise wichtiger ein als diejenigen, die sich und ihren Staat für weniger gesichert halten. Letztere haben einen niedrigeren beruflichen und Bildungsstatus. Das heißt aber, daß Personen mit höherem Berufsstatus und entsprechend höherer Leistungsfähigkeit für sich selbst nicht nur mehr Sicherheit wahrnehmen, sondern sie auch höher schätzen. Sicherheitsbedürfnis, erlebte Sicherheit und berufliche Leistungsfähigkeit sind also keine Widersprüche, sondern gehen zusammen. Dieser Eindruck wird empirisch auch dadurch gefestigt, daß Personen mit hoher Sicherheit und hohem Sicherheitsbedürfnis Entfaltungsbedürfnisse wie die nach angemessenem Einsatz und Entwicklung ihrer Fähigkeiten relativ viel wichtiger einschätzen als diejenigen, deren Sicherheitsbedürfnisse nicht so gut befriedigt sind. Mit steigendem Lebensstandard und Sozialstatus, so kann man folgern, werden alle Bedürfnisse wichtiger - auch die Sicherheitsbedürfnisse. Aber diese scheinen eine Sättigungsgrenze zu erreichen, jenseits derer sie nur noch einen geringeren Zuwachs an Wichtigkeit haben, während die Entfaltungsbedürfnisse <u>auf der Basis befriedigter Sicherheitsbedürfnisse</u> verhältnismäßig viel wichtiger werden. Der Anspruch, seine Fähigkeiten entwickeln und etwas zu leisten, setzt also Sicherheit voraus.[11)]

Die These, daß Wohlfahrtsstaat die Leistungsbereitschaft herabsetze, kann aber auch so verstanden werden, daß es nicht die Sicherheitskomponente, sondern die Umverteilungskomponente ist, die die leistungsfähigen Oberschichten als "Geber" vergrämt und leistungsmüde macht und die Unterschichten als "Nehmer" von eigenen Ansprengungen entbindet. Was die über hohe Steuern geschröpften leistungsfähigen Schichten mit hohem Einkommen angeht, so haben Untersuchungen zur Steuermentalität gezeigt[12], daß sie zwar bei zusätzlicher Belastung durch höhere Steuern verbal Unmut äußern und vorgeben, ihre Leistung senken zu wollen, daß aber eine solche Leistungsminderung allenfalls vorübergehend ist und daß sich die tatsächliche Leistung wieder auf einem früheren Niveau einpendelt: Im Kosten-Nutzen-Kalkül des Leistungshandelns spielen erlernte Leistungsnormen und nicht-geldliche Belohnungen eine größere Rolle als der Geldanreiz!

Dazu kommt, daß die Oberschichten im Vergleich zu den Unterschichten zwar weniger staatliche Aktivitäten, dafür aber erstaunlicherweise mehr "Sozialstaat" als Bereitsteller kollektiver Güter wollen: Sie sind zu einem weit größeren Teil als die Unterschichten (65 % gegenüber 39 %) dafür, daß a l l e - und nicht nur die Benutzer - zur Finanzierung staatlicher Leistungen beitragen. Ob sich demnach mit steigender Bildung und höherem Einkommen auch Gleichheitsdenken und Kollektivorientierung (entgegen der These von zunehmender Individualorientierung bzw. Eigennutzorientierung) ausbreiten - dies gehört zu den Forschungsfragen, auf die wir noch keine Antwort wissen. Wenn es so ist, daß Gleichheitswerte, wie andere Untersuchungen zeigen[13], und Sozialstaatsdenken in den oberen Schichten, besonders in der jungen Generation, wichtiger werden, dann kann eine stärkere Verwirklichung von Gleichheitsbemühungen über wohlfahrtsstaatliche Maßnahmen nicht "Leistungsbereitschaft" herabsetzen - im Gegenteil!: Man arbeitet und leistet lieber in einer Gesellschaft, in der es auch den weniger Leistungsfähigen besser geht und in der ein größeres Maß an Gleichheit verwirklicht ist.

Dieser optimistischen Hypothese muß allerdings zunächst eine weniger optimistische für die Leistungsbereitschaft der Empfänger kollektiver Güter entgegengestellt werden. Wenn wir den Untersuchungen Glauben schenken dürfen, die für die Unterschichten mit wenig qualifizierten Berufen und geringer Ausbildung eine eher instrumentelle Einstellung zur Leistung und eine vorwiegende Orientierung an Geld-Belohnungen konstatieren, wenn also bei ihnen nicht-monetäre Anreize zur Leistung und ein Arbeitsethos weitgehend fehlen, dann kann die Neigung, "Geld ohne Arbeit" über das kollektive Gut der Arbeitslosenversicherung zu bekommen und die Arbeit, die wegen ihrer schlechten Qualität und ihres niedrigen Einkommens einen geringen Grenznutzen hat, aufzugeben, zunehmen. Eine Problemlösung dafür ist in der Aufwertung von Arbeitsinhalten und -anforderungen (nicht so sehr in der Humanisierung als in der Qualifizierung von Arbeit) und in der entsprechenden Ausbildung zu suchen.

## 4. Wohlfahrtsstaat und steigende Ansprüche

Wir wissen wenig über das Anspruchsverhalten gegenüber dem Staat. Aber eines wissen wir: Die höheren Ansprüche kommen nicht von den Unterschichten, sondern von den Mittel- und Oberschichten, denselben Schichten, die sich über zuviel Staat beklagen, die aber andererseits über Wahrnehmung, Fähigkeiten und Partizipationschancen verfügen, um ihre Ansprüche anzumelden[14]. Liest man diese Information zusammen mit der oben erwähnten, daß nicht die Unterschichten, sondern die Mittel- und Oberschichten für das wohlfahrtsstaatliche Prinzip eintreten, daß alle - und nicht nur die Begünstigten - zur Finanzierung staatlicher Leistungen beitragen, dann kann man sich des Verdachts nicht erwehren, daß die Bessergestellten auch vom Wohlfahrtsstaat eher begünstigt werden und daß die Umverteilung über kollektive Güter Ungleichheit in der Gesellschaft nicht herabsetzt, sondern eher bestärkt.

Der Wohlfahrtsstaat ist nicht schuld an sozialer Ungleichheit, Unsicherheit und abweichenden Verhaltensweisen wie Selbstmord, Kriminalität, Sucht etc. Aber er macht sich dadurch verantwortlich, daß er den Anspruch auf sich nimmt, diese sozialen Probleme, die zu lösen ursprünglich in der Verantwortung der Individuen bzw. ihrer kleinen gewachsenen Kollektive lag, als s o z i a l e Probleme zu definieren, für die legitimerweise von Staats wegen

Mittel bereitgestellt werden müssen, wobei Erfolglosigkeit bei der Problemlösung zu einem Legitimationsproblem für den Wohlfahrtsstaat selbst wird. Erfolglosigkeit droht von zwei Seiten. Zum einen von der Seite zu knapper Mittel. Aber dies ist noch harmlos im Vergleich zu der Tragik, in die der Wohlfahrtsstaat gerät, weil es, soziologisch gesehen, prinzipiell unmöglich ist, Ziele wie Sicherheit, Gleichheit und Heilung von Devianz zu erreichen. Bei den Gütern, für die Gleichheit beansprucht oder versprochen wird, handelt es sich zum großen Teil, in der Terminologie Fred Hirschs[15], um positionale Güter, die, wie Positionen mit Entscheidungsbefugnis in Hierarchien und Ausbildungsplätze in Universitäten zwar vermehrt werden können, aber doch notwendigerweise immer knapp bleiben. So wird durch die Aktivitäten des Wohlfahrtsstaats Ungleichheit höchstens in der Weise verlagert, daß mehr Leute begehrte Positionen und andere Güter bekommen - aber für die bleibenden Benachteiligten ist diese Art von Ungleichheit vielleicht umso drückender. Nimmt der Wohlfahrtsstaat die Ansprüche auf Abschaffung der Ungleichheit als legitim auf, dann muß er enttäuschen und scheitern.

Das gleiche stößt ihm zu, sofern aus dem Anspruch, der Wohlfahrtsstaat möge ein Netz aufspannen, um die aus dem Leistungsprozess der Normalität Herausfallenden aufzufangen, der Anspruch wird, er möge es durch vorbeugende Maßnahmen gar nicht erst zur Devianz und zu Notfällen kommen lassen. In einer solchen Forderung fällt die soziologische Einsicht Emile Durkheims, daß Gesellschaft ihre Devianz und ihre Opfer braucht, um ihre kollektiven Interessen und Normen an ihnen zu wetzen und sie dabei zu schärfen und zu verändern, einem humanitären Anspruch zum Opfer, den keine Gesellschaft - und auch kein Wohlfahrtsstaat - erfüllen kann.

Die Probleme auf diese Weise benennen, heißt nicht, daß die Wohlfahrtsstaaten tatsächlich in aller Schärfe mit ihnen konfrontiert werden und in die von modernen soziologischen Kulturkritikern beschworene Legitimitätskrise geraten. Denn empirisch wissen wir tatsächlich nicht, wie weit die Ansprüche der Bürger an den Wohlfahrtsstaat gehen, ob sie steigende Tendenz haben und ob sie soziologische Einsichten vermissen lassen. Der Forschung ist hier ein weites Feld eröffnet.

Auf der Suche nach handfest erhebbaren Indikatoren für Ansprüche gegenüber dem Wohlfahrtsstaat, stößt man auf die Aufwendungen für Krankheit (einschließlich Mutterschaft und Lohnersatz), die 1973 (in Preisen von 197o in DM) je geschützte Person in den Niederlanden 1 186 und in Schweden 1 13o DM betrugen.Damit liegen diese beiden Länder an der Spitze von sechs Ländern in Europa, während die Aufwendungen in Großbritannien mit 456 DM besonders niedrig waren. Auch die Steigerungsraten zwischen 1968 und 1973 waren in Großbritannien mit 17 % am niedrigsten; in Schweden betrugen sie 32,5 %, in der Bundesrepublik 58,3 % und in den Niederlanden 88,1 %[16].Da aber gerade in Großbritannien und in Schweden Gesundheitssicherung am stärksten wohlfahrtsstaatlichen Charakter hat - mit einer staatlichen Beteiligung von 88 bzw. 69 % an den Gesamtkosten -, kann man nicht sagen, daß es die wohlfahrtsstaatliche Organisation ist, die das Problem der steigenden Ansprüche erzeugt. Steigende Ansprüche werden vielmehr im Gesundheitswesen durch die Organisation des A n g e b o t s hervorgerufen: Die Einzelleistungsvergütung für die Ärzte führt dazu, daß diese die therapeutischen und diagnostischen Möglichkeiten der ambulanten Behandlung voll ausschöpfen, während eine Kopfpauschale und ein Festgehalt für die Ärzte, wie in Großbritannien, die Aufwendungen niedrig hält. Die Aufwendungen für Krankheit entpuppen sich also bei näherem Hinsehen weniger als ein Indikator für die Ansprüche der Patienten als einer für die Ansprüche der Ärzte, sofern man diesen von Sanktionen unbehelligt einen organisatorischen Freiraum läßt.

An diesem Beispiel zeigt sich, daß die Probleme des Einschnitts in persönliche Freiheiten, der gefährdeten Leistungsbereitschaft und der steigenden Ansprüche letzten Endes weniger durch den Wohlfahrtsstaat selbst erzeugt sind und durch ihn erklärt werden können als durch spezielle Organisations- und Regelungsvorkehrungen in modernen Gesellschaften und letzten Endes durch die Entwicklungsgesetze, denen diese Gesellschaften auf dem Weg durch die Industrialisierung unterliegen. Die genannten Probleme auf den Wohlfahrtsstaat zurückzuführen, heißt zu kurz greifen - es sind die Probleme aller modernen Gesellschaften, die durch den Wohlfahrtsstaat als eine "intervenierende Variable" allenfalls verstärkt werden.

## 5. Probleme industrieller Gesellschaften - Wohlfahrtsstaat als Problemlösung

Makrosoziologisch lassen sich die Probleme moderner Industriegesellschaften - kapitalistischer wie sozialistischer - aus der Theorie sozialer Differenzierung ableiten. Im ökonomischen Bereich als dem "führenden" Sektor der Vergesellschaftung geht soziale Differenzierung als funktionale vor sich[17]. Daß funktionale Differenzierung im ökonomischen System entwicklungsnotwendig ist, bedeutet nicht, daß sie parallel dazu auch in andern Teilsystemen zu beobachten ist. Im Familiensystem scheint Entwicklung im Gegenteil als funktionale Entdifferenzierung oder segmentäre Differenzierung abzulaufen, wobei zum Teil die Schäden, die funktionale Differenzierung im ökonomischen System anrichtet, kompensiert werden.

Die Folgeprobleme funktionaler Differenzierung des ökonomischen Systems sind, in einem Wort: wachsende Aufgliederung und Ungleichheit der Gesellschaft sowohl in der "Breite" als auch in der "Höhe". Dadurch entstehende Integrationsprobleme sollen hier nicht makrosoziologisch, sondern aus der Sicht der Betroffenen angedeutet werden. Der Einzelne erlebt Breitenwachstum und -gliederung im Vergesellschaftungsprozess,

- indem er seine sozialen Beziehungen auf immer mehr Leistungssysteme aufgliedern muß, die ihn aber nicht als ganze Person, sondern zunehmend nur als spezialisierten Leistungsproduzenten oder -konsumenten haben wollen (Spezialisierungsproblem);
- indem er Leistungen nicht mehr auf sich allein gestellt, sondern nur in Zusammenarbeit mit und Abhängigkeit von immer mehr anderen Personen erbringen und konsumieren kann (Abhängigkeitsproblem);
- indem er sich in immer größere und anonymere Sozialsysteme mit zentralen Entscheidungsinstanzen einordnen muß (Größen- und Zentralisierungsproblem).

Die damit einhergehende Veränderung in der Höhengliederung der Gesellschaft erlebt der Einzelne,

- indem er erfährt, daß seine eigenen spezialisierten Teilleistungen im Vergleich zu andern Teilleistungen ungleich wichtig und ungleich gut sind (Ungleichheitsproblem der Leistungen);
- indem er erfährt, daß die materiellen und immateriellen Belohnungen einschließlich Macht und Herrschaft ungleich verteilt sind - und zwar nicht immer entsprechend der Einschätzung, die er von der Wichtigkeit und Qualität der Leistung hat (Ungleichheitsproblem der Belohnungen bzw. Gerechtigkeitsproblem);
- indem das Risiko steigt, daß er veränderten Leistungsanforderungen nicht gewachsen ist und aus dem Leistungsprozess ausgeschlossen wird (Leistungsdruck als Problem mangelnder Leistungsfähigkeit bzw. Unsicherheitsproblem).

Wohlfahrtsstaat ist eine Problemlösung insbesondere für die beiden letzten Probleme: Die auf Leistungsungleichheiten beruhenden Ungleichheiten der Wohlfahrt, die sich aus dem reinen Markttausch ergeben würden, sollen durch staatliche Intervention zugunsten derjenigen abgemildert werden,die im Leistungsaustausch unterlegen sind. Und die Unsicherheit, im Vergesellschaftungsprozess als Leistungsprozess ins Hintertreffen zu geraten oder gar ausgeschieden zu werden, soll ebenfalls verringert werden. Zumindest sollen ihre schlimmsten Folgen abgefangen werden.

## 6. Ungelöst: Das Problem der Größe

Das Folgeproblem des Wohlfahrtsstaats ist nicht, wie seine konservativen Kritiker meinen, daß bei der Korrektur des marktmäßigen Austauschs von Leistungen zuviel des Guten getan und daß die Freiheit und Bereitschaft zu Leistung angenagt wird, sondern: daß der Wohlfahrtsstaat für die Probleme der Breitengliederung der Gesellschaft keine Lösung weiß. Mehr noch: Er verschärft das Größen- und Zentralisierungsproblem, indem er "Sicherheit" und auch immaterielle Hilfen wie Beratung und Umschulung als kollektive Güter anbietet.

Je mehr Personen nun zur Verteilung des Risikos bzw. zum Leistungsbeitrag für die Kollektivgüter herangezogen werden, umso unwilliger leisten sie ihren Beitrag aus freien Stücken und umso mehr zeigen sie die Neigung, die Kollektivgüter in Anspruch zu nehmen,statt ihre individuelle Leistung im weitesten Sinn zu steigern.[18)]

Diese Hypothese läßt sich theoretisch folgendermaßen begründen. Der Vergesellschaftungsprozess als Differenzierungsprozess bringt Personen mit dem Bewußtsein spezifischer individueller Leistungsfähigkeit und dem Anspruch, in Austauschprozessen dementsprechend individuell belohnt zu werden, hervor. Es läßt sich empirisch nachweisen - obwohl dies meines Wissens bisher nicht systematisch versucht wurde -, daß diese Eigenschaft von Personen, eigennützig oder eigeninteressiert zu denken, sich ausbreitet.

Eigennützige Personen sind in Austauschbeziehungen von Angesicht zu Angesicht, also in kleinen überschaubaren Gruppen leistungsbereit, denn ihre Leistung wird von andern erkannt und kontrolliert, und nur so kommen sie unmittelbar in den Genuß der Gegenleistung. In großen Gruppen dagegen, die Kollektivgüter erstellen, versucht sich das eigennützige Individuum vor Leistungsbeiträgen zu drücken, insofern sein Leistungsbeitrag schwer zu kontrollieren ist und es erwartet, auch ohne ihn vom Kollektivgut zu profitieren. Auch die übermäßige Inanspruchnahme des kollektiven Guts, etwa von Krankenversicherungsleistungen, ist schwer zu kontrollieren und wird nicht als ehrenrührig angesehen, weil sich der dem Kollektiv zugefügte Schaden auf so viele verteilt, daß er von niemand bemerkt wird.

Ob die These richtig ist, daß Leistungsbereitschaft und Anspruchsverhalten von der Größe sozialer Systeme - und nicht von deren wohlfahrtsstaatlichem oder nicht-wohlfahrtsstaatlichem Charakter - abhängen, läßt sich empirisch prüfen: In großen Versicherungen müßten die Versicherten unverschämter sein als in kleinen; in großen Gewerkschaften müßte die Beitragsehrlichkeit geringer sein als in kleinen; in großen Unternehmen müßte die Arbeitsmoral niedriger sein als in kleinen; in großen Staaten müßte die Steuermoral schlechter sein als in kleinen usw.

Dies wird sich s o sicher nicht als richtig erweisen. Denn neben der Größe sozialer Systeme haben andere Bedingungen einen Einfluß auf Leistungsbereitschaft und Anspruchshaltung der Mitglieder. Diese Bedingungen sollen zum Schluß erwähnt werden, um die Lösungsmöglichkeiten für das Problem des Wohlfahrtsstaats anzudeuten, das sich als Problem der Erstellung von Kollektivgütern in großen Gruppen herausgeschält hat. Dabei muß die Frage Mancur Olsons, wie unter der Bedingung des eigennützigen Handelns die Bildung großer Gruppen möglich ist, im Hinblick auf den Wohlfahrtsstaat allerdings anders gestellt werden: Wie sind bei einer zwangsweise organisierten Großgruppe mit Zwangsbeiträgen - denn diese Gruppen sind ja in Form der staatlich unterstützen Kranken-, Alters-, Arbeitslosenversicherung etc. vorhanden - Leistungsbereitschaft insgesamt und Beitragsbereitschaft im besonderen aufrecht und Anspruchshaltung in Schranken zu halten?

Die einfachste Anwort verlangt eine "systematische Substitution des Eigeninteresses durch Perspektiven in Richtung gesellschaftlicher, genuin sozialer Interessen."[19] Dieser Lösungsvorschlag, auf eine Änderung der menschlichen Motivationsstruktur zielend, hat nicht die geringste Aussicht, Wirklichkeit zu werden. Nicht daß menschliche Motivationen als unveränderbar anzusehen wären. Indessen müßte man die Differenzierungsprozesse der Gesellschaft, in denen sich das Eigeninteresse über Jahrhunderte hinweg herausgebildet hat, rückgängig machen - eine absurde Vorstellung. Was man allenfalls anstreben und erreichen kann, ist die Einsicht darin, daß individuelle Interessen heute zu ihrer Realisierung kollektive Güter und eine kollektive Orientierung brauchen,[20] aber auch von dieser Einsicht ist eine Veränderung unserer Motive und unseres Verhaltens in großen Organisationen nicht zu erwarten.[21]

Auch der Vorschlag, über Partizipation Kontrollmöglichkeiten bei den Entscheidungen und bei der Inanspruchnahme über kollektive Güter einzurichten, scheitert an der Größe von sozialen Systemen. Je größer ein soziales System, umso geringer die physische Möglichkeit der einzelnen Mitglieder, zu partizipieren; auch wenn man dieses Problem, etwa durch Computer, ausräumen könnte: umso geringer die Wirksamkeit des einzelnen Partizipationsbeitrages, wenn sich wirklich alle beteiligen würden.

Der dritte Vorschlag schließlich, die großen Systeme rigoros zu verkleinern, verkennt einerseits die Notwendigkeit, den tatsächlichen sozialen Verflechtungen mit ihren Vorteilen der Arbeitsteilung durch Großsysteme Rechnung zu tragen und übersieht andererseits, daß mit einer Verkleinerung etwa der Versicherungssysteme auch die Vorteile der breiten Streuung von Risiken verlorengingen und eine Verschlechterung der Wohlfahrt im Bereich der Sicherheit die Folge wäre.

Es bleiben letztlich zwei Möglichkeiten, um die nachteiligen Folgen großer Gruppen auf das Leistungs- bzw. Anspruchsverhalten der Mitglieder abzumildern. Zum einen eine Veränderung der Anreizstruktur oder der Belohnungsmechanismen, etwa in der Art, daß die Nichtbeanspruchung von Leistungen durch Beitragsrückerstattung ökonomisch belohnt wird. Zum andern eine Untergliederung der Großsysteme in Subsysteme, die so klein sind, daß sie Interaktionen mit direktem Austausch von Belohnungen und Bestrafungen ermöglichen und auf diese Weise Kontrollfunktionen für das Anspruchs- und Beitragsverhalten wahrnehmen können. Nur in solchen Kleinsystemen ist auch direkte Partizipation mit belohnendem Charakter möglich und wirksam. Die Subsysteme können bestenfalls, sofern bestimmte Bedingungen gegeben sind, zum Produzenten von Loyalität und Solidarität für die Großsysteme werden. Subsysteme, die ausreichend klein sind und hinreichend Spielraum für die Ausbildung informaler, also unbürokratischer Strukturen haben, können darüber hinaus Wohlfahrtsleistungen erbringen, die große Kollektive prinzipiell überhaupt nicht zur Verfügung stellen können: emotionale Wohlfahrt, wie sie etwa in Familien oder Freundschaften erzeugt wird.

Problemlösungen dieser Art erfordern Phantasie beim Entwerfen von Organisationskonzepten und Anreizsystemen. Das sind die wirklichen Probleme und Herausforderungen des Wohlfahrtsstaates - aber es sind gerade keine spezifisch wohlfahrtsstaatlichen Probleme, sondern Probleme der Organisation moderner Gesellschaften schlechthin. Demgegenüber erweist sich das, was in der politischen Diskussion und in der an Legitimationsproblemen interessierten wissenschaftlichen Diskussion dem Wohlfahrtsstaat vielfach in die Schuhe geschoben wird, als Scheinproblem.

Anmerkungen:

1) Johann Behrens und Randolph Vollmer bin ich für Materialbeschaffung und Diskussionshilfe, durch die wesentliche Argumente geklärt wurden oder hinzugekommen sind, dankbar.
2) Aus der Regierungserklärung von Papens vom 3.6.1932, zitiert nach Eike Hennig, "Wohlfahrtsstaat", in: Handlexikon zur Politikwissenschaft, München 197o, S. 478
3) Brockhaus Enzyklopädie, 17. völlig neu bearbeitete Auflage, Band 2o, Wiesbaden 1964, S. 435f. Bezeichnenderweise wird der Wohlfahrtsstaat hier in die Nähe von totalitären Staaten und Diktaturen gerückt, obwohl es seine historische Eigentümlichkeit ist, daß er Daseinsvorsorge durch den Staat mit einem liberaldemokratischen und einem marktwirtschaftlichen System verbindet.
4) Hans-Peter Widmaier, Sozialpolitik im Wohlfahrtsstaat, Reinbek bei Hamburg, 1976, S. 169ff.
5) Eike Ballerstedt und Wolfgang Glatzer, Soziologischer Almanach, 3. erweiterte und neu bearbeitete Auflage, Frankfurt a.M./New York 1979, S. 487 und 496
6) H. Salowsky und J. Seffen, System und Kostenvergleich der Gesundheitssicherung in sechs europäischen Industriestaaten, Köln: Zentralinstitut für die kassenärztliche Versorgung in der Bundesrepublik Deutschland, 1976, S. 21
7) Walter Tacke, Das Lebensgefühl der Deutschen, noch unveröffentlichtes Manuskript 1979. Tacke zitiert aus der Kettering-Studie mit dem Titel "Human Needs and Satisfaction", die in 55 Ländern - mit Ausnahme der sozialistischen Staaten und einiger Staaten im Nahen Osten - durch die Gallup-Kette und das Emnid-Institut durchgeführt wurde. In den Antworten kommen sicherlich unterschiedliche Bedeutungen des Wortes "glücklich" in verschiedenen Sprach- und Kultursystemen zum Ausdruck. So fällt es den Amerikanern offenbar nicht schwer, sich als "happy" zu bezeichnen, während die Deutschen dem Zustand "Glück" eine Qualität bzw. einen Anspruch beimessen,

der nur selten verwirklicht werden kann. Trotzdem - darauf weisen auch die Antwortunterschiede in ein und demselben Sprachraum und die sprachlich weniger differenzierenden Zufriedenheitsfragen hin - zeigt sich, daß mit Fragen nach Glück und Zufriedenheit durchaus Unterschiede in der subjektiv empfundenen Wohlfahrt erfaßt werden können.

8) Ronald Inglehart, The Silent Revolution. Changing Values and Political Styles among Western Publics, Princeton, New Jersey, 1977, S. 132

9) Eigene Berechnung aufgrund von Angaben im Statistischen Jahrbuch der Bundesrepublik Deutschland, 1978

1o) Statistisches Jahrbuch der Bundesrepublik Deutschland, 1978, S. 69o

11) Vgl. dazu Klaus Arzberger, Manfred Murck und Jürgen Schumacher, Die Bürger. Bedürfnisse, Einstellungen, Verhalten, Königstein 1979; Karl Otto Hondrich, Bedürfnisse, Werte und soziale Steuerung, in: H. Klages und P. Kmieciak (Hrsg), Wertwandel und gesellschaftlicher Wandel, Frankfurt 1979

12) Vgl. z.B. Günter Schmölders, Das Irrationale in der öffentlichen Finanzwirtschaft. Probleme der Finanzpsychologie, Hamburg 196o, S. 127f.

13) Elisabeth Noelle-Neumann, Werden wir alle Proletarier? Ungewöhnliche Wandlungen im Bewußtsein der Bevölkerung, in: DIE ZEIT, Nr. 25, 13. Juni 1975

14) Klaus Arzberger u.a., a.a.O.

15) Fred Hirsch, Social Limits to Growth, London 1977

16) H. Salowsky und J. Seffen, a.a.O., S. 33

17) Es sind auch andere Formen von Vergesellschaftung bekannt und denkbar, in denen der politische Sektor die führende Rolle übernimmt, z.B. bei der Bildung von Imperien. Vergesellschaftung kann aber nur dauerhaft sein, wenn der ökonomische Sektor dann nachträglich die Führungsrolle übernimmt.

18) Mancur Olson, Die Logik des kollektiven Handelns, Tübingen 1968

19) Hans-Peter Widmaier, a.a.O., S. 168

2o) Fred Hirsch, a.a.O.

21) Viktor Vanberg, Kollektive Güter und kollektives Handeln. Die Bedeutung neuerer ökonomischer Theorieentwicklungen für die Soziologie, in: Kölner Zeitschrift für Soziologie und Sozialpsychologie, Heft 4, 1978, S. 668, hat in der Auseinandersetzung mit Widmaier, a.a.O., deutlich gemacht, wie wichtig es ist, in dieser Hinsicht zwischen Motiven, Verhalten und Handlungsbedingungen um Verhalten zu ändern, zu unterscheiden.

Peter Gross

## Integrationswirkungen und Legitimationsprobleme der Sozialleistungssysteme in der Bundesrepublik und in der Schweiz

> "La banalité, la superficialité, la partialité, tels sont en résumé les trois écueils sur lesquels risque d'échouer l'observateur étranger."
>
> M. Reuillard

### I.

Der angekündigte Titel meines Beitrages ist so anspruchsvoll formuliert, dass ich ihn gleich in doppelter Hinsicht relativieren muss. Erstens ist es mir - und nicht nur wegen der knappen Zeit - unmöglich, die fundamentale Debatte über die Legitimationsprobleme des modernen Staates zu wiederholen oder gar fortzuführen, ist doch diese Frage schon die "schwierigste aller staatstheoretischen" genannt worden (1). Viele der hier Anwesenden hätten dazu wohl Wesentlicheres zu sagen gehabt. Zweitens wäre es, angesichts der in der Literatur immer wieder anzutreffenden Feststellung, dass die Legitimationsproblematik zu wenig an konkreten Politikbereichen diskutiert werde, auch nicht tunlich, die Sozialleistungssysteme in der Schweiz und in der Bundesrepublik in ihrer gesamten Breite zu diskutieren. Ich befasse mich mit einem in dieser Debatte eher vernachlässigten Aspekt, nämlich der integrativen bzw. desintegrativen Wirkung sozialpolitischer Massnahmen und veranschauliche diese an einem in beiden Ländern bemerkenswert unterschiedliche Ausprägungen aufweisenden Detail der Sozialleistungssysteme, nämlich dem Gestaltungsrahmen der sozialen Krankenversicherung.

Der Anlass, das Thema in dieser Weise zu verengen, ist eine häufig wiederholte, aber selten geklärte Auffälligkeit im Vergleich der Sozialleistungssysteme der Schweiz und der Bundesrepublik. Wenn von ihnen in einem Atemzug die Rede ist, so geht es meist um den erstaunlichen Befund, dass den wenigen gemachten Untersuchungen zufolge in den beiden Ländern Sozialleistungssysteme etabliert sind, die hinsichtlich ihrer Leistungen ähnlich, hinsichtlich ihrer Kosten aber ein beeindruckendes Gefälle von der Bundesrepublik zur Schweiz aufweisen. Besonders deutlich wird dieses Gefälle bei Vergleichen des Gesundheitswesens. Die dürftigen vorliegenden Untersuchungen zeigen, dass der Gesundheitsstandard in der Schweiz leicht höher, der finanzielle und personelle Aufwand hingegen beträchtlich geringer ist. Ich will, ohne auf das Problem der Vergleichbarkeit und der sozialstatistischen Dunkelziffern eingehen zu können (2), einige Befunde nennen (3). Die durchschnittliche Lebenserwartung in der Schweiz ist leicht höher, die Mütter- und Säuglingssterblichkeit hingegen geringer. Soziale Indikatoren wie die Versorgungszahlen mit Ärzten und Krankenhäusern, aber auch Ausstattungsindikatoren wie die Zahl der Krankenhausbetten pro Kopf zeigen ein ähnliches Niveau und eine ähnliche Dichte. Andererseits sind die gesundheitlichen Risiken in der Schweiz in einem Umfang und in einem Ausmass versichert, das kaum geringer ist als dasjenige in der Bundesrepublik. Die Abweichungen beispielsweise bei der Beteiligung der Krankenversicherung an den Zahnarztkosten und die in der Schweiz einen Umfang von 25% der Gesamtkosten betragenden Bundessubventionen reichen nicht aus, um dieses Gefälle zu erklären. In der Bundesrepublik wird nach allen mir bekannten Statistiken 1/4 - 1/3 mehr für das Gesundheitswesen ausgegeben als in der Schweiz. Das Gefälle ist hier noch auffälliger als bei der Sozialleistungsquote, die nach den Berechnungen der OECD für die Bundesrepublik 1975 26,3%, für die Schweiz 17,9% beträgt. Eine vordergründige Erklärung dieser Sachlage mag darin liegen, dass die verfügbaren Nutzungsindikatoren auf eine geradezu frappante Mindernutzung des Gesundheitswesens in der Schweiz hinweisen. Die Verweildauern in den Krankenhäuser sind erheblich niedriger. Pro Versichertem werden in der Bundesrepublik mehr als dreimal mehr Krankenscheine im Jahr ausgegeben. Und die Kosten der gesetzlich anerkannten Kassen in der Schweiz betragen pro Versichertem nicht die Hälfte von denjenigen in der Bundesrepublik.

Die folgende Skizze geht von dieser, die soziologische und sozialpolitische Phantasie doch herausfordernden Situation aus. Wie lässt sie sich erklären? Liegt es an einem anderen Steuerungs- oder Organisationsmodus des Gesundheitswesens und einem anderen Nutzungsverhalten? An unterschiedlichen Legitimationsproblemen und Integrationswirkungen der Schaltstelle zwischen Versicherten, Versicherungsträger und Ärzten? An einer schärferen sozialen Kontrolle der Nutzung? Oder wieder einmal an dem schon zur Genüge mystifizierten "Sonderfall" Schweiz? In einem ersten Abschnitt werde ich einige Fragen und Thesen dazu formulieren. Diese werde ich an den in beiden Ländern höchst unterschiedlichen Ausprägungen des Gestaltungsrahmens der sozialen Krankenversicherungen veranschaulichen. In einem abschliessenden Punkt versuche ich die unterschiedlichen Ausprägungen in bezug auf die den Krankenversicherungen neu zugewachsenen Aufgaben zu beurteilen.

## II.

Jedes Land hat, wie es Peter Bichsel einmal formuliert hat, seine "ausländischen Nationalisten" (4). Die Schweiz hat sicher besonders viele, die Bundesrepublik hinsichtlich ihres wohlausgebauten und dichtgeknüpften Netzes von sozialer Sicherheit freilich nicht weniger. Im Gegensatz dazu sind die Sozialleistungssysteme beider Länder durch die inländische Brille betrachtet, einer erheblichen, teils drastischen Kritik ausgesetzt, allerdings mit einem, wie mir scheint, signifikanten Unterschied. Eine typische Bemerkung für die gegenwärtige Kritikwelle in der Bundesrepublik stammt von ZOELLNER, der kürzlich notiert hat, dass die Forderung nach Sozialreform heute ausgerechnet von jenen vertreten werde, welche die hohe Sozialleistungsquote in der Bundesrepublik offen kritisierten und zum Teil unverblümt Leistungsreduzierungen forderten (5). Was ACHINGER vor zwanzig Jahren glossiert hat, nämlich jene "Metempsychose des Endzwecks", welche jeden Ausbau sozialpolitischer Institutionen immer und sofort positiv beantwortet und von der stillschweigenden Voraussetzung ausgeht, "dass die bekannten Rechtsverhältnisse mitsamt der dazugehörigen sozialpolitischen Theorie...in ihrer Wahrheit und Notwendigkeit ein für allemal legitimiert seien..." (6), scheint heute überraschend konsensual akzeptiert zu sein.

Der Tenor der schweizerischen - vergleichsweise allerdings rudimentären Befassung - mit der Sozialpolitik ist ein völlig anderer. Für ihre Intellektuellen ist die Schweiz - internationale Untersuchungen hin oder her - zunächst ein rückständiges Land, was ihre Sozialpolitik betrifft. BROOKS hat 1930 in seinem Buch über die Schweiz geschrieben, dass der Schweizer "als Gemeinplatz anschaut, was der Rest der Welt als ein politisches Wunder betrachtet" (7). Dieses Schicksal erfährt heute die Sozialpolitik. Ziemlich unisono wird ein Ausbau, eine "Generallinie", mindestens eine Schliessung von Lücken, auf jeden Fall aber eine Vereinheitlichung, Optimierung, Koordinierung, Zentralisierung und eine entsprechende wissenschaftliche Durchdringung gefordert (8). Gäbe es einen Zusammenhang zwischen der wissenschaftlichen Erforschung des Gesundheitswesens und seiner Funktionsfähigkeit, müsste das schweizerische Gesundheitswesen todkrank, dasjenige der Bundesrepublik hingegen kerngesund sein. Kürzlich ist festgestellt worden, dass in den letzten fünf Jahren in den zwölf wichtigsten Fachzeitschriften über das Gesundheitswesen kein einziger Beitrag eines Schweizers zu verzeichnen sei, obwohl die Schweiz die Weltgesundheitsorganisation beherberge und in ihr eine pharmazeutische Industrie domiziliert sei, die mit grosszügigsten Forschungsprogrammen operiere (9). In einem ersten repräsentativen Band über die "Optimierung der Medizin" in der Schweiz sind erst die neun Gebiete enumeriert worden, wo Forschung dringend benötigte Entscheidungsgrundlagen zur Verfügung stellen sollte (10). In der Bundesrepublik hingegen ist - bei allen Klagen der hiesigen Wissenschaft - die Forschungslage unvergleichlich besser. Man ist unterdessen gleichsam auf dem untersten Stockwerk angelangt, nämlich der Volks- und Laienmedizin und verspricht sich von der mikroanalytischen Durchdringung Aufschlüsse über das Funktionieren der vorinstitutionellen Bedarfsausgleichssysteme und Netzwerke (11).

Unterschiedlich ist auch die Datenlage! Sie ist in der Schweiz - was man den weissen Flecken auf der Landkarte internationaler Vergleiche entnehmen kann - höchst ungenügend. Die Datenerhebung reicht in der Bundesrepublik - wie es auch das Referat von ZAPF veranschaulicht hat - tief in die subjektiven Befindlichkeiten hinein (12). In der Schweiz hingegen erheben sich schon warnende Stimmen, wenn die OECD für ihre Vergleiche rudimentäre soziale Indikatoren anfordert (13). Treffend wird das statistische Klima durch einen Vertreter des eidgenössischen Amtes für Statistik veranschaulicht, wenn er schreibt, dass der "helvetische Statistiker...auch in Zukunft weder in der Lage noch gewillt sei, allen Empfehlungen internationaler Organisationen geflissentlich Folge zu geben" und die "internationalen statistischen Kunstwerke" nicht unbesehen nachgeahmt würden, sich mithin die statistischen Bittsteller gedulden müssten (14). Die amtliche Datenlandschaft wird deshalb neuerdings von den statistischen Bittstellern selber beackert und bestellt (15).

Es wäre zwar reizvoll, hier einige skeptische Gedanken über die sozialwissenschaftliche Produktion von Daten und Erkenntnissen und ihre dysfunktionalen Wirkungen auf den Gesamtzusammenhang der sozialen Sicherheit, inbegriffen die nichtorganisierten Hilfevollzüge anzustellen. An die genannte Gegenläufigkeit der wissenschaftlichen Durchdringung knüpft sich nun aber meine erste These:

> Die wissenschaftliche Durchdringung der Sozialpolitik ist in der Bundesrepublik weitgehend unter sozialstaatlichen Vorgaben und wirtschaftlichen Effizienzkriterien erfolgt. Die Effektivität sozialpolitischer

oder gesundheitspolitischer Massnahmen, d.h. das Verhältnis von beabsichtigter und erzielter Wirkung ist erst unter dem Eindruck der wirtschaftlichen Rezession, mit dem Wandel der Sekuritätsbedürfnisse und dem Strukturwandel der Sozialpolitik von der Einkommens- zur sozialinvestiven Dienstleistungspolitik und nicht zuletzt durch soziologische Initiativen in den Vordergrund gerückt. Im Rahmen dieses Wandels hat sich neben der finanziellen Solidarität und der politischen Beteiligung des Klienten seine soziale Partizipation und Kooperation an der Erbringung des Gutes Gesundheit als entscheidend erwiesen. Deshalb strebt die wissenschaftliche Erforschung des Gesundheitswesens in der Bundesrepublik zum Klienten "hinab". In der Schweiz hingegen scheinen demgegenüber Optimierungs- und Effizienzgesichtspunkte und die Orientierung an sozialen Prinzipien, also sozialpolitische Prinzipienfragen vermehrt in den Vordergrund zu treten. Die wissenschaftliche Durchdringung beginnt deshalb "oben" und steht im Begriffe, die Verwurzelung der Sozialpolitik in den vorinstitutionellen Bedarfsausgleichssystemen und Hilfevollzügen zu vernachlässigen.

Die Sozialpolitik ist in der Schweiz nicht unter sehr verschiedenem Ausgangspunkt angetreten (16). Aber ihre Entwicklung ist unter einem anderen Leitbild und in einer anderen politischen Kultur erfolgt. Das sozialpolitische Leitbild war weitgehend geprägt von der Rücksichtnahme auf die kleinen und kleinsten Kreise, die politische Kultur ist mehr oder weniger identisch mit der "Philosophie" der Dezentralisierung und dem Konkordanz- und Milizsystem (17). Entscheidend waren die direkt-demokratischen Verfahren, und nicht die jetzt in den Vordergrund tretenden "sozialen Prinzipien" oder "Effizienzkriterien". In der Bundesrepublik hingegen ist die sozialpolitische - nicht die sozialwissenschaftliche - Diskussion der Sozialpolitik weiterhin durchtränkt von der Erörterung sozial- und gesellschaftspolitischer Grundsatzfragen, von konfligierenden Verfassungsinterpretationen des Sozialstaates, von Rekursen auf Grundwerte und Sozialrechte. Die Spannungsachsen der sozialpolitischen Diskussion sind von den Verfahren weg nach oben, in die begriffliche und ideologische Sphäre verschoben und haben sich in entsprechenden Gestaltungsrahmen der Sozialversicherung wie der Selbstverwaltung niedergeschlagen. Deshalb sind auch die Legitimationsprobleme staatlicher Sozialpolitik andere. In der Schweiz erfolgt die Rechtfertigung sozialstaatlicher Massnahmen über direkt-demokratische Verfahren. In der Bundesrepublik stehen die begriffliche Legitimation durch "gute Gründe" und ideologische Positionen im Vordergrund - die Aktivlegitimation durch direkt-demokratische Verfahren und Volsabstimmungen fehlt.

Hieraus ergibt sich die zweite These:

Eine Organisation der Sozialpolitik, die sich ihre Legitimation gleichsam naiv in direkt-demokratischen Verfahren bei nichtparitätisch gegliederten Klientelen holt, gerät in Gefahr, sozial indifferent zu agieren. Das trifft tendenziell für die schweizerische Sozialpolitik zu. Legitimiert sich hingegen die Sozialpolitik durch soziale Prinzipien und abstrakte, aus anderen Bereichen übernommene Paritäten, so verliert sie die konkrete Sinnhaftigkeit, die eine wesentliche Bedingung der Legitimität darstellt. Das gilt für die Bundesrepublik.

Die Schweiz ist kürzlich von K.W. DEUTSCH in einer - die These von den ausländischen Nationalisten vollauf bestätigenden Art und Weise als "paradigmatischer Fall" politischer Integration beschrieben worden (18). Die Sozialpolitik war ursprünglich ein Vehikel für die politische Integration der Arbeiterschaft. Die politische Integration steht aber in einem - in der sozialpolitischen Diskussion immer wieder bemerkten - Spannungsverhältnis zu einer anderen Form der Integration, nämlich zur sozialen. Die politische Integration eines Teiles in ein Ganzes erfordert seine politische Identifizierung und Herauslösung aus dem sozialen Zusammenhang. Von besonderer Bedeutung ist nun diese Wirkung in der - man beachte schon den Begriff - "Sozialpolitik". Die sozialpolitische Eingliederung bedürftiger Gruppen erfordert deren Gliederung und Formung in Sozialklientele nach politischen und nicht gruppenbezogenen Kriterien, um entsprechende Massnahmen überhaupt an die Hand zu nehmen (19).

Diese Gliederung kann unterschiedliche Räume bilden und unterschiedlichen Kriterien folgen. Sie kann soziale, politisch-ideologisch oder wirtschaftlich begründet, gross oder kleinräumig durchgeführt sein. Sie kann sich mit sozialen, politischen oder wirtschaftlichen Gräben und Brüchen decken oder quer zu solchen stehen. Sie kann durch unterschiedliche Mechanismen bewerkstelligt sein, durch soziale, politische oder lediglich finanzielle Beteiligung, durch Abstützung auf kulturelle Traditionen und lokale Gruppierungen oder durch Installierung grossorganisatorischer Regelkreise.

Meine dritte These behauptet:

Die Organisation der sozialen Krankenversicherung in der Schweiz ist auf der untersten Ebene politisch gesichtslos. Die Gliederung und Organisation der Versicherten und der Versicherungsträger folgt der sozialen Tektonik. Sie ist überschaubar und versichertennah. Der Gestaltungsrahmen der gesetzlichen Krankenversicherung in der Bundesrepublik ist auf der Ebene der Selbstverwaltung politisch durchformt. Die Gliederung und Organisation der Klientele und Versicherungsträger folgt politischen und Effizienzkriterien. Sie ist anonym und versichertenfern.

Das ganze System der Krankenversicherung ist - wie es HERDER-DORNEICH formuliert hat (20) - um die Grundbeziehung Arzt-Patient herum entwickelt worden und hat dieser zu dienen. Die Krankenversicherung begründet genau genommen ein Dreiecksverhältnis zwischen Krankenkasse, Versichertem und Arzt und normiert deren Beziehungen in einer ganz bestimmten Weise.

In diesem Dreiecksverhältnis ist die Arzt-Patientenbeziehung unter den verschiedensten Gesichtspunkten wissenschaftlich durchleuchtet worden, meist unter höchst summarischer oder gar keiner Berücksichtigung der übrigen Beziehungen (21). Die praktisch-politische Diskussion beschränkt sich ihrerseits weitgehend auf das standespolitisch mehr oder weniger aufgeheizte Verhältnis zwischen Kassen und Ärzten. Der Wandel der Krankenversicherung, die Sachleistungen zur Behandlung von Krankheiten sowie Krankengeld für das ausfallende Arbeitsentgelt bereitstellt, zu einer präventive und rehabilitative Leistungen gewährenden "Gesundheitsversicherung" erfordert nicht mehr nur eine finanzielle und eine politische, sondern eine soziale, d.h. gesundheitsrelevante Kooperation zwischen Versicherungsträger und Versichertem (22).

Daran schliesst sich meine <u>vierte</u> und letzte These:

Der Gestaltungsrahmen der sozialen Krankenversicherung in der Schweiz ermöglicht eine funktionsbezogene Weiterentwicklung der Krankenversicherung. Es gilt ihn zu realisieren, mit Leben zu erfüllen. Er ist aber weitgehend denaturiert, ein leerer Anspruch. In der Bundesrepublik ermöglicht der Gestaltungsrahmen der gesetzlichen Krankenversicherung diese Weiterentwicklung schwerlich. Es ist notwendig, neue gruppenbezogene Kristallisationskerne für den Gestaltungsrahmen zu finden und ihn auch neu zu instrumentieren.

Diese Thesen gilt es nun zu veranschaulichen. Im Rahmen dieses Referates muss ich es allerdings bei einer schlaglichtartigen Aufzählung bewenden lassen und dabei v.a. das weniger bekannte schweizerische System akzentuieren (23).

III.

Die nachfolgende Enumeration beginnt mit der Organisation der "Aggregate". Zuerst werden einige Unterschiede in der Organisationsform der Versicherungsträger hervorgehoben. Daran schliesst sich die Beschreibung der Gliederung der Versicherten an. Schliesslich werden die finanziellen, politischen und sozialen bzw. gesundheitsrelevanten Kooperationsformen berührt.

(1) Die soziale Krankenversicherung der Schweiz beruht gegenüber der gesetzlichen Krankenversicherung der Bundesrepublik auf einer extrem dezentralisierten Organisationsform. Die Dezentralisierung besteht noch weitgehend in verwaltungstechnischer und kompetenzmässiger, vor allem aber in räumlicher Hinsicht. Auch die überörtlichen und zentralen Kassen unterhalten ein dichtes Netz von Agenturen und Kassierämtern. Bei 3000 politischen Gemeinden sind es weit über 10'000, die praktisch ausschliesslich ehrenamtlich verwaltet werden. auf einen praktischen Arzt entfällt damit mehr als ein Kassenfunktionär. Die kleinste Kasse im Kanton Thurgau hat 26 Mitglieder; die kleinste AOK-Kasse in Baden-Württemberg 25'000.

(2) Während in der Bundesrepublik alle Träger der Sozialversicherung und damit auch die Kassen Körperschaften des öffentlichen Rechts sind, sind die gesetzlich anerkannten Kassen in der Schweiz zum weit überwiegenden Teil als private Vereine und Genossenschaften organisiert. Die Organe der gesetzlichen Krankenversicherung sind Vertreterversammlung und Vorstand, die paritätisch (mit Ausnahmen) von Vertretern der Versicherten und der Arbeitgeber besetzt und gewählt werden. Wahlen finden alle sechs Jahre statt. Bei den vereinsmässig organisierten gesetzlich anerkannten Kassen der Schweiz hingegen ist die Mitglieder- oder Generalversammlung das oberste Organ. Alle Mitglieder der Sektionen, der untersten Gliederung der Kassen, werden eingeladen und haben gleiches Stimmrecht und aktives und passives Wahlrecht.

(3) Der alljährlich gewählte Vorstand der gesetzlich anerkannten Kassen in der Schweiz, von der kleinsten bis zurgrössten, hat im Prinzip die gleichen satzungsmässigen Kompetenzen wie der Vorstand im Rahmen der gesetzlichen

Krankenkassen.

(4) Die Versicherungsgemeinschaften bilden sich - entsprechend den unterschiedlichen Wirkungslinien gesetzlicher Vorschriften - nach anderen Kriterien. Während in der Bundesrepublik etwa 80% der Bevölkerung über bundesweite Regelungen pflichtversichert sind, unterstehen in der Schweiz etwas mehr als 25% dem Obligatorium. Es gibt keine bundesweite Regelung der Pflichtversicherung, obwohl eine bundesrechtliche Kompetenznorm vorhanden ist. Der Bund reicht die Kompetenz an die 25 Kantone, diese häufig an die Gemeinden weiter. So gibt es 25 unterschiedliche kantonale und hunderte von Gemeinderegelungen. Gleichwohl sind fast 95% der Bevölkerung in gesetzlichen Krankenkassen versichert.

(5) Die Kriterien für die Pflichtversicherung in der Bundesrepublik gliedern die Versicherten nach Funktions- (Berufs-) und Lohngruppen. Die Beitragspflicht unterscheidet Arbeitgeber und Arbeitnehmer, Familien und Einzelpersonen. Die Beiträge, die der Einzelne aufbringen muss, sind in Lohnprozenten berechnet. Die Vielfalt kantonaler und kommunaler Obligatorien in der Schweiz gliedert den Klientel entsprechend vielfältig. Eine Pflichtversicherung für bestimmte Berufs- bzw. Funktionsgruppen gibt es nirgends. Die Kriterien sind höchst unterschiedlich (beispielsweise Alter, Lohnhöhe, Ausländer). Die Arbeitgeber zahlen keine Beiträge an die Krankenversicherung der Arbeitnehmer. Die Pflichtversicherten zahlen die gleichen Prämien wie die freiwillig Versicherten. Die Beitragsbemessung ist sozial indifferent und nimmt keine Rücksicht auf die Familiengrösse. Das ganze System ist allerdings durch Subventionen und ein kompliziertes Lastenausgleichssystem gemildert.

(6) Die Kooperations- und Kontraktformen zwischen Versicherungsträgern und Versicherten lassen sich teilweise aus den genannten Unterschieden ableiten. Hinsichtlich der finanziellen Beziehungen sind es in der Bundesrepublik fast ausschliesslich anonymisierte Beziehungen. Die Beiträge sind lohnprozentual festgelegt und werden in einem Paket mit den anderen Sozialversicherungsbeiträgen zusammen direkt vom Lohn abgezogen. In der Schweiz werden die individuell bemessenen und mit der Kasse ausgehandelten Beiträge meist vierteljährlich an die Kasse bezahlt. Das gilt auch für die Pflichtversicherten. Diese Einzahlung erfolgte früher noch weitgehend am Kassenschalter, durch die Einführung von Bank- und Postcheck sind aber die Überweisungen die Regel geworden.

(7) Das Krankenversicherungsverhältnis in der Schweiz impliziert noch eine Reihe weiterer, in der Bundesrepublik durch die lohnprozentige Finanzierung, die direkte Honorierung der Ärzte durch die Kassen und das die wiederholte Einforderung eines Krankenscheins überflüssig machende Gesundheitscheckheft unbekannter, finanzieller Beziehungen. Zu nennen sind vor allem die bei jeder ärztlichen Behandlung erneut notwendige Einholung des Krankenscheins, die mit jedem Krankenschein notwendig werdende Bezahlung des Selbstbehalts (bei grösseren Rechnungen) und des Kostenanteils, die sog. "Franchise". In Kantonen, welche das sog. "tiers garant"-System der Arzt-Honorierung haben, gehen die Arztrechnungen zunächst dem Patienten zu, welcher sie bezahlt und dann die Kosten (abzüglich Selbstbehalt bzw. Franchise) von der Kasse rückvergütet bekommt.

(8) Die politischen bzw. selbstverwaltungsrelevanten Beziehungen sind in der Bundesrepublik auf die alle sechs Jahre stattfindenden Sozialwahlen beschränkt, wobei häufig (1974 war dies bei 1762 von 1800 Versicherungsträgern der Fall), ein Wahlgang überflüssig wird. Die politische Beteiligung beschränkt sich im übrigen auf den Versicherten und schliesst, eine häufig nicht bedachte Folge der "Familienversicherung", die mitversicherten Familienangehörigen von der Teilnahme aus. In den gesetzlich anerkannten Kassen in der Schweiz finden alljährlich Generalversammlungen statt, an die alle Mitglieder meist persönlich, häufig sogar unter Androhung von Bussen bei unentschuldigtem Fernbleiben, eingeladen werden. In Kassen, bei denen die Generalversammlung auch das oberste Organ ist, kann überdies in der Regel 1/5 der Mitglieder die ausserordentliche Einberufung einer Generalversammlung verlangen, in überörtlichen und zentralen Kassen, bei denen die Sektionen die unterste organisatorische Ebene darstellen, meist von 1/10 der Mitglieder. Im übrigen ist jedes handlungsfähige Mitglied statuarisch verpflichtet, für eine Amtsdauer eine Wahl in den Vorstand anzunehmen. Die gerade jetzt landauf und landab stattfindenden Generalversammlungen, die allesamt in den Lokal- und Regionalzeitungen rapportiert werden, haben einen statuarischen und einen gemütlichen, mit Imbiss und Tanz ausgefüllten Teil. Die Versicherten haben ferner ihre Arbeitsfähigkeitsbescheinigung selber teilweise auszufüllen und der Krankenkasse zukommen zu lassen.

(9) Was schliesslich die gesundheitsrelevanten Dienstleistungsbeziehungen zwischen Versicherungsträger und Versicherten anbelangt, ist eine entsprechende Beziehung in der gesetzlichen Krankenversicherung wegen des Obligatoriums und der lohnprozentigen Direktfinanzierung praktisch nicht-existent. Die Einrich-

tung der Versichertenältesten, die nach dem Sozialgesetzbuch geschaffen werden kann, "um eine ortsnahe Verbindung des Versicherungsträgers mit den Versicherten und den Leistungsberechtigten herzustellen und diese zu beraten und zu betreuen" (SGB § 39, Abs.2, 3) wird von der gesetzlichen Krankenversicherung nicht genutzt. Im Gegensatz dazu erfordert das in der sozialen Krankenversicherung praktizierte System der individuell bemessenen und vom Versicherten eigenhändig einzubezahlenden Beiträge eine Beratung und Aufklärung über die versicherbaren Risiken, die Leistungsgruppen und die Monatsbeiträge bzw. Tarife. Für diese Beratungen sind Vorstand und Kassier zuständig. Der Kassier hält zu diesem Zwecke meist zweimal wöchentlich Kassenstunden ab. Für die Beaufsichtigung und Kontrolle der Kranken, aber auch für die Besuche bei Schwerkranken werden vom Vorstand in den Sektionen sog. "Krankenbesucher" ernannt, eine Aufgabe, welche in der Regel von einem Vorstandsmitglied übernommen wird. Diese haben die arbeitsunfähig gemeldeten Mitglieder zu besuchen und festzustellen, ob die statuarischen Vorschriften betr. Verhalten im Krankheitsfalle eingehalten werden. Schliesslich unterhalten alle grösseren Kassen eine jedem Mitglied gratis zugestellte Mitgliederzeitung, welche in der Regel 10mal im Jahr erscheint und welche jedes Mitglied - und zwar unabhängig von Alter und Geschlecht - gratis zugestellt bekommt. In der Bundesrepublik sind erst jüngst Bestrebungen beobachtbar, die Information und Beratung der Versicherten durch die Versicherungsträger mittels Zeitschrift, mobilen Beratungswagen u.ä. m. auszubauen.

IV.

Wir müssen es bei diesen Andeutungen bewenden lassen. Die unterschiedlichen organisatorischen Ausprägungen der sozialen Krankenversicherung sind damit lediglich schlaglichtartig beleuchtet. Die Auswirkung des Krankenversicherungsverhältnisses auf die Beziehungen zwischen Arzt und Patient und zwischen den Kassen und der Ärzteschaft, die unterschiedlichen Unter- und Überbauten in den gemeinnützigen Vereinen und Institutionen und den übergeordneten Kantonal-, Landes- und Bundesverbänden konnte ebensowenig berührt werden wie die tagtägliche Realisierung der statuarisch, satzungsmässig oder gesetzlich gegebenen Kooperationsmöglichkeiten. Der Vergleich der Organisation des sozialen Versicherungsverhältnisses zeigt gleichwohl das eingangs behauptete andere Leitbild und die unterschiedliche politische Kultur, welche ihre Ausprägungen in der Schweiz und in der Bundesrepublik bestimmt haben. Gemessen an der Orientierung an sozialen Prinzipien ist das Krankenversicherungssystem in der

Schweiz als "eines der unsozialsten in ganz Europa bezeichnet worden" (24). Und gemessen an der Klarheit und Einheitlichkeit eines grossen Wurfes hat der Schweizer Bundesrat TSCHUDI gesagt, dass er "nie auf den unsinnigen Gedanken" kommen würde, das geltende System vorzuschlagen (25). In der Tat hat dieses System dunkle Punkte, die aus seiner Lage zwischen einer strikte nach sozialstaatlichen Prinzipien durchgeführten Sozialversicherung und einer privaten Versicherung herrühren (26). Gemessen an der räumlichen Verteilung, dem Zentralisierungsgrad der Regeln, der rechtlichen Organisation, der Art der Finanzierung und Willensbildung und dem Gestaltungsrahmen der Kooperationsformen zwischen Versichertem und Versicherungsträger, ist die soziale Krankenversicherung in der Schweiz versichertennäher. Gemessen an ihren Kosten ist sie trotz einem sozialindifferenten Beitragssystem für den Einzelnen billiger. Die Zweckmässigkeit eines versichertennahen und die Chance der Kooperation und des unmittelbaren Zugangs enthaltenden Gestaltungsrahmens ergibt sich aber schlussendlich aus der gegenwärtigen und der sich abzeichnenden Funktion der sozialen Krankenversicherung.

In der Schweiz und in der Bundesrepublik hat sich die soziale Krankenversicherung in den letzten Jahren sukzessive als Versicherung denaturiert (27). In zunehmendem Masse wurden und werden ihr Aufgaben übertragen, die nicht Krankheiten heilen, sondern ein Mehr an Gesundheit verschaffen wollen. In zunehmendem Masse sind von ihr Krankheiten zu versichern, bei denen die Objektivität des Zustandes und auch die Necessität der Behandlung nicht nur nicht mehr miteinander in einer anerkannten Weise verknüpft sind, sondern prinzipiell unsicher bestimmbar und hinsichtlich des therapeutischen Aufwandes unkontrollierbar werden (28). In zunehmendem Masse werden von ihr rehabilitative Aufgaben übernommen. Solange die Kassen lediglich Zahlstellen für finanzielle Leistungen und Buchhaltereien für die Kassenblätter der Versicherten sind und die Gesundheitssicherung ausschliesslich und unangefochten in die Kompetenz medizinischer oder paramedizinischer Berufe fällt, ist eine über die finanzielle und politische Beteiligung hinausgehende Partizipation nicht notwendig. Mit der Ausweitung und Veralltäglichung des Krankheitsbegriffs kommt der präventiven und rehabilitativen - und hinsichtlich der psychischen, keine somatisch-organischen Substrate aufweisenden Störungen - Mitwirkungsmöglichkeit der sog. Laien grösste Wichtigkeit zu. Dasselbe gilt für ein zentrales Problem für die Zukunft der Kassen: die altersbedingte Zunahme der Kosten.

Mit der enormen Ausdehnung der als medizinisch zu geltenden Problemstellungen nimmt ferner die innere Stabilität des medizinischen Betriebes möglicherweise ab (und die Diffusität der Leistungserwartungen andererseits zu), entsprechend werden die wahrnehmbaren Leistungsdefizite und die Legitimationsprobleme der Medizin grösser (29). In der Tat entgleitet der medizinischen Profession die Bewältigung dieser Bedarfslagen, so wie ihnen schon die Definition nach anerkannten Kriterien entglitten ist. Die Selbsthilfegruppen mussten in der Bundesrepublik und anderswo eine Stufe, nämlich die Versicherungsgemeinschaften, überspringen, weil diese, in bezug auf eine selbständige Leistungserbringung, trotz den oben genannten Wandlungserscheinungen funktionslos geblieben sind. In der Schweiz ist der Gestaltungsrahmen der Krankenversicherung solchen Aufgaben näher. Aber auch er ist hinsichtlich der gesundheitsrelevanten Bemühungen der Sektionen weitgehend zu einer, den statuarischen Ansprüchen nicht mehr Rechnung tragenden, Pseudostruktur degeneriert.

Nun sind in der Schweiz und in der Bundesrepublik die sozialen Versicherungssysteme einem rastlosen Konsilium ausgesetzt. In der Schweiz steht eine Revision der Krankenversicherung an (30). Der Bericht und Vorentwurf des Eidgenössischen Departementes des Innern ist in der Vernehmlassung der Verbände. Der Schuss ist gefallen und man wird warten müssen, bis sich der Pulverdampf lichtet. Eines ist dabei klar erkennbar: finanzpolitische Aspekte stehen im Vordergrund, auch in der marginalen wissenschaftlichen Diskussion, und mithin Fragen der Aufgabenteilung und Koordination zwischen Versicherungsträgern, zwischen Bund und Kantonen usf. Ernste Probleme sind freilich die Vorbehalte, die Altersgrenzen, die Konkurrenz der privaten Kassen, die lohnprozentige Finanzierung, das Obligatorium. Deren Auswirkungen auf die untersten Glieder der Krankversicherung, die örtlichen Sektionen, werden leider nicht diskutiert. Die Sektionen sind in wissenschaftlichen und politischen Diskussionen nicht existent (31). Dabei wäre zu untersuchen, ob und wie sich die Sektionen im Sinne von Sozialgemeinden mit kurzgeschlossenen Regelkreisen zwischen den Versicherten und den Versicherungsträgern hinsichtlich bestimmter Aufgabenbereiche reaktivieren liessen (32). In der Bundesrepublik hingegen stehen zwar politisch in ähnlicher Weise Kostendämpfungsmassnahmen im Vordergrund. Aber in der sozialwissenschaftlichen Diskussion beginnt die Frage der Versichertennähe und der Partizipation des Klienten an der sozialen Sicherung durch die zunehmende Diskussion der sozialen Selbstverwaltung gleichberechtigt neben jene der Effizienz und der Paritäten zu treten (33). Hier wären jene Gedanken weiterzuverfolgen, in denen neue dezentralisierte und bürgernahe Kristallisationskerne für den Gestaltungsrahmen der gesetzlichen Krankenversicherung und eine neue Instrumentierung dieses Rahmens angestrebt werden (34).

Erinnern wir uns zum Schluss der Ausgangsfragestellung nach einer Klärung der unterschiedlichen Kosten bei ähnlichem Standard des Gesundheitswesens. Eine Teilerklärung mag in der unterschiedlichen Ausgestaltung des Krankenversicherungsverhältnisses liegen. Es ist wichtig, dies genauer zu untersuchen. Noch wichtiger allerdings ist das Ergebnis für mich, dass das Verhältnis zwischen Versicherungsträger und Versichertem im Hinblick auf die Fortentwicklung der Sozialleistungssysteme von zentraler Bedeutung ist. Die Gestaltungsrahmen der sozialen Krankenversicherung unterschiedlicher Länder sind nur in Grenzen verallgemeinerungsfähig. Verallgemeinerungsfähig ist aber wohl die zunehmende Wichtigkeit ihrer wissenschaftlichen Durchdringung und die Notwendigkeit ihrer politisch-praktischen Funktionsbestimmung.

## Anmerkungen

(1) Vgl. dazu die Sammelbände von P. Graf Kielmannsegg (Hrsg.): Legitimationsprobleme politischer Systeme, Opladen 1976, und R. Ebbighausen (Hrsg.): Bürgerlicher Staat und politische Legitimation. Frankfurt am Main 1976. Einige Punkte dieser Debatte werden - für die Schweiz - angesprochen von E. Gruner: Ist der schweizerische Staat zerstörbar? Bern 1978

(2) Für einen Kosten- und Leistungsvergleich der sozialen Sicherung in 10 Industrieländern siehe z.B. die sich auf ein Forschungsprojekt des Instituts für Versicherungswirtschaft (I.VW) an der Hochschule St. Gallen abstützende Zusammenfassung der Ergebnisse durch die Schweizerische Bankgesellschaft: Soziale Sicherung in 10 Industrieländern, Zürich 1977. Kritik an diesem Vergleich üben E. Mönig/H. Frei: Wie aus der Schweiz ein Musterland wurde, in: Tages-Anzeiger-Magazin, Nr.26 (1977). Eine Replik der Verfasser dazu findet sich im Tages-Anzeiger-Magazin, Nr.30 (1977).

(3) Die Befunde entnehme ich folgenden Arbeiten: S. Meyer u.a.: Gesundheitsversorgung. Daten des Gesundheitssystems der BRD, Hamburg 1978; Daten des Gesundheitswesens, hrsg. vom Bundesminister für Jugend, Familie und Gesundheit (Ausgabe 1977); Statistik über die Krankenversicherung 1976, hrsg. vom Bundesamt für Sozialversicherung, Bern 1978; W. Ackermann: Soziale Sicherung im Wohlfahrtsstaat: Perspektiven und Grenzen, in: Schweiz. Versicherungszeitschrift 1 (1978), S.1-18 und 2 (1978), S.45-59; H. Weissenböck: Studien zur ökonomischen Effizienz von Gesundheitssystemen, Stuttgart 1974; P. Flora u.a.: Zur Entwicklung der westeuropäischen Wohlfahrtsstaaten, in: Politische Vierteljahresschrift, 4 (1977), S.707-773; Kommission der Europäischen Gemeinschaften: Premier budget social européen revisé, Brüssel 1978

(4) P. Bichsel: Des Schweizers Schweiz, Zürich 1969, S.26. Zum überaus wohlwollenden Bild der Schweiz im Ausland vgl. F. Da Pozzo: Die Schweiz in

der Sicht des Ausländers, Bern 1977 (Reihe HELVETIA POLITICA, Series B, Vol.XI)

(5) D. Zoellner: Perspektiven der Sozialen Sicherung aus nationaler und internationaler Sicht, in: Sozialer Fortschritt 2 (1978), S.25-30, S.25

(6) H. Achinger: Sozialpolitik als Gesellschaftspolitik. Hamburg 1958, S.10 f.

(7) R.C. Brooks: Civic Training in Switzerland. A Study of Democratic Life. Chikago 1930, S.295

(8) Vgl. z.B. G. Latzel (Hrsg.): Optimierung der Medizin in der Schweiz, Basel, Stuttgart 1977. Versch. Autoren: Systematisches Vorgehen im Gesundheitswesen, in: Sozial- und Präventivmedizin, Zeitschrift der Schweiz. Gesellschaft für Sozial- und Präventivmedizin 2 (1978); W. Wittmann: Rationalisierung des Sozialstaates Schweiz, in: Ders.: Bundesfinanzen und Sozialstaat, Diessenhofen 1978, S.133-138

(9) Neue Zürcher Zeitung, Nr.38 (1977), S.25

(10) A.J. Gebert und M. Pflanz: Optimierung der Medizin in der Schweiz, in: G. Latzel (Anm.8), S.13-53, S.30 ff.

(11) Vgl. z.B. das Forschungsprogramm von B. Badura u.a.: Grundlagen einer konsumentenzentrierten Gesundheitspolitik, Konstanz 1979 (Schlussbericht, mimeo) und die dort angegebene Literatur.

(12) W. Zapf: Lebenslagen und wahrgenommene Lebensqualität. In diesem Band.

(13) Vgl. Schweizerische Arbeitgeberzeitung vom 6.7.1978, S.27 f.

(14) J.-J. Senglet: Sozialindikatoren - Bemerkungen aus schweizerischer Sicht, in: Schweiz. Zeitschrift für Volkswirtschaft und Statistik 2 (1975), S.245-254, S.252

(15) Vgl. M.U. Peters und P.G. Zeugin: Ein System Sozialer Indikatoren für die Schweiz, in: H.-J. Hoffmann-Nowotny (Hrsg.): Soziale Indikatoren, Frauenfeld und Stuttgart 1976, S.183-201 (Reihe Soziologie in der Schweiz 5).

(16) Zur Geschichte der Sozialpolitik in der Schweiz siehe J.H. Sommer: Das Ringen um soziale Sicherheit in der Schweiz, Diessenhofen 1978

(17) Eine knappe und präzise Übersicht über diese "Philosophie" bietet Y. Hangartner: Vor- und Nachteile dezentralisierter Aufgabenerfüllung in der Staatsverwaltung aus schweizerischer Sicht, in: F. Wagener (Hrsg.): Regierbarkeit? Dezentralisation? Entstaatlichung? Bonn 1976, S.73-85, ausführlicher: Das politische System der Schweiz - eine Skizze seiner Funktionsweise, in: W. Linder, B. Hotz, H. Werder: Planung in der schweizerischen Demokratie, Bern 1979, S.32-53, dort auch weitere Literatur.

(18) K.W. Deutsch: Die Schweiz als ein paradigmatischer Fall politischer Integration, Bern 1976

(19) Dazu H. Baier: Herrschaft im Sozialstaat. Auf der Suche nach einem soziologischen Paradigma der Sozialpolitik, in: Chr. v. Ferber und F.-X. Kaufmann (Hrsg.): Soziologie und Sozialpolitik, Sonderheft 19 der Kölner

Zeitschrift für Soziologie und Sozialpsychologie, Opladen 1977, S.128-143

(20) Ph. Herder-Dorneich: Ansatzpunkte zu einer Sozialpolitiklehre der gesetzlichen Krankenversicherung, in: W. Schreiber (Hrsg.): Gesetzliche Krankenversicherung in einer freiheitlichen Gesellschaft, Berlin 1963, S.138-199, S.149

(21) Die Möglichkeiten der Erforschung der Sozialversicherung umschreibt F. Tennstedt: Sozialwissenschaftliche Forschung in der Sozialversicherung, in: Chr. v. Ferber und F.-X. Kaufmann (Anm. 19), S.483-524

(22) Vgl. Chr. v. Ferber: Die Weiterentwicklung der sozialen Krankenversicherung als Problem der Selbstverwaltung, in: Die Betriebskrankenkasse 4 (1974); W. Mahr: Korrekturen im System der sozialen Krankenversicherung, in:J. Hackmann u.a.: Fortentwicklung der sozialen Sicherung, Limburg 1978, S.85-146

(23) Ich verzichte an dieser Stelle auf eine vollständige Nennung der benutzten Literatur und erwähne lediglich einige für das schweizerische System wichtige Titel. Für das schweizerische Krankenversicherungssystem vgl. A. Saxer: Die soziale Sicherheit in der Schweiz, Bern und Zürich 1977; P. Gygi und H. Henny: Das schweizerische Gesundheitswesen, Bern 1976; Tätigkeitsberichte des Konkordats der schweizerischen Krankenkassen; Schweizerischer Krankenkassen-Kalender (hrsg. vom Konkordat der schweiz. Krankenkassen, Ausgabe 1979); Statuten verschiedener Krankenkassen; ferner die von G. Kocher herausgegebenen Bände "Kosteneindämmung im Gesundheitswesen", Solothurn 1977 und 1978 (Verlag Konkordat der schweizerischen Krankenkassen). Für einen Vergleich der Krankenversicherung in acht Ländern (darunter der Schweiz und der Bundesrepublik) siehe jetzt W.A. Glaser: Health, Insurance, Bargaining. Foreign Lessons for Americans, New York: Gardner Press 1978

(24) C. Jeger und A. Schwank: Die Auseinandersetzung um das Gesundheitswesen in der Schweiz, in: Jahrbuch für kritische Medizin, Band 3 (Argument Sonderband 27), Berlin 1978, S.228-233

(25) Amtliches stenographisches Bulletin der Bundesversammlung, Ständerat, 62, 147

(26) Dazu gehören insbesondere die Vorbehaltsregelungen und die Regelung der Altersgrenzen für die Aufnahme in einzelne Kassen. Das letztere Problem hat unterdessen an Bedeutung verloren.

(27) Vgl. Anm. 22; ferner Ph. Herder-Dorneich: Die Krankenversicherung, in: Handbuch der Sozialmedizin, Bd.III, Stuttgart 1976, S.515-537; H. Eichner und R. Neuhaus: Soziale Dienste der Krankenkassen, Bonn-Bad Godesberg 1976

(28) Zu diesem Problem ausführlicher P. Gross: Die personenbezogene Dienstleistung als soziologisches und sozialpolitisches Problem, Konstanz 1978 (mimeo); B. Badura und P. Gross: Sozialpolitische Perspektiven. Eine Einführung in Grundlagen und Probleme sozialer Dienstleistungen, München 1976

(29) Gegenläufige Interpretationen dieser Frage geben M.R. Lepsius: Gesellschaftsanalyse und Sinngebungszwang, in: Mannheimer Berichte 5 (1972),

S.111-117; und W. Schluchter: Legitimationsprobleme der Medizin, in: Zeitschrift für Soziologie 4 (1974), S.375-396

(30) Vgl. Eidg. Departement des Innern: Teilrevision der Krankenversicherung. Bericht und Vorentwurf, Nov. 1978 (zu beziehen beim Bundesamt für Sozialversicherung Bern)

(31) Typisch in dieser Hinsicht sind die Ausführungen von G. Bombach, H. Kleinewefers und L. Weber zu den volkswirtschaftlichen Problemen der Krankenversicherung, in: Lage und Probleme der schweizerischen Wirtschaft 1978/79 (Bericht der Expertengruppe "Wirtschaftslage", Bern 1978), S.312-355. Es ist zu hoffen, dass im Rahmen des nationalen Forschungsprogramms "Wirtschaftlichkeit und Wirksamkeit im schweizerischen Gesundheitswesen", die "unterste" Ebene der Krankenversicherung, die Ebene der Sektionen eine prospektive Bearbeitung findet!

(32) Vgl. dazu unsere Überlegungen im schweizerischen Nationalfonds-Projekt "Neue Analysen für Wachstum und Umwelt"(NAWU). In popularisierter Version liegen die Ergebnisse vor in: H.C. Binswanger, W. Geissberger und T. Ginsburg (Hrsg.): Der NAWU-Report. Wege aus der Wohlstandsfalle, Frankfurt am Main 1978, S.213 ff.

(33) Vgl. für die Bundesrepublik: H. Bogs und Chr. v. Ferber: Soziale Selbstverwaltung. Aufgaben und Funktion der Selbstverwaltung in der Sozialversicherung, Bd.1, Bonn o.J. (Verlag der Ortskrankenkassen); F. Tennstedt: Soziale Selbstverwaltung. Geschichte der Selbstverwaltung in der Krankenversicherung, Bd.2, Bonn o.J. (ebenda). Zur Idee der "Sozialgemeinde" siehe schon W. Auerbach u.a.: Sozialplan für Deutschland, Berlin und Hannover 1957; dazu E. Standfest u.a.: Sozialpolitik und Selbstverwaltung. Zur Demokratisierung des Sozialstaates, Köln 1977.

(34) Vgl. z.B. Chr. v. Ferber (Anm. 33); v. Ferber erwähnt die Schulgemeinde als sich anbietenden Kristallisationskern (ebenda, S.184). Grundsätzlich dazu F.-X. Kaufmann: Bürgernahe Gestaltung der sozialen Umwelt - ein Bezugsrahmen zur Problemexposition, in: Ders. (Hrsg.): Bürgernahe Gestaltung der sozialen Umwelt. Probleme und theoretische Perspektiven eines Forschungsverbundes, Meisenheim am Glan 1977, S.1-45, und die darin beschriebenen Einzelvorhaben; E. Pankoke u.a.: Neue Formen gesellschaftlicher Selbststeuerung, Göttingen 1975; R.-R. Grauhahn: Kommune als Strukturtyp politischer Produktion, in: Leviathan, Sonderheft 1 (1978), S.229-247. Zu den Funktionen und Typen der Gemeinden in der Schweiz (deren Anzahl übrigens seit 1850 gleichgeblieben ist) vgl. J. Meyland u.a.: Schweizer Gemeinden und Gemeindeautonomie, hrsg. von der Studiengruppe für Gemeindeautonomie in der Schweiz, Lausanne 1972; R. Schaffhauser: Die direkte Demokratie in den komplexen Formen der Gemeindeorganisation, St. Gallen 1978 (Diss. Hochschule St. Gallen - St. Galler Beiträge zum öffentlichen Recht Bd.6).

Bruno Jobert

## Die liberale Kritik des Wohlfahrtstaats in Frankreich

Während eines kurzen Zeitraumes hat sich die Idee des "Neuen" verändert. Am Anfang der siebziger Jahre führte Jacques Chaban Delmas, damals Premierminister, das Thema der "neuen Gesellschaft" als Leitbild des Regierungshandelns ein. Diese "Neue Gesellschaft" übernahm Punkt für Punkt die hauptsächlichen Ziele des Wohlfahrtstaates: Wachstum, Entwicklung der sozialen Dienstleistungen, konzertierte Politik usw. ... Sieben Jahre später hat sich die ideologische Szene völlig verändert - und auch das Bühnenbild. In den Jahren 1968 bis 1970 wurden die sozialen Debatten vor dem Hintergrund von Barrikaden und Fabrikbesetzungen geführt. Auf der Bühne des Jahres 1978 stehen die jungen Manager im Vordergrund. Bei jeder Vorführung treiben sie den Goulag-Teufel aus und besiegen den marxistisch totalitären Drachen, bevor sie die Themen der Armen und der sozial Ausgestoßenen erörtern. Der amtierende Staatspräsident ruft jetzt nach einer neuen Politik, die die neue Philisophie vervollständigen müßte [(1)]. Die neuen Ökonomisten feiern Frankreichs Wiederversöhnung mit der liberalen Wirtschaftswissenschaft und stellen die alten Wirtschaftskritiken den "neuen Analysen" gegenüber, die in den USA produziert worden sind. Die Soziologen Raymond Boudon und François Bourriaud gründen eine Reihe, die "die lebendigsten und verschiedensten Texte der Autoren, die zur "neuen Linken" oder zur "neuen Rechten" gehören, sammeln und die die Erneuerung der traditionellen Denkweisen bezeugen"[(2)]. Diese intellektuellen Strömungen tragen dazu bei, eine neue Sozialpolitik zu modellieren, deren wichtigste ideologische Merkmale ich hier schildern möchte. In bin mir dessen bewußt, daß ich durch die Wahl dieser Strömung andere Analysen, vielleicht die interessantesten französischen Sozialanalysen, ausschließe. Aber es scheint mir als Politologe angebrachter, mein Referat auf jene Analysen zu konzentrieren, die die dominierende soziale Id ologie begründen.

Die liberale Kritik der sozialen Dienstleistungspolitiken sowie die Wiederentdeckung der Armut sind in Verbindung zu bringen mit der sehr scharfen Anfechtung der Grundlagen der "kritischen Soziologie" durch die neuen Ökomisten und Soziologen. Sie stellen sich als Verteidiger der Wissenschaft den prophetischen Ansprüchen der neuen Gurus, die aus den Ereignissen vom Mai 1968 hervorgegangen sind, gegenüber.

Eine mit Konzepten wie Struktur und Reproduktion formulierten Gesellschaftstheorie stellen sie eine aus Elementen wie Aktoren und Spielen bestehende Theorie gegenüber (3). Auf die scharfen Kritiken des Homo Öconomicus antworten sie mit einem methodischem Individualismus, durch den sie die Erklärungsprinzipien der Mikroökonomie auf die Gesamtgesellschaft übertragen (4). Den Ansprüchen der Sozialwissenschaftler, zu einem gesteuerten sozialen Wandel beizutragen, stellen sie das Konzept nicht berücksichtigter und ungewollter Effekte gegenüber und damit das gänzlich unprogrammierbare Wesen der sozialen Entwicklung. Diesen Perspektiven entsprechend kommt das Wachstum des Staates nicht von einer Veränderung der Machtverhältnisse, sondern von der Tendenz der Bürokratien, ihren Einfluß über die Gesamtgesellschaft zu verstärken. Hierdurch wird eine neue Konzeption der sozialen Ordnung gezeichnet, deren Folgen für die Sozialpolitik ich hier in ihren wesentlichen Zügen analysieren möchte.

Man findet in dieser theoretischen Entwicklung ein Echo der großen Enttäuschung gegenüber der Planung, die die siebziger Jahre kennzeichnet. Während der großen gaullistischen Ära erschien die Planung wie ein Mittel, durch das der französische Staat eine neue Gesellschaft modellieren könnte, in der das Wachstum im Dienste "einer weniger reduzierten Idee des Menschen" gestanden hätte.
Frankreich müßte in das industrielle Zeitalter eintreten können und ein neues Wachstummodell entwickeln: Dieses sollte die Konsum-Zivilisation verhindern und mehr soziale Gerechtigkeit durch die Förderung von gemeinnützlichen Einrichtungen schaffen. Dieses große Vorhaben der sozialen Umorganisation durch den Staat wird jetzt in der Giscard-Ära fallengelassen und durch das Konzept automatischer Marktregulierungen ersetzt (5). Infolgedessen akzeptieren die Intellektuellen der neuen Macht-

koalition die durch den Markt indizierte Verteilungslogik als eine zwingende Rahmenbedingung der Sozialpolitik, deren Ziel sich auf die Ausgleichung der härtesten sozialen Konsequenzen beschränkt. Sie stellen stets die Erfordernisse der Freiheit und einer produktiven Gerechtigkeit den Egalitätsansprüchen des Wohlfahrtstaates gegenüber. Sie stützen sich dabei auf die Mißerfolge der Politiken des Wohlfahrtstaates in Bezug auf seine Egalitätsziele und präsentieren neue, realistischere Normen für die Sozialpolitik. Diese neuen Normen werde ich unter den drei folgenden Themen analysieren:

- die Theorie des Kuchens
- die Wiederentdeckung der Armut
- die Moralisierung der Lebensweise.

1. Die Theorie des Kuchens:
Distributive Gerechtigkeit und produktive Gerechtigkeit.

Die soziale Theorie des Wohlfahrtstaates ist sehr verwandt mit der Kuchentheorie. Hier werden zwei Sphären, Distribution und Produktion, wie zwei getrennte und autonomen Logiken gehorchende Einheiten angesehen. Zuerst wird ein maximales Wachstum der Produktion vorgesehen, und in einer getrennten Phase sieht man eine rationelle Verhandlung der sozialen Verteilung durch ein Sozialvertragssystem vor. Die Planung der gaullistischen Ära versuchte von dieser Norm aus einen sozialen Konsens zu erreichen. Diese Norm ist nun infrage gestellt durch einen der leitenden Intellektuellen der heutigen Machtkoalition, L.Stoleru. L. Stoleru ist ein perfektes Beispiel der neuen Generation der brillianten Ökonometriker der "Ecole Polytechnique". Er war Professor an dieser Hochschule und schrieb ein wichtiges Lehrbuch über makroökonomisches Gleichgewicht und Wachstum (6). Dieser Spezialist der industriellen Politik entdeckte die sozialen Probleme, nachdem er ins Kabinett des damaligen Finanzministers Giscard d'Estaing eingetreten war. Die Organisation des internationalen Kolloquiums "Wirtschaft und menschliche Gesellschaft" (7) durch den Finanzminister war eine wichtige Etappe in den offiziellen Überlegungen über die Beziehungen zwischen Sozialpolitik und Wirtschaftspolitik. Diese Überlegun-

gen wurden von dem derzeitigen Wirtschaftsberater des neuen Staatspräsidenten mit einem vielgelesenen Buch: "Besiegen der Armut in den reichen Ländern"[8] vertieft, wo er eine Politik der negativen Einkommenssteuer unterstützt. Er ist jetzt Staatssekretär und verantwortlich für die sozialen Fragen in der U.D.F., der politischen Formation des Staatspräsidenten. Er erklärt, die Doktrin der Verteilung des Kuchens berücksichtige nicht, daß "der Kuchen schon fertig verteilt aus dem Backofen kommt und daß je nach Größe die Verteilung verschieden ist". Die Wachstumsrate ist mit der Einkommensverteilung verbunden, und es ist in keiner Weise selbstverständlich, daß sich beide im gleichen Tempo weiterentwickeln: der höchst wahrscheinliche Mechanismus nach den Ergebnissen der letzten Jahre ist, daß sich die soziale Gerechtigkeit mit dem Wachstum verbessert bis zu einer bestimmten Grenze, über die hinaus das Wachstum "nervös wird und von selbst soziale Ungleichheiten produziert"[9]. Wir werden später auf dieses Konzept des nervösen Wachstums zurückkommen.
Die Wachstumsrate wird desto größer sein, je besser die Verteilung das Prinzip der produktiven Gerechtigkeit respektiert, welches die liberalen Wirtschaftssysteme charakterisiert, nämlich: Jeden nach dem Wert seiner Arbeit zu belohnen.

Die Stoleruanalyse stellt eines der Grundprinzipien einer Einkommenspolitik, nach dem jeder proportional zu seiner Arbeit bezahlt werden sollte, infrage. Für ihn ist dies nicht das Grundprinzip der liberalen Wirtschaft. Hier erhält jeder den Gegenwert seiner Arbeit. Im Sinne der produktiven Gerechtigkeit kann der Lohn eines Erzbergmannes verschieden sein von dem eines Kohlenbergmannes, oder können die technischen Zeichner für die gleiche Arbeit in Textil oder Elektronik unterschiedlich bezahlt werden. "Die distributive Gerechtigkeit ist ein Wunsch, während die produktive Gerechtigkeit eine Tatsache ist: es ist die Art und Weise, in der die Wirtschaft praktisch die Einkommen auf die verschiedenen Agenten verteilt. Will man diese Mechanismen stören, so riskiert man, das Funktionieren der Wirtschaftsmaschine zu beeinträchtigen"[11]. Sicherlich, L. Stoleru erkennt an, daß die Marktwirtschaft nicht durch die

Keyneschen Politiken oder die Politiken der sozialen Sicherheit oder der Mindestlöhne zerstört wurde; aber im gleichen Moment steckt er die Grenze der Sozialpolitik. "Alles was im Sozialsektor seit fünfzig Jahren getan wurde, hat einen gemeinsamen wesentlichen Zug: ein sozialer Ausgleich an der Basis wurde herbeigeführt; sie hat der Marktwirtschaft minimale Sicherheiten hinzugefügt"(12).
Das Ziel und die Grenze der Sozialpolitik innerhalb der liberalen Wirtschaft sind also klar festgelegt: die absolute Armut, wie er es nennt, besiegen, das heißt, jedem das lebensnotwendige Minimum garantieren, ohne die Unterschiede in der sozialen Stufung, die sich aus der produktiven Justiz ergeben, infrage zu stellen. Ein Weitergehen in dieser Richtung, nämlich die soziale Ungleichheit infrage stellen, die relative Armut reduzieren wollen, kann nur dazu führen, die Triebkräfte und die Regulierungsnormen der Marktwirtschaft zu zerstören und das bedeutet das Schicksal eines jedem dem Staat anzuvertrauen.(13)

Die Grenzen der Chancengleichheit

Die Ungleichheit in der Produktionswelt erscheint also unvermeidbar. Aber die liberale Ideologie konnte sie legitimieren, solange Chancengleichheit gegeben war. Infolgedessen ist es eines der Grundprinzipien des Wohlfahrtstaates, dieses Ziel durch Entwicklung von sozialen Einrichtungen, vor allem die Schule, erreichen zu wollen. In diesem Punkt bilden die neuen Architekten der Sozialpolitik keine homogene Gruppe. Viele von ihnen folgen den Analysen von Bourdieu und Passeron, nach denen die spezifischen Wesensmerkmale des Bildungssystems zu Reproduktion der sozialen Ungleichheiten beitragen (14). Aber dieses Phänomen wird immer nur kritisiert in Beziehung auf eine begrenzte Kategorie der Bevölkerung: die Armen und die Ausgestossenen. Die klassischen Mittel des Wohlfahrtstaates scheinen für den Rest der Bevölkerung ausreichend: wo das Schulsystem nicht ausreicht, werden andere Mittel und Einrichtungen geschaffen, im besonderen Erwachsenenbildung (15).

Die Arbeiten von Raymond Boudon über die Demokratisierung des Schulsystems zeigen jedoch die Grenzen einer Dienstleistungs-

strategie [16]. Raymond Boudon stellt die Thesen von Bourdieu, nach denen die Ungleichheiten im Schulsystem sich hauptsächlich dadurch erklären, daß es seiner Funktion nach die Kultur der höheren Klassen bevorzugt weitervermittelt. Sie (die Ungleichheit) scheint hauptsächlich daher zu rühren, daß je nach der sozialen Klasse des Schülers die Verlängerung der Schulzeit an jedem Abzweigungspunkt der Schullaufbahn verschiedene sozioökonomische Kosten und Gewinne repräsentiert. "Jede soziale Stratifikation führt unweigerlich zu einem erheblichen Maß an Ungleichheit im Bildungswesen." [17]
Sogar eine begrenzte, aber tatsächliche Demokratisierung der Bildung, wie sie jetzt stattfindet, führt zu keiner bedeutungsvollen Reduktion der sozialen Chancenungleichheiten. Die Demokratisierung der Schule führt zuerst zu einer Erhöhung der sozialen Kosten im Zugang zu den verschiedenen sozialen Positionen; aber sie ändern nur wenig die respektiven Zugangschancen der verschiedenen sozialen Schichten. Raymond Boudon bezweifelt also die künstliche Harmonie des Wohlfahrtstaates, die vorgibt, die ökonomische notwendige Ungleichheit mit der Förderung der Chancengleichheit zu verbinden. Seine rigorose Kritik von der Theorie der Gerechtigkeit von Rawls [18] mündet in die nötige Erkenntnis der grundsätzlich widersprüchlichen Züge der Institutionen und Strukturen unserer Gesellschaft. Aber die Erkenntnis dieses Widerspruchs, analysiert als ein nicht beabsichtigter Effekt und nicht als Ausdruck von Machtverhältnissen, mündet nicht in eine Perspektive zur Änderung dieser Grundstrukturen.

## 2. Die Wiederentdeckung der Armut

Die systematische Förderung der sozialen Gleichheit, Ziel des Wohlfahrtstaates, scheint unerreichbar zu bleiben. Aber die Ausrottung der Armut erscheint als ein Ziel, welches die liberalen Industriegesellschaften erreichen können. Drei große Strömungen haben zur Wiedergeburt dieses Konzeptes beigetragen.

### 2.1. A.T.D. Vierte Welt: Ein Lautsprecher für Minderheiten ohne Stimme?

Die erste und älteste Strömung ist die intellektuelle Version der militanten Aktion der Bewegung "Aide à toute détresse, quatre monde": Hilfe in allen Notlagen - Vierte Welt. Diese religiöse Bewegung wurde durch die Aktion von militanten Christen in den Elendsvierteln hervorgerufen. Das Ziel dieser Bewegung ist, "einem Volk ohne Stimme eine Stimme zu geben".(19) Die Bewegung lehnt mit Bestimmtheit jede Analyse ab, die auf Ausbeutung- und Klassenbeziehung beruht. Die vierte Welt ist auch nicht vom Klassenkampf betroffen, da sie im gleichen Maß von allen Klassen unterdrückt wird. Diese Definition der vierten Welt als eine von der Arbeiterklasse isolierte Kategorie ruht auf dem Postulat, nach dem die vierte Welt ein abgetrenntes Volk bildet. Die Grenze zwischen der Arbeiterklasse und der vierten Welt sei völlig undurchlässig. Diese Situation würde völlig anders erscheinen, wenn man die von Verarmung bedrohten Schichten betrachtet. Nun ist aber das Risiko der Verarmung offensichtlich nicht das gleiche in den verschiedenen sozialen Klassen. Gibt es nicht kontinuierliche Austauschprozesse und Übergänge zwischen den bedrohtesten Schichten der Arbeiterklasse und dem Unterproletariat? (20)

Weiterhin lehnt die Bewegung die Konzepte von Nichtanpassung und sozialer Arbeit ab. "Die unterproletarische Familie denkt nicht anders wie jede andere Familie. Darin besteht ihr ganzes Drama und ihr Leiden: sie nimmt an denselben Werten teil, aber ihr fehlt jedes Mittel, um sie zu erreichen."(21) Sie als Randgruppe und Problemfamilie zu betrachten würde bedeuten, sie als freien Gesprächspartner zu disqualifizieren. "Das Konzept der Nichtanpassung erlaubt die Ausschluß-Einstellung gegenüber dem Unterproletariat in Frankreich zu rationalisieren."(22)

Dieser Ausgangspunkt resultiert in eine sehr kritische Einstellung gegenüber der Funktion der Sozialarbeit, die darin bestehe, eine Vormundschaft und die Verwaltung des sozialen Ausstosses auszuüben. Für A.T.D. sollte das Ziel der Sozialpolitik nicht darin bestehen, diese Bevölkerung zu erziehen, sondern ihr durch die Schule eine soziale Stimme zu geben und durch die Einführung einer negativen Einkommenssteuer stabile Einkünfte zu sichern.

Stoleru und die Strömung der liberalen Ökonomisten

Trotz der unterschiedlichen Herkunft besteht zwischen den sozialen Perspektiven der A.T.D.-Strömung und der der Liberalen wie Stoleru eine bemerkenswerte Übereinstimmung. Tatsächlich findet man in Frankreich bis vor kurzem kaum Spuren einer Anerkennung des Armutproblems als wissenschaftlicher Gegenstand oder als spezifisches Objekt der Sozialpolitik. Bisher haben die französischen Planer es abgelehnt, eine besondere Instanz für Armut zu bilden. Ebenfalls, "Données Sociales"[23], die systematische Datenveröffentlichung der sozialen Statistiken des I.N.S.E.E. (Nationales Institut für Statistiken und Wirtschaftsstudien) erwähnt das Thema der Armut nicht, weder im Index noch im Inhaltsverzeichnis seiner 1978er Ausgabe.
Gewiß, die Auffassung der Armut bei den Liberalen wie Stoleru setzt keine tiefgehende Kenntnis des Armutproblems voraus. Die Armut wird hier wie ein Mangel beschrieben und bezieht sich ausschließlich auf Konsumkriterien. Stoleru sagt, "man tritt unvermeidlich durch Geldmangel in eine Armutsituation ein, aber man kommt durch Geld nicht unbedingt wieder da heraus". Letzten Endes haben die sozialen Determinanten dieses Mangels wenig Bedeutung für L. Stoleru. Von Bedeutung ist für ihn: die Verantwortung der Gemeinschaft, jedem das Minimum zu sichern, ohne welches ein würdiges Leben unmöglich sei. Aber das französische System der sozialen Sicherheit weist zahlreiche Lücken auf, durch die viele schwache Familien leicht hindurchfallen. Weiter ist dieses System nach spezifischen Risiken organisiert und eignet sich daher kaum zur Wiederverteilung von Einkommen. Also schlägt Herr Stoleru vor, seine Umorganisierung durch eine negative Einkommenssteuer. Im übrigen drückt er starkes Mißtrauen gegenüber den auf Vorsorge und Bildung basierenden Dienstleistungsstrategien aus. Die amerikanische Politik beurteilend sagt er, daß deren hauptsächliches Ergebnis darin bestehe, "eine Kaste von sozialen Beratern zu bilden, die sehr darauf bedacht ist, ihren Daseinsgrund zu erhalten und wenig Interesse daran hat, die Armut und damit ihren Kundenkreis zu beseitigen".[24]

Die Theorie des sozialen Ausgestossenseins und der globalen Sozialarbeit

Diese Kritik nimmt die gegengesetzte Richtung der Thesen von R. Lenoir, der mit seinem Buch "Lex exclus" (Die Ausgestossenen) als einer der ersten die Armut in Frankreich wieder an die Öffentlichkeit gebracht hat. René Lenoir war zuerst Direktor des Sozialwesens im Gesundheitsministerium und dann von 1974 bis 1978 Staatssekretär für Sozialwesen; er ist der Sprecher einer intellektuellen Strömung, die unter den hohen Staatsbeamten des Sozialwesens sehr einflußreich ist, und die jede rein reaktive Konzeption der Sozialaktion ablehnt. Nach einer solchen Konzeption könnten die Maßnahmen der Behörden nur als Antwort auf eine bereits bestehende soziale Schwierigkeit in Kraft treten. Im Gegensatz dazu ist das Ziel von René Lenoir, einen Apparat von sozialen Dienstleistungen zu konstruieren und eine Verwaltungskoordination zu organisieren, welche es ermöglichen, der Entstehung bestimmter sozialer Risiken zuvorzukommen sowie die soziale Wiedereingliederung der betroffenen Personen zu erleichtern. Aber die betroffenen Gruppen sind hier nicht durch Mangel an Einkommen, sondern durch Nichtanpassung gekennzeichnet. Von den durch Stoleru errechneten elf Millionen Armen sondert René Lenoir fünf Millionen Ausgestossene aus. Die Definition dieser Ausgestossenen weist bereits auf die Verschiedenheit der betroffenen sozialen Kategorien hin:
"Eine Person als unangepaßt, marginal oder asozial zu bezeichnen, heißt einfach, festzustellen, daß diese Person in der industriellen und verstädterten Gesellschaft am Ende des XX. Jahrhunderts aufgrund einer körperlichen oder geistigen Behinderung, aufgrund ihrer psychischen Disposition oder durch das Fehlen von Bildung, unfähig ist, ihre Bedürfnisse zu decken oder die eine Gefahr für die anderen darstellt oder die entweder durch ihr eigenes Tun oder durch das der Gemeinschaft abgesondert ist".[25]

Nach diesem Autor besteht eine enge Korrelation zwischen extremer Armut und sozialer Nichtanpassung, die sich durch eine überproportionale Vertretung der "schwachen Schichten" in den verschiedenen Kategorien der sozial Nichtangepaßten ausdrückt. Er sieht im Geldmangel einen erschwerenden Faktor zwischen den

vielfältigen Störungen, die das Individuum in der Industriegesellschaft bedrücken; die Anhäufung in den Städten, das Auseinanderfallen der Familien, die durch die Reklame hervorgerufene Unzufriedenheit, die ständige Entwurzelung, der Wettbewerb in der Schule, alle diese Prozesse führen zur Vervielfältigung der Fälle von Nichtanpassung. Eine negative Einkommenssteuer scheint nötig, aber unzureichend. Man sollte eher eine primäre Prävention durch die Verbesserung der Lebensqualität fördern und vor allem eine sekundäre Vorsorge durch die Entwicklung von sozialen Dienstleistungen, die allerdings sehr viel besser als bisher zu koordinieren wären. Die Leitidee ist also das Streben danach, die häufige Zerstückelung der sozialen Maßnahmen, die dieselben Personen betreffen, zu vermeiden.
Die soziale Aktion sieht sich als eine globale, integrierte und teilnehmende Aktion. Das endgültige Ziel ist, den Konsumenten sozialer Einrichtungen den Status eines aktiven Partners zu geben.

### 3. Die Moralisierung der Lebensweise

Die Wiederentdeckung der Armut und der sozialen Ausschließung in den reichen Ländern führt logischerweise zu einer Diskussion ihrer Kehrseite, über die Vielfältigung des Überflüssigen, die Verschwendung und das Wachstum der Institutionen im Alltagsleben. Alle vorgenannten Autoren haben die durch das Wachstum provozierten Spannungen und Unzufriedenheiten kritisiert; aber es war hauptsächlich Ph. d'Iribarne, Gründer des CEREBE (Centre d'Etudes du BienEtu) und früherer Berater im Kabinett des Präsidenten Pompidou, der eine Theorie der Konsumgesellschaft entwickelt hat, die mit diesen Richtungen der neuen Sozialpolitik vereinbar ist. Die Arbeiten des CEREBE (stark von Illich beeinflußt) haben zahlreiche nützliche Informationen gebracht zur Unterstützung der Thesen, denen zufolge das Wachstum nicht unbedingt zum Wohlergehen führt. Auf dem Gebiet des Gesundheitswesens im besonderen haben S. Karsentry, Pierret, Dupuy und Letourmy aufzuzeigen gewußt, daß das Wachstum der medizinischen Institution durchaus nicht mit einer fortschreitenden Verbesserung des Gesundheitszustandes der Bevölkerung gleichzusetzen ist.(26)

Ohne diesen wichtigen Beitrag zu verneinen, wollen wir hier die Konsumtheorie, auf der sie beruhen, kritisch betrachten. Wir gehen von Ph. d'Iribarnes zwei Büchern aus: La politique du bonheur (Die Politik des Wohlergehens)(27), Le Gaspillage et le Desir (Die Verschwendung und das Verlangen)(28).
Wie schon viele andere stellt Ph. d'Iribarne fest, daß das starke Wachstum nicht zum Wohlergehen führt. Es vermehrt die Schäden, verschärft die Ungleichheiten, zwingt zu einem intensiven Arbeitsleben, welches mit verlängerten Transportzeiten die Freizeit verzerrt. Die verstärkte Mobilität zerstört den Mikrokosmos sozialer Beziehungen, der ein hauptsächliches Element der Lebensqualität sei. Was treibt diese Höllenmaschine des Wachstums vorwärts? Die nach Marx oder Gallbraith entwickelten Theorien, die die Modellierung des Konsumenten durch den Produzenten vorgeben, zeigen nach unserem Autor in Wirklichkeit nur einen Sündenbock. Ebenso wie die moralisierende Unterscheidung zwischen echten und falschen Bedürfnissen, zwischen Notwendigem und Überflüssigem zu keiner operationellen Analyse führen kann, da sie den sozialen Charakter des Konsumprozesses verneint:"Der Mensch ist nicht nur ein Magen, und in seiner Forderung nach einem Minimum an sozial definierten Konsum bringt er seine Menschenwürde ins Spiel".(29)
Dieser Mechanismus gleicht dem von Boudon analysierten nicht beabsichtigten Effekt der Demokratisierung der Bildung. In beiden Fällen ist ein breiterer Zugang zu einem neuen Gut oder einer neuen Dienstleistung nicht unbedingt gleichbedeutend mit größerer Zufriedenheit, da die relative Position der Individuen in der Gesellschaft unverändert bleibt.

Diese pessimistische Anschauung des Wachstums führt trotzdem nicht zur positiven Einstellung gegenüber dem Wachstum Null, da dieses ohne autoritäres Eingreifen des Staates unmöglich sei. Aus dem gleichen Grund wird die radikale Reduzierung der wirtschaftlichen Ungleichheiten abgelehnt. Alle unsere Autoren verteidigen zusammen ein gemäßigtes Wachstum. Das schnelle, aber humanisierte Wachstum der französischen Planer erscheint ihnen wie ein Mythos, der widersprüchliche Elemente vereint. Ein gemäßigtes Wachstum sollte mit einer größeren "Convivialité" gekoppelt werden (um hier einen Ausdruck anzuwenden, der in den öffentlichen französischen Reden sehr geschätzt ist). Die "Convivialität" wäre eher durch eine Veränderung des individuellen Verhaltens als durch zentrale staatliche Eingriffe hervorzurufen. Die neuen Richtungen der Gesundheitspolitik sind typisch für diese Linie: man erkennt nun, daß die Gesundheit nicht nur von der Entwicklung der Pflege-Institutionen abhängt. Die nun angewendete Politik ist hauptsächlich gegen die individuellen gesundheitsschädlichen Lebensgewohnheiten gerichtet; man zieht vor, Rauchen, Trinken, gefährliches Autofahren zu bekämpfen als sich gesundheitsschädlichen Lebens- und Arbeitsbedingungen zuzuwenden (z.B. Schichtarbeit, Transport ...). Die moralisierende Gesundheitsinformation wird den strukturellen Umwandlungen vorgezogen, die den dominierenden sozialen Interessen widersprechen.

<u>Zur "Rekapitalisierung" der französischen Gesellschaft</u> (30)

Die Theorien und Doktrinen, die wir behandelt haben, bilden die intellektuellen Grundlagen der neuen dominierenden Sozial-Strategien.

Die neue Sozial-Strategie kennzeichnet eine Aufteilung des Sozialwesens zwischen Betrieb, Bürger und Staat.

Auf dem Gebiet des öffentlichen Sektors würde Sozialhilfe in ihren verschiedenen Formen vorherrschen: es geht darum, allen eine Mindestexistenz zu sichern. Die Formel der negativen Einkommenssteuer wird von allen Autoren, die wir diskutiert haben, gefordert. Aber der heutige Staatspräsident meint, daß die öffentliche Meinung noch nicht reif ist für eine so tiefgreifende Änderung, die darüber hinaus hohe Kosten mit sich bringen würde. Trotzdem bleibt die Strategie des Minimums der hauptsächliche Anreger der Politik des Alters-Minimums, der zusätzlichen Familienhilfe und der neuen Wohnungshilfe.

Über diese Minima hinaus sollten die Bürger eher auf private Fürsorge, auf die Bildung eines Privatvermögens und auf die freiwilligen Leistungen der Arbeitgeber als auf Staatshilfe zählen.

Die Sozialpolitik würde sich also auf zwei Hauptempfängergruppen aufteilen. Einerseits die zu Unterstützenden, für die der Staats verantwortlich sei und die aktive Bevölkerung, die von den freiwilligen Leistungen der Unternehmer und von privater Selbsthilfe abhängig sei.
Es scheint, daß die neue Sozialstrategie den neuen Formen der sozialen "Segmentation" und der differentiellen Behandlung der Arbeitskraft entspricht.
Die modernen Betriebe haben in der Tat gewußt, auf den Druck der Arbeiter zu antworten, indem sie dem strategisch harten Kern der Arbeiterschaft differentielle Vorteile zugebilligt haben, und die schwächeren Teile der Arbeiterschaft sind Opfer intensiverer Ausbeutung und erhöhter Unsicherheit. Diese Segmentation des Arbeitsmarktes wird umso leichter zu handhaben, als die Sozialabgaben der Betriebe geringer sind, und der Staat die sozialen Schwierigkeiten der schwächsten Gruppen abfängt. Diese von den Liberalen skizzierte Sozialstrategie erlaubt diese differentielle Handhabung der Arbeiterschaft rational zu bewältigen: Der Staat beschäftigt sich hauptsächlich mit den von der Produktion ausgestossenen Kategorien und denen, die sich in einer sehr schwachen Lage auf dem Arbeitsmarkt befinden. Der harte Kern der aktiven Arbeiter müsse also vielfältige Verhandlungen mit den Firmen und Industriezweigen führen, um soziale Vorteile, die über dieses Minimum hinausgehen, zu erhalten.

Das erscheint kurz skizziert die Perspektive, mit der die neuen Intellektuellen die sozialen Institutionen des französischen Wohlfahrtstaates umzuwandeln beabsichtigen.

<u>Fußnoten</u>

(1) Giscard d'Estaing (V.). Démocratie Française, Paris, Le Livre de poche, 1976, nouvelle préface, 1977.

(2) Boudon (R.). Effets pervers et ordre social. Paris, P.U.F., 1978.

(3) Zum Beispiel, Crozier (M.), Friedberg (E.). L'acteur et le système. Paris, Seuil, 1978.

(4) Cf. R. Boudon, 1976, op. cit.
Wolfelsberger (A.). De la contestation de l'orthodoxie à la tentation du sociologisme. Revue Française de Sociologie, 1977, 397-438.

(5) Giscard d'Estaing (V.) op cit. p. 134.

(6) Stoleru (L.). L'équilibre et la croissance économique. Paris, Dunod, Nouvelle Edition, 1978.

(7) Rencontres Internationales du Ministère de l'Economie et des Finances "Economie et Société Humaine", Paris, 1972.

(8) Stoleru (L.). Vaincre la pauvreté dans les pays riches. Paris, Flammarion, 1974.

(9) Stoleru (L.). L'équilibre et la croissance économique, op. cit. p. 26 et s.

(10) Ibid. p. 32.

(11) Stoleru (L.). Vaincre la pauvreté dans les pays riches, op. cit. p. 230.

(12) Ibid. p. 288.

(13) Ibid. p. 287 et s.

(14) Z.B. Stoleru (L.). Vaincre la pauvreté dans les pays riches, p. 97.

(15) Cf. Giscard d'Estaing (V.). Démocratie Francaise, op. cit. p. 79.

(16) Boudon (R.). L'inégalité des chances, Paris, A. Colin, 1973.

(17) Boudon (R.). Effets pervers ... p. 173.

(18) Ibid. p. 159 à 188.

(19) Cf. Wresinsky (J.). A.T.D. Quart Monde ou la parole d'un peuple. <u>Projet</u> 133, Mars 1979, p. 362 à 369.

(20) Debonneuil (M.). Les familles pauvres d'une ville moyenne. <u>Economie et Statistiques</u>, nov. 1978, p. 25 à 37.

(21) A.T.D. Bloc note du 7ème Plan. IGLOOS no. 89/90, 2e et 3e trimestre 76, p. 129.

(22) Ibid. p. 136.

(23) Données sociales, INSEE, 1978.

(24) Stoleru (L.). Vaincre la pauvreté dans les pays riches, p. 251.

(25) Lenoir (R.). Les exclus. Paris, Seuil, 1972, p. 10.

(26) Z.B. Dupuy (J.P.) et Karsentry (S.). L'invasion pharmaceutique. Paris, Seuil, 1974.

(27) Paris, Seuil, 1972.

(28) Paris, Fayard, 1975.

(29) D'Iribarne (Ph.). Politique du Bonheur, op. cit. p. 134.

(30) Cf. Miller (S.M.). The recapitalization of capitalism. International Journal of Urban and Regional Research, vol. 2, no. 2, 1978.

Erhard Blankenburg

## Expansion und Bürokratisierung öffentlicher Dienstleistungen

Ein Diskussionsbeitrag zur Setzung von Forschungsprioritäten

In der Bundesrepublik Deutschland sowie in anderen westlichen Staaten vergrößert sich der Anteil des Dienstleistungsbereichs an der Gesamtbeschäftigung und am Bruttoinlandsprodukt seit längerem und in beträchtlichem Maße. Dieses Wachstum des Dienstleistungssektors ist zunehmend Gegenstand gesellschaftlicher Entwicklungsanalysen und politischer Reformüberlegung. Dabei ist gleichgültig, ob die Gesellschaftsanalysen unter dem Etikett der "spätkapitalistischen" oder der "post-industriellen" Gesellschaft formuliert sind - sie knüpfen durchgängig an die quantitative Ausweitung der im Dienstleistungssektor eingesetzten Ressourcen an. In qualitativer Hinsicht kritisieren sie Merkmale, die man als Folge der öffentlichen Erbringung von Dienstleistungen bezeichnen kann:

- die Ökonomisierung, d.h., daß anstelle einer persönlich erbrachten Dienstleistung ein Anspruch lediglich auf Geldleistungen tritt;

- die Verrechtlichung und damit einhergehende Bürokratisierung, d.h., daß Bedürfnislagen in Rechtsansprüche gemünzt werden, wodurch auf der einen Seite Zugangsprobleme geschaffen und Barrieren zur Inanspruchnahme errichtet werden, auf der anderen Seite zum Mißbrauch eingeladen wird bei Personen, die formal einen Rechtsanspruch erlangen, aber materiell möglicherweise nicht zu der intendierten Zielgruppe gehören. Auch wird kritisiert, daß sozialpolitische Angebote funktionierende Systeme der Selbsthilfe verdrängen und damit mehr Bedürfnisse schaffen, als sie befriedigen.

---

1) 'Wir' heißt im folgenden Text: Christa Altenstetter, die die im Bereich der Gesundheitsdienste vergleichende Forschungen betreibt, Dieter Grunow und Friedhart Hegner im Bereich der Sozialdienste und Erhard Blankenburg im Bereich der Rechtspflege.

Die Expansion von öffentlichen Dienstleistungen und ihre bürokratische Erstarrung sind danach ursächlich miteinander verknüpft. Ansatzpunkte für Reformen jedoch sind immer isoliert geblieben, weil sie jeweils nur einzelne Aspekte behandelt haben, die Entwicklungstendenzen insgesamt jedoch unkontrolliert belassen. Die scheinbare Unvermeidbarkeit der Expansion öffentlicher Dienstleistungen ist deshalb so schwer zu steuern, weil sie auf revalisierende gesellschaftliche Ansprüche und widersprüchliche Zielsetzungen zurückzuführen ist. Auch wissenschaftliche Forschung hat an diesen Widersprüchen ihren Anteil: Wo Betriebswirte Privatisierung vorschlagen, weisen Volkswirte auf negative soziale Allokationseffekte hin; wo Juristen Rechtsansprüche verankern, zeigen Soziologen dadurch entstehende Zugangsbarrieren auf; wo Ingenieure Rationalisierungsmöglichkeiten verfolgen, weisen Sozialpsychologen eine daraus resultierende Entfremdung von den Bedürfnissen der Klientel nach. Wissenschaftliche Forschung, wenn sie in einzelnen Disziplinen verankert ist, verschreibt sich sehr häufig einzelnen Interessen, ohne die Widersprüchlichkeit entgegenstehender Interessen aufzulösen.

Wir sind deshalb am Wissenschaftszentrum Berlin dabei,[1)] ein Forschungsprogramm für eine umfassendere Analyse von Problemen der öffentlichen Dienstleistung zu entwickeln. Wir versprechen uns dabei einen besonderen theoretischen Gewinn, indem wir in drei verschiedenen Politikbereichen theoretisch vergleichbare Fragestellungen untersuchen. Ich greife hier aus dem mir nahestehenden Bereich der Rechtspflege ein solches Problem heraus:

> Wir haben im vergangenen Jahr eine Untersuchung begonnen über die Gründe, warum Rechtsanwalt und Gerichte Einrichtungen sind, die überwiegend Interessen von großen Organisationen gegenüber Privaten durchsetzen,

und warum sie in erster Linie die Probleme von mittleren und oberen Schichten und nur in geringem Maße diejenigen unterer Schichten behandeln. Soweit die Gründe hierfür in Zugangsbarrieren zu rechtlichen Institutionen liegen, beobachten wir in einigen Ländern in den vergangenen Jahren eine rapide Entwicklung von Einrichtungen der Rechtshilfe speziell für die Probleme unterer Sozialschichten: etwa die "Legal Services", die in den USA im Rahmen des "War on Poverty" entstanden sind oder noch weiter zurückgehend in England das ausgebaute System von "Legal Aid". Seit Beginn der 70ger Jahre sind in den Niederlanden, in Belgien oder in Schweden sehr schnell neue Institutionen entsprechend diesem angelsächsischen Vorbild gewachsen. In der Bundesrepublik jedoch gibt es trotz sehr viel weiter zurückgehender Traditionen unentgeltlicher Rechtsberatung keine vergleichbaren Bemühungen um Zusatzerleichterungen zum Recht und zu den Gerichten für sozial Schwache.

Die ausländischen Beispiele zeigen, daß mit neuen Formen von Rechtsberatung, etwa mit einem Beratungsangebot in Gemeindezentren oder in Slumvierteln von Großstädten bislang rechtsfremde Klienten mobilisiert werden können. Mit Hilfe solcher Einrichtungen kommen Klagen aus dem Arbeits- oder Sozialrecht vor die Gerichte. Mit ihrer Hilfe organisieren sie Mieterinitiativen, die ihre Interessen (nicht nur, aber auch) mit rechtlichen Mitteln verfolgen. Zunehmend also werden Gerichte mobilisiert zum Schutz von solzial Schwächeren, während bislang die Tätigkeit der Gerichte überwiegend die Durchsetzung der Rechte von sozial Stärkeren betrieben haben. Zunehmend werden hier allerdings auch Erwartungen erzeugt, die im Laufe der Rechtsverfolgung nicht eingehalten werden können: Wie Umfragen zeigen, steigt die Enttäuschung mit der Häufigkeit von Kontakt mit den Gerichten, das Vertrauen in das Recht ist dort am höchsten, wo die wenigsten ERfahrungen bestehen.

Sollen wir also in Anlehnung an ausländische Entwicklungen auch in der Bundesrepublik die Nachfrage nach rechtlicher Beratung stimulieren? Soll man durch das Angebot von Rechtsberatungen dazu beitragen, daß Erwartungen auf Lösungen sozialer Konflikte geweckt werden, und daß diese in rechtlicher Form ausgetragen werden? Sollte man als Soziologe möglicherweise nicht eher das gesellschaftliche Erwartungsniveau an die Realität anpassen? Und sollte man nicht alle Möglichkeiten informeller Konfliktlösung vor der Schwelle einer Verrechtlichung zu fordern versuchen?

Solche Fragen werfen eine Problematik auf, die für weite Bereiche der öffentlichen Dienstleistungen insgesamt gilt. Wir sind daher im Wissenschaftszentrum dabei, ein Forschungsprogramm zu entwickeln, mit dem wir Fragen der öffentlichen Dienstleistungen sowohl im Bereich der Rechtspflege, der Gesundheitspflege und auch im Bereich der sozialen Dienste untersuchen. Wir haben diese drei materiellen Politikbereiche gewählt, da wir eine Reihe von pragmatischen Überschneidungen sehen, vor allem aber auch, da wir meinen, daß in allen drei Bereichen sich gleichartig theoretische Fragen stellen. Diese sind:

2.1. <u>Induzierung der Nachfrage nach öffentlichen Leistungen</u>

Mit einem staatlichen Angebot und mit der Subventionierung von Leistungen werden von der Angebotsseite her Nachfragepräferenzen verändert, oft wird eine Nachfrage überhaupt erst induziert. Wie wenig solche Prozesse allerdings in der Regel vorhergesehen und gesteuert werden, zeigt die Erwartungsinflation der 60er Jahre im Bildungsbereich. Weitgehend ist das Angebot staatlicher Dienstleistungen bislang als Versuch mit ungewissem Ausgang unternommen worden. Weder gingen ihnen Untersuchungen der Bedürfnisstruktur voraus, noch kannte man die sozialen Bedingungen, von denen es abhängt, ob staatliche Angebote tatsächlich in Anspruch genommen werden. Nur wenn man diese beiden subjektiven Komponenten kennt, läßt sich eine intersubjektive 'Bedarfs'-feststellung machen. Forschungsstrategien können zur besseren Antizipation von Bedürfnisstrukturen und zum Abbau von sozial unerwünschten Zugangsbarrieren beitragen. Damit schaffen sie die Voraussetzung für eine politische Setzung, welcher Bedarf versorgt werden soll.

Dabei müssen wir allerdings auf einige inhärente Grenzen des Bedürfnisarguments hinweisen: die Bereitstellung öffentlicher Dienstleistungen darf nicht alleine von subjektiven Bedarfsanmeldungen gesteuert sein. Um Subventionierung oder staatliche Erbringung von Dienstleistungen zu legitimieren, muß eine wohlfahrtstheoretische Begründung hinzukommen. Diese Begründung kann nur aus der objektivierbaren Analyse von sozialen Problemlagen und gesellschaftspolitischen Zielsetzungen abgeleitet werden.

Erst recht eignet sich für die Bestimmung des Angebots öffentlicher Dienstleistung nicht die marktübliche Steuerung durch die Nachfrage, da ja diese durch Subventionierung und staatliche Erbringung vom Angebot selbst teilweise gesteuert wird. Dort, wo die Regulierung von Angebot und Nachfrage über den Preis zu sozial unerwünschten Verteilungen führt, ist das Angebot öffentlicher Dienstleistungen ein Versuch der Kompensation sozialer Nachteile. Sehr oft wird dabei durch rechtliche Vorschriften die Inanspruchnahme öffentlicher Dienstleistungen begrenzt. Dies führt zur Notwendigkeit von Mißbrauchskontrollen ebenso wie von Rechtssicherheitsgarantien. Eine solchermaßen regulierte Nachfrage wird damit von

Kompetenzvoraussetzungen auf seiten der Empfänger abhängig. Und hier wiederum sind die Voraussetzungen der Inanspruchnahme in erster Linie bei mittleren und höheren Sozialschichten gegeben. Dies gilt für den Zugang zu höherer Bildung ebenso wie für den Zugang zum Recht oder zur Gesundheitsvorsorge. Es gilt sogar für öffentliche Dienstleistungen, die explizit auf sozial Schwache begrenzt sind: rechtliche Vorschriften der Anspruchsberechtigung setzen Kompetenz im Umgang mit Behörden voraus. Nach dem Gesetz des "creaming the poor" weiß die jeweils oberste Schicht der Leistungsberechtigten das öffentliche Angebot am besten zu nutzen, diejenigen, die Sozialdienste am meisten benötigten, verstehen es am wenigsten, bürokratische Zugangsschwellen zu überwinden.

## 2.2. Steuerung des Angebots öffentlicher Dienstleistungen

Auf Märkten, in denen das Angebot entweder kollektiv finanziert oder durch öffentliche Einrichtungen erbracht wird, ist der Preismechanismus als Regulativ für Quantität und Qualität durch politische Entscheidungsprozesse ersetzt. Dies kann aus wohlfahrtsökonomischen Erwägungen geschehen, um Dysfunktionen der kommerziellen Erbringung zu vermeiden, es kann auch aus Verteilungserwägungen geschehen, um sozial ungleiche Zugangschancen zu kompensieren.

Noch immer ist dabei die informelle Erbringung von Dienstleistungen in Familie, Nachbarschaft und anderen Vergesellschaftungen die wichtigste, wenn auch eine wenig sichtbare Form der Versorgung. Dort, wo die Sicherung von Lebensrisiken öffentlich übernommen wird, wo mit höherer Mobilität und mit anonymen Wohnformen die Bedeutung kollektiver Dienstleistungen wächst, können wir dies als Folgeprobleme des Wandels von Familie und Erwerbsleben in spätindustriellen Gesellschaften verstehen. Damit ist häufig verbunden, daß öffentliche Leistungsangebote ergänzend und verdrängend an die Stelle informeller treten.

Allerdings lassen sich Quantität und Qualität des Angebots öffentlicher Dienstleistungen nicht von einer Stelle alleine steuern. Zu viele Entscheidungssysteme überkreuzen sich in den für öffentliche Dienstleistungen typischen Mischsystemen:

- In Teilbereichen entscheiden politische Gremien, deren Legitimation durch Wahlen und parlamentarische Abstimmung erbracht wird; da die Ausführung bürokratischen Entscheidungssystemen überlassen bleibt, entsteht das Problem der mangelnden Responsivität für faktische Bedürfnisveränderung.

- Teils entscheiden kollektive Verhandlungssysteme zwischen Ministerialbürokratie, Versicherungen und Interessenvertretungen der beteiligten Professionen; da die Organisationsfähigkeit sozialer Gruppen unterschiedlich groß ist, entsteht hier das Problem der mangelnden Berücksichtigung nicht organisierter Interessen.

- Teils entscheidet die Regulierung von Angebot und Nachfrage über den Preis; da sich hier soziale Verteilungsungleichheiten voll auswirken, entsteht das Problem der notwendigen Kompensation sozialer Schwäche.

Unsere Systeme öffentlicher Dienstleistungen sind in der Regel Mischsysteme von staatlicher Regie und verbandlicher Organisierung. Mit der Entkoppelung von Leistung und Gegenleistung im Bereich der öffentlich finanzierten Dienstleistung fehlt ein automatisch wirkender Mechanismus, der die Quantität öffentlicher Leistungen im Vergleich zu ihren Opportunitätskosten regulieren würde. Für die Leistungsempfänger erscheinen die kollektiv finanzierten Dienste als kostenloses Gut; ebenso sind die über ein Budget finanzierten Leistungserbringer in der Regel an einer Ausweitung ihres

Tätigkeitsbereichs interessiert. Aus der Sicht des Nutzers in jedem einzelnen Bereich ist deshalb mit einer Tendenz zum Überkonsum zu rechnen. Andererseits muß (wiederum wegen der Entkoppelung von Leistung und Gegenleistung) auf seiten der kollektiven Kostenträger (Steuerzahler oder Beitragszahler) mit einem permanenten Widerstand gegen höhere Belastungen gerechnet werden. Von hier ergibt sich also eine generelle Tendenz zur Mittelknappheit für öffentliche Leistungen.

Das Nebeneinander solcher widersprüchlicher Tendenzen kann durch Rollenverteilung aufrecht erhalten werden, wobei situativ jedoch von uns zuweilen in der einen, zuweilen in der anderen Rolle argumentiert;

- da sind die Leistungsempfänger, für die kollektiv finanzierte Dienste als kostenloses Gut erscheinen, also als eine Art von Verfügung über zusätzliches Einkommen;

- da sind die Leistungserbringer, die einerseits als organisierte Instanzen mit einer Tendenz zur Ausweitung ihres Tätigkeits- und Zuständigkeitsbereichs fungieren und die andererseits als Nutznießer von Finanzmitteln aus kameralistisch verwalteten Budgets an einem Verteilungskampf mitwirken;

- und da ist die große Zahl der Steuerzahler oder Beitragszahler, die an einer sparsamen Mittelverwendung interessiert sind.

Im Ergebnis konkurrieren deshalb öffentliche Leistungen typischerweise gegeneinander um ihren Anteil an einem knappen Budget. Da es keine objektiven Kriterien für die relative Bedeutung von Kindergärten, Krankenversorgung oder Forschungsförderung gibt, werden die Budget-Anteile der einzelnen Dienstleistungsbereiche zu einer Frage der politischen Durchsetzungsfähigkeit der jeweiligen Interessenten.

## 2.3. Qualitätsverluste bürokratischer Dienstleistungen

Zu den Kontroversen um die Quantität des Angebots kommen die Probleme mangelnder Qualität, die teils als Folge der öffentlichen Erbringung von Dienstleistungen gesehen werden:

- der Mangel an Effizienzdruck und Nachfrageregulierung bringt den öffentlichen Dienstleistungsbringer dazu, durch Richtlinien und Gebührenordnungen sowohl Inanspruchnahme als auch Kostensteigerungen zu kontrollieren. Ironischerweise ist es gerade die Verrechtlichung und Bürokratisierung, mit der eine Begrenzung der Ansprüche an die Mittelverwendung bewirkt werden soll. Diese Tendenz geht jedoch auf Kosten der Flexibilität und Bedürfnisgerechtigkeit der Leistungen selbst. Aus der Sicht des Betroffenen ist deshalb die bürokratische Dienstleistung oft eine qualitativ schlechtere, für seine Bedürfnisse unsensible Form der Erbringung. Bürokratisierung produziert darüber hinaus eine neue Form von Abhängigkeit und Benachteiligung in der Gesellschaft. Zugangsbarrieren führen zur Wirkungslosigkeit von Leistungen und Maßnahmen gerade bei sozial schwachen Gruppen, die generell mit bürokratischen Organisationsformen schwerer zurechtkommen und für die (in vielen Bereichen) auch alternative Dienstleistungen nicht erreichbar sind.

Öffentliche Erbringung und Finanzierung tendieren dazu, die Inanspruchnahme von Dienstleistungen durch Recht zu garantieren. In allen drei Bereichen greifen rechtliche Regulierungen, und damit auch bürokratische Kontrollen in Preis- und Angebotsformen ein. An die Stelle der Orientierung an den differenzierten Bedürfnissen von Klienten tritt diejenige an rechtlichen und bürokratischen Regelungssystemen. Dies tritt sehr häufig in Konflikt mit der professionellen Orientierung des Personals, das Dienstleistungen ausführt: Alle drei von uns untersuchten Bereiche sind von professionellen Gruppen gekennzeichnet, deren Tätigkeit sich nach dem Standard ihrer beruflichen Sozialisation richtet. Haben sie die Ausbildungsinstitutionen verlassen, so tritt diese Orientierung typisch in Konflikt mit den bürokratischen Organisationsprinzipien, innerhalb deren sie ihre Dienstleistungen erbringen.

Die Eigentendenzen professioneller Orientierung und bürokratischer Organisationsprinzipien sind in sich konfliktreich genug. Ihnen gegenüber gibt es in der Regel keine Vertretung der Interessen von Klienten der öffentlichen Dienstleistungen. Tendenziell pervertiert daher das Angebot öffentlicher Dienste immer wieder zum bürokratischen Mittel sozialer Kontrolle: Sozialarbeiter überwachen Verhaltensstandards von Fürsorgeempfängern. Arbeitsvermittler kontrollieren die Arbeitswilligkeit der Empfänger von Arbeitslosenversicherung, öffentliche Rechtsberatung wird zur vorgeschalteten Behördenauskunft. Klienteninteresse, professionelle Orientierung und bürokratische Kontrollmuster formen zusammen ein Bild widersprüchlicher Zielvorhaben für die Organisation öffentlicher Dienste.

## 3. Resümee

In keinem Bereich personenbezogener Dienstleistungen läßt sich der gordische Knoten dieser Gegensätze eindeutig zugunsten des einen oder des anderen Prinzips entscheiden. Wissenschaftliche Forschungen können jedoch dazu beitragen, die Voraussetzungen unterschiedlicher Organisationsprinzipien und der mit ihnen verknüpften Regelungssysteme zu untersuchen. Sie können öffentliche Dienstleistungen evaluieren im Hinblick darauf, wie weit sie den objektiven Bedarf und die subjektiven Bedürfnisse von Klienten erfüllen. Sie können

Beispiele von Dienstleistungsangeboten in unseren Nachbarländern analysieren, in denen weniger Bürokratisierung und mehr Aktivierung zur Selbsthilfe erprobt wird. Um hieraus Anregungen zu gewinnen, ist unser Programm vergleichend in zweierlei Hinsicht: mit Blick auf Länder, die eine weniger legalisierte Tradition öffentlicher Dienstleistungen haben, und mit Blick auf Systeme unterschiedlicher Dienstleistungen in der Bundesrepublik, in denen sich gleichartige Fragen stellen, aber verschiedene Lösungen erprobt werden.